Rechtsgeschäftliche Ausschuss- und Begrenzungsmöglichkeiten der Aufrechnung und deren Grenzen

Europäische Hochschulschriften Recht

European University Studies in Law

Publications Universitaires Européennes de Droit

Band/Volume 6261

Marius Ludger Meschede

Rechtsgeschäftliche Ausschuss- und Begrenzungsmöglichkeiten der Aufrechnung und deren Grenzen

PETER LANG

Bibliografische Information der Deutschen Nationalbibliothek
Die Deutsche Nationalbibliothek verzeichnet diese Publikation in der Deutschen Nationalbibliografie; detaillierte bibliografische Daten sind im Internet über http://dnb.d-nb.de abrufbar.

Zugl.: Göttingen, Univ., Diss., 2021.

Gedruckt auf alterungsbeständigem, säurefreiem Papier.

D 7
ISSN 0531-7312
ISBN 978-3-631-85054-1 (Print)
E-ISBN 978-3-631-86504-0 (E-PDF)
E-ISBN 978-3-631-86505-7 (EPUB)
DOI 10.3726/b18909

Diese Publikation wurde begutachtet.

www.peterlang.com

Für den „Champ“ Dr. Ludger Karl Michael Meschede

** 18. November 1955*
† 29. April 2016

Vorwort

Die vorliegende Ausarbeitung wurde im Wintersemester 2020/2021 von der Juristischen Fakultät der Georg-August-Universität Göttingen als Dissertation angenommen. Vor der Drucklegung wurde neue Literatur und Rechtsprechung bis März 2021 eingearbeitet.

Ich danke meiner Doktormutter Frau Prof.em Dr. Dr. h.c. Dagmar Coester-Waltjen für die langjährige und hilfreiche Begleitung sowie für die äußerst schnelle Begutachtung. Ebenfalls gilt mein besonderer Dank Herrn Prof. Dr. Dr. h.c. Volker Lipp für die kurzfristige Erstellung des Zweitgutachtens und die darin enthaltenen konstruktiven Anmerkungen.

Niemand anderes hat so einen großen Anteil an dem Abschluss meines Dissertationsprojektes wie meine Ehefrau, Frau Dr. Kerstin Sabina Heidenreich. Ich bin ihr für die aufbauenden Worte, Gesten und die langjährige Unterstützung in Phasen der Doppelbelastung und Selbstzweifel herzlich verbunden. Meiner Freundin Frau Aileen Schöneberg gebührt der ausdrückliche Dank für das Lektorat und die fruchtbaren Kommentare. Ohne ihre schnelle Hilfe wäre die Fertigstellung kurz nach der Geburt meiner Tochter nicht möglich gewesen.

Zuletzt gilt mein Dank meinen Freunden Johannes Neimann, Jan Deutschmann, Friedemann Schüttlöffel, Stephan Willenborg, Julian Pinkwart, et al. insbesondere dafür, dass diese langjährigen Freundschaften trotz meiner vielen Absagen und Verschiebungen aufgrund der Arbeit an der Dissertation weiterhin bestehen.

Die Arbeit ist meinem Vater Dr. Ludger Karl Michael Meschede gewidmet, welcher leider den Abschluss nicht mehr miterleben konnte. Sein Rat, seine Vorbehaltlosigkeit und seine Motivation haben mir immer wieder Kraft gegeben.

Marius Ludger Meschede
Berlin, den 15.07.2021

Inhaltsübersicht

Inhaltsverzeichnis

Abbkürzungsverzeichnis

Abkürzungen richten sich nach
Kirchner, Hildebert: Abkürzungsverzeichnis der Rechtssprache, 9. Auflage, Berlin 2018.

§ 1. Einleitung

A. Gegenstand der Untersuchung

Die Aufrechnung nach §§ 387 ff. BGB bietet eine effektive und effiziente Möglichkeit, die eigene Forderung durchzusetzen und die fremde Forderung zu tilgen. Wenn diese Möglichkeit über die gesetzlichen Aufrechnungsbeschränkungen hinaus *vertraglich* beschränkt oder ausgeschlossen wird, bedeutet dies einen Eingriff in die Gestaltungs- und Durchsetzungsmöglichkeiten der (vertraglichen) Rechte für die Beteiligten. Die Vielschichtigkeit der denkbaren Beschränkungen der Aufrechnung führt zwangsläufig dazu, dass die Grenzen zwischen gerade noch zulässiger und schon unwirksamer Vereinbarung schwer zu ziehen sind. Es stellt sich daher die Frage, ob und inwieweit die gesetzgeberische Entscheidung, die Aufrechnungsbefugnis durch §§ 387 ff. BGB zuzulassen, einen unabdingbaren Kern enthält. Aus einem anderen Blickwinkel betrachtet ist zu untersuchen, inwieweit die grundgesetzlich garantierte[1] Freiheit des Einzelnen die eigenen Rechtsverhältnisse nach seinem Willen zu gestalten[2] – Privatautonomie – zurückzustehen hat. Dies beinhaltet die Fragestellung, wann das „Selbstvollstreckungsinteresse"[3] des Aufrechnenden als derart schutzwürdig anzusehen ist, dass die jeweiligen Beschränkungsinteressen der Parteien in einem rechtstaatlichen Abwägungsprozess letztendlich als weniger gewichtig erscheinen.

Diese Fragen sind nicht nur theoretisch, sondern auch praktisch relevant. Dies zeigt ein Blick in die Spruchpraxis der Zivilgerichte: Vertragliche Aufrechnungsbeschränkungen beschäftigen die Zivilgerichte nicht nur häufig, sondern bilden auch immer wieder den Schwerpunkt der einzelnen Entscheidungen.[4] Dabei zeigt insbesondere die neuere Rechtsprechung[5], dass sich der „gerechte"

---

1 Staudinger/*Olzen* Einleitung zum Schuldrecht Rn. 49.

2 BVerfGE 72, 155 (170) = NJW 1986, 1859 (1860); statt aller nur *Busche*, Privatautonomie, 13 m.z.w.N.; *Coester-Waltjen* Jura 2006, 436 (438 ff.).

3 *Heller* AcP 207 (2007), 456 (489).

4 Vgl. bspw. BGH NJW 2002, 2779; BGH NJW 1999, 3629; BGH NJW-RR 1991, 971; BGH NJW-RR 1987, 883; BGH NJW 1984, 357; BGH NJW 1983, 1266; BGH NJW 1978, 2244; BGH NJW 1966, 1452; Staudinger/*Gursky* § 387 Rn. 201 m.w.N. der Rspr.

5 Bspw. BGH NJW 2011, 1729; BGH 2007, 3421; BGHZ 218, 132 = NJW 2018, 2042; KG NJW-RR 2012, 271; OLG Düsseldorf OLGR 2009, 821 = BeckRS 2009, 2807; OLG Hamm, Urteil v. 06.09.2010, Az. 2 U 35/10, BeckRS 2010, 29298; LG Köln NJW-RR 2012, 980.

Ausgleich zwischen dem Selbstvollstreckungsinteresse des Aufrechnungswilligen und dem schutzwürdigen Interessen an einer wirksamen Aufrechnungsbeschränkung des Aufrechnungsgegners in einem fortdauernden und aktuellen Entwicklungsprozess befindet.

Als anschauliches Beispiel für die Fortentwicklung des Beurteilungsprozesses und für die noch offenen Abgrenzungsfragen steht ein Urteil des BGH vom 07.04.2011.[6] In diesem hat der 7. Zivilsenat entschieden, dass ein formularvertragliches Aufrechnungsverbot bezüglich der Werklohnforderung des Architekten gegenüber Ersatzansprüchen wegen Mängelbeseitigungskosten und Fertigstellungsmehrkosten zu einer unangemessenen Benachteiligung des Bestellers führt, da durch die Aufrechnungsbeschränkung in das durch den Vertrag geschaffene Äquivalenzverhältnis von Leistung und Gegenleistung in unzumutbarer Weise eingegriffen werde.[7] Daher sei diese Aufrechnungsbeschränkung gem. § 9 Abs. 1 AGBG (= § 307 Abs. 1 BGB) unwirksam. Aufgrund der Unwirksamkeit der Klausel war dementsprechend eine Aufrechnung mit jeder Forderung möglich. Diese Entscheidung setzte sich in einen Widerspruch zur gängigen Vereinbarungspraxis[8] in Architekten- und Bauverträgen und zu der diese Praxis tolerierende obergerichtlichen und höchstrichterlichen Rechtsprechung.[9] Ob diese Entscheidung des BGH wertungsmäßig haltbar ist, ist nur eine von vielen offen Fragen, welche durch die höchstrichterliche Entscheidung in den rechtswissenschaftlichen Fokus gerückt sind. So ist bspw. außerdem nicht mehr erkennbar, hinsichtlich welcher Forderungen im Rahmen eines Architekten- bzw. Bauvertrages eine Aufrechnungsbeschränkung noch möglich ist, oder genauer gefragt, welche Forderungen in dergestaltigen Verträgen derart „nebensächlich" sind, dass eine dahingehende Beschränkung der Aufrechnung nicht in unzumutbarer Weise in das Äquivalenzverhältnis

---

6 BGH NJW 2011, 1729; vgl. auch Wolf/Lindacher/Pfeiffer/*Dammann*, 6. Auflage 2013, § 309 Nr. 3 Rn. 5, welcher mit der Entscheidung des BGH von einer „*zentrale*[n] *Neuerung für den Bereich der Aufrechnungsverbote*" spricht.

7 BGH NJW 2011, 1729 (1730).

8 So hinsichtlich der allgemeinen Verbreitung *v. Westphalen* NJW 2012, 2243 (2247).

9 OLG Hamm OLGR 2004, 281 m.w.N.; OLG Düsseldorf NJW-RR 1999, 244; zu § 32 ADSp a.F. BGH NJW-RR 1987, 883 (884, m.w.N.); BGH NJW 1989, 481; ebenfalls § 32 ADSp a.F. nicht beanstandend BGH NJW 1985, 2091; zu Fallgestaltungen aus weiteren Bereichen BGHZ 91, 375 (386 f.) = NJW 1984, 2404 (2406, Mietvertrag, vor Inkrafttreten des AGBG); BGH NJW 1985, 1556 (1558, Kaufrecht); BGH NJW 1986, 1757 (§ 2 I AGB der Banken); OLG Bamberg, Urteil v. 29.04.2002, Az. 4 U 26/01, BeckRS 2011, 14027.

eingreift.[10] Weitergehend wird zu hinterfragen sein, ob die Ausführungen und Ergebnisse der BGH-Rechtsprechung auch für andere synallagmatische Vertragsbeziehungen Geltung beanspruchen[11] und ob in bestimmten Vertragskonstellationen aufgrund der jeweiligen Besonderheiten gegebenenfalls Ausnahmen zuzulassen sind.

Obwohl auch diese Fragestellungen nur einen Teil des gesamten Problemkreises betreffen, der mit Aufrechnungsbeschränkungen einhergeht, wurde im letzten Jahrhundert nur das Rechtsinstitut der Aufrechnung in prozessualer, materiellrechtlicher und rechtsvergleichender Hinsicht untersucht.[12] Tiefgehende Darstellungen zu den gesetzlichen Begrenzungen der Aufrechnung[13] sind nur in geringer Anzahl ersichtlich. Im Bereich der vertraglichen Beschränkung[14] steht eine Darstellung in neuerer Zeit gänzlich aus. Die letzte und soweit erkennbar auch einzige umfassendere Monographie zu vertraglichen Aufrechnungsverboten stammt aus dem ersten Viertel des letzten Jahrhunderts[15] und ist dementsprechend nicht mehr auf dem aktuellen Stand. Zusätzlich beschäftigt

10 Ähnlich BGH NJW 2011, 1729 (1730), welcher die Fragestellung zutreffenderweise dahinstehen lässt. Ebenfalls diese Frage aufwerfend *Preussner* NZBau 2011, 599 (600); *Schwenker* ZfBR 2011, 425; *Deutsches Notarinstitut* DNotI-Report 6/2012, 41 (42).

11 Gleichsam fragend *Hayn-Habermann* NJW-Spezial 2011, 492 (493); *Deutsches Notarinstitut* DNotI-Report 6/2012, 41 (42 m.w.N.).

12 Vgl. dazu nur die Nachweise bei Staudinger/*Gursky* Vorb. §§ 387 ff., Schrifttum; *Gernhuber*, Erfüllungssurrogate, § 12 VI, VII.

13 *Konschewski*, Ausnahmen von dem Aufrechnungsverbot des § 394 BGB zugunsten des Schadensersatzanspruches des Arbeitgebers gegenüber dem Lohnanspruche des Arbeiters, Diss. 1921; *Zorn*, Aufrechnungsverbote bei der gesetzlichen und vertraglichen Aufrechnung, Diss., 1945; *Pielemeier*, Das Aufrechnungsverbot des § 393 BGB: seine Entstehungsgeschichte und seine Bedeutung im geltenden Recht, Diss., 1987; *Gernhuber*, Erfüllungssurrogate § 12 VI; *Hoppmann*, Das Aufrechnungsverbot des § 394 Satz 1 BGB bei der Aufrechnung gegen Entgeltforderung, Diss., 2001; *Heller*, Der Ausschluss der Aufrechnung, AcP 207 (2007), 456; ebenfalls nach dem Schwerpunkt hierzu zuzuordnen: *Werner*, Umgehung von Aufrechnungshindernissen durch Zwangsvollstreckung in eigene Schulden, Diss., 1998/99.

14 *Mensch*, Die Beschränkung der Zulässigkeit der Aufrechnung nach dem bürgerl. Gesetzbuch, Diss., 1904; *Kleinschmidt*, Vertragsmäßige Erweiterungen und Beschränkungen des Aufrechnungsrechtes, Diss., 1930, *Fenge*, Zulässigkeit und Grenzen des Ausschlusses der Aufrechnung durch Rechtsgeschäft, JZ 1971, 118 ff.; vgl. auch *Gernhuber*, Erfüllungssurrogate, § 12 III, 12, § 12 VI, 8.

15 Vgl. *Kleinschmidt*, Vertragsmäßige Erweiterungen und Beschränkungen des Aufrechnungsrechtes, 33 ff.; im Ansatz auch auf die Grenzen vertraglicher Aufrechnungsbeschränkungen eingehend *Werner*, Umgehung von Aufrechnungshindernissen, 198 ff.

sich jene Untersuchung in der Hauptsache mit der vertraglichen Einräumung von Aufrechnungsbefugnissen in Fällen von gesetzlichen Aufrechnungsverboten und nicht primär mit der Zulässigkeit und den Grenzen von rechtsgeschäftlichen Aufrechnungsbeschränkungen.

Demzufolge fehlt eine Untersuchung der verschiedenen vertraglichen Aufrechnungsbeschränkungen mitsamt einer Herausarbeitung der Faktoren, die entscheidenden Einfluss auf die Bestimmung der Wirksamkeitsgrenzen von Aufrechnungsbeschränkungen haben können. Zwar sind Faktoren wie Individualvertrag/Formularvertrag oder Unternehmer/Verbraucher im Kontext der Aufrechnungsbeschränkungen offensichtlich relevant. Allerdings ist einerseits nicht geklärt, welche Vereinbarungsgrenzen sich durch die konkreten Faktoren ergeben. Anderseits ist u.a. offen, ob und welchen Einfluss die Einordnung einer Aufrechnungsbeschränkung als Ausschluss oder als Einschränkung für die Grenzbestimmung besitzt, welche Zwecksetzungen hinter einer Aufrechnungsbeschränkung stehen und inwieweit diese die Einschränkung legitimieren können, ob für Aufrechnungsbeschränkungen spezielle Grenzen bestehen und welche Vorgaben sich aus der „Richtlinie 93/13/EWG des Rates vom 5. April 1993 über mißbräuchliche Klauseln in Verbraucherverträgen“[16] im Rahmen der Inhaltskontrolle nach §§ 305 ff. BGB ergeben.

Zusätzlich ist für eine Bestimmung der Grenzen von vertraglichen Aufrechnungsbeschränkungen eine Klärung des Inhaltes der Aufrechnungsbeschränkung und ihren Rechtsfolgen erforderlich. Insbesondere ist die Frage zu klären, inwieweit andere der Aufrechnung ähnliche Rechtsinstitute ebenfalls von der Aufrechnungsbeschränkung erfasst, mithin deren Ausübung ausgeschlossen werden (sollen). Auch ist die Abgrenzung von vertraglichen Vereinbarungen zu Beschränkungen aus der Natur der Rechtsbeziehung zu untersuchen und, ob Aufrechnungsbeschränkungen auch nach der Vertragsbeendigung oder nach einer Rechtsnachfolge auf Schuldner- oder Gläubigerseite fortwirken.

Neben diesen materiellen Fragestellungen gilt es auch zu klären, welche Prüfungssystematik für die Beurteilung der Wirksamkeit von vertraglichen Aufrechnungsbeschränkungen maßgeblich ist und welche Anforderungen an die gerichtliche Prozessleitung gestellt werden, wenn eine Aufrechnungsbeschränkung in den Prozess eingeführt wird.

Ein weiterer Untersuchungsgegenstand ergibt sich hinsichtlich der Anforderungen für die Formulierung der einzelnen Aufrechnungsbeschränkungen. Zwar gibt im Grundsatz der Verbotsbereich der einzelnen Normen die

16 Vgl. Amtsblatt der EG Nr. L 95/29.

Formulierungsweise vor, allerdings sind zumindest im formularmäßigen Bereich das Verständnis eines durchschnittlichen Vertragspartners zugrunde zu legen und die Vorgaben des Transparenzgebots zu beachten.

Im Rahmen dieser Arbeit soll ein Problemkomplex mit vielen, soeben aufgeführten Fragen anhand des sogleich folgenden Aufbaus systematisch aufgearbeitet werden.

B. Gang der Darstellung

Zu Beginn (§ 2) erfolgt eine Bestimmung der Funktionen und der Rechtsnatur der Aufrechnung und der Prozessaufrechnung. Um im weiteren Verlauf untersuchen zu können, ob mit einer Aufrechnungsbeschränkung auch die Ausübung weiterer Rechtsinstitute ausgeschlossen ist bzw. sein soll, wird außerdem eine Untersuchung der mit der Aufrechnung vergleichbaren Rechtsinstitute und eine Darstellung der jeweils vorhandenen Unterschiede vorgenommen.

Im folgenden Teil werden die jeweiligen Vor- und Nachteile der Aufrechnung für die beteiligten Personen untersucht (§ 3), um zu zeigen, welche Konsequenzen mit der Beschränkung der Aufrechnungsmöglichkeit verbunden sind. Insbesondere wird dargestellt, welche Auswirkungen eine Aufrechnung in materiellrechtlicher, prozessualer und wirtschaftlicher Hinsicht für die (Rechts-) Positionen der Beteiligten hat (§ 3 A. und B.). Aus diesen Vor- und Nachteilen werden die Aspekte und Anreize, die für eine Beschränkung der Aufrechnungsmöglichkeit sprechen, erörtert und entwickelt (§ 3 C.).

In dem Abschnitt „Beschränkung der Aufrechnungsmöglichkeit" (§ 4) werden zuerst gesetzliche Aufrechnungsverbote, ihr Sinn und Zweck und ihr Einfluss auf die Grenzen vertraglicher Aufrechnungsbeschränkungen betrachtet (§ 4 A.). Anschließend werden umfassend die Grundlagen rechtsgeschäftlicher Aufrechnungsbeschränkungen erörtert (§ 4 B.). Ebenda wird insbesondere aufgeführt, in welchen verschiedenen Weisen die Aufrechnung beschränkt werden kann und welche materiellrechtlichen und prozessualen Konsequenzen eine Aufrechnungsbeschränkung hat. Es wird insbesondere darauf eingegangen, ob von der Reichweite der Beschränkungsvereinbarung auch Rechtsinstitute mit vergleichbarer Wirkung ausgeschlossen werden und inwieweit Beschränkungsvereinbarungen auch für und gegen mögliche Rechtsnachfolger wirken (§ 4 B. II. – IV.).

Im darauffolgenden Kapitel liegt ein Schwerpunkt der Arbeit (§ 5.). Einerseits wird die Frage untersucht, ob vertragliche Aufrechnungsbeschränkungen bereits allgemein, d.h. unabhängig von Vereinbarungsart, Vereinbarungsform oder Vereinbarungsparteien, unzulässig sind (§ 5 A.). Nach der Feststellung, dass Aufrechnungsbeschränkungen nicht per se unzulässig sind, werden umfassend die gesetzlichen Grenzen für vertragliche Aufrechnungsbeschränkungen betrachtet – „Außenschranken" (§ 5 B.). Es wird in diesem Kontext der jeweilige Verbotsbereich der Grenznormen für Aufrechnungsbeschränkungen dargestellt. Insbesondere für § 556b Abs. 2 BGB wird der Charakter der Norm und ihr besonderer Regelungsbereich herausgearbeitet (§ 5 B. III.). Für § 309 Nr. 3 BGB wird vor allem untersucht, ob und welche entscheidungsreife(n) Forderungen von der Aufrechnung ausgeschlossen werden können und welche Anforderungen an die Formulierung der Aufrechnungsbeschränkung gestellt sind (§ 5 B. IV). Die Darstellung zu § 307 BGB setzt den Fokus auf das Regelungsverhältnis zu §§ 308 ff. BGB sowie auf die Formulierungsanforderungen für den Unternehmervertrag und auf einen aktuelleren Sonderfall (§ 5 B. VI. 2.) und 4.)). Zusätzlich werden die Grenzen der Richtlinie 93/13/EWG sowie abstrakt deren vorhandene oder fehlende Übereinstimmung zu den deutschen gesetzlichen Regelungen und deren Einfluss auf die Inhaltskontrolle von Aufrechnungsbeschränkungen nach §§ 305 ff. BGB dargestellt (§ 5 B. VII.). Im Rahmen der Darstellung zu den „Binnenschranken" wird untersucht, welche Grenzen für die Berufung auf wirksam vereinbarte Aufrechnungsbeschränkungen im Einzelfall nach Treu und Glauben bestehen können (§ 5 C.).

In einem weiteren Teil werden praxisrelevante Fallgruppen von vertraglichen Aufrechnungsbeschränkungen dargestellt (§ 6). Als Fallgruppen werden Formvorschriften und Ankündigungs- bzw. Zustimmungsvorbehalte (§ 6 A.), Beschränkungen der Aufrechnung für ursprünglich gleichartige, gleichartig gewordene synallagmatische oder konnexe Forderungen (§ 6 B.) und (Bar-) Zahlungs- und Vorleistungsklauseln näher betrachtet (§ 6 C.). Dabei wird jeweils zwischen individual- und formularmäßiger Vereinbarung und Verbraucher- und Unternehmerverträgen unterschieden. Zusätzlich wird jeweils die Grenzziehung durch die Richtlinie 93/13/EWG im Rahmen der Inhaltskontrolle nach §§ 305 ff. BGB aufgezeigt und Formulierungsvorschläge für wirksame Aufrechnungsbeschränkungen aufgeführt.

Im Schlussteil (§ 7) werden die gewonnenen Ergebnisse gliedert nach den einzelnen Kapiteln zusammengefasst (§ 7 A.) und in einem Ausblick weiterer Klärungsbedarf aufgezeigt (§ 7 B.).

§ 2. Rechtliche Einordnung der Aufrechnung und der in ihrer Wirkung vergleichbaren Rechtsinstitute

A. Rechtliche Einordnung der Aufrechnung

Um eine genauere Bestimmung und Bewertung der Grenzen der Aufrechnungsbeschränkungen im Allgemeinen und im Einzelnen zu ermöglichen, ist eine funktionale und dogmatische Vergegenwärtigung des Ausgangsfalls des Institutes der gesetzlichen Aufrechnung erforderlich. Nur so wird deutlich werden, welche Zwecksetzungen der Gesetzgeber mit der Regelung verfolgt hat und welche Rechtspositionen der Parteien bei einer Aufrechnung betroffen sind. In der Folge ist es möglich zu bewerten, inwieweit eine vertragliche Beschränkung der Aufrechnung aufgrund von gesetzlichen Verboten und weiteren inhaltlichen Zwecksetzungen nicht zulässig sein kann. Zum Teil wird an geeigneten Stellen bereits hier ein direkter Bezug zu dem Komplex der vertraglichen Aufrechnungsbeschränkungen hergestellt.

I. Funktionen und dogmatische Einordnung

1.) Aufrechnung als einseitiges Gestaltungsrecht

Unter einer Aufrechnung i.S.d. §§ 387 ff. BGB versteht man die wechselseitige Tilgung zweier gleichartiger Forderungen, welche gegenseitig zwischen den Beteiligten – im Regelfall Gläubiger und Schuldner – bestehen.[17] Für die Herbeiführung des Erlöschens der beiden Forderungen nach § 389 BGB ist dabei gem. § 388 BGB eine Erklärung der Aufrechnung als empfangsbedürftige Willenserklärung mit einer Forderung des Erklärenden – Aktivforderung[18] – gegen

---

17 Vgl. Palandt/*Grüneberg* § 387 Rn. 1; *Werner*, Umgehung von Aufrechnungshindernissen, 5; *Larenz*, Schuldrecht AT, § 18 VI.

18 Im Rahmen dieser Arbeit werden sowohl der Begriff „Aktivforderung" als auch der Begriff „Gegenforderung" synonym benutzt. In der Rspr. und Lit. wird die Forderung des Aufrechnenden im Regelfall „Gegenforderung" bezeichnet oder beide Termini verwendet; vgl. nur bspw. Staudinger/*Gursky* § 387 Rn. 125, 1 ff.; BGH NJW 2011, 1729; BGHZ 218, 132 = NJW 2018, 2042; OLG Nürnberg BKR 2010, 458; den Begriff „Aktivforderung" hingegen verwendend *Gernhuber*, Erfüllungssurrogate, § 12 IV und überwiegend auch MüKo-BGB/*Schlüter* § 387.

eine Forderung des Aufrechnungsgegners – Passivforderung[19] – erforderlich.[20] Damit hat der Gesetzgeber des BGB der im 19. Jahrhundert vorherrschenden Meinung, dass die Forderungen mit erstmaligem Eintreten der Aufrechnungslage „*ipso iure*" getilgt werden, eine Absage erteilt.[21] Zusätzlich wurde das Recht der Aufrechnung als einseitige Befugnis ausgestaltet, sodass diese allein durch eine Erklärung nach § 388 BGB und ohne Mitwirkungserfordernis oder gar Verhinderungsoption des anderen Teils möglich ist. Festhalten lässt sich bereits hier, dass es sich bei der Aufrechnung um ein einseitiges Gestaltungsgeschäft handelt.[22]

2.) Ableitung der Rechtsnatur aus den Funktionen der Aufrechnung

Die Anerkennung des Institutes der Aufrechnung als einseitiges Gestaltungsgeschäft ist soweit ersichtlich nicht in Frage gestellt worden. Problematisch und Anlass für umfassende Streitigkeiten ist hingegen die darüberhinausgehende dogmatische Einordnung.

In der Literatur wurde und wird der Versuch unternommen, eine der bestehenden Funktionen der Aufrechnung in den Vordergrund zu stellen[23] und dadurch die Aufrechnung einer bereits im Gesetz vorgesehenen Rechtsfigur zu unterstellen. Folgend werden die Funktionen der Aufrechnung dargestellt, um hiervon ausgehend die in der Rechtswissenschaft vorgenommenen Einordnungen aufzuzeigen und zu untersuchen, ob eine solche Einordnung überhaupt möglich und erforderlich ist.

---

19 Im Rahmen dieser Arbeit werden sowohl der Begriff „Passivforderung" als auch der Begriff „Hauptforderung" synonym benutzt. Vgl. bspw. Staudinger/*Gursky* § 387 Rn. 125, 1 ff.; BGHZ 218, 132 = NJW 2018, 2042; OLG Nürnberg BKR 2010, 458; den Begriff „Passivforderung" verwendend *Gernhuber*, Erfüllungssurrogate, § 12 IV, und überwiegend auch MüKo-BGB/*Schlüter* § 387.

20 Vgl. nur *Gernhuber*, Erfüllungssurrogate, § 12 VIII 1; Staudinger/*Gursky* § 388 Rn. 3 ff.

21 Dies insbesondere unter der Berufung auf den Grundsatz der „compensatio fit ipso iure"; vgl. *Larenz*, Schuldrecht AT, § 18 VI; *Berger*, Aufrechnungsvertrag, 63; *Feder* ZHR 54 (1904), 434 (438 ff.).

22 Allgemeine Meinung, vgl. nur MüKo-BGB/*Schlüter* § 387 Rn. 2; Erman/*Wagner* Vor § 387 Rn. 2.

23 Vertreten werden die sog. Tilgungstheorie und die sog. Befriedigungstheorie. Vgl. dazu nur *Gernhuber*, Erfüllungssurrogate, § 12 I 3a; *Werner*, Umgehung von Aufrechnungshindernissen, 15; Staudinger/*Gursky* Vorb. §§ 387 ff. Rn. 7 f.

a) *Funktionen der Aufrechnung*

Offensichtlich ist der tatsächliche Effekt und Zweck einer Aufrechnung: Durch den Untergang der Forderungen gem. § 389 BGB wird eine Hin- und Herleistung bzw. eine Hin- und Rückzahlung zwischen den Beteiligten vermieden.[24] Die hier bereits hervortretende Wechselseitigkeit der Aufrechnung, legt für eine Konkretisierung der Funktionen eine Betrachtung „von zwei Seiten" nahe. Dabei zeigt sich, dass die Aufrechnung in ihrer gesetzlich ausgestaltenden Form vor allem zwei Funktionen dient.

aa) *Tilgungsfunktion*

In Ansehung des *Aufrechnenden als Schuldner* gibt sie dem Aufrechnenden eine Tilgungs- bzw. Befreiungsoption.[25] Dieser kann sich durch eine Aufrechnung aufgrund des Erlöschens der (Passiv-)Forderung nach § 389 BGB ohne reale Leistungsbewirkung von seiner Schuld befreien.

bb) *Vollstreckungsfunktion und wirtschaftliche Befriedigungsfunktion.*

Unter Betrachtung des *Aufrechnenden als Gläubiger* ermöglicht sie diesem zugleich eine Vollstreckung und Befriedigung der eigenen Forderung. Bei Opferung der eigenen Aktivforderung erlischt gleichzeitig die gegen ihn bestehende Passivforderung, sodass er den wirtschaftlichen Wert seiner eigenen Forderung realisieren kann, ohne dabei auf eine Handlung oder tatsächliche Leistung des Aufrechnungsgegners oder auf gerichtliche Hilfe angewiesen zu sein. Diese Funktion wird größtenteils als Vollstreckungs- bzw. Befriedigungsfunktion bezeichnet.[26]

Diese Bezeichnung erscheint im Hinblick auf die hier untersuchten Aufrechnungsbeschränkungen, welche primär eine effektive Erfüllung der geschuldeten Leistung ohne Abhängigkeit von anderen Forderungen sicherstellen sollen,[27]

---

24 Vgl. nur BGHZ 71, 380 (382) = NJW 1978, 1807 (1808); RGRK-BGB/*Weber* Vor § 387 Rn. 1; *Weigelin*, Aufrechnung als Pfandrecht an der eigenen Schuld, 22.

25 Statt vieler *Gernhuber*, Erfüllungssurrogate, § 12 I 3a; *Werner*, Umgehung von Aufrechnungshindernissen, 14 f.; Erman/*Wagner* Vor § 387 Rn. 3; vgl. auch *Jaecks*, Konzernverrechnungsklauseln, 92, welcher von einer „*vereinfachten Tilgung*" spricht.

26 Statt vieler *Weigelin*, Aufrechnung als Pfandrecht an der eigenen Schuld, 29; *Berger*, Aufrechnungsvertrag, 75 f.; *Werner*, Umgehung von Aufrechnungshindernissen, 14 f.; *Gernhuber*, Erfüllungssurrogate, § 12 I 3a; Staudinger/*Gursky* Vorb. §§ 387 ff. Rn. 6 m.w.N.; Erman/*Wagner* Vor § 387 Rn. 3.

27 Vgl. zu den Zwecksetzungen von vertraglichen Aufrechnungsbeschränkungen unten § 3 C.

nicht hinreichend genau genug: Die „Vollstreckung“ der eigenen Forderung erfolgt nämlich nur insoweit, als der wirtschaftliche Zustand erreicht wird, wie wenn beide Forderungen erfüllt würden.[28] Der Aufrechnende als Gläubiger erhält nämlich gerade keine tatsächliche Effektiv-Leistung, sondern eine Befreiung von seiner eigenen Verbindlichkeit als „Gegenleistung“. Dementsprechend sollte vielmehr von einer „wirtschaftlichen Befriedigungsfunktion“ oder „befriedigungsähnlichen Wirkung“ gesprochen werden.[29]

cc) „Sicherungswirkungen“

Im engen Zusammenhang mit dieser letztgenannten Funktion stehen die „Sicherungswirkungen“, welche der Gesetzgeber für das Institut der Aufrechnung vorgesehen hat.[30] In bestimmten Fällen bleibt eine Aufrechnungsbefugnis erhalten, auch wenn diese in einem späteren Zeitpunkt dem Berechtigten nicht (mehr) zustehen würde.[31] So wird die Befugnis zur Aufrechnung bspw. gem. § 94 InsO geschützt, indem eine später eingetretene Insolvenz des Schuldners unschädlich und eine Aufrechnung bis zur Höhe der Aktivforderung möglich ist.[32] Damit werden insoweit die „Tilgungsmöglichkeit“ der Passivforderung und die (wirtschaftliche) Befriedigung der Aktivforderung geschützt.

Für die in dieser Arbeit noch zu untersuchenden vertraglichen Aufrechnungsbeschränkungen sind diese „sicherungsrechtlichen Wirkungen“ besonders interessant, da die dahinterstehenden Zwecksetzungen des Gesetzgebers zum Teil

---

28 Vgl. *Dernburg*, Theorie der Compensation nach römischen und neuerem Recht, 363.

29 Vgl. ähnlich auch *Jaecks*, Konzernverrechnungsklauseln, 94.

30 Vgl. Staudinger/*Gursky* Vorb. §§ 387 ff. Rn. 6; i.d.S. auch ausführlich *Jaecks*, Konzernverrechnungsklauseln, 95 ff. („*sicherungsähnliche Wirkung*“); von „Sicherungsfunktion“ sprechend *Larenz*, Schuldrecht AT, § 18 VI; Erman/*Wagner* Vor § 387 Rn. 3; *Bötticher*, FS Schima, 95 (98); *Kannengiesser*, Aufrechnung im internationalen Privat- und Verfahrensrecht, 75. Zu weitgehend ist insoweit von einer „Sicherungsfunktion“ zu sprechen. Der Gesetzgeber hat mit der Aufrechnung kein klassisches Sicherungsmittel geschaffen. Ein solches wird typischerweise bewusst vereinbart, um den tatsächlichen Erhalt einer (effektiven) Leistung/Forderungsbefriedigung abzusichern. Bei einer Aufrechnung ist aber nicht die Effektiverfüllung, sondern „nur“ die Befreiung von der Verbindlichkeit gesichert und eine Aufrechnungslage entsteht im Regelfall zufällig. So zutreffend *Jaecks*, a.a.O., 95, 97; ähnlich auch *Windel* Jura 2002, 230 (232, Fn. 45).

31 Vgl. Erman/*Wagner* Vor § 387 Rn. 3; auch *Larenz*, Schuldrecht AT, § 18 VI, welcher von einer „Sicherungsfunktion“ spricht und darunter die Fälle der Befriedigung der eigenen Forderungen bei problembehafteter Durchsetzung, wie bspw. bei mangelnder Zahlungsfähigkeit des Schuldners, fasst.

32 Vgl. dazu weitergehend § 3 A. III 1.) c).

allgemeingültige Wertungen zum Erhalt der Aufrechnungsmöglichkeit enthalten (können). Entsprechende positive gesetzliche Vorgaben einer Aufrechnung können damit gleichzeitig nicht disponible Schranken für rechtsgeschäftliche Beschränkungen der Aufrechnung vorgeben.[33] Dies erscheint bspw. in dem Fall denkbar in dem bei einer bestehenden Aufrechnungsbeschränkung aufgrund des Vermögensverfalls des Schuldners ein vollständiger Ausfall der Forderung des Gläubigers droht.[34]

b) Funktionen als Bestimmungsgrundlage der Rechtsnatur

Die Funktionen der Aufrechnung wurden in der Literatur als Grundlage für die dogmatische Einordnung herangezogen. Diese Einordnungsversuche sollen hier nur überblickartig dargestellt werden, zumal der Meinungsstand bekannt ist und in jüngster Zeit bedeutsamen Änderungen in der Diskussion zu verzeichnen sind. Diejenigen, welche den maßgeblichen Fokus auf die Tilgungsfunktion setzten, nehmen eine Einordnung als eine (Art der) Erfüllung i.S.d. § 362 BGB[35], als Leistung an Erfüllung statt nach § 364 BGB[36] oder als gesetzliche Ersetzungsbefugnis des Schuldners („facultas alternativa“) vor.[37] Sofern die ausschlaggebende Funktion in der Vollstreckung/Befriedigung gesehen wird, soll ein Pfandrecht an der eigenen Schuld[38], eine private Zwangsvollstreckung oder eine Selbstexekution des Gläubigers vorliegen.[39]

Eine solche Einordnung der Aufrechnung als Unterfall einer der genannten Rechtsfiguren ist aus drei Gründen nicht zutreffend: Erstens ist keine der

33 I.d.S. auch Palandt/*Grüneberg* § 387 Rn. 1, 17 f.; vgl. bspw. die vorgegebenen Grenzen für Aufrechnungsbeschränkungen durch § 556b Abs. 2 BGB (siehe dazu § 5 B. III.).

34 Vgl. dazu zu den konkreten Sicherungswirkungen der Aufrechnungslage für den Fall der Insolvenz § 3 A. III 1.) c). Zu der Frage der Auswirkungen einer Insolvenz des Schuldners bei bestehender Aufrechnungsbeschränkungen § 5 C. II. 2.) a).

35 Vgl. *Martinius* ArchBürgR 24 (1904), 276 (278 f.); für w.N. vgl. Staudinger/*Gursky* Vorb. §§ 387 ff. Rn. 9; s.a. BGH NJW 1963, 243 (andere Art der Erfüllung).

36 *Siber*, Compensation und Aufrechnung, 136 f.; *Kollhosser*, FS Lukes, 723 ff.

37 *Oertmann* AcP 113 (1915), 376, (397, 412); *Enneccerus/Lehmann*, Recht der Schuldverhältnisse, § 71 I; *Siber*, Compensation und Aufrechnung, 133; *Reichel* AcP 125 (1926), 178 (179).

38 *Weigelin*, Aufrechnung als Pfandrecht an der eigenen Schuld, passim; vgl. i.d.S. auch *Bötticher*, FS Schima, 95 (109 f., 96 ff.); diesen Gedanken aufgreifend MüKo-BGB/*Schlüter*, 7. Auflage 2016, § 387 Rn. 1 (in 8. Auflage 2019 nicht mehr ausdrücklich).

39 Vgl. ausführlich *Feder* ZHR 54 (1904), 434 (486, m.w.N.); s.a. *Berger*, Aufrechnungsvertrag, 74 m.w.N.

Funktionen als ausschließliche anzusehen (dazu 1.), zweitens wird keine der aufgeführten Rechtsfiguren dem Gehalt der Aufrechnung gerecht (dazu 2.) und drittens ist eine solche Einordnung nicht erforderlich (dazu 3.).

1.) Eine der aufgeführten Funktionen als die (allein) maßgebliche und als Grundlage für eine dogmatische Einordnung der Aufrechnung heranzuziehen würde zwangsläufig bedeuten, die andere Funktion als nicht vorhanden oder als nachrangig anzusehen. Dies würde allerdings dem tatsächlichen Wesen der Aufrechnung mit einem wechselseitigen Gläubiger-Schuldner-Verhältnis nicht gerecht. Durch die Erklärung tritt der Aufrechnende einmal als Gläubiger der Aktivforderung und gleichzeitig als Schuldner der Passivforderung auf, sodass es sich sowohl um einen Gläubiger- als auch einen Schuldnerakt handelt.[40] Weder erreicht er dabei allein oder vorrangig als Schuldner eine Leistungsbefreiung noch allein oder vorrangig als Gläubiger eine (wirtschaftliche) Befriedigung ohne Gericht- und Vollstreckungsverfahren. Sofern eine Präferenz im Rahmen der gesetzlichen Systematik erblickt werden will, scheint diese aufgrund der Einordnung bei den Erlöschensgründen von Schuldverhältnissen zwar auf der Tilgung der Forderung zu liegen.[41] Jedoch ist auch die Befriedigungsfunktion der Aufrechnung an einzelnen Stellen im Gesetz ausdrücklich vorgesehen.[42] U.a. begründen sich die Leistungsverweigerungsrechte des Bürgen nach § 770 Abs. 2 BGB und des Gesellschafters einer OHG gem. § 129 Abs. 3 HGB (allein) aufgrund der Befriedigungsmöglichkeit des Gläubigers durch Aufrechnung gegenüber dem Hauptschuldner bzw. der Gesellschaft. Insoweit kann also keineswegs von einer gesetzlich vorgesehenen alleinigen Tilgungsfunktion der Aufrechnung gesprochen werden. Damit ist in Zusammenschau mit den die Befriedigung sicherstellenden Normen – bspw. § 94 InsO, § 215 BGB, § 392 BGB – keine einseitige gesetzliche Betonung oder Vernachlässigung des Gläubiger- oder Schuldneraktes anzunehmen.[43] Letztendlich ist de lege lata von

---

40 Vgl. *Gernhuber*, Erfüllungssurrogate, § 12 I 3; *Berger*, Aufrechnungsvertrag, 71.

41 Vgl. *Feder* ZHR 54 (1904), 434 (483); *Werner*, Umgehung von Aufrechnungshindernissen, 15; Staudinger/*Gursky* Vorb. §§ 387 ff. Rn. 7; Erman/*Wagner* Vor § 387 Rn. 3; i.d.S. auch *Jaecks*, Konzernverrechnungsklauseln, 98, 90, welcher davon ausgeht, dass die „*Aufrechnung primär der vereinfachten Tilgung wechselseitiger Forderungen dient*"; *Enneccerus/Lehmann*, Recht der Schuldverhältnisse, § 69 I.

42 Vgl. *Werner*, Umgehung von Aufrechnungshindernissen, 15 f.; *Gernhuber*, Erfüllungssurrogate, § 12 I; auch schon *Feder* ZHR 54 (1904), 434 (483, 486) mit Hinweis auf § 1142 Abs. 2 BGB und § 1224 BGB.

43 Vgl. ähnlich MüKo-BGB/*Schlüter*, 7. Auflage 2016, § 387 Rn. 1.

einer kumulativen Funktion der Aufrechnung auszugehen. Beide Aspekte sind für die Einordnung der Aufrechnung maßgeblich – sog. Kombinationstheorie.[44]

2.) Aus der vorherigen Darstellung ergibt sich, dass alle Ansichten zur dogmatischen Einordnung, welche allein von der Tilgungs- oder der Befriedigungsfunktion ausgehen, zumindest an dem Makel leiden, dem wechselseitigen Wesen der Aufrechnung nicht gerecht zu werden. Zusätzlich unterscheiden sich die vorgeschlagenen Einordnungen auch in weiteren Merkmalen von der gesetzlichen Regelung der Aufrechnung.

Eine Gleichstellung von Aufrechnung und Erfüllung i.S.d. § 362 BGB ist nicht möglich, da diese weder konstruktiv noch funktionell vergleichbar sind.[45] Denn zum einen betrifft ein Erfüllungsakt nach § 362 BGB die Tilgung von einer einzelnen Forderung, während von einer Aufrechnung stets mehrere schuldrechtliche Ansprüche erfasst sind.[46] Zum anderen führt bspw. eine Barzahlung – als Erfüllung – zu einem Mehr an Liquidität. Hingegen bedeutet eine Befreiung von einer Verbindlichkeit ein Weniger an Schulden.[47] Letzteres widerspricht auch der Annahme einer „Art der Erfüllung", da letztendlich alleine eine Schuldbefreiung als „rechtliches aliud" erlangt wird.[48] Diese Tilgung der Forderung durch eine andere als die geschuldete Leistung, legt zwar eine Zuordnung zu dem Fall der „Leistung an Erfüllung statt" i.S.d. § 364 BGB nahe. Für eine solche ist jedoch eine Vereinbarung über die Erfüllungsmodalität erforderlich, während ein solches zweiseitiges Erfordernis der Aufrechnung als einseitigem Gestaltungsrecht fremd ist.[49] Außerdem entspricht die Aufrechnung auch nicht den Fällen, in

---

44 Heute ganz h.L.: MüKo-BGB/*Schlüter* § 387 Rn. 1; Staudinger/*Gursky* Vorb. §§ 387 ff. Rn. 6; *Werner*, Umgehung von Aufrechnungshindernissen, 15 f.; *Gernhuber*, Erfüllungssurrogate, § 12 I 3 m.z.w.N.; i.d.S. auch Erman/*Wagner* Vor § 387 Rn. 3; vgl. zu w.N. auch *Oertmann* AcP 113 (1915), 376 (377, Fn. 7).

45 *Jaecks*, Konzernverrechnungsklauseln, 98; *Seippel*, Gesetzliche Aufrechnung, 18 f.; vgl. *Oertmann* AcP 113 (1915), 376 (411); ausführlich *Berger*, Aufrechnungsvertrag, 72 auch m.w.N. aus der älteren Lit.

46 *Berger*, Aufrechnungsvertrag, 72.

47 *Jaecks*, Konzernverrechnungsklauseln, 98; i.d.S. auch *Gernhuber*, Erfüllungssurrogate, § 12 I 3b; *Feder* ZHR 54 (1904), 434 (487); *Oertmann* AcP 113 (1915), 376 (386 f.); Staudinger/*Gursky* Vorb §§ 387 Rn. 9.

48 *Berger*, Aufrechnungsvertrag, 72; im Erg. ebenfalls ablehnend *Gernhuber*, Erfüllungssurrogate, § 12 I 3b; wohl auch *Werner*, Umgehung von Aufrechnungshindernissen, 15 f.

49 *Jaecks*, Konzernverrechnungsklauseln, 98; *Feder* ZHR 54 (1904), 434 (489); *Weigelin*, Aufrechnung als Pfandrecht an der eigenen Schuld, 36; im Erg. ebenfalls RGZ 120, 280 (282); *Gernhuber*, Erfüllungssurrogate, § 12 I 3b.

welchen das Gesetz dem Schuldner einseitig eine einseitige Ersetzungsbefugnis („facultas alternativa“) einräumt.[50] Während diese Regelungen bereits die geschuldete und die „ersetzende“ Leistung konkret vorgeben[51], ist die Aufrechnung nicht an solche inhaltliche Bestimmungen der Forderungen gebunden.[52] Eine Aufrechnung ist grundsätzlich vom Inhalt der Schuldverhältnisse (i.e.S.) unabhängig und entspricht damit nicht der Charakteristik der gesetzlich geregelten Fälle der „facultas alternativa“.[53]

Auch die im Schrifttum zur Befriedigungstheorie vorherrschenden Einordnungen entsprechen nicht dem Wesen der Aufrechnung. Denn diese Ansichten weisen nicht nur den Makel der Vernachlässigung der Tilgungsfunktion auf, sondern blenden diesen nahezu vollständig aus und entfernen sich damit vom Grundgehalt der Aufrechnung.[54] Gegen die Annahme eines Pfandrechtes an einer eigenen Schuld spricht zusätzlich der Zweck des Pfandrechts, dass dieses grundsätzlich die eigene Forderung decken und ihre Durchführung sichern soll[55] und damit letztendlich auf den Erhalt einer Leistung gerichtet ist. Im Gegensatz dazu bewirkt die Aufrechnung letztendlich eine Tilgung der Forderungen und eine (wirtschaftliche) Befriedigung.

3.) Zusätzlich ist diese aufgezwungene aber im Ergebnis nicht befriedigende Einordnung der Aufrechnung als Unterfall der aufgeführten Rechtsfiguren oder gar als eine solche selbst, nicht geboten. So wurde schon einleuchtend festgestellt, dass die Versuche darauf fußen, dass die einseitige Aufrechnung vor der Einführung des Bürgerlichen Gesetzbuches nicht geregelt war und dementsprechend versucht wurde, eine Erklärung mit den dogmatisch vorhandenen Rechtsfiguren

---

50 Vgl. *Berger*, Aufrechnungsvertrag, 74; im Erg. ebenfalls ablehnend *Jaecks*, Konzernverrechnungsklauseln, 98; *Werner*, Umgehung von Aufrechnungshindernissen, 15 f.; *Gernhuber*, Erfüllungssurrogate, § 12 I 3b.

51 Vgl. bspw. § 244 Abs. 1 BGB: „geschuldete Leistung“: Zahlung in anderer Währung als Euro; vom Schuldner „ersetzende Leistung“: Zahlung in Euro; dazu BeckOK-BGB/*Grothe* (01.02.2021) § 244 Rn. 36.

52 So zutreffend *Berger*, Aufrechnungsvertrag, 74; im Erg. ebenfalls ablehnend *Jaecks*, Konzernverrechnungsklauseln, 98; *Werner*, Umgehung von Aufrechnungshindernissen, 15 f.

53 Vgl. *Berger*, Aufrechnungsvertrag, 74.

54 Im Erg. ebenso *Gernhuber*, Erfüllungssurrogate, § 12 I 3b; *Werner*, Umgehung von Aufrechnungshindernissen, 15 f.; *Oertmann* AcP 113 (1915), 376 (415 ff.).

55 *Oertmann*, AcP 113 (1915), 376 (416); ebenfalls ablehnend *Jaecks*, Konzernverrechnungsklauseln, 98; *Gernhuber*, Erfüllungssurrogate, § 12 I 3 (Fn. 4, m.w.N.); *Werner*, Umgehung von Aufrechnungshindernissen, 15 f.

zu finden.[56] Dieses früher noch verständliche Bedürfnis ist mit der genauen gesetzlichen Regelung von Tatbestandsvoraussetzungen und Rechtsfolgen der Aufrechnung entfallen und eine derartige Unterordnung in bereits dogmatische Rechtsfiguren wirkt unnötigerweise gezwungen.[57]

c) Zwischenergebnis und Rechtsnatur

Festzuhalten bleibt, dass die Aufrechnung durch ihre Doppelfunktionalität geprägt ist und keiner anderen Rechtsfigur materiellrechtlich zu- oder untergeordnet werden kann. Vielmehr stellt die Aufrechnung ein Rechtsinstitut eigener Art dar, welches eigenständig neben den übrigen Erlöschensgründen und Erfüllungssurrogaten besteht.[58]

Der hervortretende inhaltliche (Wesens-)Gehalt einer Bestimmung der Aufrechnung als Rechtsgeschäft eigener Art ist jedoch gering. Eine Spezifizierung kann allerdings aus dem bereits Dargelegten erfolgen: Festgestellt wurde, dass es sich bei der Aufrechnung um ein einseitiges Rechtsgeschäft handelt. Der Aufrechnungswillige kann durch Erklärung der Aufrechnung gem. § 388 BGB die daran geknüpften Rechtsfolgen nach § 389 BGB – Erlöschen beider Forderungen – auslösen.

Zum einen verändert der Aufrechnende damit unmittelbar die Rechtslage, namentlich hebt er die Forderungsrechte auf. Damit handelt es sich um ein Verfügungsgeschäft und die Aufrechnungsmöglichkeit stellt ein „einseitiges Gestaltungsrecht" dar. Zum anderen wird damit der Aufrechnung eine Doppelnatur eingeräumt.[59] Diese ist sowohl Schuldnerakt zur Tilgung der eigenen Verbindlichkeit als auch (gleichzeitig) Gläubigerakt zur „Befriedigung" der eigenen Forderung. Daraus ergibt sich, dass es sich bei der Aufrechnung zumindest auch um Schuldtilgungsgeschäft, mithin um ein Erfüllungssurrogat[60], handelt, bei welcher aber die (wirtschaftliche) Befriedigung eine gewollte Funktion darstellt.

---

56 So auch *Jaecks*, Konzernverrechnungsklauseln, 98; i.d.S. ebenfalls *Gernhuber*, Erfüllungssurrogate, § 12 I 3; *Werner*, Umgehung von Aufrechnungshindernissen, 16; vgl. *Enneccerus/Lehmann*, Recht der Schuldverhältnisse, § 69 II.

57 I.d.S. auch *Gernhuber*, Erfüllungssurrogate, § 12 I 3.

58 *Jaecks*, Konzernverrechnungsklauseln, 97 f.; *Gernhuber*, Erfüllungssurrogate, § 12 I 3b; Staudinger/*Gursky* §§ 387 ff. Rn. 10; vgl. auch *Berger*, Aufrechnungsvertrag, 74.

59 Statt vieler nur RGRK-BGB/*Weber* Vor § 387 Rn. 1; Staudinger/*Gursky* §§ 387 ff. Rn. 7.

60 So auch BGHZ 173, 328 (337) = NZI 2007, 574 (577); Prütting/Wegen/Weinreich/*Pfeiffer* § 387 Rn. 1; auch allgemein *Gernhuber*, Erfüllungssurrogate, § 5 I 2; ebenso Staudinger/*Gursky* Vorb. §§ 387 ff. Rn. 9; *Werner*, Umgehung von Aufrechnungshindernissen, 16; Palandt/*Grüneberg* § 387 Rn. 1.

d) *Verfügungsobjekt*

Die alleinige Bestimmung der ausgeübten Aufrechnungsbefugnis als Verfügungsgeschäft gibt allerdings keinen Aufschluss darüber, über welche Rechtsposition(en) rechtsgestaltend verfügt wird. Eine solche Bestimmung ist aber gerade im Hinblick auf die teilweise angenommene Unzulässigkeit von vertraglichen Aufrechnungsbeschränkungen als Verfügungsverbot nach § 137 Satz 1 BGB von Nöten.[61] Dieser Ansicht wäre schon hier der Boden entzogen, sofern nicht über ein „veräußerliches Recht" verfügt würde.

Als Verfügungsobjekt kommen zum einen sowohl die Aktivforderung als auch die Passivforderung und zum anderen das Gestaltungsrecht der Aufrechnung in einzelner oder in kumulativer Hinsicht in Betracht.[62] Von der ganz herrschenden Meinung wird zutreffend angenommen, dass allein die Aktivforderung Verfügungsobjekt des Rechtsgeschäfts der Aufrechnung ist.[63] Der Aufrechnende bewirkt durch die Aufrechnungserklärung das Erlöschen der Forderungen gem. §§ 387, 389 BGB und damit die unmittelbare Aufhebung seines Forderungsrechtes. Damit verfügt er über die Aktivforderung. Die gesetzliche Erlöschensanordnung ordnet zwar ebenfalls das Erlöschen der Passivforderung an, allerdings fehlt dem Aufrechnenden zur Verfügung über diese Forderung die *Verfügungsbefugnis*. Zur Aufhebung der Aktivforderung ist dieser als Forderungsinhaber berechtigt. Zur Aufhebung der Passivforderung hingegen nicht. Dies leitet sich aufgrund des Bezuges auf beide Forderungen nicht unmittelbar aus § 389 BGB ab, sondern aus dem Wortlaut von § 387 BGB. Als Bezugsgegenstand der Aufrechnung wird dort „seine", also die eigene (Gegen-) Forderung benannt, mit welcher der jeweilige Teil aufrechnen kann. Damit enthält sie keine gesetzlich eingeräumte Möglichkeit über beide Forderungen verfügen zu können. Dass die gesetzliche Erlöschenswirkung sich auch auf die Passivforderung erstreckt, ist vielmehr nur eine für die Herbeiführung des Verrechnungserfolges *erforderliche, gesetzlich angeordnete Nebenfolge* der Rechtsgestaltung durch den Aufrechnenden.[64] Dies entspricht auch der Annahme, dass bei einer Aufrechnung als

61 *Fenge* JZ 1971, 118 ff.; siehe dazu auch § 5 A.

62 Vgl. *Berger*, Aufrechnungsvertrag, 122; *Jaecks*, Konzernverrechnungsklauseln, 99; *Dreyfus*, Die Verfügung im Bürgerlichen Recht, 155.

63 Vgl. statt vieler nur MüKo-BGB/*Schlüter* § 387 Rn. 2; Staudinger/*Gursky* § 388 Rn. 3; *Larenz*, Schuldrecht AT, § 18 VI 4 mit Fn. 65; ohne weiteren Eingang auf weitere Verfügungsobjekte zumindest eine Verfügung über die Gegenforderung annehmend RGZ 78, 282 (283); a.A. *Dreyfus*, Die Verfügung im Bürgerlichen Recht, 155 (Verfügung über die beiden Forderungs- und das Aufrechnungsrecht(e)).

64 Ähnlich *Berger*, Aufrechnungsvertrag, 124.

Erfüllungssurrogat der Aufrechnende ebenso wenig über die Passivforderung verfügt, wie der (real) Erfüllende über die gegen ihn bestehende Forderung.[65] Dementsprechend ist die Passivforderung nicht als Verfügungsobjekt der Aufrechnung anzusehen.

Auch das Gestaltungsrecht der Aufrechnung, also die Aufrechnungsbefugnis bezüglich konkreter Forderungen, ist nicht als Verfügungsobjekt anzusehen.[66] Zwar wirkt der Aufrechnende durch die Ausübung, d.h. die Erklärung der Aufrechnung auf die Aufrechnungsbefugnis insoweit ein, als dass diese anschließend nicht mehr in dieser Form ausgeübt werden kann, mithin verbraucht ist.[67] Allerdings ist der Verbrauch dieses Gestaltungsrechtes dabei allein die logische und konsequente Folge der Ausübung des Gestaltungsrechtes, also der Verfügung über die Aktivforderung selbst.[68] Denn mit dem Bestehen oder dem Untergang der Forderung steht und fällt die konkrete Aufrechnungsbefugnis mit der Aktivforderung.[69] Deutlich wird dies bei Betrachtung folgender Fälle: (1) Bei einer Erklärung der Aufrechnung – Ausübung des konkreten Gestaltungsrechtes – tritt der Untergang der Forderung nach § 389 BGB mangels Vorliegens der nach § 387 BGB erforderlichen Voraussetzungen nicht ein. (2) Die Aktivforderung übersteigt die Passivforderung. In der ersten Konstellation besteht die Aufrechnungsbefugnis weiterhin fort und im zweiten Fall zumindest hinsichtlich des überschießenden Aktivforderungswertes. Die konkrete Aufrechnungsbefugnis hängt damit von dem Verfügungserfolg über die Aktivforderung ab, sodass zumindest auch die für eine Verfügung erforderliche unmittelbare und zweckgerichtete Einwirkung auf das (Gestaltungs-)Recht fehlt.[70] Damit ist auch das konkrete Gestaltungsrecht der Aufrechnung kein Teil der Verfügung des Aufrechnenden.

---

65 So zutreffend *Jaecks*, Konzernverrechnungsklauseln, 99 f.; s.a. *Flume*, BGB AT, § 11 5 d; Staudinger/*Gursky* § 388 Rn. 3.

66 Vgl. MüKo-BGB/*Schlüter* § 387 Rn. 2; *Berger*, Aufrechnungsvertrag, 122 f.; *Jaecks*, Konzernverrechnungsklauseln, 99 f.

67 So zutreffend *Fenge* JZ 1971, 118 (120 f.) und *Flume*, Rechtsgeschäft BGB AT, § 11 5 d; allgemein für Gestaltungsrechte auch *Haedicke* JuS 2001, 966 (968).

68 *Berger*, Aufrechnungsvertrag, 123; *Dreyfus*, Die Verfügung im Bürgerlichen Recht, 224 f.

69 Vgl. *Leverenz* Jura 1996, 1 (4); *Schürnbrand* AcP 204 (2004), 177 (189 ff.); *Hattenhauer*, Einseitige private Rechtsgestaltung, 409, 408 f. („Anhangrecht"); s.a. *Larenz*, Schuldrecht AT, § 35 VI.

70 Jeweils mit anderer Begründung aber im Erg. ebenso *Jaecks*, Konzernverrechnungsklauseln, 100; *Berger*, Aufrechnungsvertrag, 122 f.; *Haedicke* JuS 2001, 966 (968); *Flume*, Rechtsgeschäft BGB AT, § 11 5 d.

Als Verfügungsobjekt ist dementsprechend allein die Aktivforderung anzusehen. Es bleibt daher weiterhin klärungsbedürftig, ob eine vertragliche Aufrechnungsbeschränkung als Verfügungsverbot gem. § 137 Satz 1 BGB unwirksam ist.[71]

II. Prozessaufrechnung

Für eine vollständige Bestimmung, welche Vorteile sich im Zusammenhang mit einer Aufrechnung nach §§ 387 ff. BGB ergeben[72] und welche dementsprechend bei einer Aufrechnungsbeschränkung gerade nicht eingreifen, ist die Unterscheidung zwischen der Erklärung der Aufrechnung nach § 388 BGB und der prozessualen Geltendmachung erforderlich.[73] Bei der Erklärung der Aufrechnung handelt es sich um die Ausübung des (materiellrechtlichen) Gestaltungsrechtes, während die Geltendmachung im Prozess eine Prozesshandlung darstellt mit der sich der Beklagte im Prozess verteidigen will. Es handelt sich damit um ein prozessuales Verteidigungsmittel.[74] Dessen prozessuale Geltendmachung richtet sich auch nach dem maßgeblichen Prozessrecht (bspw. §§ 145 Abs. 3, 302, 322 Abs. 2 und allgemein 78, 296, 530 f. ZPO), während sich die Ausübung des Gestaltungsrechtes nach dem materiellen Recht nach §§ 387 ff. BGB bestimmt.[75] Diese Unterscheidung wird besonders anschaulich, wenn die Aufrechnung vor oder außerhalb des Prozesses erklärt wird. Denn damit führt der Erklärende zwar (zuerst) die Erlöschenswirkung nach § 387 BGB herbei, für eine prozessuale Berücksichtigung dieser Einwendung, muss diese allerdings durch ein Vorbringen zum Prozessstoff gemacht werden.[76]

Die Aspekte des materiellrechtlichen Rechtsgeschäftes und der Prozesshandlung werden hingegen in einem Akt des Vorbringens verbunden, wenn der

71 Siehe dazu § 5 A.

72 Siehe dazu § 3 A. und B.

73 Übersichtlich eine Unterscheidung vornehmend Rosenberg/Schwab/Gottwald/*Gottwald,* Zivilprozessrecht, § 104 Rn. 1 ff., § 63 Rn. 21; Musielak/Voit/*Stadler*, ZPO, § 145 Rn. 12 ff.

74 BGHZ 57, 242 (243) = NJW 1972, 450 (451); BGH NJW 1984, 1964 (1966 f.); Musielak/Voit/*Stadler*, ZPO, § 145 Rn. 13, § 63 Rn. 21; *Coester-Waltjen* Jura 1990, 27; *Musielak* JuS 1994, 817; Staudinger/*Gursky* Vorb. §§ 387 ff. Rn. 26 f.

75 Vgl. statt vieler nur Soergel/*Schreiber* Vor § 387 Rn. 2; Thomas/Putzo/*Seiler*, ZPO, § 145 Rn. 12, 14; Staudinger/*Gursky* Vorb. §§ 387 ff. Rn. 27; *Coester-Waltjen* Jura 1990, 27.

76 Soergel/*Schreiber* Vor § 387 Rn. 2.

Beklagte[77] die Aufrechnung erstmals im Prozess erklärt.[78] In diesem Fall wird einerseits das Gestaltungsrecht ausgeübt, sodass die Forderungen gem. § 387 BGB erlöschen und anderseits die rechtsvernichtende Einwendung „gleichzeitig" prozessual geltend gemacht.[79] Dieser Fall enthält also einen Doppeltatbestand in der Form eines materiellrechtlichen Rechtsgeschäftes und einer Prozesshandlung[80] und wird als „Prozessaufrechnung"[81] bezeichnet.

Unabhängig davon, ob der Beklagte die Aufrechnung das erste Mal im Prozess erklärt oder allein eine bereits außerprozessual erfolge Erklärung geltend macht, bringt dieser die Einwendung der Aufrechnung als zivilprozessuales Verteidigungsmittel ein.[82]

B. Rechtsinstitute mit aufrechnungsähnlichen Wirkungen

Im Folgenden werden die Unterschiede zwischen dem Rechtsinstitut der Aufrechnung und anderen Rechtsinstituten mit ähnlichen Wirkungen dargestellt. Dies dient als Grundlage für die spätere Bestimmung, ob diese Institute auch von der vertraglichen Aufrechnungsbeschränkung erfasst sind bzw. nach dem Vertragswillen sein sollen, mithin die Ausübung der Rechtsinstitute ebenfalls ausgeschlossen ist.[83]

---

77 Dies wird in der Praxis den Regelfall darstellen, wobei auch eine Aufrechnung durch den Kläger denkbar ist. Dazu ausführlich *Pawlowski* ZZP 104 (1991), 249 ff., Staudinger/*Gursky* Vorb. §§ 387 ff. Rn. 26, 36 und Erman/*Wagner* § 388 Rn. 6 m.w.N.

78 Vgl. Thomas/Putzo/*Seiler*, ZPO, § 145 Rn. 14; MüKo-ZPO/*Fritsche* § 145 Rn. 19; Musielak/Voit/*Stadler*, ZPO, § 145 Rn. 14; *Musielak* JuS 1994, 817; *Coester-Waltjen* Jura 1990, 27.

79 Vgl. nur Thomas/Putzo/*Seiler*, ZPO, § 145 Rn. 13 f.; *Coester-Waltjen* Jura 1990, 27 f.; vgl. auch BGHZ 60, 85 (87 f.) = NJW 1973, 341.

80 Dies war früher noch umstritten. Vgl. zur heutigen ganz h.M. MüKo-BGB/*Schlüter* § 387 Rn. 39 f.; Erman/*Wagner* § 388 Rn. 4 f.; Palandt/*Grüneberg* § 388 Rn. 2; *Musielak* JuS 1994, 817; *Wolf* JA 2008, 673 (675); ebenso und m.z.w.N. auch zur Gegenansicht Staudinger/*Gursky* Vorb. §§ 387 ff. Rn. 27 ff.

81 Bspw. BGHZ 179, 1 (5) = NJW 2009, 1071 (1072); *Musielak* JuS 1994, 817; Palandt/*Grüneberg* § 388 Rn. 2; Rosenberg/Schwab/Gottwald/*Gottwald*, Zivilprozessrecht, § 104 Rn. 13; *Wolf* JA 2008, 673; anders *Schreiber* ZZP 90 (1977), 395 (396, „eigentliche Prozessaufrechnung"); Erman/*Wagner* § 388 Rn. 4 („Prozessaufrechnung i.e.S.").

82 Vgl. auch *Kawano* ZZP 94 (1981), 1 (4); Thomas/Putzo/*Seiler*, ZPO, § 145 Rn. 13; vgl. zur prozessualen Geltendmachung als Verteidigungsmittel die w.N. in Fn. 74.

83 Siehe dazu § 4 B. IV. 2.) – 5.).

I. Leistungsverweigerungsrechte

Im Folgenden werden die Unterschiede zwischen dem Rechtsinstitut der Aufrechnung und solchen Leistungsverweigerungsrechten dargestellt, welche entweder in der Rechtspraxis einen Bezug zu vertraglichen Aufrechnungsbeschränkungen aufweisen oder ein solcher Bezug nicht nur theoretisch möglich ist. Eine Abgrenzung zu allen vorhandenen Leistungsverweigerungsrechten mit den ihnen zugrundeliegenden Zwecksetzungen ist im Rahmen dieser Arbeit weder umfassend möglich noch mit einem entsprechenden Mehrwert verbunden.

1.) Zurückbehaltungsrecht, § 273 BGB

Eine vergleichbares oder auch nur ein ähnliches Rechtsinstitut zur Aufrechnung ist das Zurückbehaltungsrecht des § 273 BGB. Eine Untersuchung der vorhandenen Unterschiede erscheint angebracht, da z.T. die ausdrückliche Erhebung eines Zurückbehaltungsrechtes nach § 273 BGB in der gerichtlichen Praxis und der Wissenschaft *als Aufrechnung* „umgedeutet“ oder ausgelegt wird, wenn es sich um Fallkonstellationen mit gleichartigen Forderungen handelt.[84] Diese Aufrechnung wäre vorliegend aber selbst durch die vertragliche Vereinbarung ausgeschlossen. Einer solchen Bewertung wäre allerdings nur zu folgen, wenn die beiden Institute vollständig vergleichbar wären.

Gegen die Annahme einer Vergleichbarkeit und für eine im Allgemeinen anzunehmende (strenge) Differenzierung sprechen allerdings die erheblichen Unterschiede, welche nicht nur in den dogmatischen Grundlagen, den Rechtsfolgen und den Tatbestandsvoraussetzungen, sondern auch in prozessualer Hinsicht bestehen. [85]

Zum Ersten handelt es sich bei der Ausübung des Gestaltungsrechtes der Aufrechnung um ein einseitiges Rechtsgeschäft[86], während das Zurückbehaltungsrecht des § 273 BGB als aufschiebende Einrede ausgestaltet ist[87]. Zweitens divergieren die materiellrechtlichen Wirkungen: Die Aufrechnung führt gem. § 389 BGB zum unmittelbaren Erlöschen beider Forderungen. Die

---

84 Siehe dazu § 4 B. IV 2.) b) und c).

85 Vgl. *Zorn*, Aufrechnungsverbote, 7; *Weigelin*, Aufrechnung als Pfandrecht an der eigenen Schuld, 109 f.; s.a. RGZ 83, 108 (110).

86 Vgl. statt aller nur BGH NJW 1957, 825; BGH NJW 1990, 2544 (2545); *Coester-Waltjen* Jura 1990, 27; Palandt/*Grüneberg* § 273 Rn. 14; siehe bereits § 2 A. I. 1.).

87 RGZ 85, 108 (110); BGHZ 117, 1 (3) = NJW 1992, 1172 (1173); Staudinger/*Gursky* Vorb. §§ 387 ff. Rn. 12; Palandt/*Grüneberg* § 273 Rn. 14; Soergel/*Wolf* § 273 Rn. 53; *Zorn*, Aufrechnungsverbote, 7.

Geltendmachung des Zurückbehaltungsrechtes hat hingegen keine schuldtilgende Wirkung. Vielmehr hat sie „lediglich" insoweit rechtsgestaltende Wirkung[88], als dass die bis zur Einrede voneinander unabhängigen Ansprüche so miteinander verbunden werden, dass der Schuldner nicht mehr uneingeschränkt zur Leistung verpflichtet ist, sondern der Gläubiger die Leistung nur noch Zug um Zug gegen die eigene Leistung fordern kann.[89] Dementsprechend unterscheidet sich auch die Zwecksetzung des Erklärenden: Dieser will mit der Aufrechnung unmittelbare Befriedigung seiner eigenen Forderung und Erfüllung der gegenläufigen Forderung erreichen.[90] Im Fall der Zurückbehaltung will er Druck auf den Gläubiger bzw. Schuldner ausüben, damit dieser seinerseits tatsächlich leistet.[91] Daraus wird die vorrangige und von der Aufrechnung abweichende Zwecksetzung der „Sicherungswirkung" des Zurückbehaltungsrechtes nach § 273 BGB deutlich.

Außerdem unterscheiden sich die beiden Rechtsinstitute dahingehend, dass die materiellrechtliche Folge der Aufrechnung und die Rechtskraftfähigkeit der Aktivforderung nach § 322 Abs. 2 ZPO von der Höhe der beiden Forderungen abhängig sind.[92] Die Forderungen erlöschen nach § 389 BGB nur „soweit sie sich decken"[93] und die Rechtskraft erstreckt sich nach § 322 Abs. 2 ZPO nur auf das Nichtbestehen oder Nichtmehrbestehen der Aktivforderung „bis zur Höhe des Betrages, für den die Aufrechnung geltend gemacht worden ist". Das Zurückbehaltungsrecht hingegen ist im Grundsatz von der Höhe der gegenüberstehenden Ansprüche unabhängig, sodass sich die Rechtsfolge der Leistung „Zug um Zug" auf die Forderungen in der gesamten Höhe erstreckt.[94] Ebenso unterschiedlich

88 Vgl. statt aller nur BGH NJW-RR 1986, 991 (992, m.w.N.); MüKo-BGB/*Krüger* § 273 Rn. 91; Palandt/*Grüneberg* § 273 Rn. 20.

89 *Keller* JuS 1982, 665 (668); Erman/*Artz* § 273 Rn. 33; MüKo-BGB/*Krüger* § 273 Rn. 91, 75; vgl. *Larenz*, Schuldrecht AT, § 16; RGZ 123, 6 (7); Palandt/*Grüneberg* § 273 Rn. 20.

90 Erman/*Artz* § 273 Rn. 6; vgl. *Zorn*, Aufrechnungsverbote, 7; siehe zu den verschiedenen Funktionen der Aufrechnung bereits § 2 A. I. und den sich daraus ergebenen Vor- und Nachteilen § 3 A. und B.

91 BGH LM ZPO § 794 Abs. 1 Ziff. 5 Nr. 3; OLG Frankfurt NJW 1985, 3083; vgl. auch BGH NJW 2012, 528 (530); BGH NJW 2004, 3484 (3485); MüKo-BGB/*Krüger* § 273 Rn. 3; Palandt/*Grüneberg* § 273 Rn. 1. Insofern geht das kaufmännische Zurückbehaltungsrecht mit einem Befriedigungsrecht gem. §§ 369, 371 HGB weiter.

92 Vgl. *Rimmelspacher*, Materiellrechtlicher Anspruch, 221.

93 Vgl. statt aller nur BGHZ 116, 95 (99) = NJW 1992, 1698 (1699); Staudinger/*Gursky* Vorb. §§ 387 ff. Rn. 100.

94 Vgl. BGH NJW 2012, 528 (529), nach welchem aber das Zurückbehaltungsrecht nach § 242 BGB ausgeschlossen sein kann, wenn wegen einer unverhältnismäßig geringen

sind die prozessualen Folgen: Eine Erklärung der Aufrechnung im Prozess gegen die klageweise geltend gemachte Forderung führt zur Abweisung der Klage als unbegründet.[95] Bei Erhebung der Einrede des § 273 BGB im Prozess erfolgt hingegen eine Verurteilung Zug um Zug gem. § 274 BGB.[96] Auch löst die im Prozess geltend gemachte Einwendung oder die Erklärung der Aufrechnung gem. § 204 Abs. 1 Nr. 5 BGB die Verjährungshemmung der Aktivforderung aus, während dies für die (prozessual) erhobene Einrede des Zurückbehaltungsrechtes nicht gilt.[97] Zusätzlich gibt es in den Tatbestandsvoraussetzungen Unterschiede: Zwar decken sich diese in den Erfordernissen der Gegenseitigkeit der Forderungen sowie der Fälligkeit und Durchsetzbarkeit der Gegenforderungen. Jedoch müssen für eine Aufrechnung die Forderungen gleichartig, nicht aber konnex sein, während für ein Zurückbehaltungsrecht hingegen genau umgekehrtes gilt.[98] Damit ist der Anwendungsbereich des Aufrechnungsrechtes weitreichender

---

Forderung eine hochwertige Leistung zurückbehalten werden soll. Dabei soll aber nicht „*schematisch allein auf die Wertverhältnisse abzustellen* [sein]. *Vielmehr kann ein Zurückbehaltungsrecht auch dann gegeben sein, wenn der Wert der Forderung, derentwegen die Herausgabe eines Gegenstands verweigert wird, erheblich geringer ist als der Wert der herausverlangten Sache; denn das Recht auf Zurückbehaltung würde seinen vom Gesetzgeber verfolgten Zweck verlieren, auf den Schuldner Druck auszuüben, wenn es nur dann ausgeübt werden könnte, wenn das Wertverhältnis in etwa ausgeglichen ist* […]. *Erforderlich ist vielmehr stets eine Abwägung der konkreten Umstände des Einzelfalls.*“ (daher im konkreten Fall verneint); vgl. auch BGH NJW 2004, 3484 (3585); BGHZ 54, 244 (249 f.) = NJW 1970, 2019 (2021); MüKo-BGB/*Krüger* § 273 Rn. 72 m.w.N.; Staudinger/*Bittner*/*Kolbe* § 273 Rn. 101.

95 Vgl. nur RGZ 123, 6 (7); *Musielak* JuS 1994, 817; *Coester-Waltjen* Jura 1990, 27 m.w.N.; dies gilt freilich nur bei unterstellter materiellrechtlicher Wirksamkeit, prozessualer Zulässigkeit und einer Aktivforderung, welche die klageweise geltend gemachte Passivforderung betragsmäßig übersteigt. Zur Möglichkeit der einseitigen Erledigungserklärung durch den Kläger und der damit zusammenhängenden Kostenfrage siehe § 3 B. II. 2.) b).

96 Vgl. BAG NJW 1968, 565f.; BGHZ 92, 194 (197) = NJW 1985, 189 (190); BGHZ 117, 1 (2 f.) = NJW 1992, 1172 (1173); *Zorn*, Aufrechnungsverbote, 7 f.; *Larenz*, Schuldrecht AT, § 16; Palandt/*Grüneberg* § 274 Rn. 2; dabei unterliegt die Klage mit einem Antrag auf unbeschränkte Verurteilung allerdings teilweise und ist in diesem Umfang abzuweisen. Vgl. dazu nur BGHZ 117, 1 (3) = NJW 1992, 1172 (1173, m.z.w.N.).

97 Staudinger/*Bittner*/*Kolbe* § 273 Rn. 120; Staudinger/*Peters*/*Jacoby* § 204 Rn. 64, 65 f.; *Oertmann*, BGB, § 273 Anm. 5 b; vgl. § 202 II BGB aF.

98 *Keller* JuS 1982, 665 (667); Soergel/*Wolf* § 273 Rn. 53; vgl. *Kress*, Schuldrecht AT, 568; vgl. zum fehlenden Erfordernis der Konnexität bei der Aufrechnung nur BGH NJW 1993, 2753 (2754).

hinsichtlich des Ursprungs der Forderungen bzw. des konkreten Schuldverhältnisses, während das Zurückbehaltungsrecht einen größeren Umfang von Forderungen hinsichtlich verschiedener Forderungsarten und -inhalte erfasst.

Außerdem besteht die Möglichkeit, die Ausübung der Einrede des Zurückbehaltungsrechtes abzuwenden. Dem Gläubiger steht es gem. § 273 Abs. 3 Satz 1 BGB zu, eine Sicherheit zu leisten, wodurch eine Leistungsverweigerung unter Berufung auf die ebenfalls zu erbringende Gegenleistung ausgeschlossen ist. Eine solche „Verhinderung“ der Ausübungsmöglichkeit ohne gegenseitige Vereinbarung ist dem Institut der Aufrechnung fremd. Ohne eine gesetzliche oder vertragliche Aufrechnungsbeschränkung kann der Aufrechnungsgegner die Aufrechnung nicht einseitig verhindern.[99]

Allerdings ist trotz dieser Unterschiede zu beachten, dass diese beiden Rechtsinstitute sich in bestimmten Konstellationen in Ihrem Anwendungsbereich annähern und damit bestimmte (Interessens-)Wertungen auch hinsichtlich des jeweils anderen zu berücksichtigen sind. Dies gilt insbesondere im Rahmen von gleichartig gewordener, konnexer und gleichartig gewordener, synallagmatischer Forderungen und bedarf bei vereinbarten Aufrechnungsbeschränkungen einer gesonderten und besonderen Untersuchung.[100]

2.) Einrede des nichterfüllten Vertrages, § 320 BGB

Ebenfalls in der dogmatischen Nähe des allgemeinen Zurückbehaltungsrechtes steht das Leistungsverweigerungsrecht der Einrede des nichterfüllten Vertrages nach § 320 BGB. Auch dieses Rechtsinstitut soll dem Gläubiger die Möglichkeit einräumen, auf Schuldner Druck auszuüben und diesen zur Leistungserbringung zu bewegen.[101] Ein erheblicher Unterschied zur Einrede nach § 273 BGB besteht in den Anforderungen an das Verhältnis zwischen den bestehenden Forderungen. Denn die Erhebung der Einrede nach § 320 BGB bewirkt keine Verknüpfung der unabhängigen gegenseitigen Forderungen wie im Rahmen des § 273 BGB, sondern *setzt bereits eine bestimmte Verbundenheit als gesetzliches*

99 Siehe zu diesem und weiteren Vorteilen sogleich § 3 A. und B.

100 Siehe zu diesen Fallgruppen umfassend § 5 B. III. 2.) und 3.).

101 Vgl. nur statt aller BGHZ 141, 108 (114) = NJW 1999, 2180 (2182); BGH NJW 1982, 2494; BGH NJW 2002, 3541 (3542); OLG Dresden, Urteil v. 14.05.1998, Az. 21 U 3679/97, BeckRS 1998, 30014327; MüKo-BGB/*Emmerich* § 320 Rn. 1; BeckOGK-BGB/*Weiler* (01.03.2021) § 309 Nr. 2 Rn. 5 f.; Staudinger/*Coester-Waltjen* § 309 Nr. 2 Rn. 1; Erman/*Roloff* § 309 Rn. 19 f.

Tatbestandsmerkmal voraus.[102] So müssen die beiden Forderungen aus einem gegenseitigen Vertrag ergeben sein und in einer synallagmatischen Verknüpfung zueinander stehen.[103] Dieser Besonderheit der Einrede des § 320 BGB als Ausprägung des Synallagmas bei gegenseitigen Verträgen[104] entspricht, dass hier keine Abwendungsbefugnis durch eine Sicherheitsleistung wie nach § 273 Abs. 3 Satz 1 BGB möglich ist. Ebenfalls resultiert aus dieser Ausprägung der Vorrang des § 320 BGB vor einer Zurückbehaltung nach § 273 BGB.[105]

Aus dieser Voraussetzung der synallagmatischen Verknüpfung der gegenseitigen Pflichten aus demselben Vertrag ergibt sich auch ein signifikanter Abgrenzungsaspekt zur Aufrechnung. Denn die sich insoweit aus dem Vertrag ergebenden (Haupt-) Leistungs- und Gegenleistungspflichten bestehen in aller Regel in *verschiedenartigen* Leistungen, ähnlich der *Sachleistungspflicht* auf der einen Seite und der *Vergütungspflicht* auf der anderen Seite.[106] Solche sich gegenüberstehende Leistungspflichten bzw. Forderungen erfüllen nicht die für eine Aufrechnung erforderlichen Tatbestandsvoraussetzungen nach §§ 387 ff. BGB – es fehlt an der Gleichartigkeit.

Allerdings gilt diese Annahme nur für den Fall, der „ursprünglichen" Primäransprüche. Sofern an die Stelle des sachlichen Hauptleistungsanspruchs ein gleichartiger (synallagmatischer) Geldleistungsanspruch tritt, wäre im Prinzip sowohl die Einrede nach § 320 BGB als auch eine Aufrechnung nach §§ 387 ff. BGB möglich. Insoweit wird – gleichsam wie bei § 273 BGB – angenommen, dass es sich in diesen Fällen im Grundsatz um eine Aufrechnung handele.[107] Zur Bestimmung, ob sich dieser Ansicht sowohl gegenüber dem Zurückbehaltungsrecht als auch gegenüber der Einrede des nicht erfüllten Vertrages angeschlossen werden sollte, ist zu beachten, dass sich die Einrede nach § 320 BGB hinsichtlich der Höhe der Forderungen genauso von dem Institut

---

102 Vgl. *Larenz*, Schuldrecht AT, § 16; s.a. MüKo-BGB/*Emmerich* § 320 Rn. 27 („synallagmatisch miteinander verknüpfte Leistungen"); Palandt/*Grüneberg* Einf v § 320 Rn. 17, § 320 Rn. 4 (bestimmtes Gegenseitigkeitsverhältnis).

103 Vgl. MüKo-BGB/*Emmerich* § 320 Rn. 27 ff.; Palandt/*Grüneberg* Einf v § 320 Rn. 17, § 320 Rn. 4; BGH NJW 2017, 1100 (1102); ausführlich zur Beurteilung von Aufrechnungsbeschränkungen, welche Forderungen aus dem synallagmatischen Verhältnis betreffen § 6 B. III. 2.).

104 So auch statt vieler nur MüKo-BGB/*Emmerich* § 320 Rn. 1; Staudinger/*Schwarze* Vorb. §§ 320 ff. Rn. 5 ff.; siehe dazu auch § 6 B. III. 2.).

105 Vgl. MüKo-BGB/*Krüger* § 273 Rn. 2 (lex specialis).

106 Vgl. BeckOGK-BGB/*Weiler* (01.03.2021) § 309 Nr. 3 Rn. 18.

107 Dazu bereits soeben § 2 B. II. 1.); siehe auch § 4 B. IV. 2.).

der Aufrechnung unterscheidet wie das Zurückbehaltungsrecht nach § 273: So ist auch bei der Einrede des nichterfüllten Vertrages grundsätzlich der Unterschied der Höhe der Forderung – vorbehaltlich einer bereits erbrachten Teilleistung i.S.d. § 320 Abs. 2 BGB – nicht entscheidend. Die Einrede kann auch dann „vollständig" erhoben werden, wenn die Höhe der Forderungen voneinander abweichen. Auch im Übrigen gelten die bereits hinsichtlich des Zurückbehaltungsrechtes aufgezeigten Unterschiede zur Aufrechnung entsprechend.[108]

3.) Besondere Ausgestaltung der Einrede nach § 320 BGB: § 641 Abs. 3 BGB

§ 641 Abs. 3 BGB enthält das Recht des Werkbestellers, die Zahlung der Vergütung in einem bestimmten Umfang zu verweigern, sofern ihm Mängelbeseitigungsrechte zustehen. Schon die Beschreibung dieser sich gegenüberstehenden Leistungspflichten zeigt, dass es sich um synallagmatisch verknüpfte (Haupt-) Leistungspflichten handelt. Daher betrifft dieses Leistungsverweigerungsrecht denselben Inhalt wie § 320 BGB. Es handelt sich entsprechend um ein speziell für den Werkvertrag normiertes Leistungsverweigerungsrecht i.S.d. § 320 BGB. Dieses hat der Gesetzgeber allein klarstellend ausdrücklich normiert.[109]

Für dieses Leistungsverweigerungsrecht gelten die soeben ausgeführten Unterschiede zur Aufrechnung entsprechend.

II. Anrechnung, Verrechnung

Ein weiteres, der Aufrechnung auf den ersten Blick ähnlich erscheinendes zivilrechtliches Rechtsinstitut ist die Anrechnung. Schwierigkeiten bereiten dabei sowohl die terminologische Bestimmung als auch die inhaltliche Abgrenzung dieses Institutes von der Aufrechnung.

Eine genaue Unterscheidung ist allerdings zwingend geboten, da eine Zuordnung der verschiedenen Fallkonstellationen unter eines der beiden Rechtsinstitute weitreichende Konsequenzen hat: Sofern ein Fall der Anrechnung angenommen wird, ist ein Vorbehaltsurteil nach § 302 ZPO ausgeschlossen[110]

---

108 Dazu bereits soeben § 2 B. I. 1.).

109 Zutreffend MüKo-BGB/*Busche* § 641 Rn. 31; vgl. auch BT-Drs. 14/1246, 7.

110 OLG München NJW-RR 2003, 863; OLG Koblenz NZBau 2002, 453; ähnlich aber letztendlich offen gelassen BGHZ 165, 134 (136) = NJW 2006, 698; vgl. auch *Kessen* BauR 2005, 1691; BeckOK-BGB/*Dennhardt* (01.02.2021) § 387 Rn. 6.

und die gesetzlichen Aufrechnungsverbote greifen nicht ein.[111] Weitergehend wird zutreffend angenommen, dass auch die rechtsgeschäftlichen Gestaltungen der Vertragsparteien, konkret die vertraglichen Aufrechnungsbeschränkungen, sowohl individualvertraglicher- als auch formularmäßiger Art, obsolet werden.[112] Außerdem unterfallen diese Institute auch in prozessrechtlicher Hinsicht unterschiedlichen Regelungen.[113]

Die Abgrenzung wird im Folgenden in mehreren Schritten vorgenommen: Zuerst wird der inhaltliche Gehalt der Anrechnung bestimmt, um dann die Schwierigkeiten der Differenzierung anhand eines praktischen Beispiels zu verdeutlichen. Anschließend wird hiervon ausgehend eine über den Einzelfall hinausgehende Abgrenzungsvorgabe entwickelt. Untypischerweise erfolgt eine genaue Begriffsbestimmung erst im letzten Schritt. Die in der Rechtsprechung und Literatur vorhandene uneinheitliche Terminologie führt unvermeidbar zu Verwirrungen, da inhaltlich gleiche Ausgestaltungen verschieden und inhaltlich verschiedene Ausgestaltungen hingegen gleich bezeichnet werden. Daher bietet sich hier eine vorgezogene inhaltliche Bestimmung der „Anrechnung" an. Dies ermöglicht eine vom Inhalt ausgehende Betrachtung der vorhandenen Begriffe und eine Bestimmung, welcher Terminus den Vorzug vor anderen Begriffen verdient.[114]

---

111 BGHZ 170, 206 (209, zu § 95 Abs. 1 InsO) = NJW 2007, 1067 (1068); BGH NJW 1962, 1909 (zu § 393 BGB, m.w.N.); OLG Hamm NJW 1970, 2296 (zu § 393 BGB); BAG NZA 2002, 390 (392, zu § 394 BGB); BAG NZA 2010, 99 (100, zu § 394 BGB); Staudinger/*Gursky* Vorb. §§ 387 ff. Rn. 97; MüKo-BGB/*Schlüter* § 387 Rn. 50, 56.

112 So BGHZ 70, 240 (245) = NJW 1978, 814 (815 f.); i.d.S. wohl auch BGHZ 163, 274 (278 ff.) = NJW 2005, 2771 (2772); vgl. auch BGH BauR 2001, 1928; OLG Schleswig BauR 2001, 1615 (1617); OLG Düsseldorf NJW-RR 1996, 84 (85); siehe auch *Koeble*, FS Craushaar, 259 (263, 265, m.w.N.); *Koenen* BauR 2005, 202 (215); Palandt/*Grüneberg* Vorb. § 249 Rn. 71; verkennend *Windel* KTS 2000, 215 (228), wenn er davon ausgeht, dass „*unterschiedlich allein der rechtstechnische Weg zur Kompensation*" sei. Zum Verhältnis einer „Anrechnung" zu vertraglichen Aufrechnungsbeschränkungen siehe § 4 B. IV. 3.).

113 So erfasst bspw. der Anwendungsbereich des § 322 Abs. 2 ZPO nicht die Fälle der Anrechnung/Verrechnung (vgl. nur BGH NJW-RR 2004, 1715 [1716, m.w.N.]; Prütting/Gehrlein/*Völzmann-Stickelbrock*, ZPO, § 322 Rn. 67; MüKo-ZPO/*Gottwald* § 322 Rn. 195) und auch ein Vorbehaltsurteil gem. § 302 ZPO scheidet aus (so bspw. OLG München NJW-RR 2003, 863; Hk-ZPO/*Saenger* § 302 Rn. 2).

114 Im Folgenden wird einheitlich der Begriff „Anrechnung" verwendet.

1.) Inhaltlicher Gehalt

Im Gegensatz zur Aufrechnung, bei welcher sich *zwei* eigenständige Forderungen gegenüberstehen (müssen)[115], geht es bei einer Anrechnung im Ergebnis um die Bestimmung der konkreten Höhe *einer* Forderung. Der genaue Betrag der vom Gläubiger geltend gemachten Forderung wird durch die Summe der auf beiden Seiten vorhandenen (Rechnungs-)Posten bestimmt. Es handelt sich damit um eine reine Rechenoperation, bei welcher die dem Schuldner zustehenden Rechnungsposten vom geltend gemachten Betrag unmittelbar abgezogen werden.[116] Die Rechnungsposten stellen keine selbstständig durchsetzbaren und gegenseitigen Ansprüche dar, sondern sind alleine Summanden der Rechnung.[117] Es geht also nicht um die „Benutzung" einer Forderung – Aufrechnung –, sondern um die Bestimmung der Forderung selbst. Anschaulich wird eine solche Konstellation der Anrechnung im Falle der Schadensberechnung bei der Geltendmachung eines Schadensersatzanspruches „statt der ganzen Leistung" nach § 281, § 283, § 311a Abs. 2 BGB. Dort ist im Rahmen der Differenzmethode u.a. die ersparte Gegenleistung als (schlichter) Rechnungsposten gegenüber den Schadensersatzposten unmittelbar anspruchsmindernd zu berücksichtigen.[118] Gleichermaßen sind im bereicherungsrechtlichen Ausgleich bei Anwendung der Saldotheorie die Leistung und Gegenleistung nur als jeweilige Rechnungsposten anzusehen, welche nicht mehr selbstständig geltend gemacht werden können, sondern (zusammen) den Wert des *einen* Bereicherungsanspruches bestimmen.[119] Neben

---

115 Vgl. statt vieler nur *Larenz*, Schuldrecht AT, § 18 VI; *Werner*, Umgehung von Aufrechnungshindernissen, 7; *Berger*, Aufrechnungsvertrag, 190 f.

116 Schon RGZ 58, 173 (177); RGZ 83, 279 (281); RGZ 152, 111 (112, m.w.N.); *Berger*, Aufrechnungsvertrag, 191; *Gernhuber*, Erfüllungssurrogate, § 12 I 2; vgl. *Schade*, Über den Aufrechnungsvertrag, 14.

117 Vgl. nur BGH JZ 1986, 689 (690).

118 RGZ 58, 173 (177); RGZ 83, 279 (281); RGZ 141, 259 (261 f.); ausführlich BGH JZ 1986, 689 (690); BGHZ 87, 156 (158 f.) = NJW 1983, 1605; OLG Düsseldorf NJW 1973, 1928 (1929); Staudinger/*Gursky* Vorb. §§ 387 ff. Rn. 97, 98; MüKo-BGB/*Schlüter* § 387 Rn. 50; Palandt/*Grüneberg* § 387 Rn. 2; *Jaecks*, Konzernverrechnungsklauseln, 39; *Larenz*, Schuldrecht AT, § 18 VI; *Werner*, Umgehung von Aufrechnungshindernissen, 7; *Gernhuber*, Erfüllungssurrogate, § 12 I 2; *Hattenhauer*, Einseitige private Rechtsgestaltung, 19; RGRK-BGB/*Weber* Vor § 387 Rn. 37 m.w.N.

119 So anschaulich BGH NJW 1963, 1870; ebenso BGHZ 1, 75 (81 f.) = NJW 1951, 270 (271); vgl. auch BGHZ 147, 152 (157) = NJW 2001, 1863 (1864); *Berger*, Aufrechnungsvertrag, 191 m.z.w.N. der Rspr.; vgl. auch die w.N. der Lit. in Fn. 118 und schon RGZ 54, 137 (140 f.); RGZ 86, 343 (346); RGZ 137, 324 (336 f., m.z.w.N.).

weiteren allgemein anerkannten, aber nicht ausdrücklich im Gesetz vorgeschriebenen Anwendungsfällen der Anrechnung, wie dem Vorteilsausgleich im Schadensrecht[120], sind einige Konstellationen auch explizit im Gesetz vorgesehen. So behält der Schuldner zwar gem. § 326 Abs. 2 Satz 2 BGB den Gegenleistungsanspruch im Falle der überwiegenden Verantwortlichkeit des Gläubigers für die Unmöglichkeit der Leistung oder im Falle des Eintritts der Unmöglichkeit während eines Gläubiger-Annahmeverzuges. Dieser Gegenleistungsanspruch wird jedoch automatisch um die (wirtschaftlichen) Posten gekürzt, welche dem Schuldner aufgrund des Ausfalls der eigenen Leistungspflicht vorteilhaft zugutekommen.[121] Dementsprechend sind bspw. die ersparten Transport- oder Übermittlungskosten und die unterbliebene Abnutzung eigenen Materials abzuziehen.[122] Vergleichbare Regelungen hinsichtlich der Systematik und dem Regelungsgehalt der Anrechnung sind außerdem im Rahmen der Kündigung des Bestellers eines Werkvertrags – § 649 Satz 2 BGB – und bei einem Annahmeverzug der Dienstleistung durch einen Arbeitgeber – § 615 Satz 2 BGB – zu finden.[123]

Die in den Fällen der Anrechnung eintretende automatische Saldierung der verschiedenen (Rechnungs-)Posten führt dazu, dass keine weitere Handlung des Schuldners, also insbesondere keine Anrechnungserklärung, erforderlich ist, um eine Minderung des geltend gemachten Anspruchs herbeizuführen.[124] Die

120 Vgl. statt (fast) aller nur BGH NJW 2013, 450 (451, m.z.w.N.); Staudinger/*Gursky* Vorb. §§ 387 ff. Rn. 97 und die w.N. der Lit. in Fn. 118; ebenso *Berger*, Aufrechnungsvertrag, 191.

121 Statt aller nur Palandt/*Grüneberg* § 387 Rn. 2. Dies gilt nach § 326 Abs. 2 Satz 2 BGB auch für die Posten, welche er durch anderweitige Verwertung der Arbeitskraft erwirbt oder welche er zu erwerben böswillig unterlässt. Vgl. dazu Staudinger/*Otto* § 326 Rn. C 89, 92 ff. m.w.N.

122 Erman/*Westermann* § 326 Rn. 15; umfassend Staudinger/*Otto* § 326 Rn. C 89 ff.

123 Vgl. zur Darstellung weiterer Fälle nur Berger, Aufrechnungsvertrag, 191 f., Staudinger/*Gursky* Vorb. §§ 387 ff. Rn. 97 und Erman/*Wagner* Vor § 387 Rn. 7.

124 Vgl. RGZ 141, 259 (262); RGZ 152, 111; BGH NJW 2013, 450 (451); vgl. OLG Düsseldorf, NJW-RR 1996, 84 (85); OLG Düsseldorf NJW 1973, 1928 (1929); Staudinger/*Gursky* Vorb. §§ 387 ff. Rn. 97; Palandt/*Grüneberg* § 387 Rn. 2; NK-BGB/*Wermeckes* § 387 Rn. 4; *Jaecks*, Konzernverrechnungsklauseln, 39. Anders hingegen das Recht zur Minderung bspw. nach §§ 437 Nr. 2 Alt. 2, 441 BGB, welches als Gestaltungsrecht erst nach seiner Ausübung zur unmittelbaren Herabsetzung des Kaufpreises und damit zur Minderung des Zahlungsanspruches führt. Aufgrund dieser erforderlichen Geltendmachung ist die Minderung – trotz der unmittelbar eintretenden Verminderung

Anrechnung findet stattdessen vielmehr von Amts wegen statt[125] und stellt kein gesetzlich eingeräumtes Gestaltungsrecht wie die Aufrechnung dar. Eine Aufrechnung mit diesen Rechnungsposten ist schlichtweg nicht möglich, da es an der dafür erforderlichen Grundvoraussetzung der zweiseitig bestehenden, selbstständigen Forderungen fehlt.[126]

Der vereinzelt vertretenen Ansicht, dass auf die Fälle der Anrechnung die Vorschriften für die Aufrechnung nach §§ 387 ff. BGB Anwendung finden sollen[127], steht entgegen, dass die gesetzlichen Wertungen der letztgenannten Vorschriften funktional für eine Konstellation zweier bereits selbstständig bestehenden Forderungen gelten und nicht für die (mathematische) Bestimmung der Höhe einer einzelnen Forderung.[128]

2.) *Abgrenzung*

Die aufgeführten Unterschiede und vor allem die Folgen einer Einordnung als „Anrechnungsfall" machen deutlich, dass eine möglichst trennscharfe Abgrenzung der beiden Rechtsinstitute zwingend erforderlich ist. Eine solche Bestimmung fällt allerdings aufgrund der starken Annäherung in verschiedenen Einzelfällen[129]

---

des Kaufpreises – nicht als Fall der Anrechnung anzusehen. Im Erg. ebenso Erman/*Wagner* Vor § 387 Rn. 7a.

125 *Berger*, Aufrechnungsvertrag, 191; Palandt/*Grüneberg* § 387 Rn. 2; *Werner*, Umgehung von Aufrechnungshindernissen, 7; Jaecks, Konzernverrechnungsklauseln, 39; zutreffend mit dem Hinweis auf einen insoweit erforderlichen Parteivortrag Erman/*Wagner* Vor § 387 Rn. 6; ebenso auch RGZ 141, 259 (262).

126 OLG Koblenz NZBau 2002, 453 (454); vgl. BGH NJW 2000, 3064; BGH JZ 1986, 689 (690); RGZ 137, 324 (336 f.); OLG Düsseldorf NJW-RR 1996, 84 (85); Erman/*Wagner* Vor § 387 Rn. 6.

127 *Vierrath*, Anrechnung und Aufrechnung, 95 ff., 111 ff.; ähnlich auch *Peters* JZ 1986, 669 (670 ff.).

128 Ähnlich eine mangelnde Vergleichbarkeit annehmend MüKo-BGB/*Schlüter* § 387 Rn. 56; vgl. auch BGHZ 170, 206 (209) = NJW 2007, 1067 (1068), welcher in diese Richtung gehend unselbstständige Rechnungsposten als „gebunden und gelähmt" und damit weit entfernt von selbstständigen durchsetzbaren Forderungen ansieht; im Erg. auch RGZ 141, 259 (261 f.); RGZ 152, 111 (112 f.) und *Jaecks*, Konzernverrechnungsklauseln, 39.

129 Vgl. anschaulich Staudinger/*Gursky* Vorb. §§ 387 ff. Rn. 98.

äußert schwer und wird dadurch von der Literatur und Rechtsprechung nicht einheitlich vorgenommen.[130]

Für die Bestimmung einer Leitlinie zur allgemeinen Abgrenzung der Institute voneinander, lässt sich anschaulich die umstrittene Grenzkonstellation der Schadensersatzansprüche im Werkvertragsrecht anführen: Hat der Besteller kein Interesse mehr an der Leistung und macht Schadensersatz statt der ganzen Leistung (= „großer Schadensersatz“) geltend, bedarf es nach der allgemeinen Meinung nicht der Aufrechnung, sondern es ist ein Fall der *An*rechnung gegeben.[131] Wird hingegen Schadensersatz statt der Leistung (= „kleiner Schadensersatz“) geltend gemacht, ist die Einordnung umstritten. Einerseits wird von der Rechtsprechung angenommen, dass der ermittelte Schaden als Rechnungsposten von der Werklohnforderung abzuziehen sei und dementsprechend eine Anrechnung vorliege.[132] Andererseits werden in einem solchen Fall der Schadensersatzanspruch und der Anspruch auf Vergütung als eigenständige Forderungen angesehen, sodass ein Fall einer (möglichen) Aufrechnung vorliegen soll.[133]

Für die Beurteilung dieser dicht beieinander liegenden Fälle – im Grundsatz auch für die der übrigen Fälle – ist hier von einem zwischen der Aufrechnung und Anrechnung geltenden *Regel-Ausnahme-Prinzip* auszugehen.[134] Den gesetzlichen Regelfall stellt die Aufrechnung(-smöglichkeit) dar. Denn wenn jemand aufgrund einer rechtsgeschäftlichen oder gesetzlichen Regelung von einem anderen ein Tun oder Unterlassen verlangen kann und dies nicht allein der Verwirklichung und dem Schutz eines anderen Rechtes dient, handelt es sich um einen selbstständigen Anspruch i.S.d. § 194 BGB.[135] Können also beide Beteiligten eine Leistung bspw. in der Form einer Zahlung jeweils vom anderen

130 Vgl. dazu nur Staudinger/*Gursky* Vorb. §§ 387 ff. Rn. 97 f.; BeckOK-BGB/*Dennhardt* (01.02.2021) § 387 Rn. 6 f.; zum Werkvertragsrecht *Putzier* BauR 2002, 1632 ff.; *Koenen* BauR 2005, 202 (214 ff.).

131 Statt aller nur MüKo-BGB/*Schlüter* § 387 Rn. 50; Staudinger/*Gursky* Vorb. §§ 387 ff. Rn. 97, 98, jeweils m.w.N.

132 So bspw. BGHZ 70, 240 (245) = NJW 1978, 814 (815 f.); BGH MDR 1986, 131; OLG Oldenburg NJW-RR 2003, 879 (880); vgl. zu w.N. Staudinger/*Gursky* Vorb. §§ 387 ff. Rn. 98.

133 BGHZ 163, 274 (279) = NJW 2005, 2771 (2772); BGH NJW-RR 2008, 31 (32); BGHZ 176, 23 (27) = NJW 2008, 2106 (2108); BGH NJW 2011, 1729; OLG Stuttgart NJW 2011, 540 (541); OLG Naumburg NZBau 2008, 62; Erman/*Wagner* Vor § 387 Rn. 7a; so auch schon *Peters* JZ 1986, 669 (670 f.); *Koeble*, FS Craushaar, 259 (268).

134 I.d.S. zumindest für das Werkvertragsrecht auch *Koeble*, FS Craushaar, 259 (268).

135 Vgl. dazu nur *Larenz*, BGB AT § 20 Rn. 24 ff.

verlangen, stehen sich grundsätzlich zwei selbstständige Forderungen[136] aufrechenbar gegenüber. Von diesem Grundsatz ist als Ausnahmefall nur abzuweichen, wenn dies entweder ausdrücklich gesetzlich geregelt ist oder sich dies aus der Anwendung der materiellrechtlichen Grundlagen ergibt.[137]

Für die angeführte Konstellation bedeutet dies Folgendes: Bei einer Geltendmachung von Schadensersatz statt der ganzen Leistung, geht es in der Hauptsache um die Berechnung des Betrages der Schadensersatzforderung.[138] Diese Bestimmung erfolgt materiellrechtlich durch Anwendung der Differenztheorie. In deren Rahmen stellt die ersparte Werklohnzahlung, also der verbliebene Vergütungs- bzw. Gegenanspruch des Unternehmers, aber nur einen bei der Berechnung zu berücksichtigenden Rechnungsposten dar und ist automatisch „zu verrechnen", mithin abzuziehen.[139] Damit ergibt sich hier die Abweichung vom Grundsatz der Aufrechnung zwar nicht explizit aus dem Gesetz, allerdings aus der Anwendung der materiellrechtlichen Grundsätze.[140] Mithin ist ein (allgemein anerkannter) Fall der „Anrechnung" anzunehmen. Anders stellt sich die Lage hingegen beim vom Besteller geforderten „kleinen Schadenersatz" dar. In diesem Fall geht es in der Hauptsache um die Forderung des Unternehmers auf Vergütung. Hier liegt weder ein Fall der gesetzlich angeordneten Anrechnung vor noch ergibt sich der Ausnahmefall durch Anwendung des materiellen Rechtes, wie bspw. im Falle der Schadensberechnung nach der Differenztheorie oder im Rahmen der Saldotheorie bei einem bereicherungsrechtlichen Ausgleich.[141]

---

136 Zutreffend wird angenommen, dass es sich bei einer Forderung um einen speziellen – schuldrechtlichen – Anspruch handelt und der Begriff Forderung synonym für den schuldrechtlichen Anspruch steht. So ausdrücklich *Larenz*, BGB AT, § 20 Rn. 29 m.w.N., welcher allerdings auch erkennt, dass die gesetzliche Terminologie insoweit nicht einheitlich und konsequent ausgestaltet ist (vgl. § 438 Abs. 1 BGB [Anspruch]; §§ 1378, 2176 BGB [Forderung]).

137 Ähnlich *Koeble*, FS Craushaar, 259 (268); vgl. auch BGH MDR 1986, 131.

138 I.d.S. auch ausdrücklich OLG Koblenz NZBau 2002, 453 (454), nach welchem bei der Berechnung nach der Differenzmethode *„sich das Vertragsverhältnis durch die Nichterfüllung auf das Recht und die Pflicht zum Schadensersatz konzentriert"*.

139 So zutreffend OLG Koblenz NZBau 2002, 453 (454, m.w.N.); vgl. auch BGHZ 126, 131 (135 f.) = NJW 1994, 2480, (2481); *Putzier* BauR 2002, 1632 (1636); *Hattenhauer*, Einseitige private Rechtsgestaltung, 19; Staudinger/*Gursky* Vorb. §§ 387 ff. Rn. 98; ebenso und allgemein zur Differenztheorie Staudinger/*Schwarze* § 280 Rn. E 42 f., § 281 Rn. B 129 ff.

140 I.d.S. wohl auch BGH MDR 1986, 131; vgl. auch OLG Karlsruhe OLGR 2001, 125 f. („*Wesen der Differenztheorie*").

141 Siehe soeben § 2 B. II. 1.); vgl. auch die Nachweise in Fn. 123.

Dementsprechend muss es insoweit dabei verbleiben, dass die beiden Ansprüche sich selbstständig gegenüberstehen und nicht dem (Sonder-)Fall der Anrechnung zu unterwerfen sind.[142] Dem ist der BGH seit 2005 im Ergebnis unter ausdrücklicher Aufgabe seiner früheren Rechtsprechungspraxis gefolgt und hat in einem solchen Fall angenommen, dass bei sich gegenüberstehenden Forderungen auf Vergütung und Schadensersatz die Verrechnung kein gesetzlich vorgesehenes Rechtsinstitut sei.[143]

Von einem generellen Ende des Institutes der Anrechnung zu sprechen, wie vereinzelt in der Literatur zu sehen[144], ist hingegen verfehlt. Zum einen ist die automatische Verrechnung zur Berechnung eines Anspruches in bestimmten Fällen weiterhin ausdrücklich gesetzlich vorgeschrieben. Zum anderen ergeben die Ausführungen des genannten BGH-Urteils keineswegs, dass nun auch bspw. im Rahmen des Schadensersatzes „statt der ganzen Leistung" keine Berechnung der Forderungshöhe nach der Differenztheorie erfolgen und damit keine Anrechnung mehr vorgenommen werden soll.[145] Der BGH beschränkt seine Aussage, dass die Anrechnung nicht gesetzlich vorgesehen sei, auf die Fälle *„in denen sich nach der Gesetzeslage Werklohn und Anspruch wegen Nichterfüllung oder andere Ansprüche wegen Schlechterfüllung aufrechenbar gegenüberstehen"*.[146]

Aus der BGH-Rechtsprechung lässt sich in Zusammenschau mit dem vorliegend betrachteten Grenzfall-Beispiel vielmehr für den allgemeinen Fall zum einen folgern, dass prinzipiell nur in explizit gesetzlich vorgeschriebenen Konstellationen vom Regelfall der selbstständig bestehenden Forderungen, d.h. vom Fall der Aufrechnung, hin zu unselbstständigen („Forderungs-)Posten" mit direkter Verrechnung abgewichen werden kann.[147] Zum anderen, dass weitere Abweichungen vom Grundsatz nur möglich sind, sofern sich dies aus der

---

142 So auch *Koeble*, FS Craushaar, 259 (268).

143 BGHZ 163, 274 (279) = NJW 2005, 2771 (2772); bestätigt von BGH NJW-RR 2008,31 (32) und BGHZ 176. 23 (27) = NJW 2008, 2106 (2108); zustimmend OLG Hamm NJW-RR 2006, 456 (456); vgl. auch OLG Düsseldorf BauR 2010, 938 ff.; zur aufgegebenen Rechtsprechung vgl. die w.N. in Fn. 132.

144 So aber *Weise* NJW-Spezial 2006, 21; auf das Werkvertragsrecht beschränkt ebenso auch *Kessen* BauR 2005, 1691 f.

145 Zu weitgehend deshalb *Jaecks*, Konzernverrechnungsklauseln, 37, welcher dem Urteil entnehmen will, dass nach dem BGH die zivilrechtliche „Verrechnung" gesetzlich nicht geregelt sei.

146 BGHZ 163, 274 (278) = NJW 2005, 2771 (2772).

147 Vgl. BGHZ 163, 274 (278) f. = NJW 2005, 2771 (2772).

Anwendung der materiellrechtlichen Regelungen oder Grundsätze ergibt.[148] In zweifelhaften Abgrenzungskonstellationen ohne weitere Anhaltspunkte für eine automatische Verrechnung muss es beim Regelfall, also bei selbstständigen Forderungen und damit der (grundsätzlichen) Aufrechnungsmöglichkeit, bleiben. Dies gilt in besonderem Maße sofern die Gefahr der *Umgehung von vertraglichen Aufrechnungsbeschränkungen* besteht.[149] Für eine automatische Saldierung kann in diesem Zusammenhang kein Raum bleiben.[150] Dafür spricht neben dem aufgezeigten „Regel-Ausnahme-Verhältnis" zwischen der Aufrechnung und der Anrechnung die Gefahr, dass in Fällen von selbstständigen Ansprüchen durch die fehlerhafte, weil nicht eindeutige Annahme einer Anrechnung, die gewollten Wirkungen einer rechtsgeschäftlichen Beschränkung der Aufrechnung oder die Wertungen von gesetzlichen Aufrechnungsbeschränkungen per se übergangen und ad absurdum geführt werden.

3.) Begriffsbestimmung

Zur Vermeidung inhaltlicher Fehlvorstellungen ist eine Begriffsbestimmung für die hier behandelte Rechtsfigur erforderlich. Die Terminologie ist allerdings weder rechtsgebietsintern[151] noch rechtsgebietsübergreifend einheitlich. So ist in der zivilrechtlichen Rechtsprechung größtenteils der Begriff der „Verrechnung" zu finden[152], während der größte Teil der Literatur konsequent den

---

148 Eine Änderung der Rechtslage durch den Gesetzgeber und/oder eine wissenschaftliche (Weiter-)Entwicklung können insoweit natürlich zu weiteren Zweifelsfragen führen und derzeit „anerkannten" Fällen der Anrechnung die materiellrechtliche Daseinsberechtigung entziehen.

149 Vgl. nur BGHZ 163, 274 (279) = NJW 2005, 2771 (2772).

150 Kritisch gegenüber der älteren Rspr., welche bei einer im Raume stehenden Aufrechnungsbeschränkung eine Anrechnung angenommen hat: *Hau* ZZP 117 (2004), 31 (56), welcher annimmt, dass in solchen Fällen *„es den Gerichten unverkennbar darum* [geht], *als unbillig empfundene Aufrechnungsverbote in Unternehmer-AGB auszuhebeln"* und *„man also gerade im Interesse des Bestellers auf der Saldierungskonstruktion* [beharrt]".

151 Ähnlich ausdrücklich: Erman/*Wagner* Vor § 387 Rn. 5 m.w.N.; *Peters* JZ 1986, 669 (670 Fn. 4, m.w.N.)

152 Bspw. BGHZ 163, 274 = NJW 2005, 2771 (2772); OLG München NJW-RR 2003, 863; OLG Koblenz NZBau 2002, 453 (454); OLG Naumburg BauR 2001, 1615 (1616 f.); OLG Düsseldorf NJW-RR 1996, 84 (85); aus der Lit. *Kessen* BauR 2005, 1691; *Peters* JZ 1986, 669; *Weise* NJW-Spezial 2006, 21; *Putzier* BauR 2002, 1632; Zöller/*Feskorn*, ZPO, § 302 Rn. 3; Prütting/Gehrlein/*Thole*, ZPO, § 302 Rn. 5.

Terminus „Anrechnung“ verwendet[153]. Zusätzlich werden noch die Termini „Abrechnung“[154] und schlicht „unselbstständige Rechnungsposten“[155] benutzt. Im öffentlichen Recht wurde diese Erscheinung auch als „Einbehaltung“ bezeichnet.[156]

Letztendlich ist der Begriff der *Anrechnung* zu verwenden. So spricht der Gesetzeswortlaut in einer Vielzahl der vorgesehenen Fälle der gegenseitigen unselbstständigen (Rechnungs-)Posten selbst von „anrechnen“ oder von „Anrechnung“, § 326 Abs. 2 Satz 2, § 615 Satz 2 BGB, § 415 Abs. 2 Satz 1 Nr. 2 HGB. Außerdem trifft dieser Begriff die Konstellationen dieser Rechtsfigur am ehesten: Ausgangspunkt ist bei diesem Rechtsinstitut die Bestimmung der Höhe eines Anspruchs, bei welchem von der Summe der geltend gemachten Rechnungsposten der einzelne Rechnungsposten des Schuldners abgezogen und damit auf die Summe „angerechnet“ wird. Des Weiteren deutet zwar der Begriff der „Abrechnung“ in die gleiche Richtung, allerdings legt der Begriff eine Vielzahl von gegenseitigen verschiedenen Rechnungsposten aus unterschiedlichen (Schuld-)Verhältnissen nahe. Dann wird aber vernachlässigt, dass es sich inhaltlich bei der Anrechnung um die Bestimmung der Höhe der konkret geltend gemachten Forderungen handelt, da nicht sicher vorhersehbar ist, zu wessen Gunsten eine positiver (Forderungs-)Betrag bestehen bleiben wird. Zusätzlich erscheint der Begriff der „Abrechnung“ im allgemeinen Sprachgebrauch für eine mehrseitig gewollte und nicht automatisch eintretende Berechnung von bestimmten (Rechnungs-)Posten zu sprechen. Um eine unscharfe Abgrenzung zum „gewollten Abrechnungsverhältnis“ zu vermeiden, sollte er nicht auch für die Fälle der automatischen Berechnung verwendet werden.

---

153 Bspw. Staudinger/*Gursky* Vorb. §§ 387 ff. Rn. 97; Palandt/*Grüneberg* § 387 Rn. 2; MüKo-BGB/*Schlüter* § 387 Rn. 50; *Gernhuber*, Erfüllungssurrogate, § 12 I 1; *Berger*, Aufrechnungsvertrag, 190 f.; Erman/*Wagner* Vor § 387 Rn. 6; *Larenz*, Schuldrecht AT, § 18 VI; HK-BGB/*Schulze* § 387 Rn. 2; *Werner*, Umgehung von Aufrechnungshindernissen, 7; Jauernig/*Stürner* § 387 Rn. 1, aus der Rspr. aus neuerer Zeit BGH NJW 2013, 450 (451).

154 U.a. OLG Hamm NJW-RR 1992, 448; OLG Düsseldorf NJW 1973, 1928 (1929); OLG Köln ZfBR 2001, 550; als „*Abrechnungsverhältnis*“ bezeichnend BGHZ 126, 131 (136) = NJW 1994, 2480, (2481), wobei dieser Begriff i.Ü. im Rahmen der Frage nach der Fälligkeit des Werklohnanspruchs bei „fehlender“ Abnahme benutzt wird; kritisch und ausführlich zu dieser Rechtsfigur vgl. *Christiansen* ZfBR 2010, 3 ff.

155 Prütting/Wegen/Weinreich/*Pfeiffer* § 387 Rn. 4; *Hau* ZZP 117 (2004), 31 ff. spricht außerdem von „*Saldierung*“.

156 *Gernhuber*, Erfüllungssurrogate, § 12 I 2; MüKo-BGB/*Schlüter* § 387 Rn. 50.

Auch der vielfach benutzte Begriff der „Verrechnung" ist insoweit ungeeignet, als dass dieser auch für weitere Rechtsfiguren verwendet wird.[157] Vor allem die gesetzliche Bezeichnung einer materiellrechtlichen Aufrechnung im Mehrpersonenverhältnis als „Verrechnung" nach § 52 SGB I[158] und die Benennung von Aufrechnungsvereinbarungen bei nicht gegenseitigen Forderungen als „Verrechnungsvertrag" durch die höchstrichterliche Rechtsprechung[159] sorgt für Missverständnisse, da nicht erkennbar ist, welcher inhaltlicher Bedeutungsgehalt dieser Bezeichnung konkret beigemessen wird.[160] Letztendlich würde dadurch die inhaltliche und stringente Abgrenzung der Anrechnung von der Aufrechnung erschwert. Mit dem Begriff „Verrechnung" sollte vielmehr allein der technische bzw. mathematische Weg der Berechnung des Ergebnisses bezeichnet werden.

Die Bezeichnung der Fälle als „Anrechnung" ist allerdings auch im Gesetz nicht durchweg einheitlich. So werden im Rahmen von § 337, § 366, § 367 BGB auch Leistungszweckbestimmungen als „Anrechnung" bezeichnet.[161] Das Gesetz bezeichnet mit „anrechnen" dort die Bestimmung der Zuordnung einer (erbrachten) Leistung zu einer – bei mehreren zur Auswahl vorhandenen – bestimmten Schuld durch den Schuldner.[162] Dieser inhaltliche Unterschied ist trotz gleicher Bezeichnung greifbarer und hinsichtlich der Abgrenzung der Anrechnung von der Aufrechnung weniger problematisch, als die Bezeichnung „Verrechnung", welcher auch für Fälle der (nicht gegenseitigen) Aufrechnung verwendet wird. Damit verdient der Begriff „Anrechnung" trotz dieser gesetzlichen Uneinheitlichkeit den Vorrang vor dem der „Verrechnung" und ist ausschließlich zu verwenden.

---

157 I.d.S. auch Erman/*Wagner* Vor § 387 Rn. 5 („*Zuweilen wird unspezifisch von „verrechnen" gesprochen, gleichsam für jede Form der Kompensation*").

158 Vgl. dazu auch BSG BeckRS 2003, 30324120 und *Jaecks*, Konzernverrechnungsklauseln, 36.

159 Bspw. BGHZ 94, 132 (135) = NJW 1985, 2409 (2410); BFH BFH/NV 1991, 69; BFH BStBl. II 1978, 606 (607, m.w.N.) = BeckRS 1978, 22004416; BFH BStBl. II 1978, 8 = DB 1986, 2526; vgl. auch BAG NZA-RR 2010, 646 (647 f.).

160 Vgl. *Jaecks*, Konzernverrechnungsklauseln, 36.

161 *Gernhuber*, Erfüllungssurrogate, § 12 I 2.

162 *Werner*, Aufrechnungshindernisse, 7; *Gernhuber*, Erfüllungssurrogate, § 12 I 2; vgl. auch Staudinger/*Olzen* § 366 Rn. 1, 12 ff.

III. Aufrechnungsvertrag

Eine der gesetzlichen Aufrechnung gleiche Wirkung in der Form der Tilgung der gegenseitigen Forderungen durch eine „Verrechnung“ kann auch durch sog. Aufrechnungsverträge[163] herbeigeführt werden. Diese sind dabei in der Praxis des (globalen) Geschäftsverkehrs von großer Bedeutung.[164] Sie sind aber, wie aufzuzeigen ist, mit dem gesetzlichen Institut der Aufrechnung nur vermeintlich wesensgleich.

1.) Abgrenzung zu „Vertrag über Aufrechnung“ und „Aufrechnung durch Vertrag“

Beim Aufrechnungsvertrag muss zwischen der „Aufrechnung durch Vertrag“ und den „Vertrag über Aufrechnung“ unterschieden werden.[165] Bei ersteren handelt es sich um ein vertragliches Rechtsgeschäfte in welchen die Parteien eine Tilgung der beiden Forderungen unmittelbar[166] oder zumindest nach § 158 BGB

---

163 Andere Bezeichnung als „*Verrechnungsabrede*“ bspw. bei Prütting/Wegen/Weinreich/*Pfeiffer* § 387 Rn. 5.

164 MüKo-BGB/*Schlüter* § 387 Rn. 51; BeckOK-BGB/*Dennhardt* (01.02.2021) § 387 Rn. 9; *Jaecks*, Konzernverrechnungsklauseln, 102 m.w.N.; *Schwahn*, Aufrechnungsvertrag, 1; vgl. *Pfeiffer/Franken* NJW 1960, 1977.

165 BAG NZA-RR 2010, 646 (648); *Berger*, Aufrechnungsvertrag, 17 f.; *Schwahn*, Aufrechnungsvertrag, 26 ff., 34 ff., 60 ff.; BFH BStBl. II 1985, 278 („verfügender“ und „obligatorischer Vertrag“) = DB 1985, 1007; so wohl auch HK-BGB/*Schulze* § 388 Rn. 4 f. (ohne den Begriff „Vertrag über Aufrechnung“); Erman/*Wagner* § 388 Rn. 18 (ohne den Begriff „Vertrag über Aufrechnung“); Staudinger/*Gursky* Vorb. §§ 387 ff. Rn. 64 ff. (ohne die beiden Begriffe, aber hinreichend differenzierend); MüKo-BGB/*Schlüter* § 387 Rn. 51 f. (Darstellung systematisch ungenau differenzierend); Palandt/*Grüneberg* § 387 Rn. 19 f. (ebenfalls ohne Begriffe); Soergel/*Schreiber* § 387 Vor § 387 Rn. 5 (nicht ausführlich differenzierend); a.A. *Gernhuber*, Erfüllungssurrogate, § 14 I 1, welcher zumindest begrifflich nur die Fälle der „Aufrechnung durch Vertrag“ als Aufrechnungsverträge ansieht; a.A. wohl auch *Mikosch*, AR-Blattei SD 270 Rn. 220, welcher nur für die Gestaltung der „Aufrechnung durch Vertrag“ die Bezeichnung „Aufrechnungsvertrag“ gelten lassen will.

166 *Berger*, Aufrechnungsvertrag, 144, welcher diesen Fall zutreffend als „Urform“ des Aufrechnungsvertrages bezeichnet; ebenso *Schwahn*, Aufrechnungsvertrag, 34 m.w.N.; *Kleinschmidt*, Vertragsmäßige Erweiterungen und Beschränkungen des Aufrechnungsrechtes, 2; ähnlich MüKo-BGB/*Schlüter* § 387 Rn. 51. Dieser Vertrag wird als „Eigentlicher Aufrechnungsvertrag“ (MüKo-BGB/*Schlüter* § 387 Rn. 51; *Berger*, Aufrechnungsvertrag, 144; *Seippel*, Gesetzliche Aufrechnung, 12), „Aufrechnungsvollzugsvereinbarung“ (*Schaudinn*, Drittaufrechnungsbefugnisse, 102) oder als „compensatio in praeteritum“ (*Schade*, Über den Aufrechnungsvertrag,

bedingt[167] herbeiführen. Dagegen räumen sich die Parteien bei Konstellationen des „Vertrages über Aufrechnung" ein späteres, im Regelfall von zumindest einer Tatbestandsvoraussetzung der §§ 387 ff. BGB unabhängiges[168] Aufrechnungsrecht ein[169] oder verpflichten sich schuldrechtlich zu einem späteren Abschluss eines (verfügenden) Aufrechnungsvertrages.[170] Darin wird deutlich, dass allein

---

11; *Dernburg*, Theorie der Compensation nach römischen und neuerem Recht, 592 m.w.N.) bezeichnet.

167 Üblich sind in der Praxis vor allem ein Aufrechnungsvertrag mit einer Tilgungsvereinbarung unter der aufschiebenden Bedingung der Fälligkeit der bereits existenten Forderungen (dazu BGH NJW 1968, 835; *Berger*, Aufrechnungsvertrag, 149; *Schwahn*, Aufrechnungsvertrag, 46) und der sog. „antizipierte Aufrechnungsvertrag" mit einer aufschiebenden Bedingung hinsichtlich des Entstehens der Forderungen (vgl. dazu BAG NZA-RR 2010, 646 (648); BAG NJW 1967, 751 (752); s.a. BGH NJW 1999, 3264 (3265); BGH 1952, 867 (868); *Oertmann*, BGB, Dritter Titel, Aufrechnung, Vorbem. Anm. 3; *Arndt*, Über den Aufrechnungsvertrag, 11; *Kress*, Schuldrecht AT, 567; *Kleinschmidt*, Vertragsmäßige Erweiterungen und Beschränkungen des Aufrechnungsrechtes, 2; *Schwahn*, Aufrechnungsvertrag, 51; *Schaudinn*, Drittaufrechnungsbefugnisse, 103; Palandt/*Grüneberg* § 387 Rn. 20; NK-BGB/*Wermeckes* § 387 Rn. 6f.; ähnlich auch *Gernhuber*, Erfüllungssurrogate, § 14 II 2 a.E.; Soergel/*Schreiber* Vor. § 387 Rn. 5; ausführlich Staudinger/*Gursky* Vorb. §§ 387 ff. Rn. 74 und *Berger*, Aufrechnungsvertrag, 152 ff. jeweils m.w.N.). A.A. wohl *Nastelski*, Der Aufrechnungsvertrag und die Begründung und Ausschließung des Rechts zur Aufrechnung durch Vertrag, 3, welcher den antizipierten Aufrechnungsvertrag vom aufschiebend bedingten oder befristeten Vertrag unterscheiden will.

168 Vgl. *Larenz*, Schuldrecht AT, § 19 VI a.E.; *Berger*, Aufrechnungsvertrag, 165. Den Parteien steht es natürlich frei interessenshalber, insbesondere in beweisrechtlicher Hinsicht, einen Aufrechnungsvertrag abzuschließen, obwohl die gesetzlichen Voraussetzungen der einseitigen Aufrechnung gem. §§ 387 ff. BGB vorliegen; so *Schade*, Über den Aufrechnungsvertrag, 47 f.; vgl. auch RG Recht 1920, Nr. 2825; OLG Saarbrücken OLGR 1998, 200 (201 f.); Staudinger/*Gursky* Vorb. §§ 387 ff. Rn. 66; *Gernhuber*, Erfüllungssurrogate, § 14 I 4.

169 Bezeichnet wird dieser Fall als „Vertrag zur Begründung einer einseitigen Aufrechnungsbefugnis" (*Berger*, Aufrechnungsvertrag, 165 m.z.w.N.), „vorgreifliche Erweiterungsvereinbarung" (*Schwahn*, Aufrechnungsvertrag, 60; ähnlich *Schaudinn*, Drittaufrechnungsbefugnisse, 105) und als „obligatorischer Vertrag" (BFH BB 1985, 1250 [1251]). Vgl. dazu Erman/*Wagner*, § 388 Rn. 18 a.E.; *Gernhuber*, Erfüllungssurrogate, § 14 I 1; *Schwahn*, Aufrechnungsvertrag, 60 f.; *Oertmann*, BGB, Dritter Titel, Aufrechnung, Vorbem. Anm. 3; *Arndt*, Über den Aufrechnungsvertrag, 11 f.

170 Als „Aufrechnungsvorvertrag" bezeichnend bspw. *Schwahn*, Aufrechnungsvertrag, 89 und schon *Schade*, Über den Aufrechnungsvertrag, 13. Zum dogmatischen Problem, dass grundsätzlich Vorverträge allein eine Verpflichtung zum Abschluss

die Fälle der „Aufrechnung durch Vertrag“ in Kongruenz zu dem unmittelbaren Tilgungsakt des gesetzlichen Aufrechnungsinstitutes nach § 387 BGB stehen. „Verträge über Aufrechnung“ bedürfen hingegen noch eines weiteren Rechtsaktes, nämlich der Ausübung der eingeräumten Aufrechnungsbefugnis oder den Abschluss des eigentlichen, also des verfügenden Aufrechnungsvertrages. Entsprechend führt der „Aufrechnungsvertrag“ in der Ausprägung als „Vertrag über Aufrechnung“ an sich nicht zum Erlöschen der beiden Forderungen und unterscheidet sich insoweit deutlich von der Aufrechnung nach §§ 387 ff. BGB.

Aber auch die Fälle der „Aufrechnung durch Vertrag“ stimmen im Übrigen, d.h. bis auf den unmittelbaren Tilgungsakt nicht mit dem gesetzlichen Aufrechnungsinstitut überein. Bei „Aufrechnung durch Vertrag“ wird eine zwei- oder mehrseitige Vereinbarung über eine Verrechnung von bestimmten Forderungen getroffen.[171] Bei der gesetzlichen Aufrechnung handelt es sich hingegen um ein gesetzlich eingeräumtes, einseitiges Gestaltungsrecht. Aus dieser Unterscheidung ergeben sich unmittelbar die verschiedenen rechtlichen Grundlagen[172]: Das Gestaltungsrecht der einseitigen Aufrechnung i.S.d. §§ 387 ff. BGB wird allein durch die gesetzlichen Regelungen bzw. allein durch das Vorliegen der gesetzlichen Tatbestandsvoraussetzungen begründet. Der Aufrechnungsvertrag kommt hingegen grundsätzlich nur durch einen Konsens der Parteien zustande und findet damit seinen „Ursprung“ in der den Rechtssubjekten zugestandenen Vertragsfreiheit.[173] Diese Grundlage ermöglicht den Parteien grundsätzlich die jeweiligen Voraussetzungen oder Rechtsfolgen einer Tilgung ihrer Forderungen durch Verrechnung völlig frei vertraglich festzusetzen.[174]

---

eines (weiteren) schuldrechtlichen Hauptvertrag begründen können, hier aber der Hauptvertrag bereits der (verfügenden) Aufrechnungsvertrag mit Tilgungswirkung sein soll, ausführlich *Berger*, Aufrechnungsvertrag, 160 ff.; allgemein dazu BGHZ 102, 384 (387 ff.) = NJW 1988, 1261 f.; BGH NJW 1962, 1812 (1813, m.w.N.); Staudinger/*Bork* Vorb. §§ 145 ff. Rn. 51, 53; Palandt/*Ellenberger* Einf v. § 145 Rn. 19.

171 Vgl. Staudinger/*Gursky* Vorb. §§ 387 ff. Rn. 65; *Gernhuber*, Erfüllungssurrogate, § 14 I 1.

172 Vgl. dazu *Schaudinn*, Drittaufrechnungsbefugnisse, 116, welcher von „*verschiedener Herkunft der beiden Rechtsinstitute*“ spricht; *Jaecks*, Konzernverrechnungsklauseln, 121 sieht wohl in der gesetzlichen Einräumung eines einseitigen Gestaltungsrechtes einen „*ganz anderen Fall*“; ähnlich auch *Werner*, Umgehung von Aufrechnungshindernissen, 6, welcher den „Konsens“ zwischen den Parteien als entscheidenden Unterschied herausstellt.

173 Vgl. RGRK-BGB/*Weber*, Vor § 387 Rn. 30 a.E.; vgl. auch *Canaris* WM 1976, 994 (997).

174 Vgl. *Gernhuber*, Erfüllungssurrogate, § 14 II 1; ähnlich *Oertmann*, BGB, Dritter Titel, Aufrechnung, Vorbem. Anm. 1; *Schaudinn*, Drittaufrechnungsbefugnisse, 121;

Dementsprechend können Verrechnungen bspw. von nicht gegenseitigen, nicht fälligen, noch nicht erfüllbaren Passiv- und nicht einredefreien Aktivforderungen[175] vereinbart, die Rückwirkung ausgeschlossen und die Tilgung durch Verrechnung unter eine aufschiebende oder auflösende Bedingung oder Befristung gestellt werden.[176] Als Mindestkriterium muss nur das rechtliche Bestehen der zu verrechnenden Forderungen angesehen werden, wobei ein Nichtbestehen einer der Forderungen keine Probleme aufwirft, da dadurch der Aufrechnungsvertrag mangels Verfügungsobjekt schlichtweg ins Leere geht und die andere

---

Arndt, Über den Aufrechnungsvertrag, 8, 41 ff. Letztendlich muss gesehen werden, dass es nicht um die Abbedingung der Tatbestandsvoraussetzungen der einseitigen (gesetzlichen) Aufrechnung, sondern um eine vertragliche Gestaltung geht, welche die Voraussetzungen unabhängig von der einseitigen Aufrechnung regelt, und diese Vereinbarung „zufällig" auch die gegenseitige Tilgung durch Verrechnung zum Gegenstand hat. Vgl. dazu *Jaecks*, Konzernverrechnungsklauseln, 123, welcher zumindest für vertragliche Verrechnungsbefugnisse ähnlich argumentiert. S.a. *Scheuerle*, Vertragliche Aufrechnung, 15 a.E. Vgl. zur insoweit abweichenden herrschenden bspw. NK-BGB/*Wermeckes* § 387 Rn. 6; BeckOK-BGB/*Dennhardt* (01.02.2021) § 387 Rn. 9 ff.; Erman/*Wagner* § 388 Rn. 19; so auch *Berger*, Aufrechnungsvertrag, 238 ff., welcher allerdings sogar von einer Gleichsetzung des Aufrechnungsvertrages mit der einseitigen Aufrechnung ausgeht und dementsprechend §§ 387 ff. BGB für grundsätzlich anwendbar und abdingbar hält.

175 *Gernhuber*, Erfüllungssurrogate, § 14 II 1; *Kress*, Schuldrecht AT, 559, 567; ähnlich *Pfeiffer/Franken* NJW 1960, 1977; *Häsemeyer*, Kölner Schrift zu Insolvenzordnung, 645 (658 f., Rn. 38, 41); RGRK-BGB/*Weber* Vor § 387 Rn. 32.

176 Statt vieler Staudinger/*Gursky* Vorb. §§ 387 ff. Rn. 66, 68 f.; MüKo-BGB/*Schlüter* § 387 Rn. 52, 51. Streitig ist allerdings, ob die Forderungen gleichartig sein müssen, damit noch ein „Aufrechnungsvertrag" angenommen werden kann. Vgl. dazu anschaulich *Schaudinn*, Drittaufrechnungsbefugnisse, 118 f. m.z.w.N., welcher im Ergebnis die Gleichartigkeit nicht als erforderlich ansieht. Zur Gegenansicht bspw. *Berger*, Aufrechnungsvertrag, 242 ff. und Staudinger/*Gursky* Vorb. §§ 387 ff. Rn. 68 m.w.N. Zumal die Parteien in ihrer inhaltlichen Vertragsgestaltung frei sind, steht diesen auch die Möglichkeit offen, den Maßstab, der für Bestimmung der verrechnungsfähigen Deckung gilt, selbst zu bestimmen, also den jeweiligen Forderungen bzw. dem geschuldeten Gegenständen und damit den Forderungen einen bestimmten Wert zuzuweisen. Dann liegen aber erstens eine mindestens zweiseitige Einigung über die Tilgung von Forderungen und zweitens eine Bestimmung bis zu welchem Wert die Forderungen verrechnet werden sollen vor. Damit entsprechen diese Vertragskonstellationen den Mindestanforderungen des Aufrechnungsvertragstypus. Vgl. dazu ähnlich *Schaudinn*, Drittaufrechnungsbefugnisse, 119 f. m.w.N.; *Gernhuber*, Erfüllungssurrogate, § 14 II 1; *Scheuerle*, Vertragliche Aufrechnung, 15; *Kleinschmidt*, Vertragsmäßige Erweiterungen und Beschränkungen des Aufrechnungsrechtes, 16.

Forderung ungeschmälert erhalten bleiben würde.[177] Die verschiedenen Grundlagen haben dementsprechend zur Folge, dass Aufrechnungsgestaltungen vertraglich begründet werden können, welche mit der gesetzlichen Aufrechnung nur das Element der (unmittelbaren) Tilgung von Forderungen durch Verrechnung" gemein haben.

Letztlich sind weder der „Vertrag über Aufrechnung", mangels fehlendem Tilgungsakt, noch die „Aufrechnung durch Vertrag", aufgrund verschiedener rechtlicher Grundlagen, mit dem Rechtsinstitut der (gesetzlichen) Aufrechnung wesensgleich. Sie sind entsprechend zu unterscheiden und die unterschiedlichen gesetzlichen Rahmenbedingungen anzuwenden.[178]

Damit besteht nur ein geringer inhaltlicher Bezug zu vertraglichen Aufrechnungsbeschränkungen. Denn vertragliche Aufrechnungsbeschränkungen schließen gerade die Vereinbarung von Aufrechnungsverträgen, in welcher Form auch immer, nicht aus. Denn aufgrund der zweiseitigen Ausgestaltung der Aufrechnungsverträge können die Parteien darin jede innerhalb der gesetzlichen Grenzen zulässige Vereinbarung treffen. Der Bezug ergibt sich daraus, dass durch diese Freiheit auch eine Tilgung bestimmter Forderungen vereinbart werden kann, wenn eine Tilgung der Forderungen durch eine Aufrechnung vertraglich ausgeschlossen wurde. In diesen Fällen liegt in dem Aufrechnungsvertrag zumindest eine konkludente bzw. dem Vertrag immanente Aufhebung der Aufrechnungsbeschränkung.[179]

2.) Verträge über Aufrechnungsbeschränkungen

Mehrseitige Vereinbarungen der Parteien über die *Beschränkung der Aufrechnungsmöglichkeiten* für bestimmte Konstellationen wurden in der älteren

177 Im Erg. wohl allgemeine Meinung, Staudinger/*Gursky* Vorb. §§ 387 ff. Rn. 71 m.w.N.; Erman/*Wagner* § 388 Rn. 19; NK-BGB/*Wermeckes* § 387 Rn. 7; *Kress*, Schuldrecht AT, 567; dabei von einer Unwirksamkeit des Aufrechnungsvertrags ausgehend BGH NJW 1998, 978 (979); BGH NJW-RR 1991, 744; Palandt/*Grüneberg* § 387 Rn. 20; *Schaudinn*, Drittaufrechnungsbefugnisse, 121 f.; MüKo-BGB/*Schlüter* § 387 Rn. 52; vgl. auch *Gernhuber*, Erfüllungssurrogate, § 14 II 1, welcher darüber hinaus zutreffend darauf hinweist, dass es sich bei Mangelkenntnis der Parteien und einem dennoch gewollten Erlöschen der existenten Forderungen um einen Erlass handelt. I.d.S. wohl auch RGRK-BGB/*Weber* Vor. § 387 Rn. 31.

178 Für das gesetzliche Institut der Aufrechnung sind vor allem die §§ 387 ff. BGB zu beachten und heranzuziehen, während bei dem Aufrechnungsvertrag die aufgestellten Grenzen der Vertragsfreiheit, wie bspw. §§ 134, 138 BGB, zu beachten sind.

179 Siehe ausführlich dazu § 5 C. I.

Literatur als sog. „*negative Verträge über Aufrechnung*“[180] bezeichnet. Dies ist allerdings fehlgehend, da die Beschränkung der Aufrechnungsmöglichkeiten gerade nicht die Tilgung von gegenseitigen Forderungen durch Verrechnung betrifft, sondern die *Verhinderung* des Erlöschens der Forderungen durch eine Verrechnung.[181] Aus diesem Grund sind vertragliche Aufrechnungsbeschränkungen weder begrifflich noch dogmatisch als Aufrechnungsverträge einzuordnen.

---

180 Vgl. *Arndt*, Über den Aufrechnungsvertrag, 13, 15, welcher allerdings gleichsam von einem Verzicht auf die Aufrechnung spricht.

181 Siehe umfassend zu dem Sinn und Zweck und den Rechtswirkungen von Aufrechnungsbeschränkungen § 3 C. und § 4 B.

§ 3. Vor- und Nachteile der Aufrechnung

Welche Vor- und Nachteile ergeben sich für den Aufrechnenden und den Aufrechnungsgegner durch eine Aufrechnung? Dieser Frage kommt hinsichtlich der Untersuchung von vertraglichen Aufrechnungsbeschränkungen und deren Grenzen eine erhebliche Bedeutung zu. Nur in Kenntnis dieser Aspekte lässt sich genauer bestimmen, welche *Zwecksetzungen mit einer Beschränkung der Aufrechnungsmöglichkeit* verbunden sind und welche Konsequenzen sich daraus ergeben. Zusätzlich wird erkennbar in welcher Hinsicht mit der Beschränkungsvereinbarung von dem gesetzlich eingeräumten Gestaltungsrecht abgewichen wird. Außerdem kann auf diese Erkenntnisse punktuell zurückgegriffen werden, wenn es um die Beurteilung geht, welche gesetzlichen Grenzen der privatautonomen Gestaltungsfreiheit gesetzt sind.

A. Materiellrechtliche Aspekte

I. Geltung der Forderungen als Erloschen soweit sie sich decken, § 389 BGB

1.) Vorteile für den Erklärenden

Der grundlegende Vorteil der Erklärung einer Aufrechnung mit einer Forderung als Gläubiger gegen eine Forderung als Schuldner liegt in den durch die erklärte Aufrechnung ausgelösten Rechtsfolgen nach § 389 BGB: Beide Forderungen gelten als erloschen.

Der Erklärende kann durch die Aufrechnung eine Befriedigung der eigenen Forderung herbeiführen, ohne dabei auf eine gerichtliche Feststellung der Forderung und auf ein mögliches Vollstreckungsverfahren angewiesen zu sein.[182] Dies bedeutet, dass der Aufrechnungsbefugte ohne jeden ökonomisch nachteiligen Zeitaufwand durch einen langwierigen Gerichts- und Vollstreckungsprozess den wirtschaftlichen Wert seiner Forderungen realisieren kann.[183] Dabei ist

---

182 Vgl. statt aller nur *Habermeier* JuS 1997, 1057 (1058); zur „Forderungsdurchsetzung im Wege der Selbsthilfe" BGHZ 173, 328 (337 f.) = NZI 2007, 575 (577); BGHZ 130, 76 (80) = JZ 1996, 426 (427, m.w.N.); zur Befriedigungs- bzw. Vollstreckungsfunktion bereits § 2 A. I. 2.) a).

183 Vgl. Staudinger/*Gursky* Vorb. §§ 387 ff. Rn. 6; *Lindacher* JZ 1972, 429 (430), welcher zutreffend anmerkt, dass die Aufrechnung unmittelbar zur „Befriedigung" führt und nicht wie die Leistungsklage diese vorbereitet; ähnlich auch *Rimmelspacher*,

er nicht von der Mitwirkung des Schuldners abhängig.[184] Dies ist insbesondere dann interessant und wirkungsvoll, wenn der Aufrechnungsgegner (= Schuldner) zwar leistungsfähig aber nicht leistungswillig ist und dadurch eine gerichtliche Durchsetzung zur Forderungsbefriedigung erforderlich wäre.[185]

Gleichzeitig wird der Aufrechnende durch das Erlöschen beider Forderungen von seiner eigenen Leistungspflicht gegenüber dem Aufrechnungsgegner ohne tatsächliche Leistungsbewirkung frei.[186] Damit ergibt sich für den in Anspruch genommenen Schuldner die Möglichkeit der Abwehr der realen Leistungsbewirkung durch eine Aufrechnung.[187] Diese Abwehrmöglichkeit ist dabei nicht auf eine vollständige Erfüllung beschränkt, sondern nach dem Wortlaut von § 389 BGB „soweit sie sich decken" auch mit Forderungen möglich, welche die Höhe der Passivforderung des Gläubigers nicht erreichen oder übersteigen.[188] Dies stellt eine gesetzliche Ausnahme zum Grundsatz des Ausschlusses der Teilleistung gem. § 266 BGB dar[189] und ermöglicht dem Aufrechnenden eine weitergehende und vorteilhafte Handlungsmöglichkeit gegenüber dem Fall der „realen" Leistungserbringung und -durchsetzung.

Des Weiteren ist der Aufrechnende durch diese „gegenseitige Erfüllung" nicht dem Risiko ausgesetzt, dass der Aufrechnungsgegner (= Schuldner) zahlungsunfähig wird. Durch den Untergang der beiden Forderungen ist er nicht wie im Falle der einseitigen Erfüllung der (Passiv-)Forderung auf eine anschließende Erfüllung der (Aktiv-)Forderung durch den Schuldner angewiesen. Er

---

Materiellrechtlicher Anspruch, 328, 324 ff. und *Badelt*, Aufrechnung und internationale Zuständigkeit, 1.

184 Der Gesetzgeber spricht insoweit von einer „*einseitige*(n), *in ihrer Wirkung von der der Annahme des anderen Teiles unabhängigen Willenserklärung*", vgl. Mot. II S. 106.

185 Vgl. RGRK-BGB/*Weber* Vor § 387 Rn. 1.

186 Vgl. Staudinger/*Gursky* Vorb. §§ 387 ff. Rn. 6 und dazu bereits § 2 A. I. 2.) a).

187 Vgl. *Habermeier* JuS 1997, 1057 (1058).

188 Dies ist aufgrund der Seltenheit gegenseitiger Forderungen exakt gleicher Höhe auch angebracht und wohl allgemeine Meinung. Vgl. dazu BGH NJW 2011, 451 (453); RGZ 79, 359 (360); *Gernhuber*, Erfüllungssurrogate, § 8 5; MüKo-BGB/*Schlüter* § 389 Rn. 5; MüKo-BGB/*Krüger* § 266 Rn. 8; *Oertmann*, BGB, § 389 Anm. 5; Staudinger/*Gursky* § 389 Rn. 18, § 387 Rn. 69 m.w.N.; RGRK-BGB/*Weber* § 389 Rn. 8; Palandt/*Grüneberg* § 266 Rn. 6. Umstritten ist insoweit allerdings, ob die Aufrechnung mit einem Teil der Aktivforderung, deren Höhe die der Passivforderung schon an sich unterschreitet, möglich ist. Dies sollte hinsichtlich der allgemeinen Wertungen von § 266 BGB aber grundsätzlich abgelehnt werden. Ebenso Staudinger/*Gursky* § 387 Rn. 69 m.w.N.

189 NK-BGB/*Wermeckes* § 389 Rn. 3; Staudinger/*Bittner*/*Kolbe* § 266 Rn. 21; *Gernhuber*, Erfüllungssurrogate, § 8 5; MüKo-BGB/*Schlüter* § 389 Rn. 5.

erreicht vielmehr den wirtschaftlichen Zustand der beiderseitigen Erfüllung[190] ohne der Gefahr ausgesetzt zu sein, dass seine (Aktiv-)Forderungen mangels Leistungsfähigkeit des Schuldners nicht befriedigt werden.[191] Die Möglichkeit, die Forderungen auch im Falle der (vorübergehenden) Zahlungsunfähigkeit eines Beteiligten zum Erlöschen zu bringen, eröffnet einem Schuldner des Zahlungsunfähigen weitergehenden Handlungsspielräume: So kann dieser sich durch den Erwerb einer Forderung gegen den Zahlungsunfähigen eine Aufrechnungsmöglichkeit schaffen und sich durch eine Aufrechnungserklärung von der Verbindlichkeit des Zahlungsunfähigen befreien.[192] Durch diese Handlungsoption ergibt sich im Regelfall ein wirtschaftlicher Vorteil gegenüber der „Effektiverfüllung" gegenüber dem Zahlungsunfähigen. Denn durch die (drohende) Zahlungsunfähigkeit verringert sich der Marktwert der Forderung gegen den Zahlungsunfähigen, während die Höhe der „eigenen" Schuld unverändert bleibt. Dadurch wird sich der (spätere) Zedent in dem der Forderungsübertragung nach §§ 387 ff. BGB zugrundeliegenden Kausalgeschäft[193] deutlich eher auf ein von der Forderungshöhe nach unten abweichendes Entgelt einlassen (müssen). Eine solche Forderungsübertragung ist damit dennoch für beide am Abtretungsgeschäft Beteiligten von Vorteil: Der Zedent erhält für die Übertragung der Forderung doch noch eine wirtschaftliche Gegenleistung/Entgelt, obwohl diese Forderung aufgrund der fehlenden Aussicht auf vollständige Befriedigung[194] eigentlich für diesen wertlos ist. Der Zessionar erlangt zusätzlich die (Aktiv-) Forderung günstiger als die eigentliche Höhe der Forderung und kann sich

190 Vgl. *Dernburg*, Theorie der Compensation nach römischen und neuerem Recht, 363.

191 Vgl. BeckOK-BGB/*Dennhardt* (01.02.2021) § 387 Rn. 1; *Häsemeyer*, FS Weber, 215 (227 f.); i.S.d. auch *Feder* ZHR 54 (1904), 434 (492); *Lindacher* JZ 1972, 429; zu beachten ist allerdings, dass nach der Eröffnung des Insolvenzverfahrens diese Möglichkeit nach § 96 Abs. 1 Nr. 2 InsO ausgeschlossen ist. Zur Möglichkeit der Aufrechnung nach Verfahrenseröffnung bei bereits vorhandener Aufrechnungslage § 3 A. III. 1.) c).

192 Insoweit sind allerdings die allgemeinen Grenzen (des Rechtsmissbrauches) nach § 242 BGB zu beachten. So wird bspw. nach BGH NJW 1987, 2997 (2998) eine solche Aufrechnung unter Rechtsmissbrauchsgesichtspunkten abgelehnt, „*wenn die Bank gegen eine Guthabenforderung ihres Kunden mit einer nicht im Rahmen ihres banküblichen Geschäftsverkehrs erworbenen Forderung eines Dritten aufrechnet, die mit dem Verhältnis zu ihrem Kunden nichts zu tun hat*" und zusätzlich ein eigenes wirtschaftliches Interesse an der Aufrechnung fehlt. Allgemein zu den Grenzen im Rahmen der Ausübungskontrolle siehe § 5 C. II. 2.).

193 Vgl. zu den verschiedenen zugrundeliegenden Rechtsgrundmöglichkeiten nur *Larenz*, Schuldrecht AT, § 33 I a.E. und Palandt/*Grüneberg* § 398 Rn. 2.

194 Dazu sogleich in § 3 A. III. 1.) c.) mit den Nachweisen in Fn. 225.

damit von der gegen ihn bestehende (Passiv-)Forderung des Zahlungsunfähigen befreien. Diese Situation liegt zusätzlich immer dann vor, wenn zwar zwischen dem Zedenten und dem Zahlungsunfähigen wechselseitige Forderungen vorliegen (Aufrechnungslage), allerdings eine Aufrechnung zugunsten der Zedentenforderung nicht möglich ist, weil eine vertragliche Aufrechnungsbeschränkung vorliegt.[195] Auch in diesen Fällen erscheint eine solche Abtretungs- und Aufrechnungskonstellation tatsächlich und wirtschaftlich sinnvoll.

2.) Vorteile für beide Beteiligten

Sowohl bei der vollständigen als auch bei einer teilweisen Tilgung ersparen sich die beiden Beteiligten aufgrund des Erlöschens der beiden Forderungen bzw. Teilen davon in tatsächlicher Hinsicht eine „Hin- und Her-Leistung".[196] Ökonomisch betrachtet können die beiden Forderungsinhaber mit der Aufrechnung deutlich effizienter die Forderungen „erfüllen", da die für die Zahlungen anfallenden Kosten[197] vermieden werden, wie unter anderem die Bankgebühren für den Transfer oder die Kosten, welche bei einer der persönlichen Übergabe entstehen würden. In besonderem Maße wird dieser Vorteil hinsichtlich der „Transferkosten" deutlich, wenn statt Geldleistungen der „Austausch" großer Mengen von gleichartigen Gütern geschuldet wird.[198]

3.) Nachteile für den Erklärungsempfänger

Aus dem Erlöschen der gegenseitigen Forderungen nach § 389 BGB ergeben sich auf der anderen Seite aber auch negative Folgen für den Aufrechnungsgegner.

---

195 Vgl. zu beiden Fällen *Coester-Waltjen* Jura 2004, 391 (395 mit Fn. 41) mit einer Fallkombination aus einer Insolvenz des Schuldners und eines bestehenden (gesetzlichen) Aufrechnungsverbotes zu Lasten des Zedenten. Insoweit ist allerdings die Fortwirkung vertraglicher Aufrechnungsbeschränkungen bei einer Rechtsnachfolge zu beachten, nach welcher auch eine Aufrechnung des Zessionars nach der Abtretung ausgeschlossen sein kann; ausführlich zu den Wirkungen einer Aufrechnungsbeschränkung bei einer Rechtsnachtfolge unten § 4 B. III. 5.).

196 Zu dieser Zwecksetzung der Aufrechnung statt vieler BGHZ 71, 380 (382) = NJW 1978, 1807 (1808, m.z.w.N.); *Windel* KTS 2000, 215; Palandt/*Grüneberg* § 387 Rn. 1; ausführlich *Berger*, Aufrechnungsvertrag, 61 ff. m.z.w.N.

197 Vgl. RGRK-BGB/*Weber* Vor § 387 Rn. 1; ähnlich auch *Badelt*, Aufrechnung und internationale Zuständigkeit, 1.

198 So anschaulich *Kannengiesser*, Aufrechnung im internationalen Privat- und Verfahrensrecht, 74 f.

Für den Aufrechnungsgegner besteht aufgrund des Forderungsuntergangs keine Möglichkeit mehr seine (Passiv-)Forderung real durchzusetzen und damit die konkret geschuldete Leistung zu erhalten. Da die Geldforderung den praktischen Regelfall der gegenseitigen gleichartigen Forderungen im Rahmen einer Aufrechnung darstellt, kann der Aufrechnungsgegner damit keinen Zuwachs liquider Mittel erwarten, über welche er direkt wieder verfügen könnte.[199] Dies stellt gerade im unternehmerischen Bereich im Regelfall eine erhebliche Einschränkung der liquiditätsspezifischen Handlungsmöglichkeiten dar. Denn dort besteht regelmäßig die Notwendigkeit, finanzielle Mittel direkt zu reinvestieren und eingegangene Verbindlichkeiten bedienen und den Gewerbebetrieb (ökonomisch) sinnvoll aufrechterhalten zu können.[200]

Außerdem verliert der Aufrechnungsgegner durch den Untergang der Forderung zusätzlich die Dispositionsmöglichkeit über die eigene Forderung. Damit kann dieser die Forderung nicht mehr wirtschaftlich anderweitig einsetzen. Er kann diese bspw. nicht mehr gewinnbringend verkaufen oder zur Sicherung anderweitiger Ansprüche an einen Dritten übertragen. Außerdem kann er die Forderung auch nicht mehr zur Aufrechnung einsetzen und kann damit die Forderung nicht mehr im Rahmen anderer Aufrechnungslagen zur Befriedigung einer (Passiv-)Forderung seiner Wahl benutzen.[201] Auch besteht nicht mehr die Möglichkeit, die Forderung als Grundlage für die Bestellung akzessorischer Sicherheiten zu benutzen.[202]

Des Weiteren verliert der Aufrechnungsgegner mit dem Untergang seiner Forderung rechtliche Mittel, mit welchen er den Schuldner zu einer Effektiverfüllung der Verbindlichkeit anhalten kann. So kann dieser bspw. nicht mehr die Einrede des Zurückbehaltungsrechtes nach § 273 BGB erheben und so den Schuldner zu einer Erfüllung Zug um Zug nach § 274 BGB zwingen.

---

199 Vgl. *Jaecks*, Konzernverrechnungsklauseln, 94.

200 Vgl. bspw. BGH BB 1967, 1143; anschaulich LG Köln NJW-RR 2012, 980 (981); mit ähnlichen Erwägungen im Zusammenhang mit dem Ausschluss des Minderungsrechtes BGH NJW 2008, 2497 (2498); OLG Hamburg NJW-RR 1998, 586 (587). Vgl. zum bis zum 31.07.2014 gültigen gesetzlichen Aufrechnungsverbot des § 22 I EEG und die (auch) darin enthaltene Sicherstellung der Liquidität und Planbarkeit der Mittelzuflüsse, damit ein wirtschaftlich tragbarer Betrieb möglich ist BGH WM 2011, 1870 (1871) und OLG Braunschweig, Urteil v. 16.10.2014, Az. 9 U 135/14, Juris Rn. 35.

201 Vgl. aber auch die Widerspruchsmöglichkeit des Aufrechnungsgegners nach § 396 Abs. 1 Satz 2 BGB.

202 Vgl. *Jaecks*, Konzernverrechnungsklauseln, 88; *Windel* KTS 2000, 215 (227).

II. Rückwirkungsfiktion auf den Zeitpunkt des Gegenübertretens gem. § 389 BGB

1.) Vorteile für den Erklärenden

Aus der Rückwirkungsfiktion des § 389 BGB auf den Zeitpunkt, in welchem die Forderungen zur Aufrechnung geeignet einander gegenübergetreten sind, erwachsen für den Aufrechnungsbefugten zusätzliche Vorteile gegenüber der Effektiverfüllung nach § 362 BGB. Denn es gelten nicht nur die Forderungen an sich auf den Zeitpunkt des erstmaligen Eintretens der Aufrechnungslage als erloschen, sondern es entfallen auch alle übrigen *Haupt- und Nebenpflichten* sowie die aus einer Verletzung dieser Verpflichtungen *entstandenen Ersatzansprüche.*[203] Somit werden der Aufrechnende und auch der Aufrechnungsgegner rückwirkend von der Pflicht zur Zahlung der auf die Aktivforderung anfallenden Zinsen frei.[204] Zudem entfallen auch alle Folgen und Ansprüche aus einem Verzug ex tunc[205], aus dem Verzug entstandene Schadensersatz- und Verzugszinsenansprüche[206] und es erübrigen sich die nach der Entstehung der Aufrechnungslage verwirkten Vertragsstrafen[207]. Dementsprechend erscheint es insbesondere im Fall eines länger andauernden Verzugs der eigenen Leistung oder bei einer höher verzinsten Passivforderung[208] für den Aufrechnungsbefugten wirtschaftlich sinnvoller, die rückwirkende Aufrechnungswirkung herbeizuführen als die Forderungsschuld effektiv zu erfüllen. Bereits geleistete Zahlungen

---

203 Erman/*Wagner* § 389 Rn. 7.

204 Bspw. bei einem Darlehnsvertrag nach § 488 BGB; dazu BGHZ 80, 269 (278 f.) = NJW 1981, 1729 (1731); BGHZ 102, 41 (50) = NJW 1988, 258 (259, m.w.N.); RGZ 101, 111 (114); MüKo-BGB/*Schlüter* § 389 Rn. 6; *Gernhuber*, Erfüllungssurrogate, § 12 VIII 4c m.w.N.; *Fenge* JZ 1971, 118 (120); RGRK-BGB/*Weber* § 389 Rn. 3; NK-BGB/*Wermeckes* § 389 Rn. 4; *Oertmann*, BGB, § 389 Anm. 3a; Soergel/*Schreiber* § 389 Rn. 1; Staudinger/*Gursky* § 389 Rn. 21 m.w.N.; *Coester-Waltjen*, FS Lüke, 35 (44).

205 BGH NJW-RR 1991, 568 (569, m.w.N.); Palandt/*Grüneberg* § 389 Rn. 2; vgl. *Gernhuber*, Erfüllungssurrogate, § 12 VIII 4c m.w.N.; Soergel/*Schreiber* § 389 Rn. 1.

206 BGHZ 155, 392 (398) = NJW 2003, 3134 (3135); MüKo-BGB/*Schlüter* § 389 Rn. 6; NK-BGB/*Wermeckes* § 389 Rn. 4; *Schwahn*, Aufrechnungsvertrag, 13; *Siber*, Compensation und Aufrechnung, 131 f.; *Rimmelspacher/Spellenberg* JZ 1973, 271 (272); vgl. auch RGZ 66, 266 (273 f.); Soergel/*Schreiber* § 389 Rn. 1; Palandt/*Grüneberg* § 389 Rn. 2; Staudinger/*Gursky* Vorb. §§ 387 ff. Rn. 19, § 389 Rn. 22 f. m.w.N.

207 *Gernhuber*, Erfüllungssurrogate, § 12 VIII 4c; MüKo-BGB/*Schlüter* § 389 Rn. 6; vgl. auch die w.N.in Fn. 206.

208 Vgl. dazu anschaulich das Beispiel bei *Bydlinski* AcP 196 (1996), 277 (280); s.a. Erman/*Wagner* § 389 Rn. 5; MüKo-BGB/*Schlüter* § 389 Rn. 6 a.E.

für (Verzugs-)Zinsen, Verzugsschäden und für verwirkte Vertragsstrafen kann der Aufrechnungsbefugte dabei nach §§ 812 ff. BGB zurückfordern.[209]

2.) Nachteile für den Erklärungsempfänger

Die Vorteile des Erklärenden korrespondieren mit einer insoweit nachteiligen Position des Aufrechnungsgegners. Dessen Ansprüche entfallen aufgrund der Nichtleistung des Aufrechnenden – Schadensersatz wegen Verzug, Verzugszinsen, Vertragsstrafen – ebenfalls rückwirkend mit der Aufrechnung gem. § 389 BGB auf den Zeitpunkt des Eintritts der Aufrechnungslage, sodass dieser keine solchen Ansprüche erfolgreich nachträglich geltend machen kann und/oder bei bereits erfolgter Leistung durch den Aufrechnenden nach §§ 812 ff. BGB zur Rückzahlung verpflichtet ist.[210] Zwar wird der Aufrechnungsgegner selbst ebenfalls frei von derartigen Gegenansprüchen des Aufrechnenden, allerdings ist eine vollständige Amortisation trotz der gleichen Forderungshöhe nur selten anzunehmen. So bestimmen sich bspw. die Verzugszinsen nach der jeweiligen Verzugsdauer, welche bei den beiden Forderungen jeweils unterschiedlich sein kann.[211] Auch verschieden hohe oder nur für eine Forderung vereinbarte Vertragsstrafenregelungen können dazu führen, dass die ex tunc Aufhebung der daraus entstandenen Ansprüche für den Aufrechnungsgegner nachteilig sein kann. Gerade in diesen Konstellationen wird der Aufrechnende die Aufrechnung erklären, sodass die nachteiligen Folgen sich auch für den Aufrechnungsgegner verwirklichen werden.

III. Erstmaliger Eintritt der Aufrechnungslage

1.) Vorteile für den Erklärenden

Der Eintritt der Aufrechnungslage ist allerdings nicht nur für die Rückwirkungsfiktion nach § 389 BGB von entscheidender Bedeutung. Denn das Gesetzt knüpft an den Eintritt der Aufrechnungslage noch weitergehende Rechtsfolgen.[212] Diese

209 Vgl. statt vieler nur Palandt/*Grüneberg* § 389 Rn. 2; NK-BGB/*Wermeckes* § 389 Rn. 4; Staudinger/*Gursky* § 389 Rn. 24.

210 Dazu bereits soeben § 3 A. II. 1.).

211 Auch von „nachteiligen Rückwirkungsfolgen" sprechend Erman/*Wagner* § 389 Rn. 5; MüKo-BGB/*Schlüter* § 389 Rn. 6 a.E., welche jeweils den Fall der höheren Verzinsung der Passivforderung seit Eintritt der Aufrechnungslage als Beispiel anführen; anschaulich dazu auch das Beispiel bei *Bydlinski* AcP 196 (1996), 277 (280).

212 Palandt/*Grüneberg* § 389 Rn. 4; Palandt/*Ellenberger* § 215 Rn. 1; HK-BGB/*Schulze* § 389 Rn. 2; Staudinger/*Gursky* Vorb. §§ 387 ff. Rn. 19; Soergel/*Schreiber* Vor

Rechtsfolgen eröffnen dem Aufrechnungsbefugten in bestimmten Fallkonstellationen die Möglichkeit mit einer Forderung aufzurechnen, obwohl bestimmte für die Aufrechnung erforderliche Tatbestandsvoraussetzungen – zum Zeitpunkt der Aufrechnungserklärung – *nicht mehr* vorliegen.[213] Damit soll und wird das Vertrauen des (später) Aufrechnenden geschützt, dass sich seine Schuld durch das bestehen seiner (Gegen-)Forderung praktisch erledigt hat.[214]

a) Aufrechnung mit verjährten Forderungen - § 215 BGB

Zum Ersten schließt die Verjährung der (Gegen-)Forderung gem. § 215 BGB eine Aufrechnung nicht aus.[215] Diese Ausnahme vom § 390 BGB[216] ist insoweit vorteilhaft, als dass der Inhaber der (verjährten) Aktivforderung sich mit dieser durch Aufrechnung von der gegen ihn bestehenden (Passiv-)Forderung befreien kann, obwohl eine eigenständige gerichtliche Durchsetzung seiner Forderung im

---

§ 387 Rn. 1; übersichtlich und prägnant bei *Schwahn*, Aufrechnungsvertrag, 13 (Fn. 32 ff.); vgl. zum Zweck, *„dass der Aufrechnungsberechtigte nicht durch nachträgliche Vorgänge, die seiner Einflussmöglichkeit entzogen sind und sich in der Sphäre des Aufrechnungsgegners abspielen, der ursprünglich vorhandenen Aufrechnungsbefugnis verlustig gehen soll“* BGHZ 2, 300 (305) = NJW 1951, 599 (600).

213 BGHZ 2, 300 (304) = NJW 1951, 599 (600); vgl. *Gernhuber*, Erfüllungssurrogate, § 12 VII 1; *Larenz*, Schuldrecht AT, § 18 VI e; Staudinger/*Gursky* Vorb. §§ 387 ff. Rn. 19; *Coester-Waltjen*, FS Lüke, 35 (44). Dies scheint insoweit auch unstreitig und unabhängig davon zu sein, ob der Aufrechnungserklärung oder der Aufrechnungslage die Eigenschaft der entscheidenden Voraussetzung für den Eintritt der vom Gesetz angeordneten Tilgungswirkung zugeschrieben wird; vgl. dazu umfassend Staudinger/*Gursky* Vorb. §§ 387 ff. Rn. 15 ff. Weitere Rechtswirkungen aus der Aufrechnungslage sieht das Gesetz in § 770 Abs. 2 BGB, § 1137 Abs. 2 Satz 1 BGB und § 1211 Abs. 1 Satz 1 BGB vor, welche allerdings Einreden von selbst nicht aufrechnungsbefugten Beteiligten begründen.

214 BGHZ 2, 300 (305) = NJW 1951, 599 (600) m.w.N.; *Gernhuber*, Erfüllungssurrogate, § 12 I 4b; *Werner*, Umgehung von Aufrechnungshindernissen, 13; *Enneccerus/Lehmann*, Recht der Schuldverhältnisse, § 73 I; vgl. auch ausführlich *Windel* KTS 2000, 215 (224).

215 Statt aller nur Staudinger/*Peters/Jacoby* § 215 Rn. 5; *Coester-Waltjen*, FS Lüke, 35 (44); vgl. aber auch MüKo-BGB/*Grothe* § 215 Rn. 1, welcher aufgrund der Unkompliziertheit der Aufrechnungserklärung diese Sonderregelung im Hinblick auf den Zweck der Verjährung für nicht unbedenklich hält; kritisch insoweit auch *Bydlinski* AcP 196 (1996), 277 ff.

216 Statt aller nur NK-BGB/*Wermeckes* § 390 Rn. 3; MüKo-BGB/*Grothe* § 215 Rn. 2.

Regelfall ausscheidet.[217] Denn die Gegenpartei/der Beklagte wird sich insoweit in aller Regel auf das dauerhafte Leistungsverweigerungsrecht nach § 214 Abs. 1 BGB berufen. Durch § 215 BGB kann der Forderungsinhaber die Aktivforderung zumindest noch wirtschaftlich als Befreiung von der (Passiv-)Forderung des Gläubigers verwerten. Erforderlich ist allerdings, dass seine Aktivforderung im Zeitpunkt des erstmaligen Eintretens der Forderungen in die Aufrechnungslage noch nicht verjährt war und auch die übrigen Voraussetzungen zum Zeitpunkt der Aufrechnungserklärung noch vorliegen.[218]

b) Aufrechnung mit beschlagnahmten Forderungen - § 392 BGB

Zum Zweiten behält der Schuldner durch eine einmal eingetretene Aufrechnungslage gem. § 392 BGB die Aufrechnungsbefugnis auch im Fall der Beschlagnahme der Passivforderung, sofern er die Aktivforderung nicht erst nach der Beschlagnahme erworben hat[219] oder diese erst nach der beschlagnahmten Forderung fällig geworden ist. Damit eröffnet § 392 BGB dem (Dritt-)Schuldner die Möglichkeit, entgegen dem Erfüllungsverbot nach § 829 Abs. 1 Satz 1 ZPO[220], die (Haupt-)Forderung durch die Aufrechnung – auch wirksam gegenüber dem Pfändungsgläubiger[221] – zu erfüllen und sich gleichzeitig Befriedigung für die

---

217 Selbst Forderungen, welche wegen Verjährung rechtskräftig abgewiesen wurden, sind nach BGH VersR 1971, 930 der Aufrechnung noch fähig. Ebenso bspw. Palandt/*Ellenberger* § 215 Rn. 1; Staudinger/*Peters/Jacoby* § 215 Rn. 8; Erman/*Schmidt-Räntsch* § 215 Rn. 2; MüKo-BGB/*Grothe* § 215 Rn. 3 m.w.N.

218 BGH NJW 2012, 445 (446 a.E.); Staudinger/*Gursky* § 389 Rn. 31 m.w.N.; Palandt/*Ellenberger* § 215 Rn. 1; zu den Fällen, auf welche § 215 BGB nicht (analog) anwendbar ist Erman/*Schmidt-Räntsch* § 215 Rn. 3; MüKo-BGB/*Grothe* § 215 Rn. 5; zur Frage, ob die Berufung auf eine vertragliche Aufrechnungsbeschränkung nach § 242 BGB ausgeschlossen ist, wenn aufgrund der Verjährung eine Aufrechnung die einzige Möglichkeit der Durchsetzung der Forderung ist umfassend § 5 C. II. 2.) b).

219 Ausreichend ist allerdings, dass für die Gegenforderung die Rechtsgrundlage vor der Beschlagnahme der Passivforderung bestanden hat. Dazu BGH NJW 1980, 584; Soergel/*Schreiber* § 392 Rn. 1; MüKo-BGB/*Schlüter* § 392 Rn. 2; Staudinger/*Gursky* § 392 Rn. 14 m.w.N.

220 § 829 BGB erfasst die Aufrechnung als Erfüllungssurrogat; vgl. statt aller nur Palandt/*Grüneberg* § 392 Rn. 1; Erman/*Wagner* § 392 Rn. 1.

221 Im Falle einer Effektivleistung an den Gläubiger (=Vollstreckungsschuldner) wäre diese Leistung hingegen gegenüber dem Pfändungsgläubiger gem. § 829 Abs. 1 Satz 1 ZPO, §§ 135, 136 BGB unwirksam und der Pfändungsgläubiger könnte – mangels Erfüllung der (Haupt-)Forderung – erneut die Begleichung verlangen; vgl. BeckOK-ZPO/*Riedel* (01.03.2021) § 829 Rn. 114.

eigene (Aktiv-)Forderung zu verschaffen. Somit erhält § 392 BGB in Zusammenschau mit einer vor der Beschlagnahme eintretenden Aufrechnungslage die Möglichkeit der Aufrechnung. Damit wird durch § 392 BGB die Tragung des Insolvenzrisikos des Schuldners durch den aufrechnungswilligen (Dritt-)Schuldner vermieden. Es bleibt damit in Ansehung der Aufrechnung im Ergebnis bei der allgemeinen Verteilung des Insolvenzrisikos bei gegenseitigen Forderungen.

c) Aufrechnung trotz Eröffnung des Insolvenzverfahrens - § 94 InsO

Als Drittes wird gem. § 94 InsO einem aufrechnungsbefugten Insolvenzgläubiger die Befugnis zur Aufrechnung nicht wieder genommen, wenn zwar ein Insolvenzverfahren über das Vermögen des Schuldners und den Inhaber der Passivforderung eröffnet wurde, allerdings die Aufrechnungslage bereits vor dem Zeitpunkt der Eröffnung vorgelegen hat.[222] Dabei ist für eine Aufrechnung durch den Aufrechnungsbefugten weder eine Teilnahme am Anmeldungs- und Feststellungsverfahren nach §§ 174 ff. InsO noch am Verteilungsverfahren nach §§ 187 ff. InsO erforderlich.[223] Dieser erhält damit eine dem Absonderungsberechtigten i.S.d. §§ 49 ff. InsO vergleichbare Sonderstellung gegenüber den übrigen, nicht bevorzugten Insolvenzgläubigern.[224] Der Aufrechnungsbefugte kann seine (Aktiv-)Forderung vollständig befriedigen und muss sich im Fall der zur Befriedigung aller Insolvenzgläubiger nicht ausreichenden Insolvenzmasse nicht mit einer quotenmäßig, d.h. also einer nicht vollständigen Befriedigung seiner Forderungen zufriedenstellen.[225] Der Aufrechnungsbefugte steht also insoweit

---

222 Ganz h.M., vgl. statt aller nur Soergel/*Schreiber* § 389 Rn. 2 a.E. und Uhlenbruck/*Sinz*, InsO, § 94 Rn. 1; dies gilt nach dem BGH selbst dann, wenn die aufzurechnende Gegenforderung nach einem rechtskräftig bestätigten Insolvenzplan als erlassen gilt, BGH NJW-RR 2011, 1142; vgl. auch BFHE 261, 463= DStR 2018, 1819 (1820 f., Entstehen der Berechtigung zum Vorsteuerabzug); siehe auch zu den Ausnahmen der Aufrechnungsmöglichkeit §§ 95, 96 InsO umfassend Staudinger/*Gursky* Vorb. §§ 387 ff. Rn. 190 ff.

223 MüKo-InsO/*Lohmann*/*Reichelt* § 94 Rn. 1, 11.

224 *Schwahn*, Aufrechnungsvertrag, 10; *Mues* EWiR 2000, 1005 (1006); *Berger*, Aufrechnungsvertrag, 75; LG Hamburg NJW-RR 1992, 627 (629); vgl. BGH NJW 1994, 1659 (1660); BGH NJW 1978, 2244; BGH NJW 1975, 442 (443); RGZ 124, 8 (10); Nerlich/Römermann/*Kruth*, InsO, (42. EL 2021) § 94 Rn. 2; Braun/*Kroth*, InsO, § 94 Rn. 1; siehe auch BGH NJW 2012, 1958 (1959, m.w.N.); MüKo-InsO/*Hefermehl* § 53 Rn. 16; BeckOK-BGB/*Dennhart* (01.02.2021) § 387 Rn. 3; *Larenz*, Schuldrecht AT, § 18 VI e) 4.

225 Nerlich/Römermann/*Kruth*, InsO, (42. EL 2021) § 94 Rn. 2; Braun/*Kroth*, InsO, § 94 Rn. 1; ähnlich *Kannengiesser*, Aufrechnung im internationalen Privat- und

wirtschaftlich besser, als wenn er seine Verbindlichkeit effektiv bedient und anschließend seine (Aktiv-)Forderung im Insolvenzverfahren geltend macht und effektiv nur seinen ihm zustehenden Quotenanteil erhält.

d) Aufrechnung trotz Rücktritt - § 352 BGB

Viertens kann ein Schuldner auch noch nach dem Rücktritt des Gläubigers die Aufrechnung erklären, wodurch gem. § 352 BGB der Rücktritt ex nunc[226] unwirksam wird. Erforderlich ist ein Rücktritt wegen einer Nichterfüllung oder – über den Wortlaut hinaus – wegen einer nicht wie geschuldeten Erfüllung, das Bestehen der Aufrechnungslage im Zeitpunkt der Rücktrittserklärung und eine unverzüglich folgende Aufrechnungserklärung i.S.d. § 121 Abs. 1 Satz 1 BGB.[227] Damit wird dem Schuldner, trotz Nicht- oder Schlechtleistung und der Nichterklärung der Aufrechnung während der noch vorliegenden Aufrechnungslage, das Recht eingestanden, die wegen Rücktritts eigentlich nicht mehr bestehende Forderung des Gläubigers durch Aufrechnung nach § 389 BGB zur Tilgung zu bringen.[228] Diese Option steht ihm nur im Rahmen des Gestaltungsrechtes der Aufrechnung zu. Sie steht ihm hingegen nicht offen[229], wenn dieser nach dem Rücktritt noch effektiv an den Gläubiger erfüllen möchte. Eine systematisch und in der Rechtsfolge vergleichbare und für den Schuldner gleichfalls vorteilhafte Regelung ist für einen spezielleren Fall im Mietrecht in § 543 Abs. 2 Satz 3 BGB zu finden. Danach wird eine Kündigung aufgrund eines Zahlungsverzuges unwirksam, wenn der Mieter sich durch eine Aufrechnung von der Mietzinsschuld befreien konnte und unverzüglich nach der Kündigung die Aufrechnung erklärt.[230]

Verfahrensrecht, 75; *Harke*, Schuldrecht AT, Rn. 394; noch zur alten Rechtslage nach §§ 53 f. KO siehe BGH NJW 1975, 442 (443) und *Pfeiffer/Franken* NJW 1960, 1977 (1978).

226 Vgl. statt aller nur MüKo-BGB/*Gaier* § 352 Rn. 4.

227 Statt aller vgl. nur Staudinger/*Kaiser* § 352 Rn. 1, 4, 6; MüKo-BGB/*Gaier* § 352 Rn. 2 f.; Soergel/*Lobinger* § 352 Rn. 2 ff.; NK-BGB/*Hager* § 352 Rn. 2 f.

228 Vgl. Erman/*Röthel* § 352 Rn. 1.

229 Zum „Wettlauf der Gestaltungsrechte" Rücktritt und Aufrechnung zugunsten der Aufrechnung vgl. NK-BGB/*Hager* § 352 Rn. 1; Staudinger/*Kaiser* § 352 Rn. 1; MüKo-BGB/*Gaier* § 352 Rn. 4; BeckOK-BGB/*Schmidt* (01.02.2021) § 352 Rn. 1.

230 Zur Frage der Unwirksamkeit einer Aufrechnungsbeschränkung gem. § 307 Abs. 1 Satz 1 BGB wegen einer unangemessenen Abweichung von § 543 Abs. 2 Satz 3 BGB siehe § 5 B. III. 3.) b) cc) (2).

2.) Nachteile für den Erklärungsempfänger

Auch die rechtlichen Folgen aus einer einmal eingetretenen Aufrechnungslage sind in bestimmten Punkten nicht allein vorteilhaft für den Aufrechnungserklärenden, sondern zugleich nachteilig für den Aufrechnungsgegner. In den meisten Fällen sind die Vorteile auf der einen Seite und die Nachteile auf der anderen Seite als „stoffgleich" anzusehen.

Deutlich wird dies insbesondere hinsichtlich der Aufrechnungsmöglichkeit mit einer bereits verjährten Forderung gem. § 215 BGB. Hier kann der Aufrechnungsgegner gegen die Geltendmachung der Aktivforderung die Einwendung der Verjährung nach § 214 Abs. 1 BGB gerade nicht mehr geltend machen. Dementsprechend muss der Aufrechnungsgegner in einem über die Verjährungsfrist hinausgehenden Zeitraum mit einer Aufrechnung der (verjährten) Forderung rechnen. Ein unerträglich langer Zustand der Ungewissheit wird praktisch in aller Regel allerdings nicht entstehen, da der Gläubiger der verjährten Forderungen allein durch eine Aufrechnung seine Forderung noch befriedigen kann und entsprechend erhebliches Interesse an einer zeitnahen Aufrechnung hat, bevor die erforderliche Aufrechnungslage nicht mehr gegeben ist.

Genauso nachteilig für den Aufrechnungsgegner wie vorteilhaft für den Aufrechnenden ist die durch § 352 BGB eingeräumte Aufrechnungsmöglichkeit. Durch eine solche Aufrechnung entfällt die Umwandlung in ein Rückgewährschuldverhältnis und der Vertrag lebt in seiner ursprünglichen Form wieder auf. [231] Die Pflicht des Gläubigers (= Aufrechnungsgegner) aus dem ursprünglichen Vertrag erwächst erneut und gleichzeitig ist dieser zu einer Leistung an den Schuldner verpflichtet.[232]

Die gesetzliche eingeräumte Aufrechnungsmöglichkeit nach § 94 InsO hat letztlich im Vergleich zur gegenseitigen Erfüllung der Forderungen auch negative Auswirkungen auf die Rechtsposition des insolventen Aufrechnungsgegners. So wird die Möglichkeit des insolventen Schuldners zu einer vorzeitigen Restschuldbefreiung[233] nach § 300 Abs. 1 Satz 2 Nr. 2 InsO praktisch ausgeschlossen sein. Nach dieser Regelung kann der Schuldner bereits nach drei Jahren einen Antrag auf eine Restschuldbefreiung stellen und durch gerichtlichen

231 MüKo-BGB/*Gaier* § 352 Rn. 3; Staudinger/*Kaiser* § 352 Rn. 7.

232 Staudinger/*Kaiser* § 352 Rn. 7; Erman/*Röthel* § 352 Rn. 1; vgl. auch *Gernhuber*, Erfüllungssurrogate, § 12 VII 3, der der Norm – wohl zutreffend – die praktische Bedeutung abspricht.

233 Vom „Amts wegen" beträgt die Abtretungsfrist i.S.d. InsO sechs Jahre; vgl. § 287 InsO und MüKo-InsO/*Stephan* § 300 Rn. 21.

Beschluss von seiner Restschuld befreit werden, wenn er 35 % der Forderungen der Insolvenzgläubiger befriedigt hat.[234] Durch den Erhalt der Aufrechnungsoption nach § 94 InsO geht bei deren Ausübung die Forderung des Aufrechnungsgegner unter und wird weder als offene Forderung noch als zugeflossener Wert Teil der verfügbaren Insolvenzmasse des Schuldners. Zwar erlischt eine Verbindlichkeit in gleicher Höhe, allerdings wird der Aufrechnende – trotz nicht ausreichend vorhandener Insolvenzmasse – zu 100 % befriedigt, da er eine Art der abgesonderten Befriedigung erhält.[235] Eine solche „hoch-prozentige“ Befriedigung würde der Aufrechnende ohne Aufrechnungsmöglichkeit nicht erhalten und im Anschein von § 300 Abs. 1 Satz 2 Nr. 2 InsO erst einmal nur mit 35 % der Forderung bedacht. Ein größerer Teil würde dann zur anteiligen Befriedigung der übrigen Insolvenzgläubiger zur Verfügung stehen und der Befriedigungswert von § 300 Abs. 2 Satz 2 Nr. 2 InsO könnte „schneller“ erreicht werden. [236]

3.) Vorteile für den Erklärungsempfänger

Aus dem erstmaligen Eintritt einer Aufrechnungsbefugnis folgt allerdings auch ein Vorteil für den (späteren) Aufrechnungsgegner. In den Fällen des Bestehens mehrerer Aktiv- und/oder Passivforderungen nach § 396 Abs. 1 Satz 2 Alt. 2 BGB[237] ist dieser insoweit geschützt, als die Bestimmung, welche

---

234 Zu den weiteren Voraussetzungen und möglichen Versagungsgründen trotz Erreichen der 35%-Schwelle vgl. Braun/*Pehl*, InsO, § 300 Rn. 6 ff. und MüKo-InsO/*Stephan* § 300 Rn. 42 ff.

235 Siehe dazu bereits § 3 A. III. 1.) c).

236 Wenn bspw. zwischen Aufrechnendem und Insolvenzschuldner gegenseitige Forderungen mit einer Höhe von 10.000 € bestehen, die Höhe der Forderungen der (sonstigen) Insolvenzgläubiger 40.000 € beträgt und 10.000 € als liquide Insolvenzmasse vorhanden sind, ist der Anteil von 35% bereits bei einer Befriedigung von 17.500 € erreicht. Bei einer Aufrechnung bleibt eine offene Forderungssumme von 40.000 € bestehen und es sind 10.000 € zur Deckung vorhanden, sodass erst 25 % der Insolvenzforderungen befriedigt wären. Würde eine Aufrechnung außen vorgelassen, liegen Insolvenzforderungen i.H.v. von 50.000 € vor, allerdings ist auch eine Insolvenzmasse i.H.v. 20.000 € verfügbar, sodass bereits Befriedigung in Höhe von 40 % zu verzeichnen wäre. Besonders anschaulich wird die Relevanz gerade, wenn die Forderung des „Aufrechnenden“ im Verhältnis zu der übrigen Insolvenzmasse einen erheblichen Teil darstellt. Sofern in diesem Beispiel die Forderung eine Höhe von 100.000 € aufweist, liegt der Anteil der Befriedigungssumme schon bei 78 %, sofern eine Aufrechnung nicht möglich ist.

237 Zur Erfassung der Fälle von einer Vielzahl von Aktiv- und Passivforderungen sowie dieser Fälle in kumulativer Hinsicht BGH NJW 2004, 2230 (2232); BGH NJW

Forderungen letztendlich verrechnet werden sollen, nicht eigenständig durch den früher Aufrechnenden festgelegt werden kann. Abweichend von der Regelung im Falle einer Erfüllung nach § 362 BGB, wird dem (späteren) Aufrechnungsgegner eine Widerspruchsmöglichkeit nach § 396 Abs. 1 Satz 2 Alt. 2 BGB eingeräumt. Damit wird verhindert, dass dem zum Zeitpunkt der Aufrechnungslage ebenfalls berechtigten (späteren) Aufrechnungsgegner eine Tilgung bestimmter Forderungen aufgezwungen wird, zumal dieser ebenfalls hätte aufrechnen und dabei eine Bestimmung der Aktiv- und Passivforderungen vornehmen können.[238] Ein solcher *Wettlauf der Forderungsbestimmung* durch die erste Aufrechnungserklärung wird dadurch verhindert, dass nach einem unverzüglichen Widerspruch gem. § 396 Abs. 1 Satz 2 Alt. 2 BGB die Forderungsbestimmung nach § 366 Abs. 2 BGB nach den dort aufgeführten Kriterien erfolgt.[239] Zweckmäßig kann dabei ein Widerspruchsrecht nach § 396 Abs. 1 Satz 2 Alt. 2 BGB dem Aufrechnungsgegner nur zugesprochen werden, wenn dieser tatsächlich vorher zur Aufrechnung berechtigt war.[240] Der Aufrechnungsgegner erhält dadurch letztendlich, im Gegensatz zur Effektiverfüllung nach § 362 BGB, die Möglichkeit, eine für ihn ungünstige Bestimmung der zu verrechnenden Forderungen insoweit zu verhindern, als dass zumindest die gesetzliche – und damit im Regelfall interessengerechte – Verrechnungsreihenfolge nach § 366 Abs. 2 BGB in Kraft tritt.

2000, 958 (959); Staudinger/*Gursky* § 396 Rn. 2, 44, 46; BeckOK-BGB/*Dennhardt* (01.02.2021) § 396 Rn. 1, 6; NK-BGB/*Wermeckes* § 396 Rn. 2; Soergel/*Schreiber* § 396 Rn. 1; Erman/*Wagner* § 396 Rn. 3; vgl. zur früher vertretenen, aber mit dem Wortlaut, der Zwecksetzung des § 396 Abs. 1 Satz 2 BGB und dem eindeutigen Willen des Gesetzgebers nicht zu vereinbarenden a.A. RGRK-BGB/*Weber* § 396 Rn. 1; *Goldschmidt* ArchBürg 15 (1899), 194 ff.; 225 ff.; *Oertmann* AcP 113 (1915), 376 (398 ff.); *Leonhard*, SchuldR AT, 624 ff.; diese Ansicht mit Recht ausdrücklich ablehnend BGHZ 179, 1 (6) = NJW 2009, 1071 (1072 f.); *Gernhuber*, Erfüllungssurrogate, § 12 VIII 3d und Staudinger/*Gursky* § 396 Rn. 44.

238 Vgl. BGHZ 179, 1 (6) = NJW 2009, 1071 (1072 f.); *Gernhuber*, Erfüllungssurrogate, § 12 VIII 3c; *Werner*, Umgehung von Aufrechnungshindernissen, 13.

239 Vgl. Staudinger/*Gursky* § 396 Rn. 9, 22; *Werner*, Umgehung von Aufrechnungshindernissen, 13; *Gernhuber*, Erfüllungssurrogate, § 12 VIII 3c und d.

240 Wohl allgemeine Meinung, vgl. nur MüKo-BGB/*Schlüter* § 396 Rn. 3; Staudinger/*Gursky* § 396 Rn. 22 m.z.w.N. Dementsprechend ist ein Widerspruchsrecht bei bestehenden Aufrechnungsbeschränkungen nicht eingeräumt, da eine Verhinderung der Bevorteilung des früher Handelnden nicht erforderlich erscheint. So auch *Werner*, Umgehung von Aufrechnungshindernissen, 13; NK-BGB/*Wermeckes* § 396 Rn. 5.

B. Prozessuale Aspekte

Die mit einer Aufrechnung bzw. deren Möglichkeit verbundenen vorteilhaften Aspekte und daraus entstehende Handlungsoptionen ergeben sich nicht allein aus materiellrechtlichen Grundlagen. Auch aus prozessualer Sicht erwachsen wirtschaftlich vorteilhafte Handlungsmöglichkeiten. Im Folgenden soll untersucht werden inwieweit die Aufrechnung prozesstaktische Optionen bietet und ob auch in kostenspezifischer Hinsicht eine Aufrechnung gegenüber einer gegenseitigen gerichtlichen Durchsetzung der jeweiligen Forderungen Vorteile bietet.

I. Prozesstaktische Erwägungen

1.) Prozessaufrechnung als Prozesshandlung

a) Vorteile für den Erklärenden

Wie bereits dargestellt, ist die Prozessaufrechnung nicht allein ein materiellrechtlich wirkendes Rechtsgeschäft, sondern auch eine Prozesshandlung, genauer ein prozessuales Verteidigungsmittel.[241] Damit unterliegt sie zum einen den Bindungen des Prozessrechtes und zum anderen aber auch deren Freiheiten.[242] Prozesshandlungen der Parteien können im Gegensatz zu materiellrechtlichen Rechtsgeschäften (§ 130 BGB) frei zurückgenommen bzw. widerrufen werden, sofern diese nicht ausnahmsweise unwiderruflich sind.[243] Ein Fall der Unwiderruflichkeit der Prozessaufrechnung ist allerdings schon deshalb nicht anzunehmen, da die Aktivforderung mit einer prozessualen Aufrechnungserklärung nicht einmal rechtshängig wird. Daher muss dem Aufrechnenden auch die Möglichkeit zustehen, die Prozesshandlung, hier also die „Prozessaufrechnung", ohne Einwilligung des Klägers[244] bzw. des Prozessgegners zurückzunehmen.[245]

241 Siehe dazu bereits § 2 A. II.; BGHZ 57, 242 (243) = NJW 1972, 450 (451); BGH NJW 1984, 1964 (1966 f.); Rosenberg/Schwab/Gottwald/*Gottwald*, Zivilprozessrecht, § 104 Rn. 6, § 63 Rn. 21; *Coester-Waltjen* Jura 1990, 27.

242 Vgl. Prütting/Gehrlein/*Dörr*, ZPO, § 145 Rn. 10 f., 16; MüKo-ZPO/*Fritsche* § 145 Rn. 19; Hk-ZPO/*Wöstmann* § 145 Rn. 9; *Schreiber* ZZP 90 (1977), 395 (396).

243 Vgl. Thomas/Putzo/*Seiler*, ZPO, Einl. III. Rn. 21 f., Rosenberg/Schwab/Gottwald/*Gottwald*, Zivilprozessrecht, § 104 Rn. 10 ff.; vgl. auch *Leichsenring* NJW 2013, 2155 f.; zu unwiderruflichen Prozesshandlungen vgl. Musielak/Voit/*Musielak*, ZPO, Einl. 63 f.

244 Vgl. dazu ausführlich *Leichsenring* NJW 2013, 2155 (2156, m.w.N.).

245 Ganz h.M., BGHZ 179, 1 (5) = NJW 2009, 1071 (1072); BGH NJW-RR 1991, 156 (157); OLG Schleswig NJW-RR 2010, 216; OLG Zweibrücken NJW-RR 2004, 651 (652); OLG Hamburg MDR 1973, 57; ausführlich *Leichsenring* NJW 2013, 2155 ff.; MüKo-BGB/*Schlüter* § 387 Rn. 42, § 388 Rn. 2; Staudinger/*Gursky* Vorb. §§ 387 ff. Rn. 35;

Zutreffend wird in der höchstgerichtlichen Spruchpraxis angenommen, dass bei einer Rücknahme der Prozessaufrechnung auch die materiellrechtliche Erlöschenswirkung nach § 389 BGB wieder revidiert wird.[246] Dadurch kann der Aufrechnende zusätzlich eine bereits vorgenommene Tilgungsbestimmung rückgängig machen und im Rahmen einer erneuten Prozessaufrechnung andere Aufrechnungsforderungen festlegen oder erstmalig eine solche Bestimmung vornehmen.[247] Diese Möglichkeit ist dem Beklagten grundsätzlich auch noch im Berufungsverfahren eingeräumt.[248] Dementsprechend kann der Beklagte die letzte mündliche Verhandlung abwarten und dann entscheiden, ob er weiterhin an der (Prozess-)Aufrechnung festhalten will oder dieses Verteidigungsmittel zurücknehmen möchte.[249] Eine Rücknahme ist insbesondere dann sinnvoll, wenn noch keine hinreichenden Beweismittel vorhanden sind. Die Rücknahme verhindert eine rechtskräftige (aberkennende) Entscheidung nach § 322 Abs. 2 ZPO und die Forderung kann bei möglicherweise verbesserter Beweislage eigenständig prozessual geltend gemacht werden.[250]

Außerdem hat die Prozessaufrechnung vorteilhafte Auswirkungen hinsichtlich des Prozessrisikos des (ursprünglich) Beklagten. Erklärt dieser die

---

Erman/*Wagner* § 388 Rn. 4; NK-BGB/*Wermeckes* § 387 Rn. 52; Palandt/*Grüneberg* § 388 Rn. 2; Thomas/Putzo/*Seiler*, ZPO, § 145 Rn. 14; Rosenberg/Schwab/Gottwald/*Gottwald*, Zivilprozessrecht, § 104 Rn. 6; Hk-ZPO/*Wöstmann* § 145 Rn. 9; *Coester-Waltjen* Jura 1990, 27; grundsätzlich zustimmend OLG Celle NZG 2002, 479 (481, konkret im Erg. aber abweichend); a.A. OLG Brandenburg, Urteil v. 12.07.2007, Az. 5 U 132/06, BeckRS 2008, 09626.

246 Ganz h.M. BGH NJW-RR 1991, 156 (157); vgl. dazu w.N. in Fn. 245; a.A. OLG Koblenz OLGR 2007, 949 (951, aufgehoben durch BGHZ 179, 1 [4 ff.] = NJW 2009, 1071 [1072]); ausdrücklich gegen die Entscheidung des OLG Koblenz ebenfalls *Leichsenring* NJW 2013, 2155 (2156); die h.M. anzweifelnd Zöller/*Greger*, ZPO, § 145 Rn. 11c.

247 BGHZ 179, 1 (5) = NJW 2009, 1071 (1072); Staudinger/*Gursky* Vorb. §§ 387 ff. Rn. 35; siehe aber zur weiterhin bestehenden Widerspruchsmöglichkeit des Aufrechnungsgegners nach § 396 Abs. 1 Satz 2 2. Alt. BGB und der Folge der gesetzlichen Forderungsbestimmung nach § 366 Abs. 2 BGB bereits § 3 A. III. 3.)

248 BGHZ 179, 1 (5) = NJW 2009, 1071 (1702) mit dem zutreffenden Hinweis auf die Ausnahmen nach §§ 530, 531 ZPO; vgl. auch OLG München, Urteil v. 15.10.2012, Az. 21 U 544/12, BeckRS 2013, 10251; *Leichsenring* NJW 2013, 2155 (2156); a.A. wohl OLG Celle NZG 2002, 479 (481).

249 *Leichsenring* NJW 2013, 2155 (2156 f.); vgl. auch OLG München, Urteil v. 15.10.2012, Az. 21 U 544/12, BeckRS 2013, 10251.

250 *Anders/Gehle*, Assessorexamen im Zivilrecht, G Rn. 32; vgl. auch Prütting/Gehrlein/*Dörr*, ZPO, § 145 Rn. 13 (Substantiierungsdefizit).

Aufrechnung im Prozess, erlöschen die beiden Forderungen nach § 389 BGB. Dementsprechend erübrigt sich für den Beklagten die Notwendigkeit einer eigenen Prozessführung mit seiner (Aktiv-)Forderung gegen den Kläger. Damit muss er keinen Gerichtsgebührenvorschuss leisten und vermeidet das Prozessrisiko für einen folgenden Aktivprozess durch eine Prozessaufrechnung vollständig.[251] Gleiches gilt in prozessverhindernder Weise, wenn einer der Schuldner anstatt (schlicht) nicht zu leisten oder ausdrücklich die Leistung zu verweigern, die Aufrechnung vorprozessual erklärt. Dadurch entfallen bei gleicher Forderungshöhe sogar für beide Parteien die Notwendigkeit eines Prozesses und damit (auch) das jeweilige Prozessrisiko.[252]

b) Nachteile für den Erklärungsempfänger

Die aufgezeigten Optionen des Aufrechnenden bzw. des Aufrechnungsbefugten, welche durch die Prozessaufrechnung als Prozesshandlung möglich sind, führen auf der Seite des (klagenden) Aufrechnungsgegners zu einer unsichereren Rechtsposition. Für diesen besteht keine Sicherheit, ob der (beklagte) Aufrechnende an seinem Verteidigungsmittel festhalten wird und entsprechend bei begründeter Aktivforderung beide Forderungen nach § 389 BGB erlöschen oder ob dieser die Prozessaufrechnung zurücknimmt und entsprechend auch die materiellrechtliche Rechtsfolge nach § 389 BGB aufgehoben ist.[253] Daraus resultiert in Zusammenschau mit der Möglichkeit des Aufrechnenden, eine Prozessaufrechnung nach einer Rücknahme erneut erklären zu können, dass für den Aufrechnungsgegner u.U. sogar bis in das Berufungsverfahren völlig im Unklaren bleibt, ob seine Leistungsklage auf Erfüllung in Natura Erfolg haben kann oder diese aufgrund einer wirksamen (Prozess-)Aufrechnung unbegründet sein wird.[254] Zusätzlich fehlt auch insoweit die Rechtssicherheit, als dass der Aufrechnende die Prozessaufrechnung zurücknehmen kann, wenn derzeit keine

---

251 BGHZ 173, 328 (337 f.) = NZI 2007, 575 (577); vgl. auch BGHZ 130, 76 (80) = JZ 1996, 426 (427). Sofern die Aktivforderung die eingeklagte Passivforderung übersteigt, entfällt die Notwendigkeit einer Prozessführung für den ursprünglich Beklagten zwar nicht vollständig, aber der Gerichtskostenvorschuss und damit das Prozessrisiko entfällt hinsichtlich des durch die Aufrechnung getilgten Teils der Forderung.

252 Bei ungleicher Forderungshöhe entfällt das Prozessrisiko nur für den Inhaber der niedrigeren Forderung. Für den anderen Teil verringert sich das Prozessrisiko aufgrund der Verringerung des Gebührenstreitwertes allerdings ebenfalls.

253 Zu der Wirkung der Rücknahme einer Prozessaufrechnung soeben § 3 B I. 1.) a).

254 Siehe aber zur Möglichkeit der Erledigungserklärung und der entsprechenden Pflicht zur Tragung der Verfahrenskosten § 3 B. II. 2.) b).

hinreichenden Beweismittel vorliegen, und keine gerichtliche Feststellung hinsichtlich des „Nicht-Bestehens" der Forderung gem. § 322 Abs. 2 ZPO möglich ist. Dementsprechend muss der Kläger damit rechnen, später bei u.U. verbesserter Beweislage vom ursprünglich Beklagten zur Durchsetzung der „Aktivforderung" verklagt zu werden.[255]

2.) *Keine Rechtshängigkeit*

a) *Vorteile des Erklärenden*

Ebenfalls ist es für den Aufrechnungsbefugten günstig, dass die (Aktiv-)Forderung durch eine Aufrechnung im Prozess nicht rechtshängig wird.[256] Dies entspricht dabei auch dem Wesen der Prozessaufrechnung als prozessuales Verteidigungsmittel, denn nach dem Wortlaut von § 261 Abs. 1 ZPO wird allein die Streitsache durch Klageerhebung und nicht durch Geltendmachung einer Einwendung rechtshängig.[257] Damit kann dieser erstens die Forderungen in anderen Prozessen als Verteidigungsmittel (mehrfach) einsetzen und zweitens die (Aktiv-)Forderung noch zusätzlich in einem eigenständigen Prozess selbstständig einklagen, obwohl diese bereits als Aktivforderung in einem anderen Prozess eingewendet wurde.[258] Als dritte Möglichkeit kann der Beklagte

---

255 I.d.S. auch *Anders/Gehle*, Assessorexamen im Zivilrecht, G Rn. 32, allerdings von der Seite des ursprünglich Beklagten ausgehend. Vgl. auch Prütting/Gehrlein/*Dörr*, ZPO, § 145 Rn. 13.

256 BGHZ 57, 242 = NJW 1972, 450; BGHZ 60, 85 (87) = NJW 1973, 421; BGH NJW-RR 2004, 1000; Zöller/*Greger*, ZPO, § 145 Rn. 18; Rosenberg/Schwab/Gottwald/*Gottwald*, Zivilprozessrecht, § 104 Rn. 23 ff.; Prütting/Gehrlein/*Dörr*, ZPO, § 145 Rn. 18; Prütting/Gehrlein/*Geisler*, ZPO, § 261 Rn. 6; MüKo-ZPO/Fritsche § 145 Rn. 29; Musielak/Voit/*Stadler*, ZPO, § 145 Rn. 20; MüKo-BGB/*Schlüter* § 387 Rn. 43; Staudinger/*Gursky* Vorb. §§ 387 ff. Rn. 37 m.z.w.N.; a.A. Soergel/*Schreiber* Vor § 387 Rn. 3; *Schmidt* ZZP 87 (1974), 29 (39); die teilweise geltend gemachten Bedenken durch die Gefahr einer divergierenden Entscheidung der verschiedenen Gerichte stellt sich bei der hier allein betrachteten (prozessualen) Primäraufrechnung nicht; so auch BeckOK-ZPO/*Wendtland* (01.03.2021)§ 145 Rn. 29 a.E.

257 Vgl. BGHZ 57, 242 (243) = NJW 1972, 450 (451); BGHZ 60, 85 (87) = NJW 1973, 421; Zöller/*Greger*, ZPO, § 145 Rn. 18; MüKo-ZPO/*Fritsche* § 145 Rn. 29; BeckOK-ZPO/*Wendtland* (01.03.2021) § 145 Rn. 28; *Musielak* JuS 1994, 817 (824). Wie bereits in § 2 A. II. aufgezeigt, ist die Prozessaufrechnung auch keine unterentwickelte Widerklage, sodass auch insoweit keine Rechtshängigkeit angenommen werden muss.

258 Jeweils ganz h.M.; vgl. zu (1.) BGH NJW-RR 2004, 1000; BGH NJW-RR 1994, 379; OLG Karlsruhe NJW-RR 2002, 1225 (1226); zu (2.) BGH NJW 1999, 1179 (1180); Prütting/Gehrlein/*Dörr*, ZPO, § 145 Rn. 18; MüKo-BGB/*Schlüter* § 387 Rn. 43, 48;

auch – umgekehrt – mit der Aktivforderung aufrechnen, auch wenn diese Forderung bereits rechtshängig ist.[259] Die ersten beiden Möglichkeiten erscheinen zumindest dann günstig, wenn zu erwarten ist, dass es im „ersten" Prozess nicht zu einem Urteil über die Aktivforderung kommt, sei es durch eine bestehende Aufrechnungsbeschränkung, durch eine Klageabweisung wegen Unzulässigkeit oder Unbegründetheit oder aufgrund eines Prozessvergleiches.[260] In diesen Fällen würde die Geltendmachung der Aktivforderung im (Zweit-)Prozess entsprechend berücksichtigt werden können.[261]

Aus dem Zusammenhang der fehlenden Rechtshängigkeit der im Prozess geltend gemachten Aktivforderung resultiert ein weiterer prozesstaktischer Vorteil: So kann der Beklagte auch eine Forderung zur Aufrechnung stellen, für deren (aktive) Geltendmachung grundsätzlich ein anderes Gericht sachlich oder örtlich – ggf. sogar ausschließlich – zuständig wäre.[262] Vor allem kann der Beklagte das Gericht zur nach § 322 Abs. 2 ZPO rechtskräftigen[263] Entscheidung

---

Palandt/*Grüneberg* § 388 Rn. 6; beides ausdrücklich befürwortend Erman/*Wagner* § 388 Rn. 13; Thomas/Putzo/*Seiler*, ZPO, § 145 Rn. 20; Prütting/Gehrlein/*Völzmann-Stickelbrock*, ZPO, § 322 Rn. 67; Rosenberg/Schwab/Gottwald/*Gottwald*, Zivilprozessrecht, § 104 Rn. 24; Hk-ZPO/*Wöstmann* § 145 Rn. 15.

259 Ganz h.M. und st. Rspr. BGHZ 57, 242 (244) = NJW 1972, 450 (451); BGH NJW 1999, 1179 (1180); BGH NJW 1997, 2601 (2602); BGH NJW-RR 1994, 379 (380, m.w.N.); BGH NJW 1977, 1687; ausführlich *Lindacher* JZ 1972, 429 (429 f.); Zöller/*Greger*, ZPO, § 145 Rn. 18; Rosenberg/Schwab/Gottwald/*Gottwald*, Zivilprozessrecht, § 104 Rn. 24; Musielak/Voit/*Stadler*, ZPO, § 145 Rn. 20; Thomas/Putzo/*Seiler*, ZPO, § 145 Rn. 20; MüKo-BGB/*Schlüter* § 387 Rn. 43; Palandt/*Grüneberg* § 388 Rn. 6.

260 Vgl. BGH NJW-RR 2004, 1000 (1001, m.w. Beispielen).

261 Zutreffend geht der BGH davon aus, dass aufgrund der Möglichkeit einer Nicht-Entscheidung über die Aktivforderung im ersten Prozess eine Entscheidung im zweiten Prozess nicht vorweggenommen werden darf und entsprechend das zweite Verfahren gem. § 148 ZPO bis zur Erledigung des ersten Verfahrens auszusetzen ist. So BGH NJW-RR 2004, 1000 (1001). Vgl. auch Staudinger/*Gursky* Vorb. §§ 387 ff. Rn. 37; Hk-ZPO/*Wöstmann* § 145 Rn. 15.

262 So zumindest für Fälle innerhalb der gleichen Gerichtsbarkeit RGZ 35, 379 (381); BGHZ 40, 338 (339 ff.) = NJW 1964, 863; Musielak/Voit/*Stadler*, ZPO, § 145 Rn. 29; Prütting/Gehrlein/*Dörr*, ZPO, § 145 Rn. 23; Staudinger/*Gursky* Vorb. §§ 387 ff. Rn. 46; Thomas/Putzo/*Seiler*, ZPO, § 145 Rn. 22; MüKo-ZPO/*Fritsche* § 145 Rn. 32, 31; Hk-ZPO/*Wöstmann* § 145 Rn. 16; Zöller/*Greger*, ZPO, § 145 Rn. 19; MüKo-BGB/*Schlüter* § 387 Rn. 44 m.w.N.; Gernhuber, Erfüllungssurrogate, § 12 III 11, ausführlich *Schreiber* ZZP 90 (1977), 395 (405 ff.).

263 Dies gilt allerdings nur für die Feststellung des Nichtbestehens bzw. des Nichtmehrbestehens, also für den Fall, dass die Klageforderung materiell begründet und

über die Aktivforderung „nutzen", ohne sich an das an sich zuständige Gericht für einen Aktivprozess wenden zu müssen.[264] Damit vermeidet der (ursprünglich) Beklagte im Regelfall eine Prozessführung am allgemeinen Gerichtsstand des (ursprünglichen) Klägers nach §§ 12, 13 ZPO und erspart sich damit zumindest die insoweit entstehenden (Reise-)Kosten an den Wohnsitz des (nun insoweit) Beklagten.[265] Vielmehr kann der (ursprünglich) Beklagte im Regelfall die Aktivforderung an seinem Wohnsitz bzw. dem Wohnsitz zugeordneten Gericht als Verteidigungsmittel einsetzen bzw. einwenden. Damit kann ihm die tatsächliche Nähe des „Heimatgerichtes" zumindest insofern vorteilhaft sein, als dass ihm oder seinem Prozessvertreter die Spruch- und Verfahrenspraxis des Gerichts (besser) bekannt ist und die Prozesstaktik danach ausgerichtet werden kann.[266] Diese tatsächliche Möglichkeit erwächst ohne weitere Voraussetzungen nur im Rahmen der Prozessaufrechnung, während bspw. bei einer Widerklage dafür ein entsprechender Zusammenhang i.S.d. § 33 ZPO erforderlich ist.[267]

Durch die fehlende Rechtshängigkeit der Aktivforderung bei einer Prozessaufrechnung sowie die fehlende Verjährungshemmung nach § 204 Abs. 1 Nr. 1 BGB, entsteht dennoch kein verjährungsrechtlicher Nachteil für den Aufrechnenden. Denn § 204 Abs. 1 Nr. 5 BGB ordnet, als besondere Regelung für die

---

die Gegenforderung unbegründet ist (§ 322 Abs. 2 ZPO) sowie für den Fall, dass sowohl die Klageforderung als auch die Gegenforderung begründet sind (§ 322 Abs. 2 ZPO entsprechend, allgemeine Meinung); *Rimmelspacher*, Materiellrechtlicher Anspruch, 328; MüKo-ZPO/*Gottwald* § 322 Rn. 197 ff.; Prütting/Gehrlein/*Völzmann-Stickelbrock*, ZPO, § 322 Rn. 68 ff.; dazu auch RGZ 161, 167 (171 f.). Bei Unbegründetheit der Klageforderung ist keine Entscheidung des Gerichts erforderlich, welche in Rechtskraft nach § 322 ZPO erwachsen könnte. Dies gilt auch für Fälle, in welchen die Aufrechnung materiellrechtlich nicht zulässig ist. Vgl. dazu BGH NJW 1984, 128 und *Coester-Waltjen* Jura 1990, 27 (30); *Musielak* JuS 1994, 817 (825 f.); Prütting/Gehrlein/*Völzmann-Stickelbrock*, ZPO, § 322 Rn. 71; MüKo-ZPO/*Fritsche* § 145 Rn. 29, mit zutreffender Annahme, dass Rechtshängigkeit und Rechtskraft sich in diesem Fall nicht decken müssen; so auch *Musielak* JuS 1994, 817 (824 f.).

264 Vgl. BGHZ 40, 338 (339 ff.) = NJW 1964, 863; BGHZ 78, 57 (62 f.) = NJW 1980, 2466 (2467).

265 I.d.S. für einen ausländischen Gerichtsstand auch *Kannengiesser*, Aufrechnung im internationalen Privat- und Verfahrensrecht, 172 f.

266 Vgl. im Ansatz auch OLG Hamm NJW 1978, 138, welches davon spricht, „*dass sportlich gesprochen, gewissermaßen* [der Beklagte] *Heimspielvorteil hat, was ja unter Umständen nicht nur kostenmäßige Vorteile für den Bekl. mit sich bringt*".

267 Vgl. dazu statt aller nur Thomas/Putzo/*Hüßtege*, ZPO, § 33 Rn. 4 ff.; MüKo-ZPO/*Patzina* § 33 Rn. 20 ff.

Aufrechnung im Prozess, eine Hemmung der Verjährung an.[268] Damit wird dem „passiven Einsatz" der Aktivforderung als Verteidigungsmittel die (verjährungsrechtliche) Wirkung eines „aktiven Anspruchsangriffs" – wie bspw. einer Klageerhebung – zugeordnet.[269] Diese An- bzw. Zuordnung gilt sowohl für eine Prozessaufrechnung als auch für eine in den Prozess eingeführte außerprozessuale Aufrechnung.[270] Die Verjährungshemmung tritt dabei immer dann ein, wenn die Aufrechnung fehlschlägt[271], selbst dann wenn über die Aufrechnung eine gerichtliche Entscheidung gar nicht in Betracht kommt.[272] Damit ergibt sich für den Aufrechnenden/Beklagten die Option, trotz vorhandener Aufrechnungsbeschränkung die Verjährung der (Gegen-)Forderung zu unterbrechen.[273]

b) Nachteile für den Erklärungsempfänger

Die Forderung des Beklagten wird durch eine Prozessaufrechnung nicht rechtshängig. Daher kann sich der Aufrechnungsgegner in mehreren Prozessen einer prozessualen Einrede durch eine Aufrechnung mit derselben Forderung gegenübersehen. Dies muss aber keine nachteilige Rechtsposition für den

---

268 Vgl. statt aller nur Zöller/*Greger*, ZPO, § 145 Rn. 18 a.E.; Erman/*Schmidt-Räntsch* § 204 Rn. 18.

269 Vgl. Staudinger/*Peters/Jacoby* § 204 Rn. 63.

270 Statt aller nur Staudinger/*Peters/Jacoby* § 204 Rn. 65; Palandt/*Ellenberger* § 204 Rn. 20.

271 BGHZ 160, 259 (263) = NJW 2004, 3772 (3773); MüKo-BGB/*Grothe* § 204 Rn. 37; vgl. übersichtlich zu den verschiedenen Gründen des Fehlschlags Palandt/*Ellenberger* § 204 Rn. 20 und Staudinger/*Peters/Jacoby* § 204 Rn. 65 ff. jeweils m.w.N.; zum Erfolgsfall der Aufrechnung BGH NJW-RR 2009, 1169 (1170), welcher zutreffend annimmt, dass in diesem Fall aufgrund der Erlöschenswirkung nach § 389 BGB keine Frage der Verjährung mehr besteht.

272 So die höchstrichterliche Rechtsprechung BGHZ 176, 128 (131 f.) = NJW 2008, 2429 (2429 f.); ihr nun folgend MüKo-BGB/*Grothe* § 204 Rn. 37 und Palandt/*Ellenberger* § 204 Rn. 20; wohl auch Staudinger/*Gursky* Vorb. §§ 387 ff. Rn. 67; a.A. OLG Köln NJW-RR 1989, 1079 (1079 f.).

273 Staudinger/*Peters/Jacoby* § 204 Rn. 67 a.E.; BGHZ 83, 260 (270 f.) = NJW 1982, 1516 (1518); Palandt/*Ellenberger* § 204 Rn. 20; BeckOK-BGB/*Henrich* (01.02.2021) § 204 Rn. 32; vgl. auch MüKo-BGB/*Grothe* § 204 Rn. 37; die Wirkung tritt zutreffenderweise allerdings nur in der Höhe der Forderung (Passivforderung), gegen die aufgerechnet wird, ein; st. Rspr. vgl. BGH NJW-RR 2009, 1169 (1171) und schon RGZ 57, 272 (275). Zu trennen von dieser Möglichkeit ist die Frage, ob eine Aufrechnung durch eine Aufrechnungsbeschränkung weiterhin ausgeschlossen ist, wenn die Aktivforderung verjährt ist und entsprechend nur noch durch eine Aufrechnung nach § 215 BGB realisiert werden könnte. Dazu ausführlich § 5 C. II. 2.) b).

Aufrechnungsgegner bedeuten. Würde im ersten Verfahren eine Entscheidung i.S.d. § 322 Abs. 2 ZPO über die „Aktivforderung“ ergehen, dass diese Forderung entweder wegen Unbegründetheit nicht oder aufgrund einer wirksamen Aufrechnung nicht mehr besteht, wäre das zweite Gericht an diese Entscheidung gebunden[274] und die (nicht mehr bestehende) Forderung im zweiten Prozess nicht mehr zu berücksichtigen. Ist im ersten Verfahren eine Entscheidung über die Aktivforderung nicht erforderlich[275], hat das Gericht des zweiten Prozesses zu prüfen, ob die zur Aufrechnung gestellte Forderung besteht.[276] Sollte im zweiten Verfahren eine Entscheidung über die Aktivforderung möglich und nötig sein, bevor eine Entscheidung des ersten Gerichtes ergehen wird, hat das Zweitgericht grundsätzlich zu entscheiden, ob die zur Aufrechnung gestellte Aktivforderung besteht oder durch die Erstaufrechnung verbraucht ist.[277]

Durch die Möglichkeit der Aufrechnung vor einem sachlich und örtlich unzuständigen Gericht, ergibt sich ein mit dem Vorteil des Aufrechnenden „stoffgleicher“ Nachteil für den Aufrechnungsgegner.[278] Diesem wird die praktische Möglichkeit genommen, vom (ursprünglich) Beklagten zur Durchsetzung dessen (Aktiv-)Forderung vor seinem „Heimgericht“ nach §§ 12, 13 ZPO verklagt zu werden. Der Aufrechnungsgegner muss vielmehr hinnehmen, dass das für seine Klageforderung zuständige Gericht – in der Regel das „Heimgericht“ des (beklagten) Aufrechnenden – auch über die Aktivforderung des Beklagten entscheiden wird. Entsprechende Kenntnisse der praktischen Gegebenheiten und der Spruchpraxis des eigenen Gerichtes bleiben entsprechend außen vor, während der Beklagte sich solche Kenntnisse für beide Forderungen zu Nutze machen kann.[279]

---

274 Vgl. BGH NJW-RR 2004, 1000 (1001); Gehrlein/Prütting/*Völzmann-Stickelbrock*, ZPO, § 322 Rn. 66 ff.

275 BGH NJW-RR 2004, 1000 (1001).

276 BGH NJW-RR 2004, 1000 (1001).

277 BGH NJW-RR 2004, 1000 (1001). Allerdings erscheint hier eine konsequente Verfahrensaussetzung nach § 148 ZPO angebracht, um eine Vorwegnahme der Entscheidung und gleichzeitig eine doppelte prozessuale und materiellrechtliche Berücksichtigung der Aktivforderung im zweiten Prozess zu verhindern. So auch BGH NJW-RR 2004, 1000 (1001); MüKo-BGB/*Schlüter* § 387 Rn. 48; Staudinger/*Gursky* Vorb. §§ 387 ff. Rn. 37; Hk-ZPO/*Wöstmann* § 145 Rn. 15.

278 Siehe zu den Vorteilen des Aufrechnenden soeben § 3 B. I. 2.) a).

279 Diese Konstellation ergibt sich grundsätzlich auch im Rahmen einer Widerklage durch den Gerichtsstand nach § 33 ZPO. Allerdings ist für eine Widerklage eine entsprechende „Konnexität“ zwischen den beiden (Klage-)Forderungen erforderlich. Diese ist für eine Aufrechnung gerade nicht erforderlich und nur in bestimmen

3.) *Aufrechnung als leistungsverzögernder Akt*

a) *Vorteile für den Erklärenden*

Für den Aufrechnenden kann das Rechtsinstitut der Aufrechnung dazu genutzt werden, die tatsächliche Erfüllung der eigenen Leistungspflicht hinauszuzögern. Denn er kann die Aufrechnung mit vermeintlich bestehenden, zweifelhaften oder schwer beweisbaren Forderungen erklären. In diesen Fällen wird in aller Regel eine langwierige Beweisaufnahme erforderlich sein, durch welche der Beklagte im Falle einer nicht bestehenden oder letztlich nicht bewiesenen Forderung zwar nicht von seiner Leistungspflicht frei wird, allerdings durch die Verschleppung der Entscheidung über die Forderung ein bestimmtes Zeitmoment „gewinnt".[280]

Der Forderungsinhaber ist bei einer Forderungsmehrheit gem. § 396 Abs. 1 Satz 2 BGB grundsätzlich dazu befugt, selbst zu entscheiden, welche Forderung er zur Aufrechnung stellt. Er kann bspw. gegenüber der Klageforderung die Aufrechnung mit einer schwer beweisbaren Forderung erklären. Weiter kann er leichter beweisbare Forderungen selbst aktiv gerichtlich verfolgen und zügig durchsetzen sowie im Falle eines unzureichenden Beweises der „Aktivforderung" zumindest seine eigene Erfüllungsleistung hinauszögern.

Eine solche Hinauszögerung der Gerichtsentscheidung ist insbesondere auch dann möglich, wenn die Klageforderung einen höheren Wert als die (vermeintliche) Aktivforderung aufweist. Durch eine solche „Aufrechnung" kann der Beklagte also auch eine größere Zahlungspflicht hinauszögern, um das vorhandene Kapital anderweitig zu benutzen oder im Rahmen von Zahlungsschwierigkeiten die für die Leistung erforderlichen Mittel zu erwirtschaften.

b) *Nachteile für den Erklärungsempfänger*

Die vorstehend dargestellten prozesstaktischen Optionen des (beklagten) Erklärenden sind genauso ungünstig für den auf der anderen Seite stehenden Kläger als Aufrechnungsgegner. Während bei einer Widerklage über die (erste)

Fällen kumulativ vorhanden ist. Siehe dazu die Abgrenzung der Aufrechnung zum insoweit vergleichbaren Fall des Zurückbehaltungsrechtes oben § 2 B. I. 1.). Zwar kann sich der erforderliche Zusammenhang auch durch das Verteidigungsmittel der Prozessaufrechnung ergeben, allerdings ist dann nur die Widerklage hinsichtlich des „überschießenden Teils" der Aktivforderung möglich; dazu MüKo-ZPO/*Patzina* § 33 Rn. 22; Hk-ZPO/*Bendtsen* § 33 Rn. 4.

280 Die aufgezeigte Prozesstaktik ist hier nicht in einem Ausmaß eines Prozessbetruges i.S.d. § 263 StGB gemeint.

Klageforderung ohne Berücksichtigung der Gegenansprüche entschieden werden kann, ist der Kläger bei einer Aufrechnung nicht davor abgesichert, dass seiner Forderungen zweifelhafte und schwierig beweisbare Forderungen entgegengehalten werden und sich die Durchsetzung seiner Forderung verzögert. Eine Verzögerung der Entscheidung über seine Klageforderung bedeutet dabei wirtschaftlich betrachtet, dass der Kläger über einen längeren Zeitraum nicht über das insoweit noch offene Kapitel verfügen kann.

Diese Gefahr wird dadurch verschärft, dass der Beklagte eine Prozessaufrechnung zurücknehmen kann, auch wenn schon über die bestimmte Forderung bereits Beweis erhoben wurde und er zusätzlich die Aufrechnung mit einer anderen – ggf. erst später erworbenen – Forderung im Prozess geltend machen kann. Letztere kann ebenfalls schwer beweisbar sein und einen entsprechenden Zeitraum in einem Beweisverfahren erfordern.[281]

Die Position des Aufrechnungsgegners wird auch nicht per se durch die Möglichkeit eines Vorbehaltsurteil gem. § 302 ZPO verbessert. So steht der Erlass eines solchen Urteiles über die Klageforderung allein im Ermessen des angerufenen Gerichtes.[282] Das Gericht ist nicht zu einem Erlass verpflichtet und kann davon absehen. Insbesondere entfällt bei Forderungen, die in einem synallagmatischen Gegenseitigkeitsverhältnis stehen, in aller Regel die Möglichkeit des Erlasses eines ermessenstechnisch rechtmäßigen Vorbehaltsurteiles.[283] Denn gegenüber Forderungen, welche das Äquivalenzverhältnis zwischen Leistung und Gegenleistung begründen, sollen die Vorteile des Vorbehaltsurteils dem Aufrechnungsgegner nicht zukommen.[284] Außerdem ist nicht ausgeschlossen, dass ein Gericht irrtümlich den Beweis einer Aktivforderung für kurzweilig hält und demgemäß nicht von einer durch ein Vorbehaltsurteil vermeidbaren Verfahrensverzögerung ausgeht.

281 Diese Rücknahme und Erklärung mit einer anderen Aufrechnung ist dogmatisch aufgrund der Einordnung der Prozessaufrechnung als Prozesshandlung möglich. Dazu bereits soeben § 3 B. I. 1.).

282 Prütting/Gehrlein/*Thole*, ZPO, § 302 Rn. 9.

283 Vgl. BGHZ 165, 134 (137 f.) = NJW 2006, 698; Musielak/Voit/*Musielak*, ZPO, § 302 Rn. 2; Prütting/Gehrlein/*Thole*, ZPO, § 302 Rn. 9; siehe ausführlich zum Erlass von Vorbehaltsurteilen bei synallagmatischen Forderungen § 6 B. III. 2.) d) dd) (1) (c).

284 BGHZ 165, 134 (137) = NJW 2006, 698; w.N. in Fn. 1921.

4.) *Aufrechnung als umfassenderer Rechtsbehelf*

a) *Vorteile des Erklärenden*

Die Aufrechnung hat auch Vorteile gegenüber einer Leistungsklage. Denn die beiden Rechtsbehelfe haben eine unterschiedlich weitreichende Wirkung. Bei der Aufrechnung ergibt sich aus der materiellrechtlichen Erlöschenswirkung eine unmittelbare (Forderungs-)Befriedigung und Befreiung der beiden Beteiligten. Mithin ist *kein weiterer Vollzugsakt* erforderlich. Demgegenüber stellt die Klage einen vorbereitenden Akt dar,[285] welcher auch bei einer positiven Bescheidung noch keine unmittelbare Befriedigung herbeiführt. Der Kläger erhält im günstigsten Fall allein einen vollstreckbaren Titel – Endurteil gem. § 704 ZPO –, welcher allerdings für eine (Forderungs-)Befriedigung noch der tatsächlichen Durchsetzung bedarf.

Es handelt sich bei der Aufrechnung um den weitergehenden, umfassenderen Rechtsbehelf,[286] da dieser dem Aufrechnungsbefugten die Möglichkeit gibt, sich ohne Klageerhebung und weitere Zwischenakte als Gläubiger zu befriedigen und als Schuldner zu befreien. Damit ist auf Gläubigerseite kein sich an die Prozessentscheidung anschließendes (Zwangs-)Vollstreckungsverfahren erforderlich.[287] Dies führt wiederum zur Vermeidung weitergehender Kostenrisiken.

b) *Nachteile für den Erklärungsempfänger*

Das unmittelbare Erlöschen der Forderungen bedeutet für den Aufrechnungsgegner bzw. den Inhaber einer (Passiv-)Forderung, dass dieser auch keine weiteren Einwendungen im gegen ihn betriebenen Prozess oder im Rahmen von Rechtsbehelfen im Vollstreckungsverfahren geltend machen kann. So bspw. im Rahmen der Vollstreckungsgegenklage nach § 767 ZPO, wenn gegen die Aktivforderung nach Schluss der mündlichen Verhandlung noch Einwendungen entstehen. Mangels eines zu vollstreckenden titulierten Anspruchs fehlt diese Möglichkeit, welche sonst nach positivem Abschluss einer Leistungsklage bestehen würde.

---

285 Vgl. dazu *Rimmelspacher*, Materiellrechtlicher Anspruch, 328; *Lindacher* JZ 1972, 429 (430).

286 *Rimmelspacher*, Materiellrechtlicher Anspruch, 328; zustimmend *Lindacher* JZ 1972, 429 (430). Nicht übersehen werden darf allerdings, dass die Befriedigung durch eine Aufrechnung nicht der effektiven Forderungserfüllung (nach einem Prozess und einer Durchsetzung) entspricht. Insoweit kritisch *Jaecks*, Konzernverrechnungsklauseln, 94.

287 Vgl. im Ansatz Zöller/*Greger*, ZPO, § 145 Rn. 18 a.E.

II. Kostenaspekte

1.) Vorprozessuale Aufrechnung

Aus § 389 BGB folgt bei gleicher Forderungshöhe die vollständige Befreiung von der eigenen Verbindlichkeit und Befriedigung der eigenen Forderung. Dadurch werden sowohl die Kosten für ein gerichtliches Verfahren als auch die Zeit für die verfahrensrechtliche Durchsetzung vermieden. Letztendlich ist die (vorprozessuale) Aufrechnung damit sowohl für den jeweiligen Schuldner als auch für den Gläubiger wirtschaftlich vorteilhaft.

Auf der einen Seite hat der Schuldner neben dem Erlöschen der eigenen Forderung keine weiteren wirtschaftlichen Nachteile[288] zu tragen. Denn dieser kann im Fall einer vorübergehenden eigenen Zahlungsunfähigkeit durch eine Aufrechnung die weiteren Kosten für die Rechtsverfolgung des begründeten Anspruchs durch den Gläubiger vermeiden, welche er andernfalls als Beklagter nach § 91 Abs. 1 ZPO zu tragen hätte. Sollte der Kläger trotz (begründeter) vorprozessualer Aufrechnung dennoch Klage erheben, ist die Klage als unbegründet abzuweisen.[289] Dann hätte nicht der Beklagte, sondern der Kläger als Unterliegender die Kosten zu tragen.[290] Außerdem kann der Schuldner auch über die Forderungskosten hinausgehende prozessökonomische Nachteile durch eine Teilaufrechnung zumindest anteilig verhindern. Bei einer Teiltilgung verringern sich durch die geringere Höhe der einzuklagenden Forderungen zumindest der Streitwert für die Gebühren für das Gerichtsverfahren (§§ 3 Abs. 1, 34, 48 GKG, §§ 3 ff. ZPO) und der Gegenstandswert für die Höhe der Anwaltsvergütung (§§ 2, 23 Abs. 1 Satz 1 RVG, §§ 3 Abs. 1, 34, 48 GKG, §§ 3 ff. ZPO). Auch der gerichtliche Kostenvorschuss nach § 12 Abs. 1 GKG[291] verringert sich „zugunsten" des Schuldners.

---

288 Dies gilt insoweit nur bei einer einzelnen Betrachtung der (Gegen-)Forderung des Schuldners. In der Zusammenschau der gegenseitigen Forderungen muss gesehen werden, dass durch das Erlöschen der (Haupt-)Forderung im Grundsatz der wirtschaftliche Zustand erreicht wird, welcher noch bei dem Bestehen der gegenseitigen Forderungen vorlag.

289 Vgl. statt aller nur *Coester-Waltjen* Jura 1990, 27 m.w.N.; Rosenberg/Schwab/Gottwald/*Gottwald,* Zivilprozessrecht, § 104 Rn. 10; vgl. auch schon Mot. II S. 107.

290 Vgl. statt aller nur Rosenberg/Schwab/Gottwald/*Gottwald,* Zivilprozessrecht, § 104 Rn. 11. Eine Erledigungserklärung durch den Kläger ist insoweit nicht erfolgsversprechend, da die Klage nach Eintritt der Rechtshängigkeit nicht zulässig und begründet war. Siehe aber zum Fall der einseitigen Erledigungserklärung bei einer Aufrechnung im Prozess sogleich § 2 B. II. 2.).

291 Vgl. dazu allgemein Binz/Dörndorfer/Zimmermann/*Zimmermann*, GKG, § 12 Rn. 4 f.

Auf der anderen Seite ist die Aufrechnung ebenso vorteilhaft für den Gläubiger. Erstens muss er keine bzw. im Fall der Teilaufrechnung durch den Schuldner nur hinsichtlich der geringeren Forderungshöhe Klage gegen den Schuldner erheben. Dadurch entfällt bzw. verringert sich zumindest der gerichtliche Kostenvorschuss und der Kläger trägt kein bzw. nur ein geringeres Prozessrisiko für seinen Aktivprozess.[292] Zweitens entfällt für den Gläubiger der im Regelfall erhebliche Zeitaufwand für die Vorbereitung und Bearbeitung[293] des Rechtsstreites. Dieser wirtschaftlich nachteilige Zeitverlust ist als „allgemeiner Prozessaufwand" dabei gerade nicht vom prozessualen Kostenerstattungsanspruch nach § 91 ZPO erfasst, auch wenn der Kläger im Prozess obsiegen sollte.[294] Der Kläger kann durch eine Aufrechnung diese wirtschaftlichen Nachteile umgehen und die „gewonnene" Zeit anderweitig und damit wirtschaftlich gewinnbringend einsetzen.

2.) Prozessaufrechnung

Sofern es vorstehend um die Vermeidung eines Prozesses und die damit einhergehenden Kosten ging, ist weiter zu bestimmen, ob sich auch noch Vorteile hinsichtlich der Prozesskosten bzw. Risiken ergeben können, wenn die Klage bereits rechtshängig ist und der Beklagte im Prozess aufrechnet.

a) Keine Streitwerterhöhung

Durch die sog. Primäraufrechnung als Beklagter wird weder der Zuständigkeitsstreitwert nach § 5 ZPO noch der Gebührenstreitwert nach dem GKG erhöht.[295]

---

292 So ausdrücklich BGHZ 173, 228 (337 f.) = NZI 2007, 575 (577); vgl. auch BGHZ 130, 76 (80) = JZ 1996, 426 (427).

293 So dauerte ein in Verfahren in den Instanzgerichten im Jahr 2019 zwischen ungefähr fünf /acht (AG) bis zehn/dreizehn (LG) Monate und in den Rechtsmittelgerichten zusätzlich sieben/elf (LG) bis acht/dreizehn Monate (OLG). Vgl. dazu die „Fachserie 10 Reihe 2.1 – Rechtspflege" vom Statistischen Bundesamt, abrufbar unter www.destatis.de (letzter Abruf 24.06.2021). Darauf im Ansatz eingehend AG Waldbröl, Urteil v. 05.03.2014, Az. 15 C 128/13, BeckRS 2014, 05103, welches von einem *„Aufwand ohne Aussicht auf wirtschaftlichen Gewinn"* spricht.

294 BeckOK-ZPO/*Jaspersen* (01.03.2021) § 91 Rn. 118; Prütting/Gehrlein/*Schneider*, ZPO, § 91 Rn. 67; BGHZ 66, 112 = NJW 1976, 1256; OLG Koblenz VersR 1996, 1170; zu erstatten ist nur die Zeitversäumnis durch notwendige Reisen oder Terminwahrnehmung; statt aller nur Musielak/Voit/*Flockenhaus*, ZPO, § 91 Rn. 10; Thomas/Putzo/*Hüßtege*, ZPO, § 91 Rn. 15.

295 Vgl. statt aller nur Binz/Dörndorfer/Zimmermann/*Dörndorfer*, GKG, § 45 Rn. 23, 26 m.w.N.

Eine Erhöhung des Gebührenstreitwertes erfolgt nach § 45 Abs. 3 GKG nur im Fall einer bestrittenen Passivforderung, mit der der Forderungsinhaber die Aufrechnung hilfsweise erklärt und über diese Forderung eine der Rechtskraft fähige Entscheidung ergeht.

Daher kann der Beklagte mit seiner Aktivforderung – primär – aufrechnen ohne den Streitwert und damit das Prozess(kosten)risiko zu erhöhen.[296] Es bleibt bei dem Streitwert der eingeklagten Passivforderung. Im Vergleich zu einem eigenen Aktivprozess mit der Aufrechnungsforderung oder einer Widerklage im rechtshängigen Prozess stellt sich diese Konstellation als kostenrisikobegünstigt dar. Denn in diesen beiden Fällen trägt der ursprünglich Beklagte, dass volle Prozess(kosten)Risiko im Falle des Unterliegens gem. § 91 Abs. 1 ZPO.

b) Kostentragungspflicht nach § 91 I ZPO – Erledigung?

Ein weiterer Vorteil des Beklagten könnte sich daraus ergeben, dass dieser im Falle der Prozessaufrechnung *nicht* die Prozess- und außergerichtlichen Kosten nach § 91 Abs. 1 ZPO tragen müsste.

aa) Ausgangslage

Im Grundsatz muss der Beklagte bei einer unbestrittenen Klageforderung und fehlender Aufrechnungsmöglichkeit gem. § 91 Abs. 1 ZPO für die Kosten des Rechtsstreites aufkommen.[297] Im Falle einer Prozessaufrechnung erlöschen allerdings gem. § 389 BGB die Forderungen.[298] Dann kann der Beklagte die Befriedigung des Klägers einwenden, sodass die Klage unbegründet und daher abzuweisen ist.[299] Daraus folgt § 91 Abs. 1 ZPO an sich die Tragung der Prozesskosten durch den Kläger.[300]

Gegen die Annahme einer solchen Kostentragung spricht allerdings, dass der (Ideal-)Kläger in diesen Fällen die Erledigung der Klage erklären wird.[301] Die einseitige Erledigungserklärung ist als eine im Regelfall nach § 264 Nr. 2 ZPO zulässige

---

296 Vgl. *Leichsenring* NJW 2013, 2155, auch zu den kostenrechtlichen Fragen bei einer Rücknahme der Primär- und Hilfsaufrechnung.

297 Dies gilt nur für den hier unterstellten Fall, dass der Kläger vollständig obsiegt hat und die §§ 93 ff. ZPO nicht einschlägig sind.

298 Zur Prozessaufrechnung bereits § 2 A. II.

299 Statt aller nur Binz/Dörndörfer/Zimmermann/*Dörndörfer*, GKG, § 45 Rn. 24; vgl. zu w.N. Fn. 289.

300 Vgl. nur NK-BGB/*Wermeckes* § 389 Rn. 7. In jeden Fall muss der Kläger nach § 269 Abs. 3 Satz 2 ZPO die Kosten tragen, wenn dieser aufgrund des Forderungsuntergangs seine Klage zurücknimmt. So *Heistermann* NJW 2001, 3527 (3528); vgl. auch *Lindacher* Jura 1970, 687.

301 Zutreffend Prütting/Gehrlein/*Dörr*, ZPO, § 145 Rn. 29.

Klageänderung zu einer Feststellungsklage über die Erledigung der Klage anzusehen.[302] Sollte diese begründet sein, obsiegt der Kläger (wiederum) und der Beklagte hätte gem. § 91 Abs. 1 ZPO für die Kosten des Verfahrens aufzukommen.[303] Die Begründetheit der Feststellungsklage ist von den Voraussetzungen der Erledigung der Hauptsache sowie der Zulässigkeit und Begründetheit der (ursprünglichen) Klage zum Zeitpunkt des Erledigungsereignisses abhängig.[304] Damit besteht eine Pflicht des Beklagten zur Kostentragung zumindest dann, wenn die Aufrechnungsmöglichkeit erst nach Rechtshängigkeit der Klage eingetreten ist.[305] Denn in diesem Fall war die Klage bis zur Aufrechnung zulässig und begründet und die Hauptsache hat sich durch Erlöschen der Klageforderung erledigt. Insoweit ist also kein kostenspezifischer Vorteil für den Beklagten durch Aufrechnung im Prozess zu sehen.

bb) Erledigendes Ereignis – Aufrechnungslage vs. Aufrechnungserklärung

Allerdings könnte sich Gegenteiliges, d.h. eine Vermeidung der Kostentragung für den Beklagten ergeben, wenn die Aufrechnungslage bereits in dem Moment der Rechtshängigkeit der Klage vorgelegen hat. So wurde in der Rechtsprechung und Literatur überwiegend angenommen, dass aufgrund der Rückwirkung von § 389 BGB die Aufrechnungslage als erledigendes Ereignis i.S.d. § 91 ZPO anzusehen ist.[306] Folge dessen wäre, dass die (ursprüngliche) Klage nie begründet gewesen

---

302 H.M. (sog. Klageänderungstheorie), BGH NJW 2008, 2580; BGH NJW 2002, 442 m.w.N. (st. Rspr.); OLG Düsseldorf NJW-RR 2001, 432; *Habscheid* JZ 1963, 624 (630 f.); Prütting/Gehrlein/*Hausherr*, ZPO, § 91a Rn. 46 m.w.N.; Hk-ZPO/*Gierl* § 91a Rn. 69; *Feser* JA 2008, 525 (528); vgl. zu den verschiedenen vertretenen Ansichten umfassend auch *Lindacher* Jura 1970, 687 (689 ff.); zumindest die Ansicht, welche in diesem Fall einen Klageverzicht nach § 306 ZPO annehmen will, kommt hier hinsichtlich der Kostenfrage zu demselben Ergebnis; vgl. dazu *Schulte*, Kostenentscheidung bei der Aufrechnung, 49 f.

303 *Schulte*, Kostenentscheidung bei der Aufrechnung, 49, 5; vgl. allgemein und ausführlich Zöller/*Althammer*, ZPO, § 91a Rn. 47, 34 ff.

304 Statt aller nur BGH NJW 2008, 2580 und BGHZ 141, 307 (316 f.) = NJW 1999, 2520 (2522) jeweils m.w.N.; Zöller/*Althammer*, ZPO, § 91a Rn. 44, 3; Prütting/Gehrlein/*Hausherr*, ZPO, § 91a Rn. 47; vgl. zum maßgeblichen Zeitpunkt der Beurteilung BGH NJW 1986, 588 (589); *Schulte*, Kostenentscheidung bei der Aufrechnung, 54.

305 Bspw. durch eine Zession des Beklagten einer Forderung gegen den Kläger; Zöller/*Althammer*, ZPO, § 91a Rn. 58.6 „Aufrechnung"; *Feser* JA 2008, 525 (526); *Schulte*, Kostenentscheidung bei der Aufrechnung, 53, welche zusätzlich zutreffend erkennt, dass es hier noch nicht auf die Frage ankommt, ob als Erledigungsereignis die Aufrechnungslage oder die Aufrechnungserklärung anzusehen ist, da in beiden Fällen die Klage im Zeitpunkt des Ereignisses zulässig und begründet war.

306 OLG Koblenz FamRZ 2002, 1129 (1230); OLG Hamm MDR 2000, 296 (296 f.); OLG Jena OLGR 1997, 135 (136); OLG Köln VersR 1995, 1070 (1071, m.w.N.); im Erg. auch

ist. Nach dieser Ansicht unterliegt der Kläger in der Feststellungsklage und ihm ist nach § 91 Abs. 1 ZPO die Kostentragung auferlegt.[307]

Doch gegen einen insoweit tatsächlich eintretenden Vorteil spricht Folgendes: Von der höchstrichterlichen Rechtsprechung wird unter überwiegender Zustimmung in der neueren Literatur eingewandt, dass die materiellrechtliche Wirkung der Aufrechnung, also das Erlöschen, erst durch die Aufrechnungs*erklärung* bewirkt wird und nicht schon durch die Aufrechnungslage an sich.[308] Daraus folgt, dass das Erledigungsereignis, d.h. die Aufrechnungserklärung im vorliegend betrachteten Fall erst nach der Erhebung der Klage eingetreten ist und damit die (ursprüngliche) Klage zulässig und begründet war. Demnach ist der Feststellungsantrag erfolgreich und der Beklagte trägt – wie im Normalfall – die Kosten für das gerichtliche Verfahren.

Für diese Beurteilung spricht, dass es für die prozessuale Frage der Erledigung der Hauptsache nicht auf die materiellrechtliche Fiktion nach § 389 BGB ankommen kann.[309] Denn das Erledigungsereignis muss ein tatsächlicher Vorgang sein. Dementsprechend kann die Aufrechnungslage nicht durch eine materiellrechtliche Rückwirkungsfiktion – mittelbar – konstruiert werden.[310]

LG Berlin ZMR 1989, 98; Zöller/*Vollkommer*, 24. Auflage 2004, § 91a Rn. 58.6. „Aufrechnung"; Musielak/*Wolst*, ZPO, 3. Auflage 2002, § 91a Rn. 57; Palandt/*Heinrichs*, 63. Auflage 2004, § 39 Rn. 2; vgl. ausführlich *Lindacher* Jura 1970, 687 ff. m.z.w.N.

307 *Schulte*, Kostenentscheidung bei der Aufrechnung, 55; allgemein Prütting/Gehrlein/*Hausherr*, ZPO, § 91a Rn. 57.

308 BGHZ 155, 392 (398) = NJW 2003, 3134 (3135); OLG Karlsruhe, Urteil v. 26.10.2010, Az. 8 U 170/09, BeckRS 2010, 31047; LG Berlin NJW-RR 2002, 1655 (1656); OLG Düsseldorf NJW-RR 2001, 432, vgl. auch BGHZ 184, 128 (135 ff., 133 f., Verjährungseinrede bei Eintritt der Verjährung bereits vor Rechtshängigkeit) = NJW 2010, 2422 (2424 f.); *Schneider* MDR 2000, 507; *Heistermann* NJW 2001, 3527 (3528); Prütting/Gehrlein/*Hausherr*, ZPO, § 91a Rn. 10; Thomas/Putzo/*Hüßtege*, ZPO, § 91a Rn. 4a; Erman/*Wagner* § 389 Rn. 7; ausführlich mit abw. Begründung *Schulte*, Kostenentscheidung bei der Aufrechnung, 64, 58 ff. m.w.N.; im Erg. ebenso Zöller/*Althammer*, ZPO § 91a Rn. 58.6 „Aufrechnung"; *Billing* JuS 2004, 186 (187); Hk-ZPO/*Wöstmann* § 145 Rn. 17; im Grundsatz ebenso aber differenzierend: MüKo-ZPO/*Lindacher*, 4. Auflage 2013, § 91a Rn. 135.

309 LG Kiel SchlHA 77, 117; zustimmend bspw. *Schneider* MDR 2000, 507; ausführlich und mit weiterer Begründung *Schulte*, Kostenentscheidung bei der Aufrechnung, 63; vgl. auch BGHZ 155, 392 (398 f.) = NJW 2003, 3134 (3135); kritisch *Althammer/Löhnig* NJW 2004, 3077 (3078).

310 *Schneider* MDR 2000, 507; *Wolf/Lange* JZ 2004, 416 (417); *Feser* JA 2008, 525 (526); vgl. auch LG Kiel SchlHA 77, 117.

Dem Kläger dürfen auch nicht – so aber OLG Hamm[311] – mit der Erwägung, dass er bereits außerprozessual hätte aufrechnen können aus Billigkeit die Prozesskosten auferlegt werden.[312] § 91a ZPO findet hier keine Anwendung. Daher ist nicht ersichtlich wie eine Berücksichtigung von Billigkeitsgesichtspunkten bei der Feststellung des Erledigungsereignisses in einer Feststellungsklage dogmatisch begründet werden kann.[313] Doch selbst wenn diese dogmatische Grenze hypothetisch außer Acht gelassen wird und damit „Wertungen zur Billigkeit" bei einseitiger Erledigungserklärung zugelassen werden, ergibt sich keine andere Beurteilung.[314] Zum einem kann dem Kläger eine Aufrechnung aus rechtlichen und tatsächlichen Gründen unmöglich gewesen sein[315] und zum anderen können den Kläger ebenso wie den Beklagten bestimmte Gründe dazu veranlassen, eine vorprozessuale Aufrechnung zu unterlassen und die Forderung einseitig gerichtlich geltend zu machen. Diese Freiheit, von einer gesetzlich eingeräumten Befugnis Gebrauch zu machen oder nicht, ist im Grundsatz der Privatautonomie verankert.[316] Dieser essentielle Grundsatz darf nicht dadurch untergraben werden, dass der Kläger durch die „angedrohten" Kostenfolgen dazu gezwungen wird, von der taktischen Option, die Aufrechnung vorprozessual nicht zu erklären, Abstand zu nehmen[317]

---

311 OLG Hamm MDR 2000, 296 (297).

312 In stringenter Konsequenz der Annahme dieser Ansicht, dass der Kläger kein Recht zur gerichtlichen Durchsetzung habe, müsste bereits das Rechtsschutzbedürfnis des Klägers abgelehnt werden. Dies wird allerdings von der Ansicht nicht gefordert, da die Klage dann als unzulässig abzuweisen wäre. So auch *Schneider* MDR 2000, 507 (508) und *Wolf/Lange* JZ 2004, 416 (418).

313 Ebenso auch *Schneider* MDR 2000, 507; abw. aber MüKo-ZPO/*Lindacher*, 4. Auflage 2013, § 91a Rn. 135, welcher, dem (Erledigungs-)Ereignis unter teleologischer Betrachtung die Erledigungsrelevanz absprechen will.

314 BGHZ 155, 392 (399 f.) = NJW 2003, 3134 (3135).

315 Bspw. rechtlich bei vertraglicher oder gesetzlicher Aufrechnungsbeschränkung und tatsächlich bei einer Zession ohne Kenntnis des Klägers. BGHZ 155, 392 (398 f.) = NJW 2003, 3134 (3136); *Heistermann* NJW 2001, 3527 (3528); zweifelhaft *Althammer/Löhnig* NJW 2004, 3077 (3078), welche die Fälle der vertraglich oder gesetzlich ausgeschlossenen Aufrechnungsmöglichkeit als *Ausnahme*fälle ansehen.

316 Vgl. Mot. II S. 107 a.E.; i.d.S. *Siber*, Compensation und Aufrechnung, 133; s.a. *Windel* KTS 2000, 215 (228), nach welchem es im Belieben des Aufrechnungsbefugten steht, den Gegner zur Effektiverfüllung zu zwingen oder die Kompensation herbeizuführen.

317 *Schneider* MDR 2000, 507 (508) mit dem zutreffenden Beispiel der Option der Durchsetzung der eigenen Forderung im Hinblick auf eine bald verjährende (Gegen-)Forderung des Beklagten. Vgl. auch Staudinger/*Gursky* § 398 Rn. 55, allerdings zur Frage der Präklusionswirkung einer Aufrechnungslage i.S.d. § 767 Abs. 2 ZPO; i.d.S. auch *Feser* JA 2008, 525 (526); *Meller-Hannich* JZ 2005, 656 (663).

und eine Aufrechnung erklären zu müssen. Die *Möglichkeit zur Aufrechnung* darf nicht in eine *Pflicht zur Aufrechnung* verkehrt werden. Eine solche Einschränkung der Dispositionsfreiheit des Klägers scheint nur in Ausnahmefällen erforderlich und gerechtfertigt.[318] Zu denken ist bspw. an Fallgestaltungen, in welchen der Kläger den Beklagten vorprozessual nicht zur Zahlung aufgefordert hat und/oder der Beklagte vor dem Prozess nicht selbst zur Aufrechnung im Stande war.[319]

cc) Zwischenergebnis

Der Beklagte hat bei einer erstmaligen Aufrechnung im Prozess – abgesehen von Ausnahmefällen bei einer übereinstimmenden Erledigungserklärung nach § 91a ZPO – die Verfahrenskosten zu tragen, sofern der Kläger auf eine Feststellungsklage umstellt.[320] Dies gilt unabhängig davon, ob die Aufrechnungslage vor oder nach der Rechtshängigkeit eingetreten ist. Somit ergibt sich nach zutreffender derzeitiger Praxis in der Rechtsprechung keine Möglichkeit für den Beklagten, dass dieser sich der Tragung der Prozesskosten durch eine Prozessaufrechnung entziehen kann.

Allerdings ergibt sich für den Beklagten auch kein kostenspezifischer Nachteil aus einer Erklärung der (Primär-)Aufrechnung im Prozess. Der Gebührenstreitwert erhöht sich durch die Erklärung der Aufrechnung nicht[321] und es entsteht keine zusätzliche finanzielle Belastung für den Beklagten.[322]

Zu beachten ist allerdings auch die Situation für den Kläger: Nach der in dieser Arbeit vertretenen Ansicht hat der Kläger im Falle der Aufrechnung durch den Beklagten keine Kosten zu tragen. Im Falle der gegenseitigen Prozessführung hätte er hingegen zumindest für die Prozesskosten für die Klage gegen ihn

---

318 Vgl. ähnlich LG Berlin NJW-RR 2002, 1655 (1656).

319 Vgl. *Billing* JuS 2004, 186 (188); *Schneider* MDR 2000, 507 (509); *Feser* JA 2008, 525 (526). Eine Berücksichtigung der den Ausnahmefall begründenden Billigkeitserwägungen erscheint allerdings aufgrund des eindeutigen Wortlautes des Gesetzestextes trotzdem nur im Rahmen der „gemeinsamen Erledigungserklärung" und damit nach § 91a ZPO möglich; so auch BGH NJW 1994, 2895 (2896) m.w.N.; Musielak/Voit/*Flockenhaus*, ZPO, § 91a Rn. 45; a.A. wohl MüKo-ZPO/*Lindacher*, 4. Auflage 2013, § 91a Rn. 135.

320 So auch Prütting/Gehrlein/*Dörr*, ZPO, § 145 Rn. 29.

321 *Schneider* NJW-Spezial 2011, 411; ausführlich Zöller/*Herget*, ZPO, § 3 Rn. 16.26 „Aufrechnung"; BeckOK-Streitwert/*von Seltmann* (01.04.2019) Aufrechnung Rn. 6 f.; anders hingegen gem. § 45 Abs. 3 GKG bei der Hilfsaufrechnung, welche hier nicht Gegenstand der Untersuchung sein soll; vgl. zu beiden Fällen OLG Hamm MDR 2000, 296 m.w.N. und *Leichsenring* NJW 2013, 2155.

322 Vgl. *Leichsenring* NJW 2013, 2155.

aufkommen müssen. Damit entsteht für den Kläger ein gewisser Vorteil durch die Prozessaufrechnung des Beklagten.

Es lässt sich festhalten, dass eine Aufrechnung im Prozess in kostenspezifischer Hinsicht allein eine vorteilhafte Folge für den (klagenden) Aufrechnungsgegner haben kann. Ansonsten stellt sich die Situation hinsichtlich der Prozesskosten im Ergebnis wie bei einer gegenseitigen erfolgreichen gerichtlichen Durchsetzung der eigenen Forderungen dar.

C. Anreize für die Beschränkung der Aufrechnungsmöglichkeit

Nach der klärenden Untersuchung, welche Vorteile und Handlungsoptionen sich durch eine Aufrechnung ergeben, ist nun eine Darstellung möglich, welche Anreize für eine vertragliche Beschränkung der Aufrechnung bestehen können. Im Folgenden wird aufgezeigt, welche Zwecksetzungen mit der Aufrechnungsbeschränkung verfolgt werden. Dabei sind nicht alle Vorteile der Aufrechnung, welche durch die Aufrechnungsbeschränkung verhindert würden als (primäre) Zwecksetzungen der Aufrechnungsbeschränkung selbst anzusehen. Vielmehr sind einige allein Nebenfolgen. Aufgrund der vielseitig möglichen und auch subjektiven Intentionen der Vertragsparteien für Aufrechnungsbeschränkungen[323], soll ein Überblick über die im Grundsatz vorhandenen Zwecksetzungen gegeben werden. Es ist aber auch zu berücksichtigen, dass auch zukünftig noch weitere Anreize durch Gesetzesänderungen oder rechtliche Vertragskonstruktionen entstehen oder sich entwickelt können. Außerdem ist zu beachten, dass bestimmte Intentionen im Regelfall zwar die primären Zwecksetzungen darstellen werden, allerdings in aller Regel nicht ein Zweck der ausschließliche sein wird, sondern der Gläubiger auch mehrere vorteilhafte Absichten mit einer Aufrechnungsbeschränkung verfolgt.

Eine punktegenaue Differenzierung zwischen dem primären Beschränkungszweck oder den primären Gründen für die aufrechnungsbeschränkende Vertragsvereinbarung ist aufgrund der im Regelfall miteinander verbundenen Zwecksetzungen nicht immer möglich. Außerdem hängt dies im Regelfall von den Umständen des Einzelfalls ab, da die Vertragsparteien in verschiedenen Fallkonstellationen unterschiedliche einzelne oder vielschichtige Interessen verfolgen und damit der Aufrechnungsbeschränkung verschiedene Hauptzwecke zugrunde liegen können. Im Folgenden wird daher dargestellt, welche

323 Vgl. auch *Werner*, Umgehung von Aufrechnungshindernissen, 196.

Intentionen sich nach einer Auswertung der vorhandenen Literatur und Rechtsprechung zu vertraglichen Aufrechnungsbeschränkungen als „typisch" im Regelfall herausgestellt haben.

I. Primäre Intentionen und Zwecksetzungen

Die folgenden Aspekte, die mit einer Aufrechnungsbeschränkung bezweckt werden, lassen sich als *primäre* bezeichnen, da sie in der Vereinbarungspraxis am häufigsten den Anlass zu einer Beschränkungsvereinbarung geben. Das schließt hingegen nicht aus, dass andere Ziele gleichzeitig „mitbezweckt" sind. Festhalten lässt sich, dass die Zwecksetzungen allein einseitig begünstigend sind, mithin das mit der Aufrechnungsbeschränkung bezweckte Ziel allein dem Aufrechnungsgegner, also dem Aufrechnungsbeschränkten, dient.

1.) Gegenanspruchsunabhängige Forderungsdurchsetzung

Ein primärer Zweck der Aufrechnungsbeschränkung ist zügige, d.h. die *gegenanspruchsunabhängige Forderungsdurchsetzung.*[324] Ein Forderungsinhaber ist ab Fälligkeit der Forderung daran interessiert, dass diese vom Schuldner erfüllt wird. Er hegt in aller Regel ein besonderes Interesse daran, die Leistung bereits zeitnah zu erhalten und nicht von anderen Faktoren, insbesondere von möglichen Gegenansprüchen des Schuldners, abhängig zu sein. Dementsprechend werden Aufrechnungsbeschränkungen vertraglich vereinbart, um die Rechtsposition des Forderungsinhabers zu stärken, indem dem Schuldner verboten wird, seine Gegenansprüche bei einer (gerichtlichen) Durchsetzung zur Aufrechnung zu stellen.[325] Es wird verhindert, dass schwer beweisbare oder zweifelhafte Forderungen zur Aufrechnung gestellt werden, welche das Verfahren – über mehrere Jahre[326] –

---

324 So zutreffend auch BGH WM 1977, 311; BGH, Urteil v. 06.03.1974, Az. III ZR 137/72, JurionRS 1975, 12574; *Mentis,* Schranken prozessualer Klauseln, 251; s.a. zur Zwecksetzung von § 19 ADSp Ebenroth/Boujong/Joost/Strohn/*Bahnsen*, HGB, Allgemeine Deutsche Spediteurbedingungen 19. Rn. 1; vgl. zum bis zum 31.07.2014 maßgeblichen Aufrechnungsverbot des § 22 Abs. 1 EEG und die damit (auch) bezweckte Verhinderung der Hinauszögerung der Vergütungen bis zu einer rechtskräftigen Entscheidung BGH WM 2011, 1870 (1871) und OLG Braunschweig, Urteil v. 16.10.2014, Az. 9 U 135/14, Juris Rn. 35. Derzeit gilt die fast wortgleiche Vorschrift des § 27 Abs. 1 EEG 2017.

325 Vgl. BGH NJW 1983, 1266 (1267); Musielak/Voit/*Heinreich*, ZPO, § 33 Rn. 29.

326 OLG Hamm OLGR 2004, 281 (284); BGH WM 1972, 72 (73).

hinauszögern[327] und der Schuldner sich insoweit seiner Leistungsverpflichtung entzieht.[328]

2.) Effektiverfüllung / Leistungsgarantie

Außerdem kann für den Forderungsinhaber ein besonderes Interesse daran bestehen, dass seine Forderung effektiv erfüllt wird, er also die geschuldete Leistung tatsächlich erhält.[329] Eine Aufrechnungsbeschränkung dient damit der *effektiven Erfüllung* der Passivforderung. Insbesondere im wirtschaftlichen Kontext und im Rahmen existenzbezogener Fallgestaltungen erlangt der Zufluss liquider Mittel besondere Bedeutung.[330] Bspw. kann ein gewerblich tätiger Forderungsinhaber auf den tatsächlichen Erhalt der Leistung angewiesen sein, um seine (dauerhaften) Verbindlichkeiten bedienen zu können[331] oder die eingenommenen Mittel anderweitig zu investieren[332]. So kann bspw. ein Zwischenverpächter, der das Verpachtungsobjekt selbst gepachtet hat, auf einen regelmäßigen Eingang der Pacht angewiesen sein, um seiner eigenen Zahlungspflicht dauerhaft nachkommen zu können.[333] Ebenso kann für den Erhalt und der Sicherstellung der Kapitalgrundlage und der Funktionsfähigkeit einer

327 Vgl. BGH NJW 1975, 442; OLG Hamm NJW-RR 1993, 1082 (1083); BT-Drs. 7/3919, 29 (zum AGB-Gesetz); BeckOK-BGB/*Becker* (01.02.2021) § 309 Nr. 3 Rn. 2; Staudinger/*Coester-Waltjen* § 309 Nr. 3 Rn. 1; s.a. Staudinger/*Gursky* § 387 Rn. 255; BGH WM 1977, 311; OLG Düsseldorf RdTW 2014, 358 (361); OLG Hamm NJW-RR 1994, 711 (712).

328 Vgl. BGH NJW 1978, 2244 (2245); BGH NJW 1975, 442; BGH WM 1971, 722; BGH MDR 72, 223; BGH NJW 1960, 859; zur insoweit vergleichbaren Interessenlage bei § AGB-Sparkassen Nr. 11 I siehe BGH NJW 2002, 2779.

329 *Arndt*, Über den Aufrechnungsvertrag, 14; *Tiedtke/Schmitt* FamRZ 2009, 1105 (1110); Erman/*Wagner* § 387 Rn. 27; *Schulz* Notar 2016, 66 (68); *Ghassemi-Tabar/Schweitzer* ZfIR 2012, 224; vgl. auch *Gernhuber*, Erfüllungssurrogate, § 12 VI 8c; BGH MDR 1966, 319; BGH VersR 1969, 733; OLG Düsseldorf, Urteil v. 07.07.2004, Az. 18 U 225/93, Juris Rn. 66; vergleichbar bezüglich des Finanzausgleiches gegenüber Gemeinde und Gemeindeverbänden OVG Münster VerwRspr 1961, 474 (477).

330 Vgl. *Oertmann* AcP 113 (1915), 376 (412); *Ghassemi-Tabar/Schweitzer* ZfIR 2012, 224; im Ansatz auch *Streyl* NZM 2016, 586 f. (Anm. zu BGH NZM 2016, 585 ff.); vgl. OLG Hamm OLGR 2004, 281 (284); BGH WM 2011, 1870 (1871, zu § 22 Abs. 1 EGG).

331 Vgl. bspw. OLG Stuttgart NJW 1956, 914; BGH BB 1967, 1143; LG Köln NJW-RR 2012, 980; *Törnig* NZM 2009, 847 f.; *Oertmann* AcP 113 (1915), 376 (412).

332 Vgl. bspw. BGH BB 1967, 1143; OLG Hamburg NJW-RR 1998, 586 (587).

333 Vgl. BGH BB 1967, 1143.

(Kapital-)Gesellschaft eine reale Leistungserbringung erforderlich sein.[334] Auch im Zusammenhang mit unterhaltsrechtlichen Zahlungsforderungen, welcher über den bereits gesicherten Bereich von § 394 BGB hinausgeht, oder im Rahmen von Auszahlungen von Darlehnsvaluta kann ein besonderes Interesse an einer Effektiverfüllung bestehen.[335] Entsprechend kann (auch) in diesen Fällen ein Interesse des Gläubigers bestehen, dass die Schuld unabhängig davon erfüllt wird, ob dem Schuldner entsprechende gleichartige Gegenansprüche zustehen. Dann wird durch eine vertragliche Aufrechnungsbeschränkung eine tatsächliche Erfüllung der konkret geschuldeten Leistung abgesichert.

Die Absicherung der Realerfüllung kann allerdings primär auch im Interesse Dritter stehen und für den Beschränkungsbegünstigten nur ein gewollter „Nebenzweck" der Aufrechnungsbeschränkung sein. Dies ist bspw. der Fall bei Drittfinanzierungen, bei denen der Kreditgeber dem Verkäufer einen vorherigen Kauf der Ware finanziert und sich die Kaufpreisforderung gegen den Käufer abtreten lässt.[336] Der Verkäufer vereinbart mit dem Käufer eine Beschränkung der Aufrechnung für die abgetretene Forderung, damit an den Kreditgeber real erfüllt wird und der Kreditgeber sich auf eine Finanzierung einlässt. Hauptzweck der Aufrechnungsbeschränkung ist die Ermöglichung einer Drittfinanzierung, wobei die Absicherung der Realerfüllung durch die Aufrechnungsbeschränkung „Mittel zum Zweck" ist.

3.) Vorherige Kenntnis eines Zahlungsausfalls

Eng neben der primären Zwecksetzung des Leistungserhalts steht das Interesse des Gläubigers der Passivforderung daran, von einem bevorstehenden Ausfall des tatsächlichen Zahlungseingangs aufgrund einer Aufrechnung zu erfahren.[337]

---

334 Vgl. zum insoweit „vergleichbaren" Zweck des gesetzlichen Aufrechnungsverbotes im Kapitalgesellschaftsrecht § 66 Abs. 1 Satz 2 AktG und dazu *Gernhuber*, Erfüllungssurrogate, § 12 VI 6a; *Berger*, Aufrechnungsvertrag, 76. Vgl. zum bis zum 31.07.2014 gültigen gesetzlichen Aufrechnungsverbot des § 22 Abs. 1 EEG und die (auch) darin enthaltenden Sicherstellung der Liquidität und Planbarkeit der Mittelzuflüsse, damit ein wirtschaftlich tragbarer Betrieb möglich ist BGH WM 2011, 1870 (1871) und OLG Braunschweig, Urteil v. 16.10.2014, Az. 9 U 135/14, Juris Rn. 35. An die Stelle des § 22 Abs. 1 EEG ist die fast wortgleiche Vorschrift des § 27 Abs. 1 EEG 2017 getreten.

335 Zu ersterem auch *Reichel* AcP 125 (1926), 178 (182); zu letzterem RGRK-BGB/*Weber* § 387 Rn. 60; BGHZ 71, 19 (20 f.) = NJW 1978, 883 (884).

336 So in BGHZ 14, 61 (63) = NJW 1954, 1561 f.; vgl. auch BGH NJW-RR 1989, 124 (125).

337 Vgl. BGH NJW-RR 1988, 329; OLG Rostock NZM 1999, 1006; OLG Frankfurt, Urteil v. 22.12.2004, Az. 2 U 34/04, Juris Rn. 20 ff.; OLG Koblenz, Urteil v. 17.10.2005, Az. 12 U 1301/04, BeckRS 2005, 13164; AG Villingen-Schwenningen, Urteil v. 25.06.2013,

Dazu wird eine Aufrechnung unter den Vorbehalt einer Ankündigung gestellt. Durch die vorherige Ankündigung der Aufrechnung erhält der Aufrechnungsgegner Kenntnis von dem bevorstehenden „Ausfall", kann sich darauf einstellen und entsprechende Ausgleichsmaßnahmen ergreifen.[338] Der Vorbehalt der Ankündigung ist insbesondere bei Dauerschuldverhältnissen mit eigenen dauerhaften Zahlungsverpflichtungen des Forderungsinhabers der Hauptforderung relevant.[339]

4.) Rechtssicherheit über Erklärungsinhalt und Erklärenden

Auch kann es im Interesse des Gläubigers der Passivforderung sein, Sicherheit über die Erklärung und den Erklärenden selbst zu erlangen.[340] Durch eine Formvorgabe an die Erklärung kann Gewissheit über den Erklärungsinhalt, also bspw. über die betroffenen Forderungen und die Höhe des Aufrechnungsbetrages hergestellt werden. Außerdem kann die Person des Erklärenden leichter bestimmt und nachgewiesen werden.[341]

II. „Sekundäre" Zwecksetzungen

Neben den primären Zwecksetzungen, gibt es auch weitere, allerdings weniger im Vordergrund stehende Folgen, welche der spätere Beschränkungsbegünstigte durch eine Aufrechnungsbeschränkung erreichen will oder welche als Nebenfolge der Beschränkungsvereinbarung nicht zweckgerichtet eintreten.

Az. 5 C 76/13, BeckRS 2014, 11615; OLG Düsseldorf, Urteil v. 08.10.2009, Az. 10 U 62/09, BeckRS 2009, 29629 (nicht vollständig abgedruckt in ZMR 2010, 439 ff.); Lützenkirchen/*Lützenkirchen*, Mietrecht, § 556b Rn. 69; s.a. BGH NJW 2008, 2497 (2498, Minderungsausschluss).

338 Vgl. OLG Hamm MDR 1997, 927; Westphalen/*Drettmann*, VertrR/AGB-Klauselwerke (32. EL 2012), Teil „Klauselwerke" II – Geschäftsraummiete Rn. 102; s.a. OLG Düsseldorf, Urteil v. 08.10.2009, Az. 10 U 62/09, BeckRS 2009, 29629 (nicht vollständig abgedruckt in ZMR 2010, 439 ff.).

339 Siehe zu den sog. „Ankündigungspflichten" ausführlich § 6 A. III.

340 Vgl. BeckOK-BGB/*Becker* (01.02.2021) § 309 Nr. 13 Rn. 1; vgl. auch BT-Drs. 18/6916, 8; *Alisch* JZ 1982, 706 (708); Wolf/Lindacher/Pfeiffer/*Dammann* § 309 Nr. 13 Rn. 71 (Interesse an klaren Rechtsverhältnissen).

341 Allgemein zu den Zwecken von Formvorgaben statt vieler nur Staudinger/*Hertel* § 125 Rn. 34 ff.; MüKo-BGB/*Einsele* § 125 Rn. 9, 12 ff.

1.) Erhalt des eigenen Rechtsbestandes

So kann es auch ein schützenswertes Anliegen des Forderungsinhabers der Passivforderung sein, seinen Rechtsbestand oder seine Vermögenslage vor einem unmittelbaren Eingriff durch den Schuldner durch eine Aufrechnung und der damit ausgelösten Erlöschungsfolge nach § 389 BGB zu sichern. Durch eine vereinbarte Aufrechnungsbeschränkung kann dieser seine Dispositionsmöglichkeit über die Forderungen behalten. Denn die Verfügungsmöglichkeiten des Inhabers erschöpfen sich gerade nicht zwangsläufig allein in der „schlichten" eigenständigen gerichtlichen Durchsetzung. Der Inhaber kann die Forderung bspw. auch rechtsgeschäftlich übertragen oder für die Bestellung akzessorischer Sicherheiten nutzen.[342] Letzteres kann bspw. sinnvoll sein, um Drittmittelfinanzierungen zu ermöglichen.[343]

2.) Rechtssicherheit

Eine weitere Intention einer Aufrechnungsbeschränkung kann darin bestehen, für den möglichen Aufrechnungsgegner Rechtssicherheit in mehreren Hinsichten zu schaffen. So wird durch die Beschränkung der Aufrechnungsmöglichkeit verhindert, dass mit verjährten Forderungen nach § 215 BGB aufgerechnet[344] und nach einem Rücktritt wegen einer Nicht- oder Schlechtleistung gem. § 352 BGB noch die Aufrechnung erklärt werden kann.[345] Ebenso wird durch eine Aufrechnungsbeschränkung prozessuale und materiellrechtliche Rechtssicherheit für den Beschränkungsbegünstigen erlangt. Weder kann eine Prozessaufrechnung die materiellen Rechtsfolgen nach § 389 BGB auslösen noch kann es zu einer Rücknahme der Prozessaufrechnung kommen. Mithin ist auch eine Revidierung der materiellrechtlichen Erlöschensfolgen durch die prozessuale (Aufrechnungs-) Rücknahme nicht möglich.[346]

---

342 Siehe zum Verlust der Dispositionsmöglichkeit als Nachteil für den Aufrechnungsgegner § 3 A. I. 3.).

343 Siehe dazu soeben § 3 C. I. 2.).

344 Ausführlich zur allgemeinen Möglichkeit nach § 215 BGB bereits § 3 A. III. 1.) a). Zum Ausschluss dieser Möglichkeit durch eine Aufrechnungsbeschränkung umfassend § 5 C. II. 2.) b).

345 Zu dieser für den vorteilhaften Option bereits § 3 A. III. 1.) d).

346 Siehe dazu bereits § 3 B. I. 1.).

3.) Verweis auf eigene gerichtliche Durchsetzung

Durch eine Aufrechnungsbeschränkung wird der Aufrechnungsbeschränkte, also der potentiell Aufrechnende gezwungen, seine (vermeintliche) Gegenforderung eigenständig, ggf. in der Form einer Widerklage, gerichtlich durchzusetzen.[347] Es ist nicht auszuschließen, dass dieser aufgrund des vorhandenen Prozessrisikos oder anderer Gründe von einer solchen prozessualen Geltendmachung absieht. Im Regelfall wird dies keine primäre Intention des Gläubigers der Passivforderung zur Vereinbarung einer Aufrechnungsbeschränkung sein, stellt aber eine willkommene Nebenfolge dar.

Der Verweis des Aufrechnungsbeschränkten auf eine eigenständige gerichtliche Durchsetzung seiner Forderung beinhaltet noch einen weiteren berücksichtigenswerten Umstand zugunsten des von der Aufrechnungsbeschränkung Begünstigten: Denn die Folge ist, dass sich der allgemeine Gerichtsstand für die (Geld-)Forderung gegen den Aufrechnungsbegünstigten nach §§ 12, 13 ZPO bestimmt. Demgemäß muss dieser im Regelfall vor seinem „Heimatgericht" verklagt werden und es entscheidet gerade nicht das für die Forderung des Aufrechnungsbegünstigten zuständige Gericht des Wohnsitzes des Aufrechnungsbeschränkten. Wie bereits dargestellt, kann darin ein Vorteil liegen.[348]

III. Zwischenergebnis

Es hat sich gezeigt, dass alle Ziele / Zwecke an einer Aufrechnungsbeschränkung allein im Interesse des Gläubigers der Passivforderung, d.h. des potentiellen Aufrechnungsgegners liegen. Für den potentiell Aufrechnenden, d.h. den Aufrechnungsbeschränkten ergeben sich keine Vorteile aus der Beschränkungsvereinbarung. Mithin ist auf dessen Seite auch kein Interesse an der Aufrechnungsbeschränkung identifizierbar.

---

347 Vgl. BGH WM 1977, 311; BGH NJW 1983, 1266 (1267).

348 Siehe dazu bereits § 3 B. I. 1.) a).

§ 4. Beschränkung der Aufrechnungsmöglichkeit

A. Gesetzliche Aufrechnungsverbote

Neben dem Ausschluss der Aufrechnungsmöglichkeit durch Vertrag ist bereits in bestimmten Konstellationen nach dem Gesetz eine Aufrechnung ausgeschlossen. Im Folgenden wird dargestellt, welche Arten von gesetzlichen Ausschlüssen bestehen und anschließend untersucht, ob diese gesetzlichen Wertungen und der Sinn und Zweck dieser Regelungen Rückschlüsse für die Grenzen vertraglicher Aufrechnungsbeschränkungen zulassen.

I. Materiellrechtliche Aufrechnungsverbote

Den nachfolgend dargestellten gesetzlichen Aufrechnungsbeschränkungen ist gemeinsam, dass diese die Aufrechnung materiellrechtlich ausschließen. Mithin ist eine Aufrechnung nicht möglich, eine erklärte Aufrechnung löst keine Rechtsfolgen nach §§ 387 ff. BGB aus.[349]

1.) Beispiele gesetzlicher Verbote

Solche gesetzlichen Aufrechnungsbeschränkungen finden sich größtenteils in den §§ 387 ff. BGB. So ist die Aufrechnung mit einredebehafteten Forderungen ausgeschlossen (§ 390 BGB), unter Umständen die Aufrechnung gegen beschlagnahmte Forderungen (§ 392 BGB), die Aufrechnung gegen eine Forderungen aus unerlaubter Handlung (§ 393 BGB), die Aufrechnung gegen unpfändbare Forderungen (§ 394 BGB) und die Aufrechnung gegen Forderungen öffentlich-rechtlicher Körperschaften (§ 395 BGB). Gesetzliche Aufrechnungsbeschränkungen finden sich allerdings nicht nur im Bürgerlichen Gesetzbuch, sondern auch in anderen Rechtsgebieten wie dem Sozialrecht (§ 109 Abs. 6 SGB V) und dem Steuerrecht (§ 226 Abs. 3 AO).[350]

Als gesetzliche Aufrechnungsverbote im weiteren Sinne lassen sich wohl auch Ausschlüsse der Aufrechnung nach § 242 BGB fassen. Insoweit handelt es sich

---

349 Siehe ausführlich zu den verschiedenen Wirkungsmöglichkeiten vertraglicher Aufrechnungsbeschränkungen § 4 B. III.

350 Vgl. statt aller nur MüKo-BGB/*Schlüter* § 387 Rn. 56 f. m.w.N.

aber um eine gesetzliche Korrektur im Einzelfall und nicht um eine abstrakt-generelle Vorgabe wie in den gerade aufgeführten Fällen.[351]

2.) Sinn und Zweck der einzelnen Aufrechnungsverbote

Das Aufrechnungsverbot des § 392 BGB bezweckt den Erhalt der Haftungsmasse.[352] Denn das durch eine Beschlagnahme ausgelöste Erfüllungsverbot nach § 829 Abs. 1 Satz 1 BGB erstreckt sich auch auf Erfüllungssurrogate, mithin auch auf die Aufrechnung.[353]

§ 393 BGB soll eine Entschädigung des Geschädigten sicherstellen, ohne dass dieser sich mit einer Gegenforderung des Schädigers auseinander setzen muss.[354] Mithin bezweckt dieses Aufrechnungsverbot auch die Durchsetzung der eigenen Forderung innerhalb einer angemessenen Frist ohne Verzögerungen durch Erörterung einer Gegenforderung.[355] Zusätzlich soll damit eine sanktionslose private Vergeltung verhindert werden.[356]

Eine Aufrechnung ist nach § 394 BGB ausgeschlossen, da diese im öffentlichen Interesse verhindert, dass dem Gläubiger einer unpfändbaren Forderung die Lebensgrundlage entzogen wird.[357] Letztendlich wird damit der Realerhalt der geschuldeten Leistung gefördert.

Besonders hervorzuheben ist zum einen das gesetzliche Aufrechnungsverbot des § 226 AO. Einerseits ermöglicht § 226 Abs. 1 AO eine Aufrechnung entsprechend der Vorschriften nach §§ 387 ff. BGB. Anderseits schränkt § 226 Abs. 3 AO die Aufrechnungsmöglichkeit gleichzeitig ein, indem die Aufrechnung durch den Steuerpflichtigen nur in bestimmen Fällen zulässig ist. Eine Aufrechnung soll nur zulässig sein, wenn die Forderung unbestritten oder rechtskräftig festgestellt ist. So wird gleichzeitig festgelegt, dass der Steuerpflichtige mit anderen Forderungen nicht aufrechnen kann bzw. darf. Hintergrund dieser Regelung ist

---

351 Vgl. nur Erman/*Wagner* § 387 Rn. 37 ff.; MüKo-BGB/*Schlüter* § 387 Rn. 57.

352 OLG Hamburg NJW-RR 2002, 878 (879); BGH NJW-RR 2005, 1029 (1031); Palandt/*Grüneberg* § 392 Rn. 1.

353 Palandt/*Grüneberg* § 392 Rn. 1; Erman/*Wagner* § 392 Rn. 1.

354 BGH NJW 1987, 2997 (2998); MüKo-BGB/*Schlüter* § 393 Rn. 1; Erman/*Wagner* § 393 Rn. 1; Palandt/*Grüneberg* § 393 Rn. 1.

355 Vgl. BGH NJW 1987, 2997 (2998); MüKo-BGB/*Schlüter* § 393 Rn.1; Palandt/*Grüneberg* § 393 Rn. 1.

356 Vgl. *Deutsch* NJW 1981, 735; MüKo-BGB/*Schlüter* § 393 Rn. 1; *Drost/Kunerth* ZJS 3/2015, 253 (255).

357 Staudinger/*Gursky* § 394 Rn. 4; Palandt/*Grüneberg* § 394 Rn. 1.

eine Verhinderung von zeitlichen Verzögerungen, die durch eine Überprüfung geltend gemachter zweifelhafter (Steuer-)Ansprüche entstehen können.[358] Auch das Aufrechnungsverbot im Sozialrecht nach § 109 Abs. 6 Satz 1 und 2 SGB V weist eine vergleichbare Ausgestaltung wie § 226 Abs. 3 AO auf. Auch dort ist eine Aufrechnung mit bestimmten Forderungen, siehe Satz 2, nur zulässig, wenn diese nicht bestritten oder rechtskräftig festgestellt sind.

3.) *Einfluss auf die Bewertung vertraglicher Aufrechnungsbeschränkungen*

Aus dem gerade Dargestellten lässt sich erkennen, dass den gesetzlichen Aufrechnungsverboten jeweils unterschiedliche Zwecksetzungen zugrunde liegen. Daraus ergibt sich gleichsam, dass keine allgemeingültige Zwecksetzung bestimmt werden kann. Damit ist auch keine aussagekräftige Vorgabe für die Beurteilung von vertraglichen Aufrechnungsbeschränkungen danach möglich, ob diese dem „allgemeingültigen" Zweck von gesetzlichen Aufrechnungsverboten entsprechen und damit ggf. eher als zulässig anerkannt werden können.

Allerdings ist den gesetzlichen Ausschlüssen immanent, dass das Rechtsinstitut der Aufrechnung *nicht umfassend*, d.h. in jeder Situation der §§ 387 ff. BGB, *garantiert* wird. Der Gesetzgeber hat selbst bereits Konstellationen erkannt und geregelt, in welchen das Aufrechnungsinteresse – mit all seinen Vorteilen – gegenüber anderen (Beschränkungs-)Interessen zurückstehen muss. In § 393 BGB wird auch deutlich, das Interesse an einer zügigen und gegenanspruchsunabhängigen Durchsetzung der eigenen Forderungen gegenüber dem Aufrechnungsinteresse überwiegt. Zwar betrifft dies nur die Fallgestaltung mit einer Forderung aus einer vorsätzlichen unerlaubten Handlung. Allerdings wird erkennbar, dass der Gesetzgeber das Interesse an einer zügigen Durchsetzung der Forderungen durchaus als legitim ansieht.

In den gesetzlichen Aufrechnungsverboten § 226 Abs. 3 AO und § 109 Abs. 6 SGB V findet weitergehend das – überwiegende – Interesse an einem tatsächlich und unverzögerten Geldeingang der Bundesrepublik Deutschland und von Krankenhäusern seinen Ausdruck. In diesen Regelungen wird besonders deutlich, dass der Sicherstellung des dauerhaften Geldeinganges von bestimmten Gläubigern in einzelnen Fallkonstellationen Vorrang vor dem Tilgungs- und Befriedigungsinteresse des Aufrechnungswilligen zukommen kann. Daher kann dieser – bei

358 FG Sachsen-Anhalt NJ 2016, 438; FG Kassel DstRE 2010, 829 (830); FG Münster EFG 2018, 265 (268); Tipke/Kruse/*Loose*, AO/FGO (155. Lieferung, 02.2019), § 226 Rn. 39.

vertraglichen Aufrechnungsbeschränkungen im Regelfall primäre –Zweck nicht per se bei der Bestimmung der Grenzen rechtsgeschäftlichen Beschränkungen der Aufrechnung als nachrangig oder rechtsmissbräuchlich angesehen werden.

Der Regelungsumfang der beiden gesetzlichen Aufrechnungsverbote geht aber darüber hinaus. Der Gesetzgeber hat zwar dort im Grundsatz eine Aufrechnung ausgeschlossen, allerdings gleichzeitig einen Rahmen geschaffen, in *welchem eine Aufrechnung zulässig sein muss*. Für unbestrittene und rechtskräftig festgestellte Forderungen soll das Verbot nicht eingreifen. Damit hat er verdeutlicht, dass zwar das Interesse an einer verzögerungsfreien Durchsetzung legitim sein kann, allerdings gleichzeitig auch geregelt, dass das Tilgungs- und Befriedigungsinteresse des Aufrechnungswilligen – wiederum – ausnahmsweise Vorrang zukommen kann, wenn keine Verzögerung durch die Geltendmachung vermeintlicher Aktivforderungen zu erwarten ist.[359] So hat er selbst eine *Grenze von gesetzlichen Aufrechnungsverboten* vorgesehen. Dass diese Regelungssystematik und dieser Regelungsgehalt bewusst normiert wurde, zeigt besonders anschaulich die Gesetzgebungshistorie des § 109 Abs. 6 SGB V. Der Zusatz, dass eine Aufrechnung mit nicht bestrittenen und rechtskräftig festgestellten Forderungen stets zulässig ist, ist erst nachträglich zum ersten Gesetzentwurf eingefügt worden.[360]

Da diese Regelungssystematik auch im Gleichklang zu den Grenznormen für vertragliche Aufrechnungsbeschränkungen steht – § 309 Nr. 3 BGB –, muss auch im Rahmen von vertraglichen Aufrechnungsbeschränkungen beachtet werden, dass einerseits ein legitimes Interesse an einer Aufrechnungsbeschränkung bestehen kann, anderseits aber auch ein fehlendes legitimes Interesse an einer Aufrechnungsbeschränkung dazu führen kann, dass das allgemeine „Tilgungs- und Befriedigungsinteresse“ überwiegen muss.

II. „Prozessuale“ Aufrechnungsverbote

Grenzen der Möglichkeit der Aufrechnung trotz Vorliegens der Tatbestandsvoraussetzungen nach § 387 BGB können sich auch aus gesetzlichen Vorschriften ergeben, die dem Prozessrecht zuzuordnen sind. Daher könnte insoweit auch von „prozessualen Aufrechnungsverboten“ gesprochen werden.

---

359 Vgl. BT-Drs. 19/13397, 54 (Aufrechnung ausnahmsweise sachgerecht, wenn unbestrittene oder rechtskräftig festgestellte Forderung).

360 Vgl. BT-Drs. 19/13397, 9 (Entwurf); BT-Drs. 19/14781, 10 (Beschlussempfehlung und Bericht).

So kann bspw. eine Erklärung der Aufrechnung im gerichtlichen Verfahren im Einzelfall nach § 296 Abs. 2 und 3 ZPO wegen verspäteten Vorbingens ausgeschlossen sein. Gleiches kann auch in der Berufungsinstanz nach § 530 ZPO der Fall sein. Auch ist ein Ausschluss der Berücksichtigung der Aufrechnung als Einwendung aufgrund einer Präklusion gem. § 767 Abs. 2 ZPO möglich. Diese faktischen Verbote der Aufrechnung bzw. deren Berücksichtigung resultieren aus prozessrechtlichen Gründen und gelten genauso für alle anderen Verteidigungs- und Angriffsmittel bzw. weitere Erfüllungssurrogate. Allerdings sind diese Regelungen zumindest in Bezug auf den Schwerpunkt dieser Arbeit ohne entscheidenden Einfluss. Denn diese Normen sind nicht als Regelungen zu begreifen, die einen konkreten (Regelungs-)Bezug zu Aufrechnungsbeschränkungen, zu der Aufrechnung selbst oder weiteren vergleichbaren Rechtsinstituten aufweisen. Vielmehr handelt es sich um allgemeine Grenzen des Prozessrechtes.[361]

Aufgrund des fehlenden speziellen Bezuges dieser Vorschriften und den sich daraus ergebenden Rechtsfolgen können daraus auch keine abstrakten, d.h. allgemeine Wertungskriterien für den vorliegenden Untersuchungsgegenstand der (materiellen) Grenzen von vertraglichen Aufrechnungsbeschränkungen abgeleitet werden, auch wenn sich letztendlich mittelbar aus den prozessrechtlichen Vorgaben auch die materielle Folgenlosigkeit der Aufrechnung ergibt.[362]

B. Rechtsgeschäftliche Aufrechnungsbeschränkungen

I. Terminologie

Bereits die Bestimmung eines Begriffs für Fälle, welche *die gesetzliche Aufrechnungsmöglichkeit nach §§ 387 ff. BGB ausschließen, beschränken oder unter weitere Erfordernisse stellen*, erfolgt in der Literatur und Rechtsprechung nicht einheitlich. So werden die Begriffe „Aufrechnungsverbot“, „Aufrechnungsausschluss“, „Aufrechnungsbeschränkung“, „Aufrechnungsverzicht“ und „Aufrechnungshindernis“ verwendet.[363]

---

361 So in der Überschrift bereits *Gernhuber*, Erfüllungssurrogate, § 12 VI 10.

362 Vgl. zu der umstrittenen Fragestellung nur *Gernhuber*, Erfüllungssurrogate, § 12 VI 10b; MüKo-BGB/*Schlüter* § 387 Rn. 40, jeweils m.w.N.

363 Vgl. bspw. Staudinger/*Gursky* § 387 Rn. 201, welcher die Begriffe Aufrechnungsverbot, Aufrechnungsausschluss und Aufrechnungsbeschränkung ohne dauerhafte Einheitlichkeit verwendet; ebenso NK-BGB/*Wermeckes* § 387 Rn. 38 ff. (Aufrechnungsausschluss, Aufrechnungsverbot, Aufrechnungsverzicht); Uhlenbruck/*Sinz*, InsO, § 94 Rn. 44 ff. (Aufrechnungsverbot, Aufrechnungsbeschränkung, Aufrechnungsausschluss); vgl. weitergehend die Nachweise in Fn. 365 ff.

Eine eindeutige Begriffsbestimmung und eine möglichst einheitliche Verwendung ist erforderlich, denn sie ermöglicht bereits von der ersten Wahrnehmung des Lesens einen ersten Eindruck über den Inhalt, welcher sich hinter dem Begriff verbirgt und schafft damit schon eine erste widerspruchsfreie Annäherung an den inhaltlichen Komplex.[364] Schwierigkeiten bereitet vor allem die Bestimmung eines Begriffs, welcher hinsichtlich der ihm inhaltlich unterfallenden Konstellationen zum einen nicht zu kurzgreifend zum anderen aber auch nicht zu weitreichend ist. Dies soll im Folgenden aufgelöst werden.

Die hier zu untersuchenden Fallgestaltungen der Unmöglichkeit der Aufrechnung aufgrund vertraglicher Vereinbarungen werden sowohl im Gesetz selbst als auch in der Rechtsprechung und Literatur als „Aufrechnungsverbote" bezeichnet.[365] Gegen eine solche Bezeichnung spricht allerdings der darin enthaltende Imperativ für ein Verhalten[366]: „Rechne nicht mit gegenseitigen Forderungen auf!". Ein Imperativ sollte nicht verwendet werden, da dieser allein ein Verbot suggeriert. Es ist nicht erkenntlich, ob die Aufrechnung tatsächlich materiellrechtlich nicht wirksam möglich ist, d.h. das rechtliche Können beschränkt ist, oder eine Herbeiführung der Aufrechnungswirkungen gem. §§ 387 ff. BGB zwar möglich, aber nur verboten und ggf. mit weiteren Sanktionen verbunden ist.[367] Insoweit erscheint der Begriff des „Aufrechnungsausschlusses"[368] weniger zweischneidig. Denn dieser legt nach dem allgemeinen Sprachverständnis nahe, dass die Aufrechnung tatsächlich, d.h. materiellrechtlich nicht möglich ist. Allerdings ist auch dieser Terminus nicht vollständig passend, da er hinsichtlich der zu erfassenden Konstellationen nicht weitreichend genug ist. Denn eine

---

364 Siehe zu dem weiteren Aspekt, dass inhaltliche Missverständnisse, bspw. bei der Abgrenzung zur Anrechnung, vermieden werden, bereits § 2 B. II. 3.).

365 So in § 309 Nr. 3 BGB; aus der Rspr. und Lit. bspw. BGHZ 54, 244 (247) = NJW 1970, 2019 (2021); BGH NJW-RR 1989, 124; BGH NJW 1986, 1757; BGH NJW 1966, 1452; BGH NJW 2014, 2100 (2100 f.); OLG Düsseldorf NJOZ 2006, 2981; OLG Bamberg NJW-RR 2000, 650; Staudinger/*Olzen/Looschelders* (16.12.2019) § 242 Rn. 699; Palandt/*Grüneberg* § 387 Rn. 13 f.

366 Vgl. *Berger*, Rechtsgeschäftliche Verfügungsbeschränkungen, 18.

367 Bezüglich Veräußerungs- bzw. Verfügungsbeschränkungen zutreffend auf die fehlende Rechtsfolgenbestimmung hinweisend *Berger*, Rechtsgeschäftliche Verfügungsbeschränkungen, 18. Siehe zu den Wirkungen von Aufrechnungsbeschränkungen weitergehend § 4 B. III. und IV.

368 Bspw. *Gernhuber*, Erfüllungssurrogate, § 12 VI 8; *Larenz*, Schuldrecht AT, § 18 VI b); MüKo-BGB/*Schlüter* § 387 Rn. 56 ff.; *Berger*, Aufrechnungsvertrag, 169 f. (z.T. aber auch als Aufrechnungsverzicht bezeichnend, 169).

Unmöglichkeit der Aufrechnung kann sich durch eine vertragliche Vereinbarung nicht nur umfassend auf alle Forderungen und Vertragskonstellationen beziehen, sondern die Aufrechnung kann auch nur in bestimmter Hinsicht beschränkt sein. So kann dies bspw. der Fall sein, wenn die Aufrechnung nur in bestimmten Situationen oder in Abhängigkeit von weiteren Erfordernissen möglich sein soll. Damit wäre die Aufrechnung nicht insgesamt ausgeschlossen, sondern allein ohne den Eintritt der Situation bzw. der Voraussetzungen nicht möglich.

Ein solcher Kurzgriff würde durch eine Verwendung des Terminus des „Aufrechnungshindernis“[369] vermieden werden. Unter diesem Begriff kann jede Situation, Fallkonstellation und alle weiteren Umstände gefasst werden, die einer Aufrechnung entgegenstehen.[370] Daran wird allerdings deutlich, dass eine Eingrenzung der erfassten Fälle kaum erdenklich ist. Insbesondere erscheint es möglich, dass mit diesem Begriff auch Konstellation erfasst sind, in welchen die gesetzlichen Tatbestandsvoraussetzungen nicht vorliegen[371] oder in welchen zivilprozessuale Normen wie § 767 Abs. 2 ZPO einer wirksamen Aufrechnung entgegen stehen.[372] Diesen negativen Gesichtspunkten kann durch Verwendung des Begriffs der *Aufrechnungsbeschränkung* begegnet werden.[373] Er lässt offen, inwieweit die Aufrechnungsmöglichkeit vertraglich für unmöglich erklärt wurde, unter Umständen sogar bis hin zu einer Beschränkung „auf Null“, ohne dabei jeglichen Fall zu umfassen, welcher allgemein einer Aufrechnung entgegenstehen kann. Denn nach dem Wortlaut deutet eine Beschränkung darauf hin, dass die Grundlage der Aufrechnungsmöglichkeit erst einmal bestanden haben muss, während dies bei dem Begriff des „Aufrechnungshindernisses“ nicht der Fall ist. Nachfolgend wird daher unabhängig davon, inwieweit die Aufrechnung

369 BGHZ 35, 248 (250 f.) = NJW 1961, 1721 (1722 f.); *Werner*; Umgehung von Aufrechnungshindernissen, 17 f., welcher diesen Begriff wohl als „Überbegriff“ versteht und damit auch die Unmöglichkeit der Aufrechnung als Aufrechnungsverbote /-ausschlüsse bezeichnet (18 f.); für die gesetzlichen Fälle ebenso MüKo-InsO/*Ehricke*, 3. Auflage 2014, § 294 Rn. 46 (Überschrift); vgl. auch *Schwarz* NJW 1969, 1942.

370 So *Werner*; Umgehung von Aufrechnungshindernissen, 17 f.

371 So wohl *Werner*; Umgehung von Aufrechnungshindernissen, 18.

372 Siehe zum fehlenden inhaltlichen Bezug von Normen des Prozessrechts zu Aufrechnungsbeschränkungen soeben § 4 A. II.

373 BGH NJW-RR 2000, 530; OLG Brandenburg, Urteil v. 26.08.2009, Az. 3 U 192/08, Juris Rn. 29, 34; MüKo-InsO/*Stephan* § 294 Rn. 61 ff. (Überschrift); selten auch Staudinger/*Gursky* § 387 Rn. 201.

(vollständig) ausgeschlossen oder eingeschränkt wird, überwiegend von einer „Aufrechnungsbeschränkung“ gesprochen.[374]

Eine Sonderrolle scheint der Begriff „Aufrechnungsverzicht“ einzunehmen. Denn obwohl dieser Terminus in der Rechtsprechung und Literatur zum Teil für inhaltliche Fälle einer Aufrechnungsbeschränkung verwendet wird[375], soll nach anderen Teilen der Literatur darin eine materiellrechtlich zu unterscheidende Konstellation zu sehen sein.[376] Ohne Vorgriff auf die Darstellung und Untersuchung dieser Ansicht, kann bereits hier festgestellt werden, dass auch der Begriff des „Aufrechnungsverzichtes“ nicht gleichsam für Fälle der Aufrechnungsbeschränkung verwendet werden kann. Er vernachlässigt, dass es sich bei einer rechtsgeschäftlichen Aufrechnungsbeschränkung um eine zweiseitige Vereinbarung handelt. Ein „Verzicht“ auf ein Gestaltungsrecht legt eine einseitige Aufgabe eines Rechtes nahe[377] und wird damit dem Wesensgehalt einer mehrseitigen Beschränkungsvereinbarung nicht gerecht.

II. Rechtsgeschäftliche Vereinbarung

Für eine umfassende Beurteilung der Grenzen von und für vertragliche Aufrechnungsbeschränkungen müssen zusätzlich die verschiedenen Vereinbarungsmöglichkeiten und Fallkonstellationen vergegenwärtigt werden. Denn je nach Form und Art sind verschiedene Wirksamkeit- und Wertungsmaßstäbe für die jeweilige Beschränkungsvereinbarung anzulegen.

1.) Vereinbarungsform

Die konkrete Ausgestaltung rechtsgeschäftlicher Aufrechnungsbeschränkungen liegt nach dem Grundsatz der Privatautonomie[378] grundsätzlich allein in den

---

374 Dabei muss beachtet werden, dass eine durchgängige Formulierungsweise mit einer „Beschränkung“ nur schwer einzuhalten sein wird. Daher wird in dieser Arbeit auch die Bezeichnung „Ausschluss“ verwendet.

375 BGHZ 14, 61 (62 f.) = NJW 1954, 1561; BGHZ 23, 131 (135) = NJW 1957, 827 (828 f.); MDR 1966, 319; in der Lit. soweit ersichtlich nur Anfang des 20. Jahrhunderts verwendet *Arndt*, Über den Aufrechnungsvertrag, 13; Planck/ *Siber*, BGB Bd. 2.1., 4. Auflage 1914, § 387 Anm. 3; *Gerson* DJZ 1911, 271 f.; *Landsberg* DJZ 1911, 334; *v. Bardeleben* DRiZ 1912, 68 f.

376 Siehe ausführlich § 4 B. V.

377 Vgl. Palandt/*Grüneberg* § 397 Rn. 4; MüKo-BGB/*Schlüter* § 397 Rn. 19; Palandt/*Ellenberger* § 202 Rn. 7; s.a. § 367 Abs. 2 BGB.

378 Vgl. nur BVerfGE 72, 155 (170) = NJW 1986, 1859 (1860); statt aller nur *Busche*, Privatautonomie, § 2.

Händen der beiden Beteiligten.[379] Es handelt sich um ein zweiseitiges Rechtsgeschäft und die Vereinbarung kommt nach den allgemeinen Regelungen für Rechtsgeschäfte und Vertragsabschlüsse gem. §§ 104 ff., 145 ff. BGB durch Angebot und Annahme zustande.

Dementsprechend können die Parteien die Aufrechnungsmöglichkeit ausdrücklich beschränken oder ihren Willen dazu konkludent ausdrücken.[380] Möglich sind im Grundsatz sowohl eigenständige Aufrechnungsbeschränkungen als auch solche als Bestandteil eines vertraglichen Regelungskomplexes. Derartige (Neben-)Abreden stellen in der vertraglichen Rechtspraxis den Regelfall dar, wie bspw. im Rahmen von Werkverträgen[381] oder Mietverträgen.[382] Von besonderer Bedeutung für diese Arbeit ist insbesondere die Freiheit der Parteien, eine solche Bestimmung individualvertraglich oder formularmäßig vereinbaren zu können. Bei der Beurteilung von den Grenzen der Aufrechnungsbeschränkungen sind unterschiedliche (Wirksamkeits-)Maßstäbe zu beachten. So gelten im formularvertraglichen Bereich zusätzliche Grenznormen als im Individualvertrag.[383]

a) Konkludente Vereinbarung

Im Rahmen von stillschweigend geschlossenen Beschränkungsvereinbarungen ergeben sich bezüglich der in dieser Arbeit noch zu behandelnden Grenzen von Aufrechnungsbeschränkungen zwei erörterungswürdige Bereiche. Zum einen die Fragestellung unter welchen Voraussetzungen überhaupt eine stillschweigende Aufrechnungsbeschränkung angenommen werden kann. Zum anderen inwieweit sich diese von Beschränkungen aufgrund der Natur der Rechtsbeziehung oder des Zwecks der Leistung (nach § 242 BGB) unterscheiden und von diesen abzugrenzen sind.

---

379 Vgl. nur *Gernhuber*, Erfüllungssurrogate, § 12 VI 8a.

380 Allgemeine Meinung, vgl. statt aller nur BGH WM 1971, 859 f.; aus neuerer Zeit BGHZ 194, 180 (190) = NJW 2013, 452 (454); OLG Braunschweig OLGR 2009, 716 (717); BGHZ 113, 90 (93) = NJW 1991, 839 (840); BGHZ 95, 109 (113) = NJW 1985, 2820 (2821); Palandt/*Grüneberg* § 387 Rn. 14; Staudinger/*Gursky* § 387 Rn. 202.

381 Vgl. bspw. BGH NJW 2011, 1729; KG NZBau 2012, 233; OLG Frankfurt OLGR 2008, 665.

382 Vgl. bspw. LG Leipzig WuM 2017, 518; LG Köln NJW-RR 2012; KG DWW 2013, 181 (182).

383 Bspw. gilt § 309 Nr. 3 BGB nur im Formularvertrag. Umfassend zu den Grenznormen und deren Vorgaben für die verschiedenen Konstellationen § 5 B.

aa) Bewusstsein der Aufrechenbarkeit

Für eine konkludente Aufrechnungsbeschränkung ist nach der ganz herrschenden Meinung neben den allgemein für konkludente Vereinbarungen geltenden Anforderungen[384] ein Bewusstsein der Aufrechenbarkeit bei den Beteiligten erforderlich.[385] Sollte dieses Bewusstsein fehlen, kann schon die vertragliche Beschränkung der Aufrechnung als solche nicht angenommen werden.

Dieses Erfordernis wird allerdings nur selten der Annahme einer stillschweigenden Aufrechnungsbeschränkung entgegenstehen. Die Möglichkeit zur Aufrechnung kann – von Zessionsfällen abgesehen – nur zwischen Beteiligten entstehen, zwischen denen mehrere (gesetzliche oder vertragliche) Vertragsverhältnisse oder Schuldverhältnisse i.e.S. bestehen. Dann aber ist den Beteiligten im Regelfall bewusst, dass es durch die Vereinbarung eines weiteren Schuldverhältnisses i.e.S. zu gegenseitigen und gleichartigen Forderungen und damit zu einer Aufrechnungsmöglichkeit kommen kann. Bei Vorliegen einer konkludent relevanten Verhaltensweise scheint daher eine spätere Berufung auf das fehlende Bewusstsein zweifelhaft.

Zusätzlich wird zutreffend angenommen, dass ein derartiges Bewusstsein nicht zu fordern ist, sofern sich bereits aus dem besonderen Vertragsinhalt oder einer einzelnen Klausel ergibt, dass die Aufrechnung nicht möglich sein soll.[386] Insoweit spricht gegen eine allgemeine Ablehnung einer konkludenten Beschränkung aufgrund eines vermeintlich fehlenden Bewusstseins der Aufrechenbarkeit, dass es Aufgabe der (ergänzenden) Vertragsauslegung nach §§ 133, 157 BGB ist, bei „planwidriger Unvollständigkeit" des Vertrages, den hypothetischen Parteiwillen zu ermitteln.[387] Dabei ist dann festzustellen, was die Parteien vereinbart hätten, wenn sie sich des nicht bedachten Umstandes – hier die Aufrechenbarkeit – bewusst gewesen wären.[388]

---

384 Vgl. dazu nur MüKo-BGB/*Armbrüster* Vorb. § 116 - § 144 Rn. 6 ff.

385 RG LZ 1910, 395 Nr. 14; RG Warn 1930 Nr. 196; MüKo-BGB/*Schlüter* § 387 Rn. 59; Staudinger/*Gursky* § 387 Rn. 206; NK-BGB/*Wermeckes* § 387 Rn. 38; Soergel/*Schreiber* § 387 Rn. 11; Reichel AcP 125 (1926), 178 (183); vgl. auch RGZ 60, 356 (358); BeckOK-BGB/*Dennhardt* (01.02.2021) § 387 Rn. 31; a.A. mit Einschränkungen wohl *Werner*, Umgehung von Aufrechnungshindernissen, 186; nicht explizit gefordert von Erman/*Wagner* § 387 Rn. 29 ff.; *Gernhuber*, Erfüllungssurrogate, § 12 VI 8.

386 Vgl. BGHZ 25, 211 (215) = NJW 1957, 1759 (1760); *Werner*, Umgehung von Aufrechnungshindernissen, 186; Staudinger/*Gursky* § 387 Rn. 206; s.a. MüKo-BGB/*Schlüter* § 387 Rn. 59; Soergel/*Schreiber* § 387 Rn. 11.

387 Vgl. allgemein statt aller nur Palandt/*Ellenberger* § 157 Rn. 2 ff., 7; Staudinger/*Roth* § 157 Rn. 11 ff., 30 ff.

388 So auch *Werner*, Umgehung von Aufrechnungshindernissen, 186.

Dementsprechend ist ein solches Bewusstsein zwar grundsätzlich erforderlich, dieses Kriterium wird aber nur im Ausnahmefall der Annahme einer konkludent abgeschlossenen rechtsgeschäftlichen Beschränkungsvereinbarung entgegenstehen.

bb) Stillschweigende Vereinbarung vs. Natur der Rechtsbeziehung und Treu und Glauben

Eine andere Frage ist es, inwieweit sich die die Fälle der konkludenten bzw. stillschweigenden Beschränkungsvereinbarung von denjenigen unterscheiden, welche sich aus der Natur der Sache ergeben. In der höchstrichterlichen Rechtsprechung ist die Formel anerkannt, dass *„über die gesetzlich oder vertraglich ausdrücklich geregelten Fälle hinaus eine Aufrechnung verboten ist, wenn nach dem besonderen Inhalt des zwischen den Parteien begründeten Schuldverhältnisses der Ausschluss als stillschweigend vereinbart angesehen werden muss (§ 157 BGB) oder wenn die Natur der Rechtsbeziehung oder der Zweck der geschuldeten Leistung eine Erfüllung im Wege der Aufrechnung als mit Treu und Glauben unvereinbar (§ 242 BGB) erscheinen lassen“*[389]. Darin wird zwar wörtlich zwischen den Fallgestaltungen unterschieden, allerdings erfolgt keine weitere inhaltliche Einordnung oder Differenzierung bei der Beurteilung der Aufrechnungsbeschränkung.[390] Insoweit ist fraglich, ob und inwieweit überhaupt eine inhaltliche Abgrenzung möglich und erforderlich ist.

Nicht erfasst und hier betrachtet werden Fälle, in welchen eine Aufrechnung *an sich zulässig* ist, also keiner Aufrechnungsbeschränkung unterfällt, aber die *Erklärung im Einzelfall* rechtsmissbräuchlich und daher gem. § 242 BGB unzulässig ist. Solche Konstellationen stimmen mit den hier behandelten Fällen von

---

389 BGHZ 194, 180 (189 f.) = NJW 2013, 452 (454); BGH NJOZ 2013, 494 (496); BGHZ 189, 45 (54 f.) = NJW 2011, 2351 (2354); BGH NJW-RR 1999, 1192; BGH NJW 2002, 1130 (1132); BGH NJW 2000, 948 (950); BGHZ 139, 325 (331 f.) = NJW 1999, 55 (57); BGHZ 113, 90 (93 f.) = NJW 1991, 839 (840); BGHZ 95, 109 (113) = NJW 1985, 2820 (2821, m.w.N.); BGHZ 54, 244 (247 f.) = NJW 1970, 2019 (2020); OLG Brandenburg, Urteil v.13.11.2007, Az. 11 U 144/05, BeckRS 2008, 12255; OLG Köln DNotZ 1989, 257 (260); sinngemäß aus der Lit. statt aller nur BeckOK-BGB/*Dennhardt* (01.02.2021) § 387 Rn. 37, 31 ff.; NK-BGB/*Wermeckes* § 387 Rn. 39; vgl. auch RGZ 60, 52 (60); BGHZ 14, 342 (346) = NJW 1954, 1722 (1723 f.); BGHZ 25, 211 (215) = NJW 1957, 1759 (1759 f.); BGHZ 71, 380 (383) = NJW 1978, 1807 (1808); OLG Karlsruhe OLGR 2004, 460 (463).

390 Ansätze sind allein aufzufinden bei *Gernhuber*, Erfüllungssurrogate, § 12 VI 9a; *Werner*, Umgehung von Aufrechnungshindernissen, 185 f.

Aufrechnungsbeschränkungen, in welchen die Aufrechnung „an sich“ nicht zulässig ist, nur insoweit überein, als im konkreten Einzelfall eine Aufrechnung tatsächlich nicht möglich ist.[391]

(1) Dogmatischer Differenzierungsansatz

Eine Unterscheidung zwischen den Fällen der stillschweigenden Beschränkungen und derer, welche sich nach der Rechtsnatur des Schuldverhältnisses und dem Zweck der Leistungen (nach Treu und Glauben) bestimmen, erscheint auf den ersten Blick dogmatisch möglich und erforderlich. Diese Fälle unterscheiden sich in ihrem rechtlichen Ursprung. Eine stilschweigende Aufrechnungsbeschränkung erfolgt aufgrund eines *gemeinsamen Parteiwillens*. In den anderen Fällen wird die Aufrechnungsbeschränkung *gesetzlich* begründet. Daraus folgen für diese verschiedenen Aufrechnungsbeschränkungen unterschiedliche (Bewertungs-)Maßstäbe. Für vertragliche Aufrechnungsbeschränkungen gelten bspw. neben den allgemeinen Rechtsgrundsätzen wie § 242 BGB auch besondere Grenzen im formularmäßigen Bereich, wie § 309 Nr. 3 BGB.[392]

Eine genauere Abgrenzung kann danach erfolgen, welcher Art von Schuldverhältnis – gesetzlich oder vertraglich – die aufrechnungsbeschränkte, d.h. die nicht aufrechenbare Forderung entstammt.[393] Sofern die Schuld aus einem Rechtsgeschäft, also einem rechtsgeschäftlichen Schuldverhältnis resultiert, ergibt sich die Aufrechnungsbeschränkung letztendlich aus der Auslegung der Willenserklärungen, sodass es sich damit um eine „stillschweigende Aufrechnungsbeschränkung“ handelt.[394] Im Gegensatz erfolgt eine Beschränkung der Aufrechnungsmöglichkeit hinsichtlich einer gesetzlich begründeten Forderung aufgrund einer Interpretation des Telos der anspruchsbegründenden Norm.[395]

---

391 Differenzierend auch Erman/*Wagner* § 387 Rn. 37 ff., 31 ff.; aus der Rspr. bspw. BGHZ 54, 244 (247 f.) = NJW 1970, 2019 (2020); vgl. dazu auch *Gernhuber*, Erfüllungssurrogate, § 12 VI 11.

392 Zur Frage, ob dies letztendlich auch zu tatsächlich unterschiedlichen Ergebnissen folgt siehe sogleich § 4 B. II. 1.) a) bb) (3).

393 So zutreffend *Gernhuber*, Erfüllungssurrogate, § 12 VI 9a.; *Werner*, Umgehung von Aufrechnungshindernissen, 185 f.; vgl. auch Staudinger/*Gursky* § 387 Rn. 173.

394 Dieser Annahme steht nicht entgegen, dass bei der Auslegung auch die Eigenschaften des Schuldverhältnisses, insbesondere der Vertragszweck, zu berücksichtigen sind und der Grundsatz von Treu und Glauben in die Beurteilung einfließt. Denn auch bei der Einbeziehung dieser Umstände bleibt der Bezugsgegenstand der Beurteilung der Parteiwille; vgl. *Werner*, Umgehung von Aufrechnungshindernissen, 186.

395 So zutreffend *Gernhuber*, Erfüllungssurrogate, § 12 VI 9a.; *Werner*, Umgehung von Aufrechnungshindernissen, 186. Im Erg. ebenso Staudinger/*Gursky* § 387 Rn. 173,

Daher ergeben sich diese Aufrechnungsbeschränkungen aus der „Rechtsnatur des Schuldverhältnisses oder dem (gesetzlichen) Zweck der Leistung nach § 242 BGB". Daraus folgt, dass zumindest Aufrechnungsbeschränkungen für Forderungen, die aus gesetzlichen Schuldverhältnissen resultieren, nicht unter die Fälle der stillschweigenden Beschränkungsvereinbarungen zu fassen sind.

Schwieriger ist allerdings eine Abgrenzung innerhalb von vertraglichen Schuldverhältnissen. In diesen Fällen ist die Einordnung einer Aufrechnungsbeschränkung als „stillschweigende Vereinbarung" in Abgrenzung zu einer „Beschränkung (der Aufrechnung) aus der Natur des Schuldverhältnisses und dem Zweck der Leistungen nach Treu und Glauben" nur schwer zu spezifizieren.[396] Es liegt nahe, eine Grundlage der Beschränkung in einer Vereinbarung eher anzunehmen, sofern die Regelungen und Formulierungen des Vertrages einen aufrechnungsspezifischen Bezug aufweisen. Dieser Bezug könnte immer dann angenommen werden, wenn der Vertrag bereits über den Vertragsabschluss hinaus *weitergehende Abreden und Klauseln* beinhaltet, welche auf den realen Leistungserhalt, bspw. bei Geldleistungen in der Form von Barzahlungen, abzielen und damit letztendlich eine Erfüllung durch eine Aufrechnung vermeiden wollen.[397] Dies ist bspw. der Fall, wenn Rechtsgeschäfte eine Barzahlungsabrede oder Klauseln wie „cash on delivery" beinhalten.[398]

---

welcher allerdings dazu durch eine Ergänzung der Norm im Wege der „*Rechtsfortbildung praeter legem*" kommt.

396 Daher wird eine solche Vertiefung in der Lit. auch oftmals nicht vorgenommen. So unter Berufung auf die fehlende Erforderlichkeit für die Praxis Erman/*Wagner* § 387 Rn. 33; NK-BGB/*Wermeckes* § 387 Rn. 38 (Fn. 217); wohl auch BeckOK-BGB/*Dennhardt* (01.02.2021) § 387 Rn. 31; im Übrigen Staudinger/*Gursky* § 387 Rn. 202 ff., 212 ff.; MüKo-BGB/*Schlüter* § 387 Rn. 59 ff., welcher unter dem Bereich der „Natur des Schuldverhältnisses" allein (stillschweigende) Aufrechnungsbeschränkungen aufführt; Jauernig/*Stürner* § 387 Rn. 11 ff.; HK-BGB/*Schulze* § 387 Rn. 12 f.; vgl. auch Staudinger/*Olzen/Looschelders* (16.12.2019) § 242 Rn. 699, welcher von einer Unklarheit der Abgrenzung spricht.

397 So mit den aufgeführten Fällen im Ansatz Soergel/*Schreiber* § 387 Rn. 11, 13.

398 In diesem Sinne Barzahlungsabreden als „stillschweigende Aufrechnungsbeschränkungen" aufführend Erman/*Wagner* § 387 Rn. 29; Soergel/*Schreiber* § 387 Rn. 11; für den Regelfall auch Staudinger/*Gursky* § 387 Rn. 208; dabei darf aber nicht übersehen werden, dass eine Barzahlungsabrede/-klausel in der Rspr. und Lit. nicht in jedem Fall als Aufrechnungsbeschränkung angesehen wird. Umfassend zu dieser Fallgestaltung § 6 C. I.

(2) Grenzen des Differenzierungsansatzes

Allerdings stößt die ausgeführte Unterscheidung spätestens an ihre Grenzen, wenn genauer bestimmt werden soll, welche *Art von expliziten Bestimmungen/Klauseln* im Rahmen eines Vertragsabschlusses einen derartigen Aufrechnungsbezug aufweisen. Aufgrund der diversen Ausgestaltungen der Verträge der Beteiligten im Einzelfall, kann sich eine gleichformulierte Vertragsbestimmung in einem Fall als Klausel mit einem Bezug auf die Leistungsmodalität und damit der Aufrechnung darstellen, in einem anderen Fall hingegen nicht. Daher bestimmt die Literatur Vereinbarungen und Klauseln bezüglich der Frage, ob und inwieweit eine Aufrechnungsbeschränkung vorliegt, anhand des Einzelfalles nach den jeweiligen Umständen und Zweckgesichtspunkten.[399] So wird auch eine Barzahlungsklausel nicht immer als Aufrechnungsbeschränkung ausgelegt oder aufgrund des Zwecks der Bestimmung eine Beschränkungsvereinbarung angenommen.[400]

Damit muss erkannt werden, dass sich die Beurteilung, ob und wie eine Aufrechnungsbeschränkung begründet wurde, sich nach den gesamten Umständen des Einzelfalls richtet. Daraus folgt aber auch, dass eine über das bisher Festgestellte hinausgehende und vor allem abstrakte Abgrenzung zwischen den hier betrachteten Konstellationen nicht möglich erscheint.

Folglich ist festzuhalten, dass nur eine Annäherung an eine abstrahierende Abgrenzung im dargestellten Umfang möglich ist, im Übrigen aber eine Einzelfallentscheidung nach den jeweiligen Umständen notwendig ist

(3) Tatsächliche Auswirkungen der dogmatisch begrenzten Differenzierungsmöglichkeit

Zwar bestehen im Grundsatz unterschiedliche Maßstäbe an vertragliche Aufrechnungsbeschränkungen und solchen Aufrechnungsbeschränkungen, die

399 Vgl. dazu *Gernhuber*, Erfüllungssurrogate, § 12 VI 8c; Erman/*Wagner* § 387 Rn. 29 ff., 33 ff. m.w.N.; Staudinger/*Gursky* § 387 Rn. 202 ff. mit einer kaum überschaubaren Anzahl von Entscheidungen von Einzelfällen im Rahmen von stillschweigenden Aufrechnungsbeschränkungen sowie Ausschlüssen aus der Natur des Schuldverhältnisses sowie aus dem Zweck der Leistungen nach Treu und Glauben. S.a. die Nachweise in Fn. 389.

400 Vgl. bspw. Staudinger/*Coester-Waltjen* § 309 Nr. 3 Rn. 10, welche für die Auslegung zur Aufrechnungsbeschränkung weitere Anhaltspunkte (*des Einzelfalls*) verlangt [kursiv vom Verfasser eingefügt]; w.N. außerdem bei Staudinger/*Gursky* § 387 Rn. 208; vgl. auch LG Bonn NJOZ 2005, 2611 (2623 f.).

sich in vertraglichen Schuldverhältnissen aus § 242 BGB ergeben. Allerdings bedeutet eine im Grenzfall unterbliebe, dogmatische Einordnung in einer der genannten Möglichkeiten nicht, dass sich im Ergebnis zwangsläufig erhebliche Unterschiede hinsichtlich der tatsächlichen Reichweite und Grenzen der Aufrechnungsbeschränkung ergeben. Denn die Grenzen von konkludenten rechtsgeschäftlichen Aufrechnungsbeschränkungen richten sich letztendlich auch[401] nach den allgemeinen Rechtsgrundsätzen, also gerade auch nach dem Grundsatz von Treu und Glauben.[402] Wenn aber diese Grundsätze die Grenzen und Reichweite konkludenter Aufrechnungsbeschränkungen (mit-)bestimmen, ist eine untragbare Abweichung gegenüber Aufrechnungsbeschränkungen, welche nach dem Grundsatz von Treu und Glauben nach § 242 BGB begründet und bestimmt werden, nicht zu befürchten. Denn bei Letzteren werden diese Grenzen bereits bei der Bestimmung berücksichtigt, ob und inwieweit eine Aufrechnungsbeschränkung nach der Natur des Schuldverhältnisses und dem Zweck der Leistungen im Grundsatz vorliegt. Bei einem (hypothetisch angenommenen) Widerspruch zu Treu und Glauben oder einer anderen gesetzlichen Regelung, wie bspw. auch § 309 Nr. 3 BGB, würde bereits keine Aufrechnungsbeschränkung nach der Natur der Sache i.S.d. § 242 BGB angenommen werden.

Damit ist vielmehr davon auszugehen, dass diese beiden dogmatisch verschiedenen Regelungen letztendlich in der Rechtspraxis im Regelfall zu vergleichbaren tatsächlichen Ergebnissen kommen werden.[403]

cc) Zwischenergebnis

Die Darstellung hat gezeigt, dass sowohl ausdrückliche als auch konkludente vertragliche Aufrechnungsbeschränkungen möglich sind. Im Rahmen von konkludenten Beschränkungsvereinbarungen ist das Bewusstsein der Parteien über die Aufrechenbarkeit erforderlich, wobei dieses in aller Regel vorhanden ist.

Außerdem ist zwischen konkludenten Beschränkungsvereinbarungen und Beschränkungen nach der Natur des Schuldverhältnisses und des Zwecks der Leistung (§ 242 BGB) zu unterscheiden. Diesbezüglich ist nur eine Abgrenzung bezüglich gesetzlich und vertraglich begründeter Forderungen möglich.

---

401 Zu beachten sind dabei natürlich vorrangig die konkreteren gesetzlichen Normen wie bspw. § 309 Nr. 3 BGB und § 307 BGB.

402 Vgl. bspw. nur Erman/*Wagner* § 387 Rn. 36 a.E., 40 ff.

403 I.d.S. im Erg. auch BeckOK-BGB/*Dennhardt* (01.02.2021) § 387 Rn. 31; vgl. auch Erman/*Wagner* § 387 Rn. 33; BeckOGK-BGB/*Skamel* (01.04.2021) § 387 Rn. 193 ff.; NK-BGB/*Wermeckes* § 387 Rn. 38 (Fn. 217).

Im Übrigen wird es von der Entscheidung anhand der Berücksichtigung der besonderen *Umstände des jeweiligen Einzelfalls* abhängen, welche dogmatische Konstellation angenommen werden kann. Aufgrund fehlender gravierender Unterschiede in den jeweiligen Beschränkungsgrenzen der Konstellationen erscheint es dabei allerdings wichtiger zu bestimmen, ob überhaupt eine Aufrechnungsbeschränkung vorliegt, als eine genauere Einordnung bzw. abstrakte Abgrenzung vorzunehmen.

b) Indirekte Vereinbarungsformen (Gerichtsstands- und Schiedsgerichtsabreden)

Aufrechnungsbeschränkungen könnten auch von den Parteien *indirekt* vereinbart werden. Damit ist in erster Annäherung eine Vereinbarung zu verstehen, welche nicht explizit eine Aufrechnung ausschließt oder beschränkt. Dadurch unterscheiden sich diese Fälle aber noch nicht von den Fällen, in welchen eine Aufrechnungsbeschränkung konkludent vereinbart wird. Vielmehr handelt es sich insofern um Konstellationen, in denen durch eine vertragliche Vereinbarung bzw. einem Teil des ausgestaltenden Vertrages als *nicht primär verfolgte Nebenfolge* eine Aufrechnung durch prozessuale oder materiellrechtliche Vorschriften für bestimmte Situationen ausgeschlossen ist oder wird.

Praktisch gesehen wird die Frage, ob eine solche Konstellation vorliegt, vor allem dann relevant, wenn nationale oder internationale Gerichtsstandsvereinbarungen oder Schiedsgerichtsabreden getroffen werden.[404] In diesen Fällen haben die Parteien eine Aufrechnungsbeschränkung weder ausdrücklich noch konkludent vereinbart.[405] Auch ergibt sich insoweit keine Beschränkung der Aufrechnung aufgrund der Natur der Sache nach § 242 BGB. Es könnte sich allerdings aufgrund der vertraglich vorgesehenen Zuständigkeit eines bestimmten (Schied-)Gerichts für Vertragsstreitigkeiten ein *faktischer Ausschluss der Aufrechnung* dadurch ergeben, dass das für die Hauptforderung zuständige Gericht bzw. die Schiedsstelle nicht auch für die Entscheidung über die Gegenforderung berufen ist. Es wird in Betracht gezogen, ob das (Schieds-)Gericht entsprechend

---

404 Vgl. allgemein und ausführlich dazu *Coester-Waltjen*, FS Lüke, 35 ff.; *Kannengießer*, Die Aufrechnung im internationalen Privat- und Verfahrensrecht, 192 ff., 203 ff.; Staudinger/*Gursky* Vorb. §§ 387 ff. Rn. 48 ff., 51ff.; zur dieser Frage bei internationaler Gerichtszuständigkeit durch eine Gerichtsstandsvereinbarung *Mohamed* ZZPint 22 (2017), 255 ff.

405 Ebenfalls auf den fehlenden bzw. nicht ermittelbaren Parteiwillen hinweisend *Kannengießer*, Die Aufrechnung im internationalen Privat- und Verfahrensrecht, 192.

gehindert ist, über die Gegenforderung zu entscheiden und daher auch nicht die erklärte Aufrechnung entscheiden darf.[406]

Diese und die weiteren Fragestellungen hinsichtlich der genauen Rechtsfolgen einer solchen Vereinbarung lassen sich im Rahmen dieser Arbeit nicht umfassend behandeln. Denn der Fragenkomplex ist äußerst vielschichtig.[407] So wird bereits die Frage, ob und wann eine Zuständigkeitsvereinbarungen tatsächlich einen Ausschluss der Entscheidungskompetenz des (Schieds-)Gerichtes über die Gegenforderung bedeutet, in der Literatur und Rechtsprechung nicht einheitlich beantwortet oder es bleibt eine Frage der Auslegung im Einzelfall.[408] Außerdem sind Gerichtsstandsvereinbarungen in verschiedener Ausgestaltung möglich und auch die verschiedenen Regelungen des internationalen und nationalen Prozessrechtes für einzelne Rechtsfragen, wie bspw. Regelungen zur rügelosen Einlassung, haben entscheidenden Einfluss auf die Beantwortung der Fragen.[409] Daher müssen auch die sich daran anschließenden Probleme im Zusammenhang mit einer Aufrechnung bzw. einem Ausschluss der Aufrechnungsmöglichkeit hier offen bleiben. So werden unter anderem noch Fragen zu klären sein, ob eine Gerichtsstandsvereinbarung tatsächlich die Aufrechnung ausschließt[410], in welcher Art die Aufrechnung ausgeschlossen ist – prozessuales oder materielles Verbot[411] –,

---

406 Staudinger/*Gursky* Vorb. §§ 387 ff. Rn. 48 ff., 51 ff.

407 Vgl. ausführlich und zwischen den verschiedenen Fällen differenzierend *Kannengießer*, Die Aufrechnung im internationalen Privat- und Verfahrensrecht, 192 ff., 203 ff.; s.a. *Mohamed* ZZPint 22 (2017), 255 ff. und *Gebauer* IPRax 2018, 172 ff.

408 Vgl. BGH NJW 2015, 1118 (1119 f.); ausführlich Staudinger/*Gursky* Vorb. §§ 387 ff. Rn. 48 ff., 51ff.; s.a. *Mohamed* ZZPint 22 (2017), 255 ff. und *Gebauer* IPRax 2018, 172 ff.; w.N. in Fn. 410.

409 Vgl. nur statt vieler Staudinger/*Gursky* Vorb. §§ 387 ff. Rn. 51.

410 Vgl. bspw. BGH NJW 2015, 1118 (1119 f.); BGH NJW 1979, 2477 (2478); EuGH Slg. 1978, 2133 (2142 ff.) = BeckRS 2004, 72459; LG Berlin IPRax 1998, 97 (99); OLG Bamberg, Urteil v. 28.09.2016, Az. 3 U 43/16, BeckRS 2016, 19999; OLG München NJOZ 2017, 796 f.; dazu übersichtlich Staudinger/*Gursky* Vorb. §§ 387 ff. Rn. 48 ff., 51 ff., § 387 Rn. 228; *Heller* AcP 207 (2007), 456 (465 ff.); *Werner*, Umgehung von Aufrechnungshindernissen, 24 ff.; *Geimer* NJW 1973, 951 (952); ablehnend OLG Hamm MDR 1971, 217; s.a. LG Berlin IPRax 1998, 97 (99).

411 Vgl. für ein prozessuales Aufrechnungsverbot bspw. BGHZ 38, 254 (258) = NJW 1963, 243; BGH NJW 1979, 2477 (2478); BGH NJW 1993, 2753 (2755, m.w.N.); OLG Schleswig Urteil v. 01.11.2013, Az. 17 U 44/13; OLG Bamberg, Urteil v. 28.09.2016, Az. 3 U 43/16, BeckRS 2016, 19999; MüKo-ZPO/*Fritsche* § 145 Rn. 35; Musielak/Voit/*Voit*, ZPO, § 1029 Rn. 24 f.; vgl. auch umfassend und übersichtlich Staudinger/*Gursky* Vorb. §§ 387 ff. Rn. 48; für ein materiellrechtliches Aufrechnungsverbot hingegen *Werner*,

ob eine Aufrechnung für alle Forderungen ausgeschlossen ist, oder bspw. zwischen unbestrittenen, rechtkräftig festgestellten Forderungen und anderen unterschieden werden muss[412] und ob eine Differenzierung zwischen Schiedsgerichtsabreden, internationalen und nationalen Gerichtsstandsvereinbarungen erforderlich ist[413].

2.) Vereinbarungs- und Entstehungszeitpunkt

Aufrechnungsbeschränkungen können sich hinsichtlich des *Vereinbarungs-* und *Entstehungszeitpunktes* unterscheiden. Die Vertragsfreiheit ermöglicht den am Rechtsgeschäft Beteiligten die Aufrechnung bereits im vornherein auszuschließen, also bereits vor oder mit Entstehen der Forderungen. Genauso ist eine Beschränkungsvereinbarung für bereits bestehende Forderungen möglich.[414] Insoweit scheint es sinnvoll von einer anfänglichen und nachträglichen Aufrechnungsbeschränkung zu sprechen, abhängig davon, ob die Vereinbarung vor oder nach dem Entstehen der Forderung(en) erfolgt ist.

Zusätzlich sind die Parteien frei, ab welchem Zeitpunkt die Aufrechnungsmöglichkeit ausgeschlossen sein soll. So kann eine anfängliche Aufrechnungsbeschränkung nicht nur dazu führen, dass eine Aufrechnung mit oder gegen die Forderung mit deren Entstehen ausgeschlossen ist, sondern auch, dass diese Beschränkung erst zu einem späteren Zeitpunkt, also u.U. auch bereits nach Eintritt einer Aufrechnungslage eintreten soll.

Themenspezifische Relevanz hat die Unterscheidung zwischen anfänglichen und nachträglichen Beschränkungsvereinbarungen bei der Frage nach der allgemeinen Zulässigkeit nach § 137 Satz 1 BGB.[415] Außerdem unterscheidet sich die dogmatische Konstruktion je nachdem, ob die Forderungen bereits bestehen

---

Umgehung von Aufrechnungshindernissen, 25 f.; wohl auch *Gernhuber*, Erfüllungssurrogate, § 12 III 12.

412 Bspw. für eine Differenzierung Staudinger/*Gursky* Vorb. §§ 387 ff. Rn. 51, 53; *Gebauer* IPRax 1998, 79 (81); Musielak/Voit/*Voit*, ZPO, § 1029 Rn. 24 f.; *Werner*, Umgehung von Aufrechnungshindernissen, 24 m.w.N.; ebenfalls eine Aufrechnung trotz Schiedsgerichtsabrede nach Durchführung des Schiedsverfahrens (wieder) für möglich haltend BGH NJW-RR 2008, 556 (557).

413 Vgl. zu allen drei Fallgestaltungen *Heller* AcP 207 (2007), 456 (465 ff.); übersichtlich differenzierend Staudinger/*Gursky* Vorb. §§ 387 ff. Rn. 48 ff., 51 ff.

414 So zu beidem auch *Walsmann*, Verzicht, 241.

415 Siehe dazu § 5 A.

oder die Aufrechnungsbeschränkung bereits vor und mit Wirkung für das Entstehen der Forderungen vereinbart werden.[416]

III. Rechtsfolgen

1.) Aufrechnungsspezifische Rechtsfolgen

Für eine Beurteilung und Bestimmung der Grenzen von vertraglichen Aufrechnungsbeschränkungen ist als Grundlage unabdingbar zu bestimmen, welche rechtlichen Konsequenzen eine solche Vereinbarung hat bzw. haben kann.

Als Wirkung einer vereinbarten Aufrechnungsbeschränkung sind mehrere Möglichkeiten denkbar. Zum einen könnte diese dazu führen, dass eine Aufrechnung ausgeschlossen ist und die Wirkungen einer Aufrechnung nicht herbeigeführt werden können.[417] Damit würde es sich um einen Ausschluss bzw. eine Beschränkung des rechtlichen *Könnens* handeln.[418] Zum anderen erscheint es aber ebenfalls möglich, dass allein das rechtliche *Dürfen* eingeschränkt wird. So können sich die Parteien schuldrechtlich verpflichten, eine Erklärung der Aufrechnung zu unterlassen.[419] Sollte eine Partei in diesem Fall dennoch die Aufrechnung erklären, würden zwar die Forderungen nach § 389 BGB erlöschen, der Erklärende beginge damit aber eine Pflichtverletzung mit einer sich ggf. anschließenden Schadensersatzpflicht.[420] Als weitere Möglichkeit ist auch denkbar, dass lediglich die Geltendmachung der Aufrechnung bzw. des Aufrechnungseinwandes im Prozess ausgeschlossen sein soll.[421]

Letztendlich ist es im Lichte der Privatautonomie die Entscheidung der Parteien, welche der drei genannten Rechtsfolgen sie auslösen wollen, denn alle drei Versionen erscheinen im Rahmen der deutschen Rechtsordnung grundsätzlich möglich.[422] Die Ermittlung des Parteiwillens anhand einer Auslegung

416 Siehe zur Dogmatik § 4 B. V.

417 Bspw. läge dies nahe bei Formulierungen wie „Der Mieter kann nur mit […] aufrechnen" (BGH NJW 2007, 3421).

418 So im Erg. BGH NJW 2002, 2779; BGH Urteil v. 11.05.2004, Az. XI ZR 22/03, BeckRS 2004, 6074 (II. 2.); Erman/*Wagner* § 387 Rn. 27; OLG Hamm OLGR 2004, 281 (283 f.).

419 Auf beide Ansätze eingehend, aber letztendlich allein den Fall des Ausschlusses des rechtlichen Könnens für einschlägig haltend *Reichel* AcP 126 (1926), 313 (316 f.).

420 Dazu nur Erman/*Wagner* § 387 Rn. 27.

421 Allein diese Form als zulässig ansehend *Fenge* JZ 1971, 118 (122 f.).

422 Siehe zur grundsätzlichen (Un-)Zulässigkeit von vertraglichen Aufrechnungsbeschränkungen § 5 A.

geht dabei vom Wortlaut aus.[423] Sofern die Parteien ausdrücklich ihren Willen hinsichtlich einer der in Frage kommenden Gestaltungswirkungen im Vertragstext erklärt haben, ist diese Erklärung – bei Unterstellung von fehlenden abweichenden und ausschlaggebenden Gründen oder Umständen für ein anderes Auslegungsergebnis – maßgeblich.

a) Regelfall: Ausschluss der materiellrechtlichen Wirkung der Aufrechnung als Ausschluss des rechtlichen Könnens

Erforderlich ist allerdings eine Bestimmung, welche der vorgehend beschriebenen Wirkungen der Aufrechnungsbeschränkung anzunehmen ist, wenn die Parteien keine derartige *explizite* Regelung über die genauen Rechtsfolgen der Aufrechnungsbeschränkung treffen.[424] Dieser Fall der fehlenden – nach dem Wortlaut eindeutigen – Bestimmung der Wirkungen der Aufrechnungsbeschränkung stellt in der Rechtspraxis den Regelfall dar.[425] So sind in der Praxis vermehrt bspw. folgende Vereinbarungen zu finden:

> *„Aufrechnung durch den Käufer mit Gegenansprüchen gleich welcher Art ist ausgeschlossen."*[426]

> *„Die Aufrechnung streitiger Gegenforderungen gegen unbestrittene fällige Rechnungsbeträge sowie Abzüge jeder Art sind unzulässig."*[427]

> *„Eine Aufrechnung gegen den Honoraranspruch ist nur mit einer unbestrittenen oder rechtskräftig festgestellten Forderung zulässig."*[428]

> *„Der Kunde darf Forderungen gegen die Sparkasse nur insoweit aufrechnen, als seine Forderungen unbestritten oder rechtskräftig festgestellt sind."*[429]

---

423 Vgl. statt aller und jeweils m.w.N. nur BGH NJW 1994, 188 (189), NK-BGB/*Looschelders* § 133 Rn. 30, 68 ff., MüKo-BGB/*Busche* § 133 Rn. 60.

424 Dies wird in aller Regel der Fall sein, da kein Praxisbeispiel ersichtlich ist, in welchem eine genaue vertragliche Bestimmung der Wirkungsweise einer Aufrechnungsbeschränkung vorgenommen wurde.

425 Vgl. aber bspw. BGH NJW 2007, 3421 („Der Mieter *kann* nur mit […] aufrechnen"), in dem eine Zuordnung zum Ausschluss des „rechtlichen Könnens" der Aufrechnung naheliegt.

426 Vgl. OLG Nürnberg NJOZ 2014, 1882.

427 BGH NJW 1984, 357.

428 BGH NJW 2011, 1729.

429 BGHZ 218, 132 = NJW 2018, 2042.

Die Zuordnung dieser Fälle muss ebenfalls nach dem Willen der Parteien erfolgen. Dieser ist die Grundlage der Aufrechnungsbeschränkung. Als Anhaltspunkt kann hier zumindest im Normalfall der hinter der Aufrechnungsbeschränkung stehende Zweck herangezogen werden.[430]

Wie bereits dargestellt, wird mit einer vertraglichen Aufrechnungsbeschränkung primär bezweckt, dass die Durchsetzung der eigenen Forderung nicht – missbräuchlich – verzögert und eine Realleistung sichergestellt werden soll.[431] Darin wird deutlich, dass die Parteien verhindern wollen, dass eine Aktivforderung überhaupt gegen die geltend gemacht Passivforderung eingewandt wird und entsprechend – ggf. zeitverzögernd – im gerichtlichen Verfahren über diese verhandelt und Beweis erhoben werden muss. Das wäre aber nicht der Fall, wenn eine Aufrechnung zwar vertraglich verboten, aber letztendlich materiellrechtlich möglich wäre. Ein möglicher Schadensersatzanspruch wegen einer pflichtwidrigen Aufrechnung kann diesen Zweck auch nicht – nachträglich – erfüllen. Letztendlich würde nicht die Verzögerung der Durchsetzung der Forderung oder die Erfüllung durch die Aufrechnung an sich verhindert. Wollen die Parteien die Herbeiführung der Rechtsfolgen der Aufrechnung nach § 389 BGB überhaupt verhindern,[432] soll eine Aufrechnungsbeschränkung das rechtliche Können beschränken. Dementsprechend ist *als Regelfall* anzunehmen, dass durch Vereinbarung einer Aufrechnungsbeschränkung die materiellrechtliche Wirksamkeit einer Aufrechnung ausgeschlossen wird.[433]

Aufgrund der fehlenden materiellrechtlichen Wirkungen der Aufrechnungserklärung tritt keine Erfüllung ein und ein späterer Erfüllungseinwand des Erklärenden geht ins Leere.

---

430 Vgl. zur Berücksichtigung des mit dem Rechtsgeschäft im konkreten Fall verfolgten Zwecks nach § 133 BGB bspw. BGH NJW 2007, 2320 (2322, Tz. 27) und Palandt/*Ellenberger* § 133 Rn. 18 m.w.N.

431 Siehe zu diesem hinter einer Aufrechnungsbeschränkung stehenden Zweck bereits § 3 C I. 1.).

432 Vgl. BGH NJW 1984, 357 (358); BGH NJW 2002, 2779; Staudinger/*Gursky* § 387 Rn. 201.

433 BGH NJW 2002, 2779; BGH Urteil v. 11.05.2004, Az. XI ZR 22/03, BeckRS 2004, 6074 (II. 2.); Erman/*Wagner* § 387 Rn. 27; OLG Hamm OLGR 2004, 281 (283 f.); vgl. auch MüKo-BGB/*Schlüter* § 387 Rn. 56 und schon *Weigelin*, Aufrechnung als Pfandrecht an der eigenen Schuld, 114; *Kleinschmidt*, Vertragsmäßige Erweiterungen und Beschränkungen des Aufrechnungsrechtes, 34; vgl. auch *Ghassemi-Tabar/Schweitzer* ZfIR 2012, 224 (225, Fn. 9); *Findeisen* WM 2016, 2286 (2292).

Als weitere Konsequenz ist die Abrechnungsbeschränkung im gerichtlichen Verfahren *von Amts wegen* zu beachten, sofern die Aufrechnungsbeschränkung bzw. deren begründende Tatsachen in den Prozess eingeführt wurden.[434] Folglich ist auch eine Geltendmachung einer Aufrechnung im gerichtlichen Verfahren nicht möglich, unabhängig davon, ob diese erstmalig in Prozess erklärt oder eine vorprozessuale erklärte Aufrechnung in den Prozess eingebracht wird.[435] In diesen Fällen ist die Erklärung der Aufrechnung vom Gericht als unzulässig zurückzuweisen.[436] Denn die Gerichte dürfen sich bei einem wirksamen Aufrechnungsverbot überhaupt nicht mit der aufrechnungsweise geltend gemachten Gegenforderung beschäftigen. Insbesondere darf gerade keinen Beweis über die für die (Un-)Begründetheit der Forderung maßgeblichen Tatsachen erhoben werden.[437] Ansonsten würde ein regelmäßiger primärer Zweck der Aufrechnungsbeschränkung, nämlich die Verhinderung der Verzögerung der Forderungsdurchsetzung, schon dadurch ad absurdum geführt. Alleiniger Gegenstand der Sachverhaltsermittlung und Entscheidung darf nur die Wirksamkeit der Aufrechnungsbeschränkung sein. Ist diese Aufrechnungsbeschränkung wirksam, bedeutet dies gleichzeitig auch, dass aufgrund der Unzulässigkeit der Aufrechnung eine sachliche Entscheidung über die zur Aufrechnung gestellten Forderungen ausgeschlossen ist und damit über diese auch keine rechtskräftige Entscheidung i.S.d. § 322 Abs. 2 ZPO ergehen darf.[438] Ansonsten könnte der Aufrechnende die Gegenforderung nicht mehr in einem anderen Prozess (eigenständig) geltend machen[439], was allerdings mit der Aufrechnungsbeschränkung nicht bezweckt ist.[440]

---

434 BGH NJW 2002, 2779 m.w.N.; OLG Hamm OLGR 2004, 281 (284); MüKo-BGB/*Schlüter* § 387 Rn. 58; so auch Staudinger/*Gursky* § 387 Rn. 201.

435 Siehe zu diesen verschiedenen Möglichkeiten bereits § 2 A. II.).

436 So zutreffend u.a. BGH NJW 2002, 2779; BGH NJW 1986, 1757 (1758); BGHZ 107, 185 (188 ff.) = NJW 1989, 3215 (3216); vgl. auch BGHZ 94, 71 (72 ff., Entscheidung über Bestehen der Forderungen offen gelassen) = NJW 1985, 2091; *Mues* EWiR 2002, 985 (986); *Ghassemi-Tabar/Schweitzer* ZfIR 2012, 224 (225, Fn. 9).

437 Zur Frage der – unzulässigen – Herbeiführung der Entscheidungsreife der Forderungen § 5 B. IV. 2.) d) bb) (d); vgl. insoweit auch die Nachweise in Fn. 436.

438 BGH NJW 1986, 1757; OLG Düsseldorf NJOZ 2016, 1084 (1090); *Mues* EWiR 2002, 985 (986); *Ghassemi-Tabar/Schweitzer* ZfIR 2012, 224 (225, Fn. 9).

439 BGH NJW 2002, 2779; OLG Düsseldorf NJOZ 2016, 1084 (1090); *Mues* EWiR 2002, 985 (986);

440 Siehe zu den verschiedenen Intentionen für vertragliche Aufrechnungsbeschränkungen bereits § 3 C.

b) Ausnahmefall: Aufrechnungsbeschränkung mit obligatorischer Wirkung und Ausschluss der prozessualen Geltendmachung als Ausschluss des rechtlichen Dürfens

Eine abweichende Regelung ist nur anzunehmen, wenn die Parteien dies *explizit vereinbaren* oder *besondere Begleitumstände* eine solche Abweichung vorgeben. Allerdings sind kaum Konstellationen denkbar, in welchen die Parteien mit einer Aufrechnungsbeschränkung Rechtsfolgen bezwecken, welche nicht auch auf die gegenanspruchsunabhängige Durchsetzung ihrer Forderung mit einer Realerfüllung und damit auch auf eine materiellrechtliche Verhinderung der Aufrechnungswirkungen abzielen.[441] Dem entspricht, dass in der gerichtlichen Praxis bis dato kein Fall einer pflichtwidrigen Aufrechnung entgegen einer allein schuldrechtlichen Verpflichtung zur Unterlassung der Aufrechnung ersichtlich ist. Dies führt zwar nicht zu einer grundsätzlichen Unzulässigkeit derartiger Vereinbarungen, zeigt aber den Ausnahmecharakter dieser Konstellation.

Diese Erwägungen treffen ebenfalls auf eine vertragliche Aufrechnungsbeschränkung in der Form des Ausschlusses der Befugnis zur Einwendung der Aufrechnung im Prozess zu.[442] Den Parteien steht zwar grundsätzlich auch offen, sich zu einem solchen prozessualen Verhalten zu verpflichten.[443] Ein solcher Fall des *ausdrücklichen* Ausschlusses der prozessualen Geltendmachungsbefugnis der Aufrechnung ist in der Praxis allerdings ebenfalls nicht üblich.[444]

Sofern eine solche abweichende Vereinbarung im Ausnahmefall getroffen wird, ergeben sich aus der Aufrechnungsbeschränkung keine besonderen aufrechnungsspezifischen Rechtsfolgen. Die Aufrechnung kann wirksam mit der Rechtsfolge nach §§ 387 ff. BGB erklärt werden. Allerdings verstößt die Aufrechnung gegen die entgegenstehende Verpflichtung bzw. ist ihre Geltendmachung

---

441 Vgl. in Ansatz auch Staudinger/*Gursky* § 387 Rn. 201, welcher allein eine obligatorische Wirkung einer vertraglichen Aufrechnungsbeschränkung als nicht „*dem Willen der Parteien*" entsprechend ansieht.

442 Diesen Fall als allein zulässige Aufrechnungs-beschränkung ansehend *Fenge* JZ 1971, 118 (122 f.); vgl. auch BGHZ 38, 254 (257 f.) = NJW 1963, 243.

443 BGHZ 38, 254 (257 f.) = NJW 1963, 243; BGH NJW 1973, 421; vgl. auch BGH NJW-RR 2008, 556 (557).

444 Nicht gemeint sind hier (internationale) Gerichts- oder Schiedsgerichtsvereinbarungen. Diese werden von der h.M. im Regelfall als Ausschluss der prozessualen Geltendmachung der Gegenforderung angesehen. Dieser Ausschluss folgt aber aufgrund einer „indirekten Vereinbarung" und ist von den in dieser Arbeit behandelten vertraglichen Aufrechnungsbeschränkungen mit direkter Vereinbarungsform (explizit oder konkludent) zu unterscheiden. Siehe dazu § 4 B. II. 1.) b).

im Prozess nicht zulässig bzw. vom Gericht nicht zu beachten. Die im zweiten Fall entstehende Problematik gleicht damit den Konstellationen, in welchen zwar keine Aufrechnungsbeschränkung besteht, allerdings eine Berücksichtigung der Aufrechnung aus anderen prozessualen Gründen nicht möglich ist.[445]

Da die Aufrechnungsbeschränkungen mit schuldrechtlichem oder prozessrechtlichem Charakter in der Praxis praktisch nicht vorkommen, wird bei der Bestimmung der Grenzen von den vertraglichen Aufrechnungsbeschränkungen in dieser Arbeit der Fokus auf den Ausschluss der Aufrechnung mit materiellrechtlicher Wirkung gesetzt. Allein punktuell wird auf den Aspekt des Ausschlusses der Aufrechnung mit obligatorischer Wirkung eingegangen.[446]

2.) Beschränkungsausrichtung

Vertragliche Aufrechnungsbeschränkungen können sich auch in der Ausrichtung der Beschränkung unterscheiden. Zum einen kann die *aktive Aufrechenbarkeit* einer Forderung, also die Möglichkeit *mit* einer Forderung aufzurechnen, ausgeschlossen sein. Zum anderen kann auch die Aufrechnungsmöglichkeit *gegen* eine Forderung beschränkt sein, also ein Ausschluss der *passiven Aufrechenbarkeit.*[447] Gesetzlich ist ein solches Verbot der Aufrechnung gegen eine Forderung bspw. in § 393 BGB und § 394 BGB normiert. Mit der Beschränkungsausrichtung wird damit gleichzeitig auch die Schutzrichtung festgelegt, welche insbesondere im Rahmen der weiteren Bestimmung der Wirkungsweise und des Umfanges von Aufrechnungsbeschränkungen besondere Bedeutung erlangen kann.[448] Bei Beschränkungen der passiven Aufrechenbarkeit werden die Effektivverfüllung und deren (zeitnahe) Durchsetzung der Forderung gegenüber jeder Gegenforderung des Schuldners geschützt.[449] Beschränkungsbegünstigt

---

445 Vgl. zu dieser Problemstellung nur Rosenberg/Schwab/Gottwald/*Gottwald*, Zivilprozessrecht, § 104 Rn. 33 ff. m.w.N.; Staudinger/*Roth* § 139 Rn. 30.

446 So im Bereich von § 309 Nr. 3 BGB (§ 5 B. IV. 2.) a) cc)) und von § 307 BGB (§ 5 B. VI. 5.)).

447 *Oertmann*, BGB. Dritter Titel, Aufrechnung, Vorbem. Anm. 4; zur Beschränkung der aktiven Aufrechenbarkeit bspw. BGH NJW 1972, 721 (Ausschluss der Aufrechnung mit einem Kautionsrückgewähranspruch) und OLG Celle WuM 1990, 103 (111, Ausschluss der Aufrechnung mit nicht konnexen Forderungen); zur passiven Aufrechenbarkeit BGH NJW 1985, 550 (Unzulässigkeit der Aufrechnung gegen Kaufpreisforderungen).

448 Dazu sogleich § 4 B. IV. 1.) und 5.).

449 Denkbar sind dabei auch Fälle, in welchen zwar die Aufrechnung gegen eine bestimmte Forderung ausgeschlossen ist, diese Beschränkung allerdings nur gegenüber bestimmten Forderungen gilt.

ist dabei der Forderungsinhaber. Hingegen begünstigt eine Beschränkung der aktiven Aufrechenbarkeit den Forderungsschuldner, indem der Gläubiger mit seiner aufrechnungsbeschränkten Forderung nicht gegen die Gegenforderung des Schuldners aufrechnen kann. Diese Optionen können dabei auch kumulativ für eine Forderung vereinbart werden, sodass die Forderung weder aktiv noch passiv aufrechenbar, mithin selbst unaufrechenbar ist.

Ein weiterer Aspekt der Beschränkungsrichtung resultiert daraus, ob in einem Vertrags- oder Schuldverhältnis die (soeben genannten) Aufrechnungsbeschränkungen einseitig oder zweiseitig ausgestaltet sind.[450] Möglich ist damit eine singuläre Leistungsgarantie des Gläubigers, durch Beschränkung der passiven Aufrechenbarkeit der Forderung(en) des Gläubigers oder durch Ausschluss der aktiven Aufrechenbarkeit der Forderung(en) des Schuldners. Ebenso kann allein der Schuldner durch die Aufrechnungsbeschränkung begünstigt werden. Außerdem können die Beschränkungen kumulativ vereinbart werden, sodass gegenseitige, aufrechnungsspezifisch gegenanspruchsunabhängige Ansprüche auf reale Leistungserbringung bestehen.

3.) Beschränkungsumfang

Auch der Umfang einer Aufrechnungsbeschränkung kann variieren.[451] Die Beschränkung der Aufrechnung muss sich nicht immer darauf beziehen, dass die Aufrechnung *mit* und/oder *gegen* eine Forderung vollständig ausgeschlossen ist. Dies stellt nur die umfangreichste Möglichkeit dar und in der Praxis sind oftmals allgemein formulierte Aufrechnungsbeschränkungen zu finden. Allgemein formulierte Aufrechnungsbeschränkungen schließen die Aufrechnung allgemein, also nicht nur für eine bestimmte Forderungsart oder Herkunft, aus. Konkrete Formulierungen lauten bspw.:

> *„Das Recht auf Aufrechnung und Zurückbehaltung durch den Benutzer wird ausdrücklich ausgeschlossen."*[452]

Die Parteien sind im Grundsatz genauso frei, eine Aufrechnung nicht vollständig auszuschließen, sondern die Aufrechnung von weiteren Voraussetzungen abhängig zu machen, die über die Tatbestandsmerkmale von §§ 387 ff. BGB

---

450 I.d.S. *Gernhuber*, Erfüllungssurrogate, § 12 VI 2.
451 Vgl. nur *Seippel*, Gesetzliche Aufrechnung, 28.
452 Aus BGH NJW 1985, 319.

hinausgehen.[453] Dies ist bspw. dann der Fall, wenn die Parteien die Erklärung der Aufrechnung von einer bestimmten Form[454], einer vorherigen Ankündigung oder einem Anerkenntnis abhängig machen.[455] Verbreitet sind in der Kautelarpraxis auch Klauseln, welche eine Aufrechnung ausschließen, sofern die Forderung nicht unbestritten oder rechtskräftig festgestellt ist.[456]

Des Weiteren kann sich die Beschränkung auch nur auf bestimmte Forderungen des Vertragspartners beziehen. So sind bspw. bereits Vereinbarungen ersichtlich, nach welchen allein mit konnexen Forderungen aufgerechnet werden durfte, mithin die Aufrechnung mit nicht-konnexen Forderungen ausgeschlossen war.[457] Die Beschränkung kann sich dabei auch auf eine ganz bestimmte Konstellation von gegenseitigen und bestehenden Forderungen und damit auf eine *einzelne konkrete* Aufrechnungsbefugnis beziehen.

4.) Beschränkungsdauer

Aufrechnungsbeschränkungen wirken im Grundsatz ohne eine zeitliche Grenze. Im Folgenden wird aber dargestellt, wann vertragliche oder faktische zeitliche Grenzen für Aufrechnungsbeschränkungen bestehen können.

a) Vertraglich bestimmte Dauer

Ein Ende der Wirkungen kann sich aus einer anfänglichen oder einer nachträglichen rechtsgeschäftlichen Geltungsbestimmung ergeben.[458] So können die Parteien eine bestimmte Dauer der Wirkung der Aufrechnungsbeschränkung

---

453 Vgl. zur Unterscheidung zumindest für den Anwendungsbereich von § 309 Nr. 3 BGB Wolf/Lindacher/Pfeiffer/*Dammann* § 309 Nr. 3 Rn. 17 ff.; Ulmer/Brandner/Hensen/*Schäfer* § 309 Nr. 3 Rn. 8.

454 Vgl. Wolf/Lindacher/Pfeiffer/*Dammann* § 309 Nr. 3 Rn. 18, welcher insoweit von „*Erschwerungen*" spricht.

455 Vgl. bspw. BGH NJW-RR 1988, 329 (Ankündigungsvorbehalt), BGH NJW 1994, 657 (Anerkenntnisvorbehalt). Eine andere Fragestellung ist, ob derartige Beschränkungsvereinbarungen ähnlich strengen Grenzen wie für vollständige Ausschlüsse zu unterwerfen sind; siehe dazu § 5 B. IV. 2.) a) und für die Fallgruppenuntersuchung § 6 A. III. und IV.

456 Vgl. bspw. BGH NJW 2011, 1729; OLG Nürnberg NJOZ 2014, 1882; ähnlich auch § 19 ADSp, welche eine Aufrechnung ausschließt, sofern die Forderung nicht einwendungsfrei ist.

457 Bspw. OLG Celle WuM 1990, 103 (111).

458 Siehe zur inzidenten direkten Aufhebung von Aufrechnungsbeschränkungen durch eine nachträgliche Vereinbarung der Vertragsparteien § 5 C. III. 1.).

vereinbaren oder deren Wirkungsdauer von anderen Umständen abhängig machen. Bei einer solcher Vereinbarung handelt es sich um eine auflösende Bedingung i.S.d. § 158 Abs. 2 BGB. Bei Eintritt der Bedingung werden die Forderungen wieder aufrechnungsfähig.[459]

b) *Faktische Grenze: Erfüllung oder sonstiger Untergang der beschränkungsbegünstigten Forderungen*

Eine faktische Grenze für die Wirkung der Aufrechnungsbeschränkung besteht dahingehend, dass diese keine tatsächliche Wirkung mehr erlangt, sofern die beschränkungsbegünstige Forderung erfüllt wird oder auf andere Weise untergeht. Eine Aufrechnung scheitert bereits an der nicht mehr gegebenen Aufrechnungslage. Sofern eine *konkrete* Aufrechnungsbeschränkung zwischen zwei genau bestimmten Forderungen vereinbart wurde, entfällt die Beschränkungswirkung schon, sobald eine der beiden Forderungen untergeht.

c) *Beendigung des zugrundeliegenden Vertrages*

Nicht geklärt ist mit der bisherigen Darstellung allerdings, ob vertragliche Aufrechnungsbeschränkungen auch weiterwirken, wenn der zugrundeliegende Vertrag bereits beendet wurde. Diese Fragestellung erlangt besonders im Rahmen von Dauerschuldverhältnissen praktische Bedeutung. Insbesondere im Mietvertragsrecht ist die Frage umstritten, ob eine vertragliche Aufrechnungsbeschränkung über das Vertragsende hinaus Wirkung entfaltet und einer wirksamen Aufrechnung weiterhin entgegenstehen kann.[460]

Die Wirkungsdauer ist im Rahmen mietvertraglicher Vereinbarungen, bei anderen Dauerschuldverhältnissen sowie auch bei Verträgen im Allgemeinen nach dem *Sinn und Zweck* der (jeweiligen) Aufrechnungsbeschränkungsvereinbarung zu bestimmen. Sofern der Beschränkungsbegünstigte, also der Inhaber der beschränkungsbegünstigten Forderungen, mit der Beschränkungsvereinbarung eine zügige Durchsetzung und eine Realerfüllung bezweckt[461], entfällt

---

459 Zur inhaltlichen Änderung einer Forderung durch eine Aufrechnungsbeschränkung siehe § 4 B. V.

460 Vgl. zu den verschiedenen Ansichten und Differenzierungen die Nachweise bei Staudinger/*Gursky* § 387 Rn. 252; Staudinger/*Weitemeyer*, 15. Auflage 2014, § 556b Rn. 20; Schmidt-Futterer/*Langenberg*, Mietrecht, 13. Auflage 2017, § 566b Rn. 34 und OLG Hamm NJW-RR 1994, 711.

461 Siehe zu den verschiedenen Zwecksetzungen von Aufrechnungsbeschränkungen § 3 C.

dieser Zweck *nicht* zwangsläufig mit dem Ende des Vertrages.[462] Gerade bei Dauerschuldverhältnissen besteht ein solches Interesse des Gläubigers an dem dauerhaften tatsächlichen Erhalt der Leistung des Schuldners. Dieser benötigt einen regelmäßigen und zeitigen Zahlungseingang um seine Kosten zur Bestreitung des Lebensunterhaltes zu decken oder anderweitige dauerhafte Verpflichtungen aus diesen Zahlungseingängen zu bedienen.[463] Dieses Interesse ist durch die Aufrechnungsbeschränkung im (ursprünglichen) Vertrag abgesichert. Es ist kein Grund ersichtlich, wieso der Vertragspartner allein durch das Vertragsende bessergestellt werden und gegen von der Aufrechnungsbeschränkung erfasste Forderungen aufrechnen können soll.[464] Sofern keine ausdrückliche Befristungsbestimmung in oder für die Aufrechnungsbeschränkung vorgenommen wurde, gibt der Wortlaut der Aufrechnungsbeschränkung dafür keinen Anlass. Des Weiteren würde die Gefahr bestehen, dass Schuldner subjektiv den Vertrag für beendet ansehen und unter Berufung auf vermeintliche Gegenforderungen bereits vor dem tatsächlichen Vertragsende die Zahlungen einstellen.[465] Daher gelten im Grundsatz auch die entsprechenden Regelungen der vereinbarten Aufrechnungsbeschränkung. aus dem beendeten Vertrag.

Sofern allerdings der Zweck der Aufrechnungsbeschränkung entfallen ist, bzw. gerade nicht auf den Erhalt einer Realleistung und einer verzögerungsfreien Durchsetzung der Forderung gilt, wirkt die Aufrechnungsbeschränkung auch nur entsprechend weiter. Wurde also in einem Dauerschuldverhältnis bspw. ein Ankündigungsvorbehalt für eine Aufrechnung vereinbart, dient die Aufrechnungsbeschränkung allein der Verhinderung einer überraschenden Aufrechnung. Im Übrigen ist die Aufrechnung grundsätzlich möglich.[466] In diesen Fällen

---

462 OLG Düsseldorf DWW 2017, 217 (222); OLG Düsseldorf NJOZ 2016, 1084 (1089); OLG Düsseldorf NJOZ 2006, 2981 (2983 f.); OLG Düsseldorf WuM 1997, 428; OLG Düsseldorf NJW-RR 1995, 850 (851); OLG Hamm NZM 2017, 124 (125); OLG Hamm NJW-RR 1994, 711; OLG Karlsruhe ZMR 1987, 261 (262 f.); vgl. BGH NJW-RR 2000, 530; OLG Frankfurt NJW 1987, 1650 (1650 f.); KG, Urteil v. 27.07.2000, Az. 8 U 5667/97, BeckRS 2000, 12233; KG DWW 2013, 181 (182); OLG Köln, Urteil v. 15.07.2011, Az. 1 U 82/10, BeckRS 2012, 17960; AG Freiburg (Breisgau), Urteil v. 11.02.1988, Az. 2 C 3812/87. Aus der Lit. jeweils m.w.N. *Horst*, Abkopplungsklauseln im Gewerbemietrecht, 122 f.; HStaudinger/*Weitemeyer*, 15. Auflage 2014, § 556b Rn. 20.

463 OLG Frankfurt NJW 1987, 1650; weitergehend OLG Hamm NJW-RR 1994, 711; vgl. auch *Sternel* NZM 1998, 833 (837).

464 Ähnlich KG DWW 2013, 181 (182 f.); OLG Düsseldorf NJOZ 2016, 1084 (1089).

465 So anschaulich OLG Düsseldorf NJOZ 2016, 1084 (1089).

466 Vgl. BGH NJW-RR 1988, 329; BGH NJW-RR 200, 530.

hat – in Übereinstimmung mit dem BGH – auch die Beschränkung zu entfallen, sobald das zugrundeliegende (Dauer-)Vertragsverhältnis beendet wurde.[467] Es wurde allein die ankündigungs*un*abhängige Aufrechnung ausgeschlossen. Das Interesse an einer solchen Vereinbarung zur Erhaltung der dauerhaften Zahlungseingänge und einer Einstellungsmöglichkeit auf einen anstehenden Ausfall von Zahlungseingängen verliert seine Grundlage, wenn durch eine Beendigung des Vertrages keine dauerhaften Zahlungseingänge zu erwarten sind.[468] Insoweit geht es im Regelfall allein noch um die letzte Abrechnung.

5.) Rechtsnachfolge: Fortwirkung der Aufrechnungsbeschränkung

Ob vertragliche Aufrechnungsbeschränkungen auch noch für Rechtsnachfolger fortwirken, ist für die Bestimmung der Grenzen dieser Vereinbarungen von besonderem Interesse. Sollte bei einer Rechtsnachfolge die Aufrechnungsbeschränkung nicht weiterwirken bzw. diese zu einer „Aufhebung" der materiellrechtlichen Unmöglichkeit der Aufrechnung führen, würde damit bereits die Grenze festgelegt sein: Vertragliche Aufrechnungsbeschränkungen enden sobald sich das Rechtssubjekt des Gläubigers oder Schuldners ändert. Gleichzeitig würde sich eine weitergehende Untersuchung der jeweiligen Grenzen der Beschränkungsvereinbarung in diesen Fällen erübrigen. Die Beantwortung dieser Frage hat außerdem erhebliche Auswirkungen auf die Rechtspositionen der Beteiligten. Denn im Fall der Nicht-Fortwirkung würde der Beschränkungsbegünstige unter Umständen seine (Real-)Erfüllungsgarantie der eigenen Forderung verlieren. Hingegen würde im Falle der Fortwirkung der Zessionar mit der schon vorher beschränkten Forderung nicht wirksam aufrechnen können.

a) Gesamtrechtsnachfolge

Weniger problematisch bei der Frage hinsichtlich der Fortwirkung vertraglicher Aufrechnungsbeschränkungen sind die Konstellationen der *Gesamtrechtsnachfolge*, wie bspw. die des Erben nach § 1922 BGB. In diesen Fällen tritt der Berechtigte vollständig in die Rechtsposition des Rechtsvorgängers ein. Damit übernimmt der Berechtigte nicht nur die Rechte, sondern auch dessen Pflichten

---

467 BGH NJW-RR 1988, 329; BGH NJW-RR 2000, 530; Staudinger/*Gursky* § 387 Rn. 252; Staudinger/*Weitemeyer*, 15. Auflage 2014, § 556b Rn. 20; MüKo-BGB/*Schlüter* § 387 Rn. 65; Prütting/Wegen/Weinreich/*Elzer* § 556b Rn. 9; *Horst*, Abkopplungsklauseln im Gewerbemietrecht, 123; h vgl. auch OLG Hamm NJW-RR 1998, 1020 (1021); AG Neunkirchen, Urteil v. 08.12.2015, Az. 13 C 864/14, Juris Rn. 42 f.

468 Vgl. ähnlich BGH NJW-RR 1988, 329.

bzw. Verbindlichkeiten.[469] Somit ändert sich allein das Rechtssubjekt, im Übrigen verbleibt es bei der vorhandenen materiellrechtlichen Lage. Insbesondere bleibt es bei dem vorhandenen Gegenseitigkeitsverhältnis zwischen den Beteiligten als jeweiliger Schuldner und Gläubiger und auch die Interessenlage verändert sich nicht. Dementsprechend haben Gesamtrechtsnachfolge bzw. Universalsukzessionen keinen Einfluss auf vertragliche Aufrechnungsbeschränkungen. Diese wirken auch für und gegen den Gesamtrechtsnachfolger.

b) Einzelrechtsnachfolge

Im Rahmen der Einzelrechtsnachfolge auf Gläubigerseite durch eine Abtretung nach §§ 398 ff. BGB oder auf Schuldnerseite durch eine Schuldübernahme gem. § 414 ff. BGB wird die Frage einer Fortwirkung hingegen relevant.[470] In diesem Fall entsteht ein Drei-Personen-Verhältnis, welches mehrere Fallgestaltungen denkbar und erörterungswürdig macht.

aa) Wechsel des Forderungsinhabers auf Gläubigerseite

(1) Kein Gegenseitigkeitsverhältnis zwischen Schuldner und Zessionar

Im ersten Fall ist jeweils der Schuldner beschränkungsbegünstigt, da entweder die Aufrechnung *gegen* seine Passivforderung oder eine Aufrechnung *mit* der Aktivforderung des aufrechnungswilligen Gläubigers beschränkt ist. In diesen Fällen ist bei einer Abtretung der Aktivforderung keine Fortwirkung der Aufrechnungsbeschränkung anzunehmen. Es mangelt an der erforderlichen *Gegenseitigkeit.* Außerdem fehlt es an einer Bestimmung wie § 406 BGB, welche über diese fehlende Tatbestandsvoraussetzung i.S.d. §§ 387 ff. BGB hinweghelfen könnte. Der Zessionar kann nicht aufrechnen, unabhängig davon ob eine Aufrechnungsbeschränkung wirksam vereinbart wurde oder nicht.

Im zweiten Fall ist hingegen der Gläubiger bzw. dessen Forderung beschränkungsbegünstigt, indem der Schuldner durch die Aufrechnungsbeschränkung nicht zur Aufrechnung *mit* seiner Aktivforderung oder zur Aufrechnung *gegen* die Passivforderung des Gläubigers fähig ist.[471] In diesem Fall steht der

---

469 Vgl. statt aller nur Staudinger/*Kunz* § 1922 Rn. 13 ff.; MüKo-BGB/*Leipold* § 1922 Rn. 183 f.

470 Folgendes gilt auch für Fälle der Forderungspfändung. Insoweit eine Gleichstellung von Abtretung und Pfändung andeutend Staudinger/*Gursky* § 387 Rn. 257; OLG Köln NJW-RR 1994, 883 (884).

471 Zu den verschiedenen möglichen Schutzrichtungen von vertraglichen Aufrechnungsbeschränkungen bereits § 4 B. III. 2.).

Aufrechnung des Schuldners grundsätzlich ebenfalls *die fehlende Gegenseitigkeit* entgegen. Diese fehlende Gegenseitigkeit könnte allerdings aufgrund der Vorschrift nach § 406 BGB überwunden[472] und dadurch die Frage der Fortwirkung der Aufrechnungsbeschränkung wieder relevant werden. Nach dem Wortlaut dieser Vorschrift wird dem Schuldner die Aufrechnung mit einer gegen den bisherigen Gläubiger zustehenden Forderung gegenüber dem neuen Gläubiger, also dem Zessionar, ermöglicht, sofern nicht ein Ausschluss nach § 406 HS. 2 BGB vorliegt.[473] Allerdings besteht diese Möglichkeit nach dem Normzweck als Schuldnerschutzbestimmung nur insoweit als der Schuldner auch gegenüber dem Zedenten zur Aufrechnung materiellrechtlich befugt war: § 406 BGB soll eine *einmal gegebene Aufrechnungsmöglichkeit erhalten*[474]. Dementsprechend steht eine zwischen Schuldner und Zedenten vereinbarte Aufrechnungsbeschränkung nicht nur in deren Verhältnis einer materiellrechtlich wirksamen Aufrechnung entgegen, sondern auch unter der Anwendung der Schutzwirkung des § 406 BGB.[475] Jenes entspricht auch den der Norm zugrundeliegenden Billigkeitserwägungen. Der Schuldner soll durch eine spätere Abtretung nicht schlechter gestellt werden, sodass ihm eine Aufrechnungsmöglichkeit nicht allein durch eine Abtretung der Passivforderung genommen werden soll.[476] Hingegen soll der Schuldner durch § 406 BGB grundsätzlich auch *nicht besser gestellt* werden als ohne eine Abtretung.[477] Eine solche Besserstellung würde allerdings

---

472 BGHZ 19, 153 (157) = NJW 1956, 257; BGH NJW 1996, 1056 (1057); BGH NJW 2013, 259 m.w.N.; RGRK-BGB/*Weber* § 406 Rn. 1; NK-BGB/*Kreße* § 406 Rn. 2; vgl. *Schwarz* AcP 203 (2003), 241 (242 f., 247); Staudinger/*Busche* § 406 Rn. 13 f.

473 Vgl. dazu umfassend nur Staudinger/*Busche* § 406 Rn. 1, 16 ff.

474 BGH WM 1975, 852 (854); *Gernhuber*, Erfüllungssurrogate, § 12 VII 5f; vgl. *Coester-Waltjen* Jura 2004, 391 (393); Staudinger/*Gursky* § 387 Rn. 257.

475 Zutreffend BGH WM 1975, 852 (854); Erman/*Wagner* § 387 Rn. 42; ohne größere Auseinandersetzung im Erg. ebenso BGH WM 1980, 214 f.; vgl. auch RGRK-BGB/*Weber* § 406 Rn. 25; Staudinger/*Gursky* § 406 Rn. 1, 3.

476 Allgemeine Meinung, vgl. OLG Bamberg NJW-RR 2000, 650; BGHZ 176, 128 (133) = NJW 2008, 2429 (2430, mit der Annahme, dass „*den Schutzvorschriften der Rechtsgedanke zu entnehmen* [ist], *dass der Schuldner grundsätzlich vor allen Nachteilen, die ihm durch die Abtretung entstehen können, geschützt werden soll*“); BGHZ 58, 327 (329, 331) = NJW 1972, 1193 (1994 f.); BGH NJW 2013, 2592; Staudinger/*Busche* § 406 Rn. 1, 3.

477 *Gernhuber*, Erfüllungssurrogate, § 12 VII 5f; vgl. *Bacher* JA 1992, 200, welcher zumindest annimmt, dass der „*Schuldner so zu stellen* [sei], *als sei die Abtretung nie erfolgt*“; ein generelles Verbesserungsverbot ablehnend BGH NJW 2013, 2592, wobei der konkrete Fall die Fortwirkung von gesetzlichen Aufrechnungsbeschränkungen (§ 394 BGB i.V.m. § 850b. Abs. 1 Nr. 2 ZPO) betraf.

vorgenommen, wenn der Schuldner gegenüber dem Zedenten vor der Abtretung wegen der Beschränkungsabrede nicht aufrechnen könnte, allerdings nach der Abtretung durch § 406 BGB eine Aufrechnung gegenüber dem neuen Gläubiger per se möglich wäre. Letztlich kann demnach nicht nach bzw. mithilfe von § 406 BGB aufgerechnet werden, wenn einer Aufrechnung des Schuldners gegenüber dem Zedenten vor Abtretung eine vertragliche Aufrechnungsbeschränkung entgegenstand.[478] Damit bleibt es auch in den Fällen des aufrechnungswilligen Schuldners im Grundsatz[479] dabei, dass dieser mangels Vorliegens der Tatbestandsvoraussetzungen gem. § 387 BGB nicht gegenüber dem Zessionar aufrechnen kann.[480]

---

478 So auch zutreffend BGH WM 1975, 852 (854). Auch § 407 BGB kann insoweit nicht weiterhelfen. Der Schuldner muss danach eine Leistung an den Zedenten bewirken, damit eine mögliche Aufrechnung auch gegenüber dem Zessionar wirkt. Die vertragliche Beschränkungsabrede zwischen Schuldner und Zedent führt allerdings dazu, dass der Schuldner die Leistung gerade nicht durch eine Aufrechnung erfüllen und damit bewirken kann.

479 Vgl. zur Ausnahme bspw. OLG Bamberg NJW-RR 2000, 650 und weitergehend sogleich § 4 B. III. 5.) b) aa) (2) und bb) sowie cc).

480 Vgl. BGH WM 1975, 852 (854); BGH WM 1980, 214 f.; s.a. BGHZ 14, 61 (63) = NJW 1954, 1561 f.; im Erg. ebenso aber auf einen Umkehrschluss aus § 404 BGB abstellend OLG Stuttgart NJW 1955, 914; mit gleichem Erg., aber „zusätzlich" auf die vertragliche Aufrechnungsbeschränkung abstellend OLG Düsseldorf ZIP 1998, 1790 (1792); ebenfalls mit gleichem Erg., aber auf eine Wirkung des Aufrechnungsverbotes auch zugunsten des Einzelrechtsnachfolgers abstellend Staudinger/*Gursky* § 387 Rn. 257; ebenso Jauernig/*Stürner* § 406 Rn. 5; Planck/*Siber*, BGB Bd. 2.1., 4. Auflage 1914, § 387 Anm. 3 sieht in der Aufrechnungsbeschränkung – zutreffend – eine Änderung des Schuldinhaltes, welcher auch gegenüber dem Rechtsnachfolger gelten muss; gleichermaßen aber „vertragliche Aufrechnungsbeschränkungen" als Einwendung ansehend, welche auch der Neugläubiger erheben kann *Coester-Waltjen* Jura 2004, 391 (393); so auch Soergel/*Schreiber* § 406 Rn. 4 a.E.; Staudinger/*Busche* § 406 Rn. 38; *Gernhuber*, Erfüllungssurrogate, § 12 VII 5f; NK-BGB/*Kreße* § 406 Rn. 9; RGRK-BGB/*Weber* § 406 Rn. 25; zur Bestimmung der „Fortwirkung" eines Aufrechnungsverbotes aus Treu und Glauben (öffentlich-rechtliche Hinterlegung) anhand des Zweckes des Aufrechnungsverbotes BGHZ 95, 109 (117) = NJW 1985, 2820 (2822, im konkreten „Fall" Fortwirkung angenommen). Restriktiver für gesetzliche Aufrechnungsbeschränkungen BGH NJW 2013, 2592, welcher ablehnt, dass sich aus § 406 BGB "*ein allgemeiner Grundsatz dergestalt herleiten lassen, dass eine Aufrechnung, die dem Schuldner gegenüber dem Zedenten gesetzlich versagt war, auch gegenüber dem Zessionar stets unstatthaft sein müsste*". So schon RGZ 140, 43 (46); bei gesetzlichen und vertraglichen Aufrechnungsbeschränkung gleichsam auf den Sinn und Zweck abstellend *Bacher* JA 1992, 200 (211).

(2) Gegenseitigkeitsverhältnis zwischen Schuldner und Zessionar

Die Frage, ob eine vertragliche Aufrechnungsbeschränkung auch fortwirkt, wird allerdings in beiden vorstehenderörterten Konstellationen relevant, wenn der Schuldner gegen den Zessionar eine *eigene*, also eine über die Forderung gegen den Zedenten hinausgehende Forderung besitzt. In diesen Fällen ist zumindest das erforderliche Gegenseitigkeitsverhältnis vorhanden und ohne Berücksichtigung möglicher Aufrechnungsbeschränkungen eine Aufrechnung wirksam möglich.[481] Allerdings muss auch insoweit eine Fortgeltung der Aufrechnungsbeschränkungen angenommen werden und eine Aufrechnung ausscheiden. Der neue Gläubiger tritt nach § 398 Satz 2 BGB an die Stelle des bisherigen Gläubigers und rückt dementsprechend grundsätzlich in vollem Umfang in die Rechte des bisherigen Gläubigers ein.[482]

Daraus folgt erstens, dass im Falle einer (gewollten) Aufrechnung des Zessionars *mit* einer – zugunsten des Schuldners – aufrechnungsbeschränkten Forderung das Recht zur Aufrechnung nur soweit gehen kann, wie dies bereits vor Abtretung bestanden hat. In diesem Fall war dem Altgläubiger/Zedent eine Aufrechnung verwehrt, sodass dem Neugläubiger/Zessionar dieses „Recht" gleichsam nicht zustehen kann.[483] Diese Ansicht wird zusätzlich dadurch tragfähig, dass diese Sichtweise in der Vielzahl aller Fälle dem zugrundeliegenden Parteiwillen entspricht. Denn die von der Aufrechnungsbeschränkung privilegierte Partei will im Regelfall den Hauptzweck einer Aufrechnungsbeschränkung erreichen, nämlich, dass die Forderung real erfüllt. Dabei soll die Erfüllung schnellstmöglich, d.h. ohne Berücksichtigung etwaiger Gegenansprüche und den damit einhergehenden Durchsetzungs- und Beweisfragen eintreten.[484] Der Schuldner wird eine solche Beschränkungsvereinbarung in aller Regel für eine Unabhängigkeit seiner Forderungen von der konkret aufrechnungsbeschränkten Forderung vereinbart haben. Ob die Aufrechnungsbeschränkung letztendlich eine Aufrechnung durch den Gläubiger oder durch einen möglichen

481 Vgl. BGH ZIP 1999, 446 f.; MüKo-BGB/*Roth/Kieninger* § 398 Rn. 92; Erman/*Westermann* § 398 Rn. 28.

482 OLG Stuttgart NJW 1956, 914; vgl. auch *Schwarz* AcP 203 (2003), 241 (247); Jauernig/*Stürner* § 398 Rn. 2.; im Erg. wohl auch *Kress*, Schuldrecht AT, 568 (Fn. 23 a.E.).

483 Dies entspricht zusätzlich dem in §§ 404, 406, 407 BGB allgemein anerkannten Schuldnerschutz bei Abtretungen nach § 398 BGB, nach welchem dieser durch die Aufrechnung in seiner Rechtsposition nicht schlechter gestellt werden soll. Siehe dazu die Nachweise in Fn 476.

484 Vgl. auch OLG Stuttgart NJW 1955, 914; siehe zu den Zwecksetzungen allgemein § 3 C.

Rechtsnachfolger verhindern soll, ist für ihn dabei unerheblich, es soll schlichtweg *mit* der (beschränkten) Forderung *nicht gegen seine* Forderungen aufrechnet werden (können).[485]

Zweitens ergibt sich aus der Rechtsfolge des § 398 Satz 2 BGB, dass auch dem *Schuldner* die Aufrechnung *gegen* eine beschränkungsprivilegierte Forderung nach einer Abtretung verwehrt sein muss.[486] Denn die Rechtsnachfolge bedeutet insoweit auch, dass das Forderungsrecht wie bestehend und damit mitsamt den „Gegenrechten"[487] übernommen wird und insoweit gegen die Forderung nicht aufgerechnet werden konnte. Dem Zessionar steht ein berechtigtes Vertrauen zu, dass er als vollständiger Einzelrechtsnachfolger davon ausgehen können muss, dass eine (Beschränkungs-)Privilegierung bezüglich einer „Nicht-Aufrechnungs-Möglichkeit" auch weiterhin besteht und die Forderung weiterhin nicht durch eine Aufrechnung befriedigt werden kann,[488] mithin er seine Forderung real und ohne Rücksicht auf mögliche Gegenforderungen des Schuldners durchsetzen kann. Insoweit werden in wirtschaftlicher Hinsicht auch die Interessen des (Alt-)Gläubigers gewahrt. Denn eine Forderung, gegen welche nicht aufgerechnet werden kann, beinhaltet in aller Regel eine Garantie – Insolvenz oder Vermögensverfall ausgeblendet – eines tatsächlichen Leistungserhaltes. Die

---

485 Letztlich ergibt sich auch keine rechtshindernde Einwendung eines Aufrechnungsverbotes aus §§ 404, 406 BGB selbst. Dazu zustimmungswürdig *Schwarz* AcP 203 (2003), 241 (275 ff.); vgl. auch RGRK-BGB/*Weber* § 406 Rn. 2 a.E.; generell für eine „Fortwirkung" auch Erman/*Wagner* § 387 Rn. 42.

486 So schon zutreffend OLG Stuttgart NJW 1956, 914; weitere Fälle mit einer (gewollten) Schuldneraufrechnung bei abgetretener und privilegierter Forderung und eigener Forderung des Schuldners gegen den Zessionar sind – soweit ersichtlich – nicht Gegenstand gerichtlicher Verfahren gewesen; so ausdrücklich auch Erman/*Wagner* § 387 Rn. 42.

487 Vgl. im Ansatz Erman/*Westermann* § 406 Rn. 1; Jauernig/*Stürner* § 406 Rn. 5; dies wird anerkannt in Fällen, in welchen der Schuldner mit der Forderung, welche ihm gegen den Zedenten zusteht, nach § 406 BGB aufrechnen will. Vgl. dazu die w.N. mit verschiedenen Begründungen in Fn. 480.

488 Vgl. im Ansatz BGHZ 14, 61 (63) = NJW 1954, 1561 f., welcher annimmt, dass *„ein Dritter, der im Hinblick auf die Klausel ein Rechtsgeschäft vornimmt, z.B. die Kaufpreisforderung sich abtreten läßt, oder der dem Verkäufer in irgendeiner Form Kredit gewährt, damit dieser die Ware erwerben kann,* [...] *sich darauf verlassen können* [muss], *daß der Käufer bar bezahlt.*" Dies muss gerade unabhängig davon gelten, ob es sich um die Aufrechnung bzw. den Aufrechnungsversuch des Schuldners mit der Forderung gegen den Zedenten oder um die Aufrechnung mit einer Forderung gegen den Zessionar, also in einem „eigenen" Gegenseitigkeitsverhältnis, handelt.

insoweit bevorteilte Forderung kann damit ökonomisch als höherwertiger angesehen werden, da mit dieser ein höherer (Ver-)Kaufpreises erzielt werden kann. Letztgenannte Punkte zeigen auf, dass diese Lösung der rechtlichen Dogmatik nach §§ 387 ff. BGB und einer gerechten Billigkeits- und Interessenswertung entspricht.

bb) Wechsel des Forderungsinhabers auf Schuldnerseite

Dem vorstehend betrachteten Wechsel des Forderungsinhabers auf Gläubigerseite durch eine Abtretung nach §§ 398 ff. BGB steht ein Wechsel des Rechtssubjektes auf Schuldnerseite durch eine Schuldübernahme nach §§ 414 ff. BGB gegenüber.[489]

Sofern der Übernehmende keine Forderung gegen den Zessionar besitzt, scheidet eine Aufrechnung mangels Gegenseitigkeitsverhältnisses als Tatbestandsvoraussetzung nach § 387 BGB aus.[490] Regelungen wie im Rahmen einer Abtretung – bspw. § 406 BGB – sind dem vorliegend betrachteten Rechtsinstitut nicht bekannt.

Allerdings ergeben sich auch im Rahmen eines Gegenseitigkeitsverhältnisses durch eine Forderung des Übernehmenden gegen den Gläubiger keine zwingenden Abweichungen zu den Feststellungen hinsichtlich einer Abtretung in solchen Konstellationen:[491] Ohne vertragliche Aufrechnungsbeschränkung ist eine Aufrechnung nach den Voraussetzungen von §§ 387 ff. BGB wirksam möglich.

In den relevanten Beschränkungsfällen, also in Fällen in denen die Frage der Weitergeltung einer vertraglichen Aufrechnungsbeschränkung eine Rolle spielen kann[492], ist eine Aufrechnung im Regelfall ebenfalls ausgeschlossen. Auch

---

489 Palandt/*Grüneberg* Überbl v. § 414 Rn. 1.

490 Vgl. zur (vermeintlichen) Relevanz von § 406 BGB im Rahmen einer Schuldneraufrechnung soeben § 4 B. III. 5.) b) aa). Dies gilt auch für eine Übernehmeraufrechnung, welcher gem. § 417 Abs. 1 Satz 2 BGB nicht mit einer dem bisherigen Schuldner zustehenden Forderung aufrechnen kann.

491 Vgl. Erman/*Wagner*, § 387 Rn. 42, welcher einer grundsätzliche Fortwirkung sowohl im Rahmen von Rechtsnachfolgern auf Gläubiger- als auch auf Schuldnerseite annimmt. Dazu soeben § 4 B. III. 5.) b) aa).

492 1.) Übernehmeraufrechnung: Gläubiger besitzt eine beschränkungsbegünstigte Forderung – *gegen* diese kann nicht aufgerechnet werden – gegen den Schuldner bzw. später gegen den Übernehmenden und letzterer hat eine eigene Forderung gegen den Gläubiger.
2.) Gläubigeraufrechnung: Gläubiger besitzt eine Forderung gegen den Schuldner bzw. später gegen den Übernehmer, *mit* welcher er nicht aufrechnen kann, und letzterer hat eine eigene Forderung gegen den Gläubiger.

hier rückt der Übernehmende nach § 414 BGB ohne inhaltliche Veränderung der Schuld in die Rechtsstellung des Schuldners bezüglich des Forderungsrechtes[493] mitsamt den „Gegenrechten"[494] ein. Außerdem streiten die Interessen des beschränkungsbegünstigten Gläubigers im Fall der Übernehmeraufrechnung und das Vertrauen des Übernehmenden in vorhandene Aufrechnungsbeschränkungen im Fall der Gläubigeraufrechnung für eine andauernde Wirkung der vertraglichen Aufrechnungsbeschränkung.[495]

cc) Grenzen der Fortwirkung

Zu beachten ist im Zusammenhang mit der Frage einer Fortwirkung von (wirksamen) Aufrechnungsbeschränkungen, dass eine solche nicht in jedem Fall anzunehmen ist. Grenzen bestehen aufgrund der zugrunde gelegten Parteivereinbarung, aufgrund einer Möglichkeit der Aufhebung der Beschränkung und aus den allgemeinen Grenzen für Aufrechnungsbeschränkungen.

So kann sich aus der (ausdrücklichen) Parteivereinbarung oder aus der Zwecksetzung der Aufrechnungsbeschränkung ergeben, dass eine Aufrechnung im Falle einer Abtretung der Forderung(en) wieder wirksam möglich sein soll.[496] Entsprechend kann eine Aufrechnungsbeschränkung bzw. deren Wirkung auch durch eine Parteivereinbarung auflösend an eine Rechtsübertragung der Forderung bedingt werden. Außerdem muss eine Fortwirkung einer vertraglichen Aufrechnungsbeschränkung bei einer Einzelrechtsnachfolge ausscheiden, wenn die Aufrechnung hinsichtlich einer *konkreten (einzelnen) Aufrechnungsmöglichkeit* ausgeschlossen ist. Dann soll eine Aufrechnung nur hinsichtlich *genau bestimmter* Forderungen zwischen dem Schuldner und Gläubiger nicht möglich sein.[497] Die Aufrechnungsbeschränkung soll nicht für

---

493 MüKo-BGB/*Heinemeyer* § 414 Rn. 7; Palandt/*Grüneberg* § 414 Rn. 1 a.E.; vgl. auch BGHZ 58, 251 (254 f.) = NJW 1972, 939.

494 Siehe dazu soeben § 4 B. III. 5.) b) aa) (2) und den hier zumindest vom Ansatz her heranzuziehenden § 417 BGB; i.d.S. wohl auch Palandt/*Grüneberg* § 414 Rn. 1 a.E., § 417 Rn. 1 ff.

495 Vgl. zu diesen Fallgestaltungen Fn. 492 und zum vergleichbaren Fall im Rahmen einer Abtretung oben § 4 B. III. 5.) b) aa).

496 So auch Erman/*Wagner* § 387 Rn. 42; Staudinger/*Gursky* § 387 Rn. 257; dies wird vor allem relevant bei Aufrechnungsbeschränkungen, welche sich aus dem Inhalt des Schuldverhältnisses (dazu bereits § 4 B. II. 1.) a) bb) ergeben, wie beispielswiese im Rahmen eines Treuhandverhältnisses; vgl. dazu OLG Köln NJW-RR 1994, 883 f. (keine Fortwirkung); BGHZ 95, 109 (117) = NJW 1985, 2820 (2822, Fortwirkung).

497 Siehe zum unterschiedlichen Beschränkungsumfang rechtsgeschäftlicher Aufrechnungsbeschränkungen bereits § 4 B. III. 3.).

andere Aufrechnungslagen, welche bspw. zwischen dem Rechtsnachfolger und dem Schuldner oder Gläubiger bestehen, gelten; auch wenn diese letztendlich dieselben Forderungen betrifft.

Außerdem steht es dem (beschränkungsbegünstigten) Rechtsnachfolger frei, mit dem Schuldner/Gläubiger eine Aufhebungsvereinbarung zu treffen, sofern er selbst kein Interesse mehr an einer solchen Beschränkung hat. Ebenso kann ein unmittelbar wirkender Aufrechnungsvertrag mit einer immanenten Beschränkungsaufhebung vereinbart werden.[498]

dd) Zusammenfassung

Eine Fortwirkung von vertraglichen Aufrechnungsbeschränkungen besteht ohne Einschränkung bei einer Gesamtrechtsnachtfolge.

Im Rahmen einer Einzelrechtsnachfolge ist danach zu differenzieren, ob eine Rechtsnachfolge auf Gläubigerseite durch Abtretung oder auf Schuldnerseite durch Übernahme erfolgt ist. Ferner ist zu unterscheiden, ob weitere eigene Forderungen des Schuldners gegenüber dem Zessionar bestehen.

Sofern dies nicht der Fall ist, fehlt es in den denkbaren Konstellationen an der erforderlichen Gegenseitigkeit, über welche bei bestehenden Aufrechnungsbeschränkungen auch die Vorschriften des §§ 406 f. BGB nicht hinweghelfen können. Sofern weitere Forderungen des Schuldners gegen den Zessionar bestehen, schlägt die Aufrechnungsbeschränkung auch auf eine Aufrechnungslage mit dieser Forderung durch. Weder der Schuldner noch der Zessionar können aufrechnen, wenn der Aufrechnungsgegner – auch schon vorher – durch die Aufrechnungsbeschränkung privilegiert ist.

Grenzen der Fortwirkung bestehen durch abweichende vertragliche (Aufhebungs-) Vereinbarungen und bei Aufrechnungsbeschränkungen, die nur den Ausschluss einer konkreten Aufrechnungsmöglichkeit bestimmter Forderungen mit bestimmen Beteiligten vorgeben.

IV. Weitergehende Rechtsfolgen

Neben den bereits dargestellten Wirkungen der Aufrechnungsbeschränkung in aufrechnungsspezifischer Hinsicht ist nun zu bestimmen, ob mit einer solchen

498 Zur allgemeinen Zulässigkeit der Aufhebung von vertraglichen Aufrechnungsbeschränkungen nur *Berger*, Aufrechnungsvertrag, 171; siehe zu den willensabhängigen Grenzen § 5 C. I.

Beschränkung noch über den Ausschluss der Aufrechnung hinausgehende Rechtsfolgen oder Auswirkungen verbunden sind.

1.) Verfügungsverbot

Es könnte angenommen werden, dass durch die Beschränkung der Aufrechnung auch weitere Verfügungen über die aufrechnungsbeschränkten Forderungen[499] ausgeschlossen sind. Bspw. könnte eine gleichzeitige Beschränkung der *Abtretungsmöglichkeit* in Erwägung gezogen werden. Dies wäre allerdings nur anzunehmen, wenn dies entweder dem Vereinbarungsinhalt der Parteien entspricht oder sich zwingend aus Zweckgesichtspunkten einer Aufrechnungsbeschränkung ergibt.

Wie bereits ausgeführt bezwecken die Parteien in aller Regel mit ihrer Vereinbarung primär, dass die Forderung real und/oder ohne weitere Durchsetzungsverzögerungen erfüllt wird.[500] Diese Zweckausrichtungen werden dabei schon dadurch erreicht, dass durch die Aufrechnungsbeschränkung eine materiellrechtlich wirksame Aufrechnung mit den Erlöschenswirkungen nach § 389 BGB nicht möglich ist. Eine mögliche Abtretung gefährdet dabei weder den Zweck der Aufrechnungsbeschränkung noch widerspricht sie den Interessen der beiden an der Beschränkungsvereinbarung Beteiligten, unabhängig davon wie die Beschränkung ausgerichtet ist.[501]

Hinsichtlich einer Beschränkung der passiven Aufrechenbarkeit muss ein solcher Ausschluss der Verfügung bereits in der Zusammenschau von der Beschränkungsausrichtung und der Inhaberschaft der beschränkten Forderung ausscheiden. So dient eine solche Beschränkung allein dem Schutz des Inhabers der forderungsbeschränkten Passivforderung vor Aufrechnungen *gegen* diese Forderung selbst.[502] Zusätzlich ist dieser Aufrechnungs*begünstigte* ebenso Forderungsinhaber der insoweit aufrechnungsunfähigen Forderung, es besteht insoweit also Personenidentität. Dementsprechend bestimmt der durch die Aufrechnungsbeschränkung begünstigte Forderungsinhaber selbst, ob dieser eine

---

499 Zur Frage, ob eine Ausübung des Gestaltungsrecht eine Verfügung darstellt und welche Verfügungsobjekte in Betracht kommen bereits § 2 A. I. 2.) d).

500 Siehe allgemein zu den der Aufrechnungsbeschränkung zugrunde liegenden Zwecksetzungen § 3 C.

501 Siehe zum Ausschluss der aktiven Aufrechenbarkeit und der passiven Aufrechenbarkeit bereits § 4 B. III. 2.).

502 Siehe zu den verschiedenen Beschränkungsausrichtungen und den entsprechenden Schutzwirkungen § 4 B. III. 2.).

anderweitige Verfügung über die Forderung vornehmen und damit ggf. sein mit der Aufrechnungsbeschränkung bezwecktes Ziel der Realerfüllung aufgeben will. Es ist daher kein Ausschluss weiterer Verfügungen für eine Erreichung des bezweckten Erfolgs der Aufrechnungsbeschränkung erforderlich.[503]

Bei einer Aufrechnungsbeschränkung mit einem Ausschluss der aktiven Aufrechnungsmöglichkeit ist hingegen der *Aufrechnungsbegünstigte nicht* gleichsam Inhaber der aufrechnungsbeschränkten Forderung(en) – fehlende Personenidentität. Daher kann zumindest nicht – wie bei einem Ausschluss der passiven Aufrechenbarkeit – darauf abgestellt werden, dass der Aufrechnungsbegünstigte zur Zweckerreichung keines weiteren Schutzes bedarf, weil er selbst die Verfügungsmacht über die aufrechnungsbeschränkte Forderung besitzt. Vielmehr ergibt sich die fehlende Erforderlichkeit einer Verfügungsbeschränkung, die über die Beschränkung der Aufrechnung hinausgeht, aus einer Betrachtung der Rechtslage nach einer erfolgten Abtretung der aufrechnungsbeschränkten Forderung. Durch eine Abtretung verliert der Zedent seine Gegenforderung, sodass der Aufrechnungsbegünstigte seinen mit der Aufrechnungsbeschränkung verfolgten Zweck erst Recht gegenüber dem Zedenten verwirklichen kann, da nun mangels Aufrechnungslage keine Gefahr der Aufrechnung gegen seine Forderung besteht. Sollten dem Zedenten in diesem Verhältnis noch weitere Forderungen zustehen, war eine Aufrechnung auch schon vor der Abtretung der aufrechnungsbeschränkten Forderung möglich. Die Rechtslage hat sich insoweit auch nicht verändert und eine Verfügungsbeschränkung wäre ebenfalls für den (ehemals) Aufrechnungsbegünstigten nicht vorteilhafter. Zusätzlich kann auch der Zessionar selbst dann nicht mit der abgetretenen Forderung aufrechnen, wenn zwischen diesem und dem Schuldner der Forderung eine Aufrechnungslage vorliegt. Denn in aller Regel wirkt die Nicht-Aufrechenbarkeit der abgetretenen Forderung durch die Aufrechnungsbeschränkung auch bei einer Rechtsnachfolge fort.[504] Damit kann der Aufrechnungsbegünstigte auch im Fall einer Abtretung – dem Zweck der Aufrechnungsbeschränkung entsprechend – seine Forderung gegenüber dem Zedenten durchsetzen. Es entspricht

503 Eine Abtretung im Fall einer Beschränkung der passiven Aufrechenbarkeit zulassend, ohne einen daraus folgenden Abtretungsausschlusses zu erwägen OLG Stuttgart NJW 1956, 914; vgl. BGH WM 1975, 852; BGHZ 23, 131 (136 f.) = NJW 1957, 827 (828); OLG Bamberg NJW-RR 2000, 650; s.a. BGHZ 95, 109 ff. = NJW 1985, 2820; OLG Düsseldorf ZIP 1998, 1790; BGH NJW-RR 1989, 124.

504 Siehe zu der Fortwirkung von Aufrechnungsbeschränkungen bei Rechtsnachfolgen ausführlich § 4 B. III. 5.).

weder dem gewollten Zweck der Parteien noch zwingenden Zweckgesichtspunkten, mit der Vereinbarung einer Aufrechnungsbeschränkung auch gleichsam die Möglichkeit der Abtretung der (aufrechnungsbeschränkten) Forderung auszuschließen.[505]

Auch die weiteren Verfügungsmöglichkeiten des Forderungsinhabers, wie die Belastung der Forderung, werden durch eine Aufrechnungsbeschränkung nicht eingeschränkt, da der Zweck der Aufrechnungsbeschränkung allein durch die Verhinderung einer materiellrechtlich wirksamen Aufrechnung erreicht wird.

Damit werden durch die Beschränkung der Aufrechnung keine weiteren Verfügungen über die (aufrechnungsbeschränkten) Forderungen ausgeschlossen.

2.) Ausschluss von Leistungsverweigerungsrechten (§ 273 und § 320 BGB)

Das Zurückbehaltungsrecht des § 273 BGB und das Leistungsverweigerungsrecht nach § 320 BGB führen bei Geltendmachung[506] im Ergebnis dazu, dass jeder der beiden Parteien nur zu seiner Leistung Zug um Zug gegen die Gegenleistung des anderen verpflichtet ist.[507] Damit könnte die Gefahr bestehen, dass ein Zustand erreicht wird, welcher im Widerspruch zum Zweck der vertraglichen Aufrechnungsbeschränkung steht. Entsprechend ist in Erwägung zu ziehen, ob diese beiden[508] Institute nicht gleichsam auch durch die Aufrechnungsbeschränkung ausgeschlossen sind.

a) Gegenseitige aber ungleichartige Forderungen

Als Ausgangspunkt muss für den weiteren Fragenkomplex, der sich insbesondere im Rahmen von Ausschlüssen der Aufrechnung in AGB im Zusammenhang mit Forderungen aus Austauschverträgen oder gegenseitigen Forderungen

505 Im Erg. eine Abtretung bei bestehenden Aufrechnungsbeschränkungen zulassend BGHZ 95, 109 ff. = NJW 1985, 2820; BGH WM 1975, 852; BGHZ 23, 131 (136 f.) = NJW 1957, 827 (828); OLG Düsseldorf ZIP 1998, 1790; BGH NJW-RR 1989, 124; OLG Bamberg NJW-RR 2000, 650; OLG Stuttgart NJW 1956, 914; vgl. auch BGHZ 14, 61 f. = NJW 1954, 1561; OLG Hamm ZIP 2000, 925 f.

506 Vgl. zur Einredetheorie nur MüKo-BGB/*Emmerich* § 320 Rn. 45 f.; MüKo-BGB/*Krüger* § 273 Rn. 88; Staudinger/*Bittner/Kolbe* § 273 Rn. 119 f.

507 Siehe dazu § 2 B. I.

508 In Prinzip würde gleiches aber für alle anderen Leistungsverweigerungsrechte gelten, die eine „Zug-um-Zug"-Erfüllung erforderlich machen würden; so bspw. für das Leistungsverweigerungsrecht nach § 641 Abs. 3 BGB.

aus demselben vertraglichen Verhältnis ergibt[509], zuerst festgestellt werden, ob eine Aufrechnungsbeschränkung auch Auswirkungen auf *gegenseitige, aber ungleichartige* Forderungen besitzt. Mit der Aufrechnungsbeschränkung ist insbesondere zum einen eine verzögerungsfreie Durchsetzung und zum anderen der Leistungserhalt an sich bezweckt. Die Einrede des § 273 BGB und des § 320 BGB führen allerdings zu einer Abhängigkeit der beiden Forderungen, wodurch eine unabhängige Durchsetzung der eigenen Forderung des aufrechnungsbegünstigten Forderungsinhabers nicht mehr möglich ist.

Gegen eine Erfassung von nicht gleichartigen Forderungen spricht allerdings im Regelfall bereits der Wortlaut einer Aufrechnungsbeschränkung. Sofern in der Beschränkungsvereinbarung ausdrücklich auf die Aufrechnung Bezug genommen wird, weißt diese Regelung bereits auf die dogmatisch vorgegebene Art der Forderungen hin: nämlich eine Gleichartigkeit. Dahingehend ist im Grundsatz auch der Sinn und Zweck der Aufrechnungsbeschränkung begrenzt. Es soll verhindert werden, dass dem Geldanspruch des Begünstigten unhaltbare andere Geldforderungen entgegengehalten werden und damit ggf. die Durchsetzung des eigenen Anspruchs verzögert wird. Damit soll aber keine *allgemeine Unabhängigkeit* zwischen *verschiedenartigen* Forderungen, wie gegenseitige Sachleistungs- und Entgeltansprüche aus einem Vertrag oder aus einem Vertragsverhältnis, erreicht werden. Für diese Fälle müsste und wird in der Praxis zusätzlich ein ausdrücklicher Ausschluss des Zurückbehaltungsrechtes aufgenommen.[510] Diese beiden Konstellationen sind entsprechend – wie auch das Institut selbst – unabhängig voneinander zu betrachten und zu beurteilen.[511]

b) Gleichartige (Geld-)Forderungen

Die Beurteilung der Frage eines Ausschlusses von Leistungsverweigerungsrechten durch eine vertragliche Aufrechnungsbeschränkung wird im Vergleich zu der eben betrachteten Konstellation der ungleichartigen Forderungen weniger eindeutig, sofern es sich um gleichartige und zumindest konnexe Forderungen handelt. Insoweit ergeben sich zwei miteinander verbundene Fragestellungen. Erstens, ob eine Zurückbehaltung und eine Leistungsverweigerung überhaupt geltend gemacht werden können, wenn die Voraussetzungen für eine Aufrechnung nach §§ 387 ff. BGB vorliegen und *keine* Aufrechnungsbeschränkung

509 Siehe zu den verschiedenen Fallgruppen umfassend § 6 B.

510 Vgl. bspw. für einen ausdrücklichen Ausschluss der Aufrechnung und des Zurückbehaltungsrechtes BGH NJW-RR 1993, 519; BGH NZM 2016, 585; KG DWW 2013, 181.

511 So im Erg. wohl auch BeckOGK-BGB/*Weiler* (01.03.2021) § 309 Nr. 3 Rn. 62.

besteht.[512] Nur wenn überhaupt eine solche Einredeerhebung möglich ist, muss zweitens untersucht werden, ob und in welchen Fällen eine bestehende Aufrechnungsbeschränkung auch die Einrede der Zurückbehaltung und andere Leistungsverweigerungsrechte ausschließt.

aa) Leistungsverweigerung trotz Aufrechnungsmöglichkeit

Die Rechtinstitute der Aufrechnung und der hier betrachteten Leistungsverweigerungsrechte nähern sich in ihrem Anwendungsbereich und in den praktischen und wirtschaftlichen Wirkungen trotz der bereits aufgeführten Unterschiede[513] an, sobald die Forderungen kumulativ gleichartig und mindestens konnex sind.[514]

Die herrschende Meinung nimmt daher an, dass für ein Zurückbehaltungsrecht[515] schon *kein* eigenständiger Raum mehr besteht, sobald die Voraussetzungen für eine Aufrechnung gem. §§ 387 ff. BGB vorliegen.[516] Dies folge (zwangsläufig) aus dem Umstand, dass die Aufrechnung durch die Erfüllung der Forderungen zu einer endgültigen Lösung und damit zum Fortfall des

512 NK-BGB/*Schmidt-Kessel* § 273 Rn. 37; MüKo-BGB/*Krüger* § 273 Rn. 75; vgl. Staudinger/*Bittner/Kolbe* § 273 Rn. 105 f.

513 Dazu bereits § 2 B. I.

514 Vgl. Staudinger/*Gursky* Vorb. §§ 387 ff. Rn. 100 f.; *Zorn*, Aufrechnungsverbote, 7.

515 Damit wird im Regelfall von der Lit. auch das Leistungsverweigerungsrecht nach § 320 BGB umfasst sein. Gerade im vielschichtigen Bereich der Aufrechnungsbeschränkung für „gleichartig gewordene Forderungen" erfolgt(e) nur teilweise eine strikte Differenzierung zwischen dem Zurückbehaltungsrecht nach § 273 BGB und dem Leistungsverweigerungsrecht nach § 320 BGB. Dies ist allerdings erforderlich. Siehe zu diesem Themenkomplex ausführlich unten § 6 B.

516 So Staudinger/*Gursky* Vorb. §§ 387 ff. Rn. 13, § 388 Rn. 14, § 393 Rn. 2; *Gernhuber*, Schuldverhältnis, § 30 IV 2; *Kiehnle* AcP 208 (2008), 635 (669, m.w.N.); im Erg. ebenso *Kohler* BauR 1992, 22 (24); MüKo-BGB/*Schlüter* § 387 Rn. 49; *Keller* JuS 1982, 665 (667); *Kornblum* BB 1981, 1296 (1307); Soergel/*Stein*, 12. Auflage 1991, § 11 Nr. 2 ABGB Rn. 14 (im Grundsatz); wohl auch Erman/*Wagner* Vor § 387 Rn. 8; *Horst*, Abkopplungsklauseln im Gewerbemietrecht, 115. Nach BGH NJW 2000, 278 (279) ist die Ausübung des Zurückbehaltungsrechtes *grundsätzlich* ausgeschlossen; ebenso wohl OLG Hamm, Urteil v. 23.11.2010, Az. 34 U 157/07, BeckRS 2011, 06693 und OLG Frankfurt NJOZ 2003, 3380 (3381); vgl. auch BGH NJW-RR 1986, 543 (544). Zweifel äußernd, im Erg. aber offenlassend BGHZ 38, 122 (126) = NJW 1964, 244 (245); zu § 320 BGB vgl. LG Bonn, Urteil v. 07.08.2017, Az. 17 O 304/16, BeckRS 2017, 151798.

Sicherungszwecks des Zurückbehaltungsrechtes bzw. des Leistungsverweigerungsrechtes führe.[517]

Dieser Sichtweise kann nicht gefolgt werden. Sie übersieht, dass ein legitimes und schutzwürdiges Interesse daran bestehen kann, sich nur auf das Zurückbehaltungsrecht oder auf ein anderes Leistungsverweigerungsrecht zu berufen. So bspw., wenn die Aktivforderung durch Verkauf und Abtretung wirtschaftlich vorteilhaft verwertet werden kann und soll.[518] Zudem beseitigt eine Zurückbehaltung nicht – wie bei der Aufrechnung – die Möglichkeit, die Einrede gegenüber weiteren Forderungen geltend zu machen. Daher kann es auch insoweit für den Forderungsinhaber vorzugswürdiger erscheinen, allein diese Einrede zu erheben. Für die Zulassung einer prinzipiellen Wahlmöglichkeit spricht außerdem, dass für den Erklärungsgegner kein unliebsamer dauerhafter Schwebezustand entsteht. Denn er kann durch eine *eigene* Aufrechnung diesen Schwebezustand selbst beseitigen.[519]

Auch das von der Gegenansicht angeführte und pauschale Argument einer Gefahr der (Gesetzes-)Umgehung kann nicht überzeugen.[520] Denn zumindest in Fallkonstellationen, in denen *keine* Aufrechnungsbeschränkung besteht, ist nicht ersichtlich, welcher konkreten Umgehungsgefahr durch einen Ausschluss des Zurückbehaltungsrechtes begegnet werden müsste. So wird zwar von *Kohler* als Umgehungstatbestand der *„speziellere Tatbestand der Aufrechenbarkeit"* angenommen,[521] allerdings erfolgt kein weiterer Nachweis, woraus sich diese Spezialität bei gegenseitigen Geldforderungen ergeben soll. Sofern im Übrigen ein Zurückbehaltungsrecht wegen Umgehungsgefahr abgelehnt wird[522],

---

517 Staudinger/*Gursky* Vorb. §§ 387 ff. Rn. 13, § 388 Rn. 14, § 393 Rn. 2; *Gernhuber*, Schuldverhältnis, § 30 IV 2; vgl. auch die w.N. in Fn. 516.

518 So auch OLG Frankfurt OLGR 1998, 282; Staudinger/*Bittner/Kolbe* § 273 Rn. 106; MüKo-BGB/*Krüger* § 273 Rn. 75; NK-BGB/*Schmidt-Kessel* § 273 Rn. 37; ein berechtigtes Interesse für möglich haltend schon RGZ 85, 108 (114); vgl. zur a.A. BGH NJW 2000, 278 (279, m.w.N.); Staudinger/*Selb*, 13. Auflage 1995, § 273 Rn. 30; Erman/*Wagner* Vor § 387 Rn. 8 m.w.N.; *Kiehnle* AcP 208 (2008), 635 (669).

519 Zutreffend auch Staudinger/*Bittner/Kolbe* § 273 Rn. 106; Staudinger/*Selb*, 13. Auflage 1995, § 273 Rn. 30; vgl. NK-BGB/*Schmidt-Kessel* § 273 Rn. 37.

520 So jedoch *Kohler* BauR 1992, 22 (24); ebenfalls ein Zurückbehaltungsrecht wegen Umgehungsgefahr ablehnend MüKo-BGB/*Schlüter* § 387, Rn. 49; *Keller* JuS 1982, 665 (667). Zutreffende Darstellung hingegen bei NK-BGB/*Schmidt-Kessel* § 273 Rn. 37 f.; so auch im Ansatz Staudinger/*Gursky* Vorb. §§ 387 ff. Rn. 101, § 388 Rn. 13 f.

521 *Kohler* BauR 1992, 22 (24).

522 MüKo-BGB/*Schlüter* § 387, Rn. 49; *Keller* JuS 1982, 665 (667).

wird weder ein Umgehungstatbestand bestimmt noch eine hinreichende – aber erforderliche – Unterscheidung zwischen Fallkonstellationen *mit und ohne* Aufrechnungsbeschränkungen vorgenommen. Die insoweit von dieser Ansicht angeführten Urteile des Reichsgerichtes[523] und des BGH[524] betreffen beide Konstellationen mit *gesetzlichen* Aufrechnungsbeschränkungen (einmal § 394 BGB und einmal §§ 392, 1125 BGB). Den Ausführungen der Urteile lässt sich kein allgemeiner Ausschluss der Geltendmachung des Zurückbehaltungsrechtes aufgrund einer bestehenden Aufrechnungsmöglichkeit (auch) für Fälle *ohne einschlägige* Aufrechnungsbeschränkungen entnehmen.

Außerdem widerspricht eine pauschale Wertung der Erklärung der Zurückbehaltung als Aufrechnungserklärung unter Umständen dem Erklärungswillen. Dies ist zumindest eindeutig in den Fällen anzunehmen, in welchen der Erklärende eine *ausdrückliche* und eindeutige Willensbekundung hinsichtlich einer Zurückbehaltung abgibt.[525] In diesen Fällen scheitert die gegenteilige Ansicht auch an der rechtlichen Dogmatik. Bei einem eindeutigen Willen des Erklärenden kann sich eine solche „Wertung" mangels Auslegungsbedürftigkeit/-fähigkeit weder aus einer Auslegung nach § 133 BGB ergeben noch ist eine Umdeutung gem. § 140 BGB (analog) möglich.[526] Letztere scheidet schon aufgrund der weiterreichenden Wirkungen der Aufrechnung gegenüber einer Zurückbehaltung aus.[527]

Dementsprechend fehlt es an zwingenden Gründen, welche bei Vorliegen der jeweiligen Voraussetzungen ein allgemeines Verdrängungs- bzw. Ausschließlichkeitsverhältnis zwischen der Aufrechnung und dem Zurückbehaltungsrecht bzw. dem Leistungsverweigerungsrecht rechtfertigen.[528] Dabei darf allerdings nicht vernachlässigt werden, dass die Situationen, in welchen der Forderungsinhaber bei einer Aufrechnungsmöglichkeit nicht aufrechnen will, weil er aus

---

523 RGZ 85, 108 ff.

524 JZ 1978, 799 f.

525 Zum umgekehrten Fall der ausdrücklichen Aufrechnung mit einer Ablehnung der Geltendmachung des Zurückbehaltungsrechtes BGHZ 107, 185 (188 f.) = NJW 1989, 3215 (3216).

526 Vgl. MüKo-BGB/*Busche* § 140 Rn. 20; Palandt/*Ellenberger* § 140 Rn. 8 m.w.N.

527 So auch *Gernhuber*, Schuldverhältnis, § 30 IV 2; Staudinger/*Gursky* § 388 Rn. 14; Staudinger/*Bittner*/*Kolbe* § 273 Rn. 106; nicht genau aber BGH NJW 2000, 278 (279); allgemein dazu BGHZ 20, 363, (370 f.) = NJW 1956, 1198 (1200); BGH NJW 2011, 2713 (2714, m.w.N.).

528 Ebenso Planck/*Siber*, BGB Bd. 2.1., 4. Auflage 1914, 3. Titel Vorbm. 2 Anm. 2d; NK-BGB/*Schmidt-Kessel* § 273 Rn. 37; vgl. auch Staudinger/*Bittner*/*Kolbe* § 273 Rn. 106.

anderen Interessen allein die Leistung wegen § 273 BGB oder § 320 BGB verweigern will, *den Ausnahmefall* darstellen. Entsprechend ist bei der Bewertung der Erklärung davon auszugehen, dass eine Aufrechnung geltend gemacht wird, sofern nicht ausdrücklich erklärt wird oder sich aus den Umständen ergibt, dass als Ausnahmefall konkret doch *keine* Aufrechnung geltend gemacht werden soll.

bb) Aufrechnungsbeschränkung als Ausschluss von Leistungsverweigerungsrechten

Bisher wurde festgestellt, dass eine vorhandene Aufrechnungsmöglichkeit nicht per se den Ausschluss der Befugnis zur alleinigen Geltendmachung eines Leitungsverweigerungsrechtes bedeutet. Nun ist die Frage zu betrachten, ob eine Leistungsverweigerung allerdings *gleichsam mit* ausgeschlossen ist, wenn gesetzliche oder vertragliche Aufrechnungsbeschränkungen bestehen.

Als Ausgangspunkt ist auch hier davon auszugehen, dass aufgrund der dargestellten Unterschiede der beiden Rechtsinstitute[529] und dem insoweit bestehenden Alternativverhältnis eine Aufrechnungsbeschränkung das Zurückbehaltungsrecht und das Leistungsverweigerungsrecht nicht automatisch ausschließt bzw. nicht mit umfasst.[530]

Eine generelle Unabhängigkeit der beiden Institute von gesetzlichen oder vertraglichen Aufrechnungsbeschränkungen kann dabei allerdings nicht angenommen werden. Denn bei *gleichartigen und konnexen oder gar synallagmatischen Forderungen* könne durch eine Zurückbehaltung tatsächliche Zustände geschaffen werden, welche durch eine Aufrechnung nicht erreicht werden sollten und dementsprechend durch die Aufrechnungsbeschränkung ausgeschlossen wurden. Es besteht die Gefahr, dass bei gesetzlichen Aufrechnungsbeschränkungen gesetzliche bzw. gesetzgeberische Wertungen umgangen werden und bei vertraglichen Aufrechnungsbeschränkungen der Parteiwille, welcher seinen Ausdruck in der rechtsgeschäftlichen Aufrechnungsbeschränkung gefunden hat[531], übergangen wird. Darin wird deutlich, dass es entscheidend auf den (Beschränkungs-)Zweck der gesetzlichen oder vertraglichen Regelung ankommen muss. Ergibt

529 Siehe dazu bereits § 2 B. I.

530 BGH NJW 1974, 367 (368); BGH NJW 1987, 3254 (3255); OLG Nürnberg MDR 1977, 231; Palandt/*Grüneberg* § 273 Rn. 14; MüKo-BGB/*Krüger* § 273 Rn. 75; NK-BGB/*Schmidt-Kessel* § 273 Rn. 38; AnwK AGB-Recht/*Jilg* § 309 Nr. 2 Rn. 6; Soergel/*Wolf* § 273 Rn. 55 m.z.w.N.; RGRK-BGB/*Alff* § 273 Rn. 10; vgl. für den formularmäßigen Bereich BeckOGK-BGB/*Weiler* (01.03.2021) § 309 Nr. 2 Rn. 82.

531 Vgl. OLG Nürnberg BKR 2010, 458 (463).

sich im Einzelfall anhand des Schutzzwecks der Beschränkung, dass dieser durch eine Zurückbehaltung negativ tangiert oder gar umgangen würde, so muss die Aufrechnungsbeschränkung auch die Zurückbehaltungsrechte und Leistungsverweigerungsrechte erfassen.[532]

Dies wird grundsätzlich von der Literatur und Rechtsprechung zutreffenderweise insbesondere dann angenommen, wenn durch eine Zurückbehaltung oder Leistungsverweigerung „aufrechnungsähnliche“ Zustände hergestellt werden. Dann hätte die Leistungsverweigerung den „gleichen Erfolg“, wie eine von der konkreten Aufrechnungsbeschränkung erfasste Aufrechnung i.S.d. §§ 387 ff. BGB.[533] Richtet sich also der Beschränkungszweck auch gegen (bspw.) eine Verzögerung der Durchsetzung der Gläubigeransprüche – z.B. durch die beweisrechtliche Klärung der Gegenansprüche – oder für eine laufende Lebensbedarfsdeckung, so schlägt die Aufrechnungsbeschränkung auch auf das Zurückbehaltungsrecht bzw. das Leistungsverweigerungsrecht durch.[534] Dies wurde bspw. bei dem Aufrechnungsverbot gegen Mitgliederbeiträge eines Versicherungsunternehmens (§ 26 VAG a.F.) angenommen, welches verhindern sollte, dass die Zahlung der Prämie bis zur rechtskräftigen Entscheidung oder sonstigen Klärung von Gegenansprüchen hinausgezogen werden kann.[535]

Weniger konsequent werden von der Teilen der Literatur und Rechtsprechung auf den Zweck der Beschränkung im Einzelfall abgestellt, wenn es sich um

532 Insgesamt zutreffend NK-BGB/*Schmidt-Kessel* § 273 Rn. 37 f.; vgl. BGH NJW 1987, 3254 (3255); BAG NJW 1968, 565 (566); OLG Nürnberg BKR 2010, 458 (463); Erman/*Wagner* Vor § 387 Rn. 8; AnwK AGB-Recht/*Jilg* § 309 Nr. 2 Rn. 6; s.a. Staudinger/*Gursky* Vorb. §§ 387 ff. Rn. 13 a.E.; sowie zutreffend und ausführlich zur Erfassung des Zurückbehaltungsrechtes von dem Verbot der Aufrechnung gem. § 393 BGB Staudinger/*Gursky* § 393 Rn. 2 m.w.N.

533 Palandt/*Grüneberg* § 273 Rn. 14; RGZ 85, 108 (110); BGH NJW 1974, 367 (368); BGH NJW 1987, 3254 (3255); BGH NJW-RR 2007, 1553 (1555); BGH NJW-RR 1986, 543; BGH JZ 1978, 779, (800); BGH ZIP 1985, 921 (928); BGH BB 1967, 1143; BAG NJW 1968, 565 (566); OLG Nürnberg BKR 2010, 458 (463); OLG Nürnberg MDR 1977, 231; OLG Hamm, Urteil v. 23.11.2010, Az. 34 U 11/08, I-34 U 11/08, Juris Rn. 53; vgl. BGHZ 16, 37 (49) = NJW 1955, 419 (420, m.w.N.); vgl. auch BGHZ 38, 122 (129) = NJW 1963, 244.

534 Vgl. BGHZ 16, 37 (49) = NJW 1955, 419 (420, zu § 26 VAG m.z.w.N.); zu § 393 BGB RGZ 154, 334 (339); BGH NJW 1987, 2997 (2998); OLG Nürnberg MDR 1977, 231; im Ansatz bei einer vertraglichen Aufrechnungsbeschränkung BGH NJW-RR 1986, 543; s.a. die w.N. in Fn. 533 und zu weiteren Zwecksetzungen rechtsgeschäftlicher Aufrechnungsbeschränkungen bereits § 3 C.

535 BGHZ 16, 37 (49) = NJW 1955, 419 (420).

Konstellationen von *gegenseitigen und fälligen Geldforderungen* handelt. Dort wird unter Berufung auf die Rechtsfolge von § 274 BGB vielmehr angenommen, dass der Zwang zur Zug um Zug Leistung dem ausgeschlossenen Effekt der Aufrechnung entspreche und infolgedessen *stets* in der Aufrechnungsbeschränkung auch ein Ausschluss des Zurückbehaltungsrechtes anzunehmen sei.[536] Dieser Ansicht ist nur im Grundsatz zuzustimmen. Denn auch bei gegenseitigen und fälligen Geldforderungen ist es im Ausgangspunkt alleine Sache der Parteien, den Verbotszweck der Beschränkung festzulegen. Es ist nicht ausgeschlossen, dass die Parteien allein die Aufrechnung der Geldforderungen ausschließen und dabei eine Zurückbehaltung aber zulassen wollen. Sei es, um die Verfügungsgewalt über die Forderungen nicht durch das Erfüllungssurrogat i.S.d. §§ 387 ff. BGB zu verlieren oder um den Eintritt der (negativen) Folgen der Rückwirkung einer Aufrechnung nach § 389 BGB zu verhindern.[537] Es ist weiterhin anhand des Beschränkungszwecks zu bestimmen, ob auch das Zurückbehaltungsrecht ausgeschlossen ist.

Allerdings ist zuzugestehen, dass in der Praxis *im Regelfall* hauptsächlich die unabhängige verzögerungsfreie Durchsetzung der Forderung des Aufrechnungsbeschränkungsbegünstigten den primären Zweck der Aufrechnungsbeschränkung darstellen wird und dieser durch ein Zurückbehaltungsrecht oder ein Leistungsverweigerungsrecht vereitelt würde. Daher wird im Regelfall die Bestimmung des Aufrechnungszwecks – insbesondere bei allgemein gehaltenen Aufrechnungsbeschränkungen ohne besondere Umstände – zu dem Ergebnis führen, dass dieser auch die ähnlichen Wirkungen des Zurückbehaltungsrechtes bzw. des Leistungsverweigerungsrechtes ausschließen soll. Allerdings können andere Zwecksetzungen der Aufrechnungsbeschränkungen, wie bspw. die Verhinderung der Rückwirkungen nach § 389 BGB, den Hauptzweck darstellen. In diesen Fällen könnte ein alleiniger Ausschluss der Aufrechnung in Betracht kommen. Dafür sind aber entsprechende besondere Umstände des Einzelfalls,

536 So *Gernhuber*, Schuldverhältnis, § 30 V 2e; RGRK-BGB/*Alff* § 273 Rn. 10; BGH NJW 1974, 367 (368); BGH JZ 1978, 799 (800); OLG Düsseldorf DWW 2017, 217 (220); vgl. Soergel/*Wolf* § 273 Rn. 56; *Gothe* NZBau 2015, 144 (147); vgl. auch BGHZ 107, 185 (188) = NJW 1989, 3215 (3216); BGH NJW 1984, 128 (129); RGZ 132, 305 (306); OLG Frankfurt a.M. NJOZ 2003, 3380 (3381); OLG Nürnberg BKR 2010, 458 (463).

537 Siehe dazu § 3 A. II.); zu diesem Aspekt zumindest im Kontext des Ausschlusses der Zwangsvollstreckung in eigene Schulden *Werner*, Umgehung von Aufrechnungshindernissen, 54 f., 69; *Rimmelspacher/Spellenberg* JZ 1973, 271 (272, 274); umfassend zu Letzterem § 4 B. IV. 5.).

die einen Rückschluss auf den besonderen Beschränkungszweck zulassen, erforderlich.

Aufgrund der grundsätzlich verschiedenen Möglichkeiten, kann auch der Rechtsprechung mit der Annahme nicht – vollständig – gefolgt werden, dass bei *gegenseitigen und gleichartigen (Geld-)Forderungen* immer eine Zurückbehaltung dadurch unmöglich wird[538], dass eine Erklärung der Zurückbehaltung als Aufrechnungserklärung „gewertet" wird, die aber aufgrund der vereinbarten Aufrechnungsbeschränkung die Rechtsfolgen des Gestaltungsrechtes nicht herbeiführen kann. Damit würde – wie ausgeführt – unter Umständen der Beschränkungszweck der Aufrechnungsbeschränkung übergangen.

cc) Zwischenergebnis

Es bleibt festzuhalten, dass die Geltendmachung von Leistungsverweigerungsrechten nicht allgemein, d.h. für Fälle ohne Aufrechnungsbeschränkungen unmöglich ist, wenn die Tatbestandsvoraussetzungen für eine Aufrechnung nach §§ 387 ff. BGB vorliegen. Vielmehr können die jeweiligen Einreden weiterhin erhoben werden. Dafür ist allerdings eine Erklärung erforderlich, aus der sich entweder aus dem Wortlaut oder aus den Umständen ergibt, dass ausnahmsweise trotz Vorliegen der Aufrechnungsmöglichkeit eine Leistungsverweigerung geltend gemacht wird.

Sofern eine Aufrechnungsbeschränkung vereinbart wurde, ist nach dem jeweiligen Zweck der Beschränkung zu bestimmen, ob damit auch die Wirkungen der Leistungsverweigerungsrechte ausgeschlossen werden sollten. Als originärer Ausgangspunkt ist davon auszugehen, dass dies aufgrund des Alternativverhältnisses nicht der Fall ist. Bei gleichartigen Forderungen wird allerdings im Regelfall der Beschränkungszweck auch für eine (gegenanspruchs-) unabhängige und verzögerungsfreie Durchsetzung der eigenen Forderung streiten und mithin auch die Folgen einer Leistungsverweigerung, bspw. nach § 273 BGB oder § 320 BGB, verhindern wollen. Bei allgemeinen Aufrechnungsbeschränkungen

538 Bspw. RGZ 83, 138 (140); RGZ 123, 6 (8); BGH LM § 355 HGB (Nr. 12); RG Warn 1931 Nr. 215 (eher obiter dictum mangels gegenseitiger Forderungen); insoweit zustimmend Staudinger/*Bittner/Kolbe* § 273 Rn. 108, 105; wohl auch Staudinger/*Selb,* 13. Auflage 1995, § 273 Rn. 30. Allgemein mit einer Annahme, dass die Ausübung eines Zurückbehaltungsrechtes bei gleichartigen und konnexen Forderungen eine Erklärung der Aufrechnung sei, vgl. bspw. RG Warn 1908 Nr. 550; BGHZ 37, 233 (244) = NJW 1962, 1715 (1718); BGH LM § 355 HGB (Nr. 12); OLG Naumburg NZBau 2008, 62; Staudinger/*Gursky* § 388 Rn. 13 m.w.N.

ist daher anzunehmen, dass diese materiellrechtlich auch die Leistungsverweigerungsrechte *mittelbar* mit ausschließen. Nur sofern sich aus dem Wortlaut oder aus den weiteren Umständen des Einzelfalls ein abweichender (Haupt-)Zweck der Beschränkung ergibt, der nur auf den Ausschluss der Aufrechnung, aber nicht auch auf die Leistungsverweigerung gerichtet ist, ist anzunehmen, dass die Zurückbehaltung bzw. die Leistungsverweigerung nicht mit ausgeschlossen ist.

c) Leistungsverweigerungsausschluss als Beschränkung der Aufrechnung

Aufgrund des Sachzusammenhanges bietet sich an dieser Stelle die Klärung der Frage an, ob mit dem Ausschluss eines Leistungsverweigerungsrechts auch gleichzeitig eine Aufrechnungsbeschränkung anzunehmen ist.

Auf diese Fragestellung wird in der Literatur und Rechtsprechung nur vereinzelt eingegangen. Dies mag der praktischen Seltenheit von derartigen Ausschlussvereinbarungen ohne explizite Aufrechnungsbeschränkung geschuldet sein, überrascht allerdings trotzdem. Denn im Falle eines gleichsamen Ausschlusses der Aufrechnung müssten insbesondere im formularmäßigen Bereich auch die Grenzen von § 309 Nr. 3 BGB beachtet werden. Zwar sind Beschränkungen der Aufrechnung insoweit in weiterem Maße zulässig, da ein formularmäßiger Ausschluss des Zurückbehaltungsrechtes gem. § 309 Nr. 2b BGB und des Leistungsverweigerungsrechtes gem. § 309 Nr. 2a BGB grundsätzlich unzulässig sind. Daher könnte angenommen werden, dass die Grenzen für Aufrechnungsbeschränkungen keinen darüberhinausgehenden Verbots- bzw. Regelungsgehalt bieten.

Allerdings bezieht sich das Verbot von § 309 Nr. 2b BGB nur auf den Ausschluss von Zurückbehaltungsrechten, die auf *demselben Vertragsverhältnis* beruhen. Ein Zurückbehaltungsrecht nach § 273 BGB kann jedoch schon bestehen, sofern die Forderungen konnex sind, d.h. ihre Grundlage in einem „*innerlich zusammengehörigen einheitlichen Lebensverhältnis*“ haben.[539] Der Verbotsbereich von § 309 Nr. 2b BGB erfasst entsprechend nicht alle Konstellationen des § 273 BGB, ist mithin weniger weitreichend. Demgemäß sind Vereinbarungen und Klauseln denkbar, in welchen – bestehende – Zurückbehaltungsrechte ausgeschlossen sind, welche allerdings § 309 Nr. 2b BGB genügen und insoweit wirksam sind[540],

539 Vgl. dazu statt aller nur BGH NJW-RR 1990, 48 (49) und MüKo-BGB/*Wurmnest* § 309 Nr. 2 Rn. 16 jeweils m.w.N.; vgl. allgemein zum Zurückbehaltungsrecht bereits § 2 B. I. 1.).

540 Vgl. MüKo-BGB/*Wurmnest* § 309 Nr. 2 Rn. 16; Staudinger/*Coester-Waltjen* § 309 Nr. 2 Rn. 2.

da sie die Zurückbehaltungsrechte aus demselben Vertragsverhältnis nicht erfassen. Folglich ist für den Maßstab der Wirksamkeitsbeurteilung eine Bestimmung erforderlich, ob in den Fällen von Ausschlüssen, die § 309 Nr. 2b BGB entsprechen, auch eine Aufrechnung ausgeschlossen wäre. In diesen Fällen wären auch die Grenzen des § 309 Nr. 3 BGB und deren Wertungen zu beachten, zumal insoweit allein eine Gegenseitigkeit der Forderungen – unabhängig davon aus welchem Vertragsverhältnis diese stammen – erforderlich ist. Des Weiteren wird die Frage – auch für den Ausschluss des Leistungsverweigerungsrechtes nach § 320 BGB – ebenfalls relevant, wenn es um die Bestimmung der Wirksamkeit von Ausschlüssen des Zurückbehaltungsrechtes nach § 273 BGB und des Leistungsverweigerungsrechtes nach § 320 BGB im unternehmerischen Formularbereich und bei Individualvereinbarungen geht. In diesen Fällen ist nicht jede Klausel bereits nach § 309 Nr. 2a und 2b BGB unwirksam.

In den ersichtlichen Darstellungen wird – entsprechend des vorerwähnten umgekehrten Falles – überwiegend angenommen, dass zwar der Ausschluss eines Zurückbehaltungsrechtes grundsätzlich nicht auch die Aufrechnung ausschließe, dies allerdings anzunehmen sei, wenn es sich um gegenseitige Geldforderungen handelte.[541] Jenes wäre auch konsequent, soweit in jeder erklärten Zurückbehaltung bei wechselseitigen Geldforderungen eine Aufrechnung gesehen wird.[542]

Allerdings ist auch hier das zwischen den Leistungsverweigerungsrechten und der Aufrechnung bestehende Alternativverhältnis[543] zu beachten. Entsprechend ist auch hier auf den jeweiligen Sinn und Zweck der beiden Rechtsinstitute und den Willen der Parteien abzustellen. Die Leistungsverweigerungsrechte zielen darauf ab, die eigene Leistung von der Gegenleistung abhängig zu machen. Ein Ausschluss erfolgt, damit keine solche gegenseitige Abhängigkeit begründet wird bzw. werden kann. Die Beschränkung der Aufrechnung bezweckt zwar ebenfalls eine Unabhängigkeit der eigenen Forderungsdurchsetzung von möglichen zur Aufrechnung gestellten Gegenforderungen. Allerdings zielt diese Vereinbarung in aller Regel darauf ab, dass die Leistung „real" erbracht wird und keine gegenseitige Erfüllung durch eine Aufrechnung erfolgt. Der Ausschluss der Leistungsverweigerungsrechte beinhaltet aber keine Bestimmung darüber, dass eine bestimmte Erfüllungsvariante ausgeschlossen sein soll. Vorrangiges

541 Vgl. Staudinger/*Bittner/Kolbe* § 273 Rn. 112; RG v 22. 2. 1919, I 248/18, Recht 1919 Nr. 1052.

542 Siehe zu dieser fehlgehenden Annahme soeben § 4 B. IV. 2.) b).

543 Siehe dazu die Ausführungen in § 4 B. IV. 2.) b) bb) und § 2 B. I.

Ziel der Gläubiger ist, dass er seine Leistung durchsetzen kann, ohne, dass es auf die Art der Leistungserbringung des anderen ankommen soll. Dass seine Forderung durch eine Aufrechnung – wirtschaftlich – erfüllt wird, steht dem nicht entgegen. Aufgrund der verschiedenen Zwecksetzung ist daher im Grundsatz kein Ausschluss der Aufrechnung durch den Ausschluss von den Leistungsverweigerungsrechten nach § 273 BGB und § 320 BGB anzunehmen.

c) Ergebnis

Eine Aufrechnung und die Leistungsverweigerungsrechte, insbesondere nach § 273 BGB und § 320 BGB, stehen in einem Alternativverhältnis. Daher ist die Verweigerung der Leistung auch bei Vorliegen einer Aufrechnungsmöglichkeit zulässig. Dieser Wille muss sich allerdings eindeutig aus dem Wortlaut und/oder den Umständen der Erklärung ergeben.

Im dogmatischen Ausgangspunkt erfassen vertragliche Aufrechnungsbeschränkungen Leistungsverweigerungsrechte im Grundsatz nicht. Ob die Leistungsverweigerungsrechte gleichsam mit ausgeschlossen sind, richtet sich nach dem Sinn und Zweck der Aufrechnungsbeschränkung. Im Regelfall wird der Durchsetzungszweck der Aufrechnungsbeschränkung auch für den Ausschluss der Leistungsverweigerungsrechte sprechen. Eine Abweichung ist aufgrund eines der Beschränkungsvereinbarung zugrunde gelegten, abweichenden Zwecks und/oder aus weiteren Umständen des Einzelfalls möglich.

Ein Ausschluss der Leistungsverweigerungsrechte beinhaltet keinen Ausschluss des Gestaltungsrechts der Aufrechnung.

3.) Ausschluss von Fällen der „Anrechnung"

Auch die Fälle der Anrechnung und Aufrechnung können begrifflich und zumindest mathematisch – Verrechnungsoperation – zum Teil eng beieinanderliegen.[544] Daher ist im Folgenden zu untersuchen, ob Aufrechnungsbeschränkungen auch die Fälle der Anrechnung auszuschließen. Folge dessen könnte der Beschränkungsbegünstigte den gesamten Betrag seiner Rechnungsposten ohne Abzug von gegenläufigen Abzugs- bzw. Rechnungsposten durchsetzen.[545]

In der Literatur und Rechtsprechung wird bei *gesetzlichen* Aufrechnungsverboten eine solche Erstreckung allerdings einhellig abgelehnt.[546] Begründet

544 Siehe zu der Abgrenzung Anrechnung und Aufrechnung bereits § 2 B. II.

545 Diesen Ansatz erwähnend, aber im Erg. ablehnend BGH NJW 1967, 2012 (2013 f.).

546 Vgl. BAG NZA 2010, 99 (100, zu § 394, m.w.N.), ebenso BGH NJW 1962, 1909 (§ 393 BGB); BGH NJW 1967, 2012 (2013 f., zu § 393 BGB); OLG Hamm NJW 1970, 2296 (§ 393 BGB); MüKo-BGB/*Schlüter* § 387 Rn. 50, 56; Palandt/*Grüneberg* § 387 Rn. 2;

wird dies damit, dass es sich bei einer Anrechnung gerade nicht um *zwei selbstständig* durchsetzbare Forderungen handelt, sondern um die Bestimmung *einer* Forderung. Da es sich damit rechtlich nicht um eine Aufrechnung handele, würden diese Fälle auch nicht von gesetzlichen Aufrechnungsverboten / -beschränkungen erfasst.[547]

Diese Annahme ist zutreffend und auf vertragliche Aufrechnungsbeschränkungen zu übertragen.[548] Denn ein gegenteiliger in der Aufrechnungsbeschränkung zum Ausdruck kommender Parteiwille widerspricht der dogmatischen Unterscheidung zwischen einerseits dem einheitlichen Prozess der Bestimmung der Höhe *einer* Forderung, durch Verrechnung einzelner Rechnungsposten und andererseits der Verrechnung *zweier eigenständiger*, in der Höhe bereits bestimmten Forderungen.[549] Wenn in den materiellrechtlich anerkannten Fällen[550] einzelne Positionen als bloße Rechnungsposten zur Festlegung der Höhe einer Forderung einzuordnen sind, fehlt es bei dieser Verrechnung an den zwei verschiedenen Forderungen, sodass diese auch nicht von einer vertraglichen Aufrechnungsbeschränkung erfasst sind.[551]

Zur Beachtung des Parteiwillens und des mit der Aufrechnungsbeschränkung verfolgten Zwecks muss dabei allerdings besonders genau überprüft werden, ob tatsächlich ein Anrechnungsfall oder eine Konstellation von zwei selbstständigen Forderungen vorliegt.[552] Nur so lässt sich verhindern, dass vertragliche Aufrechnungsbeschränkungen durch eine (vorschnelle) Einordnung eines Falls als Anrechnung umgangen werden. [553]

Staudinger/*Gursky* Vorb. §§ 387 ff. Rn. 97; NK-BGB/*Wermeckes* § 387 Rn. 4; Erman/*Wagner* Vor § 387 Rn. 6; *Werner*, Umgehung von Aufrechnungshindernissen, 7.

547 BAG NZA 2010, 99 (100, m.w.N.); w.N. in Fn. 546.

548 Im Erg. ebenso BGHZ 70, 240 (245) = NJW 1978, 814 (815 f.); Palandt/*Grüneberg* Vorb. § 249 Rn. 71; OLG Düsseldorf NJW-RR 1996, 84; i.d.S. auch BGHZ 163, 274 (278 ff.) = NJW 2005, 2771 (2772); BGH NJW-RR 2008, 31 (32); NK-BGB/*Wermeckes* § 387 Rn. 4; s.a. OLG Schleswig BauR 2001, 1615 (1617; Nachinstanz Nichtannahmebeschluss BGH BauR 2001, 1928 f.).

549 Siehe dazu bereits § 2 B. II.

550 Siehe dazu bereits § 2 B. II.

551 Weitergehend *Koeble*, FS Craushaar, 259 (265 f.), der im Erg. auch die Möglichkeit des Ausschlusses der Anrechnung ablehnt.

552 Siehe zur Abgrenzung bereits § 2 B. II.

553 BGH NJW 2005, 2771 (2772, m.w.N.); BGH NJW-RR 2008, 31 (32); vgl. auch BAG NZA 2010, 99 (101 f.); vgl. auch Staudinger/*Peters* § 634 Rn. 144 m.w.N.

4.) Ausschluss der Widerklage

In Betracht gezogen werden könnte auch, dass mit einem vertraglichen Ausschuss der Aufrechnung gleichsam die Erhebung der Widerklage mit der Gegenforderung ausgeschlossen ist. Denn der *Ausschluss der Aufrechnung* und der *Ausschluss einer Widerklage* bewirkt bei wirtschaftlicher Betrachtung in beiden Konstellationen ein ähnliches Ergebnis.[554] In beiden Fällen wird dem Vertragspartner die Möglichkeit genommen, seine möglichen Gegenforderungen in einem einfachen Wege im selben Verfahren geltend zu machen und er ist auf eine Geltendmachung in einem gesonderten Verfahren mit allen Konsequenzen, wie unter Umständen einem abweichendem Gerichtsstand, angewiesen.[555]

Allerdings dürfen die Rechtsfolgen, welche sich aus dem Ausschluss der Aufrechnung und dem Ausschluss der Widerklage ergeben, nicht dazu führen, dass per se ein einzelner Ausschluss der Aufrechnung gleichzeitig auch den Ausschluss der Widerklage bedeutet. Vielmehr ist primär die Zwecksetzung und die gewollten Rechtsfolgen der verschiedenen Ausschlüsse zu beachten. Mit einer Beschränkung der Aufrechnung soll im Regelfall zum einen Unabhängigkeit zwischen den Forderungen erreicht werden, damit keine vermeintlichen Gegenforderungen zeitverzögernd geltend gemacht werden können. Zum anderen ist aber auch bezweckt, dass es zu einer tatsächlichen Erfüllung der Hauptforderungen kommt. Mit dem Ausschluss einer Widerklage ist allerdings nicht auch eine „Effektiverfüllung" bezweckt. Denn die Widerklage steht einer solchen Effektiverfüllung schon an sich nicht entgegen.[556] Im Gegensatz zur Aufrechnung kommt es bei einer (erfolgreichen) Widerklage nicht zu einer Tilgung der beiden Forderungen durch Verrechnung. Aufgrund dieser nicht vergleichbaren Zwecksetzungen der Ausschlüsse sind diese auch nicht gleichzusetzen. Mithin ist ein Ausschluss der Aufrechnung nicht gleichsam als Ausschluss der Widerklage anzusehen.[557]

---

554 Vgl. BGH WM 1983, 1017 (1018); zustimmend BeckOGK-BGB/*Quantz* (01.01.2021) § 307 Gerichtsstandsklausel Rn. 27.

555 BGH WM 1983, 1017 (1018).

556 Zutreffend auch *Mentis*, Schranken prozessualer Klauseln, 261.

557 Vgl. BGHZ 218, 132 (137) = NJW 2018, 2042 (2043); MüKo-ZPO/*Patzina* § 33 Rn. 24; LG Frankfurt a.M., Urteil v. 09.05.2018, Az. 2-06 O 38/17, BeckRS 2018, 19378; OLG Rostock, Beschluss v. 03.03.2004, Az. 3 U 267/03, BeckRS 2004, 03988; im Erg. *Mentis*, Schranken prozessualer Klauseln, 261; zumindest für die gesetzlichen Aufrechnungsverbote der §§ 392 ff. BGB *Koch* JA 2013, 95.

5.) Ausschluss der Zwangsvollstreckung in eigene Schulden

Eine Möglichkeit sich ohne reale Leistungserbringung des Schuldners Befriedigung der eigenen Forderung zu verschaffen, besteht in der Zwangsvollstreckung des Vollstreckungsgläubigers in Forderungen des Schuldners gegen einen Drittschuldner gem. §§ 704 ff., 828 ff., §§ 835 ff. ZPO. Im Zusammenhang der Wirkungen vertraglicher Aufrechnungsbeschränkungen ist vor allem der „Sonderfall" der *Zwangsvollstreckung in eigenen Schulden* bedeutsam.

In dieser Konstellation fallen die Person des Vollstreckungsgläubigers und des Drittschuldners zusammen[558] und der Vollstreckungsgläubiger kann sich nach Pfändung und Überweisung der Forderung durch eine Erklärung gegenüber dem Schuldner als „befriedigt erklären", sodass sowohl die Vollstreckungs- als auch die Schuldnerforderung erlöschen.[559] Zusammen mit dem Aspekt, dass der Gläubiger sich im Regelfall auch durch eine Aufrechnung nach §§ 387 ff. BGB hätte befriedigen können[560], werfen die vergleichbaren Wirkungen der beiden Rechtsinstitute[561] die Frage auf, ob eine Zwangsvollstreckung in dieser Form gleichsam ausgeschlossen ist, wenn die Möglichkeit der Aufrechnung rechtsgeschäftlich beschränkt ist.

a) Zulässigkeit der Zwangsvollstreckung in eigene Schulden bei Aufrechnungsmöglichkeit

Diese Frage kann allerdings nur dann Bedeutung erlangen, wenn belegt ist, ob eine Zwangsvollstreckung in eigene Schulden an sich überhaupt zulässig ist. In der Literatur und Rechtsprechung wurde jenes zum Teil pauschal abgelehnt. Zum einen sei ein tatsächliches Drei-Personen-Verhältnis erforderlich. Zum

558 Von einer *„Identität von Gläubiger und Drittschuldner"* spricht *Werner*, Umgehung von Aufrechnungshindernissen, 43.

559 Dabei ist es ebenso möglich, dass der Vollstreckungsgläubiger die Aufrechnung mit der (überwiesenen) Schuldnerforderung gegen die Vollstreckungsforderung gegenüber dem Schuldner erklärt. Insoweit unterscheiden sich dann aber die Tilgungszeitpunkte, indem sich der Zeitpunkt des Erlöschens bei der Aufrechnung nach § 389 BGB bestimmt, während in der „Aufhebungserklärung" die Forderungen ex nunc erlöschen. Vgl. dazu umfassend und mit w.N. zu den verschiedenen Ansichten *Werner*, Umgehung von Aufrechnungshindernissen, 62 ff., 69 f.

560 Vgl. statt vieler nur bspw. OLG Köln NJW-RR 1989, 190 (191).

561 Dazu *Tiedtke/Schmitt* FamRZ 2009, 1105 (1110); Wieczorek/Schütze/*Lüke*, ZPO, 3. Auflage 1999, § 829 Rn. 70; vgl. umfassend *Werner*, Umgehung von Aufrechnungshindernissen, 98 ff. m.w.N.

anderen fehle es an einem Rechtsschutzbedürfnis, da der Vollstreckungsgläubiger auch aufrechnen könnte und dadurch sein Ziel auf einfachere Weise hätte erreichen können.[562]

Die vorgenannte Meinung wurde im Laufe der Diskussion allerdings zutreffend aufgegeben, zumal aus den verschiedenen Wirkungen der Pfändung gegenüber der Aufrechnung erhebliche Vorteile aus einer Zwangsvollstreckung in die eigenen Schulden ergeben können.[563] Daher kann ein bestimmtes Interesse an einer solchen Zwangsvollstreckung für den Vollstreckungsgläubiger bestehen. In diesem Sinne führt *Werner* aus, dass bspw. die Vermeidung der Rückwirkungen einer Aufrechnung nach § 389 BGB durch eine Pfändung und Überweisung dann für den Vollstreckungsgläubiger vorzugswürdiger sein kann, wenn die Vollstreckungsforderung höher verzinst ist als die („Gegen"-)Forderung des Schuldners.[564] Daher wird in neuerer Zeit zum Teil angenommen, dass eine Zwangsvollstreckung unabhängig von einer Aufrechnungsmöglichkeit zulässig sein soll.[565] Allgemeine Einigkeit besteht aber zumindest darüber, dass diese Art der Zwangsvollstreckung zumindest möglich sein muss, wenn dem (Vollstreckungs-)Gläubiger die Aufrechnung aufgrund prozessualer oder materiellrechtlicher Gründe nicht möglich ist.[566] Denn in diesen Fällen ist dem

---

562 *Jastrow* ZZP 8 (1885), 461; wohl auch *Kuhlemann* AcP 68 (1885), 427 (442); vgl. auch LG Düsseldorf MDR 1964, 332; umfassend dazu *Werner*, Umgehung von Aufrechnungshindernissen, 44 ff., 51 ff. m.z.w.N.

563 OLG Köln NJW-RR 1989, 190 (191); *Werner*, Umgehung von Aufrechnungshindernissen, 54 f.; *v. Gerkan* Rpfleger 1963, 369 (370); im Erg. ebenso Schuschke/Walker/Kessen/Thole/*Schuschke/Plücker*, Vollstreckung und vorläufiger Rechtsschutz, § 829 Rn. 11; *Stöber*, Forderungspfändung, Rn. A.37.

564 *Werner*, Umgehung von Aufrechnungshindernissen, 54 f., 69; vgl. so auch schon *Rimmelspacher/Spellenberg* JZ 1973, 271 (272, 274); Stein/Jonas/*Würdinger*, ZPO, § 829 Rn. 124. Dem widerspricht auch nicht die Annahme, dass grundsätzlich eine „Wirkungsgleichheit" der Aufrechnung und der Zwangsvollstreckung in eigene Schulden anzunehmen ist. Dazu eingehend *Werner*, a.a.O., 98 ff.

565 Schuschke/Walker/Kessen/Thole/*Schuschke/Plücker*, Vollstreckung und vorläufiger Rechtsschutz, § 829 Rn. 11; *Stöber*, Forderungspfändung, Rn. A.37; Stein/Jonas/*Würdinger*, ZPO, § 829 Rn. 124 m.w.N.; OLG Köln NJW-RR 1989, 190 (191); *v. Gerkan* Rpfleger 1963, 369 (370); wohl auch BGH NJW-RR 2011, 959 (960).

566 Prütting/Gehrlein/*Ahrens*, ZPO, § 829 Rn. 21; MüKo-ZPO/*Smid* § 829 Rn. 80; Kindl/Meller-Hannich/Wolf/*Bendtsen*, Zwangsvollstreckung, § 829 Rn. 40; vgl. auch Saenger/*Kepmer* § 829 Rn. 9; OLG Stuttgart Rpfleger 1983, 409; BGH NJW 2011, 2649 (2650) m.w.N. zu den verschiedenen Ansichten; Thomas/Putzo/*Seiler*, ZPO, § 829 Rn. 11, § 835 Rn. 4; Musielak/Voit/ *Flockenhaus*, ZPO, § 829 Rn. 8a; weitergehend OLG Köln NJW-RR 1989, 190 (191).

Gläubiger die Alternative der Aufrechnung verwehrt und die Frage der Zulässigkeit einer „Selbstpfändung“ bei vorhandener Aufrechnungsmöglichkeit stellt sich überhaupt nicht. Dann kann aber auch ein Rechtsschutzbedürfnis nicht abgelehnt werden.[567]

b) Ausschluss durch rechtsgeschäftliche Aufrechnungsbeschränkung

Im Folgenden ist zu aufzuzeigen, ob eine Zwangsvollstreckung in eigene Schulden von der vertraglichen Aufrechnungsbeschränkung erfasst ist und folglich materiellrechtlich nicht möglich ist.[568]

aa) Parallelwertung zu gesetzlichen Aufrechnungsbeschränkungen

Bei der Beurteilung dieser Frage könnte eine Orientierung an dem Meinungsspektrum zu einschlägigen gesetzlichen Aufrechnungsverboten möglich sein. So wird einerseits angenommen, die Zwangsvollstreckung in eigene Schulden sei stets trotz gesetzlicher Aufrechnungsbeschränkungen zulässig.[569] Andererseits wird davon ausgegangen, dass die Option der Pfändung und Überweisung gleichsam ausgeschlossen sei.[570] Daher will *Weigelin* in jeder vertraglichen Aufrechnungsbeschränkung im Zweifel auch einen Ausschluss der Zwangsvollstreckung sehen.[571] Damit nimmt er, wie alle aufgeführten Ansichten, eine allgemeingültige Stellung ein und differenziert nicht zwischen den jeweiligen verschiedenen Konstellationen und dem Sinn und Zweck der einzelnen Aufrechnungsbeschränkungen.

Eine solche allgemeingültige Einordnung verbietet sich allerdings im Rahmen von vertraglichen Aufrechnungsbeschränkungen. Denn diese sind vom Parteiwillen abhängig und ihnen können dementsprechend verschiedene

---

567 So auch MüKo-ZPO/*Smid* § 829 Rn. 80; vgl. auch *v. Gerkan* Rpfleger 1963, 369 f.; *Rimmelspacher/Spellenberg* JZ 1973, 271.

568 Vgl. ebenso *Tiedtke/Schmitt* FamRZ 2009, 1105 (1110 f.); s.a. BGH NJW 2011, 2649 (2651).

569 OLG Köln NJW-RR 1989, 190 (191); OLG Hamburg BB 1978, 63; OLG Köln DNotZ 1989, 257 (262); zumindest bezüglich § 393 BGB Staudinger/*Gursky* § 393 Rn. 2 m.w.N.; wohl auch OLG Stuttgart Rpfleger 1983, 409.

570 Musielak/Voit/*Flockenhaus*, ZPO, § 829 Rn. 8a; *Tiedtke/Schmitt* FamRZ 2009, 1105 (1111 Fn. 33, m.w.N.); Wieczorek/Schütze/*Lüke*, ZPO, 3. Auflage 1999, § 829 Rn. 70; offen gelassen von BGH NJW-RR 2011, 959 (960); vgl. auch BGH, Beschluss v. 18.01.2017, Az. VII ZB 9/14, BeckRS 2017, 101344.

571 *Weigelin*, Aufrechnung als Pfandrecht an der eigenen Schuld, 121.

Zwecksetzungen zugrunde liegen.[572] Daher können diese Ansichten nicht pauschal auf vertragliche Aufrechnungsbeschränkungen übertragen werden. Stattdessen muss eine Beurteilung anhand der Zwecksetzung der einzelnen Beschränkungsvereinbarungen vorgenommen werden. Ausgangspunkt dieser Bestimmung ist, dass die Zwangsvollstreckung in eigene Schulden in Fällen vertraglicher Aufrechnungsbeschränkungen im Grundsatz möglich ist. Denn wie ausgeführt, wird zutreffend angenommen, dass eine solche zumindest dann zulässig ist, wenn eine Aufrechnung aus prozessualen oder materiellrechtlichen Gründen ausgeschlossen ist.[573]

Von dieser Prämisse ausgehend kann untersucht werden, ob sich aus der Beschränkungsvereinbarung der Aufrechnung durch die Parteien der Ausnahmefall des Ausschlusses der Zwangsvollstreckung in der Form der „Selbstpfändung“[574] ergibt.

bb) Parallelwertung zum Ausschluss der Leistungsverweigerungsrechte

Aufgrund der Beurteilung der hier betrachteten Fragen anhand des jeweiligen Zwecks der Aufrechnungsbeschränkung, erscheint auf den ersten Blick ein Rückgriff auf die Herleitung und eine Übertragung der Ergebnisse hinsichtlich des Ausschlusses der Leistungsverweigerungsrechte durch einen Aufrechnungsausschluss naheliegend. Demnach würde die Zwangsvollstreckung in eigene Verbindlichkeiten ausscheiden, sofern tatsächliche Zustände erreicht werden, welche durch die Aufrechnungsbeschränkung gerade verhindert werden sollten. Wie bereits dargestellt bezweckt eine vertragliche Aufrechnungsbeschränkung im Regelfall auch eine Sicherstellung einer zügigen Realerfüllung.[575] Zumal aber die „Befriedigungserklärung“ des Vollstreckungsgläubigers nach Pfändung und Einziehung der (Schuldner-) Forderung letztendlich zu einem Erlöschen der beiden Forderungen mit ex nunc Wirkung führt, wäre damit der Beschränkungszweck beeinträchtigt bzw. würde das Regelungsziel der Aufrechnungsbeschränkung nicht erreicht werden. Konsequenterweise würde dann im Regelfall

572 So zutreffend auch *Werner*, Umgehung von Aufrechnungshindernissen, 196 f., 201 f.; vgl. auch *Drost/Kunerth* ZJS 3/2015, 253 (255); siehe zu den verschiedenen Zwecksetzungen ausführlich bereits § 3 C.

573 Dazu soeben § 4 B. IV. 5.) a); vgl. auch die Nachweise in Fn. 566.

574 Diesen Begriff verwendet bspw. Musielak/Voit/*Flockenhaus*, ZPO, § 829 Rn. 8a.

575 Siehe zur Frage des Ausschlusses des Leistungsverweigerungsrechtes durch eine Aufrechnungsbeschränkung § 4 B. IV. 2.).

durch eine Aufrechnungsbeschränkung neben der Aufrechnung auch diese Zwangsvollstreckungsart ausgeschlossen sein.

Diese Beurteilung würde allerdings die Interessenlage des Zwangsvollstreckungsrechtes im Rahmen der Zwangsvollstreckung in eigene Verbindlichkeiten zu wenig berücksichtigen.[576] Ein synchroner Ausschluss der Zwangsvollstreckung durch eine vertragliche Aufrechnungsbeschränkung erscheint zwar in den Fällen grundsätzlich möglich, in welchen der Schuldner beschränkungsbegünstigt ist, also die Beschränkungsabrede eine Aufrechnung *mit* einer Forderung des Vollstreckungsgläubigers oder eine Aufrechnung *gegen* eine Forderung des Schuldners ausschließt.[577] Allerdings ist dieses Beschränkungsinteresse des Schuldners in dem hier vorliegenden Zusammenhang nachrangig gegenüber dem „gesetzlich fundierten" Befriedigungsinteresse des Vollstreckungsgläubigers im Rahmen der Zwangsvollstreckung. Denn das Interesse des Schuldners an einer kurzfristigen (Real-)Erfüllung seiner Forderung muss an Bedeutung verlieren, wenn der Vollstreckungsgläubiger den Schuldner *bereits erfolgreich auf Leistung verklagt* hat und ein entsprechender Titel vorliegt. Aufgrund der gerichtlichen Feststellung der Forderung besteht gerade nicht (mehr) die Gefahr, dass der Gläubiger die Durchsetzung der Schuldnerforderung durch eine unbegründete Gegenforderung nachhaltig verzögert. Außerdem ist dem Schuldner bezüglich des möglichen Zwecks einer Garantie der Realerfüllung durch die Aufrechnungsbeschränkung anzulasten, dass dieser selbst nach rechtskräftiger Anspruchsfeststellung seine Verbindlichkeit nicht erfüllt hat. Dann aber muss sich das Befriedigungsinteresse des Vollstreckungsgläubigers gegenüber dem Interesse des Schuldners an der Zwecksetzung der Aufrechnungsbeschränkung durchsetzen.[578] In diesem Fall erstreckt sich die Aufrechnungsbeschränkung nicht auf die Zwangsvollstreckung in eigene Schulden und diese ist dementsprechend zulässig.

cc) Schutzwürdige Interessen Dritter

Anders stellt sich die Rechtslage dar, wenn die Aufrechnungsbeschränkung bzw. deren Zweck nicht allein der rechtlichen Regelung der Belange zwischen dem Gläubiger und Schuldner dient, sondern die Interessen eines Dritten schützen

---

576 Vgl. dazu *Werner*, Umgehung von Aufrechnungshindernissen, 198 ff., 249, 155 ff., 159 f.

577 Zu den verschiedenen möglichen Schutzrichtungen von vertraglichen Aufrechnungsbeschränkungen bereits § 4 B. III. 2.).

578 Vgl. ähnlich auch *Werner*, Umgehung von Aufrechnungshindernissen, 198 ff., 155 f.

soll. Insoweit sind bspw. Kreditsicherungsfälle anzuführen: Ein Dritter als Kreditgeber ist daran interessiert, seinen ausgezahlten Kredit nach § 488 Abs. 1 Satz 2 BGB vom Kreditnehmer zurückzuerhalten. Die Erfüllung der Forderung, welche sich der Kreditgeber hat abtreten lassen, soll tatsächlich und damit unabhängig von möglichen Gegenansprüchen eines Schuldners des Kreditnehmers erfolgen.[579] Im Regelfall wird das dadurch erreicht, dass der Anspruch des Kreditnehmers – ggf. schon an den Kreditgeber abgetreten – gegen einen Schuldner im Interesse des Dritten bzw. des Kreditgebers mit einem vertraglichen Aufrechnungsausschluss abgesichert wird. Für den Kreditgeber ist es letztendlich ohne Unterschied, ob die Forderung durch eine Aufrechnung oder durch eine Zwangsvollstreckung in die Forderung des Kreditnehmers gegen den Schuldner bzw. Vollstreckungsgläubiger erlischt. Daher wird in diesen Konstellationen, in welchen (auch) Interessen von Dritten an der vertraglichen Aufrechnungsbeschränkung bestehen, kein Vorrang des Befriedigungsinteresses des Vollstreckungsgläubigers anzunehmen sein, sondern im Regelfall der Zweck der Aufrechnungsbeschränkung dieses überwiegen. Die Zwangsvollstreckung in die eigene Schuld wird in diesen Fällen daher insoweit gleichsam durch die rechtsgeschäftliche Aufrechnungsbeschränkung erfasst und damit ausgeschlossen sein.[580]

dd) Spezifizierung nach Werner

Eine genauere Bestimmung versucht *Werner* zu erreichen, indem er die Zwangsvollstreckung in eigene Schulden zumindest immer dann zulassen will, wenn die Vollstreckungsforderung ansonsten nicht oder nur unter erheblichen Schwierigkeiten durchgesetzt werden könnte.[581] Dieser These ist im Ergebnis wohl zuzustimmen, allerdings schafft diese hier keinen weiteren Erkenntniswert. Sofern eine Bewertung im Rahmen der Ausübungskontrolle nach § 242 BGB ergibt, dass die Aufrechnungsbeschränkung die konkreten Fallkonstellation nicht erfassen soll, wie beispielweise bei einem Vermögensverfall des Schuldners[582], hat

579 So u.a. BGHZ 14, 61 (63) = NJW 1954, 1561; vgl. auch BGH NJW-RR 1989, 214 (215); OLG Bamberg NJW-RR 2000, 650.

580 So zutreffend schon *Werner*, Umgehung von Aufrechnungshindernissen, 199; vgl. *Gernhuber*, Erfüllungssurrogate, § 12 VI 8d; BGHW NJW-RR 1989, 124 (125); zu einer ähnlichen Interessensbewertung im Rahmen des Konkurses des (beschränkungsbegünstigten) Schuldners auch OLG Düsseldorf ZIP 1998, 1790 (1793).

581 *Werner*, Umgehung von Aufrechnungshindernissen, 201, 198 ff.

582 Siehe dazu ausführlich § 5 C. II. 2.); vgl. auch *Werner*, Umgehung von Aufrechnungshindernissen, 198 ff., welcher in diesen Fällen eine beschränkende Auslegung der Aufrechnungsbeschränkung gem. §§ 133, 157 BGB vornimmt.

die Aufrechnungsbeschränkung selbst keine wirksamkeitsausschließende Wirkung. Damit ist eine Aufrechnung materiellrechtlich möglich und die Frage, ob eine Zwangsvollstreckung in eigene Schulden von vertraglichen Aufrechnungsbeschränkungen ausgeschlossen ist, verlassen. Es handelt sich dabei vielmehr bereits um die Bestimmung der für vertragliche Aufrechnungsbeschränkung bestehenden Grenzen.[583]

c) Ergebnis

Festzuhalten bleibt, dass eine Zwangsvollstreckung in eigene Schulden zumindest möglich ist, wenn die Aufrechnung prozess- oder materiellrechtlich ausgeschlossen ist. Außerdem ist bei fehlender Berücksichtigung von Aufrechnungsbeschränkungen eine solche Zwangsvollstreckung auch möglich, wenn die Tatbestandsvoraussetzungen der Aufrechnungsmöglichkeit nach § 387 BGB vorliegen.

Ob vertragliche Aufrechnungsbeschränkungen diese Art der Zwangsvollstreckung mit ausschließen, ist eine Frage des Einzelfalls. Dabei sind sowohl die Interessenlagen der Beteiligten als auch der Sinn und Zweck der Aufrechnungsbeschränkung zu berücksichtigen. Spricht die vertragliche Aufrechnungsbeschränkung allein zugunsten der Interessen des Schuldners, ist das Befriedigungsinteresse des Vollstreckungsgläubigers im Regelfall höher zu gewichten, sodass eine Zwangsvollstreckung als Selbstpfändung nicht gleichsam ausgeschlossen ist. Gegenteiliges kann sich allerdings aus dem Zweck der vertraglichen Abrede ergeben, insbesondere wenn darin deutlich wird, dass die Durchsetzung der (beschränkungsbegünstigten) Forderungen völlig unabhängig von der Gegenforderung sein soll, d.h. also auch dann, wenn diese Forderung bereits tituliert ist und der Schuldner weiterhin die Leistung verweigert.

Sofern die Ratio der Beschränkungsvereinbarung (auch) Interessen Dritter dient, ist im Regelfall davon auszugehen, dass diese auch die Zwangsvollstreckung in eigene Schulden ausschließen soll. Aber auch hier kann sich im Einzelfall aus der Zwecksetzung der Parteien etwas anderes ergeben.[584]

---

583 Dazu umfassend § 5 B. und § 6.

584 Zutreffend schon *Werner*, Umgehung von Aufrechnungshindernissen, 201, 248 ff., 195 ff.; vgl. auch *Drost/Kunerth* ZJS 3/2015, 253 (255).

V. Rechtsdogmatische Einordnung der Aufrechnungsbeschränkung

1.) Aufrechnungsbeschränkung als Inhaltsbestimmung/-änderung

Um überhaupt die allgemeine (Un-)Zulässigkeit von vertraglichen Aufrechnungsbeschränkungen bestimmen zu können, ist vorher eine Feststellung erforderlich, inwiefern sich die hier aufgezeigten Wirkungen einer rechtsgeschäftlichen Aufrechnungsbeschränkung dogmatisch einordnen lassen

Zum Ersten kann festgestellt werden, dass es sich bei einer Aufrechnungsbeschränkung um eine mindestens zweiseitige Vereinbarung handelt, deren Zustandekommen sich nach den allgemeinen Vorschriften über den Abschluss von Rechtsgeschäften bestimmt.

Ausgangspunkt für eine Bestimmung der rechtlichen Einordnung sind die mit einer Aufrechnungsbeschränkung bezweckten und einhergehenden Wirkungen. Wie ausgeführt, soll eine Aufrechnungsbeschränkung dazu führen, dass trotz der für eine Aufrechnung vorliegenden gesetzlichen Tatbestandsvoraussetzungen die Aufrechnungswirkungen nach § 389 BGB rechtlich nicht herbeigeführt werden können.[585] Die Aufrechnungsbeschränkung schließt also eine materiellrechtlich wirksame Aufrechnung aus. Eine entgegen der Bestimmung erklärte Aufrechnung ist ohne Wirkung.[586] Darin ist nicht allein eine schuldrechtliche Verpflichtung der Parteien zum Unterlassen der Aufrechnung – mitsamt einer dennoch möglichen wirksamen Aufrechnung – zu sehen, sondern der Forderung soll die Möglichkeit der Aufrechenbarkeit genommen werden.[587]

Die Beschränkung der Aufrechnung betrifft daher den Inhalt der Forderungen.[588] Eine Unterscheidung hat dabei zwischen einer anfänglichen und

585 Zu den hier nicht betrachteten Ausnahmefällen der „obligatorischen" Aufrechnungsbeschränkung mit allein schuldrechtlicher Unterlassungsverpflichtung und der Abreden über ein Prozessverhalten allgemein siehe § 4 B. III. 1.) b).

586 Vgl. nur bspw. RGRK-BGB/*Weber* § 387 Rn. 50; Soergel/*Schreiber* § 387 Rn. 11; BGH NJW 2002, 2779; ausführlich dazu bereits § 4 B. III. 1.) a).

587 BGH NJW 1984, 357 (358); vgl. auch BGH NJW 2002, 2779.

588 Vgl. *Gernhuber*, Erfüllungssurrogate, § 12 VI 8a; Planck/*Siber*, BGB Bd. 2.1., 4. Auflage 1914, § 387 Anm. 3; vgl. auch OLG Stuttgart NJW 1956, 914 („*Privileg der Nichtaufrechenbarkeit*"); wohl auch BeckOGK-BGB/*Skamel* (01.04.2021) § 387 Rn. 185; a.A. wohl *Berger*, Aufrechnungsvertrag, 170, welcher eine unmittelbare Einwirkung auf das Aufrechnungsrecht und damit eine Verfügung über die gesetzliche Aufrechnungsbefugnis annimmt.

nachträglichen Beschränkung[589] zu erfolgen. Bei der nachträglichen Aufrechnungsbeschränkung handelt es sich um eine Verfügung über die Forderung in der Gestalt der Inhalts*änderung*[590]: Die Forderung ist nun (teilweise) aufrechnungs*un*fähig. Im Rahmen einer anfänglichen Aufrechnungsbeschränkung handelt es sich hingegen um eine Inhalts*bestimmung* und nicht um eine Verfügung über die Forderung, da eine Inhaltsänderung der Sache selbst nach ein bestehendes Recht voraussetzt.[591] Die Forderung entsteht in diesem Fall bereits als (teilweise) nicht aufrechenbar.

Eine Bestimmung des Inhaltes der Forderung als Grundlage der vertraglichen Aufrechnungsbeschränkungen entspricht dabei auch dem zu erfassenden Bereich der unterschiedlichen Beschränkungsvarianten. Denn mit der Autonomie der Parteien, ihre vertraglichen Beziehungen (größtenteils) frei zu bestimmen[592], geht die Freiheit einher, dass diese den Inhalt der einzelnen Forderungen und damit auch die Reichweite der einzelnen Aufrechnungsbeschränkungen bestimmen können. Damit kann die Forderung vollständig aufrechnungs*un*fähig ausgestaltet werden oder die Aufrechenbarkeit nur für einen bestimmten Bereich ausgeschlossen werden. Letzteres kommt bspw. in Betracht, wenn die Aufrechnung für Forderungen in einem synallagmatischen Verhältnis ausgeschlossen[593] oder allein mit unbestrittenen oder rechtskräftig festgestellten Forderungen möglich sein soll.[594]

Der Annahme steht auch nicht entgegen, dass die Inhaltsbestimmung oder -änderung der Forderung von weiteren Ereignissen, wie dem Bestreiten durch

---

589 Siehe zu den verschiedenen Aufrechnungsbeschränkungsmöglichkeiten bereits § 4 B. II. 2.).

590 Vgl. *Gernhuber*, Erfüllungssurrogate, § 12 VI 8a; Planck/*Siber*, BGB Bd. 2.1., 4. Auflage 1914, § 387 Anm. 3; vgl. auch Palandt/*Grüneberg* § 387 Rn. 14 („*verfügende Wirkung*"); für den vergleichbaren Fall des nachträglichen Ausschlusses der Abtretung genauso *Wagner*, Vertragliche Abtretungsverbote, 153 f., 450 f.; zumindest eine Verfügung annehmend *Bork*, Vergleich, 72 („*Verfügung über gesetzliche Aufrechnungsbefugnis*"); ebenso *Berger*, Aufrechnungsvertrag, 170.

591 Zutreffend eine solche Unterscheidung für Abtretungsverbote vornehmend *Wagner*, Vertragliche Abtretungsverbote, 450 f.; für Aufrechnungsbeschränkungen Planck/*Siber*, BGB Bd. 2.1., 4. Auflage 1914, § 387 Anm. 3.

592 Siehe dazu nur die Nachweise in Fn. 1 und 2.

593 Siehe u.a. zu dieser Fallgruppe § 6 B.

594 Also ist im Umkehrschluss die Forderung nicht aufrechnungsfähig, sofern diese nicht unbestritten oder rechtskräftig festgestellt ist. Vgl. dazu bspw. die Fälle in der Rspr. BGH NJW 2011, 1729 und BGH NJW 2002, 2779.

eine Partei oder einer rechtskräftigen bzw. gerichtlichen Feststellung, abhängig ist. Hinsichtlich dieser oft in AGB verbreiteten Aufrechnungsbeschränkung, ist die Inhaltsbestimmung bzw.- änderung in zweierlei Hinsicht i.S.d. § 158 BGB bedingt. Zum Ersten ist sie aufschiebend bedingt, sofern es um ein Bestreiten geht: Die Forderung ist grundsätzlich aufrechnungsfähig, wird aber mit Bedingungseintritt, also einem Bestreiten, aufrechnungsfähig. Zum Zweiten ist sie auflösend bedingt hinsichtlich der rechtskräftigen Feststellung. Die Forderung ist in diesen Fällen grundsätzlich aufrechnungsunfähig – da ohne rechtskräftige Entscheidung – und wird aber mit dem Bedingungseintritt der Aufrechnung wieder fähig. Auch Konstellationen, in welchen eine Aufrechnung von der Zustimmung des beschränkungsbegünstigten Forderungsinhabers abhängig ist, lassen sich so widerspruchsfrei dogmatisch einordnen. In diesen Fällen ist die Aufrechnung ohne Zustimmung ausgeschlossen und materiellrechtlich nicht möglich. Damit entsteht die Forderung grundsätzlich ohne die Eigenschaft der Aufrechenbarkeit – Inhaltsbestimmung – oder wird nachträglich dahingehend inhaltlich geändert – Inhaltsänderung. Diese Inhaltsbestimmung ist dabei auflösend bedingt mit der Zustimmung des Beschränkungsbegünstigten als auslösendem Ereignis.[595]

Diesen Fällen der Aufrechnungsbeschränkung mit einer aufschiebenden oder auflösenden Bedingung steht auch nicht die Bedingungsfeindlichkeit der Aufrechnungserklärung nach § 388 Satz 2 BGB entgehen. Denn das Bezugsobjekt ist nicht die Aufrechnungserklärung, sondern die Aufrechnungsbeschränkung in der Form einer Inhaltsbestimmung oder -änderung der Forderung. Zusätzlich ist zutreffend anerkannt, dass der Normzweck von § 388 Satz 2 BGB entfällt, sofern der Ausgang des Schwebezustandes allein vom Aufrechnungsgegner abhängt.[596] Jenes wäre in den genannten Konstellationen aber der Fall.

595 Diese Konstellation hingegen mit nachvollziehbaren Argumenten einem Aufrechnungsvertrag gleichsetzend *Gernhuber*, Erfüllungssurrogate, § 12 VI 8a mit Fn. 145 („*einseitige Aufrechnung mit Zustimmung des Aufrechnungsgegner nur noch theoretisch vom Aufrechnungsvertrag zu unterscheiden*").

596 Staudinger/*Gursky* § 388 Rn. 26; *Gernhuber*, Erfüllungssurrogate, § 12 VII 2; BeckOK-BGB/*Dennhardt* (01.02.2021) § 388 Rn. 5; wohl auch MüKo-BGB/*Schlüter* § 388 Rn. 3.

2.) *Zweiseitiger Verzicht auf Ausübung einer konkreten Aufrechnungsbefugnis*

Zum Teil wird auch inhaltlich zwischen einer Aufrechnungs*beschränkung* und einem Aufrechnungs*verzicht* unterschieden.[597] So sei zwischen der Vereinbarung einer Aufrechnungsbeschränkung als *abstrakt generellem* Verbot der Aufrechnung und dem individuellen (zweiseitigen[598]) Verzicht auf die Ausübung einer *konkreten* Aufrechnungsbefugnis zu differenzieren.[599] Fraglich ist, ob hinreichende Unterschiede vorliegen, welche eine dauerhafte inhaltliche Unterscheidung der beiden Gestaltungen erfordern oder ob der „Aufklärungsverzicht" nicht einen Fall der Aufrechnungsbeschränkung als Inhaltsbestimmung oder -änderung darstellt.

In der Literatur wird ein ausschlaggebender Unterschied darin gesehen, dass das abstrakt generelle Verbot der Aufrechnung einer Forderung die Fähigkeit nimmt, mit anderen Forderungen in ein „Kontraktverhältnis" zu treten, während eine konkrete Aufrechnungsbefugnis bereits ein solches Kontraktverhältnis voraussetzt.[600] Dies zeigt, dass inhaltlich zwischen einer *Inhaltsbestimmung* mit dem Verlust der Aufrechnungsfähigkeit der Forderung[601] und dem (zweiseitigen) *Verzicht auf die konkrete Aufrechnungsbefugnis als Gestaltungsrecht* ohne Verlust der Aufrechnungsfähigkeit unterschieden werden soll.

Allerdings ist nicht erkennbar, wieso eine zweiseitige Vereinbarung über die Nichtausübung einer konkreten Aufrechnungsmöglichkeit nicht als Inhaltsänderung der Forderung zugunsten einer (teilweisen) Unaufrechenbarkeit angesehen werden sollte. Die Unaufrechenbarkeit würde letztendlich nur für ein

---

597 So ausdrücklich Staudinger/*Gursky* § 387 Rn. 207, 258 (vgl. aber auch Vorb. §§ 387 ff. Rn. 92); Erman/*Wagner* § 387 Rn. 17; *Gernhuber*, Erfüllungssurrogate § 12 VI 8a; Uhlenbruck/*Sinz*, InsO, § 94 Rn. 44 ff.; *Walsmann*, Verzicht, 241; *Berger*, Aufrechnungsvertrag, 170 (Fn. 343); RGRK-BGB/*Weber* § 387 Rn. 50 a.E., § 397 Rn. 11.

598 Zum Teil wird eine solche Unterscheidung allerdings nur für die Vereinbarungsform eines einseitigen Verzichtes vorgenommen; so u.a. RGRK-BGB/*Weber* § 387 Rn. 50 a.E.

599 Staudinger/*Gursky* § 387 Rn. 387 Rn. 258; Erman/*Wagner* § 387 Rn. 27; *Werner*, Umgehung von Aufrechnungshindernissen, 19, welcher für den Fall des „Verzichtes auf konkrete Aufrechnungsbefugnisse" ausreichen lassen will, dass die Forderungen zumindest bestimmbar sind. Vgl. zu w.N. Fn. 597.

600 *Gernhuber*, Erfüllungssurrogate, § 12 VI 8a a.E.; vgl. auch Erman/*Wagner* § 387 Rn. 27.

601 Siehe dazu soeben § 4 B. V. 1.). Insoweit zutreffend erkennend, dass diese Ansicht sich an der Inhaltslehre des § 399 BGB orientiert, *Berger*, Rechtsgeschäftliche Verfügungsbefugnisse, 273, 239.

bestimmtes Gegenseitigkeitsverhältnis von Forderungen festgelegt. Es handelt sich auch bei einem Verzicht auf eine Aufrechnungsbefugnis ebenso wie bei einer abstrakt generellen Aufrechnungsbeschränkung um eine (mehrseitige) rechtsgeschäftliche Abrede.[602] Außerdem soll auch bei einem „Verzicht“ auf eine konkrete Aufrechnungsbefugnis verhindert werden, dass der oder die Forderungsinhaber die Aufrechnungswirkungen durch eine Aufrechnungserklärung rechtlich herbeiführen *können.* Die Parteien wollen dabei genau wie bei der „generellen“ Aufrechnungsbeschränkung eine wirksame Aufrechnung materiellrechtlich ausschließen[603], sodass eine dennoch erklärte Aufrechnung ohne Wirkung bleibt. Unterschiedlich ist letztendlich allein der Umfang der ausgeschlossenen bzw. auszuschließenden Aufrechnungsmöglichkeiten: Während bei einem „Verzicht“ der Bezugspunkt allein eine einzelne Aufrechnungsbefugnis ist, sind dies bei einer „generellen“ Aufrechnungsbeschränkung in bestimmten Konstellationen mehrere – theoretische[604] – Aufrechnungsmöglichkeiten. So insbesondere, wenn eine Forderung *gegen* welche nicht aufgerechnet werden darf, eine Vielzahl von Gegenforderungen gegenübersteht.[605] Aufgrund dieser Vergleichbarkeit, insbesondere hinsichtlich der entscheidenden Rechtsfolgen, ist

602 Davon zu unterscheiden ist der Fall eines „einseitigen“ Verzichtes auf eine konkrete Aufrechnungsbefugnis. Ob ein solcher Verzicht zulässig ist, ist umstritten und betrifft nicht die hier schwerpunktmäßig betrachteten Fällen der zweiseitigen Beschränkungsvereinbarung. Vgl. dazu befürwortend *Walsmann*, Verzicht, 241 m.w.N.; RGRK BGB/*Weber* § 387 Rn. 50 a.E., § 397 Rn. 11; *Gernhuber*, Erfüllungssurrogate § 12 VI 8e; Erman/*Wagner* § 387 Rn. 27; Staudinger/*Gursky*, § 387 Rn. 258; Planck/*Siber*, BGB Bd. 2.1., 4. Auflage 1914, § 387 Anm. 3; *Leonhard*, SchuldR AT, 618 m.w.N.; *Weigelin*, Aufrechnung als Pfandrecht an der eigenen Schuld, 171 f.; vgl. auch *Reichel* AcP 125 (1926), 178 (183).

603 Vgl. zur grundsätzlichen materiellrechtlichen Ausschlusswirkung von Aufrechnungsbeschränkungen und den sonstigen Wirkungsweisen § 4 B. III. 1.).

604 Diese bestehen wohl nach *Gernhuber*, Erfüllungssurrogate, § 12 VI 8a a.E. nicht tatsächlich, da eine generelle Aufrechnungsbeschränkung ja gerade das „Kontraktverhältnis“, welches die Gestaltungsbefugnis entstehen lässt, ausschließe.

605 Gleiches ist auch denkbar bei Beschränkungen der „aktiven Aufrechenbarkeit“. Wenn der Aufrechnungswillige in der Aufrechnung *mit* seiner Forderung beschränkt ist, werden mehrere Aufrechnungsmöglichkeiten ausgeschlossen, sofern der Aufrechnungsgegner mehrere (Gegen-)Forderungen besitzt. Zu den verschiedenen möglichen Schutzrichtungen von vertraglichen Aufrechnungsbeschränkungen bereits § 4 B. III. 2.).

es nicht geboten noch eine weitere dogmatische Konstruktion zu bemühen und weitere Abgrenzungsschwierigkeiten hervorzurufen.[606]

Dementsprechend handelt es sich bei einem „Verzicht" auf eine konkrete Aufrechnungsbefugnis vielmehr um einen zweiseitigen Ausschluss einer konkreten Aufrechnungsmöglichkeit in der Form einer Inhaltsänderung der Forderung, dass diese der Aufrechnung hinsichtlich der konkreten Aufrechnungslage(n) nicht fähig ist.[607]

Daran ändert auch ein unter Umständen verschiedener Vereinbarungs- und Wirkungszeitpunkt der beiden Konstellationen nichts. Während eine abstrakt generelle Aufrechnungsbeschränkung im Regelfall bereits *vor* oder *mit* entstehen der Forderungen vereinbart wird – anfängliche Aufrechnungsbeschränkung[608] –, ist davon auszugehen, dass der Ausschluss der Aufrechnung bezüglich zweier konkreter Forderungen im Regelfall erst *nach* deren Entstehung vereinbart werden wird – nachträgliche Aufrechnungsbeschränkung[609]. Eine unterschiedliche Grenzziehung der vertraglichen (Beschränkungs-)Freiheit der Parteien anhand des ggf. unterschiedlichen Zeitpunktes erscheint nicht erforderlich. Dafür ist vielmehr entscheidend, welche Rechtsfolgen die Beschränkungen auslösen. Diese sind allerdings unabhängig vom Zeitpunkt und damit in beiden Fällen identisch. Damit besteht auch insoweit kein Erfordernis, diese Konstellationen im Rahmen der Grenzen vertraglicher Aufrechnungsbeschränkungen einzeln darzustellen und zu untersuchen.

---

606 Vgl. *Berger*, Rechtsgeschäftliche Verfügungsbeschränkungen, 94 ff., welcher im Rahmen von Verfügungsbeschränkungen allgemein eine Unterscheidung zwischen einer Verfügungsbeschränkung in der Form einer Inhaltsbestimmung und dem Ausschluss einer Verfügungsbefugnis aufgrund der gleichen (Rechts-)Folgen für nicht erforderlich hält. Im Ansatz für die Übertragungsbefugnis im Kontext von § 137 BGB auch *Schlosser* NJW 1970, 681 (682).

607 Vgl. im Erg. auch Planck/*Siber*, BGB Bd. 2.1., 4. Auflage 1914, § 387 Anm. 3; ohne Eingang auf die Frage einer Inhaltsveränderung der Forderung ebenfalls nicht differenzierend Soergel/*Schreiber* § 387 Rn. 11 ff.; Palandt/Grüneberg § 387 Rn. 14 ff.; NK-BGB/*Wermeckes* § 387 Rn. 38 ff.; Aufrechnungsausschluss und Aufrechnungsverzicht begrifflich im gleichen Sinne verwendend *Arndt*, Über den Aufrechnungsvertrag, 13; ebenso z.T. in der Rspr. BGHZ 14, 61 (62 f.) = NJW 1954, 1561; BGHZ 23, 131 (135) = NJW 1957, 827 (828 f.); BGH WM 1971, 859.

608 Siehe dazu § 4 B. II. 2.).

609 Siehe dazu § 4 B. II. 2.).

3.) Zwischenergebnis

Damit lässt sich festhalten, dass es sich bei einer Beschränkung der Aufrechnung um eine Bestimmung oder Änderung des Inhaltes der Forderung handelt. Sofern die Beschränkungsvereinbarung vor oder mit Forderungsentstehung getroffen wird, fehlt dieser Forderung (teilweise) die Fähigkeit der Aufrechenbarkeit von Anfang an. Sollte diese Vereinbarung nach Begründung der Forderungen getroffen werden, wird der Inhalt zu einer (teilweisen) Unaufrechenbarkeit geändert und damit über die Forderung verfügt. Aufgrund der vergleichbaren Rechtsfolgen liegt auch bei einer Konzentration der Beschränkung auf eine konkrete Aufrechnungsbefugnis eine Aufrechnungsbeschränkung in der Gestalt einer Inhaltsbestimmung bzw.-änderung der Forderung durch gemeinschaftliche Vereinbarung vor.

§ 5. Grenzen rechtsgeschäftlicher Aufrechnungsbeschränkungen

Im Folgenden wird zuerst dargestellt, ob eine vertragliche Aufrechnungsbeschränkung als solche überhaupt zulässig ist (dazu A.). Anschließend wird untersucht, welche gesetzliche Normen bestehen, die den rechtsgeschäftlichen Aufrechnungsbeschränkungen Grenzen setzen und in welchem Umfang diese Regelungen einer Wirksamkeit der Beschränkungsvereinbarung entgegenstehen (dazu B.). Daraufhin wird dargestellt, inwieweit eine wirksame Aufrechnungsbeschränkung vom Parteiwillen abhängt und in welchen konkreten Konstellationen eine Berufung auf die Aufrechnungsbeschränkung unzulässig ist (dazu C.). Die im Folgenden aufgeführten Grenzen stellen eine Übersicht der allgemeinen, Vorgaben dar, welche auch für alle, im Einzelnen noch zu behandelnden Fallgruppen gelten.[610]

A. Allgemeine Unzulässigkeit?

Eine Beschränkungsvereinbarung bewirkt zwischen den Beteiligten einen Ausschluss der Aufrechnung mit materiellrechtlicher Wirkung, sofern nicht – im Ausnahmefall – eine lediglich schuldrechtlich verpflichtende Vereinbarung oder Prozessabrede getroffen wird. Damit beschränken die Parteien im Regelfall nicht nur das rechtliche Dürfen, sondern auch das rechtliche Können einer Verfügung über die Aktivforderung.[611] Im Folgenden wird dargestellt, ob und wie aufgrund dessen eine allgemeine Unzulässigkeit in der Rechtswissenschaft angenommen wird und es wird untersucht, ob eine solche tatsächlich angenommen werden muss.

I. Unzulässigkeit gem. § 137 Satz 1 BGB nach *Fenge*

Von *Fenge* wird vertreten, dass eine materiellrechtliche Beschränkungsvereinbarung nach § 137 Satz 1 BGB unzulässig sei.[612] Die Aufrechnung sei eine

---

610 Zur Untersuchung der Fallgruppen umfassend § 6.

611 Siehe zu den unmittelbaren Wirkungen der Aufrechnungsbeschränkung bereits § 4 B. III. 1.).

612 *Fenge* JZ 1971, 118 (121, 123); kritisch ebenfalls Soergel/*Schreiber* § 387 Rn. 11. Ebenfalls die Zulässigkeit vertraglicher Aufrechnungsbeschränkungen allgemein ablehnend *Gerson* DJZ 1911, 271.

Verfügung über die Aktivforderung und aufgrund einer gesetzlichen Ermächtigung auch über die Forderung des Aufrechnungsgegners. Demgemäß sei eine materiellrechtliche Beschränkung vom Wortlaut und der Zwecksetzung des § 137 Satz 1 BGB erfasst. Insbesondere verunsichere die Möglichkeit einer Aufrechnungsbeschränkung die Rechtslage und widerspreche damit dem § 137 Satz 1 BGB zugrundeliegenden Normzweck der Rechtssicherheit in der Form einer klaren Zuordnung von nicht an bestimmte Personen gebundene Rechte.[613] Zusätzlich erfahre die Anwendung des § 137 Satz 1 BGB auf vertragliche Aufrechnungsbeschränkungen seiner Ansicht nach eine vertiefte Rechtfertigung. Denn die verfassungsrechtlich garantierte Verfügungsfreiheit sei so essentiell für den Einzelnen, dass dieser durch ein Verbot von Verfügungsbeschränkungen so geschützt werden müsste, dass er sich nicht in eine ökonomische Abhängigkeit des (stärkeren) Vertragspartners begebe.[614]

Zusätzlich geht *Fenge* über das Verbot von vertraglichen Aufrechnungsbeschränkungen mit materiellrechtlicher Wirkung gem. § 137 Satz 1 BGB hinaus. Da es an einem ersatzfähigen Schaden fehle, den der Gläubiger bei einer vom Schuldner vertragswidrig erklärten Aufrechnung – mit den Wirkungen nach § 389 BGB – geltend machen könne, sei auch eine schuldrechtlich wirkende Aufrechnungsbeschränkung unzulässig.[615] Allein eine *„bloße" Prozessabrede*, die Aufrechnung im Verfahren nicht geltend zu machen, sei zulässig.[616]

II. Auslegung des § 137 Satz 1 BGB

Eine Zulässigkeit von Vereinbarungen mit materiellrechtlicher Wirkung wäre entgegen *Fenge* gegeben, wenn vertragliche Aufrechnungsbeschränkungen entweder schon vom Wortlautverständnis des § 137 Satz 1 BGB nicht erfasst wären oder die gesetzliche Regelung nach ihrem Sinn und Zweck die im Fokus stehenden Fälle nicht verhindern soll.

---

613 *Fenge* JZ 1971, 118 (121 linke Sp.).

614 *Fenge* JZ 1971, 118 (121 rechte Sp.).

615 *Fenze* JZ 1971, 118 (122 linke Sp., 123). Dabei lässt der Verfasser ausdrücklich offen, aufgrund welcher Grundlage sich hier eine Unzulässigkeit – entgegen des Wortlautes – von § 137 Satz 2 BGB ergeben soll.

616 *Fenge* JZ 1971, 118 (122 rechte Sp.).

1.) Tatbestand des § 137 Satz 1 BGB nach dem Wortlaut

Nach dem Wortlaut des Tatbestandes von § 137 Satz 1 BGB ist ein Ausschluss der Befugnis zur Verfügung über ein veräußerliches Recht erforderlich. Als geeignetes Beschränkungsobjekt kommt nur die Forderung bzw. das Forderungsrecht des Aufrechnungswilligens in Betracht. Wie bereits dargelegt verfügt dieser durch eine Aufrechnung nur über seine Aktivforderung.[617] Damit kann die vertragliche Beschränkungsabrede auch nur die Verfügungsbefugnis über dieses Recht ausschließen.[618] Die Forderung bzw. das Forderungsrecht stellen ein veräußerliches Recht dar, da diese gem. §§ 398 ff. BGB übertragen werden können. Die Abrede der Parteien ist bei Aufrechnungsbeschränkungen darauf gerichtet, die Wirksamkeit einer Verfügung, vorliegend der Aufrechnung, zu verhindern.[619] Damit handelt es sich bei einer vereinbarten Aufrechnungsbeschränkung um ein Rechtsgeschäft i.S.d. § 137 BGB, welches vor allem auf den Ausschluss der Befugnis einer Verfügung gerichtet ist.[620]

Fraglich ist allerdings, ob ein Ausschluss der Verfügungsbefugnis i.S.d. § 137 Satz 1 BGB auch dann anzunehmen ist, wenn dem (Forderungs-)Recht selbst die Verfügungsfähigkeit vom Entstehungszeitpunkt an fehlt, also eine Verfügungsbefugnis zu keinem vorherigen Zeitpunkt gegeben war. Im Rahmen von vertraglichen *Abtretungs*ausschlüssen von Forderungen wird dies größtenteils verneint, da es sich um eine Inhaltsbestimmung der Forderung handele. Daher entstehe die Forderung bereits als *unveräußerlich* und § 137 Satz 1 BGB sei nicht anzuwenden.[621] Im Rahmen von vertraglichen Aufrechnungsbeschränkungen

---

617 Siehe dazu § 2 A. I. 2.) d.); a.A. insb. *Fenge* JZ 1971, 117 (121 linke Sp.).

618 Wohl anders Staudinger/*Kohler* § 137 Rn. 25, welcher von einer Verfügung über ein Gestaltungsrecht ausgeht; ähnlich auch *Liebs* AcP 175 (1975), 1 (43).

619 Vgl. allgemein *Wagner*, Rechtsgeschäftliche Verfügungsbeschränkungen, 9.

620 § 137 Satz 1 BGB zumindest auf Gestaltungsrechte (analog) anwendend *Liebs* AcP 175 (1975), 1 (43); Staudinger/*Kohler* § 137 Rn. 25 f.; MüKo-BGB/*Armbrüster* § 137 Rn. 12.

621 So bspw. *Timm* JZ 1989, 13; Staudinger/*Kohler* § 137 Rn. 22; Palandt/*Ellenberger* § 137 Rn. 2; *Schlosser* NJW 1970, 681 (683); vgl. auch BGHZ 19, 355 (359) = NJW 1956, 463; BGHZ 40, 156 (160) = NJW 1964, 243. Nach der abweichenden Ansicht ist hingegen der Anwendungsbereich von § 137 Satz 1 BGB eröffnet. Diese Ansicht sieht allerdings die gesetzliche Anordnung in § 399 BGB als Ausnahme dazu an, wonach solche Vereinbarungen zulässig seien. So bspw. MüKo-BGB/*Armbrüster* § 137 Rn. 20, welcher aber zutreffend erkennt, dass diese Frage damit letztendlich eine untergeordnete Relevanz aufweist. Vgl. umfassend zu dieser Thematik *Berger*, Rechtsgeschäftliche Verfügungsbeschränkungen, 238 ff., 248 f., 225 ff.

erfolgt eine vergleichbare Inhaltsbestimmung der Forderung.[622] Aufgrund dieser Annahme sind anfängliche Aufrechnungsbeschränkungen nicht von § 137 Satz 1 BGB erfasst. Mangels vorhandener oder entstehender Verfügungsbefugnis in der Form einer Aufrechnungsbefugnis[623] besteht kein Schutzerfordernis i.S.d. § 137 Satz 1 BGB.

Hingegen wird bei einer nachträglichen Aufrechnungsbeschränkung der Forderung die Fähigkeit der Aufrechenbarkeit erst mit der Vereinbarung und Wirkung der Beschränkung genommen. Entsprechend war die Forderung zwischen dem Zeitpunkt des Entstehens der Forderung und der Aufrechnungsbeschränkung aufrechnungsfähig. Eine Verfügungsbefugnis in der Form einer Aufrechnungsbefugnis konnte bestehen. Daher wird bei diesen Aufrechnungsbeschränkungen das rechtliche Können der Verfügung ausgeschlossen. Im Ergebnis handelt es sich zumindest bei einer *nachträglichen* Beschränkung der Aufrechnungsmöglichkeit um einen rechtsgeschäftlichen Ausschluss der Verfügungsmöglichkeit über die Gegenforderung als veräußerliches Recht, sodass eine solche nach dem Wortlaut vom Tatbestand des § 137 Satz 1 BGB erfasst ist.

2.) Schutzzweck des § 137 Satz 1 BGB

Folgend ist zu untersuchen, ob § 137 Satz 1 BGB *nachträgliche vertragliche Aufrechnungsbeschränkungen* auch nach Sinn und Zweck erfasst. Dazu wird auf die Schutzzwecke und -funktionen eingegangen und überprüft, ob diese einzeln oder in einer Gesamtschau der Wirksamkeit von Beschränkungsvereinbarungen der Aufrechnung entgegenstehen.

a) Handlungsfreiheit und Selbstbestimmung

Ein Schutzzweck von § 137 BGB wird darin gesehen, dass die Freiheit des einzelnen Rechtsubjektes, nach Belieben über den Gegenstand bzw. das Recht verfügen zu können, garantiert wird.[624] Die Norm wird zum Teil in der Literatur

---

622 Siehe dazu § 4 B. V.

623 Siehe zur allgemeinen Unterscheidung von anfänglichen und nachträglichen Aufrechnungsbeschränkungen bereits § 4 B. II. 2.). Im Rahmen von Abtretungsverboten zumindest bei der Frage, ob eine Rechtsinhaltsbestimmung eine Verfügung darstellt, ebenso unterscheidend *Wagner*, Vertragliche Abtretungsverbote, 450 f.

624 BayObLG NJW 1978, 700 (701); *Liebs* AcP 175 (1975), 1 (39 f.); *Schlosser* NJW 1970, 681 (683 f.); *Weitnauer*, FS Weber, 429 (431, 434); Palandt/*Ellenberger* § 137 Rn. 1; vgl. außerdem die w.N. bei *Berger*, Rechtsgeschäftliche Verfügungsbeschränkungen, 66 f.

sogar als Ausformung der Grundrechte der Menschenwürde und dem Recht auf Entfaltung der freien Persönlichkeit angesehen.[625]

Die Interpretation von § 137 Satz 1 BGB als freiheitliche Grundnorm stößt jedoch auf grundlegende Bedenken.[626] Nach § 137 Satz 2 BGB ist eine schuldrechtlich wirkende Verfügungsbeschränkung ausdrücklich zulässig. Wenn aber die Norm primär die rechtliche Handlungsfreiheit des Einzelnen schützen soll, ist nicht verständlich, wieso die Regelung Fälle zulässt, in denen diese Freiheit der uneingeschränkten Verfügungsbefugnis nur durch einen *Bruch der vertraglichen Verpflichtung* gegenüber dem Vertragspartner realisiert werden kann.[627] Insoweit steht die Norm selbst einem individualschützenden Charakter entgegen. Der tatsächlich eintretende Freiheitsschutz des Einzelnen ist vielmehr als „Rechtsreflex" der Norm anzusehen.[628] Zusätzlich erscheint die Ansehung einer Norm als freiheitssichernde Grundnorm zweifelhaft, wenn die Norm selbst die rechtsgeschäftliche Handlungsfreiheit einschränkt, indem sie *eine gewollte Beschränkung* der Verfügungsmöglichkeit über ein Recht verhindert.[629] Zur allgemeinen Handlungsfreiheit auf rechtsgeschäftlichem Gebiet gehört auch die Freiheit, auf sie in gewissen Umfang zu verzichten.[630] Infolgedessen ist anzunehmen, dass § 137 Satz 1 BGB nicht dem individuellen Schutz der Handlungs- und Verfügungsfreiheit dient[631] und damit unter diesem Gesichtspunkt kein

---

625 *Baur* JZ 1961, 334 (335); *Schlosser* NJW 1970, 681 (683 f.) m.w.N.; ähnlich auch *Weitnauer*, FS Weber, 429 (431, 434).

626 So bspw. auch *Däubler* NJW 1968, 1117 (1119); *Berger*, Rechtsgeschäftliche Verfügungsbeschränkungen, 67 f.; MüKo-BGB/*Armbrüster* § 137 Rn. 3; *Timm* JZ 1989, 13 (16, m.w.N.).

627 So zutreffend *Berger*, Rechtsgeschäftliche Verfügungsbeschränkungen, 69; Staudinger/*Kohler* § 137 Rn. 5; *ders.* DNotZ 1989, 339 (346 f.); i.d.S. auch BGHZ 134, 182 (186) = NJW 1997, 861 (862); *Timm* JZ 1989, 13 (16, m.w.N.); *Däubler* NJW 1968, 1117 (1118 f.); MüKo-BGB/*Armbrüster* § 137 Rn. 3; Prütting/Wegen/Weinreich/*Ahrens* § 137 Rn. 1; a.A. *Liebs* AcP 175 (1975), 1 (39 f.).

628 So Staudinger/*Kohler* § 137 Rn. 5; *Berger*, Rechtsgeschäftliche Verfügungsbeschränkungen, 69; vgl. auch dazu die w.N. in Fn. 627.

629 I.d.S. auch *Berger*, Rechtsgeschäftliche Verfügungsbeschränkungen, 67 f.; *ders.* JZ 1997, 519.

630 *Däubler* NJW 1968, 1117 (1119).

631 So auch *Berger*, Rechtsgeschäftliche Verfügungsbeschränkungen, 67 ff.; BGHZ 134, 182 (186) = NJW 1997, 861 (862); *Däubler* NJW 1968, 1117 (1118 f.); Staudinger/*Kohler* § 137 Rn. 5; *ders.* DNotZ 1989, 339 (346 f.); Erman/*Arnold* § 137 Rn. 1; *Timm* JZ 1989, 13 (16, m.w.N.).

Erfordernis besteht, Aufrechnungsbeschränkungen dem Verbotsbereich des § 137 Satz 1 BGB zu unterwerfen.

Doch selbst bei Anerkennung einer Schutzfunktion von § 137 BGB als Grenznorm der Selbstentmündigung[632], erscheint eine Unwirksamkeit von Aufrechnungsbeschränkungen mit materiellrechtlicher Wirkung nach § 137 Satz 1 BGB nicht zwingend. Es handelt sich nicht um eine vollständige Entledigung des Verfügungsrechtes durch den Berechtigten, sondern vielmehr um eine *punktuelle Beschränkung der Verfügungsbefugnis*.[633] Der Inhaber der Forderung bzw. der Berechtigte kann seine Forderung nicht allein durch eine Verrechnung mit einer gegenläufigen Forderung zum Erlöschen bringen. Der Berechtigte kann allerdings weiterhin mit der Forderung am wirtschaftlichen Handel teilhaben, also diese veräußern[634] oder mit einem Recht belasten[635]. Daher kann aber kaum von einer selbstentmündigenden Freiheitsgefährdung gesprochen werden.[636] Zusätzlich zeigt sich beim Vergleich mit anderen individualschützenden Normen, wie bspw. § 1365 BGB und § 311b Abs. 1 - 3 BGB, dass auch dort erst ab einer bestimmten Erheblichkeitsschwelle der Schutzzweck der Norm zum Tragen kommt und das Verbot eingreift (§ 1355 BGB) oder die Wirksamkeit von weiteren Bedingungen abhängt (§ 311b Abs. 1 - 3BGB). Auch wenn in den diesen Regelungen bereits eine genauere und flexiblere Bestimmung als in § 137 Satz 1 BGB getroffen wurde[637], wird deutlich, dass der Gesetzgeber

632 Ausdrücklich *Schlosser* NJW 1970, 681 (684); vgl. auch die Nachweise in Fn. 625; klarstellend *Däubler*, NJW 1968, 1117 (1119); *Berger*, Rechtsgeschäftliche Verfügungsbeschränkungen, 70.

633 Vgl. BGH NJW 1975, 442 (443), welcher zumindest hervorhebt, dass die Realisierbarkeit und der Wert der Forderung bei einer Aufrechnungsbeschränkung nicht beeinträchtigt werden.

634 Vgl. *Bülow* JuS 1994, 1, welcher als Teilhabe an der (freien) Marktwirtschaft die Freiheit des Handels ansieht und unter Handel – hauptsächlich – die Übertragung und Belastung eines Rechtsgegenstandes versteht.

635 Bspw. durch Bestellung eines Nießbrauchs gem. §§ 1068 ff. BGB oder eines Pfandrechts gem. § 1273 ff. BGB.

636 Ähnlich mit einem anderen Beispiel und allgemein hinsichtlich Verfügungsbeschränkungen *Däubler*, NJW 1968, 1117 (1119); vgl. auch *Berger*, Rechtsgeschäftliche Verfügungsbeschränkungen, 70; im Erg. für die Beschränkung der „Belastungsbefugnis" eines Grundstücks a.A. aber OLG Hamm DNotZ 1956, 151; vgl. auch BGHZ 32, 151 (155 f.) = NJW 1960, 1053 (1053 f.); a.A. ebenfalls *Fenge* JZ 1971, 117 (121 rechte Sp.), welcher auch bei Aufrechnungsbeschränkungen von einer „*ökonomischen Abhängigkeit*" spricht.

637 § 137 BGB als freiheitssichernde Bestimmung aufgrund der „Starrheit" und Undifferenziertheit ausführlich ablehnend *Berger*, Rechtsgeschäftliche

den freiheitssichernden Schutz von der jeweiligen (Beschränkungs-)Intensität abhängig macht und diesen eher erst im *Extremfall* und nicht im Bagatellfall gewährt.

Daher sind nachträgliche Aufrechnungsbeschränkungen nicht von der individualistischen Schutzrichtung des § 137 Satz 1 BGB erfasst und nicht unter diesem Gesichtspunkt unzulässig.

b) Vollstreckungssichernde Funktion

Schon die Redakteure des BGB schrieben § 137 Satz 1 BGB den Zweck zu, die Funktionsfähigkeit der Zwangsvollstreckung zu sichern.[638] Da die Möglichkeit der Pfändung eines Rechts bzw. genauer einer Forderung von dessen Übertragbarkeit abhänge, solle die Vorschrift verhindern, dass durch vertragliche Verfügungsbeschränkungen vorhandene Vollstreckungsobjekte dem Zugriff des Vollstreckungsgläubigers entzogen werden.[639]

Ob diese Funktion tatsächlich bezweckt und erforderlich ist[640], ist im Rahmen der Frage, ob vertraglichen Aufrechnungsbeschränkungen nach dem Zweckgehalt von § 137 Satz 1 BGB Einhalt geboten werden muss, nicht ausschlaggebend. Denn selbst vertragliche Verfügungsbeschränkungen, welche (dinglich) die *Übertragbarkeit* ausschließen, sind nach § 851 Abs. 2 ZPO i.V.m. § 399 Alt. 2 BGB pfändbar und damit nicht der Zwangsvollstreckung durch den Zwangsvollstreckungsgläubiger entzogen.[641] Dann muss erst Recht auch eine Pfändung von Forderungen möglich sein, bei denen die Verfügungsmöglichkeit zwar hinsichtlich der Aufrechnungsmöglichkeit beschränkt ist[642], welche allerdings weiterhin

---

Verfügungsbeschränkungen, 70. *Däubler* NJW 1968, 1117 (1119) sieht § 137 Satz 1 BGB sogar als *„entscheidenderen Fehlgriff des Gesetzgebers"* an.

638 Bspw. Mot. III S. 77; *Liebs* AcP 175 (1975), 1 (12, 23. 36); BGHZ 134, 182 (186) = NJW 1997, 861 (862); Staudinger/*Kohler* § 137 Rn. 11 m.z.w.N.; MüKo-BGB/*Armbrüster* § 137 Rn. 2, 6; vgl. zu den Beratungen zum heutigen § 137 BGB ausführlich *Liebs* AcP 175 (1975), 1 (15 ff., 19 ff.).

639 *Wiedemann*, Die Übertragung und Vererbung von Mitgliedschaftsrechten bei Handelsgesellschaften, 284 f.; *Timm* JZ 1989, 13 (18, m.w.N.); MüKo-BGB/*Armbrüster* § 137 Rn. 6; vgl. die Nachweise in Fn. 638.

640 Dagegen u.a. *Däubler* NJW 1968, 1117 (1118); *Raible*, Vertragliche Beschränkung der Übertragung von Rechten, 74; mit durchaus zustimmungswürdiger Argumentation ebenfalls ablehnend *Berger*, Rechtsgeschäftliche Verfügungsbeschränkungen, 71 f.

641 Vgl. ähnlich *Berger*, Rechtsgeschäftliche Verfügungsbeschränkungen, 72.

642 Siehe zur geringeren Beschränkungswirkung einer Aufrechnungsbeschränkung im Vergleich zum Ausschluss der Verfügungsbefugnis als solche soeben § 5 A. I. 2.) b).

übertragbar, mithin veräußerlich sind. Dementsprechend kann die Gefahr einer Beeinträchtigung der Funktionsfähigkeit der Zwangsvollstreckung bei vertraglichen Aufrechnungsbeschränkungen nicht angenommen werden.

c) Verkehrsschutz und Orientierungssicherheit

Als weitere Normzwecke des § 137 BGB werden die Erhaltung der Verkehrsfähigkeit von Rechtsgütern und die Schaffung von Orientierungssicherheit für Dritte angeführt.[643] Allerdings ist auch in dieser Hinsicht nicht erforderlich, das Verdikt des § 137 BGB auf vertragliche Aufrechnungsbeschränkungen zu erstrecken.

So wird in der Literatur bereits bestritten, dass es Aufgabe von § 137 Satz 1 BGB sei, zu verhindern, dass Gegenstände durch vertragliche Vereinbarungen dem Rechtsverkehr entzogen werden. Begründet wird dies zum einen mit der Existenz von § 137 Satz 2 BGB. Zum anderen könnten verkehrsunfähige Gegenstände – „res extra commercium" – nicht durch vertragliche Verfügungsbeschränkungen geschaffen werden. Denn es sei ja auch jederzeit eine Aufhebung der Beschränkung durch eine weitere Vereinbarung möglich.[644] Nach dieser Sichtweise steht § 137 BGB vertraglichen Aufrechnungsbeschränkungen nicht entgegen.

Zwar erscheint es vorzugswürdiger, der Norm durch Verhinderung der rechtsgeschäftlichen Reduzierung von verkehrsfähigen Gegenständen auch die Funktion der Erhaltung und Sicherung des wirtschaftlichen Güterverkehrs[645] zuzuschreiben[646]. Allerdings widerspricht eine vertragliche Aufrechnungsbeschränkung auch dieser Zwecksetzung nicht. Eine Forderung, welche von einer solchen Abrede erfasst wird, ist weiterhin der Übertragung fähig und

---

643 *Liebs* AcP 175 (1975), 1 (34 f.).

644 Bspw. auf § 137 Satz 2 BGB abstellend *Raible*, Vertragliche Beschränkung der Übertragung von Rechten, 74; die vertragliche Aufhebungsmöglichkeit auch von unaufhebbaren Beschränkungsvereinbarungen über Verfügungsmöglichkeiten herausstellend *Berger*, Rechtsgeschäftliche Verfügungsbeschränkungen, 73; vgl. auch *Timm* JZ 1989, 13 (17).

645 Vgl. nur Staudinger/*Kohler* § 137 Rn. 6; *Liebs* AcP 175 (1975), 1 (37 f.).

646 Statt vieler nur BGHZ 56, 275 (278 f.) = NJW 1971, 1805 (1805 f.); MüKo-BGB/*Armbrüster* § 137 Rn. 4; *Liebs* AcP 175 (1975), 1 (37 f.); *Weitenauer*, FS Weber, 429 (432); *Wagner* AcP 194 (1994), 451 (470, m.w.N.); Staudinger/*Kohler* § 137 Rn. 6 m.w.N.; w.N. auch bei *Berger*, Rechtsgeschäftliche Verfügungsbeschränkungen, 73 (Fn. 90, selbst aber a.A.).

damit als „handelsfähiges" bzw. verkehrsfähiges Recht des freien Marktes anzusehen.[647] Eine Beschränkung der Aufrechnungsmöglichkeit stellt gegenüber einem Verbot aller Verfügungen über einen Rechtsgegenstand ein Minus an Beschränkung dar und bewirkt gerade *keinen Entzug des Gegenstandes aus dem Rechtsverkehr*. Vielmehr ist zu berücksichtigen, dass sogar ein stärker beschränkender vertraglicher Ausschluss der Übertragbarkeit der Forderung nach § 399 Alt. 2 BGB möglich ist.[648]

Nach einer Meinung des Schrifttums soll § 137 BGB auch die Orientierungssicherheit gewährleisten.[649] Dies ergebe sich aus der Rechtszuordnung allein aufgrund von gesetzlich festgelegten und vorgesehenen Typen („numerus clausus")[650] und der grundsätzlichen Kongruenz der Rechtsträgerschaft/-inhaberschaft und der Verfügungsbefugnis[651]. Im Rechtsverkehr sollen keine dinglichen Rechte durch eine rechtsgeschäftliche Vereinbarung erschaffen werden, die nicht gesetzlich vorgesehen oder gewohnheitsrechtlich anerkannt sind.[652] Zudem soll ein Dritter bzw. Erwerber nicht nach der Verfügungsmacht des Rechtsinhabers fragen oder sich um etwaige Vereinbarungen kümmern müssen, welche der Veräußerer bereits im Vorfeld hinsichtlich der Verfügung getroffen hat oder haben könnte.[653]

---

647 Vgl. i.d.S. Staudinger/*Gursky* § 387 Rn. 201; s.a. BT-Drs. 7/3919, 29, wo zutreffend davon ausgegangen wird, dass es sich *nicht* um einen *„endgültigen Rechtsverlust"* handelt.

648 Dies gilt unabhängig davon, ob ein Abtretungsverbot als „Inhaltsbestimmung des Forderungsrechts" selbst („Unfähigkeit der Abtretung") und damit nach § 399 Alt. 2 BGB als zulässig angesehen wird, oder ob darin eine Beschränkung der Verfügungsbefugnis und damit in § 399 Alt. 2 BGB eine Ausnahme von § 137 BGB gesehen wird. Vgl. dazu Staudinger/*Kohler* § 137 Rn. 17, 22; MüKo-BGB/*Armbrüster* § 137 Rn. 11, 20; *Berger*, Rechtsgeschäftliche Verfügungsbeschränkungen, 94 ff.

649 Vgl. statt vieler nur *Liebs* AcP 175 (1975), 1 (34 ff.); Staudinger/*Kohler* § 137 Rn. 7; *Timm* JZ 1989, 13 (18); *Wagner* AcP 194 (1994), 451 (473, m.z.w.N.); *Berger*, Rechtsgeschäftliche Verfügungsbeschränkungen, 73 m.z.w.N.; a.A. *Raible*, Vertragliche Beschränkung der Übertragung von Rechten, 75 (Rechtssicherheit ist Folge und nicht eigentlicher Zweck); *Schlosser* NJW 1970, 681 (683.).

650 Vgl. *Timm* JZ 1989, 13 (18); *Liebs* AcP 175 (1975), 1 (34); vgl. auch BGHZ 134, 182 (186) = NJW 1997, 861 (862) und allgemein Staudinger/*Heinze* Einl. zum Sachenrecht Rn. 109, 94 f.

651 Vgl. *Berger*, Rechtsgeschäftliche Verfügungsbeschränkungen, 72 f.

652 Vgl. nur Staudinger/*Heinze* Einl. zum Sachenrecht Rn. 94 ff.; *Schreiber* Jura 2010, 272 (275);

653 Zu Ersterem vgl. Staudinger/*Kohler* § 137 Rn. 7 f.; zu Letzterem *Berger*, Rechtsgeschäftliche Verfügungsbeschränkungen, 72 f.; *Timm* JZ 1989, 13 (18).

Letztendlich erfordert aber auch diese Zwecksetzung keine Unwirksamkeit einer materiellrechtlichen Aufrechnungsbeschränkung. Zum einen kommt hier der bereits mehrfach eingebrachte Einwand gegen die Unzulässigkeit von Aufrechnungsbeschränkungen nach § 137 BGB zum Tragen: Durch die Aufrechnungsbeschränkung ist nur ein Teil der vorhandenen Verfügungsmöglichkeiten über die Forderung betroffen. Die Verfügungsbefugnis steht im Übrigen, und damit zu einem großen Teil, dem Rechtsinhaber zu. Dieser ist vor allem im Stande, in der Form einer *Übertragung* über die Forderung zu verfügen, sodass ein Erwerber hinsichtlich dieser essentiellen Verfügungsmöglichkeit/-befugnis nicht im Ungewissen sein kann. Gewichtiger erscheint aber das Argument, dass der „numerus clausus" der güterzuordnenden Rechte bei vertraglichen Aufrechnungsbeschränkungen nicht im angeführten Sinne betroffen ist.[654] Dies zeigt ein Vergleich zwischen Beschränkungen der Verfügungsbefugnis über bewegliche Sachen oder Immobilien und Beschränkungen der Verfügungsmöglichkeit über Forderungen. Forderungen haben gerade *keinen absolut wirkenden Charakter*, sondern begründen allein die Rechte und Pflichten des Gläubigers und des Schuldners untereinander.[655] Die Vertragsfreiheit räumt den Parteien das Recht ein, die Forderung inhaltlich allein nach ihrem Willen auszugestalten und auch nachträglich zu ändern, ohne dabei auf die Interessen möglicher Dritter, d.h. im Regelfall möglicher Rechtsnachfolger Rücksicht nehmen zu müssen. Der Rechtsnachfolger tritt bspw. bei einer Abtretung gem. § 398 Satz 2 BGB an die Stelle des ehemaligen Gläubigers, sodass die vertraglich begründete Forderung so übertragen wird, wie sie inhaltlich vom (ehemaligem) Gläubiger und Schuldner ausgestaltet wurde.[656] Der Gesetzgeber hat der Möglichkeit der vertraglichen Inhaltsbestimmung der Forderungen den Vorrang vor der Sicherheit des Rechtsverkehrs bzw. des Veräußerers eingeräumt. So hat dieser bei Forderungen keine Normen errichtet, welche unabhängig von der vorherigen Rechtslage für den Erwerber „sichere Zustände" schaffen, mithin keine Kenntnisverschaffung des Erwerbers über vorherige Rechtsverhältnisse und Rechtsgeschäfte des Veräußerers erfordern. So ist bspw. bei einer Forderung kein gutgläubiger Erwerb

654 Ähnlich ausdrücklich Staudinger/*Kaduk*, 12. Auflage 1994, § 387 Rn. 137.

655 Vgl. nur für eine Differenzierung zwischen Ansprüchen und dinglichen Rechten zumindest im Kontext der Verjährung BeckOK-BGB/*Henrich* (01.02.2021) § 194 Rn. 13 ff.; Palandt/*Ellenberger* § 194 Rn. 1, 4.

656 Siehe zum Umfang der Fortwirkung einer Aufrechnungsbeschränkung bei einer Abtretung oder sonstige Übertragung auf Gläubiger oder Schuldnerseite bereits § 4 B. III. 5.).

entsprechend §§ 892 ff., §§ 932 ff. BGB oder gar ein gutgläubiger lastenfreien Erwerb möglich ist[657], wie dies bei Gegenständen der Fall sein kann.

3.) Systematische Betrachtung

Auch nach der systematischen Auslegung ergibt sich im Rahmen des Wertungszusammenhanges mit anderen gesetzlichen Vorschriften, dass eine Beschränkung der Verfügungsmöglichkeit möglich ist, mithin bestimmte Fälle vom Verdikt des § 137 Satz 1 BGB ausgenommen sind.[658] Dies hat der Gesetzgeber in §§ 391 Abs. 2, 309 Nr. 3 , 556b Abs. 2 BGB getan. Auch wenn diese Bestimmungen zwar nicht wie bspw. in § 399 Alt. 2 BGB explizit eine Zulässigkeit einer Verfügungsbeschränkung vorsehen, ergibt sich aus der gesetzlich vorgesehenen Einschränkung der vertraglichen Ausschlussmöglichkeit, dass diese grundsätzlich rechtlich möglich sein müssen.[659] Dass eine solche Zulässigkeit der Vereinbarung der Beschränkung der Aufrechnung vom Gesetzgeber bewusst vorausgesetzt wird, ergibt sich aus dem systematischen und historischen Kontext. § 309 Nr. 3 BGB (§ 11 Nr. AGBG aF) und § 556b Abs. 2 BGB (§ 552a BGB aF) wurden vom Gesetzgeber zeitlich erst nach § 137 Satz 1 BGB eingeführt.[660] Damit hatte der Gesetzgeber bei der Normierung Kenntnis von der Verbotsnorm § 137 Satz 1 BGB und hat dementsprechend bewusst eine Zulassung der vertraglichen Aufrechnungsbeschränkungen vorgesehen.[661] Der Anwendungsbereich dieser Normen würde auf null reduziert, wenn Beschränkungsvereinbarungen der Aufrechnung per se nach § 137 Satz 1 BGB ausgeschlossen wären. Folglich erscheint auch unter diesem Gesichtspunkt ein Ausschluss nach § 137 Satz 1 BGB nicht einschlägig.[662]

---

657 Für das Erfordernis des Bestehens einer Forderung vgl. statt aller nur Prütting/Wegen/Weinreich/*Müller* § 398 Rn. 10; vgl. auch *Däubler* NJW 1968, 1117 (1120) und *Timm* JZ 1989, 13 (18), welche – umgekehrt – die Vorschriften §§ 892 ff., §§ 932 ff. BGB heranziehen, um den Sinn und Zweck einer „Orientierungs- und Rechtssicherheit“ von § 137 Satz 1 BGB zu belegen.

658 Im Ansatz i.d.S. *Liebs* AcP 175 (1975), 1 (7, 11).

659 Vgl. ähnlich MüKo-BGB/*Schlüter* § 387 Rn. 58; *Seippel*, Gesetzliche Aufrechnung, 29.

660 § 552a BGB a.F. wurde durch Gesetz vom 14.7.1964 (BGBl. I 457 [458]) eingefügt und geht in erweiterter Form in § 566b Abs. 1 Satz 1 BGB auf (Gesetz vom 19.6.2001 [BGBl. I 1149]). § 11 Nr. 3 AGBG a.F. wurde am 9.12.1976 eingeführt (BGBl. I 3317 [3319]) und wortgleich in der Nachfolgeregelung § 309 Nr. 3 BGB durch das Gesetz vom 26.11.2001 (BGBl. I 3138 [3145]) übernommen (siehe BT-Drs. 14/6040, 155).

661 Ähnlich MüKo-BGB/*Schlüter* § 387 Rn. 58.

662 Ausdrücklich i.d.S. auch *Larenz*, Schuldrecht AT, § 18 VI b) 4 (Fn. 65); MüKo-BGB/*Schlüter* § 387 Rn. 58; Staudinger/*Kaduk*, 12. Auflage 1994, § 387 Rn. 137 a.E.; *Werner*,

Der Gesetzgeber hat dabei auch nicht allein die Fälle von obligatorischen Aufrechnungsbeschränkungen i.S.v. § 137 Satz 2 BGB gemeint, deren Zulässigkeit er mit den genannten Normen einschränken wollte.[663] Denn § 309 Nr. 3 BGB erfasst nach dem Wortlaut Konstellationen, in welchen „*die Befugnis genommen wird, mit einer unbestrittenen oder rechtskräftig festgestellten Forderung aufzurechnen*". Dies legt eher eine Beschränkung des rechtlichen Könnens als des rechtlichen Dürfens nahe.[664] Zumindest sind keine Gesetzesmaterialien ersichtlich, aus denen sich ergibt, dass der Gesetzgeber mit dem Ausschluss der Aufrechnungsbefugnis in § 309 Nr. 3 BGB, entgegen der gängigen Praxis der Rechtsprechung, welche im Regelfall einen materiellrechtlichen Ausschluss der Aufrechnung annimmt[665], nur Konstellationen der obligatorischen Beschränkung „einschränken" und damit – im Übrigen – grundsätzlich zulassen wollte.[666]

III. Allgemeine Unzulässigkeit aus weiteren Gründen

Gerson hat das Fehlen einer dem § 399 Alt. 2 BGB entsprechenden Regelung für rechtsgeschäftliche Aufrechnungsbeschränkungen bewogen, sich bereits vor *Fenge* für eine allgemeine Unzulässigkeit derartiger Vereinbarungen auszusprechen.[667] Als weitere Begründung beruft er sich zum einen auf den Grundsatz des „dolo facit qui petit quod statim redditurus est" und zum anderen darauf, dass in einer Vereinbarung über die Unzulässigkeit der Aufrechnung eine unzulässige Vereinbarung über die zukünftige Prozessgestaltung zu sehen sei.

Umgehung von Aufrechnungshindernissen, 19; *Gernhuber*, Erfüllungssurrogate, § 12 VI 8a; Erman/*Wagner* § 387 Rn. 27.

663 Kritisch und eine Anwendung von § 309 Nr. 3 BGB auf Aufrechnungsbeschränkungen als bzw. durch eine Prozessvereinbarung für möglich handelt *Mentis*, Schranken prozessualer Klauseln, 255.

664 Vgl. BGH NJW 1984, 357 (358), welcher annimmt, dass nach dem Parteiwillen eine Beschränkung der Aufrechnungsbefugnis verhindern soll, dass die Aufrechnungswirkung überhaupt eintritt bzw. eintreten kann. Siehe dazu bereits § 4 B. III. 1.). Vorstehendes bedeutet aber nicht, dass auch „schuldrechtliche" Ausschlüsse der Aufrechnung nicht vom Anwendungsbereich des § 309 Nr. 3 BGB erfasst sein können. Ausführlich dazu § 5 B. IV. 2.) a) cc).

665 Siehe dazu bereits § 4 B. III. 1. a).

666 Vgl. BT-Drs. 7/3919, 29, wo allein von einem Ausschluss der Befugnis des anderen Vertragsteils, gegenüber Ansprüchen des Verwenders mit Gegenforderungen aufzurechnen, gesprochen wird. Weitergehend dazu § 5 B. IV. 2.) a).

667 *Gerson* DJZ 1911, 271 f.

Zwar erkennt er an, dass der Grundsatz weitester Vertragsfreiheit herrscht, übersieht aber, dass daher auch keine Vorschrift i.S.d. § 399 Alt. 2 BGB erforderlich ist. [668] Denn wie soeben dargestellt, steht auch § 137 Satz 1 BGB einer vereinbarten Aufrechnungsbeschränkung anders als einer vereinbarten Abtretungsbeschränkung im Grundsatz nicht entgegen. Außerdem kann die Aufforderung zur Leistungserbringung ohne Berücksichtigung möglicher Gegenforderung nicht grundsätzlich im Widerspruch zu § 242 BGB stehen, wenn der Gesetzgeber im Rahmen der gesetzlichen Aufrechnungsverbote selbst die Aufrechnung zum Teil zwingend verboten und für bestimmte Situationen der gegenanspruchsunabhängigen Durchsetzung einer Forderungen den Vorrang vor einer Aufrechnungsmöglichkeit eingeräumt hat.[669] Zusätzlich wird die materiellrechtliche Wirkung einer vertraglichen Aufrechnungsbeschränkung verkannt, wenn darin eine vorherige Vereinbarung über die Prozessgestaltung gesehen wird.[670] Denn bei ersterer tritt die Aufrechnungswirkung im Regelfall schlichtweg nicht ein und kann nicht nur nicht im Prozess eingebracht werden.[671]

Aus diesen Gründen hat sich die Ansicht von *Gerson* in der Wissenschaft und Praxis nicht durchgesetzt.[672] Es ist daher auch keine grundsätzliche Unzulässigkeit einer Beschränkungsvereinbarung der Aufrechnung anzunehmen.

---

668 Hingegen – „umgekehrt" – zur Begründung der Zulässigkeit vertraglicher Aufrechnungsbeschränkungen vielmehr eine Analogie zu dem Ausschluss der Übertragbarkeit von Forderungen und damit zu § 399 Alt. 2 BGB in Betracht ziehend: *Larenz*, Schuldrecht AT, § 18 VI b) 4 (Fn. 65), Staudinger/*Gursky* § 387 Rn. 201; Soergel/*Schreiber* § 387 Rn. 11. Eine solche Analogie ist mangels allgemeinem Verbot allerdings nicht erforderlich und außerdem auch nicht angezeigt. Denn dafür fehlt es aufgrund der unterschiedlichen Wirkungen einer vertraglichen Aufrechnungsbeschränkung an einer Vergleichbarkeit der Fälle. Während Aufrechnungsbeschränkungen nur eine teilweise Beschränkung der Verfügungsbefugnis bewirken, handelt es sich bei einem Ausschluss der Veräußerlichkeit einer Forderung um eine den wirtschaftlichen Handel einschränkende Konstellation (vgl. im Ansatz Bülow JuS 1994, 1).

669 So zutreffend *v. Bardeleben* DRiZ 1912, 68 f. Siehe zu gesetzlichen Aufrechnungsverboten bereits § 4 A. I.

670 Wie bereits dargestellt, stellt die „materiellrechtlich wirkende" Aufrechnungsbeschränkung nur den Regelfall dar, von welchem bei ausdrücklichem Willen der Parteien auch abgewichen werden kann. Zu den verschiedenen Möglichkeiten siehe § 4 B. III. 1.).

671 Dies gilt auch, wenn die natürliche Folge der materiellrechtlichen Beschränkung auch die fehlende Möglichkeit der Geltendmachung des Aufrechnungseinwandes im Prozess ist. I.d.S. auch *v. Bardeleben* DRiZ 1912, 68 f.

672 Ausdrücklich gegen *Gerson* (Fn. 667) auch *Landsberg* DJZ 1911, 334; *v. Bardeleben* DRiZ 1912, 68 f.

IV. Ergebnis

Im Ergebnis lässt sich festhalten, dass die Parteiautonomie hinsichtlich vertraglicher Aufrechnungsbeschränkungen mit materiellrechtlicher Wirkung nicht allgemein durch § 137 Satz 1 BGB oder andere Vorgaben eingeschränkt ist[673] und die grundsätzliche Zulässigkeit von rechtsgeschäftlichen Aufrechnungsbeschränkungen im Ergebnis auch dem Willen des Gesetzgebers entspricht.[674]

B. Rechtshindernde Grenzen – Außenschranken

Im Zivilrecht gilt die Vertragsfreiheit als konkrete Ausprägung der verfassungsmäßig garantierten Privatautonomie.[675] Demensprechend liegt es grundsätzlich allein in der Hand der Vertragsparteien, ob und mit wem sie in rechtsgeschäftliche Beziehungen treten und welche Vereinbarungen sie treffen wollen.[676]

Es ist unbestritten, dass diese Freiheit nicht grenzenlos gewährt wird, sondern bestimmten Schranken, insbesondere zum Schutz der verfassungsmäßigen Ordnung, unterliegt.[677] Es soll ein Missbrauch des „wirtschaftlich, intellektuell

---

673 *Gernhuber*, Erfüllungssurrogate, § 12 VI 8a; *Larenz*, Schuldrecht AT, § 18 VI b) 4 (insb. mit Fn. 65); *v. Bardeleben* DRiZ 1912, 69 (70); *Siber*, Compensation und Aufrechnung, 111; *Berger*, Aufrechnungsvertrag, 169 f.; *Werner*, Umgehung von Aufrechnungshindernissen, 19; Palandt/*Grüneberg* § 387 Rn. 14; *Kleinschmidt*, Vertragsmäßige Erweiterungen und Beschränkungen des Aufrechnungsrechtes, 3; *Arndt*, Über den Aufrechnungsvertrag, 14; *Seippel*, Gesetzliche Aufrechnung, 28; MüKo-BGB/*Schlüter* § 387 Rn. 58; BeckOGK-BGB/*Skamel* (01.04.2021) § 387 Rn. 184.1; Staudinger/*Gursky* § 387 Rn. 201 m.w.N.; Erman/*Wagner* § 387 Rn. 27; *Berger*, Rechtsgeschäftliche Verfügungsbeschränkungen, 272 f.; NK-BGB/*Wermeckes* § 387 Rn. 38; Soergel/*Schreiber* § 387 Rn. 11. Mit (inzidenter) Annahme einer grundsätzlichen Zulässigkeit vertraglicher Aufrechnungsbeschränkungen vgl. aus der Rspr. bspw. BGHZ 14, 61 (62) = NJW 1954 (1561); BGHZ 23, 131 (135 f.) = NJW 1957, 827 (828); BGHZ 54, 244 (246 f.) = NJW 1970, 2019 (2020); BGHZ 107, 185 (189) = NJW 1989, 3215 (3216); BGHZ 218, 132 = NJW 2018, 2042; BGH NJW 1984, 357 (358); BGH NJW 2011, 1729.

674 So auch die Gesetzesbegründung zu § 11 Nr. 3 AGBG, BT-Drs. 7/3919, 29.

675 Vgl. nur BVerfGE 8, 274 (328 f.) = BeckRS 1958, 236; BVerfGE 103, 197 (215) = NJW 2001, 1709 (st. Rspr.); *Coester-Waltjen* AcP 190 (1990), 1; *Paulus/Zenker* JuS 2001, 1; Erman/*Armbrüster* Vor § 145 Rn. 26; Prütting/Wegen/Weinreich/*Brinkmann* Vor §§ 145 ff Rn. 13; Palandt/*Ellenberger* Einf v § 145 Rn. 7; BeckOK-BGB/*Eckert* (01.02.2021) § 145 Rn. 8.

676 Vgl. *Coester-Waltjen* AcP 190 (1990), 1; *Paulus/Zenker* JuS 2001, 1; Erman/*Armbrüster* Vor § 145 Rn. 26; Palandt/*Ellenberger* Einf v § 145 Rn. 7 ff.

677 Statt aller nur MüKo-BGB/*Busche* Vor § 145 Rn. 6, 25; Staudinger/*Olzen/Looschelders* (16.12.2019) § 242 Rn. 457.

oder situativ überlegenen Vertragsteils" verhindert werden. Denn durch ein solches Ungleichgewicht würde der schwächere Vertragsteil um seine tatsächliche Selbstbestimmung gebracht.[678] Entsprechend wurden bestimmte unabdingbare Regelungen normiert, welche die Gestaltungsfreiheit ausgleichend einschränken und eine bestimmte „Vertragsgerechtigkeit" sicherstellen (sollen).[679]

Im Folgenden wird untersucht, welche Normen die Grundlage einer Unwirksamkeit vertraglicher Aufrechnungsbeschränkungen seien können und, ob diese Normen einer solchen Beschränkungsvereinbarung tatsächlich allgemein entgegenstehen (können). Dabei enthält der folgende Abschnitt vorwiegend eine Darstellung der allgemeinen Verbotsbereiche der in Betracht kommenden Regelungen. Von dieser Grundlage ausgehend kann in einem späteren Teil untersucht werden, ob und inwieweit konkrete Fallgestaltungen oder Fallgruppen von Aufrechnungsbeschränkungen zulässig sind.[680]

I. § 134 BGB und § 138 BGB

Zu den weiteren Verbotsnormen, die eine Vertragsgerechtigkeit sicherstellen sollen, zählen § 134 BGB und § 138 BGB. Verboten sind danach einerseits Rechtsgeschäfte, welche gegen ein gesetzliches Verbot oder gegen die guten Sitten verstoßen.[681] Im Rahmen der Anwendung dieser generalklauselartig ausgestalteten Vorschriften ist auch eine Berücksichtigung der Werteordnung des Grundgesetzes möglich[682] und erforderlich.[683]

---

678 So zumindest nach der h.M., Erman/*Armbrüster* Vor § 145 Rn. 36; vgl. MüKo-BGB/*Busche* Vor § 145 Rn. 26, 6; MüKo-BGB/*Armbrüster* § 138 Rn. 87; s.a. Staudinger/*Sack/Fischinger* (02.03.2020) § 138 Rn. 1; *Lieb* AcP 178 (1978), 196 (204); kritisch allerdings *Coester-Waltjen* AcP 190 (1990), 1 ff.; zu einer insoweit kritischen ökonomischen Betrachtungsweise zumindest für den Bereich der AGB vgl. *Kötz* JuS 2003, 209 (210 ff.); zu den Gründen für Grenzen der Privatautonomie ausführlich *Paulus/Zenker* JuS 2001, 1 (2 f.).

679 Vgl. Palandt/*Ellenberger* Einf v § 145 Rn. 13, 7 f.; BeckOGK-BGB/*Möslein* (01.05.2019) § 145 Rn. 38 ff.; Staudinger/*Olzen/Looschelders* (16.12.2019) § 242 Rn. 458 f.

680 Siehe dazu § 6.

681 Vgl. Palandt/*Ellenberger* Einf v § 145 Rn. 13, 7 ff.; MüKo-BGB/*Busche* Vorb. § 145 Rn. 25; BGH NZG 2012, 718 (719 f.); zu § 138 BGB s.a. BVerfGE 89, 214 (229 ff.) = NJW 1994, 36 (38 f.); BGHZ 106, 336 (338, m.w.N.) = NJW 1989, 1477.

682 Vgl. Prütting/Wegen/Weinreich/*Ahrens* § 138 Rn. 1, 17 m.w.N.; Palandt/*Ellenberger* § 138 Rn. 1 ff.; s.a. BGHZ 106, 336 (338, m.w.N.) = NJW 1989, 1477.

683 Siehe bspw. BVerfGE 89, 214 (229 ff.) = NJW 1994, 36 (38 f.).

Vor diesem Hintergrund wird im Schrifttum im Rahmen der Darstellung der Grenzen vertraglicher Aufrechnungsbeschränkungen allgemein auf die sich aus § 134 BGB und § 138 BGB ergebenden Grenzen hingewiesen.[684] Bei einer genaueren Betrachtung wird allerdings deutlich, dass ein Verstoß gegen ein Verbotsgesetz i.S.d. § 134 BGB oder eine Erreichung der Sittenwidrigkeitsschwelle i.S.d. § 138 BGB zumindest *allein* durch eine Vereinbarung einer Beschränkung der Aufrechnung kaum denkbar ist.

1.) § 134 BGB

Im Rahmen von § 134 BGB fehlt es an Verbotsgesetzen, welche in ihrem Anwendungsbereich vertragliche Aufrechnungsbeschränkungen zum Gegenstand haben und nicht selbst eine bestimmte Rechtsfolge anordnen.

§ 387 BGB weist als allgemein anerkannte dispositive Regelung nicht den Charakter eines Verbotsgesetz i.S.d. § 134 BGB auf.[685] Die §§ 309 Nr. 3, 307 BGB weisen zwar einen entsprechenden Bezug zu Aufrechnungsbeschränkungen auf, gehen allerdings mit einer eigenständigen Rechtsfolgenanordnung dem Anwendungsbereich des § 134 BGB als *leges specialis* vor. [686]

Hinsichtlich § 556b Abs. 2 BGB bzw. § 552a BGB a.F. wurde im Rahmen mietrechtlicher Wohnraumverhältnisse vereinzelt eine Unwirksamkeit in Zusammenschau mit § 134 BGB angenommen.[687] § 556b Abs. 2 BGB bzw. § 552a BGB a.F. sei zwingend und ein Verstoß würde eine Unwirksamkeit begründen.[688]

Diese Ansicht wird allerdings mit Recht größtenteils abgelehnt.[689] Erstens übergeht diese Ansicht den Wortlaut der Vorschrift § 556b Abs. 2 Satz 1 BGB

---

684 Vgl. bspw. Staudinger/*Gursky* § 387 Rn. 244; *Werner*, Umgehung von Aufrechnungshindernissen, 198; vgl. auch Staudinger/*Peters/Jacoby* § 215 Rn. 4 a.E.

685 Vgl. zur Zulässigkeit einer vertraglichen Aufrechnungsbeschränkung Staudinger/*Gursky* § 387 Rn. 201; allgemein keinen Verbotsnormcharakter bei abdingbaren Vorschriften annehmend Staudinger/*Sack/Seibl* § 134 Rn. 32; MüKo-BGB/*Armbrüster* § 134 Rn. 46.

686 Prütting/Wegen/Weinreich/*Ahrens* § 134 Rn. 1; Erman/*Arnold* § 134 Rn. 2; allgemein MüKo-BGB/*Armbrüster* § 134 Rn. 3.

687 *Hannemann* WuM 1995, 8 (11, zu § 552a BGB aF); Wolf/Horn/Lindacher/*Wolf*, 4. Auflage 1999, § 11 Nr. 3 Rn. 11 (zu § 552a BGB a.F.); s.a. Lützenkirchen/*Lützenkirchen*, Mietrecht, § 556b Rn. 61; zumindest für eine Unwirksamkeit nach § 9 AGBG bzw. § 307 BGB *Blank* WuM 1995, 567 (671); Blank/Börstinghaus/*Blank*, Miete, 2. Auflage 2004, § 556b Rn. 20 (in aktueller 5. Auflage 2017 nicht mehr vertreten).

688 Vgl. *Hannemann* WuM 1995, 8 (11, zu § 552a BGB a.F.).

689 Schmidt-Futterer/*Langenberg*, Mietrecht, 13. Auflage 2017, § 556b Rn. 36 (a.A. nach § 307 BGB für Klauseln, die den Regelungsgehalt von § 556b BGB nicht von der

bzw. § 552a BGB a.F. und den darin zum Ausdruck kommenden Sinn und Zweck hinsichtlich abweichender vertraglicher Beschränkungsvereinbarungen. Nach dem Wortlaut ist nicht *negativ* normiert, dass eine Aufrechnungsbeschränkung für die in § 556b Abs. 2 BGB bzw. § 552a BGB a.F. genannten Forderungen nicht vereinbart werden kann oder unzulässig ist, sondern *positiv* bestimmt, dass der aufrechnungswillige Mieter entgegen einer solchen Beschränkungsvereinbarung kraft Gesetzes aufrechnen kann.[690]

Diesem Wortlaut entsprechend besteht auch der Zweck dieser Vorschrift nicht darin, eine Beschränkung der Aufrechnung hinsichtlich der Forderungen aus §§ 536a, 539 oder § 812 BGB wegen zu viel gezahlter Miete grundsätzlich durch eine Unwirksamkeit der Aufrechnungsbeschränkung zu verhindern. Vielmehr soll dem Mieter das Recht zur Aufrechnung insoweit erhalten bleiben und die Aufrechnungsbeschränkung im Übrigen weiterhin gelten. Der Gesetzgeber wollte mit der Regelung von 552a BGB a.F. und § 556b Abs. 2 BGB zum einen den Mieter vor unangemessenen, für mietrechtliche Forderungen vereinbarte Aufrechnungsbeschränkungen schützen. Zum anderen wurden auch die Interessen des Vermieters an einen pünktlichen Eingang der Mietzinszahlungen – ggf. zur Bedienung der aus dem Mietobjekt herrührenden Belastungen berücksichtigt.[691] Damit hat er allerdings *nicht* bezweckt, dass der Vermieter mit seiner Mietzinsforderung der Aufrechnung des Mieters *mit allen* seinen, gegen den Vermieter vorhandenen, Forderungen ausgesetzt ist. Dies wäre aber die Folge, sofern eine Unwirksamkeit nach § 134 i.V.m. § 556b Abs. 2 Satz 1 BGB angenommen würde, sofern der Vermieter die in § 552a BGB a.F. bzw. § 556b Abs. 2 BGB genannten Forderungen nicht explizit aus der individuell vereinbarten Beschränkung der Aufrechnung herausnimmt.

Zweitens würde der Anwendungsbereich von § 556b Abs. 2 Satz 1 BGB vollständig leerlaufen, wenn jede individualvertragliche Vereinbarung nach § 134 BGB unwirksam wäre, welche eine von der gesetzlichen Aufrechnungsmöglichkeit

---

Aufrechnungsbeschränkung explizit herausnehmen, Rn. 31); *Häublein*, FS Blank, 207 (210); BeckOK-BGB/*Ehlert* (01.08.2012) § 556b Rn. 22; BeckOK-BGB/*Wiederhold* (01.02.2021) § 556b Rn. 22.

690 Vgl. Schmidt-Futterer/*Langenberg*, Mietrecht, 13. Auflage 2017, § 556b Rn. 36; *Blank* WuM 1995, 567 (571); im Erg. ebenso Staudinger/*Weitemeyer*, 15. Auflage 2014, § 566b Rn. 29, 17; vgl. auch Palandt/*Weidenkaff* § 556b Rn. 8 f.

691 Staudinger/*Weitemeyer*, 15. Auflage 2014, § 556b Rn. 3; Jauernig/*Teichmann* § 556b Rn. 2; vgl. auch *Häublein*, FS Blank, 207 (215 f.); Palandt/*Weidenkaff* § 556b Rn. 1. Siehe zu diesem gesamten Absatz ausführlich § 5 B. III. 1.).

abweichende Beschränkung vorsieht.[692] Denn die positive Anordnung der Aufrechnungsmöglichkeit *entgegen* einer anderslautenden Beschränkungsvereinbarung setzt eine anderslautende wirksame Vereinbarung voraus. Sollte die Beschränkungsvereinbarung allerdings bereits gem. § 134 BGB unwirksam sein, würde es an einer solchen anderslautenden wirksamen Vereinbarung fehlen. Einer besonderen Anordnung der Aufrechnungsmöglichkeit bedürfte es nicht mehr, da bei einer Rechtsfolge nach § 134 BGB die weiteren gesetzlichen Vorgaben maßgeblich wären und entsprechend eine Aufrechnung so oder so nach §§ 387 ff. BGB möglich wäre.

Zusätzlich ist drittens Abs. 2 Satz 2 der heutigen gesetzlichen Regelung des § 566b BGB zu beachten. Nach dieser ist eine zum Nachteil des Mieters von § 556b Abs. 2 Satz 1 BGB getroffene Regelung unwirksam. Diese Regelung geht der gesetzlichen Regelung des § 134 BGB als *lex specialis* vor.[693] Eine Anwendung von § 134 BGB würde nicht nur den Vorrang dieser Sondervorschrift übergehen, sondern im Ergebnis auch die angezeigte *begrenzte* Unwirksamkeitsanordnung von § 556b Abs. 2 Satz 2 BGB – Teilunwirksamkeit[694] – verhindern bzw. revidieren.

2.) § 138 BGB

§ 138 Abs. 1 BGB erfordert kein Verbotsgesetz wie § 134 BGB.[695] Allerdings widerspricht der Inhalt einer Aufrechnungsbeschränkung grundsätzlich weder allein noch in Zusammenschau mit der ihr innewohnenden Zwecksetzungen gegen die zu wahrenden grundlegenden Sitten- und Verhaltensregeln.[696] Denn § 138 Abs. 1 BGB benötigt eine grobe Interessenbeeinträchtigung von erheblicher Stärke und setzt zusätzlich eine subjektiv verwerfliche Haltung voraus.[697]

---

692 So zutreffend auch *Häublein*, FS Blank, 207 (210); siehe dazu umfassend auch § 5 B. III. 2.) und 3.)

693 Vgl. allgemein zu „halbzwingenden Vorschriften" des Mietrechts in Abgrenzung zu § 134 BGB MüKo-BGB/*Artz* § 557 Rn. 57 f.

694 Siehe zu dieser Rechtsfolge und allgemein zur Abgrenzung von § 556b Abs. 2 Satz 1 zu Satz 2 BGB ausführlich § 5 B. III. 2.) und 3.) a).

695 Vgl. nur Erman/*Schmidt-Räntsch* § 138 Rn. 10; Palandt/*Ellenberger* § 138 Rn. 13.

696 So auch *Fenge* JZ 1971, 118 (122); s.a. *Seippel*, Gesetzliche Aufrechnung, 28 f.; vgl. allgemein und umfassend zur Auslegung und Konkretisierung des Begriffs der guten Sitten Staudinger/*Sack/Fischinger* (16.12.2019) § 138 Rn. 56, 12 ff.; § 138 BGB eine hohe Eingriffsschwelle beimessend *Coester-Waltjen* AcP 190 (1990), 1 (15).

697 Vgl. BGHZ 136, 347 (355) = BGH NJW 1997, 3372 (3374); BGHZ 147, 279 (287) = NJW 2001, 2331 (2332 f.); *Stoffels*, AGB-Recht, Rn. 384; Ulmer/Brandner/Hensen/*Fuchs* Vorb. § 307 Rn. 58.

Die Intention zur Vereinbarung einer Aufrechnungsbeschränkung, mit welcher der Beschränkungsbegünstigte vor allem seine wirtschaftlichen Interessen verfolgt, stellt selbst keinen verwerflichen Gesichtspunkt dar. Durch eine Beschränkung will der Begünstigte in der Regel eine Durchsetzungsverzögerung seiner Forderungen verhindern oder eine Realerfüllung absichern.[698] Diese Interessen sind nachvollziehbar und billigenswert, sodass sie zutreffend vom Gesetzgeber selbst durch § 556b Abs. 2 BGB und § 309 Nr. 3 BGB anerkannt wurden. Zwar bevorteilen die Rechtsfolgen insbesondere im Rahmen einseitiger Aufrechnungsbeschränkungen, in welchen nur für eine Partei die Aufrechnung ausgeschlossen ist, einseitig. Allerdings kann auch in diesen Fällen der Aufrechnungsbeschränkte im Übrigen vollständig über die Forderung verfügen und diese gerichtlich, auch im Rahmen einer Widerklage[699], gegen den Schuldner durchsetzen.[700] Damit behält die Forderung ihren (vermögensrechtlichen) Hauptinhalt und ihre Durchsetzungsmöglichkeit. Der Beschränkte verliert durch eine solche Beschränkungsvereinbarung in der Hauptsache allein *eine* gesetzlich vorgesehene, wenn auch vereinfachte, Tilgungsart. Daher reicht diese nachteilige Konsequenz auch in der Zusammenschau mit den übrigen ausgeschlossenen Vorteilen, welche allgemein mit der Aufrechnungsmöglichkeit einhergehen[701], nicht aus, um einen gravierenden Eingriff in den Gerechtigkeitsgehalt des Vertrages zu begründen.[702] Dies gilt grundsätzlich auch, wenn die Aufrechnung mit allen Forderungen, also auch rechtskräftig festgestellten und unbestrittenen Forderungen, ausgeschlossen ist. Dort wird zwar eine *einseitige* Durchsetzungsmöglichkeit geschaffen und der Schuldner auf eine eigene gerichtliche Durchsetzung verwiesen, obwohl ein Gegenanspruch – aus welchem Rechtsgrund auch immer – bereits feststeht. Allerdings rechtfertigt dies keinen inhaltlichen Korrektureingriff in die selbstautonom geschaffene (Vertrags-)Rechtslage. Denn dann müsste folgerichtig auch die Vereinbarung als

---

698 Vgl. zu den mit der Aufrechnungsbeschränkung verfolgten Interessen ausführlich § 3 C.

699 So zutreffend darstellend Staudinger/*Coester-Waltjen* § 309 Nr. 3 Rn. 1; zum fehlenden Ausschluss der Widerklage durch eine Aufrechnungsbeschränkung bereits § 4 B. IV. 4.).

700 Vgl. auch OLG München, Urteil v. 28.06.1996, Az. 21 U 6021/95, BeckRS 1996, 05125, welches zutreffend eine sittenwidrige Einschränkung der wirtschaftlichen Bewegungsfreiheit durch eine Aufrechnungsbeschränkung ablehnt.

701 Siehe dazu ausführlich § 3 A. und B.

702 Vgl. auch BT-Drs. 7/3919, 29, in welchem der Gesetzgeber selbst darstellt, dass eine Aufrechnungsbeschränkung nicht per se anstößig sei, zumal der Verbraucher keinen Rechtsverlust erleide.

unwirksam und damit die Aufrechnung mit jeder – also nicht nur der unbestrittenen und rechtskräftig festgestellten – Forderungen möglich sein. Diese Korrektur geht über das Erforderliche hinaus, und würde im Vergleich zu den Rechtsfolgen einer wirksamen Aufrechnungsbeschränkung einen unangemessenen Eingriff in die Vereinbarungsfreiheit der Parteien darstellen. Das richtige (Korrektur-)Mittel zur Verhinderung unangemessener und einseitiger Interessensdurchsetzung in einzelnen Vertragskonstellationen – und auch nur für einzelne Aufrechnungsmöglichkeiten – kann insoweit § 242 BGB in der Form der Ausübungskontrolle darstellen.

Auch ein Vergleich zu anderen Situationen, in welchen ein Verstoß gegen die guten Sitten i.S.d. § 138 Abs. 1 BGB in Betracht gezogen wird, bekräftigt dieses Ergebnis. So werden auch inhaltlich weiterreichende Beschränkungsvereinbarungen nach der Rechtsprechung *nicht ohne weitere Umstände* vom Unwirksamkeitsverdikt des § 138 BGB erfasst. Dies gilt bspw. für den Ausschluss einer Abtretungsmöglichkeit.[703]

Ein Verstoß gegen die Rechts- oder Sittenordnung aufgrund eines besonders groben Missverhältnisses[704] durch eine Beschränkung der Aufrechnung ist ebenfalls nicht anzunehmen.[705] Die Aufrechnungsbeschränkung trifft keine Regelung über das Verhältnis bzw. die Ausgeglichenheit des Wertes zwischen Leistung- und Gegenleistung, sondern vielmehr über die Durchsetzungsmöglichkeit der einzelnen Leistungen. Aus diesem Grund kommt auch eine Unwirksamkeit nach § 138 Abs. 2 BGB nicht in Betracht.[706]

Dementsprechend ist allein in aufrechnungsbeschränkungsspezifischer Hinsicht nicht davon auszugehen, dass die private Gestaltungsfreiheit der Parteien

---

703 Vgl. BGHZ 51, 113, (119) = NJW 1969, 415 (419); Palandt/*Grüneberg* § 399 Rn. 10 m.w.N.; ebenfalls eine Unwirksamkeit nach § 138 BGB erst bei weiteren Umständen, wie bspw. der Verbindung des Abtretungsverbotes mit einem verlängerten Eigentumsvorbehalt, befürwortend Staudinger/*Sack/Fischinger* (02.03.2020) § 138 Rn. 477 ff.; eine Unwirksamkeit von Abtretungsverboten bereits im Formularbereich nach § 307 BGB, dessen Voraussetzungen für ein Eingreifen wesentlich geringer liegen als bei § 137 BGB (dazu nur *Stoffels*, AGB-Recht, Rn. 384), ablehnend BGH NJW 2012, 2107 (2108, m.z.w.N.).

704 Vgl. dazu ausführlich nur Palandt/*Ellenberger* § 138 Rn. 34a ff.; Staudinger/*Sack/Fischinger* (02.03.2020) § 138 Rn. 309 f., 306 ff.

705 Nur im Erg. auch *Fenge* JZ 1971, 118 (122).

706 Vgl. Erman/*Palm/Arnold*, 14. Auflage 2014, § 138 Rn. 14 ff.; allgemein zu den Voraussetzungen von § 138 Abs. 2 BGB im Lichte des Selbstbestimmungsrechtes *Canaris* AcP 200 (2000), 273 (278 f., 280 f.).

nach § 134 BGB oder § 138 BGB eingeschränkt wird. Diese Annahme deckt sich damit, dass keine Gerichtsentscheidungen oder wissenschaftliche Darstellungen ersichtlich sind, nach welchen speziell der Inhalt der Beschränkungsvereinbarung der Aufrechnung zu einer Unwirksamkeit nach § 134 BGB oder § 138 BGB geführt hat oder führen soll.[707] § 134 BGB und § 138 BGB können allein dann einer wirksam vereinbarten Aufrechnungsbeschränkung entgegenstehen, wenn bei einer Betrachtung des gesamten Rechtsgeschäftes[708], bei dem die Aufrechnungsbeschränkung „nur" einen Vertragsbestandteil darstellt, das Rechtsgeschäft im Abschluss oder im Inhalt gegen ein Gesetz oder die objektive Werteordnung verstößt.[709]

II. Inhaltskontrolle nach § 242 BGB

Eine weitere Generalklausel, die eine Berücksichtigung der allgemeinen und verfassungsrechtlichen Wertevorstellungen ermöglicht und als Schranke von vertraglichen Aufrechnungsbeschränkungen in Betracht kommt, besteht in § 242 BGB.[710]

Unklar ist aber bereits, ob diese Norm noch Anwendung finden kann, wenn es um die *inhaltliche* Kontrolle individualvertraglich oder formularmäßig vereinbarter Regelungen geht, oder ob für eine eigenständige *Wirksamkeitskontrolle* nach dem Grundsatz von Treu und Glauben neben den Regelungen der § 134, § 138, §§ 305 ff. BGB und den weiteren spezielleren Tatbeständen kein eigenständiger Raum mehr bleibt. Diese Frage nach einer solchen erweiterten

707 Allein OLG München, Urteil v. 28.06.1996, Az. 21 U 6021/95, BeckRS 1996, 05125 hat sich mit einer Sittenwidrigkeit nach § 138 BGB aufgrund einer Aufrechnungsbeschränkung kurz befasst, im Erg. aber abgelehnt.

708 Vgl. zur „Gesamtbetrachtung" im Rahmen von § 138 BGB nur Palandt/*Ellenberger* § 138 Rn. 8; Erman/*Palm/Arnold*, 14. Auflage 2014, § 138 Rn. 36 m.w.N.

709 Ob eine Aufrechnungsbeschränkung in bestimmten Konstellationen mit anderweitigen Umständen die Schwelle einer Unwirksamkeit nach § 134 oder § 138 BGB erreichen kann, wird bei entsprechender Relevanz im Rahmen der Untersuchung der unterschiedlichen Konstellationen im späteren Teil dieser Arbeit aufgezeigt. Siehe bspw. zu Aufrechnungsbeschränkungen, die sich auf synallagmatisch verknüpfte Forderungen beziehen, § 6 B.

710 Vgl. nur Prütting/Wegen/Weinreich/*Kramme* § 242 Rn. 13 ff.; Palandt/*Grüneberg* § 242 Rn. 8; siehe aus der Rspr. allgemein zur Pflicht der Berücksichtigung von der Verfassung vorgegebenen Grundsatzentscheidungen im Rahmen der Anwendung und Auslegung der zivilrechtlichen Generalklauseln von § 242 BGB bspw. BVerfGE 89, 214 (229 ff.) = NJW 1994, 36 (38 f.).

Inhaltskontrolle wird seit jeher, insbesondere hinsichtlich der Fälle „gestörter Vertragsparität", ausführlich in der Literatur diskutiert.[711] Im Rahmen dieser Arbeit soll und kann diese Frage nicht umfassend behandelt werden. Vielmehr wird folgend summarisch aufgezeigt, in welchen Bereichen eine Inhaltskontrolle nach § 242 BGB unbestritten ausgeschlossen ist und es wird untersucht, inwieweit sich in den umstrittenen Bereichen mit dem vorliegenden Schwerpunkt der vertraglichen Aufrechnungsbeschränkungen überhaupt auseinander zusetzen ist.

1.) Individualvertrag mit ausgehandelten Bedingungen

In den Konstellationen von Individualvereinbarungen, deren Bedingungen ausgehandelt wurden, ist im Grundsatz davon auszugehen, dass über die strengeren Grenzen von § 134 und § 138 BGB[712] hinaus *keine (erweiterte)* Inhaltskontrolle nach § 242 BGB erfolgt bzw. zulässig ist.[713] Das resultiert schon daraus, dass die Parteien frei sind, ihre eigenen Positionen bzw. ihren eigenen Willen in einem Vertrag auszuhandeln und festzusetzen. Zwar wird der Idealfall des ausgehandelten Vertrags durch ein Geben und Nehmen und die dadurch bewirkte „Vertragsgerechtigkeit" in der Praxis nur selten vorkommen.[714] Allerdings verbietet sich im Grundsatz ein staatlicher Eingriff in das Selbstbestimmungsrecht der Parteien durch die Vorgabe, welcher Vertragsinhalt angemessen ist.[715] Eine Abweichung hiervon erscheint nur im Extrembereich möglich, also wenn die Vertragsparität mangels Gleichberechtigung der Parteien in kaum tolerierbarer

711 *Coester-Waltjen* AcP 190 (1990), 1 ff., 12 ff., 18 ff. m.z.w.N.; Lieb AcP 178 (1978), 196 ff. (insb. 206 f.); ebenfalls umfassend dazu Staudinger/*Olzen/Looschelders* (16.12.2019) § 242 Rn. 466 ff., 458 ff., 362 ff.; MüKo-BGB/*Schubert* § 242 Rn. 526 ff., 531 ff.; vgl. allgemein mit den verschiedenen Ansichten auch *Stein*, Inhaltskontrolle vorformulierter Verträge, 29 ff.

712 Staudinger/*Olzen/Looschelders* (16.12.2019) § 242 Rn. 365; Palandt/*Grüneberg* § 242 Rn. 18; hinsichtlich § 138 BGB von einer „hohen Eingriffsschwelle" ausgehend *Becker* WM 1999, 709 (712).

713 Vgl. Staudinger/*Olzen/Looschelders* (16.12.2019) § 242 Rn. 464 f.; *Wiedemann*, Festgabe Kummer, 175 (179); Palandt/*Grüneberg* § 242 Rn. 18; NK-BGB/*Krebs* § 242 Rn. 26; BeckOK-BGB/*Sutschet* (01.02.2021) § 242 Rn. 35 mit der Annahme, dass § 134 BGB und § 138 BGB eine Außenschranke und § 242 BGB allein eine Binnenschranken in der Ausgestaltung der Ausübungskontrolle darstellen.

714 Vgl. allgemein zu diesem Idealbild Staudinger/ *Olzen/Looschelders* (16.12.2019) § 242 Rn. 458 und *Zöllner* AcP 196 (1996), 1 (24 ff.).

715 Vgl. bspw. *Ritgen* JZ 2002, 114 (116 f.); *Canaris*, FS Lerche, 873 (884).

Weise gestört ist oder das Verhandlungsergebnis in einem krassen Widerspruch zur „ausgleichenden“ Gerechtigkeit steht.[716] Wie bereits im Rahmen von § 138 BGB ausgeführt, wird dieser insoweit vergleichbare Grenzbereich durch vertragliche Aufrechnungsbeschränkungen nicht erreicht.[717]

Sofern in der Literatur und Rechtsprechung hingegen eine Inhaltskontrolle befürwortet wird, betrifft dies im Regelfall Konstellationen von vorformulierten Bedingungen im Individualvertrag.[718] Die Verträge dieser Konstellationen sind nicht mit individuellen Verträgen mit einzeln ausgehandelten Bedingungen gleichzusetzen. Zusätzlich stammen die insoweit von der Literatur aufgeführten Fälle fast ausschließlich aus dem Anwendungsbereich von § 310 Abs. 4 BGB[719], bei denen eine Inhaltskontrolle nach §§ 305 ff. BGB nicht erfolgt.

Nach alledem stellen die §§ 134 und 138 BGB im ausgehandelten Individualvertrag Außenschranken für die Gültigkeit von Rechtsgeschäften bzw. Vereinbarungen dar, § 242 BGB hingegen „nur“ eine Binnenschranke für die Ausübung von Rechten aus der grundsätzlich wirksamen Vereinbarung.[720]

2.) Formularvertrag i.S.d. §§ 305 ff. BGB

Bei formularmäßigen Vereinbarungen stellen §§ 305 ff. BGB *abschließende Konkretisierungen* von Treu und Glauben hinsichtlich einer allgemeinen, allein den Inhalt einer Regelung überprüfenden Angemessenheitsprüfung dar. Ein Rückgriff auf § 242 BGB als Wirksamkeitskontrolle muss damit ausscheiden.[721] Dies gilt aufgrund der Regelung von § 310 Abs. 3 Nr. 2 BGB auch für vorformulierte Vertragsbedingungen in Verbraucherverträgen, welche nur zur einmaligen

---

716 Vgl. Staudinger/*Olzen/Looschelders* (16.12.2019) § 242 Rn. 458 f. m.z.w.N; *Canaris*, FS Lerche, 873 (884); sehr restriktiv *Zöllner* AcP 196 (1996) 1 (31 ff., auch allgemein zur Frage, inwieweit Selbstbestimmung ein Gleichgewicht der Vertragspartner erfordert [24 f.]); zur verfassungsrechtlichen Blickrichtung *Ritgen* JZ 2002, 114 (116 f.).

717 Siehe dazu bereits § 5 B. I. 2.).

718 Vgl. nur Staudinger/*Olzen/Looschelders* (16.12.2019) § 242 Rn. 475 ff. mit einzelnen Fallgestaltungen und w.N.

719 Vgl. dazu die von Staudinger/*Olzen/Looschelders* (16.12.2019) § 242 Rn. 475 ff. aufgeführten Fälle; s.a. Prütting/Wegen/Weinreich/*Kramme* § 242 Rn. 28.

720 Vgl. die Nachweise in Fn. 712.

721 BAG NJW 2005, 3305 (3309); Wolf/Lindacher/Pfeiffer/*Pfeiffer* § 307 Rn. 28; Staudinger/*Coester*, 15. Auflage 2013, § 307 Rn. 35; Staudinger/*Wendland* § 307 Rn. 35; HK-BGB/*Schulze* § 242 Rn. 9; BeckOK-BGB/*Sutschet* (01.02.2021) § 242 Rn. 37; NK-BGB/*Krebs* § 242 Rn. 28; vgl. auch Staudinger/*Olzen/Looschelders* (16.12.2019) § 242 Rn. 471, 380; Erman/*Böttcher* § 242 Rn. 25.

Verwendung bestimmt sind und der Verbraucher keinen Einfluss auf die Bedingungen nehmen konnte.[722]

Auch hinsichtlich der Konstellation aus dem Bereich von § 310 Abs. 4 BGB ergibt sich für Aufrechnungsbeschränkungen kein anderes Ergebnis. Die Bereichsausnahme nach § 310 Abs. 4 BGB für das Erb-, Familien-, und Gesellschaftsrecht gilt nur insoweit, wie der schuldrechtliche Charakter des Vertrags nicht überwiegt.[723] Gerade in Konstellationen, in welchen eine Aufrechnung bzw. die Frage einer Wirksamkeit oder Beschränkung einer solchen im Raume steht, geht es der Natur der Sache nach um den Austausch von vertraglichen Leistungen. Aufgrund des schuldrechtlichen Gepräges des zugrunde liegenden Vertrages ist die Bereichsausnahme von § 310 Abs. 4 BGB bei vertraglichen Aufrechnungsbeschränkungen nicht einschlägig und auch in diesem Bereich ist von einer ausschließlichen Inhaltskontrolle nach §§ 305 ff. BGB auszugehen. Eine Unwirksamkeit kann sich daher bei AGB-Klauseln nicht im Rahmen einer Inhaltskontrolle nach § 242 BGB ergeben.

3.) Vorformulierte Klauseln außerhalb des Anwendungsbereiches von §§ 305 ff. BGB

Weder als (ausgehandelte) Individualvereinbarungen/-verträge noch als allgemeine Geschäftsbedingungen sind solche vertraglichen Vereinbarungen anzusehen, die zwar vorformuliert sind, allerdings nicht unter den Anwendungsbereich von §§ 305 ff. BGB fallen.[724] Für die Vereinbarungsform wird in der Rechtsprechung und Teilen der Literatur eine erweiterte Inhaltskontrolle nach § 242 BGB für erforderlich gehalten. Die „Richtigkeitsgewähr des Vertrages", welche bei ausgehandelten Vereinbarungen grundsätzlich anzunehmen ist[725], wäre in diesen Fällen aufgrund der Vorabfassung allgemein gefährdet.[726] Insbesondere im

---

722 Zu diesen Fällen außerhalb von Verbraucherverträgen sogleich § 5 B. II. 3.).

723 Vgl. Prütting/Wegen/Weinreich/*Berger* § 310 Rn. 15, 16; vgl. MüKo-BGB/*Basedow* § 310 Rn. 117 f., auch zu den insoweit überhaupt infrage kommenden Fallgestaltungen (insb. Schenkung auf den Todesfall).

724 Vgl. insoweit insbesondere § 310 Abs. 3 Nr. 2 BGB, welcher eine Anwendung von §§ 307 ff. BGB nur für Verbraucherverträge vorsieht. S.a. Staudinger/*Olzen/Looschelders* (16.12.2019) § 242 Rn. 475 a.E.

725 Grundlegend *Schmidt-Rimpler* AcP 147 (1941), 130 ff.; vgl. auch *Coester-Waltjen* AcP 190 (1990), 1 (14 f.); MüKo-BGB/*Schubert* § 242 Rn. 526; ähnlich, aber zurückhaltender Staudinger/*Olzen/Looschelders* (16.12.2019) § 242 Rn. 458 f.

726 Vgl. bspw. BGHZ 101, 350 (354, m.w.N.) = NJW 1988, 135; BGHZ 74, 204, (209 f.) = NJW 1979, 1406 (1407 f.); MüKo-BGB/*Schubert* § 242 Rn. 542 m.w.N.; s.a. *Wiedemann*, Festgabe Kummer, 175 (183, 179 ff., 187); zurückhaltender Staudinger/*Olzen/*

Rahmen von Vertragsmustern oder vorformulierten Bedingungen eines unparteiischen Dritten – bspw. notarielle Vertragsbedingungen –, welche in den Individualvertrag eingeführt werden, soll eine über §§ 134, 138 BGB hinausgehende Wirksamkeitsgrenze nötig sein.[727]

Eine solche Grenze in der Form einer Unwirksamkeit einer Regelung oder des gesamten Vertrages wird allerdings nur angenommen, wenn diese Regelung einschneidende Rechtsfolgen auslöst und nicht (hinreichend) über diese weitreichenden Folgen aufgeklärt worden ist.[728] Ein solcher Fall wurde – soweit ersichtlich – jedoch nur im Rahmen von Gewährleistungsausschlüssen in notariellen Verträgen über Immobilien angenommen.[729] Hierbei handelt es sich um *Grenzfälle*, in welchen sich durch die Einführung durch einen Notar der Anschein der Rechtmäßigkeit und Ausgewogenheit für den Vertragspartner ergibt, sich die Parteien der gravierenden und ggf. existenzvernichtenden Rechtsfolgen ohne entsprechende Belehrung nicht hinreichend bewusst sind.[730] Daher wäre im hier betrachteten Kontext der Aufrechnungsbeschränkungen für eine erweiterte Inhaltskontrolle nur dann Raum, wenn Gefahren bestehen, die mit einem Ausschluss der Gewährleistung bei Immobilien(kauf)verträgen wertungstechnisch vergleichbar sind.[731]

Dieser Grenzbereich mit einer vergleichbar gravierenden Rechtsfolge[732] wird im Kontext vertraglicher Aufrechnungsbeschränkungen nicht erreicht. Denkbar ist eine solche Rechtsfolge nur insoweit, als es zu einem *wirtschaftlichen Untergang* der Forderung kommen würde. Nur in diesem Bereich scheint das

---

Looschelders (16.12.2019) § 242 Rn. 475 f.: eine Inhaltskontrolle dieser Fälle nach §§ 305 ff. BGB befürwortend Kramer ZHR 146 (1982), 105 (110 f.).

727 Vgl. zur st. Rspr. bspw. BGHZ 101, 350 (353 f.) = NJW 1988, 135; BGHZ 74, 204 (209 f., m.w.N.) = NJW 1979, 1406 (1407 f.); BGH NJW-RR 2007, 895 (897); zustimmend u.a. Prütting/Wegen/Weinreich/*Kramme* § 242 Rn. 28; *Schlosser* JR 1988, 329 f.; s.a. *Kramer* ZHR 146 (1982), 105 (113, 115); *Wiedemann*, Festgabe Kummer, 175 (183, 179 ff.).

728 BGHZ 101, 350 (353, m.w.N.) = NJW 1988, 135; BGHZ 74, 204 (209 f.) = NJW 1979, 1406 (1407 f.); vgl. dazu auch Staudinger/*Olzen/Looschelders* (16.12.2019) § 242 Rn. 475 f.

729 Vgl. bspw. BGH NJW 1984, 2094 und die w.N. in Fn. 728.

730 Staudinger/*Olzen/Looschelders* (16.12.2019) § 242 Rn. 475 f.

731 Vgl. zutreffend allgemein einen Rechtfertigungsgrund für eine erweiterte Inhaltskontrolle verlangend Staudinger/*Olzen/Looschelders* (16.12.2019) § 242 Rn. 476.

732 Vgl. Staudinger/*Olzen/Looschelders* (16.12.2019) § 242 Rn. 476 und die w.N. der Rspr. in Fn. 728.

Vertrauen des Vertragspartners in die „Neutralität" der vom Notar eingebrachten Bedingungen besonders schutzwürdig, sofern der Vertragspartner nicht über die gravierende Rechtsfolge oder deren Möglichkeit aufgeklärt wurde. Insoweit fehlt es allerdings an einem „Forderungsverlust" als unmittelbare Rechtsfolge der Aufrechnungsbeschränkung. Bei einer vertraglichen Aufrechnungsbeschränkung bleibt die eigene Forderung weiterhin *gerichtlich durchsetzbar* und behält damit ihren *wirtschaftlichen Wert*.

Allein im Zusammenwirken mit anderen Umständen kann eine Aufrechnungsbeschränkung überhaupt zu einem „wirtschaftlichen Untergang" der Forderung führen. So könnte eine fehlende Durchsetzungsmöglichkeit aufgrund einer Zahlungsunfähigkeit des (beschränkungsbegünstigten) Schuldners oder aufgrund einer Verjährung der Gegenforderung nach § 214 BGB in Betracht gezogen werden. Allerdings hängen die, die Rechtsfolge auslösenden Umstände im Regelfall vom Einzelfall und von den Vertragsparteien und deren Verhaltensweisen selbst ab. So tritt bspw. die Verjährung nach § 214 BGB nur ein, wenn der Forderungsinhaber diese nicht gerichtlich geltend macht bzw. keine Hemmung der Verjährung nach § 204 ff. BGB bewirkt.[733] Auch bei einer Zahlungsunfähigkeit ist im Einzelfall danach zu differenzieren, ob bereits Kenntnis des Vertragspartners über die bedrohte finanzielle Lage des Schuldners oder über Interessen eines finanzierenden Dritten bestand.[734]

Folglich kann nicht *im Allgemeinen* angenommen werden, dass vertragliche Aufrechnungsbeschränkungen, die durch Dritte eingeführt werden, ein besonderes Kriterium bzw. eine extrem „gestörte Vertragsparität" aufweisen, welche(s) einen Eingriff in die Vertragsvereinbarung durch eine Inhaltskontrolle rechtfertigt. [735] Vielmehr muss im Einzelfall bestimmt werden, ob eine gegen Treu und Glauben verstoßende Situation eingetreten ist und diese eine Berufung auf die Aufrechnungsbeschränkung ausschließt.[736]

---

733 Nach der in dieser Arbeit vertretenen Ansicht ist insoweit auch keine Treuwidrigkeit i.S.d. § 242 BGB anzunehmen, welche einen Ausschluss der Berufungsmöglichkeit auf die Aufrechnungsbeschränkung begründet. Siehe dazu ausführlich § 5 C. II. 2.) b).

734 Siehe dazu § 5 C. II.) 2.) a) cc).

735 Ähnlich, allerdings allgemein und nicht konkret auf vertragliche Aufrechnungsbeschränkungen abstellend, *Coester-Waltjen* AcP 190 (1990), 1 (12 ff., 16 ff.) und Staudinger/*Olzen*/*Looschelders* (16.12.2019) § 242 Rn. 476.

736 Siehe dazu umfassend § 5 C. II. 2.).

4.) Zwischenergebnis

Hinsichtlich vertraglicher Vereinbarungen über die Beschränkung der Aufrechnungsmöglichkeit ist im Grundsatz davon auszugehen, dass der inhaltlichen Gestaltungsfreiheit der Parteien allein durch § 134, § 138 und §§ 305 ff. BGB als Außenschranken Grenzen gesetzt sind. Eine erweiterte Inhaltskontrolle nach § 242 BGB erfolgt im Individualvertrag unterhalb der Schwelle von § 134 und § 138 BGB im Allgemeinen nur ausnahmsweise im Extrembereich der krass gestörten Vertragsparität oder Vertragsgerechtigkeit. Dieser Bereich wird durch vertragliche Aufrechnungsbeschränkungen nicht erreicht.

Bei Vereinbarungen in AGB beurteilt sich die Wirksamkeit ausschließlich nach §§ 305 ff. BGB.

In Konstellationen von vorformulierten Aufrechnungsbeschränkungen und deren Einführung durch einen Dritten in den Vertrag ergeben sich ebenfalls keine über die von § 134 und § 138 BGB gesetzten Grenzen hinausgehenden Schranken für vertragliche Aufrechnungsbeschränkungen. Denn einerseits erscheint bereits die darüberhinausgehende Inhaltskontrolle an sich zweifelhaft. Anderseits fehlt es bei den rechtsgeschäftlichen Aufrechnungsbeschränkungen zumindest im Allgemeinen, d.h. über den Einzelfall hinausgehend an der erforderlichen, erheblich benachteiligten Rechtsfolge.

Unabhängig von dieser Frage findet der das ganze Rechtsleben beherrschende Grundsatz von Treu und Glauben unstreitig sachliche Berücksichtigung in der Gestalt der sog. *Ausübungskontrolle*. Dabei wird nicht die Wirksamkeit der vertraglichen Vereinbarung, also der Aufrechnungsbeschränkung, an sich in Frage gestellt, sondern im konkreten Fall kann die einzelne Berufung auf die Aufrechnungsbeschränkung nach § 242 BGB ausgeschlossen sein.[737] Ein solcher Einwand der unzulässigen Rechtsausübung kann in allen aufgeführten und untersuchten Vereinbarungsformen einer Berufung auf eine Beschränkungsvereinbarung der Aufrechnung entgegenstehen.[738]

---

737 Vgl. bspw. BGHZ 93, 391 (399 f.) = NJW 1985, 1537 (1539); Staudinger/*Olzen*/*Looschelders* (16.12.2019) § 242 Rn. 471, 342; für den Fall von AGB ausdrücklich Ulmer/Brandner/Hensen/*Schäfer* § 309 Nr. 3 Rn. 2c und zu vorformulierten Vereinbarungen § 309 Nr. 3 Rn. 2.

738 Ausführlich zu den Grenzen von Aufrechnungsbeschränkungen im Einzelfall § 5 C. II. 2.).

III. § 556b Abs. 2 BGB

Eine gesetzliche Grenze für die Freiheit der Vereinbarung von Aufrechnungsbeschränkungen kann sich aus § 556b Abs. 2 BGB ergeben. So ist einerseits dort im ersten Satz angeordnet, dass

> *„der Mieter [...] entgegen einer vertraglichen Bestimmung gegen eine Mietforderung mit einer Forderung auf Grund der §§ 536a, 539 oder aus ungerechtfertigter Bereicherung wegen zu viel gezahlter Miete aufrechnen oder wegen einer solchen Forderung ein Zurückbehaltungsrecht ausüben [kann], wenn er seine Absicht dem Vermieter mindestens einen Monat vor der Fälligkeit der Miete in Textform angezeigt hat.“*

Darin ist positiv bestimmt, dass der Mieter trotz einer Aufrechnungsbeschränkung aufrechnen kann. Die Wirksamkeit der Aufrechnungsbeschränkung wird gerade vorausgesetzt. § 556b Abs. 2 Satz 1 BGB setzt zumindest *faktische Grenzen* für vertragliche Aufrechnungsbeschränkungen, indem diese für bestimmte Forderungen die Aufrechnungsmöglichkeit anordnet. Es könnte angenommen werden, dass darin nur eine Grenze von an sich *wirksamen* Aufrechnungsbeschränkungen zu sehen ist.

Eine Wirksamkeitsgrenze ergibt sich allerdings aus § 556b Abs. 2 Satz 2 BGB. Denn die Regelung des Satzes 2, nach der

> *„eine zum Nachteil des Mieters abweichende Vereinbarung [...] unwirksam [ist],“*

bezieht sich zumindest auch auf die Regelungen des davorstehenden ersten Satzes.[739]

Allein durch den Wortlaut der beiden Sätze wird die erste Fragestellung ersichtlich. Sofern eine Aufrechnung entgegen einer Aufrechnungsbeschränkung möglich sein soll (Satz 1), muss bestimmt werden, welcher Anwendungsreich überhaupt noch für die Unwirksamkeitsanordnung (Satz 2) verbleibt – und umgekehrt. Außerdem stellt sich die Frage, in welcher rechtlichen Ordnung diese Regelung zu den Verbotsnormen des individualvertraglichen und formularmäßigen Bereiches steht. Demgemäß ist der jeweilige Regelungsbereich von § 556b Abs. 2 BGB in Abgrenzung zu § 134 BGB und zu § 309 Nr. 3 BGB sowie zu § 307 BGB zu klären.

1.) Entstehungsgeschichte und Sinn und Zweck

Damit eine Einordnung in das System der Inhaltskontrolle von vertraglichen Vereinbarungen möglich ist, ist eine Vergegenwärtigung der gesetzlichen

---

739 Vgl. nur Palandt/*Weidenkaff* § 556b Rn. 2 a.E.

Entstehungsgeschichte und des Sinn und Zwecks und von § 556b Abs. 2 BGB erforderlich.

Der § 556b Abs. 2 BGB ist in der heutigen Fassung im Rahmen der Mietrechtsreform mit Wirkung zum 01.09.2001 eingeführt worden und ersetzt die vorherige Fassung des § 552a BGB a.F.[740] Inhaltlich wurde die positive Anordnung der Aufrechnungsbefugnis aus § 552a BGB a.F. um weitere Forderungen erweitert, insbesondere um den bereicherungsrechtlichen Anspruch. Zu einer gesetzlichen Normierung, nach welcher mit *allen* Forderungen aus dem Mietverhältnis trotz einer Aufrechnungsbeschränkung aufgerechnet werden kann, ist es (weiterhin) nicht gekommen.[741] Im Wege der Neufassung wurde in § 556b Abs. 2 BGB erstmalig das Abweichungsverbot in Satz 2 eingeführt.

Der Gesetzgeber wollte mit der Regelung von 552a BGB a.F. und § 556b Abs. 2 BGB *einen Interessensausgleich zwischen den Beteiligten* schaffen. Auf der einen Seite sollte der Mieter vor unangemessenen und für mietrechtliche Forderungen vereinbarten Aufrechnungsbeschränkungen geschützt werden. Zudem sollte seinem Interesse an der Durchsetzung seiner Ansprüche aus dem Vertragsverhältnis ohne gerichtliche Hilfe Rechnung getragen werden.[742] Auf der anderen Seite sollte auch das Interesse des Vermieters an einer solchen Beschränkung und dem damit verfolgten pünktlichen Eingang der Mietzinszahlungen berücksichtigt werden, damit dieser seine finanziellen Belastungen zur Bewirtschaftung und Finanzierung des Mietobjektes dauerhaft bestreiten könne.[743] Der Gesetzgeber hat allerdings nicht bezweckt, dass der Vermieter mit seiner Mietzinsforderung der Aufrechnung(-sgefahr) des Mieters mit all

740 Durch das Gesetz zur Neugliederung, Vereinfachung und Reform des Mietrechts (Mietrechtsreformgesetz) vom 19.06.2001 (BGBl. I, 1149).

741 Vgl. BT-Drs. 14/4553, 52; BeckOGK-BGB/*Drager* (01.04.2021) § 556b Rn. 2, 4; Staudinger/*Weitemeyer*, 15. Auflage 2014, § 556b Rn. 6; vgl. auch BGBl. I, 457 (458) wonach sich schon bei Einführung von § 552a BGB a.F. trotz anderslautendem Entwurf (vgl. BT-Drs. IV/806, 2 f.) die Aufrechnungsmöglichkeit nicht auf alle Forderungen aus dem Mietverhältnis erstreckte.

742 BeckOGK-BGB/*Darger* (01.04.2021) § 556b Rn. 4; BeckOK-BGB/*Ehlert* (01.08.2012) § 556b Rn. 2; BeckOK-BGB/*Wiederhold* (01.02.2021) § 556b Rn. 2; Palandt/*Weidenkaff* § 556b Rn. 1; vgl. auch *Blank* WuM 1995, 567 (570).

743 Staudinger/*Weitemeyer*, 15. Auflage 2014, § 556b Rn. 3; Lützenkirchen/*Lützenkirchen*, Mietrecht, § 556b Rn. 14; Jauernig/*Teichmann* § 556b Rn. 2; vgl. auch *Häublein*, FS Blank, 207 (215 f.); OLG Hamburg NJW-RR 1998, 586 (587). Allgemeiner zu den insoweit betroffenen wirtschaftlichen Belangen *Törnig* NZM 2009, 847 f.

seinen gegen ihn bestehenden Forderungen[744] ausgesetzt ist. Vielmehr wurden die Interessen dahingehend in Ausgleich gebracht, dass die zwingende Aufrechnungsmöglichkeit *nur für bestimmte* Forderungen gilt und unter einer *Ankündigungspflicht* steht.

2.) Allgemeiner Anwendungsbereich

Vor einer genaueren Bestimmung der Anwendungsbereiche und Abgrenzungen von § 556b Abs. 2 Satz 1 zu Satz 2 BGB sowie zu § 134 BGB und zu §§ 309 Nr. 3, 307 BGB ist eine vorgeschaltete Bestimmung des *allgemeinen* Anwendungsbereiches von § 556b Abs. 2 BGB sinnhaft. Denn der Anwendungsbereich ist schon allgemein in mehreren Hinsichten beschränkt.

Erstens gilt diese Regelung nur für den Bereich des Wohnraummietrechts.[745] Außerdem erfasst diese Regelung nur die Aufrechnung *mit* mietrechtlichen Forderungen aus § 536a, § 539 BGB oder aus Ansprüchen gem. § 812 Abs. 1 BGB, wegen zu viel gezahlter Miete. Des Weiteren ist die Aufrechnungsbefugnis mit diesen Forderungen auf Aufrechnungen *gegen* Mietzinsforderungen des Vermieters bzw. Verwenders beschränkt.[746] Im Übrigen geltend entsprechend die allgemeinen Regeln, sodass grundsätzlich eine Aufrechnung nach §§ 387 ff. BGB möglich ist.

Eine Übertragung des Wirkungsbereichs auf andere Forderungen aus einem Mietverhältnis oder auf andere Vertragsbereiche scheidet aufgrund der alleinigen Normierung im Bereich des Wohnraummietrechtes (§§ 549 ff. BGB) und der genauen Aufzählung der erfassten Forderungen in § 556b Abs. 2 BGB aus.[747] Diese Ausnahmeregelung ist nach dem Sinn und Zweck für

---

744 Insbesondere kann auch an Forderungen gedacht werden, die der Mieter nachträglich durch eine Abtretung von Dritten erworben hat.

745 OLG Düsseldorf NJOZ 2016, 1084 (1089); Blank/Börstinghaus/*Blank/Börstinghaus*, Miete, § 556b Rn. 40; BeckOGK-BGB/*Drager* (01.04.2021) § 556b Rn. 27; MüKo-BGB/*Artz* § 556b Rn. 11.

746 Zu diesen Voraussetzungen vgl. Staudinger/*Weitemeyer*, 15. Auflage 2014, § 556b Rn. 8, 18, 21; MüKo-BGB/*Artz* § 556b Rn. 12; BeckOGK-BGB/*Drager* (01.04.2021) § 556b Rn. 28 ff.

747 Vgl. OLG Düsseldorf NJOZ 2016, 1084 (1089); Staudinger/*Weitemeyer*, 15. Auflage 2014, § 556b Rn. 18 a.E., 30; Lützenkirchen/*Lützenkirchen*, Mietrecht, § 556b Rn. 7; Staudinger/*Emmerich* § 556b Rn. 8; BeckOK-MietR/*Bruns* (01.02.2021) § 556b Rn. 6; im Erg. ebenso BeckOGK-BGB/*Drager* (01.04.2021) § 556b Rn. 27 ff.; Palandt/*Weidenkaff* § 556b Rn. 2.

Wohnraummietverhältnisse ausgelegt und ist daher nicht verallgemeinerungsfähig.[748] Zwar könnte nach dem Sinn und Zweck der Erhaltung der Aufrechnungsmöglichkeit einerseits und dem Schutz auch der vermögensrechtlichen Interessen des Vermieters bzw. des Verwenders andererseits[749], eine Übertragung auch auf andere Dauerschuldverhältnisse in Betracht gezogen werden. Denn auch in solchen Vertragsverhältnissen besteht einerseits eine dauerhafte Zahlungsverpflichtung und anderseits ein Interesse am dauerhaften und regelmäßigen Erhalt der Gegenleistung. So besteht ein solches Anliegen im Prinzip auch bei Pachtverträgen oder bei Gewerberaummietverträgen. Allerdings fehlt es insoweit an einer Planwidrigkeit der (vermeintlichen) Regelungslücke.[750] Der Gesetzgeber hat – wie sich aus der Analyse der historischen Entwicklung zur heutigen Regelung des § 556b Abs. 2 BGB ergibt – bewusst eine Regelung für den vertraglichen Bereich der Wohnraumvermietung geschaffen.[751] Er hat insoweit einen genau begrenzten Bereich geregelt und ist auch bei anderen Reformen nicht dazu übergangen, den Sinngehalt der Regelung auf andere Bereiche zu erstrecken. Insbesondere hat er keine vergleichbaren Regelungen für andere Dauerschuldverhältnisse geschaffen. Dementsprechend steht dieses Bewusstsein zur Regelung eines bestimmten Bereiches der Übertragung auf andere Bereiche entgegen.

a) Anwendungsbereich und Regelungsinhalt § 556b Abs. 2 Satz 1 BGB

§ 556b Abs. 2 Satz 1 BGB legt fest, dass eine Aufrechnung mit den dort genannten Forderungen gegen Mietzinsforderungen auch mit den Rechtsfolgen nach § 389 BGB möglich ist, wenn eine Aufrechnungsbeschränkung besteht. Insoweit herrscht auch größtenteils die Ansicht vor, dass die Schutzwirkung des § 556b Abs. 2 BGB nur eingreift, sofern die vertragliche Aufrechnungsbeschränkung individueller oder formularmäßiger Art *grundsätzlich wirksam* ist.[752]

---

748 So auch Palandt/*Weidenkaff* § 556b Rn. 2; BeckOK-BGB/*Ehlert* (01.08.2012) § 556b Rn. 3a, 18; BeckOK-BGB/*Wiederhold* (01.02.2021) § 556b Rn. 4.

749 Siehe dazu soeben § 5 B. III. 1.).

750 Vgl. in diese Richtung auch Lützenkirchen/*Lützenkirchen*, Mietrecht, § 556b Rn. 7; Staudinger/*Weitemeyer*, 15. Auflage 2014, § 556b Rn. 18 a.E.; zumindest eine analoge Anwendung von § 556 Abs. 3 Satz 3 BGB auf Geschäftsraummiete ablehnend BGHZ 184, 117 (121) = NJW 2010, 1065 (1066).

751 Vgl. bspw. BT-Drs. 14/4553, 52 mit der Regelung § 579 Abs. 2 BGB, in der ausdrücklich nur ein Verweis auf § 556b Abs. 1 BGB vorgesehen ist

752 Schmidt-Futterer/*Langenberg*, Mietrecht, 13. Auflage 2017, § 566b Rn. 30; MüKo-BGB/*Artz* § 556b Rn. 15; BeckOGK-BGB/*Drager* (01.04.2021) § 556b Rn. 30; Staudinger/*Weitemeyer*, 15. Auflage 2014, § 556b Rn. 17; Blank/Börstinghaus/*Blank/Börstinghaus*,

Sofern die rechtsgeschäftliche Beschränkungsvereinbarung bereits aus anderen Gründen unwirksam ist, kommt es auf § 556b Abs. 2 Satz 1 BGB nicht mehr an.[753] Die Bestimmung ist unwirksam und der Mieter als Forderungsinhaber kann unter der Voraussetzungen von §§ 387 ff. BGB mit *jeder* Forderung aufrechnen, ohne an die weiteren Voraussetzungen der Aufrechnung nach § 566b Abs. 2 BGB gebunden zu sein.[754]

Dabei ergibt sich gleichsam, dass § 556b Abs. 2 Satz 1 BGB nicht selbst eine Unwirksamkeit der Aufrechnungsbeschränkung anordnet.[755] Vielmehr ist *positiv eine Aufrechnungsbefugnis* statuiert, welche dem Vertragspartner das gesetzliche Aufrechnungsrecht in bestimmter Hinsicht erhält und die Aufrechnungsbeschränkung in ihrer faktischen Reichweite begrenzt. Dem Interesse des Vermieters wird insoweit entsprochen, als eine Aufrechnung nur wirksam möglich ist, sofern diese mindestens einen Monat vorher angekündigt wird.

Mit dieser Erkenntnis ist allerdings noch kein weiteres Verständnis gewonnen, wann die *positive Bestimmung* zur Aufrechnungsmöglichkeit nach § 556b Abs. 2 Satz 1 BGB eingreift und wann hingegen die Unwirksamkeitsanordnungen nach § 556b Abs. 2 Satz 2 BGB und §§ 309 Nr. 3, 307 BGB.

b) *Anwendungsbereich und Regelungsinhalt § 556b Abs. 2 Satz 2 BGB*

Die Regelung des § 556b Abs. 2 Satz 2 BGB bestimmt nach Wortlaut und Systematik, dass Aufrechnungsbeschränkungen, die von § 556b Abs. 2 Satz 1 BGB

Miete, § 556b Rn. 40; *Blank* WuM 1995, 567 (571); vgl. auch Schmidt-Futterer/*Lehmann-Richter*, Mietrecht, § 566b Rn. 21; Palandt/*Weidenkaff* § 556b Rn. 8 (zumindest bei Individualvertrag); Wolf/Lindacher/Pfeiffer/*Dammann* § 309 Nr. 3 Rn. 19 a.E. (Formularvertrag); a.A. neuerdings Staudinger/*Emmerich* § 556b Rn. 6, 17.

753 Ebenso auch Wolf/Lindacher/Pfeiffer/*Dammann* § 309 Nr. 3 Rn. 19 a.E.; Schmidt-Futterer/*Langenberg*, Mietrecht, 13. Auflage 2017, § 566b Rn. 30; BeckOK-BGB/*Ehlert* (01.08.2012) § 556b Rn. 19; *Hannemann* WuM 1995, 8 (10); vgl. auch MüKo-BGB/*Artz* § 556b Rn. 15 (Vorrang der AGB-Kontrolle); BeckOK-BGB/*Wiederhold* (01.02.2021) § 556b Rn. 23.

754 So zutreffend auch Schmidt-Futterer/*Langenberg*, Mietrecht, 13. Auflage 2017, § 566b Rn. 30; BeckOGK-BGB/*Drager* (01.04.2021) § 556b Rn. 30, 40; Staudinger/*Weitemeyer*, 15. Auflage 2014, § 556b Rn. 17; *Blank* WuM 1995, 567 (570 f.); *Hannemann* WuM 1995, 8 (10); zutreffend auch AG Weißwasser, Urteil v. 18.04.1994, Az. 3 C 701/93, BeckRS 2010, 09688, welches die Ansicht des Klägers, dass § 552a BGB a.F. ein beschränktes Aufrechnungsrecht festlege, ablehnt.

755 Wie bereits in § 5 B. I. 1.) dargelegt, ergibt sich aus dem Wortlaut und dem Sinn und Zweck der Vorschrift, dass auch keine Unwirksamkeit gem. § 134 BGB anzunehmen ist.

nachteilig abweichen, unwirksam sind. Eine weitere Konkretisierung hinsichtlich des Verhältnisses der Sätze 1 und 2 und bezüglich der Reichweite der Unwirksamkeit ist nicht vorhanden.

Für die weitere Bestimmung des Regelungsbereiches von § 556b Abs. 2 BGB ist bereits vorher eine Festlegung erforderlich, welche Reichweite der Anordnung von § 556b Abs. 2 Satz 2 BGB zuzumessen ist. Einerseits könnte angenommen werden, dass eine Unwirksamkeit sich auf die *gesamte* Aufrechnungsbeschränkung bezieht. Dann wäre erstens eine Aufrechnung mit allen anderen Forderungen, also auch mit Forderungen aus dem Mietverhältnis *und aus anderen* Rechtsverhältnissen, möglich.[756] Zweitens wäre auch die Aufrechnung mit den in § 556b Abs. 2 Satz 1 BGB genannten Forderungen *ohne vorherige Ankündigung* der Aufrechnung zulässig. Anderseits könnte angenommen werden, dass sich die Anordnung der Unwirksamkeit aus dem Bezug auf § 556b Abs. 2 Satz 1 BGB ergibt. Entsprechend wäre die Aufrechnungsbeschränkung nur *teilweise* unwirksam. Nämlich soweit sie für den Mieter hinsichtlich § 556b Abs. 2 Satz 1 BGB nachteilig wäre, mithin keine Aufrechnung mit den genannten Forderungen unter einer Ankündigungsfrist von einem Monat in Textform zulässt.[757]

Die Beantwortung dieser Fragestellung ist aufgrund dieser verschieden weitreichenden Konsequenzen für die Beurteilung der Wirksamkeit von allgemein gehaltenen Aufrechnungsbeschränkungen und der damit einhergehende Fragen, ob der Mieter auch mit weiteren Forderungen – außer denen aus § 556b Abs. 2 Satz 1 BGB – aufrechnen kann, evident. Umso mehr erstaunt es, dass sich die Wissenschaft nach der Einführung von Satz 2 im Jahr 2001 überhaupt nicht mit der Frage der Reichweite der Unwirksamkeitsanordnung beschäftigt hat. Erst in neuerer Zeit sind erste Ansätze[758] und genauere Auseinandersetzungen[759] zu finden.

Die weitere Bestimmung im Rahmen der Auslegung der Norm hat zuerst nach dem Wortlaut zu erfolgen. Satz 2 trifft selbst keine Anordnung, dass nur

---

756 So LG Konstanz NZM 2014, 389 (390).

757 Ausdrücklich gegen die Entscheidung des LG Konstanz (NZM 2014, 389) *Schmid* IMR 2014, 497 (498); nun auch Staudinger/*Emmerich* § 556b Rn. 30, 29; für den formularmäßigen Bereich *Häublein*, FS Blank, 207 (215 ff.).

758 Vgl. bspw. LG Konstanz NZM 2014, 389 (390), welcher zumindest eine Gesamtunwirksamkeit annimmt, ohne sich allerdings mit der Fragestellung tiefergehend auseinanderzusetzen; außerdem allgemein zur Frage der Text- bzw. Schriftform im Mietrecht *Schmid* IMR 2014, 497 f.

759 Erstmalig Staudinger/*Emmerich* § 556b Rn. 29 f.; vgl. neuerdings im Ansatz auch Schmidt-Futterer/*Lehmann-Richter*, Mietrecht, § 556b Rn. 23 f.

ein Teilbereich unwirksam sein soll. Entsprechend könnte bei alleiniger Betrachtung von Satz 2, gemäß der Regelung des § 139 BGB, angenommen werden, dass die Aufrechnungsbeschränkung insgesamt unwirksam ist.[760] Allerdings würde bei einer solchen Sichtweise der wörtliche Bezug zu Satz 1 unbeachtet bleiben. Der Regelung in Satz 2 würde ohne Satz 1 vollständig *der Regelungsgehalt* fehlen. Es könnte nicht bestimmt werden, von welcher Regelung nicht nachteilig abgewichen werden dürfte. Daher lässt sich aus dem Wortlaut von § 556b Abs. 2 Satz 2 BGB letztendlich keine eindeutige Bestimmung ableiten.

Wie bereits ausgeführt, wird durch § 556b Abs. 2 BGB ein Ausgleich der Interessen des Mieters und denen des Vermieters bezweckt.[761] Der Mieter soll geschützt werden, sodass dieser mit bestimmten Forderungen aus dem Mietverhältnis grundsätzlich aufrechnen kann. Trotz bestehender vertraglicher Aufrechnungsbeschränkung soll der Mieter bei diesen Forderungen nicht vom Vermieter darauf verwiesen werden können, seine Forderungen eigenständig, d.h. unabhängig von Mietzinsforderungen des Vermieters gerichtlich geltend machen zu müssen. Auf der anderen Seite wird in der Sonderregelung des § 556b Abs. 2 BGB auch das Interesse des Vermieters berücksichtigt, indem keine uneingeschränkte Aufrechnung ermöglicht wird. Vielmehr bestimmt § 556b Abs. 2 Satz 1 BGB, dass eine bestimmte Ankündigungsfrist einzuhalten ist und die Aufrechnungsbefugnis nur für bestimmte Forderungen des Mieters besteht. Dieser Interessenausgleich und die Differenzierung zwischen verschiedenen Forderungsarten spricht aber für eine *Teilunwirksamkeit auf das Maß* des § 556b Abs. 2 Satz 1 BGB. Denn die Interessen des Vermieters würden bei einer Gesamtunwirksamkeit und bei einer nachteiligen Vereinbarung i.S.d. Satzes 2 nicht nur bis zum Maß des vom Gesetzgeber für erforderlich gehaltenen Interessensausgleiches beachtet, sondern *überhaupt nicht* berücksichtigt. Im Falle der Gesamtunwirksamkeit käme es zu einer uneingeschränkten Anwendung von §§ 387 ff. BGB, sodass der Mieter mit allen Forderungen gegen die Mietzinsforderungen aufrechnen könnte und seine Aufrechnungsabsicht auch nicht vorher ankündigen müsste. Mit Letzterem würden sämtliche vom Gesetzgeber im Wohnraummietrecht als schutzwürdig angesehenen Interessen des Vermieters übergangen.[762] Die gesetzgeberische Intention bei der

760 In diese Richtung wohl Gramlich/*Gramlich*, Mietrecht § 556b Rn. 4.

761 Siehe dazu bereits § 5 B. III. 1.).

762 Vgl. Staudinger/*Emmerich* § 556b Rn. 30; im Erg. ebenso *Schmid* IMR 2014, 497 (498, abstellend auf § 306 Abs. 2 BGB); zumindest für den formularmäßigen Bereich ähnlich *Häublein*, FS Blank, 207 (215); s.a. BT-Drs. IV/806, 10.

Einführung von § 556b Abs. 2 Satz 2 BGB kann auch nicht dahingehend gedeutet werden, dass dieser damit eine bestimmte „Sanktionsrechtsfolge" vorsehen wollte. Das würde aber unterstellt, wenn bei einer vertraglichen Abweichung von § 556b Abs. 2 Satz 1 BGB die gesamte Aufrechnungsbeschränkung unwirksam wäre und die Interessen des Vermieters an einer ausgeschlossenen Aufrechnung nicht nur für die Forderungen i.S.d. § 556b Abs. 2 Satz. 1 BGB, sondern für alle Forderungen als nicht mehr schutzwürdig eingestuft würden. Insoweit ist auch zu berücksichtigen, dass eine solche Beurteilung zu einer Schlechterstellung des Vermieters gegenüber anderen Rechtssubjekten führen würde, die ebenfalls auf den regelmäßigen Eingang der Zahlungen aus einem Dauerschuldverhältnis angewiesen sind und demgemäß eine Aufrechnungsbeschränkung vertraglich vorgesehen haben. Bei anderen Verträgen ist aufgrund der fehlenden Übertragbarkeit von § 556b Abs. 2 BGB kein entsprechender Vorbehalt der Aufrechnung für bestimmte Forderungen erforderlich. So besteht dort auch nicht die Gefahr einer Gesamtunwirksamkeit. Da aber § 556b Abs. 2 BGB nicht nur die Interessen des Mieters, sondern *auch die Interessen des Vermieters* berücksichtigen wollte, kann eine solche Schlechterstellung nicht gewollt sein.

Letztendlich ergibt sich in Abweichung von § 139 BGB zumindest aus der gesetzgeberisch intendierten Zwecksetzung des § 556b Abs. 2 BGB, dass nur eine Unwirksamkeit des „verbotenen Teils"[763] und damit auf das Maß der Aufrechnungsbefugnis i.S.d. § 556b Abs. 2 Satz 1 BGB vorliegt.

c) Zwischenergebnis und weitere Erkenntnis

§ 556b Abs. 2 Satz 1 BGB lässt positiv eine Aufrechnung mit bestimmten Forderungen gegen die Mietzinsforderungen des Vermieters zu, auch wenn eine wirksame Aufrechnungsbeschränkung vorliegt. § 556b Abs. 2 Satz 2 BGB sieht eine Unwirksamkeit für eine Aufrechnungsbeschränkung vor, die nachteilig von § 556b Abs. 2 Satz 1 BGB abweicht. Dabei beschränkt sich die Unwirksamkeitsfolge allein auf das Maß von Satz 1. Im Übrigen bleibt die vertragliche Aufrechnungsbeschränkung bestehen, d.h. wirksam.

Daraus resultiert, dass § 556b Abs. 2 Satz 1 und Satz 2 BGB im tatsächlicher Hinsicht die gleiche Folge auslösen: Der Mieter kann mit den in § 556b Abs. 2 Satz 1 BGB genannten Forderungen unter einer Ankündigungsfrist von einem Monat gegen Mietzinsforderungen des Vermieters aufrechnen. Im Übrigen bleibt die Aufrechnungsbeschränkung bestehen bzw. wirksam.

763 Für die allgemeine Möglichkeit von abweichenden Regelungen gegenüber § 139 BGB vgl. nur Palandt/*Ellenberger* § 139 Rn. 18.

Während § 556b Abs. 2 Satz 1 BGB weiterhin eine vollständig wirksame Aufrechnungsbeschränkung erfordert, ergibt sich die Aufrechnungsmöglichkeit nach § 556b Abs. 2 Satz 2 BGB aufgrund einer Teilunwirksamkeit.

3.) Konkretisierter Anwendungsbereich von § 556b Abs. 2 BGB

§ 556b Abs. 2 Satz 1 BGB und § 556b Abs. 2 Satz 2 BGB geben unterschiedliche dogmatische Wege vor, wie eine Aufrechnung trotz bestehender Aufrechnungsbeschränkung ermöglicht wird. Im Folgenden soll eine Konkretisierung vorgenommen werden, welcher Weg in welchen Konstellationen tatsächlich einschlägig ist. Hierbei ist zum einen zwischen Individualvertrag und formularmäßiger Vereinbarung zu unterscheiden. Zum anderen ist der jeweilige Anwendungsbereich von § 556b Abs. 2 BGB zu anderen Unwirksamkeitsregelungen wie § 134 BGB, §§ 307 ff. BGB abzugrenzen.

a) Individualvertrag

Wie bereits festgestellt, gelangt § 556b Abs. 2 BGB erst dann zur Anwendung, wenn eine im Übrigen wirksame Aufrechnungsbeschränkung vorliegt. Allerdings wird eine Aufrechnungsbeschränkung im Individualvertrag in aller Regel nicht bereits aus anderen Gründen unwirksam sein.[764] Daraus ergibt sich als erste Erkenntnis, dass im Individualvertrag keine Abgrenzung *zu anderen* Unwirksamkeitsvorgaben erforderlich ist.

aa) Abgrenzung zwischen § 556b Abs. 2 Satz 1 und Satz 2 BGB

Für die Abgrenzung zwischen § 556b Abs. 2 Satz 1 und Satz 2 BGB bezüglich Aufrechnungsbeschränkungen im Individualvertrag bestehen folgende Erwägungen:

Gegen eine Anwendung von § 556b Abs. 2 Satz 2 BGB auf alle Aufrechnungsbeschränkungen, die inhaltlich eine Aufrechnung entgegen § 556b Abs. 2 Satz 1 BGB ausschließen würden, spricht, dass letztendlich sämtliche *allgemein formulierten* Aufrechnungsbeschränkungen[765] im Wohnraummietvertrag von § 556b Abs. 2 Satz 2 BGB erfasst wären.[766] Denn diese

---

764 Siehe dazu § 5 B. I und II.

765 So könnte eine Vereinbarung bspw. lauten: „Die Aufrechnung gegen Forderungen des Vermieters ist ausgeschlossen". Siehe zum Beschränkungsumfang bereits § 4 B. III. 3.).

766 Im Erg. ebenfalls gegen eine Unwirksamkeit derartiger Vereinbarungen im Individualvertrag Blank/Börstinghaus/*Blank/Börstinghaus*, Miete, § 556b Rn. 41; wohl auch Staudinger/*Weitemeyer*, 15. Auflage 2014, § 556b Rn. 29.

Aufrechnungsbeschränkungen wären zum Nachteil des Mieters, da dieser nicht mit den in § 556b Abs. 2 Satz 1 BGB genannten Forderungen gegen die Mietzinsforderung aufrechnen könnte. Dieses Verständnis widerspricht der Systematik von § 556b Abs. 2 BGB. § 556b Abs. 2 Satz 1 BGB statuiert *positiv* eine Aufrechnungsmöglichkeit trotz bestehender Aufrechnungsbeschränkung. Würden die allgemein formulierten Aufrechnungsbeschränkungen gleichzeitig von § 556b Abs. 2 Satz 2 BGB erfasst und teilweise unwirksam sein, würde insoweit keine wirksame Aufrechnungsbeschränkung mehr bestehen können, über die § 556b Abs. 2 Satz 1 BGB *hinweghelfen* müsste. Wird hingegen in der Aufrechnungsbeschränkung ein Aufrechnungsvorbehalt für die Forderungen aus § 556b Abs. 2 BGB vorgesehen, wäre die Aufrechnung mit diesen Forderungen auch schon ohne § 556b Abs. 2 Satz 1 BGB möglich. Folglich würde bei einem derartigen Verständnis für § 556b Abs. 2 Satz 1 BGB *kein eigener Anwendungsbereich* mehr verbleiben.[767] Zwar könnte der Anwendungsbereich von § 556b Abs. 2 Satz 1 BGB allein als „inhaltliche Ausgestaltung" der Anordnung von Satz 2 gesehen werden und letztendlich bestimmen, für welche Forderungen die Aufrechnung nicht ausgeschlossen werden kann. Allerdings ist zweifelhaft, ob der Gesetzgeber durch nachträgliche Einführung von Satz 2 im Rahmen der Mietrechtsreform 2001[768] den Anwendungsbereich von Satz 1 allein auf eine solche Inhaltsbestimmung beschränken wollte.

Nach alledem ist davon auszugehen, dass § 556b Abs. 2 Satz 1 BGB für *allgemein gehaltene Aufrechnungsbeschränkungen* einschlägig ist.

Unter dieser Prämisse, dass allgemein gehaltene Aufrechnungsbeschränkungen von § 556b Abs. 2 Satz 1 BGB erfasst sind, ist weiter zu konkretisieren, welche Konstellationen als Fälle der Teilunwirksamkeit nach § 566b Abs. 2 Satz 2 BGB anzusehen sind. Der Wortlaut und der systematische Bezug zu § 556b Abs. 2 Satz 1 BGB legen fest, dass zumindest eine für den Mieter gegenüber der Aufrechnungsbefugnis des § 556b Abs. 2 Satz 1 BGB nachteilige Aufrechnungsbeschränkung unwirksam ist. Damit sind augenscheinlich Beschränkungsvereinbarungen unzulässig, welche den Regelungsgehalt von § 556b Abs. 2 Satz 1 BGB ausdrücklich aufheben, also *explizit* die Aufrechnung für die dort genannten Forderungen des Mieters gegen Mietzinsforderungen des Vermieters ausschließen. Darunter sind auch solche Vereinbarungen

767 So zutreffend zumindest für den formularmäßigen Bereich BeckOGK-BGB/*Weiler* (01.03.2021) § 309 Nr. 3 Rn. 22; für den Individualvertrag wohl Schmidt-Futterer/*Lehmann-Richter*, Mietrecht, § 556b Rn. 22.

768 Siehe dazu § 5 B. III. 1.) und Fn. 740.

zu verstehen, welche die Aufrechnung nur für einen bestimmten Teil der in § 556b Abs. 2 Satz 1 BGB genannten Forderungen vorbehalten und dadurch die anderen Forderungen von der Aufrechnung ausschließen.[769] Aus dem Sinn und Zweck von § 556b Abs. 2 BGB ergibt sich weiter, dass zumindest auch Konstellationen erfasst sind, in welchen zwar eine Aufrechnung mit den Forderungen des Satzes 1 gegen Mietzinsforderungen ausdrücklich zugelassen wird, allerdings weitergehende bzw. *erschwerende (formale) Erfordernisse* vorgesehen sind. Denn der gesetzlich vorgegebene Interessensausgleich würde dabei verändert. So kann bspw. nicht statt der vorgesehenen Textform der Ankündigung die strengere Schriftform[770] oder eine Beglaubigung der Absichtsanzeige verlangt werden. Ebenso ist eine Verlängerung der Frist auf über einen Monat für den Mieter nachteilig und aufgrund der klaren Festlegung der Frist in Satz 1 die Aufrechnungsbeschränkung nach Satz 2 teilweise unwirksam. So würden auch diese Konstellationen dem gesetzlich intendierten Interessensausgleich von § 556b Abs. 2 Satz 1 BGB entgegenstehen .[771] Außerdem ist auch eine unzulässige Verschlechterung i.S.d. Satzes 2 anzunehmen, wenn statt der „bloßen" Ankündigungspflicht eine *Anerkenntnispflicht*[772] des Vermieters vereinbart würde.

bb) Zwischenergebnis

§ 556b Abs. 2 Satz 2 BGB setzt für Aufrechnungsbeschränkungen im Individualvertrag nur insoweit eine *Wirksamkeitsgrenze*, wie die

769 So bspw. „Die Aufrechnung ist ausgeschlossen. Ausgenommen hiervon ist die Aufrechnung gegen eine Mietforderung mit einer Forderung aus ungerechtfertigter Bereicherung wegen zu viel gezahlter Miete."

770 Zutreffend LG Konstanz NJW 2014, 1895 (1896) und LG Leipzig WuM 2017, 518 (520), jeweils für formularmäßig vereinbarte Aufrechnungsbeschränkungen, wobei diese Erwägungen gleichsam auf Individualverträge übertragen werden können. Vgl. Schmidt-Futterer/*Langenberg*, Mietrecht, 13. Auflage 2017, § 566b Rn. 33; BeckOGK-BGB/*Drager* (01.04.2021) § 556b Rn. 39; BeckOK-MietR/*Bruns* (01.02.2021) § 556b Rn. 39. Im Gewerbemietrecht ist mangels Geltung von § 556b Abs. 2 BGB eine solche schriftliche Ankündigungspflicht nicht unwirksam; so zutreffend OLG Düsseldorf NJOZ 2016, 1084 (1989); Lützenkirchen/*Lützenkirchen*, Mietrecht, § 556b Rn. 115.

771 Sollte eine genauere Zuordnung im Einzelfall zweifelhaft sein, ist aufgrund des historischen Zusammenhanges – Normierung von Satz 2 erst nachträglich – und der „vergleichbaren" und tatsächlich identischen Rechtsfolge für den Vertragspartner im Zweifelsfall § 556b Abs. 2 Satz 1 BGB als dogmatische Begründung für die (wirksame) Aufrechnung heranzuziehen.

772 Siehe zur (Un-)Zulässigkeit von derartigen Anerkenntnisvorbehalten § 6 A. IV.

Aufrechnungsbeschränkung ausdrücklich eine Aufrechnung mit einer der Forderungen aus § 556b Abs. 2 Satz 1 BGB ausschließt, die Aufrechnung nur für einen Teil der Forderungen des § 556b Abs. 2 Satz 1 BGB vorbehält oder die dort enthaltende Ankündigungspflicht hinsichtlich der Form oder der Frist verschärft. Es folgt keine Gesamtunwirksamkeit, sondern eine Teilunwirksamkeit auf das Maß des § 556b Abs. 2 Satz 1 BGB.

Für allgemein gehaltene Aufrechnungsbeschränkungen und solche, welche keinen expliziten Ausschluss enthalten, gilt alleine § 556b Abs. 2 Satz 1 BGB. Diese Norm setzt keine Wirksamkeitsgrenze, sondern eine *faktische Grenze*: Eine Aufrechnung ist entgegen der – wirksamen – Aufrechnungsbeschränkung möglich.

b) Formularvertrag - Beschränkung des Anwendungsbereichs durch § 309 Nr. 3 BGB und § 307 BGB

aa) Eingeschränkter Vorrang von §§ 307 ff. BGB vor § 556b Abs. 2 BGB

Im Rahmen von Aufrechnungsbeschränkungen in AGB wird der praktische Anwendungsbereich von § 556b Abs. 2 BGB bereits dadurch begrenzt, dass die Aufrechnungsbeschränkung nicht bereits nach §§ 309 Nr. 3 oder § 307 BGB unwirksam sein darf.[773] Wie bereits ausgeführt, ist in Fällen der Unwirksamkeit aus anderen Gründen die Regelung des § 556b Abs. 2 BGB nicht erforderlich, da überhaupt keine Aufrechnungsbeschränkung mehr besteht.[774]

Allerdings darf dieser Vorrang der Inhaltskontrollvorschriften *nicht überspannt* werden. Ein Vorrang ist nur anzunehmen, wenn der Regelungsbereich von § 556b Abs. 2 Satz 1 und Satz 2 BGB *nicht betroffen* ist. Mithin darf die Klausel für eine Anwendung von § 556b Abs. 2 Satz 1 und Satz 2 BGB nicht bereits *„im Übrigen"* aus anderen Vorschriften unwirksam sein.[775] Für den Regelungsbereich von § 556b Abs. 2 Satz 1 und Satz 2 BGB ist nicht nur der Vorrang von

---

773 Vgl. Schmidt-Futterer/*Lehmann-Richter*, Mietrecht, § 556b Rn. 23; Schmidt-Futterer/*Langenberg*, Mietrecht, 13. Auflage 2017, § 566b Rn. 30; MüKo-BGB/*Artz* § 556b Rn. 15, der ausdrücklich von Vorrang der AGB-Kontrolle spricht; Blank/Börstinghaus/*Blank/Börstinghaus*, Miete, § 556b Rn. 40, 43 ff.; BeckOGK-BGB/*Weiler* (01.03.2021) § 309 Nr. 3 Rn. 21; Staudinger/*Weitemeyer*, 15. Auflage 2014, § 556b Rn. 23.

774 So auch Blank/Börstinghaus/*Blank/Börstinghaus*, Miete, § 556b Rn. 42; *Blank* WuM 1995, 567 (569 f.); vgl. Staudinger/*Emmerich* § 556b Rn. 29.

775 A.A. wohl Wolf/Lindacher/Pfeiffer/*Dammann* § 309 Nr. 3 Rn. 19; BeckOGK-BGB/*Drager* (01.04.2021) § 556b Rn. 40; BeckOGK-BGB/*Weiler* (01.03.2021) § 309 Nr. 3 Rn. 21 f.; *Gellwitzki* WuM 2001, 373 (382, 383).

§ 307 BGB abzulehnen, sondern gegenteilig *ein Vorrang von § 556b Abs. 2 BGB mit Sperrwirkung* gegenüber anderen Grenzregelungen anzunehmen.

Bei einer gegenteiligen Annahme würde das gesetzliche Regelungskonzept von § 556b Abs. 2 BGB übergangen. Der Gesetzgeber hat die auf beiden Seiten bestehenden Interessen gegeneinander abgewogen und das Ergebnis des Abwägungsvorgangs gesetzlich ausdrücklich normiert.[776] Diese Interessensabwägung darf nun nicht durch eine eigenständige Interessensabwägung durch die Rechtswissenschaft oder die Richter/innen mit einem unter Umständen abweichenden Ergebnis unter dem Deckmantel der Inhaltskontrolle nach § 307 BGB ersetzt werden. Sofern sich also die Wirksamkeitsuntersuchung auf den Regelungsgehalt des § 556b Abs. 2 Satz 1 und Satz 2 BGB bezieht, kann keine Inhaltskontrolle nach §§ 307 Abs. 1 Satz 1, Abs. 2 BGB, 308, 309 BGB[777] erfolgen. Dies ist immer anzunehmen, wenn die *dort genannten Forderungen* von der Aufrechnung ausgeschlossen sind oder eine *Ankündigungspflicht für diese Forderungen* vereinbart wurde. Dann greift ausschließlich die Sonderregelung des § 556b Abs. 2 BGB ein, unter Umständen mit der Unwirksamkeitsanordnung nach Satz 2. Im Übrigen, d.h. hinsichtlich anderer Forderungen und Rechtsgründen, ist eine Unwirksamkeit nach §§ 307 ff. BGB möglich.

Im Folgenden wird dargestellt und untersucht, in welchen Fällen bereits andere Unwirksamkeitsgründe einer Anwendung von § 556b Abs. 2 BGB entgegenstehen. Anschließend wird dargestellt, welcher Anwendungsbereich noch für § 556b Abs. 2 Satz 1 und Satz 2 bei formularmäßigen Aufrechnungsbeschränkungen verbleibt.

bb) § 309 Nr. 3 BGB

Nach der in dieser Arbeit vertretenen Ansicht, ist für eine nach § 309 Nr. 3 BGB wirksame Aufrechnungsbeschränkung erforderlich, dass diese einen ausdrücklichen Vorbehalt für die Aufrechnung mit unbestrittenen und rechtskräftig festgestellten Forderungen enthält. Ist die Aufrechnung hingegen allgemein, d.h. für alle Forderungen ausgeschlossen, verstößt sie gegen § 309 Nr. 3 BGB und ist unwirksam.[778]

Für den hier betrachteten Bereich bedeutet diese Feststellung, dass allgemein gehaltene Aufrechnungsbeschränkungen, welche damit *auch* die

---

776 Siehe dazu bereits § 5 B. III. 1.)

777 Mangels verschiedener Regelungsgegenstände besteht gegenüber dem Transparenzgebot nach § 307 Abs. 1 Satz 2 BGB kein Vorrang von § 556b Abs. 2 BGB.

778 Siehe zum Verbotsgehalt des § 309 Nr. 3 BGB ausführlich § 5 B. IV.

Möglichkeit der Aufrechnung unter einer Ankündigung für die Forderungen i.S.d. § 556b Abs. 2 BGB ausschließen, im Regelfall mangels Teilbarkeit bereits vollständig unwirksam sind.[779] Auf § 556b Abs. 2 Satz 1 kommt es mangels vorliegender wirksamer Aufrechnungsbeschränkung nicht mehr an. In diesen Fällen könnte der Mieter aufgrund der Rechtsfolge des § 309 Nr. 3 BGB – Gesamtunwirksamkeit – mit allen Forderungen gegen alle Forderungen des Vermieters aufrechnen, ohne, dass er die Aufrechnung bspw. einen Monat vorher ankündigen müsste.[780]

Liegt eine ausdrückliche inhaltliche Abweichung von der Aufrechnungsmöglichkeit für die in § 556b Abs. 2 Satz 1 BGB genannten Forderungen vor, gilt das *vorrangige Regelungskonzept* des § 556b Abs. 2 Satz 1 und Satz 2 BGB, konkret die Teilunwirksamkeitsanordnung nach § 556b Abs. 2 Satz 2 BGB.[781] Jenes ist bei einem expliziten Ausschluss der Aufrechnung für die in § 556b Abs. 2 Satz 1 BGB genannten Forderungen[782] und einer Abweichung zu Lasten des Vertragspartners von der Textform für die Aufrechnungserklärung[783] anzunehmen. Eine Aufrechnung ist insoweit nur unter den Voraussetzungen des § 556b Abs. 2 Satz 1 BGB möglich. § 309 Nr. 3 BGB ist nicht parallel anwendbar, auch wenn die Aufrechnungsbeschränkungen für die in § 556b Abs. 2 Satz 1 BGB genannten Forderungen nicht ausdrücklich eine Aufrechnung für unbestrittene und rechtskräftig festgestellte Forderungen zulassen.[784] Im Übrigen, d.h. für alle anderen Forderungen, müssen die dem § 309 Nr. 3 BGB entsprechende Vorbehalte vorhanden sein, um eine Gesamtunwirksamkeit zu vermeiden. Daher sind

---

779 Zutreffend neuerdings auch Schmidt-Futterer/*Lehmann-Richter*, Mietrecht, § 556b Rn. 23.

780 Erforderlich sind insoweit natürlich die allgemeinen Tatbestandsvoraussetzungen der Aufrechnung nach §§ 387 ff. BGB; vgl. im Erg. auch Schmidt-Futterer/*Langenberg*, Mietrecht, 13. Auflage 2017, § 566b Rn. 30; BeckOGK-BGB/*Drager* (01.04.2021) § 556b Rn. 40.

781 Siehe dazu § 5 B. III. 3.) a) aa) und b) aa); a.A. wohl Wolf/Lindacher/Pfeiffer/*Dammann* § 309 Nr. 3 Rn. 19; *Gellwitzki* WuM 1998, 198 (201).

782 Bspw. „Die Aufrechnung mit den Forderungen des § 556b Abs. 2 Satz 1 BGB ist ausgeschlossen". Gleichzustellen sind diese Ausschlussvereinbarungen solchen, in welchen *nur Teile* der Forderungen aus § 556b Abs. 2 Satz 1 BGB ausdrücklich vom Aufrechnungsverbot ausgenommen sind, wie bspw.: „Die Aufrechnung ist ausgeschlossen, außer mit solchen Forderungen auf Grund der §§ 536a, 539 BGB."

783 Bspw. „Die Aufrechnung mit den Forderungen des § 556b Abs. 2 Satz 1 BGB ist mindestens einen Monat vor Fälligkeit der Miete in Schriftform anzuzeigen".

784 Dazu gehören inhaltlich auch entscheidungsreife Forderungen o.e.B., siehe dazu § 5 B. IV. 2.) d) bb).

bei einer Kombination einer allgemeinen Aufrechnungsbeschränkung mit einem zusätzlichen expliziten Ausschluss der Regelung des § 556b Abs. 2 Satz 1 BGB beide Regelungsteile ohne Wirkung. Der Teil der allgemeinen Aufrechnungsbeschränkung ist bereits nach § 309 Nr. 3 BGB insgesamt unwirksam. Der zweite Regelungsteil bleibt ohne „Wirkung", da § 556b Abs. 2 Satz 1 BGB mangels bestehender Aufrechnungsbeschränkung überhaupt nicht zur Anwendung käme.[785]

Von § 309 Nr. 3 BGB ist nicht vorgegeben, dass die Aufrechnungsbeschränkung einen Vorbehalt für Aufrechnungen nach § 556b Abs. 2 BGB vorsehen muss. Diese Aufrechnungsbefugnis ist von *§ 309 Nr. 3 BGB* nicht eigenständig geschützt.[786]

cc) § 307 BGB

Eine § 556b Abs. 2 BGB vorgehende Unwirksamkeit könnte sich aus § 307 Abs. 1 Satz 1, Abs. 2 Nr. 1 BGB und § 307 Abs. 1 Satz 2 BGB ergeben. Dann wäre der Anwendungsbereich von § 566b Abs. 2 BGB zusätzlich eingeschränkt. Insoweit kann eine Nichtigkeit hinsichtlich dreierlei Aspekte in Betracht gezogen werden. So könnte zum ersten angenommen werden, dass § 556b Abs. 2 Satz 1 BGB ein gesetzliches Leitbild festsetzt, von welchem nicht abgewichen werden kann, ohne den Vertragspartner gem. § 307 Abs. 1 Satz 1, Abs. 2 Nr. 1 BGB unangemessen zu benachteiligen. Außerdem könnte in § 543 Abs. 2 Satz 3 BGB ein wesentlicher Grundgedanke gesehen werden, von welchem im Rahmen von § 307 Abs. 1 Satz 1, Abs. 2 Nr. 1 BGB nicht abgewichen werden darf. Zum Dritten kann in Betracht gezogen werden, dass bestimmte Klauselformulierungen, insbesondere solche, die keinen Vorbehalt der Aufrechnungsbefugnis i.S.d. § 556b Abs. 2 Satz 1 BGB vorsehen, nicht dem Transparenzgebot des § 307 Abs. 1 Satz 2 BGB genügen.

(1) § 307 Abs. 1 Satz 1, Abs. 2 Nr. 1 (i.V.m. § 556b Abs. 2 Satz 1) BGB

Es wird überwiegend vertreten, dass eine Aufrechnungsbeschränkung gem. § 307 Abs. 1 Satz 1, Abs. 2 Nr. 1 BGB unwirksam sei, wenn eine Aufrechnungsbeschränkung im Zusammenhang mit Wohnraummiete nicht einen dem

---

785 Daher für das Beispiel „*Die Aufrechnung ist ausgeschlossen. § 556b Abs. 2 Satz 1 BGB ist ebenfalls ausgeschlossen*" nicht ganz zutreffend Schmidt-Futterer/*Lehmann-Richter*, Mietrecht, § 556b Rn. 23 (Fn. 59).

786 Dies erscheint soweit auch unstreitig. Streitig ist hingegen, ob ein solcher fehlender Vorbehalt zu einer Unwirksamkeit nach § 307 Abs. 1 Satz 2 BGB führt. Siehe dazu sogleich § 5 B. III. 3.) b) cc) (3).

§ 556b Abs. 2 Satz 1 BGB entsprechenden Aufrechnungsvorbehalt enthalte.[787] Weder in der Literatur noch in der Rechtsprechung existieren nähere Ausführungen oder Begründungen. Insoweit ist anzunehmen, dass diese Ansicht wohl in § 556b Abs. 2 Satz 1 BGB einen wesentlich Grundgedanken i.S.d. § 307 Abs. 2 Nr. 1 BGB sieht, von welchem mit der Aufrechnungsbeschränkung abgewichen werde und dadurch der Vertragspartner, also der Mieter, unangemessen benachteiligt werde.[788] Nach dieser Ansicht müssten zum einen allgemein gehaltene Aufrechnungsbeschränkungen[789] im Bereich des Wohnraummietrechts als den Vertragspartner unangemessen benachteiligend bewertet werden. Zum anderen wären auch Aufrechnungsbeschränkungen als vollständig unwirksam anzusehen, welche ausdrücklich von § 556b Abs. 2 Satz 1 BGB abweichen.

Dieser Auffassung ist allerdings zu widersprechen und nicht zu folgen.[790] Sie verkennt das *lediglich eingeschränkte Vorrangverhältnis* der Inhaltskontrolle gegenüber § 556b Abs. 2 BGB. § 556b Abs. 2 BGB stellt in Fällen, die Aufrechnungsbeschränkungen bezüglich Forderungen auf Grund der §§ 536a, 539 BGB oder aus ungerechtfertigter Bereicherung wegen zu viel gezahlter Miete betreffen, eine *Sondervorschrift mit selbst sperrwirkendem Vorrang* dar. Wie bereits dargestellt, resultiert dieser Vorrang aus dem gesetzlich vorgegebenen Regelungskonzept – mitsamt einer Rechtsfolgenanordnung –, dem eine vorgegebene Interessenabwägung zugrunde liegt.[791] Eine unangemessene Benachteiligung i.S.d. § 307 Abs. 1 Satz 1, Abs. 2 Nr. 1 BGB mit der von § 556b Abs. 2 Satz 1 und 2 BGB abweichenden *Rechtsfolge der Gesamtunwirksamkeit* darf sich demgemäß gerade

---

787 v. Westphalen//Thüsing/*Drettmann*, VertrR/AGB-Klauselwerke (36. EL 2015), Teil „Klauselwerke" – Wohnraummiete Rn. 134; wohl auch Blank/Börstinghaus/*Blank/Börstinghaus*, Miete, § 556b Rn. 48; *Blank* WuM 1995, 567 (571, ohne genaue Bezeichnung, ob nach § 11 Nr. 3 AGBG oder § 9 AGBG); *Hannemann* WuM 1995, 8 (11 a.E.); OLG Celle WuM 1990, 103 (111, noch zu § 552a BGB a.F. und § 9 AGBG); LG Leipzig WuM 2017, 518 (520); vgl. auch LG Hannover WuM 1980, 179.

788 Die Ansicht ebenfalls so erklärend *Häublein*, FS Blank, 207 (209).

789 Welche allerdings auch den Anforderungen von § 309 Nr. 2 und Nr. 3 BGB entsprechen.

790 So auch Staudinger/*Weitemeyer*, 15. Auflage 2014, § 556b Rn. 25 a.E.; BeckOK-MietR/*Burns* (01.02.2021) § 556b Rn. 39 (allerdings eine Unwirksamkeit wegen Behinderung von § 543 Abs. 2 Satz 3 BGB annehmend); vgl. auch BeckOGK-BGB/*Weiler* (01.03.2021) § 309 Nr. 3 Rn. 22; Schmidt-Futterer/*Lehmann-Richter*, Mietrecht, § 556b Rn. 24.

791 Siehe dazu bereits § 5 B. III. 3.) a) aa) und b) aa) sowie für den gesetzgeberischen Hintergrund § 5 B. III. 1.).

nicht aus einer Abweichung vom Regelungsgehalt des § 556b Abs. 2 Satz 1 BGB selbst ergeben.

Zusätzlich spricht gegen eine (Gesamt-)Unwirksamkeit von allgemein formulierten Aufrechnungsbeschränkungen die Systematik von § 556b Abs. 2 Satz 1 und Satz 2 BGB. Wäre eine allgemein gehaltene und nach anderen Vorschriften wirksame Aufrechnungsbeschränkung ohne einen § 556b Abs. 2 Satz 1 BGB nachgebildeten Aufrechnungsvorbehalt nach § 307 Abs. 1 Satz 1, Abs. 2 Nr. 1 BGB unwirksam, bestünde für die positiv angeordnete Aufrechnungsbefugnis des *Satzes 1 keinerlei* Anwendungsbereich im Bereich der AGB.[792] Denn enthält die Aufrechnungsbeschränkung einen dahingehenden Vorbehalt, ist die Aufrechnung möglich, ohne dass es dafür § 556b Abs. 2 Satz 1 BGB bedürfte.[793] Ist diese Aufrechnungsbefugnis nicht vorbehalten, wäre die Aufrechnungsbeschränkung schon gem. § 307 BGB unwirksam und auf § 556b Abs. 2 Satz 1 BGB käme es ebenfalls nicht an. Bei einer Aufrechnungsbeschränkung mit einer explizit von § 566b Abs. 2 Satz 1 BGB abweichenden Vereinbarung wäre ebenfalls eine Unwirksamkeit nach § 307 BGB anzunehmen.

Letztendlich fehlt es in diesen Konstellationen an einer Anwendbarkeit von § 307 Abs. 1 Satz 1, Abs. 2 Nr. 1 BGB, sodass sich daraus auch keine Unwirksamkeit ergeben kann.

(2) § 307 Abs. 1 Satz 1, Abs. 2 Nr. 1 (i.V.m. § 543 Abs. 2 Satz 3) BGB

Des Weiteren ist zu untersuchen, ob eine Aufrechnungsbeschränkung deshalb den Mieter als Vertragspartner unangemessen benachteiligt, weil diese im Rahmen eines Mietvertrags über Wohnraum keinen Aufrechnungsvorbehalt für den Fall enthält, dass der Mieter eine aufgrund eines Zahlungsverzuges der Miete ausgesprochene Kündigung nach § 543 Abs. 2 Satz 3 BGB nachträglich beseitigen will.

In der Literatur wird eine solche unangemessene Benachteiligung i.S.d. § 307 Abs. 1 Satz 1, Abs. 2 Nr. 1 BGB angenommen, da der Mieter seine „Heilungsmöglichkeit" i.S.d. § 543 Abs. 2 Satz 3 BGB verlieren würde.[794]

---

792 Zutreffend auch BeckOGK-BGB/*Weiler* (01.03.2021) § 309 Nr. 3 Rn. 22; *Häublein*, FS Blank, 207 (208).

793 Vgl. *Häublein*, FS Blank, 207 (208).

794 Lützenkirchen/*Lützenkirchen*, Mietrecht, § 556b Rn. 58a, 112a; Ulmer/Brandner/Hensen/*Christensen* Teil 2 (22) Rn. 26; *Niebling* ZMR 2011, 620 (621); Blank/Börstinghaus/*Blank/Börstinghaus*, Miete, § 556b Rn. 50; BeckOK-MietR/*Burns* (01.02.2021) § 556b Rn. 39 (§ 307 Abs. 1, Abs. 2 Nr. 2); vgl. auch *Gellwitzki* WuM 1998, 198 (201).

Zuerst ist festzustellen, dass hier der *eingeschränkte Vorrang* von §§ 307 ff. BGB vor § 556b Abs. 2 BGB eingreift. Es handelt sich um von § 556b Abs. 2 Satz 1 BGB materiellrechtlich zu unterscheidenden Fragen, wodurch das Regelungskonzept des § 556b Abs. 2 BGB keine entsprechende Sperrwirkung entfaltet und eine Inhaltskontrolle nicht nach § 307 BGB ausgeschlossen ist.[795]

Dieser Ansicht ist außerdem zuzugestehen, dass auf den ersten Blick in diesem Fall eine Benachteiligung vorliegt, über die auch § 556b Abs. 2 Satz 1 BGB nicht hinweghelfen kann. Denn die Ankündigungsfrist von einem Monat steht der für § 543 Abs. 2 Satz 3 BGB erforderlichen unverzüglichen Aufrechnung entgegen.[796]

Allerdings fehlt es hier an einer unangemessenen Benachteiligung durch die vertragliche Regelung der Aufrechnungsbeschränkung selbst.[797] Bei der Bestimmung muss der gesetzliche Zusammenhang von § 556b Abs. 2 Satz 1 BGB und § 543 Abs. 2 Satz 3 BGB beachtet werden. Die Problematik der fehlenden „Heilungsmöglichkeit" ergibt sich bereits aus den gesetzlichen Regelungen. Selbst wenn eine Aufrechnungsbeschränkung eine dem § 556b Abs. 2 Satz 1 BGB entsprechende Aufrechnungsbefugnis vorsehen würde, bestünde die einmonatige Ankündigungsfrist. Der Konflikt besteht entsprechend bereits *von Gesetzes wegen* und nicht erst aufgrund der vertraglichen Vereinbarung. Entsprechend ist die Lösung dieses Konfliktes auch nicht im Rahmen der vertraglichen Inhaltskontrolle nach § 307 BGB zu suchen, sondern auf der Ebene der Gesetzesauslegung. Daher ist vorliegend keine unangemessene Benachteiligung i.S.d. § 307 Abs. 1 Satz 1, Abs. 2 Nr. 1 BGB gegeben, wenn die im Übrigen wirksame Aufrechnungsbeschränkung keine Aufrechnungsbefugnis i.S.d. § 543 Abs. 2 Satz 3 BGB ohne einmonatige Ankündigungsfrist vorsieht. Vielmehr ist im Rahmen der Auslegung des Gesetzes eine Konkordanz dahingehend herzustellen, dass bereits die Ankündigung der Aufrechnung für eine Einhaltung der „Aufrechnungsfrist" des § 543 Abs. 2 Satz 3 BGB ausreicht.[798]

---

795 Ein Vorrang von § 556b Abs. 2 BGB besteht allerdings, wenn es um Konstellationen geht, in welchen die AGB-Klausel von § 556b Abs. 2 BGB abweicht; zum insoweit eingeschränkten Vorrang von §§ 307 ff. BGB soeben § 5 B. III. 3.) b) aa).

796 So zutreffend Lützenkirchen/*Lützenkirchen*, Mietrecht, § 556b Rn. 58a.

797 Im Erg. ebenso BGH NJW 2011, 2001 f., allerdings ohne weiteren Eingang auf diese Fragestellung.

798 So zutreffend auch Staudinger/*Emmerich* § 556b Rn. 27.

(3) *§ 307 Abs. 1 Satz 2 BGB*

(a) *Fehlende Transparenz*

Zuletzt ist zu untersuchen, ob eine allgemein formulierte Aufrechnungsbeschränkung, die den Vorgaben des § 309 Nr. 3 BGB entspricht, aber keinen Vorbehalt für die Forderungen des § 566b Abs. 2 Satz 1 BGB enthält, im Einklang mit dem Transparenzgebot nach § 307 Abs. 1 Satz 2 BGB steht.

Diese Fragestellung wurde lange Zeit allein von *Häublein* betrachtet und im Ergebnis abgelehnt.[799] Es erscheint verwunderlich, dass sie bisher in der Wissenschaft nicht detaillierter untersucht wurde, denn die Transparenzkontrolle stellt nach der zutreffenden höchstrichterlichen Rechtsprechung ein eigenes Kontrollinstrument dar.[800] Die fehlende Auseinandersetzung wird darauf zurückzuführen sein, dass in aller Regel bereits eine – nach der in dieser Arbeit vertretenen Ansicht nicht bestehende – Unwirksamkeit nach § 307 Abs. 1 Satz 1, Abs. 2 Nr. 1 BGB angenommen wird und eine Relevanz von § 307 Abs. 1 Satz 2 BGB nicht mehr angenommen wird.

Eine solche Unwirksamkeit gem. § 307 Abs. 1 Satz 2 BGB wird in der ständigen höchstrichterlichen Rechtsprechung dann angenommen, wenn *„eine Bestimmung nicht klar und verständlich ist. Der Verwender Allgemeiner Geschäftsbedingungen ist daher nach den Grundsätzen von Treu und Glauben verpflichtet, Rechte und Pflichten seiner Vertragspartner möglichst klar und durchschaubar darzustellen (…). Der Verwender muss folglich einerseits die tatbestandlichen Voraussetzungen und Rechtsfolgen so genau beschreiben, dass für ihn keine ungerechtfertigten Beurteilungsspielräume entstehen (…). Der Vertragspartner soll andererseits ohne fremde Hilfe möglichst klar und einfach seine Rechte feststellen können, damit er nicht von deren Durchsetzung abgehalten wird (…). Bei der Bewertung der Transparenz einer Vertragsklausel ist auf die Erwartungen und Erkenntnismöglichkeiten eines durchschnittlichen Vertragspartners des Verwenders im Zeitpunkt des Vertragsschlusses abzustellen (…).“*[801]

---

799 *Häublein*, FS Blank, 207 (211 ff.); zustimmend nun auch Schmidt-Futterer/*Lehmann-Richter*, Mietrecht, § 556b Rn. 24; vgl. auch Schmidt-Futterer/*Langenberg*, Mietrecht, 13. Auflage 2017, § 566b Rn. 31 a.E., der auf die Verständnismöglichkeit des Mieters abstellt; sich insoweit ebenfalls für eine ausdrückliche Klarstellung aussprechend *Horst* DWW 2016, 362 (364).

800 Vgl. BGHZ 136, 394 (401 f.) = NJW 1998, 454 (456); BGH NJW 2000, 651 (652); BGH NJW 2017, 388 (391); ähnlich aber differenzierend Ulmer/Brandner/Hensen/*Fuchs* § 307 Rn. 330 ff. m.w.N.

801 So im Wortlaut BGH NJW 2015, 2244 (2245, m.w.N.); vgl. auch BGH NJW-RR 2011, 1144 (1145).

Diesen Anforderungen wird allerdings eine Klausel im Rahmen des Wohnraummietrechts *nicht* gerecht, die allein – § 309 Nr. 3 BGB entsprechend – allgemein unbestrittene und rechtskräftig festgestellte Forderungen von der Aufrechnungsbeschränkung ausnimmt.[802] Zwar besteht keine umfassende Aufklärungspflicht des Vertragspartners über seine Rechte und Pflichten, die sich aus Gesetz oder dem Vertrag ergeben.[803] Allerdings ist insoweit eindeutig, dass der Vertragspartner nicht durch eine *unklare Klauselformulierung* von der Geltendmachung seiner Rechte abgehalten werden darf.[804] Diese Verhinderung der Verfolgung seiner Rechte kann sich allerdings auch durch eine Klausel ergeben, die eine unklare oder irreführende Formulierung enthält, in der die Rechte des Vertragspartners nicht vollständig, sondern nur teilweise abgebildet sind.[805] Ausreichend ist insoweit die objektive Eignung der Irreführung.[806]

Eine solche Irreführung würde eintreten, wenn eine Aufrechnungsbeschränkung einerseits allgemein gehalten ist und anderseits zusätzlich für bestimmte Fälle – unbestrittene und rechtskräftig festgestellte Forderungen – eine explizite Ausnahme von der Aufrechnungsbeschränkung vorsieht. Für einen durchschnittlichen und rechtlich nicht vorgebildeten Vertragspartner ergibt sich dadurch die Vorstellung, dass die Aufrechnungsbeschränkung nur für die *aufgezählten Fälle* nicht gilt. Der Vorwurf der dem Verwender hier zu machen ist, liegt darin, dass diese Aufzählung aufgrund des ausgedrückten „Regel-Ausnahme-Prinzips“[807]

---

802 Zutreffend *Häublein*, FS Blank, 207 (211 f.); neuerdings Schmidt-Futterer/*Lehmann-Richter*, Mietrecht, § 556b Rn. 24; vgl. auch *Horst* DWW 2016, 362 (364), welcher insoweit für eine ausdrückliche Klarstellung plädiert; Schmidt-Futterer/*Langenberg*, Mietrecht, 13. Auflage 2017, § 566b Rn. 31 a.E., welcher zwar nur § 307 BGB nennt, aber zumindest auch auf die Verständnismöglichkeit des Vertragspartners bezüglich der Aufrechnungsbefugnis mit den Forderungen aus § 556b Abs. 2 BGB abstellt; zur Ansicht, die hingegen ohne Eingang auf § 307 Abs. 1 Satz 2 BGB einen Vorbehalt nach § 556b Abs. 2 BGB in der Aufrechnungsbeschränkung für nicht erforderlich hält, vgl. die Nachweise in Fn. 790.

803 Vgl. bspw. BGH NJW 2016, 1308 (1309, m.w.N.); BGHZ 133, 25 (32) = NJW 1996, 2092 (2093, noch zu § 9 AGBG).

804 Vgl. ähnlich BGHZ 164, 11 (16) = NJW-RR 2005, 1496 (1500); *Stoffels*, AGB-Recht, Rn. 572; *Armbrüster* DNotZ 2004, 437 (438, 447); vgl. auch Wolf/Lindacher/Pfeiffer/*Pfeiffer* § 307 Rn. 267.

805 Vgl. allgemein für das Gebot der Vollständigkeit Wolf/Lindacher/Pfeiffer/*Pfeiffer* § 307 Rn. 270, 267 ff. m.w.N.; *Armbrüster* DNotZ 2004, 437 (439); vgl. auch BGH NJW 1985, 320 (323 a.E.); BGH NJW 2012, 2187 (2188).

806 Zutreffend *Stoffels*, AGB-Recht, Rn. 572.

807 *Regel*: Aufrechnung ausgeschlossen, *Ausnahme*: Aufrechnung möglich.

für den Vertragspartner *abschließend erscheint*.[808] Allein diese Annahme der abschließenden Aufzählung von Forderungen mit denen eine Aufrechnung doch möglich ist, wird den Vertragspartner regelmäßig davon abhalten, die Aufrechnung für andere Forderungen für zulässig zu erachten und die Aufrechnung tatsächlich zu erklären. Denn er kann nicht erkennen, dass eine Aufrechnung auch mit den Forderungen des § 556b Abs. 2 Satz 1 BGB möglich ist.[809] Unter diese Fälle sind nicht nur die Konstellationen zu fassen, in welchen eine allgemeine – aber § 309 Nr. 3 BGB entsprechende – Aufrechnungsbeschränkung in der AGB vorgesehen ist. Der Vertragspartner wird gleichsam von der Geltendmachung seiner gesamten Rechte abgehalten, wenn die Klausel neben dem Vorbehalt für unbestrittene und rechtskräftig festgestellte Forderungen zwar einen Vorbehalt für bestimmte Forderungen aus § 556b Abs. 2 Satz 1 BGB enthält, allerdings nicht *alle* dort genannten Forderungen von der Aufrechnungsbeschränkung – ggf. unter einem Ankündigungsvorbehalt – ausnimmt.[810]

Das Erfordernis eines expliziten Aufrechnungsvorbehalt i.S.d. § 556b Abs. 2 Satz 1 BGB für eine hinreichende Transparenz, verlangt aufgrund fehlender weiterer Ausnahmefälle auch keine schwer überblickbare oder nicht formulierbare Klausel. Insoweit unterscheidet sich diese Fallgestaltung von anderen, in welchen die von der AGB beinhalteten Fälle nicht vom Verwender oder Vertragspartner erfasst werden *können*.[811] Hier ist eine genaue Bestimmung der Forderungen und Fallkonstellationen (§ 309 Nr. 3 und § 556b Abs. 2 Satz 1 BGB) sowie ein dahingehend klarer Aufrechnungsvorbehalt in der Aufrechnungsbeschränkung möglich und zumutbar.

Aufgrund dieser Intransparenz wird der Vertragspartner von der Geltendmachung seiner Rechte abgehalten. Diese durch die AGB-Klausel verursachte

---

808 Allgemein für die Wiedergabe nur einzelner Rechte Wolf/Lindacher/Pfeiffer/*Pfeiffer* § 307 Rn. 270; *Häublein* WuM 2016, 468 (471); vgl. auch Schmidt-Futterer/*Langenberg*, Mietrecht, 13. Auflage 2017, § 566b Rn. 31 a.E., welcher zwar nur § 307 BGB nennt, aber in diesem Zusammenhang zumindest auch auf die Verständnismöglichkeit des Vertragspartners bezüglich der Aufrechnungsbefugnis mit den Forderungen aus § 556b Abs. 2 BGB abstellt.

809 Ähnlich auch Schmidt-Futterer/*Lehmann-Richter*, Mietrecht, § 556b Rn. 24.

810 Siehe zu der Unterscheidung im Rahmen des Anwendungsbereiches von § 556b Abs. 2 Satz 1 und Satz 2 BGB zwischen (ganz) allgemein gehaltenen Aufrechnungsbeschränkungen und solchen, in denen die Aufrechnung für den Anwendungsbereich des § 556b Abs. 2 Satz 1 BGB ausgeschlossen wird § 5 B. III. 3.) a).

811 Vgl. für die zutreffend andere Beurteilung bei der Verwendung von generalklauselartigen Formulierungen nur Wolf/Lindacher/Pfeiffer/*Pfeiffer* § 307 Rn. 260 ff.

Folge stellt eine unangemessene Benachteiligung des Vertragspartners dar. Dabei ist nicht bereits der Inhalt der formularmäßigen Regelung der Aufrechnungsbeschränkung als unangemessene Benachteiligung anzusehen. Denn der Vertragspartner kann aufgrund von § 556b Abs. 2 Satz 1 BGB ja trotz einer Aufrechnungsbeschränkung faktisch aufrechnen. Die unangemessene Benachteiligung ergibt sich vielmehr durch die Intransparenz *als solche*, durch welche der Vertragspartner gehindert wird, seine Recht aus § 556b Abs. 2 Satz 1 BGB wahrzunehmen.[812] Daher kann auch offen bleiben, ob allgemein neben der Intransparenz einer Klausel auch noch eine materielle Unangemessenheit erforderlich ist.[813] In der hier zu beurteilenden Konstellation *bedingt die formelle Intransparenz die materielle Unangemessenheit*, da durch die Intransparenz dem Vertragspartner eine andere als die bestehenden Rechtslage suggeriert wird und er aller Voraussicht nach sein Recht nicht erkennen und entsprechend durchsetzen wird.[814]

(b) Rechtsfolge bei fehlender Transparenz

Nach der Feststellung, dass Klauseln, welche nicht bereits nach § 309 Nr. 3 BGB vollständig unwirksam sind, allerdings mangels eines Vorbehaltes der Aufrechnungsbefugnis für alle Forderungen i.S.d. § 556b Abs. 2 Satz 1 BGB wegen einer Intransparenz gegen § 307 Abs. 1 Satz 2 BGB verstoßen, stellt sich die Frage, welche Rechtsfolgen sich daraus ergeben. Es kommt einerseits eine Gesamtunwirksamkeit oder eine Unwirksamkeit auf das Maß des § 556b Abs. 2 Satz 1 BGB in Betracht.

Der Wortlaut von § 307 Abs. 1 BGB ordnet bei einer unangemessenen Benachteiligung auch im Falle von § 307 Abs. 1 Satz 2 BGB eine Unwirksamkeit an. Konkretisierend bestimmt § 306 Abs. 1 BGB, dass der Vertrag im Übrigen wirksam bleibt. Aufgrund von fehlenden Hinweisen für eine beschränkte Unwirksamkeitsanordnung, wie bspw. durch Zusätze wie „soweit“, ist zumindest vom Wortlaut her von einer Gesamtunwirksamkeit auszugehen.[815] Eine geltungserhaltende Reduktion ist nach der herrschenden und in dieser Arbeit vertretenen Auffassung grundsätzlich unzulässig.[816] Entsprechend liegt die

---

812 Vgl. allgemein Staudinger/*Coester*, 15. Auflage 2013, § 307 Rn. 174, 178; Staudinger/*Wendland* § 307 Rn. 174, 178.

813 Siehe zum dahingehenden Meinungstand *Häublein* WuM 2016, 468 (473 ff., m.w.N.).

814 So zutreffend Staudinger/*Coester*, 15. Auflage 2013, § 307 Rn. 178; allgemein Staudinger/*Wendland* § 307 Rn. 178.

815 Vgl. noch zu § 9 Abs. 1 AGBG *Neumann*, Geltungserhaltende Reduktion, 56.

816 Siehe dazu § 5 B. IV. 3.) b) und die Nachweise in Fn. 1069.

Annahme nahe, dass die hier betrachteten AGB-Klauseln im Wohnmietraum-Vertrag, welche dem Transparenzgebot nicht entsprechen, vollständig unwirksam wären. Folglich könnte ein Mieter nicht nur mit Forderungen i.S.d. § 556b Abs. 2 Satz 1 BGB aufrechnen, sondern könnte auch alle anderen Forderungen, welche ihm gegen den Vermieter zustehen, zur Aufrechnung gegen alle Forderungen des Vermieters stellen.[817] Dies würde bei den allgemein formulierten Aufrechnungsbeschränkungen mangels Teilbarkeit auch den übrigen Teil der Aufrechnungsbeschränkung betreffen, sodass auch eine Aufrechnung mit anderen Forderungen möglich ist, ohne, dass diese unbestritten oder rechtskräftig sein müssten.

Diese Annahme ist allerdings nicht tragfähig, da das Verbot der geltungserhaltenden Reduktion die hier betrachteten Fälle nicht erfasst. Zu einer geltungserhaltenden Reduktion als Reduktion auf das noch zulässige Maß der Einschränkung der Rechte des Vertragspartners, gelangt man nicht, wenn die Reichweite der Unwirksamkeit bereits durch eine gesetzliche Bestimmung festgelegt wäre, die entweder §§ 307, 306 Abs. 2 BGB vorgeht oder diese dahingehend modifiziert. Eine solche gesetzliche Bestimmung ist mit § 556b Abs. 2 Satz 1 und 2 BGB vorliegend gegeben.[818] Der Gesetzgeber hat darin für den Fall einer Aufrechnungsbeschränkung festgelegt, dass eine Aufrechnung unter bestimmten Voraussetzungen mit bestimmten Forderungen zulässig und eine Abweichung davon unzulässig ist. Wie bereits ausgeführt[819], liegt dieser Normierung der Interessensausgleich zwischen Mieter und Vermieter zugrunde, welcher durch die Anordnung der Unwirksamkeit von „abweichenden Vereinbarungen" gem. § 556b Abs. 2 Satz 2 BGB – auf das Maß nach Satz 1 – abgesichert wird. Genauso wie im Allgemeinen keine Gesamtunwirksamkeit aus § 556b Abs. 2 Satz 2 BGB folgt, kann im Bereich der AGB eine solche auch nicht nach § 307 BGB angenommen werden. In der Regelung des § 556b Abs. 2 BGB, die gerade keine Aufrechnungsbefugnis mit allen Forderungen des Mieters gegen alle Forderungen des Vermieters vorsieht, hat der Gesetzgeber eine *spezielle und differenzierte Lösung* vorgegeben.[820] Diese spezielle Rechtsfolgenanordnung für Aufrechnungsbeschränkungen, die sprachlich und inhaltlich nicht dem gesetzlich vorgesehenen

---

817 So zumindest im Erg. LG Konstanz NZM 2014, 389 (390, Gesamtunwirksamkeit gem. § 556b Abs. 2 Satz 2 BGB).

818 Vgl. *Häublein*, FS Blank, 207 (216 f.); a.A. Schmidt-Futterer/*Lehmann-Richter*, Mietrecht, § 556b Rn. 24.

819 Dazu bereits § 5 B. III. 1.).

820 So zustimmungswürdig *Häublein*, FS Blank, 207 (216).

Interessenausgleich des § 556b Abs. 2 BGB entsprechen, muss sich auch im Rahmen von formularmäßigen Aufrechnungsbeschränkungen *gegenüber anderen Rechtsfolgenanordnungen durchsetzen*. Als dogmatisches Mittel bieten sich entweder ein Vorrang oder zumindest eine Modifikation an.[821] Die Notwendigkeit eines Vorrangs bzw. einer Modifikation ergibt sich auch aus dem Sinn und Zweck der Inhaltskontrolle der AGB nach §§ 307 ff. BGB. Diese dient dem Schutz des Verbrauchers vor unangemessenen Benachteiligungen. Demgemäß liegt dieser Kontrolle, insbesondere im Rahmen der Festsetzungen nach §§ 307 ff. BGB, eine Interessenbewertung unter dem Dach der Schutzwürdigkeit des Vertragspartners zu Grunde. Sie kann aber nur dann (allein) maßgeblich sein, wenn *keine* genaueren Interessensabwägungen und Bewertungen durch den Gesetzgeber vorgegeben sind. Mit § 556b Abs. 2 Satz 1 und Satz 2 BGB ist diese Bedingung allerdings gegeben. Diese Norm nimmt im gesamten Bürgerlichen Gesetzbuch eine *einzigartige Sonderstellung* ein. Keine andere Norm sieht bei vertraglichen Ausschlüssen von Gestaltungsrechten eine positive Anordnung der Befugnis zur Rechtsausübung unter bestimmten Voraussetzungen vor, obwohl eine Ausschlussvereinbarung vorliegt. Daher kann auch nicht angenommen werden, dass – wie zum Teil vertreten[822] – die Rechtsfolgenanordnung von § 307 BGB oder das Verbot der geltungserhaltenden Reduktion allgemein in Frage gestellt werden würde. Wie ausgeführt, handelt es sich bei § 556b Abs. 2 Satz 1 und 2 BGB um eine § 307 BGB *modifizierende Sondervorschrift*, welche nur für diesen Bereich eine Geltungserhaltung auf das Maß von § 556b Abs. 2 Satz 1 BGB vorsieht.

Auch der insoweit postulierte Vorrang der AGB-rechtlichen Inhaltskontrolle, weil § 556b Abs. 2 BGB eine wirksame Aufrechnungsbeschränkung voraussetze,[823] steht dieser Annahme nicht entgegen. § 556b Abs. 2 BGB verlangt bei zutreffender Betrachtung nur eine *„im Übrigen“ wirksame* Aufrechnungsbeschränkung.[824] Nicht erfasst sind Unwirksamkeitsgründe, die den Regelungsbereich von § 556b Abs. 2 Satz 1 und 2 BGB selbst betreffen. Denn für diesen Bereich hat der Gesetzgeber auf Grundlage einer eigenen Interessenbewertung eine eigenes Regelungskonzept festgelegt, welches (1.) nicht durch andere,

821 Vgl. ebenso *Häublein*, FS Blank, 207 (216).

822 Vgl. Staudinger/*Emmerich* § 556b Rn. 29 f.; BeckOGK-BGB/*Drager* (01.04.2021) § 556b Rn. 40.

823 BeckOGK-BGB/*Drager* § 556b (01.04.2021) Rn. 40; MüKo-BGB/*Artz* § 556b Rn. 15; vgl. auch Schmidt-Futterer/*Langenberg*, Mietrecht, 13. Auflage 2017, § 566b Rn. 30 ff.

824 Siehe dazu § 5 B. III. 3.) b) aa).

allgemeingültige Interessenbewertungen überlagert werden darf[825] und welches (2.) auch hinsichtlich der Rechtsfolgen nicht dahingehend konterkariert werden darf, dass der Vertragspartner – durch eine Gesamtunwirksamkeit nach § 307 BGB – gegenüber § 556b Abs. 2 BGB übervorteilt wird.[826] Eine „vorrangige" Inhaltskontrolle auch in Bezug auf den Regelungsbereich von § 556b Abs. 2 BGB würde allerdings eine solche Gefahr begründen.

Es ist auch nicht anzunehmen, dass das Regelungskonzept von § 556b Abs. 2 Satz 1 und 2 BGB nur für den individualvertraglichen Bereich gelten soll. Der Gesetzgeber hat trotz Veränderungen des Inhaltes von § 556b Abs. 2 BGB im Jahr 2001 an der Rechtsanordnung in Satz 1 festgehalten und zusätzlich die (Teil-)Unwirksamkeitsanordnung in Satz 2 ergänzt. Diese Veränderungen hat er vorgenommen, obwohl Mietverträge über Wohnraum fast ausschließlich in formularmäßiger Weise abgeschlossen werden und sich die praktische Relevanz von § 556b Abs. 2 BGB auf diesen Bereich beschränkt.[827]

dd) Zwischenergebnis

§ 556b Abs. 2 BGB ist die Umsetzung eines gesetzlich vorgegebenen Interessensausgleiches, welcher in seinem Regelungsbereich eine Sondervorschrift darstellt, die weder auf Tatbestands- noch auf Rechtsfolgenebene durch andere Regelungen überlagert bzw. verändert werden darf. Der allgemeine Vorrang von §§ 307 ff. BGB ist entsprechend eingeschränkt. Im seinem Regelungsbereich hat § 556b Abs. 2 BGB eine Sperrwirkung gegenüber anderen Unwirksamkeitsgründen. Dies gilt auch gegenüber § 309 Nr. 3 BGB.

Nach alledem kommt die Regelung bei formularmäßigen Aufrechnungsbeschränkungen *nur dann nicht* zum Tragen, wenn der Regelungsbereich nicht betroffen ist und die Klausel bereits aus anderen Gründen vollständig unwirksam ist. Das ist zutreffend bei Aufrechnungsbeschränkungsklauseln, welche allgemein die Aufrechnung ausschließen und damit für alle Forderungen, auch solche des § 556b Abs. 2 BGB. Außerdem sind dies nach Forderungsarten differenzierende Aufrechnungsbeschränkungen, die hinsichtlich des allgemeinen Beschränkungsteils gegen § 309 Nr. 3 BGB verstoßen und dieser *nicht* von dem Beschränkungsteil, der die Forderungen des § 556b Abs. 2 Satz 1 BGB

---

825 Diese Annahme gilt dabei nur, sofern tatsächlich der Ausschluss der Aufrechnung in Wohnraummietverträgen in Betrachtung steht. Eine Unwirksamkeit kann sich entsprechend unabhängig von § 556b Abs. 2 BGB aus andersartigen Gründen ergeben.

826 Durch eine Berechtigung zur Aufrechnung mit *allen* Forderungen.

827 Vgl. BeckOK-MietR/*Bruns* (01.02.2021) § 556b Rn. 43.

betrifft, *teilbar* ist. Derartige Aufrechnungsbeschränkungen sind bereits nach § 309 Nr. 3 BGB vollständig unwirksam. Auf § 556b Abs. 2 Satz 1 und 2 BGB kommt es nicht mehr an.

Im Übrigen sind die Regelungen des § 556b Abs. 2 BGB im auch Formularbereich anwendbar und maßgeblich. Aufgrund des eingeschränkten Vorranges von §§ 307 ff. BGB, kann diese Vorschrift auch nicht herangezogen werden, wenn als Vorschrift, von der unzulässig abgewichen wird, § 556b Abs. 2 BGB selbst herangezogen werden soll. Sofern der Bereich von § 543 Abs. 2 Satz 3 BGB durch die Aufrechnungsbeschränkung betroffen ist, ist zwar § 307 BGB anwendbar, mangels inhaltlich unangemessener Benachteiligung wird § 556b Abs. 2 BGB allerdings auch insoweit nicht – durch anderweitige Unwirksamkeit – der faktische Anwendungsbereich genommen.

Ein weiterer Anwendungsbereich von § 556b Abs. 2 BGB ergibt sich für vertragliche Aufrechnungsbeschränkungen hinsichtlich der Rechtsfolge bei einem Transparenzverstoß i.S.d. § 307 Abs. 1 Satz 2 BGB. Betroffen sind AGB-Klauseln, die zwar allgemein eine Aufrechnung mit Forderungen i.S.d. § 309 Nr. 3 BGB vorbehalten, allerdings nicht einen entsprechenden Vorbehalt i.S.d. § 556b Abs. 2 Satz 1 BGB enthalten. Derartige Aufrechnungsbeschränkungen verstoßen wegen fehlender Vollständigkeit der ausnahmsweise bestehenden Aufrechnungsbefugnisse gegen das Transparenzgebot des § 307 Abs. 1 Satz 2 BGB. Allerdings ist insoweit keine Gesamtunwirksamkeit nach § 307 BGB anzunehmen. Vielmehr greift hier § 556b Abs. 2 Satz 1 und 2 BGB als spezielle (Rechtsfolgen-)Sondervorschrift ein. Die Aufrechnungsbeschränkung ist nur insoweit unwirksam als sie von § 556b Abs. 2 Satz 1 BGB abweicht. Für die übrigen Forderungen gilt weiterhin, dass mit diesen nur wirksam aufgerechnet werden kann, wenn sie unbestritten oder rechtkräftig festgestellt sind.

ee) Ergebnis: Verbleibender Anwendungsbereich von § 556b Abs. 2 Satz 1 und Satz 2 BGB

Aufgrund der soeben erfolgten Darstellung ergibt sich folgender Anwendungsbereich für *§ 556b Abs. 2 Satz 2 BGB* im formularmäßigen Bereich:

(1.) Anordnung der Teilunwirksamkeit von Aufrechnungsbeschränkungen, welche den inhaltlichen Regelungsgehalt des § 556b. Abs. 2 Satz 1 BGB betreffen und hiervon abweichen. Dies ergibt sich aufgrund des Wesens von § 556b Abs. 2 BGB als Sondervorschrift mit Sperrwirkung und einem entsprechend nur eingeschränkten Vorrang der Inhaltskontrolle nach §§ 307 ff. BGB.

(2.) Vorgabe der Reichweite der Unwirksamkeit bei Aufrechnungsbeschränkungen, welche (auch) den Regelungsgehalt von § 556b Abs. 2 Satz 1 BGB betreffen und nicht dem Transparenzgebot i.S.d. § 307 Abs. 1 Satz 2 BGB genügen. Auch insoweit ist abweichend von der grundsätzlichen Gesamtunwirksamkeit, eine Unwirksamkeit auf das Maß nach § 556b Abs. 2 Satz 1 BGB anzunehmen.

Für § 556b Abs. 2 Satz 1 BGB verbleibt für formularmäßige Aufrechnungsbeschränkungen im Ergebnis kein eigenständiger „Anwendungsfall". Denn allgemein formulierte Aufrechnungsbeschränkungen, die § 309 Nr. 3 BGB entsprechen, erfüllen nicht die Anforderungen des Transparenzgebotes gem. § 307 Abs. 1 Satz 2 BGB. Daher liegt keine „im Übrigen" wirksame Aufrechnungsbeschränkung vor, über die § 556b Abs. 2 Satz 1 BGB hinweghelfen muss. In Fällen, in welchen explizit die Aufrechnung für Fälle von § 556b Abs. 2 Satz 1 BGB ausgeschlossen wird oder die dort enthaltenen Ankündigungsvoraussetzungen verschärft[828] werden, greift bereits § 556b Abs. 2 Satz 2 BGB mit der Rechtsfolge der Teilunwirksamkeit. § 556b Abs. 2 Satz 1 BGB gibt insoweit „nur" die inhaltliche Ausgestaltung der Rechtslage vor, die nach dem Willen des Gesetzgebers vorliegen soll, wenn § 556b Abs. 2 Satz 2 BGB einschlägig ist oder die Aufrechnungsbeschränkung an den Anforderungen des § 307 Abs. 1 Satz 2 BGB scheitert.

c) Sonderfall: Mietminderung, § 536 BGB

aa) Wohnraummietvertrag

Eine weitere Bestimmung für das *Wohnraummietrecht,* welche zwar nicht ausdrücklich den Bereich von Aufrechnungsbeschränkungen betrifft, aber dennoch einen entsprechenden Bezug aufweist, ist mit § 536 Abs. 4 BGB bzw. § 537 Abs. 3 BGB a.F. gegeben. Nach dieser Vorschrift sind dem Grunde nach vertragliche Abweichungen von der gesetzlich automatisch eintretenden Mietminderung und den daraus entstehenden Rechten unzulässig. Die Rechtsprechung nimmt zutreffend nicht nur an, dass die Vorschrift eingreift, wenn das „Minderungsrecht" explizit ausgeschlossen wird, sondern auch, dass § 536 Abs. 4 BGB jede

---

828 Vgl. dazu LG Konstanz NJW 2014, 1895 (1896); LG Leipzig WuM 2017, 518 (520); Schmidt-Futterer/*Langenberg*, Mietrecht, 13. Auflage 2017, § 566b Rn. 33; BeckOGK-BGB/*Drager* (01.04.2021) § 556b Rn. 39; BeckOK-MietR/*Bruns* (01.02.2021) § 556b Rn. 39. Im Gewerbemietrecht ist mangels Geltung von § 556b Abs. 2 BGB eine solche schriftliche Ankündigungspflicht nicht unwirksam, vgl. dazu OLG Düsseldorf NJOZ 2016, 1084 (1089).

„Einschränkung und Beschränkung der Minderung [verbietet] und […] damit auch einer vertraglichen Bestimmung entgegen [steht], die den Mieter für die Geltendmachung der Minderung in die aktive Klagerolle zwingt“.[829]

Aufgrund dessen wurde vor der Mietrechtsreform 2001 angenommen[830], dass zumindest eine *Vorleistungsklausel* in Verbindung mit einer Aufrechnungsbeschränkung unwirksam sei, sofern die Klausel nach ihrem Wortlaut eine Aufrechnung mit einem bereicherungsrechtlichen (Rückzahlungs-)Anspruch der Mietzahlung(en) vollständig, d.h. dauerhaft, ausschließe.[831] In diesen Fällen sei das „Minderungsrecht“ vertraglich beschränkt i.S.d. § 537 Abs. 1, 3 BGB a.F.

Dieser Meinung ist zuzugestehen, dass es in solchen Alt-Fällen zu einer Beschränkung der Geltendmachung der Rechte aus der gesetzlich eintretenden Mietzinsminderung nach § 537 Abs. 1 BGB a.F. bzw. § 536 Abs. 1 BGB kommen konnte. Denn der Mieter hat bereits im Voraus seine Miete für den nächsten Monat bezahlt und konnte, wenn ein Sach- oder Rechtsmangel in diesem Zeitraum eintrat, nicht mit seinem Rückzahlungsanspruch gegen die kommenden Mietzinsschulden aufrechnen. Eine Durchsetzung seines „Minderungsrechts“ war insoweit nur möglich, als er keine oder nur eine geminderte Miete für die kommenden Monate zahlt. Für die bereits zu viel gezahlte Miete im „1. Monat“, d.h. dem Monat in dem der Mangel auftrat, konnte er allerdings wegen fehlender Aufrechnungsmöglichkeit nur die aktive Rolle übernehmen und den Anspruch selbstständig gerichtlich durchsetzen.[832]

Diese Folge besteht nach der alten aber zum Teil noch geltenden Rechtslage allerdings allein aufgrund der Klauselkombination von Vorleistungspflicht und Aufrechnungsbeschränkungen. Ob daraus überhaupt die *Unwirksamkeit der Aufrechnungsbeschränkung* aus § 537 Abs. 3 BGB a.F. bzw. § 536 Abs. 4 BGB oder § 307 Abs. 1 BGB folgt, ist unklar. Denn sowohl die höchstrichterlichen Entscheidungen als auch die Entscheidungen der Instanzgerichte zu dieser Problematik befassten sich im Kern (fast) ausschließlich mit der Frage, ob eine

829 So zumindest BGH NJW 2005, 2701 (2702); vgl. auch BGHZ 127, 245 (252) = NJW 1995, 254 (255); BGH NJW 2009, 1491 (1492); vgl. auch BGH NJW 2011, 2201 f.; BGH WuM 2008, 152 (153).

830 Ebenso auch für Mietverhältnisse, die am 01.09.2001 bestanden haben, da wegen der Überleitungsvorschrift Art. 229 § 3 Abs. 1 Nr. 7 EGBGB noch die Regelung des § 551 Abs. 1 BGB a.F. anzuwenden ist.

831 Bspw. BGHZ 127, 245 (250 f.) = NJW 1995, 254 (255); OLG München NJW-RR 1992, 970 f.

832 Vgl. *Gellwitzki* WuM 2001, 373 (383).

Kündigung aufgrund eines Zahlungsverzuges berechtigt war oder nicht. Hierbei war wiederum entscheidend, wann Verzug eingetreten ist, mithin ob die *Vorleistungsklausel* wirksam war.[833] Den Prüfungsgegenstand stellt die Frage dar, ob die Vorleistungspflicht mit oder durch eine gleichzeitige Aufrechnungsbeschränkung unzulässig war. Entscheidungserheblicher Gegenstand war hingegen nicht, ob die Aufrechnungsbeschränkung wirksam vereinbart wurde und eine Aufrechnungsbeschränkung bei einer (vereinbarten) Vorleistungspflicht des Mieters wegen einer unzulässigen Einschränkung der Rechte aus der eingetretenen, verminderten Zahlungspflicht - § 537 Abs. 3 BGB a.F. – selbst unwirksam ist.

Allerdings wurde und wird angenommen, dass eine Aufrechnungsbeschränkung wegen § 536 Abs. 4 BGB bzw. § 537 Abs. 3 BGB a.F. (i.V.m. § 307 Abs. 1 BGB bzw. § 9 AGBG) unwirksam sei, die eine Aufrechnung mit dem bereicherungsrechtlichen Anspruch ausschließt, der dadurch entstanden ist, dass die Miete im Voraus vollständig geleistet wurde und in diesem Zeitraum eine gesetzliche Minderung des Mietzinsanspruchs nach § 536 Abs. 1 BGB bzw. § 537 Abs. 1 BGB a.F. eingetreten ist.[834]

Diese Ansicht ist allerdings sowohl im individualvertraglichen Bereich als auch bei formularmäßigen Vereinbarungen zum Teil inhaltlich nicht zutreffend und zum Teil nach der Gesetzeslage nach der Mietrechtsreform 2001 überholt.

(1) Individualvertrag

Nach der in dieser Arbeit vertretenen und der Rechtsprechung folgenden Ansicht, ist für eine Unwirksamkeit nach § 536 Abs. 4 BGB eine hinsichtlich der Mietminderung nach § 536 Abs. 1 BGB für den Mieter nachteilige Vereinbarung erforderlich. Die Rechte aus der gesetzlich eintretenden Mietminderung müssen zumindest insoweit beschränkt sein, als dass der Mieter seine Rechte eigenständig geltend machen müsste.[835] Bei der folgenden Betrachtung dieser Frage ist zwischen der im Mietvertrag üblichen Ankündigungspflicht der Aufrechnung

---

833 Vgl. bspw. BGHZ 127, 245 (250 f.) = NJW 1995, 254 f.; BGH NJW 2009, 1491 ff.; BGH WuM 2008, 152 f.; LG Dortmund WuM 1996, 401; vgl. auch umfassend Schmidt-Futterer/*Langenberg*, Mietrecht, 13. Auflage 2017, § 556b Rn. 19 ff.; wohl eine Unwirksamkeit der Aufrechnungsbeschränkung wegen eines Vorranges der Vorauszahlungsklausel annehmend BayObLG NJW-RR 1993,1097 (1098 f.).

834 Blank/Börstinghaus/*Blank*/*Börstinghaus*, Miete, § 536 Rn. 218b; zu § 537 Abs. 3 BGB a.F. *Kraemer* WuM 2000, 515 f.; *Gellwitzki* WuM 2001, 373 (383); Staudinger/*Gursky* § 387 Rn. 245; vgl. auch BayObLG NJW-RR 1993,1097 (1098 f.); eine Unwirksamkeit nach § 536 Abs. 4 BGB andeutend Staudinger/*Emmerich* § 556b Rn. 17 a.E.

835 Vgl. dazu bereits die Nachweise in Fn. 829.

und den Aufrechnungsbeschränkungen, welche die Aufrechnung allgemein ausschließen, zu unterscheiden.[836] Eine solche Differenzierung ist in den rechtswissenschaftlichen Darstellungen hinsichtlich der Wirksamkeitsbeurteilung der Vorleistungsklauseln bei gleichzeitiger Aufrechnungsbeschränkung nur selten zu finden. Eine solche ist allerdings sinnvoll, da damit eine Vermischung der vom BGH entschiedenen Fallkonstellationen – auch im Rahmen der hier alleinigen Beurteilung der Wirksamkeit der Aufrechnungsbeschränkung – vermieden wird.[837]

(a) Ankündigungspflicht

Sofern es sich bei der Aufrechnungsbeschränkungsklausel im Wohnraummietrecht um eine Ankündigungspflicht[838] der Aufrechnung von einem Monat handelte, beeinträchtigte diese auch schon vor der Mietrechtsreform die Rechte aus der Mietminderung i.S.d. § 537 Abs. 1 BGB a.F. nicht.[839] Der Mieter wurde nicht dazu gedrängt seine Minderung bzw. den bereicherungsrechtlichen Rückzahlungsanspruch aktiv gerichtlich geltend zu machen. Der Mieter konnte die Mietzinsminderung für den 1. Monat des Mangels durchsetzen, indem er mit dem Rückzahlungsanspruch gegen die Mietzinsforderungen der kommenden Monate aufrechnet. Er musste seine Aufrechnung nur ankündigen. Daher wurde er nicht in seiner Mietminderung beschränkt und in die „aktive Klägerrolle gedrängt", sondern allein die verrechnungstechnische Durchsetzung *kurzzeitig*, also um ein bis zwei Monate, *verzögert.*[840] Diese Zeitspanne erreicht

---

836 So klarstellend und zutreffend differenzierend OLG Hamm NJW-RR 1993, 710 f.; OLG Köln WuM 1998, 23 f.; LG Berlin NZM 2002, 381 (382); *Blank* WuM 1995, 567 (568 f.); wohl auch differenzierend Staudinger/*Weitemeyer*, 15. Auflage 2014, § 556b Rn. 3.

837 So werden oftmals die Entscheidungen BGHZ 127, 245 ff. = NJW 1995, 254 f. (allgemeine Aufrechnungsbeschränkung, Vorleistungsklausel unwirksam) und BGH NJW 2011, 2201 (Ankündigungsvorbehalt, Vorleistungsklausel wirksam) nicht inhaltlich auseinander gehalten und beide Fälle gleichgestellt; so bspw. BeckOGK-BGB/*Weiler* (01.03.2021) § 309 Nr. 3 Rn. 75; s.a. MüKo-BGB/*Artz* § 556b Rn. 16 Fn. 49. Zutreffend differenzierend bereits vor den BGH Entscheidungen (a.a.O.) OLG Hamm NJW-RR 1993, 710 f.; vgl. auch OLG Köln WuM 1998, 23 f.

838 Siehe zur (Un-)Zulässigkeit von Ankündigungsklauseln ausführlich § 6 A. III.

839 Kritisch für Individualverträge Schmidt-Futterer/*Langeberg*, Mietrecht 13. Auflage 2017, § 556b Rn. 23, 24, welcher wohl auf die Problematik hinsichtlich § 543 Abs. 2 Satz 1 Nr. 3 BGB abstellt; dazu ausführlich bereits § 5 B. III. 3.) b) cc) (2).

840 Insoweit im Rahmen von formularmäßiger Vereinbarung BGH NJW 2011, 2201 f.; BGH WuM 2011, 676; BGH WuM 2008, 152 (153); OLG Köln WuM 1998, 23; LG Lüneburg ZMR 1999, 175 m.w.N.; AG Borken WuM 1993, 668; vgl. auch BGHZ 127,

keinen Umfang, der die Annahme einer Beeinträchtigung des Minderungsrechts i.S.d. § 536 Abs. 4 BGB bzw. § 537 Abs. 3 BGB a.F. rechtfertigt. Einerseits wird das Mietverhältnis in aller Regel noch mehrere Monate andauern, wodurch eine Rechtsdurchsetzung durch eine Aufrechnung mit der zeitlichen Verzögerung von ein bis zwei Monaten deutlich schneller erfolgreich sein wird, als durch eine gerichtliche Durchsetzung mit rechtskräftiger Entscheidung. Anderseits sind die Vermieterinteressen an einer Ankündigung der Aufrechnung oder des Rechts aus dem Minderungsrecht allgemein auch im Rahmen von § 537 Abs. 1, 3 BGB a.F. nicht völlig außen vor zu lassen.[841] Aufgrund dessen hat ein Großteil der Rechtsprechung zu Recht schon nach dem bis zur Mietrechtsreform geltenden Recht in derartigen Vereinbarungen zumindest in AGB keine (unangemessene) Beeinträchtigung der Minderung nach § 537 Abs. 1 BGB a.F. gesehen.[842] Diese rechtliche Bewertung bzw. deren Begründungsgrundlage ist aber nicht nur auf den AGB-rechtlichen Bereich beschränkt, sondern gilt für § 537 Abs. 1, 3 BGB a.F. allgemein, also auch für individualvertraglichen Bereich.

Die Rechtslage ist ab dem 01.09.2001 hinsichtlich solcher Ankündigungsvorbehalte noch eindeutiger geworden. Denn in § 556b Abs. 2 Satz 1 BGB wurde der bereicherungsrechtliche (Rückzahlungs-)Anspruch des Mieters wegen zu viel gezahlter Mieter zusätzlich aufgenommen. Danach kann der Mieter mit solchen Forderungen trotz einer bestehenden Aufrechnungsbeschränkung gegen die Mietzinsforderungen aufrechnen. Dort ist auch die einmonatige Ankündigungsfrist vorgesehen, um den Vermieterinteressen an einem Eingang der regelmäßigen Zahlungen bzw. zumindest der Kenntnis eines Ausfalls von kommenden Zahlungen hinreichend Rechnung zu tragen.[843] Demgemäß würde eine Ankündigungspflicht zur Aufrechnung mit einer einmonatigen Vorlaufsfrist gerade dem gesetzlichen Leitbild von § 556b Abs. 2 Satz 1 BGB entsprechen.

---

245 (205 f.) = NJW 1995, 254 und BGH NJW 2009, 1491 (1492), jeweils aber für den Fall einer allgemeinen Aufrechnungsbeschränkung und mit der Annahme einer Unwirksamkeit der Vorleistungsklausel.

841 Vgl. hinsichtlich der Rechte aus der Minderung bspw. OLG Köln, Urteil v. 25.10.2013, Az. 1 U 19/13, Juris Rn. 41.

842 OLG Köln WuM 1998, 23; LG Berlin NZM 2002, 381 (382); LG Lüneburg ZMR 1999, 175; AG Borken WuM 1993, 668; vgl. BGH NJW 2011, 2201 f.; BGH WuM 2011, 676; s.a. BGH WuM 2008, 152 f. (Klausel, nach welcher die Rückforderungsbeträge aus zu viel gezahlter Miete für den laufenden Monat vom Mieter in den Folgemonaten zur Aufrechnung gebracht werden konnten); LG Berlin NZM 2002, 381 (382).

843 Ausführlich zum gesetzlich bezwecken Interessensausgleich durch § 556b Abs. 2 BGB bzw. § 552a BGB a.F. bereits § 5 B. III. 1.).

Sollte die Ankündigungsklausel eine längere Frist vorsehen, ist diese bereits nach § 556b Abs. 2 Satz 2 i.V.m. Satz 1 BGB teilweise unwirksam.[844] Daher ist auch in diesen Fällen die Aufrechnungsmöglichkeit um ein bis zwei Monate verzögert.

(b) Allgemeine Aufrechnungsbeschränkung

Nicht so eindeutig erscheint die Rechtslage im Hinblick auf allgemeine Aufrechnungsbeschränkungen. Diese sind zumindest *nicht* deshalb als wirksam anzusehen, weil es – wie bei der soeben erörterten Aufrechnungsankündigungspflicht – bereits vor der Mietrechtsreform nur zu einer Verzögerung der Geltendmachung der Mietminderung kommt. Denn in den Fällen der allgemeinen Aufrechnungsbeschränkung besteht keine Aufrechnungsmöglichkeit des Mieters mit dem Rückzahlungsanspruch aus dem 1. Monat, in dem der Mangel aufgetreten ist, gegen die kommenden Mietzinsforderungen. Der Mieter konnte diese Forderung tatsächlich nur selbstständig aktiv geltend machen. Insoweit war eine Unwirksamkeit nach § 537 Abs. 3 BGB a.F. zumindest in Betracht zu ziehen.[845]

Allerdings hat der Gesetzgeber durch Normierung von § 556b Abs. 2 Satz 1 BGB, der *nicht nur* für Formularverträge einschlägig ist, die Geltendmachung einer Mietminderung (des 1. Monates) durch eine Aufrechnung des Mieters ermöglicht. Da er „*entgegen*" einer Aufrechnungsbeschränkung mit dem Rückzahlungsanspruch aufrechnen kann, muss er auch nicht die aktive Klägerrolle einnehmen. Durch diese Regelung wurde hinsichtlich der Mietzinsminderung nach § 537 Abs. 1 BGB a.F. gesetzlich normiert, was die höchstrichterliche Rechtsprechung im Rahmen von Ankündigungsvorbehalten für gerade noch zulässig gehalten hat.[846] Letztendlich ist eine Überlagerung der Unwirksamkeitsanordnung von § 536 Abs. 4 BGB bzw. § 537 Abs. 3 BGB a.F. durch § 556b Abs. 2 Satz 1 BGB anzunehmen.[847] Folglich ist nunmehr keine Unwirksamkeit von

844 Siehe dazu § 5 B. III. 2.) und 3.).

845 *Blank* WuM 1995, 567 (569); solche allgemein formulierten Aufrechnungsbeschränkungen zumindest in AGB in Altverträgen für unwirksam haltend BGHZ 127, 245 (250 f.) = NJW 1995, 254; BGH NJW 2009, 1491 (1492); diese Fälle von den Ankündigungsklauseln zutreffend abgrenzend OLG Hamm NJW-RR 1993, 710 (711) und OLG Köln WuM 1998, 23.

846 Im Ansatz auch MüKo-BGB/*Artz* § 556b Rn. 3, 16 f.; Staudinger/*Weitemeyer*, 15. Auflage 2014, § 556b Rn. 3, 6.

847 Vgl. auch zum nur „eingeschränkten Vorrang" der Inhaltskontrolle nach §§ 307 ff. BGB vor dem Regelungskonzept § 556b Abs. 2 BGB bereits § 5 B. III. 3.) b) aa).

derartigen „allgemeinen" Aufrechnungsbeschränkungen nach § 536 Abs. 4 BGB bzw. § 537 Abs. 3 BGB anzunehmen.[848]

Die Regelung von § 556b Abs. 2 Satz 1 BGB gilt hingegen *auch für Altverträge*, also solche Verträge, die bereits vor der Mietrechtsreform 2001 abgeschlossen wurden.[849] Die gesetzliche Anordnung der Weitergeltung des „vorherigen" Rechts gem. Art. 229 § 3 Abs. 1 Nr. 7 EGBGB bezieht sich nur auf § 551 BGB, sodass nur § 556b Abs. 1 BGB insoweit nicht anwendbar ist. Für § 556b Abs. 2 BGB besteht keine solche Übergangsvorschrift. Daher ist auch bei der heutigen Beurteilung von Aufrechnungsbeschränkungen in Altverträgen nicht mehr von einer Unwirksamkeit auszugehen.[850]

(2) Formularvertrag

Zu untersuchen ist im Folgenden, ob die gerade dargestellten Aspekte auch im formularmäßigen Bereich eingreifen. Denn Aufrechnungsbeschränkungen in Mietverträgen über Wohnraum, allgemeiner Art oder in Form von Ankündigungsvorbehalten, finden sich größtenteils im Rahmen von formularmäßigen Vereinbarungen.

(a) Ankündigungspflicht

Aus den schon im Rahmen des Individualvertrages angeführten Gründen liegt auch bei einer formularmäßigen Ankündigungspflicht für eine Aufrechnung im Wohnraummietvertrag keine hinreichende Abweichung von § 536 Abs. 1 BGB i.S.d. § 536 Abs. 4 BGB vor. Daher ist auch keine Unwirksamkeit einer solchen Aufrechnungsbeschränkung anzunehmen, auch wenn der Mieter gesetzlich oder vertraglich zur Vorleistung der Miete verpflichtet ist.

Des Weiteren ergibt sich durch die Pflicht zur Ankündigung der Aufrechnung mit bestrittenen Rückzahlungsforderungen keine unangemessene Benachteiligung i.S.d. § 307 Abs. 1 Satz 1, 2 Nr. 1 BGB hinsichtlich einer Abweichung von § 536 Abs. 1 BGB. Insbesondere resultiert diese nicht – wie beim Individualvertrag – daraus, dass der Mieter mit seinem Rückzahlungsanspruch aufgrund einer Mietminderung in die Klägerrolle gedrängt wird. Denn dazu wird er

---

848 So wohl auch *Derleder* WuM 2007, 599 (606); kritisch, aber vorwiegend auf eine Beeinträchtigung der Möglichkeit nach § 542 Abs. 2 Satz 1 Nr. 3 BGB abstellend, Schmidt-Futterer/*Langenberg*, Mietrecht 13. Auflage 2017, § 556b Rn. 23.

849 So zutreffend auch Schmidt-Futterer/*Eisenschmid*, Mietrecht, § 535 Rn. 639; Staudinger/*Emmerich* § 556b Rn. 10; *Derleder* WuM 2007, 599 (606).

850 Wohl auch *Derleder* WuM 2007, 599 (608).

nicht gezwungen, sondern es kommt allein zu *einer Verzögerung* der Aufrechnungsmöglichkeit. Diese Verzögerung ist dabei auf einen Zeitraum von ein bis höchstens zwei Monaten begrenzt. Sie allein ist nicht geeignet den Mieter unangemessen zu benachteiligen.[851] Es entspricht nun dem gesetzlichen Leitbild im Wohnraummietverhältnis nach § 556b Abs. 2 Satz 1 BGB, dass der Mieter zwar per se mit einem solchen bereicherungsrechtlichen Rückzahlungsanspruch aufrechnen kann, dies allerdings zumindest einen Monat vorher ankündigen muss.

Sofern die Aufrechnungsmöglichkeit über die Anforderungen nach § 556b Abs. 2 Satz 1 BGB erschwert wird, indem entweder die Ankündigung in einer strengeren Form oder die Ankündigungsfrist länger als einen Monat betragen soll, ist die Klausel allerdings wie bereits ausgeführt nach – dem gegenüber § 307 BGB vorrangigen – § 556b Abs. 2 Satz 2 BGB teilweise, also auf das Maß von § 556b Abs. 2 Satz 1 BGB, unwirksam.[852]

(b) Allgemeine Aufrechnungsbeschränkung

Auch hinsichtlich allgemeiner Aufrechnungsbeschränkungen, welche keine Aufrechnung mit Rückzahlungsansprüchen bei überbezahlter Miete wegen eines auftretenden Mangels zulassen, kommt nach Einführung von § 556b Abs. 2 Satz 1 und 2 BGB keine Unwirksamkeit nach § 307 Abs. 1 Satz 1, Abs. 2 Nr. 1 BGB mehr in Betracht.

Denn auch für den hier betrachteten Bereich schlägt der Vorrang der Regelung des § 556b Abs. 2 BGB vor dem Abweichungsverbot nach § 536 Abs. 4 BGB und der Inhaltskontrolle nach §§ 307 ff. BGB durch. Im Regelungsbereich von § 556b Abs. 2 BGB gilt dieser Regelungskomplex und die darin gesetzlich vorgegebene Interessensbewertung. Sie darf nicht durch andere dogmatische Prüfungsmechanismen umgangen werden.[853]

---

851 So für Altverträge zutreffend BGH WuM 2011, 676 ; BGH NJW 2011, 2201 f.; BGH WuM 2008, 152; OLG Köln WuM 1998, 23; LG Berlin NZM 2002, 381 (382); LG Lüneburg ZMR 1999, 175 m.w.N.; AG Borken WuM 1993, 668; dies auch auf Neuverträge übertragend Staudinger/*Emmerich* § 556b Rn. 27; MüKo-BGB/*Artz* § 556b Rn. 16; vgl. auch Schmidt-Futterer/*Eisenschmid*, Mietrecht, § 535 Rn. 639; BeckOGK-BGB/*Drager* (01.04.2021) § 556b Rn. 7.1; OLG Hamm NJW-RR 1993, 710 f.; AG Villingen-Schwenningen, Urteil v. 25.06.2013, Az. 5 C 76/13, BeckRS 2014, 11615; a.A. *Gellwitzki* WuM 1998, 198 (200 f.); *ders.* WuM 1996, 739 f.

852 Bspw. LG Konstanz NZM 2014, 389; zur Rechtfolge und zum Anwendungsbereich von § 556b Abs. 2 Satz 2 BGB siehe § 5 B. III. 2.) b) und 3.) a) aa) sowie 3.) b) ee).

853 Siehe dazu umfassend § 5 B. III. 3.) b) aa).

Aber auch ohne diese Vorrangwirkung sind keine die unangemessene Benachteiligung hinsichtlich der Mietminderung nach § 536 Abs. 1 BGB begründenden Aspekte ersichtlich. Soweit vor der Mietrechtsreform eine Vorleistungsklausel aufgrund des Zusammenwirkens mit einer allgemeinen Aufrechnungsbeschränkung als unwirksam angesehen wurde[854], kann diese Ansicht nach geltendem Recht nicht mehr aufrechterhalten werden. Durch § 556b Abs. 1 BGB wurde die Vorleistungspflicht bzw. die Fälligkeit zum Monatsbeginn[855] zum gesetzlichen Leitbild, sodass insoweit keine Aspekte einer unangemessenen Benachteiligung aus einer entsprechenden Vorleistungspflicht gezogen werden können.[856]

Soweit eine solche allgemeine, § 309 Nr. 3 BGB entsprechende, Aufrechnungsbeschränkung im Wohnraummietrecht intransparent i.S.d. § 307 Abs. 1 Satz 2 BGB ist, führt dies nur zu einer der Aufrechnungsbefugnis nach § 556b Abs. 2 Satz 1 BGB entsprechenden Teilunwirksamkeit im Übrigen.[857] Dieses Maß begründet dann aber – wie ausgeführt – keine unangemessene Benachteiligung bezüglich § 536 Abs. 1 BGB, da die Geltendmachung nur verschoben ist.

bb) Gewerberaummietvertrag

Aufgrund der Vielzahl von Aufrechnungs- und Minderungsbeschränkungen in Mietverträgen über Gewerberaum erlangt die Frage nach der Zulässigkeit von derartigen Vereinbarungen auch in diesem Bereich eine hervorgehobene Bedeutung.

(1) Individualvertrag

Im Individualmietvertrag über Gewerberaum sind Aufrechnungsbeschränkungen allgemein zulässig, da sie nicht verboten sind. Weder ergibt sich eine Unwirksamkeit aus § 134 BGB noch sind weitere Verbotsnormen einschlägig. Da § 536

---

854 Vgl. dazu ausführlich Schmidt-Futterer/*Langenberg*, Mietrecht, 13. Auflage 2017, § 556b Rn. 19 ff.; Staudinger/*Emmerich* § 556b Rn. 9, 15, 26; *Gellwitzki* WuM 1998, 198 (199 f.); BGHZ 129, 245 (250 ff.) = NJW 1995, 254 (255).

855 Zur Frage, ob § 556b Abs. 1 BGB zu einer Vorleistungspflicht führt vgl. nur BeckOGK-BGB/*Drager* (01.04.2021) § 556b Rn. 10 m.w.N.

856 Vgl. BeckOGK-BGB/*Weiler* (01.03.2021) § 309 Nr. 3 Rn. 75 m.w.N.; MüKo-BGB/*Artz* § 556b Rn. 16; BeckOK-BGB/*Ehlert* (01.08.2012) § 556b Rn. 13; insoweit für eine eingeschränkte Klauselkontrolle nach § 307 Abs. 3 BGB plädierend Staudinger/*Emmerich* § 556b Rn. 26, 27; vgl. allgemein Schmidt-Futterer/*Eisenschmid*, Mietrecht, § 536 Rn. 454, 448 ff.

857 Siehe dazu umfassend § 5 B. III. 3.) b) cc) (3).

Abs. 4 BGB im mietvertraglichen Bereich über Gewerberaum nicht gilt[858], ergibt sich auch nicht die Möglichkeit, dass durch eine Aufrechnungsbeschränkung die Mietminderung nach § 536 Abs. 1 BGB bzw. deren Geltendmachung unzulässigerweise eingeschränkt wird. Vielmehr wird aufgrund des Fehlens eines § 536 Abs. 4 BGB entsprechenden Dispositionsverbots zutreffend angenommen, dass von dem „Minderungsrecht"[859] auch nachteilig für den Mieter abgewichen werden darf.[860] Allein ein vollständiger Ausschluss des Minderungsrechtes wird zutreffend als unzulässig angesehen, da die Sicherstellung des Äquivalenzgefüges von Leistung und Gegenleistung gestört wird.[861] Eine allgemeine Aufrechnungsbeschränkung erreicht nicht das Niveau des vollständigen Ausschlusses der „Minderungsrechte". Eine solche schränkt nur einen Teil der Rechte ein, die sich im Zusammenhang mit der Mietminderung ergeben können. Der Mieter wird nicht hinsichtlich der Minderung an sich eingeschränkt, sondern bezüglich der Rechte bei einer „Überzahlung": Ihm wird *eine Art* der Befriedigungsmöglichkeit genommen. Er kann nicht aufrechnen und wird bezüglich seiner Forderung auf die aktive Geltendmachung der (Rück-)Zahlungsanspruches verwiesen.

Sofern eine Aufrechnungsbeschränkung in der Form einer *Ankündigungsfrist* der Aufrechnung vorliegt, folgt daraus im Rahmen eines doppelten Erst-Recht-Schlusses keine Unwirksamkeit: Denn wenn schon eine allgemeine Aufrechnungsbeschränkung, die zu einem Verweis auf die eigenständige (gerichtliche) Durchsetzung der Forderung aus überzahlter Miete führt, individualvertraglich zulässig ist, muss dies auch für weniger einschränkende Ankündigungsvorbehalte gelten. Wie ausgeführt kommt es bei Ankündigungsvorbehalten allein zu einer kurzzeitigen Verzögerung der Befriedigungsmöglichkeit per Aufrechnung.

---

858 Statt aller nur Schmidt-Futterer/*Langenberg*, Mietrecht 13. Auflage 2017, § 556b Rn. 26; Schmidt-Futterer/*Eisenschmid*, Mietrecht 13. Auflage 2017, § 536 Rn. 455; vgl. BGHZ 176, 191 (193) = NZM 2008, 609; s.a. BGH NJW-RR 1988, 329, welcher eine Unwirksamkeit nach § 537 Abs. 3 BGB a.F. nicht in Betracht zieht.

859 Genauer: Die Rechte, die sich aus und im Zusammenhang mit der gesetzlich eintretenden Minderung der Miete nach § 536 Abs. 1 BGB ergeben.

860 BGHZ 176, 191 (195 f.) = NZM 2008, 609 (610); BGH NZM 2016, 585 (586); BGH ZMR 2016, 609; OLG Stuttgart NZM 2009, 32; Schmidt-Futterer/*Eisenschmid*, Mietrecht, § 536 Rn. 455; vgl. BeckOGK-BGB/*Bieder* (01.04.2021) § 536 Rn. 113 f.

861 Einen vollständigen Ausschluss des „Minderungsrechts" auch in individualvertraglichen Bestimmungen zutreffend für unzulässig haltend Schmidt-Futterer/*Eisenschmid*, Mietrecht, § 536 Rn. 455. Für den formularmäßigen Bereich vgl. an dieser Stelle nur BGH NZM 2008, 522 (523 f., m.z.w.N.); BGHZ 176, 191 (195 ff.) = NZM 2008, 609 (610).

Zum zweiten kann für Verträge im Gewerbemietrecht, welchen durch das Gesetz eine größere Dispositionsmöglichkeit zugestanden wird[862], kein strenger Verbotsbereich angesetzt werden als im stärker reglementierten Gestaltungsbereich des Wohnraummietrechts. In diesem Bereich sind allerdings solche Ankündigungsvorbehalte sowohl im Alt- als auch im Neurecht nach 2001 zulässig.[863]

(2) Formularvertrag

Im Gewerbemietrecht ist, da § 556b Abs. 2 Satz 2 BGB mangels Verweis in §§ 578, 579 BGB nicht anwendbar und eine Abweichung von § 536 Abs. 1 BGB zu Lasten des Mieters nicht gem. § 536 Abs. 4 BGB ausgeschlossen ist, eine Einschränkung der „Minderungsrechte" und der insofern entstehenden Aufrechnungsbefugnis zulässig.[864] Grenzen von formularmäßig vereinbarten Aufrechnungsbeschränkungen als Einschränkungen des „Minderungsrechts" des Mieters können sich demgemäß allein aus § 309 Nr. 2 BGB, § 309 Nr. 3 BGB und § 307 (i.V.m. § 310 Abs. 1) BGB ergeben.

Die weitere Wirksamkeit bestimmt sich nach den allgemeinen (Un-) Wirksamkeitsgrundsätzen nach §§ 306 ff. BGB. Insoweit ist im Grundsatz keine unangemessene Benachteiligung des Mieters von Geschäftsraum i.S.d. § 307 Abs. 1, 2 BGB durch eine *allgemeine* Aufrechnungsbeschränkung oder einer *Ankündigungspflicht* der Aufrechnung aufgrund einer unzulässigen Einschränkung der gesetzlichen Mietminderung nach § 536 BGB anzunehmen.

In den gesetzlichen Bestimmungen zum Mietvertrag über Gewerberaum wurde dem Interesse des Vermieters an pünktlichen und fortlaufenden Mietzahlungen[865] ein *bedeutenderer* Stellenwert zugewiesen als im Mietvertrag über Wohnraum. Erkennbar wird dieser Stellenwert auch darin, dass eine Beschränkung der Geltendmachung der Mietminderung nicht per se nach § 536 Abs. 4 BGB unwirksam ist. Das Mindestmaß an Schutz der Mieterinteressen wurde im Vergleich zum Wohnraummietrecht abgesenkt.[866] Dem Vermieter von

862 Mangels Anwendbarkeit von § 556b Abs. 2 BGB und § 536 Abs. 4 BGB; ähnlich Lützenkirchen/*Lützenkirchen*, Mietrecht, § 556b Rn. 108 f.

863 Siehe dazu soeben § 5 B. III. 3.) c) aa) (1) (a).

864 Siehe statt (fast) aller nur OLG Köln, Urteil v. 25.10.2013, Az. 1 U 19/13, Juris Rn. 38; OLG Celle, Urteil v. 22.03.2012, Az. 2 U 127/11, Juris Rn. 35 m.w.N.; vgl. auch BGH NZM 2016, 585 (586).

865 Vgl. dazu ausführlich *Törnig* NZM 2009, 847 f.

866 So zutreffend auch *Horst*, Abkopplungsklauseln im Gewerbemietrecht, 97; zumindest im Bereich von § 536 Abs. 4 BGB eine „Besserstellung" des Wohnraummieters annehmend BGH NJW 2005, 2006 (2007).

Gewerberaum wurde eingeräumt, seinem Interesse an einem fortlaufenden Eingang der Mietzinszahlungen zur Finanzierung seiner Immobilie bzw. des Mietobjektes vertraglich den Vorrang einräumen zu können.[867] Denn ein direkter Einbehalt einer Minderung oder die „direkte" Aufrechnung mit den kommenden Mietzinszahlungen aufgrund von vermeintlichen bzw. nur behaupteten Mängeln, würde durch die Dauer bis zum (endgültigen) Abschluss des gerichtlichen Verfahrens die dauerhafte Finanzierung erheblich gefährden.[868]

Folglich bleibt als Grenze für die (mittelbare) Einschränkung der Minderungsrechte das Gleichgewicht zwischen Leistung des Mieters und der Gegenleistung des Vermieters auf mangelfreie Gebrauchsüberlassung. Dieses Gleichgewicht der essentiellen Hauptpflichten darf nicht vollständig, also dauerhaft gestört werden.[869] Der Grenzbereich wird aber nur erreicht, wenn der Mieter seine Rechte aus der Minderung überhaupt nicht geltend machen könnte, mithin die Mietminderung vollständig ausgeschlossen ist.[870] Um einen solchen Fall handelt es sich bei der hier betrachteten allgemeinen Aufrechnungsbeschränkung allerdings nicht. Eine Aufrechnungsbeschränkung bewirkt keinen Ausschluss des Forderungsrechtes an sich, sondern verweist den Forderungsinhaber allein auf eine eigenständige gerichtliche Durchsetzung der Forderungen.[871] Ausgenommen ist nur die *Befriedigung durch eine Aufrechnung*, nicht aber die Geltendmachung des mangelbedingten bereicherungsrechtlichen Anspruchs des Mieters im Ganzen. Denn die Aufrechnungsbeschränkung soll in Dauerschuldverhältnissen dem gesicherten, dauerhaften Zahlungseingang dienen und eine

867 Vgl. BGHZ 176, 191 (195 f.) = NZM 2008, 509 (610); OLG Köln, Urteil v. 25.10.2013, Az. 1 U 19/13, Juris Rn. 41; *Horst*, Abkopplungsklauseln im Gewerbemietrecht, 88 ff.; Schmidt-Futterer/*Eisenschmid*, Mietrecht, § 536 Rn. 462; ähnlich aber zu einem Ankündigungsvorbehalt OLG Rostock NZM 1999, 1006; zur allgemeinen Zulässigkeit der Einschränkung des Minderungsrechts siehe bspw. BGHZ 91, 375 (382 f., m.w.N.) = NJW 1984, 2404 (2405).

868 Vgl. BGHZ 176, 191 (195 f.) = NZM 2008, 509 (610); OLG Köln, Urteil v. 25.10.2013, Az. 1 U 19/13, Juris Rn. 41.

869 Vgl. Schmidt-Futterer/*Eisenschmid*, Mietrecht, § 556b Rn. 462; *Streyl* NZM 2015, 841 (843); BGH NZM 2008, 522 (523, Kardinalpflichten); BGHZ 176, 191 (196 f.) = NZM 2008, 609 (610); OLG Köln, Urteil v. 25.10.2013, Az. 1 U 19/13, Juris Rn. 38; vgl. auch BGH NZM 2011, 153 und *Horst*, Abkopplungsklauseln im Gewerbemietrecht, 97.

870 BGHZ 176, 191 (196 f.) = NZM 2008, 609 (610); BGH NZM 2008, 522 (523 f.); KG NJW-RR 2008, 1042 (1044); vgl. auch OLG Düsseldorf NJW-RR 1995, 850.

871 Siehe zu den mit einer Aufrechnungsbeschränkung verfolgten Zwecken ausführlich § 3 C.; vgl. auch LG Hamburg, Urteil v. 12.06.2006, Az. 415 O 14/06, Juris.

Verzögerung des Eingangs durch vermeintliche Gegenansprüche verhindern. Diese Beschränkung ist für sich genommen aber nicht geeignet, die Interessen des Mieters unangemessen zu übergehen. Das Interesse des Anspruchsgegners, hier des Vermieters, eine Unabhängigkeit seiner Forderungen von vermeintlichen oder behaupteten Gegenansprüchen herbeizuführen, wurde grundsätzlich vom Gesetzgeber berücksichtigt.[872] Es ist zumindest in Dauerschuldverhältnissen auch von berechtigter Natur, um zu ermöglichen, dass der Anspruchsgegner seine eigenen dauernden Verpflichtungen aus dem bzw. für das Mietobjekt tragen kann.[873] Im Ergebnis handelt es sich bei einer Aufrechnungsbeschränkung nicht um eine Beschränkung, die einen „vollständigen" und damit unzulässigen Ausschluss des Minderungsrechts darstellt oder einer solchen gleichzustellen ist.[874]

Für eine unangemessene Benachteiligung aufgrund des „Zwangs in die aktive Rolle des Klägers" im Rahmen von Verträgen, die auf einen dauerhaften Austausch von Leistungen gerichtet sind, können auch nur bedingt die Aspekte des Prozess(-kosten-)risikos und des Insolvenzrisikos des Vermieters zu Lasten des Mieters angeführt werden.[875] Denn die Frage der Geltendmachung von Rückzahlungsansprüchen von zu viel gezahlter Miete stellt sich in aller Regel nur für einen *Teilbetrag für einen Zeitraum,* für welchen der Mietzins bereits im Voraus bezahlt wurde und in welchem ein minderungsberechtigter Mangel entstanden ist. Für die kommenden Zeiträume sind die Mietzinsforderungen bei weiterhin bestehendem Mangel gesetzlich gemindert und der Mieter schuldet nur den Betrag der auf den mangelfrei überlassenen Teil des Mietobjektes entfällt. Nur diesen geschuldeten Mietzins wird er auch entrichten. Außerdem steht ihm mit dem Mietobjekt im Zweifelsfall ein Vollstreckungsobjekt für den Rückzahlungsanspruch zur Verfügung. Zusätzlich ist zu berücksichtigen, dass der Mieter im Falle einer erfolgreichen Klage und einem rechtskräftigen Urteil dennoch mit der Forderung gegen Mietzinsforderungen aufrechnen kann. Denn sobald die Forderung rechtskräftig festgestellt ist, fällt diese unter die Forderungen, für welche in der Aufrechnungsbeschränkung eine Aufrechnungsbefugnis vorbehalten

---

872 Bspw. in § 309 Nr. 3 BGB und § 556b Abs. 2 Satz 1 BGB.

873 Siehe dazu bereits § 5 B. III. 1.) und Schmidt-Futterer/*Eisenschmid*, Mietrecht, § 556b Rn. 462 m.w.N.; bezogen auf einen alleinigen Minderungsausschluss vgl. BGHZ 176, 191 (196 f.) = NZM 2008, 609 (610); BGH NJW-RR 1993, 519 (520, Pachtvertrag).

874 Schmidt-Futterer/*Langenberg*, Mietrecht, 13. Auflage 2017, § 556b Rn. 26; im Erg. wohl auch Schmidt-Futterer/*Eisenschmid*, Mietrecht, § 535 Rn. 638, § 536 Rn. 462.

875 In diese Richtung *Streyl* NZM 2015, 841 (850).

sein muss. Dieses Erfordernis ergibt sich für den formularmäßigen Bereich bereits aus § 309 Nr. 3 (i.V.m. § 307 Abs. 1) BGB und gilt sowohl in Verbraucher- als auch in Unternehmerverträgen.[876] Daher kommt der Mieter – über den dargestellten Umweg – zu den Privilegien, die mit einer Aufrechnung verbunden sind.[877] Er kann sich einerseits gegenüber offenen Mietzinsforderungen befriedigen und läuft anderseits nicht Gefahr aufgrund einer Insolvenz des Vermieters seinen Forderungswert mangels tatsächlicher Durchsetzungsmöglichkeit zu verlieren. Nach der in dieser Arbeit vertretenen Ansicht ist im Regelfall bei einer Insolvenz oder eines Vermögensverfalls des (aufrechnungsbegünstigten) Schuldners eine Berufung auf die Aufrechnungsbeschränkung nach § 242 BGB im Einzelfall ausgeschlossen.[878] Der Mieter kann aufgrund der Aufrechnungslage vor Eröffnung des Insolvenzverfahrens eine dem Absonderungsberechtigten i.S.d. §§ 49 ff. InsO vergleichbare Sonderstellung gegenüber den übrigen, nicht bevorzugten Insolvenzgläubigern erlangen.[879]

Des Weiteren ist im Hinblick auf das Transparenzgebot nach § 307 Abs. 1 Satz 2 BGB kein § 556b Abs. 2 Satz 1 BGB entsprechender ausdrücklicher Vorbehalt in der Aufrechnungsbeschränkung erforderlich, um den Anforderungen der Verständlichkeit zu genügen. Denn der in § 556b Abs. 2 Satz 1 BGB gesetzlich vorgegebene Grundsatz der Aufrechnungsbefugnis mit bestimmten Forderungen ist mangels Verweis in § 578 BGB allein auf den Bereich des Mietwohnraums beschränkt und definiert auch nur für diesen bestimmten Bereich materiellrechtliche (Wirksamkeits-)Voraussetzungen.[880]

4.) Zwischenergebnis

§ 556b Abs. 2 BGB statuiert für das Wohnraummietrecht ein gesetzliches Regelungskonzept, das sowohl im individualvertraglichen als auch im formularmäßigen Bereich Wirksamkeitsgrenzen und faktische Grenzen für Aufrechnungsbeschränkungen setzt. Aufgrund der gesetzlichen Interessenbewertung

876 Siehe dazu ausführlich § 5 B. IV. 2.) c) – e) sowie § 5 B. VI. 2.) b) bb).

877 Siehe zu den Vorteilen einer Aufrechnung umfassend § 3 A. und B.

878 Siehe dazu § 5 C. II. 2.) a).

879 Siehe dazu § 3 A. III. 1.) c).

880 Lützenkirchen/*Lützenkirchen*, Mietrecht, § 556b Rn. 108. Siehe zu Aufrechnungsbeschränkungsklauseln im Wohnmietrecht, welche keinen ausdrücklichen Vorbehalt i.S.d. § 556b Abs. 2 Satz 1 BGB vorsehen und nach der in dieser Arbeit vertretenen Meinung nach § 307 Abs. 1 Satz 2 BGB teilweise unwirksam sind § 5 B. III. 3.) b) cc) (3).

in dieser Vorschrift, kommt dieser eine Sonderrolle mit einer Sperrwirkung auf Tatbestands- als auch Rechtsfolgenseite gegenüber anderen Regelungen zu.

Aufgrund der normierten Interessenswertung ist im Individualvertrag eine Aufrechnung mit den Forderungen aus § 556b Abs. 2 Satz 1 BGB immer möglich. Sofern es sich um eine allgemeine Aufrechnungsbeschränkung ohne einen § 556b Abs. 2 Satz 1 BGB entsprechenden Aufrechnungsvorbehalt handelt, kann der Mieter nach diesen Vorgaben trotz Beschränkungsvereinbarung aufrechnen. § 556b Abs. 2 Satz 2 BGB erlangt in diesem Bereich dann Relevanz, wenn ausdrücklich eine von § 556b Abs. 2 Satz 1 BGB abweichende Vereinbarung vorgesehen ist. Diese Abweichung ist dann teilweise, d.h. auf das Maß von Satz 1 reduziert unwirksam.

Im Rahmen von formularmäßigen Vereinbarungen sind allgemeine Aufrechnungsbeschränkungen, sofern sie § 309 Nr. 3 BGB entsprechen, *nicht* nach § 307 Abs. 1 Satz 1, Abs. 2 Nr. 1 i.V.m. § 556b Abs. 2 Satz 1 BGB oder § 307 Abs. 1 Satz 1, Abs. 2 Nr. 1 i.V.m. § 543 Abs. 2 Satz 3 BGB unwirksam. Dies resultiert einerseits aus einem nur eingeschränkten Vorrang der Inhaltskontrolle nach §§ 307 ff. BGB sowie aus einer fehlenden unangemessenen Benachteiligung i.S.d. § 307 BGB. Allerdings verstoßen derartige Klauseln gegen das Transparenzgebot i.S.d. § 307 Abs. 1 Satz 2 BGB. Die Rechtsfolge der Totalunwirksamkeit nach § 307 Abs. 1 Satz 2, 306 BGB wird durch den vorrangigen § 556b Abs. 2 Satz 2 BGB verdrängt bzw. modifiziert. Die Reichweite der Teilunwirksamkeit ergibt sich aus § 556b Abs. 2 Satz 1 BGB, für dessen positive Anordnung der Aufrechnungsbefugnis in diesem Bereich kein eigenständiger Bereich verbleibt. Denn Beschränkungen, die ausdrücklich von § 556b Abs. 2 Satz 1 BGB abweichen, werden von § 556b Abs. 2 Satz 2 BGB erfasst - mit der Folge der Teilunwirksamkeit.

Hinsichtlich des Verbots der Beschränkung der Mietminderung nach § 536 Abs. 4 BGB bzw. § 537 Abs. 3 BGB a.F. ergibt sich keine Unwirksamkeit von Aufrechnungsbeschränkungen. Dies gilt sowohl hinsichtlich der Form der Vereinbarung – Individualvertrag oder AGB – als auch hinsichtlich der möglichen Art der Aufrechnungsbeschränkung – Allgemeine Aufrechnungsbeschränkung oder Ankündigungspflicht der Aufrechnung. Dieses Ergebnis folgt vorwiegend aus der Einführung von § 556b Abs. 2 Satz 1 BGB, der auch auf Altverträge anwendbar ist. Insoweit kann es allein zu einer Verzögerung der Aufrechnung mit einem Rückzahlungsanspruch aus überbezahlter Miete von 1 bis 2 Monaten kommen, was allerdings *nicht* den Verbotsbereich des § 536 Abs. 4 BGB bzw. § 537 Abs. 3 BGB a.F. oder des § 307 BGB erreicht.

Auch im vertraglichen Bereich über Gewerberaum ergibt sich keine Unwirksamkeit von Aufrechnungsbeschränkungen. Denn insoweit ist die

Gestaltungsfreiheit mangels Anwendbarkeit von § 536 Abs. 4 BGB und § 556b Abs. 2 BGB deutlich weitreichender als im Bereich des Wohnraummietrechts. Eine kurzfristige Verschiebung der Aufrechnungsmöglichkeit stellt keinen unzulässigen Eingriff in das Äquivalenzverhältnis zwischen Leistung und Gegenleistung dar, zumal es sich nicht um eine dauerhafte Verschiebung durch Rechtsausschluss handelt, sondern um eine zeitige Verschiebung der Durchsetzungsmöglichkeit. Außerdem steht der bereicherungsrechtliche Rückzahlungsanspruch aus dem „1. Monat" gerade nicht im Ausgleichsverhältnis zu den Gegenleistungen die in den kommenden Monaten erbracht werden.

IV. § 309 Nr. 3 BGB

§ 309 Nr. 3 BGB ist neben § 556b Abs. 2 Satz 2 BGB die einzige Vorschrift, welche explizit vertragliche Aufrechnungsbeschränkungen im formularmäßigen Verbraucherbereich für unwirksam erklärt.[881] Die Vorschrift bestimmt nach dem Wortlaut, dass eine Beschränkung der Aufrechnung in AGB für unbestrittene oder rechtskräftig festgestellte Forderungen vollständig und ohne weitere inhaltliche (Angemessenheits-)Prüfung ausgeschlossen ist.[882] Die Unwirksamkeit der Regelung tritt ohne weitere Erklärung ein, sodass letztendlich die Beschränkung der Aufrechnung ohne Wirkung bleibt und eine Aufrechnung mit jeder Forderung möglich ist.[883]

1.) Gesetzgeberischer Hintergrund

Ursprung dieser Regelung sind gerichtliche Entscheidungen, die eine Beschränkung der Aufrechnungsmöglichkeit einerseits grundsätzlich als zulässig angesehen haben.[884] Denn es bestehe die Gefahr, dass die Möglichkeit der Erklärung der Aufrechnung mit angeblichen Forderungen dazu missbraucht werde, die Erfüllung der eigenen Schuld hinauszuzögern.[885] Anderseits wurde eine solche Beschränkung der Aufrechnung – als einfachere Methode des Forderungsausgleiches – als rechtsmissbräuchlich angesehen, wenn die aufrechenbare

---

881 Siehe zu § 556b Abs. 2 Satz 1 BGB, welcher keine Unwirksamkeit der Klausel, sondern eine Aufrechnung trotz wirksamer Aufrechnungsbeschränkungsklausel ermöglicht, § 5 B. III.

882 Vgl. statt aller nur Ulmer/Brandner/Hensen/*Schäfer* § 309 Nr. 3 Rn. 2 und BT-Drs. 7/3919, 24 zur identisch lautenden Vorgängervorschrift § 11 AGBG.

883 Siehe ausführlich zur Rechtsfolge § 5 B. IV. 5.).

884 BGHZ 12, 136 (143 f.) = NJW 1954, 795; RGZ 124, 8, (9 f.); s.a. BT-Drs. 7/3919, 29.

885 Vgl. BT-Drs. 7/3919, 29.

Forderung eindeutig feststeht, also von der Gegenpartei nicht bestritten wird oder rechtskräftig festgestellt ist.[886] Diese Rechtsprechung wurde im Rahmen der Einführung des Gesetzes zur Regelung des Rechts der Allgemeinen Geschäftsbedingungen (AGB-Gesetz)[887] in § 11 Nr. 3 AGBG gesetzlich normiert. Die gesetzliche Regelung sollte nicht über die Vorgaben der Rechtsprechung hinausgehen.[888] Diese bis zum Außerkrafttreten des AGBG zum 31. Dezember 2001 unveränderte Vorschrift wurde zum 01. Januar 2002 (fast) wortlautgleich in § 309 Nr. 3 BGB gesetzlich festgesetzt.[889]

Damit hat auch der Gesetzgeber unter Berücksichtigung des Zwecks und der Folgen einer Aufrechnungsbeschränkung bestimmt, dass zwar grundsätzlich keine allgemeinen Bedenken bestehen, einen Ausschluss der Aufrechnung in AGB zuzulassen. Denn der Forderungsinhaber der aufrechnungsbeschränkten Forderung(en) behielt zum einen seine Durchsetzungsmöglichkeit und zum anderen den wirtschaftlichen Wert der Forderung(en).[890] Allerdings sollte es gegen Treu und Glauben verstoßen, wenn mit einer bereits feststehenden Forderung nicht mehr aufgerechnet werden dürfe.[891] Im Fall der unbestrittenen oder rechtskräftig festgestellten Forderungen sei kein Grund ersichtlich, wieso

886 Bspw. BGH NJW 1960, 859; BGH MDR 1972, 223; vgl. auch BT-Drs. 7/3919, 29; MüKo-BGB/*Wurmnest* § 309 Nr. 3 Rn. 1 f.; Wolf/Lindacher/Pfeiffer/*Dammann* § 309 Nr. 3 Rn. 3; vgl. auch BGH NJW 1975, 442 f., welcher aber die Geltung einer aufrechnungsbeschränkenden AGB ablehnt, sobald der Beschränkungsbegünstigte in den Konkurs verfallen ist; BGHZ 12, 136 (143 f.) = NJW 1954, 795, welcher für § 32 ADSp. a.F. eine Unzulässigkeit der Aufrechnung nur annimmt, wenn der Schutzbereich der Aufrechnungsbeschränkung betroffen ist, was nicht der Fall sei, wenn die Forderung nur ohne Begründung bestritten werde.

887 Gesetz zur Regelung des Rechts der Allgemeinen Geschäftsbedingungen (AGB-Gesetz) vom 9. Dezember 1976, teils in Kraft getreten zum 16. Dezember 1976, teils zum 01. April 1977 (BGBl. I, 3317); neue Bekanntmachung am 29. Juni 2000 (BGBl. I, 947).

888 Vgl. BT-Drs. 7/3919, 29; statt vieler nur BeckOGK-BGB/*Weiler* (01.03.2021) § 309 Nr. 3 Rn. 6.

889 BT-Drs. 14/6040, 155; vgl. auch „Gesetz zur Modernisierung des Schuldrechts vom 26. November 2001" (BGBl. I, 3138). Allein die Einleitung von § 309 BGB unterscheidet sich von § 11 AGBG: In § 309 BGB heißt es nun „*Auch soweit eine Abweichung von den gesetzlichen Vorschriften zulässig ist, ist in Allgemeinen Geschäftsbedingungen unwirksam …*" statt in § 11 AGBG „*In Allgemeinen Geschäftsbedingungen ist unwirksam*"; vgl. dazu nur MüKo-BGB/*Wurmnest* § 309 Rn. 1.

890 Vgl. BT-Drs. 7/3919, 29.

891 BT-Drs. 7/3919, 29; vgl. auch AnwK AGB-Recht/*Jilg* § 309 Nr. 3 Rn. 1.

die Aufrechnung ausgeschlossen sein sollte. Insbesondere bestehe gerade kein schutzwürdiges Interesse für den von der Aufrechnungsbeschränkung Begünstigten mehr. Dieser suche im Regelfall eine schnelle und prozessverzögerungsfreie Forderungsdurchsetzung. Eine Verzögerung durch vermeintliche und ggf. in einem längeren Prozess festzustellende Gegenforderungen, trete bei unbestrittenen und rechtskräftig festgestellten Forderungen nicht ein.[892]

Der weitergehende Sinn und Zweck von Aufrechnungsbeschränkungen für den Beschränkungsbegünstigen, nämlich nicht nur eine Verzögerung zu vermeiden, sondern die reale Leistung vom Schuldner zu erhalten[893], hat keine ausdrückliche Berücksichtigung gefunden. Vielmehr geht der Gesetzgeber zumindest im Rahmen von AGB eines Unternehmers gegenüber einem Verbraucher davon aus, dass es keinen Grund gebe, den Verbraucher als Inhaber einer unbestrittenen oder rechtskräftig festgestellten Forderung darauf verweisen zu können, seine Forderungen ebenfalls selbstständig durchzusetzen. Vielmehr ist eine solche Vorgehensweise rechtsmissbräuchlich und eine AGB dieses Inhalts unwirksam.

2.) Tatbestand / Anwendungsbereich

§ 309 Nr. 3 BGB gilt für formularvertragliche Vereinbarungen, also für AGB i.S.d. §§ 305 ff. BGB und für vorformulierte Individualabreden gegenüber einem Verbraucher. Vom Tatbestand des § 309 Nr. 3 BGB sind grundsätzlich unbestrittene und rechtskräftig festgestellte Forderungen erfasst. Für diese Forderungen kann die Aufrechnung in AGB nicht ausgeschlossen werden. Im Folgenden ist festzustellen, wann die Aufrechnungsmöglichkeit soweit ausgeschlossen ist, dass der Schutzbereich des § 309 Nr. 3 BGB betroffen ist und die Klausel unwirksam ist.

a) Entzug der Aufrechnungsbefugnis

aa) Grundsatz

Dem Wortlaut des § 309 Nr. 3 BGB nach sind solche AGBs ausgeschlossen, mit welchen dem Vertragspartner die „*Befugnis genommen wird*“, mit oder gegen eine(r) unbestrittene(n) oder rechtskräftig festgestellte(n) Forderung aufzurechnen. Erfasst sind alle Klauseln, welche die Aufrechnungsmöglichkeit materiellrechtlich ausschließen, sodass die Rechtsfolgen von §§ 387 ff. BGB trotz vorliegender

892 Vgl. BeckOGK-BGB/*Weiler* (01.03.2021) § 309 Nr. 3 Rn. 5; AnwK AGB-Recht/*Jilg* § 309 Nr. 3 Rn. 1.

893 Siehe zu den Zwecksetzungen vertraglicher Aufrechnungsbeschränkungen § 3 C.

Aufrechnungslage nicht herbeigeführt werden können.[894] Daraus ergibt sich, dass nicht nur Klauseln von § 309 Nr. 3 BGB erfasst sind, welche ausdrücklich die Aufrechnungsbefugnis ausschließen.[895] Vielmehr sind im Grundsatz auch solche umfasst, die *der Sache nach* eine Aufrechnung ausschließen.[896] Allerdings sind nur solche Fälle – in Abgrenzung zu den noch zu erörternden Erschwerungen der Aufrechnung – inbegriffen, in welchen bestimmte Klauselformulierungen dazu führen, dass der Vertragspartner mit seiner Forderung rechtlich und faktisch nicht vollständig aufrechnen kann, obwohl die Voraussetzungen nach §§ 387 ff BGB vorliegen.[897] So bspw. dadurch, dass eine Barzahlungsabrede vereinbart wird, welche im Regelfall eine Erfüllung durch ein Surrogat ausschließt.[898] Da eine Befugnis zur Aufrechnung schon dann genommen wird, wenn hinsichtlich einer bestimmten Aufrechnungsmöglichkeit eine Aufrechnung ausgeschlossen wird, besteht ein Aufrechnungsverbot i.S.d. § 309 Nr. 3 BGB auch schon dann, wenn die Aufrechnung nur teilweise ausgeschlossen wird.[899] Dies gilt sowohl für eine Beschränkung der Aufrechnungsbefugnis auf bestimmte Forderungsarten bzw. -zustände wie bspw. für konnexe Forderungen[900], als auch für eine Begrenzung der Aufrechnungsmöglichkeit auf einen bestimmten Anteil der Aktiv- oder

---

894 Vgl. BeckOGK-BGB/*Weiler* (01.03.2021) § 309 Nr. 3 Rn. 27; Wolf/Lindacher/Pfeiffer/*Dammann* § 309 Nr. 3 Rn. 15; Soergel/*Knops* § 309 Nr. 3 Rn. 17; siehe zur materiellrechtlichen Beschränkung bereits § 4 B. III. 1.) a).

895 Vgl. OLG München MedR 2006, 292 (293); OLG Frankfurt Urteil v. 25.03.2004, Az. 1 U 31/03, BeckRS 2004, 5494; aus der Lit. statt vieler nur Wolf/Lindacher/Pfeiffer/*Dammann* § 309 Nr. 3 Rn. 16; BeckOGK-BGB/*Weiler* (01.03.2021) § 309 Nr. 3 Rn. 30, 33; Soergel/*Knops* § 309 Nr. 3 Rn. 8, 17; Staudinger/*Gursky* § 387 Rn. 245; ähnlich Ulmer/Brandner/Hensen/*Schäfer* § 309 Nr. 3 Rn. 9; vgl. auch BGHZ 139, 190 (193, noch zu § 11 Nr. 3 AGBG, m.w.N.) = NJW 1998, 3119; siehe zu den verschiedenen Vereinbarungskonstellationen § 4 B. II. 1.).

896 Statt aller nur MüKo-BGB/*Wurmnest* § 309 Nr. 3 Rn. 6; Staudinger/*Coester-Waltjen* § 309 Nr. 3 Rn. 9, 10; Soergel/*Knops* § 309 Nr. 3 Rn. 17; Erman/*Roloff* § 309 Rn. 30; BGHZ 139, 190 (193, noch zu § 11 Nr. 3 AGBG, m.w.N.) = NJW 1998, 3119; vgl. auch BGH NJW 1985, 550.

897 Vgl. ähnlich Wolf/Lindacher/Pfeiffer/*Dammann* § 309 Nr. 3 Rn. 15; v. Westphalen/Thüsing/*v. Westphalen*, VertrR/AGB-Klauselwerke (45. EL 2020), Teil „Vertragsrecht" II – Aufrechnungsklauseln Rn. 14.

898 Ausführlich zu dieser Fallgruppe § 6 C. 1.).

899 Vgl. Soergel/*Knops* § 309 Nr. 3 Rn. 18; BGH NZM 2016, 585 (586); BeckOGK-BGB/*Weiler* (01.03.2021) § 309 Nr. 3 Rn. 27; Wolf/Lindacher/Pfeiffer/*Dammann* § 309 Nr. 3 Rn. 15, 17.

900 Vgl. Wolf/Lindacher/Pfeiffer/*Dammann* § 309 Nr. 3 Rn. 17.

Passivforderung.[901]

bb) Erschwerungen der Aufrechnung

Praktische Relevanz haben allerdings nicht nur Aufrechnungsbeschränkungen, welche ausdrücklich oder der Sache nach die Aufrechnung ausschließen, sondern auch jene, welche die Aufrechnung in bestimmter Weise erschweren. Insofern handelt es sich insbesondere um Ankündigungs- und Zustimmungsvorbehalte oder Formvorschriften. Bei diesen ist die Aufrechnung nicht materiellrechtlich vollständig ausgeschlossen.[902] Vielmehr ist die Aufrechnung nur unter weiteren, über die Tatbestandsvoraussetzungen der §§ 387 ff. BGB hinausgehenden Voraussetzungen möglich.

Ob solche Erschwerungen im Grundsatz die Aufrechnungsbefugnis i.S.d. § 309 Nr. 3 BGB ausschließen, wird vor allem in der Literatur nicht einheitlich beurteilt. So wird zum Teil angenommen, dass diese allgemein die Aufrechnung nicht ausschließen und entsprechend nicht nach § 309 Nr. 3 BGB unwirksam sind.[903] Teilweise wird danach unterschieden, ob die Erschwerung wesentlich ist.[904] Andere differenzieren zwischen „*weiteren bestimmten Voraussetzungen*", welche nicht von § 309 Nr. 3 BGB erfasst sein sollen, und „*über § 309 Nr. 3 hinausgehende Erschwerungen*", die dann unwirksam sein sollen.[905]

Im Ergebnis ist allerdings festzustellen, dass sich diese Ansichten im Allgemeinen nur punktuell oder gar nur scheinbar unterscheiden. Dies mag darauf zurückzuführen sein, dass in einigen Darstellungen die verschiedenartigen Konstellationen der Erschwerungen nicht umfassend dargestellt werden[906] und verschiedene Bezeichnungen verwendet werden.

---

901 Vgl. zumindest eine Unwirksamkeit nach § 9 AGBG annehmend LG Hannover WuM 1980, 179.

902 In diesem Sinne differenzierend BGH NJW-RR 1988, 329.

903 BeckOK-BGB/*Becker* (01.02.2021) § 309 Nr. 3 Rn. 6; wohl auch Erman/*Roloff* § 309 Rn. 30 und HK-BGB/*Schulte-Nölke* § 309 Rn. 16 f.

904 Wolf/Lindacher/Pfeiffer/*Dammann* § 309 Nr. 3 Rn. 16; vgl. auch Soergel/*Knops* § 309 Nr. 3 Rn. 19.

905 So wohl Ulmer/Brandner/Hensen/*Schäfer* § 309 Nr. 3 Rn. 8.

906 So bspw. BeckOGK-BGB/*Weiler* (01.03.2021) § 309 Nr. 3 Rn. 28 ff., welcher nur auf Formvorschriften und auf Anzeigeobliegenheiten und nicht auf Voraussetzungen eingeht, die von dem Willen des Verwenders abhängen; hingegen allein auf Klauseln, die eine Mitwirkung des Verwenders erfordern (Zustimmungsvorbehalt), eingehend v. Westphalen/Thüsing/*v. Westphalen*, VertrR/AGB-Klauselwerke (45. EL 2020), Teil „Vertragsrecht" II – Aufrechnungsklauseln Rn. 14; vgl. auch Palandt/*Grüneberg* § 309 Rn. 17, welcher neben dem Ausschluss nach der Sache nur auf die Rspr. zu

Im Grundsatz[907] ist – und dieses Ergebnis deckt sich mit dem Großteil der Literatur – bei Erschwerungen der Aufrechnung zumindest dann von einem Ausschluss der Aufrechnungsbefugnis auszugehen, wenn der Vertragspartner als Forderungsinhaber *nicht allein von seinem Willen abhängig* eine Aufrechnung erklären und die materiellrechtlichen Rechtsfolgen herbeiführen kann.[908] Nicht mehr vom Willen des Forderungsinhabers abhängig ist eine Aufrechnung dann, wenn der Forderungsinhaber die weiteren Voraussetzungen für eine wirksame Aufrechnung nicht selbst herbeiführen oder erfüllen kann. Das ist insbesondere der Fall, wenn der aufrechnungswillige Vertragspartner von einer Mitwirkungshandlung des Verwenders der AGB oder eines Dritten abhängig ist. Als Beispiel lässt sich anschaulich der sog. *Zustimmungsvorbehalt* zugunsten des Verwenders anführen.[909] Durch diesen Zustimmungsvorbehalt ist es dem Aufrechnungswilligen unmöglich, die Erlöschenswirkung durch eine Aufrechnung gem. § 389 BGB mit unbestrittenen und rechtskräftig festgestellten Forderungen herbeizuführen, wenn der Verwender bzw. der Dritte seine Mitwirkung verweigert oder untätig bleibt. Damit wird dem Aufrechnungswilligen faktisch die Aufrechnungsbefugnis genommen. Diese Befugnis will § 309 Nr. 3 BGB gerade für bestimmte Forderungen gesetzlich erhalten und vor anderweitigen

---

Anerkenntnis-/Zustimmungsvorbehalten eingeht; s.a. Ulmer/Brandner/Hensen/*Christensen*, Teil 2 – (32) Mietverträge Rn. 26, welcher ebenfalls nur auf Vorankündigungen als lediglicher „Aufrechnungsmodalitäten" eingeht.

907 Siehe zu weiteren Differenzierungen für verschiedene aufgestellte weitere Voraussetzungen wie bspw. den Ankündigungsvorbehalten und Formvorschriften die Fallgruppenuntersuchung in § 6.

908 Ebenfalls auf den Willen abstellend BeckOGK-BGB/*Weiler* (01.03.2021) § 309 Nr. 3 Rn. 27; vgl. auch v. Westphalen/Thüsing/*v. Westphalen*, VertrR/AGB-Klauselwerke (45. EL 2020), Teil „Vertragsrecht" II – Aufrechnungsklauseln Rn. 14, der Anerkennungs- und Zustimmungsvorbehalte als nach § 309 Nr. 3 BGB unwirksam ansieht; ebenso auch Ulmer/Brandner/Hensen/*Schäfer* § 309 Nr. 3 Rn. 8; MüKo-BGB/*Wurmnest* § 309 Nr. 3 Rn. 6 sieht „Zustimmungsvorbehalte" als unwirksam an; ebenso wohl auch Palandt/*Grüneberg* § 309 Rn. 17; vgl. auch BGH NJW 2007, 3421 (3422 f., Unternehmervertrag) und BGH NJW-RR 2018, 74 (75, Unternehmervertrag), BGH NJW 1994, 657 f. (noch zu § 11 Nr. 3 AGBG, Unternehmervertrag); Soergel/*Stein*, 12. Auflage 1991, § 11 Nr. 3 AGBG Rn. 25; a.A. BeckOK-BGB/*Becker* (01.01.2021) § 309 Nr. 3 Rn. 6 (alle Fälle an § 307 BGB zu messen); ebenso wohl auch Erman/*Roloff* § 309 Rn. 30 und HK-BGB/*Schulte-Nölke* § 309 Rn. 16; strenger auch Wolf/Lindacher/Pfeiffer/*Dammann* § 309 Nr. 3 Rn. 18.

909 Siehe zu dieser Fallgruppe ausführlich § 6 A. IV.

Vereinbarungen schützen. Demgemäß sind diese Konstellationen in aller Regel[910] vom Verbot des § 309 Nr. 3 BGB erfasst und damit unwirksam.[911]

Weiter verbleiben noch die Fälle, in welchen die Aufrechnungsmöglichkeit zwar durch weitere Voraussetzungen erschwert wurde, aber *allein vom Willen des Vertragspartners abhängen*. Dieser kann die zusätzlichen Voraussetzungen für eine wirksame Aufrechnung selbst erfüllen. Als anschauliches Gegenbeispiel zum Zustimmungsvorbehalt lässt sich das Beispiel des Ankündigungsvorbehalts heranziehen. In diesen Konstellationen muss die Aufrechnung angekündigt werden. Die Befugnis, d.h. das rechtliche Können, liegt allerdings weiterhin allein in den Händen des Vertragspartners. Daher fallen diese und andere solcher Zusatzvereinbarungen nicht unter das Verbot des Ausschlusses der Aufrechnungsbefugnis nach § 309 Nr. 3 BGB.[912] Dieses Ergebnis entspricht auch dem Wortlaut des hier allein maßgeblichen § 309 Nr. 3 BGB, der davon spricht, dass *„die Befugnis genommen wird"*, also vom Nehmen des rechtlichen Könnens. Letztendlich besteht diese Befugnis weiterhin, sofern im Übrigen die Tatbestandsvoraussetzungen des §§ 387 ff. BGB vorliegen. Daran ändert auch nichts, dass ein weiterer Aufwand für den aufrechnungswilligen Vertragspartner erforderlich ist. In der Vorschrift hätte der Gesetzgeber ohne großen Aufwand auch ein Erschweren der Aufrechnung verbieten können. Dies hat er allerdings nicht getan, sondern allein das „Nehmen der Aufrechnungsbefugnis für unbestrittene und rechtskräftig festgestellte Forderungen" verboten. Er wollte damit die Rechtsprechung zur rechtsmissbräuchlichen Berufung auf Aufrechnungsverbote aufgreifen und normieren, allerdings auch nicht darüber hinausgehen.[913] Es würde allerdings darüber hinausgehen, wenn nicht berücksichtigt würde, dass zum ersten ein legitimes Interesse des Verwenders hinter der Beschränkungsvereinbarung

910 Ausführlich zu den verschiedenen möglichen Fallgruppen siehe § 6 A.

911 Im Erg. ebenso BGH NJW 1994, 657 f.; vgl. auch Ulmer/Brandner/Hensen/*Schäfer* § 309 Nr. 3 Rn. 8; MüKo-BGB/*Wurmnest* § 309 Nr. 3 Rn. 6 (für einen Zustimmungsvorbehalt).

912 Ähnlich differenzierend auch BeckOGK-BGB/*Weiler* (01.03.2021) § 309 Nr. 3 Rn. 28 ff., welcher allerdings nur auf vom Vertragspartner abhängige Konstellationen (Anzeigevorbehalt, Formvorschriften) eingeht; vgl. auch BGHZ 127, 245 (250 ff.) = NJW 1995, 254 (255); *Bundesnotarkammer* DNotZ 2002, 402 (403) und die w.N. in Fn. 903 und Fn. 1689; a.A. wohl Wolf/Lindacher/Pfeiffer/*Dammann* § 309 Nr. 3 Rn. 18, der bei *„schwer zu erfüllenden oder mit erheblichem Aufwand verbundenen Erfordernissen"* einen Ausschluss i.S.d. § 309 Nr. 3 BGB annimmt und darunter auch Fälle des Anerkenntnisvorbehaltes fasst; so wohl auch *Schulz* Notar 2016, 66 (68 f.).

913 Vgl. BT-Drs. 7/3919, 29; siehe zum gesetzgeberischen Hintergrund § 5 B. IV. 1.).

stehen kann – wie bspw. eine frühzeitige Kenntnis des Aufrechnungswillens des Vertragspartners[914] – und zum zweiten eine Aufrechnung grundsätzlich noch möglich ist. Entsprechend ist anzunehmen, dass auch die Rechtsprechung vor der Geltung des AGBG bzw. der §§ 305 ff. BGB nicht zwingend zu einer Unwirksamkeit bzw. Rechtsmissbräuchlichkeit gekommen wäre.

Bei einer Gesamtbetrachtung ist allerdings zu berücksichtigen, dass eine Zulässigkeit nach § 309 Nr. 3 BGB nicht automatisch eine wirksame Aufrechnungsbeschränkung bedeutet. Es ist weiterhin eine unangemessene Benachteiligung des Vertragspartners nach § 307 BGB oder anderen gesetzlichen Vorgaben möglich.[915] Die Frage der Zulässigkeit von solchen Aufrechnungserschwernissen wird hinsichtlich einzelner Fallgruppen noch im weiteren Verlauf der Arbeit untersucht.[916]

cc) Aufrechnungsbeschränkung mit obligatorischer Wirkung

In diesem Zusammenhang stellt sich weiterhin die Frage, ob die Befugnis zur Aufrechnung ausgeschlossen ist, wenn zwischen den Parteien vereinbart wurde, dass diese nicht aufrechnen *dürfen*.[917] Unter Anwendung des soeben dargestellten Grundsatzes greift bei diesen Aufrechnungsbeschränkungen mit obligatorischer Wirkung das Verbot des § 309 Nr. 3 BGB *nicht* ein.[918] Auch in diesen Fällen wäre es faktisch und rechtlich möglich, die materiellrechtlichen Folgen der Aufrechnung – Erlöschen nach 387 BGB – herbeizuführen. Daran ändert auch eine durch die pflichtwidrige Aufrechnungserklärung entstehende Schadensersatzpflicht oder die der Verwirkung einer Vertragsstrafe nichts. Die Aufrechnung hängt letztendlich ebenfalls allein vom freien Willen des Vertragspartners ab.

Auch hier ist zu beachten, dass dies nicht bedeutet, dass eine solche Aufrechnungsbeschränkung per se wirksam in AGB Verbraucherverträgen vereinbart werden kann. Es ist genau zu prüfen, ob die Aufrechnungsbeschränkung aufgrund der nachteiligen Konsequenzen im Falle einer Aufrechnung wegen einer unangemessenen Benachteiligung nach § 307 BGB unwirksam ist. [919]

---

914 Zu den insoweit betroffenen Interessen insbesondere im Rahmen von Dauerschuldverhältnissen siehe § 6 A. III. insb. mit Fn. 1675.

915 Siehe dazu die Ausführungen zur Grenze durch § 307 BGB § 5 B. VI.

916 Siehe dazu § 6.

917 Siehe zu dieser Form der schuldrechtlich wirkenden Aufrechnungsbeschränkung bereits § 4 B. III. 1.) b).

918 Ähnlich für „Aufrechnung als Auslöser von Nachteilen" BeckOGK-BGB/*Weiler* (01.03.2021) § 309 Nr. 3 Rn. 29; im Ansatz auch *Bundesnotarkammer* DNotZ 2002, 402 (403).

919 Siehe dazu § 5 B. VI.

b) *Systematik – Umfang des Verbotes nach § 309 Nr. 3 BGB vs. Umfang der Aufrechnungsbeschränkung*

Für eine Beurteilung und logische Bearbeitung in der Praxis ist eine Vergegenwärtigung der Systematik der verschiedenen Fragestellungen erforderlich, welche sich bei der Beurteilung von Aufrechnungsbeschränkungen im Rahmen des § 309 Nr. 3 BGB ergeben.

1. Zum einen ist zu bestimmen, welchen inhaltlichen Verbotsbereich § 309 Nr. 3 BGB abstrakt erfasst. Es ist also festzulegen, welche Forderungen materiellrechtlich nicht von der Aufrechnung ausgeschlossen werden können.
2. Eng mit dieser Konkretisierung verbunden ist die Frage, welche Anforderungen an die Formulierung der jeweiligen Aufrechnungsbeschränkung-AGB zu stellen sind. Es geht also darum, wie Klauseln zu formulieren sind, damit diese inhaltlich § 309 Nr. 3 BGB genügen und als wirksam anzusehen sind.
3. Erst nach einer Bestimmung von (1) und (2) stellt sich im praktischen Fall die Frage, welche Forderungen im *konkreten* Fall überhaupt von der (wirksamen) Aufrechnungsbeschränkung *erfass*t sind. Also ist erst dann zu prüfen, mit welchen *konkreten* Forderungen nicht aufgerechnet werden kann. Daher stellt sich erst hier die Frage, welche Forderungen im vorliegenden Fall überhaupt als „unbestritten", „rechtskräftig festgestellt" und „entscheidungsreif" anzusehen sind. [920]

Die systematische Differenzierung zwischen den verschiedenen Fragestellungen ist zwingend erforderlich. Denn die Rechtsfolgen unterscheiden sich erheblich: Ist der Verbotsbereich des § 309 Nr. 3 BGB einschlägig, ist die formularmäßige Aufrechnungsbeschränkung vollständig unwirksam. Dann liegt überhaupt keine Beschränkung der Aufrechnung vor und es kann mit und gegen *alle* Forderungen aufgerechnet werden. Ist hingegen eine Aufrechnungsbeschränkung nach § 309 Nr. 3 BGB wirksam, kann mit allen Forderungen, außer denen, die § 309 Nr. 3 BGB entsprechend von der Aufrechnungsbeschränkung herausgenommen wurden, *nicht* aufgerechnet werden. Ob die konkret zu beurteilende

920 An diese Frage schließt sich – wie auch hinsichtlich aller Aufrechnungsbeschränkungen und aller Unwirksamkeitstatbestände – die Frage an, wann eine Berufung auf eine (wirksame) Aufrechnungsbeschränkung aus rechtsmissbräuchlichen Gesichtspunkten im Einzelfall nach § 242 BGB ausgeschlossen sein kann (Ausübungskontrolle). Siehe dazu ausführlich § 5 C. II. 2.).

Forderung letztendlich dem Verbot unterfällt oder nicht, ist eine andere – und sich erst anschließende – Frage.

Diese Differenzierung und Systematik wird in der Literatur und Rechtsprechung nicht immer zutreffend dargestellt bzw. die verschiedenen Fragestellungen miteinander vermischt. So wird bspw. festgestellt[921], dass „*der Verwender das Aufrechnungsverbot also dadurch dem Anwendungsbereich des § 309 Nr. 3 BGB entziehen [kann], dass er die Gegenforderung bestreitet*". Dies ist nicht zutreffend.[922] Durch ein Bestreiten wird höchstens die Gegenforderung zu einer Forderung, mit welcher nach der Aufrechnungsbeschränkung nicht aufgerechnet werden kann. Mit anderen Worten kann durch ein substantiiertes Bestreiten der Gegenforderungen diese dem Anwendungsbereich der wirksam vereinbarten *Aufrechnungsbeschränkung* unterworfen werden. Der Verwender kann aber auch durch ein substantiiertes Bestreiten nicht bewirken, dass eine Aufrechnungsbeschränkung, die eine Aufrechnung mit unbestrittenen und rechtskräftig festgestellten Forderungen nicht zulässt, *nicht (mehr) nach § 309 Nr. 3 BGB unwirksam* ist. Die Frage der Wirksamkeit und des Anwendungsbereichs von § 309 Nr. 3 BGB stellt sich vielmehr *vorher*.

c) Forderungsarten: unbestritten, rechtskräftig festgestellt und entscheidungsreif

Zwar wird – wie dargelegt – die Frage, welche Arten von Forderungen von der Aufrechnungsbeschränkung erfasst werden, grundsätzlich in der praktischen Beurteilung erst dann entscheidend, wenn bereits der Verbotsbereich des § 309 Nr. 3 BGB bestimmt ist und eine daran gemessene Inhaltskontrolle nach §§ 307 ff. BGB dazu geführt hat, dass die Klausel nicht unwirksam ist. Allerdings ist zur genaueren Festlegung des inhaltlichen Verbotsbereichs von § 309 Nr. 3 BGB eine Kenntnis der dafür relevanten Forderungsarten nötig.

aa) Unbestrittene Forderungen

Unter unbestrittenen Forderungen sind solche zu verstehen, über deren Grund und Höhe zwischen den Vertragsparteien keine Meinungsverschiedenheit besteht.[923] So, wenn der Verwender der AGB als Schuldner der Gegenforderung

---

921 MüKo-BGB/*Wurmnest* § 309 Nr. 3 Rn. 7; ebenso auch Soergel/*Knops* § 309 Nr. 3 Rn. 21.

922 Zutreffende Differenzierung auch bei BeckOGK-BGB/*Weiler* (01.03.2021) § 309 Nr. 3 Rn. 43, 46, 56; vgl. auch LG Hamburg BauR 2012, 1656 (1657, allerdings zum Fall des Ausschlusses der Einrede der Aufrechenbarkeit i.S.d. § 770 Abs. 2 BGB).

923 BGH NJW 1978, 2244; vgl. auch BGH MDR 72, 223; aus der Lit. bspw. BeckOGK-BGB/*Weiler* (01.03.2021) § 309 Nr. 3 Rn. 44; Wolf/Lindacher/Pfeiffer/*Dammann*

keine Einwände gegen Grund und Höhe der Forderungen erhoben[924], mithin die forderungsbegründenden Tatsachen nicht bestritten oder rechtsvernichtende Tatsachen vorgebracht hat.[925]

Unter diese Fälle sind – bei der Beurteilung auf dritter Ebene[926] – zutreffenderweise auch solche Forderungen zu fassen, denen nur grundlose oder unsubstantiierte Einwendungen entgegen gesetzt werden.[927] Sonst hätte es letztendlich der Verwender in der Hand, jede Forderung zu einer bestrittenen zu machen und der Aufrechnungsbeschränkung zu unterwerfen, sodass eine Aufrechnung im konkreten Fall nicht möglich wäre.[928]

bb) Rechtskräftig festgestellte Forderungen

Forderungen sind dann als rechtskräftig festgestellt anzusehen, wenn diese in formeller und materieller Rechtkraft erwachsen sind.[929]

---

§ 309 Nr. 3 Rn. 31; *Stoffels*, AGB-Recht, Rn. 849; Schimansky/Bunte/Lwowski/*Bunte*, Bankrechts-Handbuch, § 9 Rn. 16.

924 Vgl. statt aller nur BeckOGK-BGB/*Weiler* (01.03.2021) § 309 Nr. 3 Rn. 44; MüKo-BGB/*Wurmnest* § 309 Nr. 3 Rn. 7; Wolf/Lindacher/Pfeiffer/*Dammann* § 309 Nr. 3 Rn. 31; BGH NJW 1878, 2244.

925 Vgl. anschaulich AG Köln, Urteil v. 17.08.2015, Az. 142 C 327/14, BeckRS 2015, 16586; im Ansatz (wenn auch für entscheidungsreife Forderungen) auch BGH, Beschluss v. 25.09.2003, Az. IX ZR 198/02, BeckRS 2003, 8750.

926 Siehe dazu soeben § 5 B. IV. 2.) b).

927 OLG Hamm NJW 1983, 523 (525); Staudinger/*Gursky* § 387 Rn. 245; Staudinger/*Coester-Waltjen* § 309 Nr. 3 Rn. 5; Wolf/Lindacher/Pfeiffer/*Dammann* § 309 Nr. 3 Rn. 31; Ulmer/Brandner/Hensen/*Schäfer* § 309 Nr. 3 Rn. 3; *Gernhuber*, Erfüllungssurrogate, § 12 VI 8b; BeckOGK-BGB/*Drager* (01.04.2021) § 556b Rn. 42; Schimansky/Bunte/Lwowski/*Bunte*, Bankrechts-Handbuch, § 9 Rn. 16; Soergel/*Stein*, 12. Auflage 1991, § 11 Nr. 3 AGBG Rn. 26; *Schneider* MDR 1986, 181 (183); *Blank* WuM 1995, 567 (571); vgl. BGH NJW 1985, 1556 (1558, zu einem unsubstantiierten Aufrechnungseinwand des Verwenders gegenüber der vom Vertragspartner geltend gemachten Gegenforderung); grundlegend bereits vor Erlass des AGBG BGHZ 12, 136 (143 f.) = NJW 1954, 795; grds. ablehnend und allein auf den Sinn und Zweck der Aufrechnungsbeschränkung abstellend wohl BeckOK-BGB/*Becker* (01.02.2021) § 309 Nr. 3 Rn. 11.

928 Vgl. BGH NJW 1985, 1556 (1558); *Stoffels*, AGB-Recht, Rn. 849.

929 Vgl. statt aller nur *Stoffels*, AGB-Recht, Rn. 850; BeckOGK-BGB/*Weiler* (01.03.2021) § 309 Nr. 3 Rn. 58; MüKo-BGB/*Wurmnest* § 309 Nr. 3 Rn. 8; Wolf/Lindacher/Pfeiffer/*Dammann* § 309 Nr. 3 Rn. 32.

cc) Entscheidungsreife Forderungen

Eine entscheidungsreife Forderung liegt grundsätzlich dann vor, wenn der für die Beurteilung ihres Bestehens erhebliche Tatsachenstoff hinreichend geklärt ist.[930] Wenn also eine Entscheidung zum beurteilungserheblichen Zeitpunkt ohne *weitere* Beweiserhebung möglich ist.[931] Entsprechend ist es zumindest in allgemeiner Ansehung unerheblich, ob die Entscheidungsreife der Forderungen bspw. aufgrund einer Offenkundigkeit der Tatsachen i.S.d. § 291 ZPO unmittelbar bestand oder erst durch eine Beweisaufnahme über die streitigen Tatsachen herbeigeführt wurde.[932]

d) Verbotsbereich

Nun ist zu bestimmen, welche Forderungen nach dem Tatbestand des § 309 Nr. 3 BGB nicht von der Aufrechnung ausgeschlossen werden können.

aa) Unbestrittene und rechtskräftig festgestellte Forderungen

Aus dem Wortlaut ergibt sich, dass ein Ausschluss für *unbestrittene* oder *rechtskräftig festgestellte* Forderungen nicht möglich ist. Der Gesetzgeber hat damit eindeutig festgelegt, dass zumindest der Ausschluss von Aufrechnungen mit den genannten Forderungsarten den Vertragspartner als Verbraucher unangemessen benachteiligt und Klauseln, welche die Aufrechnung mit solchen Forderungen ausschließen, ohne Abweichungsmöglichkeit unwirksam sind.[933] Dann besteht überhaupt keine Aufrechnungsbeschränkung und eine Aufrechnung ist mit und gegen alle Forderungen möglich.[934]

---

930 *Ghassemi-Tabar/Schweitzer* ZfIR 2012, 224 (226); allgemein Musielak/Voit/*Musielak*, ZPO, § 300 Rn. 8.

931 Vgl. bspw. Wolf/Lindacher/Pfeiffer/*Dammann* § 309 Nr. 3 Rn. 33; *Stoffels*, AGB-Recht, Rn. 851.

932 Siehe zur im Rahmen der Inhaltskontrolle nach § 309 Nr. 3 BGB erforderlichen Unterscheidung zwischen Gegenforderungen, die nach der Beweisaufnahme für die Hauptforderung gleichsam entscheidungsreif werden und solchen, die erst durch eine weitere (eigenständige) Beweisaufnahme entscheidungsreif werden, sogleich § 5 B. IV. 2.) d) bb).

933 Vgl. bspw. statt aller OLG Nürnberg NJOZ 2014, 1882 (1883 f.); Staudinger/*Gursky* § 387 Rn. 245.

934 Siehe zu den Rechtsfolgen § 5 B. IV. 5.).

bb) Entscheidungsreife Forderungen

Eine Bestimmung des Verbotsbereichs von § 309 Nr. 3 BGB erscheint für unbestrittene und rechtskräftig festgestellte Forderungen noch ziemlich eindeutig. Bezüglich des Bereiches entscheidungsreifer Forderungen ist dies hingegen nicht der Fall. Diese Forderungen sind wörtlich in § 309 Nr. 3 BGB nicht aufgeführt, weisen aber – zumindest in bestimmten Fallkonstellationen – eine nicht zu verkennende Nähe zu den genannten Forderungen auf. In der Folge ist als erstes zu bestimmen, ob entscheidungsreife Forderungen vom Schutzbereich des § 309 Nr. 3 BGB erfasst sind und daher eine Aufrechnung insoweit nicht ausgeschlossen werden kann.

Einer genaueren Bestimmung kann zwar vorangestellt werden, dass diese Frage vermehrt in folgender Konstellation auftritt: Nämlich dann, wenn eine AGB die Aufrechnung explizit oder der Sache nach für entscheidungsreife Forderungen ausschließt, die Klausel ansonsten aber den Anforderungen von § 309 Nr. 3 BGB entspricht.[935] Denn wenn die Klausel den Anforderungen des § 309 Nr. 3 BGB nicht entsprechen würde, weil nicht explizit die Aufrechnung mit unbestrittenen und rechtskräftig festgestellten Forderungen zulässig ist[936], ist die Klausel bereits aus diesem Grund insgesamt unwirksam. Auf die Frage des Weiteren inhaltlichen Verbotsbereichs des § 309 Nr. 3 BGB käme es nicht mehr an.

Allein die Erkenntnis, dass solche Klauseln, welche die Aufrechnung mit entscheidungsreifen Forderungen explizit ausschließen und im Übrigen § 309 Nr. 3 BGB entsprechen, in der Vereinbarungspraxis kaum üblich sind[937], rechtfertigt allerdings aufgrund der weitreichenden Konsequenzen keine Vernachlässigung der Frage. Sollte § 309 Nr. 3 BGB entscheidungsreife Forderungen ebenfalls in AGB für nicht von der Aufrechnung ausschließbar erklären, wäre die AGB der Aufrechnungsbeschränkung insgesamt unwirksam und auch eine Aufrechnung mit *allen* – und nicht nur gegen/mit bestrittenen und rechtskräftig festgestellten – Forderungen möglich.

---

935 So auch zutreffend erkannt von BeckOGK-BGB/*Weiler* (01.03.2021) § 309 Nr. 3 Rn. 56.

936 Siehe zum Verbot des § 309 Nr. 3 BGB soeben § 5 B. IV. 2.) d) aa) und zu den daraus folgenden Formulierungsanforderungen § 5 B. IV. 2.) e) aa).

937 Vgl. BeckOGK-BGB/*Weiler* (01.03.2021) § 309 Nr. 3 Rn. 56, der mangelnde Praxisrelevanz andeutet.

(1) Entscheidungsreife Forderungen als Fall des § 309 Nr. 3 BGB

Für eine Bestimmung, ob ein Ausschluss der Aufrechnungsmöglichkeit für entscheidungsreife Forderungen nach § 309 Nr. 3 BGB unwirksam sein kann, ist zu klären, ob und inwieweit entscheidungsreife Forderungen überhaupt vom Schutz- bzw. Verbotsbereich des § 309 Nr. 3 BGB erfasst sind.

Die davon zu unterscheidende Frage, ob entscheidungsreife Forderungen ausdrücklich in der Aufrechnungsbeschränkung ausgenommen werden müssen, damit diese den Vorgaben von § 309 Nr. 3 BGB entsprechen, wird an anderer Stelle behandelt.[938]

(a) Vorhandene Ansichten

Es lassen sich bezüglich dieser umstrittenen Frage(n) zwei verschiedene Gesamtlösungsansätze mit verschiedenen Binnendifferenzierungen ausmachen. Zum einen wird angenommen, dass § 309 Nr. 3 BGB inhaltlich auch entscheidungsreife Forderungen erfasse und damit den Ausschluss der Aufrechnung mit solchen Forderungen verbiete.[939] Die Begründungsansätze zu diesem Ergebnis sind vielfältig und nicht immer ganz eindeutig.[940] Größtenteils wird aber auf den gesetzgeberischen Willen abgestellt, welcher sich aus den Gesetzesmaterialien ergebe. Dort sei aufgeführt, dass vom Verbot des Aufrechnungsausschlusses diejenigen Gegenansprüche erfasst sein sollen, die „eindeutig feststehen". Davon seien Forderungen, die (ohne weitere Beweisaufnahme) entscheidungsreif und

---

938 Siehe zu diesen Fragen über die Formulierungsanforderungen § 5 B. IV. 1.) e) bb), § 5 C. II. 2.) f).

939 Wolf/Lindacher/Pfeiffer/*Dammann* § 309 Nr. 3 Rn. 33; *Derleder* WuM 2007, 599 (605); Erman/*Roloff* § 309 Rn. 28; BeckOGK-BGB/*Weiler* (01.03.2021) § 309 Nr. 3 Rn. 57 (§ 309 Nr. 3 BGB analog); Staudinger/*Weitemeyer*, 15. Auflage 2014, § 556b Rn. 25; vgl. auch BeckOK-BGB/*Becker* (01.02.2021) § 309 Nr. 3 Rn. 10; v. Westphalen/Thüsing/*v. Westphalen*, VertrR/AGB-Klauselwerke (45. EL 2020) Teil „Vertragsrecht" II – Aufrechnungsklauseln Rn. 13; OLG Celle WuM 1990, 103 (111); OLG Stuttgart BauR 2011, 1358 (1361); OLG München NJW 2012, 1518 (1519); im Erg. wohl auch, aber zum Teil unklar OLG Düsseldorf NJW-RR 1997, 757 (758).

940 Dies liegt auch daran, dass von der Bestimmung des materiellrechtlichen Verbotsbereiches von § 309 Nr. 3 BGB die Anforderungen an die Formulierung der konkreten Aufrechnungsbeschränkung zu unterscheiden sind. Teile der Lit. und Rspr., welche der hier genannten Ansicht folgen, halten für eine wirksame Beschränkungsvereinbarung eine ausdrückliche Herausnahme von entscheidungsreifen Forderungen in der Aufrechnungsbeschränkung nicht für erforderlich. Vgl. dazu ausführlich § 5 B. IV. 1.) e) bb), § 5 C. II. 2.) f).

begründet sind, ebenfalls erfasst.[941] Außerdem hätte der Gesetzgeber den Stand der Rechtsprechung vor Inkrafttreten des AGBG übernehmen wollen. In den davor ergangenen Entscheidungen sei dem Verwender die Berufung auf eine Aufrechnungsbeschränkung bei entscheidungsreifen Forderungen versagt worden.[942]

Eine andere Ansicht hingegen folgt nicht der Auslegung von § 309 Nr. 3 BGB, dass auch entscheidungsreife Forderungen *nicht* von der Aufrechnungsmöglichkeit ausgeschlossen werden dürfen.[943] Zwar nehmen nur wenige Literaturstimmen[944] und eine Entscheidung des *OLG Hamm*[945] aus dem Jahr 2017 ausdrücklich an, dass entscheidungsreife Forderungen *nicht* vom Schutzbereich des § 309 Nr. 3 BGB erfasst seien und damit – zumindest im Hinblick auf den materiellrechtlichen Verbotsbereich des § 309 Nr. 3 BGB – auch wirksam von der Aufrechnung ausgeschlossen werden können. Allerdings setzt auch eine Vielzahl von gerichtlichen Entscheidungen ein solches Verständnis voraus. Denn in Fällen, in welchen ein vertraglicher Ausschluss der Aufrechnung mit entscheidungsreifen Forderungen im Raume steht, wird nicht gesondert im Rahmen der Inhaltskontrolle nach §§ 307 ff. BGB die Wirksamkeit der Aufrechnungsbeschränkung untersucht. Vielmehr wird von einer Wirksamkeit ausgegangen und allein ein Ausschluss der Berufung auf die Aufrechnungsbeschränkung im Rahmen der Ausübungskontrolle nach § 242 BGB in Betracht gezogen. [946]

---

941 Vgl. Erman/*Roloff* § 309 Rn. 28; BeckOGK-BGB/*Weiler* (01.03.2021) § 309 Nr. 3 Rn. 57; im Erg. auch *Mentis*, Schranken prozessualer Klauseln, 260.

942 Wolf/Lindacher/Pfeiffer/*Dammann* § 309 Nr. 3 Rn. 33 und BeckOGK-BGB/*Weiler* (01.03.2021) § 309 Nr. 3 Rn. 57 jeweils unter Berufung auf BT-Drs. 7/3919, 29 und BGH NJW 1960, 859.

943 Staudinger/*Coester-Waltjen* § 309 Nr. 3 Rn. 2, 5; NK-BGB/*Wermeckes* § 387 Rn. 45; RGRK-BGB/*Weber* § 387 Rn. 52; ausdrücklich OLG Hamm NJW-RR 2017, 208; vgl. die w.N. in Fn. 946; im Grundsatz auch MüKo-BGB/*Wurmnest* § 309 Nr. 3 Rn. 7.

944 Soergel/*Stein*, 12. Auflage 1991, § 11 Nr. 3 AGBG Rn. 26 (allerdings noch zur fast wortgleichen Vorgängerregelung § 11 Nr. 3 AGBG, Unwirksamkeit nach § 9 AGBG); BeckOK-MietR/Bruns (01.02.2021) § 556b Rn. 39.

945 OLG Hamm NJW-RR 2017, 208 = NZM 2017, 124.

946 Chronologisch: BGH WM 1978, 620 (621); BGH NJW 1986, 1757 (mangels Entscheidungsreife wegen fehlender Substantiierung der Gegenforderung keine treuwidrige Berufung); OLG Düsseldorf DWW 1990, 85 (keine Entscheidungsreife); OLG Hamm NJW-RR 1989, 274 (275 f.); OLG Düsseldorf NJW-RR 1996, 115 (117, keine Entscheidungsreife); OLG Hamm, Urteil v. 27.06.2000, Az. 27 U 24/00, BeckRS 2000, 30119428; OLG Celle 2001, Urteil v. 20.12.2000, Az. 2 U 136/00, Juris Rn. 17, (keine Entscheidungsreife); BGH, Beschluss v. 25.09.2003, Az. IX ZR 198/02, BeckRS 2003, 8750; OLG Frankfurt, Urteil v. 20.06.2006, Az. 6 U 253/04; OLG Hamm, Urteil v.

(b) Bewertung

Aufgrund der unklaren, aber wichtigen Frage, ob § 309 Nr. 3 BGB grundsätzlich auch entscheidungsreife Forderungen vor unzulässigen Aufrechnungsbeschränkungen schützt, ist im Folgenden anhand der gängigen Auslegungskriterien ein Ergebnis zu ermitteln.

(aa) Wortlaut

Eine erste Annäherung ermöglicht der Wortlaut. Nach diesem ist zwingend allein der Vorbehalt der Aufrechnung mit unbestrittenen und rechtskräftig festgestellten Forderungen in der Aufrechnungsbeschränkung vorzusehen. Damit sind als inhaltlich geschützte Forderungen vor einer Aufrechnungsbeschränkung allein die in § 309 Nr. 3 BGB genannten Forderungen anzusehen. Mit diesen muss zwingend eine Aufrechnungsmöglichkeit erhalten werden, ansonsten ist die Klausel unwirksam.[947]

Für die hier gegenständlichen entscheidungsreifen Forderungen ist ein solcher Vorbehalt allerdings gerade nicht vorgesehen. Entsprechend könnte im

---

23.11.2010, Az.34 U 157/07, BeckRS 2011, 06693 (keine Entscheidungsreife); BGH WM 2011, 1870 (1871, im konkreten Fall abgelehnt); OLG Naumburg, Urteil v. 23.05.2013, Az. 1 U 70/12 (konkret aber auf Verjährung der Forderung abstellend); OLG Hamm, Urteil v. 10.02.2016, Az. 31 U 41/15, BeckRS 2016, 07915 (Rn. 33, keine Entscheidungsreife); KG BKR 2015, 109 (115); OLG Nürnberg WM 2016, 2300 (2302; aufgehoben durch Revision BGHZ 218, 132 = NJW 2018, 2042 mit Unwirksamkeit wegen § 307 BGB aus anderen Gründen). Noch vor Erlass des AGBG: BGH VersR 1969, 733 (da keine Entscheidungsreife ohne Beweisaufnahme); BGH WM 1971, 722 (keine Entscheidungsreife); BGH WM 1977, 311 (keine Entscheidungsreife).Wohl auch BGH NJW 2002, 2779 („*kann es unter Beachtung der Grundsätze von Treu und Glauben geboten sein, die Aufrechnungsbeschränkung unbeachtet zu lassen*", konkret war Entscheidungsreife erst nach Beweisaufnahme möglich); LG Hanau NJW-RR 1999, 1142 (1143, allerdings zusätzlich auf ein sittenwidriges Verhalten, welches die Gegenforderung begründet hat, abstellend); OLG Düsseldorf OLGR 2009, 821 = BeckRS 2009, 28073; *Heller* AcP 207 (2007), 456 (463). Vgl. auch LG Kiel ZMR 2014, 452 f.; OLG Brandenburg, Urteil v. 04.05.2016, Az. 7 U 107/14, BeckRS 2016, 10051; OLG Braunschweig, Urteil v. 16.10.2014, Az. 9 U 135/14, BeckRS 2015, 7356; OLG Nürnberg BKR 2010, 458 (462, offen gelassen); OLG Brandenburg BauR 2001, 1111 (1112 f., für Vertragsstrafenvereinbarungen und konkret auf den Konkurs der Schuldnerin abstellend); BGH NJW 1981, 761 (762 f., für den Fall eines Verzichtes des Bürgen auf die Einrede der Aufrechenbarkeit bei entscheidungsreifer Forderung des Hauptschuldners).

947 Zu den dahingehenden Formulierungsanforderungen sogleich § 5 B. IV. 2.) e).

Umkehrschluss angenommen werden, dass entscheidungsreife Forderungen auch *nicht von § 309 Nr. BGB aufrechnungsgeschützt* sind und auch dahingehende ausdrückliche Aufrechnungsbeschränkungen nicht nach § 309 Nr. 3 BGB unwirksam sind.[948]

(bb) Historie

In der Literatur wird zum Teil angenommen, dass entscheidungsreife Forderungen von § 309 Nr. 3 BGB *per se* erfasst seien, da mit der Einführung des AGB-Gesetzes die höchstrichterliche Rechtsprechung zu Formularbedingungen normiert werden sollte. Diese Rechtsprechung habe auch Aufrechnungsbeschränkungen für entscheidungsreife Forderungen für unwirksam erklärt.[949] Außerdem ergebe sich eine über den Wortlaut hinausgehende Erfassung von entscheidungsreifen Forderungen daraus, dass der Gesetzgeber alle Gegenansprüche erfassen wolle, die „eindeutig feststehen". [950]

Eine solche, nicht weiter differenzierende Betrachtungsweise ist allerdings den Gesetzesmaterialien nicht zu entnehmen. Denn der Gesetzgeber ging davon aus, dass der BGH im Jahr 1960[951] im Falle einer entscheidungsreifen Gegenforderung entschieden hat, dass die Berufung auf die Aufrechnungsbeschränkung eine unzulässige Rechtsausübung darstelle. Zutreffend ist, dass der BGH in seinem Urteil entschieden hat, dass im konkreten Fall die Forderung entscheidungsreif und begründet und deshalb keine Berufung auf die Aufrechnungsbeschränkung zulässig war. Denn der Sinn und Zweck der Aufrechnungsbeschränkung sei nicht betroffen.

Der Gesetzgeber hat hingegen nicht beachtet, dass in dem konkreten Fall eine Forderung betrachtet wurde, die nur dadurch entscheidungsreif wurde, dass eine Beweiserhebung erfolgte.[952] Allerdings hat der Gesetzgeber aber auch ausdrücklich durch eine grundsätzliche Zulässigkeit von Aufrechnungsbeschränkungen das Interesse eines AGB-Verwenders an einer solche Beschränkungsvereinbarung

---

948 Vgl. im Ansatz OLG Hamm NJW-RR 2017, 208.

949 Wolf/Lindacher/Pfeiffer/*Dammann* § 309 Nr. 3 Rn. 33 und BeckOGK-BGB/*Weiler* (01.03.2021) § 309 Nr. 3 Rn. 57 jeweils unter Berufung auf BT-Drs. 7/3919, 29 und BGH NJW 1960, 859.

950 Vgl. BT-Drs. 7/3919, 29 und dazu Erman/*Roloff* § 309 Rn. 28; BeckOGK-BGB/*Weiler* (01.03.2021) § 309 Nr. 3 Rn. 57.

951 BGH NJW 1960, 859.

952 So zutreffend Ulmer/Brandner/Hensen/*Schäfer* § 309 Nr. 3 Rn. 4; vgl. auch OLG Nürnberg WM 2016, 2300 (2302, aufgehoben durch Revisionsentscheidung BGHZ 218, 132 = NJW 2018, 2042, Unwirksamkeit wegen § 307 BGB aus anderen Gründen).

und dessen Sinn und Zweck anerkannt.[953] Der Zweck, die missbräuchliche Geltendmachung von vermeintlichen Forderungen zur *Verzögerung der eigenen Schuldbegleichung* zu verhindern, ist nach dem Gesetzgeber allerdings bei unbestrittenen und rechtskräftig festgestellten Forderungen nicht mehr gegeben.[954] Dem würde allerdings eine Bestimmung widersprechen, dass entscheidungsreife Forderungen allgemein von § 309 Nr. 3 BGB erfasst werden. Denn dann würden auch Fälle erfasst, in denen es durch eine Beweisaufnahme zur Herbeiführung der Entscheidungsreife der Gegenforderung zu einer Verzögerung der Schuldbegleichung kommt.

Demgemäß ist die Formulierung in den Gesetzesmaterialen, dass eine Aufrechnungsbeschränkung rechtsmissbräuchlich ist, sofern *„eine aufrechenbare Forderung eindeutig feststeht"*, nur dahingehend zu verstehen, dass unmittelbar eindeutig feststehende Forderungen erfasst sind. Dies ist aber neben unbestrittenen oder rechtskräftig festgestellten Forderungen nur der Fall, wenn die Gegenforderung bereits *ohne eine – über die für die Hauptforderung erforderliche – weitere Beweisaufnahme* begründet und entscheidungsreif ist. Forderungen die selbst bestritten sind und aufgrund dessen deren Feststehen nur durch eine eigene Beweisaufnahme ermittelt werden kann, sind nicht erfasst.[955]

(cc) Systematik

Ein Argument für eine Erfassung von entscheidungsreifen Forderungen von § 309 Nr. 3 BGB würde bestehen, wenn entscheidungsreife Forderungen als ein Unterfall der unbestrittenen oder rechtskräftig festgestellten Forderungen anzusehen sind. Dann könnte eine Gleichstellung des Aufrechnungsausschlusses für entscheidungsreife Forderungen und des Aufrechnungsausschlusses für unbestrittene oder rechtskräftig festgestellte Forderungen erfolgen.

Auch diese Fragestellung des Verhältnisses der Forderungen untereinander wird nicht einheitlich beurteilt. Soweit ersichtlich nimmt allein das *AG Tempelhof-Kreuzberg* in einer Entscheidung an, dass entscheidungsreife Forderungen dem Bereich der *rechtkräftig festgestellten Forderungen* zuzuordnen wären.[956]

---

953 Vgl. BT-Drs. 7/3919, 29; ähnlich neuerdings auch Soergel/*Knops* § 309 Rn. 3 Rn. 25.

954 Vgl. BT-Drs. 7/3919, 29.

955 A.A. insoweit allerdings Erman/*Roloff* § 309 Rn. 28; mit Differenzierung nach den verschiedenen Beweismitteln *Horst* GuT 2006, 59 (60 f.) = *ders.*, Abkopplungsklauseln im Gewerbemietrecht, 2006, 73 ff.

956 AG Tempelhof-Kreuzberg Grundeigentum 2012, 407 f.

Diese Einschätzung ist allerdings fehlgehend und abzulehnen.[957] Denn die beiden Forderungsarten unterscheiden sich derart, dass keine der anderen als „Spezialfall" untergeordnet werden kann. Insbesondere weisen entscheidungsreife Forderungen nicht alle Merkmale auf, die auch rechtskräftig festgestellte Forderungen enthalten. Rechtskräftig festgestellte Forderungen sind einerseits tituliert und andererseits nicht mehr mit den ordentlichen Rechtsbehelfen angreifbar. Das ist bei entscheidungsreifen Forderungen nicht der Fall. Denn in diesen Fällen ist lediglich eine hinreichende Klärung der entscheidungserheblichen Tatsachen erfolgt, die selbst erst eine gerichtliche Entscheidung und Titulierung ermöglichen. Außerdem besteht selbst nach Titulierung einer entscheidungsreifen Forderung noch keine formelle und materielle Rechtskraft. Vielmehr kann gegen die Entscheidung noch mit Rechtsmitteln vorgegangen werden. Für die Annahme, dass entscheidungsreife Forderungen als Unter- bzw. Spezialfall von rechtskräftig festgestellten Forderungen anzusehen wären, ist allerdings Grundvoraussetzung, dass der Spezialfall alle Merkmale des Grundfalls aufweist und noch weitergehende (Spezial-)Eigenschaften besitzt.[958] Entsprechend ist insoweit aus systematischen Gründen eine Unterordnung nicht zutreffend bzw. angebracht.

Der Großteil der Literatur und Rechtsprechung nimmt an, dass entscheidungsreife Forderungen einen Unterfall von *unbestrittenen Forderungen* darstellen, da diese Forderungen nicht bestritten werden können.[959] Diese Einordnung ist allerdings nur zum Teil zutreffend. In Anlehnung an die BGH-Entscheidungen, auf welche sich diese Ansicht größtenteils beruft[960], ist zu

957 Ablehnend wohl auch Staudinger/*Coester-Waltjen* § 309 Nr. 3 Rn. 6.

958 Vgl. *Larenz,* Methodenlehre der Rechtswissenschaft, 267; *Reimer*, Juristische Methodenlehre, Rn. 199.

959 Ulmer/Brandner/Hensen/*Schäfer* § 309 Nr. 3 Rn. 4; BeckOK-BGB/*Becker* (01.02.2021) § 309 Nr. 3 Rn. 10; Soergel/*Knops* § 309 Nr. 3 Rn. 24; Blank/Börstinghaus/*Blank/Börstinghaus,* Miete, § 556b Rn. 45; Erman/*Roloff* § 309 Rn. 28 a.E.; aus der Rspr. bspw. OLG Karlsruhe NJW-RR 2006, 600 (601); OLG Frankfurt, Urteil v. 20.06.2006, Az. 5 U 253/04; OLG Düsseldorf OLGR 2009, 821 = BeckRS 2009, 28073; OLG Düsseldorf Grundeigentum 2011, 1680; OLG Düsseldorf DWW 2017, 217 (222 f., m.w.N.); vgl. auch LG Hanau NJW-RR 1999, 1142 (1143); OLG Frankfurt, Urteil v. 20.06.2006, Az. 5 U 253/04 („*gleichzustellen*"); *Findeisen* WM 2016, 2286 (2291); *Stoffels,* AGB-Recht, Rn. 851. Strenger allerdings MüKo-BGB/*Wurmnest* § 309 Nr. 3 Rn. 7 („*logisch nicht bestreitbar*"); Staudinger/*Gursky* § 387 Rn. 245. A.A. *Gernhuber*, Erfüllungssurrogate, § 12 VI 8b; BeckOK-MietR/*Bruns* (01.02.2021) § 556b Rn. 39.

960 Vgl. BGH NJW 1960, 859; BGH WM 1978, 620; BGH NJW 1986, 1757; BGH NJW 2002, 2779.

differenzieren. Eine entscheidungsreife Forderung ist zumindest dann nicht als bestreitbar – also systematisch als unbestrittene Forderung – anzusehen, wenn die *entscheidungserheblichen Tatsachen der Hauptforderung* hinreichend geklärt sind und sich daraus gleichzeitig auch *die hinreichende Klärung der Tatsachen für die Gegenforderung* ergeben.[961] In diesem Fall bedeutet die Entscheidungsreife der Hauptforderung gleichzeitig die Entscheidungsreife der Gegenforderung.[962] Ein Bestreiten der Tatsachengrundlage der Gegenforderung ist nicht möglich, zumal sich – ggf. auch im Rahmen einer Beweiswürdigung – für das Gericht ergeben hat, dass die anspruchsbegründenden Tatsachen für die Hauptforderung vorliegen, welche gleichzeitig auch den Gegenanspruch begründen.

Daher sind nur die entscheidungsreifen Forderungen als solche im Sinne einer unbestrittenen Forderung anzusehen, in welchen die Gegenforderung insoweit entscheidungsreif ist, als diese *ohne eine weitere (eigenständige)* Beweisaufnahme zur Überzeugung des Gerichts begründet ist.[963] Ist hingegen die Forderung entweder mangels hinreichender Substantiierung oder mangels Vorliegens der Tatbestandsvoraussetzungen nicht begründet oder eine weitere (eigenständige)

---

961 Zutreffend auch auf das Bestreiten der Tatsachen und nicht der Forderung selbst abstellend *Ghassemi-Tabar/Schweizer* ZfIR 2012, 224 (225).

962 BGH NJW 1960, 859; BGH WM 1978, 620 (621); BGH NJW 1986, 1757; BGH NJW 2002, 2779; OLG Düsseldorf ZIP 1998, 1790 (1793); LG Wuppertal, Urteil v. 03.07.2012, Az. 11 O 95/11, BeckRS 2013, 08590; OLG Nürnberg WM 2016, 2300 (2302, aus anderem Grund aufgehoben durch Revision BGHZ 218, 132 = NJW 2018, 2042); MüKo-BGB/*Wurmnest* § 309 Nr. 3 BGB („*denklogisch nicht bestreitbar*"); insoweit auch BeckOK-BGB/*Becker* (01.02.2021) § 309 Nr. 3 Rn. 10. Vgl. auch BGH WM 1977, 311, welcher mit der Aussage „*nicht auf den Aufrechnungsausschluß berufen, wenn die Gegenforderungen durch das Beweisergebnis zur Überzeugung des Gerichts festgestellt sind*" durch die direkte Bezugnahme auf BGH-Entscheidungen, die Fälle von gleichzeitiger Entscheidungsreife von Haupt- und Gegenforderung betrafen, auch nur solche Fälle – und keine Fälle nach einer eigenständigen Beweiserhebung für die Gegenforderung – gemeint haben kann.

963 OLG Nürnberg WM 2016, 2300 (2302, aufgehoben durch Revision BGHZ 218, 132 = NJW 2018, 2042, Unwirksamkeit wegen § 307 BGB aus anderen Gründen); vgl. auch BGH VersR 1969, 773; BGH NJW 2002, 2779; BGH NJW-RR 1999, 1335 (1336); OLG Düsseldorf DWW 1990, 85; OLG Düsseldorf NJW-RR 1996, 115 (117); OLG Celle BauR 2011, 271 (272 f.); OLG Hamm, Urteil v. 23.11.2010, Az.34 U 157/07, BeckRS 2011, 06693; BeckOGK-BGB/*Weiler* (01.03.2021) § 309 Nr. 3 Rn. 57; wohl auch KG BauR 2012, 103; MüKo-BGB/*Wurmnest* § 309 Nr. 3 Rn. 7. Vgl. außerdem zu weiteren Entscheidungen, in denen keine Beweisaufnahme vorgenommen wurde, die w.N. in Fn. 946.

Beweisaufnahme erforderlich, liegt darin keine unbestrittene Forderung i.S.d. § 309 Nr. 3 BGB. Anders formuliert ist eine entscheidungsreife Forderung nur dann als Unterfall der unbestrittenen Forderungen anzusehen, wenn diese einerseits nicht bestreitbar ist (Fall 1) oder diese entscheidungsreif in der Form ist, dass diese ohne (weitere) Beweisaufnahme begründet ist (Fall 2).

(dd) Sinn und Zweck

Der Hintergrund von § 309 Nr. 3 BGB lässt folgende Beurteilung zu: Einerseits ist gesetzlich vorgesehen, dass Aufrechnungsbeschränkungen in AGB grundsätzlich zulässig sind. Damit soll unter anderem dem Interesse des Verwenders an einer zügigen Durchsetzung seiner Ansprüche ohne Beachtung behaupteter angeblicher Gegenforderungen Rechnung getragen werden.[964] Allerdings besteht diese Freiheit für die Vereinbarung einer Aufrechnungsbeschränkung nicht vollständig, sondern in bestimmten Fällen ist eine Aufrechnungsbeschränkung unzulässig. Der Gesetzgeber hat dabei vorgesehen, dass zumindest für Fälle der unbestrittenen und rechtskräftig festgestellten Forderungen ein Aufrechnungsverbot nicht möglich ist. Er hat explizit formuliert, dass diese Forderungen der Aufrechnung in der Aufrechnungsbeschränkung vorbehalten werden müssen.

Dem Inhalt dieser explizit vom Gesetzgeber von der Ausschlussmöglichkeit herausgenommenen Forderungen lässt sich entnehmen, dass es um Fälle geht, in welchen das Interesse des Verwenders an einer zügigen Durchsetzung nicht gefährdet ist. Denn es besteht bei unbestrittenen und rechtskräftig festgestellten Forderungen nicht mehr die Gefahr, dass es zu einer Verzögerung der Durchsetzung der eigenen Hauptforderung kommt, da das Gericht unmittelbar über die Gegenforderung entscheiden kann. Folglich ist anzunehmen, dass eine Aufrechnung nach § 309 Nr. 3 BGB nur insoweit ausgeschlossen werden kann, wie das Interesse des Verwenders an einer Durchsetzung ohne weitere Verzögerungen durch vermeintlich behauptete Gegenforderungen reicht bzw. schützenswert ist.[965] In den übrigen Fällen, schützt § 309 Nr. 3 BGB das Interesse

964 Vgl. statt aller nur BGH WM 1977, 31; BGH NJW 1986, 1757; s.a. BT-Drs. 7/3919, 29; BeckOGK-BGB/*Weiler* (01.03.2021) § 309 Nr. 3 Rn. 5; bereits vor Erlass des AGBG schon BGH NJW 1960, 859. Zu den verschiedenen möglich Zwecksetzungen einer Aufrechnungsbeschränkung § 3 C.

965 Vgl. ähnlich auch BGH NJW 1986, 1757; Erman/*Roloff* § 309 Rn. 28; MüKo-BGB/*Wurmnest* § 309 Nr. 3 Rn. 1 f.; bereits vor Geltung des AGBG in eine ähnliche Richtung BGH, Urteil v. 06.03.1974, Az. III ZR 137/72, JurionRS 1975, 12574 (Rn. 32); BGHZ 12, 136 (143 f.) = NJW 1954, 795.

des *Vertragspartners*, sodass dieser seine „feststehenden“ Gegenforderungen im Wege der Aufrechnung geltend machen kann.[966]

Entsprechend sollen von § 309 Nr. 3 BGB grundsätzlich solche Gegenforderungen geschützt werden, bei denen der Schutzzweck der Aufrechnungsbeschränkungen nicht (mehr) besteht. Nach der Intention des Gesetzgebers ist das anzunehmen, wenn keine Verzögerung durch vermeintliche Gegenansprüche entstehen kann.[967] Allerdings ist eine solche fehlende Verzögerung *nicht* allgemein für alle entscheidungsreifen Gegenforderungen anzunehmen. Denn in gerichtlichen Verfahren wird immer eine Entscheidungsreife bezüglich der bzw. aller Forderungen durch eine oder mehrere Beweisaufnahmen über alle entscheidungserheblichen streitigen Tatsachen herbeigeführt.[968] Dies gilt insbesondere auch für Forderungen bzw. für Tatsachen, die der Vertragspartner behauptet und welche vom Verwender bestritten werden. Der Sinn und Zweck von Aufrechnungsbeschränkungen würde vereitelt, wenn Forderungen, die nach der Beweisaufnahme über die für die Hauptforderung maßgeblichen Tatsachen ebenfalls entscheidungsreif geworden sind, solchen Forderungen, die durch eine *zusätzliche Beweisaufnahme* für deren – von der Hauptforderung unterschiedlichen – Tatsachen entscheidungsreif geworden sind, gleichgestellt werden.[969] Die Aufrechnungsbeschränkungen sollen eine Durchsetzung der Forderung des Verwenders ohne weitere Verzögerungen durch die Geltendmachung vermeintlicher Gegenforderungen ermöglichen. Eine gegebenenfalls langwierige Beweisaufnahme führt hingegen gerade in den Fällen zu einer Verzögerung[970], in denen

966 Zu differenzieren sind hiervon Aufrechnungsbeschränkungen, die nur die Aufrechnung erschweren und gleichzeitig nicht von § 309 Nr. 3 BGB erfasst werden. In diesen Fällen sind auch andere Interessen des Verwenders an einer Aufrechnungsbeschränkung denkbar und ggf. auch geschützt, sodass eine solche Beschränkung zulässig ist. Vgl. zu den einzelnen Zwecksetzungen § 3 C. und zur Differenzierung zwischen einem Ausschluss und einer Erschwerung der Aufrechnung § 5 B. IV. 2.) a).

967 Vgl. BeckOGK-BGB/*Weiler* (01.03.2021) § 309 Nr. 3 Rn. 5; Erman/*Roloff* § 309 Rn. 28; ebenfalls auf den Sinn und Zweck der Aufrechnungsbeschränkung abstellend bspw. LG Ravensburg NJW 1985, 2095; OLG Düsseldorf, Urteil v. 07.07.2004, Az. 18 U 225/03, Juris Rn. 44, 66; vgl. auch *Stoffels*, AGB-Recht, Rn. 851.

968 Vgl. neuerdings Soergel/*Knops* § 309 Nr. 3 Rn. 25.

969 Vgl. OLG Düsseldorf, Urteil v. 07.07.2004, Az. I-18 U 225/03, Juris Rn. 67 (nachgehend BGH NJW-RR 2008, 214 ff.); MüKo-BGB/*Wurmnest* § 309 Nr. 3 Rn. 7; BeckOK-BGB/*Becker* (01.02.2021) § 309 Nr. 3 Rn. 10; s.a. Soergel/*Knops* § 309 Nr. 3 Rn. 25.

970 Bspw. ähnlich bezüglich langer Verzögerungen gerade im Architektenrecht OLG Hamm OLGR 2004, 281 (284).

die Hauptforderung bereits bewiesen bzw. begründet und entscheidungsreif ist, die Gegenforderungen bzw. deren anspruchsbegründende Tatsachen allerdings streitig sind.

Aus dieser Konsequenz resultiert gleichzeitig, dass das Gericht keine eigenständige Beweiserhebung über eine streitige Gegenforderung vornehmen darf, wenn eine in den Prozess eingeführte[971] Aufrechnungsbeschränkung besteht[972] und Haupt- und Gegenforderung nicht auf denselben Tatsachen beruhen.[973] Ansonsten könnte eine Aufrechnung dadurch ermöglicht werden, dass eine Entscheidungsreife für die streitige Forderung durch eine zeitaufwendige Beweisaufnahme herbeigeführt würde, für welche dann die Aufrechnungsbeschränkung keine Grenze mehr bestimmen würde bzw. könnte.[974] Das Erfordernis der Entscheidungsreife ohne weitere (eigenständige) Beweisaufnahme würde vollständig obsolet, wenn das Gericht bereits diese Beweisaufnahme durchführen könnte und erst dann beurteilen würde, ob die Forderung „entscheidungsreif ohne weitere Beweisaufnahme" wäre.[975] Aufgrund der ausgeführten Gründe, also insbesondere des Sinn und Zwecks einer Aufrechnungsbeschränkung, ist diese Situation zu verhindern. Insoweit kann auch *nicht danach unterschieden*

---

971 Siehe zu diesem Erfordernis sogleich § 5 B. IV. 2.) d) bb) (1) (d).

972 Vgl. OLG Düsseldorf, Urteil v. 07.07.2004, Az. I-18 U 225/03, Juris Rn. 67; OLG Celle BauR 2011, 271 (272 f.); OLG Düsseldorf DWW 1990, 85; OLG Düsseldorf WuM 1997, 428; OLG Düsseldorf NJW-RR 1996, 115 (117); OLG Hamm, Urteil v. 23.11.2010, Az. 34 U 157/07, BeckRS 2011, 06693; KG BauR 2012, 103; in diese Richtung auch BGH WM 2011, 1870 (1871); Soergel/*Knops* § 309 Nr. 3 Rn. 25; MüKo-BGB/*Wurmnest* § 309 Nr. 3 Rn. 7; BeckOK-BGB/*Becker* (01.02.2021) § 309 Nr. 3 Rn. 10; a.A. wohl *Horst* GuT 2006, 59 (60 f., welcher grundsätzlich die Entscheidungsreife erst am Ende des Erkenntnisverfahrens beurteilen will). Bspw. in folgenden Entscheidungen wird eine Entscheidungsreife nach einer insoweit erfolgen Beweisaufnahme angenommen: OLG Karlsruhe NJW-RR 2006, 600; OLG Düsseldorf OLGR 2009, 821 = BeckRS 2009, 28073; wohl auch OLG München NJW 2012, 1518.

973 Siehe zum maßgeblichen Beurteilungszeitpunkt im gerichtlichen Verfahren sogleich § 5 B. IV. 2.) d) bb) (1) (d).

974 Ähnlich neuerdings Soergel/*Knops* § 309 Nr. 3 Rn. 25.

975 Vgl. BGH NJW 2002, 2779; Blank/Börstinghaus/*Blank/Börstinghaus*, Miete, § 556b Rn. 45; vgl. auch die w.N. in Fn. 972. A.A. wohl Erman/*Roloff* § 309 Rn. 28 a.E.; differenzierend *Horst* GuT 2006, 59 (60 f., entscheidungserheblicher Zeitpunkt ist das Ende des Erkenntnisverfahrens und es ist nach den verschiedenen Beweismitteln zu differenzieren); vgl. auch OLG Düsseldorf VersR 1982, 159 (Zulässigkeit Aufrechnung trotz § 32 ADsp. a.F., wenn Feststellung der Gegenforderung ohne weitere Schwierigkeiten).

werden, ob eine *langwierige* Beweisaufnahme für die Tatsachen der Gegenforderung zu erwarten ist oder eine *kurze*, die unter Umständen zu keiner prozessrechtlichen Verzögerung führen würde.[976] Im Interesse des Zwecks der Verzögerungsverhinderung durch Aufrechnungsbeschränkungen und unter dem Blickwinkel der Rechtssicherheit darf eine solche Prognose-Entscheidung, welche vor der Beweiserhebung zu treffen wäre, nicht entscheidend sein. Denn sollte sich die Prognose-Entscheidung als falsch herausstellen und doch eine langwierige Beweisaufnahme erforderlich gewesen sein, ist eine nachträgliche Korrektur der Fehleinschätzung nicht möglich. Dafür müsste dann nämlich das Gericht konsequent „sehenden Auges" das Ergebnis der durchgeführten Beweisaufnahme übergehen und die entscheidungsreif gewordenen und begründeten Forderungen außer Acht lassen. Dies ist aber weder praktisch zu erwarten noch aus prozessökonomischen Gründen zu befürworten.

Entsprechend sind vom Sinn und Zweck des Verbotes der Beschränkung der Aufrechnungsmöglichkeit dann entscheidungsreife Forderungen erfasst, wenn deren Geltendmachung zu keiner Verzögerung (des Prozesses) führen kann. Dies sind zumindest Forderungen, die nicht bestritten werden können, weil sie auf derselben Tatsachengrundlage beruhen.[977] Außerdem sind dies Ansprüche, über die ohne (eine erste) Beweisaufnahme entschieden werden kann, also solche, die unbestritten und gleichzeitig begründet sind. Hingegen sind keine Forderungen erfasst, die durch eine unzulässige Beweisaufnahme entscheidungsreif werden könnten oder aufgrund einer – entgegen der Aufrechnungsbeschränkung erfolgten – Beweisaufnahme entscheidungsreif geworden sind.[978]

Daher können entscheidungsreife Forderungen nach dem Sinn und Zweck von § 309 Nr. 3 BGB nicht von der Aufrechnung ausgeschlossen werden, wenn diese ohne eine eigene, d.h. über die Beweisaufnahme für die Hauptforderung hinausgehende Beweisaufnahme entscheidungsreif sind (= *entscheidungsreife Forderungen o.e.B.*).

---

976 Vgl. im Ansatz und zwischen den verschiedenen Beweismitteln differenzierend *Horst* GuT 2006, 59 ff.

977 Zumindest auf dieselben rechtlichen und tatsächlichen Voraussetzungen abstellend *Heller* AcP 207 (2007), 456 (462 f., Ausschluss der Berufung nach § 242 BGB).

978 So wohl auch BGH NJW 2002, 2779; vgl. auch BeckOK-BGB/*Becker* (01.02.2021) § 309 Nr. 3 Rn. 10.

(c) Zwischenergebnis

Zusammenfassend ist Folgendes festzuhalten: Die Beurteilung, ob § 309 Nr. 3 BGB auch entscheidungsreife Forderungen schützt, muss differenziert beantwortet werden. Der Wortlaut von § 309 Nr. 3 BGB spricht dafür, dass diese Forderungen überhaupt nicht von dessen Schutzbereich erfasst sind. Allerdings ergibt sich aus systematischen, teleologischen und historischen Gesichtspunkten, dass § 309 Nr. 3 BGB zumindest dem Aufrechnungsausschluss von bestimmten entscheidungsreifen Forderungen entgegensteht. Die Verbotsnorm will den Verwender von Aufrechnungsbeschränkungen „nur" dahingehend schützen, dass dieser seine Forderung ohne eine Verzögerung durch eine (missbräuchliche) Geltendmachung von vermeintlichen Gegenansprüchen durchsetzen kann. Dabei ergibt sich aber kein zwingender Schluss, dass entscheidungsreife Forderungen per se als nicht von der Aufrechnung ausschließbar anzusehen sind. Vielmehr würde der gesetzlich anerkannte Sinn und Zweck von Aufrechnungsbeschränkungen übergangen, wenn auch Forderungen erfasst wären, deren Entscheidungsreife nur durch eine zeitverzögernde Beweisaufnahme erreicht würden. Beruhen allerdings die *Haupt- und Gegenforderungen auf denselben anspruchsbegründenden Tatsachen*, steht mit der Hauptforderung auch die Entscheidungsreife der Gegenforderung fest. Die Gegenforderung ist nicht bestreitbar, damit von § 309 Nr. 3 BGB erfasst und sofern sie begründet ist, gegen die Hauptforderung aufrechenbar. Gleiches gilt mangels Gefährdung des Zwecks des Aufrechnungsausschlusses aber auch dann, wenn die Gegenforderung ohne Beweisaufnahme entscheidungsreif und begründet ist. Letztere Konstellationen sind allerdings nur denkbar, wenn die entscheidungserheblichen Tatsachen allgemein- oder gerichtsbekannt oder offenkundig i.S.d. § 291 ZPO sind, zumal im Regelfall der Verwender der AGB die Gegenforderung bestreiten wird. Auch ist festzuhalten, dass auch Forderungen als entscheidungsreif anzusehen sind, welchen der Verwender nur pauschale oder unsubstantiierte Einwendungen entgegenhält.

Im Ergebnis kann die Aufrechnung § 309 Nr. 3 BGB nicht für entscheidungsreife Forderungen o.e.B. ausgeschlossen werden.

(d) Beurteilungszeitpunkt

Wie bereits dargelegt ist die Aufrechnungsbefugnis für Forderungen, die erst durch eine weitere bzw. eigenständige Beweisaufnahme entscheidungsreif werden, nicht von § 309 Nr. 3 BGB geschützt. Dies steht dem gesetzlich anerkannten Zweck von Aufrechnungsbeschränkungen entgegen. Insoweit ist bei vorhandener Aufrechnungsbeschränkung die Herbeiführung der Entscheidungsreife der Gegenforderung(en) durch das Gericht *unzulässig.*[979]

Als entscheidungserheblicher bzw. beurteilungsspezifischer Zeitpunkt ist der Moment zu wählen, in welchem der Verwender als vermeintlicher Schuldner der Gegenforderung die Aufrechnungsbeschränkung erstmalig in den Prozess einführt.[980] Denn ab Einführung in den Prozess ist die Aufrechnungsbeschränkung von Amts wegen zu berücksichtigen.[981] Ab diesem Zeitpunkt ist entsprechend die streitige Forderung beweiserhebungsfest, mithin darf darüber keine Beweisaufnahme mehr erfolgen.[982]

Nicht geschützt ist aber der Zeitraum vor Einführung der Aufrechnungsbeschränkung in den Prozess. Sollte der Verwender aufgrund der verschiedenen (vertraglichen) Grundlagen, auf welchen die Hauptforderung und die Gegenforderung beruhen, erst nach einer bereits für die Gegenforderung vorgenommenen Beweisaufnahme die Umstände und Beweismittel darlegen aus welchen sich die *Aufrechnungsbeschränkung* ergibt, ist dieser Zeitpunkt bzw. der Ist-Zustand des Verfahrens maßgeblich. Sollte daher die Gegenforderung bereits durch die – ggf. auch langwierige – Beweisaufnahme bewiesen sein, kann das Gericht diese Erkenntnis – trotz Aufrechnungsbeschränkung – nicht außer Acht lassen und hat die Forderung wie eine entscheidungsreife Forderung ohne eigenständige Beweisaufnahme zu würdigen. Mithin ist die Aufrechnung mit der Forderung trotz Aufrechnungsbeschränkung zulässig. Es handelt sich dabei nicht um eine unzulässige „nachträgliche", d.h. nach Einführung der Aufrechnungsbeschränkung erfolgte Beweisaufnahme, sondern um eine gewöhnliche Sachverhaltsermittlung durch das Gericht. Diese Beweisaufnahme wird durch Einführung der Aufrechnungsbeschränkung nicht nachträglich „ex tunc" unzulässig.

(e) Schwierige Rechtsfragen als Aspekte gegen Entscheidungsreife

Mitunter wird angenommen, dass der einer Aufrechnungsbeschränkung immanente Beschleunigungszweck durch die Klärung schwieriger und umfangreicher

---

979 So auch faktisch KG, Urteil v. 14.02.2002, Az. 8 U 8203/00, BeckRS 2002, 30239715 (Rn. I. A. 1) b)); OLG Düsseldorf WuM 1997, 428; vgl. auch LG Hamburg, Urteil v. 12.06.2006, Az. 415 O 14/06, Juris; BGH NJW 2002, 2779.

980 Allgemein aber ähnlich für die Beurteilung eines Rechtsmissbrauches i.S.d. § 242 BGB Staudinger/*Olzen*/*Looschelders* (16.12.2019) § 242 Rn. 153; BeckOK-BGB/*Sutschet* (01.02.2021) § 242 Rn. 50.

981 Siehe dazu § 4 B. III. 1.) a.).

982 Vgl. ähnlich LG Hamburg, Urteil v. 12.06.2006, Az. 415 O 14/06, Juris.

Rechtsfragen gefährdet werden könne. Sollte dies so sein, seien die betroffenen Forderungen nicht als Fall der von § 309 Nr. 3 BGB geschützten entscheidungsreifen Forderungen anzusehen und ein Ausschluss der Aufrechnung möglich, mithin eine Aufrechnung mit der Gegenforderung *nicht* möglich.[983]

Dem ist allerdings entgegen zu treten.[984] Eine Entscheidungsreife ist anzunehmen, wenn das Gericht über die Gegenforderung *der Sache nach* entscheiden kann.[985] Dies ist anzunehmen, wenn der für die Beurteilung der Forderung erhebliche Tatsachenstoff hinreichend geklärt ist.[986] Weitere Voraussetzungen müssen aus prozessualer Sicht nicht vorliegen. Zu berücksichtigen ist auch, dass in aller Regel keine Gefahr der Verzögerung des Rechtsstreites besteht, da die rechtliche Würdigung keine langwierige Beweisaufnahme erfordert. Eine schwierige Rechtslage gebietet insbesondere keine weiteren Verhandlungstermine. Insoweit ist allein an Fälle mit schwierigen Rechtsfragen zu denken, die eine Vorlage beim EuGH oder beim BVerfG erforderlich machen könnten. Allerdings haben diese Fälle äußersten Ausnahmecharakter und hängen allein von den jeweiligen Umständen des Einzelfalls ab. Es handelt sich insofern um ein allgemeines „Prozessrisiko" des Verwenders, welches über die Thematik der Aufrechnungsbeschränkungen hinaus bei allen Rechtsfragen zu seinen Lasten auftreten kann. Dieses Risiko durch eine Ausnahme vom Normalfall auf den Vertragspartner zu übertragen und diesem die eigenständige, gegenanspruchsunabhängige Durchsetzung seiner möglichen Gegenforderung aufzuerlegen, erscheint nicht angemessen. Insbesondere auch deshalb nicht, weil bei der Geltendmachung von Forderungen, die derartige Rechtsfragen aufwerfen, sodass eine Vorlage beim EuGH oder beim BVerfG erforderlich ist, eine Gefahr der *missbräuchlichen Verzögerung* der Durchsetzung der Hauptforderung des Verwenders nicht besteht. Ob der Gegenanspruch besteht, hängt von einer schwer zu beantwortender Rechtsfrage ab, sodass die Geltendmachung der Gegenforderung zumindest nicht abwegig oder treuwidrig war.

983 Vgl. BeckOK-BGB/*Becker* (01.02.2021) § 309 Nr. 3 Rn. 11.

984 So wohl auch Blank/Börstinghaus/*Blank/Börstinghaus*, Miete, § 556b Rn. 45 („*es kommt immer nur darauf an, ob auf Grund des gegebenen Sachstands über die Gegenforderung abschließend entschieden werden kann*").

985 Vgl. BeckOK-ZPO/*Elzer* § 302 (01.03.2021) Rn. 19; siehe insoweit auch § 5 B. IV. 2.) a) cc).

986 *Ghassemi-Tabar/Schweitzer* ZfIR 2012, 224 (226); allgemein Musielak/Voit/*Musielak*, ZPO, § 300 Rn. 8.

(2) Zwischenergebnis

Aufrechnungsbeschränkungen sind von § 309 Nr. 3 BGB verboten, soweit diese sich auf entscheidungsreife Forderungen o.e.B. beziehen. In diesen Fällen stellen die Forderungen systematisch unbestreitbare Forderungen dar, da diese entweder offenkundig sind oder auf denselben Tatsachen beruhen, welche die (eingeklagte) Hauptforderung begründen. In diesen Fällen besteht wie bei unbestrittenen Forderungen kein legitimes Interesse des Verwenders an der Beschränkung der Aufrechnungsmöglichkeit.

cc) Konnexe Forderungen und Forderungen aus dem Synallagma

Im Zusammenhang von Aufrechnungsbeschränkungen wird in jüngerer Zeit vor allem in Unternehmerverträgen eine Unwirksamkeit der AGB in Betracht gezogen, wenn Haupt- und Gegenforderungen in einem synallagmatischen Verhältnis stehen.[987] Daher ist bereits an dieser Stelle festzustellen, dass eine solche Unwirksamkeit *nicht* aus § 309 Nr. 3 BGB folgt.[988] Der Verbotsbereich von § 309 Nr. 3 BGB umfasst nicht den Bereich von synallagmatischen Forderungen oder solchen aus demselben Vertragsverhältnis.[989] Zwar mag eine solche Forderungskonstellation im Einzelfall unangemessen wirken oder sein. Denn so könnte eine einseitige Durchsetzung von Forderungen ermöglicht werden, obwohl eine mit der Forderung im engen Zusammenhang stehende Forderung als Gegenanspruch besteht und damit auch die Wertungen von Leistungsverweigerungsrechten wie § 273 BGB oder § 320 BGB zu berücksichtigen sind. Allerdings erstreckt sich die unwiderlegliche Unwirksamkeitsrechtsfolge von § 309 Nr. 3 BGB nur auf Forderungen, welche gerade nicht dem Sinn und Zweck der Aufrechnungsbeschränkung wiedersprechen. Eine Aufrechnung muss also immer möglich sein, wenn dies zu keiner Verzögerung der Durchsetzung der

987 Vgl. BGH NJW 2011, 1729 f.; LG Köln, Urteil v. 17.01.2008, Az. 15 O 79/07, Juris Rn. 39 (mit Berufung auf BGH WM 1956, 563, welcher allerdings allein eine Berufung auf eine Aufrechnungsbeschränkung nach § 242 BGB für ausgeschlossen hält, wenn die Forderungen aus einem einheitlichen Rechtsverhältnis stammen); ausführlich zu diesem Themenkomplex § 6 B.

988 Vgl. zutreffend auch OLG Nürnberg NJOZ 2014, 1882 (1883, Rn. 60).

989 So auch Wolf/Lindacher/Pfeiffer/*Dammann* § 309 Nr. 3 Rn. 34, 42c; OLG Nürnberg NJOZ 2014, 1882 (1883); wohl auch BeckOK-BGB/*Becker* (01.02.2021) § 309 Nr. 3 Rn. 3 a.E.; BGH NJW-RR 1989, 481 f. (§ 11 Nr. 3 AGBG); AG Mannheim, Urteil v. 05.10.2007, Az. 10 C 119/07, BeckRS 2008, 18240 (§ 307 Abs. 1, 2, § 309 Nr. 3 BGB).

(Haupt-)Forderung führt. Dies ist bei unbestrittenen, rechtskräftig festgestellten und bei entscheidungsreifen Forderungen, die keine eigenständige Beweisaufnahme erfordern, der Fall.[990] Nicht hingegen, wenn diese Forderungen in einem engen, synallagmatischen Verhältnis stehen. Denn bei solchen Forderungen kann sehr wohl eine erhebliche Verzögerung durch eine Geltendmachung von vermeintlichen Gegenansprüchen und der gerichtlichen Feststellung entstehen. Folglich kann sich eine Unwirksamkeit höchstens aufgrund einer unangemessenen Benachteiligung gem. § 307 BGB ergeben.[991]

dd) Ausschluss nur in begrenztem Maße

Von § 309 Nr. 3 BGB sind uneingeschränkt auch Vereinbarungen erfasst, welche die Aufrechnung nur teilweise verbieten, ohne einen Aufrechnungsvorbehalt für unbestrittene und rechtskräftig festgestellte Forderungen vorzusehen.[992] Umfasst sind Klauseln, welche die Aufrechnung nur mit oder gegen bestimmte Forderungen zulassen[993] und im Übrigen ausschließen oder welche eine Aufrechnung nur zu einem bestimmten Teil der Hauptforderung[994] erlauben.

Denn auch insofern wird faktisch und rechtlich die Aufrechnungsmöglichkeit bezüglich der in § 309 Nr. 3 BGB genannten Forderungen ausgeschlossen und die Rechtsfolgen nach §§ 387 ff. BGB können nicht wirksam herbeigeführt werden. Der Gesetzgeber hat keine Gegenausnahme für unbestrittene und rechtskräftig festgestellte Forderungen vorgesehen, nach der in Fällen der nur teilweisen Einschränkung der Aufrechnung, diese in AGB zulässig sein soll. Es reicht mithin aus, wenn *eine konkrete* Aufrechnungsmöglichkeit mit einer der genannten Forderungen *ganz oder teilweise* ausgeschlossen wird.

---

990 Siehe bereits ausführlich soeben § 5 B. IV. 2.) d) aa) und bb).

991 Im Ergebnis ähnlich Wolf/Lindacher/Pfeiffer/*Dammann* § 309 Nr. 3 Rn. 34, 40 ff.; Ulmer/Brandner/Hensen/*Schäfer* § 309 Nr. 3 Rn. 7; vgl. BGHZ 218, 132 (134 ff., Unwirksamkeit nicht nach § 309 Nr. 3 BGB, sondern nach § 307 Abs. 1 Satz 1, Abs. 2 Nr. 1 BGB) = NJW 2018, 2042 (2043).

992 Vgl. BeckOGK-BGB/*Weiler* (01.03.2021) § 309 Nr. 3 Rn. 37 f., v. Westphalen/Thüsing/*Drettmann*, VertrR/AGB-Klauselwerke (32. EL 2012), Teil „Klauselwerke" II - Geschäftsraummiete Rn. 98, - Wohnraummiete Rn. 133. Siehe umfassend dazu § 6 B.

993 Vgl. LG Mainz, Urteil v. 11.03.2015, Az. 3 S 105/13, BeckRS 2016, 8788 und die Revisionsentscheidung BGH ZMR 2016, 609.

994 Vgl. bspw. OLG Hamm MDR 1997, 927 = BeckRS 1997, 30986265 (Aufrechnung zu 40 % der Höhe der Mietzinsforderung zulässig).

e) Formulierungsanforderungen

Wie bereits angedeutet, ergeben sich aus der Erkenntnis bzw. Festlegung für welche Forderungen die Regelung des § 309 Nr. 3 BGB einen Ausschluss der Aufrechnungsmöglichkeit verbietet nicht gleichsam die Anforderungen, welche an die konkrete Formulierung einer AGB zu stellen sind. Im Folgenden ist daher zu bestimmen, wie die Klausel wörtlich auszugestalten ist, damit diese den Bereich des zulässigen Ausschlusses der Aufrechnung hinreichend festlegt und damit wirksam ist.

aa) Unbestrittene und rechtskräftig festgestellte Forderungen

(1) Kumulative Herausnahme von unbestrittenen und rechtskräftig festgestellten Forderungen

Aus dem Wortlaut und dem inhaltlichen Verbotsbereich von § 309 Nr. 3 BGB ergibt sich im Grundsatz, dass ein hinreichender Vorbehalt der Aufrechnung für unbestrittene und rechtskräftig festgestellte Forderungen zumindest dann anzunehmen ist, wenn diese *beiden* Forderungsarten ausdrücklich und kumulativ von der Aufrechnungsbeschränkung ausgenommen sind.[995]

Die genaue Art und Weise der Formulierung der Klausel ist nicht entscheidend. Es muss für den Vertragspartner allein eindeutig erkennbar zum Ausdruck kommen, dass die in § 309 Nr. 3 BGB genannten Forderungen nicht dem Aufrechnungsverbot unterfallen sollen.[996] Zulässig und ausreichend sind daher Formulierungen, welche inhaltlich unbestrittenen und rechtskräftig festgestellten Forderungen beschreiben, ohne die Begriffe selbst zu nennen.[997] So kann bspw. der Vorbehalt der Aufrechnung in der AGB so formuliert sein, dass eine Aufrechnung mit einer Forderung möglich ist, *„denen ein Einwand nicht entgegensteht"*[998] und/oder die *„rechtsverbindlich ist z. B. in Form eines Titels*

---

995 Zutreffend BeckOGK-BGB/*Weiler* (01.03.2021) § 309 Nr. 3 Rn. 42 f.; vgl. auch Ulmer/Brandner/Hensen/*Schäfer* § 309 Nr. 3 Rn. 11; OLG Düsseldorf NJW-RR 1999, 244.

996 Dies ist bspw. aber nicht der Fall, wenn in der Aufrechnungsbeschränkung nur eine Aufrechnung mit rechtskräftig festgestellten Forderungen ausdrücklich vorgesehen ist und diese im Übrigen von der Anerkennung oder Zustimmung des Verwenders abhängen soll. Diese Klauseln sind unwirksam; so zutreffend BGH NJW 1994, 657 (658); BGH NJW 2007, 3421 (2422 f.); BGH NJW-RR 2018, 74 (75); vgl. auch BGH NJW-RR 2006, 1350 (1351).

997 So auch schon *Mentis*, Schranken prozessualer Klauseln, 260.

998 So der Wortlaut von Nr. 19 ADSp. bzw. § 32 ADsp. a.F., gegen deren Wirksamkeit der BGH in st. Rspr. keine Bedenken nach § 309 Nr. 3 BGB bzw. § 11 Nr. 3 AGBG hatte: BGH NJW-RR 2008, 121 (122); BGH NJW-RR 1989, 481; BGH NJW-RR

besteht".[999] Außerdem kann eine Klausel wörtlich auch festlegen, dass eine Aufrechnung mit bestrittenen und nicht rechtskräftig festgestellten Forderungen ausgeschlossen ist.[1000] Daraus ergibt sich gleichsam, dass die Aufrechnung mit unbestrittenen und rechtskräftig festgestellten Forderungen weiterhin noch möglich ist.[1001]

Ein weitergehender ausdrücklicher Aufrechnungsvorbehalt für andere Forderungen, wie bspw. von gegenseitigen Forderungen, die in synallagmatischer Verknüpfung aus einem Rechtsverhältnis stehen sind zur Einhaltung der Vorgaben von § 309 Nr. 3 BGB nicht erforderlich.[1002] Denn eine solche Voraussetzung des Vorbehaltes ergibt sich weder aus dem Wortlaut noch aus dem inhaltlichen Verbotsbereichs von § 309 Nr. 3 BGB. Entsprechend hat die höchstrichterliche Rechtsprechung, soweit sie eine Klausel für unwirksam gehalten hat, obwohl diese dem Wortlaut von § 309 Nr. 3 BGB entsprechend unbestrittene und rechtskräftig festgestellte Forderungen von der Aufrechnungsbeschränkung herausgenommen hat, dieses Ergebnis über die Generalklausel des § 307 BGB bzw. § 9 AGBG herbeigeführt.[1003]

1987, 883 (884); ebenso unter Berufung auf die Rspr. bspw. BeckOGK-BGB/*Weiler* (01.03.2021) § 309 Nr. 3 Rn. 47. Vgl. auch BGH NJW 1954, 795 (noch vor Geltung des AGBG).

999 LG Köln NJW-RR 2012, 980, welches allerdings verkennt, dass durch einen solchen Vorbehalt der Aufrechnung nicht gleichsam auch unbestrittene Forderungen von der Aufrechnungsbeschränkung ausgenommen sind und daher eine Aufrechnung – entgegen § 309 Nr. 3 BGB – mit unbestrittenen Forderungen nicht möglich ist. Siehe dazu sogleich § 5 B. IV. 2.) e) aa) (3).

1000 Vgl. BGHZ 107, 185 (186) = NJW 1989, 3215 (3216); BeckOGK-BGB/*Weiler* (01.03.2021) § 309 Nr. 3 Rn. 43, 47.

1001 So zutreffend auch bspw. BGHZ 107, 185 (188 f.) = NJW 1989, 3215 (3216); vgl. auch Ulmer/Brandner/Hensen/*Schäfer* § 309 Nr. 3 Rn. 11 a.E.

1002 So zutreffend OLG Nürnberg NJOZ 2014, 1882 (1883); vgl. auch BGH NJW-RR 1989, 481; AG Mannheim, Urteil v. 05.10.2007, Az. 10 C 119/07, BeckRS 2008, 18240.

1003 Vgl. bspw. BGH NJW 2011, 1729 (Unwirksamkeit einer solchen Klausel gem. § 9 Abs. 1 AGBG bei einer Werklohnforderung des Unternehmers gegenüber einem aus einem Herstellungsanspruch hervorgegangenen Schadensersatzanspruch des Bestellers); BGHZ 218, 132 (134 ff.) = NJW 2018, 2042 (2043, Unwirksamkeit wegen § 307 Abs. 1 Satz 1, Abs. 2 Nr. 1 BGB wegen unzulässiger Abweichung von § 361 Abs. 2 Satz 1 i.V.m. §§ 355 Abs. 3 Satz 1, 357a BGB).

(2) Herausnahme der unbestrittenen Forderungen als Herausnahme von rechtskräftig festgestellten Forderungen

In der Praxis wird oftmals in der Klausel ausdrücklich nur hinsichtlich *einer* der genannten Forderungsarten aus § 309 Nr. 3 BGB vorgesehen, dass diese von der Aufrechnungsbeschränkung nicht erfasst werden sollen. Insoweit ist zu klären, ob auch ein solcher Vorbehalt unter Berücksichtigung von § 309 Nr. 3 BGB ausreichend ist, mithin die formularmäßige Aufrechnungsbeschränkung insoweit wirksam sein kann.

Sofern ausdrücklich nur unbestrittene Forderungen vom Anwendungsbereich der Aufrechnungsbeschränkung ausgenommen sind, besteht kein Grund eine Unwirksamkeit nach § 309 Nr. 3 BGB anzunehmen. Zwar sind damit nicht ausdrücklich auch rechtskräftig festgestellte Forderungen ausgenommen. Dies ist allerdings unerheblich.

Denn der Inhaltskontrolle ist eine Ermittlung des objektiven Inhalts durch eine Auslegung vorgeschaltet. Nach ständiger Rechtsprechung des BGH sind *„Allgemeine Geschäftsbedingungen […] gemäß ihrem objektiven Inhalt und typischen Sinn ausgehend von ihrem Wortlaut einheitlich so auszulegen, wie sie von verständigen und redlichen Vertragspartnern unter Abwägung der Interessen der typischerweise an Geschäften dieser Art beteiligten Kreise verstanden werden“.*[1004] Im Wege einer solchen objektivierten Auslegung der AGB ergibt sich, dass bei ausdrücklichen Aufrechnungsvorbehalten für unbestrittene Forderungen auch rechtskräftig festgestellte Forderungen nicht von der Aufrechnungsbeschränkung erfasst sein sollen.[1005] Dies folgt aus dem inhaltlichen und systematischen Verhältnis der Forderungen zueinander.

1004 Bspw. BGH ZMR 2016, 609; BGHZ 176, 191 (193 f., m.w.N.) = NJW 2008, 2497; für diese Auslegungsmethode bereits *Raiser*, Recht der AGB, 251 ff.

1005 Vgl. BGHZ 107, 185 (189) = NJW 1989, 3215 (3216); OLG Hamm NJW 1983, 523 (525); OLG Frankfurt WM 1986, 139 (141); der Rspr. zustimmend: Wolf/Lindacher/Pfeiffer/*Dammann* § 309 Nr. 3 Rn. 32, 50b; BeckOGK-BGB/*Weiler* (01.03.2021) § 309 Nr. 3 Rn. 89; MüKo-BGB/*Wurmnest* § 309 Nr. 3 Rn. 8; *Horst* GuT 2006, 59 (60); Staudinger/*Coester-Waltjen* § 309 Nr. 3 Rn. 8; Erman/*Roloff* § 309 Rn. 28; BeckOK-BGB/*Becker* (01.02.2021) § 309 Nr. 3 Rn. 9, 17; BeckOK-MietR/*Bruns* (01.02.2021) § 556b Rn. 39; Ulmer/Brandner/Hensen/*Schäfer* § 309 Nr. 3 Rn. 3 a.E., 11; Staudinger/*Gursky* § 387 Rn. 245; *Stoffels*, AGB-Recht, Rn. 853; im Erg. ebenso, allerdings zu weitgehend für entscheidungsreife Forderungen Palandt/*Grüneberg* § 309 Nr. 18; vgl. auch BGH NJW-RR 1989, 481. Kritisch *Blank* WuM 1995, 567 (571). A.A. LG Leipzig WuM 2017, 518 (520, ohne auf die Möglichkeit der Auslegung einzugehen).

Rechtskräftig festgestellte Forderungen sind faktisch nicht mehr bestreitbar. Daher stellen rechtskräftig festgestellte Forderungen einen *Unterfall* von unbestrittenen Forderungen dar.[1006] Sofern also die Parteien den Hauptfall – unbestrittene Forderungen – von dem Verbot ausnehmen wollen, ist darin auch der „objektive" Wille bzw. das Verständnis eines durchschnittlichen Verbrauchers vorhanden, den Spezialfall bzw. Unterfall des Hauptfalles auszuschließen.

Dieser Fall ist auch nicht vergleichbar mit den Konstellationen, in welchen die Aufrechnungsbeschränkung ohne jede Einschränkung vereinbart wurde.[1007] Bei einem Aufrechnungsvorbehalt für nur eine „Forderungsart" ist objektiv erkennbar, dass die Aufrechnungsbeschränkung *nicht uneingeschränkt* gilt bzw. gelten soll. Vom Verständnis der „objektiven Vertragspartner(-gruppe)" ist auch die Vorstellung gedeckt, dass auch mit rechtskräftig festgestellten Forderungen aufgerechnet werden kann. Sofern ein bestandskräftiges Urteil für eine Forderung des Vertragspartners besteht, weiß er, dass gegen die Forderungen keine Einwände mehr geltend gemacht werden können, mithin ein Bestreiten nicht mehr möglich ist. Der Vertragspartner weiß mit der Formulierung der Aufrechnungsbeschränkung bereits bei Vertragsschluss, welche Folgen mit der Beschränkungsvereinbarung „auf ihn zukommen".[1008] Die Gefahr, dass der Vertragspartner bei einer hier in der Rede stehenden Aufrechnungsbeschränkung außerprozessual nicht aufrechnen wird, ist daher verschwindend gering und zu vernachlässigen.

(3) Herausnahme von rechtskräftig festgestellten Forderungen als Herausnahme von unbestrittenen Forderungen

Ob dies auch für den umgekehrten Fall gilt, in dem nur rechtskräftig festgestellte Forderungen vom vertraglichen Aufrechnungsverbot ausgenommen sind, ist nicht gleichsam eindeutig bestimmbar und wird nicht einheitlich beurteilt.

1006 BGHZ 107, 186 (189) = NJW 1989, 3215 (3216); OLG Hamm NJW 1983, 523 (525); MüKo-BGB/*Wurmnest* § 309 Nr. 3 Rn. 8; Wolf/Lindacher/Pfeiffer/*Dammann* § 309 Nr. 3 Rn. 32, 50b; BeckOGK-BGB/*Weiler* (01.03.2021) § 309 Nr. 3 Rn. 58, 89; BeckOK-BGB/*Becker* (01.02.2021) § 309 Nr. 3 Rn. 9; Erman/*Roloff* § 309 Rn. 28; *Horst*, Abkopplungsklauseln im Gewerbemietrecht, 11.

1007 Vgl. zu allgemein formulierten Aufrechnungsbeschränkungen, § 4 B. III. 1.) a).

1008 Allgemein darauf im Rahmen von § 307 Abs.1 Satz 2 BGB abstellend bspw. BAG NJW 2013, 410 (411); Palandt/*Grüneberg* § 307 Rn. 21, 25; vgl. auch Staudinger/*Coester*, 15. Auflage 2013, § 307 Rn. 194 a.E.; Staudinger/*Wendland* § 307 Rn. 194 a.E.

(a) Ansichten

In der Literatur und Rechtsprechung wird vertreten, dass eine Aufrechnungsbeschränkung, die nur einen Aufrechnungsvorbehalt für rechtskräftig festgestellte Forderungen vorsieht, nicht zu einer nach § 309 Nr. 3 BGB wirksamen Klausel führen könne.[1009] Insbesondere seien unbestrittene Forderungen nicht stets rechtskräftig tituliert, sondern können auch ohne Rechtskraft unbestritten sein, wenn gegen diese keine Einwendungen erhoben würden.[1010] Der Vertragspartner glaube aber, dass für eine Aufrechnung jede Forderung tituliert sein müsste und nicht nur unbestritten.[1011]

Andere Teile der Literatur und einzelne instanzgerichtliche Entscheidung aus den Jahren 2003 und 2012[1012] nehmen hingegen aufgrund einer Entscheidung des BGHs aus dem Jahr 1993[1013] an, dass eine ausdrückliche Herausnahme von *rechtskräftig festgestellten* Forderungen für eine wirksame Aufrechnungsbeschränkung ausreiche.[1014] Denn sinngemäß seien von der Formulierung auch unbestrittene Forderungen erfasst.[1015]

1009 Staudinger/*Coester-Waltjen* § 309 Nr. 3 Rn. 8; Ulmer/Brandner/Hensen/*Schäfer* § 309 Nr. 3 Rn. 11; BeckOGK-BGB/*Weiler* (01.03.2021) § 309 Nr. 3 Rn. 52 f.; *Derleder* WuM 2007, 599 (605). Aus der Rspr. zumindest für den Fall, wenn neben dem ausdrücklichen Aufrechnungsvorbehalt für rechtskräftig festgestellte Forderungen in der Aufrechnungsbeschränkung im Übrigen die Zulässigkeit der Aufrechnung von der Anerkennung oder der Zustimmung des Verwenders abhängen soll: BGH NJW 1994, 657 (658, Unternehmervertrag, Klausel nach § 9 AGBG unwirksam); BGH NJW-RR 2006, 1350 (1351); BGH NJW 2007, 3421 (2422 f., Unternehmervertrag, Klausel nach §§ 307, 309 Nr. 3 BGB unwirksam); BGH NJW-RR 2018, 74 (75, Unternehmervertrag); OLG Koblenz, Urteil v. 30.08.2007, Az. 5 U 105/07, Juris Rn. 91 (Unternehmervertrag, Klausel nach §§ 307, 309 Nr. 3 BGB unwirksam).

1010 BeckOGK-BGB/*Weiler* (01.03.2021) § 309 Nr. 3 Rn. 52.

1011 Vgl. nur Ulmer/Brandner/Hensen/*Schäfer* § 309 Nr. 3 Rn. 11 und die Nachweise in Fn. 1009.

1012 LG Köln NJW-RR 2012, 980; KG, Urteil v. 14.04.2003, Az. 8 U 68/02, BeckRS 2003, 30315804; insoweit unklar die Nachweise in *Horst*, Abkopplungsklauseln im Gewerbemietrecht, 55 (Fn. 118), welche keinen der beschriebenen Fälle betreffen.

1013 BGH NJW-RR 1993, 519 (520, für den Bereich von § 307 BGB).

1014 Wolf/Lindacher/Pfeiffer/*Dammann* § 309 Nr. 3 Rn. 31, 50b; MüKo-BGB/*Wurmnest* § 309 Nr. 3 Rn. 8; Staudinger/*Gurksy* § 387 Rn. 245; BeckOK-MietR/*Bruns* (01.02.2021) § 556b Rn. 39; *Horst* GuT 2006, 59 (60); Palandt/*Grüneberg* § 309 Nr. 18; *Stoffels*, AGB-Recht, Rn. 853.

1015 Vgl. MüKo-BGB/*Wurmnest* § 309 Nr. 3 Rn. 8.

(b) Analyse und Bewertung der höchstrichterlichen Rechtsprechung

Zutreffend an der letztgenannten Ansicht ist, dass der BGH in seiner Entscheidung von 1993 tatsächlich eine Klauselformulierung als wirksam angesehen hat, in welcher der Pächter auf das Recht der Aufrechnung verzichtet *„soweit dies gesetzlich zulässig und soweit nicht mit rechtskräftig festgestellten Forderungen die vorgenannten Rechte geltend gemacht werden“*.[1016]

Daraus folgt allerdings keineswegs der Schluss auf die Wirksamkeit einer Klausel, die ausdrücklich *nur* rechtskräftig festgestellte Forderungen vom Aufrechnungsverbot ausnimmt.[1017] Denn die vom BGH angenommene Wirksamkeit ergibt sich nur bei Betrachtung der vollständigen Klausel, nicht hingegen bei alleiniger Betrachtung des zweiten Teils (*„nicht mit rechtskräftig festgestellten Forderungen“*). Im ersten Teil der Klausel (*„soweit dies gesetzlich zulässig“*) konkretisiert die Klausel über die Bestimmung des zweiten Klauselteils den Anwendungsbereich bzw. die Reichweite der Aufrechnungsbeschränkung. Diese Aufrechnungsbeschränkung soll insgesamt nicht für rechtskräftig festgestellte Forderungen (2. Teil) und im Übrigen soweit gesetzlich zulässig gelten (1. Teil).

Diesen Aspekt greift der BGH in seiner Entscheidung sogar selbst explizit auf, indem er anführt, dass

> *„dafür [...] hier zusätzlich die einschränkende Formulierung „soweit dies gesetzlich zulässig ist“ [spricht].*

Allerdings wird dieser Aspekt unzutreffend nur als *zusätzlicher* Grund des Entscheidungsergebnisses angeführt. Vielmehr ist dieser Grund der alleinige Grund, der die Hauptentscheidung tragen und damit entscheidend sein kann. Denn der vom BGH – und im Anschluss daran von der Literatur – angeführte vermeintliche Hauptgrund

> *„es wäre jedoch sinnwidrig anzunehmen, daß hinsichtlich unstreitiger Forderungen die Aufrechnung ausgeschlossen sein soll, da insoweit Einwendungen nicht nur durch die Rechtskraft einer gerichtlichen Entscheidung abgeschnitten sind, sondern gar nicht erhoben werden“*

1016 BGH NJW-RR 1993, 519 f. Die Entscheidung betraf zwar den Unternehmerbereich, allerdings bezieht sich die Auslegung nicht auf die Besonderheiten des kaufmännischen Verkehrs, sodass diese Entscheidung auch für den Verbraucherbereich übertragen werden kann. Insoweit zutreffend Wolf/Lindacher/Pfeiffer/*Dammann* § 309 Nr. 3 Rn. 31 Fn. 35. Aus neuerer Zeit sich daran anschließend LG Köln NJW-RR 2012, 980.

1017 So zutreffend auch BeckOGK-BGB/*Weiler* (01.03.2021) § 309 Nr. 3 Rn. 52 f.; vgl. auch AnwK AGB-Recht/*Jilg* Lexikon Rn. 253.

kann die Entscheidung gerade nicht rechtfertigen. Es erscheint nicht sinnwidrig, wenn rechtskräftig festgestellte Forderungen nicht vom Aufrechnungsverbot erfasst sind, hingegen unbestrittene Forderungen schon. Im Rahmen der möglichen objektivierenden Auslegung der Klausel kann nicht zwingend, d.h. im Regelfall darauf geschlossen werden, dass der redliche Vertragspartner die Klausel so versteht, dass mit der Ausnahme von rechtskräftig festgestellten Forderungen auch unbestrittene Forderungen von der Aufrechnungsbeschränkung ausgenommen werden (sollten).

Dagegen spricht, dass es an Anhaltspunkten fehlt, welche den durchschnittlichen Vertragspartner zu einem solchen weiteren Verständnis bringen (können). Während im umgekehrten Fall, in welchem allein die unbestrittenen Forderungen für die Aufrechnung vorbehalten wurden, das *systematische Argument*, dass mit dem Vorbehalt des *Grundfalls auch der Spezialfall* zur Aufrechnung vorbehalten wird, die Annahme eines solches Verständnisses tragfähig ist, kann dies im vorliegend betrachteten Fall gerade nicht erfolgen. Denn vom allgemeinen Verständnis und dem des durchschnittlichen Vertragspartners ist nicht gedeckt, dass bei *Vorbehalt des Spezialfalls* auch der im *Anwendungsbereich deutlich weiterreichende Grundfall* vorbehalten werden soll. Dafür sind weitere Anhaltspunkte erforderlich, welche im hier betrachteten Bereich im Regelfall nicht vorliegen.

Zweifelhaft ist, ob die Entscheidung und Auslegung des BGH aus dem Jahr 1993 unter dem Aspekt der Unangemessenheit bzw. Intransparenz von sog. „salvatorischen Klauseln" bzw. solcher Klauselteile vollständig überzeugen kann.[1018] Denn Aufrechnungsbeschränkungen, bei denen die Aufrechnung exlpizit ausgeschlossen ist „soweit dies gesetzlich zulässig ist", werden zutreffenderweise als nach § 307 Abs. 1 Satz 2 BGB und nach § 307 Abs. 1 Satz 1, Abs. 2 BGB unwirksam angesehen.[1019] Es lässt sich anführen, dass sich diese unzulässigen Fälle von der hier betrachteten Konstellation unterscheiden. Denn aufgrund des sprachlichen Zusammenhangs bzw. des Bezuges des Vorbehaltes der Aufrechnung für rechtskräftig festgestellte Forderungen und des zusätzlichen Ausschlusses der Aufrechnung „soweit gesetzlich zulässig" könnte bezweifelt werden, ob es sich überhaupt um eine unzulässige allgemeine salvatorische Klausel handelt.

1018 Vgl. dazu nur allgemein Staudinger/*Stoffels* § 307 Rn. 59 f., BeckOGK-BGB/*Zschieschack* (01.03.2021) § 307 Salvatorische Klausel Rn. 9 ff., jeweils m.w.N. und BGH WuM 2013, 293.

1019 OLG Brandenburg, Urteil v. 13.01.2010, Az. 3 U 12/09, BeckRS 2010, 03474 (Klausel unwirksam); BeckOGK-BGB/*Weiler* (01.03.2021) § 309 Nr. 3 Rn. 48.

Dagegen spricht allerdings entscheidend, dass die Verantwortung für eine angemessene und transparente Klauselfassung bei dem Verwender liegt.[1020] Durch den „salvatorischen Teil" würde das Risiko einer zu weit formulierten Aufrechnungsbeschränkung jedoch auf den Vertragspartner vertraglich abgewälzt. Gerade dies soll verhindert werden und es ist unklar, ob der durchschnittliche Vertragspartner erkennt oder erkennen kann, dass mit dem „salvatorischen Teil" nur der explizite Aufrechnungsvorbehalt für rechtskräftige Forderungen um eine Aufrechnungsmöglichkeit für unbestrittene Forderungen „erweitert" werden soll. Daher kann die Entscheidung des BGH aus dem Jahr 1993[1021] nicht als Vorlage für weitere Klauselgestaltungen dienen.

Allerdings lässt sich aus der Entscheidung und dem Dargestellten zumindest ableiten, dass eine Klausel, welche ausdrücklich nur eine Aufrechnung mit rechtskräftigen festgestellten Forderungen zulässt, allein *aufgrund weitergehender „Anhaltspunkte" oder Klauselteile* dahingehend ausgelegt werden kann, dass auch mit unbestrittenen Forderungen eine Aufrechnung zulässig ist.

Diese Schlussfolgerung wird durch den BGH in einer Entscheidung im Jahre 2007[1022] bekräftigt. Unter ausdrücklichem Bezug auf die vorstehend betrachtete Entscheidung wird die *Unwirksamkeit* einer Klausel angenommen, wenn diese *statt* des Hinweises der Beschränkung des Aufrechnungsverbotes auf das „gesetzliches Maß" eine weitergehende *Einschränkung* für eine Aufrechnung mit übrigen, d.h. nicht rechtskräftig festgestellten Forderungen enthält.[1023] So lautete die Klausel in dem den Rechtsstreit zugrundeliegenden Sacherhalt:

> *„Der Mieter kann nur mit solchen Zahlungen aus dem Mietverhältnis aufrechnen oder die Zurückbehaltung erklären, die entweder rechtskräftig festgestellt sind oder zu denen die Vermieterin im Einzelfall ihre Zustimmung erklärt hat."*[1024]

Zwar wird auch in dieser Entscheidung des BGH nicht ausdrücklich festgestellt, dass Klauseln, welche nur rechtskräftig festgestellte Forderungen von

1020 Vgl. nur Staudinger/*Stoffels* § 307 Rn. 59 m.w.N.

1021 BGH NJW-RR 1993, 519.

1022 BGH NJW 2007, 3421 (Zustimmungsvorbehalt).

1023 BGH NJW 2007, 3421; ohne Bezug auf die BGH Entscheidung aus dem Jahr 1993 im Erg. ebenso BGH NJW 1994, 657 (658, Unternehmervertrag, Klausel nach § 9 AGBG unwirksam); BGH NJW-RR 2006, 1350 (1351); BGH NJW 2007, 3421 (3422, Unternehmervertrag, Klausel nach §§ 307, 309 Nr. 3 BGB unwirksam); OLG Koblenz, Urteil v. 30.08.2007, Az. 5 U 105/07, Juris Rn. 91 (Unternehmer, Klausel nach §§ 307, 309 Nr. 3 BGB unwirksam).

1024 BGH NJW 2007, 3421.

der Aufrechnungsbeschränkung herausnehmen, unwirksam sind.[1025] Allerdings ergibt sich aus der Entscheidung, dass nur weitergehende Anhaltspunkte, in dem konkreten Fall die Formulierung *„soweit gesetzlich zulässig“*, als *entscheidendes Kriterium herangezogen* wurde und werden kann.[1026] Fehlt es hingegen an solchen eindeutigen Anhaltspunkten für einen abweichenden „objektivierten“ Parteiwillen, ist die Klausel nach § 309 Nr. 3 BGB unwirksam, weil sie eine Aufrechnung mit unbestrittenen Forderungen nicht zulässt.

(c) Ergebnis

Zusammenfassend ist festzuhalten, dass die Auslegung anhand der objektivierten Verständnismöglichkeiten eines redlichen, nicht rechtlich vorgebildeten Vertragspartners zu erfolgen hat. Danach ergibt sich im Grundsatz, dass eine Klausel, welche allein rechtskräftig festgestellte Forderungen aus dem Bereich der Aufrechnungsbeschränkung herausnimmt, nicht gleichsam unbestrittene Forderungen für eine Aufrechnung vorbehält. Eine solche Klausel ist nach § 309 Nr. 3 BGB unwirksam. Nur sofern sich aus anderen Umständen und insbesondere durch weitere Klauselteile oder andere systematische Anhaltspunkte eindeutig aufdrängt, dass die Klausel sowohl die Aufrechnung mit rechtskräftig festgestellten und auch mit unbestrittenen Forderungen zulassen will, kann eine Wirksamkeit angenommen werden. Denn allein diese Klauseln entsprechen § 309 Nr. 3 BGB.

Die unterschiedliche Bewertung bzw. Auslegung der Fälle von alleinigem Aufrechnungsvorbehalt für unbestrittene Forderungen (= ohne weitere Anhaltspunkte auch Vorbehalt für rechtkräftig festgestellten Forderungen) und dem alleinigen Aufrechnungsvorbehalt für rechtskräftig festgestellte Forderungen (= nur mit weiteren Anhaltspunkten auch Vorbehalt für unbestrittene Forderungen) resultiert aus dem systematischen Verhältnis der Forderungen, nämlich dem *Grund- und Spezialfall,* zueinander. Dieses Verhältnis verbietet die pauschale Schlussfolgerung, dass der Vorbehalt *einer* Forderungsart aus § 309 Nr. 3 BGB auch immer als Vorbehalt der *anderen* Forderungsart aus § 309 Nr. 3 BGB auszulegen ist.

1025 Gleiches gilt für die in Fn. 1009 genannten Entscheidungen.

1026 So zutreffend auch BeckOGK-BGB/*Weiler* (01.03.2021) § 309 Nr. 3 Rn. 53; BGH NJW 2007, 3421 (Rn. 13 f.).

(4) Aufrechnungsbeschränkungen „der Sache nach"

Die Frage der Formulierungsanforderungen wird allerdings in der Literatur und Rechtsprechung weniger eindeutig beantwortet, wenn die AGB kein allgemeines ausdrückliches Aufrechnungsverbot, sondern ein solches *der Sache nach* enthalten, wie bspw. bei Klauselformulierungen, wie *„Fracht gegen Barzahlung"*, *„Verkauf gegen sofortige Barzahlung"* oder *„bei Lieferung gegen Nachnahme"*.[1027] Diese schließen die Aufrechnung nur „mittelbar" aus[1028] und sehen der Natur der Sache nach (auch) keine Ausnahme für Forderungen i.S.d. § 309 Nr. 3 BGB vor. Daher liegt, entsprechend den Ausführungen zu allgemein gehaltenen Aufrechnungsbeschränkungen, die Annahme einer Unwirksamkeit nach § 309 Nr. 3 BGB nahe.

Zumindest bei derartigen Klausel im Unternehmervertrag wird angedacht, dass eine beschränkenden Auslegung dahingehend erfolgt, dass die Aufrechnungsbeschränkung sich nicht auf unbestrittene und rechtskräftig festgestellte Forderungen bezieht.[1029] Als Begründung wird auf die Üblichkeit dieser Klauseln mit entsprechender Kenntnis des Inhalts durch die Vertragspartner[1030], das geringere Transparenzbedürfnisses[1031] sowie dem Interesse an „bündigen Klauseln"[1032] verwiesen.

1027 Siehe zur differenzierenden Betrachtung solcher Klauseln § 6 C.

1028 Den Begriff der mittelbaren Aufrechnungsbeschränkung verwendend Staudinger/*Gursky* § 387 Rn. 245.

1029 So u.a. *Rabe* NJW 1987, 1978 (1984 f.); Staudinger/*Coester-Waltjen* § 309 Nr. 3 Rn. 14; wohl auch Baumbach/Hopt/*Leyens*, HGB, § 346 Rn. 40 „Kasse, Kasse gegen Dokumente"; *Rabe* EWiR 1987, 1221 (1222); differenzierend BeckOGK-BGB/*Weiler* (01.03.2021) § 309 Nr. 3 Rn. 88 (zumindest für Incoterms); BeckOK-BGB/*Becker* (01.02.2021) § 309 Nr. 3 Rn. 16 (Incoterms); Staudinger/*Gursky* § 387 Rn. 245; *Lindacher* BB 1983, 154 (159 f.); ohne jeden Eingang auf eine Unwirksamkeit einer Klausel BGH NJW 1985, 550 (*„cash on delivery"*); OLG Düsseldorf NJW-RR 1995, 115 (*„Netto Kasse ohne Abzug"*); LG Hamburg MDR 1966, 57; LG Kiel VersR 1968, 469; vgl. zur a.A. BGHZ 91, 375 (383 f.) = NJW 1984, 2404 (2405 f.); Erman/*Roloff* § 309 Rn. 33; Wolf/Lindacher/Pfeiffer/*Dammann* § 309 Nr. 3 Rn. 50 ff., 72; wohl auch OLG Frankfurt, Urteil v. 25.03.2004, Az. 1 U 31/03, BeckRS 2004, 05494. Siehe zu dieser Fragestellung § 6 C. I.

1030 Vgl. bspw. *Rabe* NJW 1987, 1978 (1985); BeckOK-BGB/*Becker* (01.02.2021) § 309 Nr. 3 Rn. 16; vgl. auch *Rabe* EWiR 1987, 1221 (1222).

1031 Vgl. *Rabe* NJW 1987, 1978 (1985); Ulmer/Brandner/Hensen/*Schäfer* § 309 Nr. 3 Rn. 12 (im Erg. aber nur kritisch).

1032 Staudinger/*Coester-Waltjen* § 309 Nr. 3 Rn. 14; vgl. auch BeckOGK-BGB/*Weiler* (01.03.2021) § 309 Nr. 3 Rn. 88 (zumindest für Incoterms); BeckOK-BGB/*Becker* (01.02.2021) § 309 Nr. 3 Rn. 16; vgl. auch *Lindacher* BB 1983, 154 (160).

Zwar ist grundsätzlich eine der Inhaltskontrolle vorrangige Auslegung vorzunehmen bzw. möglich.[1033] Einer Auslegung in dem angeführten Sinn stehen im hier betrachteten *Bereich der Verbraucherverträge* allerdings mehrere Gründe entgegen:

AGB sind so auszulegen, wie sie von verständigen, redlichen und rechtlich nicht vorgebildeten Vertragspartnern verstanden werden.[1034] Bei Zugrundelegung dieses Maßstabes kann hingegen nicht angenommen werden, dass ein durchschnittlicher Vertragspartner die Klausel entsprechend verstehen wird. Auch wenn wohl gerade noch annehmbar ist, dass für einen durchschnittlichen Verbraucher in Klauseln, welche ihn bspw. direkt zur Barzahlung verpflichten, erkennbar eine Aufrechnungsbeschränkung liegt, würde eine darüberhinausgehende Annahme zu weit gehen. Der Verbraucher kann bei solchen Klauseln nicht erkennen, dass er nicht „bar zahlen" müsse, wenn er Inhaber unbestrittener oder rechtskräftig festgestellter Gegenforderungen gegen den Verwender wäre. Für den Vertragspartner ist aus dem Wortlaut überhaupt nicht ersichtlich, dass die Aufrechnungsbeschränkung *nicht vollumfänglich* gelten soll.[1035] Auch kann keine dahingehende Kenntnis des Verbrauchers durch ein allgemeines Verständnis solcher Klauseln im Rechtsverkehr angenommen werden. Ein solches ist bereits im Handelsverkehr zweifelhaft[1036] und es fehlt jeder Beleg für ein derartiges allgemeines Verständnis des durchschnittlichen Verbrauchers als Vertragspartner. Solche Belege wären aufgrund der fehlenden Anhaltspunkte im Wortlaut der Klausel allerdings zwingend.

Außerdem würde es zu einer Besserstellung der Verwender kommen, die solche „mittelbaren" Aufrechnungsbeschränkungsklauseln verwenden, gegenüber Verwendern von AGB, die darin ausdrücklich einen Ausschluss der Aufrechnung ohne Ausnahmen vereinbaren. Im ersten Fall würde die Auslegung dazu führen, dass die Klausel wirksam ist und nur mit den unbestrittenen und rechtskräftig festgestellten Forderungen aufgerechnet werden kann. Im Übrigen wäre die Aufrechnung verwehrt. Im Fall der allgemein formulierten Aufrechnungsbeschränkung ist hingegen die Klausel insgesamt unwirksam, sodass der

---

1033 Bspw. BGHZ 152, 262 (265 f.) = NJW 2004, 294; *v. Westphalen* NJW 2008, 2234 f.

1034 Vgl. nur Staudinger/*Schlosser*, 15. Auflage 2013, § 305c Rn. 126 m.z.w.N. der Rspr.

1035 Hier liegt auch der mitentscheidende Unterschied zur Fragestellung, ob bei einem Aufrechnungsvorbehalt nur für eine der beiden Forderungen auch die andere Forderungsart von dem Aufrechnungsvorbehalt erkennbar mitumfasst, d.h. für die Aufrechnung zulässig ist. Siehe dazu soeben § 5 B. IV. 2.) e.) aa) (2) und (3).

1036 Siehe dazu § 5 B. VI. 2.) b) dd) (3).

Vertragspartner mit und gegen alle Forderungen aufrechnen könnte. Ein rechtfertigender Grund für diese Besserstellung ist nicht gegeben. Vielmehr ist dem Verwender, der offen ausdrücklich die Aufrechnung ausschließt, zuzugestehen, dass dieser sich deutlich näher an den Anforderungen des Transparenzgebotes nach § 307 Abs. 1 Satz 2 BGB befindet.

Eine solche Auslegung würde im Ergebnis zu einer Umgehung des allgemein anerkannten Verbotes der geltungserhaltenden Reduktion führen. Letzteres würde ad absurdum geführt, wenn Klauseln *ohne weitere objektive Anhaltspunkte* im Wortlaut oder den allgemeinen Vertragsumständen so „beschränkt" ausgelegt würden, dass diese sich gerade noch im Bereich des nach §§ 307 ff. BGB zulässigen befinden.[1037] In den genannten Klauseln und den typischen Fallkonstellationen in den diese vorkommen, finden sich im Allgemeinen für einen durchschnittlichen Verbraucher keine solchen Anhaltspunkte. Das Risiko unzulässiger Klauseln würde vom Verwender genommen und auf den Vertragspartner übertragen.[1038] An dieser unzulässigen Umgehung des Verbots der geltungserhaltenden Reduktion[1039] ändert auch der Umstand nichts, dass die „Auslegung" bereits *vor* der eigentlichen Inhaltskontrolle erfolgt.

Daher ist im Zusammenhang mit der eindeutigen Vorgabe des § 309 Nr. 3 BGB eine solche „ergänzende" geltungserhaltende Auslegung abzulehnen.[1040] Derartige Klauseln entsprechen nicht den Formulierungsanforderungen und sind in einem Vertrag mit einem Verbraucher gem. § 309 Nr. 3 BGB unwirksam.

bb) Entscheidungsreife Forderungen

Nach der Festlegung des von § 309 Nr. 3 BGB geschützten Bereichs hinsichtlich entscheidungsreifer Forderungen o.e.B.[1041], ist im Folgenden zu bestimmen,

---

1037 Vgl. allgemein BGH NJW 1988, 2664 (2665); Ulmer/Brandner/Hensen/*Schäfer* § 305c Rn. 100; Erman/*Roloff* § 305c Rn. 24.

1038 Siehe zum Aspekt des Verbotes der geltungserhaltenden Reduktion, dass das Risiko der Verwendung von unwirksamen AGB nicht zu Lasten des Vertragspartners, sondern zu Lasten des Verwenders gehen soll § 5 B. IV. 5.) b).

1039 Im Erg. BGH NJW 1988, 2664 (2665); vgl. zumindest für den Bereich der ergänzenden Vertragsauslegung auch BGHZ 143, 103 (120 f.) = NJW 2000, 1110 (1114); vgl. auch Ulmer/Brandner/Hensen/*Schäfer* § 305c Rn. 100 (Wertungswiderspruch).

1040 Vgl. wohl auch Wolf/Lindacher/Pfeiffer/*Dammann* § 309 Nr. 3 Rn. 50, 72; Staudinger/*Coester-Waltjen* § 309 Nr. 3 Rn. 8; im Erg. ebenso OLG Frankfurt, Urteil v. 25.03.2004, Az. 1 U 31/03, BeckRS 2004, 5494; s.a. BGHZ 92, 312 (314 ff.) = NJW 1985, 319 (320) (Unwirksamkeit im unternehmerischen Bereich nach § 9 Abs. 1 AGBG mit § 11 Nr. 3 AGBG als „*konkretisierende Ausgestaltung des Benachteiligungsverbotes*").

1041 Siehe dazu ausführlich § 5 B. IV. 2.) d) bb) (1).

welche Anforderungen sich daraus an die Formulierung der Klausel ergeben, damit diese zumindest im Hinblick auf § 309 Nr. 3 BGB wirksam ist.

(1) Ausdrückliche Herausnahme entscheidungsreifer Forderungen

Eindeutig sollte insoweit sein, dass Klauseln, welche nicht nur ausdrücklich die Aufrechnung mit unbestrittenen und rechtskräftig festgestellten Forderungen sondern *auch mit entscheidungsreifen* Forderungen zulassen, dem Schutzbereich des § 309 Nr. 3 BGB entsprechen und daher nicht unwirksam sind.[1042] Folglich ist in Kongruenz zu der Darstellung des Schutzbereiches von § 309 Nr. 3 BGB[1043] auch eine Formulierung ausreichend, welche neben unbestrittenen und rechtskräftig festgestellten Forderungen auch diejenigen von der Aufrechnungsbeschränkung ausnimmt, „*die ohne eine eigenständige Beweisaufnahme entscheidungsreif sind*". Für Gegenforderungen, die aufgrund einer – unzulässigerweise – nur für diese Forderung durchgeführten Beweisaufnahme im Gerichtsverfahren entscheidungsreif geworden sind[1044], muss ein solcher Vorbehalt nicht ausdrücklich vorgesehen werden.

(2) Kumulative Herausnahme unbestrittener und rechtskräftig festgestellter Forderungen

In der Praxis wird ein solcher Aufrechnungsvorbehalt für entscheidungsreife Forderungen oftmals nicht explizit vorgesehen. Vielmehr wird allein eine dem Wortlaut des § 309 Nr. 3 BGB nachgebildete Formulierung gewählt.

Auch insoweit besteht keine vollständige Einigkeit, ob auch diese Klausel den Formulierungsanforderungen des § 309 Nr. 3 BGB entspricht. Zum Teil wird bei fehlendem expliziten Vorbehalt die Klausel für unwirksam gehalten.[1045] Die

1042 OLG Düsseldorf WuM 1997, 428; vgl. BGH ZMR 2016, 609 (610, allerdings zutreffend mit einer Unwirksamkeit nach §§ 307, 309 Nr. 3 BGB, da sich der ausdrückliche Vorbehalt nicht wie erforderlich auf alle Gegenforderungen bezieht); OLG Köln, Urteil v. 22.12.2009, Az. 22 U 9/09, Juris; vgl. auch *Ghassemi-Tabar/Schweizer* ZfIR 2012, 224 (227 Fn. 31).

1043 Siehe dazu soeben § 5 B. IV. 2.) e) aa).

1044 Siehe zur Differenzierung zwischen Forderungen, die ohne und die mit eigenständiger Beweisaufnahme entscheidungsreif sind oder geworden sind, § 5 B. IV. 2.) d) bb) (1).

1045 OLG Celle WuM 1990, 103 (111); OLG Stuttgart BauR 2011, 1358 (1361); LG Hannover WuM 1988, 259 (260); *Derleder* WuM 2007, 599 (608); vgl. LG Nürnberg-Fürth WM 2016, 325 (326, Unwirksamkeit gem. § 307 Abs. 1 Satz 2 BGB; aufgehoben durch OLG Nürnberg WM 2016, 2300; Berufung wiederum aufgehoben durch Revision

höchstrichterliche Rechtsprechung hingegen stuft solche Klauseln – zumindest hinsichtlich des vorliegend betrachteten Bereiches[1046] – als wirksam ein[1047] und findet hierfür in der Literatur größtenteils Zustimmung.[1048] Die dogmatische Konstruktion ist aber unterschiedlich: Zum Teil wird bereits eine *Auslegung* der Klausel dahingehend vorgenommen, dass eine Aufrechnung mit entscheidungsreifen Forderungen gleichsam möglich, also nicht von der Aufrechnungsbeschränkung ausgeschlossen, ist.[1049] Vorwiegend die Rechtsprechung versagt hingegen dem Verwender in diesen Fällen ohne wirkliche Erörterung der (Un) Wirksamkeit eine Berufung auf die Aufrechnungsbeschränkung gem. § 242 BGB (*unzulässige Rechtsausübung*).[1050]

BGHZ 218, 132 = NJW 2018, 2042, dort Fragestellung offen gelassen, Unwirksamkeit wegen § 307 BGB aus anderen Gründen).

1046 Siehe zur (Un-)Zulässigkeit von vertraglichen Aufrechnungsbeschränkungen für konnexe oder synallagmatische Forderungen § 6 B.

1047 BGH NJW 2002, 2779; BGH NJW 1986, 1757; BGH NJW-RR 1999, 1335 f. m.w.N.; OLG Nürnberg WM 2016, 2300 (2302, aufgehoben durch Revision BGHZ 218, 132 = NJW 2018, 2042, Unwirksamkeit wegen § 307 BGB aus anderen Gründen); OLG Karlsruhe NJW-RR 2006, 600 (601); OLG Frankfurt, Beschluss v. 13.03.2012, Az. 21 U 41/11, BeckRS 2012, 10234; im Erg. auch OLG Nürnberg NJOZ 2014, 1882 (1883); OLG Düsseldorf NJW-RR 1999, 244; AG Tempelhof-Kreuzberg Grundeigentum 2012, 407 f.

1048 BeckOGK-BGB/*Weiler* (01.03.2021) § 309 Nr. 3 Rn. 56; Wolf/Lindacher/Pfeiffer/*Dammann* § 309 Nr. 3 Rn. 33; Blank/Börstinghaus/*Blank*/*Börstinghaus*, Miete, § 556b Rn. 45; *Ghassemi-Tabar/Schweizer* ZfIR 2012, 224 (225); *Wollgarten* WuB 2017, 183; *Blank* WuM 1995, 567 (571); AnwK AGB-Recht/*Jilg* § 309 Nr. 3 Rn. 12; wohl auch Staudinger/*Coester-Waltjen* § 309 Nr. 3 Rn. 6; *Findeisen* WM 2016, 2286 (2291), zumindest für die Wirksamkeitsfrage nach § 307 Abs. 1 Satz 2 BGB.

1049 Wolf/Lindacher/Pfeiffer/*Dammann* § 309 Nr. 3 Rn. 33; OLG Düsseldorf Grundeigentum 2011, 1680; OLG Celle BauR 2011, 271 (272); OLG Karlsruhe NJW-RR 2006, 600 (601, allerdings fehlgehend von einer Entscheidungsreife nach einer [eigenständigen] Beweisaufnahme für die Gegenforderung ausgehend); vgl. auch OLG Düsseldorf OLGR 2009, 821 = BeckRS 2009, 28073 (sinngemäße Erfassung); LG Köln, Urteil v. 14.03.2012, Az. 23 O 135/11, BeckRS 2012, 9421 (Auslegung nach §§ 133, 157 BGB); OLG Düsseldorf, DWW 2017, 217 (222 f., sinngemäße Erfassung); vgl. auch OLG Düsseldorf VersR 1982, 158 (zu § 32 ADsp. a.F.).

1050 Bspw. BGH WM 1978, 620 (621); BGH NJW 1986, 1757; OLG Hamm NJW-RR 2017, 208; OLG Nürnberg WM 2016, 2300 (2302, aufgehoben durch Revision BGHZ 218, 132 = NJW 2018, 2042, Fragestellung offen gelassen, Unwirksamkeit wegen § 307 BGB aus anderen Gründen); BGH, Beschluss v. 25.09.2003, Az. IX ZR 198/02, BeckRS 2003, 8750; OLG Naumburg, Urteil v. 23.05.2013, Az. 1 U 72/12, BeckRS 2013, 18276; unklar BGH NJW 2002, 2779 („[…] *Gründe die es rechtfertigen könnten,*

Im Ergebnis ist nach dem gleichen Weg vorzugehen, der auch im Rahmen der Frage maßgeblich ist, ob der Aufrechnungsvorbehalt für *unbestrittene* Forderungen auch *rechtskräftig festgestellte* Forderungen erfasst. Denn wie ausgeführt sind die bestimmten Konstellationen von entscheidungsreifen Forderungen, welche § 309 Nr. 3 BGB schützt, systematisch als Unterfälle von unbestrittenen Forderungen anzusehen. [1051]

Aus diesem Grund ergibt sich im Wege der, der Inhaltskontrolle vorhergehenden Auslegung des objektiven Inhalts der Klausel, dass auch die Aufrechnung mit entscheidungsreifen Forderungen o.e.B. trotz einer Aufrechnungsbeschränkung möglich ist. Auch hier ist dem durchschnittlichen Vertragspartner bewusst, dass die Aufrechnungsbeschränkung nicht uneingeschränkt gilt, er mithin mit bestimmten Forderungen trotzdem aufrechnen kann. Aus dem Wortlaut einer Klausel, welche § 309 Nr. 3 BGB entspricht, ergibt sich, dass eine Aufrechnung mit unbestrittenen Forderungen möglich ist. Sofern seine Gegenforderung mit der Gewissheit über die entscheidungserheblichen Tatsachen für die Hauptforderung gleichsam feststeht und begründet ist, erschließt sich für den Vertragspartner schon aus der Natur der Sache, dass insoweit ein Bestreiten der Forderung überhaupt nicht möglich ist. Dem durchschnittlichen Vertragspartner ist dann bewusst, dass mit einem „Bestreiten" gleichzeitig die Hauptforderung in Zweifel gezogen bzw. die Grundlage entzogen würde. Gleiches gilt auch für den Fall, dass die Gegenforderung entscheidungsreif ist, weil die insoweit beweiswürdigen Tatsachen offenkundig bzw. allgemein bekannt sind, mithin keine (eigenständige) Beweisaufnahme erforderlich ist. Es wäre fernliegend, dem Vertragspartner zu unterstellen, er würde glauben, dass offenkundige Tatsachen bestritten werden könnten, sodass eine Aufrechnung ausgeschlossen ist.

Außerdem ist hier gleichzeitig der Gesetzeswortlaut von § 309 Nr. 3 BGB zu beachten. Zwar erfolgt die Ermittlung des objektiven Inhaltes der Klausel nach den Verständnismöglichkeiten eines durchschnittlichen Vertragspartners unter Berücksichtigung der Interessen der Beteiligten. Allerdings kann diese Auslegung nicht ohne jegliche Berücksichtigung des Gesetzeswortlautes und der darin für den rechtlich nicht vorgebildeten Vertragspartner ersichtlichen gesetzlichen Vorgaben erfolgen. Daher dürfen zumindest hinsichtlich des Verbotsbereichs

---

das vertraglich vereinbarte Aufrechnungsverbot ausnahmsweise unbeachtete zu lassen […]"); BeckOK-MietR/*Bruns* (01.02.2021) § 556b Rn. 41; vgl. außerdem die w.N. in Fn. 946.

1051 Siehe dazu § 5 B. IV. 2.) e) aa) (2).

von § 309 Nr. 3 BGB die Anforderungen an den Verwender nicht zu hoch und damit über den Wortlaut des Gesetzes hinaus angesetzt werden.[1052]

(a) Transparenzanforderungen nach § 307 Abs. 1 Satz 2 BGB und § 305 Abs. 2 BGB

Aufgrund des Sachzusammenhanges ist kurz darauf einzugehen, ob eine solche Klausel auch den Transparenzanforderungen nach § 307 Abs. 1 Satz 2 BGB und auch § 305c Abs. 2 BGB entspricht.[1053] Durch die Regelung des § 305c Abs. 2 BGB soll bei einer zweideutigen Klauseln durch eine vertragspartnerfeindlichste Auslegung ein vertragspartnerfreundliches Ergebnis erreicht werden.[1054] Durch die Regelung des § 307 Abs. 1 Satz 2 BGB soll für den Partner seine Recht und Pflichten in der Klausel hinreichend erkennbar ausgedrückt werden.[1055] Im Ergebnis widerspricht eine am Wortlaut von § 309 Nr. 3 BGB orientierte Aufrechnungsbeschränkung diesen Voraussetzungen nicht.[1056]

Einerseits ergibt sich aus dem fehlenden ausdrücklichen Vorbehalt der Aufrechnungsmöglichkeit für entscheidungsreife Forderungen o.e.B. keine für die Anwendung des § 305c Abs. 2 BGB erforderliche mehrdeutige Klausel.[1057] Wie bereits dargelegt, eröffnet sich für den Vertragspartner erkennbar aufgrund des Inhalts von bestrittenen Forderungen und der des darauf beruhenden systematischen Verhältnisses zu entscheidungsreifen Forderungen, dass eine Aufrechnung auch mit den „Unterfällen" der unbestrittenen Forderungen möglich ist.[1058] Auch besteht für den Vertragspartner nicht die Gefahr, dass dieser aufgrund nicht eindeutiger und einfach verständlicher Formulierung seine Rechte

---

1052 Ähnlich *Ghassemi-Tabar/Schweizer* ZfIR 2012, 224 (227); *Findeisen* WM 2016, 2286 (2292).

1053 Vgl. Ulmer/Brandner/Hensen/*Ulmer/Schäfer* § 305c Rn. 81, Staudinger/*Wendland* § 307 Rn. 172.

1054 Siehe nur MüKo-BGB/*Basedow* § 305c Rn. 51, 48 ff.; Ulmer/Brandner/Hensen/*Ulmer/Schäfer* § 305c Rn. 91; BGHZ 187, 86 (94 f., m.w.N.) = NJW 2011, 139 (141).

1055 Vgl. Ulmer/Brandner/Hensen/*Fuchs* § 307 Rn. 323, 335, 338; MüKo-BGB/*Wurmnest* § 307 Rn. 61 f.; BeckOK-BGB/*Schmidt* (01.02.2021) § 307 Rn. 45.

1056 A.A. allerdings LG Nürnberg-Fürth WM 2016, 325 (326, Unwirksamkeit gem. § 307 Abs. 1 Satz 2 BGB; aufgehoben durch OLG Nürnberg WM 2300, offen gelassen in der Revisionsentscheidung BGHZ 218, 132 (138) = NJW 2018, 2042 (2044).

1057 Zu diesem Erfordernis allgemein BGHZ 112, 65 (68 f.) = NJW 1990, 3016 (3017) und BGH NJW-RR 2010, 63 (64) jeweils m.w.N.; Ulmer/Brandner/Hensen/*Ulmer/Schäfer* § 305c Rn. 85 f.

1058 Siehe § 5 B. VI. 2.) d) bb) (1) (b) (cc), § 5 B. IV. 2.) e) aa) (2) und bb).

aus der Klausel nicht geltend macht. Wie dargelegt, ist es für den Vertragspartner „objektiv" erkennbar, dass eine entscheidungsreife Forderung o.e.B. nicht bestritten werden kann.[1059] Insbesondere bei offenkundigen Tatsachen und bei anspruchsbegründenden Tatsachen, die für Haupt- und Gegenforderungen maßgeblich sind, wird er nicht davon abgehalten werden, eine Aufrechnung zu erklären. Denn er wird vielmehr glauben, dass er in diesen Fällen „in jedem Falle" das Recht habe, seine Forderungen durchzusetzen und im Wege der Aufrechnung geltend zu machen. Er wird ein Bestreiten des Verwenders nicht ernst nehmen können, da dies in den genannten – und das sind allein die von § 309 Nr. 3 BGB geschützten – Fällen nach der allgemeinen Lebenserfahrung sachlogisch nicht möglich ist.

(b) Zwischenergebnis

Festzuhalten ist, dass eine Klausel, welche dem Wortlaut von § 309 Nr. 3 BGB nachgebildet ist und nicht explizit entscheidungsreife Forderungen o.e.B. für eine Aufrechnung vorbehält, zumindest nicht nach § 309 Nr. 3 BGB unwirksam ist und auch den Transparenzanforderungen entspricht.

(3) Alternative Herausnahme unbestrittener oder rechtskräftig festgestellter Forderungen

Die Frage, ob mit der alleinigen Herausnahme von unbestrittenen oder rechtskräftig festgestellten Forderungen auch entscheidungsreife Forderungen o.e.B. für eine wirksame Aufrechnungsbeschränkung nach § 309 Nr. 3 BGB vorbehalten sind, ist anhand der bereits festgestellten Erkenntnisse zu bewerten.

Sofern unbestrittene Forderungen in der Aufrechnungsbeschränkung ausdrücklich vorbehalten sind, ist aufgrund des systematischen Verhältnisses eine Auslegung dahingehend vorzunehmen, dass auch die hier untersuchten entscheidungsreifen Forderungen ausgenommen werden. Denn auch diese stellen – wie rechtskräftig festgestellte Forderungen – einen Spezialfall der unbestrittenen Forderungen dar, sodass sich im Rahmen der „objektivierten" Auslegung für den durchschnittlichen Partner ergibt, dass diese Fälle ebenfalls nicht vor der Aufrechnung ausgeschlossen sein sollen.

Sofern hingegen nur rechtkräftig festgestellte Forderungen zur Aufrechnung vorbehalten sind, entspricht diese Formulierung nicht den Vorgaben des § 309 Nr. 3 BGB. Denn eine Auslegung, dass auch entscheidungsreife

---

1059 Siehe § 5 B. VI. 2.) e) aa) (2) und bb) (2).

Forderungen zur Aufrechnung vorbehalten sind, ist ebenso wenig möglich wie die Auslegung, dass mit einer solchen Formulierung auch unbestrittene Forderungen nicht von der Aufrechnung ausgeschlossen sein sollen. Es fehlt insoweit an Umständen oder Anhaltspunkten, aus denen sich ergibt, dass diese Forderungen zur Aufrechnung vorbehalten sind. Eine Schlussfolgerung aufgrund des systematischen Verhältnisses wie bei einem Vorbehalt für unbestrittene Forderungen ist nicht möglich.

(4) Ergebnis

Zusammenfassend ist festzustellen, dass hinsichtlich entscheidungsreifer Forderungen eine wirksame Aufrechnungsbeschränkung nach § 309 Nr. 3 BGB formuliert ist, wenn ein ausdrücklicher Vorbehalt für entscheidungsreife Forderungen o.e.B. vorhanden. Ausreichend ist außerdem, wenn ein Vorbehalt für unbestrittene Forderungen vorhanden ist. Ein alleiniger Vorbehalt für rechtskräftig festgestellte Forderungen führt hingegen ohne weitere Anhaltspunkte nicht zu dem Verständnis des Vertragspartners, dass auch mit entscheidungsreifen Forderungen o.e.B. und unbestrittenen Forderungen trotz Aufrechnungsbeschränkung aufgerechnet werden kann. Sofern ausdrücklich entscheidungsreife Forderungen von der Aufrechnung ausgeschlossen sind, ist die Klausel unwirksam (formuliert). Dies gilt auch dann, wenn die Klausel im Übrigen einen kumulativen Aufrechnungsvorbehalt für unbestrittene und rechtskräftig festgestellte Forderungen vorsieht.

3.) Übertragung der Wertungen auf Individualvertrag

Vereinzelt wird erwogen, die Grenzen von § 309 Nr. 3 BGB auch auf den individualvertraglichen Bereich zu erstrecken.[1060] Unter Berufung auf verschiedene höchstrichterliche Entscheidungen sei zumindest der Rechtsgedanke von § 309 Nr. 3 BGB bei der Wirksamkeitskontrolle von Individualvereinbarungen zu berücksichtigen.[1061]

Eine solche Wirksamkeitsgrenze im Individualvertrag durch § 309 Nr. 3 BGB ist allerdings abzulehnen. Es fehlt im Rahmen von individualvertraglichen

1060 BeckOGK-BGB/*Skamel* (01.04.2021) § 387 Rn. 198; BeckOK-BGB/*Dennhardt* (01.02.2021) § 387 Rn. 36; NK-BGB/*Wermeckes* § 387 Rn. 45.

1061 BeckOGK-BGB/*Skamel* (01.04.2021) § 387 Rn. 198; BeckOK-BGB/*Dennhardt* (01.02.2021) § 387 Rn. 36 und NK-BGB/*Wermeckes* § 387 Rn. 45, unter Berufung auf BGH WM 1975, 614 (616), BGHZ 94, 167 = NJW 1985, 1829 (1830 f.) und BGH NJW 2018, 857.

Aufrechnungsbeschränkungen an dogmatischen Konstruktionen, welche eine derartige Unwirksamkeit ermöglichen. Bei einer Individualvereinbarung scheidet eine Inhaltskontrolle nach §§ 307 ff. BGB in direkter oder analoger Anwendung aus.[1062] Eine weitergehende Inhaltskontrolle verbietet sich nach der in dieser Arbeit vertretenen Ansicht.[1063] Eine Unwirksamkeit über § 134 BGB mit *§ 309 Nr.3 BGB als Verbotsgesetz* kommt ebenfalls nicht in Betracht.[1064]

Da nach der in dieser Arbeit vertretenen Ansicht allgemein bei individuell ausgehandelten Vertragsbedingungen die Schwelle der Grenznormen § 134 BGB und § 138 BGB nicht erreicht wird, wird eine *Wirksamkeitsgrenze* auch in Bezug auf die von § 309 Nr. 3 BGB geschützten Forderungen nicht überschritten. Auch insoweit ist davon auszugehen, dass die jeweiligen Vertragspartner ihre Privatautonomie in den Vertragsverhandlungen hinreichend wahrgenommen und entsprechend die Regelung mit allen Vor- und Nachteilen für sich akzeptabel gehalten haben.

Im Individualvertrag kommt als einzige dogmatische Möglichkeit in Betracht, dass Aufrechnungsbeschränkungen, welche auch die Forderungen von § 309 Nr. 3 BGB erfassen, im Einzelfall treuwidrig erscheinen und eine Berufung auf die Aufrechnungsbeschränkung nach dem Grundsatz von Treu und Glauben ausgeschlossen ist. Ob allerdings § 309 Nr. 3 BGB für die genannten Forderungen ein solch allgemeingültiger, d.h. über den Schutz vor (unangemessenen) AGB hinausgehender Schutzgedanke zu entnehmen ist, sodass eine Berufung auf die Aufrechnungsbeschränkung im Individualvertrag treuwidrig ist, bedarf einer weiteren Aufklärung.[1065]

4.) Übertragung der Wertungen auf den Unternehmervertrag

Die Wertungen des § 309 Nr. 3 BGB sind aufgrund ihrer allgemeingültigen Gerechtigkeitswertungen im Grundsatz auch auf Verträge mit Unternehmern als Vertragspartner des Verwenders anzuwenden.[1066] Allerdings kommt eine direkte Anwendung aufgrund der eindeutigen Bestimmung des § 310 Abs. 1 Satz 1 BGB nicht in Betracht, sondern allein die Wertungen sind

1062 Insoweit beziehen sich die von der Literatur angeführten höchstrichterlichen Entscheidungen (siehe Fn. 1061) zum Teil auf formularmäßige Ausschlussvereinbarungen, wie BGH NJW 2018, 857, welcher den formularmäßigen Ausschluss der Einrede nach § 770 Abs. 2 BGB behandelt.

1063 Siehe dazu § 5 B. II.

1064 Siehe dazu § 5 B. I. 1.)

1065 Siehe dazu § 5 C. II. 2.) d.).

1066 Siehe dazu § 5 B. VI. 2.) b) bb).

gem. § 310 Abs. 1 Satz 2 BGB bei der Inhaltskontrolle nach § 307 Abs. 1, 2 BGB zu berücksichtigen.[1067]

5.) Rechtsfolge

Die Betrachtung der Rechtsfolge bezieht sich weniger auf die Frage, welche Rechtsfolgenanordnung § 309 Nr. 3 BGB vorgibt. Dies ist mit einer *Unwirksamkeitsfolge* ausdrücklich in der Regelung vorgesehen. Vielmehr ist genauer zu untersuchen, wie weit diese Rechtsfolgenanordnung reicht, insbesondere ob eine Aufrechnungsbeschränkung selbst in einen wirksamen und unwirksamen Bereich geteilt werden kann.

a) Grundsatz

Eine Aufrechnungsbeschränkung, welche die in § 309 Nr. 3 BGB genannten Forderungen nicht explizit von den von der Aufrechnungsbeschränkung erfassten Forderungen ausnimmt, ist insgesamt unwirksam.[1068] Einer Beschränkung der Unwirksamkeit der Klausel zugunsten eines gerade noch zulässigen und wirksamen Teils steht das allgemeine Verbot der geltungserhaltenden Reduktion entgegen.[1069] Die Aufrechnungsbeschränkung kann nicht nur für die die in § 309 Nr. 3 BGB genannten, also unbestrittenen und rechtskräftig festgestellten, Forderungen als unwirksam angesehen und im Übrigen erhalten werden.[1070]

1067 Vgl. MüKo-BGB/*Basedow* § 310 Rn. 11 ff., § 309 Rn. 9; Ulmer/Brandner/Hensen/*Ulmer/Schäfer* § 310 Rn. 27, 31 ff.

1068 Ein ausdrückliches Aufrechnungsverbot wegen § 309 Nr. 3 BGB für unwirksam haltend bspw. BGH NJW-RR 1986, 1110 (1111); BGH NJW-RR 1986, 1281 (1283); BGHZ 91, 375 (383 ff.) = NJW 1984, 2404 (2405 f.); OLG Brandenburg, Urteil v. 13.01.2010, Az. 3 U 12/09, BeckRS 2010, 3474; AG Baden-Baden, Urteil v. 26.02.1986, Az. 1 C 889/85, BeckRS 1986, 30993686; LG München I WuM 1994, 370 (374); BeckOGK-BGB/*Weiler* (01.03.2021) § 309 Nr. 3 Rn. 30 m.w.N.; *Stoffels,* AGB-Recht, Rn. 852.

1069 Vgl. dazu aus der Rspr. grundlegend BGHZ 84, 109 (114 ff.) = NJW 1982, 2309; BGHZ 62, 83 (89) = NJW 1974, 551 (552 f., vor der Geltung des AGBG); statt (fast) aller aus der Lit. v. Westphalen/Thüsing/*Thüsing*, VertrR/AGB-Klauselwerke (45. EL 2020), Teil „Vertragsrecht" – Rechtfolgen Rn. 16; Staudinger/*Schlosser*, 15. Auflage 2013,§ 306 Rn. 22 ff.; Staudinger/*Mäsch* § 306 Rn. 23 ff.; Ulmer/Brandner/Hensen/*Schmidt* § 306 Rn. 14 jeweils m.z.w.N.; vgl. umfassend zur (Un-)Zulässigkeit der geltungserhaltenden Reduktion *Neumann*, Geltungserhaltende Reduktion, 58 ff.; BeckOGK-BGB/*Bonin* (01.03.2021) § 306 Rn. 27 ff.

1070 Vgl. BGH ZMR 2016, 609 (610); BGH NJW 2007, 2421 (2423); BGH NJW 1994, 657 (658); BGHZ 115, 324 (326) = NJW 1992, 575 (577); BGH NJW-RR 1986, 1110

Der Forderungsinhaber kann folglich mit und gegen *jede* Forderung aufrechnen, sofern die Voraussetzungen von §§ 387 ff. BGB vorliegen und kein gesetzliches Verbot der Aufrechnung entgegensteht.[1071]

b) Reichweite des Verbots der geltungserhaltenden Reduktion

Zwar scheint die Bestimmung der Rechtsfolgenreichweite bei Anwendung des Verbots der geltungserhaltenden Reduktion eindeutig. Allerdings ist damit noch nicht bestimmt, welche Fälle vom Verbot der geltungserhaltenden Reduktion erfasst sind. Dieses Verbot gilt nicht uneingeschränkt. So wird in Erwägung gezogen, dass keine Gesamtunwirksamkeit angenommen werden muss, wenn eine Klausel aufgrund von mehreren Regelungs- oder Bestimmungsgehalten teilbar ist.[1072]

aa) Teilbarkeit von einzelnen Aufrechnungsbeschränkungen

Bei der Beurteilung von einer Aufrechnungsbeschränkung besteht in aller Regel auch *nicht* die Möglichkeit, dass – entgegen der grundsätzlichen Unwirksamkeit der gesamten Klausel – nur ein Teil der einheitlichen Aufrechnungsbeschränkungs-Klausel unwirksam ist und ein wirksamer Teil der Aufrechnungsbeschränkung verbleibt.[1073] Denn eine eigenständige Wirksamkeitsprüfung von sprachlich

---

(1111, § 307 BGB); BGHZ 92, 312 (314 f.) = NJW 1985, 319 f.; OLG Nürnberg NJOZ 2014, 1882 (1183); vgl. auch OLG Brandenburg, Urteil v. 13.01.2010, Az. 3 U 12/09, BeckRS 2010, 03474; aus der Lit. u.a. Ulmer/Brandner/Hensen/*Schäfer* § 309 Nr. 3 Rn. 11; BeckOGK-BGB/*Weiler* (01.03.2021) § 309 Nr. 3 Rn. 81; *Stoffels*, AGB-Recht, Rn. 852; *v. Westphalen* NJW 2008, 2234 (2239); a.A. noch zu § 11 Nr. 3 AGBG *Kötz* NJW 1979, 785 (787 ff., Unwirksamkeit von Klauseln, die die Aufrechnung vollständig ausschließen, nur soweit diese unbestrittene und rechtskräftig festgestellte Forderungen betreffen; Gesamtunwirksamkeit nur, wenn Richter feststellt, dass Verwender um die „Teilunwirksamkeit" wusste); vgl. auch LG Hannover MDR 1981, 497 f. (§ 9 ABGB) und *Rabe* NJW 1987, 1978 (1984 f.).

1071 Zutreffend nun auch BeckOGK-BGB/*Weiler* (01.03.2021) § 309 Nr. 3 Rn. 80; Wolf/Lindacher/Pfeiffer/*Dammann* § 309 Nr. 3 Rn. 52; vgl. Staudinger/*Coester-Waltjen* § 309 Nr. 3 Rn. 8.

1072 Vgl. st. Rspr, BGHZ 107, 185 (190 f.) = NJW 1989, 3215 (3216); BGH NJW 1998, 2284 (2285 f.); BGHZ 145, 203 (211 f.) = NJW 2001, 291 (294); Staudinger/*Schlosser*, 15. Auflage 2013, § 306 Rn. 20 ff.; BeckOGK-BGB/*Bonin* (01.03.2021) § 306 Rn. 16 ff.; MüKo-BGB/*Basedow* § 306 Rn. 22 ff. m.w.N.

1073 Vgl. dazu die Nachweise in Fn. 1070; a.A. wohl auch LG Berlin Grundeigentum 1997, 368 f.; LG Hannover MDR 1981, 497 f. zu § 11 Nr. 3 AGBG auch *Kötz* NJW 1979, 785 (587 ff.).

verbundenen AGB-Klausel-Teilen bzw. Teilregelungen in AGB, kommt nur bei inhaltlich trennbaren, einzeln aus sich heraus verständlichen AGB-Teilen in Betracht.[1074] Dies ist bei AGB mit *einer* Aufrechnungsbeschränkung allerdings nicht der Fall. Diese sind grundsätzlich nicht inhaltlich teilbar.[1075]

Eine eigenständige Aufrechnungsbeschränkung ist immer dann anzunehmen, *wenn* sich der *beschränkende Regelungsgehalt gegen die Aufrechnung mit einer oder einer Vielzahl von bestimmten Forderungen gegen eine oder eine Vielzahl von bestimmten Forderungen richtet.* Eine solche Aufrechnungsbeschränkung hat allein den Zweck, das Gestaltungsrecht der Aufrechnung nach §§ 387 ff. BGB in bestimmter Weise auszuschließen. Alleiniger Bezugspunkt der formularmäßigen Vereinbarung ist die Festlegung des Beschränkungsumfanges für eine oder eine Vielzahl von bestimmten Forderungen oder der besonderen Tatbestandsvoraussetzungen, unter denen eine Aufrechnung mit einer oder einer Vielzahl von bestimmten Forderungen gegen eine oder eine Vielzahl von bestimmten Forderungen möglich ist.

Diese Bestimmung lässt sich anhand folgender Klausel verdeutlichen: „*Der Mieter kann gegen die Miete weder aufrechnen noch ein Zurückbehaltungsrecht ausüben oder die Miete mindern. Hiervon ausgenommen sind Forderungen des Mieters wegen Schadenersatz für Nichterfüllung oder Aufwendungsersatz infolge eines anfänglichen oder nachträglichen Mangels der Mietsache, den der Vermieter wegen Vorsatz oder grober Fahrlässigkeit zu vertreten hat, und andere Forderungen aus dem Mietverhältnis, soweit sie unbestritten, rechtskräftig festgestellt oder entscheidungsreif sind.*“[1076]

Hier handelt es sich um *eine einzelne* Aufrechnungsbeschränkung. Die Klausel beschränkt allein die Aufrechnung mit Forderungen gegenüber Mietzinsforderungen. Im weiteren Verlauf der Klausel (2. Satz), wird allein konkretisiert, wie diese Beschränkung aussieht, mithin mit welchen Forderungen gegen die Mietzinsforderung nicht aufgerechnet werden kann. Insoweit ist die Klausel auch in der Gesamtheit an § 309 Nr. 3 BGB zu messen. Sie verstößt – so auch zutreffend der BGH[1077] – gegen § 309 Nr. 3 BGB, da letztendlich mit Forderungen, die nicht

1074 Vgl. st. höchstrichterliche Rspr. seit BGHZ 84, 109 (114 ff.) = NJW 1982, 2309.

1075 So zutreffend auch die höchstrichterliche Rspr., welche dies voraussetzt, indem eine Frage nach der Teilbarkeit nicht erörtert wird, bspw. BGH NJW 2007, 3421 (3422 f.), BGH NJW-RR 2018, 74 (75) jeweils zu einem Zustimmungsvorbehalt einer Aufrechnung; a.A. noch zu § 11 Nr. 3 AGBG *Kötz* NJW 1979, 785 (787 ff.).

1076 Vgl. BGH NZM 2016, 585 und BGH ZMR 2016, 609.

1077 Vgl. BGH NZM 2016, 585 (586) und BGH ZMR 2016, 609 (610), jeweils aber über § 307 BGB, da im unternehmerischen Bereich.

aus dem Mietverhältnis stammen, selbst dann nicht aufgerechnet werden kann, wenn diese unbestritten, rechtskräftig festgestellt oder entscheidungsreif o.e.B. wären. Eine Streichung des Teils der Klausel „*… aus dem Mietverhältnis…*", würde zwar dafür sorgen, dass mit allen Forderungen aufgerechnet werden kann, sofern diese unbestritten, rechtskräftig festgestellt und entscheidungsreif wären. Allerdings würde dies keine Streichung einer inhaltlich (weiteren) eigenständigen Aufrechnungsbeschränkung darstellen, sondern schlichtweg den – weit formulierten – Umfang der einzelnen Beschränkung auf ein zulässiges Maß reduzieren. Genau dies ist aber ein Fall der geltungserhaltenden Reduktion und demgemäß nicht möglich.

Aus diesen Gründen kann der allein in der gerichtlichen Praxis vom *LG Berlin* vertretenen Auffassung, dass eine Klausel, die die Aufrechnung zwar grundsätzlich nach § 309 Nr. 3 BGB zulässig beschränkt – Ankündigungsvorbehalt –, aber zusätzlich die Aufrechnung „*unter die Voraussetzung* [stellt], *dass er sich mit seinen Mietzahlungen nicht im Rückstand befand*", nur bezüglich des letzteren Teils unwirksam sei[1078], nicht geteilt werden.[1079] Der gemeinsame Bezugspunkt beider „Klauselabschnitte" ist die *eine* Aufrechnungsmöglichkeit gegen eine bestimmte Forderung bzw. Forderungsmehrheit. Eine getrennte bzw. geteilte Betrachtung würde den Sinn und Zweck des AGB-Kontrollmechanismus zugunsten des Verbrauchers „auf den Kopf" stellen und darauf hinauslaufen, dass der Verwender doch weitere Voraussetzungen für eine wirksame Aufrechnung vorgeben kann, deren Wirksamkeit fraglich ist.

Das Verbot der Geltungserhaltung soll auch sicherstellen, dass das Risiko der Verwendung von unwirksamen AGB nicht zu Lasten des Vertragspartners, sondern zu Lasten des Verwenders geht.[1080] Daher ist eine fehlende inhaltliche Teilbarkeit anzunehmen, wenn Zweifel bestehen, ob eine Aufrechnungsbeschränkung inhaltlich als einzelne Beschränkungsvereinbarung anzusehen ist.

bb) Teilbarkeit bei mehreren Aufrechnungsbeschränkungen

Eine Teilbarkeit kann allerdings dann angenommen werden, wenn es sich bei der fraglichen Regelung um *mehrere einzelne* Aufrechnungsbeschränkungen handelt. In diesem Fall würde das Verbot der geltungserhaltenden Reduktion

---

1078 Vgl. LG Berlin Grundeigentum 1997, 368 f.

1079 A.A. BeckOGK-BGB/*Weiler* (01.03.2021) § 309 Nr. 3 Rn. 82.

1080 Vgl. BGHZ 84, 109 (115 ff.) = NJW 1982, 2309 (2310); Ulmer/Brandner/Hensen/*Schmidt* § 306 Rn. 14; *Ulmer* NJW 1981, 2025 (2028 f).

nicht eingreifen, da es sich um verschiedene Beschränkungsregelungen handelt.[1081] Wie ausgeführt, ist eine eigenständige Aufrechnungsbeschränkung immer anzunehmen, wenn der beschränkende Regelungsgehalt sich auf die Aufrechnung mit einer oder einer Vielzahl bestimmter Forderungen gegen eine oder eine Vielzahl von bestimmten Forderungen richtet.[1082] Sofern eine weitere Bestimmung vorhanden ist, welche die Aufrechnung mit oder gegen eine andere oder mehrere andere Forderungen ausschließen oder beschränken soll, liegt damit auch eine weitere eigenständige Regelung vor. Diese einzelnen Beschränkungen mit den jeweiligen eigenen (Tatbestands-)Voraussetzungen für die Aufrechnung sind jeweils und grundsätzlich unabhängig voreinander anhand von § 309 Nr. 3 BGB zu beurteilen.

So ist bspw. anzunehmen, dass folgende Beschränkung nur hinsichtlich des letzteren Teils unwirksam ist:

> *„Die Aufrechnung gegenüber Mietzinsforderungen ist ausgeschlossen, sofern diese nicht unbestritten, entscheidungsreif oder rechtskräftig festgestellt sind. Eine Aufrechnung gegen Forderungen des Verwenders aus anderen Rechtsverhältnissen mit Forderungen aus dem Mietverhältnis ist vollständig ausgeschlossen.“*

Der erste Satzteil betrifft allein die Beschränkung der Aufrechnung gegen Mietzinsforderungen. Der zweite Teil betrifft die Beschränkung der Aufrechnung gegenüber allen übrigen Forderungen des Verwenders bzw. Vermieters. Diese Bestimmungen erhalten ihre Verknüpfung allein aufgrund der aufeinanderfolgenden Satzreihung und des Bezugs auf die Thematik der „Beschränkung der Aufrechnung“. Inhaltlich geht dieser Bezug aber nicht darüber hinaus. Dementsprechend sind diese beiden Aufrechnungsbeschränkungen inhaltlich getrennt nach § 309 Nr. 3 BGB zu bewerten.

1081 Insoweit fehlgehend LG Berlin Grundeigentum 1997, 368 f., welches eine Teilbarkeit bei nur „einer“ Aufrechnungsbeschränkungsregel annimmt; zutreffend LG Mainz, Urteil v. 11.03.2015, Az. 3 S 105/13, BeckRS 2016, 8788 (aufgehoben durch die Revisionsentscheidung BGH ZMR 2016, 609 f.); im Grundsatz zustimmend wohl BeckOGK-BGB/*Weiler* (01.03.2021) § 309 Nr. 3 Rn. 82; vgl. auch zum insoweit vergleichbaren Fall der verschieden vereinbarten Rücktrittsgründe Ulmer/Brandner/Hensen/*Schmidt* § 306 Rn. 12 m.w.N.

1082 Siehe dazu soeben § 5 B. IV. 5.) b) aa).

cc) Teilbarkeit von Klauseln mit Aufrechnungsbeschränkungen und anderen Beschränkungen

Des Weiteren ist zu hinterfragen, ob eine Teilbarkeit möglich ist, wenn die Aufrechnungsbeschränkung mit anderen Regelungen verknüpft wird, welche *nicht* selbst die Ausgestaltung der Aufrechnungsbeschränkung betreffen. In diesen Fällen besteht die Möglichkeit, dass die beiden Regelungen auch ohne die Wirksamkeit des anderen Teils aus sich heraus inhaltlich verständlich sind, ohne dass eine gänzlich neue, von der bisherigen Vertragsgestaltung völlig abweichende Regelung entsteht. Mithin wäre die Klausel teilbar und die Wirksamkeit der einzelnen Regelungen unabhängig voneinander zu beurteilen.[1083]

Eine solche Teilbarkeit kann insbesondere in Betracht kommen, wenn sowohl die Geltendmachung eines Zurückbehaltungsrechtes als auch die Aufrechnung ausgeschlossen ist. Es handelt es sich im Grundsatz um zwei eigenständige Regelungsobjekte mit verschiedenem Regelungsbezug – einmal Ausschluss der Aufrechnung und einmal Ausschluss des Zurückbehaltungsrechtes. Demgemäß ist auch eine jeweilige Wirksamkeitsbetrachtung mit einer Unwirksamkeitsunabhängigkeit der einen von der anderen Regelung vorzunehmen. Es kann also der Ausschluss des Zurückbehaltungsrechtes den Anforderungen von § 309 Nr. 2, 3, § 307 BGB entsprechen und wirksam sein, während eine – wörtlich verbundene – Aufrechnungsbeschränkung wegen Verstoßes gegen § 309 Nr. 3 BGB bzw. § 307 BGB unwirksam ist.[1084]

Diese Bewertung und die dahingehende Teilbarkeit von Beschränkungen der Aufrechnung mitsamt einer Beschränkung des Zurückbehaltungsrechtes hat der BGH daher in früheren Entscheidungen angenommen.[1085] In neuerer Zeit hat der BGH allerdings eine Klausel in einem Mietvertrag mit einem Ausschluss der Aufrechnung und des Zurückbehaltungsrechtes aufgrund eines Verstoßes der Aufrechnungsbeschränkung gegen § 309 Nr. 3 (i.V.m. § 307) BGB für insgesamt unwirksam gehalten.[1086] Diese Unwirksamkeit beider Beschränkungen wurde weniger auf die sprachliche Verknüpfung gestützt als auf die gleiche

---

1083 Vgl. BGHZ 107, 185 (190 f.) = NJW 1989, 3215 (3216); BGH NJW-RR 2005, 919 f.

1084 Vgl. BeckOK-MietR/*Bruns* (01.02.2021) § 566b Rn. 38 a.E.; Schmidt/Futterer/*Langenberg*, Mietrecht, 13. Auflage 2017, § 556b Rn. 37; für den umgekehrten Fall LG Berlin MDR 1997, 236.

1085 BGHZ 107, 185 (190 f.) = NJW 1989, 3215 (3216); BGH NJW-RR 2005, 919 f.; vgl. auch LG Berlin MDR 1997, 236.

1086 BGH NZM 2016, 585 (586); BGH ZMR 2016, 609 (610).

Zielrichtung der beiden Beschränkungen und der daraus abzuleitenden inhaltlichen Verknüpfung.[1087]

Nach der in dieser Arbeit vertretenen Ansicht ergibt sich aus der neueren höchstrichterlichen Rechtsprechung erst einmal nur, dass eine inhaltliche Teilbarkeit ausgeschlossen ist, wenn der Inhalt beider Regelungen für einen *Gesamtzweck* streitet, der nur erreicht werden kann, wenn beide Klauseln oder Klauselteile wirksam sind.[1088] Dies ändert allerdings an der grundsätzlichen inhaltlichen Teilbarkeit von verschiedenen Regelungsobjekten wie Ausschluss der Aufrechnung und Ausschluss von Leistungsverweigerungsrechten nichts. Es ist zutreffend, dass der Gesamtzweck von Aufrechnungsbeschränkungen und Ausschlüssen des Zurückbehaltungsrechtes im Mietvertragsrecht oder allgemein in Dauerschuldverhältnissen darin liegen wird, den regelmäßigen Geldeingang für eine entsprechende und dauerhafte Liquidität sicherzustellen.[1089] Dieser Zweck kann je nach konkreter Vertragsgestaltung nur sinnhaft erreicht werden, wenn Aufrechnung und Zurückbehaltung gleichzeitig ausgeschlossen sind. Allerdings trifft dies bei einseitigen Austauschverhältnissen in Kauf- oder Werkverträgen nicht gleichermaßen zu.[1090] Dort fehlt es im Regelfall an einem Gesamtzweck. Die Ausschlussregelungen verfolgen im Regelfall getrennte Zwecksetzungen.[1091] Außerdem würde, sofern immer ein Gesamtzweck angenommen würde, vernachlässigt, dass Aufrechnung und Leistungsverweigerung in einem Alternativverhältnis stehen, nur im Regelfall durch einen Ausschluss der Aufrechnung auch Leistungsverweigerungsechte ausgeschlossen werden und durch einen Ausschluss der Leistungsverweigerungsrechte die Aufrechnung nicht ausgeschlossen wird.[1092]

V. § 309 Nr. 2 BGB

Aufgrund der Möglichkeit des Übergangs eines bestehenden Leistungsverweigerungsrechtes – ungleichartige Forderungen – in eine

1087 Vgl. insoweit *Streyl* NZM 2016, 587 (Anm. zu BGH NZM 2016, 585).

1088 Vgl. *Streyl* NZM 2016, 587.

1089 Vgl. *Streyl* NZM 2016, 587. Siehe allgemein zu diesem durch eine Aufrechnungsbeschränkung verfolgten Zweck bereits § 3 C. I. 2.).

1090 Vgl. im Erg. BGHZ 107, 185 (190 f.) = NJW 1989, 3215 (3216).

1091 Siehe ausführlich zu den inhaltlichen Unterschieden zwischen der Aufrechnung und den Leistungsverweigerungsrechten § 2 B. I. sowie § 4 B. IV. 2.).

1092 Siehe dazu ausführlich § 4 B. IV. 2.).

Aufrechnungsmöglichkeit – gleichartige Forderungen – ist zu untersuchen, ob auch § 309 Nr. 2 BGB Grenzen für vertragliche Aufrechnungsbeschränkungen setzt.

In der folgenden Darstellung dieser Fragestellung wird zwischen den Leistungsverweigerungsrechten aus § 320 BGB und § 641 Abs. 3 BGB und dem Zurückbehaltungsrecht aus § 273 BGB unterscheiden. Denn § 309 Nr. 2 BGB regelt diese Leistungsverweigerungsrechte getrennt.

1.) § 309 Nr. 2a BGB

§ 309 Nr. 2a BGB gibt vor, dass die Einrede des nichterfüllten Vertrages aus § 320 BGB nicht in AGB mit *einem Verbraucher* als Vertragspartner abbedungen werden darf. Dies gilt auch ausdrücklich für Einschränkungen dieses Leistungsverweigerungsrechtes. Aus diesem Grund sind alle (Haupt-)Leistungen bzw. alle Forderungen, die in einem synallagmatischen Verhältnis zueinander stehen, einem Ausschluss des Leistungsverweigerungsrechts nicht zugänglich.[1093] Zutreffenderweise ist das in § 641 Abs. 3 BGB explizit normierte Leistungsverweigerungsrecht i.S.d. § 320 BGB für den Werkbesteller ebenfalls von § 309 Nr. 2a BGB (analog) geschützt.[1094] Aus dem gleichen inhaltlichen Regelungsgehalt von § 320 BGB und § 641 Abs. 3 BGB folgt: der Schutz der synallagmatischen Verknüpfung der gegenseitigen Forderungen.[1095]

Folglich ist durch § 309 Nr. 2 BGB gegenüber § 309 Nr. 3 BGB eine deutliche strengere Grenze gesetzt. Denn § 309 Nr. 2a BGB verbietet *nicht nur* den Ausschluss gegenüber bestimmten Forderungen, also bspw. den unbestrittenen und rechtskräftig festgestellten, sondern das Verbot ist *allumfassend*. Der Gesetzgeber hat die synallagmatische Verknüpfung zwischen Leistung und Gegenleistung aus einem Vertrag der formularmäßigen Disposition entzogen, da er in dieser Verknüpfung einen fundamentalen Rechtsgedanken sieht.[1096]

1093 Vgl. nur Staudinger/*Coester-Waltjen* § 309 Nr. 2 Rn. 2; MüKo-BGB/*Wurmnest* § 309 Nr. 2 Rn. 6.

1094 Wolf/Lindacher/Pfeiffer/*Dammann* § 309 Nr. 2 Rn. 3 (analog); BeckOGK-BGB/*Weiler* (01.03.2021) § 309 Nr. 2 Rn. 44; vgl. auch für den unternehmerischen Verkehr BGH NJW-RR 2005, 919 (920), welcher allerdings eine Unwirksamkeit nach § 307 BGB ohne konkreten Bezug auf § 309 Nr. 2a BGB annimmt.

1095 Vgl. Wolf/Lindacher/Pfeiffer/*Dammann* § 309 Nr. 2 Rn. 3. Siehe dazu ausführlich noch § 6 B. III. 2.) b) und d) dd) (3) (a) und (b).

1096 Vgl. BT-Drs. 7/3919, 28; MüKo-BGB/*Wurmnest* § 309 Nr. 2 Rn. 1; BeckOGK-BGB/*Weiler* (01.03.2021) § 309 Nr. 2 Rn. 5; für einen immanenten *„materiellen Gerechtigkeitsgehalt“* von § 320 BGB und § 273 BGB BeckOK-BGB/*Becker* (01.02.2021) § 309 Nr. 2 Rn. 1 f.; siehe außerdem die Nachweise der Rspr. in Fn. 1185.

Im Grundfall, d.h. bei Betrachtung der synallagmatischen Forderungen in ihrer Form der ursprünglichen, also der vertraglich bestimmten gegenseitigen Leistungspflichten, setzt § 309 Nr. 2a BGB für vertragliche Aufrechnungsbeschränkungen keine Grenzen. Durch die Beschränkung der Möglichkeit der Aufrechnung wird die Befugnis zur Erhebung der Einrede nach § 320 BGB nicht ausgeschlossen.[1097] Im Regelfall bestehen die Hauptleistungs- und Gegenleistungspflicht *eines Vertrages* in einer *Sach*leistungspflicht und einer *Vergütungs*pflicht.[1098] Entsprechend handelt es sich um *nicht* gleichartige Leistungen bzw. Ansprüche, welche die Voraussetzungen für eine Aufrechnung gem. §§ 387 ff. BGB erfüllen. Aufgrund dieser Unterscheidung ist zumindest für den Grundfall, bei dem sich keine gleichartige Hauptleistung und Gegenleistung gegenüberstehen, keine Grenzziehung durch § 309 Nr. 2a BGB anzunehmen.[1099]

2.) § 309 Nr. 2b BGB

Der zweite Teil des § 309 Nr. 2 BGB bezieht sich auf das Zurückbehaltungsrecht aus § 273 BGB.[1100] Einschränkungen oder Ausschlüsse sind nach § 309 Nr. 2b BGB in AGB unwirksam, sofern diese auf *demselben Vertragsverhältnis* beruhen". Letztendlich sind damit *nicht* alle Konstellationen des Zurückbehaltungsrechtes erfasst. Die für § 273 BGB erforderliche Konnexität erfasst nach der gängigen weiten Auslegung alle Fälle, in welchen die beiden Ansprüche einem *einheitlichen Lebensverhältnis* entspringen.[1101] Mithin kann ein Zurückbehaltungsrecht nach § 273 BGB vorliegen, wenn die Ansprüche nicht auf derselben vertraglichen Grundlage beruhen, sondern sich aus früheren Geschäften ergeben, sofern der natürliche und wirtschaftliche Zusammenhang gegeben ist.

1097 Siehe zum fehlenden Ausschluss der Leistungsverweigerungsrechte durch eine Aufrechnungsbeschränkung bei ursprünglich verschiedenartigen Forderungen § 4 B. IV. 2.) a); zur Abgrenzung der Aufrechnung und den Leistungsverweigerungsrechten § 2 B. I.

1098 Vgl. nur BeckOGK-BGB/*Weiler* (01.03.2021) § 309 Nr. 3 Rn. 18.

1099 Siehe die ausführliche Betrachtung von besonderen Konstellationen von Aufrechnungsbeschränkungen für gleichartig gewordene synallagmatische oder konnexe Forderungen in § 6 B.

1100 Nicht erfasst sind dabei andere Zurückbehaltungsrechte, wie nach §§ 321, 770, 1000, 1160, 1161 BGB; so auch Staudinger/*Coester-Waltjen* § 309 Nr. 2 Rn. 2 m.w.N.; Wolf/Lindacher/Pfeiffer/*Dammann* § 309 Nr. 2 Rn. 31; MüKo-BGB/*Wurmnest* § 309 Nr. 2 Rn. 16; BeckOGK-BGB/*Weiler* (01.03.2021) § 309 Nr. 2 Rn. 52.

1101 Vgl. nur BGHZ 115, 99 (103, m.w.N.) = NJW 1991, 2645 (2646); BeckOGK-BGB/*Krafka* (01.04.2021) § 273 Rn. 43 f.; BeckOK-BGB/*Lorenz* (01.02.2021) § 273 Rn. 18.

Letztgenannte Konstellationen sind allerdings vom Verbot des § 309 Nr. 2b BGB *nicht erfasst.* Vielmehr ist zwingend ein gemeinsames, d.h. dasselbe Vertragsverhältnis erforderlich, auf dem die Forderungen beruhen.[1102]

Eine Grenzziehung durch § 309 Nr. 2b BGB für vertragliche Aufrechnungsbeschränkungen besteht – wie im Bereich des § 309 Nr. 2a BGB – allerdings *im Grundfall* nicht. Auch hier stehen sich wegen der Grundlage in „demselben Vertragsverhältnis", im Regelfall verschiedenartige Forderungen gegenüber, sodass eine Aufrechnungsbeschränkung keine Beschränkung der Ausübung des Zurückbehaltungsrechtes bewirkt.

VI. § 307 BGB

Eine weitere Grenznorm für Aufrechnungsbeschränkungen besteht mit § 307 BGB. Diese Regelung stellt wie die Vorgängerregelung des § 9 AGBG den Grundtatbestand zu den Spezialnormen § 308 und § 309 BGB dar.[1103] § 307 BGB gilt nicht für individualvertragliche Aufrechnungsbeschränkungen und setzt also nur für AGB Wirksamkeitsgrenzen. Diese Grenzen können durch eine Unwirksamkeit aufgrund einer unangemessenen Benachteiligung im materiellrechtlichen Sinne gem. § 307 Abs. 1 Satz 1, Abs. 2 BGB und einer solchen aufgrund der fehlenden Transparenz der AGB gem. § 307 Abs. 1 Satz 2 BGB vorgegeben sein.[1104]

Aufgrund der generalklauselartigen Ausgestaltung des Prüfungsmaßstabes dieser Norm[1105] ist eine abstraktere Bestimmung der Grenzen für formularmäßige Aufrechnungsbeschränkungen erschwert. Eine Konkretisierung des allgemeinen Verbotsbereiches für Aufrechnungsbeschränkungen lässt sich allerdings hinsichtlich mehrerer Punkte vornehmen. Erstens lässt sich bestimmen, ob es sich bei Aufrechnungsbeschränkungen um eine nach § 307 Abs. 3 BGB

1102 Vgl. MüKo-BGB/*Wurmnest* § 309 Nr. 2 Rn. 16; Wolf/Lindacher/Pfeiffer/*Pfeiffer* § 309 Nr. 2 Rn. 32; BeckOGK-BGB/*Weiler* (01.03.2021) § 309 Nr. 2 Rn. 6, 54; AnwK AGB-Recht/*Jilg* § 309 Nr. 2 Rn. 3.

1103 Vgl. nur Staudinger/*Coester*, 15. Auflage 2013, § 307 Rn. 1, 8 f.; Staudinger/*Wendland* § 307 Rn. 1, 8 f.; noch für § 9 AGBG: *Zoller*, Vorleistungspflicht und AGB-Gesetz, 60.

1104 Vgl. Ulmer/Brandner/Hensen/*Fuchs* § 307 Rn. 10; die Vorgaben des Transparenzgebotes nach § 307 Abs. 1 Satz 2 BGB werden im Rahmen dieser Arbeit nicht gesondert dargestellt, sondern bei einer entsprechenden Relevanz unter den einzelnen Vorgaben an die Formulierungen der Aufrechnungsbeschränkungen einbezogen.

1105 Vgl. nur Ulmer/Brandner/Hensen/*Fuchs* § 307 Rn. 1; Staudinger/*Wendland* § 307 Rn. 9.

kontrollfreie Bestimmung handelt.[1106] Zweitens lassen sich Schlussfolgerungen für den Verbotsbereich der Generalklausel aus dem Verhältnis zur Spezialnorm § 309 BGB ableiten.[1107] Es lässt sich drittens der Regelungsbereich des § 307 BGB dahingehend spezifizieren, ob die Grenzen für Aufrechnungsbeschränkungen durch § 309 BGB auch für Verträge mit einem Unternehmer als Vertragspartner gelten.[1108] Viertens ist auch eine allgemeinere Bestimmung möglich, ob die Formulierungsanforderungen für AGB gegenüber Unternehmern im Rahmen von § 307 BGB von den Anforderungen in einem Verbrauchervertrag abweichen.[1109]

Darüber hinausgehend wird im folgenden Abschnitt die Darstellung darauf beschränkt, welcher (Konkretisierungs-)Tatbestand des § 307 BGB für Aufrechnungsbeschränkungen einschlägig sein kann[1110] und welcher Beurteilungsmaßstab in dieser Arbeit für die Beurteilung der Wirksamkeit von konkreten Fallgruppen von Aufrechnungsbeschränkungen nach § 307 BGB anzulegen ist.[1111] Zuletzt wird noch eine besondere Konstellation untersucht, in welcher einer Aufrechnungsbeschränkung aufgrund grundsätzlich *aufrechnungsunabhängiger* Umstände nach § 307 BGB als unwirksam angesehen wurde.[1112] Darüberhinausgehende Fragen der Grenzen für Beschränkungen der Aufrechnung durch § 307 BGB werden im Bereich der konkreten Fallgruppen dargestellt.[1113]

1.) Konkretisierung - Keine Kontrollfreiheit gem. § 307 Abs. 3 Satz 1 BGB

Auf Aufrechnungsbeschränkungen sind dem Grunde nach § 307 Abs. 1 Satz 1, Abs. 2 BGB genauso anwendbar wie §§ 308 f. BGB. Es handelt sich bei Aufrechnungsbeschränkungen auch nicht um eine nach § 307 Abs. 3 Satz 1 BGB kontrollfreie Klausel. Auch eine Aufrechnungsbeschränkung, welche wörtlich und inhaltlich § 309 Nr. 3 BGB entspricht, gibt *nicht* lediglich die gesetzlich vorgegebene Vorgabe bzw. die Rechtslage ohne Klausel deklaratorisch wieder.[1114]

1106 Dazu sogleich § 5 B. VI. 1.).
1107 Dazu sogleich § 5 B. VI. 2.) a).
1108 Dazu sogleich § 5 B. VI. 2.) b) aa) - cc).
1109 Dazu sogleich § 5 B. VI. 2.) b) dd).
1110 Dazu sogleich § 5 B. VI. 3.) a).
1111 Dazu sogleich § 5 B. VI. 3.) b).
1112 Dazu sogleich § 5 B. VI. 4.).
1113 Siehe dazu Kapitel § 6.
1114 So für eine § 309 Nr. 3 BGB wörtlich nachgebildete Klausel allerdings OLG Nürnberg WM 2016, 2300 (2302; aufgehoben durch die Revision BGHZ 218, 132 = NJW 2018, 2042 f.); für eine Kontrollfreiheit für Aufrechnungsbeschränkungen, die den

Denn es wird von den Tatbestandsvoraussetzungen von §§ 387 ff. BGB abgewichen. Ohne die aufrechnungsbeschränkende AGB war eine Aufrechnung unter den Voraussetzungen des §§ 387 ff. BGB möglich. Bei einer Klausel die § 309 Nr. 3 BGB nachgebildet ist, ist eine Aufrechnung entgegen §§ 387 ff. BGB *nicht* mit bestrittenen und nicht rechtskräftig festgestellten Forderungen möglich.[1115]

Vertragliche Aufrechnungsbeschränkungen betreffen auch keine kontrollfreie Bestimmung der Hauptleistungspflichten in Form der Vorgabe von Art, Inhalt und Umfang der Leistung.[1116] Vielmehr regelt die Aufrechnungsbeschränkung nur, dass *wie* der Leistungsmöglichkeit, mithin den gegenteiligen Fall, wie der Anspruch also gerade nicht erfüllt werden kann. Dies betrifft auch Aufrechnungsbeschränkungen, die „nur" die Aufrechnung erschweren und weitere, d.h. über §§ 387 BGB hinausgehende Voraussetzungen für eine Aufrechnung vorgeben.[1117]

2.) Konkretisierung - Verhältnis zu § 309 Nr. 2 BGB und § 309 Nr. 3 BGB

Sowohl im Rahmen von Verbraucherverträgen als auch in Verträgen mit einem Unternehmer könnte angenommen werden, dass eine nach § 308 und § 309 BGB zulässige Vertragsregelung auch stets nach § 307 BGB *wirksam* ist. Im Folgenden ist zu untersuchen, ob und inwieweit dies bei Verbraucherverträgen anzunehmen ist. Anschließend ist zu prüfen, ob die Wertungen von §§ 309 Nr. 2 und Nr. 3 BGB auf Unternehmerverträge zu übertragen sind.

Vorgaben von § 556b Abs. 2 Satz 1 BGB entsprechen Staudinger/*Coester-Waltjen* § 309 Nr. 3 Rn. 3

1115 So zutreffend nun auch BGHZ 218, 132 (134 f.) = NJW 2018, 2042 f.; *Rodi* BKR 2018, 299 (300); *Schmidt* LMK 2018, 408011.

1116 Allgemein abgrenzend BGHZ 185, 359 (363 f.) = NJW 2010, 2719 (299); umfassend dazu u.a. Ulmer/Brandner/Hensen/*Fuchs* § 307 Rn. 14, 25 ff., 37 ff.

1117 Siehe zur Abgrenzung zwischen einem Aufrechnungsausschluss i.S.d. § 309 Nr. 3 BGB und zu nicht zwangsläufig von dieser Vorschrift erfassten Erschwerungen der Aufrechnung § 5 B. IV. 2.) a).

a) Verbrauchervertrag

aa) Zulässigkeit nach § 309 Nr. 2 und Nr. 3 BGB als Erlaubnistatbestand für § 307 BGB im Verbrauchervertrag?

Sowohl in der Literatur als auch in der Rechtsprechung wird aufgrund der Spezialität von § 308 BGB und § 309 BGB auch hinsichtlich Aufrechnungsbeschränkungen angenommen, dass eine nach §§ 308 ff. BGB unbeanstandete Klausel auch nach § 307 BGB stets wirksam sein soll. [1118]

Zutreffend ist, dass § 308 und § 309 BGB allgemein die spezielleren Fälle gegenüber § 307 BGB als Auffangtatbestand darstellen.[1119] Daher kann eine Klausel, welche gegen eine zwingende Vorgabe von § 308, § 309 BGB verstößt, nicht mit der Begründung als wirksam angesehen werden, dass eine unangemessene Benachteiligung nach § 307 Abs. 1 Satz 1, Abs. 2 BGB nicht anzunehmen ist oder die Klausel den Anforderungen des Transparenzgebotes nach § 307 Abs. 1 Satz 2 BGB entspräche.[1120] Aus dieser Spezialität lässt sich allerdings nicht ableiten, dass § 309 Nr. 2 und Nr. 3 BGB entsprechende Klauseln auch im Übrigen allgemein, mithin nach § 307 BGB als wirksam anzusehen sind.[1121] Denn die Spezialität betrifft nur einen *bestimmten Regelungsbereich.*[1122] In den

---

1118 Für den Bereich der Aufrechnungsbeschränkungen *Ghassemi-Tabar/Schweitzer* ZfIR 2012, 224 (225); OLG Schleswig NJW-RR 1999, 420; wohl auch Wolf/Lindacher/Pfeiffer/*Dammann* § 309 Nr. 3 Rn. 40 (zumindest *"grundsätzlich"*); in diese Richtung, aber offen gelassen von OLG Nürnberg WM 2016, 2300 (2302, aufgehoben durch Revision BGHZ 218, 132 = NJW 2018, 2042); vgl. auch OLG Düsseldorf NJOZ 2016, 1084 (1089); kritisch *Findeisen* WM 2016, 2286 (2288).

1119 Vgl. nur Palandt/*Grüneberg* § 307 Rn. 1; BeckOGK-BGB/*Eckelt* (01.09.2020) § 307 Rn. 39 (vgl. auch aber Rn. 40); Staudinger/*Coester*, 15. Auflage 2013, Vorb. §§ 307 ff. Rn. 20, § 307 Rn. 8; Staudinger/*Wendland* Vorb. §§ 307 ff. Rn. 20 ff.

1120 Vgl. nur Staudinger/*Coester*, 15. Auflage 2013, Vorb. §§ 307 ff. Rn. 23, § 307 Rn. 10; Staudinger/*Wendland* Vorb. §§ 307 ff. Rn. 23; MüKo-BGB/*Wurmnest* § 309 Rn. 3; *Bülow* WuB 2016, 345.

1121 Im Erg. ebenso BGHZ 218, 132 (135 f.) = NJW 2018, 2042 (2043); BGH NJW 2011, 1729 f.; OLG Nürnberg NJOZ 2014, 1882 (1884 f.); MüKo-BGB/*Wurmnest* § 309 Rn. 4; Staudinger/*Coester-Waltjen* § 309 Nr. 3 Rn. 2, 3; Staudinger/*Gursky* § 387 Rn. 247; BeckOK-BGB/*Schmidt* (01.02.2021) § 307 Rn. 18; wohl auch *Stoffels*, AGB-Recht, Rn. 577; Ulmer/Brandner/Hensen/*Schäfer* § 309 Nr. 3 Rn. 8; BeckOGK-BGB/*Weiler* (01.03.2021) § 309 Nr. 3 Rn. 3, 17; *Findeisen* WM 2016, 2286 (2288); *Schnauder* jurisPR-BKR 8/2018 Anm. 1 (C. I. 1.)); Erman/*Roloff* § 309 Rn. 29, 30; Palandt/*Grüneberg* § 309 Rn. 17.

1122 So zutreffend auch MüKo-BGB/*Wurmnest* § 309 Rn. 4; *Findeisen* WM 2016, 2286 (2288); vgl. auch Palandt/*Grüneberg* § 307 Rn. 1.

normierten Regelbeispielen hat der Gesetzgeber vorgegeben, welche Klauselgestaltungen stets unwirksam sind. In diesem Bereich darf § 307 BGB als Generalvorschrift zutreffenderweise *nicht* herangezogen werden, um das Ergebnis der Bewertung nach § 308 und § 309 BGB zu konterkarieren.[1123] Es ist aber genauer zu bestimmen, welcher konkrete Regelungsgehalt dem einzelnen Klauselverbot der § 308 oder § 309 BGB zugewiesen wurde, mithin welcher Sinn und Zweck dieser Regelung nach dem gesetzgeberischen Willen zugrunde liegt.[1124] Nur hinsichtlich dieses Regelungszwecks bzw. dieser Regelungsgründe hat eine weitergehende Inhaltskontrolle nach § 307 BGB zu unterbleiben.

Im Übrigen, also wenn dieser Regelungszweck oder der Tatbestand des Klauselverbotes nicht betroffen ist, ist der Auffangtatbestand des § 307 BGB anwendbar. Daher kann sich aus *anderen, in § 309 Nr. 3 BGB nicht gesetzlich fixierten Aspekten* und Gesichtspunkten eine nicht hinnehmbare Vertragsungerechtigkeit im Formularvertrag ergeben, welche als nach § 307 Abs. 1 Satz 1, Abs. 2 BGB unangemessen benachteiligend bewertet werden kann.[1125] Dies gilt auch für solche Konstellationen, in welchen der Gesetzgeber bestimmte Aspekte bei Schaffung der gesetzlichen Regelung nicht gesehen hat oder aufgrund neuer Entwicklungen hinsichtlich der Vereinbarungspraxis nicht sehen konnte.[1126] In diesem Fall eine abschließende Regelung anzunehmen, würde eine flexible Anpassung an die tatsächliche Rechtspraxis einschränken.

Konkret bedeutet dies im Rahmen von Aufrechnungsbeschränkungen, dass § 309 Nr. 3 BGB nur insoweit abschließend ist, als feststehende Forderungen nicht von der Aufrechnung ausgeschlossen werden können und Klauseln, welche

---

1123 Vgl. Ulmer/Brandner/Hensen/*Fuchs* Vorb. § 307 Rn. 8 f.; BeckOGK-BGB/*Eckelt* (01.09.2020) § 307 Rn. 40; BGH NJW 1997, 739 (740, zu § 11 Nr. 12b AGBG); BGHZ 100, 373 (375 f., zu § 11 Nr. 12b AGBG) = NJW 1987, 2012 (2013); vgl. auch OLG Nürnberg WM 2016, 2300 (2302, aufgehoben durch Revisionsentscheidung BGHZ 218, 132 = NJW 2018, 2042, Unwirksamkeit wegen § 307 BGB aus anderen Gründen).

1124 Vgl. Staudinger/*Coester*, 15. Auflage 2013, § 307 Rn. 12; Staudinger/*Wendland* § 307 Rn. 12; BGH NJW 1997, 739 (740).

1125 Vgl. BGH NJW 1997, 739 (740); BGHZ 100, 373 (375 ff., zu § 11 Nr. 12b AGBG) = NJW 1987, 2012 (2013); ähnlich auch Staudinger/*Coester*, 15. Auflage 2013, § 307 Rn. 12; eine Unwirksamkeit im Ausnahmefall nach § 307 BGB annehmend BGH NJW 2016, 2800 (§ 309 Nr. 13 BGB).

1126 Allgemein für eine Berücksichtigungsfähigkeit von Gesichtspunkten, die der Gesetzgeber nicht berücksichtigt hat BGH NJW 1997, 739 (740); BGHZ 100, 373 (378) = NJW 1987, 2012 (2013).

diese Forderungen der Aufrechnung vorbehalten, nicht aus *diesem Grunde* als nach § 307 BGB unwirksam bewertet werden dürfen. Der Erkenntnisgewinn dieser – allein zwingenden[1127] – Schussfolgerung ist allerdings gering. Denn der Vorbehalt dieser Forderungen für eine Aufrechnung ist für den Vertragspartner positiv und kann im Rahmen von § 307 BGB nicht zu einer unangemessenen Benachteiligung führen.

Daraus, dass nicht zwingend aus der Wirksamkeit nach § 309 Nr. 3 BGB auch die Wirksamkeit einer Aufrechnungsbeschränkung nach § 307 BGB folgt, resultiert, dass Aufrechnungsbeschränkungen auch hinsichtlich des Ausschlusses anderer als unbestrittener, rechtskräftig festgestellter oder entscheidungsreifer Forderungen o.e.B. der Inhaltskontrolle nach § 307 Abs. 1, Abs. 2 BGB *nicht standhalten* können. Dabei können zusätzlich andere Wertungskriterien und Gesichtspunkte, welche vom Gesetzgeber nicht abschließend bedacht oder geregelt wurden, im Rahmen einer Prüfung nach § 307 BGB berücksichtigt werden. Durch das bei Aufrechnungsbeschränkungen in Frage stehende Verhältnis von zwei gegenseitigen Forderungen ergibt sich ein weiterreichender Beurteilungskomplex, als dieser tatbestandsmäßig in § 309 Nr. 3 BGB vollständig erfasst wurde bzw. werden konnte. Denn diese Konstellationen können sich insbesondere bezüglich der Forderungsarten und deren Verbindungen, wie Gleichartigkeit, Konnexität, Synallagma, unterscheiden.

Ebenso ergibt sich, dass bei fehlender Betroffenheit des Anwendungsbereiches von § 309 Nr. 3 BGB, bspw. weil nur eine autonom erfüllbare Erschwerung der Aufrechnung vorliegt,[1128] eine Aufrechnungsbeschränkung nach § 307 BGB unwirksam sein kann, bspw. weil eine Formvorgabe an die Aufrechnungserklärung über das legitime Interesse an einer Rechtssicherheit bzgl. des Erklärenden und des Inhaltes durch die Formvorgabe hinausgeht.[1129]

Im Ergebnis sind auch § 309 Nr. 2 und 3 BGB entsprechende Klauseln auf ihre Wirksamkeit anhand von § 307 Abs. 1 Satz 1, Abs. 2 BGB zu überprüfen.[1130]

1127 Zu nicht zwingenden, aber möglichen Schlussfolgerungen aus den Wertungen von § 309 Nr. 3 BGB für die Inhaltskontrolle nach § 307 BGB siehe sogleich § 5 B. VI. 2.) a) bb).

1128 Siehe zur Unterscheidung zwischen einer Aufrechnungsbeschränkung i.S.d. § 309 Nr. 3 BGB und einer von § 309 Nr. 3 BGB nicht erfassten Erschwerung der Aufrechnung § 5 B. IV. 2.) a) aa) und bb).

1129 Siehe zu dieser Fallgruppe § 6 A. II. 2.).

1130 So auch BGHZ 218, 132 (135 ff.) = NJW 2018, 2042 f.; BGH NJW 2011, 1729 f.; Staudinger/*Gursky* § 387 Rn. 247; Staudinger/*Coester-Waltjen* § 309 Nr. 3 Rn. 2, 3; vgl. die w.N. in Fn. 1121.

bb) Wertungsberücksichtigung von § 309 Nr. 2 und Nr. 3 BGB bei § 307 BGB im Verbrauchervertrag

Eine Berücksichtigung der Wertungen von § 309 Nr. 2 und Nr. 3 BGB ist bei der Wirksamkeitsbeurteilung nach § 307 BGB möglich.[1131] So ergibt sich – wenn auch nicht in einem zwingenden Umkehrschluss – aus § 309 Nr. 3 BGB, dass im Grundsatz eine Aufrechnungsbeschränkung im Formularvertrag nicht per se unwirksam ist. Dies soll zwar nicht für die in § 309 Nr. 3 BGB genannten Forderungen gelten. Allerdings ergibt sich aus dem nicht umfassenden Verbot, dass in einem bestimmten Umfang Forderungen von der Aufrechnung ausgeschlossen werden können. Nach dem Gesetzgeber soll sich dies insbesondere daraus ergeben, dass der Forderungsinhaber durch eine Aufrechnungsbeschränkung keinen endgültigen Rechtsverlust erleidet.[1132] Dies ist stets in die Beurteilung nach § 307 BGB einzubeziehen.

Eine Ausstrahlungswirkung der § 309 Nr. 2 und 3 BGB zugrundeliegenden Wertungen auf andere Konstellationen ist außerdem möglich, wenn es sich um wertungstechnisch ähnliche Fallgestaltungen handelt, welche vom tatbestandsspezifischen Verbotsbereich der Regelungen nicht erfasst sind.[1133] Bei Aufrechnungsbeschränkungen ist jenes insbesondere in Fällen der Erschwerung der Aufrechnung denkbar. Diese unterfallen nicht unmittelbar § 309 Nr. 3, sofern der Vertragspartner die Aufrechnungswirkung, wenn auch unter erschwerten Bedingungen, selbst herbeiführen kann.[1134] Allerdings ist der Sinn und Zweck von § 309 Nr. 3 BGB für die Beurteilung nach § 307 Abs. 1 Satz 1, Abs. 2 BGB heranzuziehen. Bspw. ist zwar ein Ankündigungsvorbehalt für eine Aufrechnung nicht unmittelbar von § 309 Nr. 3 BGB erfasst. Allerdings kann eine überlange Frist von bspw. einem Jahr trotzdem der Grundwertung des § 309 Nr. 3 BGB,

---

1131 Vgl. Ulmer/Brandner/Hensen/*Fuchs* § 307 Rn. 164, Vorb. § 307 Rn. 10; vgl. auch BGHZ 153, 293 (299 f.) = NJW 2003, 1521 (1522, Ausschluss des Leistungsverweigerungsrechtes des Bürgen nach § 770 Abs. 2 BGB unwirksam, da Wertung des § 309 Nr. 3 BGB einschlägig bzw. übertragbar); BGHZ 100, 373 (378) = NJW 1987, 2012 (2013); OLG Nürnberg WM 2016, 2300 (2302); s.a. Staudinger/*Coester* § 307 Rn. 12.

1132 Vgl. BT-Drs. 7/3919, 29 sowie zum gesetzgeberischen Hintergrund des § 309 Nr. 3 BGB § 5 B. IV. 1.).

1133 Vgl. Ulmer/Brandner/Hensen/*Fuchs* § 307 Rn. 164, Vorb. § 307 Rn. 10; vgl. auch BGHZ 153, 293 (298 ff.) = NJW 2003, 1521 (1522, Ausschluss des Leistungsverweigerungsrechtes des Bürgen nach § 770 Abs. 2 BGB unwirksam, da Wertung des § 309 Nr. 3 BGB einschlägig bzw. übertragbar).

1134 Siehe dazu ausführlich § 5 B. IV. 2.) a).

dass mit unbestrittenen oder rechtskräftigen Forderungen „*zeitnah*" aufgerechnet werden können muss, entgegenstehen.[1135] Daraus kann sich eine unangemessene Benachteiligung i.S.d. § 307 BGB ergeben.

b) Unternehmervertrag

Die für Verbraucherverträge entscheidenden Fragestellungen würden bei Unternehmerverträgen nur dann relevant, wenn die Wertungen von § 308 und § 309 BGB auch für den Bereich der Verträge mit einem Unternehmer als Verwender der AGB maßgeblich sind.

aa) Ausstrahlungswirkung von §§ 308, 309 BGB

Ob in Unternehmerverträgen eine Ausstrahlungswirkung von § 309 Nr. 2 und Nr. 3 BGB möglich oder gar erforderlich ist, setzt voraus, dass überhaupt *allgemein* eine Ausstrahlungswirkung von §§ 308 ff. BGB auf die Beurteilung von unternehmerischen Verträgen nach § 307 BGB möglich ist. Insoweit wird im Folgenden zuerst eine dahingehende Analyse vorgenommen. Sofern danach eine Ausstrahlungswirkung möglich ist, wird untersucht, ob den speziellen Vorgaben des § 309 Nr. 2 und Nr. 3 BGB Ausstrahlungswirkung zukommt.

(1) Verhältnis zwischen §§ 308 ff. BGB und § 307 BGB

Inwieweit §§ 308 und 309 BGB aufgrund von § 310 Abs. 1 BGB im Rahmen von Verträgen mit einem Unternehmer auf Vertragspartnerseite Berücksichtigung finden, ist in der Rechtswissenschaft umstritten.[1136]

Zutreffend ist zunächst die Feststellung, dass im Handelsverkehr kein strengeres System gelten kann als gegenüber den schutzwürdigeren Verbrauchern als Vertragspartnern. Dementsprechend können Klauseln, die in Verbraucherverträgen *nicht* gegen die Vorschriften des § 308 Nr. 1, 2-8 BGB und § 309 BGB verstoßen, auch nicht im Handelsverkehr über die Generalklausel des § 307 BGB

1135 Zu der Fallgruppe von Ankündigungsvorbehalten § 6 A. III.

1136 Vgl. ausführlich und anschaulich MüKo-BGB/*Basedow* § 310 Rn.11 ff. und *Burckhardt*, AGB-Gesetz, 123 ff., jeweils m.z.w.N.; Staudinger/*Coester*, 15. Auflage 2013, § 307 Rn. 14; Staudinger/*Wendland* § 307 Rn. 14; vgl. auch *Pfeiffer* NJW 2017, 913 (917); BeckOGK-BGB/*Weiler* (01.03.2021) § 309 Nr. 2 Rn. 99 ff. m.w.N. Eine ausführliche Auseinandersetzung mit den verschiedenen Ansichten und die Entwicklung eines Gesamtkonzeptes mit Differenzierungen nach bestimmten Kategorien würde hier den Schwerpunkt der Untersuchung verlagern; vgl. dazu Ulmer/Brandner/Hensen/*Fuchs* § 307 Rn. 373; MüKo-BGB/*Basedow* § 310 Rn. 14 ff.

unwirksam sein.[1137] Dies gilt zumindest soweit die Klausel nicht – aus anderen Gründen – auch im Verbrauchervertrag gem. § 307 BGB unwirksam wäre.

Im Übrigen, also im Fall einer Unwirksamkeit nach §§ 308 f. BGB im Verbrauchervertrag, lässt sich auch ohne umfassende Auseinandersetzung mit den einzelnen Ansichten als Ausgangspunkt festhalten, dass zumindest § 307 Abs. 1 Satz 1, Abs. 2 BGB unmittelbare Anwendung findet und im Rahmen von Unternehmerverträgen Grenzen für die vertragliche Gestaltungsfreiheit setzt. Auch der Unternehmer als Vertragspartner darf nicht unangemessen benachteiligt werden.

Aus dem Wortlaut aus § 310 Abs. 1 Satz 2 BGB ergibt sich hinsichtlich dieser Beurteilung, dass einerseits auch die Verbotsvorschriften von §§ 308 Nr. 1, 2-8, 309 BGB und anderseits die im Handelsverkehr tragenden Gewohnheiten und Gebräuche zu berücksichtigen sind.[1138] Daraus resultiert nach der in dieser Arbeit vertretenen Ansicht zweierlei:

1. Die gesetzlichen (Be-)Wertungen, welche im Rahmen der Inhaltskontrolle von Vertragsgestaltungen mit Verbrauchern als Vertragspartner gelten und ggf. eine Unwirksamkeit begründen, können auch bei der Beurteilung von Verträgen mit unternehmerischen Vertragspartnern herangezogen werden und unter Umständen auch dort zum Ergebnis einer unangemessenen Benachteiligung führen.[1139]
2. Es ist dabei vom Gesetzgeber ebenfalls vorgegeben, dass eine Trennung zwischen Verträgen mit Verbrauchern und Unternehmern zu erfolgen hat und diese nicht parallel laufen müssen. Dabei können und müssen die

1137 OLG Düsseldorf DWW 2017, 217 (220); OLG Düsseldorf NJOZ 2016, 1084 (1989); zu § 11 Nr. 3 und § 9 AGBG OLG Düsseldorf NJOZ 2006, 2981 (2984, m.w.N.); OLG Düsseldorf WuM 1997, 428; ähnlich MüKo-BGB/*Basedow* § 310 Rn. 16 (Fn. 19).

1138 Ein Umkehrschluss dahingehend, dass mangels direkter Anwendbarkeit von §§ 308, 309 BGB solche Klauseln im Unternehmerverkehr stets zulässig seien, ergibt sich aus dieser Vorschrift gerade nicht. Diese These zutreffend ablehnend BGHZ 92, 312 (316) = NJW 1985, 319 (320); Staudinger/*Schlosser*, 15. Auflage 2013, § 310 Rn. 12; *v. Westphalen* NJW 2009, 2977 (2978).

1139 Ähnlich aber wohl eine Indizwirkung annehmend MüKo-BGB/*Wurmnest* § 307 Rn. 77; vgl. auch MüKo-BGB/*Basedow* § 310 Rn. 11 ff.; für eine „vorsichtige Berücksichtigung" *Burckhardt*, AGB-Gesetz, 126, 123 ff.; allgemein eine Indizfunktion von § 309 Nr. 3 BGB für die Beurteilung nach § 307 BGB im Unternehmerverkehr annehmend BGH NJW 2014, 3722 (3762); BGHZ 174, 1 (4 f.) = NJW 2007, 3774 (3775); BGHZ 90, 273 (278) = NJW 1984, 1750 (1751); vgl. auch BGHZ 103, 316 (328 f.) = NJW 1988, 1785 (1788).

Gepflogenheiten des Handelsverkehrs, wie die Erfahrenheit der Vertragspartner[1140], oder Wirtschaftlichkeitsgesichtspunkte, wie Rationalisierungserfordernisse im Massenvertragsgeschäft[1141], mit einbezogen werden. Daher kann auch eine an sich „unangemessen benachteiligende" Klausel im Ergebnis in Unternehmerverträgen wirksam sein, weil eine geringere Schutzbedürftigkeit des Unternehmers[1142] oder andere Aspekte (des Handelsverkehrs) derart im Rahmen der Abwägung ins Gewicht fallen, dass insgesamt eine dem Grundsatz von Treu und Glauben widersprechende Regelung nicht vorliegt.[1143]

Ob sich daraus weiter ableiten lässt, dass *allgemein* eine Indizwirkung von §§ 308, 309 BGB für die Bewertung nach § 307 BGB besteht[1144], ist zweifelhaft. Zumindest ist nicht ausgeschlossen, dass in den gesetzlichen Wertungen der § 308 BGB und § 309 BGB solche allgemeingültigen Wertungsprinzipien und Regelwertungen zugrunde liegen, dass Abweichungen von diesen nur schwer durch Aspekte des Verkehrs zwischen Unternehmern aufgewogen werden können.[1145]

Wie sich dies in den hier relevanten Bestimmungen des §§ 309 Nr. 2 und Nr. 3 BGB im Hinblick auf vertragliche Aufrechnungsbeschränkungen in AGB darstellt, wird im folgenden Teil untersucht.

1140 Vgl. allgemein bspw. Wolf/Lindacher/Pfeiffer/*Dammann* § 309 Nr. 2 Rn. 70; Wolf/Lindacher/Pfeiffer/*Pfeiffer* § 307 Rn. 187; OLG Frankfurt NJW 2016, 2343 (2344); LG Essen, Urteil v. 26.02.2015, Az. 6 O 417/14, BeckRS 2015, 7323.

1141 Vgl. allgemein *Kretschmar*, Die Richtlinie 93/13 EWG, 29 ff.; *Stoffels,* AGB-Recht, Rn. 67 ff.

1142 Vgl. anschaulich Wolf/Lindacher/Pfeiffer/*Pfeiffer* § 307 Rn. 185 ff.

1143 Vgl. ähnlich BGHZ 90, 273 (278 f.) = NJW 1984, 1750 (1751); Ulmer/Brandner/Hensen/*Schäfer* § 310 Rn. 32; MüKo-BGB/*Wurmnest* § 307 Rn. 82.

1144 So bspw. BGHZ 174, 1 (4 f.) = NJW 2007, 3774 (3775); BGHZ 90, 273 (275 ff.) = NJW 1984, 1750 (1751); vgl. allgemein und anschaulich dazu Ulmer/Brandner/Hensen/*Fuchs* § 307 Rn. 371 ff., 381 ff.; zu den einzelnen Klauselverboten übersichtlich *v. Westphalen* NJW 2009, 2977 (2978 f.).

1145 Vgl. MüKo-BGB/*Wurmnest* § 307 Rn. 81, welcher nachvollziehbar darstellt, dass nicht allein die „wirtschaftliche, intellektuelle oder soziale Unterlegenheit" des Verbrauchers zu einer Vertragsungerechtigkeit führen kann, sondern vielmehr (auch) pragmatische Aspekte des Vertragsabschlusses im Unternehmerverkehr zu einer Gefährdung des (unternehmerischen) Vertragspartners – hinsichtlich der Vertragsgerechtigkeit – führen können.

(2) Zulässigkeit nach § 309 Nr. 2 und Nr. 3 BGB als Erlaubnistatbestand für § 307 BGB

Ebenso wie im Rahmen von Verbraucherverträgen wird im Rahmen von formularmäßigen Aufrechnungsbeschränkungen in Unternehmerverträgen angenommen, dass diese auch nach § 307 BGB wirksam sein sollen, wenn diese rechtkräftig festgestellte, unbestrittene und entscheidungsreife Forderungen ausnehmen.[1146] Aber auch im Unternehmerbereich ist eine solche Annahme fehlgehend. Vergleichbar besteht in diesem Bereich die Gefahr bei einer solchen allgemeinen Annahme, dass weitere besondere Gesichtspunkte und Umstände, die im Rahmen der gesetzgeberischen Entscheidung nicht berücksichtigt wurden oder werden konnten, nicht in die Klauselkontrolle einbezogen werden können.[1147] Dadurch würden auch vom Gesetzgeber nicht gewollte und nicht hinnehmbare Vertragsungerechtigkeiten nicht im Rahmen des Auffangtatbestands des § 307 BGB verhindert werden können. Sofern allerdings gesetzgeberische Regelungsabsichten in den Klauselverboten zum Ausdruck gekommen sind, dürfen diese nicht umgangen werden.[1148]

(3) Zwischenergebnis

In Unternehmerverträgen können im Rahmen der Beurteilung nach § 307 Abs. 1 Satz 1, Abs. 2 BGB grundsätzlich auch die Wertungen und Vorgaben herangezogen werden, welche für Verbraucherverträge nach §§ 308 und 309 BGB gelten. Allerdings ist zu prüfen, ob die Vorgaben, welche vom Gesetzgeber für die Verbraucherverträge zwingend vorgesehen sind, auch im Unternehmervertrag tragfähig sind. Insbesondere kann die eigentlich vom Gesetzgeber vorgegebene Wertung verschoben werden, wenn Gesichtspunkte des Handelsverkehrs – wie Gepflogenheiten, Kenntnisse, Üblichkeit – einen Schutz des (unternehmerischen) Vertragspartners nicht erfordern.

1146 So ausdrücklich *Ghassemi-Tabar/Schweitzer* ZfIR 2012, 224 (225); vgl. auch Wolf/Lindacher/Pfeiffer/*Dammann* § 309 Nr. 3 Rn. 40 ff. („grundsätzlich", aber mit begrenzten Ausnahmen); OLG Schleswig NJW-RR 1999, 420 f. und die Nachweise in Fn. 1118.

1147 Vgl. BGH NJW 1997, 739 (740); BGHZ 100, 373 (376 ff.) = NJW 1987, 2012 (2013); siehe ausführlich für den Verbraucherbereich § 5 B. VI. 2.) a).

1148 Siehe dazu für den Verbraucherbereich § 5 B. VI. 2.) a); vgl. auch BGHZ 100, 373 (377 f.) = NJW 1987, 2012 (2013); BGH NJW 1997, 739 (740); BeckOGK-BGB/*Eckelt* (01.09.2020) § 307 Rn. 40.

Auch im Unternehmerbereich ist ein „Umkehrschluss", nach dem die Klauseln, die den Anforderungen von §§ 308, 309 BGB entsprechen, auch per se nach § 307 Abs. 1, Abs. 2 BGB wirksam sein sollen, nicht möglich.

bb) § 309 Nr. 3 BGB

Wie soeben ausgeführt, wäre grundsätzlich eine Übertragung des Verbotsbereich von § 309 Nr. 3 BGB auch auf den unternehmerischen Verkehr nur dann angezeigt, wenn diese Wertung auch im Geschäftsverkehr eine unabdingbare Voraussetzung für die Verhinderung einer nicht mehr hinnehmbaren Vertragsungerechtigkeit, mithin einer unangemessenen Benachteiligung wäre.

Diese Meinung wird fast allgemein vertreten[1149] und angenommen, dass auch im kaufmännischen Verkehr ein Ausschluss der Aufrechnung mit unbestrittenen und rechtskräftig festgestellten Forderungen nicht möglich sein soll. Denn *„bei dem Ausschluss der Aufrechnung in den genannten Fällen* [handele es sich] *um eine besonders schwerwiegende Verkürzung der Rechte des Vertragspartners* […], *die auch im Geschäftsverkehr nicht hingenommen werden kann"*.[1150]

Ob dieser Ansicht zu folgen ist, ist genauer zu untersuchen.[1151] Für eine solche Annahme müsste – der allgemeinen Abgrenzung entsprechend[1152] – erstens ein grundlegender Rechtsgedanke in dem Verbot der Beschränkung der Aufrechnung für unbestrittene und rechtskräftig festgestellte Forderungen zu sehen sein. Zweitens müsste ein solches Verbot nicht ausnahmsweise im Geschäftsverkehr aufgrund besonderer allgemeingültiger, also nicht nur auf den konkreten

1149 So noch für § 9 und § 11 Nr. 3 AGBG grundlegend BGHZ 92, 312 (316) = NJW 1985, 319 (320); ebenso BGHZ 91, 375 (383 ff.) = NJW 1984, 2404 (2405 f.); BGH NJW 1994, 656 (658); OLG Hamm NJW-RR 1989, 274 (275); zu § 307 BGB und § 309 Nr. 3 BGB BGH NJW 2007, 3421 (3422); OLG Nürnberg NJOZ 2014, 1882 (1885); OLG Brandenburg, Urteil. v. 13.11.2020, Az. 7 U 93/20, BeckRS 41729 (Rn. 21); Staudinger/*Coester-Waltjen* § 309 Nr. 3 Rn. 14; Ulmer/Brandner/Hensen/*Schäfer* § 309 Nr. 3 Rn. 12; BeckOGK-BGB/*Skamel* (01.04.2021) § 387 Rn. 197; *Stadler* JA 2008, 300 f.; *Niebling* ZMR 2011, 620 (621); s.a. BGH NJW-RR 1986, 1110 (1111; § 9 AGBG); BGH NJW-RR 1987, 883 (884).

1150 So BGH NJW 2007, 3421 (3422, m.w.N.); BGH ZMR 2016, 609 (610).

1151 Diese Meinung zumindest „bemerkenswert" findend Ulmer/Brandner/Hensen/*Schäfer* § 310 Rn. 33.

1152 Siehe dazu soeben § 5 B. VI. 2.) b) aa) (1) und (3).

Einzelfall bezogener, Umstände als zulässig und damit als nicht unangemessen benachteiligend anzusehen sein.[1153]

(1) § 309 Nr. 3 BGB als grundlegende (Gerechtigkeits-)Regelung

Für eine Einordnung des Verbotes aus § 309 Nr. 3 BGB als grundlegende (Gerechtigkeits-)Regelung[1154] spricht, dass bei rechtskräftig festgestellten und unbestrittenen Forderungen das im Grundsatz durchaus legitime Interesse des Verwenders *an der Aufrechnungsbeschränkung* in der Hauptsache entfällt.[1155] Bei diesen Forderungen besteht zumindest keine Gefahr, dass es zu einer Verzögerung durch die gerichtliche Feststellung im Beweisverfahren kommt, sondern über diese Gegenforderung(en) und damit über die Aufrechnung an sich könnte ohne Weiteres gleichsam entschieden werden. Dadurch erscheint nicht nur allgemein das Interesse des Verwenders an einem Aufrechnungsverbot weniger schutzwürdig, sondern der Gesetzgeber hat vorgegeben, dass zumindest in AGB ein Ausschluss der Aufrechnung nur gerechtfertigt ist, soweit dies auch von einem entsprechenden „Gegeninteresse" getragen ist.[1156]

Diese Zwecksetzung beschränkt sich hinsichtlich der Begrenzung des Umfanges des Aufrechnungsausschlusses nicht nur auf den Verbraucherverkehr. Vielmehr wird aus § 309 Nr. 3 BGB deutlich, dass der Gesetzgeber dem Gerechtigkeitsgehalt der Aufrechnung zumindest einen *unabdingbaren Kern* zugestehen wollte. Dem Vertragspartner wird mit einem Ausschluss der Aufrechnung nicht nur die im Regelfall beiderseitig vorteilhafte einfachere Befriedigungsmöglichkeit genommen, sondern auch – zumindest im Grundsatz – seine durch eine bereits eingetretene Aufrechnungslage entstandene günstigere Rechtsposition.[1157] Er verliert also seine u.a. verjährungssichere und unter Umständen

---

1153 In diese Richtung eine Bestimmung vornehmend bspw. BGH NJW 2014, 3722 (3762); BGHZ 174, 1 (4 f.) = NJW 2007, 3774 (3775); BGHZ 90, 273 (278 f.) = NJW 1984, 1750 (1751); siehe dazu auch § 5 B. VI. 2.) b) aa).

1154 Vgl. *Stoffels*, AGB-Recht, Rn. 508; Ulmer/Brandner/Hensen/*Fuchs* § 307 Rn. 165 f.

1155 Ebenso auch Staudinger/*Coester-Waltjen* § 309 Nr. 3 Rn. 1; MüKo-BGB/*Wurmnest* § 309 Nr. 3 Rn. 10; Ulmer/Brandner/Hensen/*Schäfer* § 309 Nr. 3 Rn. 12; vgl. auch *Lutz,* AGB-Kontrolle im Handelsverkehr, 119; siehe zu den Zwecksetzungen der Aufrechnungsbeschränkungen bereits ausführlich § 3 C.

1156 Zumindest ein legitimes Interesse an Aufrechnungsverboten für Forderungen, die die Durchsetzung der eigenen Reche nicht verzögern, ablehnend Ulmer/Brandner/Hensen/*Schäfer* § 309 Nr. 3 Rn. 12; MüKo-BGB/*Wurmnest* § 309 Nr. 3 Rn. 10; vgl. auch *Paulusch* WM Sonderbeilage Nr. 10/1986, 21.

1157 Siehe zu den Vorteilen einer Aufrechnung, die durch eine Aufrechnungsbeschränkung verhindert werden, bereits § 3 A. und B.; siehe außerdem Staudinger/

seine vollständig insolvenzfeste[1158] Stellung mit seiner Forderung. Einen solchen Einschnitt erfordert zumindest in AGB, in denen die Gefahr einer nicht „auf gleicher Augenhöhe" ausgehandelten vertraglichen Bestimmung besteht, eine Rechtfertigung, welche in der Verhinderung der Verzögerung der Durchsetzung der Forderung durch Geltendmachung (vermeintlicher) Gegenforderungen besteht.[1159] Bei den Fallkonstellationen aus § 309 Nr. 3 BGB besteht diese Legitimationsgrundlage nicht mehr. Da die Gefahr der gestörten Vertragsparität bei Erstellen der Vertragsbedingungen in vergleichbarer Weise im Unternehmerverkehr besteht, ist nicht ersichtlich, wieso hier eine (Rück-)Ausnahme gemacht werden sollte und der Unternehmer auch bei entfallenem Zweck der Aufrechnungsbeschränkung, auf die eigene (gerichtliche) Durchsetzung verwiesen werden sollte.

Mitunter enthält § 309 Nr. 3 BGB eine gesetzliche Wertung, nach welcher eine Aufrechnungsbeschränkung zwar in AGB möglich ist, allerdings nur dann, sofern der Hauptzweck der Aufrechnungsbeschränkung, nämlich die verzögerungsfreie Durchsetzung der eigenen Forderungen unabhängig von (vermeintlichen) Gegenansprüchen nicht entfallen ist.

(2) Gepflogenheiten und Gebräuche des Handelsverkehrs i.S.d. § 310 Abs. 1 Satz 2 BGB

Zu untersuchen ist, ob es Umstände des Handelsverkehrs gibt, die dennoch eine Wertung dahingehend zulassen, dass der Ausschluss der Aufrechnung sich im Unternehmerverkehr auch auf unbestrittene und rechtskräftig festgestellte Forderungen beziehen darf.[1160]

Ein Verweis auf den allgemeinen Aspekt der „zügigen Geschäftsabwicklung" im Handelsverkehr kann dabei aufgrund seiner Uferlosigkeit und

---

Coester-Waltjen § 309 Nr. 3 Rn. 1; BGH NJW 2007, 3421 („*besonders schwerwiegende Verkürzung der Rechte*").

1158 Siehe zur Beurteilung von Aufrechnungsbeschränkungen bei Insolvenz des Verwenders ausführlich § 5 C. II. 2.) a).

1159 Allgemein eine weitergehende Differenzierung zwischen Unternehmern und Unternehmern vornehmend MüKo-BGB/*Basedow* § 310 Rn. 24 ff.

1160 Die hier betrachtete Fragestellung ist von der Frage zu unterscheiden, ob sich Aufrechnungsbeschränkungen aufgrund bestimmter Handelsbräuche oder einem anerkannten Verständnis im Handelsverkehr nicht auf die Forderungen des § 309 Nr. 3 BGB beziehen und damit ggf. nicht nach § 309 Nr. 3 (i.V.m. 307) BGB unwirksam sind. Ausführlich zu den Formulierungsanforderungen im Unternehmervertrag § 5 B. VI. 2.) b) dd) und einzeln in den jeweiligen Fallgruppen in Kapitel § 6.

Unbestimmtheit nicht ausreichen. Eine Konkretisierung kann dahingehend erfolgen, dass im Grundsatz zumindest eine besondere Interessenlage für den Unternehmer bestehen muss, die sich aus den Gesichtspunkten des Vertrauensschutzes, der Einfachheit und Schnelligkeit und der Flexibilität sowie einer geringfügigeren Schutzbedürftigkeit aufgrund einer bestimmten Geschäftserfahrung der Beteiligten ergeben kann.[1161]

Insoweit könnte im Rahmen von Aufrechnungsbeschränkungen ein bestimmtes Wissen des unternehmerischen Vertragspartners angenommen und eine geringere Schutzbedürftigkeit zumindest in Erwägung gezogen werden.[1162] Denn unabhängig von der jeweiligen Branche oder des Vertragskontextes kann davon ausgegangen werden, dass der Unternehmer als Vertragspartner bei Abschluss des Vertrags inklusive der Nichtaufrechnungsklausel geschäftserfahren ist.[1163] Des Weiteren kann angeführt werden, dass Aufrechnungsbeschränkungen einer in zeitlicher Hinsicht reibungsloseren Geschäftsabwicklung dienen, da langwierige (gerichtliche) Auseinandersetzungen mit vermeintlichen Gegenansprüchen vermieden werden.[1164] Auch kann wohl angenommen werden, dass es dem Verwender der AGB in aller Regel auf einen regelmäßigen Eingang von Zahlungen ankommt, den er für die Aufrechterhaltung seines Gewerbes benötigt – sog. Cashflow – und der Vertragspartner als Unternehmer dies im Regelfall weiß.[1165]

Allerdings kann keiner dieser Aspekte zumindest bei allgemeinen Aufrechnungsbeschränkungen, welche umfassend die Aufrechnung ausschließen und nicht einen § 309 Nr. 3 BGB entsprechenden Aufrechnungsvorbehalt vorsehen, eine Abweichung von der gesetzlichen Grundwertung nach § 309 Nr. 3 BGB begründen.[1166]

Denn sowohl der Aspekt der reibungslosen Geschäftsabwicklung als auch der Aspekt des schnellen Zahlungseinganges basieren auf der Annahme, dass keine Zeitverzögerung durch die Geltendmachung von (vermeintlichen)

1161 So anschaulich Wolf/Lindacher/Pfeiffer/*Wolf* § 310 Rn. 3 f.; vgl. auch Ulmer/Brandner/Hensen/*Fuchs* § 307 Rn. 372 f. mit Fn. 1390, § 310 Rn. 27 ff.

1162 Vgl. *Lutz*, AGB-Kontrolle im Handelsverkehr, 120 f., 112 ff.; allgemein dazu Wolf/Lindacher/Pfeiffer/*Pfeiffer* § 307 Rn. 187 f.

1163 Vgl. allgemein bspw. OLG Frankfurt NJW 2016, 2343 (2344); LG Essen, Urteil v. 26.02.2015, Az. 6 O 417/14, BeckRS 2015, 7323; Palandt/*Grüneberg* § 307 Rn. 39.

1164 Ähnlich auch MüKo-BGB/*Wurmnest* § 307 Rn. 82; siehe allgemein zu den einer Aufrechnungsbeschränkung im Regelfall zugrundeliegenden Zwecksetzungen § 3 C.

1165 Vgl. MüKo-BGB/*Wurmnest* § 309 Nr. 2 Rn. 20.

1166 Vgl. auch Ulmer/Brandner/Hensen/*Schäfer* § 309 Nr. 3 Rn. 12; Erman/*Roloff* § 309 Rn. 33.

Gegenansprüchen entsteht. Diese Fallkonstellation will § 309 Nr. 3 BGB allerdings auch gar nicht unterbinden. Dort sind die Fälle ausgeschlossen, welche gerade *keine* solche Verzögerung hervorrufen können, da entweder die Forderungen[1167] nicht (substantiiert) bestritten oder bestreitbar sind oder schon deshalb direkt berücksichtigt werden können, weil sie bereits rechtskräftig festgestellt sind. Insoweit steht dieser Aspekt der „reibungslosen" Geschäftsabwicklung nicht im Gegensatz zu dem Verbot des § 309 Nr. 3 BGB, sondern steht in gewisser Weise sogar in *Konkordanz* dazu. Vielmehr spricht in diesen Fallkonstellationen fast schon mehr für eine reibungslose Abwicklung, wenn eine Aufrechnung zugelassen wird. Damit würde auf der einen Seite auch die Forderung des Verwenders erfüllt, wenn auch nicht in der Form der Realerfüllung, und auf der anderen Seite gleichsam die Kosten für die Erfüllung beiderseitig vermieden.

Aufgrund des punktuellen Verbotes von § 309 Nr. 3 BGB für Fälle, in denen der Aufrechnungszweck im Regelfall entfallen ist, kann auch nicht eine geringere Schutzbedürftigkeit des Vertragspartners darauf gestützt werden, dass für diesen – im Vergleich zum Verbraucher – die Erhebung einer Klage weniger belastend sei.[1168] Bei den nach § 309 Nr. 3 BGB zur Aufrechnung vorzubehaltenden Forderungen wäre der Verweis auf eine eigene Klage für den Verwender nicht sinnvoll, da im gerichtlichen Verfahren der Klage unmittelbar stattgegeben würde. Die für dem Verwender gewonnene „Zeitverzögerung" würde durch die zu tragenden Verfahrenskosten egalisiert. Zusätzlich ist dieser Zweck der „zeitweisen" Entziehung der feststehenden Leistungspflicht nicht schutzwürdig.

Diese in dieser Arbeit vertretene Annahme gilt auch für alle neueren Versuche durch die Literatur von Differenzierungen nach verschiedenen Branchen, Unternehmensgrößen oder Höhe der Forderungen.[1169] Selbst bei einer solchen Differenzierung geht es letztendlich um das Verbot einer Aufrechnung mit Forderungen, die keinerlei Verzögerung der eigenen Durchsetzung des Verwenders verursachen. Mithin wäre der Verwender im gleichen Moment zur Rückzahlung des vom Vertragspartner auf die aufrechnungsbeschränkungsbegünstigte Forderung gezahlten Betrages verpflichtet. Dieses fehlende

1167 Genauer: die forderungsbegründenden Tatsachen.

1168 Vgl. Wolf/Lindacher/Pfeiffer/*Dammann* § 309 Nr. 2 Rn. 70; MüKo-BGB/*Wurmnest* § 309 Nr. 2 Rn. 20; Ulmer/Brandner/Hensen/*Schäfer* § 309 Nr. 2 Rn. 20.

1169 Vgl. zur wieder neu aufgekommenen Diskussion um eine „Reform" der inhaltlichen AGB-Kontrolle im AGB-Recht MüKo-BGB/*Basedow* § 310 Rn. 24 ff.; ähnlich mit Differenzierungsansätzen auch Ulmer/Brandner/Hensen/*Fuchs* § 307 Rn. 373 f., 375 ff.; eine solche „Reform" im Grundsatz ablehnend *v. Westphalen* NJW 2009, 2977 (2979 ff.).

legitimierende Interesse des Verwenders[1170] schlägt in allen Konstellationen durch, da es immer um eine technische Verrechnung von zwei sich gegenüberstehenden Geldansprüchen geht. Einer (reformähnlichen) Absenkung des Schutzniveaus von Unternehmern gegenüber Verbrauchern im Rahmen von AGB-Aufrechnungsbeschränkungen steht neben der Vernachlässigung der gebotenen generell-abstrakten Betrachtung[1171] entgegen, dass die Schaffung der Vorgängerregelung von § 309 Nr. 3 BGB, also § 11 Nr. 3 AGBG, auch auf der Grundlage von höchstrichterlichen Entscheidungen zu der Treuwidrigkeit von bestimmten Aufrechnungsbeschränkungen *im Unternehmerverkehr* erfolgt ist.[1172]

(3) Zwischenergebnis

§ 309 Nr. 3 BGB enthält für vertragliche Aufrechnungsbeschränkungen in Allgemeinen Geschäftsbedingungen eine grundlegende Gerechtigkeitswertung, dass nur eine Aufrechnungsbeschränkung möglich ist, wenn dahinter ein legitimes Interesse steht, nämlich eine Verhinderung der Verzögerung durch zur Aufrechnung gestellten (vermeintlichen) Gegenforderungen. Dies ist bei unbestrittenen, rechtskräftig festgestellten oder – ohne (weitere) Beweisaufnahme – entscheidungsreifen Forderungen nicht der Fall. Dementsprechend bedürfte es bestimmten Interessen des Handelsverkehrs, die eine Abweichung rechtfertigen könnten. Solche Interessen sind allerdings nicht gegeben, mithin gelten die Grenzen von § 309 Nr. 3 BGB auch im Rahmen von AGB gegenüber einem Unternehmer als Vertragspartner über § 307 Abs. 1 Satz 1, Abs. 2 BGB.

cc) § 309 Nr. 2 BGB

Aufgrund einer möglichen Grenzziehung für bestimmte Fallgruppen von Aufrechnungsbeschränkungen durch § 309 Nr. 2 BGB[1173] ist zu bestimmen, ob § 309 Nr. 2 BGB im Unternehmervertrag anwendbar ist bzw. der Verbotsbereich über § 307 BGB auch gegenüber Unternehmern als Vertragspartner gilt.

1170 Das Interesse des Verwenders für eine Aufrechnungsbeschränkung für solche Forderungen ablehnend bspw. BGHZ 92, 312 (315) = NJW 1985, 319 (320).

1171 Diesen Aspekt zutreffend darstellend *v. Westphalen* NJW 2009, 2977 (2980 f.).

1172 Bspw. BGHZ 12, 136 (143 f.) = NJW 1954, 795; BGH NJW 1975, 442 f.; s.a. BGH NJW 1960, 859 (Zurückbehaltungsrecht); vgl. allgemeiner auch MüKo-BGB/*Wurmnest* § 309 Rn. 9, § 310 Rn. 80; Ulmer/Brandner/Hensen/Ulmer/*Schäfer* § 310 Rn. 8; s.a. BT-Drs. 7/3919, 29.

1173 Siehe dazu Kapitel § 6.

In der Literatur und in der instanzgerichtlichen Rechtsprechung wird größtenteils davon ausgegangen, dass sich die Wertungen des § 309 Nr. 2 BGB allgemein *nicht* unmittelbar auf den kaufmännischen Verkehr übertragen lassen[1174], mithin ein dahingehender Ausschluss in AGB möglich ist. Dies wurde – zumindest insoweit zutreffend – nur insoweit eingeschränkt, als eine Unwirksamkeit dann anzunehmen sei, wenn kein schutzwürdiges Interesse des Verwenders an der Ausschlussbestimmung mehr besteht.[1175] In der Folge ist wie im Verbotsbereich des § 307 Abs. 1 i.V.m. § 309 Nr. 3 BGB nach § 307 Abs. 1 i.V.m. § 309 Nr. 2 BGB eine Bestimmung verboten, nach der sich der Ausschluss auch auf unbestrittene, rechtskräftig festgestellte und entscheidungsreife Forderungen (o.e.B.) bezieht.[1176]

Die höchstrichterliche Rechtsprechung ist hierzu nicht eindeutig. Allgemein nimmt der BGH in schon fast ständiger Rechtsprechung an, dass ein Verstoß gegen § 309 BGB bzw. § 11 AGBG Indizwirkung für die Beurteilung im unternehmerischen Bereich nach § 307 Abs. 1 Satz 1, Abs. 2 BGB habe.[1177] Im Bereich des Ausschlusses von Leistungsverweigerungsrechten hatte der BGH bisher im Unternehmervertrag allein über formularmäßige Ausschluss-Vereinbarungen zu entscheiden, in welchen eine Zurückbehaltung auch mit unbestrittenen und rechtskräftig festgestellten Forderungen ausgeschlossen wurde.[1178] Dort konnte

1174 Vgl. MüKo-BGB/*Wurmnest* § 309 Nr. 2 Rn. 20; Wolf/Lindacher/Pfeiffer/*Dammann* § 309 Nr. 2 Rn. 70; BeckOK-BGB/*Becker* (01.02.2021) § 309 Nr. 2 Rn. 17; *Stoffels*, AGB-Recht, Rn. 840; NK-BGB/*Kollmann* § 309 Rn. 50; für das Zurückbehaltungsrecht ausdrücklich auch Staudinger/*Coester-Waltjen* § 309 Nr. 2 Rn. 10; OLG Celle BauR 2011, 271 (272); jeweils zu § 11 Nr. 2b AGBG im Zshg. mit § 24 AGBG: OLG Düsseldorf WuM 2000, 678; OLG Düsseldorf NJW-RR 1995, 850; OLG Frankfurt NJW-RR 1988, 1458 f.; OLG Stuttgart NJW-RR 1992, 117 (118). Zutreffend kritisch allerdings BeckOGK-BGB/*Weiler* (01.03.2021) § 309 Nr. 2 Rn. 99 ff.; BeckOK-BGB/*Schmidt* (01.02.2021) § 320 Rn. 18; MüKo-BGB/*Emmerich* § 320 Rn. 58; *Schmidt*, FS Lindacher, 383 (390 f.).

1175 Vgl. BGH NJW 1992, 575 (576); Wolf/Lindacher/Pfeiffer/*Dammann* § 309 Nr. 2 Rn. 74 f.

1176 Vgl. BGH NJW 1992, 575 (576); Wolf/Lindacher/Pfeiffer/*Dammann* § 309 Nr. 2 Rn. 74 f.

1177 BGH NJW 2014, 3722 (3762); BGHZ 174, 1 (4 f.) = NJW 2007, 3774 (3775); BGHZ 90, 273 (278) = NJW 1984, 1750 (1751); vgl. auch BGHZ 103, 316 (328 f.) = NJW 1988, 1785 (1788).

1178 BGHZ 115, 324 (327) = NJW 1992, 575 (586); BGH NJW-RR 1993, 519 (520); BGH NJW-RR 2005, 919 (920); vgl. BGHZ 92, 312 (316) = NJW 1985, 319 (320); s.a. *v. Westphalen* NJW 2002, 12 (20).

die darüberhinausgehende Frage offen gelassen werden.[1179] In einer neueren Entscheidung hat der BGH allerdings den Ausschluss eines Zurückbehaltungsrechtes, welche unbestrittene und rechtskräftig festgestellte Forderungen ausgenommen hat, für wirksam erachtet.[1180] Er beruft sich allerdings allein auf die bereits ergangenen Entscheidungen. Diese betreffen aber nicht die Fragestellung, ob ein formularmäßiger Ausschluss sich auf andere Forderungen beziehen darf. Eine weitergehende Begründung zu der hier betrachteten Frage fehlt.

Aufgrund der unklaren bzw. nicht einheitlichen Entscheidungspraxis ist genau zu untersuchen, ob § 309 Nr. 2a oder Nr. 2b BGB auch einen *weitergehenden* Ausschluss des Leistungsverweigerungsrechtes nach § 320 BGB und des Zurückbehaltungsrechtes nach § 273 BGB materiellrechtlich verbieten. Mithin ist zu prüfen, ob in bzw. mit diesen Regelungen ein grundlegender Gerechtigkeitsgedanke normiert ist, welcher auch auf den unternehmerischen Verkehr *vollumfänglich*, d.h. auch über den Ausschluss mit unbestrittenen und rechtskräftig festgestellten Forderungen hinaus, durchschlägt. Dies wäre entsprechend der vorherigen Prüfung der Fall, wenn die Bestimmung des § 309 Nr. 2a oder Nr. 2b BGB eine Grundsatzwertung enthält, von der eine Abweichung im Regelfall als eine einseitige und missbräuchliche Rechtsdurchsetzung anzusehen ist (1) und keine Aspekte des Unternehmerverkehrs vorhanden sind, welche eine Benachteiligung des Vertragspartners noch rechtfertigen können (2).[1181]

(1) § 309 Nr. 2a BGB und § 309 Nr. 2b BGB als grundlegende (Gerechtigkeits-) Regelung

In der Verbotsregelung des § 309 Nr. 2a und Nr. 2b BGB werden Ausschlüsse der Einrede des nichterfüllten Vertrages nach § 320 BGB und des Zurückbehaltungsrechtes nach § 273 BGB der formularvertraglichen Disposition entzogen. Bei diesen beiden Instituten handelt es sich um Druckmittel des Vertragspartners bei gegenseitigen Verträgen, um den anderen seinerseits zur Erfüllung seiner Leistungspflicht zu bringen.[1182]

1179 BGH NJW-RR 2005, 919 (920).

1180 BGH NJW 2011, 514; vgl. BeckOGK-BGB/*Weiler* (01.03.2021) § 309 Nr. 2 Rn. 100.

1181 Siehe zu dieser Untersuchungssystematik im Allgemeinen § 5 B. VI. 2.) b) aa) (1).

1182 Vgl. statt vieler nur BGHZ 141, 108 (114) = NJW 1999, 2180 (2182); BGH NJW 1982, 2494; BGH NJW 2002, 3541 (3542); OLG Dresden, Urteil v. 14.05.1998, Az. 21 U 3679/97, BeckRS 1998, 30014327; BeckOGK-BGB/*Weiler* (01.03.2021) § 309 Nr. 2 Rn. 5 f.; MüKo-BGB/*Emmerich* § 320 Rn. 1; Staudinger/*Coester-Waltjen* § 309 Nr. 2 Rn. 1; Erman/*Roloff* § 309 Rn. 19 f.

Die beiden Institute erhalten das *Abhängigkeitsverhältnis* zwischen Leistung und Gegenleistung. Allerdings unterscheiden sie sich hinsichtlich der Qualität des Abhängigkeitsverhältnisses der Forderungen, welches die Parteien dem Vertrag zugrunde legen wollten bzw. gelegt haben.

Die synallagmatische Verknüpfung von Forderungen legen die Parteien ihrer eigenen Leistungsbereitschaft zugrunde. Die Abhängigkeit stellt den Grund dafür dar, warum die Parteien ein vertragliches Verhältnis mit gegenseitigen Pflichten eingegangen sind.[1183] Die Vertragsparteien wollen ihre Leistung nur erbringen bzw. versprechen, wenn sie im Gegenzug die Gegenleistung bzw. das Gegenversprechen erhalten.[1184] Diesem synallagmatischen Abhängigkeitsverhältnis und den Instituten, die dieses absichern wollen, kommt daher ein *grundlegender Gerechtigkeitsgehalt* zu.[1185]

Dieser Gerechtigkeitsgedanke mit Leitbildfunktion kann bezüglich des Verhältnisses von Forderungen i.S.d. § 273 BGB allerdings nicht angenommen werden.[1186] Sofern es sich um ein Zurückbehaltungsrecht aus „demselben *rechtlichen Verhältnis*" i.S.d. 273 BGB handelt, welches entsprechend auch noch Leistungspflichten aus anderen Vertragsverhältnissen einbezieht, ist der Gerechtigkeitsgehalt geringer einzustufen.[1187] Denn in diesen Fällen erfolgt die Verknüpfung der Forderungen *nach dem Abschluss* der – verschiedenen – Verträge aufgrund der Vorstellung, dass es untunlich ist, wenn jemand eine Leistung fordert, obwohl er selbst auch noch etwas aus einem anderen Vertrag zu leisten hat.[1188] Im Gegensatz dazu erfolgt die synallagmatische Verknüpfung

---

1183 Vgl. Staudinger/*Bittner/Kolbe* § 273 Rn. 2; anschaulich zur Zweckbindung „*do ut des*" OLG München, Beschluss v. 20.03.2012, Az. 7 U 3199/11, BeckRS 2012, 07418 (Kontext dort aber Vorbehaltsurteil nach § 302 ZPO); vgl. auch BGHZ 15, 102 (105) = NJW 1954, 1883 (1884); BeckOGK-BGB/*Herresthal* (01.01.2021) § 311 Rn. 45; siehe dazu auch § 6 B. III. 2.) d) dd) (3) (a).

1184 Vgl. die Nachweise in Fn. 1183.

1185 Vgl. BT-Drs. 7/3919, 28; Wolf/Lindacher/Pfeiffer/*Dammann* § 309 Nr. 2 Rn. 1 f.; BeckOGK-BGB/*Weiler* (01.03.2021) § 309 Nr. 2 Rn. 5 f.; Ulmer/Brandner/Hensen/*Fuchs* § 307 Rn. 214, 219; OLG Dresden, Urteil v. 14.05.1998, Az. 21 U 3679/97, BeckRS 1998, 30014327; BGHZ 184, 345 (348) = NJW 2010, 1449 (1450); eine Leitbildfunktion von § 320 BGB annehmend BGH NJW 2013, 1431 (1432); vgl. auch BGHZ 96, 103 (109 f.) = NJW 1986, 179 (180).

1186 A.A. im Erg. aber wohl *v. Westphalen* NJW 2002, 12 (20).

1187 In diesem Sinne auch Wolf/Lindacher/Pfeiffer/*Dammann* § 309 Nr. 2 Rn. 1 f.; BeckOGK-BGB/*Weiler* (01.03.2021) § 309 Nr. 2 Rn. 6.

1188 Zum Zurückbehaltungsrecht als Fall der Arglisteinrede siehe RGZ 126, 383 (385); RGZ 152, 71 (73); MüKo-BGB/*Krüger* § 273 Rn. 2 f.

von Hauptleistung und Gegenleistung *unmittelbar mit Abschluss* des Vertrages und stellt den *Hauptgrund* dar, warum sich vertraglich verpflichtet wurde. Des Weiteren handelt es sich nicht wie bei der synallagmatischen Verknüpfung um eine Verknüpfung von „Leistung und Gegenleistung“, sondern von „Leistung“ und „Leistung“. Letztere hat der Gesetzgeber nicht als gleichsam wichtig bzw. schutzwürdig eingestuft. Der formularmäßige Ausschluss ist insoweit nicht von § 309 Nr. 2b BGB verboten.

Aber auch wenn es sich um ein Zurückbehaltungsrecht „aus demselben *Vertragsverhältnis*“ handelt, welches von § 309 Nr. 2b BGB im Verbrauchervertrag geschützt wird, fehlt es an einem der synallagmatischen Verknüpfung gleichzustellenden Gerechtigkeitsniveau.[1189] Die Parteien haben weitere Pflichten vereinbart oder diese sind als Nebenleistungspflichten dem Vertrag immanent, welche allerdings *nicht den Hauptgrund* für die Eingehung der vertraglichen Vereinbarung darstellen. Die Parteien haben diesen Leistungspflichten nicht die gleiche Priorität eingeräumt, sondern diesen vielmehr den Charakter einer Nebenpflicht zugemessen. Diese Pflichten sollen zwar den Hauptzweck des Vertrages flankieren, charakterisieren aber nicht die gegenseitigen Hauptleistungspflichten des Vertrages. So ist bspw. die Entstehung eines Schadensersatzanspruches nach § 280 Abs. 1 BGB aufgrund einer Nebenpflichtverletzung des Verwenders zwar ebenso wenig gewünscht, wie die fehlerhafte Erbringung der Hauptleistungspflicht. Jedoch liegt der Focus der Parteien weiterhin darauf, die Hauptleistungspflicht mangelfrei zu erhalten. Es wäre zwar zu weitgehend, einen vollständig fehlenden Gerechtigkeitsgedanken anzunehmen Allerdings haben die Parteien den Nebenleistungspflichten und der Abhängigkeit dieser Pflichten zueinander keine „Leitbildfunktion“, wie der Verknüpfung der Hauptleistungspflichten, gegeben.

Der durch § 309 Nr. 2b BGB im Grundsatz gesicherte Durchsetzungszusammenhang erscheint nicht so grundlegend, wie der im Rahmen von synallagmatischen Verknüpfungen durch § 309 Nr. 2a BGB geschützte. Diese Abstufung muss auch im Rahmen der folgenden Darstellung berücksichtigt werden.

(2) Gepflogenheiten und Gebräuche des Handelsverkehrs i.S.d. § 310 Abs. 1 Satz 2 BGB

Ob der Schutz von § 309 Nr. 2a und Nr. 2b BGB auch im unternehmerischen Verkehr über § 307 Abs. 1 Satz 1, Abs. 2 BGB zum Tragen kommt, hängt davon ab, ob sich typischerweise hinreichende Umstände oder Interessen des

1189 Vgl. ähnlich auch BeckOGK-BGB/*Weiler* (01.03.2021) § 309 Nr. 2 Rn. 6.

Unternehmerverkehrs ergeben, die eine Abweichung von der (Leitbild-)Vorgabe für die Interessenabwägung durch § 309 Nr. 2a und Nr. 2b BGB rechtfertigen.[1190] Die Intensität, die an die Anforderungen der rechtfertigenden Aspekte des Unternehmerverkehrs zu stellen sind, hängt auch von der soeben untersuchten Gewichtigkeit der verschiedenen Gerechtigkeitsregelungen ab.

Hier kann ebenfalls angeführt werden, dass ein Unternehmer im Handelsverkehr grundsätzlich geschäftsgewandter und erfahrener ist.[1191] Auch ist zuzugestehen, dass es für den Unternehmer aufgrund seiner Erfahrenheit im Regelfall weniger belastend erscheint, seine Forderung eigenständig, d.h. im Rahmen einer Widerklage oder gar in einem gesonderten Prozess, durchzusetzen.[1192] Diese genannten Gründe, scheinen allerdings im Rahmen der grundlegenden Leitbildfunktion des § 320 BGB nicht tragfähig. Denn, dass ein Unternehmer möglicherweise bereits mehrere Ansprüche gerichtlich hat durchsetzen lassen, ändert nichts an der Grundlage, welche er neuen Verträgen zugrunde legen möchte oder – für bestehende Verträge – zugrunde gelegt hat: Nämlich, dass die Leistungserbringung der Hauptleistungspflichten nur im unmittelbaren Austausch gegen die Gegenleistung erfolgen soll. Es kann daher im kaufmännischen Verkehr kein unterschiedlicher Maßstab gegenüber dem Verbrauchervertrag gelten.[1193] Der Schutz durch § 309 Nr. 2a BGB vor einem eigentlich ungewollten Ausschluss des Leistungsverweigerungsrechtes bzw. der Auflösung des Abhängigkeitsverhältnisses der Hauptleistungen aufgrund einer fehlenden Einwirkungsmöglichkeit auf die AGB des Verwenders ist hier genauso erforderlich wie im Verbraucherbereich.

1190 Vgl. zur in diese Richtung gehenden Bestimmungsweise bspw. BGH NJW 2014, 3722 (3762); BGHZ 174, 1 (4 f.) = NJW 2007, 3774 (3775); BGHZ 90, 273 (278) = NJW 1984, 1750 (1751); vgl. auch Ulmer/Brandner/Hensen/*Fuchs* § 307 Rn. 165 f.; siehe allgemein § 5 B. VI. 2.) b) aa) (1).

1191 Vgl. Wolf/Lindacher/Pfeiffer/*Dammann* § 309 Nr. 2 Rn. 70; Wolf/Lindacher/Pfeiffer/*Pfeiffer* § 307 Rn. 187; OLG Frankfurt NJW 2016, 2343 (2344); LG Essen, Urteil v. 26.02.2015, Az. 6 O 417/14, BeckRS 2015, 7323.

1192 Wolf/Lindacher/Pfeiffer/*Dammann* § 309 Nr. 2 Rn. 70; MüKo-BGB/*Wurmnest* § 309 Nr. 2 Rn. 20; Ulmer/Brandner/Hensen/*Schäfer* § 309 Nr. 2 Rn. 20.

1193 Vgl. MüKo-BGB/*Emmerich* § 320 Rn. 58; vgl. auch BeckOGK-BGB/*Weiler* (01.03.2021) § 309 Nr. 2 Rn. 101; *Peters* NZBau 2006, 559 (561); a.A. *Lutz*, AGB-Kontrolle im Handelsverkehr, 111 ff.

Hinsichtlich der beschränkten Ausschlussmöglichkeit des Zurückbehaltungsrechtes ist dieser tiefgreifende Schutz allerdings *nicht gleichsam* geboten.[1194] Hinsichtlich eines Zurückbehaltungsrechtes für Forderungen aus „demselben rechtlichen Verhältnis", also bei Forderungen aus einem „natürlichen und wirtschaftlichen Zusammenhang", fehlt es bereits an einem Schutz durch § 309 Nr. 2b BGB. [1195] Bereits im Verbrauchervertrag ist ein solcher Ausschluss im Grundsatz zulässig. Dies ist vom Gesetzgeber auch interessengerecht geregelt worden. Es besteht ein schutzwürdiges Interesse des Verwenders daran, die Durchsetzung der Hauptleistungsgegenpflicht von Forderungen aus anderen Vertragsbeziehungen innerhalb einer rechtlichen Beziehung freizuhalten. Im Handelsverkehr besteht – wie ausgeführt – ein besonderes Bedürfnis für die Unternehmer die Erfüllung der Hauptleistungsforderung aus einem Vertrag tatsächlich zu erhalten, um den eigenen „Cashflow" aufrecht zu erhalten und um die bestehenden eigenen Verbindlichkeiten, welche im Unternehmerverkehr mehr als im Verbraucherverkehr anzunehmen sind, erfüllen zu können.[1196] Sofern nun der Unternehmer als Verwender der Ausschluss-AGB seine eigene Hauptleistungspflicht vollständig und mangelfrei erbracht hat, sind keine überwiegenden Gesichtspunkte erkennbar, wieso dieser seinen entsprechenden Entgelt-Anspruch nicht einredefrei geltend machen soll. Es entspricht vielmehr dem Synallagma, dass der Vertragspartner ebenfalls seine Leistungspflicht, also den Entgeltanspruch, erbringt. Ist die Hauptleistungspflicht vom Verwender hingegen nicht ordnungsgemäß erbracht, steht der Durchsetzung des Entgeltanspruchs das – nicht ausschließbare – Leistungsverweigerungsrecht i.S.d. § 320 BGB zu.

Außerdem kann im Unternehmervertrag die Geltendmachung eines Zurückbehaltungsrechts für Gegenforderungen, die aus demselben Vertragsverhältnis stammen und entsprechend von § 309 Nr. 2b BGB erfasst sind, nicht ausgeschlossen werden.[1197] Zwar wurde hinsichtlich der Nebenleistungspflichten nicht

---

1194 Im Erg. ebenso *Lutz*, AGB-Kontrolle im Handelsverkehr, 111 ff.; a.A. OLG Karlsruhe BB 1983, 725 (726, Ausschluss von § 273 BGB als Verstoß gegen grundlegende Bestimmungen des bürgerlichen Rechts); vgl. auch *v. Westphalen* NJW 2002, 12 (20).

1195 Vgl. nur BeckOGK-BGB/*Weiler* (01.03.2021) § 309 Nr. 2 Rn. 6, 54; siehe dazu auch § 5 B. V. 2.).

1196 Vgl. MüKo-BGB/*Wurmnest* § 309 Nr. 2 Rn. 20.

1197 Zumindest zwischen einem Ausschluss der Leistungsverweigerungsrechte nach § 320 BGB und § 273 BGB differenzierend und nur hinsichtlich § 320 BGB eine Anwendung von § 309 Nr. 2 BGB im Unternehmerverkehr verlangend BeckOGK-BGB/*Weiler* (01.03.2021) § 309 Nr. 2 Rn. 101; im Erg. ebenfalls, aber eine Kenntnis

ordnungsgemäß erfüllt, sodass ein entsprechender anderer Leistungs- oder Schadensersatzanspruch gegen den Verwender vorliegen würde. Bezüglich dieser Ansprüche besteht allerdings keine synallagmatische Beziehung i.S.d. § 320 BGB bzw. § 309 Nr. 2a BGB, und es ist für den Unternehmer zumutbar, dass dieser seine Ersatzansprüche aus Nebenpflichten eigenständig gerichtlich durchsetzt. Einerseits hat er seine Hauptleistung mangelfrei erhalten, sodass er nicht eine mangelhafte Hauptleistung vergüten muss. Anderseits ist insoweit im Unternehmerverkehr zu berücksichtigen, dass zum einen die Belastung der gerichtlichen Durchsetzung bei Unternehmern im Vergleich zum Verbrauchervertrag deutlich geringer ausgeprägt erscheint.[1198] Zum anderen ist das Interesse des in der Hauptsache vertragstreuen Verwenders an der Erfüllung des Entgeltanspruchs unabhängig von möglichen noch offenen Nebenleistungspflichten höher einzustufen als im Verbraucherverkehr. Denn die vertraglichen Beziehungen von einem wirtschaftlich ausgerichteten Unternehmer sind deutlich vielschichtiger als bei einem Verbraucher und erfordern auch bei offenen möglichen Nebenforderungen den Erhalt der Entgeltleistung nach Erbringung der Hauptleistungspflicht.

(3) Zwischenergebnis

Die dem Vertrag von Parteien zugrundgelegte gegenseitige Abhängigkeit der Hauptleistungsforderungen (Synallagma) stellt eine allgemeingültige Gerechtigkeitsregelung mit Leitbildfunktion dar. Eine unterschiedliche Handhabung bei der Reichweite des Verbotsbereichs der Regelung des § 309 Nr. 2a BGB, welche diese synallagmatische Beziehung schützen will, zwischen AGB gegenüber einem Verbraucher und einem Unternehmer kommt daher nicht in Betracht. Die Gründe, welche im Unternehmerverkehr eine besondere bzw. abweichende Betrachtung erfordern oder ermöglichen würden, sind nicht tragkräftig genug, um die Vertragsgrundlage und die dahingehende Leitbildfunktion des abhängigen gegenseitigen Austausches der Hauptleistungen als nachrangig bzw. weniger schutzwürdig anzusehen. Demgemäß sind Klauseln, welche ein Leistungsverweigerungsrecht nach § 320 BGB oder § 641 Abs. 3 BGB ausschließen, auch im Unternehmervertrag unwirksam. Dies gilt für einen Ausschluss für alle

---

der Rechtslage durch den Unternehmer verlangend und nur in Sonderfällen auf § 242 BGB zurückgreifen wollend *Lutz*, AGB-Kontrolle im Handelsverkehr, 111 ff.

1198 Vgl. so allgemein MüKo-BGB/*Wurmnest* § 309 Nr. 2 Rn. 20; Wolf/Lindacher/Pfeiffer/*Dammann* § 309 Nr. 2 Rn. 70; Ulmer/Brandner/Hensen/*Schäfer* Rn. 20 s.a. Erman/*Roloff* § 309 Rn. 26.

Forderungen, also auch für andere als unbestrittene, rechtskräftig festgestellte und entscheidungsreife Forderungen o.e.B.

Eine andere Beurteilung ergibt sind hingegen für einen Ausschluss eines Zurückbehaltungsrechtes. Sofern allein Gegenforderungen aus einem „einheitlichen Lebenssachverhalt" von der Zurückbehaltung ausgeschlossen sind, sind diese nicht von § 309 Nr. 2b BGB geschützt und auch im Übrigen im Unternehmervertrag nicht besonders schützenswert, mithin als nicht ausschließbar einzuordnen. Auch das Zurückbehaltungsrecht aus Forderungen aus „demselben Vertragsverhältnis" enthält keinen der synallagmatischen Verknüpfung vergleichbaren Gerechtigkeitsgehalt. Die Parteien haben diesen Forderungen bzw. deren Abhängigkeit keine vergleichbare Wichtigkeit zuerkannt, wie denen der Hauptleistungspflichten und deren Abhängigkeit zueinander. Ein Ausschluss dieses Zurückbehaltungsrechtes ist folglich nicht in gleicher Weise wie bei einem Leistungsverweigerungsrecht i.S.d. § 320 BGB pauschal gesetzlich ausgeschlossen. Vielmehr sprechen Interessen des Unternehmerverkehrs dafür, dass ein Ausschluss möglich ist bzw. sein kann.

dd) Formulierungsanforderungen

Sofern zwar feststeht, dass auch in Unternehmerverträgen die Aufrechnung mit unbestrittenen, rechtskräftig festgestellten und ohne eigene Beweisaufnahme entscheidungsreife Forderungen materiellrechtlich nicht ausgeschlossen werden dürfen, stellt sich allerdings die Frage, ob auch hinsichtlich der Formulierung die gleichen Anforderungen wie im Verbrauchervertrag zu stellen sind.

(1) Ausgangspunkt

Auch im Rahmen des Unternehmerverkehrs muss die Auslegung nach dem objektiven Inhalt und typischen Sinn der in Rede stehenden Klausel einheitlich so erfolgen, wie ihr Wortlaut von verständigen und redlichen Vertragspartnern unter Abwägung der Interessen der regelmäßig an Geschäften dieser Art beteiligten Verkehrskreise verstanden wird.[1199] Unter dieser Prämisse ist im Grundsatz zu berücksichtigen, dass im hier betrachteten Bereich an den Verträgen in aller Regel Kaufleute bzw. zumindest Unternehmer i.S.d. § 14 BGB als Vertragspartner beteiligt sind. Entsprechend ist auch auf deren Verständnismöglichkeit

---

1199 St. Rspr. BGH NZM 2016, 585 (586); BGHZ 176, 191 (193 f.) = NJW 2008, 2497 f.; Palandt/*Grüneberg* § 305c Rn. 16; vgl. bspw. auch BGHZ 195, 298 (302 f., m.w.N.) = NJW 2013, 995 (996); BGH NJW 2003, 2607 (2608); v. Westphalen/Thüsing/*Thüsing*, VertrR/AGB-Klauselwerke (45. EL 2020), Teil „Vertragsrecht" – Auslegung Rn. 8.

abzustellen.[1200] Demgemäß ist auch eine Abweichung gegenüber den Verständnismöglichkeiten eines weniger geschäftserfahrenen Verbrauchers möglich.

Daher ist zumindest im Hinblick auf § 309 Nr. 3 i.V.m. § 307 BGB[1201] ausreichend, dass unbestrittene und rechtskräftig festgestellte Forderungen in der Aufrechnungsbeschränkung zur Aufrechnung vorbehalten werden.[1202] Auch ist nicht entscheidend, wie die genaue Formulierung erfolgt, sofern sich (eindeutig) ergibt, dass damit für diese Forderung die Aufrechnung nicht ausgeschlossen ist.[1203]

(2) Fallgestaltungen des „Erst-Recht-Schlusses"

Soweit sich im Rahmen der objektiven Auslegung bei einem Verbrauchervertrag ergibt, dass eine Klausel den Anforderungen von § 309 Nr. 3 BGB entspricht, muss dies auch für Verträge gegenüber Unternehmern gelten.

(a) Herausnahme unbestrittener Forderungen als Herausnahme von rechtskräftig festgestellten Forderungen

Da es nach der in dieser Arbeit vertretenen Ansicht bereits in AGB gegenüber dem Verbraucher ausreicht, einen Vorbehalt für *unbestrittene* Forderungen in der Aufrechnungsbeschränkungsklausel vorzusehen[1204], muss dies auch bei AGB gegenüber einen Unternehmer gelten.[1205] Ein Unternehmer ist sich aufgrund der Geschäftserfahrung und unter Umständen auch durch seine (gerichts-)verfahrensrechtliche Erfahrung erst Recht bewusst, dass systematisch rechtskräftig festgestellte Forderungen einen Unterfall der unbestrittenen Forderungen darstellen.

1200 Ähnlich auch Ulmer/Brandner/Hensen/*Ulmer/Schäfer* § 305c Rn. 104; vgl. auch MüKo-BGB/*Basedow* § 305c Rn. 38, 35; OLG Celle RdTW 2010, 100 (103 f.).

1201 Zu den weiteren Grenzen, die durch § 307 BGB gesetzt sind, siehe die Fallgruppenuntersuchung in Kapitel § 6.

1202 Ebenso ist es nicht erforderlich, Konstellationen der Ausübungskontrolle nach § 242 BGB, bei welchen im Einzelfall eine Berufung auf die Aufrechnungsbeschränkung treuwidrig und damit unzulässig ist, ausdrücklich von der Beschränkung auszunehmen. Siehe dazu § 5 C. II. 2.) f).

1203 Zu diesen Grundsätzen für den Verbrauchervertrag, welche gleichsam im Unternehmervertrag gelten § 5 B. IV. 2.) e) aa).

1204 Siehe dazu ausführlich § 5 B. IV. 2.) e) aa) und § 5 B. IV. 2.) e) bb) (3).

1205 So auch BeckOGK-BGB/*Weiler* (01.03.2021) § 309 Nr. 3 Rn. 89; siehe allgemein zum strengeren Maßstab im Verbrauchervertrag und den darauf folgenden Schlussfolgerungen § 5 B. VI. 2.) b) aa).

(b) Herausnahme unbestrittener Forderungen als Herausnahme von entscheidungsreifen Forderungen

Auch für die nach § 309 Nr. 3 BGB nicht von der Aufrechnung in AGB ausschließbaren entscheidungsreifen Forderungen o.e.B. ergibt sich im Unternehmerverkehr kein Erfordernis, diese Forderungen ausdrücklich von der Aufrechnungsbeschränkung auszunehmen. Insoweit sind Unternehmer, die regelmäßig mit Verträgen in denen Aufrechnungsbeschränkungen üblich sind, also in Werk-, Miet- und Kaufverträgen, damit vertraut, dass unter unbestrittenen Forderungen systematisch auch solche Forderungen zu verstehen sind, die bereits zur Entscheidung reif sind, weil diese Forderung auf den gleichen Tatsachen beruht wie die Forderung des Verwenders. Es ist damit bekannt, dass die Gegenforderung nicht bestritten werden kann, ohne auch die eigene Forderung, d.h. die des Verwenders selbst gleichsam in Zweifel zu ziehen.[1206]

(3) Umstrittene Konstellationen

(a) Allgemeine Aufrechnungsbeschränkung

Soweit der Erst-Recht-Schluss vom Verbraucherbereich auf den Unternehmerbereich in den angeführten Konstellationen möglich ist, wird dies in bestimmten Fallkonstellationen in der Literatur bezweifelt. So wird in Betracht gezogen, dass allgemein formulierte Aufrechnungsbeschränkungen, wie bspw. „*Die Aufrechnung durch den Vertragspartner ist ausgeschlossen*" im Unternehmerverkehr so ausgelegt werden können, dass die Beschränkung sich nicht auf unbestrittene und rechtskräftig festgestellte Forderungen beziehe.[1207]

Allerdings kann dies nicht überzeugen.[1208] Denn in diesem Fall steht der Wortlaut als Ausgangspunkt einer solchen Auslegung

---

1206 Siehe zu denselben Anforderungen im Verbrauchervertrag § 5 B. IV. 2.) e) bb) (3).

1207 So im Erg. *Rabe* NJW 1987, 1978 (1985); *Lindacher* BB 1983, 154 (160); *Lutz,* AGB-Kontrolle im Handelsverkehr, 120 ff.; für eine handelsübliche Auslegung bestimmter Handelsklauseln Staudinger/*Coester-Waltjen* 309 Nr. 3 Rn. 14; s.a. BeckOK-BGB/*Becker* (01.02.2021) § 309 Nr. 3 Rn. 16.

1208 Im Erg. ebenso BGHZ 92, 312 (314 f.) = NJW 1985, 319 (320); BGH NJW-RR 1986, 1110 (1111); OLG Brandenburg, Urteil v. 13.01.2010, Az. 3 U 12/09, BeckRS 2010, 3474; BeckOGK-BGB/*Weiler* (01.03.2021) § 309 Nr. 3 Rn. 87, 83; Wolf/Lindacher/Pfeiffer/*Dammann* § 309 Nr. 3 Rn. 72; Erman/*Roloff* § 309 Rn. 33 a.E.; wohl auch MüKo-BGB/*Wurmnest* § 309 Nr. 3 Rn. 10; Ulmer/Brandner/Hensen/*Schäfer* § 309 Nr. 3 Rn. 12; vgl. auch BGHZ 91, 375 (383 ff.) = NJW 1984, 2404 (2405); OLG Celle, Urteil v. 21.12.1988, Az. 2 U 134/87, BeckRS 1988, 07155; OLG München NJW-RR 1989, 1434 (1435 f.).

entgegen.[1209] Der Wortlaut legt fest, dass eine Aufrechnung per se ausgeschlossen ist. Einem Verständnis dahingehend, dass diese nur ausgeschlossen ist, soweit dies gesetzlich zulässig ist, steht auch gegenüber einem geschäftlich erfahrenen Vertragspartner der Wortlaut der Klausel entgegen.[1210] Denn es besteht keinerlei *Öffnungsformulierung*, nach der für den Kaufmann erkennbar ist, dass trotz der generellen Aufrechnungsbeschränkung in bestimmten Fällen eine Aufrechnung möglich sein soll.[1211] Das Kriterium der Öffnungsformulierung grenzt diese Konstellation auch von den weiteren betrachteten Fällen ab, in welchen untersucht wurde, ob die Herausnahme *einer* Forderungsart auch – unter Zugrundelegung eines objektivierten und verallgemeinerten Maßstabes – als die Herausnahme von den *weiteren* Forderungsarten von der Beschränkung der Aufrechnung verstanden werden kann. In den dort betrachteten Fällen besteht die Klausel schon vom Wortlaut her *nicht allumfassend*, sondern enthält einen Aufrechnungsvorbehalt für bestimmte Forderungen.

Eine andere Bewertung könnte nur angenommen werden, wenn die Klauseln von beiden Parteien in einem bestimmten Sinn verstanden worden ist, sodass dieser Wille einer Auslegung von AGB vorgehen würde.[1212] In Betracht zu ziehen ist insoweit, ob möglicherweise ein *entsprechendes Verständnis im Handelsverkehr* besteht, nach welchem Aufrechnungsbeschränkungen nicht für unbestrittene und rechtskräftig festgestellte Forderungen gelten. Erforderlich für eine dahingehende „einschränkende" Auslegung – die der Inhaltskontrolle vorgeht – wäre allerdings ein entsprechender Handelsbrauch.[1213] Dazu ist nicht nur eine dauerhafte Übung, sondern auch ein allgemeines Anerkenntnis in den beteiligten Verkehrskreisen und – im Streitfall – eine Feststellung erforderlich.[1214] Insoweit fehlt es an ersichtlichen Belegen[1215], dass im Handelsverkehr

---

1209 Vgl. für den Bereich versicherungsrechtlicher Klauseln BGHZ 123, 83 (85 f., 89, 91) = NJW 1993, 2369 (2370); BGHZ 111, 278 = NJW 1990, 2388.

1210 Vgl. ähnlich zumindest im Bereich versicherungsrechtlicher Klauseln BGHZ 123, 83 (85 f., 89, 91) = NJW 1993, 2369 (2370); BGHZ 111, 278 = NJW 1990, 2388.

1211 Vgl. im Ansatz BeckOGK-BGB/*Weiler* (01.03.2021) § 309 Nr. 3 Rn. 84; a.A. wohl *Lutz*, AGB-Kontrolle im Handelsverkehr, 120 ff., 112; *Lindacher* BB 1983, 154 (160).

1212 Vgl. BGH NJW 2002, 2102 (2103, m.w.N.); BGH NJW-RR 2010, 63 (64); BeckOGK-BGB/*Bonin* (01.03.2021) § 305c Rn. 89; *Stoffels*, AGB-Recht, Rn. 361.

1213 Vgl. allgemein zum Verhältnis zwischen Handelsbräuchen und AGB Ebenroth/Boujong/Joost/Strohn/*Joost*, HGB, 3. Auflage 2015, § 346 Rn. 1, 29.

1214 Vgl. statt vieler nur Ebenroth/Boujong/Joost/Strohn/*Joost*, HGB, 3. Auflage 2015, § 346 Rn. 6 ff., 24; MüKo-HGB/*Schmidt* § 346 Rn. 11 ff.

1215 So könnte bspw. ein Gutachten der (Industrie-) und Handelskammer gedacht werden; vgl. dazu allgemein MüKo-HGB/*Schmidt* § 346 Rn. 26 f.; Ebenroth/Boujong/

oder zumindest in Teilbereichen davon ein allgemeines Verständnis besteht, dass Aufrechnungen für bestimmte Forderungen auch bei einer allumfassend formulierten Aufrechnungsbeschränkung zulässig sind.[1216] Ausschlaggebend *gegen* die Annahme einer solchen Verkehrssitte spricht vielmehr, dass die Schutzvorschrift des § 11 Nr. 3 AGBG aufgrund von Klauseln gegenüber Unternehmern geschaffen wurde[1217] und Streitigkeiten über die Wirksamkeit von erklärten Aufrechnungen bei Beschränkungsklauseln in Unternehmerverträgen immer wieder Gegenstand gerichtlicher Verfahren sind.[1218] Selbst im Rahmen von üblichen und typischen (Handels-)Klauseln müssen sich die Gerichte mit solchen Streitigkeiten häufig beschäftigen.[1219]

Abseits eines gleichen Verständnisses aufgrund des Handelsverkehrs, ist bei der Beurteilung eines gleichen Verständnisses jedoch zu berücksichtigen, dass diese Untersuchung von dem Einzelfall abhängt, mithin davon, ob die Klausel aufgrund bestimmter Umstände des Vertragsschlusses, bestimmter Äußerungen, o.Ä. beidseitig so verstanden wurde.[1220] Damit beschränkt sich die Möglichkeit eines solchen abweichenden Verständnisses auf den Einzelfall und lässt keine abstrakte Bestimmung für bestimmte Fallgruppen als Regelfall zu.

(b) Herausnahme von rechtskräftig festgestellten Forderungen als Herausnahme von unbestrittenen Forderungen

Insbesondere für den Bereich der AGB gegenüber einem Unternehmer wird – auch hier größtenteils unter Berufung auf die BGH Entscheidung aus dem Jahr 1993[1221] – angenommen, dass die alleinige Herausnahme von rechtskräftig

---

Joost/Strohn/*Joost*, HGB, 3. Auflage 2015, § 346 Rn. 25; einen Handelsbrauch oder eine Festlegung von Grundsätzen durch internationale Organisationen für ein einheitliches Verständnis aufführend *Liesecke*, WM Sonderbeilage Nr. 3/1978, 3.

1216 A.A. wohl *Rabe* NJW 1987, 1978 (1985); vgl. auch *Lutz*, AGB-Kontrolle im Handelsverkehr, 120 ff., 112 ff.

1217 BGHZ 12, 136 (142 f.) = NJW 1954, 795; BGH NJW 1975, 442 f.; BT-Drs. 7/3919, 29; Ulmer/Brandner/Hensen/*Ulmer/Schäfer* § 310 Rn. 8; MüKo-BGB/*Wurmnest* § 309 Rn. 9, § 307 Rn. 80; vgl. auch BGH NJW 1960, 859 (Zurückbehaltungsrecht).

1218 Vgl. dazu die Nachweise in Fn. 1208.

1219 Siehe zu den konkreten Fallgruppen wie (Bar-)Zahlungsklauseln und Vorleistungsklauseln § 6 C. II.

1220 Vgl. statt vieler nur BGH NJW-RR 2010, 63 (64); Palandt/*Grüneberg* § 305c Rn. 16 m.w.N.

1221 BGH NJW-RR 1993, 519 f.; siehe umfassend zur Frage der Formulierungsanforderungen bei Verbrauchern unter Einbeziehung dieses Urteils § 5 B. IV. 2.) e) aa) (3).

festgestellten Forderungen den Anforderungen von § 309 Nr. 3 i.V.m. § 307 BGB entspricht, da gleichzeitig auch die unbestrittenen Forderungen herausgenommen seien.[1222] Allerdings müsste sich insoweit ein Grund ergeben, der eine Abweichung von der Beurteilung in Verbraucherverträgen rechtfertigt. Denn dort ist, bei nach der in dieser Arbeit vertretenen maßgeblichen Vorgaben, nur eine Aufrechnungsbeschränkung wirksam, die neben dem Aufrechnungsvorbehalt für rechtskräftig festgestellte Forderungen noch weitere Anhaltspunkte offenbart, aus denen sich ein weitergehendes Verständnis dahingehend ergibt, dass auch die Aufrechnung mit unbestrittenen Forderungen möglich sein soll. Im Übrigen, wenn also nur die Aufrechnung mit rechtskräftig festgestellten Forderungen vorbehalten ist, kann die Klausel in AGB gegenüber dem Verbraucher nicht entsprechend der Anforderungen von § 309 Nr. 3 BGB ausgelegt werden.

Demgemäß wäre ein weiteres Kriterium erforderlich, welches eine Auslegung solcher Klauseln ohne weitere Anhaltspunkte zur weitergehenden Auslegung ermöglicht.[1223] Als Kriterium könnte herangezogen werden, dass die üblichen Vertragspartner Unternehmer sind. Dafür müsste allerdings üblich sein, dass diese Vertragspartner sich genau der rechtlichen Bedeutung der Formulierung von Aufrechnungsbeschränkungen bewusst sind, mithin, dass nicht nur rechtskräftig festgestellte Forderungen ausgenommen sind, sondern auch unbestrittene Forderungen.[1224] Allerdings ist außer einer pauschalen Vermutung, dass dies in den betroffenen Geschäftskreisen der Fall sein könnte, kein Umstand ersichtlich, dass der „durchschnittliche, wenn auch geschäftserfahrene Vertragspartner“ sich der Regelung des § 309 Nr. 3 BGB bewusst ist und außerdem einer unbestrittenen Forderungen die gleiche Bedeutung zumisst, wie einer rechtskräftig festgestellten. Wie ausführlich dargestellt[1225], handelt es sich bei diesen beiden Forderungen um unterschiedliche Kategorien von Forderungsarten. So setzt die eine Forderung einen Streit um die Gegenforderungen voraus, der in einem gerichtlichen Verfahren gemündet und mit einem rechtskräftigen

1222 Bspw. Wolf/Lindacher/Pfeiffer/*Dammann* § 309 Nr. 3 Rn. 31, 72; Wolf/Horn/Lindacher/*Wolf*, 4. Auflage 1999, § 11 Nr. 3 Rn. 24; wohl auch MüKo-BGB/*Wurmnest* § 309 Nr. 3 Rn. 8; eingeschränkt auch BeckOGK-BGB/*Weiler* (01.03.2021) § 309 Nr. 3 Rn. 89; vgl. auch die Nachweise in Fn. 1014.

1223 So wohl auch BeckOGK-BGB/*Weiler* (01.03.2021) § 309 Nr. 3 Rn. 89.

1224 In diese Richtung deutend BeckOGK-BGB/*Weiler* (01.03.2021) § 309 Nr. 3 Rn. 89; insofern im Unternehmerverkehr eine weniger strenge Handhabung befürwortend, im Ergebnis aber vorsichtshalber den Vorbehalt für beide Forderungsarten empfehlend *Ghassemi-Tabar/Schweitzer* ZfIR 2012, 224 (226).

1225 Siehe dazu § 5 B. IV. 2.) c.).

Abschluss geendet ist. Aufgrund der dann eingetretenen Unbestreitbarkeit stellen diese Forderungen einen (systematischen) Unterfall von unbestrittenen Forderungen dar. Umgekehrt ist allerdings der Kreis unbestrittener Forderungen deutlich weiter als rechtskräftig festgestellter Forderungen, sodass nicht jede unbestrittene Forderung als „Unterfall" von rechtskräftig dargestellten Forderungen angesehen werden kann.

Eine allgemeine Gleichstellung und ein derartiges Verständnis bei einem Unternehmer sind zumindest äußerst zweifelhaft. Dabei ist nicht ausgeschlossen, dass im Einzelfall ein solches beiderseitiges Verständnis vorliegt. In diesen Fällen kommt es allerdings nicht zur Frage der Auslegung, da dieser „gemeinsame" Wille einer solchen Auslegung bereits vorgehen würde.[1226]

Als weiteres Kriterium kann auch nicht die Vereinfachung der Vertragsabwicklung und das Interesse an bündigen Klauseln im Handelsverkehr herangezogen werden.[1227] Denn sofern schon die Klausel eine Ausnahme für rechtskräftig festgestellte Forderungen vorsieht, ist es kaum ein aufwandmäßiges Mehr, gleichsam noch zusätzlich zu formulieren, dass auch unbestrittene Forderungen nicht von der Aufrechnung ausgeschlossen sind. Da insoweit auch ausreicht, „nur" ausdrücklich – oder sinngemäß – unbestrittene Forderungen für eine Aufrechnung vorzubehalten, könnte auch eine kürzere Klauselformulierung gewählt werden.

(c) Typische Zahlungsklauseln und Incoterms

Besondere Bedeutung haben in Unternehmerverträgen allerdings sog. Zahlungsbestimmungen und sog. Incoterms. Diese Klauseln sind im Handelsverkehr durchaus üblich und typisch. Im Ergebnis ist auch in diesen Konstellationen trotz des Interesses im Handelsverkehrs an einer zügigen Vertragsabwicklung und an bündigen Klauseln eine abweichende Abweichung von dem Erfordernis der ausdrücklichen Herausnahme von unbestrittenen und rechtskräftig festgestellten und entscheidungsreifen Forderungen nicht angebracht.[1228]

1226 Vgl. zum Vorrang des übereinstimmenden Willens gegenüber einer abweichenden Bedeutung nach dem objektiven Sinn *Stoffels*, AGB-Recht, Rn. 361.

1227 Vgl. Staudinger/*Coester-Waltjen* § 309 Nr. 3 Rn. 14; zu Handelsklauseln allgemein Ebenroth/Boujong/Joost/Strohn/*Joost*, HGB, 3. Auflage 2015, § 346 Rn. 96, 21 ff.; zu w.N. siehe Fn. 1032.

1228 Gängige Klauselkonstellationen werden in Kapitel § 6 betrachtet.

3.) Konkretisierung - Unangemessene Benachteiligung

Ausgangspunkt der Grenzziehung für Aufrechnungsbeschränkungen durch die Generalklausel stellt § 307 Abs. 1 Satz 1 BGB dar. Danach ist eine Klausel bei einer „unangemessenen Benachteiligung“ unwirksam. Eine unangemessene Benachteiligung setzt zum einen eine Benachteiligung, also eine für den Vertragspartner vom gesetzlichen Regelfall negativ abweichende Regelung voraus. Zum anderen muss diese Benachteiligung auch unangemessen, also im Lichte von § 242 BGB als treuwidrig, mithin gegen Treu und Glauben verstoßend angesehen werden.[1229]

a) Benachteiligung i.S.d. § 307 Abs. 1 Satz 1 BGB

Eine Benachteiligung liegt bei einer Aufrechnungsbeschränkung darin, dass der aufrechnungsbeschränkte Forderungsinhaber sein Gestaltungsrecht der Aufrechnung nicht wirksam ausüben kann. Die Rechtslage nach der AGB weicht von der Rechtslage nach §§ 387 ff. BGB zu Lasten des Vertragspartners ab. Liegen die Voraussetzungen von §§ 387 ff. BGB vor, kann der Forderungsinhaber nicht aufrechnen, wenn die konkrete Aufrechnungsmöglichkeit von der Aufrechnungsbeschränkung erfasst ist.

b) Unangemessenheit

Eine Unangemessenheit der Benachteiligung liegt vor, wenn *„der Verwender durch einseitige Vertragsgestaltung missbräuchlich eigene Interessen auf Kosten seines Vertragspartners durchzusetzen versucht, ohne von vornherein auch dessen Belange zu berücksichtigen und ihm einen angemessenen Ausgleich zu gewähren.“*[1230] Diese Interessenlage ist im Rahmen einer wertenden Betrachtung durch eine Analyse und Abwägung der Parteiinteressen vorzunehmen.[1231] Die Interessenbewertung ist umfassend und beiderseitig ausgerichtet vorzunehmen und

---

1229 Für einen derartigen zweistufigen Aufbau auch Ulmer/Brandner/Hensen/*Fucks* § 307 Rn. 98; *Stoffels*, AGB-Recht, Rn. 466 ff.; BeckOK-BGB/*Schmidt* (01.02.2021) § 307 Rn. 29.

1230 St. Rspr. vgl. nur BAG NJW 2018, 891 (893); BGH NVwZ 2018, 1414 (1416); BGH NJW 2017, 3145 (3146, m.w.N.); w.N. auch bei *Stoffel*, AGB-Recht, Rn. 468.

1231 Vgl. Ulmer/Brandner/Hensen/*Fuchs* § 307 Rn. 98, 102; Staudinger/*Wendland* § 307 Rn. 96; ähnlich auch BeckOK-BGB/*Schmidt* (01.02.2021) § 307 Rn. 32 ff.; systematische Darstellung der möglicherweise in die Bewertung einzubeziehenden Verwender- und Vertragspartnerinteressen bei Staudinger/*Coester*, 15. Auflage 2013, § 307 Rn. 153 ff.; Staudinger/*Wendland* § 307 Rn. 153 ff.

zu bestimmen, welche Interessenlage typischerweise anzutreffen ist und welche Besonderheiten des bestimmten Vertragstyps regelmäßig einschlägig sind.[1232] Dabei kann im Allgemeinen davon ausgegangen werden, dass sich die Höhe der Rechtsfertigungsanforderungen nach der Eingriffsintensität des Verwenders in die geschützte Interessensphäre des Vertragspartners und der Intensität der Abweichung vom gesetzlichen Leitbild bestimmt.[1233]

aa) Bestimmung des einschlägigen Konkretisierungstatbestandes

Neben der Transparenzkontrolle nach § 307 Abs. 1 Satz 1 BGB kommen bei der Inhaltskontrolle nach § 307 BGB drei Tatbestände in Betracht. Einerseits § 307 Abs. 1 Satz 1 BGB sowie die jeweiligen Konkretisierungstatbestände des § 307 Abs. 2 BGB mit Nr. 1 und Nr. 2.

Insoweit lässt sich feststellen, dass inhaltlich eine Verwirklichung des Tatbestandes des § 307 Abs. 2 Nr. 2 BGB im Grundfall einer Aufrechnungsbeschränkung nicht in Betracht kommt. Eine Aufrechnung stellt zwar ein Erfüllungssurrogat dar, allerdings konkretisiert sich der Tatbestand des § 307 Abs. 2 Nr. 2 BGB auf wesentliche Rechte und Pflichten aus der Natur des Vertrages und verlangt, dass es zu einer Gefährdung des Vertragszweckes kommen wird.[1234] Die Aufrechnung selbst betrifft aber nicht die *inhaltliche* Ausgestaltung der vertraglich festgesetzten Rechte und Pflichten der Parteien, sondern verhindert eine *bestimmte Erfüllungsmöglichkeit*. Ein Ausschluss der Aufrechnung betrifft entsprechend „nur“ den Ausschluss einer vereinfachten Erfüllungsmöglichkeit. Die formularmäßige Vereinbarung nimmt hingegen keinen Einfluss auf den Umfang der gegenseitigen Forderungen. Daher wird der Vertragszweck selbst[1235], welcher sich im Regelfall auf die im Ergebnis tatsächliche gegenseitige Leistungserbringung richtet, nicht gefährdet. Als Konkretisierungstatbestand kommt allein eine Einschlägigkeit des § 307 Abs. 1 Satz 1 BGB oder § 307 Abs. 2 Nr. 1 i.V.m. Abs. 1 Satz 1 BGB in Betracht.

1232 Vgl. BeckOK-BGB/*Schmidt* (01.02.2021) § 307 Rn. 31 f.; BGH NJW 1997, 3022 (3023).

1233 So auch *Stoffels*, AGB-Recht, Rn. 470 f.; vgl. für § 307 Abs. 2 Nr. 1 BGB Ulmer/Brandner/Hensen/*Fuchs* § 307 Rn. 193.

1234 Vgl. allgemein dazu Staudinger/*Coester*, 15. Auflage 2013, § 307 Rn. 221, 220 ff.; Staudinger/*Wendland* § 307 Rn. 221, 220 ff.; BGHZ 103, 316 (321 f.) = NJW 1988, 1785 (1786).

1235 Darauf primär bei der Beurteilung abstellend bspw. BGHZ 103, 316 (321 f.) = NJW 1988, 1785 (1786).

bb) § 307 Abs. 1 Satz 1 BGB und § 307 Abs. 1 Satz 1, Abs. 2 Nr. 1 BGB

(1) § 387 BGB

Mit einer Aufrechnungsbeschränkung liegt insbesondere eine Abweichung von der gesetzlichen Rechtslage nach § 387 BGB vor. Der Vertragspartner kann bei bestehender Aufrechnungsbeschränkung im Regelfall nicht die Rechtsfolge einer Aufrechnung herbeiführen, obwohl die Tatbestandsvoraussetzungen nach § 387 BGB vorliegen. Dies stellt eine Abweichung von einer gesetzlichen, disponiblen Regelung i.S.d. § 307 Abs. 2 Nr. 1 BGB[1236] dar. Den wesentlichen Leitbildgedanken der Regelung des § 387 BGB bildet die Vollstreckungs- und Sicherungsfunktion.[1237] Bei gleichartigen Forderungen besteht eine vereinfachte Erfüllungsmöglichkeit mit der Vermeidung einer „Hin- und Herleistung".[1238]

Allerdings muss bei der Bestimmung des einschlägigen Tatbestandes von § 307 BGB beachtet werden, dass für Aufrechnungsbeschränkungen bereits weitere gesetzliche Vorgaben bestehen. In § 309 Nr. 3 BGB und § 556b Abs. 2 BGB hat der Gesetzgeber bereits über die Grundsatzwertung des § 387 BGB hinaus Interessenbewertungen für Beschränkungen der Aufrechnung vorgenommen. In diesen hat er *auch Interessen des Verwenders* an einer Einschränkung der Aufrechnungsmöglichkeit in einem bestimmten Umfang gesetzlich anerkannt[1239] bzw. nur bestimmte Klauselgestaltungen als unabwägbar, den Vertragspartner unangemessen benachteiligend eingeordnet. Daher kann der alleinstehenden Regelung des § 387 BGB für die Beurteilung von Aufrechnungsbeschränkungen nicht die allein maßgebliche Leitbildfunktion für die Inhaltskontrolle i.S.d. § 307 Abs. 2 Nr. 1 BGB zugestanden werden. Zumindest kann dies nicht soweit erfolgen, dass eine Abweichung von der grundlegenden Wertung von § 387 BGB – Tilgungs- und Sicherungsfunktion der Aufrechnung – eine Vermutung zugunsten einer unangemessenen Benachteiligung, also einer Unwirksamkeit der Aufrechnungsbeschränkung begründet.[1240] Dadurch bestände die Gefahr,

---

1236 Vgl. zu den insoweit gestellten Tatbestandsvoraussetzungen von § 307 Abs. 2 Nr. 1 BGB statt aller nur Staudinger/*Wendland* § 307 Rn. 231 ff.; Ulmer/Brandner/Schäfer/*Fuchs* § 307 Rn. 206 ff.

1237 Siehe dazu § 2 A. I.

1238 Siehe dazu § 2 A. I. 2.) a).

1239 Vgl. auch die gesetzlichen Aufrechnungsverbote § 226 Abs. 3 AO und § 109 Abs. 6 SGB V, welche stets eine Aufrechnung mit unbestrittenen und rechtskräftig festgestellten Forderungen zulassen. Siehe dazu § 4 A. I.

1240 So allerdings bspw. BGH NJW 2003, 1447; vgl. auch Ulmer/Brandner/Hensen/*Fuchs* § 307 Rn. 194; *Zoller*, Vorleistungspflicht und AGB-Gesetz, 73 (§ 9 AGBG); umfassend zu den streitigen Rechtsfragen der Regelungssystematik von § 307 Abs. 1 und

dass ein besonderes rechtfertigendes Interesse zur Widerlegung der Vermutungswirkung gefordert würde, obwohl ein solches Interesse bereits in bspw. § 556b Abs. 2 BGB zugunsten des Verwenders gesetzlich anerkannt ist.

Für eine hinreichende Berücksichtigung sowohl privater als auch gesetzlicher Interessen des Verwenders an einer Aufrechnungsbeschränkung als auch der gesetzlich anerkannten Konstellationen, in welchen eine Beschränkung der Aufrechnung per se untunlich ist, sind Aufrechnungsbeschränkungen *in einer umfassenden Interessenabwägung* nach § 307 Abs. 1 Satz 1, Abs. 2 Nr. 1 B GB auf ihre Wirksamkeit zu beurteilen. Ausgangspunkt ist die Grundwertung des § 387 BGB, nach welcher eine Aufrechnung möglich ist (§ 307 Abs. 2 Nr. 1 BGB). Diese Regelwertung ist aber durch die weiteren Interessenbewertungen des Gesetzgebers insoweit flankiert[1241], als dass diese Wertungen die Anforderungen modifizieren, welche zu stellen sind, um eine Abweichung von der grundsätzlichen Aufrechnungsmöglichkeit nach § 387 BGB zu legitimieren (§ 307 Abs. 1 Satz 1 BGB). Liegt eine gesetzliche Anerkennung von Ausschlussinteressen vor, sind unter Umständen keine weiteren besonderen Interessen des Verwenders oder Umstände erforderlich, um die Aufrechnungsbeschränkung zu rechtfertigen.

Neben den Wertungen von § 387 BGB, § 556b Abs. 2 BGB und § 309 Nr. 3 BGB ist allgemein im Rahmen der konkreten Interessenabwägung bei einer Aufrechnungsbeschränkung zu berücksichtigen, *inwieweit und in welcher Intensität der Vertragspartner beeinträchtigt* wird.[1242] Insoweit ist zwischen Konstellationen zu unterscheiden, in welchen der Vertragspartner die Aufrechnung zwar unter erschwerten Bedingungen, aber noch autonom herbeiführen kann und solchen, in welchen eine Aufrechnung allgemein oder nur unter Mitwirkung durch den Verwender möglich ist. Außerdem kann der Umfang der konkret ausgeschlossenen Aufrechnungsmöglichkeiten durch eine Summierung von Einschränkungen[1243] eher für eine Unangemessenheit sprechen.

Abs. 2 BGB zueinander sowie der Ausgestaltung von § 307 Abs. 2 Nr. 1 BGB Staudinger/*Wendland* § 307 Rn. 222 ff., 227, 243 ff.; Ulmer/Brandner/Hensen/*Fuchs* § 307 Rn. 193 ff., 221 ff.

1241 Zumindest eine Heranziehung der Wertungen von zwingenden Normen bei der Interessenabwägung für zulässig haltend Ulmer/Brandner/Hensen/*Fuchs* § 307 Rn. 209 m.w.N.

1242 Vgl. allgemein Staudinger/*Wendland* § 307 Rn. 96, 90 ff.

1243 Vgl. zur allgemeinen Möglichkeit der Summierung Prütting/Wegen/Weinreich/*Berger* § 307 Rn. 10; Palandt/*Grüneberg* § 307 Rn. 13.

Die vom Verwender *verfolgten Interessen* können eine unterschiedlich starke Rolle bei der Bewertung spielen.[1244] So ist das Interesse an einer Vermeidung einer Verzögerung der Durchsetzung der eigenen Hauptforderung durch die Geltendmachung von vermeintlichen Gegenforderungen des Vertragspartners gesetzlich anerkannt und entsprechend schutzwürdig. Der reine gegenanspruchsunabhängige Erhalt der Gegenleistung hat hingegen keine gesetzliche Berücksichtigung gefunden und ist als nicht in gleichem Maße ausschlaggebend anzusehen. Das Interesse an einer vorherigen Ankündigung der Aufrechnung kann schutzwürdig sein, um bereits im Vorhinein Kenntnis über einen Ausfall des tatsächlichen Geldeingangs aufgrund der Aufrechnung zu erlangen. Dabei kann das Interesse von verschiedenem Intensitätsgrad sein. In einem singulären Austauschvertrag kann das Interesse weniger stark ausgeprägt sein als in einem Dauerschuldverhältnis, bei dem sich der Vertragspartner auf den regelmäßigen Eingang der Zahlungen eingestellt hat und daraus eigene andere Schulden bedient.[1245] Auch kann der Verwender Sicherheit über den Erklärungsinhalt und den Erklärenden anstreben und dafür zusätzliche Vorgaben für die Aufrechnungserklärung vorsehen.

Weitere Abwägungsprinzipien, wie eine Kompensationswirkung durch anderweitige Vorteile bspw. durch andere in Wechselbeziehung zur untersuchten AGB stehende Klauseln[1246], haben bei der Beurteilung von Aufrechnungsbeschränkungen keine (ausschlaggebende) Relevanz.

(2) Prinzip der Äquivalenz von Leistung und Gegenleistung

Eine Abweichung von der gesetzlichen Regelung i.S.d. § 307 Abs. 2 Nr. 1 BGB wird in der Rechtspraxis zutreffenderweise weit ausgelegt.[1247] Nach der Rechtsprechung fallen darunter auch alle

> *„dem Gerechtigkeitsgebot entsprechenden allgemein anerkannten Rechtsgrundsätze, d. h. neben den (dispositiven) Gesetzesbestimmungen auch alle ungeschriebenen Rechtsgrundsätze, die Regeln des Richterrechts oder die aufgrund ergänzender Auslegung nach §§ BGB*

1244 Siehe zur Berücksichtigung der Interessen in den verschiedenen Fallgruppen umfassend Kapitel § 6.

1245 Allgemein zur Berücksichtigung der Besonderheiten von bestimmten Vertragsarten in der Interessenabwägung Staudinger/*Wendland* § 307 Rn. 255 m.w.N.

1246 Vgl. allgemein Staudinger/*Wendland* § 307 Rn. 96, 125 ff., Prütting/Wegen/Weinreich/*Berger* § 307 Rn. 10.

1247 Vgl. nur *Stoffels*, AGB-Recht, Rn. 505; Wolf/Lindacher/Pfeiffer/*Pfeiffer* § 307 Rn. 108, 105a ff.

§ 157, BGB § 242 BGB und aus der Natur des jeweiligen Schuldverhältnisses zu entnehmenden Rechte und Pflichten".[1248]

Dementsprechend sind auch leitbildfähige allgemeine Rechtsgrundsätze beinhaltet. Dazu gehört auch das in §§ 320 ff. BGB niedergelegt *Äquivalenzprinzip* für gegenseitige Verträge mit den entsprechenden synallagmatisch verknüpften Leistungspflichten.[1249]

Folglich kann der Verbotsbereich von § 307 Abs. 1 Satz 1, Abs. 2 Nr. 1 BGB auch Konstellationen erfassen, in welchem durch die Aufrechnungsbeschränkung das Synallagma bzw. die synallagmatische Beziehung zwischen gegenseitigen Forderungen gestört wird. Eine dahingehende Prüfung kommt zumindest in Betracht, wenn gegenseitige, verschiedenartige Hauptleistungspflichten durch eine Ersetzung der Gegenforderung – bspw. durch einen Schadensersatzanspruch – gleichartig werden. In diesen Fällen könnte angenommen werden, dass der Vertragspartner die Hauptleistung bei fehlender oder mangelhafter Leistungserbringung durch den Verwender nicht mehr – einredeweise – verweigern kann, da die Geltendmachung eines Leistungsverweigerungsrechts bei Gleichartigkeit der Forderungen – im Regelfall – als Aufrechnung gewertet wird[1250]. Letztere ist allerdings durch die Aufrechnungsbeschränkung ausgeschlossen.

Zwar wird bei einer wirtschaftlich orientierten Gesamtbetrachtung durch eine Aufrechnungsbeschränkung nicht insoweit in das Äquivalenzinteresse eingegriffen, als die Erbringung von Leistung und Gegenleistung nicht mehr in dem vertraglich vereinbarten Werteverhältnis zu erfolgen hat. Denn dem Vertragspartner steht bei mangelhafter Leistungserbringung ein entsprechender Schadenersatzanspruch zu. Allerdings wird punktuell trotzdem das Äquivalenzprinzip gestört, da die Pflicht zur gegenseitig abhängigen Leistungspflicht aufgelöst wird. Während der Verwender nur teilweise, weil mangelhaft, geleistet hat, soll der Vertragspartner vollständig und gegenanspruchsunabhängig seine Leistung erbringen.

Hinsichtlich der Abweichung von diesem allgemeinen Rechtsgrundsatz durch Aufrechnungsbeschränkungen ergibt sich eine vielschichtige Prüfung. Dabei

---

1248 BGHZ 138, 118 (126) = NJW 1998, 1640 (1642 m.w.N.); *Stoffels*, AGB-Recht, Rn. 505.

1249 Vgl. aus der Rspr. bspw. BGH NJW-RR 1997, 304, (305); BGHZ 96, 103 (109 f.) = NJW 1986, 179 (180); BGHZ 82, 21 (25 f.) = NJW 1982, 331 (332); aus der Lit. *Stoffels*, AGB-Recht, Rn. 513; Staudinger/*Coester*, 15. Auflage 2013, § 307 Rn. 235; Ulmer/Brandner/Hensen/*Fuchs* § 307 Rn. 215, 219 und Wolf/Lindacher/Pfeiffer/*Pfeiffer* § 307 Rn. 121 jeweils m.w.N.

1250 Siehe dazu § 4 B. IV. 2.) b) aa).

erfordert die Beurteilung eine genaue Abgrenzung zu anderen Fallgestaltungen, wie den „ursprünglich gleichartigen Forderungen“ und „gleichartig gewordenen, konnexen Forderungen“. Demgemäß wird diese Thematik umfassend in Kapitel § 6 unter B. III dargestellt.

Allerdings lässt sich bereits herausstellen, dass dem synallagmatischen Gegenseitigkeitsverhältnis ein besonders schutzwürdiger Grundgedanke zugrunde liegt. Die Parteien nehmen die Abhängigkeit der Hauptleistungspflichten überhaupt zum Anlass eine vertragliche Verpflichtung einzugehen.[1251] Folglich ist dieses Interesse besonders schutzwürdig. Nach diesem hohen Schutzwürdigkeitsniveaus richten sich daher auch die Anforderungen an das oder ein Rechtfertigungselement.[1252]

4.) Spezialfall - Abweichung von §§ 355 Abs. 3 Satz 1, § 357a BGB

In neuerer Zeit wurde von der höchstrichterlichen Rechtsprechung eine Aufrechnungsbeschränkung in einem Verbraucherdahrlehensvertrag nach § 307 A bs. 1 Satz 1, Abs. 2 Nr. 1 BGB als unwirksam angesehen, weil diese die Widerrufsrechte des Verbrauchers unzulässig einschränken würde.[1253] Da die Unwirksamkeit der Aufrechnungsbeschränkung nur auf die sich daraus (vermeintlich) ergebende Widerrufseinschränkung gestützt wurde, kommt allein § 307 BGB als Rechtsgrundlage in Betracht. Andere Grenznormen wie § 309 Nr. 3 BGB kommen weder direkt noch durch mittelbare Wertungsberücksichtigung als maßgebliche Normen in Frage.[1254]

1251 Siehe dazu § 5 B. VI. 2.) b) cc) (1) und § 6 B. III. 2.) d) dd) (3) (a) und (b).

1252 Bei einer Abweichung von Leitbildgedanken von gesetzlichen Regelungen oder von allgemeinen Rechtsgrundsätzen sind im Rahmen von § 307 Abs.1 Satz 1 BGB entsprechende Umstände, Interessen, Aspekte o.Ä. erforderlich, um diese ausnahmsweise als doch nicht unangemessen benachteiligend anzusehen. Vgl. bspw. Palandt/*Grüneberg* § 307 Rn. 28; *Zoller*, Vorleistungspflicht und AGB-Gesetz, 73 m.w.N.; ähnlich, aber eine Vermutungswirkung ablehnend und die rechtfertigenden Interessen wohl bereits im Rahmen des Tatbestandsmerkmales „Unvereinbarkeit“ des § 307 Abs. 2 Nr. 1 BGB berücksichtigend, Staudinger/*Wendland* § 307 Rn. 226 (außerdem umfassend zu den verschiedenen Ansichten § 307 Rn. 222 ff.).

1253 BGHZ 218, 132 (135) = NJW 2018, 2042 (2043); vgl. auch BGH NJW 2017, 2102 (2103); BGH NJW 2020, 334 (336 f.); BGH NJW 2020, 461 (466).

1254 Daher wird die Fragegestellung im Folgenden und nicht als separate Fallgruppen in Kapitel § 6 betrachtet.

a) Verbrauchervertrag

In der Fallgestaltung wurde von der Rechtsprechung eine Unwirksamkeit im Verbrauchervertrag angenommen, obwohl die Klausel den Anforderungen von § 309 Nr. 3 BGB entsprochen und die vorherige höchstrichterliche Rechtsprechung diese Klausel als zulässig angesehen hat.[1255] Die folgende instanzgerichtliche Entscheidungspraxis ist dem BGH ohne tiefergehende eigene Untersuchung gefolgt.[1256]

aa) Rechtsprechung – BGH Urteile vom 20.03.2018 und vom 25.04.2017

In der Sache ging es um eine Rückabwicklung eines Verbraucherdarlehensvertrages nach einem Widerruf.

Die Entscheidung des BGH basiert auf § 307 Abs. 1 Satz 1, Abs. 2 Nr. 1 i.V.m. § 361 Abs. 2 Satz 1 i.V.m. §§ 355 Abs. 3 Satz 1, 357a BGB. Es würde durch die Aufrechnungsbeschränkung gegen die halbzwingende Norm des § 361 Abs. 2 BGB verstoßen, da damit das Widerrufsrecht des Verbrauchers unzulässig eingeschränkt würde. Dieser könnte nach einem Widerruf seines Verbraucherdarlehensvertrages und dem damit eingetretenen Rückgewährschuldverhältnis nicht mit der Rückzahlungsforderung aufrechnen. Eine Abweichung könne auch nicht durch den Zweck der Aufrechnungsbeschränkung, nämlich der Freihaltung des Anspruchs der Bank von erdichteten Ansprüchen und möglichen Verpflichtungen der Bank zu anderen (Groß-)Banken, gerechtfertigt werden. Der Verbraucher würde zu einer eigenständigen gerichtlichen Durchsetzung seiner Forderungen gezwungen und mit dem Gerichtskostenvorschuss belastet. Zusätzlich seien die Verteidigungsmöglichkeiten gegen die gegen ihn gerichtete Klage eingeschränkt – Widerklage – und im Regelfall bestünden bei

---

1255 BGH NJW 1986, 1757; BGH NJW-RR 1987, 883 (884); BGH NJW-RR 1989, 481; BGH NJW 1999, 3629; BGH WM 2002, 1654 ff.; BGH, Urteil v. 11.05.2004, Az. XI ZR 22/03, BeckRS 2004, 6074.

1256 LG Ravensburg ZIP 2018, 2405; LG Hamburg, Urteil v. 23.04.2018, Az. 318 O 341/17, BeckRS 2018, 19505; LG Duisburg, Urteil v. 25.10.2019, Az. 10 O 19/19, BeckRS 2019, 33970; vgl. auch OLG Hamburg WM 2018, 618 (620 f.); OLG Brandenburg, Urteil v. 29.05.2019, Az. 4 U 95/18, BeckRS 2019, 11050; OLG Brandenburg, Urteil v. 31.07.2019, Az. 4 U 121/18, BeckRS 2019, 17991; LG Darmstadt, Urteil v.13.12.2019, Az. 2 O 146/19, BeckRS 2019, 33875; LG Darmstadt, Urteil v. 14.10.2019, Az. 1 O 34/19, BeckRS 2019, 33882; LG Darmstadt, Urteil v. 30.09.2019, Az. 1 O 79/19, BeckRS 2019, 33884; LG Ravensburg, Urteil v. 30.07.2019, Az. 2 O 164/19, BeckRS 2019, 16714.

Darlehensverträgen hohe (Rückzahlungs-)Summen mit entsprechend hohen Verzugs- und Prozesszinsen im Raum.[1257]

bb) Bewertung

Diese Ansicht kann in mehreren Hinsichten nicht überzeugen.[1258] Letztendlich fasst der BGH in seiner Entscheidung die Vor- und Nachteile einer Aufrechnungsbeschränkung zusammen und räumt – unter dem Deckmantel des Widerrufsrechtes – den Interessen des Darlehensnehmers den Vorrang ein.

(1) (Un-)Angemessene Einschränkung des Widerrufsrechts

Bereits der Bezug der Unwirksamkeit aufgrund einer Erschwerung der Widerrufsrechte des Verbrauchers nach § 361 Abs. 2 i.V.m. §§ 355 Abs. 3 Satz 1, § 375a Abs. 1, 3 BGB überzeugt nicht.[1259] Eine Aufrechnungsbeschränkung regelt allein die Beschränkung *einer Erfüllungsvariante* und hat keinen – zumindest unmittelbaren – Regelungszweck für die Rechte des Widerrufsrechtes. In einer Beschränkung einer Erfüllungsvariante ist entsprechend nur schwer eine Abweichung von den Rechtsfolgen eines Widerrufs i.S.d. § 361 Abs. 2 BGB zu erkennen. Wörtlich sehen § 355 Abs. 3 Satz 1 BGB und § 357a Abs. 1, 3 BGB vor, dass im Falle eines Widerrufs von Verbraucherdarlehensverträgen die empfangenen Leistungen zurück zu gewähren sind. Demgemäß geht diese Regelung erst

---

1257 Vgl. zu allem BGHZ 218, 132 (137 f.) = NJW 2018, 2042 (2043); ohne Begründung schon BGH NJW 2017, 2102 (2103); vgl. auch OLG Brandenburg, Urteil v. 29.05.2019, Az. 4 U 95/18, BeckRS 2019, 11050.

1258 Zutreffend auch BeckOGK-BGB/*Weiler* (01.03.2021) § 309 Nr. 3 Rn. 78 f.; ablehnend ebenfalls *Rodi* BKR 2018, 299 ff.; *Lühmann* NJW 2018, 2044; *Schnauder* jurisPR-BKR 8/2018 Anm. 1; *Seggewiße/Erkis* MDR 2017, 1273 (1275); a.A. *Homberger* EWiR 2018, 417 f.; *v. Westphalen* NJW 2018, 2238 (2241); *Feldhusen* VuR 2020, 87 (93 f.); Wolf/Lindacher/Pfeiffer/*Dammann* § 309 Nr. 3 Rn. 42d (welcher zusätzlich eine Unwirksamkeit gem. § 307 Abs. 1 Satz 2 BGB annimmt und dem Urteil BGHZ 218, 132 = NJW 2018, 2042 [2043 Rn. 21] eine solche Ansicht entnehmen will; der BGH hat in diesem Urteil die Frage der Übereinstimmung mit dem Transparenzgebot allerdings offen gelassen); jurisPK-BGB/*Schwintowski* (01.02.2020) § 495 Rn. 8; wohl auch *Omlor* JuS 2018, 1092 f.

1259 In diesem Sinne zutreffend *Schnauder* jurisPR-BKR 8/2018 Anm. (II. 2. a)); BeckOGK-BGB/*Weiler* (01.03.2021) § 309 Nr. 3 Rn. 79; *Lühmann* NJW 2018, 2044; a.A. *v. Westphalen* NJW 2018, 2238 (2241); wohl auch Wolf/Lindacher/Pfeiffer/Dammann § 309 Nr. 3 Rn. 42d, *Schmidt* LMK 2018, 408011 und *Homberger* EWiR 2018, 417 (418).

einmal von einer tatsächlichen Leistungserbringung aus. Zumindest ist dort aber nicht geregelt, dass alle Erfüllungsvarianten verfügbar sein müssen, mithin bei einem Widerruf auch zwingend eine Erfüllung der Rückgewährpflichten durch eine Aufrechnung möglich sein muss.[1260] Ein weitergehender Bezug auf die Aufrechnungsmöglichkeiten lässt sich auch nicht durch eine Abweichung von § 387 BGB herstellen, zumal § 361 BGB sich nur auf die Fälle des §§ 355 - 360 BGB bezieht.[1261]

Eine „mittelbare" Beschränkung der Widerrufsrechte und damit auch ein Bezug zu §§ 355 Abs. 3 Satz 1, § 357a Abs. 1, 2 BGB über § 362 Abs. 2 BGB könnte allenfalls – so ansatzweise auch der BGH – dann angenommen werden, wenn der Verbraucher von seinem Widerrufsrecht aufgrund der Aufrechnungsbeschränkung kein Gebrauch machen würde. Damit könnte allerdings jede mittelbare Beeinträchtigung von Rechten, von denen ein Verbraucher nicht abgehalten werden darf, zu einer Unwirksamkeit der Aufrechnungsbeschränkung führen.[1262] Folglich muss bei der Beurteilung allgemein der Maßstab eines Durchschnittsverbrauches angelegt werden.[1263] Es ist aber anzunehmen, dass dieser weder von der Aufrechnungsbeschränkung Kenntnis hat noch, dass er sich durch diese von dem Widerruf des Darlehensvertrages abhalten lassen wird.[1264] Der Darlehensnehmer will vor allem die Verbindlichkeiten aus dem Darlehensvertrag auflösen. Insbesondere bei Verträgen mit erheblicher Bedeutung aufgrund hoher Auszahlungssummen – so wie es der BGH selbst annimmt – ist anzunehmen, dass es für den Verbraucher gewichtige Gründe geben muss, warum er von seinem Widerrufsrecht keinen Gebrauch macht. Mögliche Nachteile aufgrund der Aufrechnungsbeschränkung erscheinen gegenüber der Wichtigkeit der Auflösung des Darlehensvertrages an sich nicht relevant genug, um den Verbraucher von der Ausübung des (Widerrufs-)Rechtes abzuhalten. Dies gilt insbesondere unter der Berücksichtigung, dass sich der Verbraucher im Regelfall der Wirkungen einer Aufrechnungsbeschränkung nicht vollständig bewusst sein wird.[1265]

1260 Dies auch annehmend *Rodi* BKR 2018, 299 (301); a.A. wohl *Schmidt* LMK 2018, 408011.

1261 So auch *Schnauder* jurisPR-BKR 8/2018 Anm. 1 (C. II. 2. a)).

1262 Vgl. *Rodi* BKR 2018, 299 (301).

1263 BeckOGK-BGB/*Weiler* (01.03.2021) § 309 Nr. 3 Rn. 78.

1264 Ebenso auch *Schnauder* jurisPR-BKR 8/2018 Anm. 1 (C. II. 2. b)); BeckOGK-BGB/*Weiler* (01.03.2021) § 309 Nr. 3 Rn. 78; dagegen kritisch *Maier* VuR 2019, 302.

1265 Vgl. BeckOGK-BGB/*Weiler* (01.03.2021) § 309 Nr. 3 Rn. 78 a.E.

(2) *Widerrufsunabhängige Interessenbewertung*

Sofern also der entsprechende Bezug einer gesetzlichen Regelung von der abgewichen wird fehlt, kann eine Unwirksamkeit auch nicht nach § 307 Abs. 1 Satz 1, Abs. 2 Nr. 1 BGB darauf gestützt werden. Vielmehr müsste bestimmt werden, ob entweder aufgrund der Abweichung von anderen Rechtsgrundsätzen oder allgemein nach § 307 Abs. 1 Satz 1 BGB eine unangemessene Benachteiligung vorliegt.[1266] In diese Richtung weist auch die Begründung des BGH, welche eine (verdeckte) Interessenabwägung beinhaltet.

Das Argument des BGH, dass der Verbraucher gezwungen würde, seine Forderungen gerichtlich durchzusetzen, kann allerdings nicht den (nicht kompensierbaren) Ausschlag für eine Unangemessenheit geben. Denn dies ist die Folge und gerade Sinn und Zweck einer Aufrechnungsbeschränkung. Würde dieses Argument weitergedacht, wäre letztendlich jede Aufrechnungsbeschränkung unwirksam[1267], unabhängig davon auf welche Forderungs-/Vertragsart sie sich bezieht. Ein Forderungsinhaber ist durch eine Aufrechnungsbeschränkung genauso genötigt die Forderung aktiv gerichtlich durchzusetzen wie ein Forderungsinhaber, gegen den keine gleichartige Forderung besteht. Dass ein generelles Verbot von Aufrechnungsbeschränkungen nicht Sinn des geltenden Rechtes ist, wurde bereits mehrfach belegt und zeigt sich insbesondere in § 309 Nr. 3 BGB.[1268]

Insoweit kann auch das Argument *der Höhe* der Rückzahlungsforderung bei Darlehensverträgen und den entsprechenden Zinsverbindlichkeiten nicht überzeugen. Nach der in dieser Arbeit vertretenen Ansicht ist die Höhe der Forderung nicht geeignet, die Berufung auf eine Aufrechnungsbeschränkung bei einer besonders hohen Aktiv- oder Passivforderung als treuwidrig anzusehen. Denn – und dies gilt auch bei einem Rückgewährschuldverhältnis aufgrund eines Widerrufs – die Höhe der (ursprünglichen) Forderungen wurde allein aufgrund des gegenseitigen Übereinstimmens für den Vertrag begründet. Des Weiteren würde dieses Argument auch nicht einzelfallunabhängig – wie für die objektivierte Beurteilung nach § 307 BGB erforderlich – möglich, da jede Forderung und auch jede Darlehenshöhe unterschiedlich ist und entsprechend einzelfallbezogen beurteilt werden müsste. Das insoweit dogmatisch einzig verfügbare

1266 Ebenso auch *Rodi* BKR 2018, 299 (301).

1267 Vgl. ähnlich auch BeckOGK-BGB/*Weiler* (01.03.2021) § 309 Nr. 3 Rn. 78 f.

1268 Siehe zur allgemeinen Zulässigkeit § 5 A. und zu § 309 Nr. 3 BGB § 5 B. IV. 1.) und 2.) d).

Mittel wäre ein Ausschluss der Berufung wegen Treuwidrigkeit nach § 242 BGB, aber keine Unwirksamkeit nach § 307 Abs. 1 Satz 1 BGB.

Der BGH nimmt in seiner Interessensabwägung eine einseitige Bewertung vor. Er stellt allein in den Vordergrund, wieso die Aufrechnungsbeschränkung im konkreten Fall für den Verbraucher nachteilig ist.[1269] Die Intention bzw. die Interessen des Verwenders für die Beschränkung der Aufrechnungsmöglichkeit[1270] werden nur nebenbei erwähnt. Dass es sich dabei um wichtige Interessen handelt, die den Gesetzgeber dazu bewogen haben[1271], eine Aufrechnungsbeschränkung auch in AGB zuzulassen, wird nicht einbezogen. Dies ist allerdings erforderlich. Der Gesetzgeber wollte mit Einführung des AGB-Gesetzes die Rechtsprechung zu missbräuchlichen Klauseln übernehmen[1272], welche im Jahr 1956 noch ausdrücklich den Zweck der Aufrechnungsbeschränkung gebilligt hat.[1273]

Des Weiteren bleibt, sofern man auch einzelfallbezogene Kriterien – systemwidrigerweise – in die Abwägung einfließen lässt, außen vor, dass bei Darlehensverträgen mit Bankgeschäften ein Risiko, welches durch das Institut der Aufrechnung in der Regel entfällt, nämlich die Gefahr des wirtschaftlichen (Forderungs-)Verlustes durch den Aufrechnungsgegner, nicht vorliegt. Banken sind im Grundsatz leistungsfähig, sodass ein Verbraucher – auch im Falle eines Rückgewährschuldverhältnisses – nicht durch eine Insolvenz oder eine Zahlungsunfähigkeit des Schuldners um den wirtschaftlichen Wert seine Forderung fürchten muss.[1274] Zusätzlich ist nach der in dieser Arbeit vertretenen Auffassung die Berufung auf eine vertragliche Aufrechnungsbeschränkung in Fällen der Insolvenz oder des Vermögensverfalls des durch die Aufrechnungsbeschränkung begünstigten Schuldners nach § 242 BGB in der Regel nicht zulässig.[1275] Aus diesen Gründen wird auch bei einer wirksamen Aufrechnungsbeschränkung das Insolvenzrisiko nicht relevant.

Die Bewertung ist mit einem weiteren Aspekt abzulehnen. Der BGH geht in seiner Entscheidung mit keinem Wort darauf ein, dass dieser selbst einen Aufrechnungsausschluss zurücktreten lässt, wenn die Gegenforderung im gerichtlichen

---

1269 Kritisch insoweit auch *Rodi* BKR 2018, 299 (300).

1270 Siehe zu den Zwecksetzungen von Aufrechnungsbeschränkungen § 3 C.

1271 Vgl. ausdrücklich BT-Drs. 7/3919, 29.

1272 BT-Drs. 7/3919, 29; zum gesetzgeberischen Hintergrund von § 309 Nr. 3 BGB ausführlich § 5 B. IV. 1.).

1273 Vgl. dazu BGH WM 1956, 563 (564).

1274 Vgl. dazu *Findeisen* WM 2016, 2286 (2289).

1275 Siehe dazu § 5 C. II. 2.) a).

Verfahren entscheidungsreif (o.e.B.) ist.[1276] Diese Situation wird aber bei Darlehensverträgen und – nach einem Widerruf – bei einem entsprechenden Rückgewährschuldverhältnis vorliegen. Im Regelfall beruhen die Forderungen der Darlehensrückzahlung und der (Vorfälligkeits-)Zinsrückforderung auf denselben tatsächlichen Grundlagen. Folglich wird nur eine Beweisaufnahme für die Haupt- und Gegenforderung und *keine weitere* – zeitverzögernde – Beweisaufnahme für die Gegenforderung erforderlich sein. Aufgrund dessen wird mit Feststellung der Entscheidungsreife der Hauptforderung der Bank gleichsam die Entscheidungsreife des Gegenanspruchs feststehen.[1277] Damit würde letztendlich der Sinn und Zweck der Aufrechnungsbeschränkung für weitere Forderungen bestehen bleiben und der Vertragspartner nicht „benachteiligt", da mit der betrachteten Forderung aufgerechnet werden könnte.

cc) Prozessuales Unterliegen als Aspekt für eine Unwirksamkeit

Im Rahmen der Beurteilung der genannten BGH-Urteile werden von der zustimmenden Literatur weitere Aspekte, die für eine Unwirksamkeit sprechen, angeführt. So wird angenommen, dass der Verbraucher einerseits zur einseitigen Durchsetzung seiner Forderungen gehalten wäre, er aber andererseits keine Möglichkeit habe, diese geltend zu machen, ohne ein anteiliges Unterliegen befürchten zu müssen.[1278] Denn bei einer Klage des Verbrauchers könnte die Bank mit Ihrem Rückzahlungsanspruch bezüglich des Darlehens aufrechnen. Obwohl diese Ansicht – in anderen Streitfragen – der höchstrichterlichen Rechtsprechung folgt, übersieht sie hier, dass in einem solchen Fall nach der herrschenden Meinung und höchstrichterlichen Rechtsprechung – der in der Arbeit auch gefolgt wird – der Beklagte weiterhin die Kosten des Verfahrens zu tragen haben wird. Der Kläger kann und wird von seinem Recht der – stets zulässigen – Klageänderung auf eine Feststellungsklage Gebrauch machen.[1279]

1276 Vgl. dazu die Nachweise in Fn. 1524. Zwar fasst der BGH diese Fälle des Aufrechnungsausschlusses – entgegen der in dieser Arbeit vertretenen Ansicht – nicht unter den Verbotsbereich von § 309 Nr. 3 BGB, allerdings sieht er in diesen Fällen eine Berufung auf die Aufrechnungsbeschränkung als treuwidrig und damit als nach § 242 BGB unzulässig an. Ausführlich dazu § 5 B. IV. 2.) d) bb) und § 5 C. II. 2.) d).

1277 In diesem Sinne wohl auch *Schnauder* jurisPR-BKR 8/2018 Anm. 1 (C. II. 2. b) a.E.); *Lühmann* NJW 2018, 2044; BeckOGK-BGB/*Weiler* (01.03.2021) § 309 Nr. 3 Rn. 79 a.E.; vgl. auch *Schmidt* LMK 2018, 408011.

1278 *Homberger* EWiR 2018, 417 (418).

1279 Siehe ausführlich zu dieser Thematik § 3 B. II. 2.) b).

dd) Übertragung auf weitere Konstellationen

In der Literatur wird angenommen, dass das Ergebnis des BGH aus dem Bereich der Kreditwirtschaft auch für andere Bereiche, in denen einem Verbraucher ein gesetzliches Widerrufsrecht zustehen kann, Bedeutung erlangt.[1280] Diesem Ansatz ist insoweit zuzustimmen, als das Ergebnis der in dieser Arbeit vertretenen Ansicht auf weitere Bereiche zu erstrecken ist. Die *fehlende Unwirksamkeit* nach § 307 Abs. 1 Satz 1, Abs. 2 Nr. 1 BGB ist im Grundsatz auf alle anderen Vertragsverhältnisse, in denen ein Widerrufsrecht mit einer möglichen Umwandlung in ein Rückgewährschuldverhältnis von gleichartigen Leistungen besteht, zu übertragen. Auch in diesen Fällen besteht gleichsam kaum die Gefahr, dass sich der Verbraucher tatsächlich von der Ausübung *seines Widerrufrechts* aufgrund der Aufrechnungsbeschränkung abhalten lassen wird. Es ist genauso zweifelhaft, ob der Verbraucher überhaupt Kenntnis von der Aufrechnungsbeschränkung und deren Wirkungen hat.

Ob die Aufrechnungsbeschränkung über die Anforderungen des § 309 Nr. 3 BGB hinaus Gründe für eine Unwirksamkeit nach § 307 Abs. 1 Satz 1, Abs. 2 Nr. 1 BGB beinhalten – Stichwort: synallagmatische Verknüpfung –, ist im Rahmen einer Gesamtabwägung nach den speziellen Vertragsgestaltungen zu klären.[1281]

ee) Zwischenergebnis

Eine Aufrechnungsbeschränkung in einem Verbraucherdarlehensvertrag, welche wörtlich allein einen Vorbehalt der Aufrechnung für unbestrittene und rechtskräftig festgestellte Forderungen enthält, ist *nicht wegen der Beeinträchtigung des Widerrufsrechtes* nach § 355 BGB gem. § 307 Abs. 1, Abs. 2 Nr. 1 BGB unwirksam.

Dieses Ergebnis ist auf alle anderen Vertragsverhältnisse, in denen ein Widerrufsrecht mit einer möglichen Umwandlung in ein Rückgewährschuldverhältnis von gleichartigen Leistungen besteht, zu übertragen.

b) Unternehmervertrag

Im Zusammenhang mit der Entscheidung des BGH vom 20.03.2018[1282] gegenüber einem Verbraucher und der insoweit angenommen Unwirksamkeit der Aufrechnungsbeschränkung wird in der Literatur angenommen, dass *das*

1280 *Schnauder* jurisPR-BKR 8/2018 Anm. 1; vgl. auch Wolf/Lindacher/Pfeiffer/*Dammann* § 309 Nr. 3 Rn. 42d.

1281 Dies erfolgt hier im Rahmen der konkreten Fallgruppen. Siehe dazu Kapitel § 6.

1282 BGHZ 218, 132 = NJW 2018, 2042.

Ergebnis der Entscheidung wohl auch auf den Bereich von AGB gegenüber einem Unternehmer erstreckt werden müsse.[1283]

Allerdings kann dies zumindest in Bezug auf die Beeinträchtigung oder Erschwerung des Widerrufsrechtes nicht angenommen werden. Das Recht eines Widerrufs nach §§ 355 ff. BGB kann nur einem Verbraucher zustehen, § 355 Abs. 1 Satz 1 BGB. Entsprechend ist zumindest unter diesem Aspekt eine Unwirksamkeit gegenüber einem Unternehmer nicht anzunehmen.[1284]

Vom BGH wurde allerdings die Frage offen gelassen, ob sich eine Unwirksamkeit gegenüber einem Unternehmer aus einer unangemessenen Abweichung vom Prinzip der Äquivalenz zwischen Leistung und Gegenleistung ergeben kann.[1285] Diese Frage ist allerdings *allgemeiner Art.* Sie betrifft nicht den besonderen oder spezifischen Inhalt der vorliegend betrachteten Klausel des BGH-Urteils. Daher wird diese Fragestellung auch allgemein betrachtet.[1286]

c) Ergebnis

Eine unangemessene Benachteiligung i.S.d. § 307 Abs. 1 Satz 1, Abs. 2 Nr. 1 BGB durch eine Aufrechnungsbeschränkung aufgrund einer Beeinträchtigung des Widerrufsrechtes nach § 355 BGB liegt weder im Rahmen von Verträgen gegenüber einem Verbraucher noch gegenüber einem Unternehmer vor.

5.) Aufrechnungsbeschränkungen mit obligatorischer Wirkung

Aufrechnungsbeschränkungen, die eine Unterlassung der Aufrechnung nur schuldrechtlich verpflichtend vorsehen und mit einer Schadensersatzpflicht oder einer Vertragsstrafe verbinden, werden nicht von § 309 Nr. 3 BGB erfasst.[1287]

Allerdings ergeben sich aus der Wertung von § 309 Nr. 3 BGB Vorgaben, die bei der Beurteilung nach § 307 Abs. 1 Satz 1 BGB zu berücksichtigen sind.[1288] In der Regelung des § 309 Nr. 3 BGB ist zwar ein Interesse an der Vermeidung einer Verzögerung der Durchsetzung der Hauptforderung durch eine Geltendmachung von vermeintlichen Forderungen anerkannt. Allerdings – und das gibt

---

1283 So *Omlor* JuS 2018, 1092 (1093).

1284 *Rodi* BKR 2018, 299 (301 f.); Baumbach/Hopt/*Hopt*, HGB, Allgemeine Geschäftsbedingungen der Banken - Sonderbedingungen für Wertpapiergeschäfte 4 Rn. 4; im Erg. auch *Lederer* AG 2018, R240 f.

1285 Vgl. wohl auch *Omlor* JuS 2018, 1092 (1093).

1286 Siehe dazu § 6 B. III. 2.).

1287 Siehe dazu § 5 B. IV. 2.) a) cc).

1288 Siehe dazu § 5 B. VI. 2.) a).

§ 309 Nr. 3 BGB eindeutig vor – besteht kein solches Interesse für Aufrechnungsbeschränkungen, die auch für unbestrittene, rechtskräftig festgestellte und entscheidungsreife Forderungen o.e.B. gilt.[1289] Das schutzwürdige Interesse fehlt aber sowohl bei einer materiellrechtlichen Wirkung als auch bei einer schuldrechtlichen Verpflichtung zur Unterlassung der Aufrechnung. Es besteht aufgrund der für den Vertragspartner nachteiligen Folgen – Schadenersatzpflicht oder Verwirkung der Vertragsstrafe – die Gefahr, dass dieser von der Ausübung seines gesetzlich eingeräumten Aufrechnungsrechtes keinen Gebrauch macht. Demgemäß ist eine schuldrechtliche Verpflichtung zur Unterlassung der Aufrechnung mit unbestrittenen, rechtskräftig festgestellten und entscheidungsreifen Forderungen o.e.B. unangemessen benachteiligend i.S.d. § 307 Abs. 1 Satz 1, Abs. 2 Nr. 1 BGB.

Der Fall kann allerdings anders zu beurteilen sein, sofern die Aufrechnungsbeschränkung die Aufrechnung inhaltlich für unbestrittene, rechtskräftig festgestellte und entscheidungsreife Forderungen o.e.B. zulässt. In welchen Fällen eine solche Bewertung vorzunehmen ist, sollte sich nach den Vorgaben für materiellrechtlich wirkende Aufrechnungsbeschränkungen richten. Es ist anzunehmen, dass im Regelfall ein schuldrechtlicher Ausschluss der Aufrechnung mit einem angedrohten Nachteil bei einem Verstoß nur für die Umgehung des Tatbestandes bzw. der Wertungen des § 309 Nr. 3 BGB für ein materiellrechtliches Verbot erfolgt. Ansonsten könnte der Verwender auch die für ihn *sicherere Möglichkeit* des materiellen Ausschlusses vorsehen.[1290]

6.) Reichweite Unwirksamkeit

Die Rechtsfolge bei einer unangemessenen Benachteiligung durch die Aufrechnungsbeschränkung ergibt sich aus § 307 Abs. 1 Satz 1 BGB. Die Klausel ist im Grundsatz vollständig unwirksam, mithin ist eine Aufrechnung mit allen Forderungen gegen alle Forderungen möglich.[1291] Hinsichtlich der Teilbarkeit von mehreren Aufrechnungsbeschränkungen innerhalb einer Klausel und/oder

---

1289 Siehe dazu § 5 B. IV. 1.) und 2.) d) aa) und bb).

1290 Dies schließt nicht aus, dass im besonderen Einzelfall eine unterschiedliche Bewertung möglich ist. Allerdings wird aufgrund der fehlenden praktischen Relevanz von schuldrechtlich verpflichtenden Aufrechnungsbeschränkungen in den folgenden Teilen dieser Arbeit keine Untersuchung von besonderen Einzelfällen solcher Vereinbarungen vorgenommen.

1291 Zur abweichenden Regelungssystematik im Anwendungsbereich des § 556b Abs. 2 BGB siehe § 5 B. III.

zwischen einer Aufrechnungsbeschränkung und anderen (Beschränkungs-) Regeln gelten die Ausführungen zur Rechtsfolge bei einem Verstoß gegen §309 Nr. 3 BGB.[1292]

VII. Richtlinie 93/13/EWG

Eine weitere Grenze für Aufrechnungsbeschränkungen könnte sich aus der „Richtlinie 93/13/EWG des Rates vom 5. April 1993 über mißbräuchliche Klauseln in Verbraucherverträgen“[1293] (im Folgenden „Richtlinie“ oder „RL“) ergeben. Zwar fehlt es an einer unmittelbaren Wirkung der Richtlinie in das deutsche Recht hinein.[1294] Sofern das gemeinschaftliche Recht nach der Richtlinie allerdings einen höheren Schutz als die deutsche Rechtslage vorgibt, gebieten der Vorrang des Gemeinschaftsrechts und die Pflicht der Mitgliedsstaaten zur Gemeinschaftstreue, dass eine Berücksichtigung der Vorgaben der Richtlinie bei der Anwendung des deutschen Rechts erfolgt.[1295]

Aus den Vorgaben der Richtlinie ergeben sich keine zusätzlichen Grenzen, wenn die nationale Regelung bereits den europarechtlichen Bestimmungen entspricht oder einen strengeren Maßstab aufweist. Ein höheres Schutzniveau gegenüber der gemeinschaftsrechtlich vorgegeben Rechtslage ist nach Art. 8 RL einerseits zulässig, anderseits aber auch ausreichend.[1296]

Im Folgenden werden zuerst der Regelungsbereich und die Vorgaben der Richtlinie unter Einbeziehung der vorhandenen streitigen Einzelfallfragen mit Bezug zu Aufrechnungsbeschränkungen dargestellt. Anschließend wird untersucht, inwieweit diese Regelungsvorgaben mit der deutschen gesetzlichen Rechtslage übereinstimmen. Im letzten Schritt gilt zu klären, ob und wie eine mögliche Regelungslücke zu schließen ist.

1292 Siehe dazu § 5 B. IV. 5.) b).

1293 Vgl. Amtsblatt der EG Nr. L 95/29.

1294 Allgemein eine horizontale Direktwirkung von Richtlinien ablehnend bspw. EuGH NJW 1994, 2473 m.w.N.; für die Richtlinie 93/13/EWG *Heinrichs* NJW 1995, 153 (154).

1295 Vgl. Staudinger/*Coester*, 15. Auflage 2013, Vorb. §§ 307 Rn. 7; Staudinger/*Wendland* Vorb. §§ 307 Rn. 7; *Heinrichs* NJW 1995, 153 (154); ähnlich und anschaulich zur EuGH-Rspr. *Brechmann*, Richtlinienkonforme Auslegung, 70 f., 66 ff.

1296 Statt aller nur Ulmer/Brandner/Hensen/*Fuchs* Vorb. § 307 Rn. 24; *Stoffels*, AGB-Recht, Rn. 44 f.; BGH NJW 2001, 1132 (1133).

1.) Systematik

Die Richtlinie ist in den Grundzügen mit der Regelungssystematik von §§ 305 ff. BGB vergleichbar. So wird in Art. 3 RL generalklauselartig festgelegt, wann eine Vertragsklausel als missbräuchlich anzusehen ist.[1297] Dabei sind in Art. 4 RL bestimmte Kriterien aufgeführt, welche bei der Bestimmung der Missbräuchlichkeit zu beachten sind.[1298] Außerdem besteht im Anhang der Richtlinie eine beispielhafte Liste von Klauseln, die für missbräuchlich erklärt werden können.[1299] Für missbräuchliche Regelungen sollen nach Art. 6 Abs. 1 RL die Mitgliedsstaaten Regelungen treffen, dass diese Klauseln für den Verbraucher unverbindlich sind.[1300] Art. 5 RL gibt eine bestimmte Klarheit und Verständlichkeit vor.[1301]

2.) Sinn und Zweck

Die hier betrachtete Richtlinie bezweckt einerseits eine Teilharmonisierung des Verbrauchervertragsrechtes in den Mitgliedsstaaten der Europäischen Union.[1302] Es ist demgemäß keine Vollharmonisierung vorgegeben, sondern den Mitgliedsstaaten ist ausdrücklich nach Art. 8 RL und Erwägungsgrund Nr. 12 freigestellt, im Anwendungsbereich der Richtlinie strengere Vorgaben als im nationalen Recht oder im nicht von der Richtlinie geregelten Bereich weitere Verbraucherschutzvorschriften vorzusehen.[1303]

Anderseits verfolgt die Richtlinie inhaltlich vorrangig den *Schutz des Verbrauchers* in den Mitgliedstaaten der Europäischen Gemeinschaft.[1304] Dieser soll bei

---

1297 So auch bspw. EuGH EuZW 2002, 465 (466); vgl. Staudinger/*Schlosser*, 15. Auflage 2013, § 310 Rn. 25; BT-Drs, 13/2713, 4.

1298 Vgl. nur Staudinger/*Schlosser*, 15. Auflage 2013, § 310 Rn. 25; BT-Drs, 13/2713, 4.

1299 Vgl. Staudinger/*Schlosser*, 15. Auflage 2013, § 310 Rn. 25; EuGH EuZW 2002, 465 (466); zum Umfang der Bindungswirkung dieser Klauselliste siehe ausführlich § 5 B. VII. 4.) a) bb) (1).

1300 So auch bspw. EuGH EuZW 2002, 465 (466); *Ulmer* EuZW 1993, 337 f.

1301 So auch bspw. EuGH EuZW 2002, 465 (466).

1302 Statt aller nur Reich/Micklitz/*Micklitz*, Europäisches Verbraucherrecht, 520 f.; vgl. auch Erwägungsgrund der Richtlinie Nr. 12.

1303 Vgl. statt aller nur *Eckert* WM 1993, 1070 (1076); *Ulmer* EuZW 1993, 337 (338); EuGH NJW 2010, 2265 (2266).

1304 Vgl. bspw. *Kretschmar*, Die Richtlinie 93/13 EWG, 61, 68; *Hommelhoff/Wiedenmann* ZIP 1993, 562 (564, 565 f.); *Heinrichs* NJW 1996, 2190 (2194); *Ulmer* EuZW 1993, 337 (338); *Tonner* JZ 1996, 533 (538); Staudinger/*Coester*, 15. Auflage 2013, Vorb. §§ 307 Rn. 7; MüKo-BGB/*Basedow* Vor. § 305 Rn. 22; Wolf/Lindacher/Pfeiffer/

Vertragsgestaltungen bzw. dem Abschluss der Verträge in seiner „rollenspezifischen Unterlegenheit“ vor regelmäßig praktisch erfahrenen Gewerbetreibenden geschützt werden.[1305] Die Verwendung missbräuchlicher Klauseln gegenüber Verbrauchern soll vermieden werden.[1306]

3.) Anwendungsbereich

Der Anwendungsbereich der Richtlinie bezieht sich allgemein nur auf nicht einzeln ausgehandelte Klauseln in Verträgen zwischen einem Gewerbetreibenden auf Verwenderseite und einem Verbraucher auf Vertragspartnerseite. Die Richtlinie stellt *keine* Vorgaben für Verträge mit einem Unternehmer[1307] oder für im Einzelnen ausgehandelte Klauseln auf.[1308] Des Weiteren bezieht sich der Regelungsbereich der Richtlinie nach Erwägungsgrund Nr. 10 explizit nicht auf Arbeitsverträge und Verträge auf dem Gebiet des Erb-, Familien- und Gesellschaftsrechtes.

4.) Vorgaben für Aufrechnungsbeschränkungen

Vorgaben bzw. Verbote für Aufrechnungsbeschränkungen können sich nach dem Wortlaut aus Art. 3 Abs. 1 (i.V.m. Art. 4) RL, aus den Klauselbeispielen im Anhang „Klauseln gemäss Artikel 3 Absatz 3“ (i.V.m. Art. 3 Abs. 1, 3 RL) und aus den Anforderungen an die Formulierung nach Art. 5 RL ergeben[1309].

Pfeiffer RL 93/13/EWG Vorb. Art. 1 Rn. 3; vgl. auch EuGH NJW 2014, 2335 (2336); kritisch aber umfassend *Appenzeller,* Europäische AGB-Kontrolle, 68 f., 44 ff.

1305 Vgl. *Hommelhoff/Wiedenmann* ZIP 1993, 562 (564, 565 f.); *Ulmer* EuZW 1993, 337 (338, 341); *Heinrichs* NJW 1996, 2190 (2194); Ulmer/Brandner/Hensen/*Fuchs* § 307 Rn. 387; Staudinger/*Schlosser*, 15. Auflage 2013, § 310 Rn. 24; Staudinger/*Coester*, 15. Auflage 2013, Vorb. §§ 307 Rn. 7; aus der Rspr. bspw. EuGH NJW 2014, 2335 (2336); EuGH NJW 2010, 2265 (2566 m.w.N.); EuGH EuZW 2017, 766 (769).

1306 Vgl. EuGH NJW 2016, 2727 (2739).

1307 Vgl. *Hommelhoff/Wiedenmann* ZIP 1993, 562 (564); *Ulmer* EuZW 1993, 337 (338, 343); *Stoffels*, AGB-Recht, Rn. 44; allgemein *Heinrichs* NJW 1993, 1817 (1818).

1308 Vgl. Art. 3 Abs. 1, Art. 6 Abs. 1 RL.

1309 Die Anforderungen an die Transparenz nach Art. 5 RL stimmen mit denen der deutschen Rechtslage, insbesondere nach § 307 Abs. 1 Satz 2 BGB, überein (vgl. nur Palandt/*Grüneberg* § 310 Rn. 26 m.w.N.).

a) *Art. 3 RL*

Inhaltlich sieht Art. 3 Abs. 1 RL vor, dass eine im Einzelnen nicht ausgehandelte Klausel missbräuchlich ist, wenn diese entgegen Treu und Glauben zum Nachteil des Verbrauchers ein erhebliches und ungerechtfertigtes Missverhältnis der vertraglichen Rechte und Pflichten der Vertragspartner verursacht. Daraus lässt sich erkennen, dass es sich um eine Generalklausel handelt, die sich an dem Gebot von Treu und Glauben orientiert.[1310]

Durch die genannten Begriffe „*Treu und Glauben*“ und „*erheblichen und ungerechtfertigten Missverhältnisses zwischen den Rechten und Pflichten der Vertragspartner*“ werden allerdings nur abstrakte Faktoren bestimmt, welche einer Klausel einen missbräuchlichen Charakter verleihen können.[1311] Für die Beurteilung scheint damit erst einmal nur vorgegeben zu sein, dass ein materielles erhebliches Missverhältnis zwischen den Rechten und Pflichten der Parteien zum Nachteil des Verbrauchers unter Beachtung von Treu und Glauben bestehen muss.[1312]

Eine weitere inhaltliche Konkretisierung der materiellrechtlichen Vorgaben der Missbräuchlichkeitskontrolle nach Art. 3 RL kann sich aus der Rechtsprechung, den Grundsätzen des Gemeinschaftsrechts und dem Anhang der Richtlinie ergeben.[1313]

aa) *Höchstrichterliche Rechtsprechung - EuGH*

Die höchstrichterliche Rechtsprechung auf europäischer Ebene hat sich hinsichtlich einer genaueren Ausgestaltung der Vorgaben für die Inhaltskontrolle in der Zeit nach dem Erlass der Richtlinie äußerst zurückhaltend gezeigt. In neueren Entscheidungen wurde die Frage der Konkretisierung der Vorgaben von Art. 3 Abs. 1 RL zumindest inhaltlich angesprochen.[1314]

Nach dieser Rechtsprechung des EuGHs richtet sich die Beurteilung, ob ein erhebliches und ungerechtfertigtes Missverhältnis gem. Art. 3 RL vorliegt, danach, wie sich die Rechtslage mit und ohne der Klausel nach *nationalem*

1310 Vgl. *Stoffels*, AGB-Recht, Rn. 44; MüKo-BGB/*Wurmnest* § 307 Rn. 26; *Ponick*, Richtlinie über mißbräuchliche Klauseln, 247.

1311 St. Rspr. bspw. EUGH EuZW 2013, 464 (468); EuGH EuZW 2004, 349.

1312 Vgl. Wolf/Lindacher/Pfeiffer/*Pfeiffer* RL 93/13/EWG Art. 3 Rn. 49 ff.; *Gutkin*, Europäisierung der AGB-Kontrolle, 269.

1313 Vgl. *Gutkin*, Europäisierung der AGB-Kontrolle, 269.

1314 Vgl. bspw. EuGH EuZW 2013, 464 (469); EuGH BKR 2018, 201 (206); EuGH NZM 2018, 130 (134).

Recht darstellt. Dabei sei zu untersuchen, ob und inwieweit die Rechtslage weniger günstig für den Verbraucher ist, als ohne die vertragliche Bestimmung.[1315] Damit wird allerdings nur bestimmt, *wie* das System der Beurteilung stattzufinden hat, nicht aber wie diese *inhaltlich konkretisiert* werden kann oder soll.

Zum anderen wurde vorgegeben, dass bei der Frage, ob das Missverhältnis „entgegen von Treu und Glauben" verursacht wird, zu prüfen ist, ob *„der Gewerbetreibende bei loyalem und billigem Verhalten gegenüber dem Verbraucher vernünftigerweise erwarten durfte, dass der Verbraucher sich nach individuellen Verhandlungen auf eine solche Klausel"* einlassen würde.[1316] Diese Bestimmung ist zwar ebenfalls abstrakt gehalten[1317], enthält aber eine Klarstellung, dass der Schutz des Verbrauchers vor Nachteilen im Vordergrund steht[1318] und genau zu untersuchen ist, auf welche (nachteiligen) Klauseln sich der Verbraucher bei einer gleichen Verhandlungsstärke eingelassen hätte. Zusätzlich wird darin deutlich, dass bei der Bestimmung nach Art. 3 Abs. 1 RL weniger eine *allgemeine* Interessenabwägung mit einer gleichwertigen Einbeziehung von kompensatorischen Interessen des Gewerbetreibenden an einer Beschränkung der Aufrechnung zu erfolgen hat[1319], sondern diese Interessen und Gesichtspunkte nur insoweit zu berücksichtigen sind, dass sich bei der Beurteilung, ob der Verbraucher sich bei gleicher Verhandlungsstärke auf die Klausel einlassen würde, ein ebenfalls nach Treu und Glauben loyalen Verbraucher zugrunde gelegt[1320] wird.

1315 EuGH EuZW 2013, 464 (469); EuGH NZM 2018, 130 (134); *Appenzeller*, Europäische AGB-Kontrolle, 88; *Gutkin*, Europäisierung der AGB-Kontrolle, 273 f.; vgl. allgemein auch *Borges* NJW 2001, 2061 (2062 m.w.N.).

1316 EuGH EuZW 2013, 464 (469); EuGH BKR 2018, 201 (206); vgl. auch EuGH, Beschluss v. 22.02.2018, Az. C-119/17, BeckRS 2018, 2224 (Rn. 30; Beschluss in französischer Sprache).

1317 Vgl. MüKo-BGB/*Basedow* Vor. § 305 Rn. 60; kritisch *Appenzeller*, Europäische AGB-Kontrolle, 88.

1318 Vgl. im Erg. ähnlich *Heiderhoff* WM 2003, 509 (512).

1319 Vgl. *Heiderhoff* WM 2003, 509 (512), welche eine solche Tendenz auch aus einem fehlenden Verschulden in Nr. 1a) Anhang RL und aus einer EuGH-Entscheidung zur Richtlinie 85/577/EWG des Rates vom 20.12.1985 herleitet; a.A. aber wohl *Bunte* DB 1996, 1389 f.; ebenfalls das Interesse des Gewerbetreibenden bei der Missbräuchlichkeitsbeurteilung wohl darüber hinausgehend berücksichtigend EuGH ZEuP 2014, 410 (414, Gaspreisänderungsklauseln).

1320 Vgl. den Wortlaut der Missbräuchlichkeitsformel des EuGH: *„vernünftigerweise"*, EuGH EuZW 2013, 464 (469); EuGH BKR 2018, 201 (206); vgl. auch EuGH, Beschluss v. 22.02.2018, Az. C-119/17, BeckRS 2018, 2224 (Rn. 30; Beschluss in französischer Sprache).

Obwohl diese Vorgabe aufgrund der Abstraktheit weiterhin einen großen Beurteilungsspielraum zulässt, kann daraus für Aufrechnungsbeschränkungen geschlossen werden, dass eine Klausel, welche letztendlich zu einer Leistungspflicht für mangelhaft erfüllte Hauptleistungen führt, deutlich eher als missbräuchlich anzusehen ist, als eine Aufrechnungsbeschränkung welche „nur" den Aufwand an die Erklärung der Aufrechnung erhöht. Das Interesse des Gewerbetreibenden an einer Beschränkung der Aufrechnung ist bei weniger einschneidenden Nachteilen eher für den – loyalen – Verbraucher nachvollzielbar, als bei zwar für den Gewerbetreibenden wichtigen Anliegen bzw. Interessen, welche aber die gegenseitigen Hauptleistungspflichten betreffen.[1321]

bb) Art. 3 Abs. 1, 3 i.V.m. Anhang RL

Eine genauere bzw. die größte materielle Spezifizierung der Anforderungen und Vorgaben für Aufrechnungsbeschränkungen nach der Richtlinie scheint sich aus dem Verweis in Art. 3 Abs. 3 RL auf den Anhang „Klauseln gemäss Artikel 3 Absatz 3" zu ergeben.[1322] Nach Art. 3 Abs. 3 RL erhält dieser Anhang eine

> *„als Hinweis dienende und nicht erschöpfende Liste der Klauseln, die für missbräuchlich erklärt werden können".*

(1) Bindungswirkung des Anhangs „Klauseln gemäß Artikel 3 Absatz 3"

Die Rechtsnatur bzw. die Bindungswirkung dieser Klauselliste für die europarechtliche Beurteilung ist umstritten. Entsprechend ist zu untersuchen, ob der Anhang zwingende Vorgaben macht.

(a) Kein zwingender Charakter

Eine bindende Vorgabe durch den Anhang der Richtlinie erscheint zweifelhaft. Der Wortlaut der Verweisungsvorschrift Art. 3 Abs. 3 RL offenbart nicht unmittelbar einen zwingenden Charakter des Anhanges. Denn dort wird von einem „Hinweis" gesprochen und nur ausgeführt, dass diese Liste Klauseln enthält, welche durch den jeweiligen Gesetzgeber des Mitgliedsstaates für missbräuchlich erklärt werden *können.* Daher wird in der deutschen Literatur fast einhellig angenommen, dass im Anhang der Richtlinie nur eine als Hinweis dienende und

---

1321 Vgl. allgemein den Beurteilungsaspekt der „Nichterfüllung wesentlicher Pflichten" aus der EuGH-Rechtsprechung ableitend *Appenzeller*, Europäische AGB-Kontrolle, 88.

1322 *Gutkin*, Europäisierung der AGB-Kontrolle, 94 f.; vgl. auch *Bunte* DB 1996, 1389 (1390); *Schmidt-Salzer* BB 1995, 1493 (1495).

nicht erschöpfende Liste geschaffen wurde und es dem nationalen Gesetzgeber überlassen wurde, ob die in der Liste aufgeführten Klauseln für unwirksam erklärt werden oder nicht.[1323]

Auf höchstrichterlicher europäischer Ebene wird dem Anhang zu Art. 3 Abs. 1 RL allein ein Hinweis- und Beispielcharakter zugestanden, der bei der Beurteilung Spielraum lässt, ob eine im Anhang aufgeführte Klausel im Ergebnis tatsächlich als missbräuchlich anzusehen ist.[1324] Erstaunlicherweise wird sich in der deutschen gerichtlichen Praxis mit dieser Fragestellung im Kontext mit Aufrechnungsbeschränkungen nur selten beschäftigt. Trotz der im Übrigen umfangreichen Rechtsprechung zu vertraglichen Aufrechnungsbeschränkungen ist nur eine Entscheidung eines deutschen Gerichtes ersichtlich, in der auf die Fragestellung eingegangen wird.[1325] Darin wird allerdings wenig konkretisierend allein – entsprechend der EuGH-Rechtsprechung – eine Hinweiswirkung angenommen, wonach Klauseln, die gegen die Liste verstoßen bzw. unter ein Klauselbeispiel fallen, nicht zwangsläufig als missbräuchlich i.S.d. Richtlinie anzusehen sind.[1326] Außerhalb des Bereiches der Aufrechnungsbeschränkungen ist in der Praxis deutscher Gerichte ebenfalls kaum eine Auseinandersetzung mit dieser Fragestellung zu finden.[1327]

Im Ergebnis ist kein zwingender Charakter des Anhangs anzunehmen. Dies ergibt sich zum einen aus dem Entstehungsprozess des Anhanges der Richtlinie: Der Vorschlag des Europäischen Parlamentes für eine verbindliche Liste wurde von der Kommission aufgegriffen. Letztendlich wurde aber die erforderliche Zustimmungsmehrheit der Mitgliedsstaaten nicht erreicht.[1328] Zum anderen

1323 Vgl. im Grundsatz ähnlich *Heinrichs* NJW 1993, 1817 (1821); Staudinger/*Coester*, 15. Auflage 2013, § 307 Rn. 120; Staudinger/*Schlosser*, 15. Auflage 2013, § 310 Rn. 25; Ulmer/Brandner/Hensen/*Fuchs* § 307 Rn. 399; Ulmer/Brandner/Hensen/*Ulmer/Schäfer* § 310 Rn. 94; Palandt/*Grüneberg* § 310 Rn. 28 f.; Wolf/Lindacher/Pfeiffer/*Wolf*, 5. Auflage 2009, RL 93/13/EWG Art. 3 Rn. 31; *Frey* ZIP 1993, 572 (579); *Eckert* WM 1993, 1070 (1076); *Hommelhoff/Wiedenmann* ZIP 1993, 562 (563 f.); s.a. *Nassall* JZ 1995, 689 (691), welcher sogar die Klauselliste als Konkretisierungsmaßstab des Art. 3 Abs. 1 RL bezweifelt.

1324 Vgl. EuGH EuZW 2002, 465 (466); EuGH NJW 2004, 1647; EuGH NJW 2009, 2367 (2368); EuGH EuZW 2011, 27 (28).

1325 Vgl. OLG Hamm OLGR 2004, 281 (283 f.).

1326 OLG Hamm OLGR 2004, 281 (283 f.).

1327 Nur BGH NJW 2012, 3577 (3581).

1328 *Eckert* WM 1993, 1070 (1076, m.w.N.); s.a. *Gutkin*, Europäisierung der AGB-Kontrolle, 96 m.w.N.; *Hommelhoff/Wiedenmann* ZIP 1993, 562 (563 f.); *Heinrichs* NJW 1996, 2190 (2197).

sieht auch der Erwägungsgrund der Richtlinie Nr. 17 nur einen Beispielcharakter vor und hält auch eine Ergänzung oder restriktivere Formulierung des Geltungsbereiches der Klauseln für möglich.[1329]

(b) Verbindlichkeitsgrad für die Beurteilung nach Art. 3 Abs. 1 RL

Auch wenn fast vollständige Einigkeit über den fehlenden Zwangscharakter des Anhanges der Richtlinie besteht, wird im Weiteren die Wirkungsweise der „Hinweis- und Beispielfunktion" für die Beurteilung gem. Art. 3 Abs. 1 RL nicht einheitlich beurteilt.

Zum Teil wird für die Beurteilung nach Art. 3 Abs. 1 RL eine „bindende Konkretisierungsfunktion" angenommen.[1330] Allerdings wäre dies gerade mit der fehlenden unmittelbaren Zwangsvorgabe des Anhanges der Richtlinie nicht vereinbar. Es würde nicht unmittelbar auf den Anhang abgestellt, allerdings über den Umweg von Art. 3 Abs. 1 RL eine entsprechend zwingende Vorgabe angenommen.[1331] Eine solche Bindungswirkung entspricht nicht dem Sinn und Zweck der Hinweis- und Beispielfunktion, den der europäische Normengeber dem Anhang zugrunde gelegt hat.[1332] Daher ist eine solche mittelbare aber faktisch zwingende Bindungswirkung abzulehnen. Anderseits wird auch eine (fast) vollständige Bedeutungslosigkeit des Anhangs dahingehend, dass Klauseln i.S.d. des Anhangs der Richtlinie *ohne eine „Vorgewichtung"* der Missbräuchlichkeits-Beurteilung nach Art. 3 RL unterliegen[1333], dem Sinngehalt *einer Beispielliste* nicht gerecht.[1334]

Im Ergebnis ist anzunehmen, dass der Klauselanhang im Rahmen der Beurteilung einer Missbräuchlichkeit einzelner Klauseln eine Art Informationsquelle darstellt, welche zwar eine Grundausrichtung des Beurteilungsergebnisses

---

1329 Ebenso *Gutkin*, Europäisierung der AGB-Kontrolle, 95 f.; insoweit auch *Kapnopoulou*, Recht der mißbräuchlichen Klauseln, 140.

1330 Vgl. v. Westphalen/Thüsing/*v. Westphalen*, VertrR/AGB-Klauselwerke (45. EL 2020), Teil „Vertragsrecht" II – Aufrechnungsklauseln, Rn. 4.

1331 So zutreffend auch *Heinrichs* NJW 1996, 2190 (2197).

1332 Zur „Hinweisfunktion" des Anhanges der Richtlinie soeben § 5 B. VII. 4.) a) bb) (1).

1333 Allein eine Hinweisfunktion annehmend *Damm* JZ 1994, 161 (162, 175); *Eckert*, WM 1993, 1070 (1076, allerdings in Bezug auf eine Umsetzungspflicht); s.a. *Frey* ZIP 1993, 572 (579).

1334 Zwischen diesen beiden extrem ausgerichteten Meinungen werden weitere Abstufungen und Differenzierungen vertreten. Siehe dazu übersichtlich Wolf/Lindacher/Pfeiffer/*Pfeiffer* RL 93/13/EWG Art. 3 Rn. 76 ff. m.w.N.

vorgibt[1335], von der allerdings durch andere Aspekte bei der Gesamtbetrachtung abgewichen werden kann.[1336] Die Vorgewichtung sollte *nicht* das Ausmaß einer Vermutungswirkung mit einer entsprechend hohen Schwelle der Widerlegung[1337], sondern vielmehr die eines gewichtigen Indizes erreichen.[1338] Liegt demgemäß eine der Liste des Anhanges der Richtlinie unterfallende Klausel vor, sind andere gewichtige Indizien, Aspekte und Umstände erforderlich, welche ein abweichendes Ergebnis vorgeben bzw. rechtfertigen können.[1339]

(2) Nr. 1b) Anhang RL

Nach der Festlegung des Verbindlichkeitsumfanges der Richtlinie ist im Folgenden zu bestimmen, ob und welche Vorgaben der Anhang der Richtlinie für vertragliche Aufrechnungsbeschränkungen setzt.

(a) Erfassung des Gestaltungsrechtes Aufrechnung

Bezüglich der Thematik von Beschränkungen der Aufrechnung findet sich insoweit die Regelung Nr. 1b) Anhang RL. Diese lautet wörtlich:

> *„Klauseln, die darauf abzielen oder zur Folge haben, daß die Ansprüche des Verbrauchers gegenüber dem Gewerbetreibenden oder einer anderen Partei, einschließlich der Möglichkeit, eine Verbindlichkeit gegenüber dem Gewerbetreibenden durch eine etwaige Forderung gegen ihn auszugleichen, ausgeschlossen oder ungebührlich eingeschränkt werden,*

1335 Vgl. EuGH EuZW 2012, 786 (787, *„wesentliche Grundlage, auf die das zuständige Gericht seine Beurteilung der Missbräuchlichkeit dieser Klausel stützen kann“*).

1336 In diese Richtung wohl auch EuGH EuZW 2002, 465 (466); Staudinger/*Coester*, 15. Auflage 2015, § 307 Rn. 122 f.; Palandt/*Grüneberg* § 310 Rn. 29.

1337 In diese Richtung aber *Gutkin*, Europäisierung der AGB-Kontrolle, 97 ff., 100; *Kretschmar*, Die Richtlinie 93/13 EWG, 238.

1338 Vgl. Staudinger/*Coester*, 15. Auflage 2013, § 307 Rn. 122; Staudinger/*Wendland* § 307 Rn. 122; Wolf/Lindacher/Pfeiffer/*Pfeiffer* RL 93/13/EWG Art. 3 Rn. 76 ff.; Ulmer/Brandner/Hensen/*Fuchs* § 307 Rn. 399; Ulmer/Brandner/Hensen/*Ulmer/Schäfer* § 310 Rn. 94; Wolf/Lindacher/Pfeiffer/*Wolf*, 5. Auflage 2009, RL 93/13/EWG Art. 3 Rn. 31; Reich/Micklitz/*Micklitz*, Europäisches Verbraucherrecht, 520 f. Anschaulich zwischen Vermutungs- und Indizwirkung in diesem Zusammenhang differenzierend *Pfeiffer* EuZW 2002, 467 f.; eine Indizwirkung annehmend, aber mit einer Vermutungswirkung gleichsetzend *Kapnopoulou*, Recht der mißbräuchlichen Klauseln, 140 f.; nur eine Heranziehung der Regelungen oder Grundsätze aus dem Anhang befürwortend *Heinrichs* NJW 1996, 2190 (2197).

1339 Vgl. Staudinger/*Coester*, 15. Auflage 2013, § 307 Rn. 122; Staudinger/*Wendland* § 307 Rn. 122; s.a. *Jansen* ZEuP 2010, 69 (75).

wenn der Gewerbetreibende eine der vertraglichen Verpflichtungen ganz oder teilweise nicht erfüllt oder mangelhaft erfüllt".

Diesem Wortlaut ist zu entnehmen, dass nicht nur Ansprüche wegen Schlecht- oder Nichtleistung, sondern auch darauf beruhende Rechte wie das Aufrechnungsrecht des Verbrauchers Inhalt der Regelung sind. Der eher untechnisch wirkende Begriff „*Ausgleich mit etwaigen Forderungen gegen ihn*" stellt inhaltlich nichts anderes als eine Kompensation von gegenseitigen Forderungen, mithin eine Aufrechnung dar.[1340] Außerdem ist im Rahmen der Auslegung bzw. der Bestimmung des Regelungsgehaltes einer Richtlinie die Heranziehung von anderen, ebenfalls verbindlichen Sprachfassungen nicht nur zulässig, sondern geboten.[1341] Die anderssprachigen Übersetzungen der Regelung wie im Englischen „offsetting" und im Französischen „compenser" bestätigen dieses Ergebnis.[1342]

(b) Erfassung von Leistungsverweigerungsrechten

Der deutsche Wortlaut der Richtlinie spricht von „Ansprüchen" und dem „Ausgleich der Forderungen", sodass darunter auch nur solche Forderungsrechte i.S.d. § 194 BGB und das Gestaltungsrecht Aufrechnung zu verstehen sein könnten. Leistungsverweigerungsrechte wären daher nicht vom Schutzbereich der Regelung Nr. 1b) Anhang RL erfasst.[1343] Allerdings scheint dieser Begriff nach den Übersetzungen in anderen Sprachen nicht dem deutschen Verständnis eines Anspruchs i.S.d. § 194 BGB zu entsprechen. So lautet die englische Übersetzung „legal rights", in der französischen „drotis legaux" und in der italienischen „diritti legali". Alle diese Begriffe deuten auf ein weiterreichendes Verständnis hin. Daher wird in der Literatur angenommen, dass darunter *allgemein Rechte* zu verstehen sind, die aufgrund einer Vertragsverletzung des Gewerbetreibenden entstanden sind.[1344]

1340 So auch BeckOGK-BGB/*Weiler* (01.03.2021) § 309 Nr. 3 Rn. 7; MüKo-BGB/*Wurmnest* § 309 Nr. 3 Rn. 3; Wolf/Lindacher/Pfeiffer/*Pfeiffer* RL 93/13/EWG Anhang Rn. 9, 17; BeckOK-BGB/*Becker* (01.02.2021) § 309 Rn. 3, 18; Soergel/*Knops* § 309 Nr. 3 Rn. 6; im Erg. auch Ulmer/Brandner/Hensen/*Schäfer* § 309 Nr. 3 Rn. 2b (betroffen sei die Aufrechnungs*wirkung* und nicht der Aufrechnungs*akt*); Staudinger/*Coester-Waltjen* § 309 Nr. 3 Rn. 13.

1341 Vgl. *Gutkin*, Europäisierung der AGB-Kontrolle, 84 m.w.N.; Wolf/Lindacher/Pfeiffer/*Pfeiffer* RL 93/13/EWG Vor Art. 1 Rn. 13.

1342 *Heinrichs*, FS Reich, 527 (547); MüKo-BGB/*Wurmnest* § 309 Nr. 3 Rn. 3.

1343 So Ulmer/Brandner/Hensen/*Schäfer* § 309 Nr. 3 Rn. 2a.

1344 v. Westphalen/Thüsing/*v. Westphalen*, VertrR/AGB-Klauselwerke (45. EL 2020), Teil „Vertragsrecht" II – Zurückbehaltungsklauseln Rn. 14; Wolf/Lindacher/Pfeiffer/*Pfeiffer* RL 93/13/EWG Anhang Rn. 9; BeckOGK-BGB/*Weiler*

Dagegen spricht jedoch, dass für den Ausschluss der Leistungsverweigerungsrechte in Nr. 1o) Anhang RL eine Regelung vorhanden ist.[1345] Diese regelt nach allgemeiner und zutreffender Meinung ein Verbot für Vereinbarungen, nach denen der Verbraucher allein seinen Verpflichtungen (vollständig) nachkommen muss, obwohl der Gewerbetreibende seine Verpflichtungen nicht (vollständig) erfüllt.[1346] Zu diesen Verboten zählen insbesondere auch Verbote bezüglich des Rechts zur Leistungsverweigerung, wenn der Unternehmer seine Leistung noch nicht erbracht hat.[1347] Dabei ist davon auszugehen, dass – gleichsam wie bei Nr. 1b) Anhang RL – allein Leistungsverweigerungsrechte für Ansprüche aus *demselben* Vertragsverhältnis geregelt sind.[1348] Würden diese Fälle bereits von Nr. 1b) Anhang RL erfasst, bliebe für Nr. 1o) Anhang RL kaum noch ein eigenständiger Regelungsbereich. Folglich ist anzunehmen, dass insoweit die Vorgaben des Nr. 1o) Anhang RL im Rahmen der Bewertung nach Art. 3 Abs. 1, 3 RL für ein Leistungsverweigerungsrecht bzw. dessen Beschränkungsmöglichkeiten vorrangig und damit allein maßgeblich sind.[1349]

(c) Differenzierung zwischen Ausschluss und Beschränkung

Aus der Bestimmung des Nr. 1b) Anhang RL geht weiter hervor, dass zwischen vollständigen Ausschlüssen und Einschränkungen der Aufrechnungsbefugnis differenziert werden muss. Während erstere nach dieser Vorgabe bereits per se

---

(01.03.2021) § 309 Nr. 2 Rn. 13 f.; vgl. auch Palandt/*Grüneberg* § 309 Rn. 20; Grabitz/Hilf/Nettesheim/*Pfeiffer*, Das Recht der EU, 40. EL 2009, RL 93/13/EWG - Anhang Klauseln Rn. 9.

1345 Vgl. auch Ulmer/Brandner/Hensen/*Schäfer* § 309 Nr. 3 Rn. 2a.

1346 Die Regelung auch auf eine teilweise Nicht-Erfüllung durch den Gewerbetreibenden und teilweisen Ausschluss des Leistungsverweigerungsrecht beziehend BeckOGK-BGB/*Weiler* (01.03.2021) § 309 Nr. 2 Rn. 9, 11; Soergel/*Knops* § 309 Nr. 2 Rn. 3; MüKo-BGB/*Wurmnest* § 309 Nr. 2 Rn. 2; Erman/*Roloff* § 309 Rn. 27; vgl. auch Ulmer/Brandner/Hensen/*Schäfer* § 309 Nr. 2 Rn. 3a; Wolf/Lindacher/Pfeiffer/*Pfeiffer* RL 93/13/EWG Anhang Rn. 129 ff.

1347 Statt aller nur Wolf/Lindacher/Pfeiffer/*Pfeiffer* RL 93/13/EWG Anhang Rn. 129; BeckOGK-BGB/*Weiler* (01.03.2021) § 309 Nr. 2 Rn. 8 f.; MüKo-BGB/*Wurmnest* § 309 Nr. 2 Rn. 2.

1348 BeckOGK-BGB/*Weiler* (01.03.2021) § 309 Nr. 2 Rn. 8 f.; MüKo-BGB/*Wurmnest* § 309 Nr. 2 Rn. 2; Ulmer/Brandner/Hensen/*Schäfer* § 309 Nr. 2 Rn. 3a; Soergel/*Knops* § 309 Nr. 2 Rn. 3; Wolf/Lindacher/Pfeiffer/*Pfeiffer* RL 93/13/EWG Anhang Rn. 130 f.

1349 So zutreffend auch BeckOGK-BGB/*Weiler* (01.03.2021) § 309 Nr. 2 Rn. 14.

als missbräuchlich gelten, müssen Einschränkungen „ungebührlich“ sein.[1350] Daraus lässt sich im Umkehrschluss ableiten, dass nach europäischem Recht eine Aufrechnungsbeschränkung auch hinsichtlich der Forderungen i.S.d. Nr. 1b) Anhang RL *nicht ungebührlich* und damit *nicht* missbräuchlich sein kann.[1351]

Die Schwelle der Ungebührlichkeit der Einschränkungen der Aufrechnungsbefugnisse bestimmt sich allgemein im Lichte des Maßstabes von Art. 3 Abs. 1 RL, also nach den Grundsätzen von Treu und Glauben. Insoweit wird angenommen, dass eine Klausel im Regelfall ungebührlich ist, wenn sie den Verwender gegenüber der gesetzlichen Rechtslage übervorteilt und durch kein rechtfertigendes Element kompensiert wird.[1352] Die Bestimmungsweise kann zumindest insoweit konkretisiert werden, dass die Einschränkung von *Ansprüchen* aus Leistungsstörungen und die Einschränkung *der Aufrechnung* mit solchen Ansprüchen aus Leistungsstörungen eine verschiedene Beschränkungsintensität aufweisen. Die Einschränkung *eines Anspruchs*, bspw. nur auf den Teil des Anspruchs selbst, ist für den Vertragspartner deutlich einschneidender als die *Beschränkung der Aufrechnung* auf einen Teil der Forderung, sodass der Rest eigenständig durchgesetzt werden muss. Im Falle der Aufrechnungsbeschränkung bleibt der Anspruch selbst erhalten, es entfällt nur (teilweise) eine Erfüllungsvariante. Gleiches gilt, wenn die Aufrechnung unter weitere – aber erfüllbare – Voraussetzungen gestellt wird. Diese Unterschiede sind im Rahmen der Beurteilung, ob eine Einschränkung ungebührlich ist, zu berücksichtigen.

Die Grenze zwischen einem Ausschluss der Aufrechnung, der bei *alleiniger Betrachtung* von Nr. 1b) Anhang RL keiner Wertung zugänglich ist, und einer Einschränkung der Aufrechnung, welcher eine Bewertung der Ungebührlichkeit mit entsprechendem Spielraum vorgibt[1353], ist wie bei der Bestimmung

---

1350 Statt aller nur Wolf/Lindacher/Pfeiffer/*Pfeiffer* RL 93/13/EWG Anhang Rn. 7, 12, 15; v. Westphalen/Thüsing/*v. Westphalen,* VertrR/AGB-Klauselwerke (45. EL 2020), Teil „Vertragsrecht“ II – Aufrechnungsklauseln, Rn. 4 f.

1351 Vgl. Soergel/*Knops* § 309 Nr. 3 Rn. 7.

1352 Vgl. Ulmer/Brandner/Hensen/*Schäfer* § 309 Nr. 3 Rn. 2b; Wolf/Lindacher/Pfeiffer/*Pfeiffer* RL 93/13/EWG Anhang Rn. 5, 15.

1353 Vgl. bspw. Soergel/*Knops* § 309 Nr. 3 Rn. 7, welcher insoweit das zusätzliche Kriterium des Schweregrades der Einschränkung heranzieht. Aufgrund der Bestimmung anhand der Generalklausel des Art. 3 Abs. 1 RL ist auch bei Ausschlüssen der Aufrechnung ein bestimmter Spielraum bei der Bewertung vorhanden. So können weitere Kriterien und Aspekte die „Indizfunktion“ von Nr. 1b) Anhang RL in der Gesamtbewertung egalisieren.

hinsichtlich der deutschen Regelung zu ziehen. Von einem Ausschluss der Aufrechnung ist auszugehen, wenn die Aufrechnungswirkung nach §§ 387 ff. BGB mit einer Aktivforderung nicht allein vom Verbraucher als Forderungsinhaber abhängig ist, mithin nicht von diesem herbeigeführt werden kann. Dies ist auch anzunehmen, wenn die Aufrechnung nur teilweise, also begrenzt auf bestimmte Forderungszustände oder bestimmte Anteile der Forderungen beschränkt ist. Ist eine Aufrechnung hingegen vollständig möglich, aber unter „erschwerten" Bedingungen, wie einer Ankündigungspflicht oder der Einhaltung bestimmter Formvorgaben, ist eine Einschränkung anzunehmen.[1354]

Diese Einordnung der Richtlinienvorgaben wird in der deutschen Literatur allerdings nicht geteilt.[1355] So wird ein Ausschluss i.S.d. der Richtlinie nur angenommen, wenn es sich um einen *völligen Ausschluss* handelt. Dies sei aber – genauso wie bei der Einschränkung der zugrundeliegenden Ansprüche – nur der Fall, wenn eine Aufrechnung für eine Forderung aus einer bestimmten Art der Vertragsverletzung unter *keinen Umständen in irgendeiner Art und Weise* möglich sei.[1356] Daraus wird abgeleitet, dass bspw. ein Ausschluss der Aufrechnung mit streitigen Forderungen allein als Einschränkung anzusehen ist.[1357]

Gegen diese Art der Abgrenzung ist anzuführen, dass dadurch jeder Ausschluss einer Aufrechnung zu einer Einschränkung i.S.d. Richtlinie werden würde, wenn in der Aufrechnungsbeschränkung auch nur für eine Konstellation positiv ein Aufrechnungsvorbehalt vorgesehen wird. Der Fall des Ausschlusses i.S.d. Nr. 1b) Anhang RL würde nur bei allgemein formulierten Aufrechnungsbeschränkungen einschlägig sein, die weder für bestimmte Vertragskonstellationen noch für bestimmte Forderungsarten, -zustände oder -anteile eine Ausnahme zur möglichen Aufrechnung vorsehen. Dies scheint aber im Hinblick auf die Praxis, in welcher solche Vereinbarungen nur selten vorkommen, kaum mit dem Verbraucherschutzzweck der Richtlinie und mit der

1354 Siehe dazu § 5 B. IV. 2.) a) bb) und zu konkreten Fallgruppen § 6 A. I. und II.; wohl auch HK-BGB/*Schulte-Nölke* § 309 Nr. 3 Rn. 17.

1355 Wolf/Lindacher/Pfeiffer/*Pfeiffer* RL 93/13/EWG Anhang Rn. 19, 12, 15; vgl. auch BeckOGK-BGB/*Weiler* (01.03.2021) § 309 Nr. 3 Rn. 11; *Heinrichs*, FS Reich, 527 (547).

1356 Wolf/Lindacher/Pfeiffer/*Pfeiffer* RL 93/13/EWG Anhang Rn. 19, 12, 14 f.

1357 Wolf/Lindacher/Pfeiffer/*Pfeiffer* RL 93/13/EWG Anhang Rn. 19; im Erg. a.A. BeckOGK-BGB/*Weiler* (01.03.2021) § 309 Nr. 3 Rn. 11 (Ungebührlichkeit bei generellem Ausschluss der Aufrechnung mit bestrittenen Forderungen); *Heinrichs*, FS Reich, 527 (547).

„Hinweis- und Beispielsfunktion" des Anhanges der Richtlinie vereinbar.[1358] Bei einer starken Verengung des Ausschlussfalls i.S.d. der Richtlinie, besteht die Gefahr, dass die Indizfunktion des Anhangs der Richtlinie für die Beurteilung der Missbräuchlichkeit nach Art. 3 Abs. 1 RL ausgehebelt wird. Es müssten dann keine besonderen „Gegenargumente" oder Umstände vorliegen, die eine Abweichung von der Indizwirkung des Anhangs rechtfertigen. Stattdessen würde bereits im Rahmen des unbestimmten Rechtsbegriffes „Ungebührlichkeit" eine *Gesamtabwägung, ohne eine vorhandene Grundausrichtung anhand des Anhanges* erfolgen.

Daher muss es vielmehr darauf ankommen, ob in einem bestimmten Fall die Aufrechnungswirkung trotz Vorliegen der Tatbestandsvoraussetzungen nicht eigenständig durch den Vertragspartner herbeigeführt werden kann. Ein solcher Ausschluss liegt auch dann vor, wenn sich die Aufrechnungsbeschränkung nur auf bestrittene Forderungen bezieht. Dann ist eine Aufrechnung mit einer bestrittenen Forderung unter keinen Umständen möglich, auch wenn die Forderung aus einer Vertragsverletzung des Gewerbetreibenden entstanden ist. Anders wäre dies bspw., wenn es sich um einen Ankündigungsvorbehalt handelt. Hier kann der Verbraucher die Aufrechnungswirkungen selbst herbeiführen, wenn auch nur unter weiteren, erschwerten Bedingungen.

(d) Verbot von Befugnissen aus Nicht- oder Schlechtleistungen desselben Vertragsverhältnisses

Das Verbot des Ausschlusses und der ungebührlichen Einschränkung nach Nr. 1b) Anhang RL bezieht sich auf Ansprüche, die entstanden sind, weil der Verwender *„eine der vertraglichen Verpflichtungen ganz oder teilweise nicht erfüllt oder mangelhaft erfüllt hat."* Darunter fallen bei genauer Betrachtung des Wortlautes *alle Verstöße* gegen die vertraglichen Verpflichtungen und nicht nur allein Schlecht- oder Nichtleistungen hinsichtlich möglicher Hauptleistungspflichten.[1359] Die *Befugnis der Aufrechnung* mit der Gegenforderung ist nach Nr. 1b) Anhang RL in gleichem Maße geschützt wie der *Gegenanspruch* vor Ausschlüssen oder ungebührlichen Einschränkungen *selbst*.

1358 Dazu bereits § 5 B. VII. 1.), 2.) und 4.) a) bb) (1).

1359 Zutreffend Wolf/Lindacher/Pfeiffer/*Pfeiffer* RL 93/13/EWG Anhang Rn. 5 f., 10; v. Westphalen/Thüsing/*v. Westphalen*, VertrR/AGB-Klauselwerke (45. EL 2020), Teil „Vertragsrecht" II – Aufrechnungsklauseln, Rn. 4; vgl. auch BeckOGK-BGB/*Weiler* (01.03.2021) § 309 Nr. 2 Rn. 9; MüKo-BGB/*Wurmnest* § 309 Nr. 2 Rn. 2, § 309 Nr. 3 Rn. 3.

Unter dieser Prämisse scheint der Umkehrschluss zulässig, dass ein Ausschluss oder eine Beschränkung der Aufrechnung für alle Forderungen zumindest nach dem Regelungsgehalt von Nr. 1b) Anhang RL möglich ist, die *nicht* auf einer solchen Nicht- oder Schlechtleistung basieren.[1360] Eine Aufrechnung könnte danach für *alle anderen – auch konnexen* – Forderungen ausgeschlossen werden. Außerdem liegt die Annahme nahe, dass die Aufrechnung mit allen Forderungen, die keine Konnexität aufweisen, also aus anderen Vertragsverhältnissen herrühren, ebenfalls nicht vom Verbotsbereich des Anhanges der Richtlinie erfasst ist und entsprechend ausgeschlossen werden kann.[1361]

Diese Schlussfolgerungen werden in der Literatur allerdings nicht vollständig geteilt. Vielmehr sei aufgrund des Wortlautes von Nr. 1b) Anhang RL *„etwaige Forderungen"* anzunehmen, dass der Kunde jede Forderung zur Aufrechnung nutzen können muss, sofern der Gewerbetreibende nicht vertragsgerecht erfüllt bzw. sich nicht vertragsgerecht verhalten habe.[1362] Insbesondere müsse der Anspruch bzw. die Gegenforderung nicht aus der konkreten Vertragsverletzung entstanden oder überhaupt konnex sein.[1363]

Diese Ansicht ist allerdings abzulehnen.[1364] Denn diese Auslegung ist weder nach dem Wortlaut zwingend noch entspricht sie dem Sinn und Zweck der Gesamtregelung.[1365] Zum einen ist wörtlich vorgesehen, dass die Ansprüche bzw. Rechte des Verbrauchers nicht ausgeschlossen oder ungebührlich eingeschränkt werden dürfen, *„wenn der Gewerbetreibende eine der vertraglichen Pflichten ganz oder teilweise nicht erfüllt oder mangelhaft erfüllt"*. Ein inhaltlicher Bezug der letztgenannten Pflichtverletzungen auf die daraus entstehenden Ansprüche und Rechte ist weder durch eine grammatikalische Vorgabe noch aus anderen ersichtlichen Gründen auszuschließen.

Zum anderen besteht das Grundanliegen von Nr. 1b) Anhang RL in einer Verhinderung der vollständigen oder teilweisen Freizeichnung von Ansprüchen

1360 Ebenso BeckOGK-BGB/*Weiler* (01.03.2021) § 309 Nr. 3 Rn. 8; a.A. wohl Ulmer/Brandner/Hensen/*Schäfer* § 309 Nr. 3 Rn. 2b; MüKo-BGB/*Wurmnest* § 309 Nr. 3 Rn. 3.

1361 So auch BeckOGK-BGB/*Weiler* (01.03.2021) § 309 Nr. 3 Rn. 8 f.

1362 Ulmer/Brandner/Hensen/*Schäfer* § 309 Nr. 3 Rn. 2b; Soergel/*Knops* § 309 Nr. 3 Rn. 7 (in englischer Übersetzung der RL „any claim").

1363 Ulmer/Brandner/Hensen/*Schäfer* § 309 Nr. 3 Rn. 2b; MüKo-BGB/*Wurmnest* § 309 Nr. 3 Rn. 3; Soergel/*Knops* § 309 Nr. 3 Rn. 7.

1364 BeckOGK-BGB/*Weiler* (01.03.2021) § 309 Nr. 3 Rn. 8 f.; wohl auch Wolf/Lindacher/Pfeiffer/*Pfeiffer* RL93/13/EWG Anhang Rn. 19 a.E.

1365 Vgl. BeckOGK-BGB/*Weiler* (01.03.2021) § 309 Nr. 3 Rn. 8 f.

infolge von Vertragsverletzungen durch den Verwender. Dies ist insoweit allgemein anerkannt.[1366] Dann ist aber nicht nachvollziehbar, wieso der auf diese Ansprüche begrenzte Schutz durch die Richtlinie hinsichtlich des Rechtes der Aufrechnung weiterreichend sein sollte. Das wäre aber der Fall, wenn bei einer Vertragsverletzung durch den Gewerbetreibenden der Vertragspartner mit Forderungen aufrechnen könnte, die in keinem Zusammenhang mit der konkreten Vertragsverletzung stehen. Mitunter käme diese einem Sanktionscharakter gleich, welcher weder vom allgemeinen Grundgedanken der Richtlinie bzw. Art. 3 Abs. 1 (Abs. 3 i.V.m. Anhang) RL gedeckt ist noch sich dieser in das System der Klauselliste einfügen würde. Denn die Richtlinie stellt ein Verbraucherschutzinstrument und keinen Sanktionsmechanismus dar. Das zeigt sich auch darin, dass kein anderes Klauselbeispiel des Anhanges der RL einen Sanktionscharakter aufweist.[1367]

Entsprechend lässt sich festhalten, dass Art. 3 Abs. 1, 3 i.V.m. Anhang RL eine Aufrechnungsbeschränkung verbietet, welche eine Aufrechnung mit Ansprüchen aus *einer Vertragswidrigkeit durch den Verwender gegen Vergütungsansprüche aus diesem Vertragsverhältnis* ausschließen. Ausgeschlossen werden kann die Aufrechnung hinsichtlich Forderungen aus anderen Vertragsverhältnissen oder für Forderungen die zwar konnex, aber nicht aus einer Vertragsverletzung entstanden sind.[1368]

(e) Missbräuchlichkeit von nicht gegenseitigen Aufrechnungsbeschränkungen

Nassall nimmt an, dass die Richtlinie alle Aufrechnungsbeschränkungen als missbräuchlich ansieht, wenn diese nicht für beide Parteien, also in beide Richtungen gilt.[1369] Auch die Sicherstellung einer effektiven Durchsetzbarkeit der Ansprüche des Vertragspartners sei eine gemeinschaftliche Zielsetzung. Insbesondere unter besonderer Betrachtung des Insolvenzrisikos sei fraglich, ob sich eine Beschränkung von einfachen Gegenrechten, wie der Aufrechnung, rechtfertigen lasse. Außerdem sei im Beurteilungsmaßstab nach Art. 3 Abs. 1 RL

1366 Wolf/Lindacher/Pfeiffer/*Pfeiffer* RL 93/13/EWG Anhang Rn. 5 f.; BeckOGK-BGB/*Weiler* (01.03.2021) § 309 Nr. 3 Rn. 8; so selbst auch Ulmer/Brandner/Hensen/*Schäfer* § 309 Nr. 3 Rn. 2a.

1367 Zutreffend auch BeckOGK-BGB/*Weiler* (01.03.2021) § 309 Nr. 3 Rn. 8.1.

1368 Wohl auch BeckOGK-BGB/*Weiler* (01.03.2021) § 309 Nr. 3 Rn. 8 f.

1369 *Nassall* JZ 1995, 689 (694); vgl. auch Wolf/Lindacher/Pfeiffer/*Pfeiffer* RL 93/13/EWG Art. 3 Rn. 73, 63; allgemein *Stempel*, Treu und Glauben im Unionsprivatrecht, 172.

eine (negative) Berücksichtigung von einseitigen Rechtsvorbehalten verankert. Das Prinzip der Gegenseitigkeit komme auch in anderen Klauselbeispielen, wie Nr. 1d), f) und o) Anhang RL vor und müsse entsprechend allgemein beachtet werden.

Dieser Ansicht ist im Ergebnis nicht zuzustimmen.[1370] Im Wortlaut des Nr. 1b) Anhang RL findet sich eine solche Vorgabe nicht. Darin ist nur für einen genauen Bereich bestimmt, dass die Aufrechnungsmöglichkeit des Vertragspartners nicht ausgeschlossen werden darf. Es fehlt an jedem Bezug zur vorhandenen oder ausgeschlossenen Aufrechnungsmöglichkeit des Verwenders. Auch systematisch spricht der vorhandene Gegenseitigkeitsbezug in anderen Beispielen der Klauselliste, wie Nr. 1d), f) und c) Anhang RL, *gegen* eine Berücksichtigung von Gegenseitigkeitsaspekten. Denn wenn in anderen Beispielen der Gegenseitigkeitsbezug ausdrücklich vorgesehen ist, hinsichtlich des hier betrachteten Klauselbeispiels nicht, erscheint eine solche Schlussfolgerung nicht angezeigt. Daher ist aufgrund des fehlenden ausdrücklichen Gegenseitigkeitsbezuges im Nr. 1b) Anhang RL hinsichtlich der Aufrechnungsbegrenzung anzunehmen, dass mögliche Gegenseitigkeitserwägungen nach der Intention des europäischen Gesetzgebers keine Rolle spielen sollen.[1371]

Gegen eine solche Bewertung im Rahmen von Art. 3 Abs. 1 RL spricht auch die Grundintention der Richtlinie: der Verbraucherschutz. Eine vertragliche Vereinbarung, welche aber beide Seiten bezüglich der Ausübung des Aufrechnungsrechtes (missbräuchlich) einschränkt, schützt den Verbraucher nicht. Anders ausgedrückt werden missbräuchliche Einschränkungen der Rechte des Verbrauchers nicht dadurch „geheilt", dass dieselben Einschränkungen auch für den Gewerbetreibende bzw. den Verwender der AGB gelten.[1372] Im Ergebnis sind die Rechte des Verbrauchers konkret eingeschränkt und dies will Art. 3 Abs. 1 RL in Zusammenschau mit dem Anhang der Richtlinie gerade verhindern.

1370 Ulmer/Brandner/Hensen/*Schäfer* § 309 Nr. 3 Rn. 2b a.E.; BeckOGK-BGB/*Weiler* (01.03.2021) § 309 Nr. 3 Rn. 13; MüKo-BGB/*Wurmnest* § 309 Nr. 3 Rn. 4; im Erg. Wolf/Lindacher/Pfeiffer/*Pfeiffer* RL 93/13/EWG Anhang Rn. 19 (siehe aber auch Art. 3 Rn. 73).

1371 Im Ansatz auch BeckOGK-BGB/*Weiler* (01.03.2021) § 309 Nr. 3 Rn. 13; a.A. im Allgemeinen wohl *Stempel*, Treu und Glauben im Unionsprivatrecht, 172.

1372 Vgl. BeckOGK-BGB/*Weiler* (01.03.2021) § 309 Nr. 3 Rn. 13; allgemeiner auch *Heiderhoff* WM 2003, 509 (512); s.a. Wolf/Lindacher/Pfeiffer/*Pfeiffer* RL 93/13/EWG Art. 3 Rn. 51.

Folglich verbietet sich eine zumindest ausschlaggebende Bedeutung der Gegenseitigkeitserwägungen im Rahmen der Beurteilung der Missbräuchlichkeit nach Art. 3 Abs. 1 (i.V.m. Nr. 1b) Anhang) RL.

(3) Nr. 1o) Anhang RL

Weiter ist in Betracht zu ziehen, dass Nr. 1o) Anhang RL für Aufrechnungsbeschränkungen einen begrenzenden Regelungsgehalt aufweist. Allerdings beschränkt sich der Verbotsbereich auf Leistungsverweigerungsrechte für Ansprüche aus demselben Vertragsverhältnis, die dem Verbraucher zustehen, weil der Gewerbetreibende seine Leistung nicht erbringt bzw. erbracht hat.[1373] Leistungsverweigerungsrechte sind allerdings im Grundfall von einer Aufrechnungsbeschränkung nicht betroffen, mithin nicht ausgeschlossen. Einerseits unterscheiden sich die beiden Rechtsinstitute hinsichtlich der Zwecksetzung.[1374] Anderseits weisen eine Aufrechnung und die Leistungsverweigerung einen verschiedenen Anwendungsbereich auf. Eine Aufrechnung ist nur möglich – und damit auch ausschließbar – wenn es sich um gleichartige Forderungen handelt. Ein Leistungsverweigerungsrecht besteht aber, zumindest wenn die Forderungen aus demselben Vertragsverhältnis stammen, *hinsichtlich verschiedenartiger* Forderungen. Daher kann nicht angenommen werden, dass Nr. 1o) Anhang RL – im Grundfall – auch Aufrechnungsbeschränkungen verbietet.

Aber auch für den Fall, dass eine Aufrechnungsbeschränkung die Aufrechnung mit *gleichartig gewordenen*, konnexen oder synallagmatischen Forderungen ausschließt – und damit vor Übergang in das gleichartige Forderungsverhältnis ein Leistungsverweigerungsrecht bestand –, ist Nr. 1o) Anhang RL nicht einschlägig. In diesem Fall stellt Nr. 1b) Anhang RL die speziellere Vorschrift dar und kommt als alleinige Regelung zur Anwendung.[1375] Nach dem Wortlaut von Nr. 1b) Anhang RL und dem Sinn und Zweck sind jene Konstellationen erfasst, welche sich auf Ansprüche beziehen, die aus einem Vertragsverhältnis bzw. der Verletzung von konnexen oder synallagmatischen Pflichten entstanden sind.[1376]

1373 BeckOGK-BGB/*Weiler* (01.03.2021) § 309 Nr. 2 Rn. 9, 11; Soergel/*Knops* § 309 Nr. 2 Rn. 3; MüKo-BGB/*Wurmnest* § 309 Nr. 2 Rn. 2; Erman/*Roloff* § 309 Rn. 27; vgl. auch Ulmer/Brandner/Hensen/*Schäfer* § 309 Nr. 2 Rn. 3a; wohl auch Wolf/Lindacher/Pfeiffer/*Pfeiffer* RL 93/13/EWG Anhang Rn. 130 f.

1374 Siehe dazu ausführlich § 2 B. I.

1375 Wohl BeckOGK-BGB/*Weiler* (01.03.2021) § 309 Nr. 3 Rn. 65 f. (vgl. aber auch § 309 Nr. 2 Rn. 13 f.).

1376 Vgl. bspw. *Heinrichs* NJW 1993, 1817 (1821). Eine umfassende Problemlage wie nach der deutschen Gesetzeslage mit den Fragen des Verhältnisses zwischen § 309 Nr. 2 und Nr. 3 BGB stellt sich insoweit nicht. Siehe dazu § 5 B. III.

(4) Zulässigkeit nach Nr. 1b) Anhang RL als Erlaubnistatbestand für Art. 3 Abs. 1 RL

Ein Rückschluss darauf, dass Aufrechnungsbeschränkungsklauseln, die nicht unter Nr. 1b) Anhang RL fallen, stets wirksam sein sollen, ist bereits aufgrund der eingeschränkten Bindungswirkung des Richtlinienanhanges für die (Gesamt-)Bestimmung nach Art. 3 Abs. 1 RL zweifelhaft. Der Charakter einer Hinweis- und Beispielsfunktion steht nach der Natur der Sache einem zwingenden Umkehrschluss entgegen. Auch eine Schlussfolgerung dahingehend, dass für *nicht* von Nr. 1b) Anhang RL erfasste Klauseln eine vergleichbare *Indizwirkung gegen* eine Missbräuchlichkeit besteht, ist nicht angezeigt. Dem steht der von der Richtlinie bezweckte Verbraucherschutz entgegen. Denn bei einer solchen Indizfunktion würde die Schwelle der Missbräuchlichkeit erhöht werden, indem besondere Anhaltspunkte und Umstände bestehen müssten, die die Indizwertung umkehren. Der Richtliniengeber hat allein eine nicht abschließende positive Beispielsliste zur Orientierung geschaffen, welche Klauseln missbräuchlich sein können. Es ist nur schwer vorstellbar, dass nach dem Schutzzweck der Richtlinie eine Missbräuchlichkeit einer Aufrechnungsbeschränkung immer *nur dann* anzunehmen ist, wenn es sich um Vertragsverletzungen des Gewerbetreibenden i.S.d. Nr. 1b) Anhang RL handelt. Zu denken ist bspw. auch an Konstellationen, in welchen zwar keine Forderungen aus Vertragsverletzungen betroffen sind, aber aufgrund der Aufrechnungsbeschränkung eine tatsächliche Durchsetzung der Forderung vollständig ausgeschlossen ist, mithin die Situation einem Forderungsverlust gleichkommt.

cc) Grundsätze des Gemeinschaftsrechts

Die Bestimmung der Missbräuchlichkeit i.S.d. Art. 3 RL danach, ob eine Klausel ein Missverhältnis enthält, das gegen Treu und Glauben verstößt, ermöglicht zwar die Berücksichtigung der Grundsätze des Gemeinschaftsrechts.[1377] Damit können europäische-autonome Mindeststandards des Grundsatzes von Treu und Glauben die Missbräuchlichkeitsbeurteilung mitbestimmen.[1378] Allerdings befindet sich die Herausarbeitung solcher Grundsätze bzw. von europäischen Mindeststandards noch im Entwicklungsprozess und weist aufgrund des

---

1377 Im Erg. *Heinrichs* NJW 1996, 2190 (2196 f.); vgl. auch MüKo-BGB/*Wurmnest* § 307 Rn. 32.

1378 So MüKo-BGB/*Wurmnest* § 307 Rn. 32; Wolf/Lindacher/Pfeiffer/*Pfeiffer* RL 93/13/EWG Vor. Art. 3 Rn. 41.

nur fragmentarischen Charakters des Unionsrechts besondere Schwierigkeiten auf.[1379]

Feststellen lässt sich, dass allgemeine europäische Grundsätze, welche einen Einfluss auf Klauseln über den Ausschluss der Aufrechnung haben können, nicht unmittelbar ersichtlich sind. So ist bspw. der Grundsatz des effektiven Rechtsschutzes bzw. des Zuganges zum Recht des Verbrauchers[1380] zwar allgemein einschlägig und auch in Art. 7 RL vorgesehen. Dieser ist allerdings ohne inhaltlichen Bezug zur Beschränkung der Aufrechnung. Denn eine Aufrechnungsbeschränkung setzt nur eine Erfüllungsmöglichkeit aus, beschränkt aber nicht das Recht oder den Zugang, also insbesondere die gerichtliche Durchsetzung, dazu. Auch weitere Grundsätze oder Leitlinien des Verbraucherschutzrechts[1381] gehen bezüglich der Aufrechnungsbeschränkungen nicht über den Regelungsgehalt von Nr. 1b) Anhang RL hinaus. So wird das Prinzip der Einstandspflicht für den Vertragszweck, konkretisiert in den Leistungsstörungsrechten der Mitgliedsstaaten, angeführt.[1382] Allerdings ist dieses Prinzip bezüglich der Aufrechnungsbeschränkungen bereits in Nr. 1b) Anhang RL vorgesehen und insoweit bereits genauer konkretisiert.

Ein Prinzip der Vermeidung einseitiger Abwicklungsprivilegien wird in dieser Arbeit nicht anerkannt. Zumindest für den Bereich von Aufrechnungsbeschränkungen enthält Nr. 1b) Anhang RL bereits eine konkretisierte Vorgabe, welche keine einseitigen Aufrechnungsbeschränkungen verbietet.[1383] Daher kann auch keine Ableitung eines solches Prinzips aus Nr. 1b) Anhang RL erfolgen oder aus anderen Klauselbeispielen abgeleitet[1384] und auf Beschränkungsklauseln der Aufrechnung übertragen werden.

1379 Vgl. ähnlich Wolf/Lindacher/Pfeiffer/*Pfeiffer* RL 93/13/EWG Vor. Art. 1 Rn. 29; allgemeiner MüKo-BGB/*Wurmnest* § 307 Rn. 32, 26 ff. Eine Auseinandersetzung mit allen anerkannten und in Erwägung gezogenen Grundsätzen und Entwicklungen wird mangels Relevanz für Aufrechnungsbeschränkungen in dieser Arbeit nicht vertieft.

1380 *Lecheler* ZEuS 2003, 337 (350 f.).

1381 Vgl. dazu bspw. die Übersicht bei *Kapnopoulou*, Recht der missbräuchlichen Klauseln, 122 (Fn. 57).

1382 So Wolf/Lindacher/Pfeiffer/*Pfeiffer* RL 93/13/EWG Art. 3 Rn. 70; vgl. im Ansatz auch *Nassall* JZ 1995, 689 (694).

1383 Siehe dazu bereits § 5 B. VII. 4.) a) bb) (2) (e).

1384 So aber Wolf/Lindacher/Pfeiffer/*Pfeiffer* RL 93/13/EWG Art. 3 Rn. 73; vgl. auch *Nassall* JZ 1995, 689 (694).

dd) Einfluss von Art. 4 RL

Art. 4 Abs. 1 RL gibt weitere Kriterien vor, anhand derer die Prüfung der Missbräuchlichkeit erfolgen soll.[1385] Darin ist insbesondere vorgesehen, dass auch alle den Vertragsabschluss begleitenden Umstände bei der Beurteilung der Missbräuchlichkeit nach Art. 3 Abs. 1 RL berücksichtigt werden können. In Zusammenschau mit der Bestimmung, dass nach Art. 3 Abs. 1 RL ein konkretes Missverhältnis verursacht werden muss, wird die Inhaltskontrolle zu einem „*konkret-individuellen*" Prüfungsmechanismus.[1386] Damit könnten und sollen grundsätzlich die persönlichen Eigenschaften der jeweiligen Vertragsparteien, die Besonderheiten des konkreten Vertragsabschlusses, insbesondere auch bezüglich der „Verhandlungsstärke", und mögliche Sonderinteressen oder -belastungen des Verbrauchers berücksichtigt werden.[1387]

Aus dieser Vorgabe ergeben sich keine weiteren Erkenntnisse im Rahmen der generalisierten Darstellung von Aufrechnungsbeschränkungen und deren Grenzen. Die Umstände des Vertragsschlusses sowie die konkreten Eigenschaften der Vertragspartner haben im Regelfall keinen aufrechnungsspezifischen Bezug, sondern betreffen die Umstände des Vertragsabschlusses im Allgemeinen. Aufrechnungsbeschränkungen kommen zusätzlich im Regelfall im Massengeschäft vor, wie z.B. in Kaufverträgen und Mietverträgen. In diesem Bereich halten sich im Regelfall die Abweichungen zwischen den konkreten Umständen verschiedener Vertragsabschlüsse in Grenzen.[1388] Daher können zumindest in Bezug auf die Aufrechnungsbeschränkungsklausel daraus keine abstrahierten Unterschiede oder Fallgruppen hergeleitet werden.

Aus diesem Grund bezieht sich die weitere Darstellung dieser Arbeit, insbesondere bei der Beurteilung der ausgewählten konkreten Fallgruppen[1389], auf den „Normalfall" des Vertragsschlusses (im Massengeschäft). Damit werden keine weiteren Umstände, wie ein besonders intensives Missverhältnis der Verhandlungsstärke oder eine besondere Einwirkung des Gewerbetreibenden

---

1385 Vgl. nur MüKo-BGB/*Basedow* § 310 Rn. 109; Ulmer/Brandner/Hensen/*Fuchs* § 307 Rn. 406 ff.

1386 Vgl. MüKo-BGB/*Wurmnest* § 307 Rn. 26; *Hommelhoff/Wiedenmann* ZIP 1993, 562 (569); s.a. *v. Westphalen* EuZW 2019, 121 (122 f.); zum Streitstand bezüglich der inhaltlichen Prüfungsvorgaben durch Art. 4 RL vgl. MüKo-BGB/*Basedow* § 310 Rn. 110 f. m.w.N.

1387 Vgl. Ulmer/Brandner/Hensen/*Fuchs* § 307 Rn. 406 ff.; *Stoffels*, AGB-Recht, Rn. 478; MüKo-BGB/*Basedow* § 310 Rn. 109 f.

1388 So auch MüKo-BGB/*Wurmnest* § 307 Rn. 26; MüKo-BGB/*Basedow* § 310 Rn. 113.

1389 Siehe dazu Kapitel § 6.

auf den Verbraucher zur Zustimmung einbezogen. In der Praxis sind dadurch natürlich abweichende Ergebnisse der Missbräuchlichkeitsbeurteilung möglich, wenn derartige besondere Umstände vorliegen.

b) Zwischenergebnis

Die Missbräuchlichkeitskontrolle nach Art. 3 Abs. 1 RL erfolgt allgemein anhand des Grundsatzes von Treu und Glauben. Über abstrakte Kriterien hinausgehende Konkretisierungen durch die europäische – und deutsche – Rechtsprechung ergeben sich allein aus der Benotung des Verbraucherschutzes. So ist statt einer allgemeinen Interessensabwägung besonders zu untersuchen, auf welche (nachteiligen) Klauseln sich der nach Treu und Glaube loyale Verbraucher bei „gleicher Verhandlungsstärke" eingelassen hätte. Daraus ergibt sich für den Kontext der Aufrechnungsbeschränkungen, dass Interessen des Gewerbetreibenden schwerer vom Verbraucher als „nachzollziehbar" anerkannt werden, je schwerwiegender die Einschränkungen durch die Klausel sind.

Konkretere Vorgaben für die weitere Beurteilung von Aufrechnungsbeschränkungen sind in der Rechtsprechung nicht vorhanden. Allerdings erfährt die Bewertung nach Art. 3 RL eine Konkretisierung durch den Anhang der Richtlinie. Sofern eine Fallkonstellation von den Klauselbeispielen erfasst wird, ist dies ein Indiz für eine Missbräuchlichkeit. Dennoch hat eine allgemeine Beurteilung nach Art. 3 RL mit einem ggf. abweichenden Ergebnis aufgrund gegenteiliger Interessen und Umstände zu erfolgen.

Für Aufrechnungsbeschränkungen ist das Klauselbeispiel Nr. 1b) Anhang RL einschlägig. Dieses erfasst allerdings keine Leistungsverweigerungsrechte, zumal insoweit Nr. 1o) Anhang RL vorrangig ist. Nach Nr. 1b) Anhang RL sind Ausschlüsse der Aufrechnung nicht zulässig. Darunter fallen nicht nur Aufrechnungsbeschränkungen, die eine Aufrechnung vollständig, d.h. in jeder erdenklichen Form mit einer Forderung ausschließen. Es reicht aus, dass die Aufrechnungsbeschränkung eine Aufrechnung für einen bestimmten Fall verbietet, auch wenn die Aufrechnung mit der Forderung in anderen konkreten Situationen noch möglich wäre. Einschränkungen der Aufrechnung, die nur unzulässig sind, wenn diese „ungebührlich" sind, grenzen sich dadurch ab, dass eine Aufrechnung konkret autonom durch den Vertragspartner möglich ist, aber nur unter erschwerten Bedingungen.

Eine Aufrechnungsbeschränkung ist nach Nr. 1b) Anhang RL nur unzulässig, wenn die Aufrechnung mit Gegenforderungen ausgeschlossen wird, welche aus einer Vertragsverletzung durch den Gewerbetreibenden entstanden ist. Die Beschränkung kann die Aufrechnung mit *nicht konnexen* Forderungen ausschließen, auch wenn die Forderung aus einer Verletzung von Pflichten aus einem anderen Vertrag entstanden ist. Ebenso sind nach Nr. 1b) Anhang RL Aufrechnungsbeschränkungen für *konnexe, aber nicht aus einer Vertragsverletzung entstandene Forderungen* zulässig.

Einen Grundsatz, wonach Aufrechnungsbeschränkungen stets von Nr. 1b) Anhang RL erfasst werden oder allgemein nach Art. 3 Abs. 1 RL missbräuchlich sind, wenn die Beschränkung nicht für beide und damit wechselseitig gilt, ist nicht vorhanden.

Bereits anerkannte Grundsätze des Gemeinschaftsrechts sind für eine Konkretisierung der Missbrauchskontrolle nach Art. 3 RL hinsichtlich der Aufrechnungsbeschränkungen nicht ergiebig.

Art. 4 RL gibt weitere Kriterien vor, welche bei der Missbrauchskontrolle zu berücksichtigen sind. Auch insoweit ergibt sich aber für Aufrechnungsbeschränkungen kein über den Einzelfall hinausgehender Erkenntnisgehalt.

5.) Unterschiede zwischen europäischen Vorhaben und deutscher Rechtslage

Fraglich ist, inwieweit sich die deutschen gesetzlichen Bestimmungen von den europäischen Vorgaben unterscheiden. Dabei enthält der folgende Teil eine abstraktere Darstellung, während spezifische Unterschiede in den konkreten Fallgruppen untersucht und dargestellt werden.[1390]

a) § 307 BGB

In der Literatur wird fast einhellig angenommen, dass bei der Inhaltskontrolle nach Art. 3 Abs. 1 RL und nach § 307 Abs. 1 Satz 1 (i.V.m. Abs. 2 Nr. 1) BGB keine inhaltlichen Unterschiede bestehen oder diese zumindest fast deckungsgleich sind.[1391]

1390 Siehe dazu Kapitel § 6.

1391 *Heinrichs* NJW 1996, 2190 (2196); *ders.* NJW 1993, 1817 (1819); *Ulmer* EuZW 1993, 337 (345 f., anschaulich aber auch zu möglichen Unterschieden bezüglich Art. 4 Abs. 1 RL); *Kretschmar*, Die Richtlinie 93/13 EWG, 221 f.; *Eckert* WM 1993, 1070 (1074 f.); *Damm* JZ 1994, 161 (171 f.); *Bunte* DB 1996, 1389 f.; Palandt/*Grüneberg* § 310 Rn. 22; *Ponick*, Richtlinie über mißbräuchliche Klauseln, 247; vgl. auch BT-Drs. 13/2713, 6; Ulmer/Brandner/Hensen/*Fuchs* § 307 Rn. 397 ff.; BeckOK-BGB/*Becker* (01.02.2021) § 309 Nr. 3 Rn. 18; a.A. wohl *Hommelhoff/Wiedenmann* ZIP 1993, 562 (568 ff.).

Dieser Ansicht ist größtenteils zuzustimmen. Bei der Beurteilung muss aber der primäre Schutz des Verbrauchers, der von der Richtlinie im Grundsatz als „schwächerer" Vertragsteil angesehen wird, beachtet werden und nicht „nur" eine allgemeine Interessenabwägung – wie bei § 307 BGB – vorgenommen werden.[1392] Verwenderinteressen sind im Rahmen der Missbrauchskontrolle nach Art. 3 Abs. 1 RL nur im Lichte von Treu und Glauben zu berücksichtigen. Eine ausschlaggebende Wirkung von Verwenderinteressen ist nur dann möglich, wenn der loyale Verbraucher dieses Interesse durch seine vorherige Zustimmung bei gleicher Verhandlungsstärke anerkennen würde.[1393] Daher sind Unterschiede gegenüber der Bewertung nach § 307 BGB denkbar. Denn dort wird die Bewertung durch die gesetzgeberische Interessensbewertung i.S.d. § 309 BGB beeinflusst.[1394] So ist das Interesse des Verwenders an einer Aufrechnungsbeschränkung nach der deutschen Rechtslage zumindest insoweit als schutzwürdig angesehen worden, dass keine vermeintlichen Gegenansprüche mit zeitverzögernder Wirkung zur Aufrechnung gestellt werden können, mithin ein Ausschluss insofern wirksam sein kann.

Keine Unterschiede ergeben sich im Ergebnis durch eine verschiedene Berücksichtigung von konkreten Umständen des Einzelfalls. Denn unabhängig davon welche dogmatische Prüfungskonstruktion im Rahmen der deutschen Inhaltskontrolle nach § 307 BGB erfolgt[1395] sind Umstände i.S.d. Art. 4 RL nach § 310 Abs. 3 BGB berücksichtigungsfähig.[1396] Außerdem wurde bereits festgestellt, dass konkrete Umstände des Einzelfalls im Massengeschäft *im Regelfall* keine aufrechnungsspezifische Relevanz aufweisen, mithin keinen unterschiedlichen Ausschlag geben.[1397]

1392 Siehe dazu soeben § 5 B. VII. 1.) und 2.).

1393 Siehe soeben § 5 B. VII. 1.), 2.) und 4.) a) aa).

1394 Siehe dazu § 5 B. VI. 2.) a) und 2.) b) aa) und bb).

1395 Vgl. dazu nur Staudinger/*Coester*, 15. Auflage 2013, § 307 Rn. 116 ff.; Staudinger/*Wendland* § 307 Rn. 116 ff.

1396 So im Ansatz auch Staudinger/*Coester*, 15. Auflage 2013, § 307 Rn. 7, 116 ff., 111 ff.; Staudinger/*Wendland* § 307 Rn. 116 ff., 111 ff.; *Heinrichs* NJW 1996, 2190 (2193 f., noch zu § 24a Nr. 3 AGBG).

1397 Siehe dazu soeben § 5 B. VII. 4.) a) dd).

b) § 309 Nr. 3 BGB - unbestrittene, rechtkräftig festgestellte und entscheidungsreife Forderungen

Bei alleinigem Vergleich der Klauselbeispiele in Nr. 1b) Anhang RL und den konkreten Verboten der „Schwarzen Liste" nach §§ 308, 309 BGB ist *keine vollständige Übereinstimmung* zu finden.

Einerseits geht der Anwendungsbereich von § 309 Nr. 3 BGB über den Verbotsbereich der Klauselliste hinaus[1398]: So ist die Beschränkung der Aufrechnung mit allen Forderungen, d.h. unabhängig davon, warum oder woraus diese entstanden sind, ausgeschlossen, wenn sich die Aufrechnungsbeschränkung auf unbestrittene, rechtskräftig festgestellte und entscheidungsreife Forderungen o.e.B.[1399] bezieht. Ein solch weitreichender Verbotsumfang für alle Forderungen aus allen Verträgen bzw. Rechtsgründen sieht die Klauselliste der Richtlinie nicht vor.[1400]

Folglich ist die nationale Regelung strenger und durch Nr. 1b) Anhang RL (i.V.m. Art. 3 Abs. 1, 3 RL) werden *insoweit* keine weiteren Grenzen für Aufrechnungsbeschränkungen vorgegeben. Allerdings wird dadurch auch *nicht* vorgegeben, dass die Regelung des § 309 Nr. 3 BGB gegen die Richtlinie verstößt und so als europarechtswidrig anzusehen oder ggf. durch richtlinienkonforme Auslegung im Verbotsbereich *zu reduzieren* ist. Durch das Minimalvorgabenprinzip der Richtlinie sind strengere Regelungen durch den nationalen Gesetzgeber möglich.[1401] Der nationale Gesetzgeber ist durch Art. 8 RL dazu ermächtigt, ein höheres Schutzniveau des Verbrauchers durch restriktivere Normen festzulegen.

c) § 309 Nr. 3 BGB - Forderungen aus einer Vertragsverletzung

Der über Art. 3 Abs. 1 RL im Regelfall vermittelte Verbotsbereich von Nr. 1b) Anhang RL ist anderseits aber auch *weiterreichender* als der Bereich des § 309 Nr. 3 BGB.[1402] Die Aufrechnung kann für Aktivforderungen *aus einer*

1398 Ulmer/Brandner/Hensen/*Schäfer* § 309 Nr. 3 Rn. 2c; BeckOGK-BGB/*Weiler* (01.03.2021) § 309 Nr. 3 Rn. 9; Staudinger/*Coester-Waltjen* § 309 Nr. 3 Rn. 13.

1399 Zur Bestimmung des Verbotsbereichs von § 309 Nr. 3 BGB siehe § 5 B. IV. 1.) und 2.) a) - d).

1400 Zur Bestimmung des Anwendungsbereiches von Nr. 1b) Anhang RL siehe soeben § 5 B. VII. 4.) a) bb) (2).

1401 So auch BeckOGK-BGB/*Weiler* (01.03.2021) § 309 Nr. 3 Rn. 9; *v. Westphalen* NJW 2013, 961 (963); Ulmer/Brandner/Hensen/*Schäfer* § 309 Nr. 3 Rn. 2c; EuGH ZIP 2012, 2022 (2024, m.w.N.).

1402 Ulmer/Brandner/Hensen/*Schäfer* § 309 Nr. 3 Rn. 2c; Wolf/Lindacher/Pfeiffer/*Wolf*, 5. Auflage 2009, RL 93/13/EWG Anhang Rn. 27; Soergel/*Knops* § 309 Nr. 3 Rn. 7;

Vertragsverletzung durch den Gewerbetreibenden gegen aus *demselben Vertragsverhältnis* stammende Passivforderungen *überhaupt nicht* ausgeschlossen werden.[1403] Dies gilt auch für bestrittene, nicht rechtskräftig festgestellte und nicht entscheidungsreife Forderungen o.e.B.[1404]

Meinungen in der Literatur, welche den Verbotsbereich von Nr. 1b) Anhang RL neben dem Erfordernis der Konnexität auf andere Forderungsarten oder zuständе beschränken wollen[1405], sind abzulehnen. Dies ergibt sich primär aus der in der Arbeit vertretenen Art der Abgrenzung zwischen Aufrechnungsausschlüssen und Einschränkungen nach der Richtlinie.[1406] Eine Aufrechnungsbeschränkung, welche bestrittene Forderungen erfasst, schließt die Herbeiführung der Aufrechnungswirkungen für eine bestimmte Situation „vollständig" aus und ist aus diesem Grund als Ausschluss nach dem Anhang der Richtlinie unzulässig. Dafür, dass ein Ausschluss i.S.d. Nr. 1b) 1. Alt. Anhang RL allgemein, wie in der deutschen Vorgabe nach § 309 Nr. 3 BGB, nur für bestimmte Forderungen verboten sein soll, finden sich im Wortlaut des Anhangs der Richtlinie keine Anhaltspunkte. Doch selbst wenn der in dieser Arbeit vertretenen Abgrenzung zwischen Ausschluss und Einschränkung nicht gefolgt wird, sind Einschränkungen der Aufrechnung für bspw. bestrittene Forderungen als „ungebührlich" anzusehen und aus diesem Grund nicht nach der Richtlinie zulässig.[1407]

Insoweit liegt eine Abweichung des § 309 Nr. 3 BGB von der Richtlinie vor, allerdings in die „andere Richtung". Die Vorgaben der deutschen Rechtslage sind inhaltlich nicht restriktiver, sondern Aufrechnungsbeschränkungen können in einem weiteren Umfang zugelassen werden. Ein solches Ergebnis ist im Grundsatz mit dem Minimalvorgabenprinzip der Richtlinie nicht vereinbar.[1408]

BeckOGK-BGB/*Weiler* (01.03.2021) § 309 Nr. 3 Rn. 10 ff.; Erman/*Roloff* § 309 Rn. 33; Staudinger/*Coester-Waltjen* § 309 Nr. 3 Rn. 13; *v. Westphalen* NJW 2013, 961 (966); HK-BGB/*Schulte-Nölke* § 309 Rn. 16 f.; *Preussner* NZBau 2011, 599 (600).

1403 Siehe dazu soeben § 5 B. VII. 4.) a) bb) (2).

1404 So wohl HK-BGB/*Schulte-Nölke* § 309 Rn. 17; Ulmer/Brandner/Hensen/*Schäfer* § 309 Nr. 3 Rn. 2c (allerdings ohne den Zusatz, dass es sich um konnexe Forderungen handeln muss); im Erg. auch BeckOGK-BGB/*Weiler* (01.03.2021) § 309 Nr. 3 Rn. 11; *Heinrichs*, FS Reich, 527 (547).

1405 So aber Wolf/Lindacher/Pfeiffer/*Pfeiffer* RL 93/13/EWG Anhang Rn. 19.

1406 Siehe dazu soeben§ 5 B. VII. 4.) a) bb) (2) (c).

1407 Vgl. BeckOGK-BGB/*Weiler* (01.03.2021) § 309 Nr. 3 Rn. 11; *Heinrichs*, FS Reich, 527 (547); HK-BGB/*Schulte-Nölke* § 309 Nr. 17.

1408 Vgl. bspw. *Heinrichs*, FS Reich, 527 (547); *Pfeiffer* EuZW 2002, 467 (468); BeckOGK-BGB/*Weiler* (01.03.2021) § 309 Nr. 3 Rn. 10 ff. und die w.N. in Fn. 1402.

d) *§ 309 Nr. 2a und Nr. 2b BGB – Schutz von Leistungsverweigerungsrechten*

Eine Beschränkung von Leistungsverweigerungsrechten ist entsprechend Nr. 1o) Anhang RL vollständig ausgeschlossen. Dies entspricht § 309 Nr. 2a und 2b BGB, welche ebenfalls einen Ausschluss oder eine Einschränkung der Leistungsverweigerungsrechte nicht zulassen.[1409] Diese Übereinstimmung liegt auch insoweit vor, als § 309 Nr. 2 BGB inhaltlich „nur“ Zurückbehaltungsrechte aus *demselben Vertragsverhältnis* und nicht so weitgehend, wie das Zurückbehaltungsrecht nach § 273 BGB besteht, verbietet. Sofern der Anwendungsbereich von § 309 Nr. 2b BGB als weiterreichend angesehen würde, wäre diese Bestimmung strenger als die Vorgabe von Nr. 1b) Anhang RL und entsprechend Art. 8 RL zulässig.

e) *Zwischenergebnis*

Inhaltliche Unterschiede zwischen den Vorgaben für Aufrechnungsbeschränkungen nach der Richtlinie und den deutschen gesetzlichen Vorgaben ergeben sich allgemein betrachtet nur in geringer Hinsicht.

Bei alleiniger Betrachtung der Generalklauseln § 307 BGB und Art. 3 Abs. 1 RL sind aufgrund vergleichbarer Vorgaben im Grundsatz keine inhaltlichen Unterschiede feststellbar. Allein eine Berücksichtigung der Interessen des Verwenders scheint nach deutscher Rechtslage einfacher möglich.

Bezüglich des Ausschlusses der Aufrechnung von unbestrittenen, rechtskräftig festgestellten und entscheidungsreifen Forderungen o.e.B. sind die Vorgaben der deutschen Rechtsnormen strenger. Dies ist nach Art. 8 RL zulässig.

Hinsichtlich eines Ausschlusses der Aufrechnung mit Forderungen aus einer Vertragsverletzung gegen Forderungen aus demselben Vertragsverhältnis sind die Vorgaben der Richtlinie umfassender. Die – zwingende – deutsche Rechtslage entspricht insoweit nicht den Vorgaben der Richtlinie. Diese Forderungen können zwar im Rahmen des § 309 Nr. 3 BGB wirksam von der Aufrechnung ausgeschlossen werden. Ein Ausschluss ist nach Nr. 1b) Anhang RL allerdings nicht zulässig.

1409 Vgl. BeckOGK-BGB/*Weider* (01.12.2019) § 309 Nr. 2 Rn. 12; Palandt/*Grüneberg* § 310 Rn. 43; im Erg. ebenfalls eine hinreichende Umsetzung von Nr. 1o) Anhang RL durch die Regelungen des §§ 307 ff. BGB annehmend Wolf/Lindacher/Pfeiffer/*Pfeiffer* RL Anh. Rn. 133; *Heinrichs* FS Reich, 527 (542); *Frey* ZIP 1993, 572 (580); BeckOK-BGB/*Becker* (01.02.2021) § 309 Nr. 2 Rn. 18.

Die Vorgaben des Verbotes des Ausschlusses der Leistungsverweigerungsrechte nach der Richtlinie sind in § 309 Nr. 2 BGB hinreichend umgesetzt.

6.) Konsequenz der strengeren Vorgaben der Richtlinie

Bei allgemeiner Betrachtung der Vorgaben der Generalklauseln § 307 BGB und Art. 3 Abs. 1 RL sowie der Vorgaben zwischen dem Anhang der Richtlinie und § 309 Nr. 2 und Nr. 3 BGB wurde ersichtlich, dass in einem bestimmten Bereich strengere Vorgaben durch die Richtlinie vorgegeben wurden.

Wie dieser aufgrund der Mindestharmonierungsvorgabe der Richtlinie nicht zulässige Unterschied zu korrigieren ist, ist in der Literatur und Rechtsprechung äußerst umstritten. Einerseits wird angeführt, dass eine *richtlinienkonforme Auslegung von § 309 Nr. 3 BGB* erfolgen solle.[1410] Eine solche Verfahrensweise ist aufgrund des differenzierenden Wortlautes von § 309 Nr. 3 BGB und auch aufgrund des in der Gesetzesbegründung ausdrücklich geäußerten Willens des Gesetzgebers nicht möglich.[1411] Außerdem wird die Herbeiführung der Konformität der deutschen Rechtsanwendung an die europäischen Vorgaben durch die *Ausübungskontrolle nach § 242 BGB* in Erwägung gezogen.[1412] Dies scheint insoweit sinnvoll, als die Missbräuchlichkeit nach Art. 3 Abs. 1 RL wohl ein konkretes Missverhältnis erfordert. Allerdings erscheint dies mit der Vorgabe, dass auch eine vom Einzelfall losgelöste Klauselkontrolle – Verbandsklage – möglich sein muss, nicht ausreichend.[1413] Andere ziehen eine analoge Anwendung von § 309 Nr. 2 BGB in Betracht[1414] oder halten eine Korrektur von § 309 Nr. 3 BGB für erforderlich.[1415]

1410 So wohl OLG Hamm OLGR 2004, 281 (283 f.); v. Westphalen/Thüsing/*v. Westphalen,* VertrR/AGB-Klauselwerke (45. EL 2020), Teil „Vertragsrecht" II – Aufrechnungsklauseln, Rn. 8 (abweichend *ders.* NJW 2013, 961 [966]); HK-BGB/*Schulte-Nölke* § 309 Rn. 17 (alternativ im Rahmen von § 307 Abs. 1, 2 BGB).

1411 So zutreffend BeckOGK-BGB/*Weiler* (01.03.2021) § 309 Nr. 3 Rn. 12; ebenfalls ablehnend Soergel/*Knops* § 309 Nr. 3 Rn. 7 a.E.; vgl. zu den allgemeinen Voraussetzungen einer richtlinienkonformen Auslegung im Hinblick auf Richtlinie 93/13/EWG *Heinrichs* NJW 1995, 153 (154 f.); *Coester*, FS Heinrichs, 99 (108).

1412 Ulmer/Brandner/Hensen/*Schäfer* § 309 Nr. 3 Rn. 2c; MüKo-BGB/*Wurmnest* § 309 Nr. 3 Rn. 4 (zusätzlich zu § 307 BGB).

1413 Zutreffend *Pfeiffer* EuZW 2002, 467 (468); ebenfalls kritisch gegenüber einer hier vorzunehmenden Ausübungskontrolle *v. Westphalen* NJW 2013, 961 (966).

1414 *V. Westphalen* NJW 2013, 961 (966).

1415 Palandt/*Grüneberg* § 310 Rn. 30; *Heinrichs* NJW 1993, 1817 (1821); *Pfeiffer* EuZW 2002, 467 (468).

Letztendlich ist allein auf inhaltlicher Ebene weder eine Korrektur von § 309 Nr. 3 BGB erforderlich noch ist § 309 Nr. 2 BGB analog anzuwenden. Stattdessen ist eine Berücksichtigung der europarechtlichen Vorgaben und Gesichtspunkte im Rahmen einer richtlinienkonformen Auslegung von § 307 Abs. 1, Abs. 2 Nr. 1 BGB vorzunehmen.[1416] Diese Norm als Generalklausel ermöglicht im Gegensatz zu § 309 Nr. 3 BGB mit einem gesetzlich vorgegebenen begrenztem Anwendungsbereich[1417] eine weiterreichende Auslegung.[1418] Dadurch kann – bei unterschiedlichen Ergebnissen einer rein europäischen und einer rein deutschen Beurteilung – das Mindestziel der Richtlinie erreicht werden. Dies entspricht insoweit auch der perpetuierten Vorgabe durch den EuGH. Aufgrund des Umsetzungsgebots gem. Art. 288 Abs. 3 AEUV und des Grundsatzes der Gemeinschaftstreue gem. Art. 4 Abs. 3 EUV sind die nationalen Gerichte verpflichtet, die Auslegung des nationalen Rechts unter voller Ausschöpfung des Beurteilungsspielraums, den ihnen das nationale Recht einräumt, soweit wie möglich am Wortlaut und Zweck der Richtlinie auszurichten, um das mit der Richtlinie verfolgte Ziel zu erreichen.[1419] Die erforderliche am Zweck der Richtlinie orientierte Auslegung beschränkt sich nicht nur auf nationale Regelungen, welche zur Umsetzung der Richtlinienvorgaben geschaffen wurden, sondern es ist auch hinsichtlich des gesamten nationalen Rechts eine den Richtlinienvorgaben im Ergebnis nicht wiedersprechende Auslegung vorzunehmen.[1420]

1416 Im Erg. auch Staudinger/*Coester-Waltjen* § 309 Nr. 3 Rn. 13; OLG Hamm OLGR 2004, 281 (283 f.); Wolf/Horn/Lindacher/*Wolf*, 4. Auflage 1999, § 11 Nr. 3 Rn. 2; allgemein auch *Bunte* DB 1996, 1389 (1390, noch zu § 9 AGBG); *Schmidt Salzer* BB 1995, 1493 (1495, § 9 AGBG); Palandt/*Grüneberg* § 310 Rn. 22, 30; Soergel/*Knops* § 309 Nr. 3 Rn. 7; vgl. auch *Coester*, FS Heinrichs, 99 (108); BeckOGK-BGB/*Weiler* (01.03.2021) § 309 Nr. 3 Rn. 12 f.; eine richtlinienkonforme Auslegung von Generalklauseln als nicht ausreichend ansehend *Kapnopoulou*, Recht der mißbräuchlichen Klauseln, 141 f.; eine richtlinienkonforme Auslegung nicht für erforderlich haltend, aber *„die sich aus dem Gemeinschaftsrecht ergebenden Gesichtspunkte [...] in die Anwendung von § 9 AGBG“* einbeziehen wollend *Heinrichs* NJW 1996, 2190 (2197).

1417 Vgl. dazu umfassend § 5 B. IV.

1418 Vgl. dazu nur allgemein *Heinrichs* NJW 1995, 153 (154 ff.).

1419 Vgl. EuGH NJW 2004, 3547 (3549, m.w.N.); EuGH NJW 1984, 2021 f.; s.a. BGHZ 198, 111 (134 f.) = NJW 2013, 3647 (3653); BGHZ 179, 27 (33) = NJW 2009, 427 (428).

1420 Vgl. EuGH NJW 2004, 3547 (3549 f.); vgl. auch BGHZ 179, 27 (33 ff., m.w.N.) = NJW 2009, 427 (428 f.). Zur hier nicht erörterten Frage, ob Deutschland seine Pflicht zur Umsetzung auch hinsichtlich der Informationspflicht über die Klauselliste gegenüber der Allgemeinheit erfüllt, anschaulich *Pfeiffer* EuZW 2002, 467 (468).

C. Grenzen gültiger Vereinbarungen – Binnenschranken

Die Gültigkeit einer Vereinbarung über die Beschränkung der Aufrechnung bedeutet nicht zwangsläufig, dass eine rechtswirksame Aufrechnung auch tatsächlich ausgeschlossen ist. Zum einen kann sich der Wille der Parteien geändert haben, so dass diese nicht mehr an die Beschränkung der Aufrechnung gebunden sein wollen und zum anderen kann sich aus gesetzlichen Wertungen ergeben, dass eine Berufung auf eine an sich wirksame Beschränkungsvereinbarung im konkreten Fall ausgeschlossen ist.

Im Folgenden wird untersucht, welche Möglichkeiten und Folgen sich ergeben, wenn die Parteien an ihrer ursprünglichen Vereinbarung nicht mehr festhalten wollen. Anschließend wird dargelegt, in welchen Fällen die Geltendmachung einer vertraglichen Aufrechnungsbeschränkung konkret unzulässig ist und inwieweit eine Systematisierung dieser Fälle in der Form von Fallgruppen möglich ist, um eine über die Einzelfallprüfung hinausgehende Leitlinie mit verschiedenen Fallgruppen aufzuzeigen.

I. Änderung des übereinstimmenden Parteiwillens

Die Parteien können nicht nur im Vorhinein eine bestimmte Geltungs- bzw. Wirkungsdauer einer Aufrechnungsbeschränkung als eine Bedingung i.S.d. § 158 Abs. 2 BGB vereinbaren.[1421] Wenn die Parteien an einer vertraglichen Aufrechnungsbeschränkung nicht mehr festhalten wollen, sind sie genauso berechtigt, die Vereinbarung wieder aufzuheben, wie diese selbst überhaupt zu begründen. An einer Zulässigkeit von solchen nachträglichen Aufhebungsvereinbarungen wird zutreffend nicht gezweifelt[1422], da sich diese als „actus contrarius“ aus der allgemeinen Gestaltungsfreiheit der Parteien ergibt.[1423]

Eine Aufhebung der Aufrechnungsbeschränkung kann durch zwei verschiedene Formen erreicht werden: Einerseits, indem die Parteien allein die Beschränkungsvereinbarung aufheben. Dadurch werden die konkret betroffenen Forderungen wieder aufrechenbar, werden aber noch nicht unmittelbar mit einer anderen Forderung verrechnet. Die anderen Fälle sind diejenigen, in

---

1421 Siehe dazu § 4 B. III. 4) a) und § 4 B. V.

1422 BGH WM 1975, 852 (854); OLG Hamm NJW-RR 1994, 711 (712); AG Hanau, Urteil v. 06.10.2011, Az. 95 C 342/10, Juris Rn. 14; *Berger*, Aufrechnungsvertrag, 171; *Coester-Waltjen* Jura 2004, 391 (392, Fn. 8); Staudinger/*Gursky* § 387 Rn. 201; i.d.S. wohl auch Planck/*Siber*, BGB Bd. 2.1., 4. Auflage 1914, § 387 Anm. 3.

1423 *Berger*, Aufrechnungsvertrag, 171; Staudinger/*Gursky* § 387 Rn. 201.

welchen die Parteien bestimmte Forderungen durch eine Tilgungsvereinbarung unmittelbar miteinander verrechnen wollen, wobei zumindest eine der beiden Forderungen aufrechnungsbeschränkt ist. Für diese Form des Vertrages, mit welchen eine unmittelbare Tilgung zweier Forderungen herbeigeführt werden soll – „Aufrechnung durch Vertrag“ –[1424], ist die Aufhebung der Beschränkung[1425] bzw. die Änderung des Forderungsinhaltes hin zu einer aufrechenbaren Forderung zwangsläufig erforderlich, um die angestrebte Aufrechnungswirkung erreichen zu können. Anders ausgedrückt, ist die Aufhebung der Aufrechnungsbeschränkung der neuen Vereinbarung *immanent.*

Eine materiellrechtliche Unterscheidung ist dahingehend möglich, dass grundsätzlich mit der inzidenten Aufhebung einer Aufrechnungsbeschränkung innerhalb des Institutes der „Aufrechnung durch Vertrag“ die Aufrechenbarkeit der Forderung nur hinsichtlich der beiden konkret zu verrechnenden Forderungen (wieder-)hergestellt wird. Hingegen werden im Rahmen einer alleinigen Aufhebungsvereinbarung die Forderungen in der Regel mit und gegen *jede* Forderung wieder aufrechenbar. Praktisch erforderlich ist eine solche Differenzierung allerdings nur dann, wenn im Fall einer inzidenten Aufhebung, bspw. durch eine unterschiedliche Höhe der Forderungen, die aufrechnungsbeschränkte Forderung gem. § 389 BGB zum Teil bestehen bleibt und der Schuldner noch eine weitere Forderung gegen den Gläubiger besitzt. Gleiches gilt, wenn bei allein zwei gegenläufigen Forderungen nach dem Aufrechnungsvertrag nur eine „Teiltilgung“ erfolgen soll. In diesen Fällen haben die Parteien die Aufrechnungsvereinbarung nur hinsichtlich des genau bestimmten Betrages oder der bestimmten Forderungen vereinbart und bewusst keine Verrechnung mit dem „anderen Teil“ oder den möglichen anderen Forderungen vorgenommen, sodass in aller Regel nach §§ 133, 157 BGB davon auszugehen ist, dass die Aufrechnungsbeschränkung insoweit weiterhin Bestand haben soll.[1426] Der Unterschied zur alleinigen Beschränkungsaufhebung wird diesbezüglich allerdings relativiert, wenn diese ausdrücklich nur für bestimmte Forderungen oder nur einen Teil der aufrechnungsbeschränkten Forderungen vereinbart wird. Dann unterscheiden

---

1424 Vgl. zu diesem Fall des „eigentlichen Aufrechnungsvertrages“ und weiteren Typen des Aufrechnungsvertrages ausführlich *Berger*, Aufrechnungsvertrag, 144 ff., 160 ff.

1425 So auch OLG Hamm NJW-RR 1994, 711 (712).

1426 I.d.S. OLG Bamberg NJW 2000, 650, welches bei einer Tilgungsvereinbarung nur hinsichtlich eines Teiles der Aktiv- und der Passivforderung eine konkludente Aufrechnungsbeschränkung hinsichtlich des überschießenden Teils annimmt. Vgl. auch Erman/*Wagner* § 387 Rn. 29 a.E.; Staudinger/*Gursky* § 387 Rn. 203.

sich diese Fälle allein dahingehend, dass bei einer „Aufrechnung durch Vertrag" die Erlöschenswirkung unmittelbar hervorgerufen wird, während dafür bei einer Aufhebungsvereinbarung das Gestaltungsrecht noch ausgeübt werden muss – oder eben nicht ausgeübt wird und die Forderungen bestehen bleiben.

II. Schranken ohne Änderung des Parteiwillens

Neben den vorstehend aufgeführten Grenzen, welche letztendlich von dem übereinstimmenden Willen der Parteien abhängen, indem entweder im Vorhinein eine bestimmte Geltungsdauer der Aufrechnungsbeschränkung oder die Aufrechnungsbeschränkung nachträglich aufgehoben wird, bestehen noch weitergehende Schranken für Aufrechnungsbeschränkungen.

1.) Erlaubnisnorm § 556b Abs. 2 Satz 1 BGB

Nur § 556b Abs. 2 Satz 1 BGB lässt trotz einer wirksamen Aufrechnungsbeschränkung eine Aufrechnung zu, ohne selbst die Unwirksamkeit der Aufrechnungsbeschränkung anzuordnen.Al lerdings dürfen der Wirkungsgehalt dieser Norm bzw. der positiven Aufrechnungsmöglichkeit in einer weitreichenden Betrachtung nicht überbewertet werden. Der Anwendungsbereich dieser Norm liegt in dem kleinen Spezialgebiet des Wohnraummietvertrages. Außerdem beschränkt sich die positive Anordnung der Aufrechnungsmöglichkeit des Satzes 1 von § 556b Abs. 2 BGB im Individualvertrag auf allgemein formulierte Aufrechnungsbeschränkungen, da ansonsten die Teilunwirksamkeitsanordnung von § 556b Abs. 2 Satz 2 BGB zur Anwendung kommt.[1427] Im Formularvertrag verbleibt für die positive Anordnungsbefugnis des Satzes 1 kein eigenständiger Anwendungsbereich, da bei expliziten Abweichungen bzw. Ausschlüssen der Aufrechnungsmöglichkeit nach § 556b Abs. 2 Satz 1 BGB bereits § 556b Abs. 2 Satz 2 BGB einschlägig ist. Bei allgemeinen Aufrechnungsbeschränkungen im Formularvertrag liegt bereits eine nach §§ 307 Abs. 1 Satz 2, 306 i.V.m. § 556b Abs. 2 Satz 1 BGB teilunwirksame Aufrechnungsbeschränkung vor. § 556b Abs. 2 Satz 1 BGB bedarf es insoweit nicht.[1428]

§ 556b Abs. 2 Satz 1 BGB setzt also für individualvertragliche Aufrechnungsbeschränkungen faktische Grenzen, soweit diese allgemein formuliert sind und nicht durch eine(n) explizite(n) Beschränkung bzw. Ausschluss der geschützten

---

1427 Siehe dazu § 5 B. III. 3.) a).
1428 Siehe dazu § 5 B. III. 3.) b).

Forderungen unter die Teilunwirksamkeitsanordnung des § 556b Abs. 2 BGB fallen.

2.) § 242 BGB - Ausübungskontrolle

Sofern der Tatbestand einer Aufrechnungsbeschränkung vorliegt, steht grundsätzlich fest, ob und inwieweit die Beschränkungsvereinbarung ein oder mehrere Aufrechnungsbefugnisse ausschließt. Hält diese Aufrechnungsbeschränkung die vorgegebenen Wirksamkeitsgrenzen ein[1429], verhindert diese die Herbeiführung der Aufrechnungswirkungen nach §§ 387 ff. BGB. Trotzdem kann die Berufung auf diese Regelung im konkreten (Aufrechnungs-)Fall unter dem Gesichtspunkt von Treu und Glauben nach § 242 BGB ausgeschlossen sein.[1430] Dadurch wird allein die *konkrete Berufungsmöglichkeit für die einzelne Konstellation* ausgeschlossen, die Wirksamkeit der Aufrechnungsbeschränkung bleibt im Übrigen unangetastet. Ein solcher Ausschluss ist sowohl bei individualvertraglichen als auch formularmäßigen Vereinbarungen möglich, welche dem geforderten Inhalt von §§ 134, 138, 242 BGB und §§ 307, 308, 309 BGB entsprechen.[1431]

Im Folgenden soll aufgezeigt werden, in welchen Konstellationen in der Rechtsprechung und Literatur trotz einer grundsätzlichen Einzelfallbestimmung ein solcher Ausschluss angenommen wird. Zudem wird dargestellt, in welchen Fällen ein Ausschluss der Berufung auf die Beschränkungsvereinbarung tatsächlich angebracht ist.[1432] Dabei ist eine Differenzierung zwischen individual- und formularvertraglichen Beschränkungen nicht erforderlich, da sich die

---

1429 Siehe zu den Wirksamkeitsgrenzen umfassend § 5 B. und § 6.

1430 Erman/*Böttcher* § 242 Rn. 145 a.E.; Staudinger/Olzen/Looschelders (16.12.2019) § 242 Rn. 707 ff.; BeckOGK-BGB/*Skamel* (01.04.2021) § 387 Rn. 200 f.; *Larenz*, Schuldrecht AT, § 18 VI b) 4; vgl. auch MüKo-BGB/*Busche* Vor 145 Rn. 25 a.E.

1431 Für den individualvertraglichen Bereich vgl. Staudinger/*Olzen*/*Looschelders* (16.12.2019) § 242 Rn. 489, 498, 363, 366 ff.; BGH, Urteil v. 06.03.1974, Az. III ZR 137/72, JurionRS 1975, 12574; für formularmäßige Vereinbarungen vgl. nur BGH NJW 2013, 1087 (1088); BGHZ 105, 71 (88) = NJW 1988, 2790 (2791); BGH NJW 1994, 2885 (2886); Wolf/Lindacher/Pfeiffer/*Dammann* § 309 Nr. 3 Rn. 71, 60 (im Verbraucher- und im Unternehmervertrag); Staudinger/*Coester-Waltjen* § 309 Nr. 3 Rn. 2 m.w.N.; allgemein Wolf/Lindacher/Pfeiffer/*Pfeiffer* § 307 Rn. 30.

1432 Im Folgenden wird davon ausgegangen, dass sich bezüglich der einzelnen Fallkonstellationen keine ausdrückliche Bestimmung der Parteien finden lässt und auch eine Bestimmung des Parteiwillens anhand der (willensbezogenen) Umstände des Einzelfalls keine weitere Erkenntnis für die Bestimmung der Geltung oder Nicht-Geltung der Aufrechnungsbeschränkung bringt.

Bestimmung auf *eine Treuwidrigkeit der einzelnen Berufungsmöglichkeit* i.S.d. § 242 BGB bezieht, mithin für beide Vereinbarungsformen gilt.[1433]

a) Ausschluss der einzigen Erfüllungsvariante „Aufrechnung“

Im Zusammenhang mit Aufrechnungsbeschränkungen wird die Frage nach einer möglichen unzulässigen Rechtsausübung nach § 242 BGB[1434] immer dann relevant, wenn die Aufrechnung als *letzte Erfüllungsvariante* in Frage kommt, durch welche der Forderungsinhaber seine Forderung noch durchsetzen könnte.[1435] In diesen Fällen ist theoretisch eine wirtschaftliche Erfüllung der eigenen Forderung nur noch durch eine Aufrechnung mit dem entsprechenden Untergang der Gegenforderung nach § 387 BGB möglich. Der Ausübung des

---

1433 So in einem Individualvertrag die Wertungen wie bei einer formularmäßigen Bestimmung heranziehend BGH NJW-RR 1991, 791 (792); vgl. auch BGH NJW-RR 1987, 883 (884).

1434 Die dogmatische Grundlage für die Beurteilung und die Bewertung der hier betrachteten Konstellationen wird nicht einheitlich angewendet.
Für eine Beurteilung im Rahmen der Ausübungskontrolle nach § 242 BGB: BGHZ 23, 17 (26 f.) = NJW 1957, 591 (592); BGHZ 35, 248 (253 f.) = NJW 1961, 1721 (1722 f.); BGHZ 173, 328 (430, im Erg. offen gelassen) = NZI 2007, 574 (577 f.); BGH NJW-RR 1991, 971 (972); BGH NJW 1987, 883 (884); BGH WM 1962, 610 (614); BGH WM 1975, 614 (616); OLG Stuttgart NZM 2009, 31 (33); OLG Brandenburg BauR 2001, 1111 (1113); OLG Hamm NJW-RR 1993, 1082; LG Hamburg NJW-RR 1992, 627 (629); OLG Frankfurt WM 1984, 1021 f.; Prütting/Wegen/Weinreich/*Kramme* § 242 Rn. 49 (fehlendes schutzwürdiges Eigeninteresse); *Horst*, Abkopplungsklauseln im Gewerbemietrecht, 121 f.; wohl auch BGH NJW 1994, 2885 (2886, „*Berufung kann im Einzelfall ausgeschlossen sein*“); BGH NJW-RR 1989, 124 f., welcher allerdings letztendlich darauf abstellt, dass das Verbot nur galt, soweit es gewollt war.
Hingegen für eine (einschränkende) Auslegung nach §§ 133, 157, 242 BGB: RGZ 124, 8 (9 f.); BGHZ 23, 131 (135 f.) = NJW 1957, 827 (828); BGH MDR 1966, 319; BGH NJW 1975, 442 f.; BGH NJW 1978, 2244 f.; BGH NJW 1984, 357; OLG Jena OLG-NL 1997, 24; *Gernhuber*, Erfüllungssurrogate, § 12 VI 8d; *Mues* EWiR 2000, 1005 (1006); Soergel/*Schreiber* § 387 Rn. 15; *Werner*, Umgehung von Aufrechnungshindernissen, 198 f.; *Höhn/Kaufmann* JuS 2003, 751 (752, Fn. 10); HK-BGB/*Schulze* § 387 Rn. 12; s.a. *Arndt*, Über den Aufrechnungsvertrag, 14 f.; für den Fall formularmäßiger Aufrechnungsbeschränkungen Wolf/Lindacher/Pfeiffer/*Dammann* § 309 Nr. 3 Rn. 42, 50b („*in Ermangelung entgegenstehender Anhaltspunkte ohne weiteres dahingehend auszulegen, dass es keine Geltung im Fall der Insolvenz* […] *beansprucht*“); vgl. auch BGH NJW 1981, 761 (762), welcher zumindest auf die angeführten BGH-Entscheidungen verweist. Im Erg. ebenso Palandt/*Grüneberg* § 387 Rn. 17.

1435 Vgl. bspw. BGH NJW-RR 1987, 883 (884); BGH NJW-RR 1991, 791 (792).

Gestaltungsrechtes steht allerdings die wirksame Aufrechnungsbeschränkung entgegen.

Als anschauliches Beispiel für das dadurch entstehende Dilemma des Inhabers der Gegenforderung lässt sich der Fall einer Verschlechterung der Vermögenslage des Beschränkungsbegünstigten anführen, in welchem über dessen Vermögen das Insolvenzverfahren bzw. früher das Vergleichsverfahren eröffnet wurde oder dieser nachträglich in den Vermögensverfall geraten ist.[1436] Diese Verschlechterung der Vermögenslage des Beschränkungsbegünstigten wird im Folgenden untersucht. Das Ergebnis und die Erkenntnisse aus der Untersuchung lassen sich auf weitere Konstellationen, in denen die Aufrechnung als einzige Erfüllungsvariante noch möglich ist, übertragen und gelten analog für diese Fälle.[1437]

aa) Grundsatz

Sofern eine Aufrechnungsbeschränkung in einer der aufgeführten Konstellation vorliegt, ist anhand von § 242 BGB zu prüfen, ob eine Berufung auf die Aufrechnungsbeschränkung im Einzelfall zulässig ist. Es ist von der Grundlage auszugehen, dass zwar auch vertragliche Aufrechnungsbeschränkungen unter dem Vorbehalt von Treu und Glauben nach § 242 BGB stehen[1438], allerdings dessen Korrekturfunktion zurückhaltend angewendet werden muss und nicht bei jeder sich ergebenden Unbilligkeit eingreifen darf.[1439] Es ist für eine unzulässige Rechtsausübung, wie die Berufung auf die Aufrechnungsbeschränkung erforderlich, dass das Ergebnis der Ausübung bzw. der Berufung nach einer sorgfältigen Abwägung der beiderseitigen Interessen schlechthin als untragbar erscheint

---

1436 Ebenfalls diese Fälle als Beispielsfälle ansehend Staudinger/*Olzen/Looschelders* (16.12.2019) § 242 Rn. 707; Staudinger/*Coester-Waltjen* § 309 Nr. 3 Rn. 2; siehe zu den Vorteilen einer Aufrechnungsmöglichkeit bei einem Insolvenzverfahren ohne Aufrechnungsbeschränkung § 3 A. III. 1.) c).

1437 Vgl. ähnlich eine gleiche Beurteilung für alle Fälle des Ausschlusses der Durchsetzung der Forderungen annehmend Palandt/*Heinrichs*, 36. Auflage 1977, § 11 AGBG Rn. 4b). Gesondert ist allerdings der Fall der Verjährung der aufrechnungsbeschränkten Forderungen zu betrachten. Siehe dazu sogleich § 5 C. II. 2.) b).

1438 Erman/*Böttcher* § 242 Rn. 145; *Larenz*, Schuldrecht AT, § 18 VI b) 4; RGRK-BGB/*Weber* § 387 Rn. 52; BGH NJW 1966, 1452.

1439 Vgl. Staudinger/*Olzen/Looschelders* (16.12.2019) § 242 Rn. 219, 221; MüKo-BGB/*Schubert* § 242 Rn. 202, 461, 511; BGHZ 68, 299 (304 f.) = NJW 1977, 1234 (1235); Erman/*Hohloch* § 242 Rn. 104.

oder als grobe und unerträgliche Unbilligkeit anzusehen ist.[1440] Eine Rechtsmissbräuchlichkeit liegt dabei nahe, wenn die Rechtsausübung nicht mehr von dessen Sinn und Zweck gedeckt ist, mithin vom Sinn und Zweck des auszuübenden Rechtes gesehen eine atypische Situation vorliegt.[1441]

Auf Seiten des durch den Aufrechnungsausschluss in seinem Recht der Aufrechnung Beschränkten lässt sich als grob unbillige Rechtsfolge anführen, dass dieser seine einzige Durchsetzungsmöglichkeit seiner Forderung „verliert". So ist dem Beschränkten in der Insolvenz des beschränkungsbegünstigten Schuldners die vorteilhafte Aufrechnungsmöglichkeit nach § 94 InsO verwehrt und im Rahmen des Vermögensverfalls ist eine Bedienung der Forderung aufgrund der tatsächlichen Zahlungsunfähigkeit nicht möglich. Sofern eine Aufrechnungsbeschränkung auch in diesem Fall gelten würde, wäre die Forderung letztendlich mangels Durchsetzbarkeit für den aktuellen Forderungsinhaber wertlos.[1442] Mithin würde die Aufrechnungsbeschränkung, welche zugunsten des insolvent gewordenen Schuldners der Gegenforderung besteht, in Verbindung mit der Zahlungsunfähigkeit des Schuldners letztendlich zu einem wirtschaftlichen Verlust der Forderung führen. Die Rechtsfolge eines Rechtsverlustes ist die *radikalste, d.h. die größtmögliche Form* einer wirtschaftlichen und rechtlichen Einbuße bezüglich eines Rechtes. Hinter einer Aufrechnungsbeschränkung steht aber nicht die Intention, dass letztendlich auf den wirtschaftlichen (Realisierungs-)Wert der Forderung *verzichtet* wird.[1443]

Eine solche Rechtsfolge ist vom Sinn und Zweck der Aufrechnungsbeschränkung nicht mehr gedeckt. Durch den Ausschluss einer bzw. der Erfüllungsvariante der Aufrechnung soll primär bzw. im Regelfall erreicht werden, dass die Durchsetzung einer Forderung nicht durch eine Aufrechnung mit

---

1440 Staudinger/*Olzen/Looschelders* (16.12.2019) § 242 Rn. 219, 221; HK-BGB/*Schulze* § 242 Rn. 22; MüKo-BGB/*Schubert* § 242 Rn. 461, 511; Jauernig/*Mansel* § 242 Rn. 41; vgl. auch BGHZ 68, 299 (304 f.) = NJW 1977, 1234 (1235).

1441 *Fastrich*, Inhaltskontrolle, 25; ein fehlendes schutzwürdiges Eigeninteresse des Berechtigen als rechtsmissbräuchlich ansehend Wolf/Lindacher/Pfeiffer/*Pfeiffer* § 307 Rn. 30.

1442 Vgl. bspw. BGH NJW-RR 1987, 883 (884).

1443 Vgl. im Erg. ebenso, aber auf den Parteiwillen abstellend *Gernhuber*, Erfüllungssurrogate, § 12 VI 8d; *Mues* EWiR 2000, 1005 (1006); vgl. auch BGH NJW 1994, 2885 (2286); BGH NJW-RR 1987, 883 (884); BGH NJW 1975, 442 f.; MüKo-BGB/*Schlüter* § 387 Rn. 64; Soergel/*Schreiber* § 387 Rn. 15; Prütting/Wegen/Weinreich/*Berger* § 309 Rn. 19; s.a. BGH NJW-RR 1989, 124 (125); BGH NJW 1978, 2244 (2245).

vermeintlichen Forderungen verzögert wird.[1444] Auch soll die tatsächliche Leistungserbringung an den beschränkungsbegünstigen Gläubiger erreicht werden.[1445] Indem verhindert werden soll, dass zwei gegenseitige Forderungen in ein bestimmtes Verbindungsverhältnis treten, wird nicht bezweckt, dass in bestimmten Fällen nur noch eine einseitige Leistungserbringung erfolgen soll, ohne dass die Gegenleistung überhaupt erbracht wird. Vielmehr wird diese Situation durch die atypische, nicht geplante und im Regelfall nicht vorhersehbare Entwicklung der Vermögenssituation des Beschränkungsbegünstigten hervorgerufen. Diese Entwicklung, mit den einhergehenden negativen Folgen bei einer Aufrechnungsbeschränkung, dem Inhaber der Gegenforderung anzulasten bzw. aufzubürden, steht im Grundsatz in keinem Verhältnis zu dem Interesse des (insolventen) Forderungsinhabers an der Aufrechnungsbeschränkung. Denn auf dessen Seite ist durch die Zahlungsunfähigkeit zwar eine allgemein nachteilige Situation eingetreten, allerdings ist auch das *schützenswerte* Interesse an der Beschränkung der Aufrechnung zurückgegangen bzw. sogar weggefallen. Denn der Zweck der Aufrechnungsbeschränkung verliert seine Grundlage, da es nicht mehr um einen gegenseitigen Leistungsaustausch aufgrund gegenseitiger Forderungen geht, sondern um eine einseitige Leistungserbringung zugunsten des insolventen Forderungsinhabers ohne eine Gegenleistung.

Im Grundsatz kann sich daher der beschränkungsbegünstigte Forderungsinhaber – ohne eindeutige Umstände für einen anderen Willen[1446]– nicht auf eine Aufrechnungsbeschränkung berufen, wenn er insolvent bzw. zahlungsunfähig wird und eine Durchsetzung und Erfüllung der Gegenforderung nicht mehr möglich ist.[1447]

1444 Vgl. bspw. BGH, Urteil v. 06.03.1974, Az. III ZR 137/72, JurionRS 1975, 12574; siehe ausführlich zu den Zwecksetzung einer Aufrechnungsbeschränkung § 3 C.

1445 Zu dieser konkreten Zwecksetzung einer Aufrechnungsbeschränkung bereits § 3 C. I. 2.).

1446 Vgl. Anm. in Fn. 1432. Für eine Berücksichtigung des Parteiwillens und für eine Ablehnung einer Rechtsvermutung, nach der die Aufrechnungsbeschränkung für den Konkursfall nicht gelten solle, ausdrücklich BGHZ 23, 131 (136 f.) = NJW 1957, 827 (828); RGZ 60, 356 (358); Staudinger/*Gursky* § 387 Rn. 247; MüKo-BGB/*Schlüter* § 387 Rn. 64; *Werner*, Umgehung von Aufrechnungshindernissen, 198; Soergel/*Schreiber* § 387 Rn. 15; a.A. wohl *Kress*, Schuldrecht AT, 558.

1447 Vgl. im Erg. RGZ 124, 8 (9 f.); BGHZ 23, 131 (134, 136 f.) = NJW 1957, 827 (828); BGH MDR 1966, 319; BGH NJW 1975, 442 f.; BGH NJW 1978, 2244 f.; BGH NJW 1984, 357; OLG Jena OLG-NL 1997, 24; *Gernhuber*, Erfüllungssurrogate, § 12 VI 8d; *Mues* EWiR 2000, 1005 (1006); Soergel/*Schreiber* § 387 Rn. 15; *Werner*, Umgehung von Aufrechnungshindernissen, 198 f.; HK-BGB/*Schulze* § 387 Rn. 12; für

bb) Weitere zu berücksichtigende Faktoren

Aufgrund der Beurteilungsvorgaben nach § 242 BGB mit einer entsprechenden Berücksichtigung der konkreten Fallgestaltung unter Abwägung der einzelnen Interessen und der insoweit anerkannten zurückhaltenden Korrekturfunktion wird im Folgenden dargestellt, welche Faktoren einen entscheidenden Einfluss auf die vorzunehmende Beurteilung haben können. Aufgrund der Bestimmung im Einzelfall ist zwar keine vollständige Abstraktion möglich, allerdings sind bestimmte Konstellationen und Faktoren erkennbar[1448], welche im Regelfall auch für eine Geltung der Aufrechnungsbeschränkung im *Insolvenzverfahren und Vermögensverfall* sprechen.[1449]

(1) Kenntnis der Vermögenslage

In diese Kategorie sind insbesondere Fälle einzuordnen, in welchen die Parteien das Rechtsgeschäft mitsamt der Aufrechnungsbeschränkung oder die Aufrechnungsbeschränkung im Bewusstsein der *desolaten Vermögenslage* des Schuldners abgeschlossen oder vereinbart haben.[1450] Das Interesse des beschränkungsbegünstigten Schuldners zielt in diesen Fällen darauf ab, dass seine Forderung ohne

---

den Fall formularmäßiger Aufrechnungsbeschränkungen Wolf/Lindacher/Pfeiffer/*Dammann* § 309 Nr. 3 Rn. 42, 50b („*in Ermangelung entgegenstehender Anhaltspunkte ohne weiteres dahingehend auszulegen, dass es keine Geltung im Fall der Insolvenz* [...] *beansprucht*"); vgl. auch *Larenz*, Schuldrecht AT, § 18 VI b) 4; BGH NJW 1981, 761 (762, mit Verweis auf die angeführten BGH-Entscheidungen); Wolf/Horn/Lindacher/*Wolf*, 4. Auflage 1999, § 11 Nr. 3 Rn. 14, 23 (für Fälle „allgemeiner" Aufrechnungsbeschränkungen); im Erg. Palandt/*Grüneberg* § 387 Rn. 17; a.A. wohl *Arndt*, Über den Aufrechnungsvertrag, 14 f. (Bestimmung des Parteiwillens im Einzelfall).

1448 Ebenfalls eine Einordnung anhand von bestimmen (externen) Faktoren vornehmend *Coester-Waltjen* AcP 190 (1990), 1 (23 ff.).

1449 Vgl. BGH NJW-RR 1991, 971 (972); BGH NJW-RR 1989, 124 (125); BGHZ 23, 131 (136 f.) = NJW 1957, 827 (828); OLG Brandenburg Urteil v. 26.08.2009, Az. 3 U 192/08, Juris Rn. 31 f.; OLG Stuttgart NZM 2009, 32 (33), welches davon ausgeht, dass „*besondere Umstände* [...] *ausnahmsweise ein fortgeltendes Aufrechnungsverbot für den Fall der Insolvenz des Aufrechnungsgegners rechtfertigen*" können.

1450 RGZ 60, 356 (358); RGZ 124, 8 (9); BGH NJW 1994, 2885 (2886); *Kleinschmidt*, Vertragsmäßige Erweiterungen und Beschränkungen des Aufrechnungsrechtes, 36; im Erg. ebenso *Gernhuber*, Erfüllungssurrogate, § 12 VI 8d; *Werner*, Umgehung von Aufrechnungshindernissen, 199; MüKo-BGB/*Schlüter* § 387 Rn. 64; NK-BGB/*Wermeckes* § 387 Rn. 46; wohl auch BeckOK-BGB/*Dennhardt* (01.02.2021) § 387 Rn. 36; Prütting/Wegen/Weinreich/*Pfeiffer* § 387 Rn. 22; a.A. wohl OLG Jena OLG-NL 1997, 24; OLG Hamm MDR 1976, 577.

die Tilgung durch eine Aufrechnung erfüllt wird, um mit den zugeflossenen Mitteln ggf. eine Zahlungsunfähigkeit (noch) abwenden zu können. Sofern der aufrechnungsbeschränkte Gläubiger dieses Interesse kennt sowie von der realen Möglichkeit einer eintretenden Insolvenz und einer Zahlungsunfähigkeit aufgrund eines Vermögensverfalls weiß, aber trotzdem eine Aufrechnungsbeschränkung vereinbart, wird darin deutlich, dass die Aufrechnungsbeschränkung auch im Rahmen der Insolvenz bzw. des Vermögensverfalls gelten soll.[1451] In diesen Fällen erscheint es bereits vom Wortlaut der Bestimmung „Rechtsmissbrauch" angezeigt, keinen Ausschluss der Berufungsmöglichkeit anzunehmen. Denn der Sinn und Zweck der Aufrechnungsbeschränkung war hier weitergehend auch für den möglichen Fall der Zahlungsunfähigkeit des Beschränkungsbegünstigten vorgesehen. Es spricht weder gegen den Zweck noch ist es treuwidrig, wenn sich in diesen Fällen auf die Aufrechnungsbeschränkung berufen wird. Insoweit ist der konkrete Gebrauch des Rechtes durch die Aufrechnungsbeschränkung gedeckt.[1452] Die Übernahme des Risikos des Ausfalls der Forderungen des Aufrechnungsbeschränkten erfolgte letztendlich willentlich.

Die Kenntnis der Vermögenslage muss sich auf den konkreten Fall bzw. die wirtschaftliche Lage des Vertragspartners im Einzelfall richten. Nicht ausreichend kann für die Bewertung, dass sich auf die Aufrechnungsbeschränkung ausnahmsweise berufen werden kann, sein, dass eine zu einem bestimmten Zeitpunkt im allgemeinen Wirtschaftsverkehr eine hohe Insolvenzrate herrscht(e).[1453]

(2) Bekannte Drittinteressen

Auch die Betroffenheit und Berücksichtigung von Drittinteressen kann Einfluss auf die Interessenabwägung im Rahmen der Bestimmung der Rechtsmissbräuchlichkeit einer Rechtsausübung aufgrund einer im Insolvenz- oder Vermögensverfallsfall bestehenden Aufrechnungsbeschränkung haben.[1454] Dies

---

1451 Vgl. OLG Brandenburg Urteil v. 26.08.2009, Az. 3 U 192/08, Juris Rn. 32, 31 (allerdings wohl auf eine Auslegung zurückgreifend); *Kleinschmidt*, Vertragsmäßige Erweiterungen und Beschränkungen des Aufrechnungsrechtes, 36.

1452 Vgl. allgemein *Fastrich*, Inhaltskontrolle, 24 f.; zum Interesse des zahlungsunfähigen Beschränkungsbegünstigten an einem Erhalt der vollständigen Leistung, um eine höhere Befriedigungsquote zu erreichen und daher u.U. einen früheren Antrag auf Restschuldbefreiung nach § 300 Abs. 1 Nr. 2 InsO stellen zu können, siehe § 3 A. III. 2.).

1453 Siehe dazu BGH NJW 1984, 357.

1454 Vgl. bspw. *Gernhuber*, Erfüllungssurrogate, § 12 VI 8d; *Werner*, Umgehung von Aufrechnungshindernissen, 199; Palandt/*Grüneberg* § 387 Rn. 17; MüKo-BGB/*Schlüter*

ist vor allem anzunehmen, wenn im Rahmen einer Kreditsicherung der Kreditnehmer eine Forderung an den Kreditgeber abtritt und in Ansehung der Kreditsicherung zwischen dem Kreditnehmer und dem Schuldner eine, die abgetretene Forderung begünstigende Aufrechnungsbeschränkung vereinbart wurde.[1455] Die Aufrechnungsbeschränkung soll in diesen Fällen der Sicherheit des Sicherungsgebers dienen, seine Forderung tatsächlich durchzusetzen zu können und eine Tilgung durch den Schuldner mit Hilfe einer Aufrechnung zu vermeiden, sofern der Kreditnehmer zahlungsunfähig wird.[1456] In der Praxis sind Konstellationen üblich, in welchen die Erfüllung der Pflicht des (späteren) Kreditnehmers gegenüber dem „Schuldner" insbesondere von einer Kreditfinanzierung durch einen Dritten bzw. Kreditgeber abhängig ist.[1457] Dies kommt bspw. in Kaufverträgen vor, in welchen der Kreditgeber Geldmittel zur Verfügung stellt, damit der Verkäufer die Ware selbst erwerben kann.[1458] Auch größere Bauprojekte, bei welchen die Erstellung der Bauwerke durch den Bauunternehmer nur mithilfe einer Kreditfinanzierung erfolgen kann, sind von praktischer Relevanz.[1459] Zusätzlich ist in diesen Bereichen eine Drittmittelfinanzierung *üblich*, sodass dem Käufer in aller Regel sogar die Abhängigkeit von einer Kreditgewährung durch Dritte bekannt ist. Ebenso sind diesem die Interessen des Kreditgebers, sich durch eine Aufrechnungsbeschränkung hinsichtlich der (abgetretenen) Forderung – vereinbart zwischen bspw. Käufer und Verkäufer – von möglichen

---

§ 387 Rn. 64; Prütting/Wegen/Weinreich/*Pfeiffer* § 387 Rn. 22; OLG Brandenburg BauR 2001, 1111 (1113); im Rahmen von Handelsklauseln *Liesecke*, WM Sonderbeilage Nr. 3/1978, 6 (beschränkende Auslegung nicht möglich).

1455 BGHZ 14, 61 (63) = NJW 1954, 1561 f.; BGH NJW-RR 1989, 124 (125); OLG Hamm OLGR 2000, 351 (352); OLG Bamberg NJW 2000, 650; vgl. MüKo-BGB/*Schlüter* § 387 Rn. 64; Prütting/Wegen/Weinreich/*Pfeiffer* § 387 Rn. 22; *Gernhuber*, Erfüllungssurrogate, § 12 VI 8d; *Mues* EWiR 2000, 1005 (1006); *Lackhoff/Bauer* NZI 2013, 427 (428); a.A. *Horst*, Abkopplungsklauseln im Gewerbemietrecht, 121 f., der die Berücksichtigung von Drittinteressen und der Übertragung des Insolvenzrisikos für nicht tragfähig hält.

1456 Vgl. *Werner*, Umgehung von Aufrechnungshindernissen, 200; BGHZ 14, 61 (63) = NJW 1954, 1561 f.; BGH NJW-RR 1989, 124 (125); s.a. OLG Brandenburg BauR 2001, 1111 (1112 f.); OLG Hamm ZIP 2000, 925 f.

1457 BGHZ 23, 131 (136 f.) = NJW 1957, 827 (828); MüKo-BGB/*Schlüter* § 387 Rn. 64; vgl. auch OLG Düsseldorf ZIP 1998, 1790; Prütting/Wegen/Weinreich/*Pfeiffer* § 387 Rn. 22; BeckOGK-BGB/*Skamel* (01.04.2021) § 387 Rn. 196.5.

1458 Bspw. BGHZ 14, 61 (63) = NJW 1954, 1561 f.; BGHZ 23, 131 = NJW 1957, 827 (828); zu einem refinanzierten Mietvertrag vgl. OLG Hamm ZIP 2000, 925 f.

1459 Bspw. OLG Bamberg NJW-RR 2000, 650.

Gegenansprüchen des Schuldners freizuhalten, bewusst.[1460] In diesen Fällen der Kenntnis und/oder sofern das Rechtsgeschäft in unmittelbarer ausdrücklicher Einbeziehung einer Kreditfinanzierung durch einen Dritten erfolgt, ist die Berufung auf die Aufrechnungsbeschränkung vom dieser ursprünglich zugrundeliegenden Zwecksetzung gedeckt[1461].

(3) Absicherung der Erfüllung

Ebenfalls fehlt es an einer Treuwidrigkeit der Berufung auf eine Aufrechnungsbeschränkung i.S.d. § 242 BGB im Fall der eigenen Zahlungsunfähigkeit, wenn die Erfüllung der Forderung des aufrechnungsbeschränkten Gläubigers auf andere Weise abgesichert ist. Eine solche Sicherung der Forderung liegt bspw. vor, wenn die Durchsetzung der beschränkungsbegünstigten Forderung des Zahlungsunfähigen bzw. -gefährdeten von einer Sicherheitsleistung für die Gewährleistung der Erfüllung der Gegenforderung des Gläubigers abhängig gemacht wird.[1462] Die Aufrechnungsbeschränkung führt durch die Absicherung dann nicht zu einem Forderungsverlust bzw. -verzicht, da der Schuldner nicht auf die Aufrechnung angewiesen ist. Die Willens- und Interessenlage der Parteien entspricht insoweit wieder dem Grundfall, in welchem die Aufrechnung beschränkt ist, der Schuldner allerdings nicht insolvent oder zahlungsunfähig wird. Insofern kann davon gesprochen werden, dass bei bestehenden Aufrechnungsbeschränkungen eine solche *Absicherung* die Insolvenz oder den Vermögensverfall inhaltlich aufhebt.

cc) Zwischenergebnis

Eine Berufung auf die Aufrechnungsbeschränkung ist im Grundsatz treuwidrig i.S.d. § 242 BGB. Es ist aber genau zu untersuchen, ob die radikale Rechtsfolge

---

1460 I.d.S. auch *Mues* EWiR 2000, 1005 (1006) und OLG Düsseldorf ZIP 1998, 1790 (1792 f.); vgl. auch OLG Hamm OLGR 2000, 351 (352) und ausführlich *Lackhoff/Bauer* NZI 2013, 427 (428).

1461 Vgl. OLG Bamberg NJW-RR 2000, 650.

1462 Vgl. im Ansatz OLG Stuttgart NZM 2009, 32 (33), welches allerdings einen Fall eines ausgeschlossenen Minderungsrechtes zu entscheiden hatte und diesen Fall einem vertraglichen Ausschluss einer Aufrechnung gleichstellt. Die Entscheidung schließt dabei eine uneingeschränkte Berufung auf das (Minderungs-)Verbot gem. § 242 BGB derart aus, als eine Geltendmachung der Forderung durch den beschränkungsbegünstigten Vermieter (Verwender) nur bei Bewirkung einer Sicherheitsleistung Zug um Zug möglich sein soll. Insoweit kritisch *Borzutzki-Pasing* jurisPR-MietR 25/2008 Anm. 3.

des wirtschaftlichen Verlustes tatsächlich nicht mehr vom Zweck der Aufrechnungsbeschränkung gedeckt ist oder andere Umstände, wie bekannte und einbezogene Drittinteressen, für eine abweichende Interessenbewertung sprechen. Gleiches gilt für den Fall, dass bspw. die Forderung anderweitig abgesichert ist, sodass die Konstellation einer „dauerhaft fehlenden Durchsetzungsfähigkeit" nicht mehr vorliegt.

b) Verjährung der Gegenforderung

Von den dargestellten Fällen der dauerhaft fehlenden Durchsetzungsmöglichkeit einer Forderung bei bestehender Aufrechnungsbeschränkung sind die Fälle zu differenzieren und getrennt zu beurteilen, bei welchen die fehlende Durchsetzungsfähigkeit auf einer Verjährung der Gegenforderung beruht. In diesen Fällen begründet sich die fehlende Durchsetzungsmöglichkeit nicht durch Umstände auf der Seite des durch die Aufrechnungsbeschränkung Begünstigten, sondern durch *unterbliebene Verhaltensweisen des Vertragspartners*. Wie nachfolgend aufzuzeigen ist, sind in diesen Fällen die gesetzlichen Wertungen der Verjährungsregelungen zu beachten.

aa) Ausgangslage - Fragestellung und Ansichten

Wenn die Aktivforderung verjährt, kann bei bestehender Aufrechnungsbeschränkung die Durchsetzung und Erfüllung einer Forderung unmöglich sein. Zwar ist im Grundsatz gem. § 215 BGB eine Aufrechnung mit einer verjährten Forderung möglich, wenn vorher bereits eine Aufrechnungslage vorlag.[1463] Allerdings steht einer solchen Durchsetzung die vertragliche Aufrechnungsbeschränkung entgegen. Da damit die Befriedigung der Forderungen durch eine Aufrechnung entgegen § 215 BGB ausgeschlossen wäre, ist zu untersuchen, ob eine Berufung auf Aufrechnungsbeschränkungen in Fällen der Verjährung der Gegenforderung rechtsmissbräuchlich ist.[1464]

Nicht erfasst von dieser Fragestellung sind Konstellationen mit Aufrechnungsbeschränkungen, für welche die Regelungen des „Übereinkommen über

---

1463 Zu dieser Möglichkeit und den entsprechenden Tatbestandsvoraussetzungen siehe § 3 A. III. 1.) a).

1464 Wie bereits in Fn. 1432 dargestellt, wird hier davon ausgegangen, dass der (ermittelte) Parteiwille gerade keine weitergehende Erkenntnis geliefert hat. Hingegen im Grundsatz von einer Auslegung zugunsten einer „Nicht-Geltung" ausgehend Staudinger/*Peters/Jacoby* § 215 Rn. 4 a.E.

den Beförderungsvertrag im internationalen Straßengüterverkehr (CMR)"[1465] gelten. Denn in diesen Bestimmungen ist in Art. 32 Abs. 2 CMR abweichend von § 215 BGB geregelt, dass eine Aufrechnung mit verjährten Ansprüchen *nicht zulässig* ist.[1466] Ein Ausschluss der Berufung auf die Aufrechnungsbeschränkung nach § 242 BGB scheidet daher aus, da die Aufrechnung mit einer verjährten Forderung auch ohne Aufrechnungsbeschränkung nicht möglich ist.

Sofern es sich um einen Fall außerhalb der Bestimmungen des CMR handelt – also im Regelfall –, wird von einem Teil der Rechtsprechung und Literatur angenommen, dass eine Berufung in auf die Aufrechnungsbeschränkung in diesen Fällen stets gem. § 242 BGB[1467] ausgeschlossen sei.[1468] Die gegenteilige Ansicht geht davon aus, dass eine Verjährung der Aktivforderung nicht allein dazu führen könne, dass der Einwand einer Aufrechnungsbeschränkung *per se* rechtsmissbräuchlich sei.[1469] Der BGH hat sich keiner der beiden Ansichten angeschlossen, sondern vielmehr allein die erstgenannte Ansicht kritisch bewertet, indem er eine Einzelfallentscheidung vorgenommen hat, bei welcher

---

1465 Vom 19. Mai 1956/16. August 1961 (BGBl. II, 1119, BGBl. II 1962, 12), Protokoll vom 5.7.1978 (BGBl. 1980 II, 721 [733]).

1466 Vgl. nur Ebenroth/Boujong/Joost/Strohn/*Bahnsen*, HGB, Art. 32 CMR Rn. 37 f.

1467 Teilweise wird bereits auf eine einschränkende Auslegung abgestellt: Staudinger/*Peters/Jacoby* § 215 Rn. 4 (sofern nicht aufgrund der Eindeutigkeit der Vereinbarung [= ausdrücklicher Ausschluss der Aufrechnung mit verjährten Forderungen] eine derartige Auslegung ausgeschlossen ist – sonst Unwirksamkeit nach § 307 Abs. 2 Nr. 1 BGB). Teilweise wird eine Unwirksamkeit nach § 307 BGB bzw. § 9 AGBG angenommen bzw. in Betracht gezogen: So bspw. Ulmer/Brandner/Hensen/*Schäfer* § 309 Nr. 3 Rn. 7 a.E. OLG Hamm NJW-RR 1993, 1082 f.; BeckOGK-BGB/*Weiler* (01.03.2021) § 309 Nr. 3 Rn. 72; Wolf/Lindacher/Pfeiffer/*Dammann* § 309 Nr. 3 Rn. 41.

1468 So Staudinger/*Coester-Waltjen* § 309 Nr. 3 Rn. 2; OLG Naumburg, Urteil v. 23.05.2013, Az. 1 U 72/12, BeckRS 2013, 18276; s.a. Erman/*Roloff* § 309 Nr. 3 Rn. 31; für eine Unwirksamkeit OLG Hamm NJW-RR 1993, 1082 f.; Wolf/Lindacher/Pfeiffer/*Dammann* § 309 Nr. 3 Rn. 41; Palandt/*Grüneberg* § 309 Rn. 17; Ulmer/Brandner/Hensen/*Schäfer* § 309 Nr. 3 Rn. 7 a.E.; Prütting/Wegen/Weinreich/*Berger* § 309 Rn. 17; vgl. auch Wolf/Horn/Lindacher/*Wolf*, 4. Auflage 1999, § 11 Nr. 3 Rn. 14; Staudinger/*Peters/Jacoby* § 215 Rn. 4 plädieren bei einer auslegungsunfähigen Beschränkungsvereinbarung für eine Unwirksamkeit nach § 307 Abs. 2 Nr. 1 BGB im AGB-Bereich und befürworten bei Individualabreden eine Unzulässigkeit nach § 138 BGB.

1469 OLG Karlsruhe OLGR 2001, 125 f.; BeckOGK-BGB/*Bach* (01.02.2021) § 215 Rn. 12; BeckOK-BGB/*Becker* (01.02.2021) § 309 Nr. 3 Rn. 13; wohl auch BeckOGK-BGB/*Weiler* (01.03.2021) § 309 Nr. 3 Rn. 73 f.; Staudinger/*Gursky* § 387 Rn. 246.

„die Berufung auf ein Aufrechnungsverbot trotz Verjährung der zur Aufrechnung gestellten Forderung […] nicht schlechthin als treuwidrig angesehen werden" kann.[1470]

bb) Bewertung

(1) Grundfall

Auch bei Bewertung dieser Frage ist von der Grundlage auszugehen, dass zwar auch vertragliche Aufrechnungsbeschränkungen unter dem Vorbehalt von Treu und Glauben nach § 242 BGB stehen[1471], allerdings dessen Korrekturfunktion zurückhaltend angewendet werden muss und damit nicht bei jeder sich ergebenden Unbilligkeit eingreifen darf.[1472] Das Ergebnis der Ausübung bzw. der Berufung muss nach einer sorgfältigen Abwägung der beiderseitigen Interessen schlechthin als untragbar erscheinen oder als grobe und unerträgliche Unbilligkeit anzusehen sein.[1473]

In Konstellationen, in welchen eine aufrechnungsbeschränkte Forderung verjährt, kann – wie im Fall der übrigen fehlenden Durchsetzbarkeit[1474] – für eine grobe Unbilligkeit angeführt werden, dass der damit verbundene vollständige Verlust des Forderungsrechtes ohne Gegenleistung eine erhebliche Beeinträchtigung des Forderungsinhabers darstellt.[1475] Außerdem ist bei der Beurteilung nach § 242 BGB für den Aufrechnungsbeschränkten zu berücksichtigen, dass der Zweck einer Aufrechnungsbeschränkung nicht darin liegt, auf die Forderung

---

1470 BGH NJW-RR 2008, 121 (124); diesem folgend NK-BGB/*Wermeckes* § 387 Rn. 45; Palandt/*Grüneberg* § 387 Rn. 17 a.E.; wohl auch AG Waldbröl, Urteil v. 05.03.2014, Az. 15 C 128/13, BeckRS 2014, 05103 (im konkreten Fall aber Berufung ausgeschlossen).

1471 Erman/*Böttcher* § 242 Rn. 145; *Larenz*, Schuldrecht AT, § 18 VI b) 4; RGRK-BGB/*Weber* § 387 Rn. 52; BGH NJW 1966, 1452.

1472 Vgl. Staudinger/*Olzen/Looschelders* (16.12.2019) § 242 Rn. 219, 221; MüKo-BGB/*Schubert* § 242 Rn. 202, 461, 511; BGHZ 68, 299 (304 f.) = NJW 1977, 1234 (1235); Erman/*Böttcher* § 242 Rn. 104.

1473 Staudinger/*Olzen/Looschelders* (16.12.2019) § 242 Rn. 219, 221; HK-BGB/*Schulze* § 242 Rn. 22; MüKo-BGB/*Schubert* § 242 Rn. 461, 511; Jauernig/*Mansel* § 242 Rn. 41; vgl. auch BGHZ 68, 299 (304 f.) = NJW 1977, 1234 (1235).

1474 Siehe dazu soeben § 5 C. II. 2.) a).

1475 Vgl. i.d.S. bspw. Wolf/Lindacher/Pfeiffer/*Dammann* § 309 Nr. 3 Rn. 41 („[…] *bliebe dem Verwendungsgegner angesichts der Verjährung keine andere Möglichkeit, seine Forderung durchzusetzen, so dass ihn das Aufrechnungsverbot unangemessen hart trifft.*").

an sich zu verzichten, sondern dass diese u.a. die Durchsetzung der Forderung des Beschränkungsbegünstigten erleichtern soll.[1476]

Allerdings ist eine solche Betrachtung zu einseitig und zudem lückenhaft. So wird verkannt, dass eine Aufrechnungsbeschränkung nicht in jedem Fall ausschließlich der zügigen Durchsetzung der Forderung dienen soll. Vielmehr kann auch bezweckt werden, dass durch eine solche Vereinbarung (gleichzeitig) eine Realerfüllung sichergestellt wird.[1477] Der Aufrechnungsbegünstigte möchte über die wirtschaftlichen (Zahlungs-)Mittel verfügen können[1478], auch wenn er später eine entsprechend vergleichbare Zahlung bzw. Leistung erbringen muss. Dieses Interesse besteht insbesondere auch dann noch fort, wenn die Gegenforderung verjährt und damit eine Gegenleistung an sich entfällt. Dieser Aspekt des Aufrechnungsbegünstigten ist bei der Bewertung nach § 242 BGB hinreichend zu berücksichtigen und darf nicht dadurch umgangen werden, dass der Zweck der Aufrechnungsbeschränkung *stets* auf eine „zügige Durchsetzung" minimiert wird.

Ausschlaggebend für die Beurteilung ist aber, dass bei der Interessensabwägung bei einer möglichen unzulässigen Rechtsausübung, auch die gesetzlichen Wertungen und Risikozuweisungen besonders zu berücksichtigen sind.[1479] Aus den gesetzlichen Verjährungsregeln nach §§ 194 ff. BGB ergibt sich, dass der Forderungsinhaber selbst dafür verantwortlich ist, sein Recht innerhalb der gesetzlichen Verjährungsfrist gerichtlich durchzusetzen.[1480] Sollte dieser untätig bleiben, kann der Schuldner die Verjährungseinrede erheben, sodass das Forderungsrecht nicht mehr durchgesetzt werden kann. Damit weist das Gesetz die Gefahr der Unmöglichkeit der Forderungsdurchsetzung dem Forderungsinhaber zu, wenn er die Forderung nicht gerichtlich geltend macht.[1481] Eine Berufung auf die Verjährungseinrede selbst, also außerhalb von Fällen der Aufrechnungsbeschränkung, ist dementsprechend nicht rechtsmissbräuchlich, sondern

1476 I.d.S. OLG Hamm NJW-RR 1993, 1082 (1083); vgl. auch Staudinger/*Peters/Jacoby* § 215 Rn. 4.

1477 Siehe dazu § 3 C. I. 2.).

1478 Vgl. bspw. *Gernhuber,* Erfüllungssurrogate, § 12 VI 8c; ausführlich dazu § 3 C. I. 2.).

1479 Vgl. Staudinger/*Olzen/Looschelders* (16.12.2019) § 242 Rn. 221; MüKo-BGB/*Schubert* § 242 Rn. 48.

1480 Vgl. Palandt/*Ellenberger* Überbl v. § 194 Rn. 10; Erman/*Schmidt-Räntsch* Vor § 194 Rn. 2 a.E.; BeckOK-BGB/*Becker* (01.02.2021) § 309 Nr. 3 Rn. 13; i.d.S. und allgemein zum Zweck der Verjährung Staudinger/*Peters/Jacoby* Vorb. zu §§ 194 ff. Rn. 9 und MüKo-BGB/*Grothe* Vorb. §§ 194 ff. Rn. 6 ff.

1481 Siehe dazu die Nachweise in Fn. 1480.

gesetzlich vorgesehen, auch wenn damit der Forderungsinhaber letztlich den vollständigen wirtschaftlichen Wert der Forderung verliert. Diese gesetzlichen Wertungen und Bestimmungen sind auch auf die Konstellationen einer vertraglich aufrechnungsbeschränkten und verjährten Forderung zu übertragen.[1482] Zwar ist nach § 215 BGB grundsätzlich eine Aufrechnung mit einer verjährten Forderung möglich. Dieser gesetzlich normierte Vorteil kommt dem Forderungsinhaber bei vertraglichen Aufrechnungsbeschränkungen allerdings nicht zu Gute. § 215 BGB gilt nur, sofern die erforderlichen Tatbestandsvoraussetzungen einer Aufrechnung bzw. einer Aufrechnungslage vor Eintritt der Verjährung vorgelegen haben.[1483] Durch eine Aufrechnungsbeschränkung wird der Forderung die *Aufrechnungsfähigkeit* genommen, sodass diese nicht in ein aufrechnungsspezifisches Kontraktverhältnis zu anderen Forderungen treten kann.[1484] Damit konnte die für eine Anwendung von § 215 BGB erforderliche Aufrechnungslage überhaupt nicht eintreten.[1485] Folgerichtig muss es bei der Risikoverteilung der allgemeinen Verjährungsvorschriften bleiben. Dies wird dadurch unterstützt, dass der Forderungsinhaber selbst nie auf eine Erfüllung durch eine Aufrechnung vertrauen konnte.[1486] Denn sofern gesetzliche Regelungen

---

1482 So neuerdings auch BeckOGK-BGB/*Weiler* (01.03.2021) § 309 Nr. 3 Rn. 73.1; vgl. auch BeckOK-BGB/*Becker* (01.02.2021) § 309 Nr. 3 Rn. 13; BeckOGK-BGB/*Bach* (01.02.2021) § 215 Rn. 12; Staudinger/*Gursky* § 387 Rn. 246; OLG Karlsruhe OLGR 2001, 125 f.

1483 Dazu statt aller nur Prütting/Wegen/Weinreich/*Deppenkemper* § 215 Rn. 1; Palandt/*Ellenberger* § 215 Rn. 1; vgl. auch BGH NJW 2012, 445 (446), welcher außerdem zutreffend feststellt, dass § 215 BGB im Zeitpunkt der Aufrechnungserklärung alle Voraussetzungen bis auf die Freiheit der Einrede der Verjährung erfordert.

1484 Vgl. dazu allgemein *Gernhuber*, Erfüllungssurrogate, § 12 VI 8a a.E.; zu den Wirkungen von vertraglichen Aufrechnungsbeschränkungen bereits ausführlich § 4 B. III. und IV.

1485 Dies verkennend und zumindest für eine formularmäßige Aufrechnungsbeschränkung § 215 BGB als wesentlichen Grundgedanken für eine Unwirksamkeit der AGB nach § 307 Abs. 2 Nr. 1 BGB heranziehend Staudinger/*Peters/Jacoby* § 215 Rn. 4 f.

1486 I.d.S. neuerdings auch BeckOGK-BGB/*Bach* (01.02.2021) § 215 Rn. 12; BeckOK-BGB/*Becker* (01.02.2021) § 309 Nr. 3 Rn. 13; vgl. ebenso BGH NJW-RR 2008, 123 (124, Rn. 29 a.E.), welcher auf die Kenntnis der Aufrechnungsbeschränkung durch die Umstände des Einzelfalls (laufende Geschäftsbeziehung) abstellt. Wieso in anderen Fällen dem Vertragspartner eine vereinbarte Aufrechnungsbeschränkung nicht bekannt sein sollte und wieso dieser Gesichtspunkt dementsprechend nicht grundsätzlich für alle Fälle von vertraglichen Aufrechnungsbeschränkungen herangezogen werden kann, ist nicht nachvollziehbar. Hingegen auf ein Vertrauen des Schuldners

für einen Erhalt einer einmal eingetretenen Aufrechnungslage streiten und für den Aufrechnungswilligen vielfach vorteilhaft sein können[1487], begründen sich diese auf der Erwägung, dass der Schuldner sich nicht mehr als Schuldner fühlen muss, da dieser beide Forderungen durch eine Aufrechnung tilgen kann.[1488] Dies ist im Zusammenhang mit aufrechnungsbeschränkten Forderungen aber nicht gegeben. In diesen Fällen ist der Schuldner nicht zur Aufrechnung berechtigt, sodass er sich weiterhin zur Erfüllung seiner Schuld verpflichtet sehen muss.[1489] Würde eine Berufung auf die Aufrechnungsbeschränkung nach § 242 BGB ausgeschlossen, würde der Schuldner dadurch bevorteilt, dass er seine Forderung nicht innerhalb der Verjährungsfrist geltend gemacht hat. Die Aufrechnungsbeschränkung würde durch *schlichte Untätigkeit des Forderungsinhabers* obsolet und dieser könnte entgegen der eigentlich vereinbarten Rechtslage – Aufrechnungsbeschränkung – aufrechnen.[1490] Dies widerspricht der gesetzlichen Pflicht zur prozessualen Geltendmachung eigener Forderungen innerhalb einer bestimmten Frist und führt dementsprechend dazu, dass es bei der allgemeinen Risikoverteilung bleiben muss. Damit fällt die Nicht-Geltendmachung der eigenen Forderung auch bei bestehenden Aufrechnungsbeschränkungen in die Risikosphäre des Schuldners, sodass dieser bei entsprechender Untätigkeit auch die Konsequenz tragen muss, dass durch die Aufrechnungsbeschränkung eine Aufrechnung auch nicht nach § 215 BGB möglich ist.[1491]

Abzulehnen ist insoweit die Ansicht des *AG Waldbröl*, welches die fehlende gerichtliche Durchsetzung der Forderung des Aufrechnungsbeschränkten damit zu rechtfertigten versucht, dass zum einen eine prozessuale Geltendmachung

---

auf die Aufrechnungslage, wenn auch im Zusammenhang mit formularmäßigen Beschränkungen, abstellend Staudinger/*Coester-Waltjen* § 309 Nr. 3 Rn. 2.

1487 Siehe dazu § 3 A. III.

1488 BGHZ 2, 300 (305, m.w.N.) = NJW 1951, 599 (600); BGHZ 27, 123 (125) = NJW 1958, 1040 (1041); BGHZ 155, 392 (399) = NJW 2003, 3134 (3135); *Gernhuber*, Erfüllungssurrogate, § 12 I 4b, § 12 VII 1; *Werner*, Umgehung von Aufrechnungshindernissen, 13; *Enneccerus/Lehmann*, Recht der Schuldverhältnisse, § 73 I.

1489 Vgl. i.d.S. auch OLG Karlsruhe OLGR 2001, 125 f.; BeckOK-BGB/*Becker* (01.02.2021) § 309 Nr. 3 Rn. 13; BeckOGK-BGB/*Bach* § 215 (01.02.2021) Rn. 12.

1490 So neuerdings zutreffend erkennend auch BeckOGK-BGB/*Bach* (01.02.2021) § 215 Rn. 12; vgl. auch OLG Karlsruhe OLGR 2001, 125 f. und Staudinger/*Gursky* § 387 Rn. 246.

1491 Vgl. OLG Karlsruhe OLGR 2001, 125 f.; BeckOK-BGB/*Becker* (01.02.2021) § 309 Nr. 3 Rn. 13; Staudinger/*Gursky* § 387 Rn. 246 (widersprüchlich aber zu Rn. 251 a.E.); BeckOGK-BGB/*Weiler* (01.03.2021) § 309 Nr. 3 Rn. 73 f.

innerhalb der Verjährungsfrist für den Forderungsinhaber einen Aufwand bedeutet, welcher keine Aussicht auf wirtschaftlichen Gewinn bietet. Zum anderen wird angeführt, dass der (beschränkungsbegünstigte) Beklagte im Falle einer Erklärung der Aufrechnung im Prozess die Kosten des Gerichtsverfahrens zu tragen hätte.[1492] Der (Zeit-)Aufwand für eine prozessuale Durchsetzung wurde vom Gesetzgeber auch im Falle eines Obsiegens nicht für erstattungsfähig erachtet[1493], sodass dieser Nachteil grundsätzlich der Sphäre des Forderungsinhabers zugeordnet und vielmehr als allgemeines Risiko einer vertraglichen Rechtsbeziehung anzusehen ist. Somit kann diesem Interesse im Rahmen von § 242 BGB keine signifikante Bedeutung zugemessen werden. Auch der zweite Aspekt des AG Waldbröl vermag im Rahmen der Beurteilung einer unzulässigen Rechtsausübung keine andere Bewertung rechtfertigen. Denn die hypothetische Kostentragung des beschränkungsbegünstigen Beklagten im „Folgeprozess" ist alleinige Folge seiner Nicht-Erfüllung im Vorhinein und der Anwendung der allgemeinen Kostenvorschriften der Zivilprozessordnung. Daraus zu folgern, dass es im Interesse des vermeintlichen Schuldners wäre, eine gerichtliche Klärung durch den Gläubiger zu vermeiden[1494], ist nicht überzeugend. Der vermeintliche Schuldner kann auf eine Erfüllungsaufforderung ebenso gut die Forderung für unbegründet halten und aus diesem Grund nicht darauf reagieren. Dann würde er bei Zutreffen seiner Ansicht im Prozess obsiegen und müsste folglich auch die Prozesskosten nicht tragen.

(2) Besonderheiten im Einzelfall

Da die Beurteilung einer Unzulässigkeit einer Rechtsausübung nach § 242 BGB jedoch im Einzelfall zu erfolgen hat, kann unter besonderen Umständen eine Berufung auf eine Aufrechnungsbeschränkung bei verjährter Aktivforderung unzulässig sein. Dies ist allerdings – auch unter dem Gesichtspunkt der Rechtssicherheit – nur in Extremfällen anzunehmen. Bspw. könnte ein solcher Fall angenommen werden, wenn der beschränkungsbegünstigte Forderungsinhaber dem aufrechnungswilligen Schuldner versichert hat, dass er die Forderung erfüllen wird, ohne dass eine gerichtliche Durchsetzung gegen ihn nötig ist. In diesen Fällen scheint eine Berufung auf die Aufrechnungsbeschränkung und – nach

1492 AG Waldbröl, Urteil v. 05.03.2014, Az. 15 C 128/13, BeckRS 2014, 05103 (I. 3. a)).
1493 Siehe dazu § 3 B. II. 1.) mit den Nachweisen in Fn. 294.
1494 Vgl. AG Waldbröl, Urteil v. 05.03.2014, Az. 15 C 128/13, BeckRS 2014, 05103 (I. 3. a)).

Verjährungseintritt – auf die Verjährung zweifelhaft.[1495] Ebenso bleibt es möglich, dass andere, vergleichbar extreme Gründe zu einem rechtsmissbräuchlichen Verhalten führen und so eine Berufung auf die Aufrechnungsbeschränkung verhindern können.[1496]

cc) Zwischenergebnis

Im Grundfall ist davon auszugehen, dass die Verjährung einer (Aktiv-)Forderung nicht dazu führt, dass eine Berufung auf eine Aufrechnungsbeschränkung für diese Forderung unter dem Gesichtspunkt des Rechtsmissbrauches nach § 242 BGB unzulässig ist. Eine solche Berufung ist also auch möglich, wenn dadurch im Ergebnis die beschränkte Forderung nicht mehr durchgesetzt werden kann.[1497]

c) Pflichtwidriges Verhalten des Beschränkungsbegünstigten

aa) Ausgangslage

Eine Einschränkung der Berufungsmöglichkeit auf die Beschränkung einer Aufrechnung kann außerdem durch ein Verhalten der beschränkungsbegünstigten Partei selbst begründet werden. So wird in der herrschenden Literatur und Rechtsprechung angenommen, dass der Aufrechnungsbegünstigte sich nach Treu und Glauben nicht auf die Aufrechnungsbeschränkung berufen kann, wenn der Anspruch gegen ihn auf einer *vorsätzlichen Pflichtverletzung* beruht. Ein solcher Ausschluss kann dementsprechend in den Fällen in Betracht kommen, in denen ein Schadensersatzanspruch aufgrund einer vorsätzlich unerlaubten Handlung oder aus einer vorsätzlichen Vertragsverletzung besteht.[1498]

1495 Insoweit kann allerdings bereits die Berufung auf die *Verjährungseinrede* nach § 242 BGB ausgeschlossen sein, so dass es auf eine Rechtsmissbräuchlichkeit der Geltendmachung der Aufrechnungsbeschränkung nicht mehr ankommt. Vgl. dazu nur Erman/*Böttcher* § 242 Rn. 202; konkret zu einem Fall, in welchem der Schuldner den Gläubiger von der Erhebung der Klage abgehalten hat BGHZ 9, 1 (5 f.).

1496 Vgl. bspw. nur AG Waldbröl, Urteil v. 05.03.2014, Az. 15 C 128/13, BeckRS 2014, 05103, welches zwar entgegen der in dieser Arbeit vertretenen Meinung bereits eine Unzulässigkeit der Berufung auf die Aufrechnungsbeschränkung wegen einer Verjährung annimmt, aber zutreffend noch eine Rechtsmissbräuchlichkeit aufgrund einer erheblichen Pflichtverletzung annimmt. Zu Letzterem sogleich § 5 C. II. 2.) c).

1497 Im Erg. ebenso OLG Karlsruhe OLGR 2001, 125 f.; BeckOK-BGB/*Becker* (01.02.2021) § 309 Nr. 3 Rn. 13; vgl. auch BGH NJW-RR 2008, 121 (123 f., m.w.N.).

1498 RGZ 60, 294, (296); RGZ 142, 143 (144 f.); BGH WM 1961, 1357; BGH WM 1971, 722; OLG Nürnberg WM 1971, 1105 (1107); BGH MDR 1977, 309; BGH WM 1977, 311 (312); BGH WM 1985, 866 (868); OLG Köln NJW 1987, 262; OLG Jena NZG

Einen Ausschluss der Berufung auf die Aufrechnungsbeschränkung durch ein solches pflichtwidriges Verhalten des beschränkungsbegünstigten Forderungsinhabers ist vom Grunde her zustimmungswürdig. Zwar gibt es keinen Grundsatz, dass Rechte – hier die Aufrechnungsbeschränkung – nur geltend gemacht werden können, wenn sich der Inhaber selbst rechts- und vertragstreu verhalten hat.[1499] Vielmehr führt in diesen Fällen eine Pflichtverletzung zu den gesetzlich oder vertraglich vorgesehenen Folgeansprüchen.[1500] Allerdings beherrscht der Grundsatz von Treu und Glauben das gesamte Rechtsleben, sodass jedes Rechtssubjekt bei Ausübung seiner Rechte und bei Erfüllung seiner Pflichten entsprechend zu handeln hat.[1501] Daraus wurde zutreffend abgeleitet, dass ein früheres rechtlich missbilligtes Verhalten dazu führen kann, dass eine spätere Rechtsausübung rechtsmissbräuchlich und damit verwehrt sein kann.[1502] Der Ausschluss der Berufungsmöglichkeit nach § 242 BGB kommt vor allem dann in Betracht, wenn das rechtlich missbilligte Verhalten *bewusst bzw. vorsätzlich* begangen wurde.[1503] So erscheint es auch hinsichtlich der Aufrechnung von gegenseitigen Forderungen naheliegend eine Berufung auf eine Aufrechnungsbeschränkung auszuschließen, wenn der beschränkungsbegünstigte Gläubiger

---

2003, 232 (234); BGH NJW-RR 2008, 121 (123); OLG Hamm, Urteil v. 18.05.2011, Az. 8 U 173/10, Juris Rn. 65; AG Mannheim, Urteil v. 23.09.2011, Az. 10 C 44/11, BeckRS 2012, 07933; Staudinger/*Olzen/Looschelders* (16.12.2019) § 242 Rn. 709; Staudinger/*Gursky* § 387 Rn. 256; *Gernhuber*, Erfüllungssurrogate, § 12 VI 8e; *Larenz*, Schuldrecht AT, § 18 VI b) 4; MüKo-BGB/*Schubert* § 242 Rn. 302; vgl. auch BGH NJW 1987, 2997 (2998); BGH WM 1972, 72 (73); BGH WM 1956, 563 (564); AG Waldbröl, Urteil v. 05.03.2014, Az. 15 C 128/13, BeckRS 2014, 05103; restriktiv BGH MDR 2019, 234 (235, sofern keine Beweisaufnahme dafür erforderlich ist); Wolf/Horn/Lindacher/*Wolf*, 4. Auflage 1999, § 11 Nr. 3 Rn. 14 (sofern Forderung hinreichend wahrscheinlich unwirksam nach § 9 AGBG ist).

1499 Staudinger/*Olzen/Looschelders* (16.12.2019) § 242 Rn. 250; Palandt/*Grüneberg* § 242 Rn. 46; vgl. auch BGH NJW 2010, 289 (290 f.); BGH NJW-RR 2005, 743 (745 f.).

1500 Vgl. nur BGH NJW-RR 2005, 743 (745 f., m.w.N.); Palandt/*Grüneberg* § 242 Rn. 46.

1501 Vgl. ausdrücklich Palandt/*Grüneberg* § 242 Rn. 1; BGHZ 85, 39 (48, m.w.N.) = NJW 1983, 109 (110 f.).

1502 Vgl. MüKo-BGB/*Schubert* § 242 Rn. 253; Staudinger/*Olzen/Looschelders* (16.12.2019) § 242 Rn. 234 ff., 250 ff.

1503 Ausdrücklich nur auf vorsätzliche Pflichtwidrigkeiten abstellend BGH NJW-RR 2008, 121 (123); OLG Hamm, Urteil v. 18.05.2011, Az. 8 U 173/10, Juris Rn. 65 ff.; zutreffend eine Rechtsmissbräuchlichkeit der Berufung auf eine Aufrechnungsbeschränkung hinsichtlich leichter Fahrlässigkeit ablehnend OLG Nürnberg WM 1971, 1105 (1108, für grobe Fahrlässigkeit offen gelassen).

die andere Partei durch eine bewusste Täuschungshandlung zur Vereinbarung einer vertraglichen Verpflichtung bringt, selbst allerdings nicht gewillt ist, seine Verpflichtung zu erfüllen.[1504] Bei einer solchen arglistigen Handlungsweise erscheint es nicht mit Treu und Glauben vereinbar, dem bewusst pflichtwidrig Handelnden noch das Privileg zu erhalten, dass dieser seinen Anspruch unabhängig von dem aus der Pflichtverletzung entstehenden Gegenanspruch durchsetzen kann, auch wenn in dem Vertrag eine Beschränkung der Aufrechnung über diese Forderung vereinbart wurde.

Für diese Ansicht lassen sich auch die Wertungen von § 393 BGB heranziehen.[1505] Zwar ist im Rahmen von § 393 BGB eine Aufrechnung *gegen* eine Forderung ausgeschlossen, welche aus einer unerlaubten Handlung stammt. Der Sinn und Zweck der Norm besteht aber darin, dass der geschädigte Forderungsinhaber ohne weitere Auseinandersetzung mit möglichen Gegenansprüchen des Schädigers zu seinem Recht kommt.[1506] Dieser Zweck beinhaltet aber auch, dass der Geschädigte seine Forderung schnellstmöglich und nach seinem Willen durchsetzen kann. Dann muss ihm aber auch die Möglichkeit zugestanden werden, *selbst die Erfüllungsart zu bestimmen* und den Weg der schnellen Forderungstilgung durch eine Aufrechnung mit der Forderung gegen die Forderung des Schädigers herbeizuführen. Daher trägt diese gesetzliche Wertung insoweit die hier dargestellte Ansicht, dass eine Berufung auf eine Aufrechnungsbeschränkung im Einzelfall unzulässig sein kann, wenn die Gegenforderung aus einer bewussten bzw. vorsätzlichen Handlung des Beschränkungsbegünstigten stammt.

Mithin ist im Grundsatz das Interesse eines Geschädigten an einer Aufrechnung trotz einer vorhandenen Aufrechnungsbeschränkung höherrangig zu bewerten als das Interesse des Schädigers, seine beschränkungsprivilegierte Forderung unabhängig von Gegenansprüchen durchsetzen zu können, die aus seiner vorsätzlichen (Schädigungs-)Handlung entstanden sind.[1507]

1504 Vgl. BGH NJW 1966, 1452.

1505 In „direkter" Weise allerdings nur für deliktische Ansprüche. Gleiches hat aber nach zustimmungswürdiger Ansicht zu gelten, wenn der deliktische Anspruch und ein vertraglicher Anspruch aus vorsätzlicher Pflichtverletzung konkurrieren. Vgl. dazu statt vieler nur BGH NJW 1967, 2012 (2013); Staudinger/*Gursky* § 393 Rn. 9.

1506 Statt aller nur BGH NJW 1987, 2997, (2998); Prütting/Wegen/Weinreich/*Pfeiffer* § 393 Rn. 1; Staudinger/*Gursky* § 393 Rn. 1.

1507 Vgl. im Erg. ebenso bspw. BGH WM 1985, 866 (868); Staudinger/*Gursky* § 387 Rn. 256.

bb) Ausschlaggebende Umstände

Zutreffend schließt die Rechtsprechung allerdings nicht zwangsläufig die Berufung auf die Aufrechnungsbeschränkung nach § 242 BGB aus, wenn eine vorsätzliche Pflichtwidrigkeit begangen wurde. Vielmehr soll im Einzelfall beurteilt werden, ob besondere Umstände vorliegen, welche *gegen eine* Treuwidrigkeit und für eine Berufungsmöglichkeit auf die Aufrechnungsbeschränkung sprechen.[1508] Trotz einer solchen Bestimmung nach den konkreten Umständen des Einzelfalls lassen sich bestimmte Kriterien und Fälle anführen, welche regeltypisch gegen einen Ausschluss nach § 242 BGB sprechen.

(1) Schlichte Behauptung

Insbesondere spricht es gegen den Einwand des Rechtsmissbrauches nach § 242 BGB, wenn das Bestehen einer Gegenforderung aus einer vorsätzlichen Pflichtwidrigkeit ohne weitere Anhaltspunkte schlichtweg nur behauptet wird[1509] oder erkennbar wird, dass der vermeintlich Geschädigte sich seiner Pflicht zur Erfüllung vollständig entziehen will.[1510]

(2) Besonderes Sicherungsinteresse

Einen weiteren Umstand, der zu beachten ist und im Regelfall gegen einen Ausschluss nach § 242 BGB spricht, stellt ein besonderes Sicherungsinteresse des pflichtwidrig Handelnden durch die Aufrechnungsbeschränkung dar. Sofern ein solches, über die allgemeine Zwecksetzung der Aufrechnungsbeschränkung im Einzelfall hinausgehendes Interesse besteht, muss diesem Aspekt auch gegenüber einem Anspruch aus einer Pflichtverletzung hinreichend Bedeutung zugemessen werden. Ein solches Interesse kann sich u.a. daraus ergeben, dass der „Schädiger" gegenüber dem Geschädigten aus einem Vertragsverhältnis bereits in Vorleistung getreten ist, obwohl dieser nicht zur Vorleistung verpflichtet war,

---

1508 RGZ 142, 143 (144); BGH WM 1961, 1357; BGH NJW 1966, 1452 m.w.N.; OLG Nürnberg WM 1971, 1105 (1107); BGH BB 1967, 1143; BGH MDR 1977, 309; BGH WM 1977, 311 (312); BGH WM 1985, 866 (868); OLG Jena NZG 2003, 232 (234); OLG Köln NJW 1987, 262; OLG Hamm, Urteil v. 18.05.2011, Az. 8 U 173/10, Juris Rn. 65; vgl. auch BGH WM 1972, 72 (73); aus der Lit. der Rspr. folgend u.a. Prütting/Wegen/Weinreich/*Pfeiffer* § 387 Rn. 22 a.E.; RGRK-BGB/*Weber* § 387 Rn. 52 a.E.; Staudinger/*Gursky* § 387 Rn. 256.

1509 BGH NJW 1966, 1452; BGH WM 1977, 311 (312); Staudinger/*Gursky* § 387 Rn. 256; vgl. auch BGH MDR 1977, 309; BGH WM 1985, 866 (868).

1510 Vgl. RGRK-BGB/*Weber* § 387 Rn. 52; Staudinger/*Gursky* § 387 Rn. 256 m.w.N.

und der Geschädigte mit der Erfüllung seiner Forderung bereits länger säumig ist. So wird zutreffend ein solcher Fall angenommen, wenn der Schädiger dem Geschädigten das gekaufte Grundstück bereits übergeben hat und dafür keine unmittelbare (An-)Zahlung gefordert und erhalten hat.[1511]

Bei der Bestimmung des besonderen Interesses ist auch zu berücksichtigen, wie lange der Geschädigte bereits mit der Erfüllung seiner (Kauf-)Preisschuld in Verzug ist.[1512] In diesen Fällen ist in die Beurteilung im Einzelfall auch der Wert der Kaufsache bzw. genauer die Höhe der Forderung einzubeziehen[1513], obwohl der Forderungshöhe im Normalfall für die Beurteilung eines Rechtsmissbrauches nach § 242 BGB kaum ein Einfluss zukommt.[1514]

Ebenso kann ein gesteigertes Interesse am Erhalt der Berufungsmöglichkeit auf die Aufrechnungsbeschränkung vorliegen, wenn der beschränkungsbegünstigte aber pflichtwidrig Handelnde, die Beschränkungsvereinbarung getroffen hat, um seine weiteren Verpflichtungen zu erfüllen, welchen er gegenüber Dritten dauerhaft ausgesetzt ist.[1515] Dies kommt vor allem bei Dauerschuldverhältnissen wie Miete und Pacht in Betracht.

(3) Vertrauenstatbestand

Das Vertrauen des pflichtwichtig Handelnden auf die Aufrechnungsbeschränkung wird außerdem zu berücksichtigen sein, wenn dieser vom Schuldner bzw. Geschädigten mit einer Verweigerung der Zahlung bzw. der tatsächlichen Leistungserbringung überrascht wurde, mit welcher er also nicht mehr zu rechnen brauchte.[1516] Es handelt sich also um Konstellationen, in welchen der (klagende) Schädiger darauf vertrauen durfte, dass der Schuldner mit seiner Forderung nicht aufrechnen, sondern diese ebenfalls eigenständig durchsetzen werde.[1517]

Dieses Vertrauen muss allerdings begründet sein, mithin dafür Umstände vorhanden sein. Ein solches Vertrauen kann bspw. vorliegen, wenn der Geschädigte im Rahmen eines Dauerschuldverhältnisses weiterhin, d.h. ohne Geltendmachung der Gegenforderungen oder ohne Erklärung einer Aufrechnung, seine

---

1511 Vgl. RGZ 142, 143 (144 f.); s.a. BGH WM 1961, 1357 f.

1512 Vgl. i.d.S. RGZ 142, 143 (144 f.).

1513 Vgl. RGZ 142, 143 (144 f.).

1514 Vgl. in ähnlichem Zusammenhang BGH WM 1977, 311 (312).

1515 Diesen Aspekt besonders aufgreifend BGH NJW 1966, 1452 und BGH BB 1967, 1143 (Dauerschuldverhältnis).

1516 BGH NJW 1966, 1452; BGH BB 1967, 1143; vgl. auch BGH NJW 2002, 2779; OLG Nürnberg BKR 2010, 458 (462).

1517 BGH BB 1967, 1143; vgl. auch BGH NJW 1955, 1452.

vertraglichen Hauptleistungspflichten aus dem Vertrag tatsächlich erfüllt und bspw. seine Pachtzinsen vollständig zahlt.[1518] Darin ist zwar weder ohne weitere Umstände ein Verzicht auf die Forderung noch ohne eine entsprechende Zeitspanne eine Verwirkung der Aufrechnungsbefugnis oder der Forderung selbst zu sehen. Allerdings kann sich daraus ein schutzwürdiges Vertrauen auf den tatsächlichen und weitergehenden Erhalt der Leistung entwickeln, welches, sofern es im weiteren Verlauf zu einer Aufrechnungserklärung des Schuldners kommt, gegen einen Ausschluss der Berufungsmöglichkeit auf die Aufrechnungsbeschränkung nach § 242 BGB spricht.

(4) Beweisbarkeit

Weitergehend wird von einem Teil der Literatur und Rechtsprechung angenommen, dass stets kein Ausschluss der Berufung auf die Aufrechnungsbeschränkung nach § 242 BGB vorliege, wenn die (Delikts-)Forderung nur schwer beweisbar und aus diesem Grund eine lange Beweisaufnahme erforderlich sei.[1519]

Richtig daran ist, dass eine längere Verzögerung der Durchsetzung der eigentlich privilegierten Forderung einen beachtenswerten Aspekt der Beurteilung darstellt. Allerdings muss dieser alleine nicht zwangsläufig zu einem entsprechenden Ausschlag der Bewertung führen.[1520] Dies würde allein den Zweck der Aufrechnungsbeschränkung in den Vordergrund stellen und *die Intensität und subjektive Vorwerfbarkeit der Pflichtverletzung* vollständig außer Acht lassen. Folglich ist anzunehmen, dass eine solche Pflichtverletzung in Zusammenschau mit anderen Umständen, wie bspw. einer besonderen Vorwerfbarkeit, auch bei schwerer Beweisbarkeit immer noch zu einem Berufungsausschluss nach § 242 BGB führt. Dies kann u.a. der Fall sein, wenn die Schädigungshandlung selbst so raffiniert geplant wurde, dass die

---

1518 BGH BB 1967, 1143.

1519 Vgl. Palandt/*Grüneberg* § 387 Rn. 17; *Gernhuber*, Erfüllungssurrogate, § 12 VI 8d und 8e; wohl auch Erman/*Wagner* § 387 Rn. 40; ebenso darauf abstellend, ob die Forderung undurchsichtig ist oder eine weitläufige Beweisaufnahme erfordert, welche die Entscheidung des Rechtsstreits in unzumutbarere Weise hinausschieben würde BGH MDR 1977, 309; BGH WM 1985, 866 (868); BGH WM 1976, 1332 (1333 f.); BGH MDR 2019, 234 (235); OLG Köln NJW 1987, 262; LG Hamburg, Urteil v. 12.06.2006, Az. 415 O 14/06, Juris; AG Mannheim, Urteil v. 23.09.2011, Az. 10 C 44/11, BeckRS 2012, 07933; a.A. Staudinger/*Gursky* § 387 Rn. 256.

1520 Ähnlich auch Staudinger/*Gursky* § 387 Rn. 256 a.E.; Staudinger/*Olzen*/*Looschelders* (16.12.2019) § 242 Rn. 709; eine Entscheidung im Einzelfall vornehmend BGH WM 1976, 1332 (1333 f.); BGH WM 1985, 866 (868).

Beweisermittlung besonders langwierig ist.[1521] Zumindest wenn der Schädiger die Handlung im Bewusstsein vornimmt, dass durch die schwierige Beweislage eine Berufung auf die Aufrechnungsbeschränkung trotz vorsätzlicher Pflichtverletzung möglich bleibt, erscheint diese Handlung in besonderem Maße treuwidrig, sodass eine Berufung auf die Aufrechnungsbeschränkung in aller Regel gem. § 242 BGB ausgeschlossen sein muss.

cc) Zwischenergebnis

Im Grundfall ist bei einer bewusst bzw. vorsätzlich begangenen Pflichtverletzung, aus welcher die Gegenforderung hervorgegangen ist, eine Aufrechnung mit der Gegenforderung auch entgegen einer wirksamen Aufrechnungsbeschränkung möglich. Der pflichtwidrig Handelnde kann sich nicht auf die für ihn günstige Wirkung der Aufrechnungsbeschränkung berufen. Allerdings können im Rahmen der Beurteilung anhand des Einzelfalls bestimmte Umstände einen gegenteiligen Ausschlag auf das Ergebnis der Prüfung haben. Dies ist insbesondere bei einem begründeten Vertrauen auf das Unterlassen der Aufrechnung oder einem Sicherungsinteresse denkbar. In diesen Fällen kann ausnahmsweise doch eine Berufung auf die Aufrechnungsbeschränkung zulässig sein.

d) Entscheidungsreife Gegenforderung

Im Folgenden wird untersucht, ob und in welchen Fällen der Entscheidungsreife der Gegenforderung die Berufungsmöglichkeit auf die Aufrechnungsbeschränkung nach § 242 BGB ausgeschlossen ist. Dabei betreffen die Bestimmungen praktisch hauptsächliche *individualvertragliche* Vereinbarungen.[1522] Für den Bereich von Aufrechnungsbeschränkungen in AGB wurde bereits festgestellt, dass der Verbotsbereich des § 309 Nr. 3 BGB auch Vereinbarungen erfasst, welche entscheidungsreife Forderungen ohne eigenständige Beweisaufnahme von der Aufrechnung ausschließen.[1523] Daher bleibt im Formularbereich nur die Frage zu betrachten, ob auch im Rahmen von § 309 Nr. 3 BGB entsprechenden Aufrechnungsbeschränkungen bei einer Entscheidungsreife der Forderungen ein Berufungsausschluss nach § 242 BGB in Betracht kommt.

1521 So im Ansatz *Schwerdtner* EWiR 1986, 37 (38).

1522 Vgl. für Individualvertrag LG Hamburg, Urteil v. 12.06.2006, Az. 415 O 14/06, Juris; Palandt/*Grüneberg* § 387 Rn. 17.

1523 Siehe dazu umfassend § 5 B. IV. 2.) d) bb).

aa) Ausgangslage – Regelfall

In der Rechtsprechung[1524] wird unter größter Zustimmung der Literatur[1525] eine Berufung auf eine Aufrechnungsbeschränkung als treuwidrig angesehen, wenn die von dem Schuldner bzw. dem Beklagten geltend gemachte Forderung bereits entscheidungsreif ist. Dies wird insbesondere angenommen, wenn die Entscheidungsreife der Forderung des Beschränkungsbegünstigten gleichzeitig die Entscheidungsreife der Gegenforderung des Schuldners bedeutet.[1526]

Diese Sichtweise ist im Grundsatz zutreffend. Sofern eine Forderung bereits entscheidungsreif ist, entfällt in aller Regel der Schutzzweck der Aufrechnungsbeschränkung für den Beschränkungsbegünstigten, mithin das schutzwürdige Interesse des Begünstigten an der Beschränkungsvereinbarung. [1527] Diese soll grundsätzlich sicherstellen, dass die Forderung ohne Rücksicht auf

---

1524 BGH VersR 1969, 733; BGH WM 1971, 722; BGH, Urteil v. 06.03.1974, Az. III ZR 137/72, JurionRS 1975, 12574 (Rn. 31 ff.); BGH WM 1977, 311; OLG Hamm NJW-RR 1989, 274 (275 f.); OLG Düsseldorf DWW 1990, 85; OLG Düsseldorf NJW-RR 1996, 115 (117); OLG Hamm OLGR 2000, 307 (311); OLG Celle, Urteil v. 20.12.2000, Az. 2 U 136/00, Juris Rn. 17; OLG Hamm, Urteil v. 23.11.2010, Az.34 U 157/07, BeckRS 2011, 06693; für einen Ausschluss des Zurückbehaltungsrechtes ebenso BGH NJW 1960, 859; im Zusammenhang mit § 320 BGB BGH NJW 1970, 383 (386); für den Fall eines Verzichtes des Bürgen auf die Einrede der Aufrechenbarkeit bei entscheidungsreifer Forderung des Hauptschuldners ebenso BGH NJW 1981, 761 (762 f.); diesen Grundsatz für den „vergleichbaren Fall" einer Vertragsstrafenvereinbarung für zutreffend haltend OLG Brandenburg BauR 2001, 1111 (1113); vgl. auch OLG Stuttgart OLGR 2009, 38 (40); wohl auch BGH WM 1972, 72 (73); BGH NJW 1987, 1757 f., BGH NJW 2002, 2779.

1525 Staudinger/*Coester-Waltjen* § 309 Nr. 3 Rn. 2, 5; NK-BGB/*Wermeckes* § 387 Rn. 45; RGRK-BGB/*Weber* § 387 Rn. 52; Staudinger/*Gursky* § 387 Rn. 245, 255, welcher allerdings auf eine teleologische Reduktion zurückgreifen will; wohl auch Staudinger/*Olzen/Looschelders* (16.12.2019) § 242 Rn. 708; strenger eine Entscheidungsreife in der Form einer Begründetheit zumindest hinsichtlich formularmäßiger Aufrechnungsbeschränkungen fordernd MüKo-BGB/*Wurmnest* § 309 Nr. 3 Rn. 7; Schimansky/Bunte/Lwowski/*Bunte* § 9 Rn. 18.

1526 Vgl. BGH WM 1978, 620 (621); OLG Düsseldorf ZIP 1998, 1790 (1793); BeckOK-BGB/*Becker* (01.02.2021) § 309 Nr. 3 Rn. 10; Erman/*Roloff* § 309 Rn. 30; vgl. auch BGH NJW 1986, 1757 f.; zum Fall des Ausschlusses eines Zurückbehaltungsrechtes bei entscheidungsreifen Forderungen BGH NJW 1960, 859 (Berufung auf Ausschluss treuwidrig).

1527 Allgemein bei einem fehlenden schutzwürdigen Interesse eine Treuwidrigkeit nach § 242 BGB in Betracht ziehend Wolf/Lindacher/Pfeiffer/*Pfeiffer* § 307 Rn. 30; vgl. auch BGH WM 1956, 217; BGH NJW 1983, 1735 (1736).

vermeintliche Gegenansprüche des Schuldners und folglich ohne eine Zeitverzögerung durchgesetzt werden kann.[1528] Ist die Gegenforderung bereits entscheidungsreif, besteht gerade nicht mehr die Möglichkeit, dass durch die vom Schuldner zur Aufrechnung gestellte Gegenforderung eine langwierige Beweisaufnahme erforderlich macht und dadurch die Entscheidung über die Klageforderung verzögern könnte.[1529] Unter Zugrundelegung dieser Annahme fehlt es an einem schutzwürdigen Interesse des Berechtigten sich auf die Rechte zu berufen, die sich aus der Aufrechnungsbeschränkung allgemein ergeben. Eine fehlende Schutzwürdigkeit begründet allerdings nicht zwangsläufig eine Treuwidrigkeit i.S.d. § 242 BGB mit einem Berufungsausschluss. Allerdings kommt hier mitentscheidend hinzu, dass der Gesetzgeber in anderen Regelungen mit Bezug zu Aufrechnungsbeschränkungen die Wertung vorgegeben hat, dass eine Aufrechnung mit bestimmten Forderungen möglich sein muss, auch wenn die Aufrechnung an sich ausgeschlossen ist. So ist in den gesetzlichen Aufrechnungsverboten § 109 Abs. 6 Satz 1 und 2 SGB V und § 226 Abs. 3 AO explizit vorgesehen, dass eine Aufrechnung mit unbestrittenen und rechtskräftig festgestellten Forderungen trotz des Aufrechnungsverbotes zulässig ist.[1530]

Insoweit wird deutlich, dass der Schutzzweck der Aufrechnungsbeschränkung mit der Entscheidungsreife möglicher Gegenforderungen in enger Korrelation steht. Dementsprechend muss auf der anderen Seite bei Gegenansprüchen, *welche nicht* bewiesen und entscheidungsreif sind, eine Berufung des Beschränkungsbegünstigten auf die Aufrechnungsbeschränkung möglich sein.[1531] Dies

---

1528 Vgl. bspw. BGH, Urteil v. 06.03.1974, Az. III ZR 137/72, JurionRS 1975, 12574 (Rn. 31 ff.), BGH NJW 1986, 1757 f.; OLG Celle, Urteil v. 20.12.2000, Az. 2 U 136/00, Juris; OLG Brandenburg BauR 2001, 1111 (1112 f.); s.a. BGH NJW 1960, 859; BGHZ 12, 136 (143) = 1954, 795; siehe zu den hinter einer Aufrechnungsbeschränkung stehenden Zwecksetzungen § 3 C.

1529 Ausführlich zur Unterscheidung zwischen der Entscheidungsreife einer Forderung und einer Entscheidungsreife ohne eigenständige Beweisaufnahme bereits § 5 B. IV. 2.) d) bb).

1530 Siehe dazu § 4 A. I. 2.) und 3.).

1531 Schimansky/Bunte/Lwowski/*Bunte* § 9 Rn. 18; i.d.S. einen Ausschluss der Berufung auf die Aufrechnungsbeschränkung ablehnend BGH VersR 1969, 733; BGH WM 1971, 722; BGH, Urteil v. 06.03.1974, Az. III ZR 137/72, JurionRS 1975, 12574 (Rn. 31 ff.); BGH WM 1977, 311 f.; BGH NJW 1986, 1757 (1758); BGH NJW 2002, 2779; BGH, Beschluss v. 25.09.2003, Az. IX ZR 198/02, BeckRS 2003, 8750; OLG Düsseldorf DWW 1990, 85; OLG Düsseldorf NJW-RR 1996, 115 (117); OLG Düsseldorf ZIP 1998, 1790 (1793); OLG Hamm OLGR 2000, 307 (311); OLG Celle, Urteil v. 20.12.2000, Az. 2 U 136/00, Juris Rn. 17; OLG Stuttgart OLGR 2009, 39 (40); OLG Hamm, Urteil v. 23.11.2010, Az. 34 U 157/07, BeckRS 2011, 06693; OLG

stellt den „Normalfall" dar, für welchen die Aufrechnungsbeschränkung im Regelfall vereinbart wurde.

bb) Entscheidungsreife Forderungen und entscheidungsreife Forderungen o.e.B.

Bereits verdeutlicht wurde, dass § 309 Nr. 3 BGB ebenfalls Grenzen für Aufrechnungsbeschränkungen hinsichtlich entscheidungsreifer Forderungen setzt. Allerdings wurde der Verbotsbereich von § 309 Nr. 3 BGB dahin konkretisiert, dass nur eine Aufrechnungsbeschränkung für entscheidungsreife Forderungen verboten ist, welche für die Entscheidungsreife keine eigenständige Beweisaufnahme erforderten.[1532] Nicht verboten ist der Ausschluss der Aufrechnung für Forderungen, welche für die Entscheidungsreife noch eine weitergehende Beweisaufnahme erfordern.

Eine solche Differenzierung ist im Bereich der Ausübungskontrolle nicht erforderlich bzw. nicht nötig. Dies ergibt sich aufgrund einer *gebotenen unterschiedlichen Betrachtungsweise*. Der Verbotsbereich von § 309 Nr. 3 BGB bestimmt sich danach, für welche Forderungen und Situationen – bei abstrakt genereller Betrachtung – inhaltlich eine Aufrechnung nicht ausgeschlossen werden kann. Die Bestimmung erfolgt *unabhängig vom konkreten „Forderungszustand"* im Einzelfall – unbestritten, rechtskräftig festgestellt oder entscheidungsreif.[1533] Bei der Ausübungskontrolle erfolgt die Bestimmung anhand der Umstände des Einzelfalls und bezieht sich auf den Ausschluss *einer konkreten Aufrechnungssituation*. Es steht genau fest, welche Forderungen sich in einem bestimmten „Zustand" aufrechnungsfähig oder aufrechnungsunfähig gegenüberstehen. Daher bezieht sich die Frage, ob bei einer Entscheidungsreife der Gegenforderung eine Berufung auf die Aufrechnungsbeschränkung nach § 242 BGB unzulässig ist, auf alle Gegenforderungen, die im Beurteilungszeitpunkt entscheidungsreif (geworden) sind. Ob die Entscheidungsreife aufgrund derselben Tatsachengrundlage von Haupt- und Gegenforderung ohne eine eigenständige Beweisaufnahme herbeigeführt wurde oder erst nach einer „eigenständigen" Beweisaufnahme zur Entscheidung reif war, ist unerheblich.

Braunschweig, Urteil v. 16.10.2014, Az. 9 U 135/14, Juris Rn. 38; vgl. auch BGH NJW-RR 1999 1335 (1336); BGH WM 1981, 712 (714); OLG Nürnberg BKR 2010, 458 (463).

1532 Siehe dazu umfassend § 5 B. IV. 2.) d) bb).

1533 Siehe zur Beurteilungssystematik zur Bestimmung des Verbotsbereiches von § 309 Nr. 3 BGB sowie zu den verschiedenen Forderungszuständen § 5 B. IV. 2.) b) und c).

Demnach bezieht sich die Regelwertung, wonach eine Berufung auf eine Aufrechnungsbeschränkung bei Entscheidungsreife einer Forderung wegen eines Zweckentfalls im Einzelfall nach § 242 BGB treuwidrig ist, auf alle Konstellationen, in welchen die Forderung im Zeitpunkt der Beurteilung entscheidungsreif ist, mithin nicht nur, wenn es sich um eine entscheidungsreife Forderung o.e.B. handelt. Sollte also bspw. aufgrund einer späten prozessualen Einbringung der Aufrechnungsbeschränkung bzw. deren Tatsachen[1534] die Gegenforderung durch eine Beweiserhebung entscheidungsreif geworden sein, kann bei entsprechender Zweckausrichtung der Aufrechnungsbeschränkung die Berufung auf diese unzulässig sein, auch wenn § 309 Nr. 3 BGB entsprechend[1535] die Aufrechnung nur für Forderungen mit einer eigenständigen Beweisaufnahme ausgeschlossen wurde.

cc) Ausnahmefall: Realerfüllung als Schutzzweck der Aufrechnungsbeschränkung

Der Schutzzweck der Aufrechnungsbeschränkung kann aber nicht in allen Konstellationen auf eine schnelle und von (vermeintlichen) Gegenansprüchen unabhängige Durchsetzung der eigenen Forderung reduziert werden. Ein Ausschluss der Berufung auf die Aufrechnungsbeschränkung nach § 242 BGB, in *allen Fallkonstellationen*, in denen die Forderung entscheidungsreif ist, erscheint daher *zweifelhaft*.[1536] Der Zweck der Aufrechnungsbeschränkung geht in bestimmten Fällen primär auch dahin, eine reale, d.h. tatsächliche Erfüllung zu erhalten.[1537] Dem Beschränkungsbegünstigten sollen liquide Mittel zufließen, damit er über diese verfügen kann.[1538] Dies ist insbesondere im Rahmen von Kreditsicherungsfällen oder in Konstellationen der Fall, in welchen der Beschränkungsbegünstigte

---

1534 Siehe dazu auch § 4 B. III. 1.) a).

1535 Zum inhaltlichen Verbotsbereich siehe § 5 B. IV. 2.) d) bb) und zu den Formulierungsanforderungen § 5 B. IV. 2.) e) bb).

1536 So aber im Regelfall die Rspr., siehe dazu die Nachweise in Fn. 1531. Zumindest explizit auch auf die Dauer des Verfahrens abstellend BGH, Urteil v. 06.03.1974, Az. III ZR 137/72, JurionRS 1975, 12574 (Rn. 32).

1537 Vgl. insoweit RGZ 60, 356 ff.; Staudinger/*Gursky* § 387 Rn. 250; *Gernhuber*, Erfüllungssurrogate, § 12 VI 2; BGH MDR 1966, 319, mit Äußerungen des Berufungsgerichtes zum Zweck der Aufrechnungsbeschränkung; ebenso *Tiedtke/Schmitt* FamRZ 2009, 1105 (1110), wenn auch bezüglich gesetzlicher Aufrechnungsverbote.

1538 Im Rahmen des gesetzlichen Aufrechnungsverbotes des Netzbetreibers nach § 22 Abs. 1 EEG auf den Mittelzufluss und dessen Planbarkeit abstellend OLG Braunschweig, Urteil v. 16.10.2014, Az. 9 U 135/14, Juris Rn. 35; vgl. auch LG Köln NJW-RR 2012, 980; MüKo-BGB/*Wurmnest* § 309 Nr. 2 Rn. 20.

auf einen umgehenden Zahlungseingang angewiesen ist, da dieser sich in Zahlungsschwierigkeiten befindet[1539] oder weitere (Dauer-)Verpflichtungen aus der beschränkungsbegünstigten Forderung erfüllen muss.[1540] In diesen Fallgestaltungen streitet der Zweck der Aufrechnungsbeschränkung letztendlich auch bei einer Entscheidungsreife der Gegenforderungen des Schuldners für eine Berufungsmöglichkeit auf die Aufrechnungsbeschränkung.

Gegen eine Berufungsmöglichkeit auf die Aufrechnungsbeschränkungen bei entscheidungsreifen Forderungen in lässt sich zum einen der Gedanke der Prozesswirtschaftlichkeit anführen.[1541] Denn bei einer Unzulässigkeit der Aufrechnung ergeht keine Entscheidung über die Gegen- bzw. Aufrechnungsforderung in materieller Rechtskraft. Daher kann[1542] oder muss[1543] der im ersten Prozess Beklagte einen eigenen Aktivprozess führen, obwohl die Forderung bereits bewiesen war. Außerdem erscheint es in wirtschaftlicher Hinsicht für den Beschränkungsbegünstigten sinnwidrig, zumal ein solcher Aktivprozess im Regelfall mit über den Forderungswert hinausgehenden (Gerichts-) Kosten verbunden ist.

Allerdings muss im Ausgangspunkt die Privatautonomie der Parteien hinreichend beachtet werden und im Rahmen der Beurteilung nach § 242 BGB vorrangig die auf dem Parteiwillen beruhende Vereinbarung herangezogen werden. Die Parteien haben eine Aufrechnungsbeschränkung beschlossen und dieser Vereinbarung einen bestimmten Zweck zugrunde gelegt. Sofern also aufgrund erkennbarer Umstände und Tatsachen eine Aufrechnungsbeschränkung

---

1539 Sofern es letztendlich zu einer Insolvenz oder eines Vermögensverfalls des Beschränkungsbegünstigten kommt, ist allerdings sorgsam zu prüfen, ob die Aufrechnungsbeschränkung überhaupt für diese Fälle von den Parteien gewollt war und ob eine Berufung auf die Aufrechnungsbeschränkung nach § 242 BGB zulässig ist. Siehe dazu soeben § 5 C. II. 2.) a).

1540 Vgl. dazu bspw. BGH BB 1967, 1143; s.a. zur vergleichbaren Konstellation einer Aufrechnungsbeschränkung im Fall der Insolvenz oder des Vermögensverfalls des Verwenders § 5 C. II. 2.) a) cc).

1541 Vgl. zur zumindest vom Grundgedanken her vergleichbaren Frage der Zulässigkeit bzw. Sachdienlichkeit einer Aufrechnung in der Berufungsinstanz i.S.d. § 533 Nr. 1 ZPO BGH NJW-RR 2004, 1076; vgl. auch OLG Stuttgart, Beschluss v. 11.12.2013, Az. 20 U 5/13, BeckRS 2015, 1843.

1542 Ebenso BGH NJW 1986, 1757 f., wobei es inhaltlich um eine *unsubstantiierte* Gegenforderung ging; vgl. auch OLG Brandenburg BauR 2001, 1111 (1112).

1543 Diese Folge einer Aufrechnungsbeschränkung explizit erwähnend BGH WM 1977, 311. Neben einem unabhängigen eigenen Aktivprozess steht dem Schuldner natürlich auch die Möglichkeit einer Widerklage zu.

bewusst und primär für den realen, d.h. tatsächlichen Erhalt der geschuldeten Leistungen von den Parteien vereinbart wurde, muss dieses Interesse auch beachtet werden. Dann darf eine Berufung auf die Aufrechnungsbeschränkung nicht nach § 242 BGB ausgeschlossen sein. Der im „ersten" Prozess Beklagte hat in diesen Fällen in Kenntnis der Interessen der anderen Partei und des Zwecks der Aufrechnungsbeschränkung eine solche Vereinbarung zugelassen. Dann ist es aber nicht rechtsmissbräuchlich, wenn dieser sich anschließend auch darauf beruft, *eine Realerfüllung erhalten zu wollen.* Dies entspricht auch bei bereits entscheidungsreifen Forderungen der vereinbarten Zwecksetzung. In diesen Fällen kann der Beklagte im selben Prozess nur eine Widerklage erheben[1544] oder einen eigenständigen Prozess führen.

Sofern aber keine dahingehenden Umstände vorliegen, ist vom Beschränkungszweck der gegenanspruchsunabhängigen und folglich zügigen Durchsetzung der eigenen Forderung auszugehen. Ist dieser Zweck nicht mehr durch eine lange oder weitere Beweisaufnahme gefährdet, indem die Gegenforderung bereits entscheidungsreif ist, ist der Aufrechnungsbeschränkung die Grundlage entzogen und es besteht kein Schutzzweck mehr.[1545] Sich in diesen Fällen auf die Aufrechnungsbeschränkung zu berufen, steht im Widerspruch zu den ursprünglichen Interessen, welche zu der Beschränkungsvereinbarung geführt haben. Damit steht ein Ausschluss der Berufungsmöglichkeit auf die Aufrechnungsbeschränkung nicht im Widerspruch zur Achtung der Privatautonomie, sondern vielmehr wird diese entsprechend beachtet.

dd) Entscheidungserheblicher Zeitpunkt

Auch die Bestimmung des Zeitpunktes an dem beurteilt wird, ob eine Gegenforderung entscheidungsreif ist oder nicht, ist für die Entscheidung über eine Treuwidrigkeit relevant. So wird zutreffend angeführt, dass im Laufe eines Gerichtsverfahrens jede Forderung entscheidungsreif würde.[1546] Mithin wäre letztendlich bei einer bestehenden, entscheidungsreif gewordenen

1544 Zum fehlenden Ausschluss der Widerklage durch eine Aufrechnungsbeschränkung § 4 B. IV. 4.).

1545 Ähnlich BGH NJW 1986, 1757 f.; in dieser Hinsicht auch auf den Beschränkungszweck abstellend BGH, Urteil v. 06.03.1974, Az. III ZR 137/72, JurionRS 1975, 12574 (Rn. 32).

1546 OLG Düsseldorf, Urteil v. 07.07.2004, Az. I-18 U 225/03, Juris Rn. 67; für den Bereich formularmäßiger Aufrechnungsbeschränkungen MüKo-BGB/*Wurmnest* § 309 Rn. 7; BeckOK-BGB/*Becker* (01.02.2021) § 309 Nr. 3 Rn. 10.

Gegenforderung eine Berufung auf die Aufrechnungsbeschränkung immer ausgeschlossen.[1547] Es ist sinnwidrig eine Beurteilung der Forderungsreife erst nach einer langwierigen Beweisaufnahme für die Klage- und Gegenforderung vorzunehmen. Der Zweck der gegenforderungsunabhängigen und zügigen Durchsetzung der Klageforderung würde bereits übergangen, bevor überhaupt über die Wirksamkeit und Berufungsmöglichkeit auf die Beschränkungsvereinbarung entschieden werden könnte.[1548]

Als relevanter und entscheidungserheblicher Zeitpunkt hat der Moment zu gelten, in welchem der Beschränkungsbegünstigte die Aufrechnungsbeschränkung bzw. deren Tatsachen erstmalig in den Prozess einführt.[1549] Hat der Beschränkungsbegünstigte die Aufrechnungsbeschränkung erst nach einer Geltendmachung der Gegenforderung durch den Beklagten und einer dahingehenden Beweisaufnahme zum Prozessgegenstand gemacht, kann er sich nicht nachträglich darauf berufen, dass die Beweisaufnahme gegen den Zweck der Aufrechnungsbeschränkung verstoßen hat. In diesen Fällen ist die Berufung auf die Aufrechnungsbeschränkung unter Umständen wegen einer Entscheidungsreife der Gegenforderung ausgeschlossen.[1550] Hat dieser hingegen die Beschränkungsvereinbarung unmittelbar in den Prozess eingeführt, muss dies auch entsprechend berücksichtigt werden.

ee) Übertragung auf weitere Konstellationen

In der vorstehend dargestellten Erörterung wurde deutlich, dass die Berufung auf eine Aufrechnungsbeschränkung ausgeschlossen sein kann, wenn in Fällen der Entscheidungsreife der Gegen- bzw. Aufrechnungsforderung der Beschränkungszweck nicht tangiert wird. Allerdings entfällt der Zweck einer gegenanspruchsunabhängigen, zügigen Durchsetzung der eigenen Forderungen nicht

---

1547 So bspw. OLG Düsseldorf, Urteil v. 07.07.2004, Az. I-18 U 225/03, Juris Rn. 67; OLG Düsseldorf, Urteil v. 07.02.2007, Az. U (Kart) 3/06, Juris Rn. 62, 57 ff.

1548 Vgl. OLG Düsseldorf, Urteil v. 07.07.2004, Az. I-18 U 225/03, Juris Rn. 67; ähnlich auch BeckOK-BGB/*Becker* (01.02.2021) § 309 Nr. 3 Rn. 10.

1549 Allgemein aber ähnlich für die Beurteilung eines Rechtsmissbrauches i.S.d. § 242 BGB Staudinger/*Olzen/Looschelders* (16.12.2019) § 242 Rn. 153; BeckOK-BGB/*Sutschet* (01.02.2021) § 242 Rn. 50; siehe dazu auch § 4 B. III. 1.) a).

1550 So im Erg. OLG Düsseldorf, Urteil v. 07.02.2007, Az. U (Kart) 3/06, Juris Rn. 62, 57 ff., wobei nicht auf den Zweck der Aufrechnungsbeschränkung eingegangen und folglich nicht hinreichend erörtert wird, ob eine Berücksichtigung der zur Aufrechnung gestellten Gegenforderung bereits vor einer Beweisaufnahme aufgrund der Zweckbestimmung der Beschränkungsvereinbarung hätte ausscheiden müssen.

nur im Rahmen von entscheidungsreifen Forderungen. In Betracht dafür kommen auch Aufrechnungen mit rechtskräftig festgestellten und unbestrittenen Forderungen.

(1) Rechtskräftig festgestellte Forderungen

Ein entsprechender „Zweckentfall" für die Aufrechnungsbeschränkung wird unter Berücksichtigung der dargestellten Erkenntnisse zu entscheidungsreifen Forderungen besonders bei rechtskräftig festgestellten Forderungen deutlich. Diese Forderungen sind nicht nur entscheidungsreif, sondern stehen bereits fest, sind mithin bereits in formeller und materieller Rechtskraft erwachsen.[1551] Sofern eine solche Forderung bereits rechtskräftig festgestellt ist, bleibt im Regelfall das Interesse des beschränkungsbegünstigten Gläubigers gewahrt, da eine Verfahrens- bzw. Durchsetzungsverzögerung durch eine Geltendmachung der Gegenforderung nicht entstehen kann.[1552] Eine Berufungsmöglichkeit auf die Beschränkungsvereinbarung entfällt gleichsam wie im Zusammenhang mit den entscheidungsreifen Forderungen.[1553]

(2) Unbestrittene Forderungen

Letztendlich gelten die soeben angestellten Überlegungen im Grundsatz auch für unbestrittene Forderungen.[1554] Denn auch in den Fällen, in welchen die Parteien hinsichtlich Bestands und Höhe der Forderung einer Meinung sind, entfällt die Gefahr einer Verfahrensverzögerung insbesondere durch eine Beweisaufnahme. Allerdings muss auch in diesen Konstellationen genau bestimmt werden, ob sich der Beschränkungszweck in einer Unabhängigkeit von der Gegenforderung zur schnellen Durchsetzung der eigenen Forderung erschöpft und nicht noch darüberhinausgehende Zwecke eine andere Beurteilung vorgeben.[1555]

1551 Vgl. nur Wolf/Lindacher/Pfeiffer/*Dammann* § 309 Nr. 3 Rn. 32; MüKo-BGB/*Wurmnest* § 309 Rn. 3 Rn. 8.

1552 I.d.S. auch Palandt/*Grüneberg* § 387 Rn. 17; Staudinger/*Gursky* § 387 Rn. 255, welcher allerdings auf eine teleologische Reduktion des Verbotes abstellt; im Erg. ebenso, aber für eine ergänzende Vertragsauslegung plädierend Staudinger/*Olzen/Looschelders* (16.12.2019) § 242 Rn. 708.

1553 Siehe zu den entscheidungsreifen Gegenforderungen soeben § 5 C. II. 2.) d) aa) - cc).

1554 Im Erg. ebenso Palandt/*Grüneberg* § 387 Rn. 17; NK-BGB/*Wermeckes* § 387 Rn. 45; vgl. auch Staudinger/*Olzen/Looschelders* (16.12.2019) § 242 Rn. 708, welche aber für eine ergänzende Vertragsauslegung plädieren.

1555 Wohl auch Staudinger/*Olzen/Looschelders* (16.12.2019) § 242 Rn. 708, indem diese auf den Beschränkungszweck abstellen und, sofern dieser nicht in Frage gestellt wird, eine Berufung auf eine vertragliche Aufrechnungsbeschränkung ablehnen

Bei der Beurteilung von unbestrittenen Forderungen ist zu beachten, dass es sich um ein substantiiertes Bestreiten handeln muss.[1556] Ansonsten hätte der Beschränkungsbegünstigte es in der Hand, durch *jede Äußerung* über das Nichtbestehen der Gegenforderung, diese zu einer bestrittenen Forderung zu machen und einen Ausschluss der Berufungsmöglichkeit zu verhindern, obwohl der Zweck der Aufrechnungsbeschränkung nicht tangiert wäre.[1557] Durch ein Bestreiten mit unhaltbaren Einwendungen wird in aller Regel *keine* zeitaufwändige Beweisaufnahme erforderlich.[1558] Dementsprechend ist ein substantiiertes Bestreiten zu verlangen, an welches in Ansehung des Zwecks der Beschränkungsvereinbarung allerdings keine übermäßigen Anforderungen gestellt werden dürfen. Sofern sich eine Verzögerung durch eine Prüfung der Schlüssigkeit des Beschreitens und des Bestehens der Forderung durch eine Beweisaufnahme andeutet, ist im Zweifel ein nicht grundloses Bestreiten anzunehmen, sodass ein Ausschluss der Berufung nach § 242 BGB nicht anzunehmen und folglich eine wirksame Aufrechnung nicht möglich ist. Bei offensichtlich unhaltbaren Einwendungen ist hingegen die Grenze einer „Unbestrittenheit" erreicht.[1559]

ff) Zwischenergebnis

Ein Ausschluss der Berufung auf die Aufrechnungsbeschränkung hängt hinsichtlich der Forderungszustände „entscheidungsreif", „rechtskräftig festgestellt" und „unbestritten" vom zugrunde gelegten Zweck der Aufrechnungsbeschränkung ab.

Bei entscheidungsreifen Forderungen ist aufgrund eines Zweckentfalls eine Berufung auf die Beschränkungsvereinbarung regelmäßig ausgeschlossen. Da sich die Betrachtungsweise zwischen der Bestimmung des Verbotsbereichs von § 309 Nr. 3 BGB und der Beurteilung im Einzelfall nach § 242 BGB unterscheidet,

---

(§§ 133, 157 BGB). Zur im Grundsatz vergleichbaren Situation entscheidungsreifer und rechtskräftig festgestellter Forderungen soeben § 5 C. II. 2.) d) aa) - bb) und ee) (1).

1556 Zumindest im Zusammenhang mit formularmäßigen Aufrechnungsbeschränkungen ebenso Staudinger/*Coester-Waltjen* § 309 Nr. 3 Rn. 5; MüKo-BGB/*Schlüter* § 387 Rn. 62; wohl auch BeckOK-BGB/*Becker* (01.02.2021) § 309 Nr. 3 Rn. 9.

1557 Ähnlich *Gernhuber*, Erfüllungssurrogate, § 12 VI 8b für „unbestritten" i.S.v. § 11 Nr. 3 AGBG (= § 309 Nr. 3 BGB).

1558 So wohl auch Schimansky/Bunte/Lwowski/*Bunte* § 9 Rn. 16 (*„substantiiertes Bestreiten bedeutet, dass es hinsichtlich der vorgetragenen Tatsachen im Prozess einer Beweisaufnahme bedarf"*).

1559 I.d.S. im Kontext von § 11 Nr. 3 AGBG (= § 309 Nr. 3 BGB) auch *Gernhuber*, Erfüllungssurrogate, § 12 VI 8b.

ist die Berufung in allen Situationen ausgeschlossen, in denen die Forderung *entscheidungsreif* ist. Die Entscheidung, ob eine Berufung im Einzelfall treuwidrig ist, muss in dem Zeitpunkt erfolgen, indem die Aufrechnungsbeschränkung bzw. deren zugrundeliegende Tatsachen erstmalig im Prozess geltend gemacht werden.

Sofern erkennbar eine abweichende Zwecksetzung von den Parteien der Aufrechnungsbeschränkung zugrundgelegt wurde, ist eine Berufung auf die Beschränkungsvereinbarung in aller Regel nicht nach § 242 BGB ausgeschlossen.

Ein schutzwürdiges Interesse des Beschränkungsbegünstigten an dem Aufrechnungsausschluss fehlt im Regelfall auch bei unbestrittenen und rechtskräftig festgestellten Forderungen. Der Beschränkungszweck für eine Durchsetzung der Forderungen ohne die zeitverzögernde Möglichkeit der Geltendmachung von (vermeintlichen) Forderungen ist bei diesen Forderungszuständen entfallen, da eine Verzögerung nach der Natur der Sache nach nicht möglich ist. Sofern der Beschränkungszweck allerdings erkennbar eine abweichende Schutzrichtung aufweist, kann eine Berufung möglich sein.

e) Sonstige Konstellationen

Im Zusammenhang mit vertraglichen Aufrechnungsbeschränkungen wurden von der Rechtsprechung noch weitere Umstände in Erwägung gezogen, nach welchen die Berufung auf die Beschränkungsvereinbarung nach Treu und Glauben rechtsmissbräuchlich erscheinen könnte. Thematisiert wurde die Höhe der jeweiligen Forderungen[1560], ein sehr langes Warten mit der Geltendmachung der Aufrechnungsbeschränkung im Prozess und die Berufung auf die Beschränkungsvereinbarung als eine unzumutbare Härte für die beklagte Partei.[1561] Im Ergebnis wurden diese Umstände als alleiniges Element für einen regeltypischen Ausschluss der Berufungsmöglichkeit zutreffend von der Rechtsprechung abgelehnt.[1562]

aa) Höhe der Forderungen

Ein sehr hoher Forderungswert der Haupt- und Gegenforderung mag für den aufrechnungsbeschränkten Forderungsinhaber zwar einen erheblichen offenen Posten darstellen, indem dieser erst einmal zur Zahlung der hohen Schuldsumme verpflichtet ist und selbst nicht in der Lage ist, seine hoch dotierte

1560 So bspw. BGH WM 1977, 311 (312, im Erg. abgelehnt).
1561 Beides zumindest im Ansatz in Betracht ziehend OLG Düsseldorf NJW-RR 1999, 244.
1562 Vgl. die Nachweise in Fn. 1560 und 1561.

Forderung durch eine Aufrechnung durchzusetzen. Dies ist allerdings alleinige Folge seiner vertraglichen Vereinbarung mit gegenseitigen Verpflichtungen über eine oder mehrere hochwertige Hauptleistung/en und einer entsprechenden Gegenleistungspflicht. Er war er sich der wirtschaftlichen Erheblichkeit der Leistungspflichten und der bestehenden Aufrechnungsbeschränkung bei Vertragsabschluss bewusst. Zudem erhält er für seine „offene" Forderung die vertragliche Gegenleistung.[1563] Dementsprechend kann allein eine hohe Forderungssumme eine Rechtsmissbräuchlichkeit nicht begründen.[1564] Zusätzlich bliebe die Grenzziehung unklar, ab welcher Forderungshöhe eine solche Rechtsmissbräuchlichkeit anzunehmen wäre. Während für einzelne Vertragspartner bereits ein vierstelliger Forderungsbetrag eine hohe Summe ausmacht, kann ein solcher Betrag bei Verträgen mit oder zwischen Großunternehmen noch als unbedeutender angesehen werden. Trotz der einzelfallbezogenen Ausübungskontrolle nach § 242 BGB erscheint hier ohne eine weitere Vorgabe einer Summe die Gefahr einer ins Willkürliche abdriftenden Entscheidung immens.

Ausgeschlossen sollte allerdings nicht sein, dass eine hohe Forderungssumme bei Ausbleiben der Gegenleistung einen berücksichtigungswerten Umstand im Rahmen der Beurteilung einer rechtsmissbräuchlichen Berufung auf die Aufrechnungsbeschränkung darstellen kann.

bb) Verzögerte prozessuale Einbringung

Auch eine verzögerte Geltendmachung der Aufrechnungsbeschränkung im gerichtlichen Verfahren wird in aller Regel keinen Berufungsausschluss nach § 242 BGB begründen können. Denn aufgrund des weiterhin bestehenden schutzwürdigen Interesses des Beschränkungsbegünstigten an der Verhinderung der Verzögerung der eigenen Forderungsdurchsetzung durch vermeintliche Gegenforderungen, erscheint ein gewichtiger Grund erforderlich, der eine Treuwidrigkeit i.S.d. § 242 BGB begründen kann.

Insoweit könnte bspw. ein entsprechend begründeter Vertrauenstatbestand in Betracht kommen. Allerdings scheint ein solcher Vertrauenstatbestand durch eine späte Berufung auf die Aufrechnungsbeschränkung im Regelfall nicht begründet zu werden.[1565] Ausgangspunkt ist dabei die materiellrechtliche

---

1563 Welche aufgrund der verschiedenartigen Hauptleistungspflichten im Regelfall nicht die hier in Frage stehende Hauptforderung sein kann.

1564 Im Erg. ebenso BGH WM 1977, 311 (312); MüKo-BGB/*Schlüter* § 387 Rn. 62; zumindest einen Einfluss auf die Wirksamkeitskontrolle ablehnend BeckOGK-BGB/*Skamel* (01.04.2021) § 387 Rn. 197 a.E.; vgl. im Ansatz auch BGH NJW 1966, 1452.

1565 Vgl. soweit ersichtlich nur OLG Düsseldorf NJW-RR 1994, 244.

Wirkung einer Aufrechnungsbeschränkung. Diese bedingt, dass eine wirksame Aufrechnung auch ohne Geltendmachung der Aufrechnungsbeschränkung durch den Beschränkungsbegünstigten nicht möglich ist.[1566] Daher erscheint es zweifelhaft, ein Vertrauen auf die Aufrechnungsmöglichkeit des in der Aufrechnung beschränkten Forderungsinhabers anzunehmen.

Auch im gerichtlichen Verfahren fehlt ein Umstandsmoment[1567] für einen dahingehenden Vertrauenstatbestand. Der Berechtigte ist grundsätzlich frei, seine Rechte und Einwendungen innerhalb der gesetzlichen, prozessualen und vertraglichen Fristen auszuüben.[1568] Eine späte Geltendmachung der Aufrechnungsbeschränkung reicht *ohne weitere Anhaltspunkte*[1569] nicht dafür aus, dass der Beklage davon ausgehen kann, dieser werde die Aufrechnungsbeschränkung überhaupt nicht mehr einbringen. Zusätzlich ist der Zeitrahmen, in welchem ein Vertrauen überhaupt begründet werden kann, begrenzt: Auf der einen Seite durch die Geltendmachung der Gegenforderung des Beklagten. Erst ab diesem Moment ist die Einführung einer Aufrechnungsbeschränkung für den Beschränkungsbegünstigten prozessual notwendig, um ein materiellrechtlich „unrichtiges" Urteil zu vermeiden. Auf der anderen Seite, indem der Beschränkungsbegünstigte die Aufrechnungsbeschränkung ohne Zustimmung nicht mehr im Rahmen der Rechtsmittelinstanzen geltend machen kann.[1570] Bei einer durchschnittlichen Verfahrensdauer in den Eingangsinstanzen von ca. 5 bis 8 Monaten bei Amtsgerichten bis 10 bis 13 Monaten bei Landgerichten[1571] liegt ein sehr beschränkter Zeitraum vor, in welchem der Beklagte ein Vertrauen aufbauen könnte.

Im Übrigen könnte in diesem Zusammenhang allein eine Zusicherung vor der gerichtlichen Auseinandersetzung oder während des Prozesses, sich nicht

---

1566 Siehe dazu § 4 B. III. 1.) a).

1567 Vgl. statt aller nur Staudinger/*Looschelders/Olzen* (16.12.2019) § 242 Rn. 304, 306; BAG NJW 2001, 2907 (2908).

1568 Vgl. Palandt/*Grüneberg* § 242 Rn. 87 a.E.; BGH MDR 1975, 225.

1569 Vgl. allgemein statt aller nur Staudinger/*Looschelders/Olzen* (16.12.2019) § 242 Rn. 306; BAG NJW 2001, 2907 (2908).

1570 Bei dieser Annahme ist unterstellt, dass keine der Ausnahmen von § 531 Abs. 2 ZPO und kein Fall des § 767 Abs. 2 ZPO vorliegt. Zur Sachdienlichkeit einer erst in der Berufung eingebrachten Aufrechnung an sich, d.h. ohne Aufrechnungsbeschränkung, vgl. BGH NJW-RR 2004, 1076 und OLG Stuttgart, Beschluss v. 11.12.2013, Az. 20 U 5/13, BeckRS 2015, 1843.

1571 Vgl. dazu die „Fachserie 10 Reihe 2.1 – Rechtspflege" vom Statistischen Bundesamt, abrufbar unter www.destatis.de (letzter Abruf 24.06.2021).

auf die Beschränkungsvereinbarung zu berufen, für ein erforderliches Vertrauen des Aufrechnungswilligen sorgen. Dies wird allerdings eine rechtsgeschäftliche Aufhebung oder Abänderung der Aufrechnungsbeschränkung darstellen[1572], sodass es § 242 BGB insoweit nicht bedarf.

cc) Zwischenergebnis

Die vorstehend erörterten Umstände stellen den Randbereich der denkbaren Fallgruppen dar, welche noch eine Überlegung rechtfertigen, ob ihr Vorliegen eine Berufung auf eine Aufrechnungsbeschränkung *im Regelfall*, wenn auch einzelfallbezogen, rechtsmissbräuchlich erscheinen lassen. Da allerdings bereits diese Konstellationen nicht *regeltypisch* für einen Berufungsausschluss nach § 242 BGB sprechen, sind keine weiteren Fallgestaltungen ersichtlich, welche über eine Entscheidung im konkreten Einzelfall anhand der jeweiligen besonderen und atypischen Umstände hinausgehen und mit einer allgemein, wenn auch einzelfallbezogenen „Indizwirkung" für weitere Fälle herangezogen werden können. Es verbleibt entsprechend die in § 242 BGB immanente Grenze, welche sich aber nur nach den jeweiligen besonderen und atypischen Umständen des Einzelfalls richtet und eine weitergehende Systematisierung nicht zulässt.

f) Keine weitergehenden Anforderungen an die Formulierung

Besondere Formulierungsanforderungen an die Aufrechnungsbeschränkung durch eine mögliche Treuwidrigkeit im Einzelfall nach § 242 BGB ergeben sich im Individualvertrag schon nach der Natur der Sache nicht. Eine Unwirksamkeit aufgrund einer fehlenden Transparenz ist weder noch §§ 134, 138 BGB möglich noch aus anderen Vorschriften.

Allerdings ergeben sich auch für formularmäßige Aufrechnungsbeschränkungen im Hinblick auf § 309 Nr. 3 BGB und § 307 Abs. 1 Satz 2 BGB keine weitergehenden Vorgaben oder Anforderungen für die Formulierung einer wirksamen Klausel. Es ist nicht erforderlich, dass in den Klauseln bestimmte Ausnahmesituationen, in denen eine Berufung auf eine Aufrechnungsbeschränkung nach § 242 BGB im konkreten Einzelfall bezüglich einer konkreten Aufrechnungsmöglichkeit unzulässig ist, aufgenommen werden.[1573] So verbietet

---

1572 Siehe zu den parteiwillensabhängigen Grenzen der Aufrechnungsbeschränkung § 5 C. I.

1573 Zutreffend Staudinger/*Coester-Waltjen* § 309 Nr. 3 Rn. 6 a.E.; Erman/*Roloff* § 309 Rn. 30; BeckOK-BGB/*Becker* (01.02.2021) § 309 Nr. 3 Rn. 13, 17; vgl. Ulmer/Brandner/Hensen/*Schäfer* § 309 Nr. 3 Rn. 11 a.E.; allgemeiner *Findeisen* WM 2016, 2286 (2292); zutreffend und anschaulich auch in Bezug auf das Transparenzgebot

§ 309 Nr. 3 BGB inhaltlich nur den Aufrechnungsausschluss für die dort genannten Forderungen. Hinsichtlich der Anforderungen des Transparenzgebotes nach § 307 Abs. 1 Satz 2 BGB ist zu beachten, dass zwar einerseits die Verpflichtung des Verwenders zur klaren und verständlichen Formulierung besteht, damit der Vertragspartner über seine Rechte und Pflichte aus dem Vertrag informiert wird.[1574] Allerdings dürfen andererseits diese Anforderungen auch nicht derart überspannt werden, dass es zu einer umfassenden Kommentierung jeder Klausel kommt.[1575] Denn Letzteres würde das erste Erfordernis selbst konterkarieren und im Extremfall aufgrund eines (zu) großen Informationszuwachses beim Vertragspartner wiederum zu einer Intransparenz führen.[1576] Daher richten sich die Formulierungs- und Transparenzanforderungen für den Verwender (auch) nach dem tatsächlich Zumutbaren und Möglichen.[1577] Dieser Bereich würde allerdings in vorliegend betrachteten Fällen mit einem Ausnahmecharakter verlassen, da der Verwender nur schwer erkennen kann, in welchen konkreten Situationen eine Berufung auf die Aufrechnungsbeschränkung im Einzelfall unzulässig ist. Dies gilt umso mehr als die genauen Bestimmungen und Einordnungen der Fälle in Rechtsprechung und Literatur umstritten sind.[1578]

---

i.S.d. § 307 Abs. 1 Satz 2 BGB OLG Nürnberg WM 2016, 2300 (2302, aufgehoben durch Revision BGHZ 218, 132 = NJW 2018, 2042, in welcher Entscheidung die Fragestellung offen gelassen wurde).

1574 Vgl. allgemein bspw. jeweils m.w.N. Ulmer/Brandner/Hensen/*Fuchs* § 307 Rn. 326; Staudinger/*Coester*, 15. Auflage 2013, § 307 Rn. 180; BGHZ 162, 210 (213 f.) = NJW-RR 2005, 902 (903); BGHZ 106, 42 (49 f.) = NJW 1989, 222 (224).

1575 BGHZ 112, 115 (119) = NJW 1990, 2383 (2384); *Findeisen* WM 2016, 2286 (2292); vgl. auch BGH NJW 1998, 3114 (3116); OLG Nürnberg WM 2016, 2300 (2302, aufgehoben durch Revision BGHZ 218, 132 = NJW 2018, 2042, in welcher Entscheidung die Fragestellung offen gelassen wurde); BGH NJW 2014, 924 (928); BGH NZM 2004, 903 (904).

1576 Vgl. ähnlich BGHZ 162, 210 (214) = NJW-RR 2005, 902 (903); BGH NJW 1993, 2052 (2054); *Häublein* WuM 2016, 468 (469); Staudinger/*Coester*, 15. Auflage 2013, § 307 Rn. 195 m.w.N.; Staudinger/*Wendland* § 307 Rn. 195.

1577 So zutreffend Staudinger/*Coester*, 15. Auflage 2013, § 307 Rn. 195; Staudinger/*Wendland* § 307 Rn. 195; BGH NJW 2007, 3632 (3635, m.w.N.); vgl. Ulmer/Brandner/Hensen/*Fuchs* § 307 Rn. 348; BGHZ 204, 316 (323) = NJW 2015, 1871 (1873, offen gelassen); *Rodi* BKR 2018, 299 (302); siehe außerdem die w.N. in Fn. 1575 u. 1576.

1578 Siehe dazu soeben ausführlich § 5 C. II.

g) Fazit

Die Ausübungskontrolle nach § 242 BGB setzt für vertragliche Aufrechnungsbeschränkungen Grenzen, welche über die Wirksamkeitsgrenzen hinausgehen. Auch bei wirksamen Aufrechnungsbeschränkungen kann eine Berufung auf diese treuwidrig und folglich ausgeschlossen sein.

Die Bestimmung, ob eine solche Berufung ausgeschlossen ist, ist aufgrund des konkreten Bezuges auf einen konkreten Einzelfall und die einzelne Aufrechnungsbefugnis abstrakt nur schwer bestimmbar. Trotz verbleibender Unschärfen sind bestimmte Grundannahmen bzw. Kriterien vorhanden, an welchen eine Orientierung erfolgen kann.

- Besonders ist auch der jeweilige zum Ausdruck gekommene *Beschränkungszweck* der einzelnen Aufrechnungsbeschränkung zu beachten. Es ist genau festzustellen, ob die ausgelöste Rechtsfolge noch von der Aufrechnungsbeschränkung gedeckt ist oder die Verweigerung der Aufrechnung darüber hinausgehen würde. Letzteres ist im Regelfall anzunehmen, wenn die Forderung entscheidungsreif, unbestritten oder rechtskräftig festgestellt ist und daher keine Gefahr der Verzögerung mehr entsteht. Allerdings gibt es Umstände, welche eine abweichende Zwecksetzung vorsehen, sodass in alle diesen Konstellationen auch eine Berufung nicht treuwidrig und damit zulässig sein kann.
- In der Bewertung ist besonders *die Rechtsfolge* für den aufrechnungsbeschränkten Forderungsinhaber zu berücksichtigen. Sofern ein Fall einer dauerhaft fehlenden Durchsetzungsmöglichkeit im Raume steht, ist schwerwiegend zu gewichten, dass eine solche einem wirtschaftlichen Totalausfall der eigenen Forderung gleichsteht und damit die radikalste Form der Rechtseinbuße darstellt. Daher ist genau zu prüfen, ob diese noch mit der Zwecksetzung der Aufrechnungsbeschränkung in Konkordanz steht oder nicht. Aufgrund des Zwecks der Beschränkung einer Erfüllungsvariante, nicht aber der Erfüllung an sich, wird im Grundsatz die Rechtsfolge nicht vom Zweck der Aufrechnungsbeschränkung gedeckt sein. Eine erkennbar abweichende Zwecksetzung oder Umstände für eine Geltung der Aufrechnungsbeschränkung sind auch hier möglich und zu berücksichtigen.
- Bei der Abwägung sind auch die *gesetzlich vorgegebenen Wertungen* zu beachten. Insoweit kann eine radikale Rechtsfolge des „Forderungsausfalls" auch dann zu keinem Berufungsausschluss auf die Aufrechnungsbeschränkung führen, wenn zwar der Beschränkungszweck den „Forderungsverzicht" nicht erfassen würde, aber gesetzlich das Risiko des Forderungsausfalls dem Forderungsinhaber zugewiesen ist. Mithin ist bspw. bei einer Verjährung der Gegenforderung die Berufung auf eine Aufrechnungsbeschränkung zulässig.

- Außerdem hat das *jeweilige Verhalten der Vertragsparteien* Einfluss auf die Missbräuchlichkeitsbestimmung. Sofern vorsätzlich oder bewusst ohne eigenen Leistungswillen der Vertragspartner zu einer Eingehung einer Leistungsverpflichtung bewegt wird, liegt der Ausschluss der Berufungsmöglichkeit auf die Aufrechnungsbeschränkung nahe. Darüberhinausgehend beherrscht bzw. begleitet der Grundsatz von Treu und Glaube das gesamte Rechtsleben, allerdings darf daraus kein Strafcharakter entstehen.

§ 6. Fallgruppen

Im Folgenden werden einzelne Fallgruppen von tatsächlichen oder vermeintlichen Aufrechnungsbeschränkungen dargestellt, welche in der Rechtspraxis vielfach verwendet werden und bei welchen sich die Bestimmung der Vereinbarungsgrenzen nicht schwerpunktmäßig nur nach einer gesetzlichen Regelung richtet. Es wird dargestellt, ob diese Konstellationen wirklich Beschränkungen der Aufrechnungen enthalten und inwieweit für die Aufrechnungsbeschränkungen Wirksamkeitsgrenzen gesetzt sind.

A. Formvorschriften, Ankündigungspflichten und Zustimmungsvorbehalte

Eine erste Gruppe von möglichen Einschränkungen der Aufrechnungsmöglichkeit besteht darin, dass eine Aufrechnung zwar nicht ausgeschlossen ist, allerdings von weiteren Voraussetzungen oder konkreten Handlungen des Aufrechnungswilligen oder des Aufrechnungsgegners abhängig ist. Insbesondere kann die Aufrechnungserklärung an eine bestimmte Form gebunden sein oder die Aufrechnung von einer vorherigen Ankündigung oder gar einer Zustimmung abhängig gemacht werden.

I. Tatbestand der Aufrechnungsbeschränkung

Bei einer Vereinbarung weiterer formaler Voraussetzungen für die Aufrechnungserklärung, der Bindung der Aufrechnung an weitere Handlungen des Aufrechnungswilligen oder die erforderliche Zustimmung durch den Aufrechnungsgegner handelt es sich um Aufrechnungsbeschränkungen. Denn diesen Konstellationen ist gemein, dass eine Aufrechnung nicht allein nach den gesetzlichen Tatbestandsvoraussetzungen der §§ 387 ff. BGB möglich ist.[1579]

Bei den vorliegend betrachteten Aufrechnungsbeschränkungen handelt es sich nicht um den Fall eines Ausschlusses der Aufrechnung, sondern um sog. Erschwerungen der Aufrechnung.[1580] Denn in der Beschränkungsvereinbarung

---

1579 Siehe zur Terminologie und den Rechtsfolgen, welche eine Aufrechnungsbeschränkung inhaltlich konkretisieren § 4 B. I. und III.

1580 Siehe zur Differenzierung zwischen Aufrechnungsbeschränkungen als Ausschluss und als Erschwerung § 5 B. IV. 2.) a) aa) und bb).

ist bereits vorgesehen, dass unter bestimmten Umständen bzw. Voraussetzungen eine Aufrechnung möglich sein soll.

Ob alle diese Fälle der Aufrechnungsbeschränkung, also Erschwerungen oder Verbote, wirksam vereinbart werden können, ist eine andere Frage und wird im Folgenden untersucht.

II. Formerfordernisse für die Aufrechnungserklärung

Im Grundsatz ist denkbar, die Aufrechnungserklärung von bestimmten Formerfordernissen abhängig zu machen. In Betracht kommt vor allem eine Textform i.S.d. § 126b BGB, eine Schriftform, eine notarielle Beurkundung oder eine öffentliche Beglaubigung.[1581] Ebenso können die Parteien auch vereinbaren, dass eine Aufrechnungserklärung per Einschreiben zuzusenden ist oder nur auf einem bestimmten Formular[1582] oder durch ein IT-basiertes Portal erklärt werden kann.

Derartige Aufrechnungsbeschränkungen könnten bspw. lauten:

„Eine Aufrechnung ist nur möglich, wenn diese in Textform erklärt wird."

„Die Aufrechnung wird nur anerkannt, wenn diese schriftlich erklärt wird."

„Eine Aufrechnung ist nur zulässig, wenn die Erklärung notariell beurkundet wird."

„Die Aufrechnungserklärung muss per Einschreiben beim Erklärungsempfänger eingehen."

„Zur Erklärung der Aufrechnung ist das beigefügte Formular zu verwenden. Nicht über dieses Formular erklärte Aufrechnungen werden nicht akzeptiert."

1581 Diese Fälle ebenfalls in Betracht ziehend Wolf/Lindacher/Pfeiffer/*Dammann* § 309 Nr. 3 Rn. 18; Wolf/Horn/Lindacher/*Wolf*, 4. Auflage 1999, § 11 Nr. 3 Rn. 10; BeckOK-BGB/*Becker* (01.02.2021) § 309 Nr. 3 Rn. 6; Prütting/Wegen/Weinreich/*Berger* § 309 Rn. 17.

1582 Vgl. allgemein Wolf/Lindacher/Pfeiffer/*Dammann* § 309 Nr. 13 Rn. 25 m.w.N., zum allgemeinen Fall einer Vorgabe der Nutzung eines Formulars des Verwenders OLG München NJW-RR 1987, 661 (664); zu Formularzwangklauseln allgemein MüKo-BGB/*Wurmnest* § 309 Nr. 13 Rn. 7, BeckOGK-BGB/*Weiler* (01.03.2021) § 309 Nr. 13 Rn. 37 ff.

1.) *Individualvertragliche Vereinbarung*

a) *§ 134 BGB und § 138 BGB*

Sofern die Parteien in einem Individualvertrag oder in der im Einzelnen ausgehandelten Aufrechnungsbeschränkung eine nach § 127 BGB bestimmte Form der Aufrechnungserklärung vorgeschrieben haben, liegt darin eine wirksame Aufrechnungsbeschränkung vor. Eine ohne die Form erklärte Aufrechnung ist nicht wirksam.

Es liegt kein Verbotsgesetz i.S.d. § 134 BGB vor, welches eine solche Vereinbarung ausschließt. Zusätzlich verstößt eine solche Vereinbarung nicht gegen die guten Sitten nach § 138 BGB. Im Rahmen der Beurteilung dieser beiden Kontrollmechanismen gilt gleichermaßen, dass durch eine solche Vereinbarung keine besondere Verkürzung der Rechte des insoweit aufrechnungsbeschränkten Vertragspartners entsteht, welche eine Einschränkung der freien Inhaltsbestimmung als Ausprägung des Grundsatzes der Vertragsfreiheit erforderlich machen würde.

Für Vorgaben an die Erklärung wie die der Textform i.S.d. § 126b BGB, der Schriftform i.S.d. § 126 BGB und der Zusendung der Aufrechnungserklärung durch ein Einschreiben ist ausschlaggebend zu berücksichtigen, dass eine wirksame Aufrechnung *weiterhin ohne Mitwirkung* des Vertragspartners möglich ist. Dadurch bleiben dem Aufrechnungswilligen die Vorteile der Aufrechnung vollständig erhalten.[1583] In diesen Fällen ist allein eine Verzögerung der Aufrechnung durch die Zustellung oder eine formunwirksame Erklärung möglich. Da eine formunwirksame Erklärung der Aufrechnung jederzeit formgerecht wiederholt werden kann, ergeben sich in den genannten Fällen *allein Zeitverzögerungen*. Diese sind allerdings fast ohne materiellrechtliche Nachteile. Denn die vorteilhaften Rechtspositionen und –folgen, welche durch eine wirksame (wiederholte) Aufrechnungserklärung ausgelöst werden können, sind bereits mit dem erstmaligen Eintritt der Aufrechnungslage begründet worden. So ist bereits eine insolvenzfeste Position erlangt worden, es erfolgt gem. § 389 BGB eine Rückwirkung auf den Zeitpunkt des erstmaligen Eintritts der Aufrechnungslage und die Aufrechnung wirkt gegenüber Rechtsnachfolgern fort.[1584] Auch droht kein vollständiger Ausfall der Forderungsdurchsetzung durch eine Verjährung. Die Verjährung einer Forderung schließt in diesen Fällen der vorhandenen

---

1583 Zu den Vorteilen einer Aufrechnung bereits ausführlich § 3 A. und B.

1584 Siehe zu den aufrechnungsspezifischen Vorteilen durch Eintritt der Aufrechnungslage § 3 A. III.

Aufrechnungslage eine Aufrechnung nicht aus, § 215 BGB. Auch wenn nach der in dieser Arbeit vertretenen Ansicht eine Aufrechnung mit einer verjährten Aktivforderung nach § 215 BGB nicht möglich ist, sofern eine Aufrechnungsbeschränkung bestand[1585], betrifft dies nicht die vorliegend betrachteten Fälle. Denn hier ist die Aufrechnung auch vor einer möglichen Verjährung nicht ausgeschlossen, sondern unter bestimmten Formvorgaben an die Aufrechnungserklärung möglich. Daher ist eine Aufrechnung auch noch nach einer Verjährung der Forderung möglich.

Sofern es sich um Vorgaben handelt, die nur mit Hilfe des Beschränkungsbegünstigten erfüllt werden können, also bei vorgeschriebenen Formularen oder bei IT-technischen Erklärungsformen, kommen diese Vorteile der Aufrechnung nicht zwingend zum Tragen. Allerdings fehlt es auch insoweit an einem Verbotsgesetz i.S.d. § 134 BGB und die Schwelle des § 138 BGB wird schon bei einem vollständigen Ausschluss der Aufrechnungsmöglichkeit nicht erreicht.[1586] Mithin kann diese Schwelle auch *erst Recht* nicht überschritten werden, wenn eine Aufrechnungsmöglichkeit unter bestimmten Umständen noch besteht.

b) § 556b Abs. 2 BGB

Wie bereits belegt, setzt § 556b Abs. 2 BGB im individualvertraglichen Bereich sowohl Wirksamkeitsgrenzen als auch faktische Grenzen.[1587] Der Anwendungsbereich ist allerdings sowohl hinsichtlich des Rechtsgebietes – Wohnraummietrecht – als auch auf bestimmte Forderungen beschränkt.[1588] Im Folgenden ist zu untersuchen, ob § 556b Abs. 2 BGB Grenzen auch für Formvereinbarungen für Aufrechnungserklärungen setzt. Falls dies der Fall ist, ist zu bestimmten, welche dogmatische Regelung – Satz 1 oder Satz 2 – diese Grenze vorgibt.

aa) Grenzen für Formvorgaben für die Aufrechnungserklärung

Die Fragestellung, ob § 556b Abs. 2 BGB überhaupt solche Grenzen für Aufrechnungsbeschränkungen durch Formvorgaben für die Aufrechnungs*erklärung* setzt, ist ohne weitere Auseinandersetzung nicht zu beantworten. Denn durch eine Formvorgabe an die Aufrechnungserklärung wird zumindest in den Fällen ohne erforderliche Mitwirkungshandlung des Erklärungsempfängers eine

---

1585 Siehe dazu § 5 C. II. 2.) b).

1586 Zu den möglichen Grenzen von individualvertraglichen Aufrechnungsbeschränkungen nach § 134 BGB und § 138 BGB siehe § 5 B. I.

1587 Siehe dazu ausführlich § 5 B. III. 2.) und 3.) a).

1588 Siehe dazu ausführlich § 5 B. III. 2.).

Aufrechnung *nicht ausgeschlossen, sondern nur erschwert.* Folglich könnte gegen eine Grenzziehung angeführt werden, dass keine „vertragliche Bestimmung“ i.S.d. § 556b Abs. 2 Satz 1 BGB vorliegt, nach welcher eine Aufrechnung mit dort genannten Forderungen nicht möglich ist. Dann wäre der Anwendungs- bzw. Verbotsbereich von § 556b Abs. 2 BGB überhaupt nicht betroffen.

(1) Anhaltspunkte in Literatur und Rechtsprechung

Dieser konkreten Fragestellung wurde sich bisher nicht genauer gewidmet. Allein aus einer in der Literatur und Rechtsprechung verwendeten Begriffswahl könnte abgeleitet werden, dass sowohl Ausschlüsse als auch Beschränkungen als „vertragliche Bestimmungen“ angesehen werden.[1589] Allerdings ist bereits zweifelhaft, ob diese Begriffswahl bewusst hinsichtlich der hier vorliegenden Fragestellung erfolgte. Im Übrigen liefert die allgemeine Begriffswahl keine weiteren Begründungen, wieso die vorliegend betrachteten Formvereinbarungen von § 556b Abs. 2 BGB erfasst sein sollten.

(2) Eigene Bewertung

Der Wortlaut von § 556b Abs. 2 BGB sieht vor, dass der Mieter entgegen einer vertraglichen Bestimmung mit den dort genannten Forderungen aufrechnen kann, sofern er die Absicht vorher anzeigt. Dabei ist allein erkennbar, dass die Aufrechnung materiellrechtlich nach den Vorgaben von § 556b Abs. 2 Satz 1 BGB möglich ist bzw. sein muss, wenn dies nach einer vertraglichen Vereinbarung nicht möglich sein soll. Allerdings gibt die Regelung wörtlich nicht vor, ob damit auch Beschränkungen erfasst werden sollen, welche zwar die Aufrechnung an sich zulassen, allerdings die Aufrechnungserklärung unter weitere Formerfordernisse stellen.

Der Sinn und Zweck der Regelung sprechen gegen eine Erfassung von solchen Aufrechnungsbeschränkungen. § 556b Abs. 2 BGB soll nach der gesetzgeberischen Bewertung die Interessen des Vermieters an einer dauerhaften und nicht spontan ausfallenden Mietzinszahlungen – Ankündigungspflicht – und die Interessen des Mieters, seine Ansprüche ohne gerichtliche Verfahren durchsetzen bzw. erfüllen zu können, in einen Ausgleich bringen.[1590] Das Interesse des Mieters

---

1589 So Palandt/*Weidenkaff* § 556b Rn. 1, 3 (Ausschließung und Beschränkung); BeckOK-BGB/*Wiederhold* (01.02.2021) § 556b Rn. 2 (Ausschluss und Beschränkung); vgl. auch BGH NJW 2005, 2701 (2702 – II. 2. c) bb) „Einschränkung“).

1590 Vgl. BeckOK-BGB/*Wiederhold* (01.02.2021) § 556b Rn. 2; MüKo-BGB/*Artz* § 556b Rn. 2; ausführlich dazu § 5 B. III. 1.).

wird allerdings durch Formvorgaben an die Aufrechnungserklärung, welche er selbstständig und ohne größeren Aufwand erfüllen kann, nicht beschränkt bzw. betroffen. Vielmehr kann er die Aufrechnungsfolgen herbeiführen, so dass keine eigenständige gerichtliche Durchsetzung erforderlich ist. Zusätzlich spricht gegen eine Anwendung von § 556b Abs. 2 BGB auf Formvorgaben, welche einem Aufrechnungsausschluss nicht gleichstehen, d.h. vom Erklärungswilligen selbst erfüllt werden können, dass es ansonsten zu *einer Schlechterstellung* des Mieters durch § 556b Abs. 2 BGB kommen würde. Denn sofern jede Formvorgabe für die Aufrechnungserklärung als vertragliche Beschränkung der Aufrechnungsmöglichkeit i.S.d. § 556b Abs. 2 BGB angesehen werden würde, wären die Vorgaben von § 556b Abs. 2 BGB maßgeblich. Dann müsste der Mieter stets seinen Willen zur Aufrechnung für bestimmte Forderungen bereits einen Monat vor Fälligkeit gegenüber dem Vermieter erklären. Dies kann in bestimmten Fällen durch die Zeitverzögerung belastender sein, als die Erfüllung der Formvorgabe für die Aufrechnungserklärung in der Aufrechnungsbeschränkung selbst. Dies ist bspw. in Fällen denkbar, in denen die Aufrechnungserklärung nach der vertraglichen Vereinbarung stets in Textform nach § 126b BGB abzugeben wäre. Dann wäre wegen der Beschränkungswirkung auch § 556b Abs. 2 BGB einschlägig und der Erklärende „dürfte" die Aufrechnungserklärung zwar ohne Formvorgabe – Textform – erklären, müsste aber *vorher seine Aufrechnungsabsicht* in Textform einen Monat vorher an den Empfänger *anzeigen.*

Diese Überlegungen sind allerdings nur tragfähig für sog. Erschwerungen der Aufrechnung, welche zwar zusätzliche Voraussetzungen zu §§ 387 ff. BGB vorgeben, allerdings *alleine vom Aufrechnungserklärenden* erfüllbar sind.[1591] Damit sind nicht solche vertraglichen Bestimmungen erfasst, welche vom Erklärungswilligen nicht alleine erfüllt werden können, weil er auf die Mitwirkung des Erklärungsempfängers bzw. des Beschränkungsbegünstigten angewiesen ist. Bei der Verwendungspflicht von vorgegebenen Formularen oder der Pflicht zur Aufrechnungserklärung mithilfe eines IT-technischen Erklärungsportals des Erklärungsempfängers ist vielmehr der Anwendungsbereich von § 556b Abs. 2 BGB betroffen. In diesen Fällen besteht die Gefahr, dass die Mitwirkungshandlung unterbleibt und eine Aufrechnung faktisch nicht möglich ist. Dann aber ist der Sinn und Zweck der Regelung des § 556b Abs. 2 BGB betroffen, nach welcher der Mieter mit den bestimmten Forderungen stets aufrechnen können und nicht auf eine gerichtliche Durchsetzung verwiesen werden soll. Eine mögliche Klage

---

1591 Siehe zur Differenzierung zwischen Aufrechnungsbeschränkungen als Ausschluss und als Erschwerung § 5 B. IV. 2.) a) aa) und bb).

auf Vornahme der erforderlichen Mitwirkungshandlung, wie die zur Verfügung-Stellung des Formulars, stellt eine gleiche Belastung, wie die gerichtliche Durchsetzung der Forderung selbst dar.

bb) Dogmatische Grundlage: § 556b Abs. 2 Satz 1 oder Satz 2 BGB

Durch die Bestimmung, dass Vorgaben an die Form der Aufrechnungserklärung, welche der Erklärende nicht autonom herbeiführen kann, von § 556b Abs. 2 BGB erfasst sind, ist noch nicht bestimmt, welche konkrete gesetzliche Norm – Satz 1 oder Satz 2 – anzuwenden ist.

Bei einer individualvertraglichen Aufrechnungsbeschränkung ist § 556b Abs. 2 Satz 1 BGB mit der positiven Anordnung der Aufrechnungsmöglichkeit immer bei allgemein formulierten Aufrechnungsbeschränkungen anwendbar. § 556b Abs. 2 Satz 2 BGB ist mit der Anordnung der Teilunwirksamkeit auf das Maß von Satz 1 hingegen einschlägig, sofern insbesondere explizit von den Anforderungen des § 556b Abs. 2 Satz 1 BGB abgewichen wird.[1592] Bei den hier betrachteten Konstellationen handelt es sich um *keinen Fall* der ausdrücklichen bzw. gewollten Abweichung von § 556b Abs. 2 Satz 1 BGB. So ist weder eine kürzere Ankündigungspflicht oder eine strengere Form der Absichtserklärung vorgesehen noch ist die Aufrechnung explizit für die speziellen Forderungen des § 556b Abs. 2 Satz 1 BGB ausgeschlossen. Vielmehr handelt es sich bei den hier betrachteten Formvorgaben an die Aufrechnungserklärung der speziellen Formulare und IT-technischen Erklärungsportale um Beschränkungen, die einem allgemeinen Ausschluss der Aufrechnung gleichzustellen sind und alle Forderungen erfassen, aber nicht speziell von § 556b Abs. 2 Satz 1 BGB abweichen. Daher ist nicht die Unwirksamkeitsanordnung von § 556b Abs. 2 Satz 2 BGB einschlägig, sondern vielmehr ist die Aufrechnung *trotz der bestehenden Aufrechnungsbeschränkung* für die bestimmten Forderungen unter den Voraussetzungen von § 556b Abs. 2 Satz 1 BGB möglich.[1593]

c) Zwischenergebnis

In individualvertraglichen Formvorgaben an die Aufrechnungserklärung ergeben sich keine Wirksamkeitsgrenzen aus § 134 BGB und 138 BGB.

1592 Siehe dazu § 5 B. III. 2.) und 3.) a) bb).

1593 Denkbar sind auch Aufrechnungsbeschränkungen, in welchen konkret eine Formvorgabe nur für die Aufrechnungserklärung mit Forderungen des § 556b Abs. 2 Satz 1 BGB vorgesehen ist. In diesen Fällen ist dann die (Teil-)Unwirksamkeitsanordnung des § 556 Abs. 2 Satz 2 BGB anzuwenden.

Für Formvorgaben an die Aufrechnungserklärung sind Grenzen durch § 556b Abs. 2 BGB vorgegeben. In einem Wohnraummietvertrag ist für bestimmte Forderungen eine Aufrechnungsbeschränkung mit einer Formvorgabe an die Aufrechnungserklärung, die der Aufrechnungswillige *nicht selbstständig herbeiführen* kann, von § 556b Abs. 2 BGB erfasst. Im Regelfall sind diese aufgrund der „allgemeinen Formulierungsweise" zwar nicht unwirksam, aber unbeachtlich, da § 556b Abs. 2 Satz 1 BGB eine Aufrechnungsbefugnis positiv anordnet. Nicht vom Anwendungsbereich des § 556b Abs. 2 BGB sind Formvorgaben erfasst, welche der Erklärende autonom herbeiführen kann.

2.) Formularmäßige Vereinbarung

Aufrechnungsbeschränkungen mit Formvorgaben für die Aufrechnungserklärung treten auch in formularmäßigen Vereinbarungen auf. Diese unterliegen im Vergleich zum Individualvertrag einer strengeren Inhaltskontrolle nach §§ 305 ff. BGB.[1594] Bei einer Beurteilung ist aufgrund des verschiedenen Schutzerfordernisses und -umfanges zwischen Verbraucher- und Unternehmerverträgen zu unterscheiden.

a) Verbrauchervertrag

aa) § 309 Nr. 3 BGB

Eine spezielle Wirksamkeitsgrenze für vertragliche Aufrechnungsbeschränkungen ergibt sich unmittelbar aus § 309 Nr. 3 BGB.

Nach dieser Vorschrift sind grundsätzlich Vereinbarungen in AGB unwirksam, welche die Aufrechnung des Vertragspartners auch für unbestrittene, rechtskräftig festgestellte und entscheidungsreife Forderungen o.e.B. ausschließen.[1595] Für alle anderen Forderungen kann nach dieser Vorschrift eine Aufrechnung verboten werden. Daher muss zwischen diesen beiden Forderungsgruppen differenziert werden.

Formvorschriften für die Aufrechnungserklärung mit *Forderungen, welche von § 309 Nr. 3 BGB nicht immer* vor einem Ausschluss geschützt sind, sind zulässig. Denn Formerfordernisse für die Erklärung der Aufrechnung stellen gegenüber einem Ausschluss der Aufrechnung ein materielles Minus dar, da die Aufrechnungswirkungen prinzipiell noch herbeigeführt werden können.

1594 Siehe zum unterschiedlichen Kontrollumfang § 5 B. I. und II.

1595 Siehe dazu § 5 B. IV. 2.) d).

Eine solche klare Bewertung ist hinsichtlich der Formvorschriften für die Aufrechnungserklärung, die sich auch auf *unbestrittene und rechtskräftig festgestellte sowie auf entscheidungsreife Forderungen o.e.B.* beziehen, nicht möglich. Denn die Aufrechnung ist bei Formvorgaben nicht an sich vollständig ausgeschlossen, sondern „nur" unter bestimmten Formalien möglich. Insoweit handelt es sich nicht um einen Ausschluss, der unmittelbar von § 309 Nr. 3 BGB erfasst und daher unzulässig ist. Vielmehr handelt es sich um Fälle der sog. Erschwerung der Aufrechnung.[1596] Bei solchen Erschwerungen der Aufrechnung ist nach der in dieser Arbeit vertretenen Ansicht[1597] zwischen zwei *verschiedenen Fallgestaltungen* zu differenzieren.

- Ist ein Formerfordernis vorhanden, welches der Aufrechnungswillige *alleine* erfüllen kann, ist der Verbotsbereich des § 309 Nr. 3 BGB nicht betroffen. Denn insoweit fehlt es an dem erforderlichen Nehmen der Aufrechnungsbefugnis i.S.d. § 309 Nr. 3 BGB.[1598]
- Sind hingegen die weiteren Erfordernisse für die Aufrechnung – Erschwerung – auch unter *größtem Aufwand nicht mehr allein* vom Aufrechnungswilligen erfüllbar, liegt eine dem *Ausschluss der Aufrechnung vergleichbare* Konstellation vor. Diese ist vom Verbotsbereich des § 309 Nr. 3 BGB erfasst.[1599]

Eine solche Differenzierung widerspricht auch nicht der Vorgabe, dass § 309 Nr. 3 BGB keiner allgemeinen Interessenabwägung zugänglich ist und die dort genannten Fälle bereits ohne weitere Beurteilung nach gesetzlicher Vorgabe unangemessen sind.[1600] Das Kriterium des Ausschlusses des *„rechtlichen Könnens"* ist im Tatbestand bereits vorgesehen. Bei autonom erfüllbaren Formvorgaben ist das „rechtliche Können" nicht vollständig ausgeschlossen. Die Herbeiführung der Aufrechnungswirkungen bleibt möglich und entspricht auch dem Sinn und Zweck von § 309 Nr. 3 BGB.

Aus der abstrakteren Differenzierung ergibt sich im Konkreten, dass alle Formvorschriften der AGB an die Aufrechnungserklärung, die vom Vertragspartner selbst erfüllt werden können, nicht nach § 309 Nr. 3 BGB unwirksam

---

1596 Diesen Begriff ebenfalls verwendend Wolf/Lindacher/Pfeiffer/*Dammann* § 309 Nr. 3 Rn. 18.

1597 Zu der Erschwerung der Aufrechnung und entsprechenden Differenzierungen siehe § 5 B. IV. 2.) a) aa) und bb).

1598 Siehe dazu § 5 B. IV. 2.) a) aa) und bb).

1599 Siehe dazu § 5 B. IV. 2.) a) aa) und bb).

1600 Vgl. allgemein statt vieler Palandt/*Grüneberg* § 309 Rn. 1/2; Erman/*Roloff* Vorb. § 307 Rn. 2; Ulmer/Brandner/Hensen/*Fuchs* Vorb. § 307 Rn. 7.

sind. Dies sind insbesondere Fälle mit der Vorgabe einer Textform i.S.d. § 126b BGB.[1601] Auch bei einer Bindung der Aufrechnungserklärung an die Schriftform i.S.d. § 126 BGB, an die elektronische Form i.S.d. § 126a BGB oder bei den Fällen der erforderlichen öffentlichen Beglaubigung oder notariellen Beurkundung sind diese Voraussetzungen allein durch den Aufrechnungswilligen erfüllbar.[1602]

Formvorgaben, die nicht vollständig autonom vom Erklärenden erfüllt werden können, sind nach § 309 Nr. 3 BGB unzulässig. Als betroffene Formvorgaben kommen bspw. in Betracht, dass die Aufrechnung auf einem Formular des Aufrechnungsbeschränkungsbegünstigten oder mithilfe einer vorgegebenen IT-technischen Erklärungsform, wie einem Portal, erklärt werden soll. Dies ist insbesondere bei großen Unternehmen mit vielschichtigen Vertragsverhältnissen – Massenverfahren – denkbar. In diesen Fällen ist anzunehmen, dass die Aufrechnungserklärung *nicht* durch den Aufrechnungswilligen *ohne Mitwirkungshandlung* des Vertragspartners vorgenommen werden kann. Denn sofern das Formular oder das IT-Verfahren nicht vom Vertragspartner zur Verfügung gestellt wird, kann der Aufrechnungswillige faktisch die Aufrechnungswirkungen nach §§ 387 ff. BGB nicht auslösen. Das „rechtliche Können" ist ausgeschlossen und dadurch der Verbotsbereich von § 309 Nr. 3 BGB einschlägig. Bei der Bestimmung, ob § 309 Nr. 3 BGB betroffen ist oder nicht, kann es auch nicht darauf ankommen, ob das Formular möglicherweise unmittelbar bei Vertragsschluss vom Vertragspartner zur Verfügung gestellt worden ist. Denn nach der Aufrechnungsbeschränkung wäre die Aufrechnung auch abstrakt betrachtet nur per Formular möglich, selbst wenn dieses Formular nicht zur Verfügung gestellt wurde oder wird.

1601 BeckOGK-BGB/*Weiler* (01.03.2021) § 309 Nr. 3 Rn. 28.1; BeckOK-BGB/*Becker* (01.02.2021) § 309 Nr. 3 Rn. 6; HK-BGB/*Schulte-Nölke* § 309 Rn. 16; wohl auch Erman/*Roloff* § 309 Rn. 30; Brandner/Ulmer/Hensen/*Schäfer* § 309 Nr. 3 Rn. 8; Wolf/Lindacher/Pfeiffer/*Dammann* § 309 Nr. 3 Rn. 18.

1602 Wohl auch BeckOK-BGB/*Becker* (01.02.2021) § 309 Nr. 3 Rn. 6; Brandner/Ulmer/Hensen/*Schäfer* § 309 Nr. 3 Rn. 8; Erman/*Roloff* § 309 Rn. 30; HK-BGB/*Schulte-Nölke* § 309 Rn. 16; a.A. für öffentliche Beglaubigungen und notarielle Beurkundungen Wolf/Lindacher/Pfeiffer/*Dammann* § 309 Nr. 3 Rn. 18; Wolf/Horn/Lindacher/*Wolf*, 4. Auflage 1999, § 11 Nr. 3 Rn. 10; Prütting/Wegen/Weinreich/*Berger* § 309 Nr. 17 a.E.; Soergel/*Knops* § 309 Nr. 3 Rn. 20; für eine Unwirksamkeit nicht nach § 309 Nr. 3 BGB, sondern nach § 309 Nr. 13b BGB BeckOGK-BGB/*Weiler* (01.03.2021) § 309 Nr. 3 Rn. 28.1.

bb) § 309 Nr. 13 BGB

§ 309 Nr. 13 BGB regelt, dass bestimmte Formvorgaben für Anzeigen und Erklärungen aus einem Vertrag nicht vereinbart werden können. Daher könnte sich eine Grenze für Aufrechnungsbeschränkungen in AGB, die die Aufrechnungserklärung an eine bestimmte Form binden, aus § 309 Nr. 13 BGB ergeben.

In der Literatur wird die Frage, ob § 309 Nr. 13 BGB solche Formvorschriften für die Aufrechnungserklärung verbietet, kaum betrachtet. In den vorhandenen Darstellungen, wird eine Unwirksamkeit der Formvorgabe für die Aufrechnung angenommen, sofern in der AGB eine strengere Form als in § 309 Nr. 13a und b BGB vorgesehen ist.[1603] Im Folgenden ist zu hinterfragen, ob § 309 Nr. 13 BGB überhaupt auf Formvorgaben für Aufrechnungen bzw. für Aufrechnungserklärungen anzuwenden ist.

(1) Norm mit Bezug auf ein Vertragsverhältnis

Gegen eine Betroffenheit des Verbotsbereichs der hier betrachteten Norm lässt sich anführen, dass die jeweiligen Bestimmungen, welche Formvorgaben noch zulässig bzw. bereits unzulässig sind – § 309 Nr. 13a BGB strenger als § 309 Nr. 13b BGB –, sich auf *ein bestimmtes Vertragsverhältnis* beziehen müssen. Der Wortlaut des § 309 Nr. 13 BGB sieht insoweit eine *„schriftliche Form in einem Vertrag"* bzw. *„Textform in anderen als in Buchstabe a genannten Verträgen"* vor.[1604] Daher liegt es nahe, dass nur Rechte aus und für *dieses bzw. ein Vertragsverhältnis* erfasst sind.[1605] Eine Aufrechnungsmöglichkeit und die insoweit erforderlichen gleichartigen Haupt- und Gegenforderungen ergeben sich allerdings in der Regel aus *verschiedenen* Vertragsverhältnissen zwischen den Beteiligten. In Abtretungskonstellationen sind nicht nur die Vertragsverhältnisse unterschiedlich, sondern sogar die ursprünglich an den verschiedenen Verträgen *beteiligten Parteien*.

(2) Sinn und Zweck

Besonderes Augenmerk ist bei der vor Beurteilung der vorliegend betrachteten Frage außerdem auf den Sinn und Zweck von § 309 Nr. 13 BGB bzw. § 9 Nr. 16 AGBG zu setzen. Im Grundsatz soll durch diese Regelung verhindert werden,

1603 So nur BeckOGK-BGB/*Weiler* (01.03.2021) § 309 Nr. 3 Rn. 28.1.

1604 Vgl. insoweit auch BT-Drs. 7/3919, 39, in der die Aufrechnungserklärung nicht aufgezählt wird.

1605 Wohl auch BeckOGK-BGB/*Weiler* (01.03.2021) § 309 Nr. 13 Rn. 18; vgl. auch BT-Drs. 7/3919, 39 und Staudinger/*Coester-Waltjen* § 309 Nr. 13 Rn. 4.

dass der Vertragspartner durch eine Erschwerung seiner Erklärungsmöglichkeiten von der Geltendmachung seiner Rechte abgehalten wird.[1606] Nach dem Gesetzgeber würden Formvorschriften für Erklärungen in AGB nach längerer Vertragslaufzeit leicht übersehen.[1607] Davor sei der Verbraucher zu schützen. Ein solcher Schutz sei insbesondere deshalb erforderlich, da durch die Nichtbeachtung der Form ein unverhältnismäßig harter Rechtsnachteil eintrete.[1608] Insbesondere Nachteile wie eine fehlende Verzugsbegründung, eine unwirksame Kündigung und ein Erlöschen der Gewährleistungsansprüche seien schwerwiegend.[1609]

Unter Beachtung dieser Zwecksetzung ergibt sich kein zwingender Grund, eine Formvorgabe für eine Aufrechnungserklärung dem Verbotsbereich des § 309 Nr. 13 BGB zu unterwerfen. Es ist nicht ersichtlich, welche erheblichen Rechtsnachteile sich aus einer fehlgeschlagenen Aufrechnungserklärung ergeben. Im Grundsatz entstehen die vorteilhaften Wirkungen einer Aufrechnung bereits mit der Aufrechnungslage.[1610] Entsprechend besteht kein Nachteil mit unverhältnismäßigen Präklusionsfolgen.[1611] So kann die im ersten Versuch fehlgeschlagene Aufrechnungserklärung nach Erkenntnis des Erklärenden von seinem „Fehlschlag" noch einmal erklärt werden und er kann die Rechtsfolgen nach §§ 387 ff. BGB – mit Rückwirkung auf den Zeitpunkt der Aufrechnungslage – herbeiführen.

Als nachteilige Konstellation ist allein denkbar, dass nach einer formunwirksamen Aufrechnungserklärung eine Klage gegen den Beklagten erhoben wird. In diesem Fall kann der Beklagte die Übernahme der (Prozess-)Kosten nach der in dieser Arbeit vertretenen Ansicht auch nicht durch eine erneute – erfolgreiche – Aufrechnungserklärung im gerichtlichen Verfahren vermeiden.[1612]

1606 BGHZ 141, 137 (151, noch zu § 11 Nr. 16 AGBG) = NJW 1999, 2279 (2283); BeckOGK-BGB/*Weiler* (01.03.2021) § 309 Nr. 13 Rn. 5; MüKo-BGB/*Wurmnest* § 309 Nr. 13 Rn. 1; vgl. auch BT-Drs. 7/3919, 39.

1607 BT-Drs. 7/3919, 39; vgl. Ulmer/Brandner/Hensen/*Habersack* § 309 Nr. 13 Rn. 2; Wolf/Lindacher/Pfeiffer/*Dammann* § 309 Nr. 13 Rn. 1; Staudinger/*Coester-Waltjen* § 309 Nr. 13 Rn. 1.

1608 Vgl. BT-Drs. 7/3919, 39; Staudinger/*Coester-Waltjen* § 309 Nr. 13 Rn. 1; Wolf/Lindacher/Pfeiffer/*Dammann* § 309 Nr. 13 Rn. 1.

1609 Vgl. MüKo-BGB/*Wurmnest* § 309 Nr. 13 Rn. 1; BT-Drs. 7/3919, 39.

1610 Siehe dazu § 3. A. III.

1611 Den Sinn und Zweck von § 309 Nr. 13 BGB dahingehend konkretisierend Staudinger/*Coester-Waltjen* § 309 Nr. 13 Rn. 1.

1612 Siehe dazu § 3 B. II. 2.) b).

Dieser aufgezeigte Nachteil ist kein vergleichbarer und entsprechend von § 309 Nr. 13 BGB zu schützender Nachteil. Denn der Erklärende behält im Grundsatz seine eigene Forderung, muss diese allerdings selbstständig durchsetzen.[1613] Dieser muss dann zwar unter Umständen die Gerichtskosten tragen. Allerdings geht er nicht seinen essentiellen Positionen, nämlich der (Forderungs-) Rechte aus dem Vertrag, verlustig. Diese Lage ist aber nicht mit dem Verlust der Gewährleistungsansprüche oder der Unwirksamkeit einer Kündigung gleichzusetzen, die den Gesetzgeber zur Schaffung der Schutzvorschrift 9 Nr. 16 AGBG bewogen haben.[1614] Zusätzlich muss berücksichtigt werden, dass der Verwender ein entsprechendes Interesse an einer bestimmten Form für die Erklärung der Aufrechnung haben kann. Dies kann darin bestehen, sichere Kenntnis darüber zu erlangen, ob die Erklärung auch vom Absender stammt.[1615]

Im Ergebnis ist anzunehmen, dass § 309 Nr. 13 BGB Formvorschriften in Aufrechnungsbeschränkungen nicht erfasst. Formvorgaben sind, sofern sie § 309 Nr. 3 BGB entsprechen, nicht nach § 309 Nr. 13 BGB unwirksam.

cc) § 307 Abs. 1 Satz 1, Abs. 2 Nr. 1 BGB

Bei einer Aufrechnungsbeschränkung mit einer Formvorgabe an die Aufrechnungserklärung liegt eine nachteilige Abweichung von der Rechtslage nach §§ 387 ff. BGB vor. Insbesondere wird von § 388 BGB abgewichen, da der Vertragspartner die Aufrechnung nicht formlos erklären kann. Im Normalfall, d.h. ohne Aufrechnungsbeschränkung sind neben ausdrücklicher Erklärung der Aufrechnung auch anderer schriftliche und mündliche Willensbekundungen mit klarer Erkennbarkeit des Aufrechnungswillens ausreichend.[1616] Durch die Vorgabe einer Text- oder Schriftform in der AGB für die Aufrechnungserklärung ist eine mündliche oder sonst nicht fixierte, aber eindeutige Erklärung der Aufrechnung nicht möglich.

1613 Vgl. bspw. LG Hamburg, Urteil v. 12.06.2006, Az. 415 O 14/06, Juris; siehe ausführlich zu den Rechtsfolgen einer Aufrechnungsbeschränkung § 4. B. III. und IV.

1614 Vgl. BT-Drs. 7/3919, 39 und MüKo-BGB/*Wurmnest* § 309 Nr. 13 Rn. 1.

1615 Vgl. BeckOK-BGB/*Becker* (01.02.2021) § 309 Nr. 13 Rn. 1; vgl. auch BT-Drs. 18/6916, 8.

1616 Vgl. BVerfG NJW-RR 1993, 764 (765, m.w.N.); KG BKR 2015, 109 (115); Palandt/*Grüneberg* § 388 Rn. 1.

Diese nachteilige Abweichung müsste allerdings im Rahmen der Interessenabwägung auch unangemessen gem. § 307 Abs. 1 Satz 1, Abs. 2 Nr. 1 BGB sein.[1617]

(1) Betroffene Interessen

Auf der Seite des Verwenders steht das Interesse an einer Rechtssicherheit, insbesondere darüber, wer die Erklärung abgegeben hat.[1618] Durch eine Aufrechnungserklärung in einer Textform oder in einer Schriftform und einer (notariell) beglaubigten Aufrechnungserklärung ist stets erkennbar, wer diese Erklärung abgegeben hat. Außerdem ist eine eindeutige Grundlage der Erklärung vorhanden, aus denen sich ermitteln lässt, wie, d.h. mit welchen Forderungen und in welcher Höhe der Erklärende aufrechnen wollte.[1619] Zuletzt ergibt sich durch eine schriftliche Erklärung der Vorteil einer Dokumentation und einer einfacheren Beweisbarkeit.[1620] Weitere Interessen an einer Formgebundenheit der Aufrechnung sind nicht erkennbar. Insbesondere stehen *keine weiteren Interessen* dahinter, welche im Übrigen der Vereinbarung eines Ausschlusses der Aufrechnungsmöglichkeit zugrunde liegen.[1621]

Auf Seite des Vertragspartners steht das Interesse, die Aufrechnung nach den Vorgaben des § 388 BGB erklären zu können, mithin nicht an Formvorgaben gebunden zu sein. Dabei ist auch zu berücksichtigten, dass der Vertragspartner besonderes Interesse daran hat, dass seine Erklärung auch die gewünschten Rechtsfolgen – Erfüllung nach §§ 387 ff. BGB – auslösen.

(2) Interessenabwägung

Die beidseitigen Interessen stehen konträr zueinander und müssen in einer Interessenabwägung gegeneinander gewichtet werden.

1617 Zu dem der Beurteilung nach § 307 Abs. 1 Satz 1, Abs. 2 Nr. 1 BGB zugrunde gelegten Maßstab siehe § 5 B. VI. 3.).

1618 Vgl. BeckOK-BGB/*Becker* (01.02.2021) § 309 Nr. 13 Rn. 1; vgl. auch BT-Drs. 18/6916, 8; im Zshg. mit Unternehmerverträgen *Alisch* JZ 1982, 706 (708); Wolf/Lindacher/Pfeiffer/*Dammann* § 309 Nr. 13 Rn. 71 (Interesse an klaren Rechtsverhältnissen).

1619 Vgl. allgemein *Alisch* JZ 1982, 706 (708).

1620 Siehe allgemein zu den Zwecken von Formvorgaben statt vieler nur Staudinger/*Hertel* § 125 Rn. 34 ff.; MüKo-BGB/*Einsele* § 125 Rn. 9, 12 ff.

1621 Siehe allgemein zu den hinter einer Aufrechnungsbeschränkung im Regelfall stehenden Zwecksetzungen § 3 C.

Das Interesse des Verwenders an sicherer Kenntnis über den Erklärenden und den Erklärungsinhalt muss insbesondere bei Verträgen, denen vertraglich oder gesetzlich eine besondere Bedeutung zugemessen wird, hinreichend beachtet werden. Dies sind bspw. Verträge mit großem (Auftrags-)Umfang oder mit einer gesetzlich vorgeschriebenen notariellen Beurkundungspflicht.[1622] Denn bei einer Aufrechnung entfällt die Möglichkeit der unmittelbaren Durchsetzung der eigenen (Geld-)Forderung des Verwenders. Im Vergleich dazu ist die Einschränkung des Vertragspartners im Regelfall nur von geringerem Gewicht. Der Vertragspartner kann die Aufrechnung weiterhin erklären, ist allerdings an bestimmte Formvorgaben gebunden. Diese Vorgaben kann er bei Text- und Schriftformvorgaben auch selbstständig und ohne größeren finanziellen oder tatsächlichen Aufwand erfüllen. Selbst wenn er diese leicht zu erfüllenden Vorgaben nicht einhält, sind die Folgen von geringerer Intensität. Denn die meisten vorteilhaften Aspekte der Aufrechnung werden bereits mit Entstehen der Aufrechnungslage sichergestellt.[1623] Sofern die Aufrechnung mangels entsprechender Form fehlgeschlagen ist, besteht im Regelfall die Möglichkeit, die Aufrechnung erneut zu erklären, ohne eine Verschlechterung der Rechtslage hinnehmen zu müssen.

Die Grenze der Unangemessenheit nach § 307 Abs. 1 Satz 1 BGB wird aber erreicht, sobald Anforderungen an die Aufrechnungserklärung vorgesehen werden, welche *über die Text- oder Schriftform hinausgehen*. Dies ist insbesondere anzunehmen, wenn nach der Aufrechnungsbeschränkung ein bestimmtes Formular zu verwenden ist, wenn die Erklärung per Einschreiben beim Verwender eingehen oder die Erklärung notariell beurkundet sein muss.[1624] Das Interesse des Verwenders an hinreichender Rechtssicherheit ist bereits mit einer Text- oder Schriftform erfüllt. Ein darüberhinausgehendes Interesse, welches die strengere Formvorgabe als berechtigt erscheinen ließe, ist nicht erkennbar.[1625]

1622 Vgl. BT-Drs. 18/6916, 8; Erman/*Roloff* § 309 Rn. 156; BeckOK-BGB/*Becker* (01.02.2021) § 309 Nr. 13 Rn. 1; vgl. BeckOGK-BGB/*Weiler* (01.03.2021) § 309 Nr. 13 Rn. 27 a.E.

1623 Zu den Vorteilen der Aufrechnung und der Absicherung der Vorteile durch erstmaliges Entstehen der Aufrechnungslage siehe § 3 A. III.

1624 Vgl. BeckOK-BGB/*Becker* (01.02.2021) § 309 Nr. 3 Rn. 6 a.E.; Wolf/Lindacher/Pfeiffer/*Dammann* § 309 Nr. 3 Rn. 18; im unternehmerischen Bereich allerdings allgemein für unangemessen haltend *Alisch* JZ 1982, 706 (708 f.); BeckOGK-BGB/*Weiler* (01.03.2021) § 309 Nr. 13 Rn. 64.

1625 Vgl. allgemein zur Berücksichtigungsfähigkeit von nur berechtigten Interessen Staudinger/*Coester*, 15. Auflage 2013, § 307 Rn. 158, 98; Staudinger/*Wendland* § 307 Rn. 158; zumindest im Unternehmervertrag allgemein bei der

Insbesondere enthält ein Einschreiben oder eine notarielle Beurkundung hinsichtlich der Aufrechnungserklärung gegenüber der Schriftform keine weiterreichenden Informationen für den Verwender der AGB. Für den Vertragspartner entsteht allerdings ein *erheblicher Mehraufwand* finanzieller und tatsächlicher Art. So entstehen durch eine notarielle Beurkundungspflicht nicht unerhebliche Kosten für den Erklärenden. Aber auch das Einschreiben geht über die Versendung eines normalen Briefes – unnötigerweise – hinaus.

Klauseln, welche eine Formvorgabe bestimmen, die vom Erklärenden *nicht autonom* erfüllt werden kann, sind nur denkbar, wenn diese über die Text- oder Schriftform hinausgehen. In Betracht zu ziehen sind insoweit vorgegebene Formulare oder ein zu benutzendes IT-Erklärungsportal des Verwenders. Aufgrund der höheren Belastungswirkung für den Verwender und einem fehlenden rechtfertigenden, legitimen Interesse für die Formvorgaben sind diese *erst Recht* unangemessen i.S.d. § 307 Abs. 1 Satz 1, Abs. 2 Nr. 1 BGB. Insoweit ist zu beachten, dass das Interesse für solche Formvorgaben die Aufrechnungserklärung mit unbestrittenen, rechtskräftig festgestellten und entscheidungsreifen Forderungen o.e.B. nicht abwägungsfähig ist, da diese Klauseln bereits zwingend nach § 309 Nr. 3 BGB unwirksam sind.[1626] Aber auch für die sonstigen Forderungen dienen solche Vorgaben für die Aufrechnungserklärung keinem weitergehenden Interesse, sondern allein der Erschwerung der Rechtsausübung.[1627] Auch können die von § 309 Nr. 3 BGB im Grundsatz anerkannten Beschränkungsinteressen für den Verwender hier nicht rechtfertigend herangezogen werden. Denn das Interesse des Verwenders zielt mit einer Formvorgabe für die Aufrechnungserklärung nicht auf eine verzögerungsfreie und gegenanspruchsunabhängige Durchsetzung der Forderungen ab, mithin sind vollständig unterschiedliche Interessen betroffen.

(3) Zwischenergebnis

Bei der Abwägung und Beurteilung der vorhandenen Interessen bei einer Formvorgabe an die Aufrechnungserklärung unter Berücksichtigung der eintretenden Belastungen und der weiteren gesetzlichen Wertungen ergibt sich, dass im Ergebnis differenziert werden muss.

Wirksamkeitsbeurteilung nach § 9 AGBG auf die vorhandenen Interessen des Verwenders abstellend BGHZ 92, 312 (315 f.) = NJW 1985, 319 (320).

1626 Dazu soeben § 6 A. II. 2.) a) aa).

1627 Vgl. zutreffend im Zusammenhang mit Schriftformklauseln und § 309 Nr. 13 BGB *Wagner/Wagner* BB 2016, 707 (708).

Nur für Formvorvorgaben an die Aufrechnungserklärung, die nicht über die Text- und Schriftform zulasten des Vertragspartners hinausgehen, besteht ein legitimierendes Interesse des Verwenders. Weitergehende Vorgaben, wie die notarielle Beurkundungspflicht, der Zwang zur Benutzung eines Einschreibens oder eines Formulars oder eines IT-Erklärungsportals des Verwenders, benachteiligen den Vertragspartner unangemessen i.S.d. § 307 Abs. 1 Satz 1, Abs. 2 Nr. 1 BGB.

dd) § 556b Abs. 2 BGB

Bei der Beurteilung von Formvorgaben ist sowohl in den formularmäßigen Vereinbarungen als auch bei Vereinbarungen im Individualvertrag im Grundsatz § 556b Abs. 2 BGB zu beachten. Allerdings hat § 556b Abs. 2 BGB bei den vorliegend betrachteten Formvorgaben für die Aufrechnungserklärung *nur einen begrenzten* eigenen Regelungs- bzw. Anwendungsbereich.

Neben der allgemeinen Einschränkung des Anwendungsbereichs auf den Mietvertrag über Wohnraum und für bestimmte Forderungen[1628] ist der Regelungsbereich – wie für den individualvertraglichen Bereich ausgeführt[1629] – nicht bei Formvorgaben für die Aufrechnungserklärung betroffen, die der Erklärende *autonom, also ohne Mitwirkungshandlung* des Erklärungsempfänger vornehmen kann. Nicht von § 556b Abs. 2 BGB sind bspw. geschützt: Vorgaben für eine Textform, eine Schriftform, eine Zusendung per Einschreiben oder eine notarielle Beurkundung.

Ein Regelungsbereich verbleibt für Vorgaben an die Aufrechnungserklärung, die nicht allein vom Erklärenden, also nur unter Mitwirkung des Verwenders erfüllt werden können. Diese Formvorgabeklauseln, wie der Pflicht zur Benutzung eines bestimmten Formulars oder eines IT-technischen Erklärungsportales, stehen einem Ausschluss der Aufrechnung gleich, da eine Herbeiführung der Aufrechnungswirkungen nach §§ 387 ff. BGB faktisch unmöglich ist.[1630] Für die vorliegend betrachteten allgemein formulierten Aufrechnungsbeschränkungen ist daher eine Aufrechnung gem. § 556b Abs. 2 Satz 1 BGB[1631] ohne die Formvorgabe für die Aufrechnungserklärung – aber mit einer Ankündigungspflicht – für den Vertragspartner möglich. Eine Gesamtunwirksamkeit nach

1628 Siehe dazu ausführlich § 5 B. III. 2.) und 3.).

1629 Siehe dazu soeben § 6 A. II. 1.) b).

1630 Siehe zu Erschwerungen der Aufrechnung § 5 B. IV. 2.) a) bb).

1631 Siehe zur dogmatischen Unterscheidung des Anwendungsbereiches und der Rechtsfolgen von § 556b Abs. 2 Satz 1 und Satz 2 BGB § 5 B. III. 2.) und 3.) a).

§ 309 Nr. 3 BGB – Klausel bezieht sich auf unbestrittene und rechtskräftige Forderungen – oder nach § 307 Abs. 1 Satz 1, Abs. 2 Nr. 1 BGB – Klausel bezieht sich nicht auf unbestrittene und rechtskräftig festgestellte Forderungen – kommt beim Wohnraummietvertrag aufgrund der Sperrwirkung des § 556b Abs. 2 BGB für §§ 307 ff. BGB nicht in Betracht.[1632]

ee) Zwischenergebnis

Aufgrund der verschiedenen einschlägigen Normen, den mithin auch verschiedenen Bewertungsgrundlagen mit z.T. vorhandenem Wertungsspielraum und der wiederum unterschiedlichen Interessensgewichtungen ergibt sich für formularmäßige Aufrechnungsbeschränkungen mit einer Formvorgabe für die Aufrechnungserklärung ein Ergebnis mit vielen Differenzierungen.

(1) Ohne Relevanz für unbestrittene, rechtskräftig festgestellte und entscheidungsreife Forderungen o.e.B.

Für Formvorgaben für die Aufrechnungserklärung, die sich *nicht* auf unbestrittene, rechtskräftig festgestellte und auf entscheidungsreife Forderungen o.e.B. beziehen, ergibt sich folgendes Ergebnis:

- Formvorgaben sind zulässig, sofern diese durch den Vertragspartner *autonom erfüllbar* sind und (nur) eine *Text- oder Schriftform* verlangen.
- Sofern die Formvorgaben durch den Vertragspartner *autonom erfüllbar* sind, aber über die *Text- oder Schriftform erschwerend hinausgehen*, sind diese nach § 307 Abs. 1 Satz 1, Abs. 2 Nr. 1 BGB unwirksam.
- Sofern die Formvorgaben durch den Vertragspartner *nicht* autonom erfüllbar sind, sind diese nach § 307 Abs. 1 Satz 1, Abs. 2 Nr. 1 BGB unwirksam.

(2) Mit Relevanz für unbestrittene, rechtskräftig festgestellte und entscheidungsreife Forderungen o.e.B.

Für Formvorgaben für die Aufrechnungserklärung, die sich auf unbestrittene, rechtskräftig festgestellte und auf entscheidungsreife Forderungen o.e.B. beziehen, ergibt sich folgendes Ergebnis:

- Sofern die Formvorgaben durch den Vertragspartner *autonom erfüllbar* sind und (nur) eine *Text- oder Schriftform* verlangen, sind diese zulässig.

1632 Siehe dazu ausführlich § 5 B. III. 3.) b).

- Sofern die Formvorgaben durch den Vertragspartner *autonom erfüllbar* sind, aber über die *Text- oder Schriftform erschwerend hinausgehen*, sind diese nach § 307 Abs. 1 Satz 1, Abs. 2 Nr. 1 BGB unwirksam.
- Sofern die Formvorgaben durch den Vertragspartner *nicht autonom erfüllbar* sind, sind diese gem. § 309 Nr. 3 BGB unwirksam.

Damit ergeben sich zwischen den Konstellationen mit und ohne Relevanz für unbestrittene, rechtskräftig festgestellte und entscheidungsreife Forderungen o.e.B. im Ergebnis keine unterschiedlichen Grenzen. Allein die Rechtsgrundlage unterscheidet sich bei nicht autonom erfüllbaren Vorgaben durch die Aufrechnungsbeschränkung.

(3) Sonderfall: Wohnraummietvertrag

Für den Sonderbereich, in welchem § 556b Abs. 2 BGB Grenzen setzt, ergeben sich folgende Ergebnisse:

- Kann die Formvorgabe für die Aufrechnungserklärung durch den Vertragspartner autonom erfüllt werden, ist der Regelungsbereich von § 556b Abs. 2 BGB nicht betroffen. Daher gelten die allgemeinen soeben dargestellten Ergebnisse.
- Ist die Formvorgabe für die Aufrechnungserklärung hingegen nicht durch den Vertragspartner eigenständig erfüllbar, gilt § 556b Abs. 2 BGB vorrangig und mit Sperrwirkung gegenüber der Inhaltskontrolle nach §§ 307 ff. BGB. Mithin ist in all diesen Fällen die Aufrechnungsbeschränkung mit einer allgemein formulierten Formvorgabe wirksam. Eine Aufrechnung ist aber für die Forderungen des § 556b Abs. 2 Satz 1 BGB unter den Tatbestandsvoraussetzungen des § 556b Abs. 2 Satz 1 BGB möglich.

ff) RL 93/13/EWG

Im Folgenden ist zu untersuchen, welche Vorgaben die Richtlinie 93/13/EWG für den Bereich von Aufrechnungsbeschränkungen, welche Anforderungen an die Aufrechnungserklärung vorsehen, macht.

(1) Nr. 1b) Anhang RL

Bei der Abwägung nach Art. 3 Abs. 1 RL ist bei einer Ausschlussklausel, die der „Hinweis- und Beispielliste" des Anhanges der Richtlinie unterfällt, eine *Grundausrichtung für eine Missbräuchlichkeit i.S.d. der Richtlinie* vorgegeben. Sofern konkrete Umstände fehlen, welche eine Abweichung von der Grundausrichtung der Beurteilung erfordern oder möglich machen, ist eine Missbräuchlichkeit i.S.d. der Richtlinie anzunehmen.[1633]

Die Darstellung in diesem Abschnitt bezieht sich nur auf Aufrechnungsbeschränkungen, welche die Aufrechnung für Gegenforderungen aus *einer Vertragsverletzung* des Gewerbetreibenden gegen Forderungen aus *demselben Vertragsverhältnis* ausschließen.[1634] Für andere konnexe Forderungen oder nicht-konnexe Forderungen gibt Nr. 1b) Anhang RL keine weiteren Grenzen vor.

(a) Nicht autonome erfüllbare Formvorgaben

Nr. 1b) Anhang RL erfasst die vorliegend betrachteten Fälle zumindest dann, wenn der Verbraucher die Aufrechnungswirkung *nicht selbst herbeiführen* kann. Wie bereits angesprochen betrifft dies bspw. vorgegebene Formulare oder IT-Erklärungsportale. Diese Erschwerungen der Aufrechnung stehen aufgrund der Verhinderung der autonomen Aufrechnungsmöglichkeit einem Ausschluss der Aufrechnung gleich.[1635] Daher tritt insoweit die Grundsausrichtung für die Beurteilung nach Art. 3 Abs. 1 RL ohne weiteren Wertungsakt ein.[1636]

(b) Autonom erfüllbare Formvorgaben

Sofern der Verbraucher die Aufrechnungswirkung nach der Aufrechnungsbeschränkung *eigenständig herbeiführen* kann, handelt es sich um eine Einschränkung i.S.d. Nr. 1b) Anhang RL. Die Hinwies- und Beispielliste gibt vor, dass diese Aufrechnungseinschränkungen nicht „ungebührlich"[1637] sein dürfen. Entsprechend ist in einem ersten Subsumtionsschritt zu klären, ob eine Ungebührlichkeit feststeht. Sollte dies der Fall sein, ist in einem zweiten Schritt zu untersuchen, ob die Indizwirkung sich im Rahmen der Gesamtbeurteilung nach Art. 3 Abs. 1 RL durch andere Umstände egalisiert und ggf. eine Missbräuchlichkeit abzulehnen ist. Bei der Beurteilung der Aufrechnungsbeschränkungen mit Vorgaben an die Erklärungsform kann sich an den Ausführungen zur Abwägung von § 307 BGB orientiert werden. Denn der Beurteilungsmaßstab der Ungebührlichkeit orientiert sich gleichermaßen an Kriterien wie der Erheblichkeit

---

1633 Siehe dazu allgemein § 5 B. VII. 4.) a) bb) (1).

1634 Siehe zum allgemeinen Anwendungsbereich von Nr. 1b) Anhang RL § 5 B. VII. 4.) a) bb) (2).

1635 Siehe dazu § 5 B. IV. 2.) a) bb) und § 5 B. VII. 4.) a) bb) (2) (c).

1636 Siehe dazu § 5 B. VII. 4.) a) bb) (2) (c).

1637 Siehe dazu § 5 B. VII. 4.) a) bb) (2) (c).

der Abweichung vom Regelfall und an der Existenz der vom (loyalen) Verbraucher anerkannten Interessen.[1638]

So ist einerseits in die Bewertung einzubeziehen, welche rechtlichen und tatsächlichen Folgen sich aus der Formvorgabe ergeben.[1639] Anderseits sind mögliche legitime Zwecke des Gewerbetreibenden an der Aufrechnungsbeschränkung zu identifizieren und deren Gewicht in die Bestimmung einzubeziehen. Insofern ist die Erheblichkeit der Einschränkung bei einer Formvorgabe an die Aufrechnungserklärung, welche leicht zu erfüllen ist, wie eine Vorgabe der Text- oder Schriftform, für den Verbraucher wenig belastend. So kann der Verbraucher die Aufrechnungswirkung herbeiführen und auch der (Mehr-)Aufwand ist sowohl in zeit- als auch in vermögensrechtlicher Hinsicht für den Verbraucher gering.

Der Gewerbetreibende will mit einer solchen Formvorgabe nicht seine Rechtsposition inhaltlich aufrechnungsspezifisch verbessern, sondern er bezweckt Rechtssicherheit über die Erklärung und über die Identität des Erklärenden. Dieses im Grundsatz legitime Interesse[1640] wird aber nur dadurch nicht ungebührlich bzw. missbräuchlich, dass der nach Treu und Glauben loyale Vertragspartner sich hinsichtlich der geringen Belastungswirkung auf eine solche Klausel bei „gleicher Verhandlungsstärke" einlassen würde. Letzterer Bereich wird aber verlassen, wenn strengere Vorgaben an die Aufrechnungserklärung gestellt werden. Das Interesse des Gewerbetreibenden ist bereits mit den Formvorgaben der Text- oder Schriftform erfüllt.[1641] Da mit weitergehenden Anforderungen, bspw. einer notarielle Beurkundung, eine erhöhte zeitliche und kostentechnische Belastung des Verbrauchers einhergeht, ohne dass dafür ein nachzollziehbarer Grund für den Verbraucher ersichtlich ist, ist eine solche Vorgabe ungebührlich i.S.d. Nr. 1b) Anhang RL.[1642]

(2) Art. 3 Abs. 1, 3 i.V.m. Anhang RL

Auch im dogmatisch vorgegebenen zweiten Prüfungsteil der Beurteilung nach Art. 3 Abs. 1 RL ergibt sich in den Fällen von Formvorgaben für die Aufrechnungserklärung, die Nr. 1b) Anhang RL erfasst, kein von der „Indizwirkung" abweichendes Ergebnis. Allgemeine Anhaltspunkte oder Umstände, welche eine

---

1638 Vgl. ähnlich Wolf/Lindacher/Pfeiffer/*Pfeiffer* RL 93/13/EWG Anhang Rn. 15 und die Darstellung in § 5 B. VII. 4.) d) bb) (2) (c).

1639 Vgl. Soergel/*Knops* § 309 Nr. 3 Rn. 20.

1640 Siehe dazu die Ausführungen zur deutschen Rechtslage § 6 A. II. 2.) a) cc).

1641 Siehe dazu die Ausführungen zur deutschen Rechtslage § 6 A. II. 2.) a) cc).

1642 So wohl auch Soergel/*Knops* § 309 Nr. 3 Rn. 20.

Korrektur der Indiz-Wirkung der Verwirklichung von Nr. 1b) Anhang RL erfordern würden, sind nicht ersichtlich.[1643]

(3) Art. 3 Abs. 1 RL

Auch Klauseln, welche nicht von Nr. 1b) Anhang RL erfasst sind, sind in einem konkreten Umfang nach der allgemeinen Beurteilung nach Art. 3 Abs. 1 RL missbräuchlich. Denn Klauseln, welche für die Aufrechnungserklärung Formvorgaben vorgeben, die über eine Schrift- oder Textform hinausgehen, belasten den Verbraucher *über das notwenige Maß hinaus.* Wäre dem Verbraucher die Möglichkeit durch den Gewerbetreibenden gegeben worden, über diese Klausel zu verhandeln, erscheint es zweifelhaft, dass dieser sich bspw. auf eine notarielle Beurkundung einlassen wird. Denn zum einen sind jedem Verbraucher der Aufwand und die Kosten einer notariellen Beurkundung bekannt. Zum anderen fehlt es aber an einem *verständlichen* Interesse an einer solchen Formvorgabe. Ein mögliches Interesse an Rechtssicherheit wäre ebenso durch einen Brief oder eine E-Mail erfüllbar.

Daher sind Klauseln, welche für eine Aufrechnungserklärung für Forderungen, die nicht aus demselben Vertragsverhältnis stammen oder für Forderungen, die zwar aus demselben Vertragsverhältnis stammen, aber nicht aufgrund einer Vertragsverletzung des Gewerbetreibenden eine Form vorschreiben, nach Art. 3 Abs. 1 RL nur insoweit zulässig, als diese eine Text- oder Schriftform vorsehen. Darüberhinausgehende Formvorgaben an die Aufrechnungsbeschränkungen sind nach Art. 3 Abs. 1 RL missbräuchlich.

(4) Zwischenergebnis

Nach den Maßgaben der Richtlinie sind Formvorgaben für die Aufrechnungserklärung nur unzulässig, sofern diese – ausschlussgleich – nicht durch den Vertragspartner erfüllt werden können. Auch Aufrechnungsbeschränkungen, deren Formvorgaben autonom durch den Vertragspartner erfüllt werden können, sind nur zulässig, wenn diese allein eine Text- oder Schriftform verlangen. Alle anderen Formvorgaben sind missbräuchlich i.S.d. Art. 3 Abs. 1 (3 i.V.m. Nr. 1b) Anhang) RL.

1643 Konkrete Anhaltspunkte i.S.d. Art. 4 RL werden vorliegend nicht berücksichtigt; siehe dazu § 5 B. VII. 4.) a) dd).

b) Unternehmervertrag

aa) § 307 Abs. 1 Satz 1, Abs. 2 Nr. 1 i.V.m. § 309 Nr. 3 BGB

§ 309 Nr. 3 BGB verbietet im Verbrauchervertrag Formvorgaben für die Aufrechnungserklärung nur, sofern diese sich auf unbestrittene, rechtskräftig festgestellte oder entscheidungsreife Forderungen o.e.B. bezieht und die Formvorgaben nicht durch den Vertragspartner selbst, d.h. ohne Mitwirkungshandlung des Verwenders erfüllt werden können.

Für weniger strenge, vom Vertragspartner erfüllbare Formvorgaben für die Aufrechnungserklärung und für nicht unbestrittene, rechtskräftig festgestellte und entscheidungsreife Forderungen o.e.B. setzt § 309 Nr. 3 BGB keine Grenzen. Mithin sind solche Aufrechnungsbeschränkungen auch nicht gegenüber einem Unternehmer unangemessen und damit gem. § 307 Abs. 1 Satz 1, Abs. 2 Nr. 1 BGB unwirksam.[1644]

Die Frage, ob der Verbotsbereich des § 307 Abs. 1 Satz 1 BGB i.V.m. § 309 Nr. 3BGB bei Unternehmerverträgen anders, mithin großzügiger als in Verbraucherverträgen zu bestimmen ist, stellt sich daher nur hinsichtlich der genannten Aufrechnungsbeschränkungen, die gegenüber einem Verbraucher nach § 309 Nr. 3 BGB unwirksam sind. Dies sind bspw. Vorgaben für eine Nutzung eines Formulars oder eines IT-Erklärungsportals für die Erklärung der Aufrechnung mit den in § 309 Nr. 3 BGB genannten Forderungen.

Die gestellte Frage muss letztendlich verneint werden. Die Vorgaben des § 309 Nr. 3 BGB sind bei Aufrechnungsbeschränkungen im Grundsatz aufgrund des *grundlegenden Gerechtigkeitsgehaltes dieser Norm*[1645] und *fehlender* abweichender Gegebenheiten des Handelsverkehres auf den Unternehmervertrag zu übertragen.[1646] Die vorliegend betrachteten Formvorgaben stehen als nicht autonom erfüllbare Erschwerungen einem Ausschluss i.S.d. § 309 Nr. 3 BGB gleich. Es sind insoweit keine Gepflogenheiten, Handelsbräuche oder vergleichbares ersichtlich, welche eine Abweichung vom Grund der Übertragung der Wertungen auf den Unternehmerverkehr rechtfertigen.

Zwar besteht aufgrund der mangelnden direkten Anwendbarkeit von § 309 Nr. 3 BGB im Rahmen der Abwägung nach § 307 Abs. 1 Satz 1, Abs. 2 Nr. 1 BGB ein Spielraum für eine höhere Gewichtung von legitimen Interessen des

---

1644 Siehe zu § 309 Nr. 3 BGB soeben § 6 A. II 2.) a) aa) und zum Schluss von der Wirksamkeit im Verbrauchervertrag auf eine Wirksamkeit im Unternehmervertrag § 5 B. VI. 2.) b) aa) (1).

1645 Siehe dazu § 5 B. VI. 2.) b) bb) (1).

1646 Siehe dazu § 5 B. VI. 2.) b) bb).

Verwenders. Allerdings ergibt sich daraus trotzdem keine abweichende Bewertung. Das Interesse des Verwenders an hinreichender Rechtssicherheit ist auch gegenüber einem Unternehmer als Vertragspartner bereits *mit einer Text- oder Schriftform erfüllt*. Ein Interesse an einem bestimmten Formular oder einer Erklärung mithilfe eines Erklärungsportals kann nur dahingehend bestehen, dass damit die Verwaltung der (Aufrechnungs-)Prozesse im unternehmerischen Bereich des Verwenders vereinfacht werden kann. Allerdings ist zweifelhaft, ob dieses Interesse praktisch überhaupt vorhanden ist bzw. auftreten wird.[1647] Denn die Anzahl von Aufrechnungserklärungen, welchen ein Verwender der AGB ausgesetzt sein wird, ist als gering anzusehen. Selbst bei einer Vielzahl von abgeschlossenen Verträgen von einem Unternehmen ist nicht anzunehmen, dass bei einer großen Anzahl der Fälle eine Aufrechnung erklärt werden kann oder erklärt wird. Folglich ist auch das vermögensrechtliche Interesse an einer vereinfachten Verwaltung praktisch als gering einzuschätzen. Auf der Seite des Vertragspartners bleibt weiterhin die Gefahr bestehen, dass dieser die Aufrechnung nicht ohne Mitwirkungshandlung des Verwenders rechtswirksam erklären, mithin eine Aufrechnung faktisch vollständig ausgeschlossen sein kann. Daher kann im Regelfall auch dem genannten Interesse, welches über das der Rechtssicherheit hinausgeht, keine ausschlaggebende Wirkung zukommen. Derartige Formvorgaben sind auch im Unternehmervertrag nach § 307 Abs. 1 Satz 1 BGB unter Berücksichtigung der Wertungen des § 309 Nr. 3 BGB als nicht wirksam vereinbar anzusehen.

bb) § 307 Abs. 1 Satz 1, Abs. 2 Nr. 1 i.V.m. § 309 Nr. 13 BGB

Eine Unwirksamkeit von Formvorgaben für die Aufrechnungserklärung ergibt sich im Unternehmerverkehr auch nicht aufgrund einer Indizwirkung von § 309 Nr. 13 BGB. Einerseits ist insoweit zweifelhaft, ob die Wertungen des § 309 Nr. 13 BGB überhaupt auf den Bereich der Verträge mit einem Unternehmer übertragbar sind.[1648] Anderseits ist nach der in dieser Arbeit vertretenen

---

1647 Eine Rechtfertigung einer Pflicht zur Verwendung eines vorgegebenen Formblattes nur schwer für möglich haltend OLG Schleswig NJW-RR 2001, 818 (819, Formularblatt für Abtretungsanzeige, unwirksam nach § 9 Abs. 1 AGBG).

1648 Die h.M. lehnt dies ab. Vgl. dazu nur BeckOGK-BGB/*Weiler* (01.03.2021) § 309 Nr. 13 Rn. 63; Wolf/Lindacher/Pfeiffer/*Dammann* § 309 Nr. 13 Rn. 70; BeckOK-BGB/*Becker* (01.02.2021) § 309 Nr. 13 Rn. 15; MüKo-BGB/*Wurmnest* § 309 Nr. 13 Rn. 11; Staudinger/*Coester-Waltjen* § 309 Nr. 13 Rn. 11 m.w.N.; a.A. allgemein für §§ 308, 309 BGB BGH NJW 2014, 3722 (3726); für § 11 AGBG (jetzt § 309 BGB) bereits BGHZ 174, 1 (4 f.) = NJW 2007, 3774 (3775); greifbar differenzierend *Wagner/Wagner* BB 2016, 707 (708).

Ansicht keine unmittelbare Grenze für formularmäßige Aufrechnungsbeschränkungen durch § 309 Nr. 13 BGB gesetzt.[1649] Aufgrund dieser fehlenden Grenzsetzung für Aufrechnungsbeschränkungen im Verbraucherbereich kommt auch keine Grenze im Unternehmerverkehr in Betracht.[1650]

cc) § 307 Abs. 1 Satz 1, Abs. 2 Nr. 1 BGB

Im Rahmen des Verbrauchervertrages liegt nach der in dieser Arbeit vertretenen Ansicht eine unangemessene Benachteiligung des Vertragspartners vor, sofern eine Formvorgabe vorgesehen ist, welche erschwerend über die Text- oder Schriftform hinausgeht.[1651]

Eine Abweichung von diesem Abwägungsergebnis ist auch im unternehmerischen Verkehr nicht anzunehmen. Auch das gesteigerte Interesse des Verwenders an Rechtssicherheit und der Schaffung von klaren Rechtsverhältnissen[1652] wird bereits durch eine Bindung der Aufrechnungserklärung an die Text- oder Schriftform erfüllt.

Es ist zwar einem Unternehmer eher als einem Verbraucher zuzumuten, eine Erklärung in einer vertraglich vorgegebenen Form abzugeben.[1653] Denn aufgrund der Geschäftserfahrung des Unternehmers ist davon auszugehen, dass diesem die Abgabe auch formgebundener Erklärungen leichter fallen wird.[1654] Außerdem wird der Unternehmer seine Vertragsdokumente systematisiert aufbewahren, sodass es zu keinen Fehlvorstellungen bezüglich der vereinbarten Erklärungsform kommen wird.[1655] Allerdings rechtfertigt dies keine erschwerenden Formvorschriften. Es fehlt an einem *weitergehenden*

1649 Siehe dazu soeben § 6 A. II. 2.) a) bb).

1650 Zum Schluss von einer Wirksamkeit im Verbrauchervertrag auf eine Wirksamkeit im Unternehmervertrag siehe § 5 B. VI. 2.) b) aa) (1).

1651 Siehe dazu § 6 A. II. 2.) a) cc) und ee).

1652 Bspw. MüKo-BGB/*Wurmnest* § 309 Nr. 13 Rn. 11; BeckOGK-BGB/*Weiler* (01.03.2021) § 309 Nr. 13 Rn. 63; Wolf/Lindacher/Pfeiffer/*Dammann* § 309 Nr. 13 Rn. 71.

1653 Vgl. MüKo-BGB/*Wurmnest* § 309 Nr. 13 Rn. 11; Ulmer/Brandner/Hensen/*Habersack* § 309 Nr. 13 Rn. 12.

1654 Vgl. Ulmer/Brandner/Hensen/*Habersack* § 309 Nr. 13 Rn. 12; BeckOGK-BGB/*Weiler* (01.03.2021) § 309 Nr. 13 Rn. 63.

1655 So die gesetzliche Begründung des Verbotes nach § 309 Nr. 13 BGB für den Verbraucherbereich (BT-Drs. 7/3931, 39); anschaulich Staudinger/*Coester-Waltjen* § 309 Nr. 13 Rn. 11; vgl. auch MüKo-BGB/*Wurmnest* § 309 Nr. 13 Rn. 11; BeckOGK-BGB/*Weiler* (01.03.2021) § 309 Nr. 13 Rn. 63 (geringere Barrierewirkung).

berechtigten Interesse des Verwenders.[1656] Ein solches kann auch nicht in einem besonderen Beweisinteresse des Verwenders gesehen werden. Eine per Einschreiben übermittelte Aufrechnungserklärung bringt gegenüber einer schriftlich erklärten Aufrechnung *keine relevanten Beweisvorteile*. Der Beweis, ob die Erklärung vom wirklichen Forderungsinhaber erfolgt, ist genauso wie der Erklärungsinhalt bei einer einfachen Zusendung der schriftlichen Aufrechnungserklärung und bei der Zusendung per Einschreiben gleichlaufend bzw. gleichlautend. Auch die Nachweismöglichkeit des Zugangs der Aufrechnungserklärung ist weniger für den Verwender als für den Vertragspartner, welcher im Regelfall auf den Nachweis des Zugangszeitpunktes angewiesen ist, vorteilhaft.[1657] Daher ist die Vorgabe einer Zusendung per Einschreiben in Aufrechnungsbeschränkungen trotz der höheren Wichtigkeit einer Aufrechnungserklärung gegenüber bloßen Mängelrügen /-anzeigen ebenfalls nicht zulässig.[1658]

Sofern eine notarielle Beurkundung einen besonders sicheren Nachweis über die Person des Erklärenden ermöglicht, ist dieses Interesse aber im Vergleich zu den Nachteilen für den Erklärenden bei Aufrechnungen als nachrangig zu gewichtigen.[1659] Für den Erklärungswilligen entsteht ein erheblicher zeitlicher und kostenspezifischer Aufwand.[1660] Vor allem bei wichtigen Erklärungen, welche in aufrechnungstechnischer Hinsicht nur in

---

1656 So auch allgemein für Formerfordernisse ohne anerkennenswertes Bedürfnis Wolf/Lindacher/Pfeiffer/*Dammann* § 309 Nr. 13 Rn. 71; vgl. Staudinger/*Coester-Waltjen* § 309 Nr. 13 Rn. 11.

1657 Im Ansatz MüKo-BGB/*Wurmnest* § 309 Nr. 13 Rn. 1; allgemein zu den verschiedenen Formen des Einschreibens und der entsprechenden Beweisfunktion für den Versender *Reichert* NJW 2001, 2523 ff.

1658 Allgemein hinsichtlich der Vorgabe eines Einschreibens für Erklärungen AnwK AGB-Recht/*Niebling* § 309 Nr. 13 Rn. 13; Palandt/*Grüneberg* § 309 Rn. 113; weniger streng differenzierend, aber im Grundsatz sachgerechte Gründe verlangend Staudinger/*Coester-Waltjen* § 309 Nr. 13 Rn. 11; BeckOGK-BGB/*Weiler* (01.03.2021) § 309 Nr. 13 Rn. 64 (besonderes Interesse); MüKo-BGB/*Wurmnest* § 309 Nr. 13 Rn. 11 (besonderes Interesse); Erman/*Roloff* § 309 Rn. 159 (Erklärung besonderer Bedeutung); Einschreiben im Unternehmerverkehr für nicht mehr relevant haltend BeckOK-BGB/*Becker* (01.02.2021) § 309 Nr. 13 Rn. 15.

1659 Eine solche notarielle Beurkundungspflicht im Rahmen von § 309 Nr. 13 BGB für unzulässig haltend *Alisch* JZ 1982, 706 (708 f.); BeckOGK-BGB/*Weiler* (01.03.2021) § 309 Nr. 13 Rn. 64; vgl. auch Staudinger/*Coester-Waltjen* § 309 Nr. 13 Rn. 11.

1660 Diesen Aspekt allgemein bei Formvorgaben einbeziehend Wolf/Lindacher/Pfeiffer/*Dammann* § 309 Nr. 13 Rn. 71.

besonders hohen Haupt- und Gegenforderungen bestehen können, entstehen erhebliche Kosten für den Erklärenden. Solche Kosten halten auch einen Unternehmer faktisch von der Aufrechnungserklärung ab und zwingen diesen damit zur eigenständigen gerichtlichen Durchsetzung.

Soweit in der Literatur bei Formvorgaben an Erklärungen im Unternehmervertrag auf die besonderen Handelsüblichkeiten und die branchentypischen Interessen der Beteiligten hingewiesen und daraus eine erweiterte Formvereinbarungsbefugnis hergeleitet wird[1661], kann dies auf Aufrechnungserklärungen nicht übertragen werden. Denn Aufrechnungserklärungen sind auch im Unternehmerbereich keine gängigen und üblichen Erklärungen, welche in einer Vielzahl vorkommen. Daher sind Verwaltungsvereinfachungen oder Synergieeffekte im Betriebsablauf des Unternehmers oder im Unternehmen bspw. durch eigene Erklärungsformulare oder ein IT-Portal nur in geringem Maße vorstellbar. Außerdem erfüllt eine Übermittlung von (Aufrechnungs-) Erklärungen durch eine E-Mail oder ein (Computer-)Fax die Erfordernisse des schnelllebigen Handelsverkehrs.[1662] Damit fehlt es an einem legitimierenden Interesse, welches die strengeren Erklärungsformen der Aufrechnung rechtfertigt.[1663]

Letztendlich würde eine strengere Form nur die Erklärung selbst erschweren, ohne dass ein rechtfertigendes berechtigtes Interesse bestehen würde. Sie verstößt gegen den Grundgedanken von Treu und Glauben und stellt demgemäß eine unangemessene Benachteiligung vom gesetzlichen Regelfall nach §§ 387 ff. BGB dar.

3.) Zusammenfassung

Die Bestimmung der Grenzen der betrachteten Formvorgaben für die Aufrechnungserklärung erfordert eine genaue Differenzierung nach den

1661 BeckOGK-BGB/*Weiler* (01.03.2021) § 309 Nr. 13 Rn. 64; vgl. auch Staudinger/*Coester-Waltjen* § 309 Nr. 13 Rn. 9; Wolf/Lindacher/Pfeiffer/*Dammann* § 309 Nr. 13 Rn. 71 f.; Erman/*Roloff* § 309 Rn. 159.

1662 Vgl. allgemeiner BeckOGK-BGB/*Weiler* (01.03.2021) § 309 Nr. 13 Rn. 64; s.a. MüKo-BGB/*Wurmnest* § 309 Nr. 13 Rn. 11.

1663 Allgemein für eine Vorgabe eines Formulars OLG Schleswig NJW-RR 2001, 818 (819, im Erg. offen gelassen); Wolf/Lindacher/Pfeiffer/*Dammann* § 309 Nr. 13 Rn. 71; zumindest für fremdsprachige Formulare MüKo-BGB/*Wurmnest* § 309 Nr. 13 Rn. 11; a.A. wohl BeckOK-BGB/*Becker* (01.02.2021) § 309 Nr. 13 Rn. 15; Ulmer/Brandner/Hensen/*Habersack* § 309 Nr. 13 Rn. 12.

verschiedenen Fallgestaltungen. Das Ergebnis der Beurteilung der einzelnen Aufrechnungsbeschränkung hängt von der Einordnung in die folgenden alternativen Kriterien

- individualvertraglich *oder* formularvertraglich,
- unbestritten, rechtskräftig festgestellt und entscheidungsreif o.e.B. *oder* bestritten, nicht rechtskräftig festgestellt oder nicht entscheidungsreif o.e.B.,
- autonom erfüllbar *oder* nur unter Mitwirkung des Verwenders,
- Regelungsbereich des § 556b Abs. 2 Satz 1 BGB betroffen *oder* außerhalb des Wohnraummietrechts oder auf andere Forderungen bezogen,

ab.

Ausschlaggebende Bedeutung hat außerdem das Interesse an Formvorgaben für die Aufrechnungserklärung, nämlich das Streben nach Rechtssicherheit, Dokumentations- und Beweismöglichkeit. Dieses Interesse ist weder von § 309 Nr. 3 BGB geschützt noch ist es als unangemessen anzusehen. Auch die weitere Grenznorm des § 556b Abs. 2 BGB regelt einen anderen Interessensausgleich. Dies zeigt sich daran, dass eine Unwirksamkeit von einer Formvorgabe nach § 309 Nr. 3 BGB und eine Anwendung von § 556b Abs. 2 Satz 1 BGB nur in Betracht kommt, wenn die Formvorgabe mangels autonomer Erfüllbarkeit einem Ausschluss gleichzustellen ist und dadurch der Verbotsbereich von diesen Normen eingreift. Allerdings ist dieses Interesse auch nur bis zu einem bestimmten Maß schützenswert.

Im Ergebnis betrachtet kommt bei Formvorgaben der Differenzierung, ob es sich um einen Vertrag gegenüber einem Verbraucher oder einem Unternehmer handelt, *keine Relevanz zu.*

Im Ergebnis ist außerdem *ohne Relevanz*, ob die europäischen Vorgaben von 93/13/EWG RL oder die deutschen Regelungen der Beurteilung zugrunde gelegt werden.

Damit ergeben sich übersichtlich für Verbraucher- und Unternehmerverträge folgende Grenzen für Formvorgaben an die Aufrechnungserklärung:

- Im Individualvertrag bestehen keine Grenzen, insbesondere nicht nach §§ 134, 138 BGB.
- Im Formularvertrag wird die Zulässigkeit der Vereinbarung von der Erforderlichkeit zur Erfüllung der verfolgten Interessen begrenzt. Jede Formvorgabe, die erschwerend über eine Schrift- oder Textform hinausgehen, sind unzulässig, je nach Fallgestaltung[1664] nach § 307 Abs. 1 Satz 1, Abs. 2 Nr. 1 BGB, Art.

1664 Siehe zu einer detaillierten Differenzierung soeben § 6 A. II. 2.) a) ee).

3 Abs. 1, 3 i.V.m. Nr. 1 b) Anhang RL und/oder § 309 Nr. 3 (i.V.m. § 307 Abs. 1 Satz 1, Abs. 2 Nr. 1).

- Im Wohnraummietvertrag ist, gleich ob individueller oder formularvertraglicher Art, bei einer allgemein formulierten Formvorgabe für die Aufrechnungserklärung mit den Forderungen der §§ 536a, 539 BGB oder aus ungerechtfertigter Bereicherung nach der Regelung des § 556b Abs. 2 Satz 1 BGB eine Aufrechnung unter den dort vorgegebenen Voraussetzungen stets zulässig. Aufgrund des Vorranges mit Sperrwirkung dieser Regelung kommt eine Unwirksamkeit aus §§ 307 ff. BGB nicht in Betracht.

4.) Formulierungsvorschlag

Aus den dargestellten Grenzen für Aufrechnungsbeschränkungen ergeben sich folgende Beispiele für eine wirksame Beschränkungsvereinbarung.

a) Individualvertragliche Vereinbarung außerhalb des Wohnraummietrechts

- *„Eine Aufrechnung der Partei „X" mit einer Gegenforderung wird nur akzeptiert, wenn die Aufrechnungserklärung schriftlich[1665] erfolgt."*
- *„Eine Aufrechnung der Partei „X" mit einer Gegenforderung ist auf dem von der Partei „Y" zur Verfügung gestellten Formular zu erklären. Ansonsten wird diese nicht akzeptiert."*

b) Individualvertragliche Vereinbarung in einem Wohnraummietvertrag

In diesem Bereich bestehen allein für die in § 556b Abs. 2 Satz 1 BGB genannten Forderungen Grenzen.[1666] Folgende Formulierung entspricht den insofern vorgegebenen Wirksamkeitsgrenzen (§ 556b Abs. 2 Satz 2 BGB) und auch der Bereich, in dem die faktischen Grenzen (§ 556 Abs. 2 Satz 1 BGB) eingreifen, ist nicht betroffen.

- *„Eine Aufrechnung des Mieters mit einer Gegenforderung wird nur akzeptiert, wenn diese auf dem von der Partei „X" zur Verfügung gestellten Formular erklärt wird. Die Aufrechnung gegen eine Mietzinsforderung mit einer Forderung aufgrund von §§ 536a, 539 BGB oder aus ungerechtfertigter Bereicherung*

1665 Zulässig wäre u.a. auch die Vorgabe des Zugangs per eingeschriebenen Brief, die Vorgabe einer Beglaubigung oder die Vorgabe einer notariellen Beurkundung der Aufrechnungserklärung.

1666 Siehe soeben § 6. A. II. 1.).

wegen zu viel gezahlter Miete wird auch akzeptiert, wenn die Aufrechnungserklärung per eingeschriebenem Brief[1667] *eingeht.“*

c) *Formularmäßige Vereinbarung außerhalb des Wohnraummietrechts*

Bei einer formularmäßigen Vereinbarung sind insbesondere die Grenzen des § 309 Nr. 3 BGB – autonome Aufrechnung mit den geschützten Forderungen möglich[1668] – und § 307 Abs. 1 Satz 1, Abs. 2 Nr. 1 BGB – strengstens Schriftform für die Aufrechnungserklärung[1669] – einzuhalten. Eine insofern zulässige Klausel würde sowohl im Verbraucher- als auch im Unternehmervertrag bspw. lauten:

- *„Eine Aufrechnung der „Partei X“ mit einer Gegenforderung wird nur akzeptiert, wenn diese schriftlich*[1670] *erklärt wird.“*

d) *Formularmäßige Vereinbarung in einem Wohnraummietvertrag*

Für andere, als die in § 556b Abs. 2 Satz 1 BGB genannten Forderungen, ist nach §§ 307 ff. BGB nur eine Erklärungsvorgabe mit strengstens einer Schriftform möglich.[1671] Diese Grenzvorgabe gilt außerdem auch für Forderungen des §§ 556b Abs. 2 Satz 1 BGB, wenn die Aufrechnung zwar nur (erheblich) erschwert („eingeschriebener Brief“; „notarielle Beurkundung“), aber noch selbstständig auch durch den Mieter erklärt werden kann. § 556b Abs. 2 BGB greift mit seiner Wirksamkeitsgrenze (Satz 2) und seiner faktischen Grenze (Satz 1) nur, wenn die *Erklärung nicht autonom herbeigeführt* werden kann.[1672] Innerhalb der Grenzen von §§ 307 ff. BGB und auch von § 556b Abs. 2 BGB[1673] liegen folgende Formulierungsalternativen:

1667 Zulässig sind auch weniger strenge Vorgaben an die Aufrechnungserklärung wie die Textform oder Schriftform. Für Vorgaben, welche nicht autonom vom Vertragspartner erfüllt werden können und daher einem Aufrechnungsausschluss gleichstehen, greift § 556b Abs. 2 BGB ein. Dann kann eine Aufrechnung unter den dort genannten Voraussetzungen, also auch ohne Formvoraussetzungen für die *Aufrechnungserklärung*, erklärt werden. Siehe dazu § 6 A. II. 1.) b) und ausführlich zu den durch § 556b Abs. 2 BGB gesetzten Grenzen bereits § 5 B. III.

1668 Siehe dazu soeben § 6 A. II. 2.) a) aa) und ee) (2).

1669 Siehe dazu soeben § 6 A. II. 2.) a) cc) und ee) (2).

1670 Zulässig sind insoweit auch weniger strenge Anforderungen wie die Textform.

1671 Siehe soeben § 6 A. II. 2.) a) cc) - ee) und 3.).

1672 Siehe soeben § 6 A. II. 2.) a) dd) und 1.) b) aa).

1673 „Innerhalb der Grenzen des § 556b Abs. 2 BGB“ bedeutet, dass der Klausel weder eine Teilunwirksamkeit nach § 556b Abs. 2 Satz 2 BGB droht noch eine Klausel

- *„Eine Aufrechnung der „Partei X" mit einer Gegenforderung wird nur akzeptiert, wenn diese schriftlich erklärt wird."*
- *„Eine Aufrechnung der „Partei X" mit einer Gegenforderung ist in Textform zu erklären."*

III. Ankündigungsvorbehalt

Unter sog. Ankündigungsvorbehalten sind solche Vereinbarungen zu verstehen, welche die Wirksamkeit einer Aufrechnung davon abhängig machen, dass die Aufrechnung bereits in einem bestimmten Zeitraum vorher gegenüber dem Aufrechnungsgegner angezeigt wird. So kann der Beschränkungsbegünstigte eine überraschende Aufrechnung verhindern und sich darauf vorbereiten.[1674] Ein Vermieter kann sich bspw. auf den Ausfall der realen Erfüllung und damit auf den fehlenden tatsächlichen Mittelzufluss einstellen.[1675] Diese Interessen sind in der Praxis vor allem in gegenseitigen Dauerschuldverhältnissen relevant, bei denen der Beschränkungsbegünstigte aus den regelmäßigen Einnahmen selbst dauerhafte Verpflichtungen erfüllen muss.[1676]

Vereinbarungen lauten bspw.

> *„Der Pächter kann gegenüber Pachtzinsansprüchen des Verpächters nur mit unstreitigen oder rechtskräftigen Forderungen aufrechnen; er muss die Aufrechnung dem Verpächter einen Monat vor Fälligkeit schriftlich anzeigen."*[1677]

---

vorliegt, welche zwar wirksam ist, aber die Regelung des § 556b Abs. 2 Satz 1 BGB eingreift und eine Aufrechnung mit vermeintlich ausgeschlossenen Forderungen – unter bestimmten Vorgaben – zulässt.

1674 Vgl. OLG Hamm MDR 1997, 927; Westphalen/*Drettmann*, VertrR/AGB-Klauselwerke (32. EL 2012), Teil „Klauselwerke" II – Geschäftsraummiete Rn. 102; s.a. BGH NJW-RR 1988, 329; OLG Düsseldorf, Urteil v. 08.10.2009, Az. 10 U 62/09, BeckRS 2009, 29629 (nicht vollständig abgedruckt in ZMR 2010, 439 ff.).

1675 Vgl. OLG Rostock NZM 1999, 1006; OLG Koblenz, Urteil v. 17.10.2005, Az. 12 U 1301/04, BeckRS 2005, 13164; OLG Frankfurt, Urteil v. 22.12.2004, Az. 2 U 34/04, BeckRS 2005, 01255; AG Villingen-Schwenningen, Urteil v. 25.06.2013, Az. 5 C 76/13, BeckRS 2014, 11615; Lützenkirchen/*Lützenkirchen*, Mietrecht, § 556b Rn. 69; v. Westphalen/Thüsing/*Drettmann*, VertrR/AGB-Klauselwerke (32. EL 2012), Teil „Klauselwerke" II – Geschäftsraummiete Rn. 102.

1676 Vgl. bspw. OLG Hamm MDR 1997, 927; LG Köln NJW-RR 2012, 980; s.a. BGH NJW 2008, 2497 (2498, Minderungsausschluss).

1677 OLG Brandenburg, Urteil v. 26.08.2009, Az. 3 U 192/08, Juris.

„Der Mieter kann gegenüber dem Vermieter eine Gegenforderung nur aufrechnen, wenn er dies mindestens einen Monat vor Fälligkeit des Mietzinses beim Vermieter schriftlich angekündigt hat.“[1678]

Diese Fallgestaltungen sind insbesondere im Hinblick auf die verschiedenen Grenzen von den sog. *Zustimmungsvorbehalten* zu unterscheiden. Bei Ankündigungsvorbehalten kann der Aufrechnungswillige die Aufrechnungswirkung alleine und ohne weitere Mitwirkungshandlung des Aufrechnungsgegners herbeiführen. Er muss sein Vorhaben allein in der vereinbarten Vorlaufzeit ankündigen. Bei einem Zustimmungsvorbehalt ist der Aufrechnende hingegen auf die Mitwirkungshandlung, konkret auf die Zustimmung des Aufrechnungsgegners angewiesen. Sofern diese Mitwirkungshandlung unterbleibt, steht der wirksamen Aufrechnung die Aufrechnungsbeschränkung entgegen.[1679]

1.) Individualvertragliche Vereinbarung

a) § 134 BGB und § 138 BGB

Sofern eine Ankündigung einer Aufrechnung gegenüber dem Aufrechnungsgegner individualvertraglich vereinbart wurde, gelten dafür grundsätzlich allein die allgemeinen gesetzlichen Grenzen, welche die Privatautonomie beschränken. Allerdings erscheint weder ein Verstoß gegen ein Verbotsgesetz i.S.d. § 134 BGB noch das Erreichen der Sittenwidrigkeitsgrenze i.S.d. § 138 BGB, d.h. ein Verstoß gegen die von § 138 BGB zu wahrenden Sitten- und Verhaltensregeln durch die Vereinbarung einer Ankündigungspflicht der Aufrechnung möglich. Eine Pflicht zur Ankündigung der Aufrechnung stellt *ein Minus* gegenüber dem vollständigen Ausschluss der Aufrechnungsmöglichkeit dar.[1680] Da sich der Vertragspartner im Rahmen der eigenen Gestaltungsfreiheit sogar seines Aufrechnungsrechtes vollständig entledigen kann, muss eine Vereinbarung erst Recht möglich sein, wenn die Aufrechnungsbefugnis allein durch eine Ankündigungspflicht erschwert wird.[1681] Die Beschwer liegt hier allein in einer weiteren Handlungspflicht, also der Pflicht zur vereinbarten Ankündigung der Aufrechnung. Eine eigenständige gerichtliche Durchsetzung der Forderungen,

---

1678 BGH NJW-RR 1988, 329.

1679 Siehe ausführlich zu den Grenzen der Zustimmungsvorbehalte § 6 A. IV.

1680 Vgl. ähnlich zwischen einem vollständigen Ausschluss und einer Ankündigungspflicht zumindest im Formularbereich differenzierend OLG Köln WuM 1998, 23 f.; s.a. BGH NJW-RR 1988, 329.

1681 Im Erg. ebenso OLG Koblenz, Urteil v. 17.10.2005, Az. 12 U 1301/04, BeckRS 2005, 13164; OLG Brandenburg, Urteil v. 26.08.2009, Az. 3 U 192/08, Juris Rn. 28 ff.

wie bei einem Ausschluss der Aufrechnungsbeschränkung, wird hingegen nicht ausgelöst.[1682]

b) § 556b Abs. 2 BGB

§ 556b Abs. 2 Satz 1 BGB sieht selbst für bestimmte Forderungen eine Absichtsanzeige der späteren Aufrechnungserklärung vor. Daher ist zu untersuchen, ob und in welcher Hinsicht von dieser Vorgabe im Anwendungsbereich des § 556b Abs. 2 BGB abgewichen werden kann. Wie bereits ausgeführt, findet § 556b Abs. 2 Satz 1 BGB nur in einem begrenzten Bereich, also im Wohnraummietrecht Anwendung und regelt selbst nur den Erhalt der Aufrechnungsmöglichkeit für bestimmte Forderungen, die im Zusammenhang mit dem Mietverhältnis stehen. Aufgrund des Ausnahmecharakters des Regelungskonzeptes ist auch eine Übertragung auf andere Fallkonstellationen im Wege der Analogie nicht möglich.[1683] Daher gelten die folgenden Ausführungen auch nur für diesen begrenzten Bereich.

In seinem vorhandenen Anwendungsbereich setzt § 556b Abs. 2 BGB Grenzen hinsichtlich der Vereinbarungsmöglichkeit von Ankündigungspflichten der Aufrechnung. Eine Abweichung von § 556b Abs. 2 Satz 1 BGB ist zumindest zu Lasten des Mieters nicht möglich.[1684] Sofern die Aufrechnungsbeschränkungen eine Ankündigung der Aufrechnung für die dortigen Forderungen vorsehen, welche entweder eine *strengere Form als die Textform* für die Absichtsanzeige oder *eine längere Frist als einen Monat*, bis zu welcher die Absichtserklärung spätestens vorliegen muss, vorsehen, weichen diese von den Vorgaben von § 556b Abs. 2 Satz 1 BGB ab. Eine Abweichung von diesem gesetzlich fixierten Konzept ist allerdings nach § 556b Abs. 2 Satz 2 BGB nicht möglich.[1685] Die Vorschrift ordnet nach der in dieser Arbeit vertretenen Ansicht aufgrund der dem gesetzlichen Regelungskonzept zugrundeliegenden Interessenwertung nur eine *Teilunwirksamkeit* an.[1686] Die Ankündigungspflicht ist nur soweit unwirksam, wie sie von § 556b Abs. 2 Satz 1 BGB abweicht. Eine Aufrechnung ist mithin

---

1682 Ausdrücklich für den formularmäßigen Bereich AG Villingen-Schwenningen, Urteil v. 25.06.2013, Az. 5 C 76/13, BeckRS 2014, 11615.

1683 Vgl. Lützenkirchen/*Lützenkirchen*, Mietrecht, § 556b Rn. 108 f.; ausführlich dazu bereits § 5 B. III. 2.).

1684 Siehe allgemein zum von § 556b Abs. 2 BGB geschützten Bereich § 5 B. III.

1685 Siehe dazu bereits § 5 B. III. 2.) und 3.) a) aa).

1686 Dazu bereits § 5 B. III. 2.) b).

weiterhin nur unter einer vorherigen Ankündigung in Textform mindestens einen Monat vor Fälligkeit der Miete möglich.

Für die übrigen Fallkonstellationen, also in Fällen, in welchen sich die Ankündigungspflicht nicht auf die in § 556b Abs. 2 BGB genannten Forderungen bezieht oder kein Vertrag über Wohnraum vorliegt, setzt § 556b Abs. 2 BGB keine weiteren Grenzen.

2.) Formularmäßige Vereinbarung

Ankündigungsvorbehalte sind in der Rechtspraxis hauptsächlich in formularmäßigen Vereinbarungen vorgesehen.[1687] Im Folgenden wird untersucht, ob und inwieweit solche Vereinbarungen in AGB einerseits im Verbrauchervertrag und andererseits in den Verträgen mit einem Unternehmer zulässig sind.

a) Verbrauchervertrag

aa) § 309 Nr. 3 BGB

Im Bereich von Verbraucherverträgen ist umstritten, ob Ankündigungspflichten für Aufrechnungserklärungen vom Verbotsbereich des § 309 Nr. 3 BGB erfasst sind. So wird von einer Mindermeinung angenommen, dass solche Ankündigungspflichten gem. § 309 Nr. 3 BGB unwirksam seien.[1688] Hingegen sieht die herrschende Meinung solche Klauseln als nach § 309 Nr. 3 BGB zulässig an.[1689]

Bei einer Klausel, die die Aufrechnung nicht vollständig ausschließt, richtet sich nach der in dieser Arbeit vertretenen Ansicht die Beurteilung danach, ob

---

1687 Vgl. dazu die Nachweise in Fn. 1694.

1688 So Wolf/Lindacher/Pfeiffer/*Dammann* § 309 Nr. 3 Rn. 19; LG Mannheim WuM 1987, 317 (§ 11 Nr. 3 AGBG); vgl. LG Osnabrück WuM 1987, 118 (§ 11 Nr. 3 AGBG).

1689 BeckOGK-BGB/*Weiler* (01.03.2021) § 309 Nr. 3 Rn. 28.2; AG Villingen-Schwenningen, Urteil v. 25.06.2013, Az. 5 C 76/13, BeckRS 2014, 11615; v. Westphalen/Thüsing/*Drettmann*, VertrR/AGB-Klauselwerke (32. EL 2012), Teil „Klauselwerke" II - Geschäftsraummiete Rn. 101 f.; *Derleder* WuM 2007, 599 (605); Prütting/Wegen/Weinreich/*Berger* § 309 Rn. 17 (u.U. nach § 307 BGB zu beanstanden); Erman/*Roloff* § 309 Rn. 30 (Beurteilung nach § 307 BGB); Palandt/*Grüneberg* § 309 Rn. 18 (ggf. unangemessen lange Frist nach § 307 BGB); Ulmer/Brandner/Hensen/*Schäfer* § 309 Nr. 3 Rn. 8 (Kontrolle nach § 307 BGB); vgl. auch BGHZ 127, 245 (251) = NJW 1995, 254 (255); LG Berlin MDR 1986, 852; OLG Rostock NZM 1999, 1006; BeckOK-BGB/*Wiederhold* (01.02.2021) § 556b Rn. 32; MüKo-BGB/*Artz* § 556b Rn. 17; s.a. BGH NJW 2011, 2201 und BGH WuM 2011, 676, jeweils zur Frage der Wirksamkeit einer Vorauszahlungsklausel in Kombination mit einer Ankündigungspflicht für die Aufrechnungserklärung; LG Köln NJW-RR 2012, 980.

es sich um eine Erschwerung der Aufrechnung handelt, die der Vertragspartner selbst erfüllen kann oder um eine Erschwerung, die einem Ausschluss gleichsteht, da die durch den Vertragspartner nicht autonom, also auch nicht unter größerem Aufwand herbeigeführt werden kann.[1690] Bei einer Ankündigungspflicht können die Rechtsfolgen der Aufrechnung autonom vom Erklärenden herbeigeführt werden. Dies zwar nicht unmittelbar, da im Regelfall eine Frist zwischen der Ankündigung und der folgenden Aufrechnung liegt. Allerdings bleibt die Aufrechnung weiterhin „*in den Händen*" des Erklärungswilligen. Die Aufrechnung hängt weder von einer Mitwirkungshandlung des Erklärungsempfängers ab noch kann dieser eine Aufrechnung eigenständig verhindern. Mithin sind Klauseln, welche eine Pflicht zur vorherigen Ankündigung der Aufrechnung vorsehen, nicht als Ausschlüsse i.S.d. § 309 Nr. 3 BGB anzusehen.[1691] Im Ergebnis sind zumindest bei alleiniger Betrachtung des Verbotsbereichs von § 309 Nr. 3 BGB Aufrechnungsbeschränkungen in der Form eines Ankündigungsvorbehaltes auch für unbestrittene und rechtskräftig festgestellte Forderungen zulässig.

bb) § 307 Abs. 1 Satz 1, Abs. 2 Nr. 1 BGB

Weiter ist zu untersuchen, ob und falls ja, welche Ankündigungsklauseln möglicherweise unwirksam sind[1692], weil sie den Vertragspartner unangemessen i.S.d. § 307 Abs. 1 Satz 1, Abs. 2 Nr. 1 BGB benachteiligen.[1693]

(1) Dauerschuldverhältnis

Da Pflichten zur Ankündigung der Aufrechnung in der Rechtspraxis fast ausschließlich in Verträgen mit dauerhaftem Leistungsaustausch vorgesehen werden[1694], wird im Folgenden zuerst der Bereich der Dauerschuldverhältnisse dargestellt.

1690 Siehe zur Differenzierung zwischen Aufrechnungsbeschränkungen als Ausschluss und als Erschwerung § 5 B. IV. 2.) a) aa) und bb).

1691 Vgl. die Nachweise in Fn. 1689.

1692 Diese Beurteilung bezieht sich nur auf den Bereich, welcher nicht von § 556b Abs. 2 BGB abschließend und eigenständig geregelt ist. Dies sind alle Konstellationen außerhalb des Wohnraummietrechts und bezüglich aller Forderungen im Wohnraummietrecht, welche nicht in § 556b Abs. 2 BGB genannt bzw. geregelt sind. Zu dem Bereich des § 556b Abs. 2 BGB sogleich § 6 A. III. 2.) a) cc).

1693 Zu dem der Beurteilung nach § 307 Abs. 1 Satz 1, Abs. 2 Nr. 1 BGB zugrunde gelegten Maßstab siehe § 5 B. VI. 3.).

1694 Vgl. BGH NJW-RR 1988, 329; BGH NW 2011, 2201; BGH WuM 2011, 676; LG Berlin Grundeigentum 1997, 368 f.; OLG Hamm MDR 1997, 927; OLG Köln WuM

(a) Grundfall

Auf der Seite des Vertragspartners steht das Interesse, sein Gestaltungsrecht ausüben zu können, sobald die Tatbestandsvoraussetzungen für die Aufrechnung vorliegen. Damit kann er die Erfüllungswirkung herbeiführen und sieht sich der „erfüllten" Forderung nicht mehr als Schuldner ausgesetzt. Auf der anderen Seite steht zumindest im Rahmen von Vertragsverhältnissen mit dauerhaftem und regelmäßigem Leistungsaustausch das Interesse des Verwenders, seine Leistungen dauerhaft tatsächlich zu erhalten. Dieser ist im Regelfall auf den regelmäßigen Zahlungseingang angewiesen, um selbst seine gegen ihn bestehenden, bspw. mit der Anschaffung des Miet-/Pachtobjektes zusammenhängenden Zahlungsverpflichtungen nachzukommen.[1695] Eine Pflicht zur Ankündigung der Aufrechnung mit einer bestimmten Frist, schützt diesen vor unerwarteten unmittelbaren Zahlungsausfällen[1696] und er kann nach der Ankündigung weitere Maßnahmen und Schritte ergreifen, um den anstehenden Zahlungsausfall zu kompensieren und nicht in Verzug gegenüber seinen Gläubigern zu kommen.[1697]

Die Beeinträchtigung des Vertragspartners ist im Vergleich zu einem vollständigen Ausschluss der Aufrechnung verhältnismäßig gering.[1698] Er muss

---

1998, 23; LG Lüneburg ZMR 1999, 175; OLG Celle NJW-RR 1998, 585; OLG Rostock NZM 1999, 1006; OLG Düsseldorf NZM 2002, 953; OLG Frankfurt, Urteil v. 22.12.2004, Az. 2 U 34/04, Juris Rn. 20 ff.; OLG Düsseldorf ZMR 2005, 450; OLG Koblenz, Urteil v. 17.10.2005, Az. 12 U 1301/04, BeckRS 2005, 13164; OLG Brandenburg, Urteil v. 26.08.2009, Az. 3 U 192/08, Juris; LG Köln NJW-RR 2012, 980; AG Villingen-Schwenningen, Urteil v. 25.06.2013, Az. 5 C 76/13, BeckRS 2014, 11615; LG Mainz, Urteil v. 11.03.2015, Az. 3 S 105/13, BeckRS 2016, 8788 und die Revisionsentscheidung BGH ZMR 2016, 609.

1695 Vgl. OLG Hamm MDR 1997, 927; OLG Rostock NZM 1999, 1006; LG Köln NJW-RR 2012, 980; s.a. BGH NJW 2008, 2497 (2498, Minderungsausschluss).

1696 So auch BGH NJW-RR 1988, 329; OLG Rostock NZM 1999, 1006; OLG Frankfurt, Urteil v. 22.12.2004, Az. 2 U 34/04, Juris Rn. 20 ff.; OLG Koblenz, Urteil v. 17.10.2005, Az. 12 U 1301/04, BeckRS 2005, 13164; AG Villingen-Schwenningen, Urteil v. 25.06.2013, Az. 5 C 76/13, BeckRS 2014, 11615; Lützenkirchen/*Lützenkirchen*, Mietrecht, § 556b Rn. 69; s.a. BGH NJW 2008, 2497 (2498, Minderungsausschluss).

1697 So auch bspw. OLG Hamm MDR 1997, 927; vgl. v. Westphalen/Thüsing/*Drettmann*, VertrR/AGB-Klauselwerke (32. EL 2012), Teil „Klauselwerke" II – Geschäftsraummiete Rn. 102; vgl. *Horst*, Abkopplungsklauseln im Gewerbemietrecht, 88 ff.

1698 Vgl. OLG Düsseldorf NZM 2002, 953; OLG Koblenz, Urteil v. 17.10.2005, Az. 12 U 1301/04, BeckRS 2005, 13164; AG Villingen-Schwenningen, Urteil v. 25.06.2013, Az. 5 C 76/13, BeckRS 2014, 11615; s.a. LG Berlin NZM 2002, 381 (382, Unwirksamkeit Vorfälligkeitsklausel in Kombination mit Aufrechnungsanzeige); LG Nürnberg ZMR 1999, 175 (Verstoß gegen § 537 Abs. 3 BGB a.F.).

zwar einerseits selbst einen erhöhten Aufwand betreiben, indem er zusätzlich eine Mitteilung an den Erklärungsempfänger senden muss. Anderseits kann er aber dadurch die Voraussetzungen für eine Aufrechnung durch die Ankündigung selbst schaffen.[1699] Die Möglichkeit der Aufrechnung verschiebt sich nur um die vereinbarte Frist, also im Regelfall um ein bis zwei Monate.[1700] Durch diese Verschiebung erfolgt hingegen keine ausschlaggebende Verschlechterung der Rechtslage an sich. Zum einen treten die meisten positiven (Rechts-)Folgen durch die Aufrechnung bereits mit dem erstmaligen Eintritt der Aufrechnungslage ein bzw. diese Vorteile werden durch den Eintritt der Aufrechnungslage abgesichert.[1701] Die Aufrechnungslage besteht bei den hier betrachteten Fällen im Regelfall bereits vor der Fälligkeit der Hauptforderung, auf welche sich die Erklärungsfrist für die Ankündigung im Regelfall bezieht. Daher besteht bei einer fristgerechten Ankündigung im Regelfall – d.h. wenn die Frist nicht sehr lang ist[1702] – bereits die Aufrechnungslage mitsamt der Absicherung der Rechtsposition für bzw. durch die spätere Aufrechnung. Zum anderen erfolgt nach der in diese Arbeit vertretenen Ansicht durch Aufrechnungsbeschränkungen keine Verschiebung des Insolvenzrisikos zulasten des aufrechnungswilligen Forderungsinhabers.[1703]

Das Interesse des Empfängers von dauerhaften Zahlungen an einem Schutz vor überraschendem und kurzfristigem Zahlungsausfall ist als legitimes Interesse einzuordnen.[1704] Es liegt in der Natur der Sache, dass Vermieter und Verpächter im Regelfall ihre vermieteten/verpachteten Objekte nicht vollständig aus Eigenmitteln finanziert haben und dauerhafte eigene Leistungspflichten erfüllen müssen. Diese bedienen sie im Regelfall aus den eigenen laufenden Einnahmen. Das Interesse des Zahlungsempfängers überwiegt das Interesse an einer unmittelbaren Aufrechnung des Vertragspartners. Eine Ankündigungspflicht stellt ein deutliches Minus zum Ausschluss der Aufrechnung dar. Es kommt allein zu einer Verschiebung der Aufrechnung und eine eigenständige gerichtliche

1699 Zutreffend OLG Hamm MDR 1997, 927; vgl. auch LG Berlin NZM 2002, 381 (382, Unwirksamkeit Vorfälligkeitsklausel in Kombination mit Aufrechnungsanzeige).

1700 Vgl. OLG Köln WuM 1998, 23; OLG Rostock NZM 1999, 1006; OLG Frankfurt, Urteil v. 22.12.2004, Az. 2 U 34/04, Juris Rn. 20 ff.; LG Nürnberg ZMR 1999, 175 (Verstoß gegen § 537 Abs. 3 BGB a.F.).

1701 Siehe dazu § 3 A. III.

1702 Siehe zur Beurteilung von längeren Ankündigungsfristen § 6 A III. 2.) a) bb) (1) (b).

1703 Siehe zum möglichen Ausschluss der Berufungsmöglichkeit auf die Aufrechnungsbeschränkung im Einzelfall nach § 242 BGB § 5 C. II. 2.) a).

1704 Vgl. OLG Hamm NJW-RR 1998, 586 (587, Ausschluss Zurückbehaltungsrecht).

Durchsetzung der Forderung ist nicht erforderlich.[1705] Außerdem ist zu berücksichtigen, dass der Vertragspartner die finanziellen Mittel bereits aufgewendet hat und gleichzeitig noch eine – natürlich vom einzelnen Mangel der Wohnung abhängige – Gegenleistung erhält.[1706]

Der Gesetzgeber hat für den Wohnraum das Ergebnis der Interessenabwägung in § 556b Abs. 2 BGB vorgegeben. Auch wenn diese Regelung nicht auf andere Konstellationen übertragen werden kann[1707], hat der Gesetzgeber gleichwohl zum Ausdruck gebracht, dass eine Ankündigungspflicht durchaus legitim sein kann.[1708]

Im Ergebnis ist anzunehmen, dass eine Pflicht zur Ankündigung der Aufrechnung den Vertragspartner nicht unangemessen i.S.d. § 307 Abs. 1 Satz 1, Abs. 2 Nr. 1 BGB benachteiligt.[1709]

(b) Sonderfall: Verlängerte Ankündigungsfrist

Zweifelhaft ist allerdings, ob eine fehlende unangemessene Benachteiligung durch eine Ankündigungspflicht für alle Fälle angenommen werden kann. Denn die bisherige Bewertung basiert auch darauf, dass es nur zu einer kurzfristigen

---

1705 So ausdrücklich AG Villingen-Schwenningen, Urteil v. 25.06.2013, Az. 5 C 76/13, BeckRS 2014, 11615.

1706 Vgl. BeckOK-BGB/*Becker* (01.02.2021) § 309 Nr. 3 Rn. 15a; LG Berlin, Urteil v. 14.08.2012, Az. 29 O 297/11, BeckRS 2012, 210271 (Rn. 88).

1707 Siehe zur fehlenden Analogiefähigkeit aufgrund des Ausnahmecharakters § 5 B. III. 2.).

1708 Vgl. noch zu § 552a BGB a.F. OLG Hamm NJW-RR 1998, 586 (587, Ausschluss Zurückbehaltungsrecht); ähnlich OLG Rostock NZM 1999, 1006.

1709 Im Erg. ebenso LG Berlin NZM 2002, 381 (Vorfälligkeitsklausel in Kombination mit Aufrechnungsanzeige); LG Lüneburg ZMR 1999, 175 (Vorauszahlungsklausel mit Anzeigeklausel); OLG Celle NJW-RR 1998, 585 (586, Gewebemietvertrag); OLG Rostock NZM 1999, 1006 (Gewerbemietvertrag); OLG Düsseldorf NZM 2002, 953 (Gewerbemietvertrag); OLG Hamm MDR 1997, 927 (Gewerbemietvertrag); OLG Frankfurt, Urteil v. 22.12.2004, Az. 2 U 34/04, Juris Rn. 20 ff. (Gewerbemietvertrag); OLG Düsseldorf GuT 2005, 15 (16 f., Gewerbemietvertrag); OLG Koblenz, Urteil v. 17.10.2005, Az. 12 U 1301/04, BeckRS 2005, 13164 (Gewerbemietvertrag); BeckOK-BGB/*Becker* (01.02.2021) § 309 Nr. 3 Rn. 6; BeckOGK-BGB/*Weiler* (01.03.2021) § 309 Nr. 3 Rn. 28.2; BeckOK-BGB/*Wiederhold* (01.02.2021) § 556b Rn. 25, 32; Staudinger/*Emmerich* § 556b Rn. 27; MüKo-BGB/*Wurmnest* § 307 Rn. 126; wohl auch MüKo-BGB/*Artz* § 556b Rn. 14 ff.; v. Westphalen/Thüsing/*Drettmann*, VertrR/AGB-Klauselwerke (36. EL 2015), Teil „Klauselwerke" II - Wohnraummiete Rn. 135; Erman/*Roloff* § 309 Rn. 30.

Verschiebung der Aufrechnungsmöglichkeit – also im Regelfall von ein bis zwei Monaten – kommt. In der Literatur wird daher darauf hingewiesen, dass eine lange Ankündigungsfrist zu einer unangemessenen Benachteiligung nach § 307 Abs. 1 BGB führen kann.[1710]

Diese Annahme ist zutreffend. Eine sehr lange Frist führt zu einer Veränderung der Umstände, die der Bewertung zugrundeliegen. Zum ersten nähert sich eine Ankündigungspflicht mit einer sehr langen Frist von mehreren Monaten einem *vollständigen Ausschluss* der Aufrechnungsmöglichkeit an. Im Regelfall wird der Aufrechnungswillige diesen Zeitraum nicht abwarten wollen und wird zur gerichtlichen Durchsetzung der Forderungen gezwungen. Zum Zweiten ist bei Konstellationen mit Ankündigungsfristen, welche über die Kündigungsfrist des Dauerschuldverhältnisses hinausgehen, keine Aufrechnungslage im Moment der fristgerechten Ankündigung anzunehmen. Denn die auf Zahlung gerichteten Hauptforderungen sind noch nicht entstanden, mithin noch nicht erfüllbar. Insoweit fehlt auch der Schutz des Vertragspartners hinsichtlich der Wirkungen durch den erstmaligen Eintritt der Aufrechnungslage.[1711] Entscheidend *fehlt* es zum Dritten bei einer mehrmonatigen Frist an einem *berechtigten und schützenswerten Interesse* des Verwenders.[1712] Der Sinn und Zweck der Ankündigung erschöpft sich in der Kenntnis von bald anstehenden Aufrechnungen. Dem Gläubiger ist es im Regelfall bereits nach einer Frist von ein bis zwei Monaten möglich, sich auf den Zahlungsausfall einzustellen und andere Maßnahmen zu ergreifen, um gegenüber eigenen (dauerhaften) Leistungspflichten nicht in Rückstand zu geraten. Da bei einer erforderlichen Querfinanzierung durch Dritte noch entsprechenden Vereinbarungen getroffen werden müssen, ist ihm ausnahmsweise eine über § 556b Abs. 2 BGB hinausgehende Frist von zwei Monaten zuzugestehen.[1713] Dies kann bspw. der Fall sein, wenn der Mietmangel

---

1710 Vgl. BeckOGK-BGB/*Weiler* (01.03.2021) § 309 Nr. 3 Rn. 28.2; Palandt/*Grüneberg* § 309 Rn. 18 a.E.; Ulmer/Brandner/Hensen/*Schäfer* § 309 Nr. 3 Rn. 8; *Derleder* WuM 2007, 599 (605); v. Westphalen/Thüsing/*Drettmann*, VertrR/AGB-Klauselwerke (32. EL 2012), Teil „Klauselwerke" II - Geschäftsraummiete Rn. 101 f.; Bub/Treier/*Bub*, Hb. Geschäfts- und Wohnraummiete, Kapitel II Rn. 1152; wohl auch Prütting/Wegen/Weinreich/*Berger* § 309 Rn. 17; Erman/*Roloff* § 309 Rn. 30.

1711 Siehe zur Sicherungswirkung durch erstmaligen Eintritt der Aufrechnungslage § 3 A. III.

1712 Allgemein bei der Wirksamkeitsbeurteilung nach § 9 AGBG auf die vorhandenen Interessen des Verwenders abstellend BGHZ 92, 312 (315 f.) = NJW 1985, 319 (320).

1713 So zumindest für eine AGB mit einer Ankündigung für eine Minderung KG Grundeigentum 2001, 345; a.A. *Neuhaus*, Handbuch der Geschäftsraummiete, Teil 1, Kapitel 9 Rn. 157 (höchstens 6 Wochen); für einen Monat: Staudinger/*Emmerich*

auch noch mit finanziellem Aufwand behoben werden muss. Eine längere Frist würde allerdings die Aufrechnung mangels darüberhinausgehendem Interesse unnötig weiter verschieben.

Mithin sind AGB, welche eine Frist von mehr als zwei Monaten – vor Fälligkeit der jeweiligen Hauptforderung – zur Ankündigung vorsehen, nach § 307 Abs. 1 Satz 1, Abs. 2 Nr. 1 BGB als unwirksam anzusehen.

(2) Verträge mit singulärem Leistungsaustausch

Im Ergebnis sind die dargestellten Grundsätze *nicht* auf Verträge oder Vertragsbeziehungen zu übertragen, welche *nicht* in einem Dauerschuldverhältnis bestehen.

Bei einem fehlenden dauerhaften Leistungsaustausch kann nicht gleichsam angenommen werden, dass der Verwender aus den laufenden Einnahmen seine eigenen dauerhaften Leistungspflichten erfüllen muss. Es fehlt im Grundsatz an einem legitimen Interesse des Verwenders, bereits vor der späteren Aufrechnung durch eine vorherige Ankündigung zu erfahren.[1714] Daher ist eine Unangemessenheit solcher Ankündigungsklauseln im Verbrauchervertrag mit einem singulären Leistungsaustausch gem. § 307 Abs. 1 Satz 1, Abs. 2 Nr. 1 BGB anzunehmen.

Dieses Ergebnis steht auch nicht in einem Widerspruch zur Zulässigkeit von Ankündigungspflichten nach § 309 Nr. 3 BGB und der allgemeinen Zulässigkeit eines Ausschlusses der Aufrechnung für bestrittene und nicht rechtskräftig festgestellte Forderungen nach dieser Vorschrift. Ein solcher Erst-Recht-Schluss auf eine Wirksamkeit ist nur möglich, sofern dies dem konkreten Anwendungsbereich des § 309 Nr. 3 BGB entspricht.[1715] Wie dargestellt, ist bei einer Ankündigungspflicht allerdings dieser Regelungs- und Interessensbereich nicht betroffen.[1716] Denn es soll hier *nicht* die Aufrechnung in Gänze ausgeschlossen werden, sodass es zu einer realen und aufrechnungsspezifisch

---

§ 556b Rn. 27; BeckOGK-BGB/*Weiler* (01.03.2021) § 309 Nr. 3 Rn. 28.2; v. Westphalen/Thüsing/*Drettmann*, VertrR/AGB-Klauselwerke (32. EL 2012), Teil „Klauselwerke" II - Geschäftsraummiete Rn. 101 f.

1714 Vgl. allgemein zur Berücksichtigung des Verwenderinteresses bei einer Wirksamkeitsbeurteilung nach § 9 AGBG BGHZ 92, 312 (315 f., Unternehmervertrag) = NJW 1985, 319 (320).

1715 Ein Erst-Recht-Schluss aufgrund der Regelung des § 556b Abs. 2 BGB scheidet schon aufgrund der fehlenden Anwendbarkeit außerhalb von Wohnraummietverträgen aus. Siehe zu den Grenzen von Aufrechnungsbeschränkungen mit Ankündigungspflichten in Wohnraummietverträgen sogleich § 6 A. III. 2.) a) cc).

1716 Siehe soeben § 6 A. III. 2.) a) aa).

gegenanspruchsunabhängigen Durchsetzung der Forderung des Verwenders kommt. Stattdessen bleibt die Aufrechnung möglich, nur unter dem Vorbehalt, dass die Aufrechnung und der damit einhergehende Ausfall des Zahlungseinganges angekündigt werden.

cc) § 556b Abs. 2 BGB

In Zusammenhang mit Ankündigungspflichten ist zu beachten, dass für diese Konstellation bereits in § 556b Abs. 2 BGB eine gesetzliche Regelung vorgesehen ist. Wie bereits ausgeführt liegt § 556b Abs. 2 Satz 1 BGB eine vom Gesetzgeber vorgenommene Interessensbewertung und -abwägung zugrunde.[1717] Das Ergebnis der Abwägung zwischen dem Interesse des Mieters an einer Aufrechnung mit den genannten Forderungen und dem Interesse des Vermieters nicht von einem Ausfall der regelmäßigen Zahlung(en) überrascht zu werden[1718], hat der Gesetzgeber in dem Regelungskonzept des § 556b Abs. 2 BGB umgesetzt. Dabei hat er in diesem Regelungskonzept eine eigenständige Rechtsfolgenanordnung für eine Abweichung, nämlich die (Teil-)Unwirksamkeit der AGB[1719], vorgesehen.

Im Folgenden wird dargestellt, welchen Bereich § 556b Abs. 2 BGB für Ankündigungspflichten abschließend Grenzen setzt und welche anderen gesetzlichen Grenznormen vorgehen.

(1) Sperrwirkung bei Abweichungen zu Lasten des Mieters

Das gesetzliche Regelungskonzept von § 556b Abs. 2 BGB führt bei formularmäßigen Vereinbarungen von Ankündigungspflichten dazu, dass eine Inhaltskontrolle nach §§ 307 ff. BGB *nur insoweit* erfolgen darf, *wie* der konkrete Regelungsbereich des § 556b Abs. 2 Satz 1 und Satz 2 BGB *nicht* betroffen ist.[1720] Die Sperrwirkung des § 556b Abs. 2 BGB gilt nur für AGB in Wohnraummietverträgen mit Regelungen, die zu einem Ausschluss der Aufrechnung der genannten Forderungen führen oder eine vereinbarte Ankündigungspflicht betreffen. Genauer sind abschließend *vollständige Aufrechnungsausschlüsse* und Abweichungen hinsichtlich der *Form der Anzeige* und der *Frist der Anzeige* für die *genannten Forderungen* geregelt. Die Anordnung der Teilunwirksamkeit

1717 Siehe ausführlich dazu § 5 B. III. 1.).

1718 Vgl. nur BGH NJW-RR 1998, 329 und die w.N. in Fn. 1675.

1719 Zur angeordneten Unwirksamkeitsreichweite von § 556b Abs. 2 Satz 2 BGB siehe ausführlich § 5 B. III. 2.) b).

1720 Siehe dazu § 5 B. III. 3.) b) aa).

nach § 556b Abs. 2 Satz 2 BGB gilt nach dem Wortlaut nur für *negative Abweichungen* von § 556b Abs. 2 Satz 1 BGB *zu Lasten* des Vertragspartners.[1721]

(2) Erst-Recht-Schluss bei Abweichungen zugunsten des Mieters

Aus der Formulierung und dem Sinn und Zweck des § 556b Abs. 2 BGB ergibt sich, dass Abweichungen in Ankündigungspflichten bezüglich der Forderungen des § 556b Abs. 2 Satz 1 BGB *zugunsten* des Vertragspartners nicht nach § 556b Abs. 2 Satz 2 BGB teilunwirksam sind. Vielmehr ist sogar anzunehmen, dass *insoweit* die Klausel im Wege eines *Erst-Recht-Schlusses* wirksam ist. Der Gesetzgeber hat in § 556b Abs. 2 BGB eine Schutzvorschrift für den Mieter geschaffen und die Vereinbarungsgrenze vorgegeben. Ist nach der AGB die Aufrechnung nach einer Ankündigung mit einer kürzeren Frist als einen Monat oder in einer einfacheren Form im allgemeinen Anwendungsbereich des § 556b Abs. 2 BGB möglich, befindet sich diese Regelung im Einklang mit der gesetzlichen Vorgabe. Sie ist daher wirksam.

(3) Kein weitergehender Erst-Recht-Schluss bei Ankündigungspflichten für Forderungen außerhalb des Anwendungsbereiches von § 556b Abs. 2 BGB

Allerdings kann aus einer Konformität zu § 556b Abs. 2 BGB nicht im Wege eines allgemeinen Erst-Recht-Schlusses angenommen werden, dass auch Ankündigungspflichten außerhalb des Regelungsbereiches, also bspw. bei einer Ankündigungspflicht für *weitere* als den in § 556b Abs. 2 BGB genannten Forderungen, wirksam sind.[1722] Vielmehr wird durch diese Vereinbarung der abschließend geregelte Bereich verlassen und die Regelung des § 556b Abs. 2 BGB hat dort keinen Regelungs- und Einflussgehalt mehr. Ebenso ist § 556b Abs. 2 BGB nicht einschlägig und eine Inhaltskontrolle vollständig möglich, wenn der Bereich des Wohnraummietrechts verlassen ist.

(4) Keine Kontrollfreiheit nach § 307 Abs. 3 Satz 1 BGB bei inhaltlich § 556b Abs. 2 Satz 1 BGB entsprechender Klausel

Offen ist nach welchen Maßgaben eine Klausel, die inhaltlich § 556b Abs. 2 Satz 1 BGB entspricht und eine solche Ankündigungspflicht

---

1721 Siehe dazu § 5 B. III. 2.) b).

1722 A.A. AG Villingen-Schwenningen, Urteil v. 25.06.2013, Az. 5 C 76/13, BeckRS 2014, 11615, allerdings mit einer vorgenommenen Inhaltskontrolle nach §§ 307 ff. BGB (insg. durch Nachinstanz LG Konstanz NZM 2014, 389 aufgehoben).

vorsieht, beurteilt werden muss. Bei ihr wird eine Kontrollfreiheit nach § 307 Abs. 3 Satz 1 BGB in Erwägung gezogen.[1723] In diesem Fall wären keine weiteren Grenzen durch §§ 307 ff. BGB gezogen. Denn § 307 Abs. 3 Satz 1 BGB schließt eine Inhaltskontrolle bei AGB aus, die allein den Inhalt der einschlägigen gesetzlichen Vorschrift wiederholen.[1724]

Eine solche Kontrollfreiheit aufgrund einer „rechtsdeklaratorischen Klausel" setzt voraus, dass die sonst geltende Rechtslage mit der Rechtslage nach der Klausel übereinstimmt.[1725] De lege lata, d.h. ohne Klausel könnte der Mieter mit den in § 556b Abs. 2 Satz 1 BGB genannten Forderungen unter Ankündigung von einem Monat gegen Mietzinsklauseln aufrechnen, *wenn vertraglich die Aufrechnung ausgeschlossen ist.* Mit einer inhaltlich § 556b Abs. 2 Satz 1 BGB übereinstimmenden AGB würde dem ersten Anschein nach diese Rechtslage ebenfalls vorliegen. Folglich könnte von einer gleichen Rechtslage ausgegangen werden.

Dies berücksichtigt aber nicht hinreichend, dass eine vollständige Übereinstimmung zwischen der „gesamten" Rechtslage nach der Klausel und de lege lata bestehen muss.[1726] Ohne eine Klausel mit einer Ankündigungspflicht für die spätere Aufrechnung im Mietvertrag, kann der Mieter nach §§ 387 ff. BGB die Aufrechnung *unmittelbar erklären*. Es besteht keine Pflicht, seine Aufrechnungsabsicht vorher anzukündigen. Eine Ankündigungspflicht ergibt sich auch nicht aus der gesetzlichen Regelung des § 556b Abs. 2 Satz 1 BGB. Die Vorschrift setzt eine *vertragliche Aufrechnungsbeschränkung* voraus, über die *sie hinweghelfen muss.*[1727] Ein solcher (vollständiger) Aufrechnungsausschluss ist bei den vorliegend betrachteten Fällen nicht gegeben. Es liegt als Aufrechnungsbeschränkung *nur die Ankündigungspflicht* vor. Diese schließt einerseits nicht die Aufrechnung aus und stellt anderseits selbst die zu untersuchende Klausel dar.

Nach der Rechtslage nach der Klausel wäre der Vertragspartner zur Ankündigung verpflichtet. Daher liegt eine Abweichung von der grundsätzlich

---

1723 Eine Kontrollfreiheit annehmend Staudinger/*Coester-Waltjen* § 309 Nr. 3 Rn. 3; ablehnend Blank/Börstinghaus/*Blank*/*Börstinghaus*, Miete, § 556b Rn. 47.

1724 Vgl. statt aller nur Palandt/*Grüneberg* § 307 Rn. 41.

1725 Vgl. Staudinger/*Coester*, 15. Auflage 2013, § 307 Rn. 292 ff.; Staudinger/*Wendland* § 307 Rn. 292 ff.; für eine Inhaltskontrolle eine von den Rechtsvorschriften abweichende oder ergänzende Regelung fordernd BGHZ 218, 132 = NJW 2018, 2042 m.w.N. (st. Rspr.).

1726 Vgl. Staudinger/*Coester*, 15. Auflage 2013, § 307 Rn. 292 ff.; Staudinger/*Wendland* § 307 Rn. 292 ff.; BeckOGK-BGB/*Eckelt* (01.09.2020) § 307 Rn. 180; MüKo-BGB/*Wurmnest* § 307 Rn. 6 ff.

1727 Siehe dazu allgemein § 5 B. III. 2.) und 3.) a) aa).

Aufrechnungsmöglichkeit nach §§ 387 ff. BGB – ohne AGB – vor und eine solche Klausel ist nicht nach § 307 Abs. 3 BGB kontrollfrei.[1728]

(5) Sperrwirkung bei § 556b Abs. 2 Satz 1 BGB nachgebildeter Klausel

Aus dem gesetzlichen Regelungskonzept des § 556b Abs. 2 Satz 1 BGB ergibt sich zusätzlich, dass eine Klausel, die diesen Vorgaben inhaltlich entspricht, im Grundsatz nicht einer weitergehenden Inhaltskontrolle nach §§ 307 ff. BGB unterworfen ist.[1729] Mithin sind solche Klauseln, welche eine Ankündigungspflicht für die Forderungen des § 556b Abs. 2 Satz 1 BGB von einem Monat vor Fälligkeit der Mietforderungen vorsehen, wirksam[1730] und können nicht nach §§ 307 ff. BGB unwirksam sein.

Eine solche Klausel könnte wie folgt lauten:

> *„Die Aufrechnung des Mieters gegen eine Mietzinsforderung mit einer Forderung aufgrund von §§ 536a, 539 BGB oder aus ungerechtfertigter Bereicherung wegen zu viel gezahlter Miete wird nur akzeptiert, wenn der Mieter seine Aufrechnungsabsicht mindestens einen Monat vor Fälligkeit der Miete in Textform angezeigt hat.*

Sofern vertreten wird, dass dem § 556b Abs. 2 BGB nachgebildete Klauseln auch einen Vorbehalt für unbestrittene und rechtskräftig festgestellte Forderungen vorsehen müssen und ansonsten unwirksam seien[1731], lässt dies den Vorrang des gesetzlichen Regelungskonzeptes außer Acht. Außerdem ist ein solcher Aufrechnungsvorbehalt bei Aufrechnungsbeschränkungen mit einer Ankündigungspflicht schon nach § 309 Nr. 3 BGB allgemein nicht erforderlich.[1732] § 309 Nr. 3 BGB erfasst die Fälle der Erschwerung der Aufrechnung nur dann, wenn die Vorgabe an die Aufrechnung nicht vom Vertragspartner selbst erfüllt

---

1728 Im Erg. ebenso Blank/Börstinghaus/*Blank/Börstinghaus*, Miete, § 556b Rn. 47; für eine § 309 Nr. 3 BGB nachgebildete Klausel BGHZ 218, 132 ff. = NJW 2018, 2042 f.

1729 Siehe dazu allgemein § 5 B. III. 3.) b) aa).

1730 Vgl. ähnlich LG Berlin MDR 1986, 852; s.a. OLG Düsseldorf NZM 2002, 953.

1731 So wohl v. Westphalen/Thüsing/*Drettmann*, VertrR/AGB-Klauselwerke (36. EL 2015), Teil „Klauselwerke" II – Wohnraummiete Rn. 134 (vgl. auch Rn. 135); BeckOGK-BGB/*Weiler* (01.03.2021) § 309 Nr. 3 Rn. 21 (vgl. auch Rn. 27.2); BeckOK-BGB/*Wiederhold* (01.02.2021) § 556b Rn. 25 a.E.; Blank/Börstinghaus/*Blank/Börstinghaus*, Miete, § 556b Rn. 47; *Gellwitzki* WuM 2001, 373 (382, 383); LG Osnabrück WuM 1987, 118; LG Mannheim WuM 1987, 317; *Blank* WuM 1995, 571; a.A. LG Berlin MDR 1986, 852; wohl auch MüKo-BGB/*Artz* § 556b Rn. 17 (kein Vorbehalt für unbestrittene und rechtskräftig festgestellte Forderungen erforderlich).

1732 Dazu soeben § 6 A. III. 2.) a) aa) mit Nachweisen in Fn. 1689.

werden kann.[1733] Dies ist bei einem solchen Ankündigungsvorbehalt allerdings nicht der Fall.

Diese Sperrwirkung besteht allerdings nur soweit, wie der Inhalt von § 556b Abs. 2 Satz 1 BGB inhaltlich zutreffend wiedergegeben wird und keine weiteren – nicht teilbaren – Anforderungen oder Bestimmungen für die genannten Forderungen oder andere Forderungen vorhanden sind.[1734] Demgemäß sind Ankündigungspflichten für andere Forderungen genauso nach §§ 307 ff. BGB überprüfbar wie vollständige Ausschlüsse, auch wenn diese wörtlich gemeinsam mit der „556b Abs. 2 BGB-Klausel" verbunden sind. Daher darf sich aus der Klausel nicht im Wege der Auslegung ergeben, dass außer der Ankündigungspflicht für die Forderungen des § 556b Abs. 2 BGB im Übrigen die Aufrechnung vollständig ausgeschlossen ist, mithin der Ausschluss sich auch auf andere unbestrittene und rechtskräftig festgestellte Forderungen bezieht.

Folglich ist eine Inhaltskontrolle nicht ausgeschlossen, wenn die Forderungen bspw. wie folgt lauten:

> *„Der Mieter kann gegenüber der Mietzinsforderung nur aufrechnen, wenn er dieses oder die Ausübung eines Zurückbehaltungsrechts dem Vermieter mindestens einen Monat vor Fälligkeit der Mietzinszahlung schriftlich angezeigt hat."*[1735]

> *„Der Mieter kann gegenüber Mietforderungen mit Gegenforderungen nur aufrechnen, wenn er seine Absicht dem Vermieter mindestens einen Monat vor Fälligkeit der Miete angezeigt hat."*[1736]

dd) RL 93/13/EWG

Im Folgengen wird die Konformität von Ankündigungsklauseln für eine Aufrechnung zu den europäischen Vorgaben der RL 93/13/EWG untersucht.

(1) Nr. 1b) Anhang RL

Bei einer Ankündigungspflicht ist eine Aufrechnung nicht inhaltlich ausgeschlossen, sondern von weiteren, *vom Verbraucher erfüllbaren* Voraussetzungen

---

1733 Siehe dazu § 5 B. IV. 2.) a) bb).

1734 Vgl. bspw. OLG Hamm MDR 1997, 927 = BeckRS 1997, 30986265 (mit einer weiteren Vorgabe in der AGB, dass eine Aufrechnung nur 40% der monatlichen Grundmiete betragen darf); zur Teilbarkeit verschiedener Aufrechnungsbeschränkungen siehe § 5 B. IV. 5.) b).

1735 Vgl. LG Osnabrück WuM 1987, 118.

1736 LG Berlin MDR 1986, 852.

abhängig. Folglich handelt es sich um eine Einschränkung der Aufrechnungsmöglichkeit i.S.d. Nr. 1b) Anhang RL.

Diese Einschränkung erreicht das Maß einer „Ungebührlichkeit“[1737] i.S.d. Nr. 1b) Anhang RL immer dann, wenn die Belastung des Verbrauchers, nämlich die fehlende Möglichkeit nicht direkt aufrechnen zu können, länger „als nötig“ vorgesehen ist. Denn je länger die Frist dauert, desto mehr wird die Aufrechnungserschwerung zu einem faktischen Ausschluss und zu einer größeren Belastung für den Verbraucher.[1738] Außerdem sinkt das Verständnis eines – loyalen – Verbrauchers für eine Ankündigungspflicht je größer die Zeitspanne der zwischen der vorherigen Ankündigung und der Vornahme der Aufrechnung selbst ist. Der Grund für die Aufrechnungsbeschränkung, dass ein Verwender sich auf mögliche Ausfälle regelmäßiger Zahlungseingänge einstellen muss, ist aus Sicht eines nach Treu und Glauben ausgerichteten Verbrauchers nachvollziehbar und legitim. Insbesondere dann, wenn der Gewerbetreibende seine eigenen (dauerhaften) Zahlungspflichten gegenüber Dritten „aus“ seinen Zahlungseingängen vom Verbraucher erfüllen muss. Dieses Interesse ist aber mit einer Frist von höchstens zwei Monaten erfüllt.

Die Belastung des Verbrauchers ist aber auch dann ungebührlich, wenn die Ankündigungsfrist kürzere Zeiträume betrifft und für eine kurzweilige Belastung für den Verbraucher kein nachvollziehbarer und anerkennenswerter Grund für die Ankündigungspflicht ersichtlich ist. Insbesondere bei Forderungen aus Vertragsverletzungen innerhalb eines einfachen bzw. *einzelnen Leistungsaustausches* ist nicht ersichtlich, wieso eine Aufrechnung angekündigt werden soll.[1739] Ein – loyaler – Verbraucher würde sich bei einer Aushandlung auf eine solche Ankündigung nicht einlassen.

(2) Art. 3 Abs. 1, 3 i.V.m. Anhang RL

Auch hier sind, wie bei Formvorgaben an die Aufrechnungsbeschränkung[1740], keine verallgemeinerungsfähigen Umstände ersichtlich, welche eine von der durch Nr. 1b) Anhang RL vorgegebenen Grundausrichtung abweichende Beurteilung nach Art. 3 Abs. 1 RL erfordern. Bei solchen Umständen kann es sich im

1737 Siehe zum Beurteilungsmaßstab und zur Beurteilungssystematik nach Art. 3 RL § 5 B. VII. 4.) a).

1738 Siehe zur Unterscheidung zwischen einer Erschwerung und einer einem Ausschluss gleichkommenden Erschwerung § 5 B. VII. 4.) a) bb) (2) (c).

1739 Siehe zur deutschen Rechtslage insbesondere soeben § 6 A. III. 2.) a) bb).

1740 Siehe dazu soeben § 6 A. II. 2.) a) ff) (3).

Regelfall nur um jene des konkreten Einzelfalls nach Art. 4 RL handeln, welche allerdings nicht verallgemeinernd aufgeführt werden können.[1741]

(3) Art. 3 Abs. 1 RL

Die bisherigen Ausführungen bestimmen noch nicht, ob eine Klausel nach Art. 3 Abs. 1 RL als missbräuchlich anzusehen ist, welche eine Ankündigung der Aufrechnung für Forderungen, die *nicht aus einer Vertragsverletzung* entstanden sind oder für Aufrechnungen mit Forderungen, die *nicht aus demselben Vertragsverhältnis* stammen, vorsieht. Auch ohne die Verwirklichung eines Klauselbeispiels in Nr. 1b) Anhang RL müssen für diese Forderungen dieselben Wertungen bestehen, wie für Forderungen, die den Anwendungsbereich von Nr. 1b) Anhang RL erfüllen. Denn auch bei sonstigen Forderungen erlangt die Ankündigungspflicht mit *einer langen Vorlauffrist den Charakter eines dauerhaften Aufrechnungsausschlusses.* Auch wenn ein Aufrechnungsausschluss selbst zulässig sein kann, gilt dies nicht für eine Ankündigungspflicht. Die Ankündigungspflicht verfolgt im Grundsatz nicht den primären Zweck einer allgemeinen Beschränkung der Aufrechnung. Die vorliegend betrachtete Ankündigungsklausel dient einem Informationszweck, damit der Gewerbetreibende bzw. der Verwender sich auf die Folgen einer bald anstehenden Aufrechnungserklärung einstellen kann.[1742] Damit ist hingegen nicht eine dauerhaft unabhängige Durchsetzungsmöglichkeit der eigenen Forderungen bezweckt.[1743] Zumindest ist dies nach außen durch die Ausgestaltung als Ankündigungspflicht ausgedrückt worden. Wollte der Gewerbetreibende eine allgemeine Aufrechnungsbeschränkung vereinbaren, hätte er dies auch umfassender formulieren müssen. Im Ergebnis sind auch nach der Richtlinie nur Ankündigungspflichten für die Aufrechnung zulässig, wenn die Vorlaufsfrist höchstens zwei Monate besteht.

Aus der unterschiedlichen Zwecksetzung von allgemeinen Aufrechnungsbeschränkungen und der Zwecksetzung des Spezialfalls der Ankündigungspflicht für die Aufrechnungserklärung, lässt sich auch ableiten, dass Ankündigungspflichten in singulären Austauschverhältnissen – unabhängig von der Länge der Vorlaufszeit – als missbräuchlich anzusehen sind. So steht in singulären Austauschverhältnissen die Vermeidung von Belastungen des Verbrauchers im

---

1741 Siehe zur insoweit vorgenommenen Eingrenzung der Darstellung dieser Arbeit § 5. B. VII. 4.) a) dd).

1742 Siehe dazu soeben § 6 A. III. 2.) a) bb) (1) (a).

1743 Siehe ausführlich zu den mit einer Aufrechnungsbeschränkung verfolgten Zwecksetzungen § 3 C.

Fokus. Zudem ist kein Interesse eines billigen und loyalen Gewerbetreibenden an einer solchen Ankündigungspflicht erkennbar, welches den Verbraucher bei gleicher „Verhandlungsstärke“ zum Abschluss einer solchen Klausel überzeugen könnte.

(4) Zwischenergebnis

Auch nach den europäischen Vorgaben ist eine Ankündigungspflicht als Aufrechnungsbeschränkung nur zulässig, sofern diese eine Ankündigungsfrist von höchstens zwei Monaten vorsieht. Außerdem darf sich diese nicht auf eine Forderung aus einem Singularvertrag, also einem Schuldverhältnis ohne regelmäßigen Leistungsaustausch, beziehen. Längere Fristen oder ein Ankündigungsvorbehalt für eine Aufrechnung in Singularverträgen sind nicht zulässig.

b) Unternehmervertrag

Bei Ankündigungspflichten im Unternehmervertrag besteht gegenüber den Verbraucherverträgen die Besonderheit, dass § 556b Abs. 2 BGB mangels Anwendbarkeit keine vorhergehenden Grenzen und auch keine Begrenzung der nach §§ 307 ff. BGB folgenden Inhaltkontrolle setzt.[1744] Daher gelten die folgenden Darstellungen für alle Konstellationen, also auch im Mietwohnraumrecht und für alle Forderungen, mithin auch für die in § 556b Abs. 2 BGB genannten Forderungen.

aa) § 307 Abs. 1 Satz 1 i.V.m. § 309 Nr. 3 BGB

§ 309 Nr. 3 BGB setzt auch für die Ankündigungspflicht für eine Aufrechnungserklärung im Unternehmerbereich keine (mittelbaren) Grenzen. Diese Regelung ist aufgrund des fehlenden dauerhaften Ausschlusses der Aufrechnung durch formularmäßige Ankündigungspflichten bereits im Verbrauchervertrag nicht einschlägig.[1745] Folglich kann sich die Ankündigungspflicht ebenso wie im Verbraucherbereich auch auf unbestrittene und rechtskräftig festgestellte Forderungen beziehen.[1746]

1744 Zum Komplex der formularmäßigen Ankündigungspflichten der Aufrechnung im Verbraucherbereich soeben § 6 A. III. 2.) a).

1745 Siehe dazu soeben § 6 A. III. 2.) a) aa).

1746 So auch OLG Düsseldorf NZM 2002, 953; OLG Rostock NZM 1999, 1006; OLG Celle NJW-RR 1998, 585 (586); a.A. wohl Wolf/Lindacher/Pfeiffer/*Dammann* § 309 Nr. 3 Rn. 19.

bb) *§ 307 Abs. 1 Satz 1, Abs. 2 Nr. 1 BGB*

Aus der AGB-rechtlichen Zulässigkeit von Ankündigungspflichten im Verbrauchervertrag ergibt sich gleichsam, dass diese auch im Unternehmerbereich als nicht unangemessen benachteiligend, mithin als wirksam anzusehen sind.[1747] Diese Meinung hat sich auch größtenteils durchgesetzt und wird kaum noch in Zweifel gezogen.[1748] Demnach sind mindestens solche Aufrechnungsbeschränkungen zulässig, die eine Ankündigungsfrist von höchstens zwei Monaten vorsehen und sich auf Aufrechnungserklärungen für Forderungen aus einem Dauerschuldverhältnis beziehen. Im Folgenenden ist allein die Frage zu untersuchen, ob eine Ankündigungspflicht im Unternehmervertrag *extensiver* als im Bereich des Verbrauchervertrages wirksam in AGB vereinbart werden kann.

(1) Singularvertrag

Eine unangemessene Benachteiligung für die vorliegend betrachteten Aufrechnungsbeschränkungen ist im Rahmen des Verbrauchervertrages nur anzunehmen, wenn die Ankündigungspflicht nicht von einem dahinterstehenden Interesse mehr gedeckt ist.[1749] Dies ist insbesondere unabhängig von der Länge der Ankündigungsfrist im Singularvertrag anzunehmen. Für einen singulären Austausch ohne weitergehenden Leistungsaustausch ist auch im Unternehmervertrag kein schutzwürdiges Interesse ersichtlich, wieso die Aufrechnung bereits einen Monat vorher angekündigt werden sollte. Demgemäß sind die Erwägungen aus dem Verbrauchervertrag auf den Unternehmervertrag zu übertragen.

(2) Dauerschuldverhältnis

Außerdem ist eine Ankündigungspflicht im Verbrauchervertrag unzulässig, sofern die Frist zur Ankündigung einen derart langen Zeitraum vorsieht,

---

1747 Zum Schluss von einer Wirksamkeit im Verbrauchervertrag auf eine Wirksamkeit im Unternehmervertrag siehe § 5 B. VI. 2.) b) aa) (1).

1748 Vgl. bspw. OLG Celle NJW-RR 1998, 585 (586); OLG Rostock NZM 1999, 1006; OLG Düsseldorf NZM 2002, 953; OLG Hamm MDR 1997, 927; OLG Frankfurt, Urteil v. 22.12.2004, Az. 2 U 34/04, Juris Rn. 20 ff.; OLG Düsseldorf GuT 2005, 15 (16 f.); OLG Koblenz, Urteil v. 17.10.2005, Az. 12 U 1301/04, BeckRS 2005, 13164; wohl auch BeckOGK-BGB/*Weiler* (01.03.2021) § 309 Nr. 3 Rn. 28.2, 81 f.; vgl. auch Schmidt-Futterer/*Langenberg* Mietrecht, 13. Auflage 2017, § 556b Rn. 36; Bub/Treier/*Bub*, Hb. Geschäfts- und Wohnraummiete, Kapitel II Rn. 1151; Prütting/Wegen/Weinreich/*Berger* § 309 Rn. 17; a.A. *Niebling* ZMR 2011, 620 (621).

1749 Siehe dazu soeben § 6 A. III. 2.) a) bb) (2).

dass dieser von dem dahinterstehenden Interesse nicht mehr gedeckt ist und die Ankündigungspflicht sich dem Bereich der allgemeinen Aufrechnungsbeschränkung annähert. Nach der in dieser Arbeit vertretenen Ansicht ist eine Frist von 2 Monaten noch als angemessen anzusehen, alles darüberhinausgehende hingegen nicht mehr.[1750] Es müssen also im Unternehmerverkehr weitere Aspekte vorhanden sein, welche eine abweichende Beurteilung, d.h. auch eine längere Frist rechtfertigen.

Für eine weniger strenge Beurteilung kann angeführt werden, dass ein Unternehmer eher geschäfts- und gerichtserfahren ist, sodass ihn die gerichtliche Durchsetzung eines Anspruchs weniger belastet.[1751] Denn bei einer (sehr) langen Frist von bspw. über einem halben Jahr, wäre der Unternehmer gehalten, die gerichtliche Durchsetzung zu beginnen, wenn er nicht den Ablauf der Frist bis zur Aufrechnungserklärung abwarten will.

Gegenteilig und letztlich ausschlaggebend muss aber sein, dass eine langeanhaltende Frist auch im Unternehmerverkehr von *keinem legitimen Interesse* des Verwenders mehr getragen ist.[1752] Genauso wie im Rahmen des Verbrauchervertrages sind keine nachvollziehbaren und überzeugenden Gründe für eine solch große Zeitspanne ersichtlich.[1753] Ohne bestehendes Interesses des Verwenders erscheint eine Belastung des Vertragspartners durch eine Regelung, welche faktisch den Charakter eines Ausschlusses der Aufrechnung teilt, unangemessen. Aufgrund der fehlenden Sicherungswirkungen der Ankündigungserklärung ist bei solch langen Fristen für den Vertragspartner nicht sicher prognostizierbar, ob zum Zeitpunkt der späteren Aufrechnungserklärung überhaupt (noch) eine Hauptforderung gegen ihn besteht, gegen die er aufrechnen kann. Folglich wird der Vertragspartner gezwungen, seine Forderung aktiv auf eine andere Art und Weise als durch die Aufrechnung durchzusetzen. Auch gegenüber einem Unternehmer ist dies bei fehlendem Gegeninteresse als unangemessen anzusehen.

1750 Siehe dazu soeben § 6 A. III. 2.) a) bb) (1).

1751 Vgl. Wolf/Lindacher/Pfeiffer/*Dammann* § 309 Nr. 2 Rn. 70; MüKo-BGB/*Wurmnest* § 309 Nr. 2 Rn. 20; Ulmer/Brandner/Hensen/*Schäfer* § 309 Nr. 2 Rn. 20; s.a. allgemein Wolf/Lindacher/Pfeiffer/*Pfeiffer* § 307 Rn. 187.

1752 Allgemein bei der Wirksamkeitsbeurteilung nach § 9 AGBG auf die vorhandenen Interessen des Verwenders abstellend BGHZ 92, 312 (315 f.) = NJW 1985, 319 (320).

1753 Siehe dazu soeben § 6 A. III. 2.) a) bb) (1).

3.) Faktisches Ende durch Beendigung des zugrundeliegenden Vertrages

Wie bereits schon im allgemeinen Teil der Arbeit ausgeführt, ist eine pauschale Bestimmung, ob eine Aufrechnungsbeschränkung noch über die Vertragsbeendigung hinaus wirkt, nicht sinnvoll möglich. Vielmehr ist ausgehend vom Sinn und Zweck der Beschränkung im Einzelfall zu untersuchen, wie lange die Aufrechnungsbeschränkung wirken soll.[1754]

Auch im Rahmen von Ankündigungspflichten für die Aufrechnung ist anhand des hinter dieser Aufrechnungsbeschränkung stehenden Sinn und Zwecks zu bestimmen, ob diese auch nach Beendigung des zugrundeliegenden Vertrages noch weiterwirken soll. Ist in einem Dauerschuldverhältnis der Sinn und Zweck allein in dem Schutz vor unerwarteten und unmittelbaren Zahlungsausfällen zu sehen, enden die Wirkungen der Aufrechnungsbeschränkung sobald das Dauerschuldverhältnis beendet und mit *keinen weiteren regelmäßigen* Zahlungen mehr zu rechnen ist bzw. keine weiteren Zahlungen mehr gefordert werden können.[1755] Dann geht es nur noch um die Gesamtabrechnung und nicht um den Schutz regelmäßiger Einkünfte.

4.) Zusammenfassung

Hinter einem Ankündigungsvorbehalt steht ein vom allgemeinen Interesse des Verwenders an einer Aufrechnungsbeschränkung zu differenzierendes Interesse. Es ist nicht Inhalt der Ankündigungspflicht, die Aufrechnung dauerhaft auszuschließen und eine aufrechnungsunabhängige Durchsetzung der eigenen Forderungen zu ermöglichen. Vielmehr ist allein eine Kenntnis der Aufrechnungsabsicht gewünscht, damit sich der Aufrechnungsgegner auf den bevorstehenden Ausfall der realen Erfüllung einstellen kann. Dies ist insbesondere im Rahmen von Dauerschuldverhältnissen von besonderer Relevanz.

Im Individualvertrag sind solchen Ankündigungspflichten *allein* Grenzen durch die insoweit vorrangige Regelung des § 556b Abs. 2 BGB vorgegeben. Im Anwendungsbereich von § 556b Abs. 2 BGB – also hinsichtlich der dort genannten Forderungen im Wohnraummietrecht – sind Abweichungen zu Lasten des

---

1754 Zur Dauer der Wirkung von Aufrechnungsbeschränkungen allgemein siehe § 4 B. III. 4. c).

1755 Vgl. BGH NJW-RR 1988, 329 und BGH NJW-RR 2000, 530 (Beendigung des Mietverhältnisses und der Rückgabe des Mietobjekts); siehe ausführlich zu dieser Thematik § 4 B. III. 4. c).

Mieters hinsichtlich der Form der Absichtsanzeige und der Länge der Ankündigungsfrist auch in einer einzeln ausgehandelten Vereinbarung nicht möglich. Im Übrigen ist die Vereinbarung der Ankündigungspflicht grundsätzlich ohne Wirksamkeitsschranken möglich.

Im Formularvertrag gegenüber Verbrauchern setzt § 309 Nr. 3 BGB keine eigenen Grenzen, da diese Form der Erschwerung der Aufrechnung nicht von dessen Verbotsbereich umfasst ist. Allerdings setzt § 307 Abs. 1 Satz 1, Abs. 2 Nr. 1 BGB für diesen Bereich eine Wirksamkeitsgrenze. Eine Vereinbarung ist unzulässig, sofern diese

- sich auf die Ankündigung einer Aufrechnung für Forderungen aus einem Singularvertrag bezieht,
- in Verträgen mit mehrfachem Leistungsaustausch eine Frist zur Ankündigung von mehr als zwei Monaten vorsieht.

Aus den Vorgaben der Richtlinie 93/13/EWG ergeben sich keine abweichenden Ergebnisse. Auch dort ist eine Missbräuchlichkeit anzunehmen, sofern die Frist länger als zwei Monate beträgt oder sich die Ankündigungspflicht – unabhängig von der Länge der Frist – auf Forderungen aus einem singulären Austauschverhältnis bezieht.

Für den Unternehmervertrag ergeben sich aufgrund der besonderen und vom Normalfall der Aufrechnungsbeschränkung abweichenden Interessenlage keine abweichenden Ergebnisse. Auch im Unternehmervertrag fehlt es an einem legitimen Interesse des Verwenders an einer Ankündigungspflicht mit einer Frist von über 2 Monaten und einer Ankündigungspflicht im Singularvertrag.

Für den besonderen Bereich des Wohnraummietvertrages begründet § 556b Abs. 2 BGB einen eigenständigen und abschließenden Regelungsbereich. Ankündigungspflichten sind im Verbrauchervertrag bei Abweichungen von § 556b Abs. 2 Satz 1 BGB zu Lasten des Vertragspartners gem. § 556b Abs. 2 Satz 2 BGB teilweise, also soweit sie von § 556b Abs. 2 Satz 1 BGB abweichen unwirksam. Abweichungen von § 556b Abs. 2 Satz 1 BGB zugunsten des Vertragspartners hinsichtlich der Form und der Frist für die Erklärung der Ankündigung sind im Umkehrschluss stets wirksam. Eine Klausel, die inhaltlich die Regelung des § 556b Abs. 2 Satz 1 BGB wiedergibt oder diesen entspricht, ist aufgrund der Sperrwirkung des § 556b Abs. 2 Satz 1 BGB von der weiteren Inhaltskontrolle nach §§ 307 ff. BGB ausgeschlossen.

Eine faktische Grenze der Ankündigungspflichten besteht in dem Fall, wenn der zugrunde gelegte Sinn und Zweck dieser Bestimmung nicht (mehr) erreicht werden kann, weil nach Beendigung des Dauerschuldverhältnisses nicht mehr mit weiteren regelmäßigen Zahlungseingängen zu rechnen ist.

5.) Formulierungsvorschlag

Die dargestellten Anforderungen an eine Aufrechnungsbeschränkung mit einem Ankündigungsvorbehalt lassen folgende konkrete Formulierungsvarianten zu.

a) Individualvertragliche Vereinbarung außerhalb des Wohnraummietrechts

- *„Eine Aufrechnung der Partei „X“ mit einer Gegenforderung ist nur zulässig, wenn diese mindestens zwei Monate vor Fälligkeit der Forderung der Partei “Y“ schriftlich angekündigt wurde.“*

b) Individualvertragliche Vereinbarung in einem Wohnraummietvertrag

- *„Die Aufrechnung des Mieters gegen eine Mietzinsforderung mit einer Forderung aufgrund von §§ 536a, 539 BGB oder aus ungerechtfertigter Bereicherung wegen zu viel gezahlter Miete wird nur akzeptiert, wenn der Mieter seine Aufrechnungsabsicht mindestens einen Monat vor Fälligkeit der Miete in Textform angezeigt hat.*[1756] *Für eine Aufrechnung des Mieters mit oder gegen andere Forderungen ist eine schriftliche Ankündigung mindestens zwei Monate vor Fälligkeit der Forderung des Vermieters erforderlich.“*

c) Formularmäßige Vereinbarung außerhalb des Wohnraummietrechts

Aufgrund der absoluten Grenzen bezüglich einer Ankündigungspflicht im Singularvertrag[1757] und der nach § 307 Abs. 1 Satz 1, Abs. 2 Nr. 1 BGB[1758] maximalen Ankündigungsfrist von zwei Monaten im Dauerschuldverhältnis könnte folgende Formulierung im Verbraucher- und Unternehmervertrag verwendet werden:

- *„Eine Aufrechnung der Partei „X“ mit einer Gegenforderung ist gegen eine Entgeltforderung der Partei „Y“ aus einem Dauerschuldverhältnis nur zulässig,*

1756 Eine längere Frist als einen Monat oder eine strengere Formvorgabe als die Textform würde eine Abweichung von § 556b Abs. 2 Satz 1 BGB bedeuten, sodass die Teilunwirksamkeitsanordnung von § 556b Abs. 2 Satz 2 BGB eingreifen würde. Mithin wäre die Aufrechnung unter den Voraussetzungen des § 556b Abs. 2 Satz 1 BGB und folglich auch mit einer einmonatigen Ankündigungsfrist und einer Textformvorgabe möglich. Siehe dazu soeben § 6 A. III. 2.) a) cc) und 4.).

1757 Siehe dazu soeben § 6 A. III. 2.) a) bb) (2) und 4.).

1758 Siehe dazu soeben § 6 A. III. 2.) a) bb) (1) und zu den gleichen Anforderungen nach der Richtlinie 93/13/EWG § 6 A. III. 2.) a) dd).

wenn diese durch die Partei „X" mindestens zwei Monate vor Fälligkeit der Forderung der Partei "Y" schriftlich angekündigt wurde. Gegen eine Entgeltforderung, die nicht aus einem Dauerschuldverhältnis stammt, ist eine Aufrechnung auch ohne Ankündigung zulässig."

d) *Formularmäßige Vereinbarung in einem Wohnraummietvertrag*

- *„Die Aufrechnung des Mieters gegen eine Mietzinsforderung mit einer Forderung aufgrund von §§ 536a, 539 BGB oder aus ungerechtfertigter Bereicherung wegen zu viel gezahlter Miete wird nur akzeptiert, wenn der Mieter seine Aufrechnungsabsicht mindestens einen Monat vor Fälligkeit der Miete in Textform angezeigt hat.*[1759] *Für eine Aufrechnung mit anderen Forderungen gegen eine Entgeltforderung des Vermieters aus diesem Mietverhältnis oder aus einem anderen Dauerschuldverhältnis ist eine schriftliche Ankündigung mindestens zwei Monate vor Fälligkeit der Entgeltforderung des Vermieters erforderlich. Eine Aufrechnung gegen eine Forderung des Vermieters, die nicht aus einem Dauerschuldverhältnis stammt, ist auch ohne Ankündigung zulässig."*

IV. Zustimmungs- und Anerkenntnisvorbehalt

Insbesondere in Mietverträgen sind Vereinbarungen zu finden, in welchen entweder die Aufrechnung von einer Zustimmung zur Aufrechnung oder von der Anerkenntnis der Gegenforderung durch den Vertragspartner abhängig gemacht wird. So lautet bspw. eine Vereinbarung in einem Vertrag für einen

Zustimmungsvorbehalt:

> *„Der Mieter kann nur mit solchen Zahlungen aus dem Mietverhältnis aufrechnen oder die Zurückbehaltung erklären, die entweder rechtskräftig festgestellt sind oder zu denen die Vermieterin im Einzelfall jeweils ihre Zustimmung erklärt."*[1760]

Anerkenntnisvorbehalt:

> *„Aufrechnung, Mietminderung oder Geltendmachung eines Zurückbehaltungsrechtes sind ausgeschlossen, es sei denn, die Forderung des Mieters ist vom Vermieter anerkannt oder rechtskräftig festgestellt."*[1761]

1759 Siehe Fn. 1756.

1760 BGH NJW 2007, 3421.

1761 KG NZM 2014, 909; ähnlich auch OLG Düsseldorf NJW-RR 1996, 850.

Als Zustimmungsvorbehalte sind auch solche Klauseln einzuordnen, welche die Aufrechnung von einer schriftlichen Bestätigung abhängig machen.[1762]

Solche Bestimmungen sind als Aufrechnungsbeschränkungen anzusehen, da von den allgemeinen Tatbestandsvoraussetzungen der Aufrechnung nach §§ 387 ff. BGB abgewichen wird.[1763] Beide Arten, „Zustimmungs- und Anerkenntnisvorbehalt", können zumindest hinsichtlich der Wirksamkeitsbeurteilung zusammen bewertet werden. Denn sie stellen beide die Möglichkeit der Aufrechnung in das Belieben des beschränkungsbegünstigten Vertragspartners.

1.) Individualvertragliche Vereinbarung

a) § 134 BGB und § 138 BGB

Im Rahmen ausgehandelter Vereinbarungen sind allgemein allein Grenzen in § 134 BGB und § 138 BGB gesetzt. Diese werden allerdings durch derartige Bestimmungen nicht erreicht. Die Vertragsfreiheit stellt den Parteien grundsätzlich frei, ob eine Aufrechnung ausgeschlossen werden kann. Insoweit gilt bereits das im Allgemeinen Teil Ausgeführte.[1764]

b) § 556b Abs. 2 BGB

Eine Begrenzung der Vereinbarungsmöglichkeiten ist allerdings im Rahmen von Wohnraummietverträgen denkbar. Dort gilt die Vorschrift des § 556b Abs. 2 BGB.[1765]

Wie bereits im allgemeinen Teil ausgeführt, muss ein Mieter von Wohnraum mit den in § 556b Abs. 2 Satz 1 BGB genannten Forderungen unter Einhaltung einer Ankündigungsfrist aufrechnen können. Dies ist bei den hier zu beurteilenden Aufrechnungsbeschränkungen allerdings nicht der Fall. Denn der Vorbehalt der Zustimmung oder das Anerkenntnis des Vermieters steht einer solchen Aufrechnung entgegen.

Daraus ergibt sich, dass der Mieter bei einem allgemein gehaltenen Zustimmungsvorbehalt, der also eine Zustimmung für alle Forderungen vorsieht, nach § 556b Abs. 2 Satz 1 BGB mit den dort genannten Forderungen unter Einhaltung

---

1762 Vgl. LG Dortmund VuR 1995, 50 ff.

1763 Siehe zur Terminologie und den Rechtsfolgen, welche eine Aufrechnungsbeschränkung inhaltlich konkretisieren § 4 B. I. und III.

1764 Siehe dazu § 5 B. I.

1765 Siehe dazu § 5 B. III. 2.).

einer einmonatigen Ankündigungsfrist aufrechnen kann.[1766] Im Übrigen, d.h. für andere Forderungen, bleibt die Aufrechnungsbeschränkung bestehen.

Denkbar ist aber auch ein ausdrücklicher Zustimmungsvorbehalt für Forderungen des § 556b Abs. 2 Satz 1 BGB. Nach der in dieser Arbeit vertretenen Ansicht ist die Aufrechnungsbeschränkung in diesen Fällen nach § 556b Abs. 2 Satz 2 BGB *teilweise* unwirksam.[1767] Mangels der fehlenden Gesamtunwirksamkeit der Vereinbarung ist in diesen Fällen zwar keine Zustimmung, allerdings eine Ankündigung gemäß den Vorgaben nach § 556b Abs. 2 Satz 1 BGB erforderlich.

Im übrigen Bereich, also außerhalb von Wohnraummietverträgen, setzt § 536 Abs. 4 BGB mangels Anwendbarkeit weder Grenzen für allgemeine Aufrechnungsbeschränkungen noch für Zustimmungsvorbehalte.

2.) Formularmäßige Vereinbarung

In der Praxis werden solche Aufrechnungsbeschränkungen vorwiegend im formularvertraglichen Bereich verwendet.[1768] Im Folgenden wird aufgezeigt, welche Grenzen derartigen Vereinbarungen im Verbrauchervertrag und im Unternehmervertrag entgegenstehen und, ob abweichende Vorgaben aus den europarechtlichen Regelungen resultieren.

a) Verbrauchervertrag

aa) § 309 Nr. 3 BGB

Im Verbrauchervertrag setzt vor allem § 309 Nr. 3 BGB Grenzen für vertragliche Aufrechnungsbeschränkungen. Diese Regelung gibt insbesondere vor, welche Beschränkungen per se unzulässig sind, mitunter welche Forderungen immer einer Aufrechnung vorbehalten werden müssen.

(1) Zustimmungs- und Anerkenntnisvorbehalt als „Verbot mit Erlaubnisvorbehalt“

Zu untersuchen ist vorrangig, ob die vorliegenden Aufrechnungsbeschränkungen vom Verdikt des § 309 Nr. 3 BGB erfasst werden. Bei Zustimmungs- und

---

1766 Zum Anwendungsbereich von § 556b Abs. 2 BGB und der dogmatischen Unterscheidung des Anwendungsbereiches von 566b Abs. 2 Satz 1 BGB und Satz 2 siehe § 5 B. III. 3.) a) aa) und 2.)

1767 Zum Anwendungsbereich von § 556b Abs. 2 BGB und der dogmatischen Unterscheidung des Anwendungsbereiches von 566b Abs. 2 Satz 1 BGB und Satz 2 siehe § 5 B. III. 3.) a) aa) und 2.).

1768 Siehe dazu die Nachweise in Fn. 1773.

Anerkenntnisvorbehalten ist eine Aufrechnung nur *unter der Mitwirkung* des Verwenders möglich. Dieser muss einer Aufrechnung zustimmen oder die Forderungen anerkennen. Folglich handelt es sich zwar nicht um eine Bestimmung, die die Aufrechnung allgemein ausschließt. Dennoch macht sie die autonome Aufrechnung durch den Forderungsinhaber unmöglich. Es handelt sich mithin um ein *Aufrechnungsverbot mit Erlaubnisvorbehalt.*

Ein solches Verbot ist aufgrund der Wirkungsweise – materieller Ausschluss der Aufrechnungsmöglichkeit – einer allgemeinen Aufrechnungsbeschränkung gleichzustellen.[1769] Da § 309 Nr. 3 BGB von seinem Verbotsbereich alle Aufrechnungsverbote erfasst, die eine Aufrechnung mit unbestrittenen oder rechtskräftig festgestellten Forderungen verbieten, erfasst diese Verbotsregelung auch dieses Verbot der Aufrechnung, auch wenn eine Zustimmung ausdrücklich möglich ist.[1770] Die Zustimmungsmöglichkeit verhindert nicht das Eingreifen des Verbotsbereichs von § 309 Nr. 3 BGB, denn sie besteht ebenso bei einer allgemeinen Aufrechnungsbeschränkung. Auch dort kann der Verwender einer nach der Vereinbarung ausgeschlossenen Aufrechnung zustimmen.[1771]

Auch der Umstand, dass der Forderungsinhaber im Falle der (vermeintlich) unberechtigten Nichtzustimmung oder Nicht-Anerkennung Klage gegen den Schuldner auf Zustimmung oder Ankerkennung erheben und das Gericht diese Erklärung durch Urteil nach 894 ZPO ersetzen könnte, ändert diese Bewertung nicht.[1772] Das Problem würde nur verschoben und es wurden im Ergebnis gleichfalls die Folgen auslöst, die § 309 Nr. 3 BGB verhindern soll: Nämlich, dass rechtskräftig festgestellte und nicht substantiiert bestrittene Forderungen nicht zeitintensiv eigenständig gerichtlich durchgesetzt werden müssen, sondern eine Befriedigung durch eine Aufrechnung möglich ist.

Im Ergebnis sind alle Klauseln, welche einen Zustimmungs-/ oder Anerkenntnisvorbehalt enthalten, ohne davon als Ausnahme unbestrittene und

---

1769 Siehe zur Rechtsfolge durch eine Aufrechnungsbeschränkung § 4 B. III. 1.) a), allgemein zum Entzug der Aufrechnungsmöglichkeit nach § 309 Nr. 3 BGB § 5 B. IV. 2.) a) und zur Abgrenzung zwischen einem (vollständigen) Ausschluss und einer Erschwerung der Aufrechnung § 5 B. IV. 2.) a) bb).

1770 Vgl. BGH NJW 1994, 657 (658); dem BGH folgend Ulmer/Brandner/Hensen/*Schäfer* § 309 Nr. 3 Rn. 8; Erman/*Wagner* § 387 Rn. 41; siehe allgemein dazu § 5 B. IV. 2.) d).

1771 Siehe allgemein zur Möglichkeit, eine Aufrechnungsbeschränkung nachträglich vollständig oder teilweise aufzuheben § 5 C. I.

1772 Vgl. allgemein zur Anwendbarkeit auf Zustimmungserklärungen nur MüKo-ZPO/*Gruber* § 894 Rn. 2 m.w.N.

rechtskräftig festgestellte Forderungen vorzusehen, nach § 309 Nr. 3 BGB vollständig unwirksam.[1773]

Demgemäß sind beide zu Beginn dieses Abschnitts genannten Klauselbeispiele unwirksam. Es fehlt jeweils der Zulässigkeitsvorbehalt für eine Aufrechnung falls die Klausel unbestritten ist.

(2) Anerkenntnisvorbehalt als unbestrittene Forderung

Eine abweichende Ansicht vertritt allein das OLG Düsseldorf in einer Entscheidung aus dem Jahr 1994.[1774] In dieser Entscheidung für den kaufmännischen Verkehr lag folgende Klausel vor:

> *„Der Mieter kann gegenüber den Mietzinsforderungen mit Gegenansprüchen nur aufrechnen oder ein Minderungs- bzw. Zurückbehaltungsrecht nur geltend machen, wenn diese vom Vermieter anerkannt oder rechtskräftig festgestellt sind."*

Es wurde angenommen, dass diese Klausel wirksam sei, da *„dem Vertragspartner die Befugnis bleibt, mit einer unbestrittenen oder rechtkräftig festgestellten Forderung aufzurechnen."*

1773 Für den Anerkenntnisvorbehalt: BGH NJW 1994, 657 (658, Unternehmervertrag - § 9 i.V.m. § 11 Nr. 3 AGBG); BGH NJW-RR 2006, 1350 (1351, Unternehmervertrag - § 9 AGBG); BGH NJW-RR 2018, 74 (75, Unternehmervertrag - § 307 BGB); KG MDR 2016, 264 f. (Unternehmervertrag - § 307 BGB); KG NZM 2014, 909 (910, Unternehmervertrag - § 307 BGB); OLG Koblenz, Urteil v. 30.08.2007, Az. 5 U 105/07, Juris (Unternehmervertrag - § 9 AGBG); BeckOGK-BGB/*Weiler* (01.03.2021) § 309 Nr. 3 Rn. 38; Wolf/Lindacher/Pfeiffer/*Dammann* § 309 Nr. 3 Rn. 17; Staudinger/*Gursky* § 387 Rn. 245; Staudinger/*Coester-Waltjen* § 309 Nr. 3 Rn. 8 a.E.; v. Westphalen/Thüsing/*v. Westphalen*, VertrR/AGB-Klauselwerke (45. EL 2020), Teil „Vertragsrecht" II – Aufrechnungsklauseln, Rn. 14; v. Westphalen/Thüsing/*Drettmann*, VertrR/AGB-Klauselwerke (32. EL 2012), Teil „Klauselwerke" II - Geschäftsraummiete Rn. 101 f., - Wohnraummiete Rn. 132; Palandt/*Grüneberg* § 309 Rn. 17; BeckOK-BGB/*Becker* (01.02.2021) § 309 Nr. 3 Rn. 9; Ulmer/Brandner/Hensen/*Schäfer* § 309 Nr. 3 Rn. 8; Erman/*Wagner* § 387 Rn. 41; *Schulz* Notar 2016, 66 (67 f.); wohl auch *Horst*, Abkopplungsklauseln im Gewerbemietrecht, 119 f.
Für den Zustimmungsvorbehalt: LG Dortmund VuR 1995, 50 ff. (Verbrauchervertrag - § 11 Nr. 3 AGBG); BGH NJW 2007, 3421 (3422, Unternehmervertrag - § 9 AGBG); BeckOGK-BGB/*Weiler* (01.03.2021) § 309 Nr. 3 Rn. 38; Staudinger/*Gursky* § 387 Rn. 245; v. Westphalen/Thüsing/*v. Westphalen*, VertrR/AGB-Klauselwerke (45. EL 2020), Teil „Vertragsrecht" II – Aufrechnungsklauseln, Rn. 14; *ders.* NJW 2008, 2234 (2238 f.); BeckOGK-BGB/*Skamel* (01.04.2021) § 387 Rn. 197; MüKo-BGB/*Schlüter* § 387 Rn. 62; Erman/*Wagner* § 387 Rn. 41.

1774 OLG Düsseldorf NJW-RR 1995, 850.

Dieser Annahme ist nicht zuzustimmen. Zwar sind unter unbestrittenen Forderungen i.S.d. § 309 Nr. 3 BGB solche Forderungen zu verstehen, über die keine Meinungsstreitigkeiten bestehen.[1775] Damit könnten darunter auch solche Forderungen gefasst werden, welche der Forderungsgegner (ausdrücklich) anerkannt hat oder einer Aufrechnung mit einer bestimmten Forderung zugestimmt hat. Allerdings ist der Kreis der Forderungsart „unbestritten" *weiterreichend*: Darunter sind auch solche Forderungen zu fassen, welche vom Forderungsgegner nicht (substantiiert) bestritten wurden. Diese Fälle sind allerdings bei einem Anerkenntnis-/Zustimmungsvorbehalt nicht von der Aufrechnungsbeschränkung ausgenommen.[1776] Denn hat der Forderungsgegner noch keine zustimmende oder ablehnende Äußerung über die Forderung – ggf. auch konkludent – abgegeben, ist die Forderung zwar unbestritten, aber weder anerkannt noch einer Aufrechnung mit dieser zugestimmt worden. Vielmehr kann Unbestrittenheit auch bei einer Untätigkeit des Forderungsgegners bestehen, während für eine Anerkennung oder eine Zustimmung ein *aktives Handeln* erforderlich ist. Dieser Aspekt steht der Gleichstellung einer unbestrittenen Forderung mit einer „anerkannten" Forderung entgegen.[1777]

bb) § 307 Abs. 1 Satz 1, Abs. 2 Nr. 1 BGB

Eine über die Anforderungen von § 309 Nr. 3 BGB hinausgehende Grenze könnte sich aus einer unangemessenen Benachteiligung des Vertragspartners i.S.d. § 307 Abs. 1 Satz 1, Abs. 2 Nr. 1 BGB ergeben. Anders formuliert stellt sich die Frage, ob eine Aufrechnungsbeschränkung, die zwar eine Aufrechnung mit unbestrittenen und rechtskräftig festgestellten Forderungen zustimmungsfrei zulässt, im Übrigen die Zustimmung bzw. ein Anerkenntnis zur Aufrechnung verlangt, gegen das Benachteiligungsverbot von Treu und Glauben im Sinne des § 307 Abs. 1 Satz 1, Abs. 2 Nr. 1 BGB verstößt.

Auf der Seite des Vertragspartners steht die Belastung, dass dieser hinsichtlich seiner Aufrechnungsmöglichkeiten von der Zustimmung des Verwenders abhängig ist. Sofern dieser keine Zustimmung erteilt, ist ihm die Erfüllungsvariante

---

1775 Siehe § 5 B. IV. 2.) c) aa).

1776 Ebenfalls zwischen unbestrittenen und anerkannten Forderungen unterscheidend BeckOK-BGB/*Becker* (01.02.2021) § 309 Nr. 3 Rn. 9.

1777 Vgl. v. Westphalen/Thüsing/*Drettmann*, VertrR/AGB-Klauselwerke (32. EL 2012) Teil „Klauselwerke" II - Geschäftsraummiete Rn. 97, 101 f., - (36. EL 2015) Wohnraummiete Rn. 132.

der Aufrechnung mit oder gegen Forderungen des Verwenders ausgeschlossen. Er muss folglich seine Forderung selbst aktiv gerichtlich durchsetzen.

Auf der Seite des Verwenders steht das Interesse, seine eigene Forderung und deren Durchsetzung durch die Aufrechnungsbeschränkung von der Geltendmachung von vermeintlichen Forderungen freizuhalten. Für ihn besteht *das allgemeine Interesse* der Aufrechnungsbeschränkung an einer verzögerungsfreien Durchsetzung seiner Forderung und des Erhalts einer Realleistung.[1778]

Allgemein ist in einem Zustimmungsvorbehalt keine unangemessene Benachteiligung i.S.d. § 307 Abs. 1 Satz 1, Abs. 2 Nr. 1 BGB zu sehen. Bei der Beurteilung ist der gesamte Regelungskomplex von vertraglichen Aufrechnungsbeschränkungen und deren Begrenzungsnormen zu berücksichtigen. Insoweit sind auch die Wertungen der §§ 308 und 309 BGB einzubeziehen.[1779] Auch wenn ein zwingender Umkehrschluss auf eine Wirksamkeit von Klauseln, welche § 309 Nr. 3 BGB entsprechen, nach der in dieser Arbeit vertretenen Ansicht nicht möglich ist[1780], lässt sich dieser Regelung eine bestimmte Wertung entnehmen. Der Gesetzgeber hat vorgegeben, in welchen Fällen das Interesse an einer von der Aufrechnung gegenanspruchsunabhängigen zeitlich nicht verzögerten Durchsetzung einer Forderung gegenüber dem Durchsetzungsinteresse des Aufrechnungswilligen zurückzustehen hat bzw. nicht mehr als legitim anzusehen ist. Allerdings hat er diese Vorgabe auf Fälle beschränkt, in welchen *keine Leistungsverzögerung* durch die Geltendmachung vermeintlicher Gegenansprüche möglich ist. Sofern diese Fallgestaltungen nicht von der Aufrechnungsbeschränkung erfasst sind, also mit unbestrittenen, rechtskräftig festgestellten und entscheidungsreifen Forderungen möglich ist, soll eine Aufrechnungsbeschränkung – zumindest nach § 309 Nr. 3 BGB – im Grundsatz zulässig sein.[1781] Eine Unwirksamkeit kommt in der weiteren Inhaltskontrolle nach § 307 BGB nur „im Übrigen“, d.h. aus anderen Interessenlagen und gesetzlichen Grundsätzen in Betracht. Allerdings liegt bei *alleiniger Betrachtung der Besonderheiten von Zustimmungs- und Anerkenntnisvorbehalten* weder eine abweichende Interessenlage vor nicht sind andere durch die Rechtsordnung

---

1778 Siehe ausführlich zu den hinter einer Aufrechnungsbeschränkung stehenden Primärzwecksetzungen § 3 C. I.

1779 Zum allgemeinen Verhältnis von § 307 BGB zu §§ 308 ff. BGB und umgekehrt sowie der Ausstrahlungswirkungen ausführlich § 5 B. VI. 2.).

1780 Siehe dazu § 5 B. VI. 2.) a) bb) und b) aa) (1).

1781 Siehe zum Verbotsbereich von § 309 Nr. 3 BGB § 5 B. IV. 2.) und zur Wertungsberücksichtigung im Rahmen der Beurteilung nach § 307 BGB § 5 B. VI. 2.) a).

geschützten Grundsätze[1782] betroffen. Der Verwender bezweckt ebenso wie bei einem vollständigen Aufrechnungsausschluss eine Durchsetzung der eigenen Forderungen ohne mögliche Zeitverzögerungen durch die Geltendmachung (vermeintlicher) Gegenforderungen, um eine reale Leistung durch den Schuldner zu erhalten.[1783] Der durch den Zustimmungs- und Anerkenntnisvorbehalt Beschränkte wird auch nicht in einer anderen Art und Weise als bei einer allgemeinen Aufrechnungsbeschränkung belastet. Daher muss auch insoweit gelten, dass die gesetzliche Wertung von § 309 Nr. 3 BGB nicht durch eine abweichende Bewertung im Rahmen von § 307 BGB übergangen wird.

Zusätzlich ist Folgendes zu berücksichtigen: Ein Zustimmungsvorbehalt ist zwar aufgrund der erforderlichen Mitwirkungshandlung durch den Verwender der AGB einem Ausschluss der Aufrechnung im Grundsatz gleichzustellen. Allerdings besteht die größere Wahrscheinlichkeit, dass der Vertragspartner die Aufrechnung erklären und der Verwender dieser im Einzelfall zustimmen wird, als in einem Fall, in welchem wörtlich oder inhaltlich die Aufrechnung vollständig ausgeschlossen ist. In letztgenannten Fällen wird der Vertragspartner überhaupt nicht den Versuch unternehmen, die Aufrechnung erfolgreich zu erklären. Mithin sprechen die Besonderheiten eines Zustimmungsvorbehaltes gegenüber einem allgemeinen aber zulässigen Ausschluss eher *für* eine Zulässigkeit als *dagegen*.

Im Ergebnis sind Ankündigungsvorgaben für die Aufrechnungserklärung nicht nach § 307 Abs. 1 Satz 1, Abs. 2 Nr. 1 BGB unzulässig, wenn diese sich *nicht* auf die Aufrechnung mit unbestrittenen, rechtskräftig festgestellten und entscheidungsreifen Forderungen o.e.B. beziehen.

cc) § 556b Abs. 2 BGB

Auch Zustimmungs- und Anerkenntnisvorbehalten für eine Aufrechnung sind durch § 556b Abs. 2 BGB Grenzen gesetzt. Dies gilt allerdings nur, wenn der Anwendungsbereich betroffen ist. Bei allgemeinen Aufrechnungsbeschränkungen, welche unbestrittene und rechtskräftig festgestellte Forderungen nicht ausnehmen, ist die Aufrechnungsbeschränkung bereits nach § 309 Nr. 3 BGB unwirksam, sodass es auf § 556b Abs. 2 BGB nicht mehr ankommt. Ist die Klausel insoweit wirksam, greift § 556b Abs. 2 BGB für den darüberhinausgehenden

1782 Siehe allgemein zur Frage einer unzulässigen Abweichung vom Äquivalenzgrundsatz durch Aufrechnungsbeschränkungen mit Ausschlusswirkung sogleich § 6 B.

1783 Sie zu den hinter einer Aufrechnungsbeschränkung im Grundsatz stehenden Zwecksetzungen allgemein § 3 C.

Bereich ein. Ist die Aufrechnungsbeschränkung entsprechend allgemein formuliert, ist eine Aufrechnung nach § 556b Abs. 2 Satz 1 BGB unter Einhaltung der Ankündigungsvoraussetzungen möglich. Nur für andere Forderungen als für die des § 556b Abs. 2 Satz 1 BGB ist eine Zustimmung oder Anerkennung erforderlich. Sollte die Klausel ausdrücklich den Zustimmungs- oder Anerkenntnisvorbehalt auf die Forderungen des § 556b Abs. 2 Satz 1 BGB beziehen, ist die Klausel nach § 556b Abs. 2 Satz 2 BGB teilweise unwirksam. Folglich kann dann unter der vorherigen Ankündigung mit den genannten Forderungen aufgerechnet werden. Im Übrigen ist die Aufrechnung von der Zustimmung bzw. Anerkennung des Verwenders abhängig.[1784]

dd) RL 93/13/EWG

(1) Nr. 1b) Anhang RL

Ein Zustimmungsvorbehalt oder ein Anerkenntnisvorbehalt für eine Aufrechnung schließen die eigenständige Möglichkeit des Forderungsinhabers zu einer Herbeiführung der Aufrechnung aus. In den Fällen von gewünschten Aufrechnungen mit Forderungen aus Pflichtverletzungen aus einem Vertrag gegen Forderungen aus demselben Vertrag ist die Variante des Ausschlusses i.S.d. Nr. 1b) Anhang RL einschlägig.[1785]

(2) Art. 3 Abs. 1, 3 i.V.m. Nr. 1b) Anhang RL

Die durch Erfüllung von Nr. 1b) Anhang RL ausgelöste Grundausrichtung der Gesamtwürdigung nach Art. 3 Abs. 1 RL[1786] wird vorliegend grundsätzlich nicht durch andere Umstände, Aspekte oder Wertungsgesichtspunkte überlagert. Im Ergebnis sind diese Konstellationen nach der Richtlinie missbräuchlich.

(3) Art. 3 Abs. 1 RL

Außerhalb der Fälle von Nr. 1b) Anhang RL ist keine Missbräuchlichkeit von Aufrechnungsbeschränkungen nach Art. 3 Abs. 1 RL anzunehmen.

Zum einen kommt es zu keiner erheblichen Belastung des Verbrauchers. Zwar ist dieser in seiner Aufrechnungsmöglichkeit beschränkt. Allerdings ist aufgrund von Nr. 1b) Anhang RL ausgeschlossen, dass dieser bei (innervertraglichen)

1784 Siehe zu denselben Rechtsfolgen von § 556b Abs. 2 Satz 1 BGB und § 556b Abs. 2 Satz 2 BGB § 5 B. III. 2.).

1785 Siehe allgemein zum Anwendungsbereich von Nr. 1b) Anhang RL und der Unterscheidung zwischen Ausschluss und Einschränkung § 5 B. VII. 4.) a) bb) (2).

1786 Siehe dazu § 5 B. VII. 4.) a) bb) (1).

Pflichtverletzungen für eine bspw. mangelhafte Leistung durch den Gewerbetreibenden selbst vollständig leisten muss. Damit sind die „essentiellen" Forderungen nicht ausschließbar und die Belastung ist geringer als im Rahmen von allgemeinen Aufrechnungsbeschränkungen, welche selbst die Möglichkeit einer Aufrechnung explizit nicht zulassen.

Zum anderen besteht für den Gewerbetreibenden ein Interesse, seine eigenen Forderungen – sofern er mangelfrei erfüllt hat – unabhängig von weiteren geltend gemachten vermeintlichen Gegenforderungen durchzusetzen. Von einem nach Treu und Glauben loyalem Verbraucher wird ein solches Interesse als legitim angesehen werden (müssen). Denn die Beschränkung bezieht sich einerseits nicht auf die Hauptleistungspflichten des Vertrages und anderseits ist die Aufrechnung nicht vollständig ausgeschlossen. Der Gewerbetreibende will nur insoweit eine Beschränkung vereinbaren bzw. durchsetzen, wie er mögliche – aufrechenbare – Gegensprüche nicht anerkennt bzw. einer Aufrechnung zustimmt.

b) Unternehmervertrag

Die Grenzen der Inhaltskontrolle, die sich im Rahmen von Verbraucherverträgen ergeben, gelten, wie allgemein ausgeführt[1787], im Grundsatz auch für die Vereinbarungen in Unternehmerverträgen. Dies gilt insbesondere auch für Ausschlüsse der Aufrechnung, welche nach § 309 Nr. 3 BGB gegenüber Verbrauchern unwirksam wären, da sich die Aufrechnungsbeschränkung auch auf unbestrittene und rechtskräftig festgestellte Forderungen bezieht.[1788]

Aufgrund dieser grundsätzlich erforderlichen Übertragung der Grenzen sind daher Anhaltspunkte oder Kriterien erforderlich, welche eine Abweichung vom dem Grundsatz ermöglichen oder erfordern. Nur in diesen Fällen wäre eine weiterreichende Aufrechnungsbeschränkung nach § 307 Abs. 1 Satz 1, Abs. 2 Nr. 1 i.V.m. § 309 Nr. 3 i.V.m. § 310 Abs. 3 BGB mit einer Annahme der Zulässigkeit von Zustimmungs- oder Anerkenntnisvorbehalten möglich.

Solche Umstände sind allerdings nicht gegeben. Der Gerechtigkeitsgedanke, der dem Verbot der Aufrechnungsbeschränkung von unbestrittenen und rechtskräftig festgestellten Forderungen zugrunde liegt, ist gleichsam im

---

1787 Siehe dazu ausführlich § 5 B. VI. 2.) b) aa) - cc).

1788 Allgemein zur gebotenen Übertragung des Verbotsbereichs des § 309 Nr. 3 BGB auf den Unternehmervertrag siehe § 5 B. VI. 2.) b) bb); für einen Zustimmungsvorbehalt vgl. bspw. BGH NJW 2007, 3421 (2422 f.); MüKo-BGB/*Wurmnest* § 309 Nr. 3 Rn. 10 sowie w.N. in Fn. 1789.

unternehmerischen Verkehr anzuwenden. Auch dort rechtfertigt eine Geschäftserfahrung oder der allgemeine Handelsverkehr des Unternehmers keine abweichende Beurteilung. [1789] Die Aufrechnungsbeschränkung bezweckt auch insofern eine (gegenanspruchs-)unabhängige und verzögerungsfreie Durchsetzung des eigenen Anspruchs. Eine solche Verzögerung ist allerdings bei unbestrittenen oder rechtskräftig festgestellten Forderungen nicht zu befürchten. Sofern diese Forderungen nicht von der Aufrechnungsbeschränkung bzw. von dem Zustimmungs- oder Anerkenntnisvorbehalt ausgenommen sind, wäre trotz fehlendem Interesse des Aufrechnungsbegünstigten eine von §§ 387 ff. BGB für den Vertragspartner nachteilige Abweichung gegeben. Zumal dieser auch bei einer bspw. rechtskräftig festgestellten Forderung nicht aufrechnen dürfte, sofern der Verwender der Aufrechnung nicht zustimmen würde.

Allerdings ist eine solche unangemessene Benachteiligung des Vertragspartners nicht anzunehmen, wenn die Aufrechnungsbeschränkung die Forderungen i.S.d. § 309 Nr. 3 BGB zur Aufrechnung vorbehält, also erlaubt, und nur für *die übrigen Forderungen* die Aufrechnung von einer Zustimmung oder Anerkenntnis des Verwenders abhängig macht. Diese Konstellation stellt ein „Minus" zur allgemeinen, aber § 309 Nr. 3 BGB entsprechenden Aufrechnungsbeschränkung dar. Die Aufrechnung ist nicht per se ausgeschlossen, sondern es besteht die Möglichkeit, dass der Verwender dazu sein Einverständnis erteilt. Zweifelhaft ist allerdings, ob dies in der Praxis tatsächlich einen beachtenswerten Vorteil

---

1789 Für eine Unwirksamkeit von Zustimmungs- und Anerkenntnisvorbehalten im Unternehmervertrag auch: BGH NJW 1994, 657 (658, Anerkenntnisvorbehalt - § 9 i.V.m. § 11 Nr. 3 AGBG); BGH NJW 2007, 3421 (3422, Zustimmungsvorbehalt - § 9 AGBG); BGH NJW-RR 2006, 1350 (1351, Anerkenntnisvorbehalt - § 9 AGBG); BGH NJW-RR 2018, 74 (75, Anerkenntnisvorbehalt - § 307 BGB); KG MDR 2016, 264 (Anerkenntnisvorbehalt - § 307 BGB); KG NZM 2014, 909 (910, Anerkenntnisvorbehalt - § 307 BGB); OLG Koblenz, Urteil v. 30.08.2007, Az. 5 U 105/07, Juris (Anerkenntnisvorbehalt - § 9 AGBG); v. Westphalen/Thüsing/*v. Westphalen*, VertrR/AGB-Klauselwerke (45. EL 2020), Teil „Vertragsrecht" II - Aufrechnungsklauseln, Rn. 18; *ders.* NJW 2008, 2234 (2238 f.); BeckOGK-BGB/*Weiler* (01.03.2021) § 309 Nr. 3 Rn. 83; Ulmer/Brandner/Hensen/*Schäfer* § 309 Nr. 3 Rn. 12; BeckOGK-BGB/*Skamel* (01.04.2021) § 387 Rn. 197; MüKo-BGB/*Schlüter* § 387 Rn. 62; MüKo-BGB/*Wurmnest* § 309 Nr. 3 Rn. 10; Staudinger/*Coester-Waltjen* § 309 Nr. 3 Rn. 8, 14; BeckOK-BGB/*Becker* (01.02.2021) § 309 Nr. 3 Rn. 9, 16; wohl auch Staudinger/*Gursky* § 387 Rn. 245; Wolf/Lindacher/Pfeiffer/*Dammann* § 309 Nr. 3 Rn. 17, 71 f.; Erman/*Wagner* § 387 Rn. 31; *Horst*, Abkopplungsklauseln im Gewerbemietrecht, 119 f.; für den Verbraucherbereich vgl. LG Dortmund VuR 1995, 50 ff. (Zustimmungsvorbehalt - § 11 Nr. 3 AGBG).

gegenüber der allgemeinen Aufrechnungsbeschränkung ohne jede Aufrechnungsmöglichkeit darstellt. Anzunehmen ist zumindest, dass ein Vertragspartner versuchen wird, eine Einwilligung in die Aufrechnung zu erhalten. Dies ist im Fall einer allgemeinen Aufrechnungsbeschränkung ohne die Möglichkeit der ausdrücklich vorgesehenen Zustimmungs- oder Anerkenntnismöglichkeit zu erwarten. In diesen Fällen wird er eine Zustimmung des Verwenders für nicht möglich oder äußerst unwahrscheinlich halten. Außerdem folgt dieses Ergebnis auch aus dem Ergebnis der Beurteilung im Verbrauchervertrag. Dort ist der Zustimmungsvorbehalt unter anderem aufgrund der Wertungen des § 309 Nr. 3 BGB nach § 307 Abs. 1 Satz 1, Abs. 2 Nr. 1 BGB wirksam.[1790] Einerseits sind die § 309 Nr. 3 BGB innenwohnenden Wertungen auch bei der Beurteilung von Klauseln im Unternehmervertrag zu berücksichtigen. Anderseits ist bereits belegt, dass auch der Wirksamkeit einer AGB im Verbrauchervertrag eine Wirksamkeit im Unternehmervertrag folgt.[1791]

3.) Zusammenfassung

Aufrechnungsbeschränkungen mit Zustimmungs- und Anerkenntnisvorbehalt für die Aufrechnung bzw. die Gegenforderung können im Individualvertrag im Grundsatz vollständig wirksam vereinbart werden. Insoweit setzen allein § 556b Abs. 2 Satz 1 und Satz 2 BGB faktische Grenzen und Grenzen bezüglich der Wirksamkeit, sodass eine Aufrechnung mit den Forderungen des § 556b Abs. 2 Satz 1 BGB immer unter Einhaltung der übrigen Voraussetzungen möglich ist.

Im Bereich der Verbraucherverträge mit formularmäßigen Zustimmungs- oder Anerkenntnisvorbehalten ist eine solche Aufrechnungsbeschränkung unwirksam, wenn diese keinen Vorbehalt für eine unbeschränkte Aufrechnung für unbestrittene und rechtskräftig festgestellte Forderungen vorsieht. Sofern diese Forderungen nicht vom Zustimmungs- oder Anerkenntnisvorbehalt umfasst sind, ist die Aufrechnungsbeschränkung nicht von § 309 Nr. 3 BGB verboten. Diese Konstellationen sind aufgrund der nicht abweichenden Interessenlage von vollständigen Aufrechnungsausschlüssen und Zustimmungs- und Anerkenntnisvorbehalten nach den Wertungen des § 309 Nr. 3 BGB auch nicht nach § 307 Abs. 1 Satz 1, Abs. 2 Nr. 1 BGB unzulässig.

1790 Siehe dazu soeben § 6 A. IV. 2.) a) bb).

1791 Siehe dazu § 5 B. VI. 2.) b) aa) (1).

Nach den europäischen Vorgaben der Richtlinie 93/13/EWG sind Anerkenntnis- bzw. Zustimmungsvorbehalte in Verbraucherverträgen missbräuchlich, wenn diese sich auf Forderungen aus einer Pflichtverletzung des Gewerbetreibenden beziehen und einer Aufrechnung gegen Forderungen aus demselben Vertragsverhältnis entgegenstehen. Darin zeigt sich der weiterreichende Verbotsbereich gegenüber § 309 Nr. 3 BGB: Auch für bestrittene und nicht rechtskräftig festgestellte Forderungen kann insoweit keine Aufrechnungsbeschränkung wirksam vereinbart werden. Im Übrigen kann ein entsprechender Anerkenntnis- bzw. Zustimmungsvorbehalt europarechtskonform vorgesehen sein.

Im Unternehmervertrag sind die Wertungen des Verbrauchervertrages gleichsam anzuwenden und es ergeben sich dieselben Grenzen.

Weitere Grenzen sind im Verbrauchervertrag nur im Spezialbereich des Wohnraummietvertrages durch § 556b Abs. 2 BGB gesetzt. Bei einem Zustimmungs- oder Anerkenntnisvorbehalt für die Aufrechnung mit den in § 556b Abs. 2 Satz 1 BGB genannten Forderungen ist eine Aufrechnung stets unter einer Ankündigungspflicht – ohne Zustimmung – möglich.

4.) Formulierungsvorschlag

a) Individualvertragliche Vereinbarung außerhalb des Wohnraummietrechts

- *„Eine Aufrechnung der Partei „X“ mit einer Gegenforderung ist nur zulässig, wenn die Partei „Y“ dieser zustimmt.“*
- *„Für eine Aufrechnung durch die Partei „X“ mit einer Gegenforderung ist ein Anerkenntnis der Forderung durch die Partei „Y“ erforderlich.“*

b) Individualvertragliche Vereinbarung in einem Wohnraummietvertrag

- *„Eine Aufrechnung des Mieters mit einer Gegenforderung ist nur möglich, wenn der Vermieter dieser zustimmt. Die Aufrechnung des Mieters gegen eine Mietzinsforderung mit einer Forderung aufgrund von §§ 536a, 539 BGB oder aus ungerechtfertigter Bereicherung wegen zu viel gezahlter Miete ist auch ohne Zustimmung durch den Vermieter möglich.“*[1792]

1792 Diese Klausel könnte auch noch hinsichtlich des in § 556b Abs. 2 Satz 1 BGB vorgesehenen Ankündigungsvorbehalts ergänzt werden. So bspw. durch Anfügung folgender Formulierung: *„In den in Satz 2 genannten Fällen ist die Aufrechnungsabsicht dem Vermieter mindestens einen Monat vor Fälligkeit der Mietzinsforderung in Textform anzuzeigen“.*

c) Formularmäßige Vereinbarung außerhalb des Wohnraummietrechts

- *„Eine Aufrechnung der Partei „X" mit einer Gegenforderung ist nur zulässig, wenn die Partei „Y" dieser zustimmt. Für Forderungen, die unbestritten, rechtskräftig festgestellt oder ohne eine eigene Beweisaufnahme entscheidungsreif sind*[1793]*, ist eine Aufrechnung auch ohne Zustimmung zulässig."*

Ein Zustimmungs- und Anerkenntnisvorbehalt entspricht in der Wirkung einem vollständigen Ausschluss der Aufrechnung, da der Vertragspartner die Aufrechnungswirkungen nach §§ 387 ff. BGB nicht selbstständig herbeiführen kann.[1794] Aufgrund des inzidenten Ausschlusses für gleichartig gewordene, konnexe und synallagmatisch verknüpfte Forderungen[1795] richten sich die Formulierungsanforderungen auch nach den insofern geltenden Maßstäben.[1796] Eine Klausel müsste entsprechend im Verbrauchervertrag wie folgt lauten:

- *„Eine Aufrechnung der Partei „X" mit einer Gegenforderung ist nur zulässig, wenn die Partei „Y" dieser zustimmt. Für Forderungen, die unbestritten, rechtskräftig festgestellt oder ohne eine eigene Beweisaufnahme entscheidungsreif sind*[1797]*, ist eine Aufrechnung auch ohne Zustimmung zulässig. Eine Aufrechnung ist über Satz 2 hinaus stets mit einer Forderung aus demselben Vertrag möglich, sofern diese aufgrund einer Vertragspflichtverletzung der Partei „Y" aus einer ungleichartigen Forderung hervorgegangen ist."*

Für den Unternehmervertrag mit einer materiellrechtlich weitergehenden Beschränkungsmöglichkeit der Aufrechnung:

- *„Eine Aufrechnung der Partei „X" mit einer Gegenforderung ist nur zulässig, wenn die Partei „Y" dieser zustimmt. Für unbestrittene Forderungen, ist eine Aufrechnung auch ohne Zustimmung zulässig. Eine Aufrechnung ist über Satz*

1793 Zum ausreichenden Aufrechnungsvorbehalt für unbestrittenen Forderungen nach § 309 Nr. 3 BGB siehe § 5 B. IV. 2.) e) aa) (2) und bb) (3). Folglich könnte auch nur ein expliziter Aufrechnungsvorbehalt für unbestrittene Forderungen vorgesehen sein, wobei hinsichtlich der mitunter strengen Rechtsprechung bzgl. des Transparenzgebotes i.S.d. § 307Abs. 2 Satz 1 BGB die längere Variante vorzugswürdig ist.

1794 Siehe zur Differenzierung zwischen Aufrechnungsbeschränkungen als Ausschluss und als Erschwerung § 5 B. IV. 2.) a) aa) und bb).

1795 So zutreffend bspw. BGH NJW 2011, 1729 (1730); vgl. auch *Kessen* BauR 2005, 1691 (1695 f.).

1796 Siehe zu dieser Fallgruppe ausführlich § 6 B. III. 2.) und 3.) sowie zu den sich daraus ergebenden Formulierungsanforderungen § 6 B. V.

1797 Siehe Fn. 1793.

2 hinaus stets mit einer gleichartigen synallagmatischen Forderung, die aufgrund einer Vertragspflichtverletzung der Partei „Y" aus einer synallagmatisch ungleichartigen Forderung hervorgegangen ist, zulässig."[1798]

d) Formularmäßige Vereinbarung in einem Wohnraummietvertrag

- *„Eine Aufrechnung des Mieters mit einer Gegenforderung ist nur möglich, wenn der Vermieter dieser zustimmt. Für Forderungen, die unbestritten, rechtskräftig festgestellt oder ohne eine eigene Beweisaufnahme entscheidungsreif sind, ist eine Aufrechnung auch ohne Zustimmung zulässig. Über Satz 2 hinaus ist die Aufrechnung stets und ohne Zustimmung mit einer Forderung aufgrund von §§ 536a, 539 BGB oder aus ungerechtfertigter Bereicherung wegen zu viel gezahlter Miete gegen eine Mietzinsforderung zulässig."*[1799]

Auch im Wohnraummietvertrag sind gleichartig gewordene Forderungen aus demselben Vertragsverhältnis und synallagmatisch verknüpfte Forderungen explizit zur Aufrechnung vorzubehalten.[1800]

- *„Die Aufrechnung des Mieters mit einer Gegenforderung ist nur möglich, wenn der Vermieter dieser zustimmt. Für Forderungen, die unbestritten, rechtskräftig festgestellt oder ohne eine eigene Beweisaufnahme entscheidungsreif sind, ist eine Aufrechnung auch ohne Zustimmung zulässig. Eine Aufrechnung ist über Satz 2 hinaus stets mit einer Forderung aus demselben Vertrag möglich, sofern diese aufgrund einer Vertragspflichtverletzung der Partei „Y" aus einer ungleichartigen Forderung hervorgegangen ist. Über Satz 2 und Satz 3 hinaus ist eine Aufrechnung stets und ohne Zustimmung mit Forderungen aufgrund ungerechtfertigter Bereicherung*[1801] *wegen zu viel gezahlter Miete gegen eine Mietzinsforderung zulässig."*

1798 Siehe dazu § 5 B. V. 3.) b).

1799 Diese Klausel könnte auch noch hinsichtlich des in § 556b Abs. 2 Satz 1 BGB vorgesehenen Ankündigungsvorbehalt ergänzt werden. So bspw. durch Anfügung folgender Formulierung: *„In den in Satz 3 genannten Fällen ist die Aufrechnung dem Vermieter mindestens einen Monat vor Fälligkeit der Mietzinsforderung in Textform anzuzeigen"*. Sinnvollerweise sollte dann in Satz 3 das Wort „stets" gestrichen werden.

1800 Siehe dazu soeben zum Bereich außerhalb des Wohnraummietrechts § 6 A. II. 4.) c). Zur Untersuchung der Fallgruppen der „gleichartig gewordenen konnexen und synallagmatischen Forderungen" ausführlich § 6 B. III. 2.) und 3.) und zu den sich daraus ergebenden Formulierungsanforderungen § 6 B. V.

1801 Eine Nennung der weiteren Forderungen aus § 556b Abs. 2 Satz 1 BGB ist nicht erforderlich, da eine Aufrechnung für diese Forderungen bereits in Satz 3 vorbehalten ist.

B. Forderungen aus dem Synallagma und demselben Vertragsverhältnis

Die Wirksamkeitsgrenzen von Aufrechnungsbeschränkungen, sofern diese im Zusammenhang mit Forderungen bestehen, die in einem Synallagma zu der Hauptforderung stehen oder die zumindest konnex zu dieser sind, wurde bereits in unterschiedlichen Kontexten angeführt.[1802] Dieser Bereich wurde nicht zuletzt durch die Entscheidung des BGH vom 07.04.2011 wieder Gegenstand von Diskussionen in der Literatur[1803] und Inhalt von instanzgerichtlichen Entscheidungen.[1804]

Die Fragestellung der Wirksamkeit von Aufrechnungsbeschränkungen im Zusammenhang mit konnexen bzw. synallagmatisch verknüpften Forderungen ist allerdings weder von der höchstrichterlichen Rechtsprechung umfassend entschieden[1805] noch von der Rechtswissenschaft eingehend untersucht worden.

Im Folgenden wird daher die Wirksamkeit von Aufrechnungsbeschränkungen untersucht, wobei im Grundfall zwischen drei Fallkonstellationen zu unterscheiden ist:

(1) Die Aufrechnungsbeschränkung soll die Aufrechnung für Forderungen, welche ursprünglich gleichartig sind, ausschließen. Eine Aufrechnung für konnexe oder synallagmatische Forderungen, die gleichartig geworden sind, soll zulässig sein.

(2) Die Aufrechnungsbeschränkung soll die Aufrechnung für Forderungen, welche synallagmatisch sind und gleichartig geworden sind, ausschließen. Eine Aufrechnung mit ursprünglich gleichartigen und konnexen Forderungen, welche gleichartig geworden sind, soll zulässig sein.

(3) Die Aufrechnungsbeschränkung soll die Aufrechnung für Forderungen, welche konnex sind und gleichartig geworden sind, ausschließen. Eine

---

1802 Siehe dazu u.a. § 5 B. I. 2.), § 5 B. IV. 2.) d) cc), § 5 B. VI. 2.) a) aa) und b) cc), § 5 B. VI. 3.) b) bb) (2).

1803 Vgl. nur bspw. Wolf/Lindacher/Pfeiffer/*Dammann*, 6. Auflage 2013, § 309 Nr. 3 Rn. 5, 34, 40, 72; BeckOGK-BGB/*Weiler* (01.03.2021) § 309 Nr. 3 Rn. 62 ff.; *Gothe* NZBau 2015, 144 ff.; *Preussner* NZBau 2011, 599 ff.; *Schulz* Notar 2016, 66 (68); *Schwenker* ZfBR 2011, 425 f; die Problematik bereits frühzeitig thematisierend Palandt/*Heinrichs*, 36. Auflage 1977, § 11 AGBG Anm. 4c; *ders.* FS Reich, 527 (547).

1804 Vgl. die Nachweise in Fn. 1932 ff.

1805 Vgl. bspw. BGH NJW 2011, 1729; BGHZ 218, 132 (135 ff.) = NJW 2018, 2042 (2043), welcher bestimmte Fragestellungen offen lässt; so auch MüKo-BGB/*Wurmnest* § 309 Nr. 2 Rn. 3.

Aufrechnung mit ursprünglich gleichartigen und synallagmatischen Forderungen, welche gleichartig geworden sind, soll zulässig sein.

Für die weitere Prüfung wird davon ausgegangen, dass die Fallgestaltungen nicht deshalb unwirksam sind, weil sich die Aufrechnungsbeschränkung auf unbestrittene, rechtskräftig festgestellte oder entscheidungsreife Forderungen o.e.B. bezieht. Es wird angenommen, dass die konkrete Klausel diesen Anforderungen des § 309 Nr. 3 BGB entspricht.[1806]

Eine weitere Konstellation ist denkbar, lässt sich im Ergebnis aber mit den Ergebnissen zu (1) – (3) vollständig lösen. Es handelt sich um allgemeine Aufrechnungsbeschränkungen[1807], welche zwar § 309 Nr. 3 BGB entsprechen, aber im Übrigen keine weiteren Aufrechnungsmöglichkeiten zulassen. In diesem Fall ist die Aufrechnung für alle Forderungen der Konstellationen (1) – (3) ausgeschlossen.

I. Tatbestand der Aufrechnungsbeschränkung

Sofern eine Aufrechnung für im synallagmatischen Gegenseitigkeitsverhältnis stehenden Forderungen oder solchen aus demselben Vertrag ausgeschlossen ist, liegt aufgrund der Abweichung der Aufrechnungsmöglichkeit nach §§ 387 ff. BGB tatbestandlich eine Aufrechnungsbeschränkung vor.

II. Individualvertragliche Vereinbarung

Für den Individualvertrag erfolgt die Darstellung zuerst für die Konstellation mit der für den aufrechnungsbeschränkten Vertragspartner am stärksten einschneidenden Wirkung der Aufrechnungsbeschränkung. Jenes ist die Konstellation der Beschränkung der Aufrechnung für *gleichartig gewordene synallagmatische* Forderungen. Anschließend wird untersucht, ob die Ergebnisse auch für die beiden anderen hier zu untersuchenden Konstellationen gelten. Außerdem wird kurz erörtert, ob eine einschränkende Auslegung nach § 133, 157 BGB in Betracht kommt.

1.) Gleichartig gewordene, synallagmatische Forderungen

In der Literatur wird hinsichtlich individualvertraglicher Aufrechnungsbeschränkungen, die auch – gleichartig gewordene – *synallagmatische*

1806 Siehe zu dem Verbotsbereich von § 309 Nr. 3 BGB bereits § 5 B. IV.

1807 Siehe dazu § 4 B. III. 3.).

Mängelhaftungsansprüche von der Aufrechnung ausschließen, zum Teil auf § 307 Abs. 1 BGB Bezug genommen und/oder sich für die Begründung einer Unwirksamkeit aufgrund bestimmter Entscheidungen der Rechtsprechung berufen. [1808]

Insoweit ist zuerst festzuhalten, dass im individualvertraglichen Bereich eine Unwirksamkeit nach §§ 307 ff. BGB mangels Anwendbarkeit dieser Kontrollvorschriften nicht in Betracht kommt. Außerdem wird in den Urteilen, auf die sich die Literatur beruft, zwar die Aufrechnung im Ergebnis zugelassen, allerdings nicht aufgrund einer Unwirksamkeit nach § 134 BGB, § 138 BGB oder nach § 307 BGB. Vielmehr wird darin eine einschränkende Auslegung der Aufrechnungsbeschränkung nach Sinn und Zweck vorgenommen.[1809] Die Rechtsprechung hat zutreffend erkannt, dass eine Unwirksamkeit mangels Erfüllung der Tatbestandsvoraussetzungen von § 134 und § 138 BGB ebenfalls nicht in Betracht kommt.[1810] Denn einerseits fehlt es – weiterhin – an einem Verbotsgesetz i.S.d. § 134 BGB.[1811] § 320 BGB und § 641 Abs. 3 BGB werden allgemein als disponibel angesehen und entfallen schon aus diesem Grund als Grundlage für eine Unwirksamkeit nach § 134 BGB.[1812]

1808 Vgl. *Lucenti* NZBau 2010, 469 (472); *Deutsches Notarinstitut* DNotI-Report 6/2012, 41 und *Schulz* Notar 2016, 66 (68), jeweils mit Berufung auf OLG Hamburg, Beschluss v. 13.02.2009, Az. 11 U 41/08, BeckRS 2009, 12497 und/oder OLG Frankfurt OLGR 2008, 665; s.a. BeckOGK-BGB/*Skamel* (01.04.2021) § 387 Rn. 198, welcher von einer „*Wirksamkeitskontrolle von Individualvereinbarungen*“ spricht und sich auf BGHZ 94, 167 = NJW 1985, 1829 und BGH WM 1795, 614 beruft.

1809 OLG Frankfurt OLG Frankfurt OLGR 2008, 665 (668, Erlass Vorbehaltsurteil § 302 ZPO nicht möglich, da für synallagmatische Ansprüche eine Aufrechnung nach „Sinn und Zweck“ nicht ausgeschlossen werden kann); OLG Hamburg, Beschluss v. 13.02.2009, Az. 11 U 41/08, BeckRS 2009, 12497 (Ausschluss für synallagmatische Ansprüche nach „Sinn und Zweck“ nicht möglich); BGHZ 94, 167 = NJW 1985, 1829 (1830) betrifft einen Fall der „Zahlungsgarantie auf erstes Anforderung“ und die Reichweite der darin enthaltenden Aufrechnungsbeschränkung; s.a. KG NZBau 2012, 233 (234).

1810 Im Erg. OLG Frankfurt OLGR 2008, 665 (668); OLG Hamburg, Beschluss v. 13.02.2009, Az. 11 U 41/08, BeckRS 2009, 12497; allgemein ablehnend auch *Clasen/Scherz* EWiR 2012, 691 (692); a.A. wohl *Schulz* Notar 2016, 66.

1811 Siehe dazu allgemein § 5 B. I. 1.).

1812 Vgl. statt aller nur Palandt/*Grüneberg* § 320 Rn. 3; Palandt/*Retzlaff* § 641 Rn. 18; MüKo-BGB/*Emmerich* § 320 Rn. 57; *Clasen/Scherz* EWiR 2012, 691 (692); allgemein keinen Verbotsnormcharakter bei abdingbaren Vorschriften annehmend Staudinger/*Sack/Seibl* § 134 Rn. 32; MüKo-BGB/*Armbrüster* § 134 Rn. 46.

Weder der Inhalt noch der Gesamtcharakter einer allgemeinen Aufrechnungsbeschränkung widerspricht den grundlegenden Wertungen der Rechts- und Sittenordnung i.S.d. § 138 Abs. 1 und 2 BGB.[1813] Zwar kommt dem synallagmatischen Abhängigkeitsverhältnis zwischen Leistung und Gegenleistung und den Instituten, die dieses absichern wollen, ein grundlegender Gerechtigkeitsgehalt zu.[1814] Die Frage, ob allgemeine Rechtsgrundsätze überhaupt die Wirksamkeitsgrenze i.S.d. § 138 Abs. 1 BGB festlegen können, bedarf allerdings keiner weitergehenden Untersuchung.[1815] Denn der Leitbildcharakter des vorliegend betrachteten Synallagmas basiert im einzelnen Vertrag allein auf der Vereinbarung der Parteien. Die Parteien legen selbst fest, ob sie ihre Leistungsverpflichtung nur eingehen, weil sie eine Gegenforderung erhalten und inwieweit dieses Verhältnis durch gesetzliche Vorgaben wie § 320 BGB und § 641 Abs. 3 BGB geschützt wird.[1816] Sie sind ebenso frei, dieses Abhängigkeitsverhältnis nicht oder nur teilweise zu begründen und damit § 320 BGB und § 641 Abs. 3 BGB (teilweise) auszuschließen.[1817] Sofern die Parteien dieses Abhängigkeitsverhältnis durch eine Aufrechnungsbeschränkung nicht oder nur eingeschränkt vorsehen, kann dieser grundlegende Gerechtigkeitsgedanke den Parteien nicht durch eine Unwirksamkeit der vertraglichen Vereinbarungen „aufgezwungen“ werden. Dies würde letztendlich der Privatautonomie der Parteien als ebenfalls äußerst gewichtigen Leitgedanken der Rechtsordnung widersprechen.

Der durch einen Vertragsabschluss zum Ausdruck gebrachte übereinstimmende Wille der Vertragsparteien kann allerdings nur auf einen durch Vertrag hergestellten sachgerechten Interessenausgleich schließen lassen, wenn die *Bedingungen freier Selbstbestimmung* tatsächlich auch gegeben sind.[1818] Dies kann insbesondere dann fehlen, wenn durch ein starkes Übergewicht des einen Vertragsteiles dieser die

1813 Diesen Maßstab anlegend bspw. Palandt/*Ellenberger* § 138 Rn. 7; ausführlich u.a. MüKo-BGB/*Armbrüster* § 138 Rn. 11 ff.

1814 Siehe dazu § 5 B. V. 1.), § 5 B. VI. 2.) b) cc) und noch § 6 B. III. 2.) d) dd) (3) (b).

1815 Vgl. zur Frage, ob allgemeine Rechtsgrundsätze als (eigene) Wirksamkeitsgrenze i.S.d. § 134 BGB oder § 138 BGB anzusehend sind bspw. Staudinger/*Sack/Seibl* § 134 Rn. 18 und Staudinger/*Sack/Fischinger* (02.03.2020) § 138 Rn. 23.

1816 Siehe dazu u.a. § 6 B. III. 2.) d) dd) (3) (b) sowie § 5 B. V. 1.), § 5 B. VI. 2.) b) cc).

1817 Zur Zulässigkeit der Abbedingung von § 320 BGB und § 641 Abs. 3 BGB siehe nur Palandt/*Grüneberg* § 320 Rn. 3; Palandt/*Retzlaff* § 641 Rn. 18; MüKo-BGB/*Emmerich* § 320 Rn. 57; *Clasen/Scherz* EWiR 2012, 691 (692).

1818 Vgl. BVerfGE 81, 242 (254 ff.) = NJW 1990, 1469 (1470); BVerfG NJW 2001, 957 (958); dazu ausführlich Staudinger/*Sack/Fischinger* (02.03.2020) § 138 Rn. 98 m.w. N.

vertraglichen Regelungen faktisch vorgeben kann – sog. „Recht des Stärkeren".[1819] Es erscheint jedoch im Rahmen des allgemeinen Massenverkehrs, aber auch im Rahmen des Abschlusses von Individualverträgen, realitätsfern, bei jedem dieser Verträge von ausgeglichenen Verhandlungspositionen der Parteien auszugehen bzw. diese zu verlangen.[1820] Folglich ist nach dem BVerfG zutreffenderweise erforderlich, dass es sich um eine strukturelle Unterlegenheit eines Vertragspartners handelt, die zu einem Vertragsabschluss führte, dessen Folgen für ihn *„ungewöhnlich belastend und als Interessenausgleich offensichtlich unangemessen"* sind.[1821] Einerseits sind die Erwägungen, ob ein solches extremes Verhandlungsungleichgewicht vorliegt vom Einzelfall abhängig und stellen kein aufrechnungsbeschränkungsspezifisches Kriterium dar. Denn im Regelfall stellt die Aufrechnungsbeschränkung keine vertragsevidente Regelung des Gesamtvertrages dar. Anderseits zeigt eine Betrachtung von Konstellationen, in denen ein solches Ungleichgewicht in Betracht gezogen wurde, dass diese einen *Extrembereich* betreffen. So wurden solche Ungleichgewichte insbesondere bei Konstellationen angenommen, in denen *kein Eigeninteresse* des Vertragspartners an dem Vertrag selbst erkennbar war und es unter einer Zwangswirkung aufgrund einer verbindlichen (Familien-)Beziehung zu Dritten zum Vertragsabschluss kam.[1822] Bei den hier primär betrachteten Austauschverträgen besteht aber ein Eigeninteresse des Vertragspartners an den gegenseitigen Leistungspflichten. Außerdem betreffen solche Zwangswirkungen aufgrund bestimmter (Familien-)Verbindungen Einzelfälle und – sofern vorhanden – den Abschluss des Vertrages selbst, nicht aber nur den Verzicht auf die Aufrechnung.

Zusätzlich halten sich die Rechtsfolgen der Aufrechnungsbeschränkung für synallagmatische Forderungen – im Vergleich zu anderen (Extrem-)Konstellationen gesehen – in Grenzen. So bleibt der Anspruch selbst bestehen und es bleibt „nur" eine Erfüllungsvariante versagt.[1823] Ein Ausfall der Forderung aufgrund einer Insolvenz des von der Aufrechnungsbeschränkung begünstigten Vertragspartners, ist nach der in dieser Arbeit vertretenen Ansicht nicht zu befürchten.[1824] Es fehlt an einer erforderlichen Unbill für den Vertragspartner, welche bspw. bei einer

---

1819 Vgl. BVerfG NJW 2001, 957 (958); BVerfGE 89, 214 (232 ff., m.w.N.) = NJW 1994, 36 (38 f.); s.a. Staudinger/*Sack/Fischinger* (02.03.2020) § 138 Rn. 98 m.w.N.

1820 Im Ansatz in diese Richtung MüKo-BGB/*Armbrüster* § 138 Rn. 86.

1821 BVerfGE 89, 214 (232) = NJW 1994, 36 (38); vgl. BVerfG NJW 1994, 2749 (2750).

1822 BVerfGE 89, 214 (230 ff.) = NJW 1994, 36 (38).

1823 Vgl. LG Hamburg, Urteil v. 12.06.2006, Az. 415 O 14/06, Juris; allgemein zu dieser Erwägung bei der Beurteilung nach § 138 BGB siehe § 5 B. I. 2.).

1824 Siehe dazu § 5 C. II. 2.) a).

Bürgschaft für einen nahen Familienangehörigen in dem erheblichen Haftungsrisiko gesehen wurde und bei welcher eine Korrektur nach § 138 BGB anzustreben ist. [1825]

Letztendlich fehlt es im Individualvertrag an einschlägigen Unwirksamkeitsgründen nach §§ 307 ff. BGB, § 134 BGB und 138 BGB für Aufrechnungsbeschränkungen, welche die Aufrechnung mit synallagmatisch verknüpften gleichartig gewordenen Forderungen ausschließen.

2.) Ursprünglich gleichartige Forderungen und gleichartig gewordene konnexe Forderungen

Die Darstellungen zur Wirksamkeitsbeurteilung von Aufrechnungsbeschränkungen, welche gleichartig gewordene, synallagmatische Forderungen ausschließen, sind auch auf die beiden anderen betrachteten Konstellationen zu übertragen.

Die Beschränkung der Aufrechnungsmöglichkeit hinsichtlich synallagmatischer Forderungen stellt im Vergleich zu den weiteren hier betrachteten Konstellationen die *intensivste* Einschränkung dar. Der Vertragspartner kann „nicht einmal" mit Forderungen aufrechnen, welche sich im unmittelbaren Gegenseitigkeits- und Abhängigkeitsverhältnis befinden. Der Bereich von Forderungen bzw. das Abhängigkeitsverhältnis der Forderungen ist vom Gesetzgeber besonders geschützt worden. So sind die Leistungsverweigerungsrechte – aus deren zugrundeliegenden Forderungen bei einem Übergang in Gleichartigkeit sich die Frage der Aufrechnung stellt – nicht vollständig gleich vor einem Ausschluss der Geltendmachung geschützt. So spricht der Gesetzgeber bspw. dem Leistungsverweigerungsrecht nach § 320 BGB und § 641 Abs. 3 BGB – Synallagma – eine höhere Wichtigkeit zu, indem er eine Abwendungsbefugnis i.S.d. § 273 Abs. 3 BGB ausdrücklich in § 320 Abs. 1 Satz 3 BGB ausgeschlossen hat. Ein ähnlicher gesetzlicher Wille kommt in § 309 Nr. 2a und Nr. 2b BGB zum Ausdruck. So ist im Formularvertrag ein Ausschluss einer Leistungsverweigerung nicht zwingend für alle konnexen Forderungen i.S.d. § 273 BGB verboten. Vielmehr ist ein Ausschluss von konnexen Forderungen i.S.d. § 273 BGB möglich, wenn diese *nicht aus demselben Vertragsverhältnis* entstammen.[1826]

1825 Siehe dazu BVerfG NJW 1994, 2749 (2750); vgl. auch BVerfGE 89, 214 (234 ff.) = NJW 1994, 36 (39).

1826 Siehe allgemein dazu bereits § 5 B. V. 2.).

Aus dieser Tendenz der gesetzlichen Regelungen, dass zwischen verschiedenen Forderungsverhältnissen zu unterscheiden ist und synallagmatisch verknüpfte Forderungen schützenswerter sind als andere Forderungen sowie der Einordnung, dass bereits die Aufrechnung von gleichartig gewordenen, synallagmatischen Forderungen im Individualvertrag wirksam ausgeschlossen werden kann, lässt sich nur schlussfolgern, dass dies auch für Forderungen aus weniger schützenswerten Forderungsbeziehen möglich sein muss.

3.) Restriktive Auslegung nach Sinn und Zweck, §§ 133, 157 BGB

Die Rechtsprechung und Literatur nehmen in den hier betrachteten Fällen zum Teil eine Auslegung der Vereinbarung dahingehend vor, dass die Aufrechnungsbeschränkung eine Aufrechnung mit einem Anspruch auf Zahlung von Mängelbeseitigungskosten nach Sinn und Zweck nicht erfasst.[1827]

Bei einer Beschränkung der Aufrechnung, welche nach ihrer Formulierung die Aufrechnung auch für gleichartig gewordene, synallagmatisch verknüpfte Forderungen *ausdrücklich* ausschließt, verbietet sich eine solche restriktive Auslegung bereits nach dem Wortlaut. Auch wenn gem. § 133 BGB immer der wirkliche Wille zu ermitteln ist und nicht am buchstäblichen Sinn des Ausdrucks haften geblieben werden darf[1828], offenbart ein solche Formulierung einen eindeutigen Willen der Parteien. Zum einen wurde diese Regelung für einen konkreten Aufrechnungsausschluss in den Vertrag aufgenommen und zum anderen wurden die anderen Aufrechnungskonstellationen für zulässig erklärt.[1829] Dementsprechend fehlt es entweder bereits an der Auslegungsbedürftigkeit selbst oder zumindest an Anhaltspunkten, die einen vom Wortlaut abweichenden Willen erkennbar werden lassen.[1830] Gleiches gilt für die weiteren Konstellationen,

1827 Vgl. OLG Hamburg, Beschluss v. 13.02.2009, Az. 11 U 41/08, BeckRS 2009, 12497; OLG Frankfurt OLGR 2008, 665 (668); Staudinger/*Gursky* Vorb. §§ 387 Rn. 98; Kniffka/Koeble/Jurgeleit/Sacher/*Kniffka*, Kompendium des Baurechts, 4. Teil Rn. 597; *Kessen* BauR 2005, 1691 (1694).

1828 So bspw. BGHZ 80, 246 (249) = NJW 1981, 1736 (1737); Staudinger/*Singer* § 133 Rn. 9 m.w.N.

1829 Siehe zur Differenzierung der vorliegend untersuchten Konstellationen § 6 B.

1830 Allgemein bereits die Auslegungsbedürftigkeit verneinend bspw. Palandt/*Ellenberger* § 133 Rn. 6; BGH NJW 2007, 1460 f.; allgemein eine Auslegung zwar für erforderlich und möglich ansehend aber abweichende Umstände verlangend BeckOK-BGB/*Wendtland* (01.02.2021) § 133 Rn. 22.1; wohl auch BGHZ 80, 246 (249 f.) = NJW 1981, 1736 (1737); Staudinger/*Singer* § 133 Rn. 9 m.w.N.

in welchen die Aufrechnung mit ursprünglich gleichartigen oder gleichartig gewordenen konnexen Forderungen ausgeschlossen wurde.

Eine solche Auslegung ist aber im Regelfall, d.h. ohne abweichende und bei der Auslegung zu berücksichtigende Umstände, auch bei allgemein formulierten Aufrechnungsbeschränkungen nicht möglich.[1831] Denn eine solche verbietet *jede Aufrechnung.*[1832] Es ist aufgrund einer fehlenden Öffnungsformulierung nicht erkennbar, dass eine Aufrechnung ausnahmsweise in bestimmten Fällen doch zulässig sein soll. Eine allgemeingültige Schlussfolgerung, dass davon synallagmatische Forderungen nicht von der Aufrechnungsbeschränkung erfasst werden sollen, bleibt aber immer dem nicht ausräumbaren Vorwurf einer allgemeinen Interessenbewertung anstatt einer Bestimmung des *übereinstimmenden* Willens der Parteien ausgesetzt. Eine solche „Einschränkung" der Aufrechnungsbeschränkung wird auch hinsichtlich anderer Forderungen, bspw. solchen, die nach § 309 Nr. 3 BGB nicht ausgeschlossen werden können, nicht in Betracht gezogen.[1833]

4.) Zwischenergebnis

Individualvertragliche Aufrechnungsbeschränkungen sind in allen drei vorstehend untersuchten Varianten nicht nach § 134 BGB, § 138 BGB oder §§ 307 ff. BGB unwirksam. Demgemäß kann jeweils die Aufrechnung mit ursprünglich gleichartigen, mit gleichartig gewordenen synallagmatischen und gleichartig gewordenen konnexen Forderungen wirksam ausgeschlossen werden. Dies gilt auch, wenn diese Aufrechnungsmöglichkeiten gemeinsam durch eine allgemein formulierte Aufrechnungsbeschränkung ausgeschlossen sind.

Eine restriktive Auslegung nach §§ 133, 157 BGB kommt mangels Auslegungsbedürftigkeit bei ausdrücklich formulierten Ausschlüssen für einen der drei untersuchen Konstellationen nicht in Betracht. Allgemein formulierten Aufrechnungsbeschränkungen ist ebenfalls kein „allgemeiner Wille" zum Vorbehalt

---

1831 A.A. OLG Hamburg, Beschluss v. 13.02.2009, Az. 11 U 41/08, BeckRS 2009, 12497; Staudinger/*Gursky* Vorb. §§ 387 Rn. 98; Kniffka/Koeble/Jurgeleit/Sacher/*Kniffka*, Kompendium des Baurechts, 4. Teil Rn. 597; *Kessen* BauR 2005, 1691 (1694).

1832 Vgl. zumindest für den Formularvertrag bspw. BGH NJW 2011, 1729 (1730); eine Auslegung nicht in Betracht ziehend auch bspw. OLG Nürnberg NJOZ 2014, 1882 (1883 f.).

1833 Siehe zu den Formulierungsanforderungen im Zusammenhang mit § 309 Nr. 3 BGB ausführlich § 5 B. IV. 2.) e.).

der Aufrechnung für gleichartig gewordene, synallagmatische oder konnexe Forderungen oder ursprünglich gleichartige Forderungen zu entnehmen.

III. Formularmäßige Vereinbarung

Auch im Bereich der formularmäßigen Vereinbarungen wird im Folgenden zwischen den verschiedenen Unterfällen unterschieden. Daher wird die Wirksamkeit von Aufrechnungsbeschränkungen untersucht, welche entweder die Aufrechnung mit ursprünglich gleichartigen Forderungen (dazu „1.)") oder die Aufrechnung mit gleichartig gewordenen synallagmatischen Forderungen (dazu „2.)") oder die Aufrechnung mit gleichartig gewordenen konnexen Forderungen ausschließen (dazu „3.)"), aber jeweils die Aufrechnung mit den anderen beiden Forderungsarten zulassen. [1834]

1.) Ursprünglich gleichartige Forderungen

Unter Forderungen, welche sich ursprünglich gleichartig gegenüberstehen, sind solche zu verstehen, welche *ohne* eine „Umwandlung" des ursprünglichen (Sachleistungs-)Anspruchs in einem gleichartigen Verhältnis zueinander stehen. Dies kann beispielweise gegeben sein, wenn sich aus demselben Vertragsverhältnis ein bereicherungsrechtlicher Rückgewähranspruch ergeben hat.[1835] In der Literatur werden zum Teil deliktische Ansprüche *nicht* dem Bereich der ursprünglich gleichartigen Forderungen, sondern dem Komplex der Aufrechnungsbeschränkungen bezüglich gleichartig gewordener Forderungen zugeordnet.[1836] Dies ist allerdings fehlgehend, da es sich dabei um eine (Gegen-)Forderung handelt, welche *unmittelbar gleichartig* entsteht und nicht in von einer ungleichartigen Forderung in eine gleichartige Forderung „übergeht". Deliktische Ansprüche sind entsprechend dem im Folgenden betrachteten Bereich zuzuordnen.[1837]

Den Gegensatz dazu stellen Forderungen dar, bei welchen erst durch Umwandlung bzw. Ersetzung der Forderung(en) eine Gleichartigkeit entsteht. Dies sind

---

1834 Zur Übersicht der drei Fallgestaltungen siehe § 6 B.

1835 Zutreffend differenzierend auch OLG Celle, Urteil v. 22.03.2012, Az. 2 U 127/11, Juris; vgl. auch OLG Nürnberg BKR 2010, 458 (463); AG Mannheim, Urteil v. 05.10.2007, Az. 10 C 119/07, BeckRS 2008, 18240; BeckOGK-BGB/*Weiler* (01.03.2021) § 309 Nr. 3 Rn. 69, 60 f. und MüKo-BGB/*Wurmnest* § 309 Nr. 2 Rn. 3.

1836 Vgl. *Preussner* NZBau 2011, 599 (600).

1837 Ein Bezug dieser Forderungen zu der Entscheidung des BGH NJW 2011, 1729 ist daher nicht anzunehmen; a.A. wohl *Preussner* NZBau 2011, 599 (600).

bspw. Fallkonstellationen, in denen ein ursprünglicher Sachleistungsanspruch aus einem Kaufvertrag nach § 433 Abs. 1 Satz 1 BGB in einen Schadensersatzanspruch statt der Leistung nach §§ 280 Abs. 1, 3, § 281 ff. BGB übergegangen ist. Die Wirksamkeit von dahingehenden Aufrechnungsbeschränkungen wird unter dem Abschnitt „*gleichartig gewordene Forderungen – Synallagma*" behandelt.[1838] Ebenfalls können dies Forderungen seien, welche zwar nicht aus einem (synallagmatischen) Sachleistungsanspruch hervorgegangen sind, allerdings aufgrund einer Pflichtverletzung zu Schadensersatzansprüchen bezüglich Mangelfolgeschäden geführt haben. Auch in diesen Fällen hat sich durch eine Pflichtverletzung die vorherige nichtsynallagmatische (Neben-)Leistungspflicht in eine gleichartige (Schadens-)Ersatzleistungspflicht umgewandelt.[1839] Dieser Komplex wird in dem Abschnitt „*gleichartig gewordenen Forderungen – Konnexität*" untersucht.[1840]

a) § 309 Nr. 2a BGB

Eine erste Feststellung lässt sich dahingehend vornehmen, dass (ursprünglich) gleichartige Geldforderungen nicht von § 309 Nr. 2a BGB erfasst sind. Eine derartige Aufrechnungsbeschränkung ist nicht nach dieser Vorschrift unwirksam. Denn insoweit ist ein Leistungsverweigerungsrecht aus § 320 BGB erforderlich. Dieses kann letztendlich nur bei „synallagmatisch verknüpften Forderungen" vorliegen.[1841] In diesen Fällen stehen sich aber im Ursprung (fast[1842]) ausschließlich *verschiedenartige* Hauptleistungsansprüche gegenüber. Dies sind bspw. im Kaufvertrag die Eigentumsverschaffungspflicht nach § 433 Abs. 1 Satz 1 BGB auf der einen Seite und die Kaufpreiszahlungspflicht nach § 433 Abs. 2 BGB auf der anderen Seite. Gleiches gilt für die gegenseitigen Hauptleistungsverpflichtungen aus einem Werkvertrag oder Mietvertrag.[1843] Diese Forderungen sind entsprechend nicht gleichartig, ohne dass sich der Sachleistungsanspruch in einen

---

1838 Siehe dazu sogleich § 6 B. III. 2.).

1839 Vgl. ähnlich BeckOGK-BGB/*Weiler* (01.03.2021) § 309 Nr. 3 Rn. 66, 60 ff.; im Ansatz auch differenzierend *Preussner* NZBau 2011, 599 (600); *Schwenker* ZfBR 2011, 425 (426); insoweit abweichend LG Nürnberg-Fürth, Urteil v. 20.09.2013, Az. 5 HK O 2105/13, BeckRS 2013, 21376 (aufgehoben durch Nachinstanz OLG Nürnberg NJOZ 2014, 1882).

1840 Siehe dazu § 6 B. III. 3.).

1841 Vgl. statt aller nur BeckOK-BGB/*Schmidt* § 320 (01.02.2021) Rn. 4 ff., 8 f.; MüKo-BGB/*Emmerich* § 320 Rn. 29 ff.

1842 Siehe zum Sonderfall des Darlehnsvertrages § 6 B. III. 2.) d) dd) (3) (f) (dd).

1843 Übersichtlich allgemein MüKo-BGB/*Emmerich* § 320 Rn. 3 ff, 29 ff.

Geldleistungsanspruch umwandelt bzw. durch diesen ersetzt wird. Durch die fehlende Gleichartigkeit liegt keine Aufrechnungssituation i.S.d. § 387 BGB vor, sodass eine Leistungsverweigerung nach § 320 Abs. 1 BGB möglich ist. Daher wird die Frage nach einer (Un-)Wirksamkeit einer Aufrechnungsbeschränkung aufgrund eines Ausschlusses des Leistungsverweigerungsrechtes nach § 320 Abs. 1 BGB nicht relevant.

b) § 309 Nr. 2b BGB

Die Frage nach einer Unwirksamkeit einer Aufrechnungsbeschränkung wird aber dann präsent, wenn der Bereich des Synallagmas verlassen wird und allein Forderungen betrachtet werden, die eine Verknüpfung aufweisen, welche § 309 Nr. 2b BGB im Grundsatz schützen will. In diesen Fällen reicht – wie ausgeführt[1844] - bereits *derselbe Vertrag* aus, durch welchen die Forderungen begründet wurden. In diesen Konstellationen ist durchaus denkbar und praktisch gegeben, dass sich gleichartige (Geld-)Forderungen gegenüberstehen, ohne dass eine der Forderungen aus einem Sachleistungsanspruch hervorgegangen ist bzw. umgewandelt wurde. Dies gilt bspw. bei einem bereicherungsrechtlichen Anspruch als Aktivforderung.[1845]

Nicht vom Verbotsbereich des § 309 Nr. 2b BGB erfasst sind hingegen Ansprüche aus *deliktischen Handlungen*. In diesem Fall besteht weder ein Zurückbehaltungsrecht i.S.d. § 273 BGB noch ist der strengere Anwendungsbereich des § 309 Nr. 2b BGB betroffen. Solche Forderungen können insoweit formularvertraglich von der Aufrechnung ausgeschlossen werden.[1846]

aa) Wertungswiderspruch zu § 309 Nr. 3 BGB?

Im Rahmen der Beurteilung von Aufrechnungsbeschränkungen bezüglich der im Bereich des § 309 Nr. 2b BGB betrachteten gleichartigen Forderungen aus demselben Vertragsverhältnis wird in der Literatur und Rechtsprechung ein Wertungswiderspruch zwischen § 309 Nr. 2b BGB und § 309 Nr. 3 BGB angenommen.[1847] Es sei ein zweifelhaftes Ergebnis, dass bei verschiedenartigen

1844 Siehe dazu § 5 B. V. 2.).

1845 Siehe dazu die Nachweise in Fn. 1835.

1846 A.A. wohl *Preussner* NZBau 2011, 599 (600).

1847 Vgl. Palandt/*Grüneberg* § 309 Rn. 20; OLG Nürnberg NJOZ 2014, 1882 (1884, Unwirksamkeit aber nach § 307 BGB); MüKo-BGB/*Basedow*, 4. Auflage 2001, § 11 Nr. 2 AGBG Rn. 4; zumindest im Zusammenhang mit *gleichartig gewordenen* Forderungen: OLG Düsseldorf NJW-RR 1997, 628 (629); OLG Hamburg, Urteil v. 12.09.2012, Az. 13 U 212/11, BeckRS 2014, 03612.

Forderungen ein im Formularbereich nicht ausschließbares Zurückbehaltungsrecht bestehen würde, ein solches allerdings bei gleichartigen (Geld-)Forderungen nicht (mehr) gegeben sei.[1848] Denn im Regelfall sei eine Ausübung eines Zurückbehaltungsrechtes bei sich gleichartig gegenüberstehenden Forderungen als Aufrechnung zu werten, welche dann aber im Rahmen von § 309 Nr. 3 BGB weitergehend ausschließbar sei.[1849] Ob daraus allerdings eine Unwirksamkeit für Aufrechnungsbeschränkungen für ursprünglich gleichartige Forderungen folgt, wird nicht ausdrücklich festgestellt.[1850]

Diese Frage muss allerdings nicht beantwortet werden. Denn ein solcher Wertungswiderspruch besteht in den vorstehend betrachteten Konstellationen nicht.[1851] Dieser würde voraussetzen, dass die Wertungen der verschiedenen gesetzlichen Regelungen nicht im Einklang miteinander stehen. Der normative Sinn und Zweck der gesetzlichen Vorschriften wird dabei auch vom Gesetzgeber vorgegeben. Hier ist die Problematik der verschiedenen Beurteilung von ungleichartigen Forderungen – Zurückbehaltung möglich – und gleichartigen Forderungen – Zurückbehaltung nicht möglich – vom Gesetzgeber gesehen worden.[1852] In den Gesetzesmaterialien wird die Fragestellung sogar ausdrücklich behandelt und die formularmäßige Einschränkung des Zurückbehaltungsrechtes in diesen Fällen für vertretbar erklärt.[1853] Diese gesetzliche Bewertung erfolgte bereits in Kenntnis der vorhandenen Rechtsprechung, welche im Regelfall in der Geltendmachung des Zurückbehaltungsrechtes bei gleichartigen (Geld-)Forderungen eine Aufrechnung sieht.[1854] Zusätzlich hat der Gesetzgeber

---

1848 Vgl. Palandt/*Grüneberg* § 309 Rn. 20; die Thematik aufbereitend OLG Nürnberg NJOZ 2014, 1882 (1883 f.).

1849 Vgl. Palandt/*Grüneberg* § 309 Rn. 20; siehe zum Verhältnis des Gestaltungsrechtes der Aufrechnung und den Leistungsverweigerungsrechten allgemein § 2 B. I.

1850 Vgl. Palandt/*Grüneberg* § 309 Rn. 20, welcher nur „zumindest" bei *gleichartig gewordenen* Forderungen das Aufrechnungsverbot zurücktreten lassen will; vgl. allgemein für *gleichartig gewordene* Forderungen OLG Düsseldorf NJW-RR 1997, 628 (629, § 9 AGBG); OLG Hamburg, Urteil v. 12.09.2012, Az. 13 U 212/11, BeckRS 2014, 03612; vgl. die w.N. in Fn. 1847.

1851 Im Erg. ebenso LG Oldenburg BauR 2000, 764 f.; wohl auch OLG Bamberg, Urteil v. 29.04.2002, Az. 4 U 26/01, BeckRS 2011, 14027; OLG Celle, Urteil v. 22.03.2012, Az. 2 U 127/11, Juris; offen gelassen von OLG Celle BauR 2011, 271 (272).

1852 BT-Drs. 7/3919, 29; vgl. auch BeckOGK-BGB/*Weiler* (01.03.2021) § 309 Nr. 3 Rn. 60 f., 18 ff.

1853 BT-Drs. 7/3919, 29; vgl. auch Soergel/*Knops* § 309 Nr. 2 Rn. 5.

1854 Siehe zum Verhältnis des Zurückbehaltungsrechtes nach § 273 BGB zur Aufrechnung § 2 B. I. 1.); zum Ausschluss des Zurückbehaltungsrechtes durch eine Aufrechnungsbeschränkung § 4 B. IV. 2.).

bei der Eingliederung des AGBG in §§ 305 ff. BGB keinen Änderungsbedarf gesehen, obwohl die Problematik in Literatur und Rechtsprechung bereits behandelt wurde.[1855] Es handelt sich mithin weniger um einen Wertungswiderspruch als um eine vom Gesetzgeber *gewollte* Ungleichbehandlung.[1856]

Die Prüfung nach einer Wirksamkeit der Aufrechnungsbeschränkung erfolgt allein anhand von § 309 Nr. 3 BGB und § 307 Abs. 1, 2 BGB.

bb) Anwendungsvorrang von § 309 Nr. 3 BGB?

Vor allem aufgrund des ausgeführten gesetzgeberischen Willens wird in der Literatur und Rechtsprechung dogmatisch ein Anwendungsvorrang des § 309 Nr. 3 BGB vor § 309 Nr. 2b BGB angenommen.[1857]

Ein solcher Anwendungsvorrang ist allerdings nicht erforderlich. Vielmehr ist der Tatbestandsbereich von § 309 Nr. 2b BGB nach der gesetzgeberischen Intention nicht erfüllt. Selbst bei fehlendem Vorrang von § 309 Nr. 3 BGB müsste überhaupt ein Zurückbehaltungsrecht i.S.d. § 309 Nr. 2b BGB vorgelegen haben. Durch die vom Gesetzgeber von der Rechtsprechung übernommene Wertung einer Zurückbehaltung in eine Aufrechnung bei gleichartigen Forderungen lag bei ursprünglich gleichartigen Forderungen *nie* die Möglichkeit einer Zurückbehaltung vor.[1858] § 309 Nr. 2b BGB will allerdings nur den Bestand des Zurückbehaltungsrechtes schützen, welches in den vorliegend betrachteten Fällen – in vergleichbarer Weise bei der Vereinbarung einer Vorleistungspflicht – gerade

---

1855 Ausdrücklich auf diese Thematik bspw. eingehend Düsseldorf OLG NJW-RR 1997, 628 (allerdings zu konnexen Forderungen i.S.d. § 273 BGB, die gleichartig geworden sind).

1856 Vgl. LG Oldenburg BauR 2000, 764 f.; BeckOGK-BGB/*Weiler* (01.03.2021) § 309 Nr. 3 Rn. 18 f.; OLG Nürnberg BKR 2010, 458 (463).

1857 LG Oldenburg BauR 2000, 764 f.; LG Nürnberg-Fürth, Urteil v. 20.09.2013, Az. 5 HK O 2105/13, BeckRS 2013, 21376 (lex specialis bei Mangelfolgeschaden; insgesamt aufgehoben durch Nachinstanz OLG Nürnberg NJOZ 2014, 1882); MüKo-BGB/*Basedow*, 4. Auflage 2001, § 11 Nr. 2 AGBG Rn. 27 a.E.; vgl. auch OLG Nürnberg BKR 2010, 458 (463); BeckOK-BGB/*Becker* (01.02.2021) § 309 Nr. 3 Rn. 15; BeckOGK-BGB/*Weiler* (01.03.2021) § 309 Nr. 3 Rn. 19; Wolf/Lindacher/Pfeiffer/*Dammann*, 6. Auflage 2013, § 309 Nr. 2 Rn. 55; Staudinger/*Coester-Waltjen* § 309 Nr. 2 Rn. 4; MüKo-BGB/*Wurmnest* § 309 Nr. 2 Rn. 3 a.E.

1858 I.d.S. MüKo-BGB/*Basedow*, 3. Auflage 1993, § 11 Nr. 2 AGBG Rn. 27; MüKo-BGB/*Wurmnest* § 309 Nr. 2 Rn. 3.

nicht bestand.[1859] Statt eines Anwendungsvorranges ist vielmehr davon auszugehen, dass der weitergehende Wortlaut von § 309 Nr. 2b BGB entsprechend der Vorgabe des Gesetzgebers bereits – „gesetzesimmanent“ – teleologisch reduziert ist.

cc) Zwischenergebnis

Aufrechnungsbeschränkungen, welche eine Aufrechnung mit ursprünglich gleichartigen Forderungen aus demselben Vertrag ausschließen, sind nicht nach § 309 Nr. 2a BGB oder § 309 Nr. 2b BGB unwirksam. Hinsichtlich beider Regelungen sind die erforderlichen Tatbestandsvoraussetzungen durch die Aufrechnungsbeschränkung nicht erfüllt.

c) § 309 Nr. 3 BGB

Aufrechnungsbeschränkungsklauseln, die sich auf gegenseitige, gleichartige Forderungen beziehen, welche in einer Beziehung i.S.d. § 273 BGB oder § 320 BGB stehen, sind auch nicht aufgrund *allein dieses Bezuges* nach § 309 Nr. 3 BGB unwirksam. Wie dargestellt, erfasst § 309 Nr. 3 BGB diese Konstellation von seinem Verbotsbereich nicht. Die formularmäßige Aufrechnungsbeschränkung muss allein eine Aufrechnung mit Forderungen, welche unbestritten, rechtskräftig festgestellt oder entscheidungsreif (o.e.B.) sind, zulassen.[1860]

d) § 307 Abs. 1 Satz 1, Abs. 2 Nr. 1 BGB

Aufrechnungsbeschränkungen im vorliegend betrachteten Bereich sind letztendlich auch nicht nach § 307 Abs. 1 Satz 1, Abs. 2 Nr. 1 BGB unwirksam.[1861]

aa) Abschließende Wertungsvorgabe durch § 309 Nr. 2b BGB und § 309 Nr. 3 BGB

Eine Unwirksamkeit einer Aufrechnungsbeschränkung aufgrund des Ausschlusses der Aufrechnung und des – hypothetisch bestehenden – Zurückbehaltungsrechtes

---

1859 Vgl. ähnlich zum Anwendungsbereich von § 309 Nr. 2a und Nr. 2b BGB BeckOGK-BGB/*Weiler* (01.03.2021) § 309 Nr. 2 Rn. 27, 30 f., 56, 58; Ulmer/Brandner/Hensen/*Schäfer* § 309 Nr. 2 Rn. 13.

1860 Siehe zum materiellen Verbotsgehalt von § 309 Nr. 3 BGB und den sich daraus ergebenden Formulierungsanforderungen § 5 B. IV. 2.) d) und e).

1861 So zutreffend auch BeckOGK-BGB/*Weiler* (01.03.2021) § 309 Nr. 3 Rn. 61; MüKo-BGB/*Wurmnest* § 309 Nr. 2 Rn. 3; OLG Celle, Urteil v. 22.03.2012, Az. 2 U 127/11, Juris Rn. 35 ff.; im Erg. ebenso Ulmer/Brandner/Hensen/*Schäfer* § 309 Nr. 3 Rn. 6.

für ursprünglich gleichartige Forderungen aus demselben Vertragsverhältnis ergibt sich auch nicht aus der Generalklausel des § 307 Abs. 1 Satz 1, Abs. 2 Nr. 1 BGB. Denn diese Konstellation ist bereits in § 309 Nr. 2b BGB und § 309 Nr. 3 BGB abschließend geregelt und hiernach zulässig. Zwar ist nicht anzunehmen, dass eine Klausel, welche § 309 Nr. 2 und Nr. 3 BGB entspricht, per se auch nach § 307 Abs. 1 Satz 1, Abs. 2 BGB wirksam ist.[1862] Allerdings verbietet sich eine Korrektur der Tatbestandsvoraussetzungen dieser Normen und der darin zum Ausdruck kommenden gesetzlichen Regelungsabsicht über die Generalklausel.[1863] Vorliegend resultiert diese zwingende Bindung der Wertungen aus § 309 Nr. 2 und 3 BGB aufgrund des *gesetzgeberischen – eindeutigen – Willens* für die hier betrachteten Konstellation.[1864]

Dies gilt auch für Konstellationen, in welchen – hypothetisch – allein ein Zurückbehaltungsrecht i.S.d. § 273 BGB bestand, welches nicht auf demselben Vertragsverhältnis i.S.d. § 309 Nr. 2b BGB beruht hat. Sofern sich die zur Zurückbehaltung berechtigende Forderung aus einem anderen vertraglichen Verhältnis aber aus einem einheitlichen Lebenssachverhalt ergibt, ist schon der Verbotsbereich von § 309 Nr. 2b BGB nicht betroffen.[1865] In diesen Fällen muss eine unangemessene Benachteiligung erst Recht aus dem Grund ausscheiden, dass ein mögliches Zurückbehaltungsrecht durch die Aufrechnungsbeschränkung ausgeschlossen wird. Denn sofern eine Klausel schon den Verbotsbereich des § 309 Nr. 2b BGB nicht erreicht, wäre es systemwidrig und gegen den Willen des Gesetzgebers, aus demselben Grund eine Unwirksamkeit über die Generalklausel nach § 307 BGB herbeizuführen.[1866]

1862 Siehe dazu § 5 B. VI. 2.) a) aa).

1863 So zutreffend allgemein Palandt/*Grüneberg* § 307 Rn. 1; BeckOGK-BGB/*Eckelt* (01.09.2020) § 307 Rn. 40; BGH NJW 1997, 739 (740); BGHZ 100, 373 (377 f.) = NJW 1987, 2012 (2013).

1864 Vgl. BeckOGK-BGB/*Weiler* (01.03.2021) § 309 Nr. 3 Rn. 61; ebenfalls auf die Regelungsabsicht des Gesetzgebers abstellend und bei fehlenden weiteren Gesichtspunkten aus der Natur des Rechtsverhältnisses eine Korrektur der Regelungsabsicht im Rahmen von § 307 BGB aus allgemeinen Erwägungen ablehnend BGHZ 100, 373 (377 f., § 11 Nr. 12b AGBG) = NJW 1987, 2012 (2013); BGH NJW 1997, 739 (740).

1865 Daher im Erg. auch noch heute zutreffend BGH NJW-RR 1987, 883 f. Dies gilt auch noch nach der Entscheidung des BGH NJW 2011, 1729, welcher allein den Fall von *„gleichartig gewordenen synallagmatischen Forderungen"* zum Gegenstand hat; dazu ausführlich sogleich § 6 B. III. 2.).

1866 Siehe zu dem Zurückbehaltungsrecht durch § 309 Nr. 2b BGB nur beschränkt zugesprochenen grundlegenden Gerechtigkeitsgehalt, sofern es sich um Leistungen aus demselben Vertragsverhältnis handelt, § 5 B. VI. 2.) b) cc) und Wolf/Lindacher/

bb) Weitere Aspekte gegen eine Unwirksamkeit

Zusätzlich lassen sich gegen eine unangemessene Benachteiligung i.S.d. § 307 Abs. 1 Satz 1, Abs. 2 Nr. 1 BGB weitere Aspekte anführen. So besteht die Wertung der Geltendmachung eines Zurückbehaltungsrechtes als Aufrechnung bei gegenseitigen Geldforderungen nicht immer. Der Vertragspartner kann nach der in dieser Arbeit vertretenen Ansicht weiterhin das Leistungsverweigerungsrecht nach § 273 BGB – auch bei gleichartigen Forderungen – geltend machen, sofern er dies explizit unter Ausdruck der Kenntnis der Aufrechnungsmöglichkeit tut und im Übrigen der Zweck der Aufrechnungsbeschränkung nicht auch auf die Zurückbehaltung durchschlägt.[1867] Der Zweck der Aufrechnungsbeschränkung ist dabei allerdings auch anhand der wörtlichen Ausgestaltung zu bestimmen. So wird in der Praxis neben der Aufrechnung oftmals die Zurückbehaltung *zusätzlich explizit* ausgeschlossen.[1868] Daher scheint es in Konstellationen, in welchen nur die Aufrechnung ausgeschlossen ist, ableitbar, dass vom vertraglich zugrunde gelegten Zweck auch nur die Aufrechnung ausgeschlossen sein soll. Sofern allerdings wie nach der in dieser Arbeit vertretenen und herrschenden Meinung der Regelfall vorliegen, so dass eine Zurückbehaltung bei gleichartigen Forderungen nicht möglich ist[1869], bestand zu *keinem Zeitpunkt ein ausübbares und schützenswertes Zurückbehaltungsrecht* des Vertragspartners.[1870]

Außerdem fehlt es an einem Ausschluss der Aufrechnung und damit auch des Zurückbehaltungsrechtes immer in den Fällen, in welchen die Forderungen unbestritten, rechtskräftig festgestellt oder entscheidungsreif (o.e.B.) sind. Denn eine Aufrechnung für diese ist nach § 309 Nr. 3 BGB nicht ausschließbar, mithin sind entweder diese Forderungen in einer (wirksamen) Aufrechnungsbeschränkung vorbehalten oder, sofern dieser Vorbehalt fehlt, ist eine dahingehende Aufrechnungsbeschränkung vollständig unwirksam.[1871]

Weiler[1872] führt außerdem an, dass ein berechtigtes Interesse des Verwenders an einer Aufrechnungsbeschränkung bestehe, da eine ansonsten zulässige

---

Pfeiffer/*Dammann* § 309 Nr. 2 Rn. 1 f., 32; vgl. auch OLG Nürnberg WM 2016, 2300 (2302, Bezug allerdings § 309 Nr. 3 BGB und im Erg. offengelassen).

1867 Siehe dazu ausführlich § 4 B. IV. 2.) b).

1868 Vgl. statt aller nur BGH NJW-RR 2005, 919; BGH NZM 2016, 585; BGH ZMR 2016, 609 f.

1869 Siehe dazu § 4 B. IV. 2.) b).

1870 Siehe dazu auch soeben § 6 B. III. 1.) b) bb).

1871 Siehe dazu § 5 B. IV. 2.) d) und e); vgl. auch AG Mannheim, Urteil v. 05.10.2007, Az. 10 C 119/07, BeckRS 2008, 18240.

1872 BeckOGK-BGB/*Weiler* (01.03.2021) § 309 Nr. 3 Rn. 61.1.

Aufrechnung mit einer bestrittenen Forderung zu einer *Unsicherheit über den Bestand der Hauptforderung* des Verwenders führe. Die Ungleichbehandlung eines Geldleistungsgläubigers, der weder aufrechnen noch im Regelfall ein Leistungsverweigerungsrecht ausüben kann, und eines Sachleistungsgläubigers, der zumindest (immer) ein Leistungsverweigerungsrecht geltend machen kann, sei gerechtfertigt. Eine Leistungsverweigerung bei Geldleistungen widerspreche Treu und Glauben, da die Ausübung nicht mehr dem Zweck der Leistungsverweigerung i.S.d. § 273 oder § 320 BGB entspreche – nämlich der Erzwingung des Leistungsaustausches –, sondern *allein der Durchsetzung des eigenen Anspruchs*. Sofern mit der Leistungsverweigerung aber eine Aufrechnung bezweckt sei, müsse dem Interesse des Verwenders an der Vermeidung der Unsicherheit über die Hauptforderung Vorrang eingeräumt werden.[1873]

e) RL 93/13/EWG

Der Anwendungsbereich bzw. der Verbotsbereich der Richtlinie ist nicht betroffen. Im Rahmen der Beurteilung nach Art. 3 Abs. 1 RL ist zum einen kein Klauselbeispiel des Anhanges der Richtlinie i.S.d. Art. 3 Abs. 3 RL mit einer entsprechenden Folge einer Grundsausrichtung für die Gesamtbeurteilung verwirklicht. So betrifft die Aufrechnungsbeschränkung keine Konstellationen mit Gegenforderungen, die auf einer Vertragsverletzung basieren. Nr. 1b) Anhang RL ist demgemäß nicht einschlägig.

Zusätzlich liegt auch kein Ausschluss eines Leistungsverweigerungsrechtes i.S.d. Nr. 1o) Anhang RL vor. Ein solches Leistungsverweigerungsrecht konnte aufgrund der Entstehung der Forderung in Gleichartigkeit und der Wertung der Geltendmachung eines Leistungsverweigerungsrechtes als Aufrechnung nicht entstehen oder zumindest niemals geltend gemacht werden.[1874] Diese Wertung besteht aber nicht aufgrund einer vertraglichen Vereinbarung, sondern aufgrund gesetzgeberischer Vorgaben.

Eine Missbräuchlichkeit der Klausel nach Art. 3 Abs. 1 RL ergibt sich auch nicht aus anderen Gründen. Denn eine Aufrechnungsbeschränkung ist nicht per se nach Art. 3 Abs. 1 RL unzulässig.[1875] Hier handelt es sich um den Ausschluss der Aufrechnung von nur einem geringen Teil von Forderungsarten. Dieser Teil betrifft keine Forderungen i.S.d. Anhanges der RL oder deren Zwecksetzung.

1873 Vgl. BeckOGK-BGB/*Weiler* (01.03.2021) § 309 Nr. 3 Rn. 61.1.

1874 Siehe dazu soeben § 6 B. III. 1.) b) bb) und § 4 B. IV. 2.) b).

1875 Siehe zum Regelungsbereich des Art. 3 Abs. 1 RL und des Anhanges der RL § 5 B. VII. 4.) a).

Außerdem ist der Ausschluss vom für den Verbraucher verständlichen, mithin legitimen Interesse des Gewerbetreibenden an einer Durchsetzung der eigenen Forderung ohne Verzögerung durch vermeintliche, nicht auf einer Vertragsverletzung basierenden Gegenforderungen gedeckt. Die Aufrechnung bleibt mit Forderungen möglich, die *den essentiellen Bereich des Vertrages und die dahingehenden Leistungspflichten* betreffen.[1876] Daher ist anzunehmen, dass ein – ebenfalls i.S.d. von Treu und Glauben loyaler – Verbraucher für diese Forderungen einer Beschränkung der Aufrechnung unter dem Gesichtspunkt des Interesses des Gewerbetreibenden zustimmen würde.

f) Zwischenergebnis

Aufrechnungsbeschränkungen für ursprünglich gleichartige Forderungen umfassen keine Forderungen, die in einem synallagmatischen Verhältnis zueinander stehen. Schon aus diesem Grund scheidet eine Unwirksamkeit solcher Beschränkungen nach § 309 Nr. 2a BGB aus.

Einer Unwirksamkeit nach § 309 Nr. 2b BGB steht entgegen, dass eine Zurückbehaltung bei gleichartigen Forderungen im Regelfall eine Aufrechnung darstellt und entsprechend eine Zurückbehaltung nicht möglich war. Die Ungleichbehandlung von ungleichartigen und gleichartigen Forderungen bezüglich des Zurückbehaltungsrechtes wurde vom Gesetzgeber vorgesehen, sodass sich auch kein Wertungswiderspruch zwischen § 309 Nr. 3 und § 309 Nr. 2b BGB ergibt. Ein Vorrang von § 309 Nr. 3 BGB ist mangels Vorliegens der Tatbestandsvoraussetzungen von § 309 Nr. 2b BGB nicht erforderlich. Auch eine Unwirksamkeit nach § 307 Abs. 1 Satz 1, Abs. 2 Nr. 1 BGB scheidet aus, da die Aufrechnungsbeschränkung nach § 309 Nr. 2 und Nr. 3 BGB wirksam ist und aufgrund des eindeutigen Willens des Gesetzgebers nicht aus demselben Grund zu einer Unwirksamkeit nach § 307 BGB führen kann.

Eine Unwirksamkeit von Aufrechnungsbeschränkungen für ursprünglich gleichartige Forderungen ergibt sich auch nicht aus den Vorgaben der Richtlinie 93/13/EWG.

Beschränkungsvereinbarungen, die eine Aufrechnung mit ursprünglich gleichartigen Forderungen ausschließen, sind daher zulässig, sofern sie den Grenzbereich des § 309 Nr. 3 BGB einhalten, mithin die Aufrechnung inhaltlich für unbestrittene, rechtskräftig festgestellte und entscheidungsreife Forderungen o.e.B. zulassen.

1876 Zu den Fällen von gleichartig gewordenen konnexen oder synallagmatisch verknüpften Forderungen sogleich § 6 B. III. 2.) und 3.).

2.) Gleichartig gewordene Forderungen – Synallagma

Eine besondere Bedeutung hat die Frage erlangt, ob eine Aufrechnungsbeschränkung wirksam vereinbart werden kann, wenn diese (auch) eine Aufrechnung mit Forderungen ausschließt, die zwar ursprünglich verschiedenartig waren, an deren Stelle aber nun eine gleichartige Forderung getreten ist.

Im Folgenden wird der Fall betrachtet, in welchem die Aufrechnungsbeschränkung für Forderungen gilt, die in *synallagmatischer Verknüpfung* stehen und gleichartig geworden sind. Auch bei dieser Untersuchung wird angenommen, dass die Aufrechnung mit den beiden anderen Forderungsarten, also mit ursprünglich gleichartigen und gleichartig gewordenen, konnexen Forderungen nach der Aufrechnungsbeschränkung zulässig ist.[1877]

Diese Fallgruppe weist insbesondere deshalb Probleme auf, weil ursprünglich eine Leistungsverweigerung nach § 320 Abs. 1 BGB möglich war. Dieses Leistungsverweigerungsrecht kann aber bei eingetretener Gleichartigkeit der Forderungen nicht ausgeübt werden, da eine Leistungsverweigerung bei Gleichartigkeit – im Regelfall – einer Aufrechnung gleichkommt.[1878] Diese ist selbst wiederum durch die Aufrechnungsbeschränkung ausgeschlossen. Damit stellt sich das Problem, dass dem Vertragspartner bei einer solchen Ersetzung der Forderung sein Leistungsverweigerungsrecht verlustig gehen würde.

a) Funktionelles und konditionelles Synallagma

Für eine weitere Bestimmung bei welchen Forderungsarten bzw. Verhältnissen zwischen den Forderungen eine Aufrechnungsbeschränkung möglicherweise unwirksam sein kann, ist eine Auseinandersetzung damit erforderlich, was unter einem „Synallagma" bzw. einer „synallagmatischen Verknüpfung von zwei Forderungen" verstanden wird.

Eine synallagmatische Verknüpfung zwischen zwei Forderungen ist immer dann anzunehmen, wenn abgesichert werden soll, dass eine Leistung nur erbracht wird, wenn auch die Gegenleistung bewirkt wird. Es soll der Entgeltcharakter sichergestellt und verhindert werden, dass eine Partei ihre Leistungspflicht erbringen muss, ohne die Gegenleistung zu erhalten.[1879] Allgemein wird dogmatisch zwischen mehreren Ausprägungen des Synallagmas unterschieden.

1877 Zu den drei verschiedenen Konstellationen siehe § 6 B.

1878 Siehe dazu § 4 B. IV. 2.) b und d).

1879 MüKo-BGB/*Emmerich* Vorb. § 320 Rn. 13; Jauernig/*Stadler* § 311 Rn. 12 f.; in diesem Sinne bereits BGHZ 15, 102 (105) = NJW 1954, 1883, (1884).

So wird überwiegend zwischen dem „genetischen", dem „konditionellen" und dem „funktionellen" Synallagma differenziert.[1880]

In dem hier betrachteten Kontext von Aufrechnungsbeschränkungen ist zuerst der Aspekt des „funktionellen Synallagmas" einschlägig. Diese Ausprägung drückt die Verknüpfung der Forderungen dahingehend aus, dass die Geltendmachung einer Forderung von der Geltendmachung der anderen Forderung abhängig ist. Diese Form der Abhängigkeit hat ihre Ausgestaltung in § 320 BGB bis § 322 BGB erhalten.[1881] Sofern es im Rahmen von Austauschverträgen zu Verletzungen der synallagmatisch verknüpften Leistungspflichten kommt, greift für die – weiterhin sicherzustellende – Abhängigkeit der Forderungen die Ausprägung des sog. „konditionellen Synallagmas" ein. Diese Ausprägung des Synallagmas drückt aus, dass (auch) im Rahmen von Leistungsstörungen eine Verknüpfung dahingehend hergestellt ist, dass Leistungsverletzungen durch eine Partei auch Auswirkungen auf die Gegenleistung der anderen Partei haben. Eine gesetzliche Ausprägung dieses Grundsatzes findet sich nicht nur in § 326 BGB, sondern das Verhältnis ist auch durch die Regelung des § 281 BGB sichergestellt.[1882]

b) Synallagmatisch verknüpfte Forderungen

Synallagmatisch verknüpft sind im Grundsatz die Forderungen, welche im *Austausch- oder Gegenseitigkeitsverhältnis* stehen.[1883] Bei diesen Fällen wird jede der beiden Hauptleistungen versprochen, weil auch die (Gegen-)Hauptleistung versprochen wird bzw. geschuldet ist.[1884] Auch hier gilt als Ausprägung der Privatautonomie, dass die Parteien vertraglich selbst bestimmen, welche Forderungen im Synallagma zueinander stehen.[1885]

1880 Vgl. nur MüKo-BGB/*Emmerich* Vorb. § 320 Rn. 14 ff.; Staudinger/*Schwarze* Vorb. §§ 320 ff. Rn. 17 ff.; Palandt/*Grüneberg* Einf v. §§ 320 ff. Rn. 12 ff.

1881 Vgl. nur MüKo-BGB/*Emmerich* Vorb. § 320 Rn. 16; Staudinger/*Schwarze* Vorb. §§ 320 ff. Rn. 21.

1882 Vgl. MüKo-BGB/*Emmerich* Vorb. § 320 Rn. 16; s.a. Staudinger/*Schwarze* Vorb. §§ 320 ff. Rn. 22.

1883 Vgl. BGHZ 15, 102 (105, m.w.N.) = NJW 1954, 1883 (1884); Erman/*Westermann* § 320 Vorb. Rn. 6.

1884 Erman/*Westermann* Vorb. § 320 Rn. 6; RGZ 147, 340 (342); s.a. BGHZ 15, 102 (105) = NJW 1954, 1883 (1884); BGH NJW 2006, 2773 (2775).

1885 So auch bspw. MüKo-BGB/*Emmerich* Vorb. § 320 Rn. 13; Staudinger/*Schwarze* § 320 Rn. 12, Vorb. §§ 320 ff. Rn. 14 f.; Erman/*Westermann* Vorb. § 320 Rn. 13.

In der weiteren Untersuchung wird davon ausgegangen, dass hinsichtlich des Verhältnisses der einzelnen (Haupt- oder Neben-)Leistungspflichten *keine* besonderen Bestimmungen durch die Vertragsparteien getroffen wurden. Vielmehr ist von geläufigen Vertragskonstellationen mit den synallagmatisch verknüpften Leistungspflichten auszugehen: Dies sind insbesondere der Kaufvertrag (§ 433 Abs. 1 Satz 1 BGB zu § 433 Abs. 2 BGB), der Werkvertrag (§ 631 Abs. 1 HS. 1 BGB zu § 631 Abs. 2 HS. 2 BGB) und der Mietvertrag (§ 535 Abs. 1 BGB zu § 535 Abs. 2 BGB).[1886]

Das Synallagma zwischen den Leistungspflichten endet nicht immer unmittelbar, wenn sich eine der beiden oder beide Forderungen umwandeln. Vielmehr setzt sich die synallagmatische Verbindung gleichsam an Forderungen fort, welche an die Stelle der ursprünglichen Leistungsansprüche treten bzw. getreten sind.[1887] Darunter fallen Konstellationen wie Nacherfüllungsansprüche im Kaufvertrag nach § 439 BGB und im Werkvertragsrecht nach § 635 BGB sowie der Mängelbeseitigungsanspruch des Mieters nach § 535 Abs. 1 Satz 2 BGB.[1888] Außerdem tritt ein Schadensersatzanspruch statt der (ganzen) Leistungen i.S.d. § 280 Abs. 1, 3, § 281 ff. BGB vollständig an die Stelle des ursprünglichen Hauptleistungsanspruchs.[1889]

c) Von Aufrechnungsbeschränkung betroffene Synallagma-Forderungen

Für die Beurteilung von Aufrechnungsbeschränkungen und deren Wirksamkeit sind allerdings nur solche Forderungen zu untersuchen, welche *gleichartig* sind. Daher sind Forderungen, die ursprünglich im Synallagma stehen aber verschiedenartig sind, nicht Gegenstand der Untersuchung. In der vorliegend betrachteten Fallgruppe stehen Forderungen im Fokus, welche synallagmatisch verknüpft und gleichartig sind. Dies ist im Grundsatz nur möglich, wenn ein Sachleistungsanspruch durch einen Geldleistungsanspruch ersetzt wurde.

Dies sind vorliegend alle Schadensersatzansprüche statt der Leistung, sowie Forderungen, welche im Rahmen des Nacherfüllungsanspruchs einen Geldleistungsanspruch statt des ursprünglichen Sachleistungsanspruchs vorsehen.

1886 Zu weiteren Beispielen vgl. Staudinger/*Schwarze* Vorb. §§ 320 ff. Rn. 33 ff.

1887 Staudinger/*Schwarze* Vorb. §§ 320 ff. Rn. 22; vgl. MüKo-BGB/*Emmerich* Vorb. § 320 Rn. 30; Erman/*Westermann* Vorb. § 320 Rn. 13.

1888 Bspw. MüKo-BGB/*Emmerich* Vorb. § 320 Rn. 22; vgl. auch Wolf/Horn/Lindacher/*Wolf*, 4. Auflage 1999, § 11 Nr. 2 Rn. 4.

1889 Staudinger/*Schwarze* Vorb. §§ 320 ff. Rn. 22; MüKo-BGB/*Emmerich* Vorb. § 320 Rn. 22; Erman/*Westermann* Vorb. § 320 Rn. 13; *Gernhuber*, Schuldverhältnis, § 13 IV 3.

d) *Verbrauchervertrag*

aa) *309 Nr. 2a BGB*

In Betracht kommt für die vorliegend betrachteten Aufrechnungsbeschränkungen eine Unwirksamkeit nach § 309 Nr. 2a BGB. Die Forderungen mit synallagmatischer Verknüpfung stehen im Regelfall in einem Verhältnis i.S.d. § 320 BGB zueinander. Dies gilt im Werkvertrag bspw. für Forderungen welche Mängelbeseitigungskosten bzw. Schadensersatzforderungen statt der Leistung gem. §§ 280 Abs. 1, 3, § 281 ff. BGB oder Kosten für die Fertigstellung gem. § 637 Abs. 3 BGB[1890] betreffen.

(1) Vorhandene Ansichten

Eine solche Unwirksamkeit nach § 309 Nr. 2a BGB in direkter oder analoger Anwendung wird nur von Teilen der Literatur und Rechtsprechung angenommen.[1891] Aufgrund der synallagmatischen Verknüpfung stehe dem Verbraucher eine Einrede i.S.d. § 320 Abs. 1 BGB zu. Diese müsse er geltend machen können und sie dürfe gem. § 309 Nr. 2a BGB gegenüber Verbrauchern nicht ausgeschlossen werden. Ein Ausschluss sei aber in den vorliegend betrachteten Fällen gegeben, da eine Aufrechnungsbeschränkung bestehe und eine Leistungsverweigerung bei einem Vergütungsanspruch gegenüber einem (synallagmatischem) Geldanspruch im Regelfall eine Aufrechnung darstelle. Mithin werde dem Verbraucher sein Leistungsverweigerungsrecht genommen. Der ansonsten geltende Vorrang von § 309 Nr. 3 BGB vor § 309 Nr. 2 BGB würde mithin nicht gelten.[1892]

1890 So u.a. *Gothe* NZBau 2015, 144 (146); vgl. OLG München NJW-RR 1990, 30.

1891 Gothe NZBau 2015, 144 (146 f.); wohl auch Palandt/*Grüneberg* § 309 Rn. 20 („*Aufrechnungsverbot muss daher bei konnexen Gegenforderungen gem. der Wertung in Nr. 2 zumindest dann zurücktreten, wenn es sich um einen Gegenanspruch handelt, der aus einer zur Leistungsverweigerung berechtigten Sachleistungsforderung hervorgegangen ist.*“); *Schwab*, AGB-Recht, Rn. 1468 (§ 309 Nr. 2 BGB analog, ohne Differenzierung zwischen synallagmatischen und allein konnexen Forderungen); nicht eindeutig MüKo-BGB/*Wurmnest* § 309 Nr. 2 Rn. 3 (Vorrang § 309 Nr. 2 BGB vor § 309 Nr. 3 BGB, aber Unwirksamkeit nach § 307 BGB); unklar auch *Clasen/Scherz* EWiR 2012, 691 („*Wertung von § 309 Nr. 2 BGB muss im Rahmen von § 309 Nr. 3 BGB berücksichtigt werden*“); OLG München NJW-RR 1990, 30.

1892 Vgl. zu diesem Absatz die Nachweise in Fn. 1891.

Diese Ansicht wird in der Literatur und Rechtsprechung teilweise ausdrücklich abgelehnt.[1893] Außerdem wird diese Fragestellung oftmals in den Bereich des § 307 BGB bzw. früher des § 9 AGBG verlagert.[1894]

(2) Untersuchung - de lege lata

(a) Wortlaut

Der Anwendungsbereich von § 309 Nr. 2a BGB gibt nach dem Wortlaut eindeutig vor, dass die Einrede des § 320 Abs. 1 BGB nicht ausgeschlossen werden darf. In AGB gegenüber einem Verbraucher darf die Einrede des § 320 Abs. 1 BGB nicht einmal eingeschränkt werden, sodass sich auch ein Ausschluss für nur bestimmte Konstellationen verbietet.[1895]

Aus dem Wortlaut des § 309 Nr. 2a BGB ergibt sich nicht ausdrücklich, ob damit auch Konstellationen erfasst sind, bei welchen durch andere Beschränkungsvereinbarungen – insbesondere Aufrechnungs-beschränkungen – *mittelbar* ein Ausschluss der Erhebung der Einrede nach § 320 BGB vorliegt. Aufgrund einer fehlenden Bestimmung, dass solche Konstellationen nicht von § 309 Nr. 2a BGB erfasst werden (sollen), muss rein vom Wortlaut betrachtet davon ausgegangen werden, dass auch ein mittelbarer Ausschluss des Leistungsverweigerungsrechtes nicht zulässig ist.

(b) Kein allgemeiner Vorrang von § 309 Nr. 3 BGB vor § 309 Nr. 2a BGB

In der Wissenschaft wird im Rahmen der Untersuchung des gesetzgeberischen Willens angenommen, dass dieser im Rahmen der Beschränkung der Aufrechnung von *ursprünglich gleichartigen* Forderungen einen Vorrang von § 309 Nr. 3 BGB zu § 309 Nr. 2 BGB vorsehe.[1896] Insoweit könnte daraus abgeleitet

---

1893 Bspw. Staudinger/*Coester-Waltjen* § 309 Nr. 2 Rn. 4 (Anwendung § 309 Nr. 2 BGB allgemein ablehnend); BeckOGK-BGB/*Weiler* (01.03.2021) § 309 Nr. 3 Rn. 20 (kein Anwendungsvorrang von § 309 Nr. 2 BGB).

1894 Vgl. bspw. BGH NJW 2011, 1729 f.; Staudinger/*Coester-Waltjen* § 309 Nr. 2 Rn. 4; BeckOGK-BGB/*Weiler* (01.03.2021) § 309 Nr. 3 Rn. 20; MüKo-BGB/*Wurmnest* § 309 Nr. 2 Rn. 3; ausführlich zur Beurteilung der vorliegend betrachteten Konstellation nach § 307 BGB sogleich § 6 B. III. 2.) d) dd).

1895 Bspw. MüKo-BGB/*Wurmnest* § 309 Nr. 2 Rn. 6; Staudinger/*Coester-Waltjen* § 309 Nr. 2 Rn. 6; Ulmer/Brandner/Hensen/*Schäfer* § 309 Nr. 2 Rn. 11.

1896 Vgl. Wolf/Lindacher/Pfeiffer/*Dammann*, 6. Auflage 2013, § 309 Nr. 2 Rn. 55 (in der aktuellen 7. Auflage 2020 wird für bestimmte Konstellationen der synallagmatischen Forderungen eine Berücksichtigung der Wertungen des § 309 Nr. 2 BGB im Rahmen der Abwägung nach § 307 BGB befürwortet); Wolf/Horn/Lindacher/*Wolf*, 4. Auflage

werden, dass § 309 Nr. 2a BGB auch im vorliegend betrachteten Bereich nicht zur Anwendung komme.

Eine solche Ableitung ist nicht tragfähig. Denn hinsichtlich des betrachteten Verhältnisses hat der Gesetzgeber seinen Willen eindeutig allein für die Beziehung von *§ 309 Nr. 2b BGB* und § 309 Nr. 3 BGB ausgedrückt.[1897] Der Gesetzgeber hat ausdrücklich nur keinen Anlass gesehen, dass eine Aufrechnungsbeschränkung welche sich auf Gegenansprüche aus *demselben Vertragsverhältnis* bezieht, für unzulässig erklärt werden muss.[1898] Fälle mit synallagmatischer Verknüpfung hat er nicht berücksichtigt, zumal diese verschiedenartig sind. Die Übergangsmöglichkeit in gleichartige, aber weiterhin synallagmatisch verknüpfte Forderungen wurde von ihm nicht bedacht.[1899]

(c) Gesetzgeberischer Wille - § 309 Nr. 2a BGB

Der Gesetzgeber hat über seine – vorstehend ausgeführte – Intention für § 309 Nr. 3 BGB bzw. § 11 Nr. 3 AGBG seinen Willen in der Gesetzesbegründung auch für § 309 Nr. 2a BGB bzw. § 11 Nr. 2 AGBG ausgedrückt. Danach beruhen die Vorschriften, die dem Schuldner ein Leistungsverweigerungsrecht zugestehen, nicht auf Zweckmäßigkeitserwägungen. Vielmehr sollen diese einer Absicherung des fundamentalen Interessensausgleichs dienen, der in § 320 BGB zum Ausdruck kommt.[1900] Der Gesetzgeber geht ausdrücklich auf Fallkonstellationen ein, in welchen es um den Ausschluss von Gewährleistungsrechten geht und auch der damit verbundenen Frage, ob diese Rechte von einer vorherigen Zahlung abhängig gemacht werden können. Dies verneint er und nimmt eine unangemessene Benachteiligung an, welche mit § 309 Nr. 2a BGB verhindert werden soll. [1901]

Der Gesetzgeber hat mithin zwar *nicht* ausdrücklich klargestellt, dass dieses Verbot auch für den hier betrachteten Fall einer Aufrechnungsbeschränkung mit einem Übergang von synallagmatisch ungleichartigen in gleichartige

---

1999, § 11 Nr. 2 Rn. 24; MüKo-BGB/*Basedow*, 4. Auflage 2001, § 11 Nr. 2 AGBG Rn. 27.

1897 Vgl. BT-Drs. 7/3919, 29; wohl auch OLG Nürnberg BKR 2010, 458 (463); weitergehend allerdings BeckOGK-BGB/*Weiler* (01.03.2021) § 309 Nr. 3 Rn. 20; ohne genaue Differenzierung bspw. Wolf/Lindacher/Pfeiffer/*Dammann*, 6. Auflage 2013, § 309 Nr. 2 Rn. 55, 309 Nr. 3 Rn. 34.

1898 BT-Drs. 7/3919, 29.

1899 Ebenso BeckOGK-BGB/*Weiler* (01.03.2021) § 309 Nr. 3 Rn. 65.1.

1900 Vgl. BT-Drs. 7/3919, 28; s.a. AnwK AGB-Recht/*Jilg* § 309 Nr. 2 Rn. 1.

1901 Vgl. BT-Drs. 7/3919, 28.

Forderungen gilt, mithin verboten sein soll. Allerdings wird in den Ausführungen zu § 309 Nr. 2a BGB bzw. zu § 11 Nr. 2 AGBG deutlich, dass er dem Grundsatz des § 320 BGB eine *gewichtige Bedeutung* beigemessen hat, von welchem eine Abweichung in AGB nicht möglich sein soll. Daher sprechen die Gesetzesmaterialien zu § 309 Nr. 2a BGB bzw. § 11 Nr. 2 AGBG dafür, dass *nicht nur* vollständige Ausschlüsse und Einschränkungen ausgeschlossen sein sollen, sondern auch *„mittelbare" Ausschlüsse*, welche zwar nicht bewusst auf den Ausschluss eines Leistungsverweigerungsrecht zielen, aber letztendlich denselben Effekt bzw. dieselbe Rechtsfolge auslösen.

(d) § 309 Nr. 2a BGB als Norm ohne Interessenberücksichtigung

Sofern solche mittelbaren Ausschlüsse des Leistungsverweigerungsrechtes immer unter § 309 Nr. 2a BGB fallen würden, wären diese per se unwirksam. Es verbietet sich im Rahmen der Klauselverbote nach § 309 BGB schon nach dem Begriff eine Inhaltskontrolle in der Form einer Interessenabwägung.[1902] Damit wäre nicht nur eine Berücksichtigung von Interessen des Verwenders an dem Ausschluss eines Leistungsverweigerungsrechtes verwehrt, sondern vielmehr auch eine Berücksichtigung der Interessen, die den Verwender dazu veranlasst haben, eine Aufrechnungsbeschränkung in AGB zu stellen[1903].

Eine solche strenge Bewertung würde allerdings den Kontext mit anderen Normen und den zugrundeliegenden Wertungen des Gesetzgebers außer Acht lassen. So wird im Rahmen von § 309 Nr. 3 BGB explizit auf die *verschiedenen Interessenlagen* des Verwenders und des Vertragspartners Bezug genommen. Der dortige Verbotsbereich differenziert zwischen dem an sich geschützten Interesse an der Verhinderung der Verzögerung durch Geltendmachung von vermeintlichen Gegenansprüchen – Beschränkung möglich – und solchen Konstellationen, in welchen die Interessen des Verwenders an einer Aufrechnungsbeschränkungsklausel nicht mehr (hinreichend) schützenswert sind – Beschränkung verboten.[1904] Auch der Regelung des § 556b Abs. 2 BGB, welche ausdrücklich die Thematik von vertraglichen Aufrechnungsbeschränkungen behandelt, liegt eine *umfassende Abwägung der Interessen beider Parteien* zugrunde.[1905] Im Rahmen

---

1902 Vgl. BT-Drs. 7/3919, 27, 14; Wolf/Lindacher/Pfeiffer/*Dammann* Vorb. §§ 308, 309 Rn. 4; BGHZ 139, 190 (194, zu § 11 Nr. 3 AGBG) = NJW 1998, 3119 (3220).

1903 Siehe zu den der Aufrechnungsbeschränkung zugrundeliegenden Zwecksetzungen § 3 C.

1904 Ausführlich zu den verschiedenen Interessenlagen siehe § 3 C. und zu dem genauen Verbotsbereich von § 309 Nr. 3 BGB § 5 B. IV. 2.) a) - d).

1905 Siehe ausführlich dazu § 5 B. III. 1.).

von Dauerschuldverhältnissen bzw. genauer von Mitverhältnissen werden auch Interessen des Verwenders an einer Aufrechnungsbeschränkung berücksichtigt.

(e) Schlussfolgerung

Der Gesetzgeber hat *der Verknüpfung von synallagmatischen Hauptleistungsansprüchen* mit § 320 BGB und seinen Absicherungsvorschriften, wie § 309 Nr. 2a BGB, einen *hohen Gerechtigkeitsgehalt* zugemessen.

Allerdings hat dieser die Konstellation des Übergangs von verschiedenartigen synallagmatischen Forderungen in gleichartige, weiterhin synallagmatische Forderungen bei vorhandener Aufrechnungsbeschränkung bei der Konstituierung der § 309 Nr. 2b BGB bzw. § 11 Nr. 2b AGBG und § 309 Nr. 3 BGB bzw. § 11 Nr. 3 AGBG nicht im Blick gehabt.[1906] Daher fehlt es wie in anderen Regelungsbereichen im Zusammenhang mit Aufrechnungsbeschränkungen (§ 309 Nr. 3 BGB und § 556b Abs. 2 BGB) an einer gesetzlich vorgegebenen Interessensbewertung und -abwägung. Diese kann nicht im Rahmen von § 309 Nr. 2a BGB durch den Rechtsanwender nachgeholt werden, da eine Abwägung dort per se ausgeschlossen ist.

Eine solche Möglichkeit der Interessensbewertung und -abwägung muss aber im vorliegend betrachteten Bereich geschaffen werden. Die Vertragsbeziehungen mit verschiedenen synallagmatischen Pflichten sind äußerst vielseitig. So tritt das Abhängigkeitsverhältnis nicht nur bei singulären Austauschverhältnissen auf, sondern auch bei Konstellationen mit mehrfachem oder sukzessivem Leistungsaustausch. In diesen Bereichen der Dauerschuldverhältnisse kommen aber Interessen des Verwenders an einer Aufrechnungsbeschränkung auf, welche im „einmaligen“ Austauschvertrag nicht oder nur bedingt schutzwürdig auftreten. Zusätzlich können weitere Gegebenheiten zum Vorteil des Vertragspartners entstehen, welche insbesondere im Dauerschuldverhältnis denkbar sind wie z.B. der Erhalt weiterer Leistungen trotz einer (vorherigen) mangelhaften Leistung.

Folglich erfasst § 309 Nr. 2a BGB die vorstehend betrachteten Aufrechnungsbeschränkungen nicht.[1907] Insoweit wird auch nicht der Regelungsbereich des § 309 Nr. 2a BGB (unzulässig) verkürzt. Denn der Ausschluss des ursprünglichen Leistungsverweigerungsrechtes erfolgt nicht aufgrund der ausdrücklichen Vereinbarung der Parteien, sondern aufgrund der Wertung einer

---

1906 So auch zutreffend BeckOGK-BGB/*Weiler* (01.03.2021) § 309 Nr. 3 Rn. 65.1.

1907 Vgl. Staudinger/*Coester-Waltjen* § 309 Nr. 2 Rn. 4; BeckOGK-BGB/*Weiler* (01.03.2021) § 309 Nr. 3 Rn. 20; allgemein eine restriktive Handhabung von § 309 Nr. 2a BGB befürwortend MüKo-BGB/*Wurmnest* § 309 Nr. 2 Rn. 6, 10 ff.

Leistungsverweigerung bei gleichartigen Geldforderungen als Aufrechnung. Im Ergebnis sind die faktischen Auswirkungen einer Aufrechnungsbeschränkung im Zusammenhang mit gleichartig gewordenen synallagmatischen Forderungen im Rahmen der Bewertung nach § 307 BGB zu beurteilen.[1908]

(3) Zwischenergebnis

Aufrechnungsbeschränkungen, die sich auf gleichartig gewordene synallagmatische Forderungen beziehen, sind nicht nach § 309 Nr. 2a BGB unwirksam. Der Gesetzgeber hat diese Fallkonstellationen nicht bedacht und eine gesetzlich vorgegebene Interessensabwägung unbewusst unterlassen. Diese Interessensabwägung kann und darf nicht vollständig durch eine unmittelbare Anwendung von § 309 Nr. 2a BGB für Konstellationen, in welchen das Leistungsverweigerungsrecht mittelbar ausgeschlossen wird, verhindert werden. Die Konstellationen sind hinsichtlich § 309 Nr. 2a BGB allein nach § 307 BGB zu bewerten.

bb) § 309 Nr. 2b BGB

Eine Unwirksamkeit der vorliegend betrachteten Konstellationen nach § 309 Nr. 2b BGB scheidet aus Gründen der Nachrangigkeit aus.

Zum einen ist diese Vorschrift gegenüber § 309 Nr. 2a BGB nachrangig. Zwar fallen synallagmatisch verknüpfte Forderungen unter das Tatbestandsmerkmal desselben Vertragsverhältnisses i.S.d. § 309 Nr. 2b BGB. Allerdings gilt für die besondere Forderungsbeziehung die *speziellere Regelung* des *§ 309 Nr. 2a BGB*. Der Vorrang des § 309 Nr. 2a BGB ist auch anzunehmen, obwohl diese Regelung selbst – wie vorstehend gerade ausgeführt – hinter § 307 BGB zurücktritt. Zum Zweiten müsste auch bei einer gegenteiligen Annahme, also eines fehlenden Vorranges des § 309 Nr. 2a BGB, § 309 Nr. 2b BGB aus den eben dargelegten Gründen hinter § 307 BGB zurücktreten. Denn würde § 309 Nr. 2b BGB unmittelbar Anwendung finden, wäre gleichsam die erforderliche Interessenbewertung und -abwägung ausgeschlossen.[1909] Zum Dritten ist selbst bei Zweifeln an diesen Nachrangigkeitsgründen der gesetzgeberisch vorgegebene Vorrang von § 309 Nr. 3 BGB vor § 309 Nr. 2b BGB zu beachten.[1910]

1908 Allgemein für eine Berücksichtigung im Rahmen von § 307 BGB Staudinger/*Coester-Waltjen* § 309 Nr. 2 Rn. 4; BeckOGK-BGB/*Weiler* (01.03.2021) § 309 Nr. 3 Rn. 20; MüKo-BGB/*Wurmnest* § 309 Nr. 2 Rn. 3; vgl. auch BGH NJW 2011, 1729 (Unternehmervertrag).

1909 Siehe dazu soeben § 6 B. III. 2.) d) aa) (2) (e).

1910 Siehe dazu soeben § 6 B. III. 2.) d) aa) (2) (b) und § 6 B. III. 3.) b) bb).

cc) § 309 Nr. 3 BGB

Eine Unwirksamkeit nach § 309 Nr. 3 BGB kommt nach der in dieser Arbeit vertretenen Ansicht ebenfalls nicht in Betracht. Der Verbotsbereich des § 309 Nr. 3 BGB schließt derartige Konstellationen nicht aus.[1911] Eine Unwirksamkeit aufgrund des Ausschlusses der Aufrechnung für Forderungen „aus dem Synallagma" ist mithin nicht anzunehmen. Dass damit das Leistungsverweigerungsrecht nach § 320 BGB ausgeschlossen wird, ist keine Frage einer Unwirksamkeit nach § 309 Nr. 3 BGB, sondern nach den insoweit maßgeblichen anderen gesetzlichen Vorgaben. Wie bereits ausgeführt, muss die formularmäßige Aufrechnungsbeschränkung allein eine Aufrechnung mit Forderungen, welche unbestritten, rechtskräftig festgestellt oder entscheidungsreif (o.e.B.) sind, zulassen.[1912]

dd) § 307 Abs. 1 Satz 1, Abs. 2 Nr. 1 BGB

Im Folgenden wird die Generalklausel des § 307 Abs. 1 Satz 1, Abs. 2 Nr. 1 BGB in der Hinsicht betrachtet, ob und inwieweit die hier betrachteten Aufrechnungsbeschränkungen unwirksam sind.

Die Beurteilung der (Un-)Wirksamkeit von Aufrechnungsbeschränkungen mit dem vorliegend betrachteten Ausschlussumfang nach § 307 BGB ist äußerst vielschichtig und umstritten. Einerseits betrifft die Frage nicht nur die Inhaltskontrolle nach § 307 BGB. Denn diese Thematik wurde bereits im Rahmen der Beurteilung einer Zulässigkeit eines Vorbehaltsurteils nach § 302 ZPO relevant. Anderseits, genauer inhaltlich, ist eine Berücksichtigung von verschiedenen Interessen bei verschiedenen Vertragskonstellationen möglich und erforderlich. So ist eine Differenzierung nach verschiedenen Vertragsarten, wie bspw. zwischen einem Werkvertrag und einem Mietvertrag als Dauerschuldverhältnis, möglich und nötig.

(1) Entwicklungen in der Rechtsprechung

(a) Erste Tendenzen

Für Forderungen, welche aus einem synallagmatischen Verhältnis stammen, hat das OLG München bereits im Jahr 1990 angenommen, dass eine Aufrechnungsbeschränkung unwirksam sei, sofern sich diese auf konnexe Gegenforderungen

---

1911 Siehe dazu § 5 B. IV. 2.) d) cc).

1912 Siehe zum materiellen Verbotsgehalt von § 309 Nr. 3 BGB und den sich daraus ergebenden Formulierungsanforderungen § 5 B. IV. 2.) d) und e).

beziehe. Dies müsse auch für einen (Gegen-)Anspruch auf Kostenvorschuss für Mängelbeseitigungskosten gelten.[1913] Der Senat nahm aber wohl nur eine teilweise Unwirksamkeit – „soweit" – an und blieb hinsichtlich der einschlägigen Rechtsgrundlage nach § 11 Nr. 2 AGBG, § 242 BGB oder § 9 AGBG uneindeutig.

Auch das OLG Koblenz hat im Jahr 2003 bereits eine Aufrechnungsbeschränkung des vorliegend betrachteten Kontextes als nach § 9 Abs. 1 ABGB unwirksam angesehen.[1914] Die Klausel entspreche zwar § 11 Nr. 3 AGBG, allerdings bestehe in den Konstellationen von gleichartig gewordenen Forderungen, die konnex seien, ein Wertungswiderspruch der Klausel zu § 11 Nr. 2b AGBG. Die unterschiedlichen Ausschlussmöglichkeiten des Zurückbehaltungsrechtes und der Aufrechnung würden letztendlich dazu führen, dass ein „AGB-festes" Zurückbehaltungsrecht dem Vertragspartner verloren ginge, wenn die Forderungen gleichartig würden. Insbesondere habe es der Vertragspartner damit in der Hand, durch eine Pflichtverletzung seine Rechtsposition zu verbessern. Denn er könne sich durch das Fehlverhalten in den Schadensersatzanspruch flüchten, mit welchem der Vertragspartner dann aber weder aufrechnen – Aufrechnungsbeschränkung – noch eine Zurückbehaltung erklären könnte.[1915]

Das OLG Koblenz hat seine Rechtsauffassung zwar unter Berufung auf § 11 Nr. 2b AGBG dargelegt. Allerdings betraf die Entscheidung einen Fall des § 11 Nr. 2a ABGB. Bei der Gegenforderung handelte es sich um einen Schadensersatzanspruch aus § 635 BGB a.F., welcher als „Nachfolgeanspruch" weiterhin in synallagmatischer Beziehung i.S.d. § 320 BGB zum Werklohnanspruch stand.[1916]

(b) Höchstrichterliche Rechtsprechung zum Verrechnungsverhältnis

Bereits vor gerichtlichen Entscheidungen die sich ausdrücklich mit der Wirksamkeit von formularmäßigen Aufrechnungsbeschränkungen, die auch synallagmatische Forderungen betreffen, beschäftigt haben, wurde in der höchstrichterlichen Rechtsprechung ein *tatsächlicher Ausschluss* der Aufrechnung durch eine Aufrechnungsbeschränkung in Fällen von gegenseitigen

---

1913 OLG München NJW-RR 1990, 30; offen gelassen von OLG Hamm NJW-RR 1993, 1082.

1914 OLG Koblenz OLGR 2003, 393 (394).

1915 OLG Koblenz OLGR 2003, 393 (394).

1916 Dies gilt aber wohl nicht für die Entscheidung des OLG Düsseldorf NJW-RR 1997, 628, auf welche sich das OLG Koblenz beruft. Dort ging es um eine Konstellation der „nur" konnexen, aber nicht synallagmatischen Forderungen.

Vergütungsansprüchen und Schadensersatzansprüchen statt der Leistung verhindert. Der BGH nahm in diesen Fällen ein sog. *Verrechnungsverhältnis* an. Dadurch bestand letztendlich nur ein einzelner – gekürzter – Vergütungsanspruch und die Aufrechnungsbeschränkung kam faktisch nicht zum Tragen.[1917]

Zwar wurde diese Rechtsprechung in der Folge vom BGH zutreffenderweise[1918] wieder aufgegeben, allerdings wurde *das Ergebnis* vom BGH ausdrücklich weiter getragen.[1919] Schon hier äußerte der BGH, dass Aufrechnungsbeschränkungen

> *„dann nicht zur Geltung kommen können, wenn sie den Auftraggeber in einem Abrechnungsverhältnis zwängen, eine mangelhafte oder unfertige Leistung in vollem Umfang zu vergüten, obwohl ihm Gegenansprüche in Höhe der Mängelbeseitigungs- oder Fertigstellungskosten zustehen. Ein derartiges Ergebnis wäre unangemessen."*

(c) Höchstrichterliche Rechtsprechung zum Vorbehaltsurteil gem. § 302 ZPO

Einen entscheidenden Schritt zur gegenwärtigen Rechtsprechung, insbesondere zum Urteil des BGH vom 07.04.2011[1920], hat der BGH in Entscheidungen vorgenommen, in welchem es im Kontext der hier betrachteten Konstellation um die Frage der Zulässigkeit eines Vorbehaltsurteiles nach § 302 Abs. 1 ZPO ging.

Der BGH hat die Zulässigkeit eines Vorbehaltsurteils über eine Werklohnforderung abgelehnt, wenn der Besteller gegenüber der Werklohnforderung mit einem Anspruch auf Ersatz der Kosten der Mängelbeseitigung oder der Fertigstellung aus demselben Vertrag aufrechnen wollte.[1921] Ein Vorbehaltsurteil führe

---

1917 BGH BauR 2001, 1928 f.; BGHZ 70, 240 (245) = NJW 1978, 814 (815 f.); BGH WM 1972, 540 (541 f.); ebenso auch OLG Naumburg BauR 2001, 1615 (1617).

1918 Siehe dazu ausführlich § 2 B. II. 2.).

1919 BGHZ 163, 274 (278 f.) = NJW 2005, 2771 (2772); siehe ausführlich zur Abgrenzung Aufrechnung und Anrechnung bzw. Verrechnung § 2 B. II.

1920 BGH NJW 2011, 1729.

1921 Zuerst BGHZ 165, 134 (136 ff.) = NJW 2006, 698 (699); bestätigend BGH NJW-RR 2008, 31 (32); zustimmend auch OLG Frankfurt OLGR 2008, 665 (668); OLG Naumburg NJW 2014, 1673 (1677); OLG München MDR 2018, 110 f. (Werklieferungsvertrag); OLG Oldenburg NJW-RR 2013, 463 (465); vgl. auch OLG Hamm NZBau 2009, 43 (44 f., Vorbehaltsurteil wg. Kombination mit Grundurteil zulässig); KG NJW 2018, 3721 (3723 ff., nur im Grundsatz zustimmend, im Erg. Vorbehaltsurteil zulässig); OLG München, Beschluss v. 20.03.2012, Az. 7 U 3199/11, BeckRS 2012, 07418 (im Grundsatz zustimmend, im Erg. Vorbehaltsurteil zulässig, da keine synallagmatische Verknüpfung); kritisch mit anschaulicher Argumentation *Schöpflin* ZZP 119 (2006), 490 (493 ff.).

dazu, dass eine in Wirklichkeit – aufgrund der Aufrechnung – nicht bestehende Forderung tituliert werde. Anschließend stellt er auf das synallagmatische Verhältnis der Forderungen ab. Zuerst sei das Leistungsverweigerungsrecht nach § 320 Abs. 1 BGB Ausdruck dieser besonderen Verknüpfung. Erwachse nun aus dem das Leistungsverweigerungsrecht begründenden Gegenanspruch ein Zahlungsanspruch für die Mängelbeseitigung oder die Fertigstellungsmehrkosten, sei nicht hinnehmbar, dass der Hauptleistungsanspruch durch ein Vorbehaltsurteil zumindest vorübergehend durchsetzbar würde. Der BGH stellt ausdrücklich fest,

> *„dass es grundsätzlich nicht interessengerecht ist, dem Unternehmer die Möglichkeit zu verschaffen, eine Werklohnforderung ohne Erbringung der Gegenleistung durchzusetzen"*.[1922]

Gleichzeitig nahm der BGH allerdings auch an, dass diese Grundsätze nicht für das Verhältnis von Forderungen gelten, die *nicht in einem synallagmatischen*, also in einem ein Leistungsverweigerungsrecht nach § 320 Abs. 1 BGB begründenden, *Verhältnis* stehen. Insbesondere sei ein Vorbehaltsurteil möglich, wenn sich die Gegenforderungen auf Ersatz des Verzugsschadens oder des Mangelfolgeschadens beziehen.[1923]

Der BGH eröffnet aber den Weg zu einem Vorbehaltsurteil auch bei synallagmatisch verknüpften Forderungen für *bestimmte Ausnahmekonstellationen.* Unter Hinweis auf den Beschleunigungszweck des § 302 ZPO n.F.[1924] soll ein Vorbehaltsurteil ausnahmeweise möglich sein, wenn die Gegenansprüche aufgrund der Einschätzung des bisherigen Streitstoffes nur geringe Aussicht auf Erfolg haben und unter Berücksichtigung der beiderseitigen Interessen und der zu erwartenden Dauer des Verfahrens eine einseitige Durchsetzungsmöglichkeit für den Unternehmer angebracht erscheint. Konkreter stellt der BGH fest, dass dies sein könne, wenn die Gegenforderung nach dem derzeitigen Stand

---

1922 BGH BGHZ 165, 134 (136 ff.) = NJW 2006, 698 (699); bestätigend BGH NJW-RR 2008, 31 (32).

1923 Vgl. BGHZ 165, 134 (139) = NJW 2006, 698 (699); BGH NJW-RR 2008, 31 (32 f.); ebenfalls ein Vorbehaltsurteil für zulässig haltend, sofern es sich nicht um Forderungen im Verhältnis des § 320 BGB handelt OLG Düsseldorf, Beschluss v. 04.04.2011, Az. 24 U 214/09, BeckRS 2011, 08966; OLG Naumburg NJW 2014, 1673 (1677); OLG München, Beschluss v. 20.03.2012, Az. 7 U 3199/11, BeckRS 2012, 07418; vgl. auch OLG Düsseldorf NZBau 2015, 373, kritisch dazu *Zepp* NZBau 2015, 376 f.

1924 Vgl. BT-Drs. 14/1246, 1 (Gesetzesentwurf aber noch ohne Änderung von § 302 ZPO; vgl. zum verkündeten Änderungsgesetz BGBl. I 2000, 330).

wahrscheinlich nicht bestehe, im Verhältnis zur Werklohnforderung gering und eine längere Dauer des Verfahrens zur (Beweis-)Aufklärung erforderlich sei.[1925]

(d) BGH-Urteil vom 07.04.2011, Az. VII ZR 209/07

Trotz der vorhergehenden Urteile hat erst das Urteil des BGH vom 07.04.2011, Az. VIII ZR 209/07[1926] besondere Aufmerksamkeit erlangt. Erstmals hat der Senat dort eine Klausel als nach § 9 ABGB (= § 307 BGB n.F.) unwirksam eingestuft. Diese lautete:

> *„Eine Aufrechnung gegen den Honoraranspruch ist nur mit einer unbestrittenen oder rechtskräftig festgestellten Forderung zulässig."*

Die Klausel entsprach der gängigen Formulierung, welche – genauso wie sinngemäße Formulierungen – allgemein auch von der instanzgerichtlichen Rechtsprechung[1927] und vorherigen Entscheidungen des BGH[1928] als wirksam eingestuft wurden. Nach dem BGH sei die Klausel, welche im Rahmen eines Architektenvertrages verwendet wurde, unwirksam, da damit

---

1925 Zum gesamten Absatz BGHZ 165, 134 (139) = NJW 2006, 698 (699); eine solche Ausnahmesituation bereits annehmend OLG Naumburg NJW 2014, 1673 (1676 f.); ähnlich auch OLG Oldenburg NJW-RR 2013, 463 (465); vgl. auch *Findeisen* WM 2016, 2286 (2289).

1926 BGH NJW 2011, 1729.

1927 Bspw. OLG Düsseldorf OLGR 1999, 73 (74); LG Oldenburg BauR 2000, 764 f.; OLG Düsseldorf NJW-RR 1999, 224 f.; OLG Hamm OLGR 2004, 281; OLG Bamberg, Urteil v. 29.04.2002, Az. 4 U 26/01, BeckRS 2011, 14027; OLG Düsseldorf NJOZ 2006, 2981 (2984); AG Mannheim, Urteil v. 05.10.2007, Az. 10 C 119/07, BeckRS 2008, 18240; OLG Nürnberg BKR 2010, 458 (462 f.); OLG Celle BauR 2011, 271 (272 f.); vgl. auch OLG Naumburg BauR 2001, 1615 (1617, im Erg. Verrechnungsverhältnis angenommen).

1928 BGH NJW-RR 1989, 481 f.; BGH NJW 1986, 1757 f.; BGH NJW 2002, 2779; BGH NJW-RR 1993, 519 (520); BGH Urteil v. 11.05.2004, Az. XI ZR 22/03, BeckRS 2004, 6074; vgl. auch BGH NZM 2011, 153 f. (zumindest Klausel „*eine Aufrechnung und Zurückbehaltung des Mieters gegenüber Forderungen auf Mietzins und Nebenkosten nur mit unbestrittenen oder rechtskräftig festgestellten Forderungen zulässig*" wirksam, wobei nur auf den Ausschluss des Leistungsverweigerungsrechtes nach § 320 BGB eingegangen wird); BGH NJW-RR 1995, 850 (Aufrechnungsbeschränkung wirksam, aber zusätzlicher Ausschluss des Leistungsverweigerungsrechtes wäre im Verbraucherbereich nach § 11 Nr. 2a BGB unzulässig); BGH NJW-RR 1987, 883 (884, Aufrechnung mit Speditionsvergütungsforderung gegen Werklohnforderung wirksam durch Aufrechnungsbeschränkung ausgeschlossen).

„der Besteller durch das Verbot der Aufrechnung in einem Abrechnungsverhältnis eines Werkvertrags gezwungen würde, eine mangelhafte oder unfertige Leistung in vollem Umfang zu vergüten, obwohl ihm Gegenansprüche in Höhe der Mängelbeseitigungs- oder Fertigstellungskosten zustehen […]. Denn hierdurch würde in das durch den Vertrag geschaffene Äquivalenzverhältnis von Leistung und Gegenleistung in für den Besteller unzumutbarer Weise eingegriffen.“

Der BGH hat weiter darauf abgestellt, dass durch die Aufrechnungsbeschränkung die *synallagmatische Verbundenheit der Forderungen dauerhaft aufgelöst* werde. Dies sei im Hinblick auf das nach § 11 Nr. 2a AGBG bzw. § 309 Nr. 2a BGB nicht ausschließbare Leistungsverweigerungsrecht bei mangelhaften oder nicht fertig gestellten Leistungen und der damit verbundenen Verteidigungsmöglichkeit nach § 320 Abs. 1 BGB nicht hinnehmbar. Daher liege eine unangemessene Benachteiligung des Vertragspartners vor und die Klausel sei gem. § 9 AGBG unwirksam.

(e) Nachfolgende Rechtsprechung ab 07.04.2011

In der Folge der Entscheidung des BGH vom 07.04.2011 hat sich *keine einheitliche* instanzgerichtliche Rechtsprechung entwickelt. Derselbe Senat des BGH hat in einer Entscheidung im Jahr 2012 kurz festgestellt, dass eine gleichlautente Klausel – wie die aus dem Urteil vom 07.04.2011 – den Vertragspartner auch im Werkvertrag eines Tragwerkplaners benachteiligt.[1929] In einer anderen Entscheidung des BGH aus dem Jahr 2018 hat ein anderer Senat (XI.) davon abgesehen, Rechtsklarheit zu schaffen. Der Senat hat in der Entscheidung die Frage offen gelassen, da er – abweichend von der in dieser Arbeit vertretenen Ansicht[1930] – der Auffassung war, dass die Klausel bereits nach § 307 Abs. 1 Satz 1, Abs. 2 i.V.m. §§ 355 Abs. 3 Satz 1, 357a BGB unwirksam sei.[1931]

In der instanzgerichtlichen Rechtsprechung lassen sich folgende Entscheidungsgruppen bestimmen:

Zum Ersten wird der BGH-Rechtsprechung gefolgt, sofern es sich um Konstellationen mit Werkverträgen handelt.[1932] Zum Zweiten wird diese

---

1929 BGH NJW 2012, 1792 (1795).

1930 Siehe dazu § 5 B. VI. 4.)

1931 BGHZ 218, 132 (135 ff.) = NJW 2018, 2042 (2043).

1932 OLG Hamm NJW-RR 2021, 408 (409, Unternehmervertrag); LG Freiburg, Urteil v. 17.12.2012, Az. 12 O 64/12, BeckRS 2012, 25563 (Unternehmervertrag); vgl. auch KG NJW-RR 2012, 271 und KG BauR 2015, 1878 (1881 f.), jeweils mit einer Auslegung, dass die Aufrechnungsbeschränkung diese Fälle nicht erfasst.

Rechtsprechung auf andere Verträge, wie bspw. Kaufverträge[1933] erstreckt. Auch wird eine Unwirksamkeit von allen Aufrechnungsbeschränkungen nach § 307 Abs. 1 BGB angenommen, die sich auf synallagmatische Konstellationen beziehen.[1934] Außerdem wird die Argumentation des BGH auch auf Konstellationen übertragen, bei welchen sich gleichartig gewordene, aber nicht synallagmatische Forderungen gegenüberstehen.[1935]

Der Rechtsprechung des BGH folgen Teile der Rechtsprechung nicht, sofern es sich um Forderungen aus Dauerschuldverhältnissen handelt. Dort sei eine Übertragung der Wertungen der höchstrichterlichen Rechtsprechung nicht möglich.[1936] Dies ergebe sich vor allem aus der unterschiedlichen Interessenlage

---

1933 Vgl. OLG Nürnberg NJOZ 2014, 1882; wohl auch OLG Hamburg, Beschluss v. 08.04.2015, Az. 3 W 25/15 (nicht veröffentlicht); s.a. LG Köln, Urteil v. 14.03.2012, Az. 23 O 135/11, BeckRS 2012, 9421 (keine Unwirksamkeit, da nicht auf Unternehmerverkehr übertragbar); LG Bochum, Beschluss v. 03.08.2016, Az. 13 O 127/16 (nicht veröffentlicht, Verfahren nach § 12 Abs. 2 UWG); LG Essen, Beschluss v. 30.06.2016, Az. 41 O 43/16 (nicht veröffentlicht, Verfahren nach § 12 Abs. 2 UWG); LG Berlin, Beschluss v. 29.11.2016, Az. 101 O 135/16 (nicht veröffentlicht, einstweilige Verfügung); wohl noch restriktiver LG Duisburg, Beschluss v. 23.09.2016, Az. 22 O 95/16 (nicht veröffentlicht, einstweilige Verfügung mit Unterlassungsanordnung für Verwendung von Klauseln wie *„Ein Recht zur Aufrechnung steht Ihnen nur dann zu, wenn Ihre Gegenansprüche unbestritten, rechtskräftig festgestellt, oder im Rechtsstreit entscheidungsreif sind oder es sich um Gegenansprüche gem. § 320 BGB handelt.*“); offen gelassen LG Würzburg, Urteil v. 11.02.2016, Az. 1 HK O 2397/14, BeckRS 2016, 108453; s.a. *Schneider/Vierkötter* ZAP 2017, 103 (108 f. mit Nachweis über unveröffentlichte Entscheidung LG Münster, Beschluss v. 13.06.2016, Az. 24 O42/16).

1934 Vgl. AG Köln, Urteil v. 17.08.2015, Az. 142 C 327/14, BeckRS 2015, 16586 (*„Grundgedanke auf alle synallagmatischen Vertragsbeziehungen übertragbar*“).

1935 Vgl. bspw. OLG Nürnberg NJOZ 2014, 1882 (1884); LG Bonn GRUR-RS 2020, 35925; siehe ausführlich dazu § 6 B. III. 3).

1936 Vgl. LG Berlin, Urteil v. 14.08.2012, Az. 29 O 297/11, BeckRS 2012, 210271 (Gewerberaummietvertrag; in Nachinstanz wurde ein Vergleich geschlossen); OLG Koblenz, Urteil v. 05.06.2013, Az. 5 U 1349/12, BeckRS 2015, 09064 (Gewerberaummietvertrag); OLG Düsseldorf, Urteil v. 25.07.2013, Az. I-10 U 114/12, BeckRS 2015, 12325 (Gewerberaummietvertrag); OLG Dresden, Beschluss v. 15.07.2014, Az. 5 U 52/14, BeckRS 2015, 216 (Gewerberaummietvertrag); AG Mannheim, Urteil v. 23.09.2011, Az. 10 C 44/11, BeckRS 2012, 07933 (Gewerberaummietvertrag, ohne Eingang auf BGH NJW 2011, 1729); LG Köln NJW-RR 2012, 980 f. (Gewerberaummietvertrag, Gegenforderung allerdings auf Schadensersatz wg. entgangenem Gewinn); vgl. auch OLG Köln, Urteil v. 25.10.2013, Az. 1 U 19/13, BeckRS 2013, 21123 (Gewerberaummietvertrag); OLG Köln, Beschluss v. 13.08.2012, Az. 1 U 49/12, BeckRS 2012, 21095

im Vergleich zum Werkvertragsrecht.[1937] Außerdem wird darauf abgestellt, dass der Mieter im Grundsatz vorleistungspflichtig sei und es sich bei einem Mietvertrag um ein Vertragsverhältnis mit dauerhaftem Leistungsaustausch handele, bei welchem der Mieter weiterhin die Leistung der Gebrauchsgewährung erhalte.[1938] Vereinzelt wird auch die Übertragung der Wertungen des Urteils des BGH bei Werklieferungsverträgen abgelehnt, da der Verkäufer ein (schützenswertes) Interesse an der Aufrechnungsbeschränkung zum Schutz vor einer unberechtigten Vorenthaltung der Bezahlung habe.[1939]

(2) Stand der Literatur

(a) Grundaussagen vor dem BGH-Urteil vom 07.04.2011, Az. VII ZR 209/07

Das Problem des Übergangs eines Sachleistungsanspruchs in einen Geldleistungsanspruch bei vorhandener Aufrechnungsbeschränkung und der Geltendmachung des – vorher bestehenden – Leistungsverweigerungsrechts wurde in der Literatur bereits frühzeitig gesehen. So wurde ab 1977 von *Heinrichs* vertreten, dass insoweit eine Problemstellung mit abwegigen Rechtsfolgen bestehe.[1940] Diese abwegigen Ergebnisse seien nur durch Korrektur von § 11 Nr. 3 AGBG behebbar.[1941]

Im Übrigen wurden allerdings größtenteils Aufrechnungsbeschränkungen, welche dem Wortlaut von § 309 Nr. 3 bzw. § 11 Nr. 3 AGBG nachgebildet waren, für wirksam gehalten.[1942]

(Geschäftsraummietvertrag); OLG Köln, Beschluss v. 09.07.2012, Az. 1 U 49/12, BeckRS 2013, 09688; LG Mainz, Urteil v. 11.03.2015, Az. 3 S 105/13, BeckRS 2016, 8788 (aufgehoben durch Revisionsentscheidung BGH ZMR 2016, 609). S.a. OLG Celle, Urteil v. 22.03.2012, Az. 2 U 127/11, Juris.

1937 Bspw. LG Köln NJW-RR 2012, 980; OLG Dresden, Beschluss v. 15.07.2014, Az. 5 U 52/14, BeckRS 2015, 216.

1938 LG Berlin, Urteil v. 14.08.2012, Az. 29 O 297/11, BeckRS 2012, 210271 (Rn. 88; Gewerberaummietvertrag; in Nachinstanz wurde ein Vergleich geschlossen).

1939 OLG Brandenburg, Urteil. v. 13.11.2020, Az. 7 U 93/20, BeckRS 41729 (Rn. 21).

1940 Vgl. Palandt/*Heinrichs*, 36. Auflage 1977, § 11 AGBG Rn. 4c; *ders.*, FS Reich, 527 (547); *ders.* NJW 1993, 1817 (1821); weiterhin diese Ansicht vertretend Palandt/*Grüneberg* § 309 Rn. 20.

1941 *Heinrichs*, FS Reich, 527 (547); *ders.* NJW 1993, 1817 (1821 f.).

1942 Bspw. MüKo-BGB/*Schlüter*, 5. Auflage 2007, § 387 Rn. 62; *Gernhuber*, Erfüllungssurrogate, § 12 VI 8a f.; Ulmer/Brandner/Hensen/*Fuchs*, (8) Banken (Kreditinstitute) Rn. 17; Schimansky/Bunte/Lwowski/*Bunte*, Bankrechts-Handbuch, § 9 Rn. 3 (Nr. 4 AGB-Banken, früher wie heute noch); Baumbach/Hopt/*Hopt*, HGB, 34. Auflage

(b) *Grundaussagen nach dem BGH-Urteil vom 07.04.2011, Az. VII ZR 209/07*

Die Rechtsprechung des BGH aus dem Jahr 2011 wird in der Literatur größtenteils als zutreffend angesehen.[1943] Dabei wird sich im Regelfall allein auf die Begründung des BGH berufen, wonach es als unangemessen i.S.d. § 307 Abs. 1 BGB bzw. § 9 Abs. 1 AGBG anzusehen sei, wenn der Verwender der AGB seinen Zahlungsanspruch durchsetzen könne, welchem vor der Gleichartigkeit ein Leistungsverweigerungsrecht entgegengesetzt werden konnte. Damit werde das synallagmatische Gegenseitigkeitsverhältnis gestört und der Verwender durch eine „hartnäckige" Pflichtwidrigkeit bevorteilt.[1944]

Im Grundsatz sei die Entscheidung des BGH auch nicht nur auf synallagmatische Forderungen in einem Werkvertrag beschränkt, sondern die Wertungen seien auf *alle synallagmatisch* verknüpften Forderungen aus anderen Vertragsarten anzuwenden.[1945] Dies gelte auch für

---

2010, AGB-Banken § 4 Rn. 1 (in aktueller, 39. Auflage 2020 nicht mehr vertreten); wohl auch Wolf/Horn/Lindacher/*Wolf*, 4. Auflage 1999, § 11 Nr. 2 Rn. 24 (ggf. aber Ausübungskontrolle nach § 242 BGB).

1943 *Preussner* NZBau 2011, 599 (600); BeckOGK-BGB/*Weiler* (01.03.2021) § 309 Nr. 3 Rn. 64 ff.; Ulmer/Brandner/Hensen/*Schäfer* 309 Nr. 3 Rn. 7; v. Westphalen/Thüsing/*v. Westphalen,* VertrR/AGB-Klauselwerke (45. EL 2020) Teil „Vertragsrecht" II – Aufrechnungsklauseln, Rn. 15 f.; *Clasen/Scherz* EWiR 2012, 691 f.; wohl auch Wolf/Lindacher/Pfeiffer/*Dammann* § 309 Nr. 3 Rn. 42a ff., 50c; *Kesselring/Henning* NJW 2012, 1857 f.; *Schulz* Notar 2016, 66 (68); *Hayn-Habermann* NJW-Spezial 2011, 492 (493); *Litzenberger* EWiR 2015, 15 (16); im Erg. ebenso *Gothe* NZBau 2015, 144 (146 f., Unwirksamkeit bereits nach § 309 Nr. 2a BGB); Soergel/*Knops* § 309 Nr. 2 Rn. 5 (vgl. aber auch 309 Nr. 3 Rn. 12); *Wessel* ZfBR 2019, 107 (125); vgl. auch *Findeisen* WM 2016, 2286 (2288 ff., im Werkvertragsrecht aufgrund der Besonderheiten Unwirksamkeit der Aufrechnungsbeschränkung zweckmäßig; nicht hingegen im Bankrecht); AnwK AGB-Recht/*Jilg* § 309 Nr. 2 Rn. 6 (ohne Eingang auf BGH NJW 2011, 1729 und für Ausschluss der Berufung im Einzelfall nach § 242 BGB); a.A. BeckOK-BGB/*Becker* (01.02.2021) § 309 Nr. 3 Rn. 15a (Vorrang § 309 Nr. 3 BGB); kritisch v. Westphalen/Thüsing/*Schmidt,* VertrR/AGB-Klauselwerke (41. EL 2018) Teil „Klauselwerke" – Architektenvertrag Rn. 226.

1944 Vgl. Ulmer/Brandner/Hensen/*Schäfer* § 309 Nr. 3 Rn. 7; MüKo-BGB/*Wurmnest* § 309 Nr. 2 Rn. 3.

1945 *Kesselring/Henning* NJW 2012, 1857 f. (auch gegenüber Unternehmern); BeckOGK-BGB/*Weiler* (01.03.2021) § 309 Nr. 3 Rn. 64 ff.; Ulmer/Brandner/Hensen/*Schäfer* § 309 Nr. 3 Rn. 7; v. Westphalen/Thüsing/*v. Westphalen,* VertrR/AGB-Klauselwerke (45. EL 2020) Teil „Vertragsrecht" II – Aufrechnungsklauseln, Rn. 15 f.; *Clasen/Scherz*

den Bereich von Dauerschuldverhältnissen, insbesondere im Bereich des Mietrechts.[1946]

Eine Abgrenzung zwischen einer Unwirksamkeit im Werkvertragsrecht und einer Wirksamkeit solcher Aufrechnungsbeschränkungen im Bankrecht nimmt *Findeisen* vor.[1947] Die Regelungen des (Bau-)Werkvertragsrechtes sehen besondere Schutzbestimmungen für den Besteller, wie bspw. eine Vorleistungspflicht des Unternehmers gem. § 643 BGB und eine Abhängigkeit der Vergütungsfälligkeit von der Abnahme vor. Eine Schutzlücke des Bestellers, insbesondere hinsichtlich einer tatsächlichen Vorleistungspflicht und eines entsprechenden Insolvenzrisikos in den vorstehend betrachteten Fällen der Aufrechnungsbeschränkung rechtfertige die Ansicht des BGH, dass in diesen Fällen die Aufrechnungsbeschränkung unwirksam sei. Diese Rechtsprechung sei aber nicht verallgemeinerungsfähig und insbesondere nicht auf das Bankrecht zu übertragen. So seien Banken einerseits „sichere“, d.h. solvente Schuldner und der Kunde durch den Einlagensicherungsfond abgesichert. Daher sei das Interesse der Bank vor der Konfrontation mit vermeintlichen Gegenforderungen durch den Kunden vorranging.[1948]

(3) Interessenabwägung

Die Rechtslage nach der betrachteten Aufrechnungsbeschränkung weicht von den gesetzlichen Vorschriften i.S.d. § 307 Abs. 1 Satz 1, Abs. 2 Nr. 1 BGB ab. Denn trotz Vorliegens der Tatbestandsvoraussetzungen der §§ 387 ff. BGB ist eine Aufrechnung für synallagmatisch verknüpfte Forderungen nicht möglich. [1949]

EWiR 2012, 691 f.; *Eckhoff* GWR 2011, 446 (auch gegenüber Unternehmern); wohl auch *Schulz* Notar 2016, 66 (68); *Deutsches Notarinstitut* DNotI-Report 6/2012, 41 (andere Werkverträge); *Gothe* NZBau 2015, 144 (146, 148, Übertragung auf Kauf- und Werklieferungsverträge, Unwirksamkeit aber schon nach § 309 Nr. 2a BGB); *Hayn-Habermann* NJW-Spezial 2011, 492 f. (Bau- und Bauträgerverträge); differenzierend Wolf/Lindacher/Pfeiffer/*Dammann* § 309 Nr. 3 Rn. 42a ff.

1946 So wohl *Niebling* ZMR 2011, 620 (621, sogar undifferenziert für alle konnexen Forderungen); differenzierend BeckOGK-BGB/*Weiler* (01.03.2021) § 309 Nr. 3 Rn. 69; ablehnend wohl BeckOK-BGB/*Becker* (01.02.2021) § 309 Nr. 3 Rn. 15a.; Ulmer/Brandner/Hensen/*Christensen* Mietverträge Rn. 42.

1947 *Findeisen* WM 2016, 2286 ff.

1948 *Findeisen* WM 2016, 2286 (2287 ff.).

1949 So auch BGHZ 218, 132 = NJW 2018, 2042; a.A. soweit ersichtlich allein OLG Nürnberg WM 2016, 2300 f.

Des Weiteren ist nach der bekannten Prüfungssystematik des § 307 Abs. 1 Satz 1, Abs. 2 Nr. 1 BGB eine unangemessene Benachteiligung durch diese negative Abweichung erforderlich.[1950]

Im Folgenden werden zuerst die zu berücksichtigenden Aspekte dargestellt[1951], anschließend diese Aspekte in einer allgemeineren Grundsatzabwägung zusammengeführt und gegeneinander abgewogen (Abwägung im weiteren Sinne)[1952] und zuletzt eine Abwägung im Rahmen von konkreteren Vertragsarten vorgenommen (Abwägung im engeren Sinne)[1953].

(a) Interesse des Vertragspartners an verknüpftem Leistungsaustausch

Als Ausgangspunkt der Bestimmung, ob eine unangemessenen Benachteiligung vorliegt, ist davon auszugehen, dass der synallagmatischen Verknüpfung von Forderungen ein hoher Gerechtigkeitsgehalt immanent ist.[1954] Dieser Gerechtigkeitsgehalt ist dahin zu spezifizieren, dass ein erhebliches *Interesse* des Vertragspartners daran besteht, die Leistung nur erbringen zu wollen, weil er die Leistung des anderen erhalten wird, mithin der andere im Gegenzug auch leisten wird.

Rechtssubjekte, die eine bestimmte Sache oder Leistung erhalten möchten, suchen dafür einen geeigneten Vertragspartner, der diese Sache zum Erwerb oder die Leistung zur Erbringung anbietet. Dem Suchenden bzw. dem späteren Erwerber ist bewusst, dass er für diese Leistung ein Entgelt, im Regelfall eine Geldleistung, erbringen muss. Sofern dieser sich – im Idealfall aus mehreren Anbietern – einen Leistungserbringer ausgesucht hat, versucht er mit diesem eine vertragliche Vereinbarung zu treffen. Der Erwerber verspricht dem Leistungserbringer seine Leistung für *nur den Fall, dass dieser auch seine Leistung erbringen wird* („do ut des").[1955] Dabei geht er – ggf. auch unbewusst – davon aus, dass er seine Leistung nicht erbringen muss, wenn der Leistungserbringer seine Leistung nicht bzw. nicht vollständig erbringt. Gleichzeitig geht der

---

1950 Zu dem der Beurteilung nach § 307 Abs. 1 Satz 1, Abs. 2 Nr. 1 BGB zugrunde gelegten Maßstab siehe § 5 B. VI. 3.).

1951 Dazu sogleich § 6 B. III. 2.) d) dd) (3) (a) bis (d).

1952 Dazu sogleich § 6 B. III. 2.) d) dd) (3) (e).

1953 Dazu sogleich § 6 B. III. 2.) d) dd) (3) (f).

1954 Siehe dazu bereits § 5 B. VI. 2.) b) bb) (1).

1955 Vgl. anschaulich zur Zweckbindung „do ut des" OLG München, Beschluss v. 20.03.2012, Az. 7 U 3199/11, BeckRS 2012, 07418 (Kontext Vorbehaltsurteil nach § 302 ZPO); vgl. auch BGHZ 15, 102 (105) = NJW 1954, 1883 (1884); Staudinger/*Schwarze* Vorb. §§ 320 ff Rn. 5; BeckOGK-BGB/*Herresthal* (01.01.2021) § 311 Rn. 45.

Leistungserbringer die vertragliche Vereinbarung nur in dem Bewusstsein ein, dass er für seine Leistung auch die Gegenleistung erhält, mithin er diese nur erbringt, wenn auch der Vertragspartner die Leistung erbringt. Daher sind die Forderungen mit Abschluss der vertraglichen Vereinbarung nicht allein begründet worden, sondern die Parteien haben ihren Hauptleistungspflichten *eine besondere Beziehung zueinander* zugrunde gelegt.

Aus der vorliegenden Beschreibung ergibt sich nicht nur eine Beschreibung des Zustandekommens eines bestimmten Vertrages, sondern diese triff für fast alle Austauschverträge zu. Mithin legen die Parteien allen Austauschverträgen das „besondere Gegenseitigkeitsverhältnis" der Forderungen zugrunde, unabhängig davon, um welche konkrete Leistungspflicht aus Kaufvertrag, Werkvertrag, Dienstvertrag etc., es sich handelt. Für die Parteien ist im Grundsatz von höchster Bedeutung, dass die eigene Leistung nur versprochen wird, weil die andere Person auch die Gegenleistung erbringen wird bzw. erbringen muss. Der grundlegende Gerechtigkeitsgehalt für die vertraglichen Beziehungen zwischen zwei Rechtssubjekten in Austauschverträgen ist damit offensichtlich. Ihm ist im Rahmen der Beurteilung nach § 307 BGB ein entsprechender Stellenwert zuzuerkennen.

(b) Synallagmatische Verknüpfung als Wertungskriterium

(aa) Gesetzliche Absicherung der synallagmatischen Verknüpfung

Das Verhältnis der beiden oder der vielen Leistungspflichten zueinander, welches die Parteien dem Vertrag zu Grunde gelegt haben, kann allerdings nur solange die einvernehmliche (freiwillige) Grundlage bilden, wie beide Parteien ihre Leistung mangelfrei, vollständig und freiwillig im Gegenzug zur Gegenleistung erbringen. Um dieses Leistungserbringungsverhältnis nicht dem Zufall bzw. genauer dem Willen der Vertragsparteien zur eigenen Vertrags- bzw. Gesetzestreue zu überlassen, hat der Gesetzgeber eine Vielzahl von gesetzlichen Vorschriften geschaffen, welche das besondere Verhältnis der synallagmatischen (Hauptleistungs-)Ansprüche bei gegenseitigen Verträgen absichern. Dazu gehört insbesondere auch die Regelung des § 320 Abs. 1 BGB: Diese setzt der einseitigen Pflicht zur Leistungserbringung ein „Gegenrecht" entgegen, welches letztendlich zu einer gegenseitigen Leistungserbringung zwingt. Dieses Leistungsverweigerungsrecht zur Erzwingung der Geltendmachung der synallagmatischen Forderungen ist genauso essentiell wie die Begründung des abhängigen Gegenseitigkeitsverhältnisses zwischen den Forderungen durch die Parteien selbst. Denn ein nicht „durchsetzbares" Recht auf eine abhängige gegenseitige Leistungserbringung wäre wirkungslos.

Zu beachten ist außerdem, dass der Gesetzgeber trotz des Leistungsverweigerungsrechtes nach § 320 BGB im Werkvertragsrecht ein Leistungsverweigerungsrecht bei mangelhafter Leistungsverbringung in § 641 Abs. 3 BGB normiert hat. Auch wenn dieses Leistungsverweigerungsrecht letztendlich nur klarstellend normiert wurde[1956], hat er damit zum Ausdruck gebracht, dass die Gegenleistung bei fehlerhafter Erfüllung der synallagmatischen (Haupt-)Leistungspflicht des Unternehmers nicht erbracht werden muss bzw. verweigert werden kann. Der an die Stelle des ursprünglichen Erfüllungsanspruchs aus § 631 Abs. 1 Satz 1 BGB getretene Nacherfüllungsanspruch soll (auch) im gegenseitigen Abhängigkeitsverhältnis zur Entgeltforderung stehen.

(bb) Abweichungen von der synallagmatischen Verknüpfung

Der Umfang der Verbundenheit, welchen die Parteien dem Gegenseitigkeitsverhältnis ihrer Leistungspflichten beimessen, bestimmt sich im Grundsatz nach dem Parteiwillen. Dementsprechend können diese den Bereich der Forderungen, welche als Forderung des Synallagmas gelten sollen, selbst bestimmen.[1957] So können die Parteien auch weitere als die (Haupt-)Leistungspflichten zu Pflichten bestimmen, welche nur erbracht werden sollen, wenn auch die andere Partei diese Leistung zwingend erbringen wird. Das bedeutet, die Parteien können selbst die Pflichten festlegen, welche als synallagmatische (Haupt-)Leistungspflichten angesehen werden.

Aus dieser zutreffenden Bestimmung ergibt sich aber gleichsam, dass die Parteien auch festlegen können, dass nur eine oder keine Hauptleistungspflicht in der Form besteht, dass diese nur erbracht werden soll, sofern auch unmittelbar die Gegenleistung erbracht wird. Mithin können die Parteien auch bestimmen, dass diese besondere Verknüpfung zwischen *keiner* der Forderungen besteht. Diese Möglichkeit hat der Gesetzgeber der Autonomie der Parteien überlassen, obwohl er – sofern keine eigenständige vertragliche Regelung durch die Parteien besteht – für gegenseitige Austauschverträge die synallagmatische Beziehung vorgegeben hat. Diese Freiheit ist ausdrücklich in § 320 Abs. 1 Satz 1 HS. 2 BGB vorgesehen. Die Vorschrift sieht vor, dass eine Vorleistungspflicht vereinbart werden kann, bei der dann weder die synallagmatische Gegenseitigkeitsbeziehung

---

1956 Vgl. nur BT-Drs. 14/1246, 7; MüKo-BGB/*Busche* § 641 Rn. 31.
1957 Siehe dazu § 6 B. III. 2.) b).

zwischen den Hauptleistungspflichten noch das Leistungsverweigerungsrecht bestehen würde.

Allerdings besteht diese Freiheit auch nicht umfassend. So ist eine Abdingbarkeit von § 320 BGB und damit auch die Unterbindung der besonderen Gegenseitigkeitsbeziehungen der Forderungen nur *im individualvertraglichen* Bereich vorgesehen.[1958] Im Rahmen von formularmäßigen Ausschlüssen des Leistungsverweigerungsrechtes nach § 320 BGB hat der Gesetzgeber mit § 309 Nr. 2a BGB ein vollumfängliches Verbot festgeschrieben. Der fundamentale Rechtsgedanke des „synallagmatischen Gegenseitigkeitsverhältnisses" sei zur Absicherung der Gefährdung des Interessensausgleiches erforderlich.[1959] Der Gesetzgeber wollte eine gestörte Vertragsparität in bzw. durch AGB verhindern, zumal der (einseitige) Ausschluss des Leistungsverweigerungsrechtes letztendlich allein den Interessen des Verwenders an dem Erhalt der Entgeltleistung unabhängig von der eigenen Leistungserbringung dient.[1960]

(cc) Zwischenergebnis

Der Gesetzgeber hat der Verknüpfung von den zu erbringenden (Haupt-) Leistungspflichten im Austauschvertrag eine besondere Bedeutung beigemessen und diese gesetzlich abgesichert. Er hat den Parteien zwar selbst überlassen, ob und inwieweit sie das Synallagma auch vereinbaren bzw. davon abweichen. Er hat allerdings zum einen festgelegt, dass bei Austauschverträgen dieses Abhängigkeitsverhältnis grundsätzlich anzunehmen ist und nicht durch eine (ausdrückliche) Parteivereinbarung vorgesehen sein muss. Zum anderen hat er einen besonderen Sicherungsmechanismus dahingehend geschaffen, dass eine Abweichung von der synallagmatischen Verknüpfung und dem daraus entstehenden Leistungsverweigerungsrechtes nach § 320 BGB nur möglich ist, wenn die Vereinbarung auf „Augenhöhe" verhandelt bzw. abgeschlossen wurde. Sofern die Gefahr einer fehlenden Augenhöhe besteht, wie also im Formularvertrag, ist eine solche Abweichung vom Gesetzgeber nicht gewollt.

(c) Interesse des Verwenders an einer Aufrechnungsbeschränkung

Auf der Seite des Verwenders steht für eine wirksame Aufrechnungsbeschränkung das Interesse an der gegenanspruchsunabhängigen Durchsetzung seines

---

1958 Vgl. nur MüKo-BGB/*Emmerich* § 320 Rn. 57; Palandt/*Grüneberg* Einf v. §§ 320 ff. Rn. 18.

1959 BT-Drs. 7/3919, 28.

1960 BT-Drs. 7/3919, 28.

eigenen Anspruchs. Es soll verhindert werden, dass die Durchsetzung der eigenen Forderung dadurch verzögert wird, dass der Streit über vermeintliche Gegenforderungen entschieden werden muss.[1961] Wie ausgeführt führt eine Aufrechnung mit (vermeintlichen) Ansprüchen zu einer erheblichen Verzögerung des gerichtlichen Verfahrens, wenn – insbesondere in umfangreichen Vertragskonstellationen wie Bauprozessen[1962] – die anspruchsbegründenden Tatsachen in langwierigen Beweisaufnahmen geklärt werden müssen. Einher geht damit eine Unsicherheit des Verwenders über seine eigene Hauptleistungsforderung.[1963] Die Beschränkung soll dabei verhindern, dass sich der Vertragspartner allein durch Behauptung von Gegenansprüchen der Leistungspflicht entzieht bzw. entziehen kann.

Die verzögerungsfreie Durchsetzung des Verwenderanspruchs dient dabei dem Zweck des verzögerungsfreien *Leistungserhalts*. Der Verwender kann auf den regelmäßigen Entgelteingang angewiesen sein, um seinen eigenen Zahlungsverpflichtungen gegenüber Dritten nachzukommen oder bspw. eine Drittmittelfinanzierung zu ermöglichen bzw. dauerhaft zu erhalten.[1964] Dieser Aspekt erlangt insbesondere im Rahmen von Dauerschuldverhältnissen bedeutende Relevanz, da bspw. in Mietverträgen der Vermieter im Regelfall besonders auf den vollständigen und pünktlichen Eingang der Zahlungen angewiesen ist, um selbst seine Immobilie ohne Liquiditätsprobleme zu bewirtschaften.[1965]

Ein über diese allgemeine Zwecksetzung von Aufrechnungsbeschränkungen hinausgehendes Interesse speziell bezüglich der synallagmatischen Forderungen ist nicht erkennbar.

1961 Zu dieser Zwecksetzung § 3 C. I. 1.).

1962 Vgl. BGH NJW 1970, 2019 (2020).

1963 Vgl. diesen Aspekt aufgreifend BeckOGK-BGB/*Weiler* (01.03.2021) § 309 Nr. 3 Rn. 61.1, 64.

1964 Siehe ausführlich allgemein zu den Zwecken von Aufrechnungsbeschränkungen § 3 C. I.

1965 Vgl. anschaulich LG Köln NJW-RR 2012, 980 (981, Unternehmervertrag); s.a. OLG Hamburg NJW-RR 1998, 586 (587); OLG Stuttgart NJW 1956, 914; BGH BB 1967, 1143; *Törnig* NZM 2009, 847 f.; *Oertmann* AcP 113 (1915), 376 (412); im Zusammenhang mit dem Ausschluss des Minderungsrechtes BGH NJW 2008, 2497 (2498).

(d) Weitere Aspekte der Interessensabwägung

(aa) Gleichartigkeit nur durch Pflichtverletzung

In die Interessenabwägung nach § 307 Abs. 1 Satz 1, Abs. 2 Nr. 1 BGB ist bei den vorliegend betrachteten Aufrechnungsbeschränkungen außerdem einzubeziehen, dass die ursprünglichen synallagmatischen (Haupt-)Leitungspflichten nur dann gleichartig werden, wenn es zu einer *Nicht- oder Schlechtleistung* bezüglich der synallagmatischen Leistungspflichten durch den Verwender gekommen ist oder dies vom Vertragspartner geltend gemacht wird.[1966] Allein wenn eine *Pflichtverletzung des Verwenders* vorliegt, wird der ursprüngliche (Haupt-) Leistungsanspruch durch einen (Geld-)Leistungsanspruch ersetzt, welcher dann immer noch in derselben Verknüpfung zum Gegenanspruch steht.

(bb) Dauerhafter Leistungserhalt bei Dauerschuldverhältnissen

Auf der anderen Seite kann im Rahmen von Dauerschuldverhältnissen angeführt werden, dass eine Verletzung der (synallagmatischen) Pflichten durch den Verwender zwar unter Umständen einen synallagmatischen (gleichartigen) Ersatzanspruch auslösen kann. Allerdings weist ein Dauerschuldverhältnis den Charakter eines dauerhaften Leistungsaustausches auf, sodass der Gläubiger des Sachleistungsanspruches zumindest *weiterhin Leistungen des Vermieters* für den nächsten Leistungszeitraum erhält.[1967]

(cc) Ausnahmekonstellationen im Zusammenhang mit § 302 ZPO

Die Rechtsprechung hat in einzelnen Entscheidungen in Betracht gezogen, dass ein Vorbehaltsurteil nach § 302 ZPO bei Aufrechnungsbeschränkungen, die sich auf gleichartig gewordene, synallagmatische Forderungen bezieht, *als Ausnahmefall zulässig sein* soll.[1968] Dies solle anzunehmen sein, wenn die Gegenforderung nach dem derzeitigen Stand wahrscheinlich nicht bestehe, im Verhältnis zur Werklohnforderung gering und eine längere Dauer des Verfahrens zur (Beweis-) Aufklärung erforderlich sei.[1969]

1966 In diesem Sinne zutreffend auch BeckOGK-BGB/*Weiler* (01.03.2021) § 309 Nr. 3 Rn. 64.

1967 Vgl. LG Berlin, Urteil v. 14.08.2012, Az. 29 O 297/11, BeckRS 2012, 210271 (Rn. 88; Gewerberaummietvertrag; in Nachinstanz wurde ein Vergleich geschlossen).

1968 Siehe zu der im Grundsatz in der Rspr. angenommenen Unzulässigkeit § 6 B. III. 2.) d) dd) (1) (c).

1969 BGHZ 165, 134 (139) = NJW 2006, 698 (699); eine solche Ausnahmesituation bereits annehmend OLG Naumburg NJW 2014, 1673 (1676 f.); ähnlich auch OLG

Allerdings ist eine Übertragung dieser Gesichtspunkte oder des Ergebnisses auf die Inhaltskontrolle der vorliegend betrachteten Aufrechnungsbeschränkung nicht möglich. Denn bereits der Bezugspunkt der Beurteilung unterscheidet sich. Die Beurteilung der Zulässigkeit eines Vorbehaltsurteils i.S.d. § 320 ZPO erfolgt im Einzelfall anhand der konkreten Umstände. Bei der Inhaltskontrolle nach § 307 BGB wird hingegen *abstrahiert* untersucht, ob die Klausel unwirksam ist. Für die Inhaltskontrolle nach §§ 307 ff. BGB ist *nicht entscheidend, ob die konkrete Gegenforderung* einer langen eigenständigen Beweisaufnahme bedarf oder wie weit sich die Haupt- und Gegenforderung betragsmäßig unterscheiden. Die vorliegend betrachtete Aufrechnungsbeschränkung differenziert nicht zwischen solchen Zuständen bzw. Gesichtspunkten und schließt die Forderungen mit allen synallagmatischen, gleichartig gewordenen Forderungen aus.[1970] Eine Aufrechnungsbeschränkung welche danach unterscheiden würde bzw. die Aufrechnungsbeschränkung nur auf gleichartig gewordene, synallagmatische Forderungen bezieht, welche „*wahrscheinlich nicht begründet sind und keine lange Beweisaufklärung erfordern*", könnte allerdings ebenfalls keine unterschiedlichen Abwägungsergebnisse hervorrufen. Denn dies würde letztendlich eine Prognose über das Bestehen der Forderung und der Dauer der Beweisaufnahme erfordern, welche nicht nur Rechtsunsicherheit verursacht, sondern ggf. das Verfahren selbst verzögert.[1971]

(e) Bewertung: Abwägung im weiteren Sinne

Belegt wurde, dass es sich bei der synallagmatischen Verknüpfung der Hauptleistungsforderungen um einen von den Parteien zugrunde gelegten Gerechtigkeitsgedanken handelt, welcher für beide Parteien ein besonderes Gewicht hat. Diesen grundlegenden Gerechtigkeitsgehalt hat der Gesetzgeber gesehen und durch gesetzliche Vorschriften in § 320 Abs. 1 BGB und § 641 Abs. 3 BGB abgesichert. Eine Abweichung von dem grundlegenden Leitbildgedanken der besonderen Abhängigkeit von Leistung und Gegenleistung erfordert im Rahmen von § 307 Abs. 1 Satz 1, Abs. 2 Nr. 1 BGB schon im Grundsatz eine besondere Rechtfertigung durch legitime Interessen oder andere legitimierende Aspekte.[1972]

Oldenburg NJW-RR 2013, 463 (465); vgl. dazu auch *Findeisen* WM 2016, 2286 (2289).

1970 Zur fehlenden Unterscheidung in ähnlichem Kontext BGH NJW 2011, 1729.

1971 Zu diesem Gesichtspunkt siehe auch § 5 B. IV. 2.) d) bb) (1) (b) (dd) und (d).

1972 Siehe dazu bereits § 5 B VI. 3.) b) bb) (2).

Der Verwender zielt mit der Aufrechnungsbeschränkung auf eine zeitlich unverzögerte tatsächliche Erfüllung der eigenen Leistung durch eine Verhinderung der Geltendmachung einer Aufrechnung mit vermeintlichen Gegenansprüchen. Dieses Interesse ist vom Gesetzgeber in § 309 Nr. 3 BGB und § 556b Abs. 2 BGB als legitim gesehen und anerkannt worden. Außerdem besteht die Gefahr, dass ein Vertragspartner Gegenforderungen nur behauptet und sich dadurch letztendlich auch in diesem Fall seiner Leistungspflicht vorübergehend entzieht, auch hinsichtlich des vorliegend betrachteten synallagmatischen Forderungsbereichs. Allerdings rechtfertigt dieser Zweck *nur die Abweichung von der gesetzlichen Aufrechnungsmöglichkeit nach §§ 387 ff. BGB, also den Ausschluss einer Aufrechnung.*

Für eine Abweichung vom grundlegenden Gehalt einer synallagmatischen Verknüpfung ist eine *darüber hinausgehende Rechtfertigung* erforderlich. Dieses Erfordernis ergibt sich zum einen dadurch, dass § 309 Nr. 2a BGB und § 309 Nr. 3 BGB verschiedene Gegenstände bzw. Konstellationen regeln und betreffen[1973], diese allerdings nun beide (faktisch) ausgeschlossen werden. Zum Zweiten hat der Gesetzgeber im Rahmen der seiner Interessensabwägung zwischen gegenanspruchsunabhängiger Durchsetzung und einem Recht auf Leistungsverweigerung für den formularmäßigen Bereich entschieden, dass ein unmittelbarer, ausdrücklicher Ausschluss der Leistungsverweigerung nicht möglich ist – § 309 Nr. 2a BGB. Diese Wertung ist im Rahmen einer Ersetzung einer das Leistungsverweigerungsrecht begründenden Forderung durch eine „gleichartige" Forderung und dem damit einhergehenden *mittelbaren, d.h. faktischen* Ausschluss des Leistungsverweigerungsrechtes durch eine Aufrechnungsbeschränkung durch das Erfordernis eines weitergehenden Interesses zu berücksichtigen. Das Erfordernis eines solchen Merkmals bei einem Ausschluss der Aufrechnung für synallagmatische Forderungen steht auch nicht im Widerspruch zum (geäußerten) gesetzgeberischen Willen für das Verhältnis von § 309 Nr. 3 BGB und § 309 Nr. 2 BGB.[1974] Der Gesetzgeber hat seinen Willen für den Vorrang von § 309 Nr. 3 BGB bei Aufrechnungsbeschränkungen für gleichartig gewordene Forderungen nur für den Bereich des § 309 Nr. 2b BGB erklärt. Bei Gesetzeserlass hat er den Übergang von verschiedenartigen *synallagmatischen* Forderungen in gleichartige Forderungen im Zusammenhang mit Aufrechnungsbeschränkungen nicht bedacht.[1975]

1973 Siehe zu den Unterschieden zwischen den Instituten § 2 B. I.

1974 Dazu BT-Drs. 7/3919, 28 f.

1975 Ebenso nur BeckOGK-BGB/*Weiler* (01.03.2021) § 309 Nr. 3 Rn. 65.1.

Diese Voraussetzung wird bei Aufrechnungsbeschränkungen für (gleichartig gewordene) synallagmatische Forderungen nicht erfüllt. Es besteht kein über den Beschränkungszweck der Aufrechnung hinausgehendes Interesse des Verwenders für die leistungsverweigerungsfreie Durchsetzung der eigenen Forderungen gegenüber anderen synallagmatischen Forderungen.

Auch weitere Aspekte weisen keine hinreichende Bedeutsamkeit auf, als dass diese eine Abweichung vom Leitbild der Leistungsabhängigkeit legitimieren können. Insbesondere ein *fehlendes wirtschaftliches Risiko für den Vertragspartner* kann keinen mittelbaren Ausschluss des Leistungsverweigerungsrechtes durch eine Aufrechnungsbeschränkung rechtfertigen. Zutreffend ist der Ansatz, dass bspw. im Architektenrecht der Architekt eine Haftpflichtversicherung besitzt und diese dem Auftraggeber nachweisen muss.[1976] Auch werden im Bankenrecht bei Verträgen mit Banken im Regelfall solvente Schuldner vorliegen.[1977] Nach der in dieser Arbeit vertretenen Ansicht besteht durch eine Aufrechnungsbeschränkung kein (erhöhtes) Insolvenzrisiko zu Lasten des Vertragspartners.[1978] Dies erhöht allerdings „nur" die wirtschaftliche Durchsetzungsmöglichkeit des Gegenanspruchs des Vertragspartners, hat jedoch keine Auswirkung auf das Abhängigkeitsverhältnis der Hauptleistungspflichten, die der Vertragspartner dem Vertrag zugrunde gelegt hat. Dieser Hauptzweck würde bei einer Aufrechnungsbeschränkung in den untersuchten Konstellationen genauso mit wie ohne Haftpflichtversicherung oder bei Verträgen mit Banken oder anderen Vertragsparteien oder bei solventen oder nicht solventen Vertragspartnern vereitelt.

Im Rahmen der Interessenabwägung ist zusätzlich einzubeziehen, dass die vorliegende Konstellation des Übergangs der synallagmatischen Forderungen in Gleichartigkeit allein durch eine Nicht- oder Schlechtleistung des Verwenders entstehen konnte. Auch bei dem fehlenden Sanktionscharakter der Inhaltskontrolle nach § 307 BGB ist die Relation zwischen Pflichtverletzung und Rechtsfolge zu berücksichtigen. Würde die Aufrechnungsbeschränkung vorliegend als angemessen angesehen, hätte die Verletzung der (Haupt-)Leistungspflichten des Verwenders zur Folge, dass dieser *besser mit als ohne* die Pflichtverletzung stehen

---

1976 V. Westphalen/Thüsing/*Schmidt*, VertrR/AGB-Klauselwerke (41. EL 2018) Teil „Klauselwerke" – Architektenvertrag Rn. 226; vgl. auch *Preussner* NZBau 2011, 599 (601); im Zusammenhang mit der Frage einer Zulässigkeit eines Vorbehaltsurteils OLG Düsseldorf NJW-RR 2015, 400 (401).

1977 Vgl. *Findeisen* WM 2016, 2286 (2289).

1978 Zum Ausschluss der Berufung auf eine Aufrechnungsbeschränkung im Insolvenzfall nach § 242 BGB siehe § 5 C. II. 2.) a).

würde.[1979] Dieser könnte nun seine eigene (Haupt-)Forderung gegenanspruchsabhängig durchsetzen, was ihm vorher aufgrund der Verschiedenartigkeit noch nicht möglich war.[1980]

Im Ergebnis weisen die Gründe für eine Abweichung von dem grundlegenden Gerechtigkeitsprinzip kein hinreichendes Gewicht auf. Aufrechnungsbeschränkungen, die auch die Aufrechnung bei gleichartig gewordenen, synallagmatischen Forderungen ausschließen, sind treuwidrig und – zumindest im Singularvertrag – unangemessen i.S.d. § 307 Abs. 1 Satz 1, Abs. 2 Nr. 1 BGB.

(f) Bewertung: Abwägung im engeren Sinne

Wie aufgeführt, ist in der Rechtsprechung und der Literatur umstritten, für welche typischen Vertragskonstellationen dieses Abwägungsergebnis anzuwenden ist.[1981]

(aa) Werk- und Kaufverträge

Sofern es sich um Werkverträge handelt, gilt das Ergebnis der Abwägung im weiteren Sinne. In diesen Fällen würde der Vertragspartner gezwungen, für eine mangelhafte Hauptleistung des Verwenders seine eigene Hauptleistungspflicht vollständig und gegenanspruchsunabhängig zu erbringen. Um ein solches Ergebnis im „Grundfall“ zu verhindern, hat der Gesetzgeber in § 641 Abs. 3 BGB nochmals ausdrücklich und klarstellend normiert, dass bei mangelhafter Leistung des Unternehmers dem Besteller ein Leistungsverweigerungsrecht zusteht. Eine Versagung des Leistungsverweigerungsrechtes aufgrund einer Aufrechnungsbeschränkung nach einem Übergang in die Gleichartigkeit der Forderungen ist aus den dargestellten Gründen[1982] unangemessen.

Eine vergleichbare Konstellation liegt bei Kaufverträgen nach §§ 433 ff. BGB vor. Auch hier würde der Vertragspartner bei einer anderen Ansicht gezwungen, eine mangelhafte Sache vollständig zu vergüten, obwohl ihm ein „synallagmatischer“ Nacherfüllungs- bzw. Schadensersatzanspruch zusteht. Die synallagmatische Verknüpfung ist derselben Art und auch die Leistungspflichten sind in einem vergleichbaren Gewährleistungssystem geregelt.

1979 Vgl. MüKo-BGB/*Wurmnest* § 309 Nr. 2 Rn. 3; *Heinrichs* NJW 1993, 1817 (1821 f.); s.a. *Schwenker* ZfBR 2011, 425 (426).

1980 Vgl. *Schwenker* ZfBR 2011, 425 (426).

1981 Siehe dazu soeben § 6 B. III. 2.) d) dd) (1) (e) und (2) (b).

1982 Siehe dazu soeben § 6 B. III. 2.) d) dd) (3) (e).

(bb) *Weitere Verträge mit synallagmatischen Leistungspflichten*

Der Schutz der Verbraucherinteressen an dem besonderen und dem Vertrag zugrunde gelegten Abhängigkeitsverhältnis der Hauptleistungspflicht muss aber über die Verträge des Werk- und Kaufvertrages hinaus gelten.[1983] Für alle Vertragsarten, in welchen sich synallagmatische Leistungspflichten gegenüberstehen, und welche – und das ist entscheidend – in gleichartige Geldleistungsansprüche übergehen können, besteht die bereits dargelegte Interessen- und gesetzliche Wertungssituation und das Synallagma ist im formularmäßigen Verbraucherbereich zu schützen.

(cc) *Dauerschuldverhältnisse*

Bei Dauerschuldverhältnissen besteht im Regelfall ein besonderes Interesse des Verwenders an einem regelmäßigen tatsächlichen Zahlungseingang. Dieser sieht sich in der Regel erheblichen vertraglichen Verpflichtungen gegenüberstehen, die er eingegangen ist, um bspw. die vermieteten Wohnräume herzustellen und zu erhalten.[1984]

(aaa) *Nicht betroffene Forderungsverhältnisse*

Der Untersuchung der Relevanz dieses Aspektes für die Interessenabwägung der vorliegend betrachteten Aufrechnungsbeschränkungen nach § 307 BGB geht die Bestimmung vor, ob es sich tatsächlich um eine Konstellation *der gleichartig gewordenen „synallagmatischen" Forderungen handelt, welche durch die Aufrechnungsbeschränkung ausgeschlossen* ist. Im Bereich von Dauerschuldverhältnissen muss sorgfältig untersucht werden, ob es sich bei der betrachteten „Gegenforderung" um eine solche handelt, welche aus einer synallagmatischen Forderung entstanden bzw. welche an die Stelle des ursprünglichen Hauptleistungsanspruchs getreten ist. Denn bspw. in Miet- und Pachtverträgen ist dies nicht immer der Fall. Sofern der Vermieter/Verpächter seine Hauptleistungspflicht verletzt hat und die Wohnung/den Pachtgegenstand nicht mangelfrei übergeben hat oder nicht in einem mangelfreien Zustand hält, steht dem Mieter/Pächter bei vorheriger vollständiger Miet-/Pachtzinszahlung „nur" ein *bereicherungsrechtlicher* Rückzahlungsanspruch zu. Dieser ist aber kein Anspruch, der an die Stelle der

---

1983 Zutreffend auch BeckOGK-BGB/*Weiler* (01.03.2021) § 309 Nr. 3 Rn. 64, 66; vgl. auch AG Köln, Urteil v. 17.08.2015, Az. 142 C 327/14, BeckRS 2015, 16586.

1984 Vgl. LG Köln NJW-RR 2012, 980 (981, Gewerberaummietvertrag, Unternehmervertrag); anschaulich, aber für den Ausschluss eines Minderungsrechts, BGH NJW 2008, 2497 (2498).

synallagmatischen Forderung getreten ist. Anders ausgedrückt besteht in diesen Fällen gerade keine synallagmatische Beziehung mehr zwischen dem Rückzahlungsanspruch aus *vergangenen* Monaten und dem Mietzinsanspruch für *kommende* Mietzinszahlungen.[1985] Diese Fälle sind vielmehr als Konstellationen einzuordnen, in welchen sich die Leistungsansprüche *ursprünglich gleichartig* gegenüberstehen. Daher stellt sich die Frage der Wirksamkeit der vorliegend betrachteten Aufrechnungsbeschränkung nicht, da diese solche Aufrechnungen zulässt.[1986] Im Grundsatz gilt dies für alle Dauerschuldverhältnisse, in welchen eine turnusmäßige Vorleistungspflicht des Vertragspartners vorliegt.

(bbb) Vorrangige Sonderregelung § 556b Abs. 2 BGB

Die Frage, ob hier die Interessen des Verwenders der AGB an einer Aufrechnungsbeschränkung besonders schützenswert sind, da dieser besonders auf den vollständigen und pünktlichen Eingang der Zahlungen angewiesen ist, erübrigt sich außerdem bei Mietverträgen über Wohnraum. Denn für diesen Bereich regelt bereits § 556b Abs. 2 BGB die Abwägung zwischen den widerstreitenden Interessen abschließend.[1987] Davon ist insbesondere auch der synallagmatische Gegenanspruch nach § 536a BGB erfasst. Demgemäß ist in diesem Bereich die Aufrechnungsbeschränkung auch nicht nach § 307 Abs. 1 BGB unwirksam, sondern entweder nach § 556b Abs. 2 Satz 2 BGB teilunwirksam, soweit diese die Aufrechnung mit den synallagmatischen Forderungen nach § 536a BGB[1988] ausdrücklich ausschließt, oder – im Falle einer allgemein gehaltenen Aufrechnungsbeschränkung – eine Aufrechnung nach § 556b Abs. 2 Satz 1 BGB trotz (vollständig wirksamer) Aufrechnungsbeschränkung möglich.[1989] Im Ergebnis ist dann aber auch eine Leistungsverweigerung möglich, auch wenn diese in der konkreten Situation als Aufrechnung zu werten wäre.[1990]

1985 Vgl. zutreffend OLG Celle, Urteil v. 22.03.2012, Az. 2 U 127/11, Juris Rn. 36 ff. (Nichtzulassungsbeschwerde zurückgewiesen, vgl. BGH, Beschluss v. 10.04.2013, Az. XII ZR 39/12, BeckRS 2013, 8407); *Streyl* NZM 2015, 841 (854).

1986 Siehe zu den verschiedenen vorliegend betrachteten Konstellationen § 6 B. und zur Untersuchung von Aufrechnungsbeschränkungen, die ursprünglich gleichartige Forderungen ausschließen § 6 B. III. 1.)

1987 Siehe dazu umfassend § 5 B. III.

1988 Vgl. BeckOGK-BGB/*Weiler* (01.03.2021) § 309 Nr. 3 Rn. 69.

1989 Siehe dazu § 5 B. III. 2.) und 3.) a) aa).

1990 Diese Wertungen gelten zwar nur für Wohnraummietverträge und mangels Verweisung in § 578 Abs. 2 BGB und § 579 Abs. 2 BGB nicht für Gewerbemietraumverträge. Allerdings sind Gewerbemietraumverträge hier nicht Gegenstand der Betrachtung, da diese im Grundsatz einen Unternehmer auf Vertragspartnerseite erfordern.

(ccc) Abwägung für betroffene Konstellationen

Für synallagmatische Forderungen, deren Aufrechnungs- und Leistungsverweigerungsmöglichkeit durch die hier betrachtete Aufrechnungsbeschränkung unmittelbar oder faktisch ausgeschlossen ist und keine Spezialregelung wie § 556b Abs. 2 BGB vorgeht, ergibt sich kein vom Singularvertrag abweichendes Ergebnis.[1991]

Zwar besteht das besondere Interesse des Verwenders bei den typischen Dauerschuldverhältnissen, seine Forderungen gegenanspruchsunabhängig durchsetzen zu können. Denn dieser ist im Regelfall auf den regelmäßigen Zahlungseingang angewiesen, um aus den Mitteln bspw. eine Refinanzierung zu bedienen.[1992] Allerdings kann dieses Interesse das Vertrauen, das der Verbraucher in die synallagmatische Verknüpfung gesetzt hat, nicht überwiegen oder die Nachteile rechtfertigen. Der gesetzlich absicherte Grundsatz der synallagmatischen Verknüpfung ist auch in diesen Konstellationen weiterreichender als das *einzelne* „Vermögensinteresse" des Verwenders. Das Interesse des Vertragspartners an einer gegenanspruchsabhängigen Erbringung der Hauptleistungen, wird auch *nicht* dadurch hinreichend kompensiert, dass dieser bei Dauerschuldverhältnissen weiterhin Leistungen des Verwenders erhält.[1993] Die Leistung kann auch derartig mangelhaft sein, dass auch ein dauerhafter Erhalt der Mangelleistung nicht als kompensatorisch für bereits geleistete oder zu leistende Zahlungen durch den Vertragspartner angesehen werden kann. Insbesondere kann die Leistung bspw. in (Gewerbe-)Mietverhältnissen gänzlich unbrauchbar sein, wenn zwar die Unterkunft noch zur Verfügung gestellt wird, aber bspw. im Winter eine Nutzung aufgrund eines längerfristigen Heizungsausfalls faktisch nicht möglich ist. Es bleibt vielmehr auch im Dauerschuldverhältnis bei einer mangelhaften Leistungserbringung, für welche die synallagmatische Gegenleistung nicht unabhängig erbracht werden muss.

(dd) Sonderfall Darlehensvertrag i.S.d. § 488 BGB

Eine besondere Konstellation stellt ein Darlehensverträge i.S.d. § 488 BGB dar. Zwar sind auch auf diese Verträge die dargestellten Grundsätze anzuwenden.

1991 Siehe dazu soeben § 6 B. III. 2.) d) dd) (3) (a) – (e).

1992 So ausdrücklich LG Köln NZM NJW-RR 2012, 980 (981); im Zusammenhang mit dem Ausschluss des Minderungsrechtes BGH NJW 2008, 2497 (2498); OLG Hamburg NJW-RR 1998, 586 (587).

1993 Vgl. LG Berlin, Urteil v. 14.08.2012, Az. 29 O 297/11, BeckRS 2012, 210271 (Gewerberaummietvertrag; in Nachinstanz wurde ein Vergleich geschlossen).

Es ist allerdings genau festzustellen, um welche Forderungsbeziehung es sich handelt und, ob die Aufrechnungsbeschränkung insoweit überhaupt einen Ausschluss für eine synallagmatische Gegenforderung gegenüber dem Geldleistungsanspruchs des Verwenders vorsieht.

Nicht synallagmatisch verknüpft sind unter anderem der Auszahlungsanspruch nach § 488 Abs. 1 Satz 1 BGB und der Rückzahlungsanspruch aus § 488 Abs. 1 Satz 2 BGB.[1994] Folglich besteht insoweit keine Gefahr, dass mit einer Aufrechnungsbeschränkung ursprünglich bestehende Leistungsverweigerungsrechte i.S.d. § 320 BGB mittelbar ausgeschlossen werden. Insoweit greift der Verbotsbereich des § 307 Abs. 1 Satz 1, Abs. 2 Nr. 1 BGB nicht ein.

Gegenseitige synallagmatische Leistungspflichten bestehen in einem Darlehensvertrag zwischen der Zinszahlungspflicht und der Pflicht zur Darlehensauszahlung und -belassung.[1995] In diesem Fall besteht allerdings kein Sachleistungsanspruch des Vertragspartners als Darlehensnehmer gegenüber dem Verwender der AGB als Darlehensgeber. Der Hauptleistungsanspruch auf Auszahlung des Darlehens ist bereits auf eine Geldauszahlung gerichtet.[1996] Dadurch stehen sich die Auszahlungspflicht und Zinszahlungspflicht bereits von Anfang an, d.h. *ursprünglichgleichartig* gegenüber. Diese Fälle unterscheiden sich scheinbar von den bereits betrachteten Konstellationen der „ursprünglich gleichartigen Forderungen".[1997] Denn sie wären nicht nur ursprünglich gleichartig, sondern *auch synallagmatisch*. Allerdings ist dieser Forderungsbeziehung nach § 488 Abs. 2 BGB in der Regel eine *Vorleistungspflicht* des Darlehensgebers vertraglich immanent.[1998] Dementsprechend besteht gerade kein Leistungsverweigerungsrecht i.S.d. § 320 BGB, welches mittelbar durch die Aufrechnungsbeschränkung ausgeschlossen werden könnte. Eine Unwirksamkeit der Aufrechnungsbeschränkung für synallagmatische Forderungen nach § 307 BGB ist in diesem Kontext daher nicht anzunehmen.

1994 BeckOK-BGB/*Rohe* (01.02.2021) § 488 Rn. 90; BeckOGK-BGB/*Weiler* (01.03.2021) § 309 Nr. 3 Rn. 71; MüKo-BGB/*Berger* § 488 Rn. 42; *Schnauder*, jurisPR-BKR 8/2018 Anm. 1; vgl. auch *Rodi* BKR 2018, 299 (302).

1995 Vgl. MüKo-BGB/*Berger* § 488 Rn. 68, 156; Schimansky/Bunte/Lwowski/*Pamp*, Bankrechts-Handbuch, § 76 Rn. 1 m.w.N.; BeckOK-BGB/*Rohe* (01.02.2021) § 488 Rn. 90; vgl. auch BGH NJW 2011, 2640 f.

1996 Zu den einzelnen Geldauszahlungsvarianten vgl. übersichtlich MüKo-BGB/*Berger* § 488 Rn. 25 ff., 37.

1997 Siehe dazu § 6 B. III. 1.).

1998 Staudinger/*Freitag* § 488 Rn. 160; Jauernig/*Berger* § 488 Rn. 2 f.

Zweifelhaft ist allerdings, ob dies auch für an diese Forderungen anknüpfende Pflichten, wie bspw. die Bestellung von Sicherheiten für den Rückzahlungsanspruch und dem entsprechenden Überlassungsanspruch des Sicherungsnehmers gilt.[1999] In diesen Konstellationen ergibt sich in aller Regel eine synallagmatische Verknüpfung zwischen Darlehensrückzahlungspflicht des Darlehensnehmers und Überlassungspflicht des Darlehensgebers als Verwender der AGB. Grundlage ist die Vereinbarung der Parteien, welche bestimmt, in welchem Umfang synallagmatische Leistungspflichten bestehen sollen.[2000] Sofern zwei Parteien einen Darlehensvertrag mit einer Sicherungsübereignung sowie einer Überlassungspflicht i.S.d. § 930 BGB vereinbaren, wäre es fernliegend anzunehmen, dass die Pflicht zur Darlehensrückzahlung völlig unabhängig davon bestehen soll, ob der Darlehensgeber seiner Pflicht zur Besitzüberlassung des finanzierten Gegenstandes nachkommt. Vielmehr ist es letztendlich der Hauptzweck des Vertragspartners, dass er bspw. ein Auto, das er fremdfinanziert erworben hat, auch tatsächlich nutzen kann. Der Vertragspartner ist nicht nur die Abhängigkeit zwischen den Forderungen aus dem Kauf nach § 433 BGB – mit einem insoweit Dritten – eminent wichtig, sondern auch, dass die Leistungen, die er für eine Finanzierung des Erwerbes eingeht und erbringen will, gerade davon abhängig sind, dass ihm der Darlehensgeber das Auto auch tatsächlich entsprechend der Nutzungsabrede überlasst. Entsprechend will er seine Leistungspflicht auch nur wegen der Nutzungsüberlassung durch den Darlehensgeber erbringen. Anschaulich wirkt insofern auch die Rechtsfolge, soweit eine andere Ansicht vertreten würde. Der Vertragspartner müsste Raten für einen Darlehensvertrag, der den Fahrzeugerwerb finanziert, zahlen, obwohl er das Fahrzeug tatsächlich gar nicht nutzen könnte.[2001]

Es handelt sich bei diesen Konstellationen um einen einheitlichen Vertrag mit Leistungspflichten aus verschiedenen Vertragsarten – Darlehensvertrag mit Sicherungsübereignung und Nutzungsüberlassungspflicht. Allerdings liegt in diesen Fällen nicht immer ein „verbundener Vertrag“ i.S.d. § 358 Abs. 3 BGB vor. Es kann folglich nicht darauf abgestellt werden, dass eine Aufrechnungsbeschränkung, welche letztendlich eine Aufrechnung mit einem Schadensersatzanspruch aus einer Verletzung der Nutzungsüberlassungspflicht der Sicherungsabrede

---

1999 Ablehnend BeckOK-BGB/*Rohe* (01.02.2021) § 488 Rn. 90; wohl auch *Rodi* BKR 2018, 299 (302); vgl. hingegen AG Köln, Urteil v. 17.08.2015, Az. 142 C 327/14, BeckRS 2015, 16586.

2000 Siehe dazu § 6 B. III. 2.) a) mit Nachweisen in Fn. 1885.

2001 So AG Köln, Urteil v. 17.08.2015, Az. 142 C 327/14, BeckRS 2015, 16586.

gegen einen Darlehensrückzahlungsanspruch ausschließt, nicht unangemessen sei, zumal der Einwendungsdurchgriff nach § 359 BGB gelte.[2002] Denn in der vorstehend betrachteten Konstellation geht es allein um den Vertrag zwischen Darlehensnehmer und Darlehensgeber.

Im Ergebnis sind Aufrechnungsbeschränkungen der vorliegenden betrachteten Art in diesen Fallkonstellationen bzw. Verträgen gem. § 307 Abs. 1 Satz 1, Abs. 2 Nr. 1 BGB unwirksam.

(4) Zwischenergebnis

Der BGH hat in seinem Urteil vom 07.04.2011 zutreffend entschieden, dass Aufrechnungsbeschränkungen, welche eine Aufrechnung für gleichartig gewordene aber synallagmatisch verknüpfte Forderungen ausschließen, nach § 9 Abs. 1 AGBG a.F. bzw. heute nach § 307 Abs. 1 Satz 1, Abs. 2 Nr. 1 BGB unwirksam sind.

Es fehlt an einem über den Zweck der Aufrechnungsbeschränkung hinausgehenden, aber erforderlichen, Interesse des Verwenders an dem (faktischen) Ausschluss des Leistungsverweigerungsrechtes. Dieses Ergebnis ist aufgrund des grundlegenden Gerechtigkeitsgehalts, welche die Vertragsparteien dem synallagmatischen Leistungsaustausch zugrunde gelegt haben, nicht auf Werkverträge beschränkt. Es ist außerdem auch auf formularmäßige Beschränkungen der Aufrechnung in weiteren einseitigen Austauschverträgen mit synallagmatisch verknüpften und gleichartig gewordenen Forderungen zu übertragen.

Auch im Rahmen von Dauerschuldverhältnissen rechtfertigen das Interesse des Verwenders an einem regelmäßigen Geldeingang für die Bedienung eigener Schulden sowie der weiterhin vorhandene (mangelhafte) Leistungsaustausch keine andere Wertung.

Es ist sowohl bei Vertragsverhältnissen mit mehrfachem Leistungsaustausch als auch bei Darlehensverträgen genau zu bestimmen, ob sich die Aufrechnungsbeschränkung tatsächlich auf gleichartig gewordene Forderungen bezieht. Eine Unwirksamkeit muss unter dem Gesichtspunkt des faktischen Ausschlusses des Leistungsverweigerungsrechts ausscheiden, wenn es sich um ursprünglich gleichartige Forderungen handelt, bei denen kein vorheriges Leistungsverweigerungsrecht bestand, und welche daher von dem Ausschluss der Aufrechnung für gleichartig gewordene, synallagmatische Forderungen nicht betroffen sind.

2002 So aber BeckOGK-BGB/*Weiler* (01.03.2021) § 309 Nr. 3 Rn. 71.

ee) Richtlinie 93/13/EWG

Die vorstehenden Fallgestaltungen der Aufrechnungsbeschränkungen können auch gegen europarechtliche Vorgaben der Richtlinie 93/13/EWG verstoßen.

(1) Gegenseitige Verträge mit singulärem Leistungsaustausch

(a) Nr. 1b) Anhang RL

Eine Missbräuchlichkeit nach Art. 3 Abs. 1 RL kann sich vorliegend insbesondere aus der Verwirklichung eines Klauselbeispiels des Anhanges der Richtlinie und fehlender Gegenaspekte im Rahmen der Gesamtabwägung ergeben.[2003] Die vorstehenden Aufrechnungsbeschränkungen schließen die Aufrechnung mit Forderungen aus, welche aus einer Verletzung einer synallagmatischen (Haupt-)Leistungspflicht entstanden sind. Nr. 1b) Anhang RL sieht nach dem Wortlaut und seinem Inhalt die Beschränkung der Aufrechnungsmöglichkeit als missbräuchlich an, wenn die Gegenforderung auf einer Verletzung der vertraglichen Verpflichtungen basiert.[2004] Folglich fällt die vorliegend betrachtete Aufrechnungsbeschränkung unmittelbar unter den Anwendungsbereich von Nr. 1b) Anhang RL[2005] und gibt einen entsprechenden Ausschlag für die Wirksamkeitsbeurteilung nach Art. 3 Abs. 1 RL vor.

(b) Nr. 1o) Anhang RL

Das Klauselbeispiel nach Nr. 1o) Anhang RL ist nicht einschlägig. Bei Beschränkungen der Aufrechnung für *gleichartig gewordene,* synallagmatische Forderungen bestand zwar vor dem Übergang in das gleichartige Forderungsverhältnis ein Leistungsverweigerungsrecht. Allerdings sind insoweit die Regelungen für Beschränkungen der Aufrechnung vorrangig. Nr. 1b) Anhang RL stellt die speziellere Vorschrift dar und kommt als alleinige Regelung zur Anwendung.[2006]

2003 Siehe zum Einfluss des Anhanges der RL für die Bestimmung nach Art. 3 Abs. 1 RL § 5 B. VII. 4.) a) bb) (1).

2004 Siehe dazu ausführlich § 5 B. VII. 4.) a) bb) (2) (a) – (d).

2005 Zutreffend BeckOGK-BGB/*Weiler* (01.03.2021) § 309 Nr. 3 Rn. 65, 12 f.; *Heinrichs*, FS Reich, 527 (547 f.); im Erg. eine Missbräuchlichkeit gem. Art. 3 Abs. 1 RL ablehnend OLG Hamm OLGR 2004, 281 (283 f.).

2006 Wohl auch BeckOGK-BGB/*Weiler* (01.03.2021) § 309 Nr. 3 Rn. 65 f. (vgl. aber auch § 309 Nr. 2 Rn. 13 f.). Sofern ein solches Spezialverhältnis abgelehnt werden sollte, ist aufgrund der Erfassung der betrachteten Aufrechnungsbeschränkung durch Nr. 1o) Anhang RL ein *zusätzlicher* Ausschlag der Wirksamkeitsbeurteilung nach Art. 3 Abs. 1 RL *für eine Missbräuchlichkeit* anzunehmen.

Wie dargestellt, werden nach dem Wortlaut und dem Sinn und Zweck vor allem Konstellationen erfasst, welche sich auf Ansprüche beziehen, die aus einem Vertragsverhältnis bzw. der Verletzung von synallagmatischen Pflichten entstanden sind.[2007]

(c) Art. 3 Abs. 1, 3 i.V.m. Nr. 1b) Anhang RL

Die aufrechnungsspezifischen oder sonstigen Leitbildumstände, welche im Rahmen der weiteren Missbräuchlichkeitsbewertung nach Art. 3 Abs. 1 RL einzubeziehen sind, sprechen zusätzlich, d.h. über den durch Verwirklichung von Nr. 1b) Anhang RL vorgegebenen Ausschlag hinaus für eine Missbräuchlichkeit.[2008] Denn in die Bewertung ist vorrangig das Kriterium einzubeziehen, ob der – hypothetisch loyale – Verbraucher dieser Vereinbarung auch bei „gleicher Verhandlungsstärke" in einem Individualvertrag zugestimmt hätte.[2009] Es scheint fernliegend, dass ein Verbraucher eine Klausel in den Vertrag aufnimmt, welche ihn im Ergebnis dazu zwingen kann, bei einer *mangelhaft erfüllten Hauptleistungspflicht* seiner eigenen Entgeltpflicht nachzukommen, um anschließend seine Rechte eigenständig gerichtlich geltend machen zu müssen. Wie belegt, hat der Vertragspartner vor allem den synallagmatisch verknüpften Forderungen besondere Bedeutung beigemessen.[2010] Bei einem Übergang in einen gleichartigen Geldleistungsanspruch wird eine Trennung dieser Verknüpfung insbesondere dann nicht gewollt sein, wenn dieser Gegenanspruch auf einer Nicht- oder Schlechterfüllung des Verwenders bzw. Gewerbetreibendem beruht. In diesen Fällen ist die gegenanspruchsunabhängige Leistungsbereitschaft des Vertragspartners bei realitätsnaher Betrachtung nahezu ausgeschlossen.

(2) Dauerschuldverhältnisse

Es ist außerdem zu untersuchen, ob die europäischen Vorgaben in Abweichung zur Rechtslage nach den deutschen Vorschriften, eine Unterscheidung zwischen Aufrechnungsbeschränkungen in Verträgen mit singulärem Leistungsaustausch in und Verträgen mit einem mehrfachen Leistungsaustausch vorgeben.

2007 Vgl. *Heinrichs* NJW 1993, 1817 (1821).

2008 Im Erg. eine Missbräuchlichkeit gem. Art. 3 Abs. 1 RL ablehnend OLG Hamm OLGR 2004, 281 (283 f.).

2009 Siehe dazu bereits § 5 B. VII. 4.) a) aa) und b).

2010 Siehe ausführlich zum Gerechtigkeitsgehalt der synallagmatischen Verknüpfung § 6 B. III. 2.) d) dd) (3) (a) – (b) und § 5 B. VI. 2.) b) bb) (1).

(a) Nr. 1b) Anhang RL

Gegen eine Abweichung von den Ergebnissen für Aufrechnungsbeschränkungen in Verträgen mit singulärem Leistungsaustausch spricht, dass der Wortlaut von Nr. 1b) Anhang RL *nicht zwischen verschiedenen Vertragsarten* unterscheidet. Entscheidend ist allein, dass die Gegenforderung aus einer Vertragsverletzung des Gewerbetreibenden entstanden und eine Aufrechnung gegen eine Forderung aus dem Vertragsverhältnis ausgeschlossen ist. Diesen Tatbestand erfüllt die betrachtete Aufrechnungsbeschränkung auch und unterfällt demgemäß auch bei Dauerschuldverhältnissen Nr. 1b) Anhang RL.[2011]

(b) Art. 3 Abs. 1, 3 i.V.m. Nr. 1b) Anhang RL

Auch hier ist aufgrund der Gewichtigkeit, welche die Parteien der gegenseitigen Leistungserbringung der Hauptleistungspflichten zugestanden haben, eine Abweichung von der Bewertung zum singulären Leistungsaustausch abzulehnen. Es erscheint ebenso lebensfremd, dass der „loyale" Vertragspartner sich auf eine Aufrechnungsbeschränkung und damit auf eine Trennung der Verknüpfung zwischen den Hauptleistungspflichten im Fall einer Nicht- oder Schlechtleistung des Gewerbetreibenden bei „gleichberechtigten" Vertragsverhandlungen einlassen würde.

Insoweit ist auch nicht ausreichend, dass der Vertragspartner im Regelfall noch weitere Leistungen durch den Gewerbetreibenden erhält.[2012] Die Leistung kann weiterhin mangelhaft oder vollständig unbrauchbar sein. Außerdem ist unklar, ob ein solcher „Vorteil" im Rahmen von Art. 3 Abs. 1 RL überhaupt tragend herangezogen werden kann. Denn sofern in der Gesamtabwägung nach Art. 3 Abs. 1 RL auch Vorteile des Vertrags insgesamt einbezogen werden, bezieht sich dies im Grundsatz auf Vorteile, welche der Vertragspartner als „Ausgleich" für die nachteilige betrachtete (Aufrechnungs-)Klausel erhält.[2013] Der mehrfache Leistungsaustausch basiert allerdings *allein auf der Natur des*

2011 Wohl auch BeckOGK-BGB/*Weiler* (01.03.2021) § 309 Nr. 3 Rn. 65, 69, 12 ff.

2012 Dieses Argument im Rahmen der deutschen Rechtslage anführend LG Berlin, Urteil v. 14.08.2012, Az. 29 O 297/11, BeckRS 2012, 210271. Siehe zu diesem Aspekt bereits § 6 B. III. 2.) d) dd) (3) (d) (bb).

2013 Vgl. *v. Westphalen* NJW 2013, 961 (963) mit EuGH EuZW 2011, 27 (Rn. 54 f.); allgemein kritisch gegenüber einer „Ausgleichsfunktion" *Heiderhoff* WM 2003, 509 (512); für eine weiterreichende Einbeziehung von Umständen des Vertrags aber wohl *Kapnopoulou*, Recht der missbräuchlichen Klauseln, 119.

Vertrags, nicht aber als „bewusste" Kompensation für Nachteile aus der untersuchten Vertragsbestimmung.

(3) Zwischenergebnis

Aufrechnungsbeschränkungen, die die Aufrechnung für gleichartig gewordene, synallagmatische Forderungen ausschließen, sind nach Art. 3 Abs. 1, 3 i.V.m. N r. 1b) Anhang RL missbräuchlich. Dies gilt sowohl für solche Bestimmungen in singulären Austauschverträgen als auch in Dauerschuldverhältnissen.

Aufgrund der Unwirksamkeit nach § 307 Abs. 1 Satz 1, Abs. 2 BGB war nicht erforderlich, dass der BGH in seiner Entscheidung vom 07.04.2011 auf die europarechtlichen Vorgaben eingegangen ist. Verwunderlich ist es dennoch, da die Bewertung mit Berücksichtigung der europäischen Vorgaben eine weitere Rechtfertigung erfahren hätte und die Vorgaben der Richtlinie insoweit etwas eindeutiger ausgestaltet sind als die der deutschen Regelungen.

e) Unternehmervertrag– Übertragung der Verbraucherwertungen

Die Regelung des § 310 Abs. 1 Satz 1 BGB gibt im Rahmen von formularmäßigen Vereinbarungen gegenüber einem Unternehmer vor, dass eine Unwirksamkeit nicht unmittelbar nach § 309 Nr. 2 und Nr. 3 BGB in Betracht kommt.[2014] Vielmehr prägen diese Regelungen zum Teil die Wertungskriterien für eine Bestimmung einer unangemessenen Benachteiligung nach § 307 BGB.[2015] Im Folgenden wird untersucht, ob die Wertungen, die für den Verbrauchvertrag bei gleichartig gewordenen, synallagmatischen Forderungen gelten, auch auf den Unternehmerbereich zu übertragen sind.

aa) Ansichten in der Rechtsprechung

Die höchstrichterliche Rechtsprechung zu Aufrechnungsbeschränkungen im Verbraucherbereich, die sich (auch) auf gleichartig gewordene, synallagmatische Forderungen beziehen, wird in der instanzgerichtlichen Rechtsprechung zum Teil auch auf den Unternehmerbereich übertragen.[2016] Der der

2014 Vgl. nur *Gothe* NZBau 2015, 144 (148).

2015 Siehe zum Umfang des Einflusses der aus § 309 Nr. 2 BGB und § 309 Nr. 3 BGB abzuleitenden Wertungen auf die Beurteilung nach § 307 BGB im Unternehmervertrag § 5 B. VI. 2.) b) bb) und cc).

2016 LG Freiburg, Urteil v. 17.12.2012, Az. 12 O 64/12, BeckRS 2012, 25563; vgl. OLG Nürnberg NJOZ 2014, 1882 (1884, allerdings inhaltlich auch für Forderungen außerhalb der synallagmatischen Verknüpfung).

synallagmatischen Verknüpfung innewohnende Gerechtigkeitsgehalt habe bei Unternehmern dieselbe Bedeutung wie bei Verbrauchern.[2017] Diese Bewertung wird außerdem auf andere Verträge als Werkverträge, wie Werklieferungs- oder Kaufverträge übertragen.[2018]

Zum Teil wird eine Übertragung auf den Unternehmervertrag allerdings unter Hinweis auf die formularmäßige, zulässige Abbedingung der Aufrechnungsmöglichkeit und der §§ 273, 320 BGB im Unternehmerverkehr abgelehnt, sofern diese nicht unbestrittene, rechtskräftig festgestellte oder entscheidungsreife Forderungen erfasst.[2019]

bb) Ansichten in der Literatur

Die Ansicht des BGH im Urteil von 2011 wird in der Literatur hinsichtlich des Verbotes von Aufrechnungsbeschränkungen durch die Annahme einer unangemessenen Benachteiligung überwiegend auch auf den Bereich von Unternehmern übertragen.[2020] Dabei wird sich größtenteils darauf berufen, dass die synallagmatische Beziehung der Forderungen im Unternehmerbereich den

---

2017 LG Freiburg, Urteil v. 17.12.2012, Az. 12 O 64/12, BeckRS 2012, 25563; OLG Nürnberg NJOZ 2014, 1882 (1884); vgl. auch BGH NJW-RR 2008, 31 (32 f., Vorbehaltsurteil in diesen Konstellationen auch im Unternehmervertrag unzulässig).

2018 Vgl. OLG Nürnberg NJOZ 2014, 1882 f.; vgl. auch die w.N. in Fn. 1933 bis Fn. 1935.

2019 LG Köln, Urteil v. 14.03.2012, Az. 23 O 135/11, BeckRS 2012, 9421; vgl. auch OLG Celle BauR 2011, 271 (272); im Erg. ebenso, aber ohne auf die Besonderheiten im Unternehmervertrag abzustellen OLG Celle, Urteil v. 22.03.2012, Az. 2 U 127/11, Juris; OLG Dresden, Beschluss v. 15.07.2014, Az. 5 U 52/14, BeckRS 2015, 216; LG Köln NJW-RR 2012, 980; w.N. in Fn. 1936.

2020 BeckOGK-BGB/*Weiler* (01.03.2021) § 309 Nr. 3 Rn. 84, 63; v. Westphalen/Thüsing/*v. Westphalen*, VertrR/AGB-Klauselwerke (45. EL 2020), Teil „Vertragsrecht" II – Aufrechnungsklauseln, Rn. 16; *ders.* NJW 2012, 2243 (2247); *Kesselring/Hennig* NJW 2012, 1857 (1858); wohl auch Staudinger/*Coester-Waltjen* § 309 Nr. 3 Rn. 2 a.E., § 309 Nr. 2 Rn. 4; Ulmer/Brandner/Hensen/*Schäfer* § 309 Nr. 3 Rn. 7; *v. Westphalen* NJW 2002, 12 (20); *Niebling* ZMR 2011, 620 (621); s.a. *Eckhoff* GWR 2011, 446; *Litzenberger* EWiR 2015, 15 (16); speziell für Werkverträge *Gothe* NZBau 2015, 144 (148, keine Übertragung auf Kauf- und Werklieferungsverträge); ohne Differenzierung zwischen AGB gegenüber einem Verbraucher und einem Unternehmer, aber differenzierend zwischen AGB im Werkvertrags- und Architektenrecht (Klausel wohl unwirksam) und im Bankenrecht (Klausel wirksam) *Findeisen* WM 2016, 2286 (2289 f.); a.A. NK-BGB/*Kollmann* § 309 Rn. 51.

gleichen Stellenwert wie im Verbraucherbereich einnehme.[2021] Zum Teil wird sich – dogmatisch unzutreffend – auf die Indizfunktion des § 309 Nr. 3 BGB berufen.[2022]

cc) Bewertung

Jede Aufrechnungsbeschränkung, welche sich auf Forderungen bezieht, die im Synallagma stehen, ist im Verbrauchervertrag nach § 307 Abs. 1 Satz 1, Abs. 2 Nr. 1 BGB unwirksam. Daher ergibt sich aus dem Grundsatz, dass die Klauselbewertung im Rahmen des Unternehmerverkehrs nicht strenger vorgenommen werden kann als im Verbrauchervertrag[2023], kein weiterer Erkenntnisgewinn für die vorliegend betrachtete Fragestellung.

(1) Ausgangspunkt: Grundlegender Gerechtigkeitsgehalt der synallagmatischen Verknüpfung

Bereits dargelegt wurde, dass die Parteien dem Abhängigkeitsverhältnis der Haupt- und Gegenleistungen eine besondere Bedeutung zumessen. Dies erfolgt im Grundsatz unabhängig von dem Rechtssubjekt, also unabhängig davon, ob Verbraucher oder Unternehmer beteiligt sind. Der Vertragspartner verspricht seine eigene Leistung für den Erhalt der Gegenleistung. Kein Vertragspartner will bei einem Austauschvertrag seine Hauptleistungspflicht unabhängig von der Gegen-Hauptleistungspflicht und deren Qualität des anderen Vertragspartners erbringen.[2024] Auch die Absicherung des Synallagmas in §§ 320 ff. BGB und § 281 BGB gilt grundsätzlich für alle vertraglichen Beziehungen. Die Unternehmereigenschaft begründet auch für individualvertragliche Vereinbarungen an keiner Stelle einen *gesetzlichen* Ansatzpunkt dafür, dass das Abhängigkeitsverhältnis der Hauptleistungspflichten *weniger stark* geschützt werden soll, als gegenüber einem Verbraucher.

2021 BeckOGK-BGB/*Weiler* (01.03.2021) § 309 Nr. 3 Rn. 84, 63; vgl. auch v. Westphalen/Thüsing/*v. Westphalen*, VertrR/AGB-Klauselwerke (45. EL 2020), Teil „Vertragsrecht“ II – Aufrechnungsklauseln, Rn. 16.

2022 Wolf/Lindacher/Pfeiffer/*Dammann* 309 Nr. 3 Rn. 70 a.E.; zutreffend und hingegen den betroffenen Kernbereich der hier erörterten Konstellation der Vorschrift § § 309 Nr. 2a (i.V.m. § 307) BGB zuordnend v. Westphalen/Thüsing/*v. Westphalen*, VertrR/AGB-Klauselwerke (45. EL 2020), Teil Vertragsrecht“ II – Aufrechnungsklauseln, Rn. 16.

2023 Siehe dazu nur § 5 B. VI. 2.) b) aa) (1).

2024 Siehe § 5 B. VI. 2.) b) bb) (1) und § 6 B. III. 2.) d) dd) (3) (a) - (b) und (e).

Unter dieser Annahme müssten genauso wie im Verbrauchervertrag besondere Gründe vorliegen, welche eine Abweichung vom grundlegenden Leitbild der synallagmatischen Verknüpfung i.S.d. § 307 Abs. 2 Nr. 1 BGB rechtfertigten.[2025] Für den Verbrauchervertrag wurde bereits dargelegt, dass in den vorliegend betrachteten Aufrechnungsbeschränkungen kein rechtfertigendes, über den Beschränkungszweck der Aufrechnung hinausgehendes Interesse vorliegt. Daher wird im Folgenden betrachtet, ob Gesichtspunkte *des geringeren Schutzbedarfs* des Unternehmerverkehrs[2026] eine Abweichung legitimieren.

(2) Besondere Aspekte des Unternehmerverkehrs

(a) Keine Indizwirkung des § 309 Nr. 2a BGB

Eine zwingende geringere Schutzwürdigkeit kann nicht daraus abgeleitet werden, dass nach der herrschenden Ansicht der Verbotsbereich des § 309 Nr. 2a BGB nicht auf den Unternehmerbereich über § 307 BGB zu übertragen ist.[2027] Es wurde bereits belegt, dass eine Indizwirkung aufgrund des grundlegenden Gerechtigkeitsgehaltes des synallagmatischen Abhängigkeitsverhältnisses anzunehmen ist.[2028] Mithin sind die § 309 Nr. 2a BGB immanenten Wertungen gleichsam wie im Verbrauchervertrag[2029] auch im Unternehmervertrag zu berücksichtigen. Aus diesem Gesichtspunkt ergibt sich kein größerer Spielraum für (mittelbare) Ausschlüsse des Leistungsverweigerungsrechtes.

2025 In diese Richtung zutreffend auch BeckOGK-BGB/*Weiler* (01.03.2021) § 309 Nr. 2 Rn. 99 ff.; umgekehrt Gründe für eine Unwirksamkeit verlangend *Gothe* NZBau 2015, 144 (148); MüKo-BGB/*Wurmnest* § 309 Nr. 2 Rn. 20; Ulmer/Brandner/Hensen/*Schäfer* § 309 Nr. 2 Rn. 20 f.

2026 BT-Drs. 14/6857, 17; *Berger/Kleine* BB 2007, 2137 (2138); Prütting/Wegen/Weinreich/*Berger* § 307 Rn. 30.

2027 Vgl. bspw. Staudinger/*Coester-Waltjen* § 309 Nr. 2 Rn. 10 m.w.N.; MüKo-BGB/*Wurmnest* § 309 Nr. 2 Rn. 20; Wolf/Lindacher/Pfeiffer/*Dammann* § 309 Nr. 2 Rn. 70; BeckOK-BGB/*Becker* (01.02.2021) § 309 Nr. 2 Rn. 17; *Gothe* NZBau 2015, 144 (148); vgl. auch OLG Celle BauR 2011, 271 (272); OLG Düsseldorf WuM 2000, 678; OLG Düsseldorf NJW-RR 1995, 850.

2028 Siehe dazu § 5 B. VI. 2.) b) bb).

2029 Zur fehlenden unmittelbaren Einschlägigkeit von § 309 Nr. 2a BGB bei den vorliegend betrachteten Aufrechnungsbeschränkungen und der allgemeinen Berücksichtigung der Wertungen bei § 307 Abs. 1 Satz 1, Abs. 2 Nr. 1 BGB siehe § 6 B. III. 2.) d) aa) und dd) (3) (a) - (b) und (e).

(b) Besonderheiten im Unternehmerverkehr

Über die Gründe, die für eine Zulässigkeit von den vorstehend betrachteten Aufrechnungsbeschränkungen bereits im Rahmen des Verbrauchervertrages einschlägig waren, kann als unternehmertypische Besonderheit zugunsten des Verwenders angeführt werden, dass der Vertragspartner als Unternehmer *geschäftsgewandter und – erfahrener* sei.[2030] Folglich sei dieser nicht wie der Verbraucher auf das Leistungsverweigerungsrecht des § 320 BGB angewiesen, zumal er die Geschäftsbeziehung mit dem Verwender beenden könne. Dies würde den Verwender härter treffen, als die Geltendmachung des Leistungsverweigerungsrechtes.[2031] Außerdem kenne der Unternehmer aufgrund seiner Geschäftserfahrung die Handelsbräuche, sodass er wisse und Verständnis habe, dass bspw. der Lieferant seinen Leistungspflichten gegenüber dem Vorlieferanten pünktlich nachkommen und entsprechend der betrachtete Entgeltanspruch unabhängig von Auseinandersetzungen über den Gegenanspruch bestehen müsse.[2032] Zusätzlich sei es für den Unternehmer weniger belastend, seine Rechte gegen den Verwender einzuklagen.[2033]

Diese Gründe können allerdings weder allein noch in einer Gesamtschau rechtfertigen, dass eine Abweichung von der gegenseitigen Abhängigkeit der Hauptleistungspflichten zulässig ist. Zutreffend ist insoweit, dass Unternehmer im Regelfall geschäftserfahrener sind und auch mit den Gegebenheiten des Handelsverkehrs vertraut sind. Allerdings erscheint ein darauf basierender „Abbruch" der Geschäftsbeziehungen gegenüber dem Verwender statt der Geltendmachung eines Leistungsverweigerungsrechtes bzw. der Aufrechnung nicht als tragfähige Interessensalternative.[2034] Zum einen hängt dies vom jeweiligen Einzelfall ab, da mit der Eigenschaft als Unternehmer nicht gleichsam gesagt ist,

---

2030 Vgl. allgemein Palandt/*Grüneberg* § 307 Rn. 39; OLG Frankfurt NJW 2016, 2343 (2344); LG Essen, Urteil v. 26.02.2015, Az. 6 O 417/14, BeckRS 2015, 7323; hinsichtlich einer Auslegung von AGB eine höhere Rechtskenntnis des Unternehmers annehmend BeckOGK-BGB/*Weiler* (01.03.2021) § 309 Nr. 3 Rn. 87; Soergel/*Knops* § 309 Rn. 3 Rn. 29.

2031 Wolf/Lindacher/Pfeiffer/*Dammann* § 309 Nr. 2 Rn.70; Wolf/Horn/Lindacher/*Wolf*, 4. Auflage 1999, § 11 Nr. 2 Rn. 28.

2032 MüKo-BGB/*Wurmnest* § 309 Nr. 2 Rn. 20.

2033 Vgl. Wolf/Lindacher/Pfeiffer/*Dammann* § 309 Nr. 2 Rn. 70; MüKo-BGB/*Wurmnest* § 309 Nr. 2 Rn. 20; Ulmer/Brandner/Hensen/*Schäfer* § 309 Nr. 2 Rn. 20; Wolf/Horn/Lindacher/*Wolf*, 4. Auflage 1999, § 11 Nr. 2 Rn. 28; allgemein *Berger/Kleine* BB 2007, 2137 (2138).

2034 So aber wohl Wolf/Lindacher/Pfeiffer/*Dammann* § 309 Nr. 2 Rn.70.

dass dieser viele Vertragsbeziehungen mit den gleichen Vertragspartnern eingeht bzw. pflegt. Außerdem wird bei diesem Argument nicht berücksichtigt, dass vorliegend eine unangemessene Benachteiligung bei gleichartig gewordenen (synallagmatischen) Forderungen bestimmt werden soll. Hier wurde die Hauptleistungspflicht durch den Verwender nicht oder nicht mangelfrei erbracht. Insoweit hilft dem Vertragspartner ein möglicher Abbruch der Geschäftsbeziehungen im Übrigen nicht darüber hinweg, dass dieser im konkreten Fall für eine mangelhafte Leistung seine Gegenleistung vollständig und unabhängig von Mängelansprüchen erbringen müsste.

Auch das Argument, dass es für den Unternehmer aufgrund der Geschäftserfahrung eine geringere Belastung sei, eine Widerklage zu erheben oder seinen Anspruch gerichtlich selbstständig durchzusetzen[2035], kann keine geringere Schutzfunktion der Inhaltskontrolle gegenüber Unternehmern rechtfertigen. Die dem Synallagma innewohnende gegenseitige Leistungserbringung und -durchsetzung ist mit einer geringeren Belastung der tatsächlichen Durchsetzung durch den Unternehmer nicht vergleichbar. Diese Aspekte stehen nicht in einem eigenen Abwägungsverhältnis zueinander. Sie sind vielmehr unabhängig voneinander und können bzw. müssen daher auch in diesem Verhältnis in den Abwägungsvorgang einbezogen werden. Dann aber kann eine – vermeintliche – geringere Belastung des Unternehmers einen *grundlegenden Wertungsgesichtspunkt mit Leitbildfunktion*, den die Parteien dabei noch dem Vertrag zugrunde gelegt haben, nicht überwiegen.

Auch im Rahmen von Dauerschuldverhältnissen ist *keine* Abweichung von der Beurteilung im Verbrauchvertrag anzunehmen. Auch hier besteht zwischen den dauerhaften Leistungspflichten eine von den Vertragspartnern gewünschte Gegenanspruchsabhängigkeit, mithin eine enge Verknüpfung der Forderungen und deren Durchsetzungsmöglichkeiten. Für eine Abweichung von diesem Grundsatz mit Leitbildfunktion durch AGB mit der Gefahr einer gestörten Vertragsparität müssten gewichtige Gründe nachweisbar vorliegen. Auch im Vertrag mit Unternehmern stellt das „Vermögensinteresse“ am pünktlichen und regelmäßigen Eingang der Gegenleistungen zur möglichen Tilgung von eigenen Verbindlichkeiten *keinen solchen gewichtigen Grund* dar.[2036] Der Nachteil aufgrund

---

2035 Dazu die Nachweise in Fn. 2030 und Fn. 2033.

2036 Im Erg. für alle synallagmatischen Forderungen auch BeckOGK-BGB/*Weiler* (01.03.2021) § 309 Nr. 3 Rn. 84 und Soergel/*Knops* § 309 Nr. 3 Rn. 29; a.A. OLG Dresden, Beschluss v. 15.07.2014, Az. 5 U 52/14, BeckRS 2015, 216; siehe dazu ausführlich und mit w.N. § 6 B. III. 2.) e) aa) und bb).

eines fehlenden Zahlungseinganges, auf den der Verwender zur Erfüllung seiner bestehenden Finanzierungsschulden vertraut, ist nicht gewichtig genug, um das Interesse – des Vertragspartners – am gegenseitigen, mangelfreien Austausch der synallagmatischen Leistungspflichten zu überwiegen. Dem Verwender steht mit dem Miet-/Pachtgegenstand in der Regel eine Vermögensposition zur Kompensation, wie bspw. eine Zwischenfinanzierung, zur Verfügung. Daher ist es eher ihm bei einer Nichts- oder Schlechtleistung bezüglich einer synallagmatischen Forderung zuzumuten, einen vorübergehenden Zahlungsausfall hinzunehmen, als dem Verbraucher, welchem im Regelfall keine solchen Kompensationsmöglichkeiten zur Verfügung stehen, die Aufrechnungsmöglichkeit zu versagen.

dd) Zwischenergebnis

§ 307 Abs. 1 Satz 1, Abs. 2 Nr. 1 BGB steht auch im Unternehmerverkehr Aufrechnungsbeschränkungen entgegen, welche im Ergebnis ein ursprünglich bestehendes Leistungsverweigerungsrecht nach § 320 bzw. § 641 Abs. 3 BGB mittelbar bzw. faktisch ausschließen. Folglich sind Aufrechnungsbeschränkungen, die gleichartig gewordene synallagmatische Forderungen von der Aufrechnung ausschließen, auch im Unternehmervertrag nach § 307 Abs. 1 Satz 1, Abs. 2 Nr. 1 BGB unwirksam.

Dieses Ergebnis resultiert aus der synallagmatischen Verknüpfung der Forderungen, welche auch die Unternehmer dem Vertrag zugrunde legen und der auch im Unternehmerverkehr die gleiche Bedeutung wie im Verbraucherbereich zukommt. Gewichtige Gründe, welche bei abstrakt-generalisierender Betrachtung i.S.d. § 307 Abs. 1 Satz 1, Abs. 2 Nr. 1 BGB im Regelfall eine Abweichungsmöglichkeit vom geschützten Abhängigkeitsverhältnis der Forderungen rechtfertigen, sind nicht ersichtlich.

3.) Gleichartig gewordene Forderungen – Konnexität

Nach einer Bestimmung, wann eine Aufrechnungsbeschränkung wirksam bzw. unwirksam ist, wenn diese sich auf gleichartig gewordene Forderungen aus einem Synallagma bezieht, ist anschließend die Frage zu untersuchen, ob die *Unwirksamkeitsgrenze noch umfassender* zu ziehen ist. Mithin, ob noch weitere Forderungen nicht von der Aufrechnungsmöglichkeit ausgeschlossen werden können.[2037] Daher wird im Folgenden untersucht, welche Grenzen für

---

2037 Offen gelassen in BGH NJW 2011, 1729 (1730); ausführlich zu den verschiedenen Ansichten sogleich § 6 B. III. 3.) b) dd) (1).

Aufrechnungsbeschränkungen bestehen, die die Aufrechnung mit gleichartig gewordenen, *konnexen* Forderungen ausschließen, im Übrigen aber eine Aufrechnung mit ursprünglich gleichartigen und gleichartig gewordenen, synallagmatischen Forderungen zulassen.[2038]

a) Konnexität vs. aus demselben Vertragsverhältnis

Vorliegend werden Forderungen betrachtet, für die „nur" ein Zurückbehaltungsrecht nach § 273 BGB bestand und welche nicht in einem synallagmatischen Verhältnis i.S.d. § 320 BGB zueinander standen. Aber auch bei diesen Forderungen stehen sich im Regelfall ursprünglich zwei *ungleichartige* Forderungen gegenüber. Sofern diese durch eine Umwandlung in bzw. Ersetzung durch einen Schadensersatzanspruch gleichartig werden, ist letztendlich die Ausübung des Zurückbehaltungsrechtes nicht mehr möglich, da die Geltendmachung einer Zurückbehaltung bei gleichartigen Forderungen im Regelfall als Aufrechnungsklärung anzusehen ist.[2039] Auch in diesen Konstellationen ist die Zulässigkeit solcher Beschränkungen im Formularvertrag zweifelhaft, da dem unmittelbaren Ausschluss des Zurückbehaltungsrechtes durch § 309 Nr. 2b BGB bestimmte Grenzen gesetzt sind.

Bei diesen gleichartig gewordenen Forderungen handelt es sich inhaltlich um solche Forderungen, die bspw. aufgrund einer Pflichtverletzung von leistungsbezogenen Nebenpflichten zu Schadensersatzansprüchen geführt haben oder Mangelfolgeschäden betreffen. Auch in diesen Fällen hat sich die vorherige (Neben-)Leistungspflicht in eine gleichartige (Schadens-)Ersatzleistungspflicht „umgewandelt".[2040]

aa) Gleichartig gewordenen Forderungen aus einem „einheitlichen Rechtsverhältnis"

Im Grundsatz besteht für alle konnexen Forderungen ein Zurückbehaltungsrecht i.S.d. § 273 BGB. Darunter fallen entsprechend nicht nur Forderungen aus demselben Vertragsverhältnis, sondern auch gegenseitige Forderungen aus

2038 Zur Übersicht der drei Fallgestaltungen siehe § 6 B.

2039 Siehe dazu § 4 B. IV. 2.) b).

2040 So wohl auch BeckOGK-BGB/*Weiler* (01.03.2021) § 309 Nr. 3 Rn. 66; vgl. OLG Hamburg, Urteil v. 12.09.2012, Az. 13 U 212/11, BeckRS 2014, 03612; NZBau 2011, 599 (600); insoweit zweifelhaft LG Nürnberg-Fürth, Urteil v. 20.09.2013, Az. 5 HK O 2105/13, BeckRS 2013, 21376 (aufgehoben durch Nachinstanz OLG Nürnberg NJOZ 2014, 1882); siehe zu den verschiedenen Forderungsarten auch § 6 B. III. 1.).

einem *innerlich zusammengehörenden einheitlichen Lebensverhältnis.*[2041] Mithin können im letztgenannten Fall auch Forderungen aus mehreren einzelnen Vertragsverhältnissen betroffen sein. Insoweit hat der Gesetzgeber für den formularmäßigen Bereich bereits vorgegeben, dass das Zurückbehaltungsrecht nicht vollständig geschützt ist. So erfasst das Verbot des Ausschlusses nach § 309 Nr. 2b BGB nur ein Zurückbehaltungsrecht für Forderungen aus *demselben Vertragsverhältnis*[2042]*, also aus demselben Vertrag.* Aufgrund der eindeutigen gesetzlichen Differenzierung zwischen Zurückbehaltungsrechten aus einem Vertragsverhältnis und aus einem Rechtsverhältnis liegt die Schlussfolgerung nahe, dass das Zurückbehaltungsrecht für Forderungen, die *nicht* aus einem Vertragsverhältnis stammen, im Formularbereich stets wirksam nach §§ 307 ff. BGB – allgemein oder aufgrund einer Aufrechnungsbeschränkung – ausgeschlossen werden kann.[2043] Dies ist insoweit zutreffend, als dass der formularmäßige Zurückbehaltungs- bzw. Aufrechnungsausschluss nicht nach § 307 BGB allein deshalb als unangemessen angesehen werden kann[2044], weil sich der Ausschluss auf ein Zurückbehaltungsrecht i.S.d. § 273 BGB bezieht, deren Forderungen aus einem einheitlichen Lebensverhältnisses stammen. Daraus lässt sich hingegen nicht der Schluss ziehen, dass die Aufrechnungsbeschränkung nicht *aus anderen Gründen* unwirksam sein kann.

Für eine Zulässigkeit eines Ausschlusses des Zurückbehaltungsrechts und gegen solche „anderen" Unwirksamkeitsgründe für Forderungen aus einem einheitlichen Lebensverhältnis spricht allerdings, dass die gesetzlich anerkannten unterschiedlichen *Gerechtigkeitsstufen*, die diesen verschiedenen Konstellationen zugrunde liegen, durch ein umfassendes Verbot gleichgestellt würden. So wären *alle* Leistungsverweigerungsrechte formularmäßig nicht ausschließbar, obwohl diese sich hinsichtlich der inhaltlichen Verknüpfung unterscheiden. Die unterschiedliche Differenzierung im Gesetz, nämlich der Vorgabe von § 309 Nr. 2a BGB für „Forderungen im Synallagma", § 309 Nr. 2b BGB für „dasselbe Vertragsverhältnis" und § 273 BGB für einen „einheitlichen Lebensvorgang", würde in der Bewertung von formularmäßigen Ausschlüssen nicht wiedergespiegelt.

2041 Vgl. BeckOGK-BGB/*Krafka* (01.04.2021) § 273 Rn. 43 und die w.N. in Fn. 539 und Fn. 1101.

2042 Ausführlich zum Verbotsbereich des § 309 Nr. 2b BGB siehe § 5 B. V. 2.).

2043 So Wolf/Lindacher/Pfeiffer/*Dammann* Vorb. §§ 308, 309 Rn. 16.

2044 Siehe zum Verhältnis von §§ 308, 309 BGB zu § 307 BGB bereits § 5 B. VI. 2.) a) aa) und b) aa) (1).

Die aus diesen Gründen im Grundsatz für Verbraucherverträge folgende Zulässigkeit von Ausschlüssen der Aufrechnung für Forderungen, die lediglich aus einem einheitlichen Rechtsverhältnis nicht aber aus demselben Vertrag stammen und nicht synallagmatisch verknüpft sind, steht zusätzlich im Einklang mit den europäischen Vorgaben der Richtlinie 93/13/EWG. Art. 3 Abs. 1, 3 i.V.m. Nr. 1b) Anhang RL. Die Richtlinie verbietet eine Aufrechnungsbeschränkung nur insoweit, als eine Aufrechnung mit Ansprüchen aus einer Vertragswidrigkeit durch den Verwender gegen Vergütungsansprüche aus diesem Vertragsverhältnis ausgeschlossen wird. Eine Aufrechnung mit Forderungen aus anderen Vertragsverhältnissen kann durch einen Gewerbetreibenden unionsrechtlich beschränkt werden.[2045]

Soweit in diesem Maße ein Ausschluss der Aufrechnung im Verbrauchervertrag zulässig ist, folgt daraus auch die Vereinbarungsmöglichkeit im Unternehmervertrag.[2046]

bb) Zwischenergebnis

Eine Aufrechnungsbeschränkung ist weder im Verbraucher- noch im Unternehmervertrag deshalb unwirksam, weil sie Forderungen von der Aufrechnung und mittelbar von der Zurückbehaltung ausschließt, die zwar konnex i.S.d. § 273 BGB sind, aber aus verschiedenen Vertragsverhältnissen bzw. Verträgen stammen. Dieses Ergebnis ergibt sich sowohl auf nationaler als auch auf europäischer Ebene.

b) Verbrauchervertrag

aa) § 309 Nr. 2a BGB

Die Aufrechnungsbeschränkung bezieht sich in diesem Zusammenhang ausdrücklich nur auf Forderungen, die gleichartig geworden sind, aber weder vorher noch jetzt in einer synallagmatischen Beziehung zueinander standen oder stehen. Demgemäß lag oder liegt kein Leistungsverweigerungsrecht i.S.d. Anwendungsbereiches von § 309 Nr. 2a BGB vor. Aufgrund dessen kommt weder eine Wertung einer Leistungsverweigerung als Aufrechnung noch ein Ausschluss der Leistungsverweigerungsrechte durch die Aufrechnungsbeschränkung in

---

2045 Siehe zu den Vorgaben durch die Richtlinie 93/13/EWG ausführlich § 5. B. VII. 4.); zum genauen Anwendungsbereich von Nr. 1b) Anhang RL § 5 B. VII. 4.) a) bb) (2).

2046 Wohl auch BeckOGK-BGB/*Weiler* (01.03.2021) § 309 Nr. 3 Rn. 66; zum allgemeinen Schluss der Zulässigkeit im Unternehmervertrag aufgrund einer Zulässigkeit im Verbrauchervertrag siehe § 5 B. VI. 2.) b) aa) (1).

Betracht. Eine Unwirksamkeit kann sich daher nicht nach § 309 Nr. 2a BGB ergeben.

bb) § 309 Nr. 2b BGB

Eine Unwirksamkeit der Aufrechnungsbeschränkung könnte sich aber unter dem Gesichtspunkt ergeben, dass zwischen den ursprünglich ungleichartigen Forderungen zwar kein synallagmatisches Verhältnis bestand, allerdings die Forderungen aus demselben Vertragsverhältnis stammen und ein Zurückbehaltungsrecht bestand. Die Ausübung dieses Zurückbehaltungsrechts würde, wenn die Forderungen gleichartig werden, im Regelfall als Aufrechnung gewertet[2047], welche selbst vertraglich ausgeschlossen ist. Mithin wäre eine Zurückbehaltung insoweit nicht möglich.

(1) Ansichten in der Rechtsprechung

In der Rechtsprechung wird eine Unwirksamkeit *nicht* unmittelbar aus § 309 Nr. 2b BGB abgeleitet. Wenn eine Unwirksamkeit einer Aufrechnungsbeschränkung angenommen wird, welche durch ein Gleichartig-Werden der – nicht synallagmatischen – Forderungen auch ein vorher bestehendes Zurückbehaltungsrecht i.S.d. § 273 BGB ausschließt, wird eine Unwirksamkeit auf § 307 Abs. 1 Satz 1 BGB gestützt. Die Aufrechnungsbeschränkung sei wegen eines *Wertungswiderspruches zu § 309 Nr. 2b BGB* unwirksam.[2048]

2047 Siehe dazu und auch zu den Fällen, in denen die Wertung nach der in dieser Arbeit vertretenen Ansicht ausscheidet § 4 B. IV. 2.).

2048 Vgl. OLG Hamburg, Urteil v. 12.09.2012, Az. 13 U 212/11, BeckRS 2014, 03612; OLG Düsseldorf NJW-RR 1997, 628 (629, § 9 AGBG); s.a. OLG Koblenz OLGR 2003, 393 (394), welches einen Wertungswiderspruch zu § 309 Nr. 2b BGB annimmt. Allerdings handelte es sich im konkreten Fall um synallagmatische Gegenforderungen. Daher richtet sich die Beurteilung nach den Vorgaben für die Konstellation der „gleichartig gewordenen synallagmatischen Forderungen" (siehe dazu soeben § 6 B. III. 2). Einen Wertungswiderspruch zwischen § 309 Nr. 2 und Nr. 3 BGB annehmend OLG Nürnberg NJOZ 2014, 1882 (1884, letztendlich aber offen gelassen); vgl. ablehnend LG Oldenburg BauR 2000, 764 f.; OLG Düsseldorf NJW-RR 1999, 244 f. (konkret schon kein ursprüngliches Zurückbehaltungsrecht annehmend).

(2) Ansichten in der Literatur

Auch in der Literatur wird die hier untersuchte Konstellation fast ausschließlich *nicht* unter den unmittelbaren Anwendungsbereich des § 309 Nr. 2b BGB gefasst oder sich ausdrücklich dagegen ausgesprochen.[2049]

(3) Bewertung

Gegen eine unmittelbare Anwendung von § 309 Nr. 2b BGB spricht ausschlaggebend der Wille des Gesetzgebers.[2050] Dieser hat die Problematik erkannt und einen *Anwendungsvorrang von § 309 Nr. 3 BGB* vorgegeben. Damit hat er ausgedrückt, dass in den betroffenen Fällen eine Einschränkung des Leistungsverweigerungsrechtes vertretbar ist.[2051] Diese Meinung hat er auf die vorliegend betrachtete Konstellation erstreckt. Der Gesetzgeber stellt in den Gesetzesmaterialien explizit auf einen Gegenanspruch auf Zahlung von Schadensersatz aus demselben Rechtsverhältnis ab.[2052] Sofern ein solcher vorliegt, liegt aber bereits eine Pflichtverletzung einer vorherigen nichtsynallagmatischen Neben(leistungs)pflicht vor, sodass es sich um einen Fall der „*gleichartig gewordenen*" Forderungen handelt.[2053] Aufgrund des ausdrücklichen Bezugs auf § 11 Nr. 2b AGBG stellt er damit auf Forderungen aus „demselben *Vertrags*verhältnis" ab und meint daher nicht Schadensersatzansprüche aus anderen Vertragsverhältnissen. Demgemäß hat er nicht nur die Antwort für „ursprünglich gleichartige" Forderungen, die von einer Aufrechnungsbeschränkung erfasst werden[2054], vorgegeben. Vielmehr hat er seinen Willen des Anwendungsvorranges von § 309 Nr. 3 BGB auch für Konstellationen ausgedrückt, in welchen zwar ein Zurückbehaltungsrecht bestand,

---

2049 So wohl Wolf/Lindacher/Pfeiffer/*Dammann*, 6. Auflage 2013, § 309 Nr. 2 Rn. 55; Staudinger/*Coester-Waltjen* § 309 Nr. 2 Rn. 4 (Anwendung § 307 BGB); BeckOGK-BGB/*Kober* (01.01.2021) § 634 Rn. 802.2 f.; a.A. wohl MüKo-BGB/*Wurmnest* § 309 Nr. 2 Rn. 3 (Vorrang § 309 Nr. 2 BGB vor § 309 Nr. 3 BGB); fraglich, ob Anwendung von Nr. 2 nur bei synallagmatischen Forderungen Palandt/*Grüneberg* § 309 Rn. 20; allgemein wohl ablehnend BeckOK-BGB/*Becker* (01.02.2021) § 309 Nr. 3 Rn. 15 f.

2050 Vgl. BT-Drs. 7/3919, 29; siehe auch Wolf/Horn/Lindacher/*Wolf*, 4. Auflage 1999, § 11 Nr. 2 Rn. 24 und BeckOK-BGB/*Becker* (01.02.2021) § 309 Nr. 3 Rn. 15 f.

2051 BT-Drs. 7/3919, 29; Wolf/Horn/Lindacher/*Wolf*, 4. Auflage 1999, § 11 Nr. 2 Rn. 24; vgl. auch BeckOGK-BGB/*Weiler* (01.03.2021) § 309 Nr. 3 Rn. 65.1.

2052 BT-Drs. 7/3919, 29.

2053 Den Willen des Gesetzgebers auch auf diese Fälle beziehend BeckOGK-BGB/*Weiler* (01.03.2021) § 309 Nr. 3 Rn. 66.

2054 Siehe dazu § 6 B. III. 1.).

dies aber *nun mittelbar* durch die Aufrechnungsbeschränkung ausgeschlossen wird. Diese Meinung hat der Gesetzgeber auch nicht später revidiert. Bei der Integration von § 11 Nr. 2 AGBG und § 11 Nr. 3 AGBG in das BGB hat er diese Verbotstatbestände inhaltlich vollständig übernommen[2055] und keinen abweichenden Willen ausgedrückt.

Letztendlich ist dieser gesetzliche Wille einerseits de lege lata bindend. Anderseits ist dieser Sichtweise auch zuzustimmen und es bedarf auch keiner gesetzlichen Änderung. Dem Zurückbehaltungsrecht i.S.d. § 273 BGB kommt kein so grundlegender Gerechtigkeitsgehalt wie den Leistungsverweigerungsrechten i.S.d. § 320 BGB bzw. § 641 Abs. 3 BGB zu.[2056] Die synallagmatische Verknüpfung war die Grundlage zum Abschluss des Vertrages durch die Parteien.[2057] Der Wille zur Hauptleistung war oder ist an den Erhalt der Gegen(Haupt)leistung geknüpft. Diese besondere Verknüpfung für die Hauptleistungspflichten sieht allerdings der durchschnittliche Vertragspartner nicht auch gegenüber den die synallagmatischen (Haupt-) Leistungspflichten begleitenden (Neben-)Pflichten.[2058] Natürlich will der Vertragspartner bspw. aufgeklärt werden und nicht in seinen sonstigen Rechten verletzt werden - § 241 Abs. 2 BGB. Dies setzt er in der Regel allerdings „nur" voraus. Vorrangig ist er an der Erbringung der Hauptleistung interessiert.

cc) § 309 Nr. 3 BGB

Eine Unwirksamkeit von Klauseln, welche sich auf gegenseitige, gleichartige Forderungen beziehen, die aus demselben Vertragsverhältnis i.S.d. § 309 Nr. 2b BGB entstammen, sind auch nicht nach § 309 Nr. 3 BGB unwirksam.[2059] Wie dargestellt, erfasst § 309 Nr. 3 BGB diese Konstellation von seinem Verbotsbereich her nicht.[2060] Die formularmäßige Aufrechnungsbeschränkung muss allein eine

---

2055 Gesetz zur Modernisierung des Schuldrechts vom 26.11.2001 (BGBl. I 2001, 3138 [3145]); vgl. BT-Drs. 14/6040, 155.

2056 So zutreffend auch BeckOGK-BGB/*Weiler* (01.03.2021) § 309 Nr. 2 Rn. 6; siehe dazu bereits § 5. B. VI. 2.) b) cc) (1).

2057 Ausführlich dazu soeben § 6 B. III. 2.) d) dd) (3) (a) und (b); anschaulich zur Zweckbindung „do ut des" OLG München, Beschluss v. 20.03.2012, Az. 7 U 3199/11, BeckRS 2012, 07418 (allerdings im Zshg. mit einem Vorbehaltsurteil nach § 302 ZPO).

2058 Im Ansatz auch BeckOGK-BGB/*Weiler* (01.03.2021) § 309 Nr. 3 Rn. 66.

2059 So bspw. OLG Nürnberg NJOZ 2014, 1882 (1883, unwirksam nach § 307 BGB); OLG Düsseldorf NJW-RR 1997, 628 (629, unwirksam nach § 9 AGBG); im Erg. ebenso OLG Hamburg, Urteil v. 12.09.2012, Az. 13 U 212/11, BeckRS 2014, 03612.

2060 Siehe dazu § 5 B. IV. 2.) d) cc) und die Nachweise in Fn. 2059.

Aufrechnung mit Forderungen zulassen, welche unbestritten, rechtskräftig festgestellt oder entscheidungsreif (o.e.B.) sind.[2061]

dd) § 307 Abs. 1 Satz 1, Abs. 2 Nr. 1 BGB

(1) Ansichten in der Literatur und Rechtsprechung

Nur teilweise wird in der Literatur und Rechtsprechung ausdrücklich angenommen, dass das Klauselverbot nach § 307 Abs. 1 Satz 1, Abs. 2 Nr. 1 BGB hinsichtlich der vorliegend hier betrachteten Konstellation für Aufrechnungsbeschränkungen von gegenseitigen, gleichartig gewordenen Forderungen, welche gerade nicht im Synallagma stehen – entferntere Ansprüche[2062] –, eingreifen soll.[2063] So führt *Preussner*[2064] aus, dass

> *„unter dem Gesichtspunkt der Zumutbarkeit […] die Unterschiede zwischen „primären" Mangelansprüchen und „entfernteren" Gegenansprüchen nicht ausreichend [erscheinen], dass sie es rechtfertigen würden, dem Besteller die Nachteile eines Aufrechnungsverbots für „entferntere" Gegenansprüche aufzuerlegen. Ein qualitatives „Weniger" ist gerade bei deliktischen Ansprüchen oder Ansprüchen auf Ersatz von Mangelfolgeschäden nicht erkennbar".*

2061 Siehe zum materiellen Verbotsgehalt von § 309 Nr. 3 BGB und den sich daraus ergebenden Formulierungsanforderungen § 5 B. IV. 2.) d) und e).

2062 So bezeichnet von *Preussner* NZBau 2011, 599 (600); *Schulz* Notar 2016, 66 (68).

2063 *Preussner* NZBau 2011, 599 (600); MüKo-BGB/*Basedow*, 3. Auflage 1993, § 11 Nr. 2 AGBG Rn. 27; OLG Düsseldorf NJW-RR 1997, 628 (629); OLG Hamburg, Urteil v. 12.09.2012, Az. 13 U 212/11, BeckRS 2014, 03612; im Erg. auch OLG Nürnberg NJOZ 2014, 1882 (1884 f., einerseits Übertragung der Wertungen der Entscheidung des BGH NJW 2011, 1729, aber anderseits auf andere Umstände abstellend); im Erg. in einstweiliger Verfügung mit Unterlassungsanordnung LG Duisburg, Beschluss v. 23.09.2016, Az. 22 O 95/16 (nicht veröffentlicht, Klausel: *„Ein Recht zur Aufrechnung stehen Ihnen nur dann zu, wenn Ihre Gegenansprüche unbestritten, rechtskräftig festgestellt, oder im Rechtsstreit entscheidungsreif sind oder es sich um Gegenansprüche gem. § 320 BGB handelt."*); undifferenziert für alle konnexen Forderungen *Niebling* ZMR 2011, 620 (621); auf § 309 Nr. 2b BGB abstellend, obwohl es sich um synallagmatische Forderungen handelt OLG Koblenz OLGR 2003, 393 (394); Bedenken äußernd OLG Hamm, Urteil v. 27.01.2004, Az. 19 U 44/02, BeckRS 2004, 3096; wohl eine treuwidrige Berufung annehmend LG Köln, Urteil v. 17.01.2008, Az. 15 O 79/07, BeckRS 2008, 20751; vgl. auch BGH WM 1956, 563.

2064 *Preussner* NZBau 2011, 599 (600, auch deliktische Ansprüche).

Hingegen wird überwiegend in Rechtsprechung und Literatur ein Verbot von Aufrechnungsausschlüssen für solche gegenseitigen Forderungen aus demselben *Vertragsverhältnis* gem. § 307 BGB abgelehnt.[2065]

Im Übrigen wird in der Literatur wenig konkret angenommen, dass als Leitlinie für die Bewertung gelten solle, dass entsprechende Verbote eher zulässig seien, je weiter entfernt der Gegenanspruch zum Honoraranspruch bzw. der Werklohnforderung liege.[2066] Die höchstrichterliche Rechtsprechung hat diese Fragestellung bisher offengelassen.[2067]

(2) Bewertung

Die Bewertung, ob § 307 Abs. 1 Satz 1, Abs. 2 Nr. 1 BGB solche Aufrechnungsbeschränkungen verbietet, welche auch die Aufrechnung mit aus demselben Vertrag stammende, gleichartig gewordene nicht synallagmatische Forderungen verbietet, sollte in Gleichklang mit der Bewertung von der Aufrechnung ausgeschlossenen gleichartig gewordenen Synallagma-Forderungen erfolgen. Daher ist zu untersuchen, ob eine vergleichbare Interessenlage mit gleichermaßen vorhandenem Schutzkonzept für die hier betrachteten Forderungen vorliegt, welche die Annahme einer unangemessenen Benachteiligung i.S.d. § 307 BGB vorgibt.

2065 *Schwenker* ZfBR 2011, 425; BeckOGK-BGB/*Weiler* (01.03.2021) § 309 Nr. 3 Rn. 66; *Gothe* NZBau 2015, 144 (147 f.); BeckOGK-BGB/*Kober* (01.01.2021) § 634 Rn. 802.2; v. Westphalen/Thüsing/*Schmidt*, VertrR/AGB-Klauselwerke (41. EL 2018), Teil „Klauselwerke" – Architektenvertrag Rn. 225 (2. Abs.); vgl. LG Hamburg, Urteil v. 27.10.2011, Az. 328 O 512/09, BeckRS 2014, 03613; LG Nürnberg-Fürth, Urteil v. 20.09.2013, Az. 5 HK O 2105/13, BeckRS 2013, 21376 (aber einen Mangelfolgeschaden als „ursprünglich gleichartige Forderungen" einordnend, aufgehoben durch OLG Nürnberg NJOZ 2014, 1882); OLG Nürnberg WM 2016, 2300 (2302, aufgehoben durch BGHZ 218, 132 = NJW 2018, 2042, der eine Unwirksamkeit aus anderen Gründen annimmt); kritisch OLG Nürnberg BKR 2010, 458 (462, Fall der „ursprünglich gleichartigen Forderungen"); a.A. wohl OLG Nürnberg NJOZ 2014, 1882 (1883); OLG Düsseldorf NJW-RR 1997, 628 (629, § 9 AGBG); OLG Hamburg, Urteil v. 12.09.2012, Az. 13 U 212/11, BeckRS 2014, 03612; LG Bonn GRUR-RS 2020, 35925; *Niebling* ZMR 2011, 620 (621).

2066 *Deutsches Notarinstitut* DNotI-Report 6/2012, 41 (42); *Schulz* Notar 2016, 66 (68, Schadensersatzansprüche, Fertigstellungsmehrkosten, Vorschussansprüche nach § 637 Abs. 3 BGB und Mängelbeseitigungskosten); unklar auch *Hayn-Habermann* NJW-Spezial 2011, 492 (493); *Litzenberger* EWiR 2015, 15 (16).

2067 Vgl. für den Unternehmerbereich BGH NJW 2011, 1729 (1730); OLG Nürnberg NJOZ 2014, 1882 (1885).

(a) Vorgaben durch den Gesetzgeber

Der Gesetzgeber hat für die Frage, ob für die vorliegenden Konstellationen eine formularmäßige Aufrechnungsbeschränkung wirksam vereinbart werden kann, der Regelung des § 309 Nr. 3 BGB den Vorrang gegenüber § 309 Nr. 2b BGB eingeräumt.[2068] Aus dieser gesetzgeberischen Wertung ist zumindest abzuleiten, dass der Gesetzgeber dem Schutz des Zurückbehaltungsrechtes durch die Regelung von § 309 Nr. 2b BGB *nicht* den unabdingbaren Vorrang vor den Interessen des Verwenders an der Aufrechnungsbeschränkung zugestehen wollte. Vielmehr sollte die Beurteilung in diesen Fällen allein anhand der Grenzen für Aufrechnungsbeschränkungen nach § 309 Nr. 3 BGB erfolgen. Aufgrund dieser Wertung ist es zumindest nach dem gesetzgeberischen Anliegen systemwidrig, hier eine unangemessene Benachteiligung i.S.d. § 307 Abs. 1 Satz 1, Abs. 2 Nr. 1 BGB anzunehmen.[2069]

(b) Vergleich Gegenseitigkeitsverhältnis i.S.d. § 273 BGB und i.S.d. § 320 BGB

Wie aufgrund der verschiedenen bzw. gegenteiligen Ansichten[2070] ersichtlich, werden die Vorgaben des Gesetzgebers nicht allgemein anerkannt. Dies ist allerdings fehlgehend. Denn eine unangemessene Benachteiligung könnte entsprechend der Ausführungen zu synallagmatischen Forderungen nur angenommen werden, wenn dem Gegenseitigkeitsverhältnis von (Neben-) Forderungen aus demselben Vertrag derselbe oder zumindest ein vergleichbarer *Gerechtigkeitsgrundgehalt* wie der synallagmatischen Verknüpfung immanent ist. Dies ist aufgrund der bereits ermittelten verschiedenen Qualität des Abhängigkeitsverhältnisses der Forderungen, welches die Parteien dem Vertrag zugrunde legen wollten bzw. gelegt haben, nicht anzunehmen.[2071]

Eine Unterscheidung und eine solche „gestufte“ Einordnung der verschiedenen Leistungsverweigerungsrechte wurde auch von der höchstrichterlichen Rechtsprechung bereits im Kontext von Vorbehaltsurteilen nach § 302 BGB vorgenommen. Nach diesen Entscheidungen sei zwar bei synallagmatischen Forderungen ein Vorbehaltsurteil nicht ermessensfehlerfrei möglich, bei

---

2068 Vgl. BT-Drs. 7/3919, 29; s.a. Staudinger/*Coester-Waltjen* § 309 Nr. 2 Rn. 4 und ausführlich § 6 B. III. 3.) b) (bb).

2069 Ähnlich BeckOGK-BGB/*Weiler* (01.03.2021) § 309 Nr. 3 Rn. 66.

2070 Siehe dazu soeben § 6 B. III. 3.) b) dd) (1).

2071 Siehe dazu § 6 B. III. 2.) a) und c), § 6 B. III. 3.) a) aa) und § 5 B. VI. 2.) b) bb) (1) und cc) (1).

Mangelfolgeschäden hingegen schon.[2072] Wörtlich führt der BGH z.B. in einer Entscheidung aus dem Jahr 2008 aus:

> *„Bei dem Mietausfallschaden handelt es sich um einen Mangelfolgeschaden, der mit dem Werklohnanspruch nicht in synallagmatischer Verbindung steht. Die vom Senat im Urteil vom 24. 11. 2005 (BGHZ 165, 134 = NJW 2006, 698 = NZBau 2006, 169) entwickelten, die Möglichkeiten eines Vorbehaltsurteils einschränkenden Grundsätze gelten insoweit nicht. Wäre die Aufrechnung nur gegenüber diesem Schadensersatzanspruch erklärt, käme eine Verurteilung unter Vorbehalt in Betracht."*[2073]

Zwar sind die Ermessensgrenzen für den Erlass eines Vorbehaltsurteils nach § 302 ZPO nicht mit den Vorgaben oder Kriterien einer unangemessenen Benachteiligung i.S.d. § 307 Abs. 1 Satz 1, Abs. 2 Nr. 1 BGB identisch. Allerdings zeigen diese Entscheidungen zumindest auf, dass eine Unterscheidung zwischen den verschiedenen Beziehungsarten der Forderungen zueinander aufgrund der verschiedenen diesen innewohnenden Gerechtigkeitsausprägungen auch im vorliegenden Kontext möglich ist und diese unterschiedliche Wertung nicht nur vom Gesetzgeber, sondern auch von der Rechtsprechung gesehen werden. Folglich kann auch insoweit den einzelnen Forderungsarten und deren Beziehungen zueinander ein verschiedener Bedeutungsgehalt zugewiesen werden.

ee) Zwischenergebnis

Aufrechnungsbeschränkungen für gleichartig gewordene Forderungen, die aus *demselben Vertragsverhältnis* stammen, sind ohne Einbeziehung der Vorgaben der RL 93/13/EWG im Verbrauchvertrag wirksam vereinbar.[2074] Diese Bewertung ergibt sich aus dem vom Gesetzgeber vorgegebenen Vorrang vor § 309 Nr. 3 BGB vor § 309 Nr. 2b BGB und dem nicht vergleichbaren Schutzerfordernis für das Verhältnis synallagmatischer Forderungen.

2072 Vgl. BGHZ 165, 134 (139) = NJW 2006, 698 (699); BGH NJW-RR 2008, 31 (32 f.); ebenfalls ein Vorbehaltsurteil für zulässig haltend, sofern es sich nicht um Forderungen im Verhältnis des § 320 BGB handelt OLG Düsseldorf, Beschluss v. 04.04.2011, Az. 24 U 214/09, BeckRS 2011, 08966; OLG Naumburg NJW 2014, 1673 (1677); OLG München, Beschluss v. 20.03.2012, Az. 7 U 3199/11, BeckRS 2012, 07418; vgl. auch OLG Düsseldorf NZBau 2015, 373 mit kritischen Anm. *Zepp* (376 f.).

2073 BGH NJW-RR 2008, 31 (32 f.).

2074 Dies gilt nur bei der hier unterstellten Annahme, dass die Aufrechnungsbeschränkung § 309 Nr. 3 BGB entspricht (vgl. § 6 B.).

ff) RL 93/13/EWG

(1) Nr. 1b) Anhang RL

Die Missbräuchlichkeitskontrolle nach Art. 3 Abs. 1 RL erlangt wie dargelegt inhaltlich eine Konkretisierung durch eine bestimmte „Indizwirkung" der Klauselbeispiele[2075] in Nr. 1b) Anhang RL. Nr. 1b) Anhang RL bezieht sich nach der in dieser Arbeit vertretenen Ansicht auf alle Klauseln, welche eine Aufrechnung mit einer Forderung aus einer bzw. jeder Vertragsverletzung gegen eine Forderung aus demselben Vertragsverhältnis ausschließen.[2076] Darunter fallen die betrachteten Konstellationen, in welchen die Aufrechnung für Forderungen ausgeschlossen ist, die aus demselben Vertragsverhältnis[2077] stammen und die Forderungen gleichartig geworden sind. Daher ist ein entsprechender Ausschlag der Missbräuchlichkeitsbeurteilung nach Art. 3 Abs. 1 RL vorgegeben.

(2) Art. 3 Abs. 1, 3 i.V.m. Nr. 1b) Anhang RL

Für eine abweichende Beurteilung von der Wertungsvorgabe durch Nr. 1b) Anhang RL nach Art. 3 Abs. 1 RL wären Umstände oder Gründe erforderlich, die eine abweichende Beurteilung im Regelfall gebieten. Dabei ist allerdings erneut zu berücksichtigen, dass nach der in dieser Arbeit vertretenen Ansicht *nicht allein* nachvollziehbare Interessen des Gewerbetreibenden ausreichen können. Vielmehr müssten diese so ausgestaltet sein, dass ein Verbraucher dieser Vereinbarung auch bei gleicher Verhandlungsstärke in einem Individualvertrag zugestimmt hätte.[2078] Dies erfordert entsprechende Gründe, welche so zwingend sein müssen, dass ein „loyaler", d.h. Treu und Glauben entsprechender Vertragspartner sich auf die Vereinbarung eingelassen hätte. Derartige gewichtige oder zwingende Gründe sind im vorliegenden Kontext sowohl im singulären Austauschvertrag als auch in einem Dauerschuldverhältnis nicht anzunehmen. Die sich gegenüberstehenden Forderungen entstammen einem einzelnen Vertragsverhältnis. Dabei entsteht die Gegenforderung aufgrund einer Verletzung einer aus dem Vertragsverhältnis bestehenden Pflicht des Gewerbetreibenden. Auch wenn hier keine synallagmatische Beziehung der Forderungen von den Parteien

2075 Siehe zur durch eine Verwirklichung der Anhangbeispiele vorgegebenen Grundausrichtung der Gesamtbewertung nach Art. 3 Abs. 1 RL § 5 B. VII. 4.) a) bb) (1) (b).

2076 Siehe dazu § 5 B. VII. 4.) a) bb) (2) (d).

2077 Zur (unionsrechtlichen) Zulässigkeit für Aufrechnungsbeschränkungen, welche sich auf Forderungen aus einem einheitlichen Rechtsverhältnis, nicht aber auf Forderungen aus demselben Vertragsverhältnis beziehen, soeben § 6 B. III. 3.) a).

2078 Siehe zu diesem Bewertungskriterium § 5 B. VII. 4.) a) aa) und ee).

zu Grunde gelegt wurde, ist nicht zwingend, dass ein „loyaler" Verbraucher sich darauf einlassen wird, seine eigene, auf einer Pflichtverletzung basierende Forderung selbstständig und damit unabhängig von den Forderungen des Gewerbetreibenden durchsetzen zu müssen, weil der Gewerbetreibende ein Interesse am Erhalt der gegenanspruchsunabhängigen Hauptleistung besitzt. Es muss insoweit bei der „Vorgabe" durch die Erfüllung des Tatbestandes Nr. 1b) Anhang RL verbleiben, mithin einer Missbräuchlichkeit eines solchen Ausschlusses.

gg) Zwischenergebnis

Aufrechnungsbeschränkungen für Forderungen aus einem „einheitlichem Rechtsverhältnis", die nicht aus demselben Vertrag stammen, sind nach deutschen und europäischen Vorgaben zulässig, auch wenn damit ein zuvor bestehendes Zurückbehaltungsrecht i.S.d. § 273 BGB mittelbar ausgeschlossen wird. Diese Forderungsbeziehung ist gegenüber einem Aufrechnungs- und Zurückbehaltungsausschluss nicht von § 309 Nr. 3 BGB, § 309 Nr. 2b BGB, § 307 BGB oder durch europarechtliche Vorgaben geschützt.

Aufrechnungsbeschränkungen für gleichartig gewordene Forderungen aus *„demselben Vertragsverhältnis"* sind nach *deutschem Recht* wirksam vereinbar. § 309 Nr. 3 BGB kommt insoweit Vorrang mit Sperrwirkung zu. Es muss nur die Aufrechnung für unbestrittene, rechtskräftig festgestellte und entscheidungsreife Forderungen o.e.B. für eine Aufrechnung vorbehalten werden. Allerdings sind diese Aufrechnungsbeschränkungen nach europäischen Vorgaben missbräuchlich i.S.d. Art. 3 Abs. 1, 3 i.V.m. Nr. 1b) Anhang RL.

Bei der vorgegebenen richtlinienkonformen Auslegung von § 307 BGB[2079] sind folglich die betrachteten Aufrechnungsbeschränkungen für gleichartig gewordenen Forderungen aus demselben Vertragsverhältnis gem. § 307 Abs. 1 Satz 1, Abs. 2 Nr. 1 BGB i.V.m. Art. 3 Abs. 1, 3 i.V.m. Nr. 1b Anhang RL unwirksam.

c) Unternehmervertrag – Übertragung der Ergebnisse zum Verbrauchervertrag

Die Ergebnisse hinsichtlich der Wirksamkeit oder Unwirksamkeit von Aufrechnungsbeschränkungen, welche sich auf gleichartig gewordene konnexe Forderungen beziehen, lassen sich nicht vollständig auf Unternehmerverträge übertragen.

2079 Siehe dazu allgemein § 5 B. VII. 4.) c).

Aufrechnungsbeschränkungen, welche sich auf Forderungen beziehen, die gleichartig geworden sind, allerdings nur aus einem *einheitlichen Rechtsverhältnis* stammen, sind bereits im Verbrauchervertrag wirksam. Schon aufgrund der höheren Schutzwürdigkeit im Verbrauchervertrag folgt daraus, dass solche Vereinbarungen auch im Unternehmerverkehr nicht als unzulässig angesehen werden können.[2080]

Bei Beschränkungen der Aufrechnungsmöglichkeit für gleichartig gewordene Forderungen aus *demselben Vertragsverhältnis* ist ebenfalls keine Unwirksamkeit anzunehmen.[2081] Bei reiner Beurteilung anhand der deutschen Rechtsgrundlagen ist eine solche Vereinbarung auch im Verbrauchervertrag wirksam.[2082] Die strengeren Vorgaben durch die RL 93/13/EWG mit einer entsprechend ausgestalteten richtlinienkonformen Inhaltskontrolle nach § 307 BGB sind nicht auf den Unternehmervertrag zu übertragen. Die Richtlinie dient allein dem Verbraucherschutz und beinhaltet keine Regelungen für den Unternehmervertrag bzw. die Verträge mit einem Unternehmer.[2083]

Zusätzlich spricht auch die gesetzgeberische Wertung für eine entsprechende Ausschlussmöglichkeit im Unternehmervertrag. Denn nach der insoweit zutreffenden, herrschenden Ansicht hat § 309 Nr. 2b BGB keine Indizwirkung für den Unternehmervertrag.[2084] Selbst das restriktive Verlangen eines sachlichen Grundes für einen (mittelbaren) Ausschluss des Leistungsverweigerungsrechts für konnexe Forderungen aus demselben Vertragsverhältnis[2085] im Rahmen der Beurteilung nach § 307 Abs. 1, Abs. 2 Nr. 1 BGB führt zu keiner abweichenden Beurteilung. Durch ein solches Erfordernis können die Interessen

---

2080 Vgl. OLG Celle, Urteil v. 22.03.2012, Az. 2 U 127/11, Juris Rn. 39; allgemein zum Schluss von einer Wirksamkeit im Verbrauchervertrag auf eine Wirksamkeit im Unternehmervertrag siehe § 5 B. VI. 2.) b) aa) (1).

2081 Vgl. OLG Celle BauR 2011, 271 (272); OLG Celle, Urteil v. 22.03.2012, Az. 2 U 127/11, Juris; LG Köln, Urteil v. 14.03.2012, Az. 23 O 135/11, BeckRS 2012, 9421; wohl auch BeckOGK-BGB/*Weiler* (01.03.2021) § 309 Nr. 3 Rn. 84, 66; s.a. BGH NJW-RR 1989, 481.

2082 Siehe dazu soeben § 6 B. III. 3.) b) aa) - ee).

2083 Siehe allgemein zum Anwendungsbereich der RL § 5 B. VII. 3.).

2084 Siehe ausführlich dazu § 5 B. VI. 2.) b) cc) und statt vieler BeckOGK-BGB/*Weiler* (01.03.2021) § 309 Nr. 2 Rn. 99 ff. m.w.N.

2085 Zumindest für den Bereich einer Vorleistungsvereinbarung abweichend von § 320 BGB bspw. BGHZ 184, 345 (348 f.) = NJW 2010, 1449 (1450); BeckOGK-BGB/*Weiler* (01.03.2021) § 309 Nr. 2 Rn. 101; Ulmer/Brandner/Hensen/*Schäfer* § 309 Nr. 2 Rn. 20.

des Gewerbetreibenden an einer gegenanspruchsunabhängigen Durchsetzung der Entgeltforderung nach Erbringung der eigenen Hauptleistung besonders berücksichtigt werden. Der Unternehmer ist im Regelfall allgemein, aber spätestens nach Erbringung der eigenen Hauptleistungspflicht, auf den Eingang des Entgeltes angewiesen, um den „Cashflow" aufrecht zu erhalten und eigene regelmäßige Verbindlichkeiten erfüllen zu können.[2086] Diese Erwägungen gelten im Dauerschuldverhältnis in besonderem Maße.[2087] Höhere Anforderungen an den sachlichen Grund für einen mittelbaren Ausschluss sind nicht angemessen. Denn die noch offenen Gegenansprüche stehen aufgrund einer Nebenpflichtverletzung wertungsmäßig nachrangig gegenüber dem Entgeltanspruch.[2088]

Außerdem ist zu berücksichtigen, dass die vorliegenden Aufrechnungsbeschränkungen nur wirksam sind, sofern diese den Anforderungen des § 309 Nr. 3 (i.V.m. § 307 Abs. 1 Satz 1, Abs. 2 Nr. 1) BGB entsprechen. Daher muss in jedem Fall ein positiver Aufrechnungsvorbehalt für unbestrittene, rechtskräftig festgestellte und entscheidungsreife Forderungen o.e.B. vorgesehen sein. Mithin ist der Bereich, für den die Leistungsverweigerung mittelbar ausgeschlossen werden kann, auch insoweit bereits begrenzt.

IV. Fazit

Individualvertraglich vereinbarte Aufrechnungsbeschränkungen können sich auf gleichartig gewordene synallagmatische Forderungen beziehen und diese von der Aufrechnung ausschließen. Dies gilt ebenso für individualvertragliche Beschränkungen der Aufrechnung, die sich auf gleichartig gewordene konnexe Forderungen oder ursprünglich gleichartige Forderungen beziehen. Aufgrund der fehlenden Wirksamkeitsgrenzen, ist auch die Beschränkung für alle Forderungen möglich.

Im Rahmen von formularvertraglichen Aufrechnungsbeschränkungen bezüglich der ursprünglich gleichartigen, gleichartig gewordenen und

---

2086 Vgl. bspw. MüKo-BGB/*Wurmnest* § 309 Nr. 2 Rn. 20.

2087 Vgl. LG Köln NJW-RR 2012, 980 (981, Gewerberaummietvertrag, Unternehmervertrag); anschaulich, aber für den Ausschluss eines Minderungsrechts, BGH NJW 2008, 2497 (2498).

2088 Daher bezieht sich das Verlangen eines sachlichen Grundes in der Rspr. und Lit. im Regelfall auf die Vereinbarung einer Vorleistungspflicht abweichend von § 320 BGB; bspw. BGHZ 184, 345 (348 f.) = NJW 2010, 1449 (1450); Ulmer/Brandner/Hensen/*Schäfer* § 309 Nr. 2 Rn. 20; BeckOGK-BGB/*Weiler* (01.03.2021) § 309 Nr. 2 Rn. 101.

synallagmatischen oder konnexen Forderungen sind ursprünglich gleichartige Forderungen von den weiteren Konstellationen zu trennen.

Aufrechnungsbeschränkungen für ursprünglich gleichartig entstandene Forderungen sind nicht deshalb nach §§ 307 ff. BGB unwirksam, weil diese ein geschütztes Forderungsverhältnis beeinträchtigen. Für Forderungen aus *verschiedenen Verträgen*, kann kein Gegenseitigkeitsverhältnis i.S.d. § 320 BGB oder i.S.d. § 273 BGB bestehen, welches durch die Aufrechnungsbeschränkung beeinträchtigt wird. § 309 Nr. 2 BGB wäre schon bei ungleichartig entstandenen Forderungen nicht einschlägig. Insoweit sind nur die Vorgaben des § 309 Nr. 3 BGB maßgeblich. Sofern die Aufrechnung für Forderungen aus demselben Vertragsverhältnis ausgeschlossen ist, bestand – auch nach dem gesetzgeberischen Willen – aufgrund der ursprünglichen Gleichartigkeit kein im Bestand durch §§ 307 ff. BGB zu schützendes Leistungsverweigerungsrecht i.S.d. § 273 BGB.

Aus der Untersuchung der Aufrechnungsbeschränkung für gleichartig gewordene, synallagmatische oder konnexe Forderungen folgt, dass der in der Rechtspraxis vorgenommene Bezugspunkt der Beurteilungen für *„konnexe Forderungen" zu spezifizieren ist*. Es ist insofern ein *„3-Stufen-Ansatz"* zu wählen:

- Aufrechnungsbeschränkungen für gleichartig gewordene Forderungen *aus einem „einheitlichen Rechtsverhältnis"*, befinden sich auf der 3. Stufe. Die Forderungen weisen den geringsten Nähebezug zueinander auf. Dieses Verhältnis der Forderungen wird im Vergleich zu den Konstellationen der anderen Stufen am wenigsten geschützt. So ergibt sich nur ein Schutz aus § 273 BGB. Ein Ausschluss der Aufrechnung ist hingegen weder nach § 309 Nr. 2b BGB noch § 307 BGB unwirksam. Dies gilt sowohl für den Verbraucher als auch den Unternehmerverkehr. Auch die Vorgaben der Richtlinie 93/13/EWG sehen keine andere Beurteilung vor.
- Auf der 2. Stufe stehen gleichartig gewordene Forderungen, die *aus demselben Vertragsverhältnis* stammen. Aufgrund eines Vorrangs mit Sperrwirkung von § 309 Nr. 3 BGB ist in diesen Fällen zwar das Zurückbehaltungsrecht i.S.d. § 273 BGB vor einem mittelbaren Ausschluss durch eine Aufrechnungsbeschränkung *ebenfalls nicht* durch § 309 Nr. 2b) BGB geschützt. Allerdings ist bei richtlinienkonformer Auslegung eine solche Aufrechnungsbeschränkung nach § 307 Abs. 1 Satz 1, Abs. 2 Nr. 1 BGB i.V.m. Art. 3 Abs. 1, 3 i.V.m. Nr. 1 b) Anhang RL im Verbrauchervertrag nicht zulässig. Dies gilt hingegen nicht im Unternehmerverkehr. Insbesondere aufgrund einer fehlenden Wirkung der Richtlinie 93/13/EWG für den Unternehmerverkehr, ist dort eine solche Beschränkung zulässig.

- Auf der 1. Stufe stehen die *gleichartig gewordenen, synallagmatisch verbundenen Forderungen*. Deren Verhältnis bildet die Grundlage für den Abschluss des Vertrages durch die Parteien. Sie wird gesetzlich durch § 320 BGB und § 641 Abs. 3 BGB besonders geschützt. Dieses Verhältnis spiegelt sich in einem Durchsetzungszusammenhang wieder, welcher weder in Verbraucherverträgen noch in Unternehmerverträgen durch eine Aufrechnungsbeschränkung ausgeschlossen werden kann. Nach der deutschen Rechtslage benachteiligt der (faktische) mittelbare Ausschluss des Leistungsverweigerungsrechtes den Vertragspartner unangemessen i.S.d. § 307 Abs. 1 Satz 1, Abs. 2 Nr. 1 BGB. Im Verbrauchervertrag ist eine solche Aufrechnungsbeschränkung auch nach Art. 3 Abs. 1, 3 i.V.m. Nr. 1b) Anhang RL missbräuchlich.

V. Formulierungsvorschlag

1.) Individualvertragliche Vereinbarung außerhalb des Wohnraummietrechts

In den individuell vereinbarten Aufrechnungsbeschränkungen ergeben sich außerhalb des Wohnraummietrechts keine Wirksamkeitsgrenzen. Folglich können allgemeine Beschränkungsvereinbarungen wie folgt lauten:

- *„Die Aufrechnung mit ursprünglich gleichartigen, mit gleichartig gewordenen konnexen und synallagmatisch verbundenen Gegenforderungen der Partei „X" gegen Forderungen der Partei „Y" ist ausgeschlossen."*

Dabei kann der Ausschluss der Aufrechnung auf alle Forderungen erweitert werden:

- *„Die Aufrechnung mit Gegenforderungen der Partei „X" gegen Forderungen der Partei „Y" ist ausgeschlossen."*

2.) Individualvertragliche Vereinbarung in einem Wohnraummietvertrag

Im Wohnraummietvertrag sind faktische Grenzen und Wirksamkeitsgrenzen durch § 556b Abs. 2 BGB gesetzt, sodass eine Klausel lauten könnte:

- *„Die Aufrechnung des Mieters mit ursprünglich gleichartigen, mit gleichartig gewordenen konnexen und synallagmatisch verbundenen Forderungen gegen Forderungen des Vermieters ist ausgeschlossen. Der Ausschluss gilt nicht für eine Aufrechnung mit einer Gegenforderung aufgrund von §§ 536a, 539 BGB oder* *aus ungerechtfertigter Bereicherung wegen zu viel gezahlter Miete gegen eine Mietzinsforderung.“*

Auch hier kann eine Erweiterung der Forderungen, für die eine Aufrechnung ausgeschlossen ist, erfolgen:

- *„Die Aufrechnung des Mieters mit seinen Gegenforderungen gegen Forderungen des Vermieters ist ausgeschlossen. Der Ausschluss gilt nicht für eine Aufrechnung mit einer Forderung aufgrund von §§ 536a, 539 BGB oder aus ungerechtfertigter Bereicherung wegen zu viel gezahlter Miete gegen eine Mietzinsforderung.“*[2089]

3.) Formularmäßige Vereinbarung außerhalb des Wohnraummietrechts

Der Umfang der Beschränkungsmöglichkeit von den vorliegend betrachteten Konstellationen unterscheidet sich in materiellrechtlicher Hinsicht. Insoweit ist zu bestimmen, ob diese Unterschiede auch in der wörtlichen Ausgestaltung so ausgedrückt werden können, dass die Beschränkungsklausel letztendlich materiellrechtlich und auch hinsichtlich der Formulierungsanforderungen als wirksam anzusehen ist.

a) Ursprünglich gleichartige Forderungen

Hinsichtlich ursprünglich gleichartiger Forderungen könnte sowohl im Verbraucher- als auch im Unternehmervertrag angenommen werden, dass eine Klausel entsprechend der materiellrechtlichen Vorgaben[2090] wie folgt lautet:

- *„Die Aufrechnung der Partei „X“ mit einer ursprünglich gleichartigen Gegenforderung gegen Partei „Y“ ist ausgeschlossen. Dies gilt nicht für Forderungen, die unbestritten oder rechtskräftig festgestellt oder ohne eine eigene Beweisaufnahme entscheidungsreif sind.“*[2091]

2089 Diese Klausel könnte auch noch hinsichtlich des in § 556b Abs. 2 Satz 1 BGB vorgesehenen Ankündigungsvorbehalts ergänzt werden. So bspw. durch Anfügung folgender Formulierung: *„In den in Satz 2 genannten Fällen ist die Aufrechnung dem Vermieter mindestens einen Monat vor Fälligkeit der Mietzinsforderung in Textform anzuzeigen“*.

2090 Siehe dazu § 6 B. III. 1.) und IV.

2091 Zur Erforderlichkeit dieser Formulierung nach § 309 Nr. 3 BGB siehe § 5 B. IV. 2.) e) und für den Unternehmervertrag § 5 B. VI. 2.) b) dd).

Diese Klausel entspricht der materiellen Rechtlage.[2092] Das Transparenzgebot gem. § 307 Abs. 1 Satz 2 BGB gibt als grundsätzliche Obliegenheit des Verwenders darüberhinausgehend aber ein Konkretisierungsgebot für die Formulierung vor.[2093] Diese beiden Bereiche stehen bei dem vorstehenden Klauselbeispiel konträr zueinander. Außerhalb des Betrachtungsbereiches von § 307 Abs. 1 Satz 2 BGB bestehen keine Bedenken gegen eine Wirksamkeit, da sich die Klausel innerhalb der inhaltlichen Wirksamkeitsgrenzen befindet. Das Konkretisierungsgebot des § 307 Abs. 1 Satz 2 BGB sieht aber vor, dass die Klausel die sich ergebenden Rechte und Pflichten sowie die wirtschaftlichen Nachteile und Belastungen mit einer klaren und präzisen Formulierung für einen durchschnittlichen Vertragspartner erkennen lässt.[2094] Der Vertragspartner kann durch den Aufrechnungsvorbehalt („*Dies gilt nicht…*") erkennen, dass eine Aufrechnung in bestimmten Fällen zulässig ist. Der Begriff der *ursprünglich gleichartigen Gegenforderungen* stellt allerdings einen (Rechts-)Begriff in der Klausel dar, dessen Ausfüllung Rechtskenntnisse erfordert. Die Abgrenzung der von der Aufrechnung ausschließbaren Forderungen zu anderen Forderungen mit denen aufgerechnet werden können muss, erfolgt selbst in der gerichtlichen Praxis und in der Rechtswissenschaft nicht einheitlich und musste in dieser Arbeit umfassend untersucht werden.[2095] Folglich[2096] ist für einen durchschnittlichen, typischerweise *rechtlich nicht vorgebildeten,* Vertragspartner selbst unter Anspannung seiner eigenen Erkenntniskräfte[2097] ohne fremde Hilfe nicht einfach[2098] feststellbar, mit welchen Forderungen die Aufrechnung ausgeschlossen ist und mit welchen nicht. Diese – für einen durchschnittlichen Verbraucher

---

2092 Siehe dazu soeben § 6 B. III. 1.) f).

2093 Vgl. nur Staudinger/*Wendland* § 307 Rn. 170, 181 m.w.N.; BGHZ 164, 11 (24) = NJW-RR 2005, 1496 (1500); BGHZ 145, 203 (220, m.w.N.) = NJW 2001, 292 (296).

2094 St. Rspr. BGH NJW 2007, 2176; BGH NJW-RR 2011, 1144 (2145); BGH NJW-RR 2018, 198 f.; BGH NJW-RR 2020, 112 (114); Staudinger/*Wendland* § 307 Rn. 187; Palandt/Grüneberg § 307 Rn. 21, 25. Mit einer wörtlichen Zitierung dieser Anforderungen bereits § 5 B. III. 3.) b) cc) (c).

2095 Siehe dazu soeben ausführlich § 6 B. III. 1.) - 3.).

2096 Im Ansatz ebenfalls nur bei einer bestehenden st. Rspr. eine Erkenntnismöglichkeit in Betracht ziehend Staudinger/*Wendland* § 307 Rn. 199, 206; als Gesichtspunkt für eine Intransparenz die Verwendung unvertrauter Begriffe anführend MüKo-BGB/*Wurmnerst* § 307 Rn. 62.

2097 Dazu Staudinger/*Wendland* § 307 Rn. 196.

2098 BGHZ 208, 52 (68) = NJW 2016, 936 (940); BGH NJW-RR 2020, 112 (114 m.w.N.); Ulmer/Brandner/Hensen/*Fuchs* § 307 Rn. 338.

und Unternehmers als Vertragspartner bestehende – Unklarheit der Klauselformulierung begründet die Gefahr, dass der Vertragspartner von der Geltendmachung seiner Rechte absehen wird.[2099] Insbesondere die Differenzierung zwischen ursprünglich gleichartigen Forderungen und gleichartig gewordenen Forderungen, die aus demselben Vertrag stammen, ist in der juristischen Laiensphäre nicht erschließbar. Daher ist insbesondere zu befürchten, dass der Vertragspartner aufgrund der fehlenden Kenntnis – entgegen der Rechtslage und dem materiellen Inhalt der Klausel – von der Aufrechnungsbefugnis mit gleichartig gewordenen Forderungen aus demselben Vertrag keinen Gebrauch macht. In diesen Fällen würde die formelle Intransparenz unmittelbar eine materielle Benachteiligung hervorrufen.[2100]

Die in vorliegend betrachteten Bereich auftretende Konfliktlage ist aufzulösen, dass sich dem materiellrechtlich zulässigen Ausschlussbereich[2101] durch eine Konkretisierung der Beschreibung angenähert wird. Daher sollte eine Klausel wie folgt formuliert werden:

- *„Die Aufrechnung der Partei „X“ mit allen Gegenforderungen aus einem anderen Vertrag und mit bereicherungsrechtlichen Gegenforderungen wegen einer Zuvielleistung aus diesem Vertrag ist ausgeschlossen. Dies gilt nicht für Forderungen, die unbestritten oder rechtskräftig festgestellt oder ohne eine eigene Beweisaufnahme entscheidungsreif sind.“*

b) Gleichartig gewordene Forderungen aus demselben Vertragsverhältnis und gleichartig gewordene, synallagmatische Forderungen

Im formularmäßigen Verbrauchervertrag können gleichartig gewordene Forderungen *aus demselben Vertragsverhältnis*, d.h. demselben Vertrag ebenso wenig ausgeschlossen werden, wie gleichartig gewordene *synallagmatisch verknüpfte Forderungen.*[2102] Aufgrund des „inzidenten“ inhaltlichen Aufrechnungsausschlusses solcher Forderungen bei einer allgemein formulierten

---

2099 Zur st. Rspr. zum Erfordernis, dass die Klausel bereits so formuliert ist, dass der Gefahr einer Verhinderung von der Geltendmachung der Rechte durch den Vertragspartner begegnet wird BGHZ 164, 11 (24) = NJW-RR 2005, 1496 (1500); BGHZ 145, 203 (220, m.w.N.) = NJW 2001, 292 (296); BGH NJW-RR 2020, 112 (114); ebenso auch Staudinger/*Wendland* § 308 Rn. 178 m.w.N.

2100 Siehe allgemein statt vieler nur Staudinger/*Wendland* § 308 Rn. 178 mit z.w.N. der st. Rspr. des BGH; Palandt/*Grüneberg* § 307 Rn. 24.

2101 Siehe dazu § 6 B. III. 1.) f.) und § 6 B. IV.

2102 Siehe dazu soeben § 6 B. III. 2.) und 3.) sowie IV.

Aufrechnungsbeschränkung[2103] – mit einer Ausschlusswirkung – ist ein dahingehender Aufrechnungsvorbehalt in den AGB vorzusehen.[2104] Daraus ergibt sich folgende Formulierungsmöglichkeit:

- *„Die Aufrechnung der Partei „X" mit einer Gegenforderung gegen eine Forderung der Partei „Y" ist ausgeschlossen. Dies gilt nicht für Forderungen, die unbestritten oder rechtskräftig festgestellt oder ohne eine eigene Beweisaufnahme entscheidungsreif sind. Eine Aufrechnung ist über Satz 2 hinaus stets mit einer synallagmatisch verbundenen Forderung und mit einer Forderung aus demselben Vertrag[2105] möglich, sofern diese aufgrund einer Vertragspflichtverletzung der Partei „Y" aus einer ungleichartigen Forderung hervorgegangen ist."*[2106]

2103 Vgl. BGH NJW 2011, 1729 (1730); *Kessen* BauR 2005, 1691 (1695 f.); für eine umfangsbegrenzende Auslegung der Aufrechnungsbeschränkung hingegen Wolf/Lindacher/Pfeiffer/*Dammann*, 6. Auflage 2013, § 309 Nr. 3 Rn. 35, 40, 72 (in der aktuellen 7. Auflage 2020 zwar materiellrechtlich differenzierend aber weiterhin keine ausdrückliche Klarstellung verlangend, Rn. 72, 50c).

2104 Für einen Aufrechnungsvorbehalt für gleichartig gewordene synallagmatische Forderungen BeckOGK-BGB/*Weiler* (01.03.2021) § 309 Nr. 3 Rn. 67 ff.; v. Westphalen/Thüsing/*v. Westphalen*, VertrR/AGB-Klauselwerke (45. EL 2020), Teil „Vertragsrecht" II – Aufrechnungsklauseln Rn. 16; einen Vorbehalt für gleichartig gewordene Forderungen aus *„demselben rechtlichen Verhältnis"* verlangend *Schulz* Notar 2016, 66 (69); einen Vorbehalt für synallagmatische Forderungen wohl nicht ausreichend lassend LG Duisburg, Beschluss v. 23.09.2016, Az. 22 O 95/16 (nicht veröffentlicht, einstweilige Verfügung mit Unterlassungsanordnung für Verwendung der Klausel *„Ein Recht zur Aufrechnung stehen Ihnen nur dann zu, wenn Ihre Gegenansprüche unbestritten, rechtskräftig festgestellt, oder im Rechtsstreit entscheidungsreif sind oder es sich um Gegenansprüche gem. § 320 BGB handelt."*); a.A. Wolf/Lindacher/Pfeiffer/*Dammann* § 309 Nr. 3, Rn. 72).

2105 Mit einem den Formulierungsanforderungen genügenden, aber hinsichtlich des Beschränkungsinteresses des Verwenders zu weitgehenden Vorschlag *Schulz* Notar 2016, 66 (69, „Gegenforderung […] auf demselben Verhältnis"). Wie dargelegt, sind die Forderungen im Verhältnis i.S.d. § 273 BGB nicht vollständig von § 309 Nr. 2b BGB und § 307 BGB vor einer (Aufrechnungs-)Beschränkung geschützt (siehe § 5 B. V. 2.) und § 6 B. III. 3.) a)). So zutreffend auch BeckOGK-BGB/*Weiler* (01.03.2021) § 309 Nr. 3 Rn. 70.

2106 Denkbar ist auch eine nach der jeweiligen Vertragsart ausgestaltete Formulierung mit einer Herausnahme aller Ansprüche die im Synallagma stehen. Allerdings besteht insoweit die Gefahr für den Verwender, dass die Aufzählung unvollständig bleibt. Damit können einerseits bestimmte Ansprüche entgegen dem Willen des Verwenders nicht ausgeschlossen worden und anderseits aufgrund einer Unübersichtlichkeit oder Unvollständigkeit eine Wirksamkeit der Aufrechnungsbeschränkung an sich gem. § 307 Abs. 1 Satz 2 BGB zweifelhaft sein. Ähnlich BeckOGK-BGB/*Weiler*

Gleichartig gewordene Forderungen aus demselben Rechtsverhältnis umfassen inhaltlich stets auch gleichartig gewordene synallagmatische Forderungen. Aufgrund dieses systematischen Verhältnisses – Grundfall und Spezialfall – erfüllt auch folgende Klausel die Zulässigkeitsvoraussetzungen:

- *„Die Aufrechnung der Partei „X" mit einer Gegenforderung gegen eine Forderung der Partei „Y" ist ausgeschlossen. Dies gilt nicht für Forderungen, die unbestritten oder rechtskräftig festgestellt oder ohne eine eigene Beweisaufnahme entscheidungsreif sind. Eine Aufrechnung ist über Satz 2 hinaus stets mit einer Forderung aus demselben Vertrag*[2107] *möglich, sofern diese aufgrund einer Vertragspflichtverletzung der Partei „Y" aus einer ungleichartigen Forderung hervorgegangen ist."*[2108]

Auch insoweit gibt das Transparenzgebot nach § 307 Abs. 1 Satz 2 BGB Anlass zu einer genaueren Überprüfung. Für den durchschnittlichen Vertragspartner ist nur schwer der *genaue* Beschränkungsbereich, mit welchen Forderungen er nicht aufrechnen kann, erkennbar. So ist inhaltlich eine Aufrechnung mit einer ursprünglich gleichartigen Forderung aus demselben Vertragsverhältnis, wie mit einem bereicherungsrechtlichen Rückforderungsanspruch, weiterhin nicht zulässig. Allerdings stellt sich hier die Konfliktlage im Vergleich zum vorstehend betrachteten Bereich der Beschränkung der „ursprünglich gleichartigen Forderungen" abgemildert dar. Der Verbraucher kann erkennen, dass positiv die Aufrechnung mit Forderungen aus demselben Vertragsverhältnis vorbehalten ist. Dabei ist auch für den juristischen Laien klar genug festgestellt, dass alle aus vertragsbezogenen Pflichtverletzungen entstehende Ansprüche aufrechnungsfähig sind. Damit sind erkennbar auch Ansprüche aufgrund von Nicht- oder Schlechtleistungen nicht von der Aufrechnungsmöglichkeit ausgeschlossen. Das Verlangen einer weitergehenden Konkretisierung würde die Anforderungen überdehnen. Eine völlige Klarheit ist zum einen kaum erreichbar.[2109] Zum anderen weiß der Vertragspartner durch die Klauselformulierung mindestens im Großen und Ganzen, in welchem Bereich eine Aufrechnung zulässig und in

(01.03.2021) § 309 Nr. 3 Rn. 68 ff.; allgemein Staudinger/*Wendland* § 307 Rn. 195 m.w.N.; s.a. BGHZ 164, 11 (17) = NJW-RR 2005, 1496 (1498); vgl. auch BGHZ 208, 52 (69) = NJW 2016, 936 (941).

2107 Siehe Fn. 2105.

2108 Siehe Fn. 2106.

2109 Staudinger/*Wendland* § 307 Rn. 195; vgl. BeckOGK-BGB/*Eckelt* (01.09.2020) § 307 Rn. 130.

welchem ausgeschlossen ist. Außerdem würde eine weitergehende Aufführung aller in Betracht kommender Forderungen, die einer Aufrechnung vorbehalten sind, selbst die Gefahr einer Unklarheit aufgrund einer Unübersichtlichkeit beinhalten.[2110] Zugleich würde in dem vorliegend betrachteten Kontext mit einer umfassenden Kasuistik der Rechtsprechung der Bereich des für den Verwender Zumutbaren verlassen.[2111] Denn für diesen bestünde das Risiko, dass aufgrund einer übersehenen, aber materiellrechtlich zwingend zur Aufrechnung zuzulassende, Forderung die Klausel vollständig unwirksam ist.[2112]

Im Unternehmervertrag gilt nicht vollständig dieselbe materiellrechtliche Grenze für Aufrechnungsbeschränkungen wie im Verbrauchervertrag. Wie dargelegt, können mangels Maßgeblichkeit der Richtlinie 93/13/EWG in diesen Verträgen gleichartig gewordene Forderungen – auch aus demselben Vertrag – von der Aufrechnung ausgeschlossen werden, sofern diese nicht synallagmatisch verbundene Forderungen betreffen.[2113] Die Anforderungen des Transparenzgebots i.S.d. § 307 Abs. 1 Satz 2 BGB geben allerdings auch gegenüber einem Unternehmer als typischen Vertragspartner vor, dass die Rechte und Pflichten in einer verständlichen Weise erkennbar dargelegt werden.[2114] Die Erkennbarkeit richtet sich nach der durchschnittlichen Erkenntnisfähigkeit eines Unternehmers. Gewisse berufliche Erfahrungen im Geschäftsverkehr sind dabei typisch, zumal jede unternehmerische Tätigkeit ein gewisses Quantum an vertraglicher Aktivität erfordert. Daher ist vorliegend anzunehmen, dass der Inhalt des der deutschen Rechtsordnung eigentümlichen Begriffs des „Synallagmas" als Grundlage jedes Austauschvertrages einem typischen Unternehmer bekannt ist.[2115] Folglich

2110 Vgl. BeckOGK-BGB/*Weiler* (01.03.2021) § 309 Nr. 3 Rn. 70; allgemein Staudinger/*Wendland* § 307 Rn. 195; s.a. BGHZ 208, 52 (69) = NJW 2016, 936 (941).

2111 Allgemein ähnlich Staudinger/*Wendland* § 307 Rn. 195; auch auf den konkreten Regelungsgegenstand abstellend BGHZ 208, 52 (68 f.) = NJW 936 (940); Ulmer/Brandner/Hensen/*Fuchs* § 307 Rn. 341; allgemein ebenfalls die Formulierungsanforderungen auf ein zumutbares Maß begrenzend Palandt/*Grüneberg* § 307 Rn. 22.

2112 Allgemein zutreffend Staudinger/*Wendland* § 307 Rn. 195; ebenso eine vollständige Aufzählung aller in Betracht kommenden Nachteile aufgrund der Gefahr einer Unvollständigkeit nicht verlangend BGHZ 164, 11 (17) = NJW-RR 2005, 1496 (1498); vgl. auch BGHZ 208, 52 (69) = NJW 2016, 936 (941).

2113 Siehe § 6 B. III. 3.) c) und IV.

2114 Vgl. MüKo-BGB/*Wurmnest* § 307 Rn. 61; BGH NJW-RR 2018, 198 f.; BGH NJW 2007, 2176 f.

2115 Zutreffend allgemein eine Kenntnis der Unternehmer von rechtlichen und wirtschaftlichen Fachausdrücken voraussetzend Staudinger/*Wendland* § 307 Rn. 206; Ulmer/Brandner/Hensen/*Fuchs* § 307 Rn. 345.

kann der Vertragspartner erkennen, welche Rechte und Pflichten hinsichtlich der Aufrechnung auf ihn zukommen. Sollten im Einzelfall für den Unternehmer unklar sein, welche konkreten Forderungen in synallagmatischer Verknüpfung stehen, ist ihm die Einholung eines Rechtsrates zuzumuten.[2116] Es ist nicht erforderlich, dass die Klausel gleich einer Kommentierung alle synallagmatischen (Folge-)Ansprüche aufführt.[2117] Dies wäre, wie soeben dargestellt, aufgrund der Gefahr einer Unvollständigkeit der Transparenz selbst abträglich.[2118]

Daher ist bspw. folgende Klausel im Unternehmervertrag als wirksam anzusehen:

- *„Die Aufrechnung der Partei „X" mit einer Gegenforderung gegen eine Forderung der Partei „Y" ist ausgeschlossen. Dies gilt nicht für Forderungen, die unbestritten oder rechtskräftig festgestellt oder ohne eine eigene Beweisaufnahme entscheidungsreif sind. Eine Aufrechnung ist über Satz 2 hinaus stets mit einer gleichartigen synallagmatischen Forderung, die aufgrund einer Vertragspflichtverletzung der Partei „Y" aus einer synallagmatisch ungleichartigen Forderung hervorgegangen ist, zulässig."*

Es sollte zumindest im Unternehmervertrag aufgrund der gesteigerten Verständnismöglichkeiten des Unternehmers auch möglich sein, die Klausel noch weiter zu verkürzen:

- *„Die Aufrechnung der Partei „X" mit einer Gegenforderung gegen eine Forderung der Partei „Y" ist ausgeschlossen. Dies gilt nicht für unbestrittene Forderungen.[2119] Eine Aufrechnung ist über Satz 2 hinaus stets mit einer gleichartigen synallagmatischen Forderung, die aufgrund einer Vertragspflichtverletzung der Partei „Y" aus einer synallagmatisch ungleichartigen Forderung hervorgegangen ist, zulässig."*

4.) Formularmäßige Vereinbarung im Wohnraummietvertrag

Im Wohnraummietvertrag sind zusätzlich die Vorgaben des § 556b Abs. 2 BGB in die Klauselgestaltung aufzunehmen.

2116 Eine Zumutbarkeit einer Rechtseinholung im Haftungsfall im Unternehmervertrag in Erwägung ziehend Ulmer/Brandner/Hensen/*Fuchs* § 307 Rn. 345.

2117 Ebenso BeckOGK-BGB/*Weiler* (01.03.2021) § 309 Nr. 3 Rn. 70; vgl. allgemein BGHZ 112, 115 (119) = NJW 1990, 2383 (2384).

2118 Vgl. dazu die Nachweise in Fn. 2110 - Fn. 2112.

2119 Zum ausreichenden Aufrechnungsvorbehalt für unbestrittenen Forderungen nach § 309 Nr. 3 BGB siehe § 5 B. IV. 2.) e) aa) (2) und bb) (3).

a) *Ursprünglich gleichartige Forderungen*

Für ursprünglich gleichartige Forderungen kann eine Klausel lauten:

- *„Die Aufrechnung des Mieters mit allen Gegenforderungen aus einem anderen Vertrag gegenüber dem Vermieter ist ausgeschlossen. Dies gilt nicht für Forderungen, die unbestritten oder rechtskräftig festgestellt oder ohne eine eigene Beweisaufnahme entscheidungsreif sind."*

b) *Gleichartig gewordene Forderungen aus demselben Vertragsverhältnis und gleichartig gewordene, synallagmatische Forderungen*

Im Verbrauchervertrag ist die für den Bereich außerhalb des Wohnraummietrechts wie folgt zu ändern:

- *„Die Aufrechnung des Mieters mit einer Gegenforderung gegen eine Forderung des Vermieters ist ausgeschlossen. Dies gilt nicht für Forderungen, die unbestritten oder rechtskräftig festgestellt oder ohne eine eigene Beweisaufnahme entscheidungsreif sind. Eine Aufrechnung ist über Satz 2 hinaus stets mit einer Forderung aus demselben Vertrag*[2120] *möglich, sofern diese aufgrund einer Vertragspflichtverletzung der Partei „Y" aus einer ungleichartigen Forderung hervorgegangen ist.*[2121] *Über Satz 2 und Satz 3 hinaus ist stets eine Aufrechnung mit Forderungen aufgrund ungerechtfertigter Bereicherung wegen zu viel gezahlter Miete gegen eine Mietzinsforderung zulässig."*

C. Vorleistungsklauseln, Handelsklauseln, Barzahlungsklauseln

I. (Bar-)Zahlungsabreden

Eine weitere Gruppe von Klauseln und Vereinbarungen, welche eine Aufrechnung ausschließen könnten, ist in den sog. Barzahlungsvereinbarungen zu sehen. Dabei handelt es sich um Vereinbarungen, die Abmachungen über die Zahlung bzw. die Zahlungsweise enthalten. Diese Vereinbarungen sind besonders Unternehmerverkehr in AGB verbreitet[2122] und lauten in der Praxis bspw.:

„Kasse gegen Verladedokumente"[2123],

2120 Siehe Fn. 2105.

2121 Siehe Fn. 2106.

2122 V. Westphalen/Thüsing/*v. Westphalen*, VertrR/AGB-Klauselwerke (45. EL 2020), Teil „Vertragsrecht" II – Aufrechnungsklauseln Rn. 25.

2123 BGH NJW 1976, 852.

„Zahlbar innerhalb 30 Tagen dato Faktura rein netto Kasse“[2124],

„cash on delivery“[2125].

1.) Tatbestand der Aufrechnungsbeschränkung

Im Folgenden wird untersucht, ob (Bar-)Zahlungsvereinbarungen im Grundsatz den Tatbestand einer Aufrechnungsbeschränkung erfüllen. Sofern dies der Fall ist, ist genauer zu untersuchen, in welchen Fällen eine solche Vereinbarung tatsächlich anzunehmen ist.

Die Vereinbarung einer „Barzahlung“ beinhaltet, dass eine Erfüllung der (Geld-) Leistungspflicht nur durch eine Zahlung *in bar* möglich sein soll. Eine solche Geldschuld setzt bei dogmatisch strenger Betrachtung für eine Erfüllung die Übergabe von körperlichen Zahlungsmitteln, wie Geldscheinen und Münzen, voraus.[2126] Sofern die Auslegung der konkreten Klausel zu einer solchen Barzahlungsverpflichtung führt, sind alle anderen Arten der Erfüllung der Forderung ausgeschlossen. Dem (begünstigten) Gläubiger kommt es darauf an, dass er seine Forderung effektiv, d.h. in Form von einem tatsächlichen (Bar-) Geldzugang erhält. Damit ist aber auch die Aufrechnung als Erfüllungssurrogat nicht möglich und der Tatbestand einer Aufrechnungsbeschränkung erfüllt.[2127]

2.) Vorliegen einer (Bar-)Zahlungsklausel als Aufrechnungsbeschränkung

Es ist eine Bestimmung erforderlich, in welchen Konstellationen tatsächlich eine Zahlung in „bar“, also die Übereignung von Geldscheinen oder Münzen gefordert ist. In der Literatur und Rechtsprechung fehlt eine allgemeine Meinung, in welchen Fällen einer sog. Barzahlungsklausel die gewünschte Erfüllung allein auf eine effektive Zahlung gerichtet ist und in welchen nicht.

So nimmt eine Ansicht eine solche Auslegung zu einer Aufrechnungsbeschränkung nur an, wenn *besondere Anhaltspunkte* dafür vorliegen.[2128] Im Regelfall würde es sich bei den gängigen Klauselgestaltungen um solche

2124 BGH WM 1972, 1092.

2125 BGH NJW 1985, 550.

2126 Vgl. allgemein MüKo-BGB/*Fetzer* § 362 Rn. 19 ff.; Staudinger/*Olzen* Vorb. §§ 362 ff. Rn. 19;

2127 Siehe zur Terminologie und den Rechtsfolgen, welche eine Aufrechnungsbeschränkung inhaltlich konkretisieren § 4 B. I. und III.

2128 Vgl. Staudinger/*Coester-Waltjen* § 309 Nr. 3 Rn. 10.

Zahlungsklauseln handeln, welche lediglich eine vollständige Erfüllung – gleich welcher Art – vorsehen und damit „nur" den im Handelsverkehr üblichen Skontoabzug ausschließen.[2129] Eine andere weniger restriktive Ansicht hält eine Auslegung als Aufrechnungsbeschränkung *zwar nicht für zwingend, aber für möglich.*[2130] Noch weitergehend wird in solchen Klauseln *im Regelfall* ein Verbot der Aufrechnung gesehen.[2131]

Die systematische Einordnung der betrachteten Konstellationen als Aufrechnungsbeschränkung ist zutreffenderweise eine Frage der Auslegung der jeweiligen Vereinbarung.[2132] Diese hat anhand der geltenden Auslegungsmaßstäbe bei individualvertraglichen und formularmäßigen Vereinbarungen zu erfolgen.

a) Individualvertragliche Vereinbarung

Die Bestimmung erfolgt im Individualvertrag durch Auslegung nach §§ 133, 157 BGB.[2133] Dadurch entsteht zwar eine Prüfung im Einzelfall. Jedoch können einzelne Leitlinien für den Grundfall – d.h. ohne weitere besondere Umstände – bestimmt werden. So ist im Großteil der Fälle eine Bestimmung des Parteiwillens bereits anhand des Wortlautes der Klausel möglich. Ist bspw. ausdrücklich vorgesehen, dass eine „*effektive Zahlung*" oder eine „*sofortige Barzahlung*" zu erfolgen hat, ist im Grundsatz eine Aufrechnungsbeschränkung

2129 Vgl. Staudinger/*Coester-Waltjen* § 309 Nr. 3 Rn. 10; insoweit auch BGH WM 1972, 1092 (1093).

2130 Vgl. BeckOGK-BGB/*Weiler* (01.03.2021) § 309 Nr. 3 Rn. 34; wohl auch Staudinger/*Gursky* § 387 Rn. 208; Staudinger/*Beckmann* § 433 Rn. 194; differenzierend nach dem Zweck der Klausel *Larenz*, Schuldrecht AT, § 18 VI b) 4.

2131 Vgl. Wolf/Lindacher/Pfeiffer/*Dammann* § 309 Nr. 3 Rn. 16; BeckOK-BGB/*Dennhardt* (01.02.2021) § 387 Rn. 33; Erman/*Wagner* § 387 Rn. 29; *Kress*, Schuldrecht AT, 558; wohl in jeder Barzahlungsklausel eine Aufrechnungsbeschränkung sehend *Lindacher* BB 1983, 154 (160); vgl. zur Barzahlungsvereinbarung als Aufrechnungsbeschränkung bei einem befristeten unwiderruflichen Dokumentenakkreditiv BGHZ 60, 262 (264 f.) = NJW 1973, 899 (900).

2132 So zutreffend bereits *Arndt*, Über den Aufrechnungsvertrag, 14.; *Liesecke*, WM Sonderbeilage Nr. 3/1978, 6.

2133 In Bezug auf Barzahlungsabreden und Aufrechnungsbeschränkungen BGH WM 1959, 691 (693); vgl. auch MüKo-BGB/*Schlüter* § 387 Rn. 63; BeckOGK-BGB/*Skamel* (01.04.2021) § 387 Rn. 188; *Gernhuber*, Erfüllungssurrogate, § 12 VI 8c; *Arndt*, Über den Aufrechnungsvertrag, 14; BGH MDR 1966, 319; auch auf die Umstände des Einzelfalls im Individualvertrag abstellend BGH NJW 1979, 1046.

anzunehmen.[2134] Ist die Zahlungsklausel hingegen weniger eindeutig formuliert, ist der Wille der Parteien anhand des allgemeinen Sinns und Zwecks von vertraglichen Beschränkungen der Aufrechnung und den Motiven für eine solche Aufrechnungsbeschränkung zu ermitteln. Es ist zu fragen, ob für den (vermeintlichen) Beschränkungsbegünstigten ein *erkennbares Interesse* an der gegenanspruchsunabhängigen und zügigen Durchsetzung der eigenen Forderungen und/oder einer effektiven Realerfüllung besteht.[2135] Ein solches Interesse ist zumindest dann anzunehmen, wenn die vertragliche Vereinbarung entweder in Kenntnis oder gerade aufgrund der Kenntnis einer Gegenforderung vereinbart wurde.[2136] Ebenso ist ein dahingehender Wille anzunehmen, wenn der gemeinsame Vertragszweck ohne Barzahlung nicht erreicht werden könnte oder gefährdet würde und dies vom Beschränkungsbegünstigten deutlich gemacht wurde.[2137] Gegen eine Beschränkung der Aufrechnung sprechen Gesichtspunkte, welche darauf abzielen, allein ein bestimmtes Zahlungsziel vorzusehen oder „nur" eine vollständige Leistungserbringung, d.h. ohne Abzug von Skonto, sicherzustellen. In diesen Fällen ist keine bestimmte nach dem BGB mögliche Erfüllungsvariante ausgeschlossen und daher enthalten solche Vereinbarungen keine „Barzahlungsvereinbarung" im eigentlichen Sinne.

2134 *Heller* AcP 207 (2007), 456 (462); vgl. auch Prütting/Wegen/Weinreich/*Pfeiffer* § 387 Rn. 21; *Larenz*, Schuldrecht AT, § 18 VI b) 4; restriktiver für den AGB-Bereich Staudinger/*Coester-Waltjen* § 309 Nr. 3 Rn. 10.

2135 In diese Richtung BGH MDR 1966, 319; OLG Düsseldorf BB 1950, 827; Soergel/*Schreiber* § 387 Rn. 11; vgl. auch BeckOGK-BGB/*Skamel* (01.04.2020) § 387 Rn. 188; *Gernhuber*, Erfüllungssurrogate, § 12 VI 8c; *Larenz*, Schuldrecht AT, § 18 VI b) 4 (Zweck entscheidend).

2136 BeckOK-BGB/*Dennhardt* (01.02.2021) § 387 Rn. 32 (mit fraglichem Nachweis BGH WM 1959, 691 ff.); Staudinger/*Gursky* § 387 Rn. 208; Palandt/*Grüneberg* § 387 Rn. 14; *Gernhuber*, Erfüllungssurrogate, § 12 VI 8 (in der Regel); *Reichel*, AcP 125 (1926), 178 (183); vgl. auch BeckOGK-BGB/*Skamel* (01.04.2021) § 387 Rn. 188 m.w.N.; RGRK/*Weber* § 387 Rn. 51; OLG Nürnberg, Urteil v. 30.08.1979, Az. 8 U 50/79, BeckRS 1979, 01730; für den Formularvertrag bspw. OLG Braunschweig OLGR 2009, 716 (717).

2137 Vgl. bspw. Staudinger/*Gursky* § 387 Rn. 208 (Preisnachlass in wirtschaftlicher Krisenzeit für Barzahlung); Soergel/*Schreiber* § 387 Rn. 11 (Erklärung des Darlehensgebers, dass er das Darlehen in vier Wochen wieder brauche); wohl auch BeckOK-BGB/*Dennhardt* (01.02.2021) § 387 Rn. 32; MüKo-BGB/*Schlüter* § 387 Rn. 63; ähnlich aber auf die Rechtsnatur der Rechtsbeziehung abstellend Erman/*Wagner* § 387 Rn. 29, 34 f.; vgl. auch OLG Frankfurt DNotZ 1969, 513 ff.

b) Formularmäßige Vereinbarung

Bei formularmäßigen Zahlungsklauseln ist der Inhalt der Klauseln, also insbesondere ob darin auch eine Beschränkung der Aufrechnung zu sehen ist, nach dem Grundsatz der objektiven Auslegung zu ermitteln.[2138] Aufgrund der darin erforderlichen Bestimmung anhand der Verständnismöglichkeiten eines nicht vorgebildeten aber typischerweise mit dem Geschäft verbundenen Durchschnittskunden, ist eine getrennte Betrachtung der (Bar-)Zahlungsklauseln im Verbrauchervertrag und im Unternehmervertrag vorzunehmen. Denn die typischerweise beteiligten Verkehrskreise unterscheiden sich hinsichtlich ihrer Art – Verbraucher und Unternehmer – und den vorhandenen Kenntnissen aufgrund der Vorerfahrung und ggf. bestimmter Bräuche und Gepflogenheiten des Handelsverkehrs. Daraus könnten sich verschiedene Auslegungsergebnisse ergeben.

aa) Verbrauchervertrag

Im Verbrauchervertrag ist eine Zahlungsklausel mit einer Beschränkung der Aufrechnung anzunehmen, wenn sich ausgehend vom Verständnis des nicht vorgebildeten Durchschnittskunden aus dem Wortlaut unter Einbeziehung der Interessen der normalerweise beteiligten Kreise ergibt, dass der Verwender ein erkennbares Interesse an dem tatsächlichen Erhalt des Geldes durch Zahlung in bar hat.[2139]

Wann dies der Fall ist bzw. in welchen in der Praxis vielfach verwendeten Konstellationen eine Auslegung als Aufrechnungsbeschränkung anzunehmen ist, ist in der Literatur und Rechtsprechung – zumindest für den Bereich der Unternehmerverträge – im Einzelnen umstritten. Der Fragenkomplex ist dabei vielschichtig. Es erfolgen nicht nur systematische verschiedene Einordnungen in Fallgruppen[2140], sondern das Auslegungsergebnis steht im Kontext zu den

---

2138 St. Rspr. BGH, vgl. dazu die Nachweise in Fn. 1004.

2139 Vgl. Soergel/*Schreiber* § 387 Rn. 11; MüKo-BGB/*Schlüter* § 387 Rn. 63; BGH WM 1966, 319 = LM Nr. 41 zu § 387 BGB; allgemein zur objektiven Auslegung nur Palandt/*Grüneberg* § 305c Rn. 16 m.w.N.; insoweit bei Zahlungsklauseln abweichend auf die Umstände des Einzelfalls abstellend *Gernhuber*, Erfüllungssurrogate, § 12 VI 8c.

2140 Vgl. bspw. Staudinger/*Coester-Waltjen* § 309 Nr. 3 Rn. 9 ff. („Vorleistungsklauseln", „Barzahlungsklauseln", „Dokumentenklauseln"); BeckOGK-BGB/*Weiler* (01.03.2021) § 309 Nr. 3 Rn. 34 ff. („Barzahlung", „Nachnahmeklauseln", „Vorleistung"); v. Westphalen/Thüsing/*v. Westphalen*, VertrR/AGB-Klauselwerke (45.

Handelsbräuchen und den damit einhergehenden zum Teil ebenfalls nicht eindeutigen Verständnissen der Klauseln.[2141]

Eine Darstellung und Auseinandersetzung mit allen, zum Teil sehr differenzierten Meinungen ist weder zielführend noch erforderlich. Ausgangspunkt muss unstreitig die objektive Auslegung der AGB sein. Als typischer Vertragspartner ist der Verbraucher betroffen. Die betrachteten Klauseln werden vorwiegend bei Warenverkäufen verwendet. Daher sind typischerweise Verbraucher ohne weitergehende Erfahrung mit bestimmen Klauseln als Vertragspartner beteiligt, welche Kaufverträge abschließen und auf deren Verständnismöglichkeiten abzustellen ist.

Im Ergebnis ist dabei eine Orientierung an den „Leitlinien" für den Individualvertrag trotz verschiedener Auslegungsmaßstäbe zwischen Individualvertrag und Formularvertrag möglich. Sofern der Wortlaut bereits auf eine *„effektive Zahlung"* oder eine *„sofortige Barzahlung"* hindeutet, ist nach dem allgemeinen Sprachverständnis auch für den nicht vorgebildeten Durchschnittskunden erkennbar, dass der Verwender ein Interesse an einer gegenanspruchsunabhängigen Durchsetzung seiner Geldleistungsforderung und der tatsächlichen Leistungserbringung in der Form einer *tatsächlichen Zahlung* hat.[2142] Damit sind aber erkennbar auch andere Erfüllungsvarianten und insbesondere die Aufrechnung ausgeschlossen. Ebenso ergibt sich bei objektivierter Betrachtung ein Interesse am tatsächlichen Erhalt der Gegenleistung, wenn die Klausel zwar keinen eindeutigen Wortlaut aufweist, aber die Klausel in Kenntnis einer gleichartigen Gegenforderung vereinbart wird.[2143] Mögliche gängige Praktiken im Handelsgeschäft sind insoweit unerheblich, da diese dem Verbraucher als Durchschnittskunde nicht bekannt sind.

EL 2020), Teil „Vertragsrecht" II – Aufrechnungsklauseln Rn. 25 ff. („Vorauszahlungsklauseln", „Dokumentäre Kassa-Klauseln", „Netto Kasse", „Lieferung gegen Nachnahme").

2141 Vgl. bspw. BGH WM 1972, 1092 (1093), welcher die Frage der Auslegung von Nachweisen des Verständnisses im Handelsverkehr abhängig macht. Siehe für den Unternehmervertrag auch OLG Düsseldorf NJW-RR 1996, 115 (116).

2142 Im Erg. RGZ 60, 356 (357, 358); Staudinger/*Beckmann* § 433 Rn. 194; vgl. auch *Lutz*, AGB-Kontrolle im Handelsverkehr, 113; AnwK AGB-Recht/*Jilg* § 309 Nr. 3 Rn. 14; für den Unternehmervertrag OLG Düsseldorf NJW-RR 1996, 115 (116).

2143 Für die Barzahlungsklausel Staudinger/*Gursky* § 387 Rn. 208; Palandt/*Grüneberg* § 387 Rn. 14; MüKo-BGB/*Schlüter* § 387 Rn. 63; *Gernhuber*, Erfüllungssurrogate, § 12 VI 8c (zumindest für den Unternehmerbereich m.w.N.); vgl. auch OLG Braunschweig OLGR 2009, 716 (717).

Daraus resultiert für den Verbrauchervertrag Folgendes: Für die Beurteilung ist unerheblich, um welche in der Praxis „gängigen" Klauselvarianten es sich konkret handelt. Es kann sich für die Annahme einer Aufrechnungsbeschränkung allein aus der Auslegung nach dem Wortlaut ergeben, dass es sich um eine Zahlungsvereinbarung handelt, die auf den tatsächlichen Erhalt der Leistung bzw. der Barzahlung abzielt und nicht „nur" bspw. einen Skontoabzug ausschließen will. Der Verbraucher wird sich zur effektiven Zahlung verpflichtet sehen, sofern in der Klausel wörtlich Barzahlung verlangt wird oder Formulierungen vorkommen, welche nach dem alltäglichen Sprachverständnis auf eine Zahlung in bar hindeuten. Dies ist insbesondere bei Klauseln mit den Wörtern wie „cash" oder „Kasse" anzunehmen.[2144] Mit diesen Wörtern verbindet der Verbraucher den Vorgang der Leistungserbringung durch (Bar-)Zahlung. Demgemäß sind zumindest folgende Klauseln im Regelfall als Barzahlungsklauseln mit einer Aufrechnungsbeschränkung anzusehen: „POD" (pay on delivery)[2145], „COD" (cash on delivery)[2146], „Zahlung Netto-Kasse"[2147], „Zahlung Kasse", „Netto Kasse Zug

---

2144 Vgl. BGH WM 1972, 1092 (1093); *Stoffels*, AGB-Recht, Rn. 847; Staudinger/*Beckmann* § 433 Rn. 194; im Erg. BGH NJW 1985, 550; OLG Hamburg OLGR 1996, 161; OLG Hamburg MDR 1953, 240; RGZ 132, 306; *Lutz*, AGB-Kontrolle im Handelsverkehr, 113 f.; Wolf/Horn/Lindacher/*Wolf*, 4. Auflage 1999, § 11 Nr. 3 Rn. 9; AnwK AGB-Recht/*Jilg* § 309 Nr. 3 Rn. 14; vgl. auch die w.N. zu Schiedssprüchen im Bereich des Waren-Vereins der Hamburger Börse e.V. *Sieveking*, Warenvereinsbedingungen, 61 f.; im Erg. Barzahlung als Aufrechnungsbeschränkung auslegend auch Wolf/Lindacher/Pfeiffer/*Dammann* § 309 Nr. 3 Rn. 16; im Grundsatz, aber differenzierend *Liesecke*, WM Sonderbeilage Nr. 3/1978, 8 f.; vgl. auch BeckOK-BGB/*Dennhardt* (01.02.2021) § 387 Rn. 33; Staudinger/*Beckmann* § 433 Rn. 194; Ebenroth/Boujong/Joost/Strohn/*Joost*, HGB, 3. Auflage 2015, § 346 Rn. 113; Prütting/Wegen/Weinreich/*Pfeiffer* § 387 Rn. 21; differenzierend *v. Westphalen*, Allgemeine Einkaufsbedingungen, 61 f.; v. Westphalen/Thüsing/*v. Westphalen*, VertrR/AGB-Klauselwerke (45. EL 2020), Teil „Vertragsrecht" II – Aufrechnungsklauseln Rn. 25 ff.; *Lindacher* BB 1983, 154 (160); allgemein solche Klauseln als Aufrechnungsbeschränkungen ansehend wohl NK-BGB/*Kollmann* § 309 Rn. 54.

2145 Wohl für den Unternehmervertrag Röhricht/v. Westphalen/Haas/*Steimle/Dornieden*, HGB, § 346 Rn. 124, 128.

2146 Wolf/Lindacher/Pfeiffer/*Dammann* Klauseln (V) Rn. 531 a.E., 510; *Stoffels*, AGB-Recht, Rn. 847; Prütting/Wegen/Weinreich/*Pfeiffer* § 387 Rn. 21; Wolf/Horn/Lindacher/*Wolf*, 4. Auflage 1999, § 11 Nr. 3 Rn. 9; Soergel/*Schreiber* 387 Rn. 11; für den Unternehmervertrag BGH NJW 1985, 550; OLG Düsseldorf VersR 1991, 1934; BeckOK-BGB/*Becker* (01.02.2021) § 309 Nr. 3 Rn. 16.

2147 Vgl. MüKo-BGB/*Westermann* § 387 Rn. 67 (allgemein für „Kasse-Klauseln"); AnwK AGB-Recht/*Jilg* § 309 Nr. 3 Rn. 14; ebenso RGRK/Weber § 387 Rn. 51; für den Unternehmervertrag für Kassa-Klauseln auch BeckOK-BGB/*Becker* (01.02.2021)

um Zug“[2148], „Zahlung prompt netto Kasse bei Übernahme“[2149], „Zahlung gegen Dokumente“[2150], „sofortige Kasse“[2151], „Netto Kasse gegen Rechnung und Verladepapiere“[2152], „Kasse gegen Dokumente“[2153], „cash against documents“[2154], „Kasse gegen Verladedokumente“[2155], „Kasse gegen Faktura“[2156], „innerhalb von sieben Tagen nach Rechnungsdatum, rein netto Kasse ohne Abzug“[2157], „Fracht gegen Barzahlung“[2158] und „Verkauf gegen sofortige Barzahlung“[2159].

---

§ 309 Nr. 3 Rn. 16; *Lutz*, AGB-Kontrolle im Handelsverkehr, 113 f.; wohl auch *Liesecke*, WM Sonderbeilage Nr. 3/1978, 8.

2148 AnwK AGB-Recht/*Jilg* § 309 Nr. 3 Rn. 14.

2149 Vgl. für den Unternehmervertrag OLG Bremen NJW 1968, 1139.

2150 Vgl. BeckOK-BGB/*Dennhardt* (01.02.2021) § 387 Rn. 33; BGHZ 60, 262 (264) = NJW 1973, 899 (900).

2151 Wohl auch Staudinger/*Beckmann* § 433 Rn. 170.

2152 Vgl. *Larenz*, Schuldrecht AT, § 18 VI (Fn. 66); OLG Hamburg MDR 1953, 240; Wolf/Lindacher/Pfeiffer/*Dammann* § 309 Nr. 3 Rn. 16; Wolf/Horn/Lindacher/*Wolf*, 4. Auflage 1999, § 11 Nr. 3 Rn. 9; Soergel/*Schreiber* 387 Rn. 11; vgl. für den Unternehmervertrag BGHZ 94, 71 (76) = NJW 1985, 2091 (2092); BGH NJW 1985, 550; BGHZ 23, 131 (134 f.) = NJW 1957, 827 (282); BGHZ 14, 61 (62 ff.) = NJW 1954, 1561; vgl. auch OLG Hamburg MDR 1953, 240.

2153 OLG Hamburg MDR 1953, 240; RGZ 132, 305 (306); Wolf/Lindacher/Pfeiffer/*Dammann* § 309 Nr. 3 Rn. 16; Wolf/Horn/Lindacher/*Wolf*, 4. Auflage 1999, § 11 Nr. 3 Rn. 9; MüKo-BGB/*Westermann* § 433 Rn. 67; Prütting/Wegen/Weinreich/*Pfeiffer* § 387 Rn. 21; Soergel/*Schreiber* § 387 Rn. 11; AnwK AGB-Recht/*Jilg* § 309 Nr. 3 Rn. 14; wohl auch Staudinger/*Coester-Waltjen* § 309 Nr. 3 Rn. 11; vgl. für den Unternehmervertrag BGH NJW 1985, 550 m.w.N.; BGHZ 135, 39 (46) = NJW 1997, 1775 (1777); MüKo-HGB/*Schmidt* § 346 Rn. 93; Ebenroth/Boujong/Joost/Strohn/*Joost*, HGB, 3. Auflage 2015, § 346 Rn. 113.

2154 Vgl. für den Unternehmervertrag BGH BGHZ 135, 39 (46) = NJW 1997, 1775 (1777); MüKo-HGB/*Schmidt* § 346 Rn. 93; Ebenroth/Boujong/Joost/Strohn/*Joost*, HGB, 3. Auflage 2015, § 346 Rn. 113; wohl auch BGH NJW 1987, 2435 (2436).

2155 Prütting/Wegen/Weinreich/*Pfeiffer* § 387 Rn. 21; vgl. für den Unternehmervertrag BGH NJW 1976, 852 (853).

2156 Vgl. RGZ 132, 305 (306); Wolf/Lindacher/Pfeiffer/*Dammann* § 309 Nr. 3 Rn. 16; Wolf/Horn/Lindacher/*Wolf*, 4. Auflage 1999, § 11 Nr. 3 Rn. 9; BeckOK-BGB/*Dennhardt* (01.02.2021) § 387 Rn. 33; vgl. für den Unternehmervertrag BGH NJW 1976, 852 (853).

2157 Vgl. zumindest für den Unternehmervertrag OLG Düsseldorf NJW-RR 1996, 115 (116); s.a. BeckOGK-BGB/*Skamel* (01.04.2021) § 388 Rn. 187; Soergel/*Schreiber* 387 Rn. 11.

2158 Zu ähnlicher Klausel im Unternehmervertrag LG Hamburg MDR 1966, 57.

2159 Vgl. Staudinger/*Beckmann* § 433 Rn. 194.

Sofern Zweifel an der Auslegung nach dem Wortlaut angebracht sind, ist zu untersuchen, ob die Klausel in Kenntnis der Gegenforderung vereinbart wurde. Ergibt sich auch insoweit kein eindeutiges Auslegungsergebnis, weil gleichermaßen eine Auslegung zu einer Vereinbarung ohne Aufrechnungsbeschränkung möglich ist, sind die Vorgaben des § 305c Abs. 2 BGB maßgeblich. Nach dieser Norm gehen Zweifel bei der Auslegung von AGB zu Lasten des Verwenders. Unter verschiedenen Auslegungsalternativen ist die kundenfeindlichste, also diejenige maßgeblich, die gegen §§ 307 ff. BGB verstößt.[2160] Bei einer solchen Auslegung ist im vorliegenden Kontext eine Aufrechnungsbeschränkung anzunehmen. Denn diese wäre im Verbraucherbereich nach § 309 Nr. 3 BGB unwirksam, da sie keinen Aufrechnungsvorbehalt für unbestrittene, rechtskräftig festgestellte und entscheidungsreife Forderungen o.e.B. enthält.[2161]

Sofern allerdings Klauseln wie „zahlbar ohne Abzug“[2162] und „zahlbar sofort ohne Abzug“[2163] vorliegen, ergibt sich im Rahmen der Auslegung im Regelfall – schon nach dem allgemeinen Sprachverständnis – keine Aufrechnungsbeschränkung. Diese Klauseln setzten den Fokus erkennbar allein auf die *fehlende Abzugsmöglichkeit* und verlangen mithin allein eine vollständige Leistungserbringung. Keine Regelung ist dadurch über die Möglichkeiten der Erfüllung getroffen.[2164]

Diese Feststellungen gelten gleichermaßen für Ausschlüsse der Aufrechnung durch die Vorgabe eines Zahlungsmittels, das ergebnisbetrachtet der

---

2160 Müko-BGB/*Basedow* § 305c Rn. 48 ff. m.w.N.; vgl. BGH NJW 2017, 1596 (1599); BGH NJW 2003, 1237 (1238, Verbandsprozess); für den Bereich der Aufrechnungsbeschränkungen *Ghassemi-Tabar/Schweitzer* ZfIR 2012, 224 (226).

2161 Zur Reichweite des Verbotsbereichs von § 309 Nr. 3 BGB siehe § 5 B. IV. 2.) d) und zur Untersuchung der Unwirksamkeit von Zahlungsvereinbarungen mit Aufrechnungsbeschränkungen sogleich § 6 B. I. 3.).

2162 So auch BeckOGK-BGB/*Weiler* (01.03.2021) § 309 Nr. 3 Rn. 34 a.E.; Staudinger/*Coester-Waltjen* § 309 Nr. 3 Rn. 4 (allerdings entgegen der in dieser Arbeit vertretenen Ansicht mit Auslegungsmöglichkeiten zur Aufrechnungsbeschränkung bei bestimmtem Handelsbrauch); Wolf/Lindacher/Pfeiffer/*Dammann* § 309 Nr. 3 Rn. 16.

2163 Vgl. im Erg. ebenso SG Altenburg, Urteil v. 23.04.2002, Az. S 13 KR 2126/00, Juris Rn. 19; OLG Celle NJW-RR 1993, 1334; zutreffend im Erg. die Klausel „zahlbar netto Kasse sofort nach Rechnungserhalt“ davon abgrenzend OLG Frankfurt, Urteil v. 25.03.2004, Az. 1 U 31/03, BeckRS 2004, 05494.

2164 Vgl. zu einer ebenfalls von den Zahlungsklauseln mit Aufrechnungsbeschränkung abzugrenzenden Fallgestaltung LG Bonn, Urteil v. 01.04.2005, Az. 11 O 112/04, BeckRS 2005, 13025 (in Nachfolgeinstanzen insoweit nicht aufgehoben).

Übereignung von Geldscheinen und Münzen, also einer Barzahlung gleichsteht.[2165] Zwar ist im Grundsatz zwischen einer solchen Leistungserbringung und dem elektronischen Zahlungsverkehr, wie bspw. einer Überweisung, zu unterscheiden.[2166] Allerdings ist im Zusammenhang mit den vorliegend betrachteten Zahlungsklauseln anzunehmen, dass eine Bezahlung einer Überweisung mit einer direkten Gutschrift des Betrages, z.B. bspw. durch Paypal oder durch eine Sofortüberweisung, einer Barzahlung gleichsteht. Mit der Zahlungsklausel, die eine Aufrechnungsbeschränkung enthält, will der Verwender im Regelfall eine *effektive Leistungserbringung* erreichen und nicht zwingend eine Begleichung der Schuld durch eine *tatsächliche* Barleistung.[2167]

bb) Unternehmervertrag

Auch im Unternehmervertrag ist als Ausgangspunkt bei der objektiven Auslegung der AGB das Verständnis der Klausel durch typischerweise beteiligte Verkehrskreise heranzuziehen. Hier unterscheidet sich der beteiligte Verkehrskreis hinsichtlich der Art des Vertragspartners vom Verbrauchervertrag. Dieser ist kein Verbraucher, sondern ein Unternehmer mit einer vorhandenen Erfahrung im Geschäftsverkehr. Allerdings ist im Rahmen der objektiven Auslegung der AGB gleichsam vom Wortlaut anhand des allgemeinen Sprachverständnisses auszugehen, welches ggf. durch bestimmte Verständnisse des konkreten Handelsverkehrs Abweichungen bzw. Veränderungen aufweisen kann. Folglich ist im Grundsatz von einem Verständnis des Unternehmers auszugehen, dass dem des Verbrauchers als Vertragspartner entspricht.[2168]

Es ergibt sich auch keine abweichende Beurteilung aufgrund besonderer Umstände des Handelsverkehrs bzw. des Verständnis bestimmter Klauseln im

---

2165 Barleistungen, Überweisungen und Scheckhingabe nach dem allgemeinen Sprachgebrauch gleichstellend BGH WM 1972, 1092, (1093); vgl. auch BGH NJW 1985, 550; OLG Düsseldorf NJW-RR 1996, 115 (116).

2166 Vgl. nur Staudinger/*Olzen* Vorb. §§ 362 ff. Rn. 18 ff.; MüKo-BGB/*Westermann* § 433 Rn. 66.

2167 So wohl auch BGH NJW 1985, 550. Dies gilt nur unter der Annahme, dass mangels weiterer Anhaltspunkte nicht davon auszugehen ist, dass die Bank des Verwenders Einwendungen gegen die Forderung auf Auszahlung erheben wird und dass der Verwender kein abweichendes Interesse am tatsächlichen Erhalt der konkreten Scheine und Münzen als absolute Rechtsposition ausgedrückt hat.

2168 Barzahlungsklauseln als „mittelbare“ Aufrechnungsbeschränkungen ansehend *Lindacher* BB 1983, 154 (160).

Handelsverkehr.[2169] Es ist in der Wissenschaft keine Feststellung eines Handelsbrauchs oder eines Verständnisses von Klauseln vorhanden, nach dem eine Abweichung vom allgemeinen Verständnis zu erfolgen hat.[2170] Sofern eine gewisse Richtung aufgrund gerichtlicher Entscheidungen abgeleitet werden müsste, ergibt sich, dass den hier betrachteten AGB im Handelsverkehr zwischen Unternehmern eher das Verständnis eines Ausschlusses der Aufrechnung beigemessen als abgelehnt wird.[2171]

c) Zwischenergebnis

Ob Zahlungsklauseln eine Beschränkung der Aufrechnung enthalten, ist durch den jeweils vorgegebenen Auslegungsmaßstab im Individual- und Formularvertrag zu ermitteln. Im Regelfall ist eine Aufrechnungsbeschränkung anzunehmen, wenn sie sich bereits aus der Betrachtung des Wortlautes der Vereinbarung oder der AGB ableiten lässt.

Sowohl im Individualvertrag als auch im formularmäßigen Verbraucher- und Unternehmervertrag kann von einer Aufrechnungsbeschränkung ausgegangen werden, wenn wörtlich eine „effektive Zahlung", „sofortige Barzahlung" gefordert wird oder Wörter wie „Kasse" der „cash" enthalten sind und sich auf die Entgeltforderung beziehen. Außerdem ist dies anzunehmen, wenn die Zahlungsvereinbarung in oder aufgrund der Kenntnis über eine bestehende Gegenforderung eingegangen wird.

2169 Im Erg. Wolf/Lindacher/Pfeiffer/*Dammann* § 309 Nr. 3 Rn. 72 a.E.; zumindest hinsichtlich bestimmter Branchen eine Feststellung eines solchen Handelsbrauches ablehnend OLG Hamburg OLGR 1996, 161; keine Differenzierung zwischen Verbraucher- und Unternehmerverträgen vornehmend auch BeckOK-BGB/*Dennhardt* (01.02.2021) § 387 Rn. 32, 33; a.A. Wolf/Horn/Lindacher/*Wolf*, 4. Auflage 1999, § 11 Nr. 3 Rn. 9, § 309 Nr. 2 Rn. 30.

2170 Zutreffend allgemein Nachweise für ein bestimmtes Verständnis von Klauseln im Handelsverkehr verlangend BGH WM 1972, 1092 (1093).

2171 So zumindest für den Bereich der „Kasseklauseln" OLG Düsseldorf NJW-RR 1996, 115 (116); BGH NJW 1985, 550; BGH NJW 1997, 1775 (1777); BGH NJW 1976, 852 (853); *Gernhuber*, Erfüllungssurrogate, § 12 VI 8c m.w.N.; BeckOK-BGB/*Becker* (01.02.2021) § 309 Nr. 3 Rn. 16; *Lutz*, AGB-Kontrolle im Handelsverkehr, 113 f.; MüKo-HGB/*Schmidt* § 346 Rn. 93; Ebenroth/Boujong/Joost/Strohn/*Joost*, HGB, 3. Auflage 2015, § 346 Rn. 113; v. Westphalen/Thüsing/*v. Westphalen*, VertrR/AGB-Klauselwerke (45. EL 2020), Teil „Vertragsrecht" II – Aufrechnungsklauseln Rn. 27 f.; vgl. für Bereich des Waren-Vereins der Hamburger Börse e.V. *Sieveking*, Warenvereinsbedingungen, 61.

Sollte im Formularvertrag eine Auslegung zweifelhaft i.S.d. § 305c BGB sein, ist im Grundsatz in der (Bar-)Zahlungsvereinbarung auch eine Aufrechnungsbeschränkung zu sehen.

Sie liegt hingegen nicht vor, wenn sich bei der Auslegung aufgrund von abweichenden Anhaltspunkten ergibt, dass allein die Vollständigkeit der Leistung, unabhängig von der Erfüllungsform, klargestellt werden sollte. Dies ist bspw. bei Klauseln wie „zahlbar ohne Abzug" anzunehmen.

3.) Wirksamkeit einer Zahlungsabrede mit Aufrechnungsbeschränkung

a) Individualvertragliche Vereinbarung

Eine Zahlungsvereinbarung, welche nach der vorhergehenden Auslegung eine Aufrechnungsbeschränkung enthält, ist wie eine allgemein formulierte Aufrechnungsbeschränkung bei individualvertraglicher Vereinbarung wirksam. [2172] Wirksamkeitsgrenzen ergeben sich weder aus § 134 BGB noch aus § 138 BGB noch aus § 242 BGB. Wie bereits dargestellt, sind allgemeine Aufrechnungsbeschränkungen nicht nach diesen Grenznormen unwirksam.[2173] In den vorliegend betrachteten AGBs entspricht das Interesse des Verwenders dem allgemeinen hinter einer „allgemeinen Aufrechnungsbeschränkung" stehenden Interesse.[2174] Auch geht der Umfang der Begrenzung in den vorliegend betrachteten Fällen nicht über die der allgemeinen Aufrechnungsbeschränkungen hinaus. Entsprechend ergeben sich keine Umstände für eine abweichende Beurteilung.

b) Formularmäßige Vereinbarung

aa) Verbrauchervertrag

(1) § 309 Nr. 3 BGB

Im Verbrauchvertrag setzt § 309 Nr. 3 BGB für die vorliegend betrachteten Aufrechnungsbeschränkungen eine Wirksamkeitsgrenze. Barzahlungsklauseln verbieten die Aufrechnung *ohne jede Ausnahme*. Mithin ist eine Aufrechnung auch mit unbestrittenen und rechtskräftig festgestellten Forderungen ausgeschlossen. Dies steht im Gegensatz zu § 309 Nr. 3 BGB. Im Ergebnis sind alle

---

2172 Siehe zum allgemeinen Verbotsbereich für individualvertragliche Vereinbarungen § 5 B. I. und II. sowie § 5 B. III. 2.) und 3.) a).

2173 Siehe dazu § 5 B. I. und II.

2174 Siehe zum Zweck der Aufrechnungsbeschränkung § 3 C. I. 1.) und 2.).

Zahlungsklauseln, welche eine Aufrechnung vollständig ausschließen, nach dieser Vorschrift unwirksam.[2175]

Insoweit ist auch keine vorrangige Auslegung dahingehend möglich, dass eine Aufrechnung für diese Forderungen, trotz des fehlenden expliziten Vorbehaltes der Aufrechnungsmöglichkeit für unbestrittene und rechtskräftig festgestellte Forderungen, nicht ausgeschlossen ist. Es fehlt an einem wörtlichen Anhaltspunkt für den Vertragspartner – „*Öffnungsformulierung*“ –, dass eine Barzahlung in bestimmten Fällen doch nicht zwingend vorgeschrieben, mithin auch eine Aufrechnung möglich ist.[2176] Eine entsprechende Üblichkeit dieser Klauseln mit einem Verständnis, dass eine Aufrechnung mit den in § 309 Nr. 3 BGB genannten Klauseln möglich ist, ist weder (wissenschaftlich) belegt noch kann eine solche Kenntnis bei der objektiven Auslegung unterstellt werden

(2) RL 93/13/EWG

Zahlungsklauseln, welche allgemein die Aufrechnung ausschließen, betreffen auch die Aufrechnungsmöglichkeit mit Forderungen aus Vertragsverletzungen durch den Gewerbetreibenden gegen die – durch die Zahlungsklausel geschützte – Forderung. Damit unterfallen diese der Ausschlussvariante des Nr. 1b) Anhang RL und es wird eine Grundausrichtung „zugunsten“ einer Missbräuchlichkeit im Beurteilung nach Art. 3 Abs. 1 RL ausgelöst.[2177] Gegenteilige Umstände oder Gesichtspunkte, nach denen solche Barzahlungsklauseln im Verbrauchervertrag allgemein nicht als missbräuchlich einzuordnen wären, sind vorliegend ebenfalls nicht ersichtlich. Im Ergebnis sind (Bar-)Zahlungsklauseln, die eine Aufrechnungsbeschränkung enthalten, im Rahmen der Gesamtabwägung nach Art. 3 Abs. 1, 3 i.V.m. Nr. 1b) Anhang RL missbräuchlich.

2175 Prütting/Wegen/Weinreich/*Berger* § 309 Rn. 17; BeckOK-BGB/*Becker* (01.02.2021) § 309 Nr. 3 Rn. 6; Staudinger/*Coester-Waltjen* § 309 Nr. 3 Rn. 10; Wolf/Lindacher/Pfeiffer/*Dammann* § 309 Nr. 3 Rn. 16; NK-BGB/*Kollmann* § 309 Rn. 54; Wolf/Horn/Lindacher/*Wolf*, 4. Auflage 1999, § 11 Nr. 3 Rn. 9 (sofern außerhalb des Handelsverkehrs); vgl. zum Unternehmerbereich OLG Frankfurt, Urteil v. 25.03.2004, Az. 1 U 31/03, BeckRS 2004, 05494; a.A. wohl OLG Brandenburg, Urteil. v. 13.11.2020, Az. 7 U 93/20, BeckRS 41729 (Rn. 21).

2176 Siehe zu den Anforderungen, die § 309 Nr. 3 BGB für die Formulierung von formularmäßigen Aufrechnungsbeschränkungen vorgibt, § 5 B. IV. 2.) e.).

2177 Siehe zum Einfluss des Anhanges der RL für die Bestimmung nach Art. 3 Abs. 1 RL § 5 B. VII. 4.) a) bb) (1).

bb) Unternehmervertrag

Aufgrund des der Regelung des § 309 Nr. 3 BGB immanenten Gerechtigkeitsgehaltes erstreckt sich die Unwirksamkeitsanordnung über § 307 BGB auch auf den Unternehmerbereich.[2178] Daher benachteiligen im Grundsatz die vorliegend betrachteten Zahlungsklauseln mit einer Aufrechnungsbeschränkung auch den unternehmerischen Vertragspartner unangemessen und sind folglich auch im Unternehmerverkehr nach § 307 Abs. 1 Satz 1, Abs. 2 Nr. 1 i.V.m. § 309 Nr. 3 BGB unwirksam.[2179]

Für ein hiervon abweichendes Ergebnis sind Wertungsgesichtspunkte erforderlich, welche eine andere Beurteilung rechtfertigen. Wie bereits dargestellt, fehlt es auch bei Unternehmern an einem schutzwürdigen Interesse des Verwenders für Aufrechnungsbeschränkungen, welche die Aufrechnung für unbestrittene und rechtskräftig festgestellte Forderungen ausschließen. Eine Aufrechnung mit diesen verzögert die Durchsetzung der Forderung des Verwenders nicht.[2180] Insoweit sind bei Zahlungsklauseln, unter Berücksichtigung, dass diese eine effektive Erfüllung bewirken wollen und den Motiven hinter einer Aufrechnungsbeschränkung entsprechen, keine inhaltlichen Unterschiede ersichtlich, wieso in diesen Fällen entgegen der gesetzlichen Wertung des § 309 Nr. 3 BGB ein Ausschluss der Aufrechnung zulässig sein sollte.

Es bleibt allerdings die vorrangige Frage offen, ob diese Klauseln im unternehmerischen Verkehr *nicht* deshalb *nicht* unwirksam sein sollten, weil diese Zahlungsklauseln aufgrund des Interesse an kurzen Klauseln[2181] und einem entsprechenden Verständnis im Handelsverkehr bereits so ausgelegt werden

---

2178 Siehe dazu § 5 B. VI. 2.) b) bb).

2179 Im Erg. wohl auch Wolf/Lindacher/Pfeiffer/*Dammann* § 309 Nr. 3 Rn. 72 a.E., 50, 16; Ulmer/Brandner/Hensen/*Schäfer* § 309 Nr. 3 Rn. 12; zumindest, wenn eine Barzahlung eine Aufrechnungsbeschränkung enthält Staudinger/*Coester-Waltjen* § 309 Nr. 3 Rn. 10 a.E., 14; a.A. wohl OLG Düsseldorf NJW-RR 1996, 115 (116 f.); BeckOK-BGB/*Becker* (01.02.2021) § 309 Nr. 3 Rn. 16; bei einer Zahlungsklausel („COD") ebenfalls keine Unwirksamkeit nach § 309 Nr. 3 BGB bzw. § 11 Nr. 3 AGBG in Betracht ziehend BGH NJW 1985, 550; differenzierend v. Westphalen/Thüsing/*v. Westphalen*, VertrR/AGB-Klauselwerke (45. EL 2020), Teil „Vertragsrecht" II – Aufrechnungsklauseln Rn. 30, 31, 25 ff.

2180 Vgl. Ulmer/Brandner/Hensen/*Schäfer* § 309 Nr. 3 Rn. 12; *Paulusch* WM Sonderbeilage Nr. 10/1986, 21; MüKo-BGB/*Wurmnest* § 309 Nr. 3 Rn. 10; siehe zu de nach § 309 Nr. 3 BGB fehlenden Interessenlagen für eine zulässige Aufrechnungsbeschränkung § 5 B. IV. 2.) d).

2181 Vgl. MüKo-BGB/*Wurmnest* § 309 Nr. 3 Rn. 10; zu w.N. siehe Fn. 1032

können[2182], dass trotz der Aufrechnungsbeschränkung eine Aufrechnung mit unbestrittenen und rechtskräftig festgestellten Forderungen möglich ist.

(1) Ansichten in der Literatur und Rechtsprechung

In der Literatur wird unter Heranziehung der Besonderheiten des Handelsverkehrs und der Erfahrung der Unternehmer als Vertragspartner überwiegend angenommen, dass übliche (Bar-)Zahlungsklauseln oder andere Klauseln, welche der Sache nach eine Aufrechnungsbeschränkung enthalten, so auszulegen seien, dass die Aufrechnungsbeschränkung sich nicht auf unbestrittene und rechtskräftig festgestellte – sowie entscheidungsreife – Forderungen beziehe.[2183] Insbesondere wird dies hinsichtlich sog. „Incoterms" vertreten.[2184] Abweichend wird zum Teil trotz der Anerkenntnis des Interesses im Unternehmerverkehr an „Kurzform"-Klauseln aufgrund des fehlenden Interesses des Unternehmers an einem Ausschluss für nicht durchsetzungsverzögernde Forderungen ein ausdrücklicher Aufrechnungsvorbehalt für die von § 309 Nr. 3 BGB geschützten Forderungen verlangt und für zumutbar gehalten.[2185]

Höchstrichterlich wurde über diese Frage bezüglich Zahlungsklauseln mit Aufrechnungsbeschränkungen noch nicht entschieden. Allerdings hat der BGH bereits mehrfach für *allgemein formulierte* Aufrechnungsbeschränkungen *ohne einen Aufrechnungsvorbehalt* für unbestrittene und rechtskräftig festgestellte Forderungen im Unternehmerverkehr entschieden, dass jene unwirksam

2182 So bspw. Wolf/Horn/Lindacher/*Wolf*, 4. Auflage 1999, § 11 Nr. 3 Rn. 9, § 11 Nr. 2 Rn. 30.

2183 *Rabe* NJW 1987, 1978 (1985); *ders.* EWiR 1987, 1221 (1222); *Lindacher* BB 1983, 153 (160); Wolf/Horn/Lindacher/*Wolf*, 4. Auflage 1999, § 11 Nr. 3 Rn. 9, § 11 Nr. 2 Rn. 30; BeckOGK-BGB/*Weiler* (01.03.2021) § 309 Nr. 3 Rn. 88 (allerdings nur für „Incoterms"); BeckOK-BGB/*Becker* (01.02.2021) § 309 Nr. 3 Rn. 16 f.; Staudinger/*Coester-Waltjen* § 309 Nr. 3 Rn. 14 („Zahlung Netto-Kasse"); NK-BGB/*Kollmann* § 309 Rn. 59; *Gernhuber*, Erfüllungssurrogate, § 12 VI 8a; wohl auch Staudinger/*Gursky* § 387 Rn. 245; v. Westphalen/Thüsing/*v. Westphalen*, VertrR/AGB-Klauselwerke (45. EL 2020), Teil „Vertragsrecht" II – Aufrechnungsklauseln Rn. 30 ff. (zumindest für „Netto-Kasse" und „Lieferung gegen Nachnahme"); keinen Verstoß gegen § 242 BGB annehmend: OLG Düsseldorf NJW-RR 1996, 115 (116); OLG Hamburg OLGR 1996, 161; OLG Dresden IHR 2001, 18 (19); kritisch ebenfalls Baumbach/Hopt/*Leyens*, HGB, § 346 Rn. 40 „Kasse, Kasse gegen Dokumente"; vgl. auch OLG Brandenburg, Urteil. v. 13.11.2020, Az. 7 U 93/20, BeckRS 41729 (Rn. 21).

2184 Vgl. BeckOK-BGB/*Becker* (01.02.2021) § 309 Nr. 3 Rn. 16; BeckOGK-BGB/*Weiler* (01.03.2021) § 309 Nr. 3 Rn. 88.

2185 Ulmer/Brandner/Hensen/*Schäfer* § 309 Nr. 3 Rn. 12.

seien.[2186] Im Übrigen hält der BGH in einer Entscheidung aus dem Jahr 1998 eine sog. Nachnahmeklausel im Unternehmerverkehr für nach §§ 9, 11 Nr. 3 AGBG unwirksam.[2187]

(2) Incoterms: Klarstellung

Zuerst bedarf es hinsichtlich des von der Literatur in diesem Zusammenhang verwendeten Begriffs der „Incoterms" einer Klarstellung. Bei diesen „Incoterms" (International Commercial Terms) handelt es sich um Internationale Handelsklauseln, die von der Internationalen Handelskammer (International Chamber of Commerce, ICC) erstmals 1936 herausgegeben und angepasst wurden. Aktuell liegt die Version 2020 vor.[2188] Es handelt sich inhaltlich um kurze Vertragsformeln im internationalen Warenverkehr. Diese lauten bspw. „DDP" (Delivered Duty Paid = geliefert Zoll bezahlt) und CPT (Carriage Paid To = Fracht bezahlt bis). Inhaltlich regeln sie vor allem die (transportkostenspezifische) Abwicklung und den Übergang der (Verlust-)Gefahr. Allerdings ist in keiner der Incoterms aus den Jahren 2010, 2000, 1990 und 1980 eine Klausel vorhanden, die etwas *für die Art und Weise* der Erfüllung der Kaufpreisforderung bzw. der Bezahlung bestimmt. Im Ergebnis betreffen die Incoterms im Regelungsgehalt weder die Aufrechnung noch den Ausschluss der Aufrechnungsmöglichkeit.

Demgemäß ist anzunehmen, dass, sofern in der Literatur im Zusammenhang mit Aufrechnungsbeschränkungen über „Incoterms" gesprochen wird, andere im Handelsverkehr verwendete kurze Klauseln gemeint sind. Dies sind bspw. sog. „payment terms"[2189], wie „C.O.D." (Cash on delivery = Bezahlung bei Lieferung"), „CAD" (Cash against documents = Zahlung gegen Dokumente) oder die deutschen Termini wie „Kasse gegen Rechnung und Verladepapiere" oder (Bar-) Zahlungsklauseln wie „prompt netto Kasse bei Übernahme".[2190]

2186 BGHZ 91, 375 (383 ff.) = NJW 1984, 2404 (2405 f.); BGHZ 92, 312 (315 f.) = NJW 1985, 319 (320); BGH NJW-RR 1986, 1110; BGH NJW 1998, 3119.

2187 BGH NJW 1998, 3119.

2188 Erhältlich unter https://www.iccgermany.de/standards-incoterms/incoterms-2020-in-der-uebersicht/ (zuletzt abgerufen am 24.06.2021).

2189 So zumindest nach der IHK Rhein-Neckar (abrufbar unter: https://www.rhein-neckar.ihk24.de/international/export-import/ausfuhr-eu/vertragsbestimmungen-export/zahlungsbedingungen-im-internationalen-warenverkehr-948160) (zuletzt abgerufen am 24.06.2021).

2190 Vgl. zu den weiteren Beispielen übersichtlich Staudinger/*Coester-Waltjen* § 309 Nr. 3 Rn. 9 ff. und OLG Düsseldorf NJW-RR 1996, 115 (116 f.).

(3) Bewertung

Ausgangspunkt der Bewertung ist auch im Handelsverkehr bzw. im Unternehmervertrag die objektive Auslegung der AGB. Auch gegenüber dem Unternehmer als Vertragspartner fehlt es nach dem Wortlaut an einer „*Öffnungsformulierung*" in der AGB.[2191] Der Wortlaut deutet dem (durchschnittlichen) Vertragspartner nicht an, dass die Aufrechnungsbeschränkung nicht vollumfänglich gilt. Daher wäre ein entsprechendes allgemeines Verständnis im Handelsverkehr erforderlich, dass diese Klauseln zwingend so verstanden werden, dass eine Aufrechnung mit unbestrittenen und rechtskräftig festgestellten Forderungen trotz der allgemeinen Formulierung der Aufrechnungsbeschränkung zulässig ist.[2192] Bei den betrachteten Klauseln mit einer Verpflichtung zur Zahlung in bar oder per Überweisung müsste bekannt sein, dass bestimmte „Arten" von Forderungen nicht von der zwingenden Zahlungsabrede betroffen sind, mithin eine Aufrechnung möglich ist.

Ein Nachweis für ein solches Verständnis im Handelsverkehr[2193] ist allerdings nicht ersichtlich. Zwar mögen diese Klauseln im Handelsverkehr typisch sein, jedoch fehlt es an belastbaren Erkenntnissen aus bspw. Schiedsentscheidungen der handelsrechtlichen Praxis[2194] oder Gutachten der (Industrie- und) Handelskammern[2195]. Vielmehr spricht gegen ein allgemein bekanntes und vor allem gleichlaufendes Verständnis die umfassende Diskussion dieser Thematik durch die Rechtsprechung und Literatur. Auch wenn ein Verständnis, dass Zahlungsklauseln im Regelfall eine Aufrechnungsbeschränkung darstellen, eher im Handelsverkehr als im Verbraucherbereich vorhanden sein mag, ist ein weitergehendes Verständnis, nämlich über die Reichweite der Aufrechnungsbeschränkung selbst, nicht als entsprechende Verkehrssitte bekannt.[2196]

Auch kann das Interesse des Handelsverkehrs an bündigen Klauseln nicht als derart gewichtig bewertet werden, dass ein Vorbehalt der Aufrechnung für

---

2191 Siehe zu den Anforderungen nach § 309 Nr. 3 BGB die Formulierung der AGB § 5 B. IV. 2.) e).

2192 Vgl. BeckOK-BGB/*Becker* (01.02.2021) § 309 Nr. 3 Rn. 16; i. Erg. dies annehmend Wolf/Horn/Lindacher/*Wolf*, 4. Auflage 1999, § 11 Nr. 3 Rn. 9, § 11 Nr. 2 Rn. 30.

2193 Zutreffend allgemein Nachweise für ein bestimmtes Verständnis von Klauseln im Handelsverkehrs verlangend BGH WM 1972, 1092 (1093); vgl. auch *Liesecke*, WM Sonderbeilage Nr. 3/1978, 3.

2194 Vgl. allgemein zur Heranziehung der Schiedsentscheidungen OLG Hamburg OLGR 1996, 161 f.

2195 Vgl. dazu bspw. MüKo-HGB/*Schmidt* § 346 Rn. 26 f., 11 ff.

2196 Vgl. BGH WM 1972, 1092 (1093); BGHZ 14, 61 (62 ff.) = NJW 1954, 1561.

bestimmte Forderungen nicht erforderlich ist.[2197] Das im schnelllebigen Handelsverkehr nachvollziehbare Interesse an bündigen Klauseln *kann* eine Verkürzung bestimmter Klauseln ermöglichen, deren Bedeutungsgehalt im Handelsverkehr allgemein bekannt bzw. festgelegt ist.[2198] Dies kann bspw. bei den dargestellten „Incoterms“, welche bereits seit längerer Zeit festgelegt sind und im Laufe der Zeit immer wieder angepasst wurden, angenommen werden. Allerdings *fehlt es* bei den vorliegend betrachteten Zahlungsklauseln an einer solchen Entwicklung und einer entsprechenden Erklärung des Klauselgehaltes durch im Handelsverkehr anerkannte Organisationen oder einer gefestigten schiedsgerichtlichen oder richterlichen Spruchpraxis.[2199] Zusätzlich spricht gegen eine dennoch zulässige Verkürzung der AGB durch ein fehlendes Erfordernis des Aufrechnungsvorbehaltes für unbestrittene und rechtskräftig festgestellte Forderungen, der *hohe Gerechtigkeitsgehalt*, der der Aufrechnung und § 309 Nr. 3 BGB immanent ist.[2200] Der Gefahr, dass der Unternehmer sich einer im Wortlaut nicht erkennbaren aber vorhandenen Aufrechnungsmöglichkeit mangels eindeutigem und erkennbarem Handelsbrauch und fehlender „Öffnungsformulierung“ in der AGB nicht bewusst ist, steht die einfache Möglichkeit gegenüber, die Klausel um den Aufrechnungsvorbehalt für unbestrittene Forderungen zu ergänzen.[2201]

Im Ergebnis sind Zahlungsklauseln ohne einen Aufrechnungsvorbehalt i.S.d. § 309 Nr. 3 BGB auch im Unternehmervertrag §§ 307 Abs. 1 Satz 1, Abs. 2 Nr. 1 i.V.m. 309 Nr. 3 BGB unwirksam.[2202]

2197 Vgl. ähnlich Staudinger/*Coester-Waltjen* § 309 Nr. 3 Rn. 14; dies zumindest für „Kurzform-Klauseln“ in Erwägung ziehend Ulmer/Brandner/Hensen/*Schäfer* § 309 Nr. 3 Rn. 12 (im Erg. ablehnend).

2198 Im Ansatz BGHZ 14, 61 (62 ff.) = NJW 1954, 1561.

2199 Einen Handelsbrauch oder eine Festlegung von Grundsätzen durch internationale Organisationen für ein einheitliches Verständnis aufführend *Liesecke*, WM Sonderbeilage Nr. 3/1978, 3.

2200 Vgl. Staudinger/*Coester-Waltjen* § 309 Nr. 3 Rn. 1; ähnlich auch BGH NJW 2007, 3421 (3422); BGH NJW 1994, 657 (658). Siehe zu den mit einer Aufrechnung verbundenen Vorteilen § 3 A. und B.

2201 Vgl. ähnlich Ulmer/Brandner/Hensen/*Schäfer* § 309 Nr. 3 Rn. 12. Siehe zum ausreichenden Vorbehalt für unbestrittene Forderungen, da dieser auch den Vorbehalt für rechtskräftig festgestellte und entscheidungsreife Forderungen o.e.B. enthält § 5 B. VI. 2.) b) dd) (1) und (2).

2202 So auch Erman/*Roloff* § 309 Rn. 33; Wolf/Lindacher/Pfeiffer/*Dammann* § 309 Nr. 3 Rn. 72; Ulmer/Brandner/Hensen/*Schäfer* § 309 Nr. 3 Rn. 12; OLG Frankfurt, Urteil v. 25.03.2004, Az. 1 U 31/03, BeckRS 2004, 05494; vgl. allgemein für generelle Aufrechnungsbeschränkungen BGHZ 91, 375 (383 ff.) = NJW 1984, 2404 (2405 f.);

4.) *Zwischenergebnis*

Zahlungsklauseln sind im Ausgangspunkt nur dann als Vereinbarungen mit oder als Aufrechnungsbeschränkung anzusehen, wenn sich dies im Individualvertrag aus der Auslegung nach dem Parteiwillen oder im Formularvertrag nach der objektiven Auslegung der AGB ergibt. Bei der Auslegung lassen sich bestimmte Orientierungsmerkmale für eine Auslegung zu einer Aufrechnungsbeschränkung ausmachen. Nach dem Wortlaut ist eine Aufrechnungsbeschränkung anzunehmen, wenn eine „effektive Zahlung" oder „sofortige Barzahlung" gefordert wird oder Wörter wie „Kasse" oder „cash" enthalten sind. Außerdem ist dies anzunehmen, wenn die Zahlungsvereinbarung in oder aufgrund der Kenntnis über eine bestehende Gegenforderung eingegangen wird. Zusätzlich kann nach § 305c BGB im Formularvertrag im Zweifel eine Aufrechnungsbeschränkung in der Barzahlungsvereinbarung zu sehen sein.

Sofern eine Aufrechnungsbeschränkung der Klausel immanent ist, ist diese im Individualvertrag zulässig, verstößt aber sowohl im Verbraucher- als auch im Unternehmerbereich gegen die Vorgaben von § 309 Nr. 3 BGB. In beiden Bereichen ist für eine wirksame Klausel ein § 309 Nr. 3 BGB entsprechender Aufrechnungsvorbehalt vorzusehen. Im Unternehmerbereich besteht kein allgemeiner und bewiesener Handelsgebrauch mit einem Verständnis der Reichweite der Aufrechnungsbeschränkung auf das nach § 309 Nr. 3 BGB zulässige Maß.

Zahlungsklauseln in einer Aufrechnungsbeschränkung sind auch nach den Vorgaben der Richtlinie 93/13/EWG im Verbrauchervertrag nicht verbindlich vereinbar. Diese sind als Ausschluss der Aufrechnung i.S.d. Nr. 1b) Anhang RL in der Beurteilung nach Art. 3 Abs. 1 RL missbräuchlich.

5.) *Formulierungsvorschlag*

Im individualvertraglichen Bereich ergeben sich aufgrund der fehlenden materiellrechtlichen Begrenzungsvorgaben für Aufrechnungsbeschränkungen keine bestimmten Formulierungsvorgaben. In jenem Bereich sind die Zahlungsklauseln in der aufgeführten Form[2203] verwendbar.

Im formularmäßigen Bereich sind nach der vorstehenden Darstellung Zahlungsklauseln aufgrund ihrer kurzen Formulierungsweise und des fehlenden Aufrechnungsvorbehaltes entsprechend der Vorgaben von § 309 Nr. 3 BGB

BGHZ 92, 312 (314 ff.) = NJW 1985, 319 (320); BGH NJW-RR 1986, 1110; BGH NJW 1998, 3119; zur a.A. vgl. die Nachweise in Fn. 2183.

2203 § 6 C. I. 2.) b) aa).

sowohl im Verbraucher- als auch im Unternehmervertrag unwirksam. Die Zahlungsklauseln müssen einen dahingehenden Aufrechnungsvorbehalt vorsehen.[2204] Eine Klausel könnte bspw. lauten:

- *„Zahlung Netto-Kasse. Eine Aufrechnung durch „Partei X" ist mit Gegenforderungen, die unbestritten, rechtskräftig festgestellt oder ohne eine eigene Beweisaufnahme entscheidungsreif sind, zulässig."*

Der Konflikt zwischen einem Interesse an kurzen Klauseln und der erforderlichen Klarheit der Rechte und Pflichten des Vertragspartners i.S.d. § 307 Abs. 1 Satz 2 BGB wird noch verstärkt, wenn die Klauseln auch mit den weiteren Formulierungsanforderungen übereinstimmen sollen. Aufgrund des inzidenten Ausschlusses der Aufrechnung auch für gleichartig gewordene Forderungen, die aus demselben Vertrag stammen oder in synallagmatischer Verknüpfung zueinander stehen, muss auch insoweit ein Aufrechnungsvorbehalt vorgesehen werden.[2205]

Im hinsichtlich der Aufrechnungsbeschränkungen stärker begrenzten Verbrauchervertrag könnte eine zulässige Klausel folglich lauten:

- *„Zahlung Netto-Kasse. Eine Aufrechnung der „Partei X" mit Gegenforderungen, die unbestritten, rechtskräftig festgestellt oder ohne eine eigene Beweisaufnahme entscheidungsreif sind, ist zulässig. Eine Aufrechnung ist über Satz 2 hinaus stets mit einer Forderung aus demselben Vertrag möglich, sofern diese aufgrund einer Vertragspflichtverletzung der Partei „Y" aus einer ungleichartigen Forderung hervorgegangen ist."*

Auch im Unternehmervertrag sind weitere, wenn auch geringere Anforderungen zu erfüllen:

- *„Zahlung Netto-Kasse. Eine Aufrechnung der „Partei X" mit Gegenforderungen, die unbestritten, rechtskräftig festgestellt oder ohne eine eigene Beweisaufnahme entscheidungsreif sind, ist zulässig. Eine Aufrechnung ist über Satz 2 hinaus stets mit einer gleichartigen, synallagmatischen Forderung, die aufgrund einer Vertragspflichtverletzung der Partei „Y" aus einer synallagmatisch ungleichartigen Forderung hervorgegangen ist, zulässig."*

2204 Siehe dazu soeben § 6 C. I. 3.) b) aa) und cc), sowie für den Unternehmervertrag die Nachweise in Fn. 2202.

2205 Dazu umfassend soeben § 6 B. V.

II. Vorleistungsklauseln

Im Zusammenhang mit Aufrechnungsbeschränkungen wird in der Literatur und Rechtsprechung auch die Thematik der Zulässigkeit von sog. Vorleistungsklauseln und deren Grenzen behandelt. Für diese Fälle wird zum Teil eine Anwendung der Grenzen für Aufrechnungsbeschränkungen in Erwägung gezogen.[2206] Im Folgenden wird untersucht, ob Vorleistungsklauseln eine Aufrechnungsbeschränkung enthalten und eine Anwendung der dahingehenden Grenzen angezeigt ist.

1.) Tatbestand der Aufrechnungsbeschränkung und Wirksamkeitsgrenzen

Hinsichtlich der Fragestellung, ob alle Vorleistungsklauseln den Tatbestand einer Aufrechnungsbeschränkung erfüllen, ist in einem ersten Schritt zwischen den verschiedenen Konstellationen, welche unter den sog. Vorleistungsklauseln verstanden werden[2207], zu differenzieren. Einerseits sind darunter sog. *echte* Vorleistungsklauseln zu fassen. Bei diesen wird entgegen der gesetzlichen Rechtslage eine Vorleistungspflicht des Kunden bzw. des Vertragspartners vereinbart.[2208] Anderseits wird bei sog. *unechten* Vorleistungsklauseln von der gesetzlich vorgesehenen Vorleistungspflicht, wie bspw. gem. § 641 BGB, abgewichen und eine gegenseitige Leistungserbringung Zug um Zug i.S.d. §§ 320, 322 BGB vorgesehen.[2209]

a) Unechte Vorleistungsklauseln

Bei den sog. unechten Vorleistungsklauseln liegt kein Tatbestand der Aufrechnungsbeschränkung vor, da sich die hinter den Vereinbarungen stehende Zwecksetzung ausschlaggebend unterscheidet. In den Fällen der Vereinbarung einer „Zug um Zug"-Leistung durch eine „unechte" Vorleistungsklausel wird keine Vereinbarung über die *Art* der einzelnen geschuldeten Leistungs*erfüllung*

2206 Vgl. Wolf/Lindacher/Pfeiffer/*Dammann* Klauseln (V) Rn. 502; BGHZ 139, 190 (192 ff.) = NJW 1998, 3119; s.a. BeckOGK-BGB/*Weiler* (01.03.2021) § 309 Nr. 3 Rn. 36; Wolf/Lindacher/Pfeiffer/*Dammann* § 309 Nr. 3 Rn. 20; *Zoller*, Vorleistungspflicht und AGB-Gesetz, 70; wohl auch MüKo-BGB/*Wurmnest* § 309 Nr. 3 Rn. 6.

2207 Vgl. BeckOGK-BGB/*Zschieschack* (01.03.2021) § 307 Vorfälligkeitsklauseln Rn. 2 f.

2208 Vgl. Wolf/Lindacher/Pfeiffer/*Dammann* Klauseln (V) Rn. 501 ff.; BeckOGK-BGB/*Zschieschack* (01.03.2021) § 307 Vorfälligkeitsklauseln Rn. 2.

2209 Vgl. Wolf/Lindacher/Pfeiffer/*Dammann* Klauseln (V) Rn. 501 ff.; BeckOGK-BGB/*Zschieschack* (01.03.2021) § 307 Vorfälligkeitsklauseln Rn. 3.

getroffen. Vielmehr wird das Verhältnis der beiden Leistungspflichten zueinander bestimmt. Dieses soll nicht mehr, wie nach der gesetzlichen Regelung – wie bspw. nach § 641 BGB – vorgesehen, unabhängig voneinander sein und keine Gegenrechte gegenüber der Leistungsverpflichtung geltend gemacht werden können. Stattdessen sollen die Leistungspflichten in ein gegenseitiges *Abhängig*keitsverhältnis gesetzt werden.[2210] Eine Aufrechnungsbeschränkung wird hingegen aber dem Grunde nach (auch) deshalb vereinbart, um eine gegenanspruchs*unabhängige* Durchsetzung der beschränkungsbegünstigten Forderungen[2211] zu erreichen. Bei einer Aufrechnungsbeschränkung wird bezweckt, dass die Durchsetzung der beschränkungsbegünstigten Forderung nicht von möglichen bzw. vermeintlichen Gegenansprüchen abhängt, deren Geltendmachung zeitverzögernd ist.

b) Echte Vorleistungsklauseln

Nach der Feststellung, dass sog. unechte Vorleistungsklauseln nicht auch die Aufrechnung ausschließen, werden im Folgenden die sog. echten Vorleistungsklauseln betrachtet. Dies sind Klauseln, welche entgegen der gesetzlich vorgesehenen Verpflichtung zu einer „Zug-um-Zug"-Leistung eine von der Gegenleistungserbringung *unabhängige* Leistungspflicht vorsehen.[2212] Dogmatisch wird das durch einen früheren Eintritt der Fälligkeit der Leistung als der Fälligkeit der Gegenleistung erreicht.[2213]

Als erstes ist zu bestimmten, ob eine „reine" Vorleistungsklausel gleichsam die Aufrechnung ausschließt. Falls dies nicht der Fall ist, ist zu untersuchen, ob bestimmte Klauselvarianten aus der Praxis aufgrund weiterer Umstände doch – zusätzlich – eine Aufrechnungsbeschränkung enthalten.

2210 Im umgekehrten Fall einer Vereinbarung der Vorleistung zumindest ein fehlendes Abhängigkeitsverhältnis zwischen den Leistungspflichten annehmend BeckOGK-BGB/*Weiler* (01.03.2021) § 309 Nr. 2 Rn. 30.1.

2211 Zu den zugrundeliegenden Zwecksetzungen von Aufrechnungsbeschränkungen § 3 C.

2212 Auf das fehlende Abhängigkeitsverhältnis zwischen den Leistungspflichten bei einer Vereinbarung der Vorleistung abstellend BeckOGK-BGB/*Weiler* (01.03.2021) § 309 Nr. 2 Rn. 30.1; vgl. auch *Zoller*, Vorleistungspflicht und AGB-Gesetz, 20.

2213 Vgl. *Zoller*, Vorleistungspflicht und AGB-Gesetz, 24, 28; Jauernig/*Stadler* § 320 Rn. 21; MüKo-BGB/*Emmerich* § 320 Rn. 24.

aa) Vorleistungsvereinbarung als (mittelbarer) Ausschluss der Aufrechnung im Allgemeinen

Ob sog. echte Vorleistungsklauseln tatsächlich ebenfalls eine Aufrechnung ausschließen, ist zweifelhaft. In der Literatur und Rechtsprechung wird zumindest bei bestimmten Vorleistungsvereinbarungen ein Ausschluss der Aufrechnung angenommen.[2214] Dabei werde die Aufrechnung allein mittelbar ausgeschlossen, da keine bestehende Aufrechnungsbefugnis genommen werde, sondern vielmehr das Entstehen der Aufrechnungslage verhindert werde.[2215] Ein solcher „mittelbarer Ausschluss" sei nicht von § 309 Nr. 3 BGB geschützt und folglich nicht danach unwirksam.

Diese Argumentation ist allerdings nicht überzeugend. Denn es wird hinsichtlich der Beurteilung allein auf das Verhältnis „Leistung- und Gegenleistung" des konkreten Vertrags abgestellt. Im Grundfall eines einzeln abgeschlossenen Vertrages sind zum Ersten Leistung und Gegenleistung im Grundsatz *verschiedenartig*. Daher wird eine faktisch fehlende Aufrechnungsmöglichkeit nicht durch die Vorleistungspflicht selbst begründet, sondern durch die *fehlende Gleichartigkeit* der Leistungen. Zum Zweiten wird von der Ansicht nicht hinreichend beachtet, dass dem Vertragspartner *weitere – bereits fällige – gleichartige Gegenforderungen* aus früheren Verträgen zustehen können. In diesen Fällen bleibt nach dieser Ansicht die Frage weiterhin offen, ob eine Aufrechnung möglich ist oder nicht. Bezugspunkt kann daher nicht nur der Vertrag der (vorfälligen) Leistung und Gegenleistung sein. Vielmehr ist im Allgemeinen zu klären, ob eine Aufrechnungsbeschränkung vorliegt, welche nach der in dieser Arbeit vertretenen Ansicht eine Inhaltsbestimmung der Hauptleistungsforderung ist. Die Forderung ist, sofern ein Ausschluss angenommen wird, unabhängig davon, ob hinterher eine (vermeintliche) Aufrechnungslage eintritt oder nicht, aufrechnungs*unfähig.*[2216] Ergänzend ist festzustellen, dass § 309 Nr. 3 BGB letztendlich nicht nur einen Ausschluss einer konkreten Aufrechnungsmöglichkeit verhindern will. Vielmehr ist der Verbotsbereich von § 309 Nr. 3 BGB bereits betroffen,

---

2214 Vgl. BeckOGK-BGB/*Weiler* (01.03.2021) § 309 Nr. 3 Rn. 36; Wolf/Lindacher/Pfeiffer/*Dammann* § 309 Nr. 3 Rn. 20; *Zoller*, Vorleistungspflicht und AGB-Gesetz, 70; BGHZ 139, 190 (193) = NJW 1998, 3119; wohl auch MüKo-BGB/*Wurmnest* § 309 Nr. 3 Rn. 6

2215 BeckOGK-BGB/*Weiler* (01.03.2021) § 309 Nr. 3 Rn. 36; Wolf/Lindacher/Pfeiffer/*Dammann* § 309 Nr. 3 Rn. 20; *Zoller*, Vorleistungspflicht und AGB-Gesetz, 70.

2216 Siehe zur materiellrechtliche Wirkung und der Dogmatik von Aufrechnungsbeschränkungen § 4 B. III. 1.) und § 4 B. V.

wenn eine Klausel die Aufrechnung abstrakt für die entsprechenden Forderungen ausschließt. Ob im Ergebnis eine Aufrechnungslage und eine konkrete Aufrechnungsbefugnis eintreten, ist unerheblich.[2217] Auch handelt es sich bei der Annahme, dass für den Vertragspartner weitere fällige Gegenforderungen bereits bestehen können, nicht um einen „fernliegenden Ausnahmefall", welcher der AGB systemwidrig unterstellt würde. [2218] Solche Gegenforderungen sind im neuen Zeitalter des großflächigen Versandhandels durch Internetbestellungen durch den Endverbraucher mit einer Vielzahl von Retouren und Rücksendungen mit entsprechenden Rückzahlungsverpflichtungen des Verwenders nicht unüblich. Auch im Handelsverkehr ist dies – erst Recht – üblich bzw. hat keinen Ausnahmecharakter.

Dementsprechend kann mit dieser Ansicht die Fragestellung nicht umfassend erklärt werden. Bei der Untersuchung, ob allgemein mit einer sog. echten Vorleistungsklausel gleichsam auch die Aufrechnung ausgeschlossen ist, müssen im Ausgangspunkt die Regelungsgegenstände bzw. die Zwecksetzung der Aufrechnungsbeschränkung und der Vorleistungsvereinbarung betrachtet werden. *Diese sind dem Grunde nach verschieden.*[2219] Auf der einen Seite wird mit einer Vorleistungsvereinbarung gegenüber der Gegenleistungspflicht eine frühere Fälligkeit der Pflicht zur Leistung des Vertragspartners vereinbart.[2220] Auf der anderen Seite wird mit einer Aufrechnungsbeschränkung eine bestimmte Erfüllungsvariante ausgeschlossen, damit die Leistung hinsichtlich einer Aufrechnungsmöglichkeit gegenanspruchsunabhängig und tatsächlich erbracht wird.[2221] Mit einer Vorleistungspflicht will der Begünstigte bzw. der Verwender der AGB bestimmte Kostenausfallrisiken für bereits erbrachte Leistungen minimieren bzw. ausschließen.[2222] Damit ist aber *nicht* gleichzeitig gesagt, dass er

---

2217 Siehe zur dahingehenden Systematik § 5 B. IV. 2.) b).

2218 So aber wohl Ulmer/Brandner/Hensen/*Schäfer* § 309 Nr. 3 Rn. 9; allgemein bei der Inhaltskontrolle fernliegende Auslegungen einer AGB nicht berücksichtigend BGH NJW 1991, 2559 (2561 f.).

2219 Eine Abgrenzung zwischen den verschiedenen Instituten zutreffend für erforderlich haltend Staudinger/*Coester-Waltjen* § 309 Nr. 3 Rn. 9.

2220 Siehe dazu die Nachweise in Fn. 2213.

2221 Siehe dazu § 3 C. und § 4 B. III.

2222 Vgl. allgemein Soergel/*Stein*, 12. Auflage 1991, § 11 Nr. 2 AGBG Rn. 18; Ulmer/Brandner/Hensen/*Schäfer* § 309 Nr. 2 Rn. 13; für einen Werkvertrag vgl. BGHZ 184, 345 (354 f.) = NJW 2010, 1449 (1452); den Schutz vor betrügerischem Verhalten im Versandhandel betonend BeckOGK-BGB/*Zschieschack* (01.03.2021) § 307 Vorauszahlungsklauseln Rn. 40.

auch *keine* vorrangige Leistungserfüllung *durch Surrogate* wünscht.[2223] Vielmehr kann es ihm auch allein auf eine wirtschaftliche Betrachtung ankommen, sodass er auch eine „frühere" Leistungserfüllung eben durch eine Aufrechnung akzeptieren will. Dadurch wird er auch von einer eigenen Leistungspflicht frei und erreicht, rein wirtschaftlich betrachtet, denselben Zustand wie nach einer – ggf. auch zeitlich versetzten – Leistungserbringung.[2224]

Sofern eine gewisse Vergleichbarkeit zwischen einer Vorleistungspflicht und einer Aufrechnungsbeschränkung dahingehend angenommen wird, dass mit beiden Instituten eine Unabhängigkeit von gegenseitigen Forderungen erreicht werden soll, unterscheidet sich die vom Verwender bezweckte Unabhängigkeit inhaltlich ebenfalls. Mit der Aufrechnungsbeschränkung wird eine „gegenanspruchsunabhängige Durchsetzung der Forderungen" insoweit gewünscht, dass die Durchsetzung der eigenen Forderungen nicht durch die Einwendung von vermeintlichen, d.h. unter Umständen nur behaupteten Ansprüchen verzögert wird.[2225] Bei einer Vorleistungsklausel wird eine Gegenseitigkeit dahingehend hergestellt, dass die begünstigte Forderung *vor* der – nicht bestrittenen – Gegenforderung erfüllt werden muss.

Folglich sind reine echte Vorleistungsklauseln letztendlich nicht gleichzeitig als Aufrechnungsbeschränkung auszulegen.[2226] Vielmehr ist im Grundsatz eine Erbringung der vorfälligen Leistung durch das Erfüllungssurrogat der Aufrechnung möglich.

2223 Vgl. ähnlich und im Erg. Staudinger/*Coester-Waltjen* § 309 Nr. 3 Rn. 9; s.a. *Jung* NJW 1999, 2950 (2951 a.E.).

2224 Siehe zu den Rechtsfolgen einer Aufrechnung § 2 A. I. 2.).

2225 Siehe zu den Zwecken von Aufrechnungsbeschränkungen § 3 C.

2226 Im Erg. *Gernhuber*, Erfüllungssurrogate, § 12 VI 8c; BeckOK-BGB/*Dennhardt* (01.02.2021) § 387 Rn. 34; Staudinger/*Gursky* § 387 Rn. 209 m.w.N.; Soergel/*Schreiber* § 387 Rn. 12. Sofern abweichend eine Vorleistungsklausel stets als Aufrechnungsbeschränkung ausgelegt würde, wäre diese Klausel unmittelbar nach § 309 Nr. 3 BGB unwirksam. Es fehlt an einem Aufrechnungsvorbehalt für unbestrittene und rechtskräftig festgestellte Forderungen. Es kommt daher auch nicht mehr auf die Frage an, ob Vorleistungsklauseln unmittelbar an § 309 Nr. 2 BGB oder „nur" an § 307 BGB zu messen sind (dazu anschaulich bspw. BeckOGK-BGB/*Weiler* [01.03.2021] § 309 Nr. 2 Rn. 27 ff.; Wolf/Lindacher/Pfeiffer/*Dammann* § 309 Nr. 3 Rn. 20, Klauseln [V] Rn. 501 ff.; MüKo-BGB/*Emmerich* § 320 Rn. 57 f. m.w.N.).

bb) Vorleistungsvereinbarung mit weiteren Bestimmungen

Wie soeben dargestellt, ergibt sich aus einer Vorleistungsklausel selbst im Grundsatz keine Aufrechnungsbeschränkung. Allerdings kann sich im Zusammenhang mit einer Vorleistungsklausel eine Aufrechnungsbeschränkung *aus weiteren Gründen* ergeben. Dies ist insbesondere dann anzunehmen, wenn die Klauseln zusätzlich eine *(Bar-)Zahlungsabrede* enthalten.[2227] Eine solche Zahlungsabrede enthält dann selbst bereits eine nicht abtrennbare Aufrechnungsbeschränkung. Wie bereits ausgeführt gilt dies für Barzahlungsabreden und insbesondere bei Klauseln wie „Cash on Delivery“ oder „Kasse gegen Dokumente“[2228]. In diesen Fällen ist bezüglich der Leistung eine frühere Fälligkeit vereinbart – „Delivery“ / „Dokumente“. Gleichzeitig wurde aber eine Bestimmung über die *Art der Leistungserbringung* getroffen – „cash“ / „Kasse“.[2229]

Die Bestimmung über die Art der Leistungserbringung ist mangels Ausnahme für unbestrittene und rechtskräftig festgestellte Forderungen allerdings sowohl im Verbraucher- als auch im Unternehmervertrag nach § 309 Nr. 3 (i.V.m. § 307) BGB unwirksam.[2230] Diese Klauseln sind mangels sprachlicher Teilbarkeit[2231] bereits vollständig unwirksam, sodass weder eine Aufrechnung ausgeschlossen ist noch eine Vorleistungspflicht des Vertragspartners besteht.

cc) Übrige Konstellationen: Nachnahmeklauseln

Die Frage, ob Vorleistungsvereinbarungen durch weitere Aspekte auch eine Aufrechnungsbeschränkung enthalten, wird außerdem hinsichtlich der im Warenverkehr verwendeten sog. *Nachnahmeklauseln* relevant. In der Diskussion ist insbesondere umstritten, ob diese Nachnahmeklauseln überhaupt eine Vorleistungspflicht enthalten[2232] und ob diese von § 309 Nr. 3 BGB erfasst sind.[2233]

2227 Siehe dazu soeben § 6 C. I.

2228 Vgl. BGHZ 135, 39 (46 f.) = NJW 1997, 1775 (1777).

2229 Vgl. BGHZ 135, 39 (46 f.) = NJW 1997, 1775 (1777); BGH NJW 1985, 550; s.a. BGHZ 14, 61 (62) = NJW 1954, 1561.

2230 Siehe dazu soeben § 6 C. I. 3.).

2231 Siehe allgemein zur Teilbarkeit § 5 B. IV. 5.).

2232 Dafür Staudinger/*Coester-Waltjen* § 309 Nr. 3 Rn. 9; *Liesecke*, WM Sonderbeilage Nr. 3/1978, 8; Westphalen/Thüsing/*v. Westphalen*, VertrR/AGB-Klauselwerke (45. EL 2020), Teil „Vertragsrecht“ II – Aufrechnungsklauseln Rn. 31; Ulmer/Brandner/Hensen/*Schäfer* § 309 Nr. 3 Rn. 9; a.A. wohl Wolf/Lindacher/Pfeiffer/*Dammann* § 309 Nr. 3 Rn. 20 a.E. (anders wohl unter „Klauseln [V] Rn. 502, 531“).

2233 Dafür BGHZ 139, 190 (193 ff.) = NJW 1998, 3119; Westphalen/Thüsing/*v. Westphalen*, VertrR/AGB-Klauselwerke (45. EL 2020), Teil „Vertragsrecht“ II – Aufrechnungsklauseln Rn. 31; Wolf/Lindacher/Pfeiffer/*Dammann* § 309 Nr. 3 Rn. 20

(1) Betroffene Klauseln

Aus dem bereits Dargestellten folgt, dass Nachnahmeklauseln, welche bereits einen weiteren Zusatz enthalten, aus dem sich die Pflicht zur Barzahlung oder einer gleichgestellten Erfüllungsvariante ergibt, eine Aufrechnungsbeschränkung enthalten. In der Wissenschaft werden als solche „Nachnahmeklauseln" die Fallgestaltungen „POD" (= pay on delivery) und „COD" (= cash on delivery) eingeordnet. In diesen ist nicht nur eine Pflicht zur Vorleistung vorgesehen, da der Vertragspartner die Ware ohne Prüfungsmöglichkeit nur erhält, wenn er seine Leistung bereits vorher erfüllt hat.[2234] Gleichzeitig wird bestimmt, wie diese Leistungserbringung zu erfolgen hat, nämlich in der Form einer Zahlung.[2235] Derartige Nachnahmeklauseln sind im Verbrauchervertrag nach § 309 Nr. 3 BGB und im Unternehmervertrag in Verbindung mit § 307 Abs. 1 Satz 1, Abs. 2 Nr. 1 BGB unwirksam.[2236]

Daher beschränkt sich die umstrittene Frage im Kern nur auf solche „Nachnahmeklauseln", welche eine Nachnahme-Vereinbarung darstellen, aber *wörtlich* nicht selbst bereits Aussagen über die Zahlungsweise, also die Art der Erfüllung enthalten. In der Praxis lautet diese dann

„Zusendung erfolgt gegen Nachnahme" [2237]

und

„bei Lieferung gegen Nachnahme übernimmt der Käufer die Nachnahmekosten"[2238].

(2) Ansichten in der Literatur und Rechtsprechung

Die höchstrichterliche Rechtsprechung sieht in diesen Klauseln nicht nur eine Vorleistungspflicht aufgrund der fehlenden Prüfungsmöglichkeit durch den Käufer, sondern auch ein „Inkasso" gegen welches die Ware nur ausgehändigt würde.[2239] Ein Inkasso schließe aber bereits begrifflich die Aufrechnung aus

---

a.E., Klauseln (V) Rn. 502, 531; im Erg. Ulmer/Brandner/Hensen/*Schäfer* § 309 Nr. 3 Rn. 9; a.A. Staudinger/*Coester-Waltjen* § 309 Nr. 3 Rn. 9.

2234 Vgl. BGH NJW 1985, 550; BGHZ 139, 190 (192) = NJW 1998, 3119; OLG Düsseldorf VersR 1991, 1934.

2235 Siehe dazu soeben § 6 C. I. 1.) und 2.).

2236 Siehe dazu soeben § 6 C. I. 3.) b) und c).

2237 Staudinger/*Coester-Waltjen* § 309 Nr. 3 Rn. 9.

2238 BGHZ 139, 190 (191) = NJW 1998, 3119.

2239 BGH NJW 1985, 550; BGHZ 139, 190 (193) = NJW 1998, 3119 f.

und sei auf den Einzug von Geldbeträgen gerichtet.[2240] Die Literatur folgt dieser Ansicht größtenteils.[2241]

(3) Eigene Bewertung

Zuerst ist festzustellen, dass der BGH in seinen Entscheidungen aus den Jahren 1985 und 1998 nicht festgestellt hat, dass eine Vorleistungsvereinbarung allgemein die Aufrechnung ausschließt. Vielmehr hat er sich mit der vorliegend betrachteten Fragestellung befasst, ob die der Nachnahme immanente „*Inkasso*"-Leistung einer Vereinbarung über die *Art der Leistungserbringung* darstellt. Er hat jenes bejaht und folglich auch diese Klauseln als (Bar-)Zahlungsklauseln ausgelegt.

Es ist genauer zu betrachten, ob einer Nachnahmebestimmung tatsächlich eine Bestimmung über die Art der Leistungserbringung immanent ist. Dagegen kann angeführt werden, dass es sich bei einem „Inkasso" überhaupt nicht um eine Regelung handelt, die festlegt, dass die Erfüllung der Forderung des Verwenders nur durch eine Barzahlung oder unmittelbare Überweisung erfolgen kann. Vielmehr kann angenommen werden, dass es dem Verwender allein auf *den wirtschaftlichen Erfolg* durch eine Forderungserfüllung ankommt. Der wirtschaftliche Erfolg würde aber auch bei einer Aufrechnung durch Erlöschen der Hauptforderung bei gleichzeitigem Erlöschen einer Gegenforderung des Vertragspartners gegen den Verwender eintreten.[2242] Dafür sprechen durchaus Gründe des bilanzorientierten Handelsverkehrs.

Dagegen ist allerdings anzuführen, dass bei einer objektiven Betrachtungsweise dem Begriff „Inkasso" besondere und letztendlich entscheidende Bedeutung zuzumessen ist. Dieser Begriff leitet sich von dem italienischen Wort „incassare" ab und wird aufgrund der Bedeutung „Geld einziehen" als „*Einziehen von fälligen Forderungen, besonders von Rechnungen, Wechseln und Scheckes*" definiert.[2243] Die Einziehung einer Forderung weist aber auf die tatsächliche

---

2240 BGH NJW 1985, 550; BGHZ 139, 190 (193) = NJW 1998, 3119 f.

2241 Vgl. BeckOGK-BGB/*Weiler* (01.03.2021) § 309 Nr. 3 Rn. 35; Wolf/Lindacher/Pfeiffer/*Dammann* § 309 Nr. 3 Rn. 20; BeckOGK-BGB/*Skamel* (01.041.2021) § 387 Rn. 188; Soergel/*Schreiber* 387 Rn. 11; *Heller* AcP 207 (2007), 456 (462); NK-BGB/*Kollmann* § 309 Rn. 54; wohl auch Palandt/*Grüneberg* § 309 Rn. 17; Prütting/Wegen/Weinreich/*Berger* § 309 Rn. 17; für bestimmte Fälle kritisch v. Westphalen/Thüsing/*v. Westphalen*, VertrR/AGB-Klauselwerke (45. EL 2020), Teil „Vertragsrecht" II – Aufrechnungsklauseln Rn. 31.

2242 Siehe dazu § 2 A. I. 2.).

2243 Seitz/*Berg*/*Gaub*/*Ohle*, Inkasso-Handbuch, 1.

Beitreibung des Entgelts hin. Insbesondere wird auf die Einziehung *einer* Forderung hingedeutet und nicht auf die Aufgabe der eigenen Forderungen zugunsten des Erlöschens einer Gegenforderung des Schuldners gegen den Verwender.

Selbst wenn Zweifel an dieser wortlautorientierten Auslegung bestehen sollten, muss den Besonderheiten, die dem Institut der Aufrechnung immanent sind, Beachtung geschenkt werden. Denn bei einer Aufrechnung verbleibt die Frage, ob die Gegenforderung mit der aufgerechnet wurde, tatsächlich bestanden hat bzw. besteht. Eine Einziehung einer Forderung (Inkasso) würde bei einem Kaufvertrag aber vollständig ihrer tatsächlichen Wirkung beraubt, wenn die Ware „bei" einer Aufrechnung tatsächlich ausgehändigt würde, ohne dass Klarheit darüber besteht, ob die Gegenforderung tatsächlich besteht. Bei einer Aufrechnung mit einer nur vermeintlichen Forderung müsste der Verwender sich um eine aktive (gerichtliche) Durchsetzung seiner („Inkasso-)Forderung bemühen und wäre – sogar entgegen der Vorleistungsvereinbarung – möglichen Gegenrechten ausgesetzt. Eine solche Unsicherheit soll aber durch eine Aufrechnungsbeschränkung verhindert werden.[2244] Daher sind diese Fälle von Nachnahmeklauseln auch aus diesem Grund als Barzahlungsvereinbarung auszulegen. [2245]

Aufgrund der Auslegung der vorstehend betrachteten Nachnahmeklauseln und der fehlenden Teilungsmöglichkeit gelten dieselben Grenzen wie für Barzahlungsvereinbarungen. Nach deutschem Recht sind diese individualvertraglich möglich, aber im Formularvertrag gem. § 309 Nr. 3 (i.V.m. § 307 Abs. 1 Satz 1, Abs. 2 Nr. 1) BGB unwirksam.[2246] Die Europarechtswidrigkeit ergibt sich aus Art. 3 Abs. 1, 3 i.V.m. Nr.1b) Anhang RL.[2247]

2.) Zwischenergebnis

Vorleistungsklauseln sind allein durch eine Verschiebung der Fälligkeit der Leistungspflicht des Vertragspartners nicht auf die Vorgabe einer bestimmten

---

2244 Vgl. BeckOGK-BGB/*Weiler* (01.03.2021) § 309 Nr. 3 Rn. 5, 61.1; zum Sinn und Zweck von Aufrechnungsbeschränkungen allgemein § 3 C.

2245 Ob es dadurch tatsächlich zu einer ungenauen Abgrenzung zwischen Vorleistung und Aufrechnungsbeschränkung kommt (so Staudinger/*Coester-Waltjen* § 309 Nr. 3 Rn. 9) ist fraglich, aber aufgrund des Sonderfallcharakters hinnehmbar. Weitere Klauseln wie „Cash-on-Delivery" sind ohnehin als Barzahlungsabrede auszulegen; siehe dazu § 6 C. I. 2.) und § 6 C. II. 1.) b) bb).

2246 Im Ergebnis kritisch *Jung* NJW 1999, 2950 f.

2247 Siehe dazu § 6 C. I. 3.) b) aa) (2).

Erfüllungsvariante gerichtet. Folglich ist in einer „reinen" Vorleistungsklausel – echt oder unecht – keine Aufrechnungsbeschränkung enthalten.

Sofern in den gängigen Vorleistungsklauseln allerdings außerdem eine Vorgabe für eine bestimmte Erfüllungsart durch eine Zahlungsbestimmung vorgesehen ist, enthalten diese Klauseln zusätzlich einen Ausschluss der Aufrechnung. Diese sind ebenso wie „reine" Zahlungsbestimmungen mit einer Aufrechnungsbeschränkung sowohl im Verbraucher- als auch im Unternehmervertrag nach § 309 Nr. 3 (i.V.m. § 307 Abs. 1 Satz 1, Abs. 2 Nr. 1) BGB unwirksam. Sie stehen im Verbrauchervertrag gleichermaßen wie „reine" (Bar-)Zahlungsbestimmungen im Widerspruch zu den europäischen Vorgaben der Richtlinie 93/13/EWG.

Nachnahmeklauseln, welche keinen expliziten Hinweis auf eine Zahlungsweise vorsehen, erhalten der Sache nach sowohl eine Vorleistungsvereinbarung aber gleichzeitig auch eine Inkasso-Abrede. Sie entsprechen der Vereinbarung einer Barzahlungsabrede und sind nur im Individualvertrag zulässig. Im Formularvertrag sind sie gegenüber Verbrauchern und gegenüber Unternehmern gem. § 309 Nr. 3 (i.V.m. § 307 Abs. 1 Satz 1, Abs. 2 Nr. 1) BGB unwirksam. Mangels Teilbarkeit sind sowohl der inhaltliche „Inkasso"-Teil als auch der Teil der Vorleistungspflicht unwirksam. Im Verbrauchervertrag verstoßen solche Nachnahmeklauseln gleichzeitig gegen die Vorgaben der Richtlinie 93/13/EWG.

§ 7. Zusammenfassung und Ausblick

A. Zusammenfassung

I. Allgemeine Erkenntnisse

Im Rahmen der Untersuchung in dieser Arbeit wurde die Vielschichtigkeit von vertraglichen Aufrechnungsbeschränkungen mit unterschiedlichen Zwecksetzungen und unterschiedlichen Vereinbarungsgrenzen deutlich. Trotz der verschiedenen tatsächlichen und denkbaren Fallkonstellationen, wurde aufgezeigt, dass die Freiheit zur Gestaltung der eigenen Vertragsverhältnisse als Ausprägung der Privatautonomie auch hinsichtlich vertraglicher Aufrechnungsbeschränkungen den Ausgangspunkt darstellt. Es besteht kein gesetzlich vorgegebener allgemeiner Vorrang des Selbstvollstreckungsinteresses gegenüber den Interessen an einer Aufrechnungsbeschränkung.

Eine Begrenzung der Gestaltungsfreiheit erfolgt dort, wo im Rahmen von formularmäßigen Aufrechnungsvereinbarungen nicht von einer selbstbestimmten Wahrnehmung der Gestaltungsfreiheit ausgegangen werden kann und darf. So setzt die Begrenzung der Gestaltungsfreiheit von Beschränkungen der Aufrechnung im Grundsatz ein, wenn die Folgen einer Aufrechnungsbeschränkung nicht mehr von einem legitimen Interesse an der Beschränkung gedeckt sind. Dieser Grundsatz gilt für die Bestimmung der Grenzen aller Aufrechnungsbeschränkungen und ist sowohl bei individualvertraglich vereinbarten als auch in formularmäßigen Beschränkungen zu berücksichtigen. Im Einzelfall kann daher die Berufung auf eine wirksame Aufrechnungsbeschränkung aufgrund der (entfallenen) Zwecksetzung oder aufgrund der besonderen Rechtsfolgen im Widerspruch zu den Grundsätzen von Treu und Glauben stehen und unzulässig sein.

Außerdem wurde deutlich, dass der Entwicklungsprozess der Bestimmung der (Wirksamkeits-)Grenzen noch nicht abgeschlossen ist. Einen wichtigen Beitrag zur Ermittlung der Grenzen und zur Erlangung von Rechtssicherheit hat der BGH durch die Entscheidung vom 07.04.2011 geleistet. Zutreffend hat er angenommen, dass Aufrechnungsbeschränkungen, die sich auf gleichartig gewordene, synallagmatische Forderungen beziehen, im Formularvertrag aufgrund des grundlegenden Gerechtigkeitsgedankens der Abhängigkeit der synallagmatischen Forderungen den Vertragspartner unangemessen benachteiligen. Auf Grundlage dieser Feststellung konnte in der Untersuchung hinsichtlich Aufrechnungsbeschränkungen, die explizit oder aufgrund einer allgemeinen Klauselformulierung auch gleichartig gewordene, konnexe Forderungen und/

oder gleichartig gewordene, synallagmatische Forderungen von einer Aufrechnung (inzident) ausschließen, ein weiterer Beurteilungsgrundsatz aufgestellt werden. In diesem „3-Stufen-Ansatz" erfolgt eine Differenzierung nach dem zulässigen Beschränkungsumfang aufgrund der verschiedenen Schutzwürdigkeit der Forderungsverhältnisse vor einem mittelbaren Ausschluss durch eine Aufrechnungsbeschränkung zwischen Forderungen, die in einem Synallagma stehen (1. Stufe), Forderungen, die aus demselben Vertrag stammen (2. Stufe) und Forderungen, die ihre Grundlage „nur" in einem einheitlichen Rechtsverhältnis (3. Stufe) finden.[2248]

Im Übrigen ergibt sich aufgrund der vielen unterschiedlichen zu beachtenden Kriterien, die je nach Fallkonstellation kumulativ und alternativ beachtet werden müssen und jeweils mit unterschiedlichem Gewicht Einfluss auf die Bewertung nehmen, ein vielschichtiger Beurteilungskomplex. Auf die abstrakte Bestimmung der Grenzen und auf die konkrete Einordnung von vertraglichen Aufrechnungsbeschränkungen als noch zulässig oder nicht mehr zulässig, haben folgende Faktoren einen entscheidenden Einfluss:

- Vereinbarungsform: Individualvertrag oder Formularvertrag

Im Formularvertrag ist das Schutzerfordernis vor einer nicht mehr selbstbestimmten Aufgabe der Selbstvollstreckungsbefugnis durch eine Aufrechnung höher als im Individualvertrag.[2249] In einem im Einzelnen ausgehandelten Vertrag ergeben sich Wirksamkeitsgrenzen nur im Wohnraummietvertrag.

- Vertragspartnerart: Verbraucher oder Unternehmer

Die Reichweite der Zulässigkeit von Aufrechnungsbeschränkungen unterscheidet sich im formularmäßigen Bereich auch nach den unterschiedlichen Vertragspartnern. Abweichungen zwischen den vorgegebenen Grenzen und den Formulierungsanforderungen in einem Verbrauchervertrag und einem Unternehmervertrag ergeben sich für Aufrechnungsbeschränkungen allerdings nur in kleinen Bereichen.[2250]

2248 § 6 B. IV.

2249 § 5 B, § 6 B. II. und III., § 6 A. II. 1.) und 2.).

2250 Inhaltliche Unterschiede: § 5 B. VI. 2.) b) cc) (3), § 6 B. III. 3.) c) sowie allgemein im Regelungsbereich von § 556b Abs. 2 BGB; unterschiedliche Formulierungsanforderungen: § 6 B. V. 3.) b).

- Beschränkungsart: ausschließende oder erschwerende Wirkung

Die unterschiedliche Art der Beschränkung verlangt und ermöglicht eine genaue Differenzierung bei der Beurteilung. Je nachdem, ob eine einem Ausschluss gleichkommende Aufrechnungsbeschränkung oder nur eine Einschränkung der Aufrechnungsmöglichkeit vorliegt, setzen verschiedene Regelungen mit einem ihrerseits unterschiedlichen Beschränkungsgrad Wirksamkeits- und tatsächliche Grenzen.

- Beschränkungszweck: Verzögerungsverhinderung, Realerfüllung, Rechtssicherheit oder Kenntnis des Zahlungsausfalls

Der mit der Aufrechnungsbeschränkung verfolgte Zweck ist bei der Bestimmung des Verbotsbereichs und der (Un-)Wirksamkeit von maßgeblicher Bedeutung. Vor allem im Formularvertrag können aufgrund eines fehlenden legitimen Interesses weniger einschneidende Aufrechnungsbeschränkungen unzulässig sein, während andere, stärker beschränkende Beschränkungsvereinbarungen aufgrund von dahinterstehenden legitimen Interessen wirksam sein können.

- Forderungsverhältnis: Synallagma, derselbe Vertrag, Konnexität oder anderer Vertrag

Mit steigender Intensität des Verhältnisses der Gegen- und Hauptforderung zueinander steigt kongruent das gesetzlich vorgesehene Schutzniveau, welches sich in umgekehrter Weise im Umfang der Beschränkungsmöglichkeit der Aufrechnung wiederspiegelt.

- Vertragsart: Dauerschuldverhältnis oder singulärer Austauschvertrag

Je nach Vertragsart bestehen unterschiedliche Leistungsverpflichtungen, aus denen sich in der Intensität unterscheidende Interessen am Leistungserhalt und damit an einer Beschränkung der Aufrechnung ergeben.

- Forderungszustand: unbestritten oder bestritten, (nicht) rechtskräftig festgestellt, (nicht) entscheidungsreif

Einerseits bestehen für Forderungen je nach Zustand verschiedene Ausschlussgrenzen. Anderseits ist der Zustand bei der späteren Bestimmung maßgeblich, ob eine Aufrechnung mit einer konkreten Forderung in einer konkreten Situation aufgrund der Aufrechnungsbeschränkung faktisch nicht möglich ist.

- Vertragsart: Wohnraummietvertrag oder sonstiger Vertrag

Im Wohnraummietrecht besteht mit § 556b Abs. 2 BGB eine Spezialnorm, die in ihrem Anwendungsbereich mit Sperrwirkung besonderen Einfluss auf den zulässigen Umfang der Beschränkung der Aufrechnung besitzt.

- Betrachtungsgegenstand: Materiellrechtlicher Grenz- bzw. Verbotsbereich und Formulierungsanforderungen

Es ist zu unterscheiden, ob der materiellrechtliche Verbotsbereich von Grenznormen für Aufrechnungsbeschränkungen bestimmt wird oder die sich daraus und unter Berücksichtigung des Transparenzgebotes ergebenden Anforderungen an die Formulierungsweise.

- Grenztatbestand: Außengrenze oder Innengrenze

Aufrechnungsbeschränkungen können aufgrund eines Verstoßes gegen Grenznormen vollständig oder teilweise unwirksam sein. Bei einer wirksamen Beschränkungsvereinbarung kann als Binnengrenze die Berufung auf einen Aufrechnungsausschluss für eine konkrete Aufrechnungsmöglichkeit ausgeschlossen sein.

- Zugrunde gelegte Rechtsvorgaben: Deutsche Rechtsordnung oder RL 93/13/EWG

Trotz eines großen Deckungsgrades sehen – bei streng einzelner Betrachtung – die Regelungen des deutschen Zivilrechts einerseits strengere und anderseits aber auch weniger strenge Grenzen als die europarechtlichen Bestimmungen vor. Bei strengeren europarechtlichen Vorgaben besteht allerdings im Ergebnis keine inhaltliche Abweichung, da diese Vorgaben die deutsche Rechtslage mitbestimmen.

Für eine zutreffende Bewertung einer vorliegenden Aufrechnungsbeschränkung ist eine genaue Einordnung und eine Abgrenzung zu anderen Fallgestaltungen unabdingbar. Dabei muss auch die konkrete Beurteilungssystematik bei der Inhaltskontrolle und im gerichtlichen Verfahren eingehalten werden. Inhaltlich ist zuerst allgemein der Verbotsbereich der gesetzlichen Regelungen zu bestimmen. Anschließend ist der inhaltliche Ausschlussbereich der Aufrechnungsbeschränkung durch eine Auslegung zu ermitteln. Es folgt ein Vergleich des gesetzlich vorgegeben zulässigen Vereinbarungsrahmens und dem Inhalt der vertraglichen Regelung. Sofern die Regelung wirksam ist, ist zu untersuchen, ob die zur Aufrechnung gestellte Forderung der Aufrechnungsbeschränkung unterfällt. Nur bei einer Bejahung ist zu untersuchen, ob der

Ausschluss der Aufrechnung in dieser konkreten Aufrechnungssituation unter Umständen im Einzelfall treuwidrig ist. Im gerichtlichen Verfahren ist eine Aufrechnungsbeschränkung vom Spruchkörper zu beachten, sobald sie bzw. die zugrundeliegenden Tatsachen in den Prozess eingebracht wurden. Bei einer Aufrechnungsbeschränkung mit Ausschlusswirkung i.S.d. § 309 Nr. 3 BGB darf das Gericht keine (weiteren) Erhebungen zu der Gegenforderung vornehmen. Vielmehr ist allein zu klären, ob die Aufrechnungsbeschränkung wirksam ist. Anschließend ist zu untersuchen, ob die konkrete Forderung der Aufrechnungsbeschränkung unterfällt.

Die europäischen Vorgaben der Richtlinie 93/13/EWG weisen zum Teil einen strengeren Regelungshalt als die Vorgaben der deutschen Gesetzeslage auf. Diesen Vorgaben ist durch eine richtlinienkonforme Auslegung des § 307 Abs. 1 Satz 1, Abs. 2 Nr. 1 BGB bei der Beurteilung zu entsprechen. Eine Beachtung der Vorgaben erleichtert die Beurteilung von Konstellationen, welche bei alleiniger Betrachtung der Vorgaben nach §§ 305 ff. BGB nicht „eindeutig“ beurteilt werden können.[2251]

II. Erkenntnisse und Thesen zu § 2

Bei einer Aufrechnung wird allein über die Aktivforderung verfügt. Eine Zulässigkeit von vertraglichen Aufrechnungsbeschränkungen nach den Vorgaben von § 137 Satz 1 BGB resultiert nicht bereits daraus, dass nur über eine „konkrete Aufrechnungsbefugnis“ verfügt wird und folglich kein veräußerliches Recht i.S.d. § 137 Satz 1 BGB betroffen ist.[2252]

Die Leistungsverweigerungsrechte nach § 273 BGB, § 320 BGB und § 641 Abs. 3 BGB sind vor allem aufgrund der verschiedenen Zwecksetzung – Aufrechnung: unmittelbare Befriedigung der Forderungen vs. Leistungsverweigerung: Druckausübung zur Erbringung der Gegenleistung durch den Schuldner – grundsätzlich von dem Institut der Aufrechnung zu unterscheiden.[2253] Es besteht auch kein allgemeines Verdrängungs- bzw. Ausschließlichkeitsverhältnis, sodass in einer Leistungsverweigerung, auch bei einer bestehenden Aufrechnungsmöglichkeit, nicht per se eine Aufrechnungserklärung zu sehen ist.[2254]

2251 § 5 B. VII. 5.) und 6.), § 6 B. III. 2.) d) ee) und IV.
2252 § 2 A. I. 2.) c) und d).
2253 § 2 B. I. 1.) - 3.).
2254 § 2 B. I. 1.) - 3.) und § 4 B. IV. 2.) b).

Aufrechnungsbeschränkungen dürfen nicht durch die Annahme einer Anrechnung zweier eigenständiger Forderungen umgangen werden. Eine Anrechnung ist nur anzunehmen, wenn dies gesetzlich angeordnet ist oder sich aus anerkannten Rechtsgrundsätzen ergibt.[2255]

Aufrechnungsbeschränkungen sind nicht als Aufrechnungsverträge im eigentlichen Sinne einzuordnen, da sich die Rechtsfolgen der beiden Vereinbarungen maßgeblich unterscheiden. Während beim Aufrechnungsvertrag zwei Forderungen durch eine Verrechnung getilgt werden, soll diese Wirkung bei einer Aufrechnungsbeschränkung verhindert werden.[2256]

III. Erkenntnisse und Thesen zu § 3

Mit der Aufrechnung sind erhebliche materiellrechtliche Vorteile für den Erklärenden verbunden, die über die Vermeidung einer „Hin- und Herleistung" hinausgehen. Die tatsächliche Aufrechnung realisiert zum Teil bereits vor der Erklärung der Aufrechnung eingetretene Sicherungswirkungen. So wird durch den Eintritt einer Aufrechnungslage eine verjährungssichere und insolvenzsichere Position geschaffen.[2257]

Die Prozessaufrechnung bietet als materiellrechtliches Rechtsgeschäft und als prozessuales Verteidigungsmittel auch prozessuale Vorteile. Prozesstaktische Optionen ergeben sich insbesondere aus der Einordnung als Prozesshandlung, die fehlende Begründung einer Rechtshängigkeit der zur Aufrechnung gestellten Forderungen und der Möglichkeit, die eigene Leistung hinauszuzögern.[2258] Kostenspezifische Vorteile folgen durch eine Prozessaufrechnung allein hinsichtlich des geringeren Umfanges des Prozesskostenrisikos. Hinsichtlich der gerichtlichen Kostentragungspflicht bestehen für den beklagten Aufrechnenden bei einer Erledigung des Rechtsstreites durch eine Aufrechnung im Regelfall keine weitergehenden Vorteile.[2259]

Anreize für eine Vereinbarung oder die Vorgabe einer Aufrechnungsbeschränkung sind von unterschiedlicher Ausgestaltung.[2260] Der primäre und einer nicht weiter konkretisiert formulierten Aufrechnungsbeschränkung im Regelfall zugrundeliegende Zweck liegt darin, eine Verzögerung der Durchsetzung der

2255 § 2 B. II. 1.) und 2.).
2256 § 2 B. III. 1.).
2257 § 3 A. III. 1.) a) und c).
2258 § 3 B. I. 1.) a) und 2.) a) und 3.) a).
2259 § 3 B. II. 2.) b).
2260 § 3 C.

eigenen Forderungen durch die aufrechnungsspezifische Geltendmachung von vermeintlichen Gegenforderungen zu verhindern.[2261] Aber auch der tatsächliche Erhalt der Leistung stellt oftmals die Intention für die Beschränkungsvereinbarung dar.[2262] Bei Aufrechnungsbeschränkungen ohne Ausschlusswirkung steht eine abweichende Zwecksetzung im Vordergrund, wie bei Ankündigungspflichten für die Aufrechnungserklärung die Kenntniserlangung über einen bevorstehenden Ausfall eines Zahlungseinganges oder bei einer Formvorgabe die Rechtssicherheit über den Inhalt und den Erklärenden.[2263]

IV. Erkenntnisse und Thesen zu § 4

Gesetzliche Aufrechnungsverbote enthalten aufgrund ihres Vorbehaltes für bestimmte Forderungen zum Teil Wertungen, die bei der Bestimmung der Grenzen von vertraglichen Aufrechnungsbeschränkungen heranzuziehen sind.[2264]

Die Abgrenzung zwischen stillschweigend vereinbarten Aufrechnungsbeschränkungen und solchen aufgrund der Natur der Rechtsbeziehung oder des Zwecks der geschuldeten Leistung kann anhand des Aufrechnungsbewusstseins und danach erfolgen, ob die nicht aufrechenbare Forderung aus einem vertraglichen oder gesetzlichen Schuldverhältnis stammt.[2265] Die aufgrund der fehlenden weitergehenden und allgemeingültigen Differenzierungskriterien entstehende Unschärfe ist tragbar, da sich die Grenzen für beide Konstellationen nach dem Grundsatz von Treu und Glauben richten.[2266]

Aufrechnungsbeschränkungen haben im Grundsatz materiellrechtliche Ausschlusswirkung. Eine dennoch erklärte Aufrechnung bleibt ohne Rechtsfolgen. Die Aufrechnungsbeschränkung ist im gerichtlichen Verfahren von Amts wegen zu beachten, sobald der Sachverhalt bzw. die Tatsachen über die Aufrechnungsbeschränkung in den Prozess eingebracht wurden.[2267] Eine Aufrechnungsbeschränkung mit einer allein schuldrechtlichen Unterlassungspflicht oder eine Ausschlussvereinbarung über die prozessuale Geltendmachung ist als Ausnahmefall nur bei einer expliziten Vereinbarung oder dahingehender besonderer (Begleit-)Umstände anzunehmen.[2268]

2261 § 3 C. I. 1.).
2262 § 3 C. I. 2.).
2263 § 3 C. I. 3.) und 4.) sowie § 6 A. II. und III.
2264 § 4 A. I. und bspw. § 5 C. II. 2.) d) aa).
2265 § 4 B. II. 1.) a) aa) und bb) (1) und (2).
2266 § 4 B. II. 1.) a) aa) bb) (3).
2267 § 4 B. III. 1.) a).
2268 § 4 B. III. 1.) b).

Die Dauer der Wirkung einer vertraglichen Aufrechnungsbeschränkung richtet sich im Ausgangspunkt nach dem von den Parteien ausgedrückten Willen. Die Beschränkungswirkung kann zeitlich befristet und nachträglich aufgehoben werden.[2269] Ob die aufrechnungsbeschränkende Wirkung auch nach Vertragsende gilt, hängt von der der Aufrechnungsbeschränkung zugrunde gelegten Zwecksetzung ab.[2270]

Eine Aufrechnungsbeschränkung enthält kein weitergehendes Verfügungsverbot über die aufrechnungsbeschränkten Forderungen und schließt keine Fälle der Anrechnung aus.[2271] Auch ist eine Widerklage trotz bestehender Aufrechnungsbeschränkung zulässig.[2272] Bei bestehender Aufrechnungsbeschränkung bestimmt sich die Zulässigkeit einer Zwangsvollstreckung in eigene Schulden nach dem Einzelfall. Bei betroffenen Drittinteressen wird die Ratio der Beschränkungsvereinbarung in der Regel für einen gleichsamen Ausschluss sprechen.[2273]

Ein Leistungsverweigerungsrecht kann auch bei einer bestehenden Aufrechnungsmöglichkeit ausgeübt werden, sofern ein dahingehender Wille eindeutig zum Ausdruck gebracht wurde.[2274] Bei ungleichartigen Forderungen ist durch eine Aufrechnungsbeschränkung aufgrund unterschiedlicher Zwecksetzung der Beschränkungen eine Leistungsverweigerung nicht ausgeschlossen.[2275] Bei gleichartigen Forderungen schließt die Aufrechnungsbeschränkung hingegen im Regelfall auch die Leistungsverweigerungsrechte aus, da durch eine Leistungsverweigerung ein Zustand erreicht wird, der in der Regel nach dem Telos der Aufrechnungsbeschränkung verhindert werden soll. Bei einem zum Ausdruck gekommenen Beschränkungszweck, der nicht auf den gleichsamen Ausschluss der Leistungsverweigerungsrechte gerichtet ist, ist auch bei gegenseitigen Geldforderungen eine Leistungsverweigerung möglich.[2276] Umgekehrt liegt in einem Ausschluss von Leistungsverweigerungsrechten aufgrund der verschiedenen Zwecksetzung des Ausschlusses nicht auch gleichsam eine Beschränkung der Aufrechnungsbefugnis.[2277]

2269 § 4 B. III. 4.) a) und § 5 C. I.
2270 § 4 B. III. 4.) c) und § 6 A. III. 3.).
2271 § 4 B. IV. 1.) und 3.).
2272 § 4 B. IV. 4.).
2273 § 4 B. IV. 5.).
2274 § 4 B. IV. 2.) b) aa) und cc).
2275 § 4 B. IV. 2.) a).
2276 § 4 B. IV. 2.) b) bb) und cc).
2277 § 4 B. IV. 2.) c) und § 6 C. II. 1.).

Aufrechnungsbeschränkungen wirken bei einer Gesamtrechtsnachfolge vollständig fort. Bei der Einzelrechtsnachfolge wird sowohl auf Schuldner- als auch auf Gläubigerseite die Frage einer Fortwirkung aufgrund fehlender Gegenseitigkeit und fehlendem Eingreifen der §§ 406 ff. BGB nicht relevant, wenn keine weiteren eigenständigen Forderungen des Rechtsnachfolgers gegen den Gläubiger bzw. Schuldner bestehen. Sofern solche Gegenforderungen hingegen bestehen, schlägt die beschränkungsprivilegierte Stellung der Hauptforderungen durch die Aufrechnungsbeschränkung auf dieses Forderungsverhältnis durch.[2278] Keine Fortwirkung besteht bei einer Beschränkung einer konkreten einzelnen Aufrechnungsbefugnis mit einer Festlegung der beteiligten Forderungsinhaber.[2279]

Bei der Vereinbarung einer Beschränkung der Aufrechnung handelt es sich um eine Inhaltsbestimmung oder Inhaltsänderung. Die aufrechnungsbeschränkte Forderung entsteht ganz oder teilweise aufrechnungsunfähig und eine nachträgliche Beschränkung führt zu einer nachträglichen (teilweisen) Aufrechnungsunfähigkeit.[2280]

V. Erkenntnisse und Thesen zu § 5

Aufrechnungsbeschränkungen fallen nicht unter den Schutzzweck des Verbotsbereichs des § 137 Satz 1 BGB.[2281]

§ 134 BGB und § 138 BGB setzen für rechtsgeschäftliche Aufrechnungsbeschränkungen keine Grenzen. Mangels Erreichens der Schutzgrenzen dieser Normen und aufgrund des Vorranges weiterer gesetzlicher Regelungen mit eigenständiger Rechtsfolgenanordnung sind Aufrechnungsbeschränkungen insoweit unbeschränkt vereinbar.[2282]

Eine über § 134 BGB, § 138 BGB und §§ 307 ff. BGB hinausgehende Inhaltskontrolle vertraglicher Aufrechnungsbeschränkungen nach § 242 BGB ist bereits an sich zweifelhaft. Außerdem wird der erforderliche Grenzbereich, in welchem im Allgemeinen eine solche erweiterte Inhaltskontrolle nach § 242 BGB in Betracht gezogen wird, im Bereich der vertraglichen Aufrechnungsbeschränkungen nicht erreicht.[2283]

2278 § 4 B. III. 5.) a) und b).
2279 § 4 B. III. 5.) b) cc).
2280 § 4 B. V. 1.).
2281 § 5 A.
2282 § 5 B. I. und jeweils in den Fallgruppen in Kapitel § 6.
2283 § 5 B. II.

Der Gesetzgeber hat mit § 556b Abs. 2 BGB eine Interessenabwägung zwischen dem Selbstvollstreckungsinteresse des Mieters und dem Beschränkungsinteresse des Vermieters gesetzlich fixiert.[2284] Der vom Gesetzgeber vorgesehene Interessensausgleich wird dadurch erreicht, dass unabhängig davon, ob dogmatisch die Unwirksamkeitsanordnung des § 556b Abs. 2 Satz 2 BGB oder die positive Aufrechnungsbefugnis des § 556 Abs. Satz 1 BGB eingreift, stets eine Aufrechnung unter den Voraussetzungen des § 556b Abs. 2 Satz 1 BGB möglich ist.[2285] Erstens kommt im Anwendungsbereich von § 556b Abs. 2 BGB dieser Sonderregelung Vorrang vor §§ 307 ff. BGB mit Sperrwirkung zu.[2286] Zweitens handelt es sich bei der Unwirksamkeitsanordnung des § 556b Abs. 2 Satz 2 BGB nur um eine Anordnung einer Teilunwirksamkeit auf das Maß der Aufrechnungsmöglichkeit nach § 556b Abs. 2 Satz 1 BGB.[2287] Diese Anordnung stellt für die Absicherung des gesetzgeberischen Interessenausgleiches auch eine Sonderregelung bei einer gegen das Transparenzgebot i.S.d. § 307 Abs. 1 Satz 2 BGB verstoßenden Formulierungsweise dar.[2288]

Die Grenzen für formularmäßige Aufrechnungsbeschränkungen setzt maßgeblich § 309 Nr. 3 BGB. Diese Regelung kodifiziert den im Regelfall hinter einer Aufrechnungsbeschränkung stehenden Zweck, indem sie in Konstellationen, in denen der Sinn und Zweck nicht (mehr) gegeben ist, die dahingehende Aufrechnungsbeschränkung für unangemessen erklärt. Der Sinn und Zweck der Vermeidung einer Verzögerung der eigenen Forderungsdurchsetzung durch die Geltendmachung vermeintlicher Gegenforderungen im Wege der Aufrechnung entfällt auch bei entscheidungsreifen Forderungen, sofern diese keine eigene Beweisaufnahme erfordern (= entscheidungsreife Forderungen o.e.B.).[2289] Die durch die Aufrechnungsbeschränkung vorgegebenen, aber vom Vertragspartner autonom erfüllbaren Voraussetzungen werden nicht von § 309 Nr. 3 BGB erfasst.[2290] Die von § 309 Nr. 3 BGB gestellten Formulierungsanforderungen sind für eine tatsächliche Wahrung der Rechte für den Vertragspartner essentiell. Das systematische Verhältnis zwischen unbestrittenen, rechtskräftig festgestellten

2284 § 5 B. III. 1.).
2285 § 5 B. III. 2.) und jeweils in den Fallgruppen in Kapitel § 6.
2286 § 5 B. III. 3.) b) aa) und dd) sowie u.a. § 6 A. III. 2.) a) cc) (1).
2287 § 5 B. III. 3.) b) bb).
2288 § 5 B. III. 3.) b) cc) (3).
2289 § 5 B. IV. 2.) d) bb).
2290 § 5 B. IV. 2.) a) aa) und bb).

und entscheidungsreifen Forderungen o.e.B. ist insoweit für die tatsächliche, den Anforderungen genügende Formulierungsweise entscheidend.[2291]

Aufrechnungsbeschränkungen sind, auch wenn sie den Formulierungsanforderungen von § 309 Nr. 3 BGB entsprechen, nicht kontrollfrei i.S.d. 307 Abs. 3 Satz 1 BGB.[2292] Aus einer inhaltlichen Zulässigkeit nach § 309 Nr. 2 und Nr. 3 BGB folgt kein Umkehrschluss auf eine allgemeine Angemessenheit i.S.d. § 307 BGB.[2293] Die Wertungen aus § 309 BGB und anderen gesetzlichen Wertungen sind stets in die Beurteilung von § 307 BGB einzubeziehen.[2294] Eine Inhaltskontrolle von Aufrechnungsbeschränkungen richtet sich im Grundsatz nach § 307 Abs. 1 Satz 1, Abs. 2 Nr. 1 BGB.[2295] Hinsichtlich der Abweichung von § 387 BGB mit seinem Leitgedanken einer Vollstreckungs- und Sicherungsfunktion i.S.d. § 307 Abs. 2 Nr. 1 BGB ist bei der Beurteilung eine allgemeine Interessensabwägung i.S.d. § 307 Abs. 1 Satz 1 BGB vorzunehmen, ohne gewichtige Rechtfertigungsgründe für die Abweichung zu verlangen.[2296] Bei einer Abweichung von der „Äquivalenz von Leistung und Gegenleistung" durch eine Aufrechnungsbeschränkung sind aufgrund der hohen Schutzwürdigkeit dieses Grundsatzes (gewichtige) Rechtfertigungsgründe erforderlich.[2297]

Die § 309 Nr. 3 BGB zugrundeliegende Wertung ist als grundlegende Gerechtigkeitsregelung auch im Unternehmervertrag maßgeblich. Handelsübliche Gepflogenheiten und Gebräuche bedingen keine abweichende Beurteilung.[2298] Die Wertungen des § 309 Nr. 2 BGB enthalten teilweise auch für den Unternehmervertrag maßgebliche Gerechtigkeitswertungen. Insbesondere der Schutz der synallagmatischen Verknüpfung i.S.d. § 320 Abs. 1 BGB durch § 309 Nr. 2a BGB ist in derselben Weise wie im Verbrauchervertrag sicherzustellen. Aufgrund des geringeren Schutzerfordernisses von Unternehmern und der gegenüber der synallagmatischen Verknüpfung geringeren Leitbildwertung des § 309 Nr. 2b BGB gelten diese Wertungen nicht im Unternehmervertrag.[2299] Die Formulierungsanforderungen im Unternehmervertrag unterscheiden sich nur in geringem

2291 § 5 B. IV. 2.) e) und jeweils in den Fallgruppen in Kapitel 6 unter „Formulierungsvorschlag".
2292 § 5 B. VI. 1.).
2293 § 5 B. VI. 2.) a) aa) und b) aa) (2).
2294 § 5 B. VI. 2.) a) bb) und u.a. § 4 A. I. 3.).
2295 § 5 B. VI. 3.) b) aa).
2296 § 5 B. VI. 3.) b) bb) (1).
2297 § 5 B. VI. 3.) b) bb) (2).
2298 § 5 B. VI. 2.) b) bb).
2299 § 5 B. VI. 2.) b) cc).

Maße von den Anforderungen im Verbrauchervertrag.[2300] Ein hinreichend belegtes allgemeines Verständnis im Handelsverkehr, dass die im Verbrauchervertrag erforderlichen expliziten Aufrechnungsvorbehalte in der AGB im Unternehmervertrag bereits der Aufrechnungsbeschränkung immanent unterstellt werden, fehlt und wird durch die umfassende und nicht einheitliche gerichtliche Kasuistik und Wissenschaft eher in Frage gestellt.[2301]

Hinsichtlich des Umfanges der Unwirksamkeitsrechtsfolge von nach §§ 307 ff. BGB unangemessenen Aufrechnungsbeschränkungen ist danach zu differenzieren, ob es sich um eine einzelne Aufrechnungsbeschränkung handelt oder um mehrere Aufrechnungsbeschränkungen oder um Aufrechnungsbeschränkungen, die mit andersartigen Beschränkungsvereinbarungen verbunden sind.[2302]

Die Richtlinie 93/13/EWG stellt im Rahmen von formularmäßigen Vereinbarungen allgemein den Schutz des Verbrauchers in seiner „rollenspezifischen Unterlegenheit“ in den Vordergrund.[2303] Der Anhang der Richtlinie hat zwar keinen zwingenden Charakter, sieht allerdings bei Verwirklichung eines der Klauselbeispiele eine Grundausrichtung der Gesamtabwägung nach Art. 3 Abs. 1 RL mit einer Abweichungsmöglichkeit vor.[2304] Eine Zulässigkeit nach der Beispielliste des Anhangs der Richtlinie hat keine Indizwirkung für eine Zulässigkeit nach Art. 3 Abs. 1 RL.[2305] Nr. 1b) Anhang RL erfasst weiterreichend als § 309 Nr. 3 BGB sowohl den Ausschluss der Aufrechnung als auch die Erschwerung der Aufrechnung.[2306] Ein Ausschluss nach Nr. 1b) Anhang RL liegt bereits dann vor, wenn für eine einzelne Aufrechnungsbefugnis die Aufrechnungswirkungen nicht autonom vom Vertragspartner herbeigeführt werden können.[2307] Dieser Tatbestand erfasst von seinem Anwendungsbereich keinen Ausschluss von Leistungsverweigerungsrechten. Letztgenannte werden ausschließlich von Nr. 1o) Anhang RL geschützt.[2308]

2300 § 5 B. VI. 2.) b) dd) und jeweils in den Fallgruppen in Kapitel § 6 unter „Formulierungsvorschlag“.

2301 § 5 B. VI. 2.) b) dd) und jeweils in den Fallgruppen in Kapitel § 6.

2302 § 5 B. IV. 5.) und § 5 B. VI. 6.).

2303 § 5 B. VII. 2.).

2304 § 5 B. VII. 4.) a) bb) (1).

2305 § 5 B. VII. 4.) a) bb) (4).

2306 § 5 B. VII. 4.) a) bb) (2) (c) und § 6 A. II.) 2.) a) ff) (1).

2307 § 5 B. VII. 4.) a) bb) (2) (c).

2308 § 5 B. VII. 4.) a) bb) (2) (b) und (3).

Die europäischen Vorgaben stimmen zwar in großen Teilen, aber nicht vollständig mit den Vorgaben der deutschen Rechtslage überein.[2309] Nr. 1b) Anhang RL stellt klar, dass eine Aufrechnung mit Forderungen aus Schlecht- oder Nichtleistungen gegen Forderungen aus demselben Vertragsverhältnis stets zulässig sein muss. Eine solche weitreichende Beschränkungsgrenze sieht allerdings weder § 309 Nr. 3 BGB noch § 307 Abs. 1 Satz 1, Abs. 2 Nr. 1 BGB vor. Insoweit ist eine richtlinienkonforme Auslegung bei der Anwendung von § 307 BGB vorzunehmen.[2310] Die deutschen Vorgaben gehen mit § 309 Nr. 3 BGB über die Vorgaben der Richtlinie hinaus, indem unabhängig vom Ursprung der Forderungen stets mit den von § 309 Nr. 3 BGB geschützten Forderungen aufgerechnet werden können muss.[2311] Diese Abweichung ist aufgrund des Minimalvorgabenprinzips der RL 93/13/EWG als restriktivere Maßnahme zulässig.[2312]

Für Aufrechnungsbeschränkungen bestehen nicht nur Wirksamkeitsgrenzen als Außenschranken, sondern auch faktische Ausübungsgrenzen nach § 242 BGB als Binnenschranken.[2313] Die Beurteilung erfolgt zwar anhand der Umstände des Einzelfalls, es ist allerdings eine Orientierung an den Kriterien des Zwecks der Aufrechnungsbeschränkung, der tatsächlich ausgelösten (Rechts-)Folgen, der im Übrigen vorgegebenen gesetzlichen Wertungen und anhand des jeweiligen Verhaltens der Vertragsparteien vorzunehmen.[2314] So steht es der Berufung auf eine Aufrechnungsbeschränkung regelmäßig entgegen, wenn ohne feststellbaren abweichenden Willen der Parteien, die einzige Durchsetzungsmöglichkeit der Parteien durch eine Aufrechnung ausgeschlossen wird.[2315] Die Wertungen des § 309 Nr. 3 BGB schlagen zusammen mit den Vorgaben aus den gesetzlichen Aufrechnungsverboten und dem im Regelfall fehlenden Beschränkungsinteresse auch auf den Ausschluss von unbestrittenen, rechtskräftig festgestellten und entscheidungsreifen Forderungen im Individualvertrag durch.[2316] Im Übrigen ist auch bei Aufrechnungsbeschränkungen Zurückhaltung geboten, vertragliche Vereinbarungen über das Mittel der Ausübungskontrolle einem abstrakt gesehen „gerechten Ergebnis" zuzuführen, ohne die primär maßgeblichen gesetzlichen

---

2309 § 5 B. VII. 5.).
2310 § 5 B. VII. 6.), § 6 B. III. 3.) b) ff) und gg) sowie § 6 B. IV.
2311 § 5 B. VII. 5.) b) und § 5 B. IV. 2.) d).
2312 § 5 B. VII. 2.) und 5.) b).
2313 § 5 C. II.
2314 Vgl. § 5 C. II. 2.) a) bb und cc), 2.) b) bb), 2.) c) bb), 2.) d) und 2.) e).
2315 Bspw. bei einer Insolvenz des beschränkungsbegünstigten Aufrechnungsgegners, § 5 C. II. 2.) a).
2316 § 5 C. II. 2.) d).

Vorgaben und die Vereinbarungsfreiheit der Parteien zu beachten. So ist bspw. ein Berufungsausschluss nicht bei jeder Pflichtwidrigkeit des Verwenders, sondern nur bei vorsätzlichen oder bewussten Pflichtverletzungen in Betracht zu ziehen.

VI. Erkenntnisse und Thesen zu § 6

Formvorgaben für die Aufrechnungserklärung werden im formularmäßigen Bereich durch den Beschränkungszweck begrenzt.[2317] Der Zweck wird bereits mit einfachen Formvorgaben erfüllt, sodass eine über die Schriftform hinausgehende Formvoraussetzung unangemessen ist.[2318] Aufgrund des Vorrangs von § 556b Abs. 2 BGB mit einer Sperrwirkung nur bei Formvorgaben, die nicht autonom herbeigeführt werden können[2319], ergeben sich im Wohnraummietvertrag gegenüber anderen Verträgen keine unterschiedlichen Ergebnisse. Im Individualvertrag ergeben sich keine über § 556b Abs. 2 Satz 1 und Satz 2 BGB hinausgehende Grenzen der Vereinbarungsmöglichkeit.[2320]

Ankündigungspflichten für eine Aufrechnung sind im Formularvertrag aufgrund der damit verfolgten Zwecksetzung nur zulässig, wenn diese sich auf Forderungen aus einem Dauerschuldverhältnis beziehen und die Ankündigungsfrist höchstens zwei Monate beträgt.[2321] § 556b Abs. 2 BGB regelt die Ankündigung der Aufrechnung im Wohnraummietvertrag für die Forderungen des § 556b Abs. 2 Satz 1 BGB abschließend.[2322] Davon nachteilig abweichende Vereinbarungen sind unzulässig. Dies gilt gleichermaßen für den Individualvertrag, in welchem im Übrigen keine weitergehenden Wirksamkeitsgrenzen für Aufrechnungsbeschränkungen bestehen.[2323]

Zustimmungs- und Anerkenntnisvorbehalte enthalten nach deren Zwecksetzung einen Ausschluss der Aufrechnung. Diese müssen im Formularvertrag einerseits zwingend einen Aufrechnungsvorbehalt i.S.d. § 309 Nr. 3 BGB enthalten.[2324] Anderseits sind auch die strengeren Grenzen der europäischen Vorgaben nach RL 93/13/EWG einzubeziehen, nach denen Aufrechnungsbeschränkungen,

2317 § 6 A. II. 2.) a) cc).
2318 § 6 A. II. 3.).
2319 § 6 A. II. 2.) a) dd).
2320 § 6 A. II. 1.) c).
2321 § 6 A. III. 4.) und § 6 A. III. 2.) a) bb).
2322 § 6 A. III. 2.) a) cc) (1), (3) und (5).
2323 § 6 A. III. 1.).
2324 § 6 B. IV. 2.) a) aa) und § 5 B. IV. 2.) e).

die sich auch auf Forderungen aus vertraglichen Pflichtverletzungen des Gewerbetreibenden für eine Aufrechnung gegen Hauptforderungen aus demselben Vertrag beziehen, missbräuchlich sind.[2325] Sowohl für den Individualvertrag als auch für den Formularvertrag setzt § 556b Abs. 2 BGB für den Wohnraummietvertrag Grenzen, sodass eine Aufrechnung ohne Zustimmung oder Anerkenntnis unter den Voraussetzungen des § 556b Abs. 2 Satz 1 BGB möglich ist.[2326]

Allgemein formulierte Aufrechnungsbeschränkungen oder solche, die explizit die Aufrechnung für gleichartig gewordene, synallagmatische Forderungen ausschließen, sind im Individualvertrag wirksam vereinbar.[2327] Diese können im Regelfall nicht dahingehend ausgelegt werden, dass eine Aufrechnunga mit den synallagmatischen Forderungen zulässig sein soll.[2328] Für die weniger geschützten Forderungsverhältnisse, wie Forderungen aus demselben Vertrag, ergeben sich geringere Beschränkungen und folglich keine Wirksamkeitsgrenzen. Im Rahmen dahingehender formularmäßiger Aufrechnungsbeschränkungen sind der ausdrückliche und in gesetzlichen Wertungen hervortretende Wille des deutschen Gesetzgebers[2329] sowie die europarechtlichen Vorgaben der RL 93/13/EWG[2330] zu beachten. Danach ergibt sich ein abgestuftes Schutzniveau, welches sich in einem korrespondierenden Zulässigkeitsumfang wiederspiegelt. Der BGH hat dies in seiner Entscheidung vom 07.04.2011[2331] bereits für die deutsche Rechtslage hinsichtlich des höchsten Schutzniveaus (Stufe 1)[2332], also für (gleichartig gewordene) synallagmatisch verbundene Forderungen, berücksichtigt. Aufgrund des grundlegenden Gerechtigkeitsgehaltes, den die Parteien sowohl im Verbraucher- als auch im Unternehmervertrag diesem synallagmatischen Forderungsaustausch zugrunde gelegt haben[2333], und dem fehlenden legitimierenden Interesse an einer leistungsverweigerungsfreien Durchsetzung der synallagmatischen Forderungen[2334], ist ein mittelbarer bzw. faktischer Ausschluss der Leistungsverweigerungsrechte durch die Aufrechnungsbeschränkung

2325 § 6 B. IV. 2.) a) dd) (1) und § 5 B. VII. 4.) a) bb) (2) (d) und 5.) c).

2326 § 6 A. IV. 1.) b) und 2.) a) cc).

2327 § 6 B. II. 1.), 2.) und 4.).

2328 § 6 B. II. 3.).

2329 § 6 B. III. 1.) b) aa), d.) aa) und f) sowie § 6 B. III. 2.) d) aa) (2) (c) und § 6 B. III. 3.) b) bb) (3).

2330 § 6 B. III. 2.) d) ee) und § 5 B. VII. 4.).

2331 BGH NJW 2011, 1729.

2332 § 6 B. IV und § 6 B. III. 2.).

2333 § 6 B. III. 2.) d) dd) (4).

2334 § 6 B. III. 2.) d) dd) (3) (e).

unzulässig. Dies gilt aufgrund der Leitbildwertung des Synallagmas unabhängig von der Vertragsart für alle gleichartig gewordenen, synallagmatischen Forderungen.[2335] Gleichartig gewordene Forderungen, die aus demselben Vertrag stammen, und deren Abhängigkeitsverhältnis nach der deutschen Rechtslage vor Aufrechnungsbeschränkungen nicht geschützt ist (Stufe 2)[2336], sind aufgrund der strengeren Vorgaben der RL 93/13/EWG allerdings im Verbrauchervertrag nicht zulässig.[2337] Gleichartig gewordene Forderungen aus einem „nur" einheitlichen Rechtsverhältnis – „Konnex" i.S.d. § 273 BGB – und deren Beziehung werden noch weniger vor Beeinträchtigungen geschützt (Stufe 3)[2338]. Solche Beschränkungen sind im Formularvertrag wirksam vereinbar.

(Bar-)Zahlungsabreden enthalten nach §§ 133, 157 BGB im Individualvertrag und nach der objektivierten Auslegung im Formularvertrag in der Regel eine Aufrechnungsbeschränkung, wenn wörtlich eine „effektive Zahlung" oder „sofortige Barzahlung" gefordert oder Wörter wie „Kasse" und „cash" verwendet werden. Gleiches gilt, wenn die Zahlungsvereinbarung in oder aufgrund der Kenntnis über eine bestehende Gegenforderung eingegangen wird. [2339] Mangels Öffnungsformulierung für eine Erkenntnis über den Aufrechnungsvorbehalt für Forderungen des § 309 Nr. 3 BGB oder gleichartig gewordene, synallagmatische Forderungen sind diese Klauseln im Formularvertrag – auch nach der RL 93/13/EWG – unzulässig.[2340] Ein allgemeines Verständnis der (Bar-) Zahlungsklauseln im Unternehmervertrag dahingehend, dass eine Aufrechnung mit den vorstehend genannten Forderungen zulässig ist, ist nicht (hinreichend) festgestellt.[2341] In diesen Verträgen ist ebenfalls ein § 309 Nr. 3 BGB entsprechender Aufrechnungsvorbehalt sowie ein Vorbehalt für gleichartig gewordene synallagmatische Forderungen nötig.[2342] Sofern Vorleistungsklauseln abweichend vom Regelfall eine Barzahlungspflicht begründen, gelten die genannten Vorgaben ebenso.[2343]

2335 § 6 B. III. 2.) d) dd) (3) (f).
2336 § 6 B. IV. und § 6 B. III. 3.) a) und b) aa) - ee).
2337 § 6 B. III. 3.) b) ff) und gg).
2338 § 6 B. IV. und § 6 B. III. 3.) a).
2339 § 6 C. I. 2.).
2340 § 6 C. I. 3.) b).
2341 § 6 C. I. 3.) b) bb) (3).
2342 § 6 C. I. 5.).
2343 § 6 C. II.

B. Ausblick

Die vorliegende Gesamtbetrachtung hat gezeigt, dass eine abstrakte Bewertung aller Aufrechnungskonstellationen anhand generalisierender Kriterien durch die Vielschichtigkeit der möglichen Aufrechnungsbeschränkungen im Einzelfall begrenzt wird. Es ist daher in der Zukunft zu beobachten, welche weiteren Entwicklungen sich in der gerichtlichen Spruchpraxis für bestimmte Konstellationen ergeben und welche weiteren allgemeingültigen Schlussfolgerungen daraus möglich sein werden.

Von besonderem Interesse bleibt die Frage, ob sich die von der Rechtsprechung durch das BGH Urteil vom 07.04.2011 erstmals explizit im Rahmen einer Inhaltskontrolle nach §§ 307 ff. BGB vorgenommene Beurteilung von vertraglichen Aufrechnungsbeschränkungen, welche auch gleichartig gewordene, synallagmatische Forderungen von der Aufrechnung ausschließen, im Rahmen anderer Vertragsarten durchsetzen wird. Insbesondere hinsichtlich der Übertragung der Entscheidung auf Dauerschuldverhältnisse hat sich bereits in der instanzgerichtlichen Rechtsprechung eine ablehnende Entscheidungspraxis entwickelt.[2344] Im Hinblick auf die insoweit eindeutigen Vorgaben nach der Richtlinie 93/13/EWG und hinsichtlich des grundlegenden und insoweit nicht abwägungsfähigen Leitbildgrundsatzes des Synallagmas sollte diese Wertung der Instanzgerichte in der höchstrichterlichen Rechtsprechung weder im Verbraucher- noch im Unternehmervertrag übernommen werden. Ebenfalls bleibt die Frage interessant, ob bei gleichartig gewordenen Forderungen in Zukunft nicht nur – wie in der Literatur verbreitet – zwischen konnexen und synallagmatischen Forderungen unterschieden wird, sondern auch eine Differenzierung zwischen Forderungen aus demselben Vertrag und Forderungen aus einem einheitlichen Rechtsverhältnis vorgenommen werden wird. Wie im Rahmen dieser Untersuchung umfangreich hergeleitet, ist eine solche Differenzierung aufgrund des gesetzlich vorgegebenen abgestuften Schutzkonzeptes zwingend.[2345]

Auch die Entwicklung der weiteren Vorgaben für die Formulierungen von Aufrechnungsbeschränkungen in AGB bleibt im Spannungsfeld zwischen einer hinreichenden Transparenz und Erkennbarkeit der Rechte und Pflichten und der Vermeidung einer Intransparenz durch eine umfassende und beispielreiche Klauselgestaltung sowie dem im Handelsverkehr – vermeintlich – gewünschten Streben nach kurzen Klauseln zu beobachten. Insoweit ist abzuwarten, ob sich in

2344 § 6 B. III. 2.) d) dd) (1) (e) mit Nachweisen in den Fn. 1936 - 1938.
2345 § 6 B. IV.

der Praxis die in der vorliegenden Untersuchung vertretene Ansicht durchsetzen wird, dass eine gewisse Erkennbarkeit für eine Aufrechnungsmöglichkeit durch eine Öffnungsformulierung in AGB vorhanden sein muss.[2346] Dieser Frage kann insbesondere im Handelsverkehr, für welchen in neuerer Zeit (wieder) Diskussionen aufgekommen sind, zumindest den inhaltlichen Prüfungsmaßstab des § 307 BGB dem Geschäftsleben zwischen Unternehmern anzupassen[2347], wieder besondere (praktische) Relevanz zukommen.

In dieser Untersuchung wurden die sog. „Gerichts- und Schiedsgerichtsstandsklauseln" nicht eingehend behandelt.[2348] Diese weisen insbesondere aufgrund der Vielfältigkeit der Fallkonstellationen einen „eigenen" umfassenden Fragenkomplex auf, der mit dem Komplex der Aufrechnungsbeschränkungen zusammenhängt. Insoweit gilt es ebenso zu klären, ob und in welchen Fällen eine Aufrechnung mit einer Gegenforderung bzw. deren Einführung in den Prozess durch eine Gerichtsstandsvereinbarung faktisch ausgeschlossen ist.[2349] Sofern ein solcher Ausschluss in Betracht kommt, ist weiter zu untersuchen, welche Wirkung der Beschränkung im Ergebnis zukommt. Es bestehen Zweifel, ob auch in diesen Fällen im Regelfall eine materiellrechtliche Wirkung anzunehmen ist oder nicht vielmehr ein prozessuales Verbot vorliegt.[2350] Zusätzlich wird zu untersuchen sein, ob die verschiedenen Konstellationen von Gerichtsstandsvereinbarungen eine gleiche Einordnung und Bewertung zulassen oder sogar erfordern. Eine Differenzierung erscheint einerseits zwischen Schiedsgerichtsabreden, nationalen und internationalen Gerichtsstandsabreden und andererseits nach verschiedenen Binnenkonstellationen[2351] möglich. Auch erscheint die Fragestellung relevant, ob eine Gerichtsstandsvereinbarung hinsichtlich einer Beschränkung der Aufrechnung vollständig ohne Berücksichtigung des Forderungsverhältnisses – Synallagma oder selber Vertrag oder einheitliches

2346 Siehe u.a. § 5 B. VI. 2.) b) dd) (3) (a) sowie § 6 C. I. 3.) b) aa) (1) und bb) (3); zur Begrenzung der Auslegungsmöglichkeiten im Individualvertrag bei einer fehlenden Öffnungsformulierung § 6 B. II. 3.).

2347 Vgl. umfassend mit w.N. MüKo-BGB/*Basedow* § 310 Rn. 24 ff.

2348 Vgl. § 4 B. II. 1.) b).

2349 Vgl. dazu die Nachweise in Fn. 410.

2350 Vgl. dazu die Nachweise in Fn. 411.

2351 Die verschiedenen Konstellationen aufführend Staudinger/*Gursky* Vorb. §§ 387 ff. Rn. 48 ff., 51 ff.; vgl. für verschiedene Konstellationen bei einer anderweitigen internationalen Gerichtszuständigkeit durch eine Gerichtsstandsvereinbarung *Mohamed* ZZPInt 22 (2017), 255 (255 ff., 264 f.).

Vertragsverhältnis – zu beurteilen ist.[2352] Darüber hinaus gilt es zu bestimmen, welche Rechtsnormen einschlägig sind und inwieweit bspw. die Vorgaben des § 309 Nr. 3 BGB maßgeblich sind bzw. ob eine Aufrechnung mit unbestrittenen und rechtskräftig festgestellten Forderungen zulässig ist oder sein muss.[2353] Die Komplexität wird durch einen internationalen bzw. europäischen Bezug angereichert. Denn bei einer internationalen Gerichtszuständigkeit aufgrund einer Gerichtsstandsvereinbarung sind die europäischen Prozessrechtsnormen[2354] und die europäische Rechtsprechung zu berücksichtigen, wobei mangels hinreichender fallübergreifender Vorgaben aus Luxemburg[2355] sich auch eine Vergleichung verschiedener nationaler Rechtslagen anbietet.

2352 In Ansatz eine Differenzierung in Betracht ziehend bspw. BGH NJW 2015, 1118 (1119 f.).

2353 Bspw. für eine Differenzierung Staudinger/*Gursky* Vorb. §§ 387 ff. Rn. 51, 53; *Gebauer* IPRax 1998, 79 (81); Musielak/Voit/*Voit*, ZPO, § 1029 Rn. 24 f.; Werner, Umgehung von Aufrechnungshindernissen, 24 m.w.N.

2354 Die Brüssel-Ia-VO = VO (EU) Nr. 1215/2012 (JH 160) regelt das europäische Zivilprozessrecht für allgemeine Zivil- und Handelssachen; dieses Normgefüge enthält allerdings keinen weiteren Inhalt hinsichtlich der Frage, wie ein mit der Hauptforderung befasstes Gericht mit einer Aufrechnungserklärung für Forderungen, für die nach der Gerichtsstandsvereinbarung ein Gericht eines anderen Mitgliedsstaates der EU zuständig ist, umgehen soll; so auch *Mohamed* ZZPInt 22 (2017), 255 (257).

2355 So *Mohamed* ZZPInt 22 (2017), 255 (266).

Literaturverzeichnis

Alisch, Herbert: „Zur Kontrolle von allgemeinen Geschäftsbedingungen bei Verwendung im rein kaufmännischen Geschäftsverkehr“, JZ 1982 S. 706 – 709.

Althammer, Christoph/Löhnig, Martin: „Billige Kostentragung bei Erledigung der Hauptsache nach Aufrechnung durch den Beklagten“, NJW 2004 S. 3077 – 3080.

Anders, Monika/Gehle, Burkhard: Das Assessorexamen im Zivilrecht, 14. neubearbeitete Auflage, München 2020 (zit.: Anders/Gehle, Assessorexamen im Zivilrecht).

Appenzeller, Carmen: Die europäische AGB-Kontrolle, Baden-Baden 2017 (zugl.: Humboldt-Universität zu Berlin, Univ., Diss., 2017) (zit. Appenzeller, Europäische AGB-Kontrolle).

Armbrüster, Christian: „Das Transparenzgebot für Allgemeine Geschäftsbedingungen nach der Schuldrechtsmodernisierung“, DNotZ 2004 S. 437 – 447.

Arndt, Erich: Ueber den Aufrechnungsvertrag des bürgerlichen Rechts in Theorie und Praxis, Halle 1911 (zugl.: Halle, Univ., Diss., 1911) (zit.: Arndt, Über den Aufrechnungsvertrag).

Bacher, Klaus: „Aufrechnungen gegenüber abgetretenen Forderungen (Teil 1)“, JA 1992 S. 200 – 211.

Badelt, Thomas: Aufrechnung und internationale Zuständigkeit unter besonderer Berücksichtigung des deutsch-spanischen Rechtsverkehrs, Frankfurt am Main 2005 (zugl.: Heidelberg, Univ., Diss., 2004) (zit.: Badelt, Aufrechnung und internationale Zuständigkeit).

Baumbach, Adolf/Hopt, Klaus J. (Hrsg.): Handelsgesetzbuch: mit GmbH & Co, Handelsklauseln, Bank- und Kapitalmarktrecht, Transportrecht (ohne Seerecht), 34., neubearbeitete Auflage, München 2010 (zit.: Baumbach/Hopt/*Bearbeiter,* HGB, 34. Auflage 2010, § Rn.).

Baumbach, Adolf/Hopt, Klaus J. (Hrsg.): Handelsgesetzbuch: mit GmbH & Co, Handelsklauseln, Bank- und Kapitalmarktrecht, Transportrecht (ohne Seerecht), 40., neubearbeitete Auflage, München 2021 (zit.: Baumbach/Hopt/*Bearbeiter,* HGB, § Rn.).

Baur, Fritz: „Besprechung von Enneccerus-Nipperdey, Allgemeiner Teil des Bürgerlichen Rechts“, JZ 1961 S. 334 – 335.

Becker, Michael: „Vertragsfreiheit, Vertragsgerechtigkeit und Inhaltskontrolle“, WM 1999 S. 709 – 718.

Beck-online. GROSSKOMMENTAR Bürgerliches Gesetzbuch: Gsell, Beate/Krüger, Wolfgang/Lorenz, Stephan/Reymann, Christoph (Hrsg.), München 2021, (zit.: BeckOGK-BGB/*Bearbeiter* (Stand) § Rn.).

Beck'scher Online Kommentar BGB: Bamberger, Heinz-Georg/Roth, Herbert/Hau, Wolfgang/Poseck, Roman (Hrsg.), 53. Edition, Stand 01.02.2021 (zit.: BeckOK-BGB/*Bearbeiter* (Stand) § Rn.).

Beck'scher Online Kommentar MietR: Schach, Klaus/Schultz, Michael/Schüller, Peter (Hrsg.), 18. Edition, Stand 01.02.2021 (zit.: BeckOK-MietR/*Bearbeiter* (Stand), § Rn.).

Beck'scher Online Kommentar Streitwert: Mayer, Hans-Jochem (Hrsg.), 30. Edition, Stand 01.04.2021 (zit.: BeckOK-Streitwert/*Bearbeiter* (Stand), § Rn.).

Beck'scher Online Kommentar ZPO: Vorwerk, Volkert/Wolf, Christian (Hrsg.), 35. Edition, Stand 01.03.2021 (zit.: BeckOK-ZPO/*Bearbeiter* (Stand), § Rn.).

Berger, Christian: Rechtsgeschäftliche Verfügungsbeschränkungen, Tübingen 1998 (zugl.: Bayreuth, Univ., Habil.-Schr., 1996).

Berger, Christian: „Zur Möglichkeit, einen aufschiebend bedingten Rückübereignungsanspruch durch eine Vormerkung zu sichern", JZ 1997 S. 519 – 521.

Berger, Klaus Peter: Der Aufrechnungsvertrag: Aufrechnung durch Vertrag; Vertrag über Aufrechnung, Tübingen 1996 (zugl.: Köln, Univ., Habil.-Schr., 1995 – 1996) (zit.: Berger, Aufrechnungsvertrag).

Berger, Klaus Peter/Kleine, Lucas: „AGB-Kontrolle im unternehmerischen Geschäftsverkehr", BB 2007 S. 2137 – 2141.

Billing, Tom: „Aufrechnung und Erledigung der Hauptsache – BGH, NJW 2003, 3134", JuS 2004 S. 186 – 189.

Binz, Karl Josef/Dörndorfer, Josef/Zimmermann, Walter (Hrsg.): Gerichtskostengesetz, Gesetz über Gerichtskosten in Familiensachen, Justizvergütungs- und -entschädigungsgesetz: und weitere kostenrechtliche Vorschriften: Kommentar, 4. neu bearbeitete Auflage, München 2019 (zit.: Binz/Dörndorfer/Zimmermann/*Bearbeiter*, GKG, § Rn.).

Blank, Hubert: „Zur Rechtzeitigkeit der Mietzahlung", WuM 1995 S. 567 – 573.

Blank, Hubert/Börstinghaus, Ulf P. (Hrsg.): Miete: Kommentar, 2. völlig neubearbeitete Auflage, München 2004 (zit.: Blank/Börstinghaus/*Bearbeiter*, Miete, 2. Auflage 2004, § Rn.).

Blank, Hubert/Börstinghaus, Ulf P. (Hrsg.): Miete: Kommentar, 6. aktualisierte Auflage, München 2020 (zit.: Blank/Börstinghaus/*Bearbeiter*, Miete, § Rn.).

Bötticher, Eduard: „Die „Selbstexekution" im Wege der Aufrechnung und die Sicherungsfunktion des Aufrechnungsrechts" in Fasching, Hans Walter/

Kralik, Winfried (Hrsg.), Festschrift für Hans Schima: zum 75. Geburtstag, Wien: Manz 1969, S. 95 – 110.

Borges, Georg: „AGB-Kontrolle durch den EuGH", NJW 2001 S. 2061 – 2062.

Bork, Reinhard: Der Vergleich, Berlin 1988 (zugl.: Münster (Westfalen), Univ., Habil.-Schr., 1987 – 1988) (zit.: Bork, Vergleich).

Borzutzki-Pasing, Werner: „Welches rechtliche Schicksal nimmt das vertragliche Mietminderungsverbot durch sofortigen Abzug von der laufenden Miete bei Vermögensverfall des Vermieters?", jurisPR-Mietrecht 25/2008 Anm. 3.

Braun, Eberhard (Hrsg.): Insolvenzordnung (InsO) mit EuInsVO: Kommentar, 8. neubearbeitete Auflage, München 2020 (zit.: Braun/*Bearbeiter*, InsO, § Rn.).

Brechmann, Winfried: Die richtlinienkonforme Auslegung: zugleich ein Beitrag zur Dogmatik der EG-Richtlinie, München 1994 (zugl.: München, Univ., Diss., 1994) (zit.: Brechmann, Richtlinienkonforme Auslegung).

Bub, Wolf-Rüdiger/Treier, Gerhard (Hrsg.): Handbuch der Geschäfts- und Wohnraummiete, 5. überarb. Auflage, München 2019 (zit.: Bub/Treier/*Bearbeiter*, Hb. Geschäfts- und Wohnraummiete, Kapitel Rn.).

Bülow, Peter: „Grundfragen der Verfügungsverbote", JuS 1994 S. 1 – 8.

Bülow, Peter: „Anmerkung zu einer Entscheidung des LG Nürnberg-Fürth (Urteil vom 17.11.2015 – 7 O 902/15, WM 2016, 325) zur Intransparenz einer Klausel über ein Aufrechnungsverbot", WuB 2016 S. 345 – 346.

Bundesnotarkammer: „Muster eines Freigabeversprechens i.S. von § 3 Abs. 1 Satz 1 Nr. 3 MaBV", DNotZ 2002 S. 402 – 409.

Bunte, Hermann-Josef: „Die EG-Richtlinie über mißbräuchliche Klauseln in Verbraucherverträgen und ihre Umsetzung durch das Gesetz zur Änderung des AGB-Gesetzes", DB 1996 S. 1389 – 1393.

Burckhardt, Kathrin: Das AGB-Gesetz unter dem Einfluß der EG-Richtlinie über mißbräuchliche Klauseln in Verbraucherverträgen: mit vergleichender Betrachtung des französischen Rechts, Baden-Baden 2000 (zugl.: Heidelberg, Univ., Diss., 1999/2000) (zit.: Burckhardt, AGB-Gesetz).

Busche, Jan: Privatautonomie und Kontrahierungszwang, Tübingen 1999 (teilw. zugl.: Berlin, Freie Univ. Habil.-Schr. 1998) (zit. Busche, Privatautonomie).

Bydlinski, Peter: „Die Aufrechnung mit verjährten Forderungen: Wirklich kein Änderungsbedarf? Zugleich eine Kritik an der Rückwirkung der Aufrechnungserklärung", AcP 196 (1996) S. 277 – 304.

Canaris, Claus-Wilhelm: „Verfassungs- und europarechtliche Aspekte der Vertragsfreiheit in der Privatrechtsgesellschaft" in Badura, Peter (Hrsg.), Wege und Verfahren des Verfassungslebens: Festschrift für Peter Lerche zum 65. Geburtstag, München 1993, S. 873 – 892 (zit.: Canaris, FS Lerche).

Canaris, Claus-Wilhelm: „Grundprobleme des bankgeschäftlichen Abrechnungsverkehrs“, WM 1976 S. 994 – 1016.

Canaris, Claus-Wilhelm: „Wandlungen des Schuldvertragsrechts – Tendenzen zu seiner „Materialisierung“, AcP 200 (2000) S. 273 – 364.

Christiansen, Julian: „Werklohnfälligkeit ohne Abnahme Alternativen zur Rechtsfigur des „Abrechnungsverhältnisses“ –“, ZfBR 2010 S. 3 – 13.

Clasen, Johannes/Scherz, Alexander: „Anmerkung zum Urteil des KG Berlin vom 16.12.2011, Az. 7 U 18/11 – Zur einschränkenden Auslegung eines im Werkvertrag enthaltenden Aufrechnungsverbots“, EWiR 2012 S. 691 – 692.

Coester, Michael: „AGB-rechtliche Inhaltskontrolle im Lichte des europäischen Gemeinschaftsrechts“ in Heldrich, Andreas (Hrsg.), Recht im Spannungsfeld von Theorie und Praxis: Festschrift für Helmut Heinrichs zum 70. Geburtstag, München 1998, S. 99 – 114 (zit.: Coester, FS Heinrichs).

Coester-Waltjen, Dagmar: „Die Aufrechnung im Prozeß“, Jura 1990 S. 27 – 31.

Coester-Waltjen, Dagmar: „Die Inhaltskontrolle von Verträgen außerhalb des AGBG“, AcP 190 (1990) S. 1 – 33.

Coester-Waltjen, Dagmar: „Die Aufrechnung im internationalen Zivilprozeßrecht“ in Prütting, Hanns (Hrsg.), Verfahrensrecht am Ausgang des 20. Jahrhunderts: Festschrift für Gerhard Lüke zum 70. Geburtstag, München 1997, S. 35 – 50 (zit.: Coester-Waltjen, FS Lüke).

Coester-Waltjen, Dagmar: „Aufrechnung bei Abtretung“, Jura 2004 S. 391 – 395.

Coester-Waltjen, Dagmar: „Die Grundsätze der Vertragsfreiheit“, Jura 2006 S. 436 – 440.

Damm, Reinhard: „Europäisches Verbrauchervertragsrecht und AGB-Recht – Zur Umsetzung der EG-Richtlinie über mißbräuchliche Klauseln in Verbraucherverträgen“, JZ 1994 S. 161 – 178.

Däubler, Wolfgang: „Rechtsgeschäftlicher Ausschluß der Veräußerlichkeit von Rechten?“, NJW 1968 S. 1117 – 1123.

Dauner-Lieb, Barbara/Langen, Werner (Hrsg.): BGB Schuldrecht, Band 1, §§ 241 – 487, 4. Auflage, Baden-Baden 2021 (zit.: NK-BGB/*Bearbeiter*, § Rn.).

Dauner-Lieb, Barbara/Langen, Werner (Hrsg.): BGB Schuldrecht, Band 1, §§ 488 – 661a, 4. Auflage, Baden-Baden 2021 (zit.: NK-BGB/*Bearbeiter*, § Rn.).

Derleder, Peter: „Die Inhaltskontrolle von Mietzahlungs- und Aufrechnungsklauseln“, WuM 2007 S. 599 – 608.

Deutsch, Erwin: „Einschränkung des Aufrechnungsverbots bei vorsätzlich begangener unerlaubter Handlung“, NJW 1981 S. 735 – 736.

Deutsches Notarinstitut: DNotI-Report 6/2012, 20. Jahrgang März 2012, S. 41 – 52.

Dernburg, Heinrich: Geschichte und Theorie der Compensation nach römischem und neuerem Recht: mit besonderer Rücksicht auf die preußische und französische Gesetzgebung, 2. umgearb. Auflage, Heidelberg 1868. (zit.: Dernburg, Theorie der Compensation nach römischem und neuerem Recht).

Dreyfus, Max: Die Verfügung im Bürgerlichen Gesetzbuch, München 1911.

Drost, Marisa/Kunerth, Alexander: „Die Selbstpfändung als Aufrechnungsersatz in der Zwangsvollstreckung", ZJS 2015 S. 253 – 258

Ebenroth, Carsten Thomas/Boujong, Karl-Heinz/Joost, Detlev/Strohn, Lutz (Hrsg.): Handelsgesetzbuch: Kommentar, Bd. 2: §§ 343 – 475h: Transportrecht, Bank- und Börsenrecht, 3. Auflage, München 2015 (zit.: Ebenroth/Boujong/Joost/Strohn/*Bearbeiter*, HGB, 3. Auflage 2015, § Rn.).

Ebenroth, Carsten Thomas/Boujong, Karl-Heinz/Joost, Detlev/Strohn, Lutz (Hrsg.): Handelsgesetzbuch: Kommentar, Bd. 2: §§ 343 – 475h: Transportrecht, Bank- und Börsenrecht, 4. Auflage, München 2020 (zit.: Ebenroth/Boujong/Joost/Strohn/*Bearbeiter*, HGB, § Rn.).

Eckert, Hans-Werner: „Die EG-Richtlinie über mißbräuchliche Klauseln in Verbraucherverträgen und ihre Auswirkungen auf das deutsche Recht", WM 1993 S. 1070 – 1078.

Eckhoff, Lars: „Unangemessene Benachteiligung durch Aufrechnungsverbot in Architektenvertrag", GWR 2011 S. 446 – 447.

Erman, Walter/Westermann, Harm Peter (Hrsg.): Bürgerliches Gesetzbuch: Handkommentar mit AGG, EGBGB (Auszug), ErbBauRG, LPartG, ProdHaftG, VBVG, VersAusglG und WEG, Band 1, §§ 1 – 758, AGG, 14. neu bearb. Aufl., Köln 2014 (zit. Erman/*Bearbeiter*, 14. Auflage 2014, § Rn.).

Erman, Walter/Grunewald, Barbara/Maier-Reimer, Georg/Aderhold, Lutz/Armbrüster, Christian (Hrsg.): Bürgerliches Gesetzbuch: Handkommentar mit AGG, EGBGB (Auszug), ErbBauRG, LPartG, ProdHaftG, VBVG, VersAusglG und WEG, Band 1, §§ 1 – 761, AGG, 15. neu bearbeitete Auflage 2017 (zit.: Erman/*Bearbeiter*, § Rn.).

Fastrich, Lorenz: Richterliche Inhaltskontrolle im Privatrecht, München 1992 (zugl.: München, Univ., Habil.-Schr., 1988 – 1989) (zit.: Fastrich, Inhaltskontrolle).

Feder, Ernst: „Die rechtliche Natur der Aufrechnung außerhalb des Rechtsstreits", ZHR 54 (1904) S. 434 – 499.

Feldhusen, Claire: „Angabepflichten des Darlehensgebers: Europäisches Verbraucherleitbild als Maßstab? – zugleich Besprechung von BGH, Urt. v. 17.09.2019, Az. XI ZR 662/18", VuR 2020 S. 87 – 95.

Fenge, Hilmar: „Zulässigkeit und Grenzen des Ausschlusses der Aufrechnung durch Rechtsgeschäft", JZ 1971 S. 118 – 123.

Feser, Magali: „Die Aufrechnung im Prozess – eine Frage des Zeitpunkts", JA 2008 S. 525 – 529.

Findeisen, Ben: „Die Wirksamkeit von Aufrechnungsverboten in Allgemeinen Geschäftsbedingungen - Nr. 11 Abs. 1 AGBSp/Nr. 4 AGB-Banken – zu LG Nürnberg-Fürth, WM 2016, 325 sowie OLG Nürnberg, WM 2016, 2300 –, WM 2016 S. 2286 – 2292.

Flume, Werner: Das Rechtsgeschäft, Allgemeiner Teil des Bürgerlichen Rechts, Band 2, 4. Auflage, Berlin 1992 (zit.: Flume, Rechtsgeschäft).

Frey, Kaspar: „Wie ändert sich das AGB-Gesetz?", ZIP 1993 S. 572 – 580.

Gebauer, Martin: „Internationale Zuständigkeit und Prozeßaufrechnung", IPRax 1998 S. 79 – 86.

Gebauer, Martin: „Ausschließliche Gerichtsstandsvereinbarung als Aufrechnungsverbot?", IPRax 2018, S. 172 – 177.

Geimer, Reinhold: „Vereinbarung über die Zuständigkeit ausländischer Gerichte" zu Nr. 4a und Nr. 4b. Anmerkung", NJW 1973 S. 951 – 953.

Gellwitzki, Hans-Joachim: „Zur Wirksamkeit der Aufrechnungsankündigungsklausel in Wohnungsmietverträgen", WuM 1996 S. 739 – 740.

Gellwitzki, Hans-Joachim: „Zur Wirksamkeit der Mietzinsvorauszahlungs- und Aufrechnungsankündigungsklauselkombination in Wohn- und Gewerberaummietverträgen – zugleich eine Anmerkung zu OLG Köln WM 1998, 23 –", WuM 1998 S. 198 - 201.

Gellwitzki, Hans-Joachim: „Die Mietrechtsreform – die Neuregelungen der Miete und Pacht – Zur Bedeutung der Neuregelungen und deren Auswirkungen auf Rechte des Mieters", WuM 2001 S. 373 – 384.

Gerkan, Hartwin v.: „Zur Pfändbarkeit von Geldforderungen, die dem Vollstreckungsschuldner gegen den Vollstreckungsgläubiger zustehen", Rpfleger 1963 S. 369 – 370.

Gernhuber, Joachim: Das Schuldverhältnis: Begründung und Änderung, Pflichten und Strukturen, Drittwirkungen, Handbuch des Schuldrechts, Bd. 8, Tübingen 1989 (zit.: Gernhuber, Schuldverhältnis).

Gernhuber, Joachim: Die Erfüllung und ihre Surrogate sowie das Erlöschen der Schuldverhältnisse aus anderen Gründen, Handbuch des Schuldrechts Bd. 3, 2. neubearb. Auflage, Tübingen 1994 (zit.: *Gernhuber*, Erfüllungssurrogate).

Gerson: „Ist ein vertraglicher Verzicht auf Aufrechnung gültig?", DJZ 1911 S. 271 – 272.

Ghassemi-Tabar, Nima/Schweitzer, Philipp: „Aufrechnungsbeschränkungen im Gewerberaummietrecht – Zugleich auch Besprechung von BGH, Urt. V. 20.10.201 – IX ZR 10/11, ZfIR 2012, 238 – in diesem Heft“, ZfIR 2012 S. 224 – 230.

Goldschmidt, James: „Der Widerspruch gegen die Aufrechnungserklärung (Anrechnungsbestimmung) im preuß. Allg. Landrecht und Bürgerlichem Gesetzbuch und die compensatio compensationis“, Archiv für Bürgerliches Recht Bd. 15, 1899, S. 153 – 257 (zit.: *Goldschmidt* ArchBürg 15 (1899)).

Gothe, Florian: „Aufrechnungsverbote in Bezug auf Mangelbeseitigungskosten und Mangelfolgeschäden – AGB-rechtliche Wirksamkeit in Werkvertrag und Kauf- bzw. Werklieferungsvertrag“, NZBau 2015 S. 144 – 148.

Grabitz, Eberhard/Hilf, Meinhard/Nettesheim, Martin (Hrsg.): Das Recht der Europäischen Union: Kommentar, 40. Erg.-Lief. München 2009 (zit.: Grabitz/Hilf/Nettesheim/*Bearbeiter*, Das Recht der EU, 40. EL. 2009).

Gramlich, Bernhard: Mietrecht: Bürgerliches Gesetzbuch (§§ 535 – 580a BGB), Betriebskostenverordnung, Heizkostenverordnung; Kommentar, 15. neu bearb. Auflage, München 2019 (zit.: Gramlich/*Bearbeiter*, Mietrecht, § Rn.).

Gutkin, Lilian: Die Europäisierung der AGB-Kontrolle von Preisänderungsklauseln, Berlin 2018: (zugl.: Augsburg, Univ., Diss., 2017) (zit.: Gutkin, Europäisierung der AGB-Kontrolle).

Habermeier, Stefan: „Grundfragen der Aufrechnung“, JuS 1997 S. 1057 – 1062.

Habscheid, Walter J.: „Der gegenwärtige Stand der Lehre von der Erledigung des Rechtsstreits in der Hauptsache (Schluß): B. Der Erledigungsantrag (sogen. einseitige Erledigungserklärung)“, JZ 1963 S. 624 – 631.

Haedicke, Maximilian: „Der bürgerlich-rechtliche Verfügungsbegriff, JuS 2001 S. 966 – 973.

Hannemann, Thomas: „Vorauszahlungs- und Aufrechnungsklauseln in Wohnraummietverträgen – Zugleich eine Anmerkung zum Rechtsentscheid des BGH vom 26-10-1994“, WuM 1995 S. 8 – 11.

Harke, Jan Dirk: Allgemeines Schuldrecht, Heidelberg 2010 (zit.: Harke, Schuldrecht AT).

Häsemeyer, Ludwig: „Die sogenannte „Prozessaufrechnung“ – eine dogmatische Fehlakzentuierung“ in Bökelmann, Erhard (Hrsg.), Festschrift für Friedrich Weber zum 70. Geburtstag: am 19. Mai 1975, Berlin 1975, S. 215 – 235 (zit.: Häsemeyer, FS Weber).

Häsemeyer, Ludwig: „Die Aufrechnung nach der Insolvenzordnung“ in Arbeitskreis für Insolvenz- und Schiedsgerichtswesen e.V., Köln (Hrsg.), Kölner Schrift zur Insolvenzordnung, 2. aktualisierte und wesentlich erweiterte

Auflage, Herne Berlin 2000, S. 645 – 670 (zit.: Häsemeyer, Kölner Schrift zur Insolvenzordnung).

Hattenhauer, Christian: Einseitige private Rechtsgestaltung: Geschichte und Dogmatik, Tübingen 2011 (Teilw. zugl., Münster, Univ., Habil.-Schr., 2003) (zit.: Hattenhauer, Einseitige private Rechtsgestaltung).

Hau, Wolfgang Jakob: „Widerklageprivileg und Widerklagelast", ZZP 117 (2004) S. 31 – 58.

Häublein, Martin: „Aufrechnungs- und Zurückbehaltungsverbote in Wohnraummietverträgen - Das Verhältnis von § 556b Abs. 2 BGB zu §§ 305 ff. BGB" in Börstinghaus, Ulf P./Eisenschmid Norbert z. mit dem Deutschen Mietgerichtstag e.V. (Hrsg.), Theorie und Praxis des Miet- und Wohnungseigentumsrecht: Festschrift für Hubert Blank zum 65. Geburtstag, München 2006, S. 207 – 220 (zit.: Häublein, FS Blank).

Häublein, Martin: „Das Transparenzgebot bei Allgemeinen Geschäftsbedingungen in Mietverträgen", WuM 2016 S. 468 – 477.

Hayn-Habermann, Bastian von: „Schicksal des Aufrechnungsverbots in (Bau-) Werkverträgen", NJW-Spezial 2011 S. 492 – 493.

Heidel, Thomas/Hüßtege, Rainer/Mansel, Heinz-Peter/Noack, Ulrich: BGB Allgemeiner Teil, EGBGB, Band 1, 4. Auflage, Baden-Baden 2021 (zit.: NK-BGB/*Bearbeiter* § Rn.).

Heiderhoff, Bettina: „Die Berücksichtigung des Art. 3 Klauselrichtlinie bei der AGB-Kontrolle", WM 2003 S. 509 – 513.

Heinrichs, Helmut: „Die EG-Richtlinie über mißbräuchliche Klauseln in Verbraucherverträgen", NJW 1993 S. 1817 – 1822.

Heinrichs, Helmut: „Umsetzung der EG-Richtlinie über mißbräuchliche Klauseln in Verbraucherverträgen durch Auslegung Erweiterung des Anwendungsbereichs der Inhaltskontrolle", NJW 1995 S. 153 – 159.

Heinrichs, Helmut: „Das Gesetz zur Änderung des AGB-Gesetzes Umsetzung der EG-Richtlinie über mißbräuchliche Klauseln in Verbraucherverträgen durch den Bundesgesetzgeber", NJW 1996 S. 2190 – 2197.

Heinrichs, Helmut: „Der Anhang zur EG-Richtlinie über mißbräuchliche Klauseln in Verbraucherverträgen (93/13/EWG vom 5.4.1993) und seine Bedeutung für das deutsche Recht" in Krämer, Ludwig/Micklitz, Hans-W./Tonner, Klaus (Hrsg.), Law and diffuse interests in the European legal order/Recht und diffuse Interessen in der Europäischen Rechtsordnung – Liber amicorum Norbert Reich, Baden-Baden 1997, S. 527 – 553 (zit.: Heinrichs, FS Reich).

Heistermann, Ulrich: „Die Erledigung der Hauptsache bei Aufrechnung", NJW 2001 S. 3527 – 3528.

Heller, Arne: „Der Ausschluss der Aufrechnung", AcP 207 (2007) S. 456 – 490.

Herberger, Maximilian/Martinek, Michael/Rüßmann, Helmut/Weth, Stephan (Hrsg.): jurisPraxisKommentar BGB, 9. Auflage 2020 (Stand 01.01.2020), (zit.: jurisPK-BGB/*Bearbeiter* (Stand) § Rn.).

Hirte, Heribert/Vallender, Heinz (Hrsg.): Insolvenzordnung: Kommentar Band 1, 15. völlig neu bearbeitete Auflage, München 2019 (zit.: Uhlenbruck/*Bearbeiter*, InsO, § Rn.).

Höhn, Wolfgang/Kaufmann, Christian: „Die Aufrechnung in der Insolvenz", JuS 2003 S. 751 – 755.

Homberger, Christoph: „Anmerkung zum Urteil des BGH vom 20.03.2018, Az. XI ZR 309/16 – Zur Unwirksamkeit einer Klausel in den Sparkassen-AGB zur Beschränkung der Aufrechnungsbefugnis der Kunden", EWiR 2018 S. 417 – 418.

Hommelhoff, Peter/Wiedenmann, Kai-Udo: „Allgemeine Geschäftsbedingungen gegenüber Kaufleuten und unausgehandelte Klauseln in Verbraucherverträgen – Grundsätzliches zur Transformation der EG-Klauselrichtlinie ins deutsche Recht", ZIP 1993 S. 562 – 572.

Hoppmann, Andreas: Das Aufrechnungsverbot des § 394 Satz 1 BGB bei der Aufrechnung gegen die Entgeltforderung, Bielefeld 2001 (zugl.: Bielefeld, Univ., Diss., 2001).

Horst, Hans-Reinold: Abkopplungsklauseln im Gewerbemietrecht: die Vorauszahlung des Gewerbemieters unabhängig von Gegenrechten, Baden-Baden 2006 (zugl.: Bremen, Univ., Diss., 2006) (zit.: Horst, Abkopplungsklauseln im Gewerbemietrecht).

Horst, Hans-Reinold: „Liquide Forderungen als Exclave gewerbemietvertraglicher Abkopplungsklauseln", GuT 2006 S. 59 – 62.

Horst, Hans-Reinold: „Aufrechnungsverbote und Minderungsbeschränkungen in der Wohn- und Gewerberaummiete", DWW 2016 S. 362 – 373.

Jaecks, Jörg: Konzernverrechnungsklauseln und verwandte einseitige Verrechnungsbefugnisse im Mehrpersonenverhältnis, Frankfurt am Main Berlin Bern Wien u.a. 2011 (zugl.: Berlin, Freie Univ., Diss., 2010) (zit.: Jaecks, Konzernverrechnungsklauseln).

Jansen, Nils: „Klauselkontrolle im europäischen Privatrecht – Ein Beitrag zur Revision des Verbraucheraqcuis", ZEuP 2010 S. 69 – 106.

Jauernig, Othmar (Hrsg.): Bürgerliches Gesetzbuch: mit Rom-I-, Rom-II-VO, EuUnthVO/HUntPro und EuErbVO: Kommentar, 18. Auflage, München 2021 (zit.: Jauernig/*Bearbeiter* § Rn.).

Jung, Christian: „Das Ende des Nachnahmeversands?", NJW 1999 S. 2950 – 2951.

Kannengießer, Matthias N.: Die Aufrechnung im internationalen Privat- und Verfahrensrecht: mit vergleichender Darstellung ausgewählter europäischer

Aufrechnungsrechte, Tübingen 1998 (zugl.: Konstanz, Univ., Diss., 1997) (zit.: Kannengießer, Die Aufrechnung im internationalen Privat- und Verfahrensrecht).

Kapnopoulou, Elissavet N.: Das Recht der mißbräuchlichen Klauseln in der Europäischen Union, Tübingen 1997 (zugl.: Rechts- und Wirtschaftswissenschaftliche Fakultät der Universität des Saarlandes, Univ., Diss., 1995) (zit.: Kapnopoulou, Recht der mißbräuchlichen Klauseln).

Kawano, Masanori: „Der prozessual unberücksichtigte Aufrechnungseinwand und seine materiellen Folgen", ZZP 94 (1981) S. 1 – 27.

Keller, Rolf: „Das Zurückbehaltungsrecht nach § 273 BGB", JuS 1982 S. 665 – 668.

Kesselring, Roland/Hennig, Matthias: „Die Entwicklung des Architekten- und Ingenieurrechts der Jahre 2011 und 2012", NJW 2012 S. 1857 – 1860.

Kessen, Martin: „Das Ende der Verrechnung im Werkvertragsrecht und seine Folgen", BauR 2005 S. 1691 – 1697.

Kiehnle, Arndt: „Gibt ein Aufrechnungsrecht des Hauptschuldners dem Bürgen eine Einrede gegen den nicht aufrechnungsberechtigten Gläubiger? Zur Auslegung des § 770 BGB und zum Innenverhältnis von Schuldner und Bürge", AcP 208 (2008) S. 635 – 675.

Kindl, Johann/Meller-Hannich, Caroline/Wolf, Hans-Joachim (Hrsg.): Gesamtes Recht der Zwangsvollstreckung: ZPO, ZVG, Nebengesetze, Europäische Regelungen, Kosten; Handkommentar, 4. Auflage, Baden-Baden 2021 (Kindl/Meller-Hannich/Wolf/*Bearbeiter*, Zwangsvollstreckung, § Rn.).

Kirchhof, Hans-Peter (Hrsg.): Münchener Kommentar zur Insolvenzordnung, Band 3, §§ 217 – 359 InsO, Art. 103a – 1120 EGInsO, Konzerninsolvenzrecht, Insolvenzsteuerrecht, 3. Auflage, München 2014 (zit.: MüKo-InsO/*Bearbeiter*, 3. Auflage 2014, § Rn.).

Kleinschmidt, Theodor: Vertragsmäßige Erweiterungen und Beschränkungen des Aufrechnungsrechtes, Borna-Leipzig: Noske 1930 (zugl.: Göttingen, Univ., Diss., 1930).

Kniffka, Rolf/Koeble, Wolfgang/Jurgeleit, Andreas/Sacher, Dagmar (Hrsg.): Kompendium des Baurechts: Privates Baurecht und Bauprozess, 5. Auflage, München 2020 (zit.: Kniffka/Koeble/Jurgeleit/Sacher/*Bearbeiter*, Kompendium des Baurechts,).

Koch, Raphael: „Wider- und Drittwiderklage", JA 2013 S. 95 – 100.

Koeble, Wolfgang: „Die Verrechnung beim Werkvertrag" in Vygen, Klaus (Hrsg.), Dem Baurecht ein Forum: Festschrift für Götz von Craushaar zum 65. Geburtstag, Düsseldorf 1997, S. 259 – 270 (zit.: Koeble, FS Craushaar).

Koenen, Andreas: „Die Kündigung nach § 8 Nr. 2 VOB/B und deren Abrechnungsprobleme", BauR 2005 S. 202 – 217.

Kohler, Jürgen: „Vormerkbarkeit eines durch abredewidrige Veräußerung bedingten Rückerwerbanspruchs", DNotZ 1989 S. 339 – 353.

Kohler, Jürgen: „Kostenvorschuß und Aufrechnung oder Zurückbehaltungsrecht als Verteidigung gegen Werkvergütungsansprüche", BauR 1992 S. 22 – 26.

Kollhosser, Helmut: „Drittaufrechnung und Aufrechnung in Treuhandfällen" in Leßmann, Herbert (Hrsg.), Festschrift für Rudolf Lukes zum 65. Geburtstag, Köln 1989, S. 723 – 744 (zit.: Kollhosser, FS Lukes).

Konschewski, Werner: Ausnahmen von dem Aufrechnungsverbot des § 394 BGB, zugunsten des Schadensersatzanspruches des Arbeitgebers gegenüber dem Lohnanspruche des Arbeiters, Anklam: Poettcke 1921 (zugl.: Greifswald, Univ., Diss., 1921).

Kornblum, Udo: „Schuldnerschutz bei Forderungsabtretung", BB 1981 S. 1296 – 1309.

Kötz, Hein: „Zur Teilunwirksamkeit von AGB-Klauseln", NJW 1979 S. 785 – 789.

Kötz, Hein: „Der Schutzzweck der AGB-Kontrolle – Eine rechtsökonomische Skizze", JuS 2003 S. 209 – 214.

Kraemer, Hans-Jörg: „Zur Gewährleistung im Mietrecht", WuM 2000 S. 515 – 523.

Kramer, Ernst A.: „Nichtausgehandelter Individualvertrag, notariell beurkundeter Vertrag und AGBG", ZHR 146 (1982) S. 105 – 117.

Kreß, Hugo: Lehrbuch des allgemeinen Schuldrechts, München 1929 (zit.: Kress, Schuldrecht AT).

Kretschmar, Christian: Die Richtlinie 93/13 EWG des Rates vom 05.04.1993 über mißbräuchliche Klauseln in Verbraucherverträgen und das deutsche AGB-Gesetz: europäischer Verbraucherschutz: Umsetzungsaspekte und Auswirkungen auf das deutsche Recht, Frankfurt am Main 1998 (zugl.: Erlangen, Nürnberg, Univ., Diss., 1997) (zit.: Kretschmar, Die Richtlinie 93/13 EWG).

Krüger, Wolfgang/Rauscher, Thomas (Hrsg.): Münchener Kommentar zur Zivilprozessordnung: ZPO, Band 1 §§ 1 – 354, 4. Auflage, München 2013 (zit.: MüKo-ZPO/*Bearbeiter*, 4. Auflage 2013, § Rn.).

Krüger, Wolfgang/Rauscher, Thomas (Hrsg.): Münchener Kommentar zur Zivilprozessordnung: ZPO, Band 1 §§ 1 – 354, 6. Auflage, München 2020 (zit.: MüKo-ZPO/*Bearbeiter*, § Rn.).

Krüger, Wolfgang/Rauscher, Thomas (Hrsg.): Münchener Kommentar zur Zivilprozessordnung: ZPO, Band 2, §§ 355 – 1024, 6. Auflage, München 2020 (zit.: MüKo-ZPO/*Bearbeiter*, § Rn.).

Kuhlemann: „Ueber Einwendung gegen Prozesskosten", AcP 68 (1885) S. 427 – 444.

Lackhoff, Klaus/Bauer, Denise: „Fortbestand eines Aufrechnungsverbots in der Insolvenz“, NZI 2013 S. 427 – 430.

Landsberg, Ernst: „Verzicht auf Aufrechnung“, DJZ 1911 S. 334.

Larenz, Karl: Lehrbuch des Schuldrechts, 1: Allgemeiner Teil, 14. neubearb. Aufl., München 1987 (zit.: Larenz, Schuldrecht AT, §).

Larenz, Karl: Methodenlehre der Rechtswissenschaft, 6. neu bearb. Auflage, Berlin 1991.

Larenz, Karl: Allgemeiner Teil des Bürgerlichen Rechts, 12. Auflage, München 2020 (zit.: Larenz, BGB AT, § Rn.).

Lecheler, Helmut: „Der Beitrag der allgemeinen Rechtsgrundsätze zur Europäischen Integration – Rückblick und Ausblick“, ZEuS 2003 S. 337 – 352.

Lederer, Franz-Josef: „Aufrechnungsverbot auch bei Unternehmen unwirksam?“, AG 2018, R240 – R241.

Lehmann, Heinrich/Enneccerus, Ludwig/Kipp, Theodor/Wolff, Martin (Hrsg.): Recht der Schuldverhältnisse: Ein Lehrbuch, 15. Bearb., Tübingen 1958 (zit.: Enneccerus/Lehmann, Recht der Schuldverhältnisse).

Leichsenring, Heike: „Die Rücknahme der Prozessaufrechnung“, NJW 2013 S. 2155 – 2161.

Leonhard, Franz: Allgemeines Schuldrecht des BGB, Das Schuldrecht des BGB, Erster Band, München/Leipzig 1929 (zit.: Leonhard, Schuldrecht AT).

Leverenz, Kent: „Die Gestaltungsrechte des Bürgerlichen Rechts“, Jura 1996 S. 1 – 9.

Lieb, Manfred: „Sonderprivatrecht für Ungleichgewichtslagen?“ – Überlegungen zum Anwendungsbereich der sogenannten Inhaltskontrolle privatrechtlicher Verträge“, AcP 178 (1978) S. 196 – 226.

Liebs, Rüdiger: „Die unbeschränkbare Verfügungsbefugnis“, AcP 175 (1975) S. 1 – 43.

Liesecke, Rudolf: „Die typischen Klauseln des internationalen Handelsverkehrs in neuerer Praxis“, WM 1987 Sonderbeilage Nr. 3 zu Nr. 15 vom 15. April 1987 (zit.: Liesecke, WM Sonderbeilage Nr. 3/1978).

Lindacher, Walter F.: „Der Meinungsstreit zur „einseitigen Erledigungserklärung“, Jura 1970 S. 687 – 707.

Lindacher, Walter F.: „Prozeßaufrechnung und Rechtshängigkeit“, JZ 1972 S. 429 – 431.

Lindacher, Walter F.: „Reduktion und Kassation übermäßiger AGB-Klauseln?“, BB 1983 S. 154 – 160.

Litzenberger, Gabriel J.: „Anmerkung zum Urteil des OLG Nürnberg vom 20.08.2014, Az. 12 U 2119/13 – Zur Unwirksamkeit eines Aufrechnungsverbots in einem Kaufvertrag/Werklieferungsvertrag“, EWiR 2015 S. 15 – 16.

Lucenti, Sebastian: „Der Bauträgervertrag in der Wirtschaftskrise – ein Minenfeld aus Verbrauchersicht“, NZBau 2010 S. 469 – 473.

Lutz, Reinhard: AGB-Kontrolle im Handelsverkehr unter Berücksichtigung der Klauselverbote, München 1991 (zugl.: München, Univ., Diss., 1990) (zit.: Lutz, AGB-Kontrolle im Handelsverkehr).

Lühmann, Tobias: „Unwirksames Aufrechnungsverbot in AGB einer Sparkasse“, NJW 2018 S. 2044.

Lützenkirchen, Klaus (Hrsg.): Mietrecht: Kommentar, 3. Auflage, Köln 2021 (zit.: Lützenkirchen/*Bearbeiter*, Mietrecht, § Rn.).

Maier, Arne: „Wirksame Widerrufsbelehrung trotz Aufrechnungsverbots?“, VuR 2019 S. 302 – 303.

Meller-Hannich, Caroline: „Die Einrede der Verjährung“, JZ 2005 S. 656 – 665.

Mensch, Wilhelm, Die Beschränkungen der Zulässigkeit der Aufrechnung nach dem bürgerl. Gesetzbuch (zugl.: Rostock, Univ., Diss., 1904).

Mentis, Georgios: Schranken prozessualer Klauseln in Allgemeinen Geschäftsbedingungen, Baden-Baden 1994 (zugl.: Hannover, Univ., Diss., 1993) (zit.: Mentis, Schranken prozessualer Klauseln).

Mikosch, Ernst: Aufrechnung im Arbeitsverhältnis, AR-Blattei SD 270.

Mitglieder des Bundesgerichtshofes: Das Bürgerliche Gesetzbuch mit besonderer Berücksichtigung der Rechtsprechung des Reichsgerichts und des Bundesgerichtshofes: Kommentar, 12. neubearb. Auflage, Berlin 1974 – 2000 (zit.: RGRK-BGB/*Bearbeiter* § Rn.).

Mohamed, Jean: „Die Aufrechnung bei anderweitiger internationaler Gerichtszuständigkeit durch Gerichtsstandsvereinbarung“, ZZPInt 22 (2017), S. 225 – 266.

Mues, Jochen: „Zum Schicksal des vertraglich vereinbarten Aufrechnungsverbots in der Insolvenz des Gläubigers“, EWiR 2000 S. 1005 – 1006.

Mues, Jochen: „Zur Zulässigkeit eines formularmäßigen Aufrechnungsverbots“, EWiR 2002 S. 985 – 986.

Musielak, Hans Joachim: „Die Aufrechnung des Beklagten im Zivilprozeß“, JuS 1994 S. 817 – 826.

Musielak, Hans Joachim (Hrsg.): Kommentar zur Zivilprozessordnung mit Gerichtsverfassungsgesetz, 3., neubearbeitete Auflage, München 2002 (Musielak/*Bearbeiter*, ZPO, 3. Auflage 2002, § Rn.).

Musielak, Hans Joachim/Voit, Wolfgang (Hrsg.): Zivilprozessordnung mit Gerichtsverfassungsgesetz: Kommentar, 18. neubearbeitete Auflage, München 2021 (Musielak/Voit/*Bearbeiter*, ZPO, § Rn.).

Nassall, Wendt: „Die Anwendung der EU-Richtlinie über mißbräuchliche Klauseln in Verbraucherverträgen – Zugleich ein Beitrag zur Auslegung gemeinschaftsrechtlicher Generalklauseln", JZ 1995 S. 689 – 694.

Nastelski, Karl: Der Aufrechnungsvertrag und die Begründung und Ausschließung des Rechtes zur Aufrechnung durch Vertrag, 1926 (zugl.: Göttingen, Univ., Diss., 1926).

Nerlich, Jörg/Römermann, Volker (Hrsg.): Insolvenzordnung (InsO) Kommentar, 42. Ergänzungslieferung, Feburar 2021 (zit.: Nerlich/Römermann/*Bearbeiter*, InsO, (42. EL 2021) § Rn.).

Neuhaus, Kai-Jochen: Handbuch der Geschäftsraummiete: Recht, Praxis, Verwaltung, 7. Auflage, Köln 2019 (zit.: Neuhaus, Handbuch der Geschäftsraummiete).

Neumann, Johannes: Geltungserhaltende Reduktion und ergänzende Auslegung von Allgemeinen Geschäftsbedingungen, Baden-Baden 1988 (zugl.: Köln, Univ., Diss., 1987) (zit.: Neumann, Geltungserhaltende Reduktion).

Niebling, Jürgen: „Anmerkung zur Entscheidung des BGH, Urteil vom 07.04.2011 – VII ZR 209/07 – Aufrechnung im Mietverhältnis auch bei anderen als unbestrittenen oder rechtskräftigen Entscheidungen zulässig", ZMR 2011 S. 620 – 621.

Niebling, Jürgen (Hrsg.): AnwaltKommentar AGB-Recht, 3. Auflage, Bonn 2017 (zit.: AnwK AGB-Recht/*Bearbeiter)*.

Oertmann, Paul: Rechtsordnung und Verkehrssitte: insbesondere nach bürgerlichem Recht; zugleich ein Beitrag zu den Lehren von der Auslegung der Rechtsgeschäfte und von der Revision, Leipzig 1914 (zit.: Oertmann, Rechtsordnung und Verkehrssitte).

Oertmann, Paul: „Die rechtliche Natur der Aufrechnung", AcP 113 (1915) S. 376 – 428.

Oertmann, Paul: Kommentar zum Bürgerlichen Gesetzbuch und seinen Nebengesetzen, 1: Kommentar zum BGB, (2.) Recht der Schuldverhältnisse, Abteilung 1 §§ 241 bis 432, 5. umgearb. Auflage, Berlin 1928 (zit.: Oertmann, BGB, §).

Omlor, Sebastian: „Schuldrecht AT: Kontrolle eines Aufrechnungsverbots in AGB-Banken und AGB-Sparkassen", JuS 2018 S. 1092 – 1094.

Palandt, Otto (Hrsg.): Bürgerliches Gesetzbuch - Kommentar, 36 neubearbeitete Auflage, München 1977 (zit.: Palandt/*Bearbeiter*, 36. Auflage 1977, § Rn.).

Palandt, Otto (Hrsg.): Bürgerliches Gesetzbuch - Kommentar, 63., neubearbeitete Auflage, München 2004 (zit.: Palandt/*Bearbeiter*, 63. Auflage 2004, § Rn.).

Palandt, Otto (Hrsg.): Bürgerliches Gesetzbuch – Kommentar, 80., neubearbeitete Auflage, München 2021 (zit.: Palandt/*Bearbeiter*, § Rn.).

Paulus, Christoph G./Zenker, Wolfgang: „Grenzen der Privatautonomie", JuS 2001 S. 1 – 9.

Paulusch, Bernd-Arthur: „Die Rechtsprechung des Bundesgerichtshofs zum Kaufrecht, WM 1986 Sonderbeilage Nr. 10 (zit.: Paulusch, WM Sonderbeilage Nr. 10/1986).

Pawlowski, Hans-Martin: „Die Gegenaufrechnung des Klägers im Prozeß", ZZP 104 (1991) S. 249 – 270.

Peters, Frank: „Unselbständige Rechnungsposten und selbständige Forderungen, Aufrechnung und Verrechnung", JZ 1986 S. 669 – 672.

Peters, Frank: „Die Fälligkeit des Werklohns bei einem gekündigten Bauvertrag", NZBau 2006 S. 559 – 562.

Pfeiffer, Thomas: „Umsetzung der Richtlinie über mißbräuchliche Klauseln", EuZW 2002 S. 467 – 468.

Pfeiffer, Thomas: „Entwicklungen und aktuelle Fragestellungen des AGB-Rechts", NJW 2017 S. 913 – 918.

Pfeiffer, Norbert/Franken, Paul: „Die Rechtsgültigkeit von Konzernverrechnungsklauseln", NJW 1960 S. 1977 – 1981.

Pielemeier, Klaus: Das Aufrechnungsverbot des § 393 BGB: seine Entstehungsgeschichte und seine Bedeutung im geltenden Recht, Berlin 1988 (zugl.: Bochum, Univ., Diss., 1986 – 1987).

Planck, Gottlieb (Hrsg.): Plancks Kommentar zum Bürgerlichen Gesetzbuch: nebst Einführungsgesetz, Bd. 2 Recht der Schuldverhältnisse, 1: Allgemeiner Teil (§§ 241 – 432), 4. völlig neu bearb. Auflage, Berlin 1914 (zit.: *Planck/Siber*, BGB Bd. 2.1., 4. Auflage 1914).

Ponick, Ann-Kathrin: Die Richtlinie über mißbräuchliche Klauseln in Verbraucherverträgen und ihre Umsetzung im Vereinigten Königreich, Münster 2003 (zugl.: Münster (Westf.)., Univ., Diss., 2001 – 2002) (zit.: Ponick, Richtlinie über mißbräuchliche Klauseln).

Preussner, Mathias: „Das Aufrechnungsverbot in vorformulierten Architektenverträgen", NZBau 2011 S. 599 – 601.

Prütting, Hanns/Gehrlein, Markus (Hrsg.): Zivilprozessordnung: Kommentar, 12. Auflage, Köln 2020 (zit.: Prütting/Gehrlein/*Bearbeiter*, ZPO, § Rn).

Prütting, Hanns/Wegen, Gerhard/Weinreich, Gerd (Hrsg.): BGB-Kommentar, 15. Auflage, Köln 2020 (zit.: Prütting/Wegen/Weinreich/*Bearbeiter* § Rn.).

Putzier, Dieter: „Verrechnung oder Aufrechnung – was gilt?", BauR 2002 S. 1632 – 1638.

Rabe, Dieter: „Die Auswirkungen des AGB-Gesetzes auf den kaufmännischen Verkehr“, NJW 1987 S. 1978 – 1985.

Rabe, Dieter: „Frachtzahlungsanspruch des Schiffsagenten bei Zeichnung eines Verpflichtungsscheins durch den Spediteur gegen Aushändigung des „Freight-prepaid-Konnossements“, EWiR 1987 S. 1221 – 1222.

Raible, Adalbert: Vertragliche Beschränkung der Übertragung von Rechten: eine Untersuchung zum Verhältnis von §§ 413, 399 2. Alt. BGB zu § 137 Satz 1 BGB, Tübingen 1969 (zugl.: Tübingen, Univ., Diss., 1968) (zit.: Raible, Vertragliche Beschränkung der Übertragung von Rechten).

Raiser, Ludwig: Das Recht der allgemeinen Geschäftsbedingungen, Hamburg 1935 (Teilw. zugl.: Berlin, Univ., Habil.-Schr., 1935) (zit.: Raiser, Recht der AGB).

Reich, Norbert/Micklitz, Hans-W. (Hrsg.): Europäisches Verbraucherrecht, 4. Auflage, Baden-Baden 2003 (zit.: Reich/Micklitz/*Bearbeiter*, Europäisches Verbraucherrecht).

Reichel, Hans: „Aufrechnung und Betrug“, AcP (125) 1926 S. 178 – 192.

Reichel, Hans: „Rückwirkung der Aufrechnung gegen Fremdgeldforderungen“, AcP (126) 1926 S. 313 – 332.

Reichert, Winfried: „Der Zugangsnachweis bei Einwurf-Einschreiben“, NJW 2001 S. 2523 – 2524.

Reimer, Franz: Juristische Methodenlehre, 2. Auflage, Baden-Baden 2020.

Rimmelspacher, Bruno: Materiellrechtlicher Anspruch und Streitgegenstandsprobleme im Zivilprozeß, Göttingen 1970 (zugl.: Göttingen, Univ., Habil.-Schr., 1968) (zit.: Rimmelspacher, Materiellrechtlicher Anspruch).

Rimmelspacher, Bruno/Spellenberg, Ulrich: „Pfändung einer Gegenforderung und Aufrechnung“, JZ 1973 S. 271 – 274.

Ritgen, Klaus: „Vertragsparität und Vertragsfreiheit“, JZ 2002 S. 114 – 121.

Röhricht, Volker/Westphalen, Friedrich Graf von/Haas, Ulrich (Hrsg.): Handelsgesetzbuch: Kommentar zu Handelsstand, Handelsgesellschaften, Handelsgeschäften, besonderen Handelsverträgen und internationalem Vertragsrecht (ohne Bilanz-, Transport- und Seerecht), 5. Auflage, Köln 2019 (zit. Röhricht/ v. Westphalen/Haas/*Bearbeiter*, HGB, § Rn.).

Rodi, Daniel: „Anmerkung zu BGH, Urt. v. 20.03.2018 – XI ZR 309/16“, BKR 2018 S. 299 – 302.

Rosenberg, Leo/Schwab, Karl Heinz/Gottwald, Peter (Hrsg.): Zivilprozessrecht, 18. Auflage, München 2018 (zit.: Rosenberg/Schwab/Gottwald/*Bearbeiter*, Zivilprozessrecht, § Rn.).

Saenger, Ingo (Hrsg.): Zivilprozessordnung: Familienverfahren, Gerichtsverfassung, Europäisches Verfahrensrecht: Handkommentar, 8. Auflage, Baden-Baden 2019 (zit.: Hk-ZPO/*Bearbeiter*, § Rn.).

Säcker, Franz Jürgen/Rebmann, Kurt (Hrsg.): Münchener Kommentar zum Bürgerlichen Gesetzbuch, Band 1, Allgemeiner Teil, §§ 1 – 240, AGB-Gesetz, 3. Auflage, München 1993 (zit.: Müko-BGB/*Bearbeiter*, 3. Auflage 1993, § Rn.).

Säcker, Franz Jürgen/Rebmann, Kurt (Hrsg.): Münchener Kommentar zum Bürgerlichen Gesetzbuch, Band 1, Allgemeiner Teil, §§ 1 – 240, AGB-Gesetz, 4. Auflage, München 2001 (zit.: Müko-BGB/*Bearbeiter*, 4. Auflage 2001, § Rn.).

Säcker, Franz Jürgen/Rixecker Roland/Oetker, Hartmut/Limperg, Bettina (Hrsg.): Münchener Kommentar zum Bürgerlichen Gesetzbuch, Band 1, Einleitung und Allgemeiner Teil, §§ 1 – 240, AllgPersönlR, ProstG, AGG, 8. Auflage, München 2018 (zit.: Müko-BGB/Bearbeiter, § Rn.).

Säcker, Franz Jürgen/Rixecker, Roland (Hrsg.): Münchener Kommentar zum Bürgerlichen Gesetzbuch, Schuldrecht Allgemeiner Teil: §§ 241 – 432, 5. Auflage, München 2007 (zit.: MüKo-BGB/*Bearbeiter*, 5. Auflage 2007, § Rn.).

Säcker, Franz Jürgen/Rixecker Roland/Oetker, Hartmut/Limperg, Bettina (Hrsg.): Münchener Kommentar zum Bürgerlichen Gesetzbuch, Band 2 Schuldrecht – Allgemeiner Teil 1 §§ 241 - 310, 8. Auflage, München 2019 (zit.: Müko-BGB/ Bearbeiter, § Rn.).

Säcker, Franz Jürgen/Rixecker Roland/Oetker, Hartmut/Limperg, Bettina (Hrsg.): Münchener Kommentar zum Bürgerlichen Gesetzbuch, Band 3, Schuldrecht - Allgemeiner Teil 2 §§ 311- 432, 8. Auflage, München 2019 (zit.: Müko-BGB/ *Bearbeiter*, § Rn.).

Säcker, Franz Jürgen/Rixecker Roland/Oetker, Hartmut/Limperg, Bettina (Hrsg.): Münchener Kommentar zum Bürgerlichen Gesetzbuch, Band 5, Schuldrecht – Besonderer Teil II §§ 535 – 630h, BetrKV, HeizkostenV, WärmeLV, EFZG, TzBfG, KSchG, MiLoG, 8. Auflage, München 2020 (zit.: MüKo-BGB/ *Bearbeiter*, § Rn.).

Säcker, Franz Jürgen/Rixecker Roland/Oetker, Hartmut/Limperg, Bettina (Hrsg.): Münchener Kommentar zum Bürgerlichen Gesetzbuch, Band 6, Schuldrecht – Besonderer Teil III §§ 631 – 704, 8. Auflage, München 2020 (zit.: MüKo-BGB/ *Bearbeiter*, § Rn.).

Säcker, Franz Jürgen/Rixecker Roland/Oetker, Hartmut/Limperg, Bettina (Hrsg.): Münchener Kommentar zum Bürgerlichen Gesetzbuch, Band 11, Erbrecht: §§ 1922 – 2385, §§ 27 – 35 BeurkG, 8. Auflage, München 2020 (zit.: MüKo-BGB/*Bearbeiter*, § Rn.).

Schade, Walther: Über den Aufrechnungsvertrag, Sorau 1904 (zugl. Rostock, Univ., Jur. Diss., 1904).

Schaudinn, Karsten: Der Schutz vertraglicher Drittaufrechnungsbefugnisse im Insolvenzverfahren, Hamburg 2006 (zugl.: Bochum, Univ., Diss., 2005) (zit.: Schaudinn, Drittaufrechnungsbefugnisse).

Scheuerle, Wilhelm: Vertragliche Aufrechnung, Erlangen-Bruck: Krahl 1934 (zugl.: Erlangen, Univ., Diss., 1934).

Schimansky, Herbert/Bunte, Hermann-Josef/Lwowski, Hans-Jürgen (Hrsg.): Bankrechts-Handbuch, 5. Auflage, München 2017 (zit.: Schimansky/Bunte/Lwowski/*Bearbeiter*, Bankrechts-Handbuch, § Rn.).

Schlosser, Hans: „Außenwirkungen verfügungshindernder Abreden bei der rechtsgeschäftlichen Treuhand", NJW 1970 S. 681 – 687.

Schlosser, P.: „Zur Inhaltskontrolle notariell beurkundeter Grundeigentumerwerbsverträge", JR 1988 S. 329 – 330.

Schmid, Michael J.: „Schriftform statt Textform?", IMR 2014 S. 497 – 498.

Schmidt, Eike: „Die Prozeßaufrechnung im Spannungsfeld von Widerklage und prozessualer Aufrechnung", ZZP 87 (1974) S. 29 – 49.

Schmidt, Hubert: „Grenzen formularvertraglicher Einschränkungen des § 321 BGB zulasten des Vorleistungspflichtigen" in Hau, Wolfgang/Schmidt, Hubert (Hrsg.), Trierer Festschrift für Walter F. Lindacher zum 80. Geburtstag, München 2017, S. 383 – 392 (zit.: Schmidt, FS Lindacher).

Schmidt, Hubert: „BGH: Wirksamkeitsvoraussetzungen für formularmäßigen Aufrechnungsausschluss", LMK 2018, 408011.

Schmidt, Karsten (Hrsg.): Münchener Kommentar zum Handelsgesetzbuch, Buch 4 Handelsgeschäfte, 4. Auflage, München 2018 (zit.: MüKo-HGB/*Bearbeiter*, § Rn.).

Schmidt-Futterer, Wolfgang/Blank, Hubert (Hrsg.): Mietrecht: Großkommentar des Wohn- und Gewerberaummietrechts: Bürgerliches Gesetzbuch (§§ 535 – 580a, 138, 1568a BGB), Verordnung über die verbrauchsabhängige Abrechnung der Heiz- und Warmwasserkosten, Wirtschaftsstrafgesetz (§§ 4, 5 WiStG) und Zivilprozessordnung (§§ 283a, 712, 721, 765a, 794a, 885, 885a, 940a ZPO), 13. neu bearbeitete Auflage, München 2017 (zit.: Schmidt-Futterer/*Bearbeiter*, Mietrecht, 13. Auflage 2017, § Rn.).

Schmidt-Futterer, Wolfgang/Blank, Hubert (Hrsg.): Mietrecht: Großkommentar des Wohn- und Gewerberaummietrechts: Bürgerliches Gesetzbuch (§§ 535 – 580a, 138, 1568a BGB), Verordnung über die verbrauchsabhängige Abrechnung der Heiz- und Warmwasserkosten, Wirtschaftsstrafgesetz (§§ 4, 5 WiStG) und Zivilprozessordnung (§§ 283a, 712, 721, 765a, 794a, 885, 885a, 940a ZPO), 14. neu bearbeitete Auflage, München 2019 (zit.: Schmidt-Futterer/*Bearbeiter*, Mietrecht, § Rn.).

Schmidt-Rimpler, Walter: „Grundfragen einer Erneuerung des Vertragsrechts", AcP 147 (1941) S. 130 – 197.

Schmidt-Salzer, Joachim: „Transformation der EG-Richtlinie über mißbräuchliche Klauseln in Verbraucherverträgen vom 05-04-1993 in deutsches Recht und AGB-Gesetz - Einzelfragen", BB 1995 S. 1493 – 1499.

Schnauder, Franz: „Das höchstrichterliche Verbot des Aufrechnungsverbots in Nr. 11 AGB-Sparkassen (Nr. 4 AGB-Banken) – zugleich Anmerkung zu BGH, Urt. v. 20.03.2018 – XI ZR 309/16", jurisPR-BKR 8/2018, Anm. 1.

Schneider, Egon: „Die neuere Rechtsprechung zum Streitwertrecht (I)", MDR 1986 S. 181 – 186.

Schneider, Norbert: „Erledigung der Hauptsache bei Aufrechnung des Beklagten – Auswirkungen auf die Kostenentscheidung", MDR 2000 S. 507 – 509.

Schneider, Norbert: „Vergleich über die Hilfsaufrechnung", NJW-Spezial 2011 S. 411 – 412.

Schneider, Harald/Vierkötter, Guido: „Internetreport", ZAP 2017 S. 103 – 112.

Schöpflin, Martin: „Anm. zu BGH, Urteil vom 24.11.2005, Az. VII ZR 304/04", ZZP 119 (2006) S. 490 – 496.

Schreiber, Klaus: „Prozessvoraussetzungen bei der Aufrechnung", ZZP 90 (1977) S. 395 – 417.

Schreiber, Klaus: „Die Grundprinzipien des Sachenrechts, Jura 2010 S. 272 – 275.

Schürnbrand, Jan: „Gestaltungsrechte als Verfügungsgegenstand", AcP 204 (2004) S. 177 – 207.

Schuschke, Winfried/Walker, Wolf-Dietrich/Kessen, Martin/Thole, Christoph (Hrsg.): Vollstreckung und vorläufiger Rechtsschutz: nach dem achten und elften Buch der ZPO einschließlich der europarechtlichen Regelungen; Kommentar, 7. Auflage, Köln 2020 (Schuschke/Walker/Kessen//Thole/*Bearbeiter*, Vollstreckung und vorläufiger Rechtsschutz, § Rn.).

Schulte, Axel: Die Kostenentscheidung bei der Aufrechnung durch den Beklagten im Zivilprozeß, Frankfurt am Main 1990 (zugl.: Bielefeld, Univ., Diss., 1988) (zit.: Schulte, Kostenentscheidung bei der Aufrechnung).

Schulz, Wolfgang: „Das vertragliche Aufrechnungsverbot in Bauträgerverträgen und Freigabeversprechen nach § 3 MaBV unter Berücksichtigung der Einschränkungen nach dem AGB-Recht", Notar 2016 S. 66 – 70.

Schulze, Reiner/Dörner, Heinrich/Ebert, Ina u.a. (Hrsg.): Bürgerliches Gesetzbuch: Handkommentar, 10. Auflage, Baden-Baden 2019 (zit.: HK-BGB/*Bearbeiter*, § Rn.).

Schwab, Martin: AGB-Recht, 3. Neu bearbeitete Auflage, Heidelberg 2019.

Schwahn, Alexander: Der Aufrechnungsvertrag in der Insolvenz: Konzernverrechnungsklauseln, Kontokorrent, Skontration, Inter-Banken-Abrechnungsverkehr, Berlin 2003 (zugl.: Kiel, Univ., Diss., 2003) (zit.: Schwahn, Aufrechnungsvertrag).

Schwarz, Günther Christian: „Zum Schuldnerschutz bei der Aufrechnung abgetretener Forderungen – Normstruktur und Reichweite des § 406 BGB“, AcP 203 (2003) S. 241 – 281.

Schwarz, Theo: „§ 392 Abs. 2 HGB als Aufrechnungshindernis“, NJW 1969 S. 1942 – 1944.

Schwenker, Hans Christian: „Unwirksames Aufrechnungsverbot in Architekten- und Ingenieurverträgen – Anmerkung zum BGH-Urteil vom 7.04.2011 - VII ZR 209/07 –“, ZfBR 2011 S. 425 – 426.

Schwerdtner, Peter: „Zur Vermögensübernahme und Haftung bei Vermögensübernahme sowie zum vertraglichen Aufrechnungsverbot der Banken bei Gegenansprüchen aus vorsätzlicher unerlaubter Handlung“, EWiR 1986 S. 37 – 38.

Seggewiße, Oliver/Erkis, Gülsen: „Darlehensvertrag – Die Aufrechnung mit dem Kapitalertragssteueranteil von Ansprüchen auf Nutzungsersatz“, MDR 2017 S. 1273 – 1276.

Seippel, Siegfried: Inwiefern stehen die Vorschriften über die gesetzliche Aufrechnung unter der Disposition der Parteien?, Magdeburg 1913 (zugl.: Rostock, Univ., Diss., 1914) (zit.: Seippel, Gesetzliche Aufrechnung).

Seitz, Walter (Hrsg.): Inkasso-Handbuch: Recht und Praxis des Inkassowesens, 4. Aufl., München 2015 (zit.: Seitz/*Bearbeiter*, Inkasso-Handbuch).

Siber, Heinrich: Compensation und Aufrechnung: ein Beitrag zur Lehre des deutschen bürgerlichen Rechts, Leipzig 1899 (zit.: Siber, Compensation und Aufrechnung).

Sieveking, Robert: Die Geschäftsbedingungen des Waren-Vereins der Hamburger Börse e.V.: (Waren-Vereins-Bedingungen – WVB) aufgrund der Rechtsprechung des Waren-Vereins-Schiedsgerichts, Berlin 1979 (zit.: Sieveking, Warenvereinsbedingungen).

Soergel, Hans Theodor (Begr.): Bürgerliches Gesetzbuch: mit Einführungsgesetz und Nebengesetzen, Band 3/2, Schuldrecht 1/2, §§ 243 – 304, 13. neubearb. Auflage, Stuttgart 2014 (Soergel/*Bearbeiter*, § Rn.).

Soergel, Hans Theodor (Begr.): Bürgerliches Gesetzbuch: mit Einführungsgesetz und Nebengesetzen, Band 4, Schuldrecht 2/2, §§ 305 – 310, UKlaG, 13. Auflage, Stuttgart 2018 (zit.: Soergel/*Bearbeiter*, § Rn.).

Soergel, Hans Theodor (Begr.): Bürgerliches Gesetzbuch: mit Einführungsgesetz und Nebengesetzen, Band 5/3, Schuldrecht 3/3, §§ 328 – 432, 13. Auflage, Stuttgart 2010 (zit.: Soergel/*Bearbeiter*, § Rn.).

Soergel, Hans Theodor (Begr.): Bürgerliches Gesetzbuch: mit Einführungsgesetz und Nebengesetzen, Band 3, Schuldrecht II, § 433 – 515, AGBG u.a., 12. Auflage, Stuttgart 1991 (zit.: Soergel/*Bearbeiter*, 12. Auflage 1991, § Rn.).

Stadler, Astrid: „Unwirksamkeit allgemeiner Geschäftsbedingungen", JA 2008 S. 300 – 301.

Staudinger, Julius von (Hrsg.): Kommentar zum Bürgerlichen Gesetzbuch: mit Einführungsgesetz und Nebengesetzen, Buch 1, Allgemeiner Teil, §§ 125 – 129; BeurkG (Formvorschriften AT; Beurkundung), Berlin 2017 (zit.: Staudinger/*Bearbeiter*, § Rn.).

Staudinger, Julius von (Hrsg.): Kommentar zum Bürgerlichen Gesetzbuch: mit Einführungsgesetz und Nebengesetzen, Buch 1, Allgemeiner Teil, §§ 134 – 138, ProstG (Gesetzliches Verbot, Verfügungsverbot, Sittenwidrigkeit), Berlin 2017 (zit.: Staudinger/*Bearbeiter*, § Rn.).

Staudinger, Julius von (Hrsg.): Kommentar zum Bürgerlichen Gesetzbuch: mit Einführungsgesetz und Nebengesetzen, Buch 1 Allgemeiner Teil §§ 139 – 163 (Teilnichtigkeit, Anfechtung, Vertrag, Bedingung und Zeitbestimmung) Berlin 2020 (zit.: Staudinger/*Bearbeiter*, § Rn.).

Staudinger, Julius von (Hrsg.): Kommentar zum Bürgerlichen Gesetzbuch: mit Einführungsgesetz und Nebengesetzen, Buch 1, Allgemeiner Teil, §§ 164 – 240 (Stellvertretung, Zustimmung, Fristen, Verjährung, Selbsthilfe, Sicherheitsleistungen), Berlin Neubearbeitung 2019 (zit.: Staudinger/*Bearbeiter*, § Rn.).

Staudinger, Julius von (Hrsg.): Kommentar zum Bürgerlichen Gesetzbuch: mit Einführungsgesetz und Nebengesetzen, Buch 2, Recht der Schuldverhältnisse, Einleitung zum Schuldrecht §§ 241 – 243 (Treu und Glauben), Berlin Neubearbeitung 2019 (zit.: Staudinger/*Bearbeiter*, Einleitung zum Schuldrecht, § Rn.).

Staudinger, Julius von (Hrsg.): Kommentar zum Bürgerlichen Gesetzbuch: mit Einführungsgesetz und Nebengesetzen, Buch 2, Recht der Schuldverhältnisse, §§ 255 – 292, 13. bearb. Auflage, Berlin 1995 (zit.: Staudinger/*Bearbeiter*, 13. Auflage 1995, § Rn.).

Staudinger, Julius von (Hrsg.): Kommentar zum Bürgerlichen Gesetzbuch mit Einführungsgesetz und Nebengesetzen, Buch 2, Recht der Schuldverhältnisse, §§ 255 – 304 (Leistungsstörungsrecht 1), Berlin Neubearbeitung 2019 (zit.: Staudinger/*Bearbeiter*, § Rn.).

Staudinger, Julius von (Hrsg.): Kommentar zum Bürgerlichen Gesetzbuch: mit Einführungsgesetz und Nebengesetzen, Buch 2, Recht der Schuldverhältnisse, §§ 305 – 310, UKlaG (Recht der Allgemeinen Geschäftsbedingungen), Berlin Neubearbeitung 2013, (zit.: Staudinger/*Bearbeiter*, 15. Auflage 2013, § Rn.).

Staudinger, Julius von (Hrsg.): Kommentar zum Bürgerlichen Gesetzbuch mit Einführungsgesetz und Nebengesetzen, Buch 2, Recht der Schuldverhältnisse, §§ 305 – 310, UKlaG (AGB-Recht 1 und Unterlassungsklagengesetz), Berlin Neubearbeitung 2019 (zit.: Staudinger/*Bearbeiter*, § Rn.).

Staudinger, Julius von (Hrsg.): Kommentar zum Bürgerlichen Gesetzbuch: mit Einführungsgesetz und Nebengesetzen, Buch 2, Recht der Schuldverhältnisse, Buch 2 §§ 315 – 326 (Leistungsstörungsrecht 2), Berlin Neubearb. 2020 (zit.: Staudinger/*Bearbeiter*, § Rn).

Staudinger, Julius von (Hrsg.): Kommentar zum Bürgerlichen Gesetzbuch: mit Einführungsgesetz und Nebengesetzen, Buch 2, Recht der Schuldverhältnisse, §§ 328 – 397, Neubearb. Berlin 1994; (zit. Staudinger/*Bearbeiter*, 12. Auflage 1994, § Rn.).

Staudinger, Julius von (Hrsg.): Kommentar zum Bürgerlichen Gesetzbuch: mit Einführungsgesetz und Nebengesetzen, Buch 2, Recht der Schuldverhältnisse, §§ 346 – 361 (Rücktritt und Widerruf), Neubearb. 2012, Berlin 2012 (zit.: Staudinger/*Bearbeiter*, § Rn.).

Staudinger, Julius von (Hrsg.): Kommentar zum Bürgerlichen Gesetzbuch: mit Einführungsgesetz und Nebengesetzen, Buch 2, Recht der Schuldverhältnisse, Buch 2 §§ 362 – 396 (Erfüllung, Hinterlegung, Aufrechnung), Berlin Neubearbeitung 2016 (zit.: Staudinger/*Bearbeiter*, § Rn).

Staudinger, Julius von (Hrsg.): Kommentar zum Bürgerlichen Gesetzbuch mit Einführungsgesetz und Nebengesetzen, Buch 2, Recht der Schuldverhältnisse, §§ 397 – 432 (Erlass, Abtretung, Schuldübernahme, Mehrheit von Schuldnern und Gläubigern), Berlin 2017 (zit.: Staudinger/*Bearbeiter*, § Rn.).

Staudinger, Julius von (Hrsg.): Kommentar zum Bürgerlichen Gesetzbuch mit Einführungsgesetz und Nebengesetzen, Buch 2, Recht der Schuldverhältnisse, §§ 535 – 556g (Mietrecht 1 – Allgemeine Vorschriften; Wohnraummiete), Neubearbeitung, Berlin 2018 (zit.: Staudinger/*Bearbeiter*, § Rn.).

Staudinger, Julius von (Hrsg.): Kommentar zum Bürgerlichen Gesetzbuch: mit Einführungsgesetz und Nebengesetzen, Buch 2, Recht der Schuldverhältnisse, §§ 556 – 561, BetrKV, WärmeLV, HeizkostenV (Mietrecht 2 – Miethöhe und Betriebskosten), Neubearb. Berlin 2014 (zit.: Staudinger/*Bearbeiter*, 15. Auflage 2014, § Rn.).

Staudinger, Julius von (Hrsg.): Kommentar zum Bürgerlichen Gesetzbuch: mit Einführungsgesetz und Nebengesetzen, Buch 3, Einleitung zum Sachenrecht,

§§ 854 – 882 (Besitz und Allgemeines Liegenschaftsrecht 1), Neubearbeitung, Berlin 2018 (zit.: Staudinger/Bearbeiter, Einleitung zum Sachenrecht, § Rn.).

Staudinger, Julius von (Hrsg.): Kommentar zum Bürgerlichen Gesetzbuch mit Einführungsgesetz und Nebengesetzen, Buch 5, Erbrecht, Einleitung zum Erbrecht, §§ 1922 – 1966: (Erbfolge), Berlin 2017 (zit.: Staudinger/*Bearbeiter*, § Rn.).

Stein, Friedrich/Jonas, Martin (Hrsg.): Kommentar zur Zivilprozessordnung, ZPO Band 2, §§ 78 – 147, 23. Auflage, Tübingen 2016 (zit.: Stein/Jonas/*Bearbeiter*, ZPO, § Rn.).

Stein, Günther: Die Inhaltskontrolle vorformulierter Verträge des allgemeinen Privatrechts: zum Spannungsverhältnis des Kontrollverfahren aufgrund des AGB-Gesetzes und § 242 BGB, Berlin 1982 (zugl.: Köln, Univ., Diss., 1981 – 1982) (zit. *Stein,* Inhaltskontrolle vorformulierter Verträge).

Stempel, Christian: Treu und Glauben im Unionsprivatrecht, Tübingen 2016 (zugl.: Fakultät für Rechtswissenschaften der Universität Hamburg, Diss., 2015) (zit.: Stempel, Treu und Glauben im Unionsprivatrecht).

Sternel, Friedemann: „Wohnraummietvertrag und AGB-Gesetz“, NZM 1998 S. 833 – 848.

Stürner, Rolf/Eidenmüller, Horst/Schoppmeyer, Heinrich (Hrsg.): Münchener Kommentar zur Insolvenzordnung, Band 2, §§ 80 – 216, 4. Auflage, München 2019 (zit.: MüKo-InsO/*Bearbeiter*, § Rn.).

Stürner, Rolf/Eidenmüller, Horst/Schoppmeyer, Heinrich (Hrsg.): Münchener Kommentar zur Insolvenzordnung, Band 3, §§ 217 – 359 (mit Art. 103a – 110 EGInsO, Insolvenzsteuerrecht), 4. Auflage, München 2020 (zit.: MüKo-InsO/*Bearbeiter*, § Rn.).

Stöber, Kurt: Forderungspfändung: Zwangsvollstreckung in Forderungen und andere Vermögensrechte; Handbuch für die Praxis mit Mustern und Beispielen, 17., neu bearbeitete Auflage, Bielefeld 2020 (zit.: Stöber, Forderungspfändung).

Stoffels, Markus: AGB-Recht, 3. neubearbeitete Auflage, München 2015.

Streyl, Elmar: „Minderungsausschlussklauseln in der Gewerberaummiete – Oder: Über zinslose Mieterdarlehen und eine Miete „auf erstes Anfordern““, NZM 2015 S. 841 – 854.

Streyl, Elmar: „Anmerkung zum Urteil des BGH vom 06.04.2016 (XII ZR 29/15) – Zur Einschränkung der Aufrechnung in einem gewerblichen Mietvertrag durch Allgemeine Geschäftsbedingungen“, NZM 2016 S. 586 – 587.

Thomas, Heinz/Putzo, Hans (Hrsg.): Zivilprozessordnung: ZPO, 41. Auflage, München 2020 (zit. Thomas/Putzo/*Bearbeiter*, ZPO, § Rn.).

Tiedtke, Klaus/Schmitt, Marco: „Aufrechnung gegen revokatorische Zahlungsansprüche – Dargestellt am Bespiel der Rückabwicklung von Verfügungen, die nach §§ 1365, 1366 BGB nichtig sind", FamRZ 2009 S. 1105 – 1114.

Tipke, Klaus/Kruse, Wilhelm (Hrsg.): Abgabenordnung – Finanzgerichtsordnung: AO, FGO mit Aktualisierungsservice, 164. Lieferung Stand 02.2021, (zit.: Tipke/Kruse/*Bearbeiter*, AO/FGO (Stand), § Rn.).

Timm, Wolfgang: „Außenwirkungen vertraglicher Verfügungsverbote?", JZ 1989 S. 13 – 24.

Tonner, Klaus: „Die Rolle des Verbraucherrechts bei der Entwicklung eines europäischen Zivilrechts", JZ 1996 S. 533 – 541.

Törnig, Tobias: „Minderungs- und Aufrechnungsverbots-AGB im Gewerberaummietvertrag", NZM 2009 S. 847 – 849.

Ulmer, Peter: „Teilunwirksamkeit von teilweise unangemessenen AGB-Klauseln? – Zum Verhältnis von geltungserhaltender Reduktion und ergänzender Vertragsauslegung", NJW 1981 S. 2025 – 2033.

Ulmer, Peter: „Zur Anpassung des AGB-Gesetzes an die Richtlinie über mißbräuchliche Klauseln in Verbraucherverträgen", EuZW 1993 S. 337 – 347.

Ulmer, Peter/Brandner, Hans Erich/Hensen, Horst-Diether (Hrsg.): AGB-Recht: Kommentar zu den §§ 305 – 310 BGB und zum UklaG, 12. Neu bearbeitete Auflage, Köln 2016 (Ulmer/Brandner/Hensen/*Bearbeiter*, § Rn.).

V. Bardeleben: „Ist ein vertraglicher Verzicht auf Aufrechnung gültig?", DRiZ 1912 S. 68 – 69.

Vierrath, Christian: Anrechnung und Aufrechnung, Aachen 2000 (zugl.: Bielefeld, Univ., Diss., 2000).

Wagner, Eberhard: Vertragliche Abtretungsverbote im System zivilrechtlicher Verfügungshindernisse, Tübingen 1994 (zugl.: Tübingen, Univ., Diss., 1992) (zit.: Wagner, Vertragliche Abtretungsverbote).

Wagner, Eberhard: „Zur Teleologie einer „Fundamentalnorm", AcP 194 (1994) S. 451 – 478.

Wagner, Eric/Wagner, Simon: „Abschied von der Schriftform: Zum Änderungsbedarf bei AGB für B2C-Geschäfte nach der jüngsten Änderung des AGB-Rechts", BB 2016 S. 707 – 710.

Walsmann, Hans: Der Verzicht: allgemeine Grundlagen einer Verzichtslehre und Verzicht im Privatrecht, Leipzig 1912 (zit.: Walsmann, Verzicht).

Weigelin, Ernst: Das Recht zur Aufrechnung als Pfandrecht an der eigenen Schuld: ein Beitrag zur Lehre von der Aufrechnung nach deutschem Reichsrechte, Hannover 1904 (zit.: Weigelin, Aufrechnung als Pfandrecht an der eigenen Schuld).

Weise, Stefan: „Das Ende der Verrechnung und seine Folgen“, NJW-Spezial 2006 S. 21 – 22.

Weitnauer, Hermann: „Die unverzichtbare Handlungsfreiheit“ in Bökelmann, Erhard (Hrsg.), Festschrift für Friedrich Weber zum 70. Geburtstag: am 19. Mai 1975, Berlin 1975, S. 429 – 440 (zit.: Weitnauer, FS Weber).

Werner, Frank: Umgehung von Aufrechnungshindernissen durch Zwangsvollstreckung in eigene Schulden, Bielefeld 2000 (zugl.: Trier, Univ., Diss., 1998 – 1999) (zit.: Werner, Umgehung von Aufrechnungshindernissen).

Wessel, Markus: „Aktuelle Entscheidungen zum Bau- und Architekten-/ Ingenieur-Recht“, ZfBR 2019 S. 107 – 125.

Westphalen, Friedrich Graf von: „AGB-Recht ins BGB – Eine erste Bestandsaufnahme“, NJW 2002 S. 12 – 25.

Westphalen, Friedrich Graf von: „Allgemeine Einkaufsbedingen nach neuem Recht“, 3., überarb. Auflage, München 2002 (zit.: v. Westphalen, Allgemeine Einkaufsbedingungen).

Westphalen, Friedrich Graf von: „AGB-Recht im Jahr 2007“, NJW 2008 S. 2234 – 2241.

Westphalen, Friedrich Graf von: „Wider einen Reformbedarf beim AGB-Recht im Unternehmerverkehr“, NJW 2009 S. 2977 – 2982.

Westphalen, Friedrich Graf von: „AGB-Recht im Jahr 2011“, NJW 2012 S. 2243 – 2250.

Westphalen, Friedrich Graf von: „Verbraucherschutz nach zwei Jahrzehnten Klauselrichtlinie“, NJW 2013 S. 961 – 966.

Westphalen, Friedrich Graf von: „AGB-Recht im ersten Halbjahr 2018“, NJW 2018 S. 2238 – 2242.

Westphalen, Friedrich Graf von: „Neue Urteile des EuGH zur Klausel-Richtlinie 93/13 EWG und ihre Auswirkungen auf das AGB-Recht“, EuZW 2019 S. 121 – 127.

Westphalen, Friedrich Graf von/Thüsing, Gergor (Hrsg.): Vertragsrecht und AGB-Klauselwerke, München 2021 (zit.: v. Westphalen/Thüsing, VertrR/AGB-Klauselwerke (Stand) Teil Rn.).

Wieczorek, Bernhard/Schütze, Rolf A. (Hrsg.): Zivilprozeßordnung und Nebengesetze: Großkommentar, 3. Auflage, Berlin 1999 (zit.: Wieczorek/Schütze/ *Bearbeiter* ZPO, 3. Auflage 1999, § Rn.).

Wiedemann, Herbert: Die Übertragung und Vererbung von Mitgliedschaftsrechten bei Handelsgesellschaften, München 1965 (zugl.: München, Univ., Habil.-Schr., 1963).

Wiedemann, Herbert: „Inhaltskontrolle vorformulierter Verträge" in Merz, Hans/Schluep, Walter R. (Hrsg.), Recht und Wirtschaft heute: Festgabe zum 65. Geburtstag von Max Kummer, Bern 1980, S. 175 – 188, (zit.: Wiedemann, Festgabe Kummer).

Windel, Peter A.: „Die Aufrechnungslage als objektiv-vermögensrechtlicher Tatbestand", KTS 2000 S. 215 – 238.

Windel, Peter A.: „Der insolvenzrechtliche Gleichbehandlungsgrundsatz und seine Auswirkungen auf die Abwicklung schwebender Austauschverträge", Jura 2002 S. 230 – 235.

Wolf, Christian: „Die Prozessaufrechnung – Teil 1", JA 2008 S. 673 – 678.

Wolf, Christian/Lange, Sonja: „Zeitpunkt der Erklärung der Aufrechnung maßgeblich für die Erledigung", JZ 2004 S. 416 – 420.

Wolf, Manfred/Horn, Nobert/Lindacher, Walter F. (Hrsg.): AGB-Gesetz: Kommentar, 4. Auflage, München 1999 (zit.: Wolf/Horn/Lindacher/*Bearbeiter*, 4. Auflage 1999, § Rn.).

Wolf, Manfred/Lindacher, Walter F./Pfeiffer, Thomas (Hrsg.): AGB-Recht: Kommentar, 5. Auflage, München 2009 (zit.: Wolf/Lindacher/Pfeiffer/*Bearbeiter*, 5. Auflage 2009, § Rn.).

Wolf, Manfred/Lindacher, Walter F./Pfeiffer, Thomas (Hrsg.): AGB-Recht: Kommentar, 6. Auflage, München 2013 (zit.: Wolf/Lindacher/Pfeiffer/*Bearbeiter*, 6. Auflage 2013, § Rn.).

Wolf, Manfred/Lindacher, Walter F./Pfeiffer, Thomas (Hrsg.): AGB-Recht: Kommentar, 7. Auflage, München 2020 (zit.: Wolf/Lindacher/Pfeiffer/*Bearbeiter*, § Rn.).

Wollgarten, Silke: „Anmerkung zur Entscheidung des OLG Nürnberg, Urteil vom 28.06.2016 (3 U 2560/15) – Zur Wirksamkeit einer Sparkassen-AGB, die § 309 Nr. 3 BGB abbildet", WuB 2017 S. 183 – 187.

Zepp, Wolfgang: „Anmerkung zu einer Entscheidung des OLG Düsseldorf, Urteil vom 23.10.2014 (I-5 U 51/13) – Zum Vorbehaltsurteil im Honorarprozess", NZBau 2015 S. 376 – 377.

Zoller, Edgar: Vorleistungspflicht und AGB-Gesetz: die formularmäßige Vorleistungspflicht und das funktionelle Synallagma im Lichte des AGB-Gesetzes, Heidelberg 1986 (zugl.: München, Univ., Diss., 1986) (zit.: Zoller, Vorleistungspflicht und AGB-Gesetz).

Zöller, Richard/Geimer, Reinhold (Hrsg.): Zivilprozessordnung mit Gerichtsverfassungsgesetz, den Einführungsgesetzen, mit Internationalem Zivilprozessrecht, EG-Verordnungen, Kostenanmerkungen: Kommentar, 24. neubearbeitete Auflage, Köln 2004 (zit.: Zöller/*Bearbeiter*, 24. Auflage 2004, § Rn.).

Zöller, Richard (Hrsg.): Zivilprozessordnung: mit FamFG (§§ 1 – 185, 200 – 270) und Gerichtsverfassungsgesetz, den Einführungsgesetzen, mit Internationalem Zivilprozessrecht, EuGVVO und weiteren EU-Verordnungen, Kostenanmerkungen: Kommentar, 33. neubearbeitete Auflage, Köln 2020 (zit.: Zöller/*Bearbeiter*, ZPO, § Rn.).

Zöllner, Wolfgang: „Regelungsspielräume im Schuldvertragsrecht – Bemerkungen zur Grundrechtsanwendung im Privatrecht und zu den sogenannten Ungleichgewichtslagen", AcP 196 (1996) S. 1 – 36.

Zorn, Albrecht: Aufrechnungsverbote bei der gesetzlichen und vertraglichen Aufrechnung, Halle 1944 (zugl.: Halle, Univ., Diss., 1945) (zit.: Zorn, Aufrechnungsverbote).

www.ingramcontent.com/pod-product-compliance
Ingram Content Group UK Ltd.
Pitfield, Milton Keynes, MK11 3LW, UK
UKHW020715041026
15590UKWH00002B/690

9 783631 850541